法国北部和皮卡第
见192~205页
香槟
见206~217页
阿尔萨斯和洛林
见218~233页
Reims
法国东北部
斯特拉斯堡
特鲁瓦
勃艮第和弗朗什孔泰
见326~351页
中央高原
见352~371页
第戎
法国中部和
阿尔卑斯
里昂
格勒诺布尔
罗讷河谷和法国阿
尔卑斯山脉
见372~391页
法国南部
朗格多克－鲁西永
见476~497页
普罗旺斯和蔚蓝海岸
见498~531页
阿雅克肖
科西嘉岛
见532~543页

目击者旅游指南

法国

目击者旅游指南

法国

DK

中国旅游出版社

www.cttp.net.cn

www.dk.com
www.dkchina.com

项目策划： 高 瑞
责任编辑： 朱铁佳 neverland1220@hotmail.com
于佳宁 freyalise_mage@hotmail.com
责任印制： 冯冬青

图书在版编目(CIP)数据
法国 / 英国DK公司编著；李林译. -- 2版. --北京：中国旅游出版社，2014.5
（目击者旅游指南）
书名原文：Eyewitness Travel France
ISBN 978-7-5032-4849-8
Ⅰ. ①法… Ⅱ. ①英… ②李… Ⅲ. ①旅游指南－法国 Ⅳ. ①K956.59
中国版本图书馆CIP数据核字(2013)第270320号

北京市版权局著作权合同登记号：图字：01-2007-0757
审图号：GS（2014）596号，本书插图系原文原图

书　　名： 法国

原　　著： Dorling Kindersley 公司
译　　者： 李 林
出版发行： 中国旅游出版社
（北京建国门内大街甲9号　邮编：100005）
http://www.cttp.net.cn　E-mail:cttp@cnta.gov.cn
营销中心电话：010-85166503
排　　版： 北京中文天地文化艺术有限公司
经　　销： 全国各地新华书店
印　　刷： 深圳华联印刷有限公司
版　　次： 2008年1月第1版第1次印刷
2014年5月第2版第1次印刷
开　　本： 889毫米×1194毫米　1/32
印　　张： 21.75
印　　数： 7000册
字　　数： 1018千
定　　价： 138.00元
I S B N　978-7-5032-4849-8

《目击者旅游指南》责任说明

我们将尽可能地确保本书在其出版时书中内容的时效性。然而，一些细节性资料，如电话号码、开放时间、价格、艺术馆的安排以及旅行信息等均有可能发生变化。对于任何因为利用本书或第三方网站上所获资料产生的后果，出版商概不负责。出版商也不能保证书中所列网址上的旅行资料一定有效。

我们热烈欢迎来自读者的建议和意见。来信请寄：Publisher, DK Eyewitness Travel Guides, Dorling Kindersley, 80 Strand, London WC2R 0RL, UK.

◁ 巴黎西郊马里公园的白杨大道

目录

如何使用本书 6

查理大帝半身像

法国概览

走进法国 10

地图上的法国 14

法国风情 18

法国的季节与节庆 36

法国历史 42

巴黎和法兰西岛

巴黎和法兰西岛概览 72

塞纳河风光 74

西岱岛、玛莱区和波堡 80

杜乐丽花园和歌剧院 94

香榭丽舍大街和荣军院 104

塞纳河左岸 116

周边地区 128

商店和市场 140

巴黎的休闲娱乐 150

巴黎城市地图 154

法兰西岛 170

法国东北部

法国东北部概览 184

法国北部和皮卡第 192

香槟 206

阿尔萨斯和洛林 218

法国西部

法国西部概览 236

阿尔萨斯葡萄大丰收

诺曼底 246

布列塔尼 268

卢瓦尔河谷 286

比利牛斯山脚下的圣让德吕渔村

法国中部和阿尔卑斯山脉

法国中部和阿尔卑斯山脉概览 316

勃艮第和弗朗什孔泰 326

中央高原 352

罗讷河谷和法国阿尔卑斯山脉 372

法国西南部

法国西南部概览 394

普瓦图和阿基坦 404

佩里戈尔、凯尔西和加斯科涅 426

比利牛斯 448

法国南部

法国南部概览 466

朗格多克－鲁西永 476

普罗旺斯和蔚蓝海岸 498

科西嘉岛 532

游客指南

住宿信息 546

餐饮信息 596

购物信息 652

休闲娱乐 656

特色假期和户外活动 660

游客须知

实用信息 668

旅行信息 678

致谢 690

常用语手册 693

阿维尼翁的教皇宫

如何使用本书

本书将帮助你游遍几乎整个法国，它不仅提供了专业的建议，而且给出了非常翔实的实用信息。“法国概览”部分介绍了法国的地理以及历史文化背景。15个地区章节加上“巴黎和法兰西岛”一章，利用地图、图片和插画介绍了法国重要的景点。本书涵盖了从美食、葡萄酒到文化和海滩等不同主题。游客能够在“游客指南”部分找到有关餐馆和酒店的推荐信息。“游客须知”部分囊括从法国通信系统到交通状况等几乎所有信息。

巴黎和法兰西岛

巴黎市中心被分为五个不同的风景区。本书中，这五个区域都由独立章节介绍，五个章节都以风景介绍为开端；其中一个独立的章节介绍法兰西岛。所有的景点都在区域地图上编号并标注，然后按照景点的编号依次介绍每个景点的细节，这样游客就能在本书中方便地找到相应的景点。

绿色标记的书页与巴黎和法兰西岛有关。

定位地图显示了你所在的区域。

1 区域地图

为了方便游客，地图上的景点都有固定的编号。156~169页的“巴黎街区定位地图”也列出了市中心的景点。

旅游景点分布示意图分门别类地列出该章节包含的景点：教堂、博物馆、画廊、历史建筑、广场和花园。

2 街区纵览

这一部分提供每个章节内关键区域的鸟瞰图。

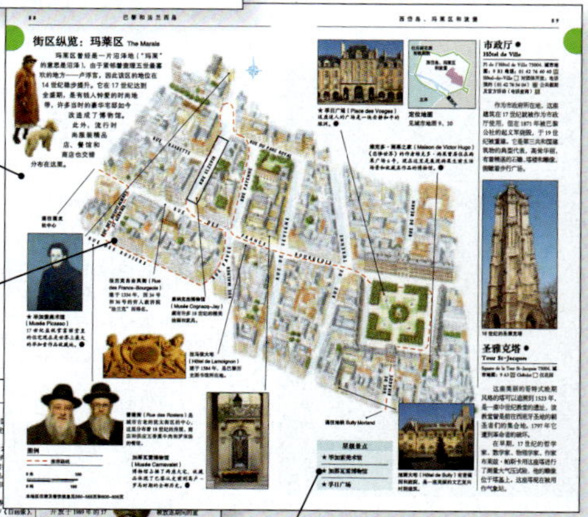

推荐线路用红线标出。

星号代表每个游客都不应错过的景点。

3 详细信息

对“巴黎和法兰西岛”部分景点进行逐一介绍，每个景点都提供了地址、电话号码、开放时间以及有关门票等相关信息。

法国各区

除了巴黎和法兰西岛外，法国分为 15 个地区，本书中有 15 个章节分别介绍了这些地区。区域地图列出了最值得游玩的城镇和景点。

1 概览

这部分介绍了每个地区的风景、历史和特征，描述了几个世纪以来该地区是如何发展的，以及有哪些值得游客参观的地方。

法国各区 都有自己独有的颜色标识，标识含义见前勒口。

2 区域地图

地图展示了道路网络，给出了整个区域内的直观图解。所有值得游玩的景点都标注在地图上；此外还提供了乘坐汽车或者火车游览周边地区的有用信息。

3 详细信息

这部分介绍了所有重要的城镇和值得游玩的景点。根据区域地图上的编号，这些景点被依次排列。在每个城镇或城市的介绍中还包括一些重要建筑和其他景点的详细信息。

故事框突出了星级景点的显著特征。

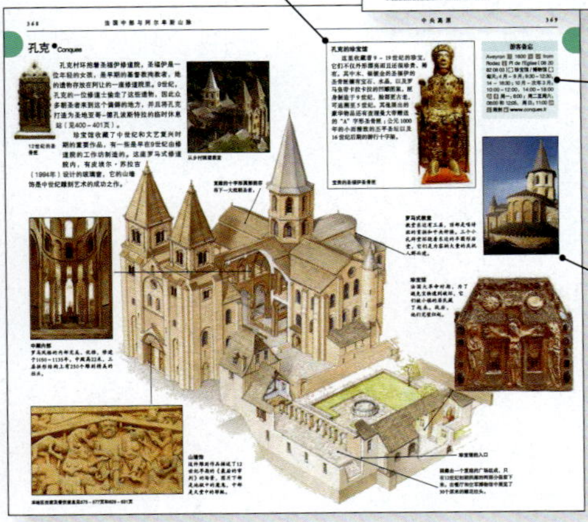

对所有星级景点而言，游客指南都提供了能帮助游客计划行程的有用信息。

4 法国的星级景点

这些景点往往占据两页或更多的版面。本书将建筑分成若干小块进行讲解以展示历史建筑的内部细节。大部分有趣的城镇或市中心以鸟瞰图的形式展示，其中一些景点被挑选出来并做了介绍。

法国概览

走进法国　10~13

地图上的法国　14~17

法国风情　18~35

法国的季节与节庆　36~41

法国历史　42~69

走进法国

根据法国的景点区域，本书景点部分共分为16个章节，每个章节由不同的颜色标识。法国的历史性区域与这16个分区相重合，它们的划分依据一般包括地理状况、风景、该区域的影响力和权利。

法国北部地区哥特式建筑的细节

每个区域都形成了其独有的特点：它们有自己的建筑、美食、风俗、音乐、服饰、方言，甚至是语言。以下内容大致介绍了这些区域，并告诉游客在每个区域应该看什么、玩什么。

隔着喷泉欣赏巴黎卢浮宫、金字塔

巴黎和法兰西岛

- 卢浮宫的精美艺术品
- 美妙的咖啡馆生活
- 迷人的凡尔赛宫

在一年中的任何闲暇时光，游客都能在巴黎寻找到乐趣。**卢浮宫**（见100~103页）、**毕加索博物馆**（见90~91页）和**蓬皮杜中心**（见92~93页）也许是有些人的首选景点，而其他人可能选择攀登**埃菲尔铁塔**（见113页）、在宽广的林荫大道上购物或沿着**蒙马特高地**（见132~133页）的著名阶梯行走到**拉雪兹神父公墓**（见135页）参观。不管兴趣如何，游客都能在咖啡馆或者小酒馆里感受特有的氛围，在**左岸**（见116~127页）和**玛莱区**（见80~93页）尤为如此。若安排一日游，这里有大量的宫殿供游客参观，其中路易十四的**凡尔赛宫**（见174～177页）是最豪华的宫殿。

双叟咖啡馆——巴黎最著名的咖啡馆之一

法国北部和皮卡第

- 繁忙的海峡港口
- 壮丽的哥特式大教堂
- 里尔的艺术收藏品

巴黎北部起伏的乡村地区延伸到佛兰德，以及**敦刻尔克**（见197页）、**加来**（见196~197页）和**滨海布洛涅**（见196页）的海峡港口附近的悬崖和沙滩。游客可在**尚蒂伊**（见204~205页）和**勒图凯**（见196页）的赛马会上试试运气；或者前往**索姆河谷**（见199页）附近的湖泊和森林，“一战”期间惨烈的堑壕战即以该河谷的名字命名。该地的亮点为宏伟的哥特式大教堂建筑，推荐法国最大的教堂**亚眠**（见200页），以及拥有法国最精美画廊的**里尔城**（见198页）。

香槟

- 熠熠生辉的香槟庄园
- 皇家兰斯城
- 特鲁瓦的哥特式教堂

香槟只有一个含义：冒泡的白葡萄酒。游客可以参观位于**埃佩尔奈**（见211页）的酿酒者的洞穴和**兰斯**（见210~211页）的香槟酒庄；此外游客还能在**兰斯大教堂**（见212页）内一窥法国历史的片段。**特鲁瓦**（见216页）曾经是该地区的首府，拥有很多哥特式教堂；位于**肖蒙**（见217页）的城堡保留了许多其前主人——香槟伯爵的生活痕迹。郊外的**默兹河谷**（见214页）位于多岩的阿登地区；**戴尔—尚特高克湖**（见215页）附近的地区则以半木质教堂而闻名。

Heidsieck 香槟商标

◁ 休伯特·罗伯特的作品《尼姆的加尔桥》

阿尔萨斯和洛林

- 阿尔萨斯葡萄酒小径
- 风景如画的半木质城镇
- 斯特拉斯堡——欧洲的十字路口

这里紧邻德国和瑞士，是一片布满葡萄园和果园的宁静而安逸的乡村地区；还有诸如**科尔马尔**（见 227 页）等半木质的村镇，绵延 180 千米的**葡萄酒小径**（见 232~233 页）是欣赏这些城镇的绝佳线路。**孚日山脉**（见 225 页）吸引了无数滑雪者；附近的**热拉梅湖**（见 225 页）是举行夏季水上运动的场所。该地区有许多堡垒和城堡，包括浪漫的**欧根尼斯堡**（见 228~229 页）。最主要的城市是**斯特拉斯堡**（见 230~231 页）。

沿漂亮的河道行船是游览斯特拉斯堡的绝佳方式

诺曼底

- 诺曼底登陆海滩
- 苹果酒和卡尔瓦多斯
- 壮观的圣米歇尔山

游客可以游览位于**吉维尼**（见 266 页）的莫奈花园，欣赏莫奈名画中的睡莲池塘和小桥。诺曼底的天空和海洋吸引印象派画家前往**迪耶普**（见 263 页）、**勒阿弗尔**（见 262 页）和美丽的**翁弗勒尔**（见 262 页）；而巴黎居民则会前往**卡堡**（见 255 页）、**多维尔**（见 255 页）和**特鲁维尔**（见 255 页）等度假胜地。这里的海滩因“二战”中诺曼底登陆而闻名。诺曼底的农庄则以苹果酒、卡尔瓦多斯、黄油和奶酪而著名。另外不要错过**圣米歇尔山修道院**（见 256~261 页）和**鲁昂大教堂**（见 264~265 页）。

诺曼底的圣米歇尔山——法国最迷人的景点之一

布列塔尼

- 沙滩
- 神秘的卡纳克
- 迷人的渔港

在遥远的西北部，法国的凯尔特区是一个拥有自己独特语言和文化的地区。大西洋海水持续地冲刷形成了点缀着渔港的多岩海岸和沙滩，因此这里成为家庭海滨度假的首选之地。史前遗迹矗立在凛凛寒风中，壮观的巨石比比皆是，尤以神秘的**卡纳克**（见 278 页）的巨石阵而著称于世。

游客也可参观**坎佩尔**（见 274 页），品尝薄饼、苹果酒，或身着当地传统服饰参加当地圣徒的盛会——赦免会，赦免会一般在 3~10 月举行。在首府雷恩的**布列塔尼博物馆**（见 285 页）可获得该盛会的更多信息。

卢瓦尔河谷

- 文艺复兴时期的童话城堡
- 沙特尔大教堂
- 勒芒的赛车比赛

卢瓦尔神话般的城堡几乎就是法国高雅文化的一个缩影。这里的法国贵族仍保持着文艺复兴时的生活方式。葡萄酒使得**索米尔**（见 292 页）等城镇名声大噪。历史中心包括**图尔**（见 296~297 页）、**沙特尔**（见 307~311 页）和**奥尔良**（见 312~313 页）；沙特尔大教堂的窗户使用了精美的彩绘玻璃；每年人们都在 5 月 8 日庆祝持续十天的圣女贞德节以纪念她从英国统治下解放奥尔良，并将 5 月 8 日定为奥尔良城市解放日。北部是因赛车道而闻名的**勒芒**（见 291 页）；每年 6 月这里都会举行 24 小时的拉力赛。

卢瓦尔河谷内横跨谢尔河的舍农索古堡

勃艮第的夜坡葡萄园是黄金海岸的一部分

勃艮第和弗朗什孔泰

- 美食天堂
- 令人印象深刻的修道院
- 绝佳的徒步小径和滑雪场

勃艮第拥有法国最肥沃的土地，尤以勃艮第牛肉和世界上最昂贵的葡萄酒而闻名。**第戎**（见340~342页）是勃艮第公爵的遗产；但真正的建筑瑰宝是博恩的**主宫医院**（见346~347页）。罗马式的教堂和修道院体现出教堂的富裕程度，其中**韦泽莱教堂**（见336~337页）最为壮观。**弗朗什孔泰**（见349~351页）的湖泊、山脉、树林和瀑布是游客划独木舟、滑雪、徒步和游玩的好去处。

中央高原

- 美丽的原始风景
- 壮丽的塔恩峡谷
- 圣富瓦的财富

这里是人们享受野外风光的好地方。这片拥有死火山、温泉和湖泊的高原一直延伸到**塔恩峡谷**（见370~371页）。**塞文山脉**（见371页）是法国人烟最为稀少的几个地区之一，这里有很多野花和猛禽。山峰和峡谷内坐落着偏僻的村庄和古老的教堂。位于**孔克**（见368~369页）的圣富瓦修道院收藏有在基督教国家中备受尊敬的圣骨匣。

罗讷河谷和阿尔卑斯山脉

- 诱人的里昂餐馆
- 格勒诺布尔和滑雪场
- 优雅的埃维昂莱班

罗讷河谷出产的葡萄酒

法国南部始于法国的第二大城市——**里昂**（见380~381页），在这里索恩河和罗讷河交汇并最终流入地中海。里昂昔日曾是罗马帝国的商业和军事重镇，如今它却以餐馆、产自**博若莱**（见377页）的红葡萄以及罗讷河而著名。这个地区的自然景观包括布满洞穴的**阿尔代什**（见384~385页）、东部的**格勒诺布尔**（见388~389页）和阿尔卑斯山，在那里的日内瓦湖畔，你会找到温泉小镇**埃维昂莱班**（见391页）。

普瓦图和阿基坦

- 普瓦图沼泽运河
- 历史上著名的普瓦捷
- 波尔多葡萄酒城堡

这片宽广而平坦的土地紧邻长长的海滨沙滩，从**拉罗谢尔**（见416页）和**奥莱龙岛**（见417页）一直延伸到巴斯克地区。夏季的拉罗谢尔十分繁忙，游客可前往**普瓦特万沼泽**（见408~409页）躲避繁乱，这片开满百合的运河网络还生活着许多野生动物。这里有两个历史中心：**普瓦捷**（见412~413页）和**波尔多**（见420~423页）；普瓦捷大教堂拥有法国最古老的雕花唱诗班座席，波尔多则长期为周边的城堡庄园供应红酒。

佩里戈尔、凯尔西和加斯科涅

- 萨拉集市
- 著名的拉斯科洞穴
- 图卢兹太空公园

多尔多涅河、洛特河及塔恩河划分出了田园诗般的法国版图；丰富的水上活动帮助人们度过炎炎夏日。每周所有的城镇都开集市，出售当地特产，如鹅肝和**阿让**（见440页）洋李干。以周三市场闻名的**萨拉小镇**（见432~433页）也有着让人叹为观止的建筑瑰宝。**罗卡马杜尔**（见436~437页）和**穆瓦萨克**也有建筑奇观，如留下史前人类痕迹的**拉斯科洞穴**（见402~403页）。**图卢兹**（见446~447页）是这里主要的城镇，在这里可品尝腊肠并参观高科技太空园区。

以鹅肝和胡桃而出名的萨拉集市

比利牛斯

- 比亚里茨海滩
- 比利牛斯国家公园的野生动物
- 卢尔德圣地

比利牛斯山脉从大西洋一直延伸到地中海，从而形成与西班牙的天然边界。**巴斯克地区**（见449页）位于大西洋海岸，其中**巴约讷**（见452页）以出产火腿著称；而**比亚里茨**（见452页）则是冲浪者的天堂，也曾是王公贵族的度假胜地。**比利牛斯国家公园**（见460~461页）位于山区中心，是徒步旅行的绝佳场所。很多滑雪者在冬季慕名而来。**卢尔德圣地**（见458~459页）常年吸引着无数朝圣者前来拜访。

花朵、蝴蝶、动物和鸟类使得比利牛斯山上的步行道充满了乐趣

郎格多克—鲁西永

- 艺术家胜地科利乌尔
- 童话古镇——卡尔卡松
- 古罗马水槽加尔桥

起伏的田地上种满了橄榄树、葡萄藤、柏树和向日葵，明媚的阳光照耀在古老的农庄建筑上。比利牛斯山脉在这里延伸到地中海的**朱红海岸**（见482页）；附近的**科利乌尔**（见483页）很长时间以来一直是艺术家神往的地方。而北边则是经过修复的要塞小镇**卡尔卡松**（见488~489页）。浪漫主义者可能也想探访**蒙塞古**（见463页），那里是受迫害的清教徒的最后据点。**尼姆**（见496~497页）是当地主要的罗马城镇，那里有保存完好的古罗马竞技场和令人惊叹的罗马人修建的最高桥梁——**加尔桥**（见495页）。

按19世纪风格复原的卡尔卡松

普罗旺斯和蔚蓝海岸

- 蔚蓝海岸
- 戛纳电影节
- 蒙特卡洛娱乐城

圣特罗佩斯（见516页）、**尼斯**（见526~527页）和**芒通**（见529页）——法国里维埃拉是世界上最著名的蔚蓝海岸。游客可在**昂蒂布**（见521页）欣赏豪华游艇，在**戛纳电影节**（见520页）上邂逅新星，或者在**摩纳哥**（见530~531页）尽情地赢钱。这里有很多游乐项目供游客选择，但最好避开拥挤的8月。内陆地区有很多古镇，如拥有教皇宫殿的**阿维尼翁**（见503页）、**艾克斯**（见511页）、罗马城**阿尔勒**（见508~509页）和牛仔之城**卡马尔格**（见510~511页）。

科西嘉岛

- 散发桃金娘芳香的灌木地带
- 漂亮的海滩
- 要塞小镇

科西嘉岛是一个拥有小海湾和沙滩的多山岛屿，很适合徒步旅行，尤其是在春天，这里草木芬芳。要塞小镇**博尼法乔**（见543页）和**波尔图**（见541页）坐落于一个迷人的港湾内。拿破仑一世就出生在这里的**阿雅克肖**（见542页）。位于**科尔特**（见540页）的科西嘉博物馆介绍了这座岛屿的历史和风俗，这里还是探索迷人的Castagmiccia的绝佳基地。

普罗旺斯海岸上最迷人的度假胜地——圣托贝港

地图上的法国

法国是欧洲大陆上最大的国家之一，它的飞机航班能直达世界上大部分的城市。拥有两个国际机场的巴黎是其主要的交通枢纽；其他交通中心包括波尔多、里尔、里昂、尼斯和图卢兹。法国与欧洲其他国家或城市之间均有高速铁路和高速公路网相连。跨越地中海前往科西嘉岛或其他地区的渡轮线路也有很多。此外，几个港口的跨海峡渡轮服务和英吉利海峡海底隧道也为行人提供了除铁路以外的其他选择。

由于其独特的六边形国界，法国被称为“六边形国家”，它与6个国家接壤：南部是比利牛斯山脉和西班牙；东部是阿尔卑斯山、意大利和瑞士；北部与比利时和卢森堡接壤；在东部莱茵河畔与德国隔河相望。而在英吉利海峡（拉芒什海峡）对面就是英国。

巴黎

法国首都巴黎位于法兰西岛。巴黎有1180万居民，其中有220万居住在巴黎环城大道（环形路）内。

法国区域图

法国的人口总数超过 6500 万，而每年接待的游客数量却有 7500 万之多。法国的国土面积约为 63.3 万平方公里。法国最大的城市是巴黎，其他较大的城市依次为里昂、马赛以及里尔 – 朗斯 – 瓦朗西安组合城市。卢瓦尔河、塞纳河、加龙河和罗讷河是法国最长的河流。尽管法国本土共划分为 22 个大区，但是本书将法国分为 15 个地区，并专设一章介绍巴黎和法兰西岛。

周边交通

法国国土面积不大，因此游客在此旅游非常方便。法国庞大的铁路网有良好的管理体制，高速列车（见 680 页）缩短了往返于各城市之间的乘车时间。虽然高速公路收费较高，但对于长途旅行的游客来说非常快捷。穿缩于城市之间的公路通常都不收费，甚至连一些较远路段的高速公路也免收过路费。法国的次要公路养护良好而且设有清晰的路标，因此沿着次要公路旅行、欣赏法国的多样景观也是一种不错的选择。

法国各区

本书每个章节都有自己的彩色代码，共分为五个部分：法国东北部、法国西部、法国中部和阿尔卑斯山脉、法国西南部和法国南部以及巴黎和法兰西岛。

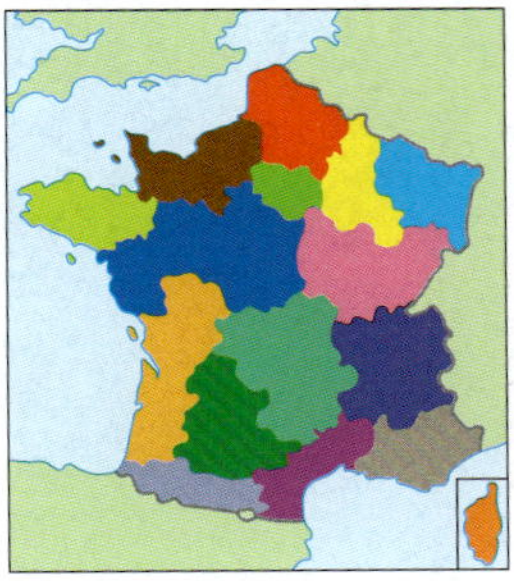

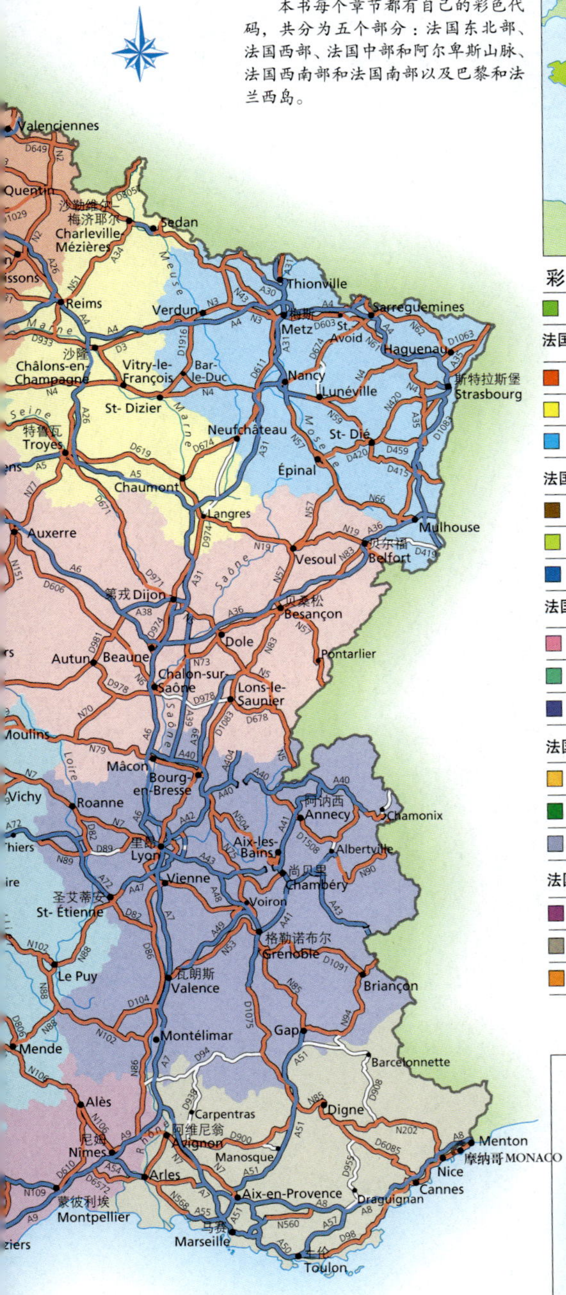

彩色代码图例

- 巴黎和法兰西岛

法国东北部

- 法国北部和皮卡第
- 香槟
- 阿尔萨斯和洛林

法国西部

- 诺曼底
- 布列塔尼
- 卢瓦尔河谷

法国中部和阿尔卑斯山脉

- 勃艮第和弗朗什孔泰
- 中央高原
- 罗讷河谷和阿尔卑斯山脉

法国西南部

- 普瓦图和阿基坦
- 佩里戈尔、凯尔西和加斯科涅
- 比利牛斯

法国南部

- 朗格多克－鲁西永
- 普罗旺斯和蔚蓝海岸
- 科西嘉岛

科西嘉岛

科西嘉岛与蔚蓝海岸相距 193 公里，游客可乘渡船或飞机来此地旅游。其面积为 8680 平方公里，是地中海的第四大岛。

CAFE DE FRANCE
Heineken
CHANEL
Cuisine Italienne

法国风情

法国人坚信他们的生活方式是最好的，而他们的祖国则是世界上最文明的国度。当然，几百万名游客也同意他们的观点。法式佳肴和美酒备受追捧；法国文化、文学、艺术、电影和建筑有着深厚的底蕴，能够激起人们的极大兴趣。法语的小舌音、世俗文化和运动理念都能让游人产生宾至如归的感觉。

法国的风景多种多样，从高耸的山川高原到葱绿的农田，从古老的村庄到别致的林荫大道。它的地区特征也很多样：法国国土横跨北欧和南欧，包括拥有凯尔特海洋遗产的布列塔尼、地中海的阳光地带、受日耳曼深远影响的阿尔萨斯－洛林以及粗犷的奥弗涅山和比利牛斯山脉地区。巴黎仍然是法国的核心地区，其直率的市民和生活强烈的节奏感为世人所熟知。其他城市包括坐落于北部工业集合地的里尔和地中海岸最大的港口马赛。

尽管极具前瞻性的法国人利用高速列车和网络手机通信技术缩短了整个国家地区间的距离（包括地理上和心理上的），但是北部和南部以及城市和乡村的差异仍然很明显，但这种差异却为人们所珍视。这种高科技的迅速发展也引发了反对的声音：当法国人的生活越来越离不开城市、越来越工业化，人们对于保护古老、传统的生活方式以及珍惜乡村生活的愿望也开始与日俱增。

法国的象征——玛丽安

法国的理想生活——美好生活（douceur de vivre），也就是在露天餐桌上沐浴着阳光、品味美酒，并在茶余饭后品评奇闻逸事。然而，法国的乡村生活也逐渐发生了改变。1975年，每三个法国人中就有一个人从事农业生产，而如今，25个人中才有一个从

索米尔城堡是卢瓦尔河最为浪漫、完整的城堡之一

◁ 圣特罗佩斯的咖啡馆是法国享受生活乐趣的场所

事农业。曾经法国的主要出口品是香水、干邑白兰地等奢侈品，但是现在它们被汽车、飞机、核电站和通信设备所取代。

受人欢迎的小轮摩托车

但是人们仍然固执地追寻着自己的根源，试图坚持原始状态，他们一般都会在乡下保留一块土地，休假或退休以后前往该地享受生活。总体来说，有两处房产的法国人要比有两处房产的其他国民多一些；而且在很多地区，比如普罗旺斯，那些正在衰落的村庄也开始重新焕发青春——巴黎市民将它们视为夏季的时尚度假胜地。很多艺术家和能工巧匠现在都在乡村地区定居和工作；很多企业家也在此修建厂房和工坊，这在网络时代是十分可行的。

香奈儿女士香水

随着天主教堂影响力的衰落，法国社会的变化也逐渐开始发生。如今，只有 9% 的法国人还在坚持定期参加弥撒活动。很多情侣还未结婚就已经同居，并且与已婚夫妇承担同样的税务。此外，堕胎已经是合法的行为了。

法国的女性运动与盎格鲁－撒克逊国家的女性运动有十分明显的不同之处。法国的女性主义者不愿意谴责女性的轻佻行为和对性的需求。作为欧盟成员国的城市居民，法国女人与男人完全享有同样的权利，但是法国人的想法还是传统的。与异性的调情行为并没有什么不正常。

1991 年，埃迪特·克勒松夫人（Edith Cresson）当选为法国的首位女总理，她因脾气火暴、作风雷厉风行、擅长辞令、精力充沛而被人誉为法国的“铁娘子”——这是一件具有里程碑意义的事情；但是事与愿违，她并未受人拥戴——她在职期间，工业生产投资越发锐减，企业竞相裁员，失业队伍急剧膨胀，而一桩桩政治丑闻也接连被曝光，这使得她和社会党政府威信扫地；所有这些问题无疑在日后为争取法国政治中男女平等的努力增添了阻碍。但塞格林·罗雅尔（Ségolène Royal）为女性重新塑造了政治中的稳固地位——她于 2006 年高票当选 2007 年社会党候选人，而且最新民意调查显示其公众支持率达 61%；虽然在 2007 年法国总统选举中她败给了尼古拉·萨科齐（Nicolas Sarkozy），但她仍获得了 47% 的选票支持。

1968 年 5 月的动乱是法国发生深远改变的催化剂

阿尔萨斯－洛林地区的农业

社会习俗和政治

法国的社会生活（密友间除外）通常充满了正式的味道，人们见面时一般相互握手并称呼对方头衔，在语言的选择上，法国人也通常使用更为正式的“您（vous）”，而非较为亲密的“你（tu）”。但是在年青一代的人中，社会习俗已经发生变化。他们会直呼人的名字，甚至在办公室使用“你”。法国人对于衣饰的讲究，在世界上是最为有名的。所谓“巴黎式样”在世人眼中即与时尚、流行含义相同。在正式场合法国人通常要穿西装、套裙或连衣裙，颜色多为蓝色、灰色或黑色，质地则多为纯毛。出席庆典仪式时一般要穿礼服。男士所穿的多为配以蝴蝶结的燕尾服，或是黑色西装套装；女士所穿的则多为连衣裙式的单色礼服。对于穿着打扮，法国人认为重在搭配是否得法。在选择发型、手袋、帽子、鞋子、手表、眼镜时，都十分强调要使之与自己着装相协调。但是现在法国年轻人已经趋于穿较为休闲的衣服了，不过他们的穿戴仍然算是讲究的。

夏尔·戴高乐

法国的礼仪仍旧存在，而且法国人十分重视法律，不管是购买房产还是出口古董都严格遵守规矩。但是，法国人对那些繁文缛节根本漠不关心。

冷战结束后，长久以来非常尖锐的左/右对立问题被务实的中间路线所取代。弗朗索瓦·密特朗（Fran·ois Mitterrand）作为社会主义共产联盟的主席，自 1981 年当选总统以来，在 14 年的执政期间，倡导寻求多数一致的政治氛围，稳步走向更加集中的政治议程。1995 年，雅克·希拉克（Jacques Chirac）当选为法国总统，承诺采取右翼政策。到 2002 年，总统选举、移民和安全隐患、选举承诺食言以及政治腐败导致了大范围的罢工活动和对国民阵线（Front National）的倾向。但是，社会党领袖利奥内尔·若斯潘（Lionel Jospin）在第一轮选举中被淘汰，希拉克在第二轮胜出，连任法国总统。2005 年对欧洲宪法（European Constitution）的反对再一次显示出民众对选举结果的不满。

2007 年，希拉克的副总理尼古拉斯·萨科奇（Nicolas Sarkozy）通过解决民众的担忧并承诺结束腐败而当选为新一届法国总统。他明确表示了当选之后

巴黎时装展上的设计师蒂埃里·穆勒

将付出的行动，并严格遵守了他的承诺。当选后，他与美国建立密切关系，并将法国重新纳入欧洲联盟。但在2010年，萨科齐在民众中的威望减弱，他的提高退休年龄的计划引起了民众罢工，将吉卜赛人驱逐出法国的决定也受到了欧洲国家的批评。

在节日和朝圣活动上穿着的布列塔尼传统服饰

文化和艺术

法国人对待文化的态度十分严肃，因此作家、学者、艺术家和时装设计师都有十分高的社会地位。国家资助建立了庞大的省艺术中心网络，而且长久以来政府拨款鼓励人们在艺术和服装设计上进行大胆的实验。法国人以他们的电影传统引以为豪，而这也成为法国抵抗好莱坞压力的中流砥柱。此外，法国人对其他文化活动，如音乐和法语本身，也都采取了保护的态度。法国音乐界都以法语为主，以保护原有的主义气息，而红磨坊亦从1889年起成为当地文化一部分，以康康舞著称。

法国很好地保护了前卫艺术、文学以及现代建筑。法国有很多令人激动的建筑工程——从巴黎卢浮宫金字塔和拉德芳斯区新凯旋门等现代建筑到尼姆、蒙彼利埃和南部的马赛所拥有的后现代房屋建筑，应有尽有。

现代生活

正当一半法国人采用高卢特有的方式迎接千禧年到来之时，另外一半法国人却陷入欧洲有史以来最强烈的风暴所导致的黑暗当中。这是法国人对现代主义持矛盾态度的绝好例证。法国是世界上农业现代化程度最高的国家之一，但是人们仍然尊敬农夫。法国渴望在世界上处于领先地位，然而他们规定整个8月全民放假，届时法国人涌上公路前往海滨度假胜地。但是最近的两个变化似乎加快了这个步伐：一个是

拉德芳斯区新凯旋门是法国边缘地区的巨大商业综合建筑的一部分

传统游戏法式滚球现在仍然很受欢迎，在南部尤为如此

受到法国人热烈支持的互联网的到来；另外就是欧元的突然到来将欧洲最古老的十进制货币法郎驱赶出货币舞台。

法国人是充满激情且具有洞察力的消费者。甚至小城镇都有精美的时尚服饰商店，街道集市汇集了当地最好的产品。此外，法国还有欧洲最大的超级购物市场，并已经稳步取代了当地的杂货店和住宅区附近的小商店。它们销售的都是典型的法国货：熟食店长长的柜台上摆放着上百种法国奶酪和熟肉；而大量的新鲜蔬菜和水果则在法国菜肴中扮演着各种重要的角色。

南部产品：甜瓜、桃子和杏

在现代社会的压力下，人们的饮食习惯逐渐变得挑剔。过去，法国人每天都会很自然地正常就餐，如今他们工作繁忙，挤压了就餐时间，所以整个星期中进餐都很简单，要么在家里吃煎牛排或意大利面，要么就在城镇上吃快餐（因而使有悖法国饮食传统的快餐店兴旺起来）。但是餐饮在法国文化中仍发挥着重要的作用，不仅仅是源于美味的菜肴和葡萄酒，还因为能够一边慢慢享用丰盛的美食，一边与家人或朋友坐下闲聊。在每周一次或两次的特殊场合，他们会享受丰盛的晚餐，或者在星期天举行一次家庭午餐，这是一种重要的法国习俗。只有在这些时候，法国人对生活的激情才能够完全显露出来。

偏远的农庄激起人们对乡村生活的回忆

经典法国菜单

传统的法国菜肴至少包括三道菜。第一道菜或开胃菜包括汤、蛋类菜肴、沙拉或熟肉，如切片香肠或者火腿。在上主菜之前可能还有一道鱼。而主菜将会是肉或鱼，同时还配有调味汁、土豆、米饭或意大利面和蔬菜。在上甜食之前还有奶酪。甜品也许包括果汁冰淇淋、水果派和奶油或巧克力点心。套餐是最低廉的选择。更多关于法国餐馆的信息见 596~599 页。

勃艮第蜗牛这道菜保留了蜗牛壳，并配有欧芹和蒜油。

白葡淡菜此款经典菜肴是将淡菜用干白葡萄酒配以红葱和欧芹烹制而成。

HORS D'OEUVRE

Soupe de poissons — 鱼汤

Escargots à la Bourguignonne

Salade frisée aux lardons — 煎培根丁配生菜沙拉

Crottin chaud en salade — 山羊奶酪土司配沙拉

Cèpes à la Bordelaise — 嫩煎野蘑菇配大蒜和欧芹

POISSONS

Moules marinières

Loup au fenouil — 醉焰茴香枝烤海鲈鱼

Coquilles St-Jacques — 扇贝

VIANDES

Lapin chasseur — “猎人”风格烤野兔配蘑菇

Noisettes d'agneau — 小块羔羊肉

Bifteck au poivre — 胡椒酱牛排

Blanquette de veau — 炖小牛肉配鸡蛋和奶油

Magret de canard — 鸭胸

Côte de porc — 猪排

Ris de veau — 小牛“甜面包（胰脏）”

Gratin Dauphinois

Carottes Vichy

奶油芝士烤土豆将土豆片放入黄油中，上层铺上奶酪，慢慢烤制而成。

维希胡萝卜将胡萝卜放入加糖的维希矿泉水中做熟，胡萝卜表面沾满了糖浆。上菜时撒上欧芹。

早餐

法国人在早晨很少吃麦片、鸡蛋或肉类食物，抹有黄油和果酱的各类面包是他们早餐的最爱。包括牛角面包（片状、涂有黄油的新月形糕点）、法式长棍面包（经典细长形的面包）、巧克力面包（在椭圆形的牛角面包表面卷一层巧克力后烘烤而成）以及奶油蛋卷（一种中空的、富含鸡蛋的发酵面包或蛋卷）。成年人吃早餐时会喝咖啡或者奶茶，儿童会选择热巧克力。酒店一般还会提供新鲜的果汁。最常见的早餐咖啡是热牛奶咖啡（café au Lait）。

典型的法式早餐

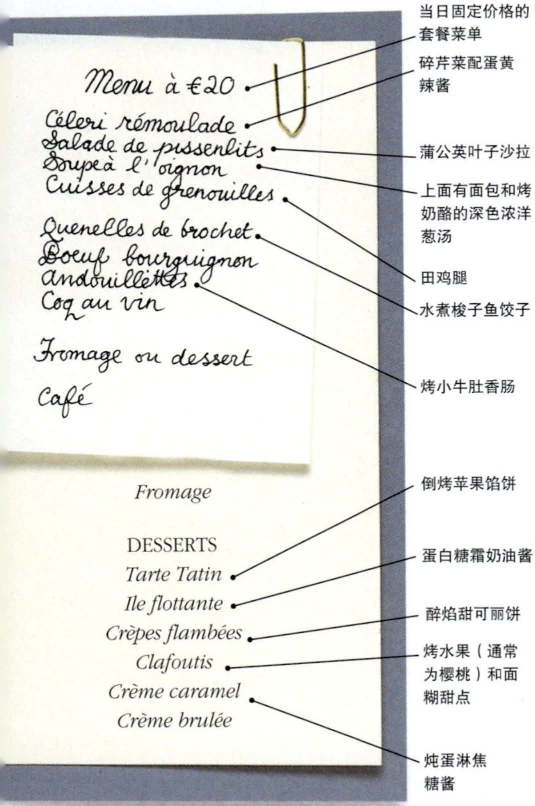

勃艮第牛肉用勃艮第红酒烹制牛肉，配以培根、小洋葱和草菇。

酒焖仔鸡将白兰地醉焰小公鸡与草菇、洋葱一同放入葡萄酒中煮熟。

烤布蕾将红糖散在浓郁的奶油蛋羹上烧烤，直至上层烤成脆皮。

奶酪
所有的法国高档餐厅都能提供当地出产的著名奶酪，品种非常齐全，其中包括牛奶酪、羊奶酪、蓝纹奶酪、软奶酪和干酪等。

法国的葡萄酒

采摘者的木斗

尽管罗马人首先在法国种植葡萄并推广葡萄酒酿造技术，但是法国自身的葡萄酒酿造历史能够追溯到罗马时代以前。波尔多、勃艮第、罗讷河谷和香槟出产的葡萄酒，无论种类、质量还是知名度在世界上都首屈一指。虽然法国各地的葡萄酒都能令人陶醉，但现今法国南方地区出产的葡萄酒的质量最为上乘。

传统的葡萄种植园

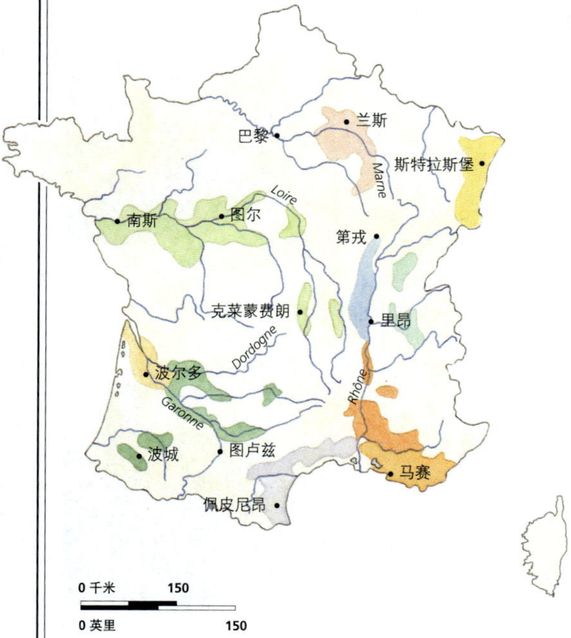

葡萄酒产区

最主要的十个葡萄酒产区所种植的葡萄种类、当地的气候和土壤都相差甚远，因此形成了各自的特色。原产地管理证明保证了葡萄酒的来源和制作工艺。

图例

- 波尔多
- 勃艮第
- 香槟
- 阿尔萨斯
- 卢瓦尔河
- 普罗旺斯
- 侏罗山脉和萨瓦
- 西南部
- 郎格多克-鲁西永
- 罗讷河谷

如何识别葡萄酒商标

即使最简单的商标也会详细标明葡萄酒的属性和质量，如名称、生产商、生产年份、原产地管理证明，是优良地区餐酒还是法国优良餐酒。有的还有地区标准，如波尔多的葡萄酒质量分级。葡萄酒瓶的形状和颜色也是判断所装葡萄酒种类的依据。因为绿色玻璃能够避光保护葡萄酒，所以人们通常使用绿色玻璃来制造酒瓶。

制造商

葡萄酒酿造期

图片可能是写实风格，也可能充满想象力

庄园的瓶装酒比生产商或种植者装瓶的酒好

葡萄酒的原产地管理证明

酒瓶容量

古老的压榨机

如何生产葡萄酒

葡萄酒是利用采摘下来的新鲜葡萄的汁液生产出来的；在发酵阶段，自然发酵和人工发酵将葡萄糖转化为酒精。在装瓶之前，人们会将酒渣过滤掉。

白葡萄　　**红葡萄**

新收获的葡萄不管是红葡萄还是白葡萄，首先都要被轻轻压碎，这样才能让富含糖分的葡萄汁与外皮内的酵母菌发生反应。

红葡萄酒的主要成分来自红葡萄皮内的单宁；葡萄茎也富有单宁，但是含量比较少。在压碎葡萄之前，多数葡萄生产商会去除葡萄茎。

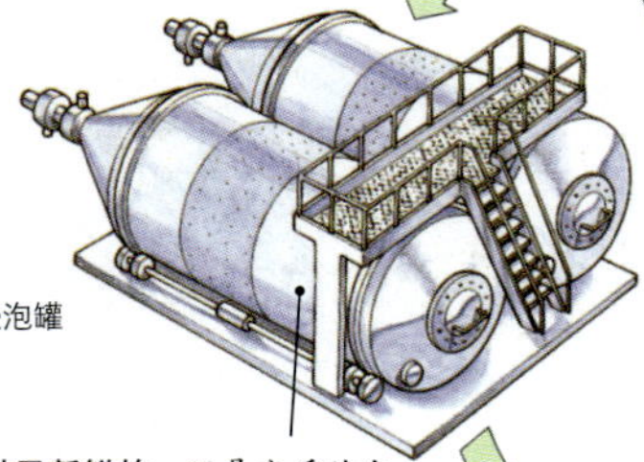

浸泡罐

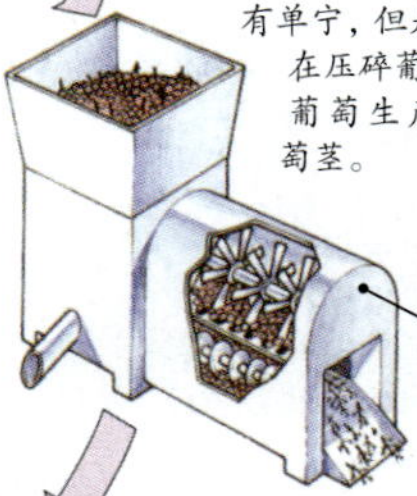

压碎机和抽梗机

对于新鲜的、不易变质的白葡萄酒和一些红葡萄酒，人们会把葡萄汁与葡萄皮放在一起浸泡几个小时，这样能增加香味。

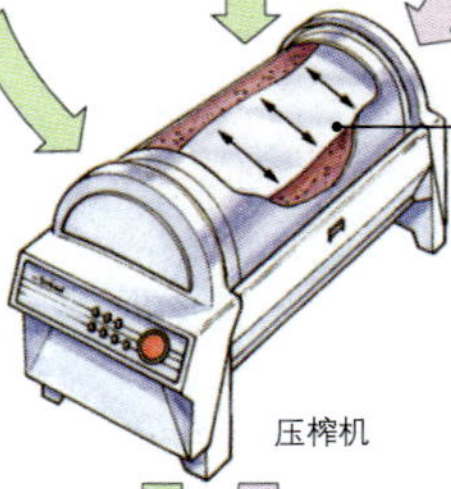

压榨机

白葡萄酒只选用压榨程度较轻的葡萄汁制作，因为这样才能获得最新艳、浓郁的香味。如果要生产红葡萄酒，那么在发酵过后就要把葡萄彻底压碎；这种压榨酒富含单宁和其他芳香元素，如果需要还可混合入葡萄酒中。

发酵是一个自然过程，但是具有不可预料性，如今很多生产者采用人工发酵，使用更加卫生且可操控温度的不锈钢器皿来控制发酵过程，这样就能确保每次发酵的结果一样。

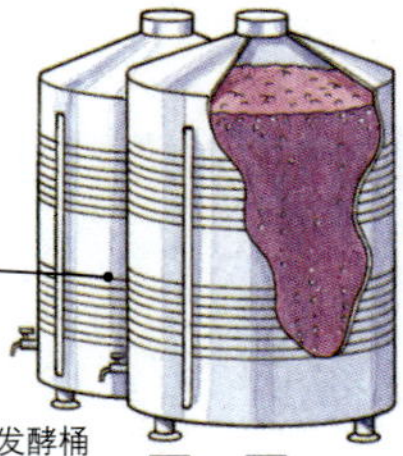

发酵桶

普通葡萄酒可能直接过滤后装瓶；但是生产出更高级的葡萄酒就需要在桶里继续陈放，橡木溶解于葡萄酒中的芳香物质是很多葡萄酒的组成部分，如波尔多红葡萄酒就有橡木的味道。

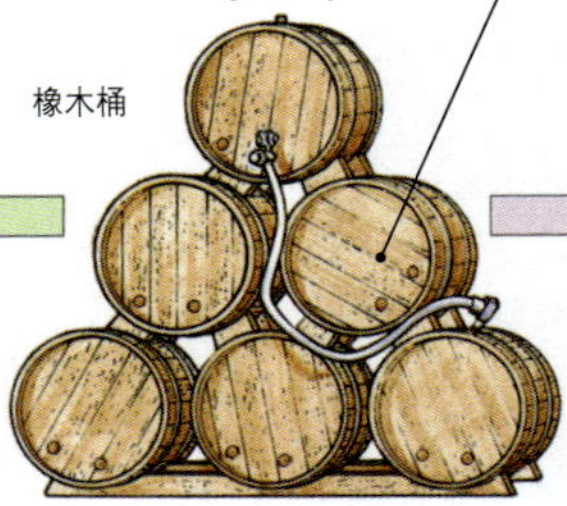

橡木桶

不同的玻璃瓶颜色说明了葡萄酒的产地

典型的波尔多红葡萄酒（左）和勃艮第红葡萄酒的酒瓶形状

法国的艺术家

艺术家能够在法国获得很多灵感；自19世纪以来，法国的风景成了当之无愧的艺术主题。当艺术家们在枫丹白露、布列塔尼和法国南部的森林里建立了“艺术殖民地”后，这些地区就吸引了大量游客前来观光。如今在法国乡村旅游的一大妙处就是寻找那些名画中出现的美景。

追寻法国经典传统风景绘画的让·巴蒂斯特·卡米尔·柯罗绘制了《杜埃的钟楼》（1871年）。

居斯塔夫·库尔贝是社会主义者和写实画派的领导者，他描画了一个著名的海滨小镇《暴风雨后的埃特尔塔峭壁》（1869年）。

埃米尔·伯纳德被布列塔尼地区原始的荒野风景以及居民的个性所吸引。他是阿旺桥艺术社团的成员之一。其作品《布列塔尼圆舞曲》（1892年）表现了当地的凯尔特人习俗。

新印象派艺术家和点描绘法的推崇者保罗·西涅克沉迷于法国海岸的海洋风光。《拉罗谢尔港口入口》（1921年）展示了使用大量色彩圆点绘制自然风光的技巧。

西奥多·卢梭是巴比松风景画派（见181页）的代表人物；1830年他来到了奥弗涅，正是在这里，他开始绘制“户外风情”。《奥弗涅的日落》（1830年）体现了他细腻的画风。

仅过了几个月，文森特·凡·高就于1890年逝世了。生前，他画了这幅《奥弗涅教学》。他这样评价这座建筑：“它既有紫罗兰色又有纯钴蓝色。”

在《埃菲尔铁塔》（1926年）一画中，罗伯特·德劳内研究到了颜色的抽象性。他的艺术家妻子索尼娅·德劳内说：“对他来说，埃菲尔铁塔和天空是融为一体的。”

绘画场景取自于每天的日常生活，居斯塔夫·库尔贝就是从中获取灵感，《在奥尔南镇附近的山谷施舍放牛姑娘的乡村年轻女子》（1851~1852年）就是很好的一个例子。

莫里斯·郁特里罗住在母亲家时，绘制了这幅《夏季的圣伯纳教堂》（1924年），这幅画描绘了当时村庄的景观。忧郁的色调和空旷的画面反映了他不幸的生活。

蔚蓝海岸吸引了许多艺术家（见472~473页）。劳尔·杜飞尤为欣赏棕榈树和蔚蓝的天空，因此绘制了《尼斯的滨海大道》（1928年）。

《科利乌尔的风景》（1905年）描绘出了小小的加泰罗尼亚渔村的鲜艳色彩。亨利·马蒂斯当年在这里发起了野兽派艺术运动，他喜欢使用相当艳丽并富有表现力的色彩。

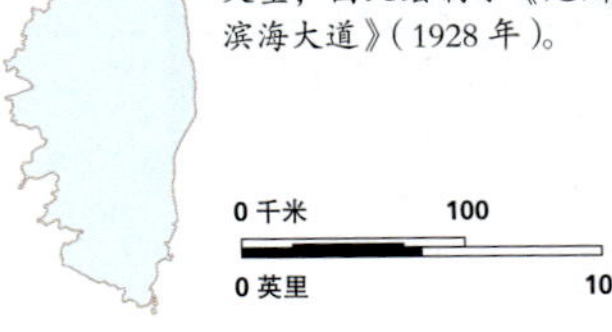

法国作家

波德莱尔雕像

法国作家和学者向来在世界上都享有很高的声誉。最有权威的法国机构当数法兰西学院（Academie Française），该学院的 40 名成员多数都是作家，他们对国家大事、事件发表观点并出任公职。

很多法国小说家的作品都以他们生活的地区为背景，如居斯塔夫·福楼拜居住的诺曼底和让·纪沃诺所在的普罗旺斯。这些小说除了具有文学价值外，还描述出了法国当地的区域特征。

科莱特在勃艮第的房子

小说

博斯的农场就是左拉的小说《大地》的故事发生背景

法国第一位伟大的作家是 16 世纪的拉伯雷，他是一位热爱生命并勇于抨击时势的讽刺作家（见 295 页）。启蒙运动时期的许多作家都善于在作品中强调理性、简洁和客观等经典传统。19 世纪是法国人文主义小说的黄金时期：巴尔扎克的小说反映了当时的社会，司汤达的《红与黑》则批评了新派贵族的虚伪与庸俗，而维克多·雨果则以《悲惨世界》而出名。乔治·桑的《与魔鬼同行》采用理想主义风格描绘了农夫的生活。福楼拜的小说《包法利夫人》研究了地方风俗和错位的浪漫主义。与之形成对比的是左拉的《萌芽》和《泣血乡恋》及其他反映社会底层人物生活的作品。普鲁斯特《追忆似水年华》里将年少浪漫的回忆与对高层社会的描写联系在一起。其他作家也采用浪漫主义手法描写了少年时代，如阿兰·福尔尼埃的《美丽的约会》和科莱特的《母亲的房屋》等。“一战”之后出现了一种新体裁小说。让·吉奥诺的《我心仰望的喜乐》和弗朗索瓦·莫里亚克的《泰瑞丝·戴斯季荷》探索了风景对人性格的影响。莫里亚克以及《乡村牧师日记》的作者乔治·贝尔纳诺斯将长期精神斗争作为他们作品的主题。安德烈·纪德的代表作是《窄门》和自传《如果种子不死》。20 世纪 60 年代，阿兰·罗伯和其他作家开始尝试撰写反传统小说，它其中的客观描述比角色和情节更重要。批评家认为反传统小说在一定程度上导致了近代小说的衰退。但是，2008 年诺贝尔文学奖还是授予让·马里·古斯塔夫·勒克莱齐奥。

《追忆似水年华》的作者——马塞尔·普鲁斯特

雨果的小说《悲惨世界》在 20 世纪 80 年代被改编成音乐剧

戏剧

17 世纪的法国出现了三位杰出的剧作家，他们是拉辛、莫里哀和康奈尔。莫里哀的戏剧讽刺了人性的虚荣和弱点。康奈尔和拉辛则创作了许多悲剧风格的诗篇；18 世纪，浪漫主义剧作家马里伏和博马舍继承了这一风格，博马舍的代表作《赛维利亚的理发师》和《费加罗的婚礼》后来被改编为歌剧。维克多·雨果的戏剧是 19 世纪最受欢迎的作品。而 20 世纪的著名剧作家包括哲学戏剧作家让·阿努伊和批判权威、曾被判刑的让·热内。20 世纪 60 年代，来自罗马尼亚的欧仁·尤内斯库和来自爱尔兰的塞缪尔·贝克特是“荒谬剧场”这个新流派的先驱者。从那以后，再也没有出现过杰出的剧作家，但试验性工作已在国家资助的剧院公司中开展了。

17 世纪的剧作家莫里哀

诗歌

龙沙是法国早期最为著名的诗人，他在 16 世纪写下了许多以自然和爱情为主题的十四行诗。拉马丁是 19 世纪早期的诗人，他的作品主题之一也是爱情（《沉思集》哀悼了一段逝去的爱情）。19 世纪后半期，波德莱尔（《恶之花》）和兰波（《醉舟》）在当时被认为具有煽动性。1904 年诺贝尔文学奖获得者弗雷德里克·米斯用普罗旺斯语进行写作。保罗·瓦雷里被公认为 20 世纪最伟大的诗人，他的作品有很强的哲理性。

哲学

法国哲学家具有举足轻重的地位，其中一位道德家就是 16 世纪将随笔确定为一种艺术形式的蒙田。之后有了逻辑大师笛卡儿和哲学家帕斯卡。18 世纪出现了杰出的自由主义者伏尔泰和倡导与自然亲近的卢梭。20 世纪，萨特、西蒙波娃和加缪将小说视为一种理性的工具。萨特利用其小说《厌恶》和论文《存在与虚无》在 20 世纪 40 年代在巴黎掀起了存在主义热潮。20 世纪 70~80 年代的巴黎被结构主义者的激进思想笼罩着。后解构主义者将这一理性主义方法延续到 20 世纪 90 年代，其代表人物是德里达、克里斯特瓦、德勒兹和利奥塔。以其政治理念出名的巴迪乌也是 21 世纪初期法国著名的哲学家。

1969 年萨特和西蒙波娃在巴黎的穹顶咖啡馆

1957 年诺贝尔文学奖获得者阿尔贝·加缪的小说

外国作家

许多外国作家都从法国获得了灵感，如 14 世纪彼特拉克曾访问阿维尼翁，歌德于 1770 ~ 1771 年到访过阿尔萨斯。20 世纪的里维埃拉吸引了许多小说家，如萨默赛特·毛姆、凯萨琳·曼斯菲尔德、欧内斯特·海明威和格雷厄姆·格林。1919 年美国人西维亚·贝琪在巴黎开设了第一家莎士比亚书店，这里后来成为外籍作家的文化中心。1922 年她首次出版了爱尔兰作家乔伊斯的小说作品《尤里西斯》。

1923 年，海明威、西尔维娅·毕奇和朋友在巴黎相会

法国的罗马式建筑和哥特式建筑

法国有许多修建于中世纪的教堂，从罗马式小教堂到宏伟的哥特式教堂。这个国家建立于 11 世纪的黑暗时代，那时人们修建了大量的罗马式建筑，它们有着罗马风格的厚墙、圆拱以及厚重的拱顶。法国建筑师后来对这种基本结构进行了完善，因此哥特式建筑于 13 世纪逐渐流行起来。尖拱和拱扶垛是重要的发明，人们利用它们修建了更高的建筑和更大的窗户。

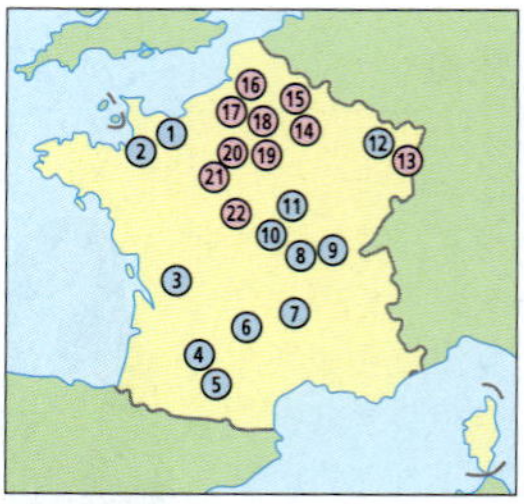

定位地图

① 罗马式修道院和教堂

⑬ 哥特式大教堂

罗马式建筑特点

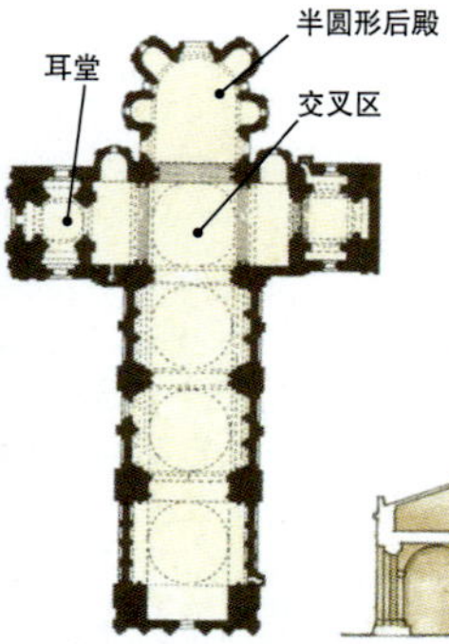

昂古莱姆教堂平面图展示了罗马式古建筑典型的十字形结构和东侧的半圆形凸出建筑部分。

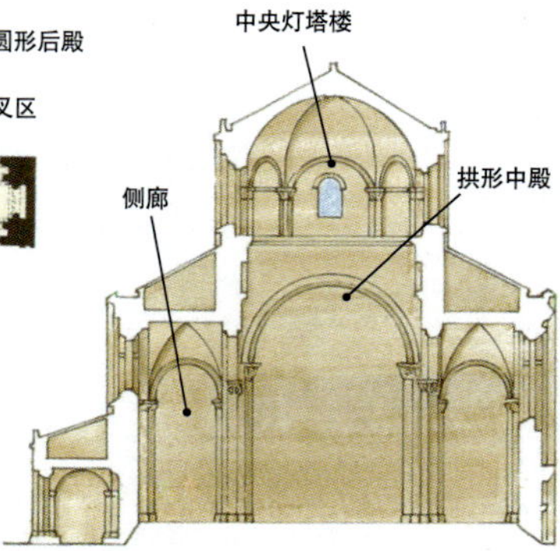

勒皮教堂的剖面图展示了带有圆拱和偏低侧廊的筒形穹顶中殿。该设计使得光可以透过窗户照进侧廊和中央灯塔楼。

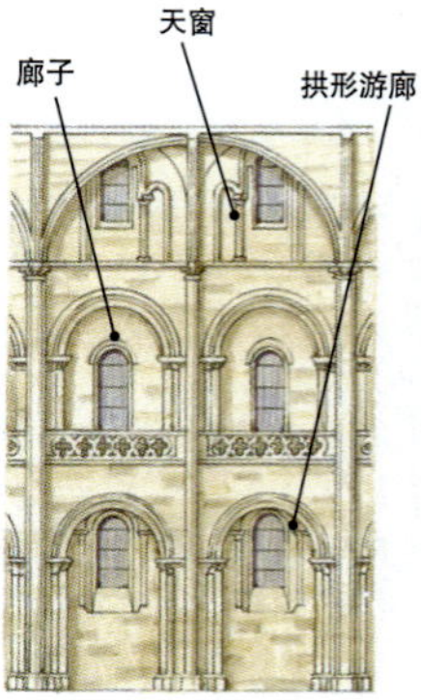

圣艾蒂安教堂的中殿分隔间的墙支撑着三层拱廊、走廊以及高侧窗。

哥特式建筑特点

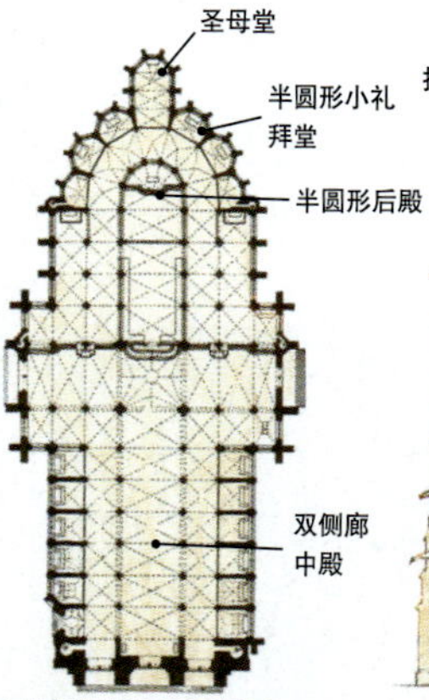

亚眠教堂的平面图展示了被连排的小礼拜堂包围的中殿和半圆形后殿。

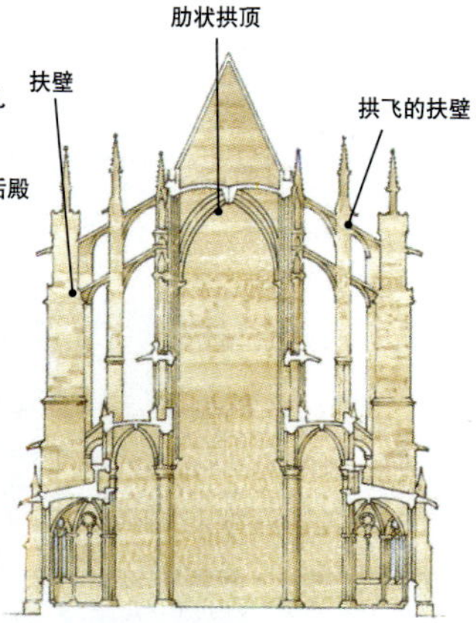

博韦教堂的剖面图展示了中殿是如何在飞扶壁的支撑下被抬到惊人的高度的。

尖拱能承受巨大的压力，因此可以承受更大窗户的重量。兰斯教堂的中堂就采用这种设计。

哪里能够欣赏到罗马式建筑

① 圣艾蒂安，卡昂 254 页
② 圣米歇尔山，诺曼底 258 页
③ 圣皮埃尔，昂古莱姆 419 页
④ 圣母院，勒皮 365 页
⑤ 圣皮埃尔，穆瓦萨克 442～443 页
⑥ 圣塞宁，图卢兹 446～447 页
⑦ 圣奥斯特摩尔，伊苏瓦尔 359 页
⑧ 圣心教堂，巴莱毛尼 345 页
⑨ 圣菲利伯特，图尔尼 344 页
⑩ 圣艾蒂安，讷韦尔 338 页
⑪ 圣马德莱娜，韦泽莱 336～337 页
⑫ 马穆提，萨韦尔讷 233 页

哪里能够欣赏到哥特式建筑

⑬ 圣母院，斯特拉斯堡 231 页
⑭ 圣母院，兰斯 212～213 页
⑮ 圣母院，拉昂 205 页
⑯ 圣母院，亚眠 202～203 页
⑰ 圣皮埃尔，博韦 200 页
⑱ 圣丹尼，巴黎 172 页
⑲ 圣礼拜堂，巴黎 84～85 页
⑳ 圣母院，巴黎 86～87 页
㉑ 圣母院，沙特尔 308～311 页
㉒ 圣艾蒂安，布尔日 313 页

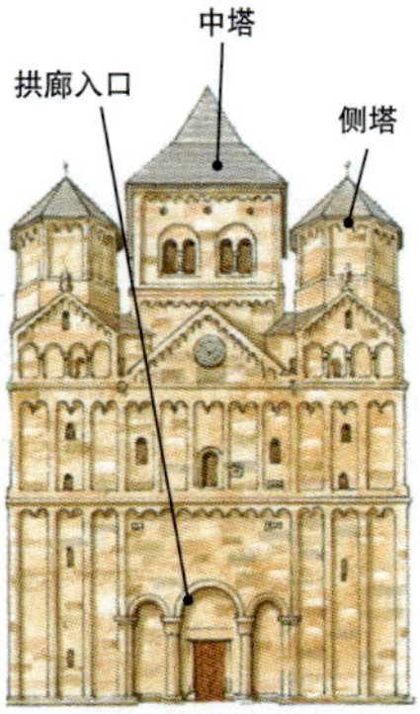

马穆提修道院的西侧前墙，加上塔楼、窄窗和小入口给人一种坚不可摧的堡垒的感觉。

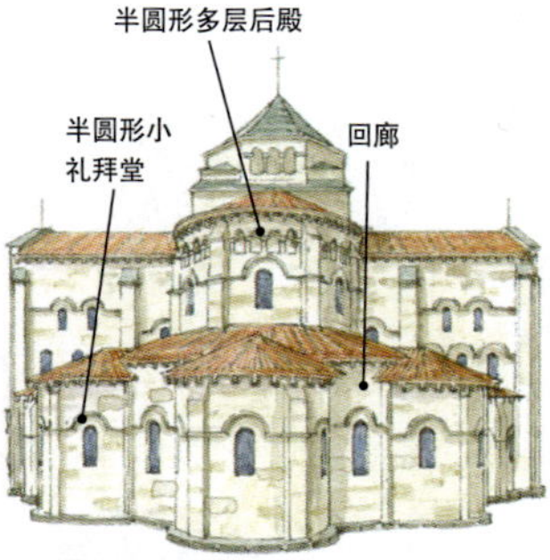

诺维尔教堂的东端有一个被小礼拜堂和半圆形回廊包围的后殿。这些小礼拜堂是后来增建的，目的是为圣坛提供更多的空间。

拉昂教堂的西侧前墙有典型的哥特式雕花入口和玫花窗。

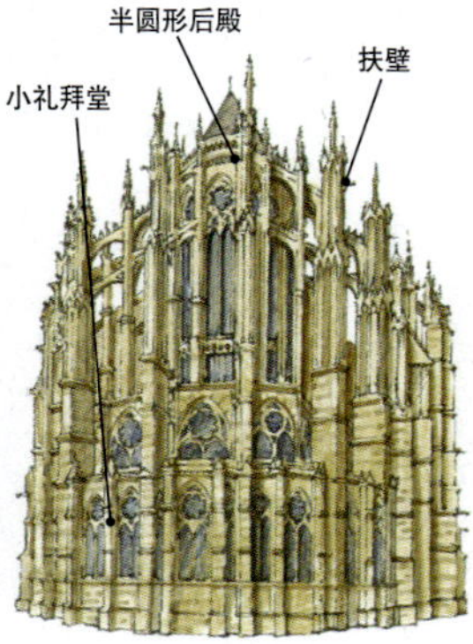

博韦教堂的东端有着精致的尖顶扶壁，这是新哥特式的巅峰之作。

本书中使用的术语

长方形基督教堂：早期的教堂拥有两个侧廊和一个高处有高侧窗的中殿。

高侧窗：位于侧廊上方、允许阳光透进来照亮中殿的一排窗户。

玫瑰花窗：圆形窗户，通常由彩绘玻璃制成。

扶壁：用于支撑墙壁的大块砖石。

飞扶壁：一个能将重量向下传递的拱形支撑体。

入口：一幢建筑的巨大入口，通常刻有花纹。

门楣：大门或窗楣上带有雕刻装饰的部分。

拱顶：拱形的石头屋顶。

耳堂：十字形教堂的两翼，与中殿成直角。

交叉区：教堂中殿与耳堂相交的十字形区域的中心。

灯塔楼：带有窗户的塔楼，通常是圆顶（穹顶），光线可透过塔楼照亮建筑内部。

三拱式拱廊：游廊和高侧窗之间的露天通道。

圆形后堂：教堂的尽头，通常为圆形。

回廊：教堂东端环绕圣坛的环形走廊。

拱廊：由柱子支持的一排拱门。

肋状拱顶：由石头弯梁支撑的拱顶。

石像鬼：怪兽状滴水嘴。

窗饰：哥特式玻璃窗上精雕细琢的石头花纹。

火焰式哥特装饰：代表火焰的石刻窗饰。

柱头：圆柱的顶端部分，通常有花纹。

乡村建筑

法国的农舍几乎都是土地的衍生物，因为它们都是由石头、黏土或木材修建而成的，建筑材料大多是就地取材。建筑风格也和当地的地形有关：北部的农舍大多有着平瓦铺就的陡峭屋顶，南部大多有宽阔的管状瓦片屋顶。

若不考虑地区多样性，法国农舍一般分为三大类：整体房屋，即房屋和外围建筑共用一片屋顶；高屋，主人生活在二楼，牲畜和酒窖则在楼下；庭院农庄，即房屋围绕一个中心庭院分布。

阿尔萨斯的百叶窗

牧人小屋是瑞士、阿尔卑斯山区和孚日山区的典型建筑。整个家族和牲畜在冬天都居住在整体房屋内。山墙厚木板之间的缝隙使得空气能在储藏粮食的阁楼内流通；而后面的土坡则为马车提供了通道。许多阁楼内还有打谷场。

半木质房屋是诺曼底、阿尔萨斯、香槟、皮卡第、朗德和巴斯克地区的典型建筑。木料之间的填充物主要是树枝条和涂料，有时还会使用砖石。各地区的建筑风格不同，因此木柱的排列方式也不同。

高屋在法国东南部很常见，它们通常是由石头建造而成，带有石头阶梯和上层门廊。一楼是酒窖，放入酒桶可丝毫不费力，另外这里也可以用来饲养牲畜。乐跃谷的高屋一般都有鸽舍。

长屋是整体房屋的原始形式，房屋主人和牲畜分别居住于同一座建筑的两头。在布列塔尼，这种房屋的两扇大门分别通往住宅区和畜圈。直到19世纪人们才在中间砌了一面墙，将人和动物的居住区分隔开。

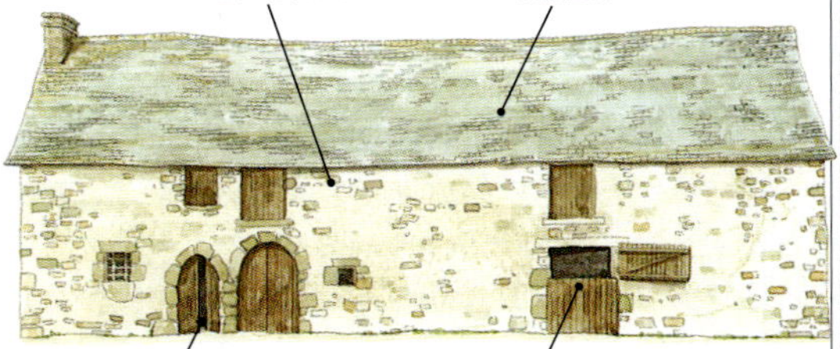

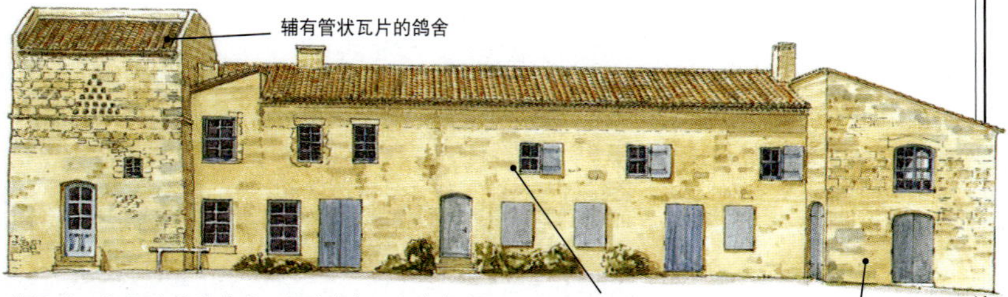

单词“mas”指的就是普罗旺斯的农舍。而在卡马格和克罗，它是指当地大规模绵羊养殖农场的农庄，那些外围建筑彼此相连，但高度却不尽相同。大部分建筑物都带有鸽舍。

鹅卵石和石砖砌的墙

半木砖墙

压缩玉米棒

晒干的砖坯

泥灰里的鹅卵石

砖石、燧石和石灰石

墙壁

当地的石灰石、花岗岩、沙石和鹅卵石都被用来建造墙壁。但是如果没有合适的石头，人们也会挖掘黏土或使用树枝和涂料来填充半木质房屋。此外还可以通过一个简单的工序将玉米棒混合物压缩成石块来使用。人们也经常使用土砖（晒干的砖），但是很少使用烧砖，因为它的制作成本比较高。有时砖头也会被用来当作装饰，或者与石灰石或鹅卵石混合建成合成墙。一般墙壁上都会抹上石灰泥。

与当地沙石同色的赤土瓦片

佛兰德和皮卡第地区使用的波形瓦

南方典型的管状黏土瓦片

屋顶

南方和北方地区有两种迥然不同的屋顶风格。北方的屋顶比较倾斜，这样雨水很容易就会顺着屋檐流下来。而南方的屋顶上面覆盖着管黏土瓦，屋顶坡度较缓，以防止瓦片滑落。

法国的季节与节庆

法国人与农业有着很深的渊源，因此他们对季节变化比较敏感。法国温和的天气使得他们一年四季的大部分时间都可以在户外举行庆祝活动，如每年的7月14日是法国的国庆节，法国人借此来纪念法国的历史和传统。法国也是文化爱好者的天堂，这里全年有几千个艺术节，从盛大的阿维尼翁戏剧节到不起眼的乡村节日，应有尽有。大型的国家体育盛会是法国特色，如环法自行车大赛。人们在节日里尽情地享受着美酒佳肴。盛夏时，很多城市都空空如也，因为法国人和外国游客都涌向海滩和乡村度假去了。

在摩纳哥赛道上举行的一级方程式比赛

春季

法国的户外生活从春天就拉开序幕，阳光下处处可见惬意的露天咖啡馆。天主教徒在复活节时举行游行，同时还有宗教音乐会。5月举行的戛纳电影节是这个季节中最引人注目的节日。

3月

国际半程马拉松赛的起点和终点都在文森城堡。

格勒诺布尔爵士音乐节（3月两周），爵士音乐会。

英式橄榄球

郊区蓝调爵士音乐节（3月），圣丹尼。爵士音乐。

六国橄榄球锦标赛，巴黎体育场。

亚眠节（3月中/4月初），爵士音乐节。

欧罗巴爵士音乐节（3月底/4月初）勒芒。国际爵士音乐节。

人们在圣托贝举行冒险节游行纪念英雄圣托贝

4月

复活节（复活节周）多维尔。室内音乐节。

卢尔德朝圣节（棕枝主日至10月，见459页）。

埃皮纳勒音乐节（4月初～5月中）埃皮纳勒。音乐节。

布尔日春节（4月末/5月中，见313页）。现代音乐会。

圣女贞德节（4月底～5月初）奥尔良。露天表演和天主教仪式（见312页）。

春笋

巴黎国际马拉松比赛始于协和广场，终于福煦路。

5月

摩纳哥国际汽车大奖赛（耶稣升天节周末，见530页）。

冒险节（5月16日～18日）圣特罗佩斯（见516页）。

戛纳电影节（第二周和第三周）。

吉卜赛朝圣节（5月末），圣玛丽海（见510页）。

圣灵降临节（5月末），牧羊人开始夏季牧羊活动。

国际花园节（5月～10月中），卢瓦尔河畔的肖蒙。

尼姆斗牛节（圣灵降临节），斗牛和街头音乐节（见496页）。

水舞音乐秀（4～10月：周日；7～9月：周六至周日），凡尔赛。古典音乐节。

将羊群赶往夏季牧场的传统的季节性牲畜迁徙

狂人国游行（5～9月），语音导览和马上绝技表演。

足球杯决赛（第二周），法国体育场。

艺术之春（5月中～6月），南特。巴洛克舞蹈和音乐表演。

夏季

法国的假期开始于7月中旬，9月初人们就开始陆续返回工作岗位和学校。但海滩、游艇码头和露营地仍是人山人海。

6月

法国网球公开赛（5月最后一周~6月第一周），巴黎罗兰·加洛斯球场。

斯特拉斯堡国际音乐节（6~7月）。

国际帆船周（6月初），拉罗谢尔。

勒芒24小时汽车拉力赛（第二或第三个周末）。

盛开的月季花

音乐节（6月21日），整个法国举行音乐盛会。

圣让节（6月24日），整个法国沉浸在音乐、篝火和焰火中。

塔拉斯各节（最后一个周末），塔拉斯孔（见507页）。

7月

抒情艺术节（6～7月），普罗旺斯艾克斯（见511页）。

阿维尼翁戏剧节（整月，见503页）。

巴黎沙滩节（7月中～8月中）。

日暮节（第一周），雷恩。艺术节。

蒙德马桑斗牛

赎罪日（7月的第二个周日），洛克罗南。忏悔游行（见273页）。

尼斯爵士音乐节（7月末）。

蒙德马桑节（第三个周末），斗牛和音乐表演（见425页）。

国际爵士音乐节（后半月），昂蒂布和瑞昂莱潘。

维埃纳爵士乐节（前两周），维埃纳（见382页）。

圣路易节（8月25日左右），赛特（见492页）。

环法自行车大赛（前三周），最后一个赛段在香榭丽舍大街举行。

法语音乐节（7月中），拉罗谢尔音乐节。

选手们进入了环法自行车大赛的最后赛段

蔚蓝海岸拥挤的戛纳海滩

8月

帕布罗·卡萨尔斯节（7月末~8月中），普拉德。

艾尔德尔会（最后一个周末），南特（见290页）。爵士乐和河船表演。

哑剧节（第一周），佩里格。

阿维尼翁戏剧节上的表演者

茉莉花节（第一个周末），格拉斯（见517页）。花车、音乐会和舞蹈。

巫师交易会（第一个周日），布法罗（布尔日北部）。

薰衣草花车游行（第一个和第二个周末），迪涅。

转熟节（第一个或第二个周末），水果丰收感恩节。

国际凯尔特节（第二周），洛里昂。凯尔特艺术和音乐节。

喜庆日－斗牛节（8月中），达克斯（见425页）。

圣让巴斯克港节（8月中）。

秋季

每年葡萄丰收的时候，人们都会举行盛大的欢庆仪式。在11月葡萄酒酿好的时候，当地还会举行更多欢庆活动。随后就到了狩猎的季节，狩猎比赛随处可见。

9月

多维尔美国电影节（前两周）。

皮卡第教堂节（9月中旬），古典音乐会。

音乐盛典（前两周），里昂。

勒皮"火鸟之王"节（第二周），文艺复兴风格节日（见365页）。

葡萄丰收节，葡萄酒产区。

国家古迹日（第三个周末），可参观14000多座历史建筑。

10月

迪纳尔英国电影节（第一周，见281页）。

博恩济贫院举行的爵士头衔授予仪式

不眠之夜（第一个周六），巴黎。博物馆通宵开放。

凯旋门大赛（第一个周日），巴黎隆尚赛马。

埃斯佩莱特辣椒节（最后一个周末，见453页）。

朗韦莱克和特雷吉尔音乐节（10月中），巴洛克音乐节。

古典大提琴

11月

第戎国际美食和美酒节（10月前两周）。

苹果节（11月中旬），勒阿弗尔。

葡萄酒拍卖和品评会（第三个周末），博讷（见346页）。

松露季（至次年3月），佩里戈尔、凯尔西和普罗旺斯。

冬季

圣诞花环

圣诞期间，教堂里会举行各种纪念基督降生的活动；法国各地也都有集市和市场开放。在阿尔卑斯山、比利牛斯山甚至孚日山和中央高原的各大滑雪场都是人山人海。在佛兰德和尼斯，大斋节前一般都会举办盛大的狂欢节。

12 月

国际初雪环形赛（12 月初），伊塞谷。

1 月

摩纳哥蒙特卡洛拉力赛（1 月中，见 530 页）。
利穆狂欢节（持续到 3 月）。
时装秀，巴黎夏季时装展。

滑雪者从法国阿尔卑斯山坡上滑下

芒通柠檬节上重塑的法国泰姬陵

马戏团节（1 月末），摩纳哥。
漫画节（1 月最后一个周末），国际连环漫画节，昂古莱姆。

2 月

柠檬节（2 月中～ 3 月），芒通（见 529 页）。
尼斯狂欢节和鲜花之战（2 月末～ 3 月初，见 526 页）。
巴黎狂欢节（时间不定），圣法高区。
含羞草节（第三个周日），博尔默勒米莫萨。

庆祝尼斯狂欢节和鲜花之战

法国国庆日通过凯旋门的游行队伍

公共假日

新年（1 月 1 日）
复活节和耶稣升天节（复活节后的第六个周四）
圣灵降临节（升天节后第二个周一）
劳动节（5 月 1 日）
圣女贞德节（5 月 8 日）
国庆节（7 月 14 日）
圣母升天节（8 月 15 日）
万圣节（11 月 1 日）
荣军纪念日（11 月 11 日）
圣诞节（12 月 25 日）

法国的气候

法国位于欧洲西部，属于温和多变气候。西北部地区受大西洋气流影响，来自西部海洋的海风使得该地区的冬天湿润而温暖。但东部地区则属于大陆性气候，冬天干冷，夏天多雷雨。南部是典型的地中海气候，夏天干燥，冬天温和，有时会有大风天气。

巴黎和法兰西岛

月份	4月	7月	10月	1月
月平均最高气温（°C）	14.5	24	16	6.5
月平均最低气温（°C）	6.5	15	9.5	2
日平均日照时间	6 小时	8 小时	4.5 小时	2 小时
月平均降水量	50 毫米	58 毫米	55 毫米	55 毫米

诺曼底

月份	4月	7月	10月	1月
月平均最高气温（°C）	13	21.5	16	7.5
月平均最低气温（°C）	5	12.5	8	2
日平均日照时间	5.5 小时	7 小时	4 小时	2 小时
月平均降水量	46 毫米	48 毫米	68 毫米	64 毫米

布列塔尼

月份	4月	7月	10月	1月
月平均最高气温（°C）	14.5	24	17	8
月平均最低气温（°C）	5.5	13	8.5	2
日平均日照时间	6 小时	8 小时	4.5 小时	2 小时
月平均降水量	44 毫米	39 毫米	62 毫米	63 毫米

卢瓦尔河谷

月份	4月	7月	10月	1月
月平均最高气温（°C）	15	24.5	17.5	8.5
月平均最低气温（°C）	6	14	9	2.5
日平均日照时间	6 小时	8.5 小时	4.5 小时	2.5 小时
月平均降水量	50 毫米	46 毫米	79 毫米	87 毫米

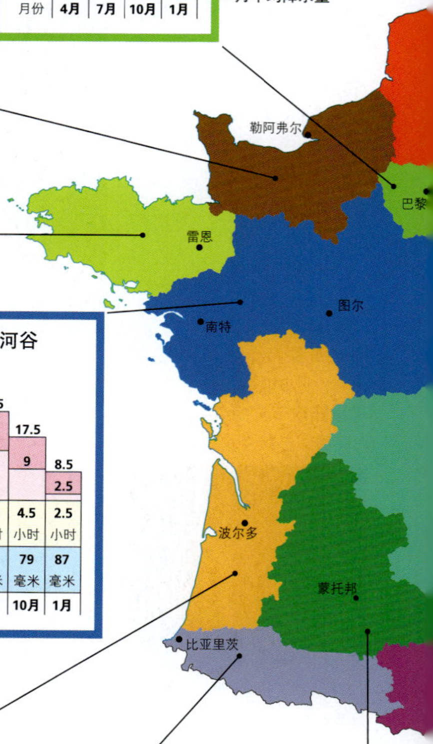

普瓦图和阿基坦

月份	4月	7月	10月	1月
月平均最高气温（°C）	16.5	26	19	9.5
月平均最低气温（°C）	6.5	14.5	9	2.5
日平均日照时间	6.5 小时	9 小时	5.5 小时	2.5 小时
月平均降水量	72 毫米	47 毫米	88 毫米	100 毫米

比利牛斯

月份	4月	7月	10月	1月
月平均最高气温（°C）	15	25	19	10
月平均最低气温（°C）	5	13.5	7.5	0.5
日平均日照时间	5 小时	7.5 小时	5.5 小时	3.5 小时
月平均降水量	98 毫米	62 毫米	78 毫米	93 毫米

佩里戈尔、凯尔西和加斯科涅

月份	4月	7月	10月	1月
月平均最高气温（°C）	16.5	27	19	8.5
月平均最低气温（°C）	6	14.5	9	2
日平均日照时间	6 小时	9 小时	4.5 小时	2.5 小时
月平均降水量	60 毫米	50 毫米	57 毫米	66 毫米

法国北部和皮卡第
°C
13 4.5
22 12.5
15 7.5
5 0.5
5.5 小时 6.5 小时 3.5 小时 1.5 小时
48 毫米 60 毫米 64 毫米 51 毫米
月份 4月 7月 10月 1月
香槟
°C
14 4
24 12
15.5 6.5
5 (-0.5)
5.5 小时 7.5 小时 4 小时 1.5 小时
43 毫米 52 毫米 52 毫米 44 毫米
月份 4月 7月 10月 1月
阿尔萨斯和洛林
°C
14.5 4.5
25 13.5
15 6.5
3.5 (-1.5)
5.5 小时 7.5 小时 3 小时 1.5 小时
48 毫米 57 毫米 43 毫米 33 毫米
月份 4月 7月 10月 1月
勃艮第和弗朗什孔泰
°C
14.5 5
25.5 14
15.5 9
4 (-1)
6 小时 8.5 小时 4 小时 1.5 小时
52 毫米 51 毫米 58 毫米 59 毫米
月份 4月 7月 10月 1月
兰斯
斯特拉斯堡
第戎
罗讷河谷和阿尔卑斯山脉
°C
15 6
26.5 15
17 8
6 (-0.5)
6 小时 9.5 小时 4.5 小时 2 小时
68 毫米 61 毫米 80 毫米 54 毫米
月份 4月 7月 10月 1月
里昂
莱蒙费朗
普罗旺斯和蔚蓝海岸
°C
17 10
26.5 19.5
21 13
12.5 5
7.5 小时 11 小时 6.5 小时 5 小时
62 毫米 16 毫米 108 毫米 83 毫米
月份 4月 7月 10月 1月
尼姆
尼斯
巴斯蒂亚
中央高原
°C
15 4
25.5 13
17.5 7
7 (-0.5)
5.5 小时 8.5 小时 4.5 小时 2.5 小时
45 毫米 48 毫米 51 毫米 29 毫米
月份 4月 7月 10月 1月
朗格多克－鲁西永
°C
17.5 8
28.5 17
20 10.5
11 2
7.5 小时 11 小时 6 小时 4.5 小时
55 毫米 20 毫米 110 毫米 72 毫米
月份 4月 7月 10月 1月
科西嘉岛
°C
17.5 8.5
28.5 18
21.5 12.5
13.5 5
7 小时 11 小时 6.5 小时 4.5 小时
66 毫米 15 毫米 107 毫米 62 毫米
月份 4月 7月 10月 1月

法国历史

法国是欧洲唯一与北海和地中海两个海域相邻的国家，因此它受到了多种文化的影响。法国是欧洲人的大熔炉：早在基督教兴起前，凯尔特高卢人就到达了法国，直到20世纪，地中海的移民浪潮仍涌向法国。

鸢尾花饰——法国王室标志

恺撒大帝统治下的罗马对法国产生了深远的影响，但是从公元前5世纪到公元前4世纪，野蛮入侵者的持续袭击几乎毁坏了所有的罗马遗产。在随后的数个世纪里，日耳曼法兰克人获得了法国的政治领导权，在公元10世纪，他们的权力逐渐丧失，法国的社会和政治也逐渐四分五裂。

法国的形成

在中世纪，卡佩王朝逐渐将法国各地区统一起来，此时法国的经济和文化均度过了一段繁荣时期。但黑死病和百年战争又再次沉重地打击了法国，整个王朝的实力也受到了勃艮第公爵的严重威胁。此后尽管宗教战争不断发生，但是法国的实力在文艺复兴时期还是逐渐恢复，并在路易十四统治时期达到了顶峰。在18世纪的启蒙时期，法国文化在欧洲首屈一指。

1789年的法国资产阶级大革命废除了君主专制制度，并进行社会和习俗改革，后来拿破仑对这些改革进一步完善和巩固。然而这些改革也导致了一些不稳定因素，这些不稳定因素是戴高乐和第五共和国之前的法国政治的特点：从1789年开始，法国出现了五个共和国、两个帝国和三股保皇党势力，“二战”时期还出现了维希政府。

法国在19世纪和20世纪的现代化进程比较缓慢。铁路、军事力量和激进的教育改革在法国公民独立意识的形成过程中发挥了关键作用。

在19世纪后期和20世纪初期，与德国的对抗成为法国的政治主题。“一战”时期法国人口大量流失，这给法国带来了巨大的创伤；而在1940～1944年，法国又被德国占领。1945年以后，这两个国家在欧洲联盟的成立过程中发挥了主导作用。

这张大理石桌面显示了1684年的法国地图

◁ 查尔斯·朗代勒于1848年创作的油画《法兰西共和国》

史前时期的法国

布列塔尼青铜时代的花瓶

法国领土上最早的人类活动踪迹能追溯到公元前200万年。约在公元前4万年，现代人类就已经开始捕猎和群居生活。冰河时代结束后，约在公元前6000年，人们的生活方式发生了巨大的变化：他们定居下来并开始驯化动物，种植庄稼。对金属工具的需求促成了大量工具和武器的出现。在公元前1000年左右，凯尔特人从东部来到法国，他们在铁器时代中扮演了十分重要的角色。战士、农民、艺术家和德鲁伊（凯尔特牧师）组成了一个更为复杂的社会等级制度结构。

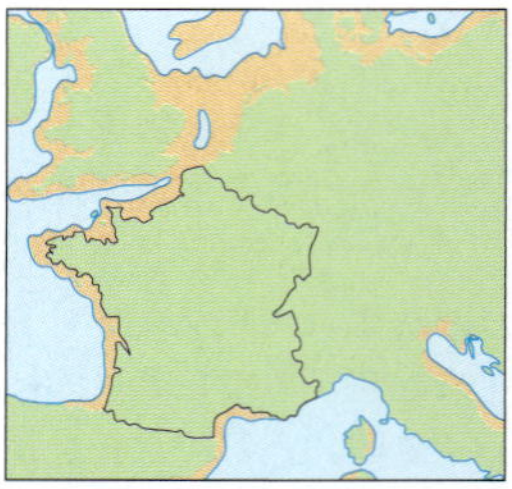
公元前8000年的法国版图

曾经的海岸线

如今的大陆

卡纳克巨石阵（公元前4500~前4000年）
法国人在卡纳克（见278页）周围修建这个巨石阵的原因目前尚且未知。它们可能是用于异教徒仪式或天文历法。

这些雕刻为马头形状，起源于公元前9000年，发现于比利牛斯山。

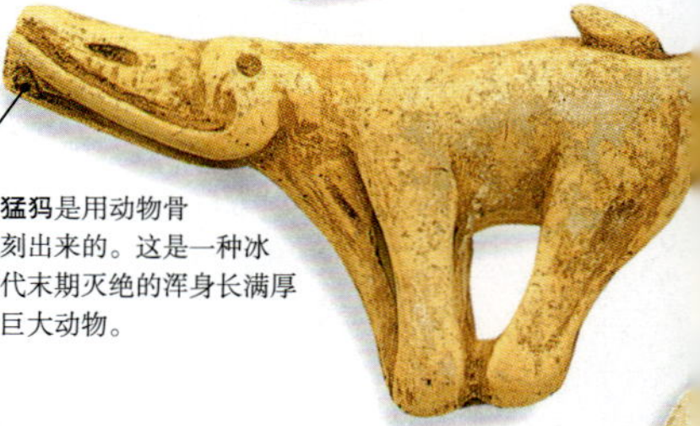
这个猛犸是用动物骨骼雕刻出来的。这是一种冰河时代末期灭绝的浑身长满厚毛的巨大动物。

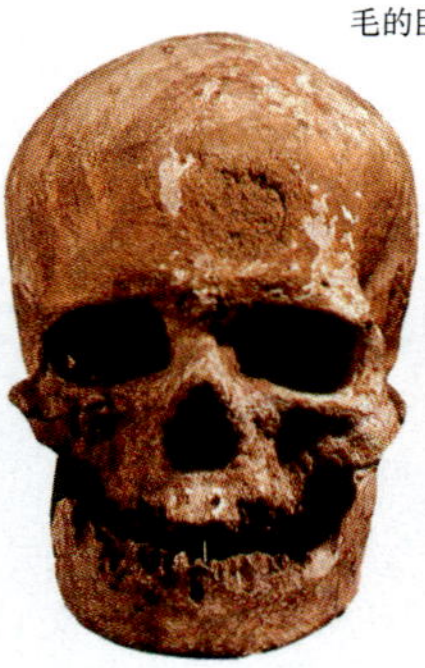
克罗马努人
这个公元前2.5万年的人类头盖骨是于1868年在法国南部多尔多涅河的克罗马努山洞里发现的。与他们的祖先相比，克罗马努人的身材比较高大、强壮，头颅也较大。他们与现代人的细微差别主要在于头颅部分。

史前艺术

直到最近一个世纪，人们才发现了法国丰富的岩洞艺术品。这些艺术包括壁画、涂抹画和各种雕刻品。用燧石工具雕刻出来的维纳斯雕像的用途是用于仪式和宗教，而不是色情目的。

时间表

公元前200万年 早期的原始人类社会

前3万年 克罗马努人

拉斯科岩洞内的野牛壁画

2000000 BC | 30000 | 25000 | 20000

前40万年 直立人发现了火

前2.8万年 第一尊维纳斯雕像可能代表着生育女神

原始的石头工具

罗克贝蒂斯门（Roquepertuse）宗教是凯尔特人生活中非常重要的一部分。罗克贝蒂斯门可能是公元前3世纪凯尔特人用敌人的头颅制作的。

去哪里探访史前法国

佩里戈尔（见434页）的拉斯科岩洞壁画是世界上最精美的壁画之一。而在滨海阿尔卑斯省（见529页）唐德附近的梅尔维勒山谷内的莱塞济（见434~435页）和乐跃谷的派许摩尔岩洞都有很多岩洞装饰品。科西嘉岛（见542~543页）费利杜萨迷人的竖石纪念碑已经有4000多年的历史。

拉斯科岩洞壁画可追溯到公元前16000~前14000年，其中有野牛和猛犸象的图案。

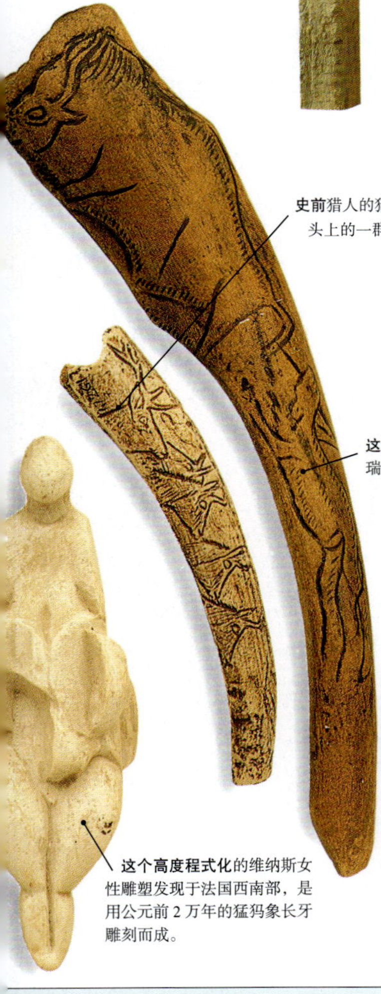

史前猎人的猎物用刻在骨头上的一群岩羚羊表示。

这块刻有图案的骨头发现于多尔多涅河的拉吉瑞巴塞，上面有着人类拿长矛追捕野牛的图案。

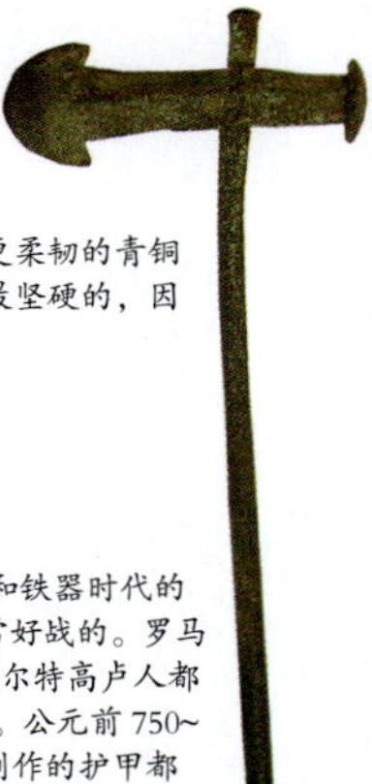

铜斧（公元2000年前）
铜质工具的使用早于更坚硬、更柔韧的青铜和金质工具。但人们认为铁是最坚硬的，因此它的应用最为广泛。

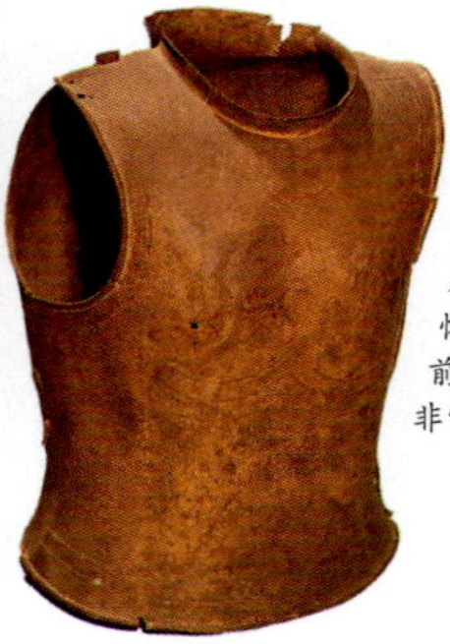

青铜护甲
铜器时代和铁器时代的人类是非常好战的。罗马人甚至对凯尔特高卢人都怀有恐惧感。公元前750~前475年前制作的护甲都非常轻薄，但是非常有用。

这个高度程式化的维纳斯女性雕塑发现于法国西南部，是用公元前2万年的猛犸象长牙雕刻而成。

前15000年 猎人捕猎猛犸、犀牛和驯鹿。艺术品包括拉斯科岩洞壁画和卡摩尼加/蒙特贝果的雕刻画

前7000~前4500年 新石器时代改革：农耕、巨石和竖石纪念碑石刻

前600年 马赛成为希腊殖民地。地中海奢侈品用于交换锡、铜、铁和奴隶。早期城市发展起来

15000 | 10000 | 5000

前1000年 冰河时代结束。更多的地区变得适合人类居住

前10000~6000年 猛犸象灭绝，猎人必须捕猎森林里的动物，如野猪和野牛等

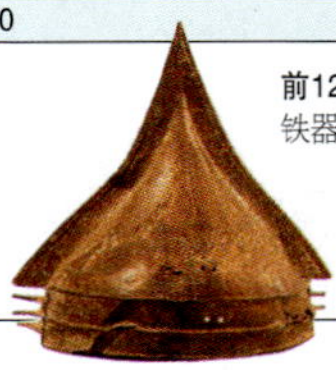

前1200~前700年 凯尔特人于铜器和铁器时代来到法国

前500年 凯尔特贵族将他们的尸体与宝藏合葬，如Vix宝藏（见334页）

凯尔特头盔

罗马高卢

维埃纳的罗马马塞克

公元前 125~ 前 121 年，罗马人吞并了法国的南部疆土。在高卢战争（公元前 58~ 前 51 年）中，恺撒大帝又将高卢剩下的土地交给罗马人控制。从此高卢兴旺起来：这里拥有很好的通信系统、公共建筑和娱乐设施，如浴室和露天剧场；而在乡下则建立了很多大型的住宅。直到公元 3 世纪，日耳曼野蛮民族的侵略对高卢来说就是一场巨大的浩劫。从公元 5 世纪开始野蛮人在整个高卢定居下来。

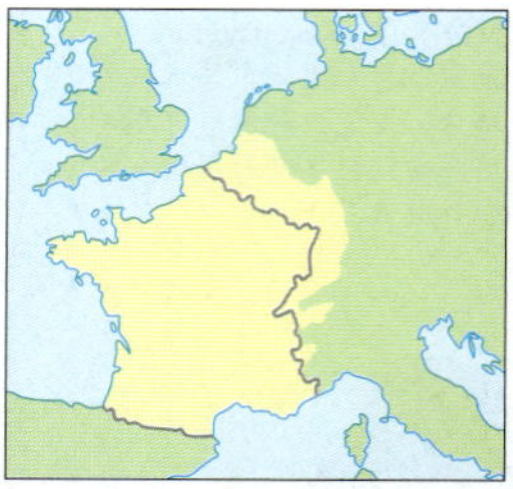
公元前58年的法国版图

罗马高卢

罗马的享乐生活
罗马人带来了物质享受和各种奢侈品，葡萄酒酿造技术也广为传播。这幅 19 世纪的油画就反映了当时罗马人奢侈颓废的生活。

韦辛格托里克斯（Vercingetorix）
这位凯尔特酋长是恺撒大帝在军事上最强大的对手。这尊铜像位于阿利斯圣兰（见 334 页），这里是公元前 51 年高卢人进行最后一战的地方。

奥古斯都皇帝一直被认为是不朽的神灵；人们为他修建了这个圣坛。

拉蒂尔比耶（LA TURBIE）
公元前 6 年，罗马参议院在摩纳哥附近修建了令人印象深刻的纪念碑，以纪念在公元前 14 ~前 13 年间奥古斯都打赢阿尔卑斯部落的战争。后来纪念碑的石头被夺走，直到 20 世纪 20 年代人们才开始修复。

时间表

公元前125 ~ 前121年 罗马殖民高卢南部

公元前31年 奥古斯都建立了三个高卢的边界（高卢凯尔特、高卢阿基塔尼亚和高卢比利时）

奥古斯都

200 BC | 100 | 0 | AD 100

恺撒大帝

公元前58 ~ 前51年 恺撒大帝领导的高卢战争导致了罗马高卢的建立

公元前52~前51年 韦辛格托里克斯起义

公元前16年 尼姆（见496~497页）建立了罗马神庙

43年 卢格敦（里昂）成为三高卢的首都

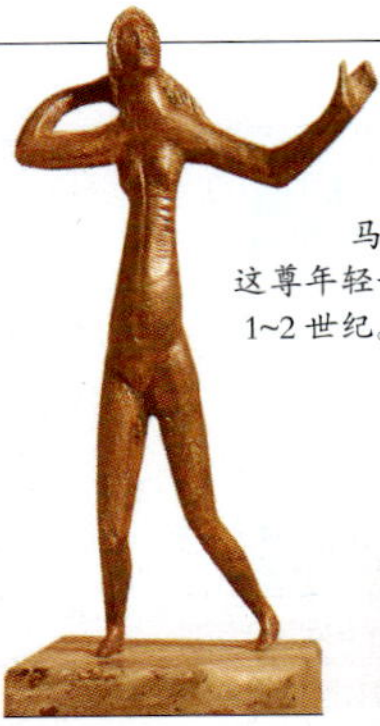

舞女
凯尔特艺术并没有受到罗马人自然主义观念的影响。这尊年轻女子的铜像可追溯到公元1~2世纪。

搪瓷胸针
这枚装饰性的高卢–罗马胸针可以追溯到公元前1世纪后期。

去哪里探访高卢–罗马时期的法国

如今游客仍能够在法国各地追寻到高卢–罗马时期的痕迹，尤其是在普罗旺斯。除了拉蒂尔比耶（见529页）之外，在阿尔勒有罗马竞技场，在奥朗日（见502页）则有剧院和凯旋门。此外，勃艮第地区（见339页）有欧坦遗址，维埃纳（见382页）有罗马神殿，尼姆（见496~497页）有罗马竞技场，而在佩里戈尔有维苏纳碎片。

尼姆罗马竞技场修建于公元1世纪末，目前仍在使用中。

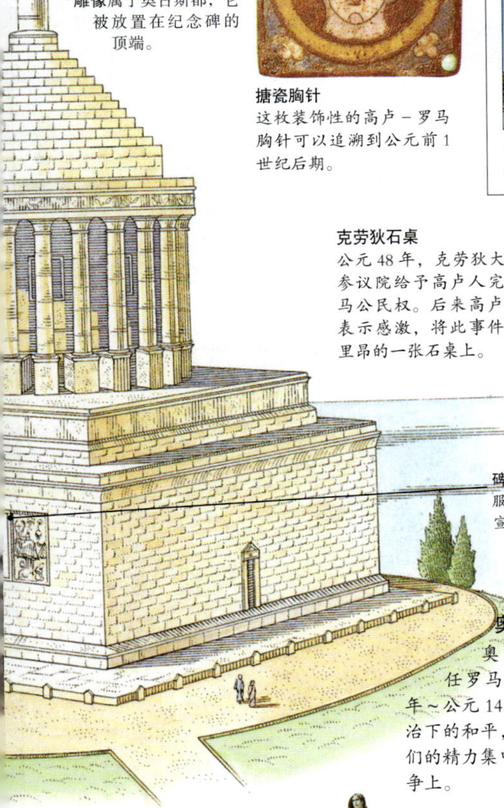

雕像属于奥古斯都，它被放置在纪念碑的顶端。

碑铭上列出了被奥古斯都征服的44个部落，他们都曾宣誓效忠大帝。

克劳狄石桌
公元48年，克劳狄大帝劝说参议院给予高卢人完全的罗马公民权。后来高卢人为了表示感激，将此事件记录在里昂的一张石桌上。

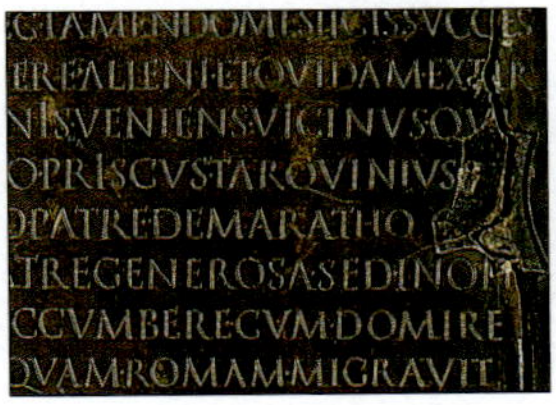

奥古斯都大帝
奥古斯都是第一任罗马大帝（公元前27年~公元14年），他坚持罗马统治下的和平，使高卢人能够把他们的精力集中在文化上而不是战争上。

圣布朗第

177年 里昂第一位被处死的基督教殉教者。拒绝伤害她的圣布朗第被扔进狮群

360年 高卢长官朱利安宣誓就任罗马皇帝，并将鲁特西亚改名为巴黎

200 | 300 | 400

275年 野蛮民族的首次袭击

313年 第一任信仰基督教的皇帝——康斯坦大帝将基督教定位官方宗教

406年 野蛮民族从东部入侵。弗兰克人和日耳曼部落开始定居

476年 最后一位罗马皇帝被推翻，西罗马帝国解体

修道院的王国

9 世纪的黄金圣杯

罗马帝国的崩溃导致了当地的不安定和入侵事件的不断发生。法兰克梅罗纹加王朝（486~751 年）和卡洛林王朝（751~987 年）只能给法国带来短暂的政治安定。在这样动荡的时期，教会却提供了一定的稳定因素。作为基督教学者和艺术家的活动中心，修道院重新树立了古代世界的价值观。此外修士们还帮助发展农业、培育葡萄；有的修道院权力异常强大，从经济和精神上统治着整个国家。

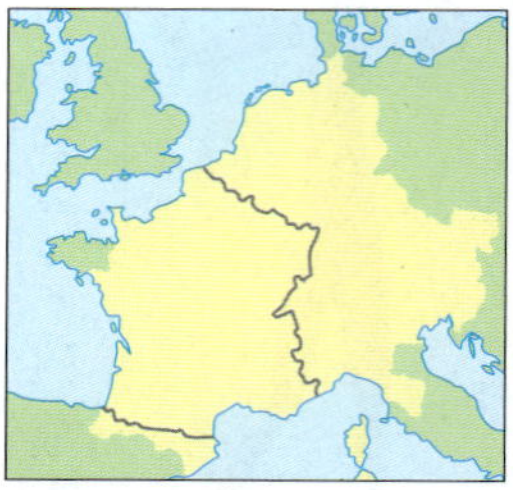

751年的法国版图

卡洛林帝国

查理大帝（742~814 年）
查理大帝是最伟大的加洛林统治者，他通过严厉的独裁统治建立了庞大的帝国。尽管他有着超凡的魅力和至高的权力，但遗憾的是他不识读写。

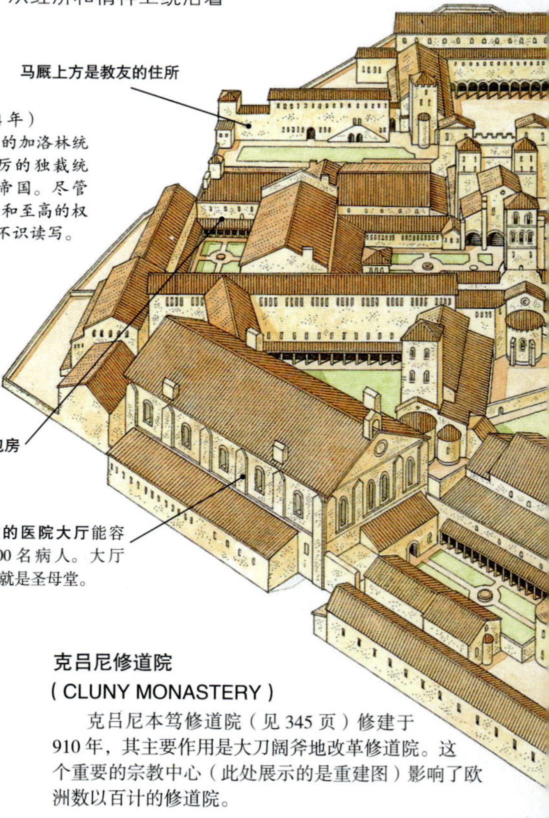

马厩上方是教友的住所

面包房

宽敞的医院大厅能容纳 100 名病人。大厅旁边就是圣母堂。

圣本笃
圣本笃建立了本笃会教义：僧侣必须将时间花费在工作和祈祷上。

克吕尼修道院（CLUNY MONASTERY）

克吕尼本笃修道院（见 345 页）修建于 910 年，其主要作用是大刀阔斧地改革修道院。这个重要的宗教中心（此处展示的是重建图）影响了欧洲数以百计的修道院。

时间表

481年 克洛维一世成为梅罗纹加王朝的第一位国王

496年 法兰克国王克洛维转而信仰基督教

500

508年 巴黎成为法兰克王朝的首都

509年 圣哥伦巴讷斯将爱尔兰修道院制度引入法国

600

629～637年 法兰克王朝最后一位有影响力的统治者达戈贝尔一世暂时统一了法兰克王朝

达戈贝尔一世

700

732年 普瓦捷战争：夏尔·马特击溃入侵的阿拉伯人

751 年 丕平成为洛林王朝的第一位国王

克洛维洗礼
法兰克国王克洛维是第一位转而信仰基督教的野蛮统治者。他于496年在兰斯接受了洗礼。

去哪里探访修道院时期的法国

勃艮第修道院保留了许多修道院时期的痕迹，如丰特内修道院（见332~333页）。克吕尼修道院仅存的一些精美柱头仍受到人们的膜拜（见345页）。探访修道院时期的法国的最佳方式是沿圣地亚哥－德孔波斯特拉之路（见400~401页）访问修道院中心，如韦泽莱（见336~367页）、勒皮（见364~365页）、孔克（见368~369页）、穆瓦萨克（见442~443页）和图卢兹的圣塞尔南大教堂等，去追寻中世纪朝圣者的足迹。

克吕尼柱头

修道院艺术
在缮写室内，有才华的艺术家致力于为图书馆制作有启示性的艺术品并复制手稿。

修道院劳力
西多会的修士因致力于手工劳动而闻名，如耕种土地以及酿造葡萄酒和利口酒。

卡洛林王朝的士兵

987年 卡佩王朝的第一位统治者是雨果·卡佩

1066年 诺曼底人征服英格兰

1096年 十字军第一次东征

800 **900** **1000**

800年 查理大帝加冕为神圣罗马帝国的国王

843年 《凡尔登合约》将卡洛林王朝分为三部分，其中包括西法兰克

910年 克吕尼本笃会修道院建立

1077年 贝叶挂毯

贝叶挂毯上的征服者威廉起航图

哥特时期的法国

战斗中的中世纪骑士

哥特式风格的最佳代表就是高耸的教堂（见32～33页）；它萌发于12世纪，当时社会逐渐繁荣，学术氛围浓厚，十字军频繁东征，君主政体逐渐加强。相互竞争的法国和勃艮第宫廷（见343页）成为整个欧洲时尚和礼仪的典型。吟游诗人撰写的史诗极力宣扬骑士精神。

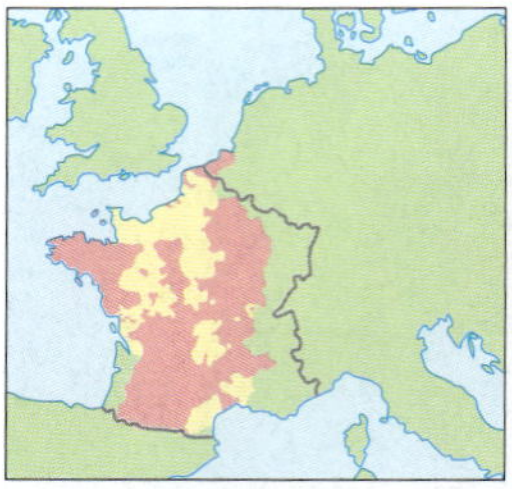
1270年的法国版图

皇家领土

其他封地

亚尔柏有盖圣杯
亚尔柏是12世纪利摩日的著名金匠，他制作了这个精美的有盖圣杯，用于盛放圣饼。

宫廷爱情
根据骑士精神法典，骑士必须为一位理想但无法接近的女士服务。礼仪和浪漫都被引入艺术和音乐里。

用于将石头提到屋顶的绞盘

国王在建筑师的陪同下视察大教堂的建设。

布料商的窗户
都市繁荣促进了纺织品贸易的发展。奥克苏瓦－塞米（见335页）的一座教堂内的彩绘玻璃描绘了正在工作的羊毛清洗工。

时间表

1100年 史诗《罗兰之歌》第一版出现

1117年 学者阿伯拉德和他的学生爱洛伊丝秘密结婚。但是爱洛伊丝的叔叔菲利普反对这桩婚事，并强迫阿伯拉德出家，后来爱洛伊丝也成为修女

1154年 盎格鲁-诺曼王朝建立了金雀花王朝，安茹伯爵和英格兰王国（亨利二世）为最初的统治者

1100 | 1125 | 1150 | 1175

1115年 圣伯纳德在克勒福建立了西多会修道院

1120年 重建圣丹尼修道院；哥特式风格兴起

菲利普·奥古斯都国王将鸢尾花作为徽章

1180～1223年 菲利普·奥古斯都统治时期

十字军东征
为了从土耳其人手中夺回自己的土地，菲利普·奥古斯都与英格兰狮心王查理和罗马帝国国王腓特烈·巴巴罗萨一起发动了第三次十字军东征（1189 年）。

阿基坦的埃莉诺

阿基坦伯爵夫人埃莉诺（Eleanor）是一位意志坚强的活泼女子，但是她却是英法之间长期冲突的导火索。1137 年她嫁给了虔诚的法国国王路易七世，但是当路易从东征返回后却发现他们的婚姻已经结束。1152 年法庭宣判他们的婚姻无效后，埃莉诺带着她的公爵领地嫁给了安茹的亨利。两年后亨利宣称自己获得英格兰王位。阿基坦逐渐处于英国的统治之下，这也是金雀花王朝的开端。

阿基坦的埃莉诺和亨利二世合葬在枫丹弗洛（见 294 页）。

花边状雕花装饰着哥特式大教堂的前墙

石匠雕琢石块

圣伯纳德（1090~1153 年）
圣伯纳德是西多会教义的主要人物和教皇的法律顾问，他提倡严苛的朴素生活。

圣遗物
在整个中世纪，多数教堂都以收藏至少一位圣徒的遗物而引以为豪。对遗物的崇拜给教堂带来了更多的朝圣者和财富。

大教堂建筑

在一些富裕的商业城镇，有经验的石匠采用创新的设计建造了高耸的大教堂，如沙特尔大教堂（见 308~311 页）和亚眠大教堂（见 202~203 页）。这些教堂具有无与伦比的高度和精美度，是信仰和财富的象征。

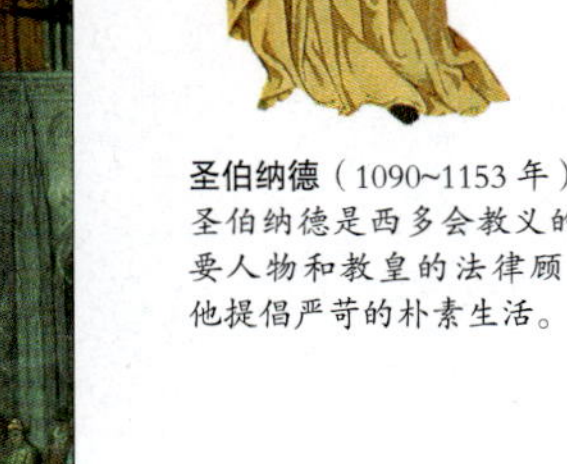

病榻上的路易九世

1226年 路易九世登基

1270年 在第八次东征中路易九世在突尼斯去世

1305年 在阿维尼翁建立了教皇权

1200 | 1225 | 1250 | 1275 | 1300

1214年 布汶之战。菲利普·奥古斯都逐渐将英国势力驱逐出法国

1259年 从英国手中夺回诺曼底、缅因、安茹和普瓦图

1285年： 法王腓力四世登基

1297年 追认路易九世为圣徒，名为圣路易

百年战争

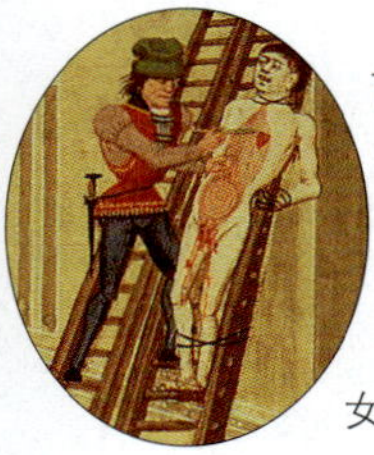

傅华萨 14 世纪编年史中记载的公开行刑场面

由于英国一直想侵略法国领土，因此百年战争（1337~1453 年）带来了灾难性的后果。1348 年出现的黑死病又引发了持续的饥荒，这加重了战争的破坏性。法国几乎就要被英格兰国王和勃艮第公爵永久地瓜分。1429~1430 年，圣女贞德帮助法国取得了战争的胜利，并在随后约 30 年的时间内将英国势力驱逐出法国。

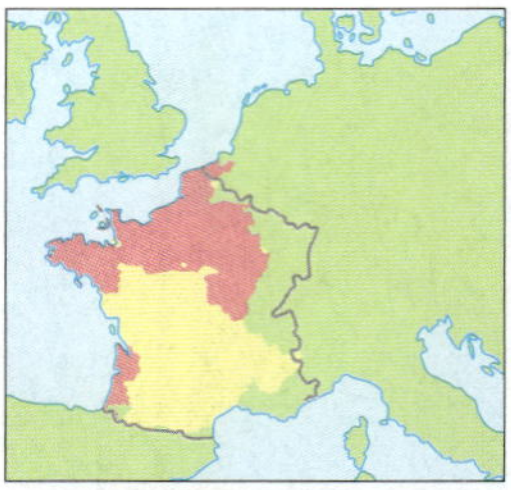

1429年的法国版图

法国

盎格鲁-勃艮第

男人的战争
将男人选作士兵的原因之一就是他们对于掠夺的强烈渴望。法国和英国的军队都是在损害农民利益的基础上依靠土地生活。

天使手握喇叭，宣布最后的审判。

上帝的选民从坟墓中走出，在天使的引导下进入天堂。

黑死病
1348 ~ 1352 年爆发的黑死病导致了四五百万人死亡，这大约相当于法国当时人口总数的 25%。由于无药可医，人们只能寄希望于不断的祈祷和神圣的宗教仪式。

时间表

1328年 菲利普六世成为第一代瓦卢瓦君主

1337年 百年战争开始

1346年 克雷西战役：法国被英国击败

1348 ~ 1352 年 黑死病

黑死病受害者

1356年 法军在普瓦捷战役中大获全胜

1358年 艾梯安·马塞尔领导巴黎无产阶级发动起义。扎克雷农民在法国北部发动起义

1325 1350 1375

14 世纪的投火器

中世纪的医学

人们都认为天堂能影响世俗状况，如健康；而且人们也认为基于黄十二宫的判断是可靠的。放血是治疗所有疾病的备用方案。

英格兰长弓

国王的军队与英格兰的入侵者进行了激烈的抗争，但是当地的法国公民似乎更支持实力占优势的一方。在势均力敌的战争中，英格兰的弓箭手发挥了重要作用，他们手中的长弓使得法国的骑兵部队处于下风。

基督作为最高审判者，身边围绕着天使，他们用乐器弹奏受难曲。

天使长米迦勒长有孔雀翅膀，审判的尺度由他来掌握。

施洗约翰的身边围绕着十二使徒和身着蓝衣的圣母玛利亚。

罪人脸部扭曲变形，跌入地狱。

最后的审判

由于当时经常出现战争、瘟疫及饥荒，因此很多人害怕世界末日就要到来。宗教画作，如罗吉尔·凡·德尔·维登在博讷主宫医院创作的15世纪巨大的祭坛后面的装饰画（见346~347页）就反映了当时人们的精神状态。

迫害异教徒

人们开始热衷于反犹屠杀，并将异教徒绑在火刑柱上活活烧死。

1411年 林堡的保罗和让合作编写了祈祷文书《贝里公爵的富贵时光》（见204页）

1415年 阿金库尔战役。法国击败英格兰亨利五世的军队

1419年 法国国王查理六世将英格兰国王亨利五世列为自己的继承人

1400

1429年 圣女贞德介入：查理七世登基

1425

1431年 英国人称圣女贞德为女巫并将她烧死在火刑柱上

1453年 百年战争结束。只有加来仍在英国的控制之下

1450

圣女贞德

文艺复兴时期的法国

戴面具的诗琴演奏者

1494 年法国入侵意大利，因此意大利文艺复兴时期的思想和审美观念也传播到法国，并在弗朗索瓦一世时期达到顶峰。作为一个真正推行文艺复兴的君主，他擅长文学、艺术、体育以及战争。他邀请达·芬奇和切利尼等意大利艺术家共同欣赏拉伯雷的故事。凯瑟琳·梅迪奇(1519~1589 年) 是这个时期另一位影响巨大的意大利人。她是亨利二世的遗孀，通过她的儿子弗朗索瓦二世、查理九世和亨利三世统治法国。她也是天主教和新教之间战争 (1562~1593 年) 的主要操纵者之一。宗教战争造成了贵族之间的隔阂，导致法国四分五裂。

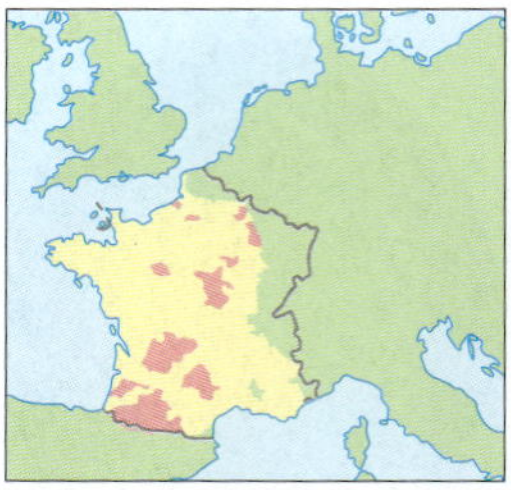

1527年的法国版图

皇家领土

其他封地

弗朗索瓦一世画廊，枫丹白露

枫丹白露派艺术家将意大利文艺复兴风格与法国本土元素结合起来。

这座角塔极具哥特风格，意大利人将其作为单纯的装饰建筑。

君主背后的权力

凯瑟琳·梅迪奇在 1559 ~ 1589 年间一直掌控着法国的政治大权。

阿萨伊古堡 (AZAY-LE-RIDEAU)

阿萨伊克堡从 1518 年开始修建 (见 296 页)，是卢瓦尔河谷最美丽的城堡之一。它的设计是明显的意大利风格，并且它的真实作用是享乐消遣的住宅而非防御建筑。

时间表

1470年 第一个印刷厂在法国诞生

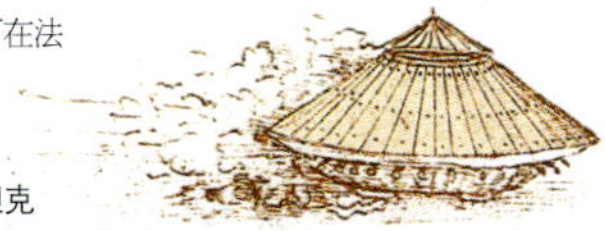

达·芬奇绘画的坦克

1477年 勃艮第公爵试图在法德之间建立中立王国，但最后以失败告终

1494 ~ 1559年 在意大利战争中，为了争夺意大利领土，法国和奥地利交战

1515年 弗朗索瓦一世王朝开始

1519年 达·芬奇在安布瓦斯法国宫廷内死在弗朗索瓦一世的怀里

1536年 加尔文的《基督教要义》促成了新教的诞生

1470 | 1480 | 1490 | 1500 | 1510 | 1520 | 1530

金币上显示的是弗朗索瓦一世的鸢尾花和火蜥蜴

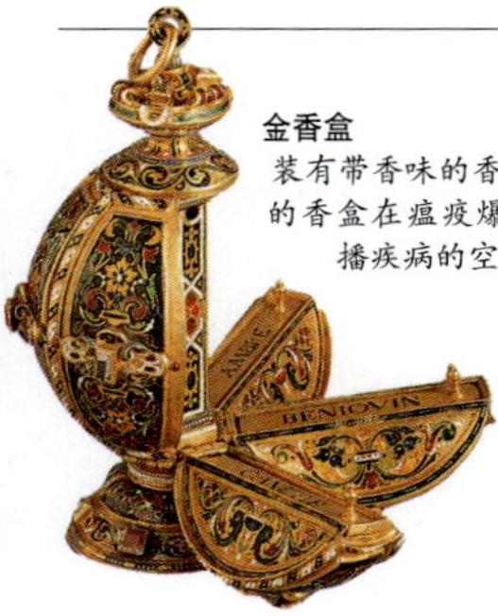

金香盒
装有带香味的香草（如琥珀和肉桂）的香盒在瘟疫爆发时被用来净化传播疾病的空气。

去哪里探访文艺复兴时期的法国

巴黎的许多教堂和孚日广场（见 91 页）都可追溯到文艺复兴时期。在卢瓦尔和勃艮第还有无数座 16 世纪的城堡，其中最精美的当数舍农索古堡（见 298~299 页）和唐莱古堡（见 331 页）。塞勒斯实际上是一座完整的文艺复兴时期的城镇。图卢兹历史中心（见 446 页）有很多精美的文艺复兴时期的宫殿。

这个壁炉位于舍农索古堡弗朗索瓦一世的房间内。

弗朗索瓦一世和意大利的影响
1518 年，弗朗索瓦一世接受了拉斐尔的油画《圣家庭》；而他本人也在枫丹白露收藏了很多意大利艺术品，其中就包括米开朗琪罗、达·芬奇和提香的作品。

新法兰西
1534 年，卡蒂亚远征加拿大开始了扩张法国和对殖民地的追求。

1559年 《卡多坎陪吉合约》结束了意大利战争

1572年 圣巴托罗缪前夜，在巴黎发生了屠杀新教徒事件

1589年 亨利三世被谋杀。胡格诺派的亨利四世成为法国第一个波旁国王

1598年 《南特敕令》：宽容新教

1608年 建立魁北克

1540	1550	1560	1570	1580	1590	1600

1539年 《维业科特赫特诏书》将法语确定为法国的官方语言

1562年 天主教和新教之间的宗教战争爆发

圣巴托罗缪前夜的屠杀

1593年 亨利四世转信天主教，结束了宗教战争

伟大的世纪

太阳神的徽章

宗教战争的结束开始了法国影响力日强、权力强大的时期。红衣主教黎塞留和马萨林为路易十四的绝对君主权力铺平了道路。政治上的发展与史无前例的艺术风格相辅相成，因此涌现出大量的巴洛克建筑、莫里哀和拉辛的歌剧以及吕里的音乐。凡尔赛宫（见174～177页）是在路易十四的财政大臣科尔伯特的监督下建成的，它是整个欧洲的荣耀；但是其高昂的建筑成本和路易发动的无休止战争成为法国的巨大负担，因此导致了他统治后期的灾难。

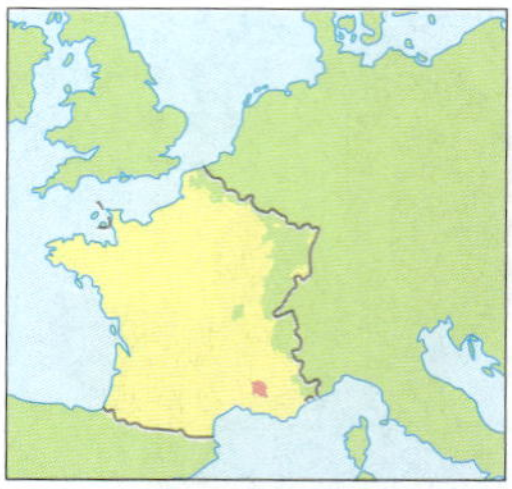

1661年的法国版图

- 皇家领土
- 阿维尼翁（教皇领地）

莫里哀（1622～1673年）
尽管莫里哀的一些讽刺文学作品被禁，但是他作为演员兼作家，为路易十四和法国宫廷编写了许多喜剧作品。莫里哀逝世后，他的创作团队成为法国国家歌剧院的一部分。

曼特农夫人
1684年，路易十四的妻子玛丽·泰雷兹去世后，他秘密与曼特农结婚，当时她49岁。

花神夫人（嫁给大亲王）

大亲王是法王的兄弟

太阳神和他的家庭

路易十四宣称自己为君权神授，1665年他要求宫廷画家让·诺科里为他设计了这个有寓意的场景。路易十四被他的家人围绕着，看上去就像太阳神阿波罗。

时间表

红衣主教黎塞留

1610～1617年 玛丽·梅迪奇是路易十三的摄政者

1617年 17岁的路易十三登基

1624年 红衣主教黎塞留成为大主教

1631年 法国第一份报纸《公报》问世

1634年 法兰西学院文学社团成立

1635年 黎塞留鼓励法国参与三十年战争

1637年 笛卡儿的《方法论》问世

1642～1643年 路易十三和黎塞留逝世。路易十四登基，马萨林担任大主教

1648～1652年 投石党运动：法国内战

1610 | 1620 | 1630 | 1640 | 1650

路易十四的祈祷书

在度过荒淫无度的生活后，路易十四对宗教的信仰越来越深。他的《祈祷书》（1688～1693 年）被收藏在孔代博物馆（见 205 页）。

皇家婚礼

路易十三和奥地利公主安娜于 1615 年结婚。路易十三去世后，安娜与马萨林大主教一起成为路易十四的摄政者。

巴洛克小雕像

皇家荣耀在艺术里反映得淋漓尽致。这件艺术品的主人公是用碧玉雕刻的基座上的耶稣，基座由镀金小天使和丰富的珐琅装饰。

阿波罗，路易十四

自然女神，奥地利公主安娜

狄安娜，国王的表姐大郡主

法国皇太子（国王的儿子）

朱诺，玛丽·泰雷兹王后

去哪里欣赏伟大世纪时期的建筑

巴黎拥有许多伟大世纪时期的建筑，如荣军院（见 114 页）、圆顶教堂（见 115 页）和卢森堡宫（见 126～127 页）；但是这个时期最为华丽的建筑莫过于凡尔赛宫（见 174～177 页）。此外还有一些建筑也体现出法国当时的荣耀，比如尼斯华丽的拉斯卡利斯宫和罗什福尔的皇家制绳厂（见 417 页）。与此同时，军事工程师沃邦建造了许多坚固的城堡，如新布里萨克城堡（见 226 页）。

凡尔赛宫内的装潢是典型的镀金巴洛克风格。

作家让·拉辛（1639~1699 年）

1660

1661年 马萨林去世，路易十四成为大主教

1662年 财政大臣科尔伯特洋对财政体制和经济政策进行了改革

1670

1680

1680年 法国戏剧院成立

1682年 法国王室迁往凡尔赛宫

1685年 撤回1589年的《南特敕令》：禁止新教

1686年 普洛科普咖啡馆成立（巴黎第一个咖啡馆）

1689年 路易十四发动的一系列战争

1690

1700

1709年 法国历史上最后的大饥荒

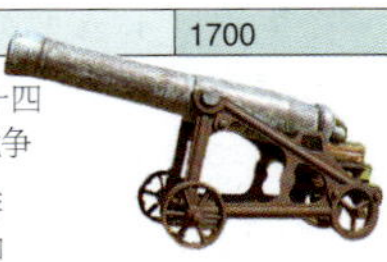

17 世纪的大炮

启蒙运动和革命

处死路易十六的断头台

18世纪启蒙运动时期的哲学家，如伏尔泰和卢梭重新定义了人类在自然法则框架中的地位，以此挑战了旧贵族的传统。整个欧洲甚至美洲大陆的人们都在阅读他们的作品。虽然法国出口、提出了许多世界一流的产品和理念，但是法国债务的猛增导致社会动荡，从而引发了1789年的法国资产阶级大革命。在“自由、平等、博爱”的口号的引导下，新共和国和它的改革对欧洲其他国家产生了深远的影响。

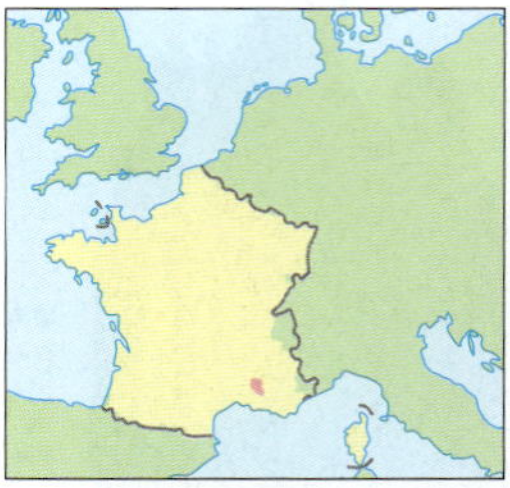

1789年的法国版图

- 皇家领土
- 阿维尼翁（教皇领地）

伏尔泰（1694~1778年）
伏尔泰是讽刺文学的鼻祖，他创作了小说《老实人》以及大量散文。他强烈的讽刺抨击风格迫使他流亡国外。

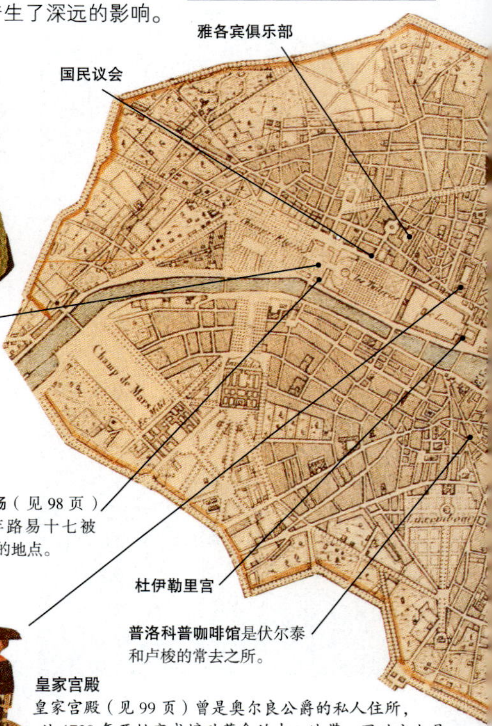

雅各宾俱乐部

国民议会

断头台
1792年推出了臭名昭著的发明——断头台，作为其他死刑工具的替代品，这种非人道的工具通常涉及酷刑。

革命广场（见98页）是1793年路易十七被执行死刑的地点。

杜伊勒里宫

普洛科普咖啡馆是伏尔泰和卢梭的常去之所。

皇家宫殿
皇家宫殿（见99页）曾是奥尔良公爵的私人住所，从1789年开始变成煽动革命的中心地带。同时它也是几所印刷厂的所在地。

时间表

1715年 路易十四去世，路易十五登基

瘟疫爆发时医生穿着的防护服

1743~1764年 路易十五的心腹庞巴杜夫人利用她在宫廷内的影响力支持艺术家和哲学家的工作

1715 | 1725 | 1735 | 1745 | 1755

1720年 法国爆发最后一次瘟疫：马赛人口锐减

1751年 狄德罗的《百科全书》第一卷出版

1756~1763年 七年战争：法国失去了加拿大和其他殖民地

革命的标志
革命中使用的基本色彩，如蓝、白、红组成的三色甚至出现在18世纪90年代的墙纸上。

玛丽·安托瓦内特王后
王后玛丽·安托瓦内特（Marie-Antoinette）的一些轻佻行为使王室蒙受羞辱。她因此被囚禁在巴黎古监狱，于1793年被送上断头台。

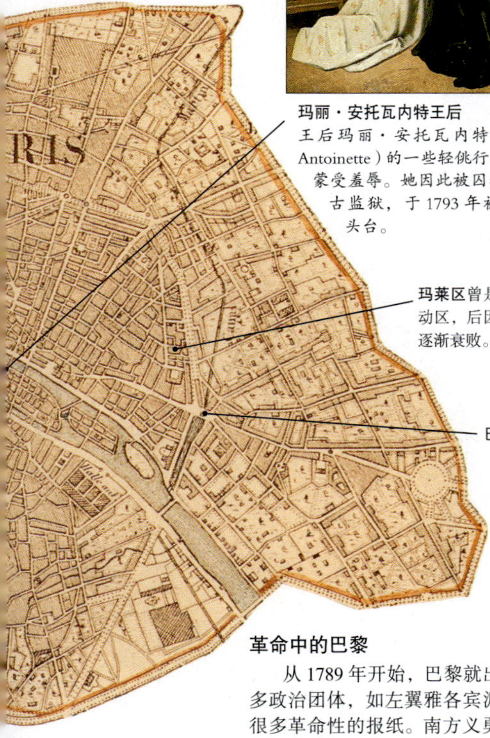

玛莱区曾是贵族的活动区，后因大革命而逐渐衰败。

巴士底狱

革命中的巴黎

从1789年开始，巴黎就出现了许多政治团体，如左翼雅各宾派，以及很多革命性的报纸。南方义勇军带来的《马赛曲》很快就在民众中传播开来。

去哪里探访18世纪的法国

爱丽舍宫修建于1718年（见108页），它是巴黎18世纪杰出的典型建筑。当时法国的其他典型建筑还包括阿尔克－塞南皇家盐场（见350页）、波尔多大剧院、康德姆的优雅豪宅（见440页）和西布勒的商人住宅（见453页）。索沃泰尔—德贝阿尔恩的拉斯城堡收藏了许多18世纪的艺术品和家具（见454页）。

波尔多大剧院是18世纪精美建筑的杰出典范。

革命中的历法
一种新的根据季节性事件对月份进行命名的历法诞生了。这幅版画反映的就是法国的收获月。

1768年 吞并科西嘉岛

1783年 蒙特哥菲尔兄弟升起了人类的第一个热气球

1789年 巴士底狱风暴，建立了君主立宪制；废除封建主义

巴士底监狱模型

1765 1775 1785 1795

1762年 卢梭创作出《爱弥儿》和《社会契约论》

1774年 路易十六登基

1778～1783年 法国在美国独立战争中为十三个殖民地提供援助

1792年国民议会的选民投票卡

1794年 推翻罗伯斯庇尔，结束了恐怖时期

1792年 推翻了路易十六的统治，建立了第一共和国

拿破仑时期的法国

荣誉勋章

1800～1879 年，两代拿破仑家族统治着法国。拿破仑·波拿巴成为拿破仑一世，他将法兰西帝国版图扩张到几乎整个西欧地区。1814 年他惨败后，波旁王朝曾短暂复辟。之后爆发了 1830 年革命，出现了七月王朝，拿破仑家族于 1848 年东山再起。拿破仑一世的侄子路易·拿破仑成为第二共和国的总统，宣称自己为拿破仑三世。在他执政期间，巴黎逐渐趋向于现代化，整个法国也开始了工业革命。

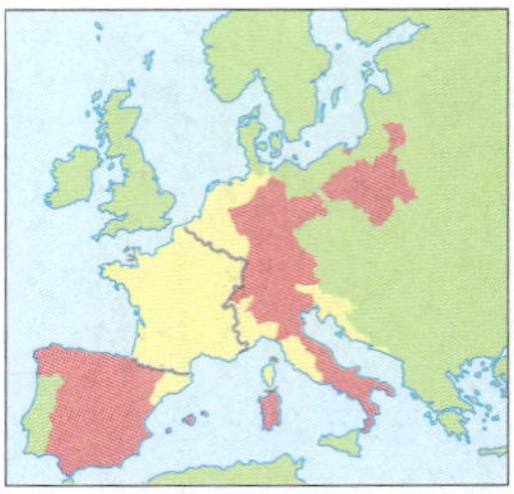

1812年的欧洲版图

拿破仑统治区

附属国

卢浮宫博物馆

博物馆早在 1792 年就开始对外开放，但直到拿破仑执政期间才逐渐兴旺起来。他对收藏和管理艺术品都很有兴趣。

罗马帝国皇帝的桂冠

拿破仑作为第一执政官接受时间之神柯罗诺斯授予的桂冠。

革命三色旗帜在帝国时期一直被良好保存。

法国荣誉军团勋章

皇帝的勋章

拿破仑一世建立了一个新的贵族头衔，并允许他佩戴盾形臂章。但只有他自己才能戴桂冠。鹰标志在 1800 年被采用，象征着罗马帝国。

时间表

1800年 法兰西银行建立

1802年 《亚眠条约》给欧洲带来了短暂的安定

1802年 法国荣誉军团勋章出现

1803年 试图重建拿破仑帝国的战争爆发

1804年 拿破仑登基为皇帝。颁布《法国民法典》

马尔梅森内的约瑟芬的卧床

1806年 开始修建凯旋门

1809年 约瑟芬和拿破仑离婚。她保留了马梅松堡（见173页）

1814年 反法联盟（英国、俄国、奥地利和普鲁士）击败了拿破仑。拿破仑被放逐到厄尔巴岛

1815年 百日王朝：拿破仑从厄尔巴岛返回，但在滑铁卢被击败并流放到圣赫勒拿岛

1800 | 1810 | 1820

七月革命
1830年7月连续三天的街头斗争结束了波旁王朝的统治。

拿破仑家族
这幅虚构的画作描绘了拿破仑一世（就座者）、他从未登基的儿子拿破仑二世（右）、拿破仑的侄子路易·拿破仑（拿破仑三世）以及后者的幼子。

《法国民法典》由拿破仑颁布，画中以石板的方式展现。

拿破仑的荣耀

尽管拿破仑宣称自己是真正的革命者，但他却痴迷于帝国荣耀。不过他也有了许多具有长远影响的改革成果，如《法国民法典》、新的教育系统和法国银行等。

战场上英勇的拿破仑
作为18世纪90年代末期战场上的将军，拿破仑在其执政期内一直都是重要的军事首领。

帝国时尚

建筑、家具、设计和时尚中处处体现出希腊和罗马的理念。女性身着轻薄的古典束腰外衣，更为胆大的女性甚至露出了一侧肩膀或者更多其他部位。大卫和杰勒德是当时最有名的肖像画家，而德拉克洛瓦、席里柯则创作了许多具有罗马风格的杰作。

雷卡米耶夫人设立了很受欢迎的沙龙，而她本人则以美丽和智慧而著称。1800年大卫为她绘制了这幅肖像画。

1832年 流行性霍乱爆发

1838年 达盖尔进行摄影实验

1848年 1848年革命：七月王朝崩溃，第二共和国建立

1851年 路易·拿破仑发动政变

1852年 路易·拿破仑登基为拿破伦三世

1830 1840 1850 1860

1830年 1830年革命：七月王朝国王路易·菲利普取代波旁王朝查理十世

1840年 开始大规模修建铁路

1853年 奥斯曼开始对巴黎进行现代化改造

1857年 当局认为波德莱尔（《恶之花》）和福楼拜（《包法利夫人》）违反了社会道德

1859～1860年 尼斯和萨瓦合并

从巴黎开往圣日耳曼的火车

美好时代

莱俪的新艺术花瓶

第一次世界大战前的几十年，法国人民安居乐业，人们永远都会怀念那个黄金时代。但是当时还是存在政治动荡，如工人阶级武装暴动、有组织的社会运动等；德雷福斯事件将法国分为左派和反犹太的右派。一些新的发明，如电和疫苗使得各社会阶层的生活方便起来。文化方面也逐渐繁荣，出现了许多新形式，如印象主义、新艺术派、古斯塔夫·福楼拜和埃米尔·左拉的现实主义小说、卡巴莱餐馆和康康舞，1895 年还出现了电影。

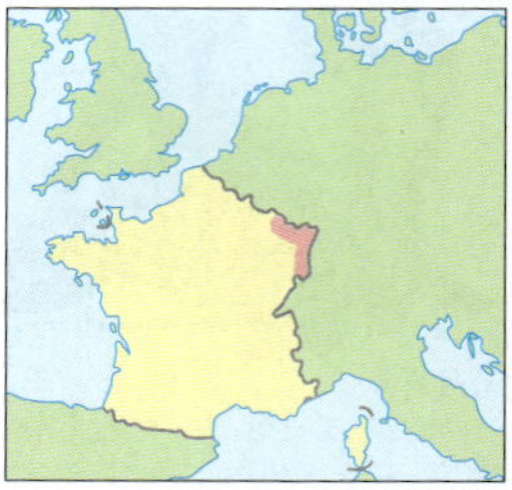

1871年的法国版图

- 第三共和国
- 阿尔萨斯和洛林

万国博览会

1889 年在巴黎举行的万国博览会吸引了 320 万人前来参观。埃菲尔铁塔的钢结构在展览中具有重要地位，但在当时却引起了极大的争议。

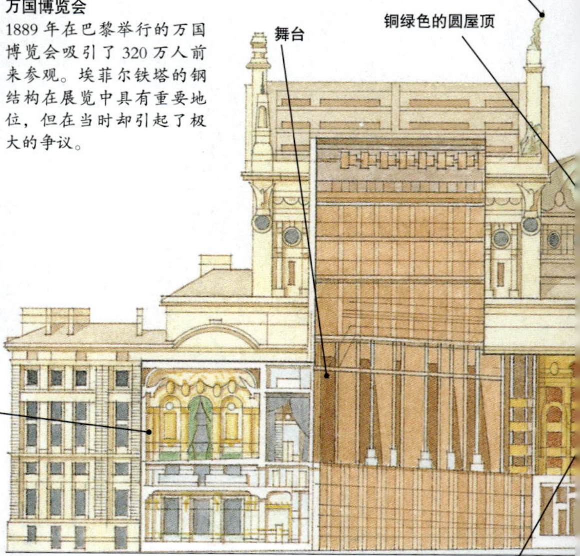

观众席有金色和紫色的座位，能容纳 2000 多名客人。

标致汽车（1899 年）

汽车和自行车给人们带来了极大的方便，因此成为人们休闲生活的一部分。标致、雷诺和雪铁龙公司均成立于第一次世界大战之前。

时间表

1871 年抗争中的妇女

1865 | 1870 | 1875 | 1880 | 1885 | 1890

1869年 斐迪南·德·雷赛布领导修建的苏伊士运河开放

1870～1871年 普法战争：法国失败，拿破仑三世被推翻；法国将阿尔萨斯和洛林割让给德国

1871年 巴黎公社导致第三共和国建立

1874年 印象主义运动开始

1881～1886年 于勒·费里开始进行教育改革

19世纪80年代 法国开始在亚洲和非洲争夺殖民地

1885年 巴斯德研制出了狂犬病疫苗，并首次进行人体试验

1889年 巴黎万国博览会召开，埃菲尔铁塔建成

1890年 标致公司生产出世界上的第一辆汽车

海报艺术
新艺术流派重新对海报进行了改革，尤以阿尔丰斯·慕夏（Alphonse Mucha）的设计最为流行。这幅1897年的海报是用来纪念阿尔萨斯和洛林地区所产的啤酒，因此这些啤酒也成为一种“爱国”饮料。

去哪里探访美好时代的法国

美好时代的著名建筑包括尼斯（见526页）内格斯哥、摩纳哥（见530页）蒙特卡洛的大赌场和比亚里茨（见452页）宫殿酒店。巴黎的奥赛美术馆（见120~121页）展示了新艺术派的物品和家具。

歌剧院内的楼梯
壮观的楼梯上装饰有彩色的大理石柱子和绘有壁画的天花板。这幅本劳德（Beroud）于1887年创作的油画说明了它是通往上层社会的阶梯。

吉马尔设计制造的地铁站出入口采用了新艺术流派典型的旋涡形线条。

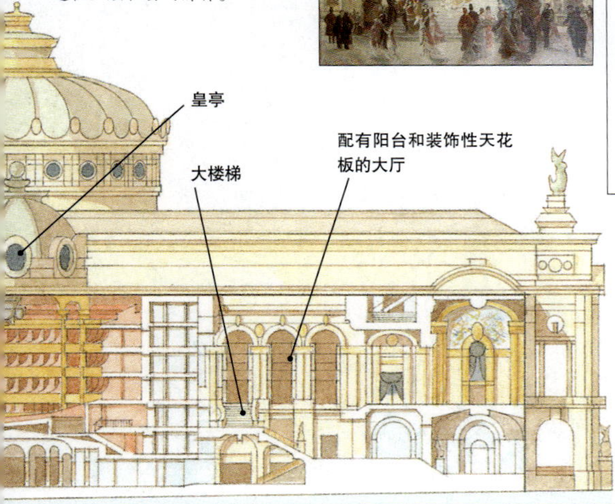

加尼叶国家歌剧院

拿破仑三世于1862年兴建了这座歌剧院；1875年该歌剧院开始向公众开放，并成为美好时代社会生活的焦点。设计师查尔斯·加尼叶（Charles Garnier）将华丽的建筑外表与浮华的内部装饰很好地结合起来。

非凡的莎拉
女演员莎拉·伯恩哈特（Sarah Bernhardt，1844～1923年）的表演几乎囊括所有戏剧流派的风格，在巴黎的戏剧舞台上占主导地位。

1895年 卢米埃兄弟建立首个公共电影院

左拉创作的漫画

1894～1906年 德雷福斯的叛国行为引发了德雷福斯事件，其中还涉及作家左拉和其他人

1909年 布雷里奥驾机飞跃英吉利海峡

1918年 德国请求签署休战协议来结束战争

1917年 贝当镇压了军队暴乱

1916年 凡尔登战役

1895 | 1900 | 1905 | 1910 | 1915

1905年 教会与国家正式分离

1898年 玛丽和皮埃尔·居里发现了镭元素

1913年 普鲁斯特的《追忆似水年华》第一卷出版

1914年 第一次世界大战爆发

1916年的法国新兵

1919年 《凡尔赛和约》

先锋派的法国

尽管遭到两次世界大战的严重打击，法国在世界上仍享有先锋之国的荣誉。巴黎云集了世界上最具创作性的作家、艺术家和音乐家，咖啡馆里坐满了美国作家和爵士音乐家以及法国超现实主义者和电影音乐人。河畔边的咖啡馆吸引了许多艺术家和作家，如马蒂斯、毕加索、海明威和司各特·菲茨杰拉德就是这些咖啡馆的常客。此外许多富有的工业家和贵族也开车或乘坐著名的蓝色火车前往法国。从 1936 年开始实行的带薪休假使得工薪阶层也可尽情享受太阳浴。

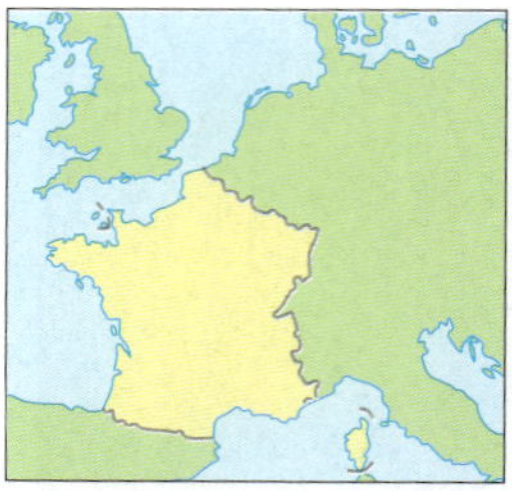

1919年的法国版图

法国领土

1925 年的艺术装饰
1925 年，巴黎万国博览会掀起了人们对艺术装饰的推崇，对称形状和起源于批量生产的功利主义设计给人留下了深刻的印象。

非洲创造之神

身着沉重的纸板服饰的舞者

服饰和场景由立体派艺术家设计，看上去非常震撼但具有一定的呆板性。

爵士乐年代
美国爵士音乐家在巴黎很受欢迎，如 1925 年的西德尼·波切特（Sidney Bechet）和 20 世纪 40 年代比波普爵士乐创始人之一的爵士乐大师——迪兹·吉莱斯皮（Dizzy Gillespie，左图）。

雪铁龙女神（1956 年）
这个精美的汽车模型是 20 世纪 50 年代和 60 年代法国消费主义的标志。

时间表

1920年 法国共产党成立。特里斯唐·查拉的《达达主义宣言》出版

1928年 路易·布努艾尔和萨尔瓦多·达利主演的电影《安达鲁西亚的狗》初次公演

1937 年的法国空军飞机

1933年 法国空军开始运转

1937年 让·雷诺导演的电影《大幻象》首次上演

1920

1930

1924年：巴黎奥运会布列塔尼出版《超现实主义宣言》

1924 年奥运会的海报

1929～1939年 大萧条

1936～1938年 “人民阵线”：开始实施激进的社会改革，包括带薪休假

1938年 慕尼黑会议：绥靖政策发挥到极致

可可·香奈儿（1883~1971）
香奈儿的这张照片由曼·雷（Man Ray）拍摄，由香奈儿设计的精美舒适的服装革命性地改变了20世纪20年代的法国时尚风格。

航空邮递
1927年法国开创性地使用航空邮递服务。

第一个男人和女人

非洲主题来自布莱斯·桑德拉尔的文本。

《世界的创造》（1923年）

试验性艺术在20世纪早期风靡起来。瑞典芭蕾舞剧脚本《世界的创造》的服饰和音乐分别由莱杰（Léger）和米约（Milhaud）设计。佳吉列夫的俄罗斯芭蕾舞团也能与前卫派艺术家，如皮卡比阿（Picabia）、考克多（Cocteau）、萨蒂（Satie）和苏尼亚·德洛内（Sonia Delaunay）等人的作品相媲美。

第二次世界大战

1940年，第三共和国衰败之后，巴黎和法国的北部及西部均被德国占领，直到1944年才得以解放。法国东南部形成了维希政权，由贝当元帅（Marshal Pétain）和皮埃尔·赖伐尔（Pierre Laval）领导。同时，夏尔·戴高乐（Charles de Gaulle）领导了法国解放运动，而让·穆兰（Jean Moulin）协调了许多不同的抵抗派系。

德国士兵在占领巴黎期间非常喜欢在埃菲尔铁塔前面拍照。

约瑟芬·贝克（1906~1975年）
20世纪20年代，音乐厅如雨后春笋发展起来，密斯丹格苔以及约瑟芬·贝克成为无可争议的歌后。

1939年 第二次世界大战爆发

1940年 法国沦陷。贝当领导维希政权。戴高乐到达伦敦继续战斗

1942年 整个法国被德国控制

1944年 盟军在诺曼底登陆（6月）。巴黎解放（8月）

1945年 战争结束。第四共和国诞生。妇女享有投票权

1946年 萨特创办《现代杂志》。第一届戛纳电影节开幕

1949年 北约组织建立。欧洲议会成立

1940

1950

1954年 越南奠边府战役后，法国从印度支那撤离。阿尔及利亚起义开始

1956年 伊迪丝·琵雅芙在职业生涯的后期，在纽约的卡内基音乐厅达到事业的顶峰

1958年 戴高乐领导的第五共和国成立

现代法国

菲利普·斯塔克设计的柠檬榨汁器

20世纪50年代以后，法国社会的传统根基开始发生转变：农业人口大幅减少，传统工业逐渐衰落，服务性行业和高科技产业迅猛发展，法国人也开始享受大众文化和消费主义带来的收益。一系列的高端工程，如协和飞机、高速铁路、新凯旋门和蓬皮杜中心，当时在世界上都享有盛誉。对推动欧洲一体化做出的努力以及英吉利海峡海底隧道的开工建设的目的都是与邻国发展更为密切的关系。

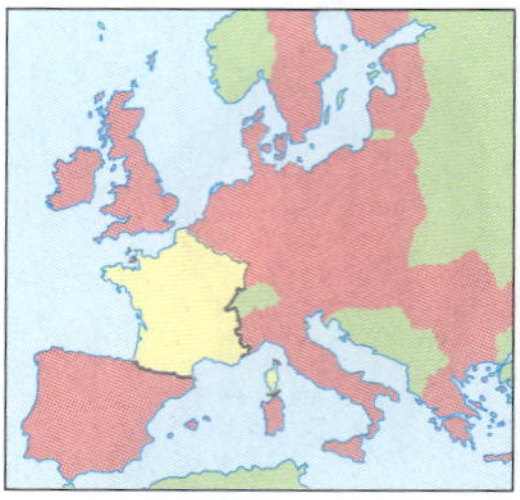

如今的法国版图

- 法国
- 欧盟

蓬皮杜中心（1977年）

蓬皮杜中心颇有争议的建筑改变了波堡的历史街区给人的印象。作为一个文化艺术中心，它激活了曾经趋于衰败的地区发展（见92~93页）。

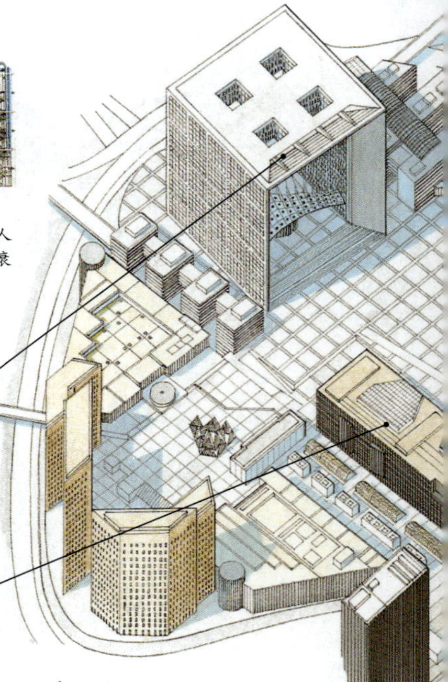

新凯旋门于1989年开放，用来纪念法国大革命200周年。

购物中心

拉德芳斯区（LA DÉFENSE）

位于巴黎近郊的拉德芳斯区巨大的现代商务中心（见130页）修建于20世纪60年代，现已成为许多跨国公司的总部所在地。

新潮流电影

戈达尔（Godard）和特吕弗（Truffaut）等导演拍摄了许多全新的、以人物风格为中心的电影，如《朱尔与吉姆》（1961年）。

时间表

1960年 法国首颗原子弹爆炸。非洲非殖民地化

1962年 《埃维昂协议》同意阿尔及利亚独立

1963年 法国建成第一座核电站

1967年 共同农业政策为欧洲农民提供补贴

1968年 五月风暴

1969年 蓬皮杜取代戴高乐成为总统

1973年 欧盟从六个国家扩大为九个国家

1974年 季斯卡·德斯坦当选总统

1976年 协和飞机首次进行商业飞行

1977年 雅克·希拉克成为1871年以来巴黎的首任市长。蓬皮杜中心对外开放

1980年 莫奈的私人花园对外开放（见266页）

1981年 社会党党员密特朗当选总统并持续了14年

1987年 密特朗和撒切尔夫人签订了建造英吉利海峡海底隧道的协定

1989年 庆祝法国大革命两百周年

弗朗索瓦·密特朗

欧盟旗帜
从20世纪50年代致力于建立更紧密的欧洲合作开始，法国一直是欧洲联盟的重要推动力之一。

高速列车
TGV是世界上最快的列车之一（见680~681页）。它代表了法国政府重视高科技和致力于改善交通状况的决心。

拉克鲁瓦风尚
尽管巴黎本身对高级女子时装设计和制作没有多大需求，但巴黎仍然是世界上著名的时尚中心。克里斯汀·拉克鲁瓦（Christian Lacroix）设计的T台服饰表明了法国服装设计师炉火纯青的设计技术。

菲亚特大厦（Tour Fiat）是欧洲最高的塔楼之一，高达178米。

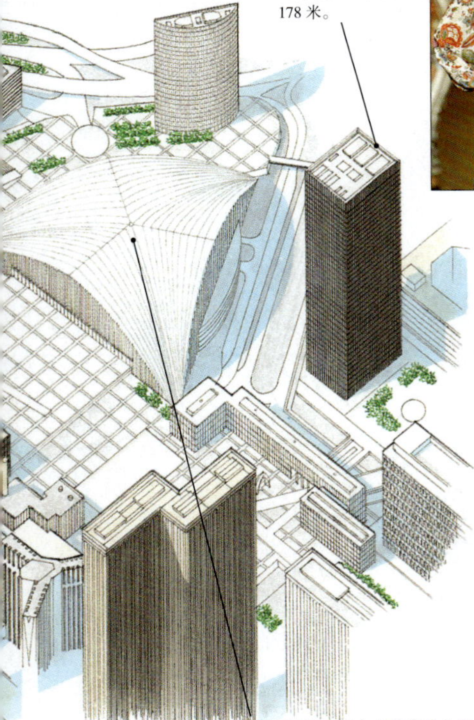

拉德芳斯展览中心首先建立起来，附近还有其他的工业中心。

1968年五月风暴

1968年5月，左翼学生因为反对现行秩序而发生政治暴动，并对法国社会产生了深远影响。大约有900万工人及一些著名学者如让·保罗·萨特（Jean-Paul Sartre）都参与了示威游行，他们要求增加工资，提供更好的学习条件，并颠覆传统的价值观念和制度。

学生暴动首先在巴黎郊外的楠泰尔爆发，并在法国引起了大范围的骚动和工业动荡的局面。

1994年 海峡隧道打开

2002年 在第一轮总统选举中人民阵线击败社会党。雅克·希拉克再次当选法国总统

阿尔伯特二世亲王

2008年 勒·克莱齐奥赢得诺贝尔文学奖

2010年 于1793年丢失的法国领导人亨利四世国王的头颅被寻回

1990 | 2000 | 2010 | 2020

1991年 埃迪特·克勒松成为法国第一任女总理

2002年 欧元取代法郎成为合法支付货币

1996年 密特朗因病逝世

2007年 尼古拉·萨科奇当选总统

2005年 摩纳哥亲王雷尼尔三世逝世，他唯一的儿子阿尔伯特二世亲王继位

法国的国王和皇帝

罗马帝国崩溃后，法兰克国王克洛维巩固了梅罗纹加王朝。接着就出现了卡洛林王朝，从10世纪开始就由卡佩王朝成员统治。卡佩家族建立的皇家权威在14世纪和16世纪末依次移交给了瓦卢瓦王朝家族和波旁王朝。其后的宗教战争和1789年革命结束了波旁王朝的统治，但在1814～1830年它又重新短暂复辟。19世纪则完全被波拿巴家族、拿破仑一世和拿破仑三世所统治。1870年拿破仑三世的统治被推翻，法国开始进入共和国时代。

768~814 查理大帝

- 447~458 梅罗纹加
- 458~482 希尔佩里克一世
- 482~511 克洛维一世
- 511~558 希尔佩里克一世
- 558~562 克洛泰尔一世
- 562~566 卡里伯特
- 566~584 希尔佩里克一世
- 584~628 克洛泰尔二世
- 628～637 达戈贝尔一世
- 637~655 克洛维二世
- 655~668 克洛泰尔三世
- 668~674 希尔佩里克二世
- 674~691 蒂埃里三世
- 691~695 克洛维三世
- 695~711 希尔佩里克二世
- 711~716 达戈贝尔三世
- 716~721 希尔佩里克二世
- 721~737 蒂埃里四世
- 743~751 希尔佩里克三世
- 751~768 矮子丕平
- 768~814 查理大帝
- 814~840 路易一世
- 840~877 查理一世
- 877~879 路易二世
- 879~882 路易三世
- 882~884 卡洛曼
- 884~888 查理二世
- 888~898 巴黎伯爵奥多
- 898～929 路易三世
- 936~954 路易四世
- 954~986 查理三世
- 966~1031 罗贝尔二世
- 986~987 路易五世
- 987~996 休·卡佩
- 1031~1060 亨利一世
- 1060～1108 菲利普一世
- 1108~1137 路易六世
- 1137~1180 路易七世

- 400 500 600 700 800 900 1000 1100
- 梅罗纹加王朝
- 卡洛林王朝
- 卡佩王朝

482~511 克洛维一世

1108~1137 路易六世

1515~1547 弗朗索瓦一世

1226~1270 路易九世（圣路易）

1498~1515 路易十二，人民之父

1483~1498 查理八世

1422~1461 查理七世

1270~1285 腓力三世

1285~1314 腓力四世

1316~1322 腓力五世

1328~1350 腓力六世

1547~1559 亨利二世

1559~1560 弗朗索瓦二世

1610~1643 路易十三

1643~1715 太阳王路易十四

1774~1792 路易十六

1804~1814 拿破仑一世

1200	1300	1400	1500	1600	1700	1800
	瓦卢瓦王朝			波旁王朝		
1200	1300	1400	1500	1600	1700	1800

1314~1316 路易十世

1322~1328 查理四世

1350~1364 约翰二世

1364~1380 查理五世

1380~1422 查理六世

1223~1226 路易八世

1180~1223 菲利普·奥古斯都

1560~574 查理九世

1574~1589 亨利三世

1589~1610 亨利四世

1814~1824 路易十八

1824~1830 查理十世

1830 ~ 1848 路易·菲利普一世

1852~1870 拿破仑三世

1461~1483 路易十一

1715~1774 路易十五

巴黎和法兰西岛

巴黎和法兰西岛概览　72~73

塞纳河风光　74~79

西岱岛、玛莱区和波堡　80~93

杜乐丽花园和歌剧院　94~103

香榭丽舍大街和荣军院　104~115

塞纳河左岸　116~127

周边地区　128~139

商店和市场　140~149

巴黎的休闲娱乐　150~153

巴黎城市地图　154~169

法兰西岛　170~181

巴黎和法兰西岛概览

法国首都有许多博物馆、画廊以及纪念碑。卢浮宫、埃菲尔铁塔和蓬皮杜中心都是巴黎最受欢迎的旅游景点。

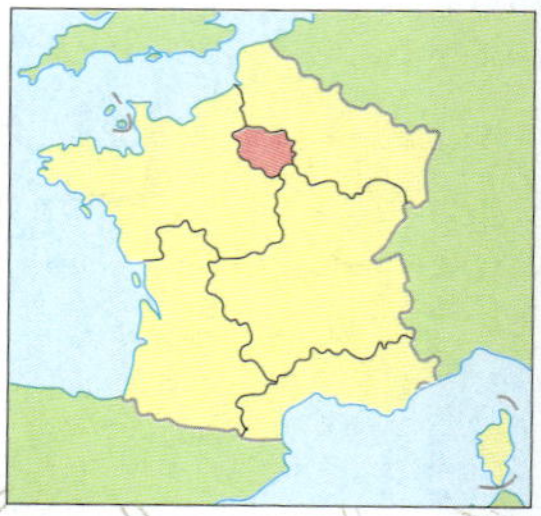

法兰西岛为巴黎周边区域，占地 1.2 万平方公里，是一片点缀着城堡的繁华郊区城镇，其中最为著名的是凡尔赛宫。当然，郊区居民要为农田、森林和壮丽的枫丹白露宫让步。

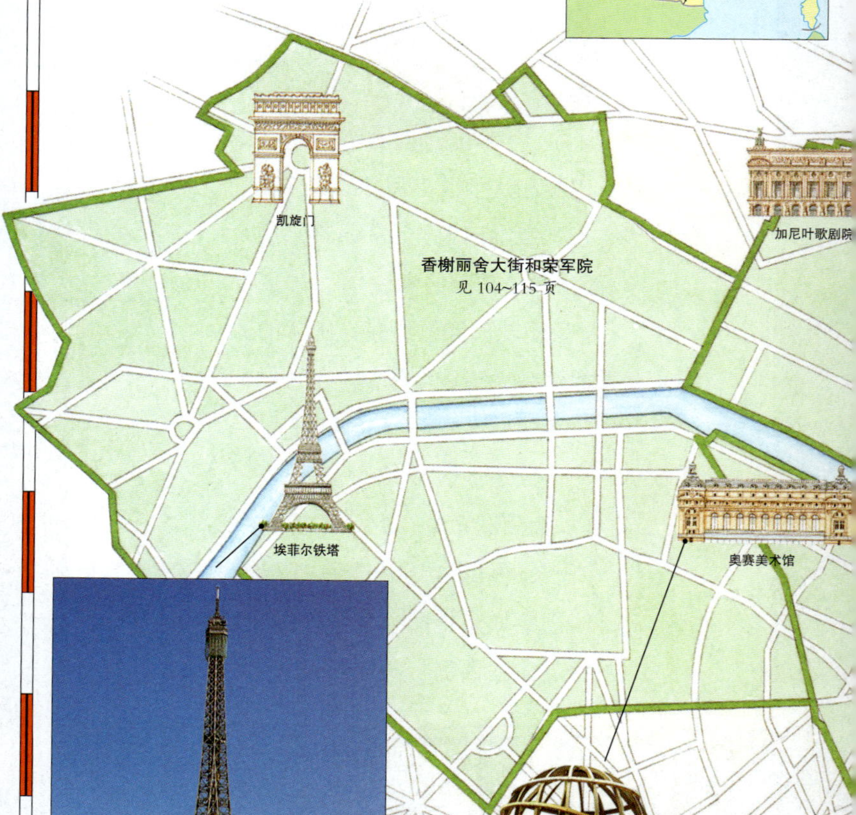

埃菲尔铁塔（Eiffel Tower）是为举办 1889 年的万国博览会而设计，这在当时还曾引发争论，但如今已成为巴黎最著名的标志性景观（见 113 页）。

奥赛美术馆（Musée d'Orsay）开放于 1986 年，是由 19 世纪末期的一个地铁站改建而成（见 120~121 页），馆内藏有大量的 19 世纪和 20 世纪早期的美术作品（主要是印象派艺术家的作品），包括让·巴蒂斯特·卡尔波的作品《世界的四个部分》（1872 年）。

◁ 圣心教堂和蒙马特高地的屋顶

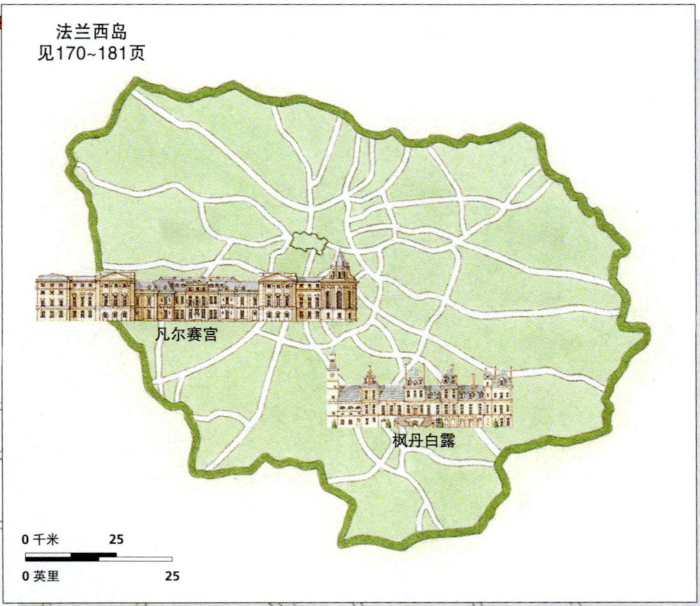

蓬皮杜中心（Pompidou Centre）（1977）因其新颖的内部设计及其收藏的著名画家毕加索、马蒂斯和米罗的名作而举世闻名（见 92～93 页）。

巴黎圣母院（Notre-Dame）是所有始建于 1163 年的哥特式建筑中令人叹为观止的代表作，由中世纪劳动人民花费了 200 年时间完成（见 86~87 页）。圣母院的顶尖是建筑师维欧勒·勒·杜克于 19 世纪设计的。

塞纳河风光

亚历山大三世桥上的雕像

法国最著名的音乐厅明星——密斯丹格苔（Mistinguett）曾将塞纳河比喻为“眼中带有笑意的金发美女”。塞纳河在巴黎人心中的确具有娱乐消遣的功能，但是塞纳河与巴黎城市的关系远远不止于此。

再无第二个欧洲城市像巴黎这样用它的河流来定义自己，塞纳河对于巴黎而言是不可或缺的：用塞纳河来测量距离；用塞纳河来确定街道的数量；塞纳河将城市划分为两个区，分别是塞纳河北边的右岸和南边的左岸。所有这些都与官方的区域划分相同。巴黎的划分也与历史因素密不可分：东区是城市旧址，而西区是19~20世纪才发展起来的。实际上巴黎的每座建筑要么是沿着塞纳河岸而建，要么就是离塞纳河不远。码头边是整齐而富裕的中产阶级居住的公寓、魅力非凡的乡村小屋、世界著名的博物馆和令人叹为观止的纪念碑。

由此可见塞纳河是极富生命力的。数世纪以来，塞纳河中的船舶络绎不绝，但是目前现代机械化的陆地交通带走了这里曾经的繁荣景象。如今塞纳河上来来往往的都是巨大的商业游艇和满载游客的游览小船。

拉丁码头区（Latin Quarter Quayside）位于塞纳河左岸，之所以得此名是因中世纪时期该地区的学习机构里聚集了许多说拉丁语的学生。

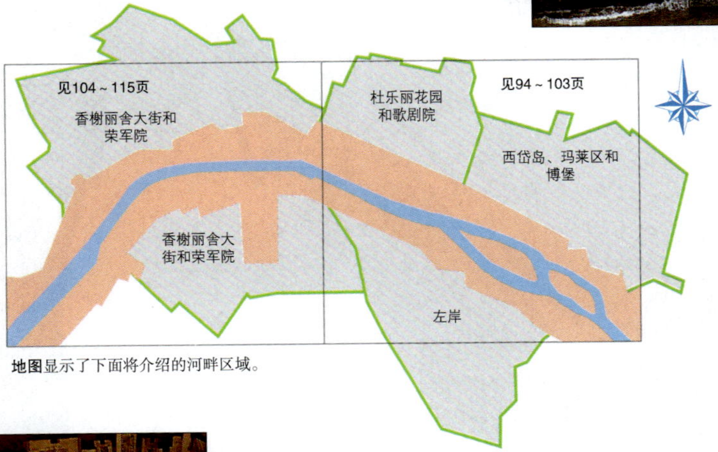

地图显示了下面将介绍的河畔区域。

塞纳河边的旧书摊上出售的都是一些价值上乘的二手书和出版物，适合在午后随便翻阅。

◁ 亚历山大三世桥，桥上有精美的雕像

从格勒纳勒桥到协和桥

沿塞纳河畔而建的宏伟的有纪念性的建筑是拿破仑一世和工业革命时期的遗迹。埃菲尔铁塔、小皇宫和大皇宫等一些古建筑在许多现代建筑如夏佑宫及盖布朗利博物馆的映衬下更显典雅。

夏佑宫（Palais de Chaillot） 它是为 1937 年的博览会而建，其壮丽的两翼建筑里有几座博物馆和一座剧院（见 111 页）。

东京宫（The Palais de Tokyo）建筑的前墙上有布尔代勒的雕像。

法国广播电视台（Maison de Radio France）修建于 1963 年，是一座壮丽的圆形建筑，内有播音室和广播文物馆。

德比尔哈克姆桥（Pont Bir-Hakeim）的最北边矗立着一座栩栩如生的雕像，是霍尔格·韦德欣克的作品。

埃菲尔铁塔是巴黎最具标志性的建筑（见 113 页）。

自由女神像于 1885 年被移送至巴黎。它面朝西，朝向纽约的自由女神像。

大皇宫（Grand Palais）
巴黎一些主要的展览馆和一座科学博物馆都在这里（见 109 页）。

小皇宫（Petit Palais）
现在是巴黎美术博物馆，最初是为搭配大皇宫而建（见 108 页）。

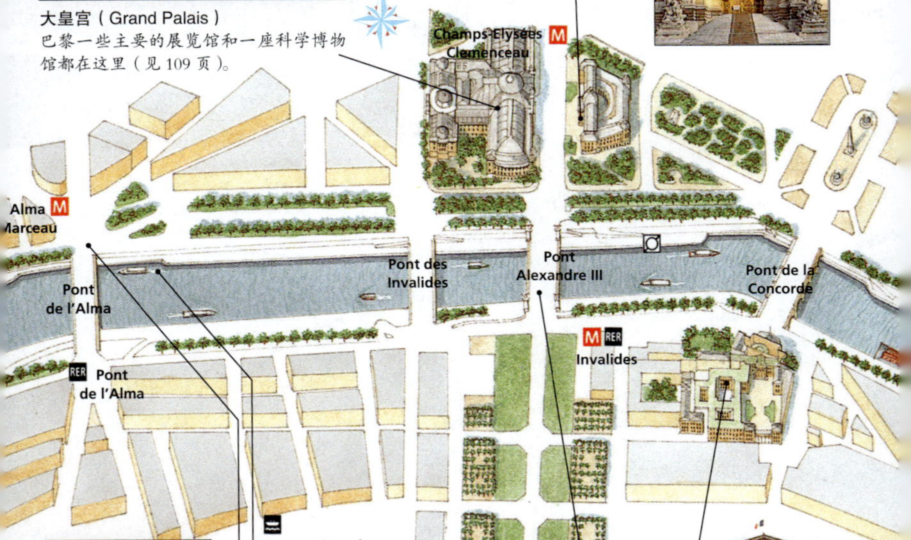

这尊轻步兵塑像位于中央码头，如今被用于检测河水水位。

自由火炬是为纪念“二战”时期法国保卫战的战士们而建。

波旁宫（Assemblée Nation-ale Palais-Bourbon）最初是为路易十四的女儿而建，自1830年以后成为法国国民议会所在地。

圆顶教堂（Dôme Church）
从亚历山大三世桥上可以清晰地看到圆顶教堂那庄严的镀金圆顶（见 115 页），拿破仑墓就位于圆顶教堂的地下。

亚历山大三世桥（Pont Alexandre III）
桥上精美的雕像装点了巴黎这座最绚丽的桥梁（见 109 页）。

从协和桥到旭丽桥

巴黎的历史核心区域位于河流东段的河畔和岛屿。其中心是西岱岛，它如一块天然的阶梯巨石横穿塞纳河，是中世纪巴黎的文化中心。西岱岛如今在巴黎人的生活中仍然是至关重要的。

杜乐丽花园

花园的风格比较正式（见98~99页）。

卢浮宫

在成为世界上最伟大的博物馆和名画《蒙娜丽莎》的收藏地之前，这里曾是欧洲历史上最大的王室宫殿（见100～103页）。

橘园美术馆

这里展出了19世纪的许多珍贵的油画收藏品（见98页）。

奥赛美术馆

这座由火车站改建而来的博物馆收藏了许多巴黎印象派画家的杰出作品（见120~121页）。

水上巴士线路

登船地点：埃菲尔铁塔。城市地图：6 D3 Ⓜ Bir Hakeim. 香榭丽舍大街 城市地图：7 A1 Ⓜ Champs-Elysées-Clemenceau. 奥赛美术馆 城市地图：8 D2 Ⓜ Assemblée Nationale. 卢浮宫 城市地图：8 D2 Ⓜ Palais Royal-Musée du Louvre. 市政厅 城市地图：9 B4 Ⓜ Hôtel de Ville. 巴黎圣母院 城市地图：9 B4 Ⓜ St-Michel. 圣日耳曼德佩 城市地图：8 E3 Ⓜ St-Germain des Prés. 植物园 城市地图：13 C1 Ⓜ Jussieu. 出港时间2月中~3月中，11月中~12月中：10:30～16:30（12月中~次年1月初延长至17:30）；3月中~5月，9月~11月：10:00～19:00（6月~8月延长至21:30）；每天15～30分钟一班。www.batobus.com

艺术桥（Passerelle des Arts）由1804年第一座铁桥改建而来，于1984年建成。

巴黎铸币博物馆建于1778年，其古老的铸币大厅里收藏了大量的钱币和奖章。

本地区住宿及餐饮信息见550～555页和600～606页

如何乘塞纳河游船

Bateaux Vedettes du-Pont-Neuf Seine Cruise

登船地点：绿林广场（新桥）。城市地图：8 F3 电话：01 46 33 98 38 M Pont Neuf RER Châtelet/St-Michel 27，58，67，70，72，74，75。出港时间 3 月 15 日 ~10 月 31 日：10:30、11:15、正午、13:30~22:30（每 30 分钟一班）；11 月 ~ 次年 3 月 14 日：周一至周四 10:30、11:15、正午、14:00~18:30（每 45 分钟一班）、20:00~21:00；周五至周日 10:30、11:15、正午、14:00~18:30、20:00、21:00~22:00（每 30 分钟一班）。时长 1 小时。船上提供小吃。www.vedettesdu-pontneuf.fr

Bateaux Mouches Seine Cruise

登船地点：阿尔玛桥。城市地图：6 F1 电话：01 42 25 96 10 M Alma-Marceau RER Pont de l'Alma 28，42，63，72，80，81，92。出港时间 4 月 ~9 月：10:15~23:00（每 20~45 分钟一班）；10 月 ~ 次年 3 月：10:15~21:00（每 30~60 分钟一班）。时长 1 小时 15 分钟。午餐游船周六、周日、河畔假日 13:00（12:15 登船）。晚餐游船每天：19:30~20:30 登船。时长 2 小时 15 分钟。需穿夹克打领结。www.bateaux-mouches.fr

Vedettes de Paris Ile de France Seine Cruise

登船地点：Suffren 港口。城市地图：6 D3 电话：01 44 18 19 50 M Trocadéro, Bir Hakeim RER Champ-de-Mars-Tour Eiffel 22，30，32，42，44，63，69，72，82，87。出港时间每天：10:30~22:00（10 月 ~ 次年 4 月 11:00~19:15，周六至周日延长至 21:00）（每 20~45 分钟一班）。时长 1 小时。香槟游船周四至周六 18:00。1 小时的行船过程中品尝 3 种香槟酒。晚餐游船周六 20:00。时长 2 小时 30 分钟。www.vedettesdeparis.com

Bateaux Parisiens Tour Eiffel Seine Cruise

登船地点：耶那桥和 Montbello 码头（4 月 ~ 11 月）。城市地图：6 D2 电话：08 25 01 01 01 M Trocadéro, Bir Hakeim RER Champ-de-Mars-Tour Eiffel 42，82。出港时间 4 月 ~9 月：10:00~22:30；10 月 ~ 次年 3 月：10:30~22:00（每 30 分钟一班）。午餐游船每天：12:15。时长 2 小时 15 分钟。晚餐游船每天：19:15~20:15 登船。时长 3 小时。需穿夹克打领带。www.bateauxparisiens.com

西岱岛

在公元前 200 年，一个名为巴黎西的凯尔特部落曾居住在这座塞纳河的小岛上（见 82 ~ 83 页）。

巴黎古监狱

在大革命时期，这座建筑及其标志性的高塔因作为监狱而臭名昭著（见 83 页）。

圣路易斯岛

17 世纪，岛上建起了许多美轮美奂的房子，自此该岛就成为吸引众人眼球的地方。

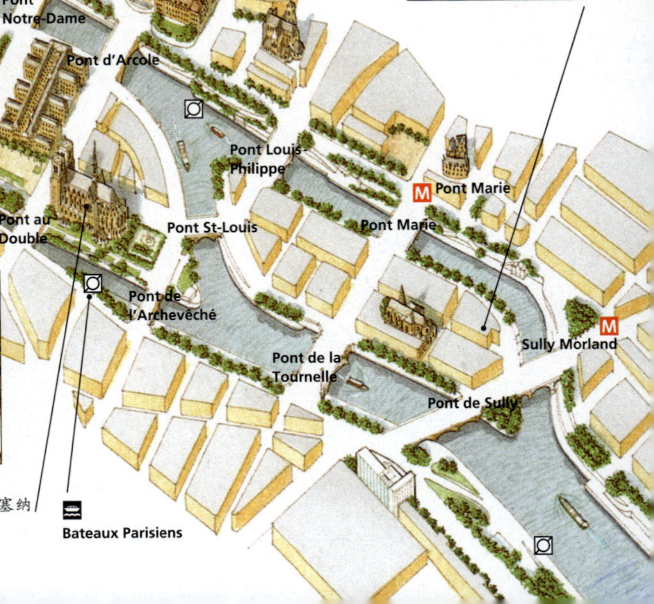

巴黎圣母院

这座高耸的大教堂俯瞰着塞纳河（见 86~87 页）。

西岱岛、玛莱区和波堡

在塞纳河右岸由波堡的现代化集市广场和蓬皮杜中心占据主导地位。这里是巴黎最繁华的地方，每天都有不计其数的游客、购物者以及学生蜂拥到这里。年轻人经常结伴去最新潮而时尚的集市广场，但最好避免晚上去。对广场的重新整修将在2017年完成。集市广场的所有道路似乎都可以通往蓬皮杜中心（波堡），这里安装了许多先进的管道和电缆；国立近代美术馆也位于中心内部。蓬皮杜中心周边的小巷子里坐落着许多扭曲的三角墙建筑，其中都是画廊。临近的玛莱区在1789年的大革命后渐渐被贵族所遗弃，在20世纪60年代被修复之前，这里曾是一片废墟。自修复之后它成为一片时尚地带，如今街上仍有一些咖啡馆、面包店和艺术馆。

巴黎城市的饰章

虽然在20世纪，巴黎西岱岛被大规模地开发过，许多古老建筑已不复存在，但残存的巴黎圣母院大教堂、司法宫及圣礼拜堂等仍不断吸引众多旅游者。在岛的东端有一座桥与圣路易岛相连，圣路易岛曾是一片沼泽牧场，如今早已树木繁茂、房屋林立，成为一片美丽的码头居住地。

旅游景点分布示意图

岛屿和广场
巴士底广场 21
孚日广场 19
集市广场 13
圣路易岛 7

教堂
巴黎圣母院（见86~87页）6
圣厄斯塔什教堂 12
圣杰维圣波蝶教堂 9
圣礼拜堂 4

历史建筑
古监狱 2
圣雅克塔 11
市政厅 10
司法宫 3

博物馆和画廊
毕加索博物馆 17
地下考古墓穴 5
加那瓦雷博物馆 18
蓬皮杜中心（见92页）14
桑斯馆 8
苏比斯府第 16
犹太艺术与历史美术馆 15
维克多·雨果之家 20

桥梁
新桥 1

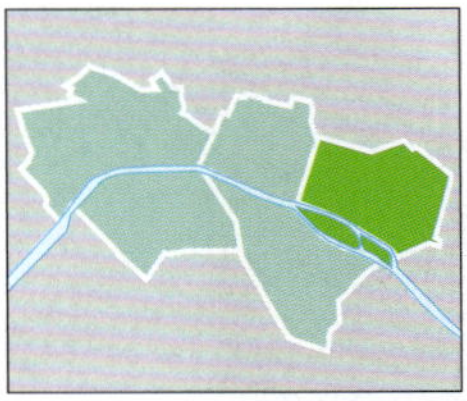

周边交通

地铁站包括Châtelet, Hôtel-de-Ville和Cité。公交车47路和29路分别可以到达博堡和玛莱区。有多条公交线路经过西岱岛和圣路易岛。

图例
街区地图82~83页
街区地图88~89页
M 地铁站
水上巴士登船地点
RER RER车站

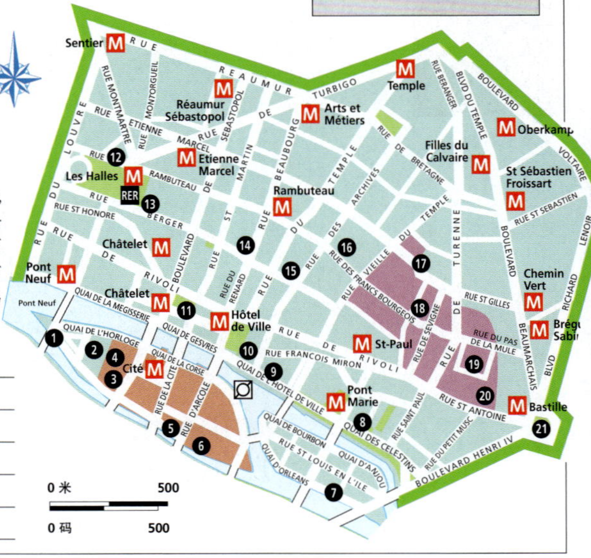

◁ 巴黎古监狱和钱币兑换所石桥

街区纵览：西岱岛 Ile de la Cité

巴黎最初是由位于塞纳河上呈船形的西岱岛发展而来的，岛上最早居住的是公元前 3 世纪的凯尔特人部落。其中一个名为巴黎西的部落最终用自己的名字为巴黎城命名。该岛使得高卢的南部和北部都有便利的河道，而且易于防守。在以后的数世纪中，该地区的定居者增加了罗马人、法兰克人以及开普敦国王，如今他们已成为巴黎城居民的一部分。

如今，在伟大的中世纪大教堂圣母院的考古学墓室里仍可以看到早期的建筑物遗迹。西岱岛的另一边是另一座哥特式经典建筑——圣礼拜堂。

★ 古监狱（Conciergerie）
这座看起来很阴森的建筑曾是大革命时期的国家首座监狱。❷

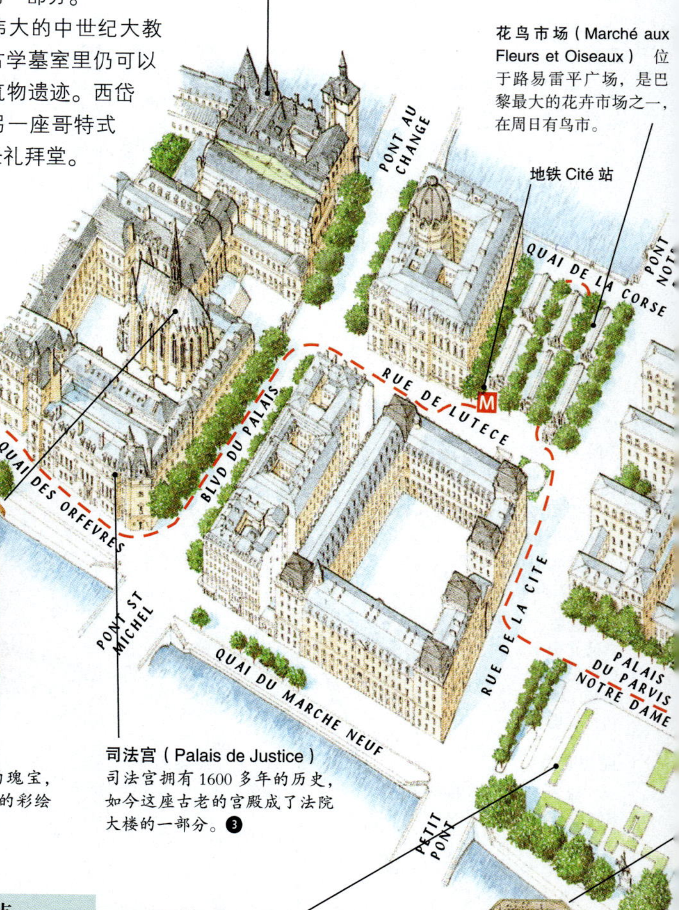

花鸟市场（Marché aux Fleurs et Oiseaux） 位于路易雷平广场，是巴黎最大的花卉市场之一，在周日有鸟市。

地铁 Cité 站

通往新桥

★ 圣礼拜堂
（Sainte–Chapelle）
作为哥特式建筑的瑰宝，圣礼拜堂以其绚丽的彩绘玻璃窗而闻名。❹

司法宫（Palais de Justice）
司法宫拥有 1600 多年的历史，如今这座古老的宫殿成了法院大楼的一部分。❸

星级景点
★ 巴黎圣母院
★ 圣礼拜堂
★ 古监狱

图例

- - - 推荐线路

零起点（Point Zéro）是法国测量所有道路的起点。

通往拉丁区

地下考古墓室（Crypte Archéologique）
深藏于广场下的房屋遗址可追溯到 2000 年前。❺

本地区住宿及餐饮信息见550~555页和600~606页

主宫医院（Hôtel Dieu）修建于651年，由巴黎主教圣兰迪主持修建，是巴黎最古老的医院。

定位地图
见城市地图 8、9

★ 圣母院（Notre-Dame）
这座大教堂因其华丽的南向玫瑰花窗和一排排石像鬼而成为法国哥特式建筑的光辉典范。❻

若望二十三世广场开放于1844年，广场的花园里有许多哥特式喷泉，是观赏大教堂东侧部分的理想地点。

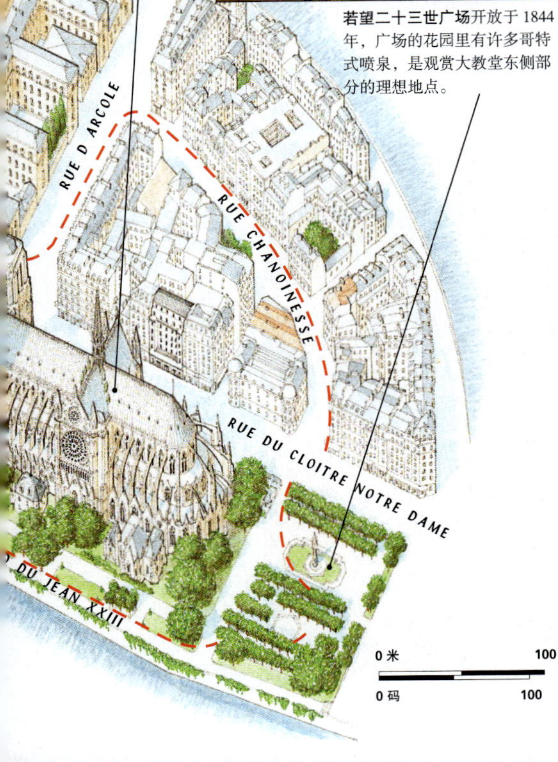

新桥是该城市最古老的桥

新桥 ❶
Pont Neuf

75001. **城市地图：** 8 F3 Ⓜ Pont Neuf, Cité

尽管被命名为新桥，但这座桥是巴黎最古老的桥，多次出现在文学家和艺术大师的作品中。桥的第一块基石是亨利三世在1578年奠基的，亨利四世（他的雕像矗立在桥中央）时这座桥才落成，并于1607年命名为新桥。

古监狱 ❷
Conciergerie

2 bd du Palais 75001. **城市地图：** 9 A3 **电话：** 01 53 40 60 80 Ⓜ Cité ◯ 每天:9:30～18:00（11月~次年2月9:00~17:00；关门前30分钟不允许入内）● 1月1日、5月1日、12月25日 可购买圣礼拜堂（见84页）联票 致电查询

古监狱于1391～1914年作为监狱被使用，后来成为司法宫的一部分。1610年暗杀亨利四世的刺客弗朗索瓦·拉瓦雅克曾关押于此。大革命期间古监狱里关押了逾4000人，其中最著名的当数玛丽·安托瓦内特，她在1793年处决之前一直被关在一间小单人牢房里。其他的罪犯还有刺杀大革命领袖马拉的夏洛特·科尔代。古监狱有一座哥特式前厅，有四条走廊，皇室家族的守卫曾居住在这里。19世纪重修之后，这座建筑仍保留着11世纪的审讯室和14世纪的钟楼。

司法宫上的雕像

司法宫 ❸

Palais de Justice

4 bd du Palais.（入口在 8 bd du Palais）75001 **城市地图：** 9 A3 **电话：** 01 44 32 52 52 Ⓜ Cité ◯ 周一至周五 9:00 ~ 18:00 ● 公共假期及8月休假

组成巴黎法院的这座庞大建筑与西岱岛长度相等。哥特式高塔与地面建筑相互映衬，构成了一幅极美的画面。罗马时期，它还是地方长官的住所时，就被当时的政府征占了。这里成了皇室权力的象征，直到查理五世将法院转移到玛莱区，之后便发生了1358年的血腥叛乱。1793年4月声名狼藉的革命法庭开始将司法从初级民事法庭分离出来。今天这座建筑里还保存着拿破仑的遗产——法国司法体系。

地下考古墓穴 ❺

Crypte Archéologique

Parvis Notre-Dame-pl Jean-Paul II 75004. **城市地图：** 9 A4 **电话：** 01 55 42 50 10 Ⓜ Cité ◯ 周二至周日10:00 ~ 18:00（闭馆前30分钟禁止入内）● 1月1日、5月1日和8日、11月1日和11日、12月25日

墓穴坐落在巴黎圣母院主广场的下方，在地下绵延120米，于1980年对公众开放。

里面的高卢罗马时期的街道和房屋设有地下供暖系统，公元前3世纪的鲁特西亚城墙和大教堂的遗址也在这里。这些遗址讲述了巴黎的发展史，巴黎西，即2000年前来到岛上的凯尔特部落将城市命名为巴黎。

巴黎圣母院 ❻

Notre-Dame

见86~87页。

圣礼拜堂 ❹

Sainte-Chapelle

6 bd du Palais 75001. **城市地图：** 9 A3 **电话：** 01 53 40 60 80 Ⓜ Cité ◯ 3月至10月：每天9:30 ~ 18:00；11月 ~ 次年2月：每天9:00 ~ 17:00 ●；1月1日、5月1日、12月25日 可以买古监狱（见83页）联票。不得携带尖锐物品入内。

优美而富有奇幻色彩的圣礼拜堂是西方最伟大的建筑杰作之一。中世纪，虔诚的教徒将教堂比作"通往天堂的大门"。高15米的铅笔状圆柱通向画满金色繁星的穹顶，并将15块绚丽的彩绘玻璃分割开来，没有游客不被这彩色玻璃的耀眼光芒所感染。玻璃窗上用鲜明的色彩如红色、金黄、绿色和蓝色描绘了1000多宗《圣经》中的场景。进门从左侧开始，以顺时针方向前行，你可以依次看到从《创世记》至《耶稣受难》和《启示录》的经文。

小礼拜堂是路易九世在1248年完工，用作盛放基督的荆冠和真十字架的碎片（现在存放于巴黎圣母院的珍宝馆中）。路易国王以高出整个圣礼拜堂三倍的价格从君士坦丁堡皇帝那购买了一些遗物，并以此为荣。

实际上这座建筑包括两座单独的小礼拜堂。昏暗的下礼拜堂专供仆人和下等的宫廷官员使用；而精致的上礼拜堂需要经过一条狭窄的螺旋形楼梯才可以到达，专供皇室成员和朝臣们使用。谨慎安装的窗户确保了国王参加庆典时不被外面的人观察到。

在大革命期间这座建筑遭到了严重的破坏，成了放置面粉的仓库。一个世纪以后才被建筑师维欧勒·勒·杜克修复。

如今晚上有古典音乐会定期在小礼拜堂举行，这座建筑出众的声学设计得到了很好的利用。

圣礼拜堂的华丽内部

圣路易岛 ❼
Île St–Louis

75004 **城市地图：**9 B–C4–5 Ⓜ Pont Marie, Sully Morland. St–Louis–enl'Ile 19 bis rue Saint–Louis en l'Ile. **电话：**01 46 34 11 60 ◯ 9:30 ~ 13:00，14:00 ~ 19:30（周日和公共假期至19:00）**音乐会** **www.saintlouisenlile.com**

圣路易岛是个小港口，有着安静的街道和河畔码头。这里有许多豪华的饭店和商店，包括著名的冰淇淋店Berthillon。几乎岛上的所有建筑都保留着17世纪的经典风格。**圣路易教堂**（St–Louis–en–l'Ile）有着巴洛克式内部装潢，它于1726年由皇家建筑师路易·德沃修建。教堂入口有座1741年制成的大钟，内部还有1926年美国密苏里州圣路易斯市赠予的徽章。圣路易教堂与埋藏圣路易的突尼斯迦太基大教堂为姐妹教堂。

圣路易教堂内部

桑斯馆 ❽
Hôtel de Sens

1 rue du Figuier 75004. **城市地图：**9 C4 **电话：**01 42 78 14 60 Ⓜ Pont–Marie ◯ 周三至周四10:00 ~ 19:30（周二、周五和周六从13:00开始）● 公共假期

作为巴黎仅存的少数中世纪建筑之一，桑斯馆是福尼美术馆的所在地。在16世纪天主教联盟时期，桑斯馆成为波旁皇族、红衣主教等人的府邸。

圣杰维圣波蝶教堂 ❾
St–Gervais–St–Protais

Pl St–Gervais 75004. **城市地图：**9 B3 **电话：**01 48 87 32 02 Ⓜ Hôtel deVille ◯ 每天：5:30 ~ 21:00 **风琴音乐会**

这座宏伟的教堂建于公元6世纪，是以两位被尼禄皇帝杀害的罗马士兵杰维斯和波蝶斯的名字命名的。它以拥有1621年巴黎最早的古典前墙闻名，墙上有三层柱子，分别是多利安式、爱奥尼亚式和科林斯式。

教堂属于晚期的哥特式建筑，该教堂与宗教音乐密切相关。弗朗索瓦·库普兰（1668 ~ 1733年）为教堂创作了两首管风琴乐曲。

上礼拜堂的窗户

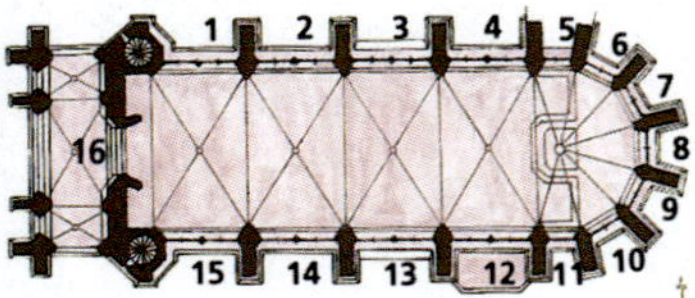

1《创世记》
2《出埃及记》
3《民数记》
4《申命记》：约书亚书
5《士师记》
6 左边是《以塞亚书》右边是耶西之条
7 左边是《圣约翰福音书》右边是《耶稣的童年时期》
8《耶稣受难记》
9 左边是施洗者圣约翰右边是《但以理书》
10《以西结书》
11 左边是耶利米书右边是多比雅
12 犹滴和约伯
13《以斯帖记》
14《列王记》
15 废墟故事
16 玫瑰花窗：启示录

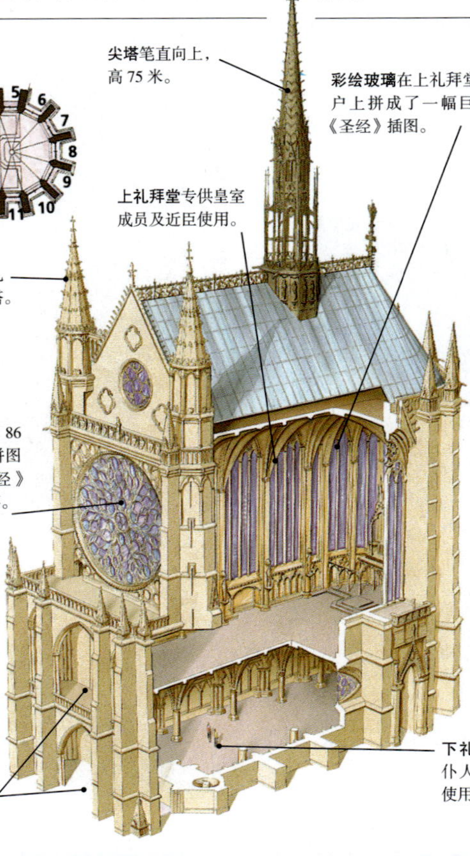

巴黎圣母院 ❻ Notre-Dame

除了巴黎圣母院，没有任何建筑可以作为巴黎历史的缩影。圣母院建在一座罗马教堂的原址上，苏利主教于1159年被委派重建这座教堂。1163年埋下第一块基石，这标志着哥特式风格的建筑师们和中世纪的苦力们长达两个世纪苦难的开始。自此，圣母院见证了巴黎历史上的许多重大事件，包括1422年亨利六世以及1804年拿破仑一世的加冕礼。1789年大革命期间，圣母院被破坏并被重新命名为公理殿。19世纪，建筑师维欧勒·勒·杜克对巴黎圣母院进行了大规模的修缮（包括尖塔和石像鬼）。

★ 西侧前墙
（West Façade）
美丽匀称的西侧前墙是法国哥特式建筑中的杰作。

★ 钦梅尔走廊
（Galerie des Chimères）
大教堂带有传奇色彩的石像鬼在壁架上凶恶地注视着前方。

★ 西侧玫瑰花窗
（West Rose Window）
窗上装饰有圣母雕塑，配有红色和蓝色的圆形装饰图案。

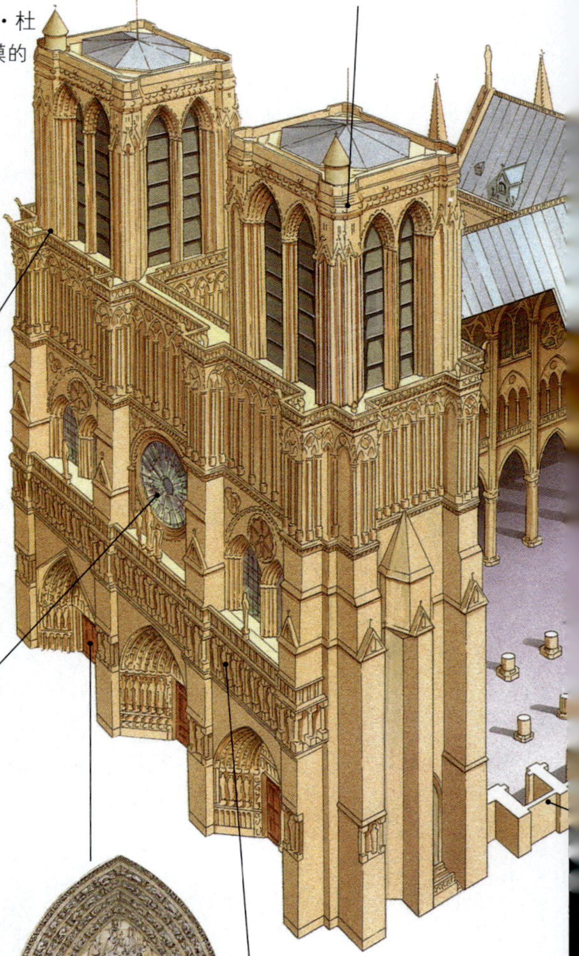

387级台阶通往南塔塔顶，著名的以马内利钟就在那里。

国王画廊有28尊犹太国王的石像。

圣母门（Portal of the Virgin）
圣母被圣徒和国王们围绕的这座雕刻是13世纪雕刻中的重要组成部分。

星级景点

- ★ 西侧前墙和入口
- ★ 飞扶壁
- ★ 玫瑰花窗
- ★ 钦梅尔走廊

本地区住宿及餐饮信息见550~555页和600~606页

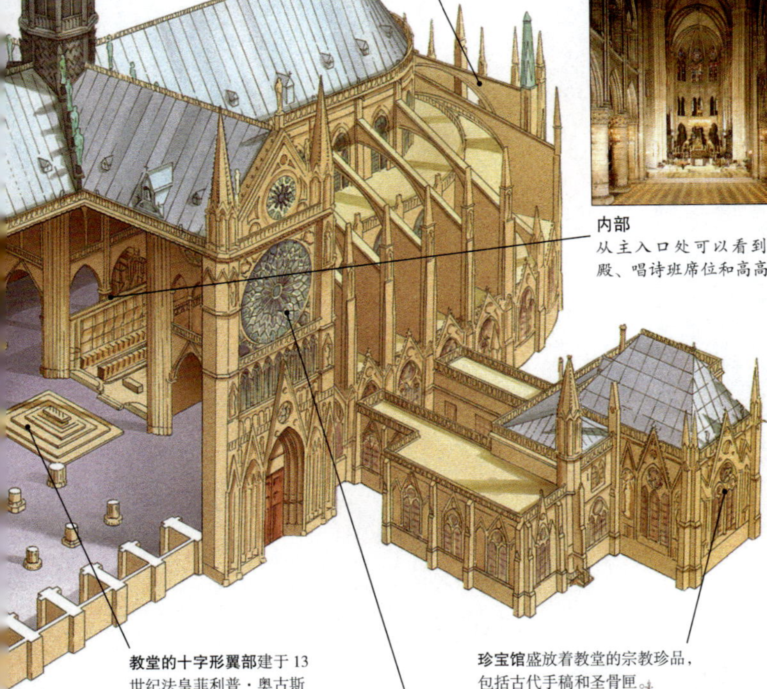

飞扶壁（Flying Buttresses）
由尚·哈维设计的壮观的飞扶壁位于教堂的东边，跨度达15米。

游客备忘

Parvis-Notre-Dame-pl Jean-Paul II. **城市地图：**9 B4
电话：01 42 34 56 10 Cité
21、27、38、47、85、96 Notre-Dame pl Parvis 每天：7:45~18:45（周六周日至19:15）；塔10:00 ~ 17:30（冬）；10:00 ~ 18:30（夏） 周一至周五 08:00，09:00，12:00，18:15；周六 08:30；周日 08:30，10:00，11:30，12:45，18:30 塔

尖顶由维欧勒·勒·杜克设计，高达96米。

内部
从主入口处可以看到高拱的中殿、唱诗班席位和高高的圣坛。

教堂的十字形翼部建于13世纪法皇菲利普·奥古斯都统治初期。

珍宝馆盛放着教堂的宗教珍品，包括古代手稿和圣骨匣。

★ 南侧玫瑰花窗
南侧花窗的中央是耶稣基督像，窗高达13米。

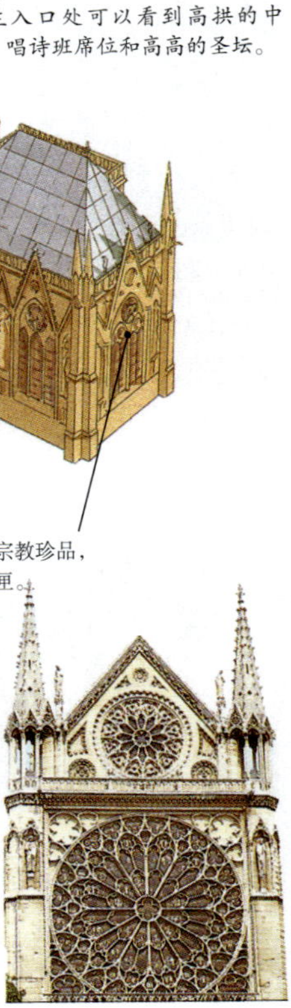

"五月"画作
这些宗教画作是由夏尔·勒布伦和勒叙厄尔等人绘制的，巴黎的同业会在1630~1707年期间于每年"五一"展出画作。

街区纵览：玛莱区 The Marais

玛莱区曾经是一片沼泽地（“玛莱”的意思是沼泽），由于紧邻着查理五世最喜欢的地方——卢浮宫，因此该区的地位在14世纪稳步提升。它在17世纪达到全盛期，是有钱人钟爱的时尚地带，许多当时的豪华宅邸如今改造成了博物馆。此外，流行时尚服装精品店、餐馆和商店也交错分布在这里。

通往蓬皮杜中心

★ 毕加索美术馆（Musée Picasso）
17世纪盐税官富丽堂皇的住宅现在是世界上最大的毕加索作品收藏地。⑰

法兰克自由民街（Rue des Francs-Bourgeois）
建于1334年，因34号和36号的穷人救济院“法兰克”而得名。

康纳克杰博物馆（Musée Cognacq-Jay）
藏有许多18世纪的精美油画和家具。

拉马侬大宅（Hôtel de Lamoignon）
建于1584年，是巴黎历史图书馆所在地。

蔷薇街（Rue des Rosiers）是城市古老的犹太街区的中心，这里分布着18世纪的房屋、商店和供应五香熏牛肉和罗宋汤的餐馆。

加那瓦雷博物馆（Musée Carnavalet）
博物馆占据了两座大宅，收藏品体现了巴黎从史前到高卢-罗马时期的全部历史。⑱

图例

推荐路线

0米　100
0码　100

本地区住宿及餐饮信息见550~555页和600~606页

★ 孚日广场（Place des Vosges）
这座迷人的广场是一块安静和平的绿洲。⑲

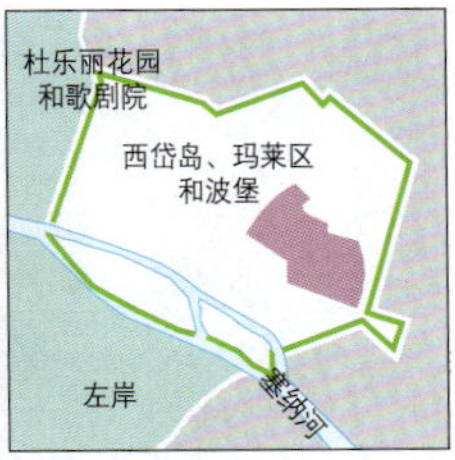

定位地图
见城市地图 9、10

维克多·雨果之家（Maison de Victor Hugo）
《悲惨世界》的作者维克多·雨果曾居住在雨果广场 6 号，现在这里是展现雨果生前生活场景和收藏其作品的博物馆。⑳

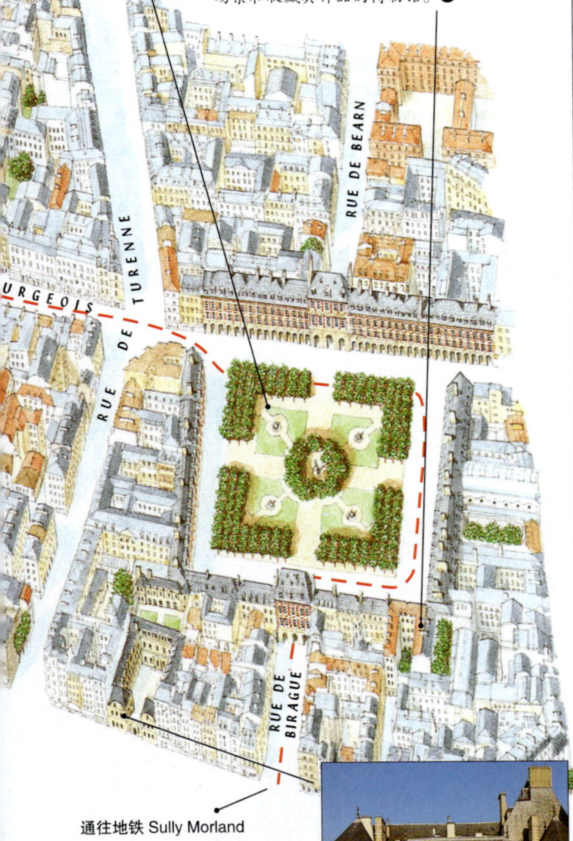

旭丽大宅（Hôtel de Sully）有着橘园和庭院，是一座美丽的文艺复兴时期建筑。

星级景点

- ★ 毕加索美术馆
- ★ 加那瓦雷博物馆
- ★ 孚日广场

市政厅 ⑩
Hôtel de Ville

Pl de l'Hôtel de Ville 75004. **城市地图：** 9 B3 **电话：** 01 42 76 40 40 Ⓜ Hôtel-de-Ville ◯ 对团体开放；电话预约（01 42 76 54 04）● 公共假期及官方活动（电话查询）♿

作为市政府所在地，这座建筑在 17 世纪就被作为市政厅使用，但在 1871 年被巴黎公社的起义军烧毁，于 19 世纪被重建。它是第三共和国建筑物的典型代表，高耸华丽，有着精湛的石雕、塔楼和雕像，俯瞰着步行广场。

16 世纪的圣雅克塔

圣雅克塔 ⑪
Tour St-Jacques

Square de la Tour St-Jacques 75004. **城市地图：** 9 A3 Ⓜ Châtelet ◯ 仅花园

这座美丽的哥特式晚期风格的塔可以追溯到 1523 年，是一座中世纪教堂的遗址，该教堂曾是前往西班牙圣地的朝圣者们的集合地。1797 年它遭到革命者的破坏。

在早期，17 世纪的哲学家、数学家、物理学家、作家布莱兹·帕斯卡用这座塔进行了测量大气压试验，他的雕像位于塔基上。这座塔现在被用作气象站。

圣厄斯塔什教堂 ⑫
St-Eustache

2 impasse St-Eustache 75001. **城市地图**：9 A1 **电话**：01 42 36 31 05 Ⓜ Les Halles RER Châtelet-Les-Halles 🕒 周一至周五：9:30 ~ 19:00，周六、周日：10:00 ~ 19:00 ✝ 周一至周五：12:30，周六：18:00，周日11:00、18:00 **音乐会** www.saint-eustache.org

圣厄斯塔什教堂是巴黎最美丽的教堂之一，许多内部格局是仿巴黎圣母院建造的，有五个正堂和侧翼小礼拜堂。它花了105年（1532~1637年）才建成，从其恢弘的拱门和圆柱上均可一瞥文艺复兴风格的发展盛况。该教堂举办过许多盛事，如红衣主教黎塞留和庞巴度夫人的洗礼，还有寓言家拉封丹、路易十四时期的首相科尔伯特、17世纪剧作家莫里哀、革命演说家米拉波的葬礼都在该礼堂举行。法国作曲家柏辽兹的《赞美颂》于1855年在此首演。如果在周日17:30到达这里，就会有幸聆听风琴演奏会。

集市广场 ⑬
Forum des Halles

75001. **城市地图**：9 A2 Ⓜ Les Halles RER Châtelet-Les-Halles **影像论坛**：2 rue du Cinéma 🕒 周二至周五12:30 ~ 23:30，周六、周日14:00 ~ 23:30

现在集市广场简称集市，位于著名的老蔬菜水果市场旧址，但至今这一说法颇有争议。该建筑群占地7公顷，部分在地上，部分在地下，据说安全性不太好，尤其是晚上。地下二层和三层主要是各式各样的商店，从流行服装店到大小品牌专卖店，应有尽有，这里还有两个多屏电影院和一个剧院资源中心——**影像记坛**。地面上有漂亮的花园、藤架以及迷你亭阁。为了改善环境，政府于2006年对该地区进行了整修，但工作进行缓慢。

圣厄斯塔什教堂前的雕塑名为“倾听”，是亨利·米勒的作品

蓬皮杜中心 ⑭
Pompidou Centre

见92 ~ 93页。

犹太历史美术馆 ⑮
Musée d'Art et d'Histoire du Judaïsme

Hôtel de St-Aignan, 71 rue du Temple 75003. **城市地图**：9 B2 **电话**：01 53 01 86 60 Ⓜ Rambuteau 🕒 周一至周五：11:00 ~ 18:00，周日10:00 ~ 18:00 ● 犹太节日 www.mahj.org

博物馆位于玛莱区著名的圣埃尼昂酒店（Hôtel de St-Aignan）内，汇集了原先分散于城内的藏品，以纪念中世纪法国犹太文化。参观者可从中了解自罗马时代起法国拥有的众多犹太群体。世界上著名的犹太学者拉希、Rabenu Tam、Tosafists都是法国人。馆内展出了许多精致的手工艺品，如精美的银器、织物以及一些保存完好的犹太文物、居家和犹太教堂都可使用的宗教物品。还有许多照片、油画、卡通、历史文物，包括一个多世纪以前反“德雷福斯事件”的资料。

苏比斯府第 ⑯
Hôtel de Soubise

60 rue des Francs-Bourgeois 75003. **城市地图**：9 C2 Ⓜ Rambuteau 🕒 周一、周三至周五：10:00 ~ 12:30，14:00 ~ 17:30，周六、周日：14:00 ~ 17:30 ● 公共假期

这座美丽的建筑是于1705 ~ 1709年专为罗昂公主而建，如今已成为两处主要的保存国家档案的地点之一（另一处为罗昂大宅），它以壮丽的庭院和18世纪著名的艺术家打造的内部装潢而著名。

苏比斯府第的展品包括陈列在公主卧室内的纳图瓦尔的岩石、贝壳装饰风格，以及拿破仑的遗嘱，在遗嘱中他要求子嗣们重返法国。不过可惜的是馆内只对有预约的历史研究者开放。

毕加索博物馆 ⑰
Musée Picasso

Hôtel Salé, 5 rue de Thorigny, 75003. **城市地图**：10 D2 **电话**：01 42 71 25 21 Ⓜ St-Sébastien Froissart 只接受团体预约 www.musee-picasso.fr

毕加索（1881~1973年）出生于法国，大部分时间也居住在法国。法国政府以遗产税的方式得到了其四分之一的作

毕加索作品《阅读中的女人》（1932年）

品。1986年，法国政府将修葺一新的萨莱大宅改建为毕加索博物馆。

馆内藏有逾200幅油画、158座雕刻、88件陶器和约3000件版画和素描作品，这些独一无二的藏品展示了毕加索一生中不同时期的艺术创意。

特别值得推荐的是毕加索蓝色时期的20岁《自画像》、立体派抽象拼贴画《静物与木椅》、新古典主义的《牧笛》以及《耶稣受难》。该博物馆与世界上其他艺术馆画廊来往密切，因此会向其他地方的特别展览会出借藏品，这样游客在其他画廊也可能参观到法国毕加索博物馆的藏品。该馆于2009年8月开始进行翻修，2012年已经完成。

华丽的17世纪天花板绘画是夏尔·勒布伦的作品

加那瓦雷博物馆 ⑱

Musée Carnavalet

23 rue de Sevigné 75003. **城市地图：** 10 D3 **电话：** 01 44 59 58 58 Ⓜ St-Paul ◯ 周二至周六10:00~18:00（房间轮流开放：致电查询）● 公共假期 📷 ♿ 致电查询时间 🛍 www.carnavalet.paris.fr

本博物馆坐落于两座紧连的建筑内，介绍史前至今的巴黎历史。馆内有完整的用镀金嵌板、家具和艺术品装饰的房间，还有许多油画、名人雕像以及介绍巴黎建造过程的版画等。

主体建筑是加那瓦雷馆，是尼古拉斯·杜普伊斯于1548年建造，最初被用作市政厅。从事文学工作的女主人塞维尼侯爵夫人1677~1696年居住在这里，在这里与巴黎知识界精英聚会并完成了她的著名作品《书信》。如今馆内的一楼还陈列着她在路易十四时期的作品。

开放于1989年的17世纪的Le Peletie馆，以20世纪早期的内部重新装潢和从大革命到拿破仑时代的纺织品而著名。橘园专辟一间展厅介绍史前至高卢－罗马时代的巴黎历史。藏品还有1992年在贝西公园考古大发掘中发现的独木舟，在那次发掘中还发现了一座新石器时代的村庄。

孚日广场 ⑲

Place des Vosges

75003，75004. **城市地图：** 10 D3 Ⓜ Bastille, St-Paul

这座完美对称的广场是亨利四世于1605年投资兴建的，如今被巴黎人民和游客评为世界上最美丽的广场之一。广场的东西南北各有9座房子，由拱廊相连的这些房子如今已成为古董商店和时尚咖啡馆了。广场见证了许多历史事件的发生，如1615年为庆祝路易十三与奥地利公主安娜的婚礼而举行的为期三天的演出。

维克多·雨果之家 ⑳

Maison de Victor Hugo

6 pl des Vosges 75004. **城市地图：** 10 D4 **电话：** 01 42 72 10 16 Ⓜ Bastille ◯ 周二至周日：10:00~18:00 ● 公共假期 ♿ 图书馆 www.musee-hugo.paris.fr

法国诗人、剧作家、小说家雨果在1832～1848年间居住在前Hôtel de Rohan-Guéménée的二楼，Hôtel de Rohan-Guéménée是广场上最大的建筑。正是在这里，他完成了《悲惨世界》的大部分内容。馆内展览了雨果曾居住的房间、他使用的书桌、自制的家具、绘画以及从他孩童时期至1852~1870年被放逐期间的重要时期的纪念品。这里还有定期的临时展览。

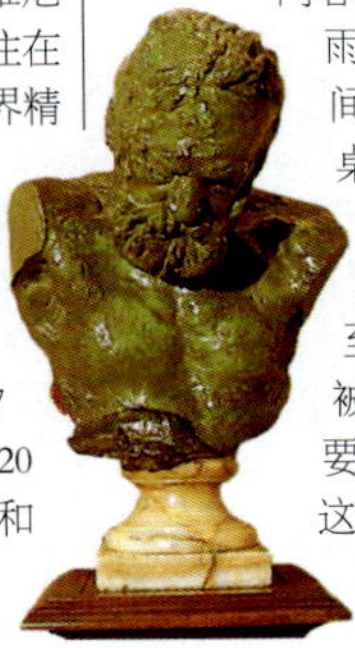

维克多·雨果的大理石半身像由奥古斯特·罗丹创作

巴士底广场 ㉑

Place de la Bastille

75004. **城市地图：** 10 E4 Ⓜ Bastille

1789年7月14日，暴民攻击巴士底狱，导致这座声名狼藉的监狱荡然无存，该事件引发了法国大革命。1830年，50米的七月纪念碑为纪念七月革命的牺牲者落成。可容纳2700名观众的**巴士底歌剧院**（Opéra National Bastille）建成于1989年，纪念法国大革命胜利200周年。

七月纪念碑顶部的“自由天才”雕塑

蓬皮杜中心 ⑭ Pompidou Centre

蓬皮杜中心的自动扶梯、电梯、通气管道和水管道，甚至是建筑骨架的钢铁支柱都设在建筑物的外面。这就使建筑师查理德·罗杰斯、伦佐·皮亚诺和吉安弗朗哥·弗兰西尼创造了一个灵活的展览空间。这座博物馆的收藏以艺术家马蒂斯、毕加索、米尔罗、波洛克为代表的野兽派、立体派和超现实主义学派为主。蓬皮杜还有临时巴黎近代美术展。在露天广场，大量的人群涌来观看街道上的表演。

图例

- 展览区
- 非展览区

混乱的玻璃和钢筋是波堡的特点，这里是巴黎最受欢迎的旅游景点，建于 1977 年，每年吸引着超过 700 万名的游客。

《在两个平面上移动》（1955 年）
20 世纪的美国画家亚历山大·考尔德将运动物体作为一种艺术表现形式。

《国王的悲伤》（1952）
这幅抽象画是马蒂斯用水彩画拼贴而成的。

美术馆导览

永久的收藏品位于四楼和五楼：1905～1960 年的作品位于五楼，当代美术作品位于四楼。一楼和六楼用作临时性展览；二楼和三楼是一个图书馆。底层由名为“论坛（Forum）”的公共区、表演中心、影院和儿童乐园组成。

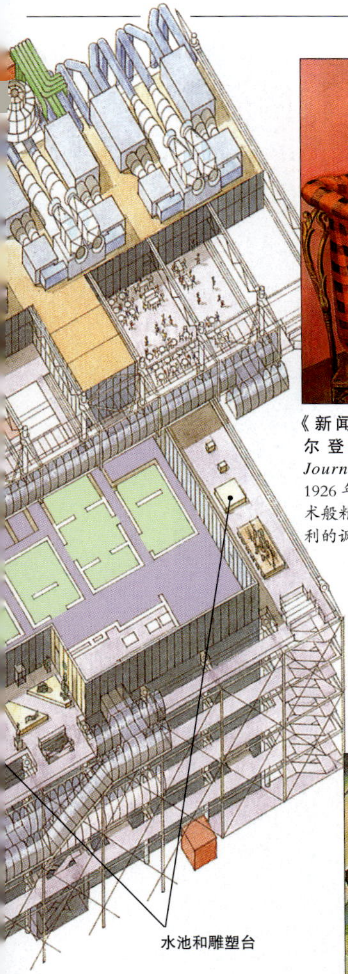

《新闻记者西尔维亚·冯·哈尔登的画像》(*Portrait of the Journalist Sylvia von Harden*, 1926年)奥托·迪克斯如外科手术般精细的画风使这幅画成为犀利的讽刺漫画。

游客备忘

Centre d'Art et de Culture Georges Pompidou, pl G Pompidou, 75004. **城市地图：** 9 B2 **电话：** 01 44 78 12 33 Rambuteau、Châtelet 或 Hôtel de Ville 21,29,38,47,58,69, 70,72,74,75,76,81,85,96 Châtelet-Les-Halles Centre G Pompidou 国立近代美术馆和临时展览：周三至周一至次周 11:00~22:00；布朗库西画室：周三至次周周一 14:00~18:00；图书馆：周一、周三至周五：中午~22:00 www.cnac-gp.fr

《二重奏》(*Le Duo*, 1937年)同毕加索一样，乔治·布拉克也运用立体派画技在同一画面中表现关于一个主体的不同观点。

《与黑色圆弧》(*With the Black Arc*, 1912年)在这幅瓦西里·康定斯基的作品里可以看出20世纪的主要艺术形式——抽象画法的痕迹。

《斯特拉文斯基喷泉》
(*Stravinsky Fountain*)
这座1983年落成的喷泉位于蓬皮杜中心附近的斯特拉文斯基广场。是雕刻家丁格利和妮基·桑法勒共同设计的，他们俩的作品在蓬皮杜中心都有展览。

布朗库西画室

布朗库西纪念馆是仿罗马尼亚出生的画家布朗库西(1876~1957年)的工作室而建的，布朗库西曾在巴黎居住并工作。他向法国政府捐赠了自己的全部作品，条件是将他的工作室按原来的样子仿建。

他捐赠的作品包括200多座雕刻和底座、1600幅照片(代替展示)以及他创作所使用的工具。

纪念馆内同样有特色的是一些他的私人物品，如文件、家具和藏书。

伦佐·皮亚诺设计的布朗库西画室的内景

杜乐丽花园和歌剧院

巴黎国家歌剧院周边是这个城市最繁华的区域之一。这种喧嚣似乎与整个城市优雅的氛围不符，但19世纪奥斯曼男爵设计的林荫大道弥补了这个不足，也使得中世纪的老城一跃成为当时最先进、最美丽的大都市。这个区域内到处都是商店，从奢侈的大百货公司到普通的特色店铺，应有尽有。19世纪早期的廊街有着精致的立柱和透明穹顶，是欣赏该地区主要遗风的地方。有些人也称廊街为长廊或廊巷，20世纪70年代，它们经过翻修，重新焕发出夺目的光彩。薇薇安廊巷有华丽的马塞克地板，是现存的廊巷中最出众的。全景廊街、维尔多廊街，还有极具老式巴黎风格的王子廊街。这些廊街的周围充斥着各种商店，包括令人垂涎的食品店以及古董书店和邮票店。

歌剧院外的修女灯柱

杜乐丽花园位于歌剧院和塞纳河之间，西接协和广场，东临卢浮宫。卢浮宫博物馆是一座神奇的艺术殿堂，它将世界上最伟大的艺术收藏和贝聿铭的前卫设计思想完美地融合在一起，于是成就了举世闻名的透明金字塔。这个街区的独特风格从精致的广场和优雅的庭院中透露出来。在这里，庄严肃穆的王室纪念馆和各种古迹总能和极尽奢华的现代建筑融合在一起。旺多姆广场则是财富与时尚的聚集地，奢华的珠宝商店鳞次栉比，丽兹酒店也坐落于此。瑞弗里大道和圣誉街都与杜乐丽花园平行，这是巴黎最著名的两条购物街。

旅游景点分布示意图

博物馆和美术馆
国家网球场画廊 ❻
格雷万蜡像馆 ❸
橘园美术馆 ❽
卢浮宫博物馆
（见 100~103 页）⓮
装饰艺术博物馆 ⓫

广场、公园和花园
杜乐丽花园 ❾
旺多姆广场 ❺
协和广场 ❼

纪念碑
卡鲁索凯旋门 ⓬

古建筑
迦尼叶歌剧院 ❷
皇家宫殿 ⓭

教堂
马德莲教堂 ❶
圣洛克教堂 ❿

商店
廊街 ❹

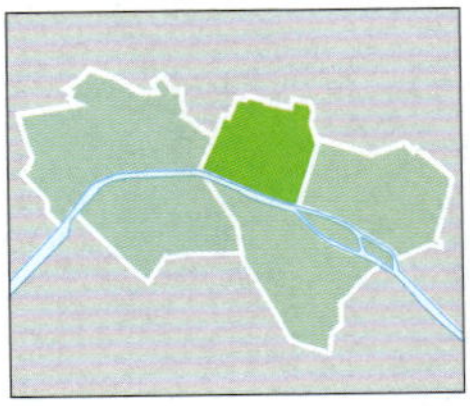

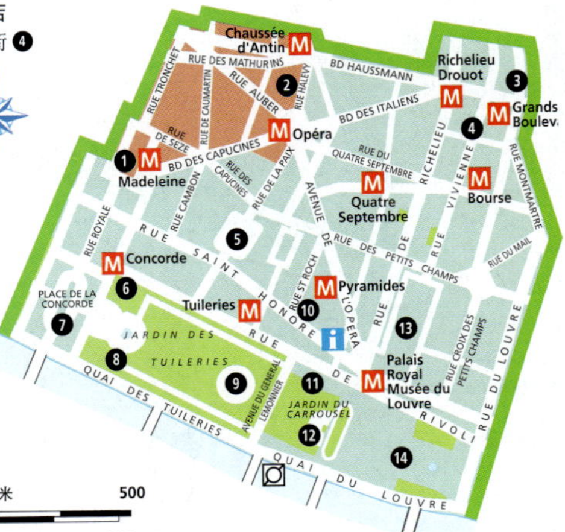

0 米　　500
0 码　　500

图例

■	街区纵览地图　见96~97页
M	地铁站
i	游客信息中心

周边交通

该区域地铁系统发达，在杜乐丽花园、卢浮宫、皇家宫殿、马德莲教堂和歌剧院都设有地铁站。除此之外，公交系统也十分方便，72 路沿着瑞弗里大道和卢浮宫堤道行驶；21 路、27 路、29 路和 81 路都经过歌剧院街区。

街区纵览：歌剧院区

只要你在和平咖啡馆（国家歌剧院对面）静静地坐上足够长的时间，你就能看尽眼前这个繁华的花花世界。白天这里是金融、旅游和购物的中心，百货商店林立在大街两侧。到了晚上，俱乐部和戏院又拉开了夜生活的帷幕，吸引了不同的人群。嘉布辛大道两侧的特色咖啡馆也都是时尚圣地，给巴黎蒙上了一层迷人的面纱。

歌剧院上的吉麦利创作的塑像

★ 迦尼叶歌剧院
(Opéra National de Paris Garnier)
从 1875 年起，这座极具奢华的歌剧院就开始象征着第二帝国的富裕。❷

星级景点

- ★ 马德莲教堂
- ★ 迦尼叶歌剧院

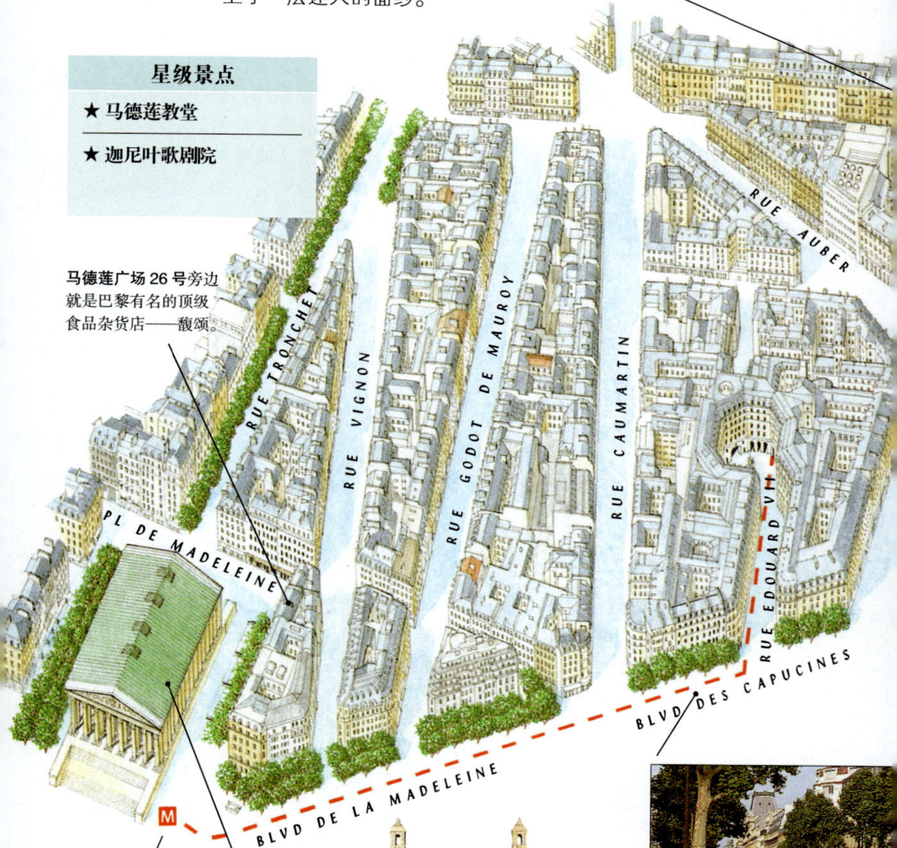

马德莲广场 26 号旁边就是巴黎有名的顶级食品杂货店——馥颂。

地铁马德莲站

马德莲教堂
(La Madeleine)
马德莲教堂的原设计模型现在还收藏在加纳瓦雷博物馆内（见 91 页）。❶

嘉布辛大道 (Boulevard des Capucines)（14 号）是卢米埃兄弟于 1895 年 12 月 28 日第一次向公众播放电影的地方。

本地区住宿及餐饮信息见550~555页和600~606页

定位地图

见城市地图 4、7、8

歌剧博物馆陈列了大歌剧院的每场芭蕾舞剧和歌剧演出的记录，还有很多极具纪念意义的物品，包括尼金斯基（Nijinsky）的舞鞋和帕芙洛娃的冠状头饰。

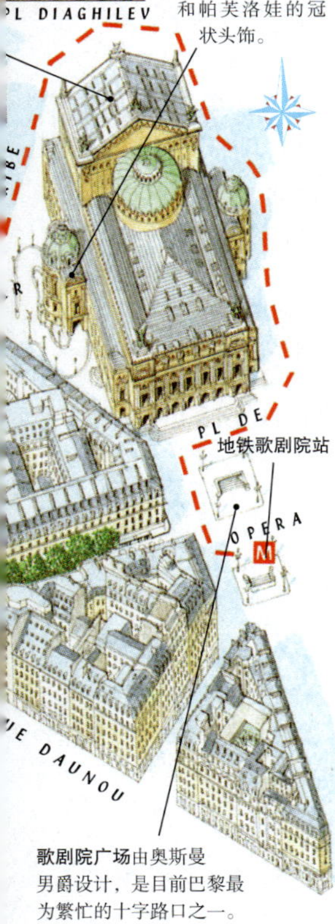

地铁歌剧院站

歌剧院广场由奥斯曼男爵设计，是目前巴黎最为繁忙的十字路口之一。

图例

推荐路线

0 米 100

0 码 100

马德莲教堂中《抹大拉的马利亚升入天堂》雕塑群，由玛洛凯堤创作

马德莲教堂 ❶

La Madeleine

Pl de la Madeleine 75008. **城市地图：** 3 C5 **电话：** 01 44 51 69 00 Ⓜ Madeleine ◯ 每天：9:30～19:00 ✝ 周一至周五12:30，周四至周五18:30 周六18:00，周日9:30、11:00、19:00 📷 🔒 音乐会

马德莲教堂建于 1764 年，直到 1845 年才作为教堂使用。之前，各方对于它的功能存在很多争议，有人建议把它变成证券交易所、银行或剧院。教堂周围环绕着巨大的白色科林斯式石柱，还有精美的浮雕。教堂内部由三个穹顶组成，用大量精致的雕塑、玫瑰大理石和镀金来装饰。

迦尼叶歌剧院 ❷

Opéra National de Paris Garnier

Pl de l'Opéra 75009. **城市地图：** 4 D4 **电话：** 08 92 89 90 90 Ⓜ Opéra ◯ 每天：10:00～16:30（6月～9月至17:30，日场音乐会至12:30）● 公共假期 www.operadeparis.fr

迦尼叶歌剧院的外形被比喻成一个结婚蛋糕，该建筑是查尔斯·迦尼叶在 1862 年为拿破仑三世建造的。不过，这座歌剧院直到 1875 年才被启用。

歌剧院的白色卡拉拉大理石楼梯与巨大的吊灯交相辉映，金色和红色的天鹅绒装饰着观众席，天花板画是夏卡尔在 1964 年所作。现在它与巴士底歌剧院（见 153 页）平分秋色，一同上演舞剧。

格雷万蜡像馆 ❸

Grévin

10 bd Montmartre 75009. **城市地图：** 4 F4 **电话：** 01 47 70 85 05 Ⓜ Grands Boulevards ◯ 周一至周五10:00～18:30（周六、周日和学校假期至19:00）🔒 www.grevin.com

格雷万蜡像馆外的标志

建于 1882 年的格雷万蜡像馆与杜莎夫人蜡像馆都是巴黎最重要的地标。馆内许多蜡像与知名历史事件有关，比如路易十四在凡尔赛宫，以及路易十六被捕的场景。馆内陈列更多的是艺术界、政界、演艺界和体育界的名人蜡像。蜡像馆的一楼现在是一座光学技术研究的全息照相博物馆。馆内还包含一座可容纳 320 人的剧院。

廊街 ❹

Les Passages

75002. **城市地图：** 4 F5 Ⓜ Bourse

蒙马特大道和圣马克街之间聚集了好几处有 19 世纪玻璃穹顶的廊街。这些廊街里藏着各式各样的特色小店，出售名家设计的珠宝、珍贵的图书和艺术品。其中最为著名的当数铺着马赛克地砖、设有精致茶馆的薇薇安廊巷。

旺多姆广场 5

Place Vendôme

75001. 城市地图：8 D1 M Tuileries

这片广场是巴黎最能体现 18 世纪优雅风范的建筑群，它是由建筑师孟莎于 1698 年设计建造的皇室广场。最初建筑师想在拱廊背后建造研究院和大使馆，但后来银行实业家建起了摩天大楼。很多名人都在这片广场上居住过，其中包括肖邦，1849 年他在 12 号寓所寿终正寝；1898 年恺撒·丽兹在 15 号修建了丽兹大宅。

橘园美术馆中展出的莫奈名画《睡莲》

国家网球场画廊 6

Galerie Nationale du Jeu de Paume

Jardin des Tuileries, place de la Concorde 75008. 城市地图：7 C1 电话：01 47 03 12 50 M Concorde 周二12:00 ~ 21:00；周三至周五12:00 ~ 19:00；周六10:00 ~ 19:00 1月1日、5月1日、12月25日 www.jeudepaume.org

它原本是拿破仑三世于 1851 年在杜乐丽花园的北面修建的皇家专用网球场，后来被改建成画廊和展览厅。画廊现在展览当代艺术品，同时也是国家摄影中心的所在地。旭丽大宅（见 89 页）是它的姐妹馆。

协和广场 7

Place de la Concorde

75008. 城市地图：7 C1 M Concorde

协和广场占地 8 公顷，是整个欧洲最壮观、最具历史纪念意义的广场之一。18 世纪中期之前，这里曾是一片湿沼泽地。1775 年，皇家建筑师卡布里耶奉命修建路易十五广场，安放路易十五的骑士雕像。这座纪念塑像在历时不到 20 年后被断头台黑寡妇取代了，于是广场也跟着更名为革命广场。1793 年 1 月 21 日，路易十六在这里被行刑，他的 1300 多名陪葬者包括玛丽·安托瓦内特、杜巴利夫人、夏洛克·科黛（马拉的刺客）以及革命领袖丹东和罗伯斯庇尔。

1794 年，恐怖时期终于结束，这片曾浸润过无数人鲜血的广场又更名为协和广场。几十年后，埃及总督进献给国王菲利普一尊有着 3200 多年历史的方尖碑，从那以后这尊来自埃及卢克索的纪念碑就一直屹立在广场上。广场的北面紧邻着皇家路，广场两端是卡布里耶的两处杰出的新古典主义风格作品：海军酒店和克里翁酒店。

来自埃及卢克索的有着3200多年历史的方尖碑

橘园美术馆 8

Musée del'Orangerie

Jardin des Tuileries, place de la Concorde. 75001. 城市地图：7 C1 电话：01 44 77 80 07 M Concorde 周三至次周一9:00 ~ 18:00 5月1日、12月25日 需提前预约 www.musee-orangerie.fr

在橘园美术馆一楼的椭圆形展厅里，放满了法国印象派大师莫奈的经典作品，包括著名的《睡莲》。这个系列的大多数作品都完成于 1899 ~ 1921 年。

沃尔特·纪尧姆的藏品成就了橘园美术馆的艺术地位，他收藏了 27 幅雷阿诺的名作包括著名的《钢琴边的少女》、苏蒂纳的作品，以及塞尚的 14 幅名画，包括《红石》；还有毕加索的《浴女》和卢梭的 9 幅名作，包括《婚礼》。其他作品的作者包括马蒂斯、戴俪尔、郁特里罗和莫迪里阿尼。

杜乐丽花园 9

Jardin des Tuileries

75001. 城市地图：8 D1 M Tuileries, Concorde 4月 ~ 5月：7:00 ~ 21:00；6月 ~ 8月：7:00 ~ 23:00；9月：7:00 ~ 21:00；10月 ~ 次年3月：7:30 ~ 19:30

这座新古典主义的花园建筑曾属于杜伊勒里宫，但在

1871年巴黎公社运动时被革命者夷为平地。它由安德烈设计建造，他创造了宽阔的中央大道并首先在园艺中运用了几何图案修剪法。正在修建的花园有柠檬、板栗树和现代雕塑。

圣洛克教堂 ⑩
St-Roch

284 rue St-Honoré 75001. **城市地图：** 8 E1 **电话：** 01 42 44 13 20 Ⓜ Tuileries ◯ 每天：8:30～19:00 ● 非宗教假日 📷 音乐会

这座气势恢弘的大教堂与卢浮宫均出自著名建筑大师雅克·勒梅西埃之手。1653年为这座大教堂奠基时，路易十四亲手放置了第一块基石。圣洛克教堂堪称宗教艺术品的宝库，多数藏品来自已消失的大教堂和修道院，剧作家皮埃尔·高乃依、皇家园丁安德烈·勒诺特和哲学家狄德罗的陵墓也在这里。

存于圣洛克教堂的维恩的作品《圣丹尼向高卢人布道》（1767年）

装饰艺术博物馆 ⑪
Musée des Arts Décoratifs

Palais du Louvre, 107 rue de Rivoli 75001. **城市地图：** 8 E2 **电话：** 01 44 55 57 50 Ⓜ Palais Royal, Tuileries ◯ 周二至周日：11:00～18:00（周四至21:00）**图书馆** ● 公共假日
www.lesartsdecoratifs.fr

位于卢浮宫西北角（与广告博物馆及时装和纺织品博物馆相邻）的装饰艺术博物馆展示了法国从中世纪到现在的各种装饰艺术和法国本土设计。新艺术和装饰派艺术的展厅展示了重新修复过的法国女服装设计师珍妮·朗万的家。其他展厅分别展出了路易十四、路易十五和路易十六等风格的装饰品和家具。当代许多室内设计师也在装饰艺术博物馆中占有一席之地。从餐厅能欣赏到杜乐丽花园。

皇家宫殿主广场上的布伦立柱

卡鲁索凯旋门 ⑫
Arc de Triomphe du Carrousel

Pl du Carrousel 75001. **城市地图：** 8 E2 Ⓜ Palais Royal

这座玫瑰大理石拱门是拿破仑于1805年为庆祝奥斯特里茨战役的胜利而建的。加冕雕像是1828年加上去的，是著名的《圣马克的马群》的复制品，原品是战争时期拿破仑从威尼斯偷来的。1815年滑铁卢之战失败后，拿破仑被迫将原品物归原主。

皇家宫殿 ⑬
Palais Royal

Pl du Palais Royal 75001. **城市地图：** 8 E1 Ⓜ Palais Royal **建筑群** ● 对公众

这座前皇家宫殿有过一段动荡的历史。17世纪初，红衣主教黎塞留建造了宫殿，他死后，它成为皇室财产，于是它成了路易十四童年生活的天堂。18世纪，这座宫殿为奥尔良公爵所有，因此成为上流社会名人的聚集地。1789年7月14日，法国巴士底狱的暴动在这里吹响了第一声号角。

目前这座宫殿的南翼建筑群为国家参议院和文化部的所在地。宫殿西边的黎塞留大街2号是路易十四在1680年建造的法兰西戏剧院。宫殿的后面是奢华的商业街，科莱特和考克多等艺术家都曾在这里居住过。

卡鲁索凯旋门上《战车上的胜利者》雕塑

卢浮宫博物馆 ⑭ Musée du Louvre

卢浮宫博物馆的东侧前墙，正对着
圣日耳曼奥塞尔教堂

卢浮宫博物馆是世界上最大的博物馆之一，它收藏的珍品占据了世界艺术宝库的多数席位，这些珍宝的历史能追溯到中世纪。1190年，菲利普·奥古斯都建成了卢浮宫，它最初是保护巴黎的堡垒。待到弗朗索瓦国王时期，它变成了具有文艺复兴风格的建筑。此后，四个世纪的国王对它进行了不同程度的修复和扩建。各展厅并非在任何时候都开放，因此前往参观之前应查询开放时间。

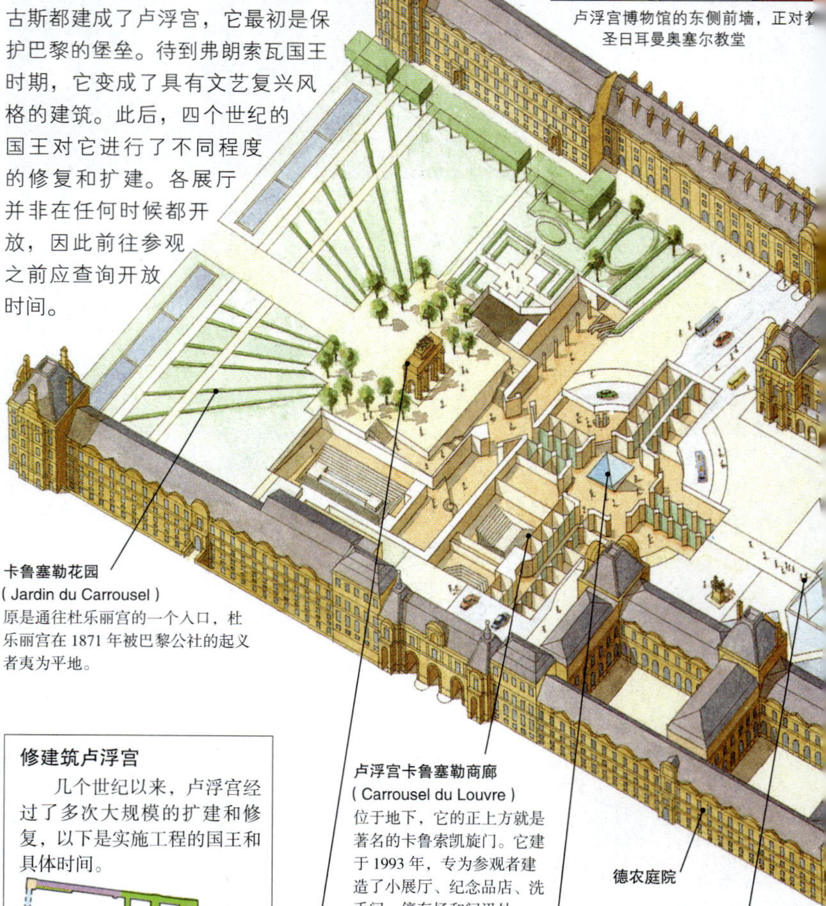

卡鲁塞勒花园
（Jardin du Carrousel）
原是通往杜乐丽宫的一个入口，杜乐丽宫在1871年被巴黎公社的起义者夷为平地。

卢浮宫卡鲁塞勒商廊
（Carrousel du Louvre）
位于地下，它的正上方就是著名的卡鲁索凯旋门。它建于1993年，专为参观者建造了小展厅、纪念品店、洗手间、停车场和问讯处。

德农庭院

金字塔入口

倒置的透明金字塔将明媚的阳光引入地下建筑，同时拿破仑中庭也成了博物馆的新入口。

修建筑卢浮宫

几个世纪以来，卢浮宫经过了多次大规模的扩建和修复，以下是实施工程的国王和具体时间。

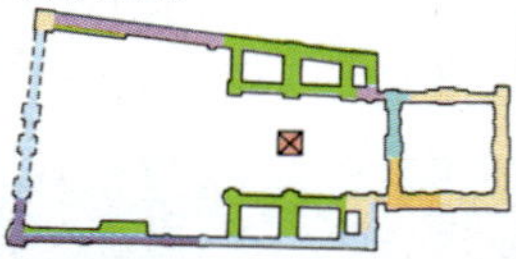

主要改建时间

- 弗朗索瓦一世（1515~1547年）
- 凯瑟琳·梅迪奇（约1560年）
- 亨利四世（1589~1610年）
- 路易十三（1610~1643年）
- 路易十四（1643~1715年）
- 拿破仑一世（1804~1815年）
- 拿破仑三世（1852~1870年）
- 贝聿铭（1989年）（建筑师）

★ **卡鲁索凯旋门**（Arc de Triomphe du Carrousel）
这座大理石拱门最初是拿破仑于1805年修建的，用来庆祝凯旋。

星级景点

- ★ 卡鲁索凯旋门
- ★ 中世纪护城河
- ★ 佩罗柱廊

玻璃金字塔

为了给极具历史感的卢浮宫博物馆添加现代元素，人们一直在讨论着卢浮宫的新一轮扩建。1981年扩建计划基本浮出水面，国家财政部办公厅搬离了卢浮宫黎塞留中庭，迁往新址；并请当时著名的建筑设计师贝聿铭设计了极具现代感的透明金字塔，作为卢浮宫博物馆的新入口。这座金字塔于1989年建成，用金属和玻璃制成。金字塔能让游客看到宫殿周围的建筑，同时让光线进入地下的游客接待区。

游客备忘

城市地图：8 E2. 自动售票 Carrousel du Louvre,99 rue de Rivoli, 75001 M Palais Royal, Musée du Louvre 21,24,27,39,48,68,69,72,81,95 RER Châtelet-Les-Halles Louvre P Carrousel du Louvre (entrance via av du Général Lemonnier); pl du Louvre, rue St-Honoré 周一、周四、周六和周日 9:00~18:00，周三、周五 9:00~22:00；历史陈列馆只在周六、周日对外开放 1月1日、5月1日、12月25日 （每月第一个周日免费参观，未成年人免费，18:00后对夜祷的天主教教徒有折扣。）部分 01 40 20 59 90 电话 01 40 20 51 77 **演讲、电影、音乐会** 01 40 20 55 55 咨询 www.louvre.fr **提前预约**：www.ticketweb.com

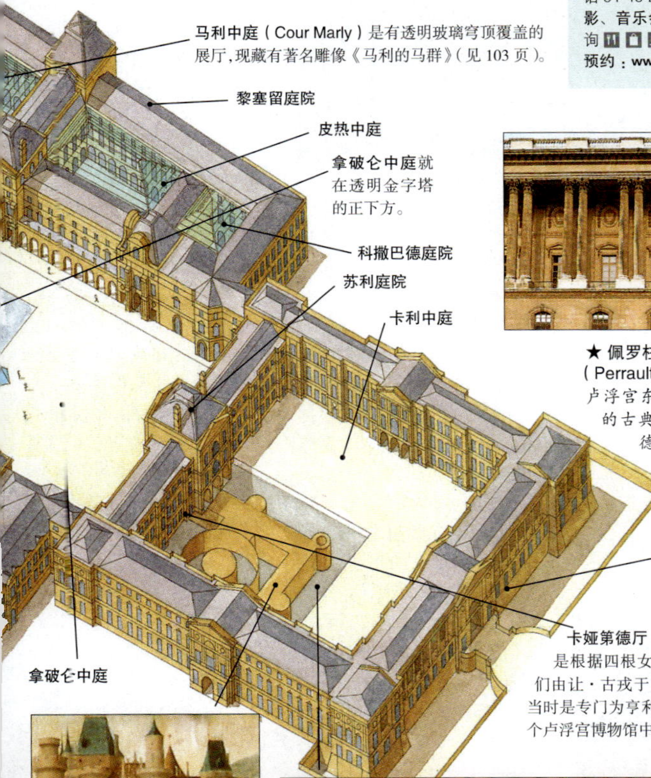

马利中庭（Cour Marly）是有透明玻璃穹顶覆盖的展厅，现藏有著名雕像《马利的马群》（见103页）。

黎塞留庭院

皮热中庭

拿破仑中庭就在透明金字塔的正下方。

科撒巴德庭院

苏利庭院

卡利中庭

拿破仑中庭

★ 佩罗柱廊
（Perrault's Colonnade）
卢浮宫东侧前墙这片气势恢弘的古典柱廊是由设计师克劳德·佩劳修建的，17世纪中期，他和设计师路易·勒沃一起建起了这座世界闻名的宫殿。

卡娅第德厅（Salle des Caryatides）是根据四根女神雕像立柱命名的，它们由让·古戎于1550年创作。这个展厅当时是专门为亨利二世建造的，它也是整个卢浮宫博物馆中最古老的展厅。

查理五世时期的卢浮宫
约在1360年，查理五世改建了菲利普·奥古斯都国王的堡垒，原来的瞭望塔和哨岗都不复存在，改为一座富丽堂皇的皇宫。

★ 中世纪护城河（Medieval Moats）
在这片后挖掘的区域中，陈列着中世纪双子城以及菲利普·奥古斯都的堡垒前的吊桥等古迹的模型。

卢浮宫的收藏

卢浮宫馆藏的艺术珍品数量巨大，因此参观之前无须设置参观重点。第一个亮点是法国名画，在卢浮宫收藏的全部欧洲名画中（1400～1848年），多半出自法国艺术家之手。特色馆如东方馆、埃及馆、希腊馆、伊特鲁里亚（意大利中西部古国）馆和罗马馆的收藏品都以新近购进的文物和稀有珍品为主。另外，艺术品馆也是一大亮点，主要收藏家具和珠宝。

泰奥多尔·席里柯名作《美杜莎之筏》（1819年）

欧洲名画（1200～1848）

卢浮宫收藏了几乎所有这一时期的北欧（佛兰德、荷兰、德国和英国）名作。最早的佛兰德画作是扬·范·艾克的《罗林大臣的圣母》（约1435），表现了大臣罗林在圣母和圣子面前祈祷。希罗尼穆斯·波希的《愚人船》（1500）讽刺了人生的无益。卢浮宫收藏的荷兰名画以伦勃朗的画作为代表，包括《自画像》、《门徒们在马忤斯》（1648）、《拔示巴》（1654）。

达·芬奇的名作《蒙娜丽莎》（约1504年）

德国十五六世纪的三大画家的作品在这里也占有一席之地。丢勒年青时的《自画像》（1493）、卢卡斯·克拉纳赫的《维纳斯》（1529）以及荷尔拜因伟大的人文主义思想家伊拉斯谟画的肖像都是精品。

意大利那些令人赞叹的绘画珍品可追溯到1200～1800年。早期文艺复兴的代表人物契马布埃和乔托都有传世作品收藏于此。此外还有安吉利科的《圣母加冕》(1430～1432)，和拉斐尔为巴尔达萨雷·卡斯蒂廖内画的肖像(1514～1515)。卢浮宫还收藏了很多达·芬奇的名画，包括《圣母、圣婴耶稣和圣安妮》，这幅作品和传世名画《蒙娜丽莎》一样让人陶醉。

安托万·勒·穆瓦蒂里耶于15世纪晚期所作的菲利浦·波特之墓

馆内法国名画的年代为1400～1848年，而其后的大部分画作现在都藏于奥赛美术馆（见120～121页）。杰出作品有富凯创作的查理七世的肖像（1450～1455）。华托作为18世纪杰出的忧郁派画家，也有代表作收藏于此。弗拉戈纳尔被公认为洛可可画派的大师，他在1770年创作了《浴女》。

欧洲雕塑（1100～1848）

卢浮宫中早期的佛兰德和德国雕塑作品都是很有代表性的名作，包括艺术大师提尔曼·里门施奈德作于15世纪末的《天使报喜》和格莱格·厄哈特作于16世纪早期的玛利亚裸身像等。其中最重要的雕塑作品要数德维斯作于1593年的《墨丘利和塞姬》，据说这件作品最初是为鲁道夫二世位于布拉格的宫殿所作。

馆藏的法国雕塑是以仿罗马雕塑为主，12世纪由勃艮第的一位雕像家塑造的耶稣像和圣彼得头像都属于这一类。15世纪晚期，菲利浦·波特（一位勃艮第高官）之墓这一与众不同的作品脱颖而出。戴安娜是亨利二世的情妇，她曾以狩猎女神为原型，创作了一件以她名字命名的巨大雕像；这件作品原来收藏在她巴黎西郊的城堡中，现在已被卢浮宫收藏。

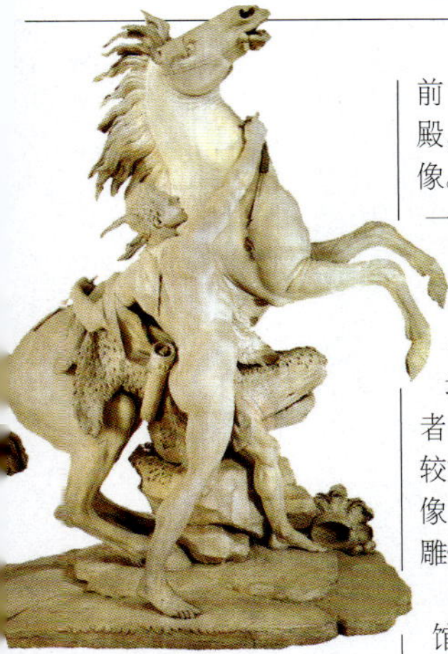

纪尧姆·库斯图作于1745年的著名雕塑《马利的马群》

法国著名雕塑家皮埃尔·皮热（1620～1694年）的作品都收藏在皮热中庭。其中一幅画描绘的是希腊运动员米洛的双手被卡在树干内，结果被狮子吃掉了。著名雕塑《马利的马群》屹立于马利中庭中央，周围散落着其他法国雕塑家的名作，其中有几件让·安东尼·乌东创作于19世纪早期的名人半身雕塑，如狄德罗、伏尔泰等。

意大利雕塑的代表藏品是米开朗琪罗的《奴隶》和切利尼的《枫丹白露的真理女神》。

东方馆、埃及馆、希腊馆、伊特鲁里亚馆和罗马馆的文物珍品

翻新后的卢浮宫增加了从新石器时代到罗马帝国衰落这一时期内的收藏。新陈列的展品中，公元前6世纪的希腊罗马玻璃器皿十分引人注目。美索不达米亚文化的重要作品之一是一块刻有巴比伦国王汉谟拉比法典的玄武岩巨石，这是世界上最早的一部法律文书。这件公元前1700年左右的作品现在是一件无价之宝。

好战的亚述人留下了许多精美的雕刻艺术品。馆内还展出了重建的萨尔贡二世（公元前722～前705年）的部分宫殿，其中最著名的当数飞牛像。波斯艺术品中最精美的是一件珐琅釉彩作品，用各色珐琅瓷砖镶拼描绘了波斯国王卫队的弓箭手们（约公元前5世纪）。大多数埃及艺术珍品都是逝者的随葬物。其中比较重要的有《书记员坐像》，还有一些夫妻的雕像。

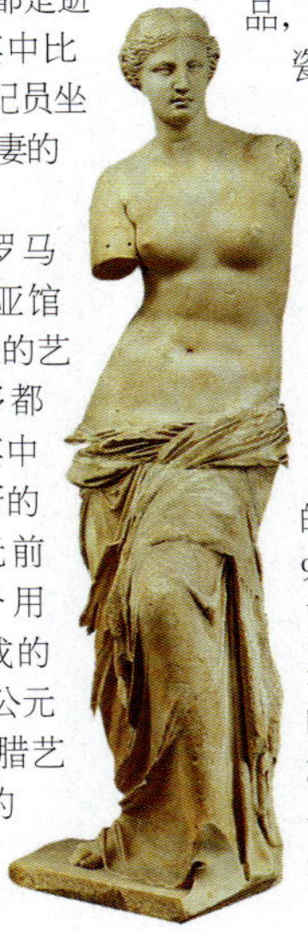

《断臂维纳斯》（希腊，约公元前3世纪末～前2世纪初）

希腊馆、罗马馆和伊特鲁里亚馆收藏了大量残破的艺术品，其中很多都是无价之宝。其中包括基克拉泽斯的几何位差（公元前2700年）和一个用金箔捶打熔炼成的优雅的鹅颈碗（公元前2500年）。希腊艺术品中最有名的两件雕塑要数《萨莫特拉斯的胜利女神》和《断臂维纳斯》，这两件作品都是希腊化时期（约公元前3世纪晚期~前2世纪）的传世之作。

伊特鲁里亚艺术品里的经典作品之一是赤陶石棺，作品的精美之处在于石棺里安葬的一对夫妻还保留着晚宴装束。罗马艺术的精品是公元2世纪罗马国王的青铜头像。

《书记员坐像》（约公元前2500年）是一件栩栩如生的埃及墓葬的等身随葬像

艺术品陈列馆

卢浮宫博物馆内陈列的艺术品包罗万象：珠宝、家具、钟表、日晷、挂毯、微缩模型、银器、玻璃制品、餐具、拜占庭时期和波斯时期的象牙雕刻品，法国中部利摩日的珐琅瓷器、陶瓷、法国和意大利的石器、地毯、鼻烟壶、科学仪表和盔甲，总计有8000多件，分属不同的年代和地区。

其中有许多珍宝来自历任法国国王加冕的地方——圣德尼教堂。其中一件极其引人注目的是1世纪的石盘，在9世纪时人们给它镶上了带有宝石的华丽金边；另一件是绘有雄鹰图案的斑岩花瓶，瓶身上的雄鹰图案是由圣德尼院长苏格亲自完成的；还有一件是1380年为国王查理五世制作的一根金色权杖。

法国王室的珠宝包括路易十五和拿破仑的加冕皇冠、权杖、佩剑和其他一些加冕仪式上使用的物品。世界上纯度最高的钻石——丽晶，也陈列在这里。1722年，路易十五加冕时就戴着镶有这颗钻石的皇冠。

一系列被称作《马克西米利安的猎人》的挂毯就占据了一整间展厅，这些挂毯是工匠在1530年为国王查理五世制作的。此外还收藏了大量的16～19世纪的法国家具，都是根据不同的年代或风格分开展出的。在这里还能欣赏到路易十四的家具工匠大师布尔的作品，他从17世纪末到18世纪中期都在卢浮宫工作。

由一批雕塑家共同创作的镀铜雕像装饰着夏佑宫的中心广场。

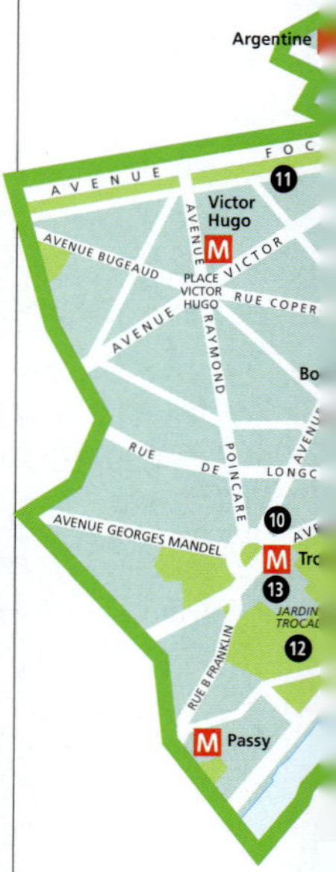

香榭丽舍大街和荣军院

这是一片以纪念为建筑目的的地区，从18世纪的荣军院建筑到埃菲尔铁塔周围的新艺术大道都属于这个区域。塞纳河从这里流过，将这个地区一分为二。巴黎的两条最庄严宏伟的大道占据了塞纳河北岸：香榭丽舍大街上有许多酒店和商店，但现在这些酒店和商店多半面向低收入消费者；而圣安诺赫街则更为时尚，严防死守的爱丽舍宫就坐落在这里。夏佑村于19世纪被纳入城市，它曾是法兰西第二帝国官邸所在地，现在这些建筑大多数都成为大使馆或大公司的总部。特罗卡代罗广场和夏佑宫周围的街道也集聚了许多博物馆和雅致的咖啡屋。

亚历山大三世桥
上华丽的灯柱

旅游景点分布示意图

历史建筑和街道
爱丽舍宫 3
战神广场 18
哈柏大道 29 号 17
军事学院 19
荣军院 21
下水道 14
香榭丽舍大街 2

博物馆和美术馆
时装美术馆 8
巴黎现代艺术博物馆 7
大皇宫 5
戴皮尔博物馆 11
吉美国立亚洲艺术博物馆 9
建筑与古迹博物馆 10
军事博物馆 22
盖布朗利博物馆 15
罗丹美术馆 25
麦约美术馆 27
夏佑宫 13
小皇宫 4

教堂
圆顶教堂 24
克劳罗蒂德教堂 26
圣路易圆顶教堂 23

纪念碑和喷泉
埃菲尔铁塔（见 113 页）16
凯旋门 1

现代建筑
联合国教科文组织 20

花园
特罗加德罗花园 12

桥
亚历山大三世桥 6

周边交通

该地区的地铁站包括 Etoile、Trocadéro 和 Champs-Elysées。公交线路中，42 路和 73 路通往香榭丽舍在大街；82 路和 69 路分别通往德苏孚杭大道和圣多米尼克路。

图例

- 街区纵览地图 见106~107页
- M 地铁站
- RER 区域快铁站
- 水上巴士登船点
- 游客信息中心

街区纵览：香榭丽舍大街 Champs-Elysées

从建筑师雅克·希托夫在1838年对香榭丽舍大街进行规划至今，这条街的变化不大，从协和广场到圆形广场的马路两侧依旧排列着许多公园。这些公园曾作为1855年世界博览会的会场，其中的原巴黎工业宫是一座模仿伦敦水晶宫的展览建筑。后来，专门为1900年博览会而建造的大小皇宫取代了原巴黎工业宫，它们作为法兰西第三共和国的展品出现在展览上。它们分别坐落在一条著名的狭长的街道的两旁，这条街道始于克雷孟梭广场，止于荣军院，其间穿过了金璧辉煌的亚历山大三世桥。

★ 香榭丽舍大街（Avenue des Champs-Elysées）
这条大街是第二次世界大战之后，人们进行胜利游行的地点。❷

★ 大皇宫（Grand Palais）
大皇宫由法国建筑设计师夏尔·吉罗设计，修建于1897～1900年。大皇宫以其精致的展览大厅和壮观的玻璃屋顶而著称，经常用于大型展览。❺

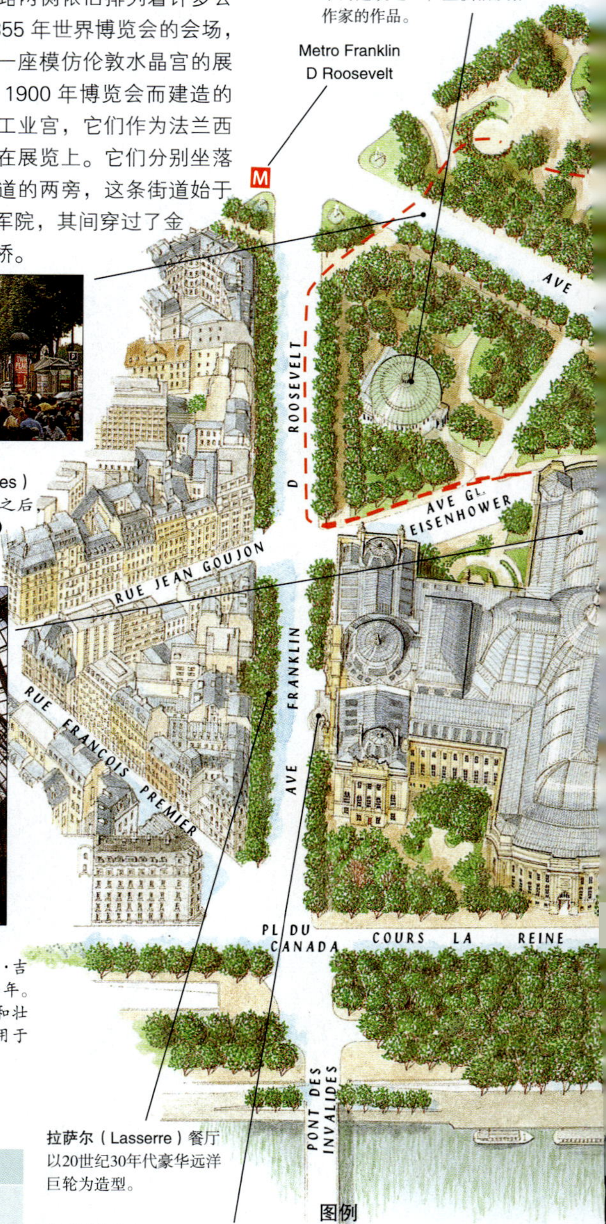

圆环剧院（Théatre du Rond Point）是香榭丽舍大街上最早的建筑之一，上演活跃派作家的作品。

拉萨尔（Lasserre）餐厅以20世纪30年代豪华远洋巨轮为造型。

探索博物馆（Palais de la Découverte）最早坐落于大皇宫内，主要展览科学发现，该馆于1937年世界博览馆期间向公众开放。

图例

推荐路线

0米　100
0码　100

星级景点
★ 香榭丽舍大街
★ 大皇宫
★ 小皇宫

本地区住宿及餐饮信息见550～555页和600～606页

定位地图

见城市地图 2、3、6、7

香榭丽舍花园连同花园里的喷泉、花圃和休闲亭阁已经成为19世纪以来最受欢迎的场所之一。

Metro Champs–Elysées–Clémenceau

通往协和广场

★ 小皇宫
(Petit Palais)
巴黎市内的艺术收藏品都馆藏于此。这里涵盖了从古代的雕刻作品一直到 19 世纪中下叶巴比松画派的自然主义风景画。❹

通往荣军院

亚历山大三世桥
(Pont Alexandre III)
其豪华的单孔构造代表了 20 世纪之交“美好时代”的乐观主义精神。

凯旋门的东侧前墙

凯旋门 ❶

Arc de Triomphe

Place Charles de Gaulle 75008. **城市地图：**2 D4 Ⓜ Charles de Gaulle–Etoile. **电话：**01 55 37 73 77 **博物馆** ◯ 4月～9月：10:00～23:00；10月～次年3月：10:00～22:30 ● 1月1日、5月1日、5月8日、7月14日、11月11日、12月25日

1805 年，奥斯特里茨战争取得胜利后，拿破仑向士兵许诺：“你们将通过胜利的凯旋门归国。”于是这座世界上最著名的凯旋门从第二年就开始动工了。但是由于建筑师沙勒格兰的计划中断，以及拿破仑时代的终结，建造工程被延期。这座 50 米高的凯旋门由浮雕、盾牌以及雕塑所装饰，登上其观景台可以欣赏到这座城市迷人的景色。1920 年 11 月 11 日，在凯旋门拱洞下为那些无名士兵建造了一处“无名战士墓”，以纪念第一次世界大战中的亡魂。每到傍晚，墓上便会点起一簇不灭的火焰。

柯罗为纪念拿破仑的胜利而制作的高浮雕

奥斯曼男爵（BARON HAUSSMANN）

作为执业律师和职业公务员，乔治·欧仁·奥斯曼（Georges-Eugène Haussmann, 1809~1891 年）在 1852 年被拿破仑任命为塞纳大省省长。在接下来的 17年里，他主要负责巴黎城市现代化的改建工作。他与当时最出色的建筑师和设计师们一道改善了中世纪以来城市街道的拥挤和杂乱，重新修建了许多宽敞通风的大马路与林荫道，他还要求用几何方框来规划首都。在这个新的规划中，香榭丽舍大街的其中一端被重新设计，同时以凯旋门为中心的 12 条大街也以星形放射状重新排列。

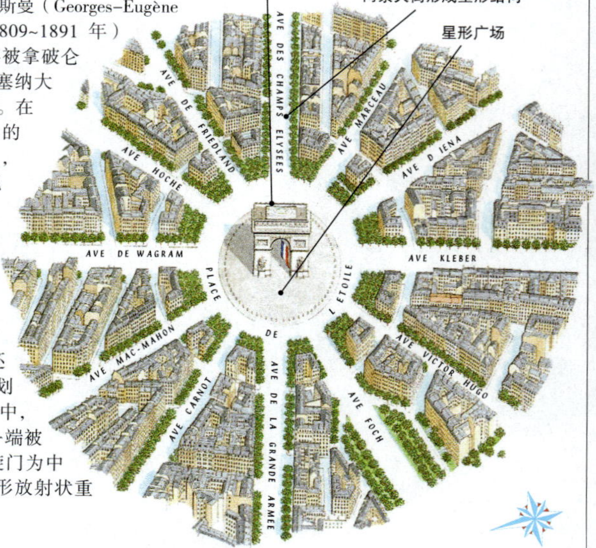

香榭丽舍大街 ❷

Avenue des Champs-Elysées

75008. **城市地图：** 3A5 Ⓜ Charles de Gaulle-Etoile, George V, Franklin D Roosevelt, Champs-Elysées-Clemenceau, Concorde

这条享有“幸福伊甸园”美名的优雅大街（“香榭丽舍”源自希腊神话中英雄的天堂）最早是由园林设计师勒诺特尔在 17 世纪 60 年代设计规划的，由此形成了这条从广阔的协和广场到凯旋门之间长达 3 公里的直线街道。整个 19 世纪见证了该街道由跑马场到优雅的林荫大道的转变。今天的香榭丽舍大街依然保持着它原有的风格、美好的记忆以及在法国的特殊地位：国家检阅军队的仪式会在香榭丽舍大街举行；每年环法自行车大赛的终点站也在这里。因此可以说，这里是巴黎人自发举行国家重大庆祝活动的地方。

大街警卫

爱丽舍宫 ❸

Palais de l'Elysée

55 rue du Faubourg-St-Honoré 75008. **城市地图：** 3 B5 Ⓜ St-Philippedu-Roule ● 公共假期

爱丽舍宫修建于 1718 年，从 1848 年开始它就被用作法兰西共和国的总统府。因此这里见证了多位居住者的历史：路易十五的情妇蓬帕杜侯爵夫人曾派人对这里进行过扩建。法国革命之后，这里变成了一个舞厅。到了 19 世纪，这里又成了拿破仑的妹妹卡罗琳·穆拉特和他的妻子约瑟芬王后的住所。现任总统居住的房间就在爱丽舍宫的一楼。

小皇宫 ❹

Petit Palais

Av Winston Churchill 75008. **城市地图：** 7 B1 **电话：** 01 53 43 40 00 Ⓜ Champs-Elysées-Clemenceau ○ 周二至周日：10:00 ~ 18:00 ● 公共假期 展览 www.petitpalais.paris.fr

小皇宫馆是为迎接 1900 年万国博览会而建，是法国艺术的主要展厅。这座建筑瑰宝在 2005 年被翻修，目前是巴黎市立美术馆的所在地。这座与大皇宫相似的展览馆是由建

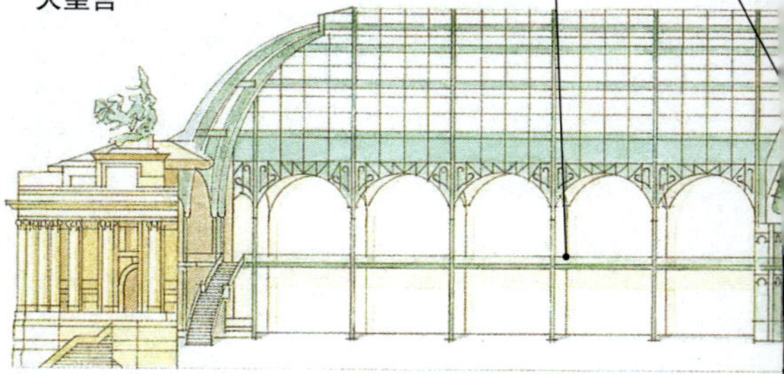

为迎接万国博览会而在1896~1900年间建造的亚历山大三世桥

筑师夏尔·吉罗设计的，其建筑构造都是由半圆形的庭院和花园包围中央建筑。固定展品在香榭丽舍大街的一侧，包括杜鲁伊收藏的中世纪和文艺复兴时期的艺术品、油画和素描；塔克收藏的18世纪的家具和艺术品；以及巴黎市政府的收藏，包括安格尔、德拉克洛瓦、库尔贝的作品以及巴比松画派的自然风景油画。雷讷中庭的侧翼建筑中则收藏了当代艺术品。

小皇宫的入口

大皇宫 ❺
Grand Palais

Porte A, av Général Eisenhower 75008. **城市地图：**7 A1 **电话：**01 44 13 17 17 Ⓜ Champs-Elysées-Clemenceau ◯ 仅供临时展览以及周三至周一：10:00 ~ 20:00 ● 5月1日，12月25日 **探索博物馆** av Franklin D. Roosevelt, 75008. **电话：**01 56 43 20 21 Ⓜ Franklin D. Roosevelt ◯ 周二至周六：9:30 ~ 18:00；周日和公共假期：10:00 ~ 19:00

www.grandpalais.fr

大皇宫矗立在小皇宫对面，以巨型的玻璃屋顶著称。在奔放的雕像和新艺术主义风格的铁护栏的装饰下，这座博物馆尽显古典气质。铜质飞马和战车屹立在该馆屋顶的四角。建筑物的西边有一个独立的入口，这就是启发小孩想象力的**探索博物馆**（Palais de la Découverte）。

亚历山大三世桥 ❻
Pont Alexandre III

75008. **城市地图：**7 A1 Ⓜ Champs-Elysées-Clemenceau

这座巴黎最漂亮的大桥两侧的装饰都在展示着奢华的新艺术主义风格，例如镀金和铜质的路灯、丘比特、小天使、女神以及天马雕像。这座大桥修建于1896 ~ 1900年，是为纪念1892年法俄联盟并为迎接1900年万国博览会。亚历山大三世桥是以俄国沙皇亚历山大三世（尼古拉二世的父亲）的名字命名，这座大桥的奠基石也是由他在1896年10月放入的。

桥的右端直接连接着大皇宫，这座桥的风格也正好与大皇宫的风格相映衬。亚历山大三世桥以其独特的构造闻名于世，堪称19世纪建筑史上的奇迹。它以6米的高度和单拱铁架横跨于塞纳河上，这样的设计可以防止大桥挡住香榭丽舍大街或者荣军院的风景。

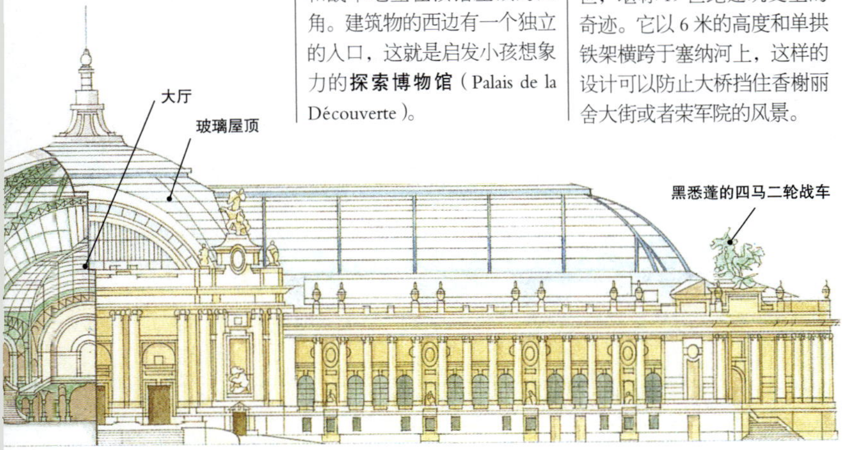

巴黎市立近代美术馆 ⑦

Musée d'Art Moderne de la Ville de Paris

Palais du Tokyo, 11 av du Président-Wilson 75016. **城市地图：**6 E1 **电话：**01 53 67 40 00 Ⓜ Iéna, Alma-Marceau ◯ 周二至周日10:00～18:00（周四临时展览延长至22:00）● 1月1日、12月25日 临时展览 **www**.mam.paris.fr

这座博物馆位于巴黎东京宫的东侧，展示了20世纪以来的艺术趋势，突出展现了野兽派和立体派的艺术。其中最突出的是劳尔·杜飞的大型壁画《电流的精神》（为1937年万国博览会创作）和马蒂斯的《舞》（1932）。另外，这里还藏有装饰艺术时期的家具。

时装美术馆 ⑧

Musée Galliera

10 ave Pierre 1er de Serbie 75116. **城市地图：**6 D1 **电话：**01 56 52 86 00 Ⓜ Iéna, Alma-Marceau ◯ 每天：10:00～18:00，一些公共假期为14:00～18:00（登陆网站查询）儿童屋 **www**.galliera.paris.fr

时装美术馆坐落于1892年为玛丽亚·德·费拉里·加列拉公爵夫人而修建的文艺复兴风格的城堡内，该美术馆紧跟时尚潮流，堪称流行服饰的博物馆。馆内收藏了18世纪至今的10万多件全套服装和流行饰品，它们都是由时尚女性捐赠的，诸如罗特希尔德男爵夫人和摩洛哥格蕾丝王妃。著名的女服装设计师，诸如巴尔曼和巴黎世家也把她们的设计捐赠给了该博物馆。

由于展品易破损，时尚展品都采用循环展览形式，通常每年举办两次主要的展览。这样的展览能挖掘出优秀的服装设计师或一些时尚主题。

夏佑宫前的特罗加德罗广场喷泉

戴皮尔博物馆 ⑪

Musée Dapper

35 bis rue Paul-Valéry 75016. **城市地图：**1 C4 **电话：**01 45 00 91 75 Ⓜ Victor-Hugo ◯ 周三至周一：11:00～19:00 **www**.dapper.com.fr

作为世界人种研究中心，这里是法国主要的非洲艺术和文化的陈列馆之一。这座带有非洲式花园的建筑中收藏了黑肤色人种国家的表现其色彩、力量以及奋进的作品。这里集中展示了非洲沦为殖民地前的民间艺术，如雕塑以及反映部落文化的作品。该馆最重要的是宗教、仪式、葬礼所用的面具，也有喜剧、魔术或者象征性表演等戏剧演出所用的面具，也包括光彩夺目的雕刻面像。

特罗加德罗花园 ⑫

Jardins du Trocadéro

75016 **城市地图：**6 D2 Ⓜ Trocadéro. Cinéaqua **电话：**01 40 69 23 23 ◯ 每天：10:00～20:00 ● 7月14日

这座美丽的花园占地10公顷，中心部分是一个装饰性的长方形水池，周围由石头和镀铜的雕像装饰。晚上，喷射灯光打开后，景色十分壮观。装饰雕塑包括大师乔治·布拉克的《女人》和卢西恩·吉约的《马》。在水池的另一侧，夏佑宫平台向下的任何一个方向都有缓坡，缓坡一直通向塞纳河和伊阿纳桥，这里的水族馆Cinéaqua里有25条鲨鱼和儿童抚摸池。

夏佑宫 ⑬

Palais de Chaillot

Pl du Trocadéro 75016. **城市地图：**5 C2 Ⓜ Trocadéro **夏佑宫国家剧院 电话：**01 53 65 30 00 **人类博物馆 电话：**01 44 05 72 72 ◯ 周三至次周周一 **海军博物馆 电话：**01 53 65 69 69 ◯ 周三至次周周一 ● 1月1日、5月1日、12月25日

宫殿由雕花廊柱侧翼建筑组成，其上有巨大展览馆，内含三个博物馆和一个剧院。这座新古典主义风格的宫殿是由阿泽马、路易·奥古斯特·布瓦洛和雅克·卡吕为1937年巴黎博览会专门设计的。夏佑宫的内部主要装饰是雕塑和浅浮雕，而墙面上的装饰主要是诗人瓦雷里的金色诗作雕刻。两座建筑中间的广场（天井）上修建了铜雕、观赏水池和喷

吉美国立亚洲艺术博物馆 ⑨

Musée National des Arts Asiatiques Guimet

6 pl d'Iéna 75016. **城市地图：** 6 D1 **电话：** 01 56 52 53 00 Ⓜ Iéna ◯ 周三至次周周一：10:00 ~ 18:00
▣ 佛教艺术馆，19 av d'Iéna. **电话：** 01 40 73 88 00 **www**.guimet.fr

作为世界顶级的亚洲艺术博物馆，这里收藏了许多精美的柬埔寨（高棉）文化遗产。这座博物馆于 1889 年由埃米尔·吉美在里昂开始建立，后来移至巴黎。它还包括一个综合亚洲研究中心。

吉美国立亚洲艺术博物馆中收藏的佛头像

建筑与古迹博物馆 ⑩

Cité de l'Architecture et du Patrimoine

Palais de Chaillot，pl du Trocadéro 75016. **城市地图：** 5 C2 **电话：** 01 58 51 52 00 Ⓜ Trocadéro ◯ 周三至次周周一：11:00 ~ 19:00（周四延长至21:00）● 1月1日、5月1日、12月25日
▣ **www**.citechaillot.fr

这个博物馆展示了法国各时期的建筑发展历程，其中包括法国大教堂的模型，比如沙特尔（见 308~311 页）。同时也有由勒·柯布西耶设计的经过重建的公寓。

夏佑宫

泉。从平台延伸出的阶梯向下通往**夏佑宫国家剧院**，这里上演各时期和各流派的戏剧作品。

夏佑宫的西翼是**人类博物馆**，这里常常举办临时展览，而展览的形式是陈列出一系列人类演化过程中的考古成果。该馆维修较频繁。旁边就是**海军博物馆**，这里展示了法国海军的历史以及当代海军的各方面情况。夏佑宫的东翼是**建筑与古迹博物馆**（见上面内容）。

下水道 ⑭
Les Egouts

Opposite 93 quai d'Orsay 75007. **城市地图：**6 F2 **电话：**01 53 68 27 81（英语） Alma-Marceau Pont-de-l'Alma 周六至次周周三：11:00～16:00（夏天延长至17:00） 1月的最后三周

巴黎主要的下水道系统始建于法兰西第二帝国时期，是奥斯曼男爵最伟大的成就之一。如果将所有的管道连起来，总长度可达2400公里，可以从巴黎延伸至伊斯坦布尔。巴黎的下水道非常受旅游团的欢迎，游客在这里可以探索到巴黎神秘的地下系统。这里还展示了在历史变迁中下水道机器的使用情况。

盖布朗利博物馆 ⑮
Musée du Quai Branly

37 quai Branly 75007. **城市地图：**6 E2 **电话：**01 56 61 70 00 Alma-Marceau Pont-de-l'Alma 周二、周三、周日：11:00～19:00；周四、周五、周六：11:00～21:00 5月1日，12月25日 每个月的第一个周日免费，周六18:00以后为18～25岁参观者免费开放 展览、剧院、电影院、图书馆 www.quaibranly.fr

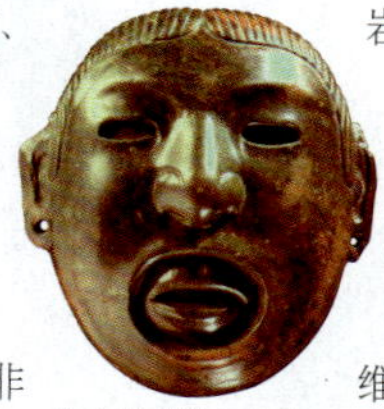

盖布朗利博物馆中的阿芝特克人面具

修建盖布朗利博物馆的初衷是为非洲、亚洲、大洋洲和美洲等非西方艺术提供一个展示的平台，目前馆内藏有30多万件艺术品。非洲艺术品尤为丰富，有宗教仪式道具，还有石质、木质和象牙面具。博物馆由法国著名设计师让·努维尔设计，建筑物建在桩基上，玻璃结构使绿植成为其天然背景。

埃菲尔铁塔 ⑯
Eiffel Tower

见113页。

新艺术主义的发源地哈柏大道29号的大门

哈柏大道29号 ⑰
No. 29 Avenue Rapp

75005 **城市地图：**6 E2 Alma-Marceau Pont-de-l'Alma

作为新艺术主义建筑的典型，哈柏大道29号为其设计师朱勒·拉维罗特在1901年的巴黎市立前墙设计大赛中赢得了头奖。这条大道上的陶瓷制品和砌砖都有动物和鲜花的图案，展现出女性的柔美。这些艺术品附着在多彩的砂岩上，刻意表现出性爱主题，如此的艺术在当时必定是具有颠覆性的。哈柏大道29号附近值得参观的景点有拉维罗特大厦以及哈柏广场上的瞭望塔。

战神广场 ⑱
Champ-de-Mars

75007 **城市地图：**6 E3 Ecole-Militaire Champ-de-Mars-Tour-Eiffel

这座从埃菲尔铁塔一直延伸至军事学院的大花园，最早是青年军官的士兵检阅场，还曾被用作赛马场、氢气球升空的场地以及7月14日纪念法国革命胜利的大型活动的场地。这里举办的第一届纪念活动是在1790年，当时满面愁容，后来被送上断头台的路易十六也参加了这次活动。

19世纪后半期这里举办了大量的展览会，其中包括1889年的万国博览会。埃菲尔铁塔就是为了迎接那次展览会而建造的。

军事学院 ⑲
Ecole Militaire

1 pl Joffre 75007. **城市地图：**6 F4 Ecole-Militaire. 游客需要获得批准——以书信方式与学院院长联系。

路易十五的皇家军事学院建于1751年，其建立的初衷是培养和训练老军官的500名后代。当时国王路易十五及其情妇蓬帕杜夫人任命建筑师加布里埃尔设计一座能够对抗路易十六的荣军院的建筑。但是由于资金短缺，为了完成这座建筑，彩票行业得到了官方认可，赌博税也被提高。中心建筑是学院内最具特色的建筑之一，是法国古典风格的经典之作。学院由十根科林斯式的大柱子和四边形的圆顶构成，象征着法国、胜利、力量以及和平的四幅图画，装饰着柱子顶端的横饰带。

拿破仑就是一名早期的军事学院学生，他曾经在学院里的报告中说如果拥有有利的环境，他将走得更远。

1751年刻版图描绘了商讨修建军事学院的情形

埃菲尔铁塔 ⑯ Eiffel Tower

从特罗加德罗广场上看到的埃菲尔铁塔

埃菲尔铁塔是为迎接1889年万国博览会和法国大革命胜利的百年纪念日而修建的。这座高达324米的铁塔原本只打算作为临时建筑。设计师居斯塔夫·埃菲尔在19世纪遭到唯美主义者的强烈批判。在1931年纽约帝国大厦建成之前，埃菲尔铁塔一直都是世界上最高的建筑。

游客备忘

Champ-de-Mars 75007. **城市地图**：6 D3 **电话**：08 92 70 12 39 M Bir Hakeim 🚌 42, 69, 72, 82, 87 to Champ-de-Mars RER Champ-de-Mars ◎ Tour Eiffel ◯ 6月中旬～8月：9:00~12:45；9月中旬～次年6月：9:30~11:45 www.tour-eiffel.fr

大胆的技艺表演

这座高塔常常会激起人们疯狂的表演欲望。1912年，一位巴黎特技演员赖歇尔特试图用一块披肩作为翅膀飞过一堵胸墙。不幸的是他最终在众目睽睽之下从高空摔下致死。

特技演员赖歇尔特

第三层距地面276米，能够同时容纳400人。

★ **观景廊（Viewing Gallery）**
在晴朗的日子里游客可以观看到72公里以外的景色，包括沙特尔大教堂。

双层电梯由于其空间有限，因此在旅游高峰季节，这里会排上长长的队伍。这样，乘坐电梯就需要十足的耐心和身高的优势。

星级景点

- ★ 埃菲尔半身像
- ★ 观景廊

第二层的高度是116米。它与第一层相距359级阶梯，乘坐电梯几分钟就可以到达。

儒勒·凡尔纳餐厅（Jules Verne restaurant）得到了巴黎人的高度称赞，这里不仅提供绝佳的食品，还为顾客提供叹为观止的视野。

Cineiffel
这个小型的视听博物馆展出了铁塔的历史电影胶片。

★ **埃菲尔半身像（Eiffel Bust）**
法国雕塑家安托万·布德尔是桥梁工程师埃菲尔（1832~1923年）的崇拜者，他在1929年将这座埃菲尔半身像置于铁塔脚下。

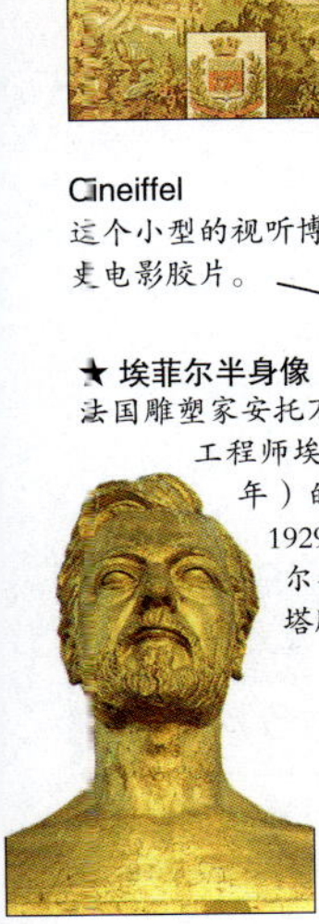

第一层的高度是57米，可攀登345级阶梯或乘电梯到达，这里有一个邮局。

荣军院

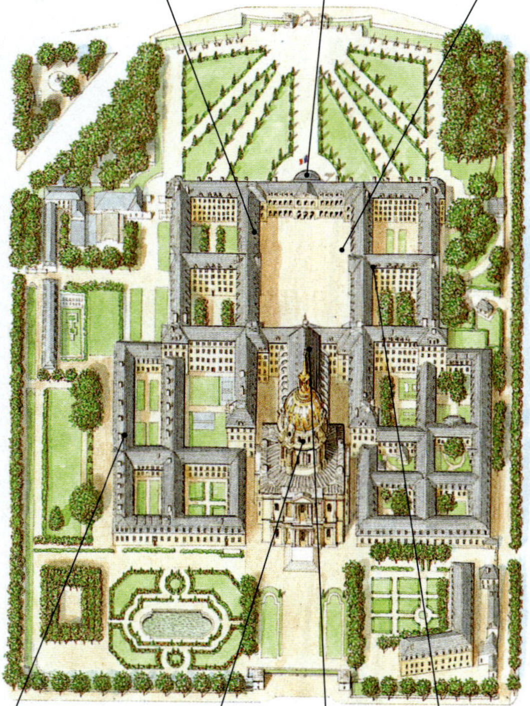

联合国教科文组织 ⑳

UNESCO

7 pl de Fontenoy 75007. **城市地图：** 6 F5 **电话：** 01 45 68 10 60（英语） M Ségur, Cambronne 仅对旅游团体开放：周一15:00（法语），周三15:00（英语） 公共假期 **www.**unesco.org

联合国教科文组织是联合国科学、教育和文化组织的总部（UNESCO），其宗旨是通过传播教育、科学和文化来促进世界和平。

联合国教科文组织是现代艺术的宝地，收藏有西班牙画家毕加索的巨型壁画、西班牙超现实主义画家胡安·米罗的雕塑作品，以及野口的日式花园。展览和电影也会在这里举行和放映。

荣军院 ㉑

Hôtel des Invalides

75007 **城市地图：** 7 A3 **电话：** 01 44 42 38 77 M Latour-Maubourg, Invalides, Varenne 每天：10:00～18:00（冬季到17:00） 1月1日、5月1日、11月1日、12月25日 提前预订01 44 42 37 72 **www.**invalides.org

这片区域因荣军院而命名。它建于1670年，是法国国王路易十四为安置受伤和无家可归的军人而修建。荣军院由吕布扬设计，于1676年由建筑师曼沙特完成，后来他十分巧妙地将圆顶教堂与荣军院连接在一起。屋顶镀金的圆顶教堂就是路易十四的私人礼拜堂，曾经有将近6000名士兵在这里住过，但是目前只有100多名。

荣军院古典的前墙是巴黎最壮观的景点之一，也是17世纪建筑史上的杰作。著名的军事博物馆和解放勋章博物馆都坐落在这座建筑物里。这里有纪念第二次世界大战期间戴高乐将军领导的英勇事迹的展览。立体地图博物馆收藏了许多法国堡垒的军事模型。

军事博物馆 ㉒

Musée de l'Armée

129 rue Grenelle 75007. **城市地图：** 7 A3 **电话：** 08 10 11 33 99 M Varenne, Latour-Maubourg, Invalides RER Invalides 每天：10:00～18:00（周二延至19:00,10月至次年3月到17:00） 每月第一个周一、1月1日、5月1日、11月1日、12月25日 **www.**invalides.org

这座博物馆是展示世界上军事历史最全面的博物馆之一。军事博物馆的两个展馆一个位于荣军院广阔的庭院一侧，另一个位于新开放的"牧师之翼"，"二战"展馆也在那里。

其主要展览内容是法国历史战役的胜利和失败，其中以拿破仑时代为主。展馆内的展品有国王的尸体面模和马匹填统标本。其他展品包括弗朗索瓦一世的象牙狩猎号角，以及1944年著名的诺曼底登陆的模型。

法国军事博物馆的前墙

本地区住宿及餐饮信息见550~555页和600~606页

圣路易圆顶教堂的圣坛用战旗作为装饰

圣路易圆顶教堂 ㉓

St-Louis-des-Invalides

Hôtel des Invalides 75007. **城市地图：** 7 A3 Invalides, Latour-Maubourg, Varenne **电话：** 01 44 42 37 65 每天：10:00 ~ 17:30（冬季到16:30）**www.**invalides.org

这座以“士兵教堂”著称的建筑也是荣军院的礼拜堂，它是由建筑师曼沙特在1679 ~ 1708年根据吕布扬的设计来建造完成的。教堂内部希腊式的十字架及其较好的比例结构都显示出刻板、古典的建筑风格。

这里有一架17世纪的管风琴。1837年12月5日，法国作曲家柏辽兹使用这个管风琴与200多名音乐家和唱诗班成员首演《安魂曲》。

圆顶教堂 ㉔

Dôme Church

Hôtel des Invalides, 129 rue de Grenelle 75007. **城市地图：** 7 A3 **电话：** 01 44 42 38 77 Latour-Maubourg, Varenne, Invalides 82, 92 to Les Invalides Invalides Tour Eiffel 4月 ~ 9月：10:00 ~ 18:00（7月 ~ 8月至19:00）；10月至次年3月：10:00 ~ 17:00 每月的第一个周一、1月1日、5月1日、6月17日、11月1日、12月25日 限制 **www.**invalides.org

奉“太阳王”路易十四的命令，法国建筑师曼沙特根据吕布扬的设计在1676年修建了这座圆顶教堂作为荣军院军事庇护所的补充，圆顶教堂曾是这位“太阳王”的私人礼拜堂并作为皇家陵墓所在地。

这座教堂是法国17世纪的建筑瑰宝。路易十四去世后，他将教堂作为皇家陵墓的计划也破灭了。

大教堂内最吸引人的是拿破仑的陵墓；拿破仑在圣赫勒拿岛上去世20年后，他的遗体才被运回法国，葬入红斑岩石棺内，周围由六个棺材围绕，安置在教堂华丽的地下室。

圆顶教堂于1715年首次镀金

罗丹美术馆 ㉕

Musée Rodin

79 rue de Varenne 75007. **城市地图：** 7 B4 **电话：** 01 44 18 61 10 Varenne 周二至周日：10:00 ~ 17:45 1月1日，5月1日，12月25日 每月的第一个周日免费，周六18:00以后为18 ~ 25岁参观者免费开放 限制 **www.**musee-rodin.fr

法国最著名雕塑家之一的罗丹（1840 ~ 1917年）从1908年直到去世一直都在毕洪宅邸生活和工作，这里被誉为18世纪最华丽的建筑。罗丹把作品都留给了国家，现在陈列在罗丹美术馆里。其中最有名的雕塑被放置在花园中：《加莱义民》、《思想者》、《地狱之门》，（见120页）和《巴尔扎克》。

室内展览是按照年代顺序排列的，最精彩的作品为《吻》和《夏娃》。

克劳罗蒂德教堂 ㉖

Sainte-Clotilde

23 bis rue Las Cases 75007. **城市地图：** 7 B3 **电话：** 01 44 18 62 60 Solférino, Varenne, Invalides 周一至周五：9:00 ~ 19:30；周六、周日：10:00 ~ 20:00 非宗教性公共假期。音乐会

这座教堂是由德国设计师弗朗茨·克里斯蒂安·高设计，在1846 ~ 1856年完成。19世纪的法国有种对中世纪的狂热，这座新哥特式教堂就是受到这种思潮影响而修建的，在当时受到了雨果等许多作家的推崇。

教堂内部由詹姆斯·普拉迪耶的壁画和与教堂的守护神相关的彩绘玻璃窗装饰。作曲家塞萨尔·弗朗克是这里的1858 ~ 1890年的风琴演奏者。

麦约美术馆 ㉗

Musée Maillol

61 rue de Grenelle 75007. **城市地图：** 7 C3 **电话：** 01 42 22 59 58 Rue du Bac, Sèvres-Babylone 10:30 ~ 19:00（周五延长至21:30）公共假期 **www.**museemaillol.com

罗丹美术馆前花园的大型铜塑作品《思想者》

这座博物馆由蒂娜·维耶尼创建，她是雕塑家麦约的灵感来源。她在这里收集了麦约的素描、版画、油画、雕塑和装饰物。这里每年举办两次当代展览。巴黎城市和四季的寓言人物装饰在布沙东的喷泉周围。

塞纳河左岸

一直以来，人们都将左岸与诗人、哲学家、艺术家以及激进思想家联系在一起。同时放荡不羁的生活方式和路边咖啡馆也总是左岸的一景。如今时髦人士已经入住这里，他们热衷于光顾圣罗兰和雅各街的室内商店。

拉丁区是位于塞纳河和卢森堡花园之间的一片古老区域，这里满是书店、艺术画廊和咖啡馆。圣米歇尔大道连接着拉丁区和圣日耳曼德佩，如今这条大道正在慢慢变成一条商业街，街上布满了快餐外卖店和廉价商品店。

奥赛美术馆内的时钟

大道四周，狭窄的鹅卵石小街如同迷宫一般，颇有特色，街上还有不少具有民族特色的商店和前卫派剧院。对剧院给予支持的巴黎大学是法国的第一所大学，创建于1253年。许多巴黎人都梦想着能住到卢森堡花园附近，那片安静的地区有着古老而优雅的街道、精巧的公园；公园中布满小径、草坪和林荫大道。学生们常常来这里聊天；天气暖和时，老人们也会聚集在栗子树下，下象棋或者玩法国传统的滚球游戏。

旅游景点分布示意图

教堂
圣耶戈纳迪蒙教堂 ⓬
圣宠谷教堂 ⓱
圣日耳曼德佩教堂 ❺
圣赛芙韩教堂 ❾
圣叙尔比斯教堂 ⓯

穷人圣朱利安教堂 ❿
先贤祠 ⓭

博物馆和画廊
奥赛美术馆（见120~121页）❶
德拉克洛瓦美术馆 ❻
克吕尼美术馆 ❽

喷泉
天文之泉 ⓰

历史建筑和街道
巴黎国立高等美术学院 ❹
索邦大学 ⓫
伏尔泰沿河街 ❸
卢森堡宫 ⓮
奥德翁街 ❼
圣日耳曼大街 ❷

周边交通

乘地铁至St-Germain-des-Prés站、St-Michel站和St-Sulpice站都可到达此地。此外，乘区域快铁可到Musée d'Orsay站和Luxembourg站。63路和87路公交车到圣日尔曼大道；38路公交车到圣米歇尔大道。

图例

- 街区纵览地图 见118~119页
- 街区纵览地图 见124~125页
- 街区纵览地图 见126~127页
- 地铁站
- 区域快铁站
- 水上巴士登船点

◁ 卢森堡公园和先贤祠

街区纵览：圣日耳曼德佩

圣日耳曼街头的风琴演奏者

第二次世界大战以后，圣日耳曼德佩成为以酒吧和咖啡馆为中心的知识分子生活区的代名词。哲学家、作家、演员还有音乐家们相聚于地下夜总会和啤酒屋，在那里，存在主义哲学和美国爵士乐并存。比起让·保罗·萨特和西蒙·德·波伏娃，神秘的歌手朱丽叶·格瑞柯以及新浪潮电影制作者们的全盛时期来，如今圣日耳曼德佩时髦多了。但是，仍然有大批作家在双叟咖啡馆、花神咖啡馆里尽情享受。17 世纪的众多建筑一直保留到现在，但是已经涌现出了大批的古董店、书店和时尚商品店。

双叟咖啡馆（Les Deux Magots）在20世纪20年代成为文学活动和放荡不羁的生活的集中地。

花神咖啡馆（Café de Flore）是让·保罗·萨特（Jean-Paul Sartre）和另外一些法国知识分子最喜欢去的地方，现在这里仍保留着古典艺术风格的室内装饰。

利普啤酒馆（Brasserie Lipp）用绚丽的陶器作装饰，是一家政治家经常光顾的远近闻名的啤酒馆。

Metro St-Germaindes-Prés

★ 圣日耳曼德佩教堂
（St-Germain-des-Prés）
这里是巴黎最古老的教堂，哲学家笛卡儿就安葬于此。❺

★ 圣日耳曼大道
（Boulevard St-Germain）
这里是塞纳河左岸中心地区的主街道，这里聚集着露天咖啡座、时装商店、电影院、餐厅和书店。❷

本地区住宿及餐饮信息见550~555页和600~606页

星级景点

★ 圣日耳曼德佩教堂

★ 圣日耳曼大道

★ 德拉克洛瓦美术馆

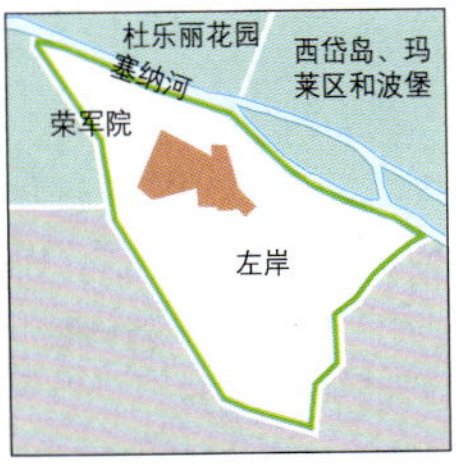

定位地图

见城市地图 7、8

图例

推荐路线

★ **德拉克洛瓦美术馆**
这里原本是法国画家欧仁·德拉克洛瓦（Eugène Delacroix,1798~1863年）的家，现在是专门收藏其作品的美术馆。❻

修道院宫（Palais Abbatial）是1586~1789年大革命前夕，该区主教们的居所。

布西街（Rue de Buci）几世纪以来都是该地区的重要街道和网球训练场所在地。现在这里有一个很热闹的市场。

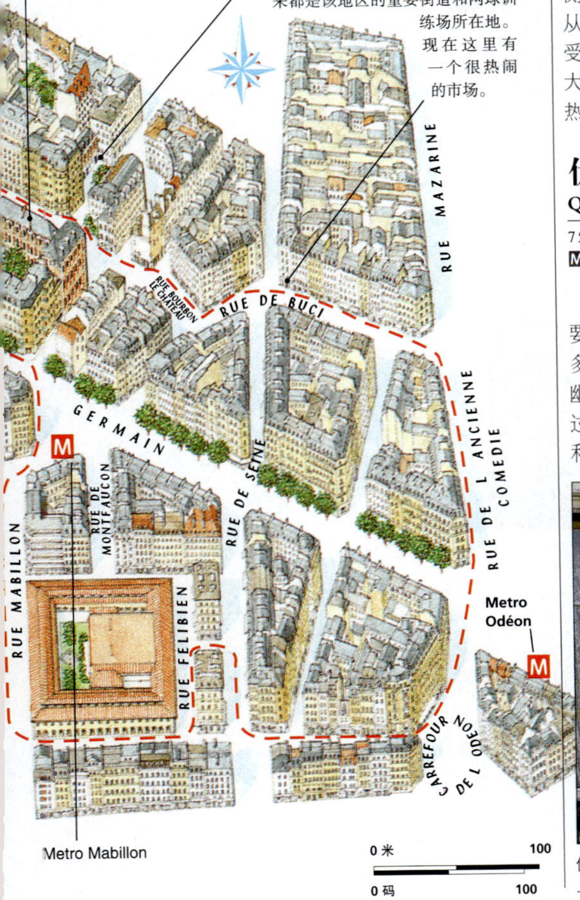

奥赛美术馆 ❶

Musée d'Orsay

见120~121页。

圣日耳曼大街 ❷

Boulevard St-Germain

75006，75007 **城市地图：** 8 D4 Ⓜ Solférino, Rue du Bac, St-Germaindes-Prés, Mabillon, Odéon, Cluny-La Sorbonne, Maubert-Mutualité

这里是左岸最著名的大街，它蜿蜒穿过了从圣路易岛到协和桥的三个地区。由于这条大道是奥斯曼男爵 19 世纪城市规划中大规模改造的一部分，因此该地区的建筑在风格上具有一致性。但是该地区的生活方式却是各种各样的，既有放荡不羁，也有贪图享受。从东侧开始，圣日耳曼大街经过了从克吕尼美术馆和巴黎大学。受咖啡文化影响，从圣米歇尔大道到圣日耳曼德佩教堂是最热闹的地方。

伏尔泰沿河街 ❸

Quai Voltaire

75006，75007 **城市地图：** 8 D3 Ⓜ Rue du Bac RER Museé d'Orsay

伏尔泰沿河街是巴黎最重要的几个古董商的居住地。很多名人都曾在这座 18 世纪的幽雅建筑中居住过，伏尔泰住过 27 号，瓦格纳、西贝流士和王尔德都曾住过 19 号。

伏尔泰沿河街的房子上挂着小牌子，上面标明了伏尔泰于 1778 年在此逝世

奥赛美术馆 ❶ Musée d'Orsay

1986年，作为铁路干线上的一个火车站被停用47年之后，维克多·拉卢在世纪之交设计的这座建筑作为奥赛美术馆重新向公众开放。20世纪70年代，它曾是奥尔良铁路位于巴黎中心的终点站，险些被拆除。原来的大部分建筑在后来的改建中都被保留了下来。奥赛美术馆展现了从1848~1914年丰富的视觉艺术，并阐释了产生这些艺术的社会和技术背景。展品包括绘画、雕塑、家具和装饰艺术品。美术馆有时还会举行古典音乐会。

埃德加·德加的《14岁的年轻舞者》（1881年）

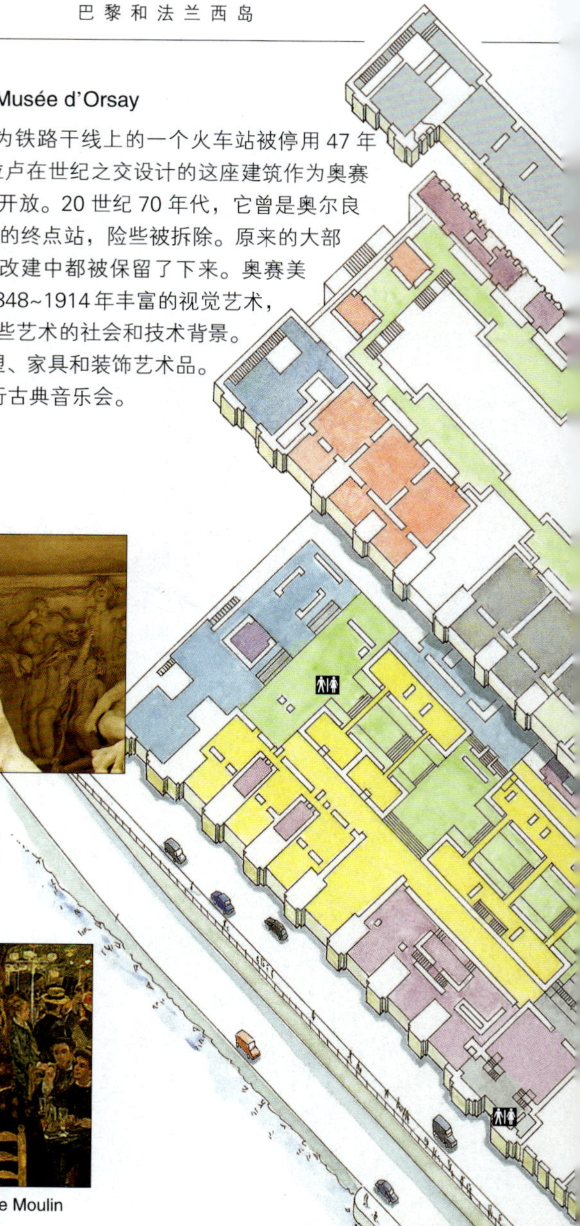

地狱之门（The Gates of Hell）（1880～1917年）
罗丹将一些预先完成的雕像如《思想者》、《吻》置于这一著名的大门之中。

红磨坊街的舞会（Dancing at the Moulin de la Galette）（1876年）
雷诺瓦以室外角度创作这一绘画意在捕捉从树叶以及枝干中漏下来的阳光。

舞蹈（The Dance）（1867～1868年）
1869年，卡尔波这一充满青春活力的雕塑在首次揭幕时曾引起过争议。

图例

- 建筑和装饰艺术
- 雕塑
- 1870年之前的绘画作品
- 印象派
- 新印象派
- 自然主义和象征主义
- 新艺术派
- 临时展览
- 非展区

本地区住宿及餐饮信息见550~555页和600~606页

保罗·加歇医生（Doctor Paul Gachet）（1890 年）
该作品是凡·高去世当年绘制的三幅作品之一。

美术馆导览

底层展出的是 19 世纪中期至晚期的作品。中层以新艺术派的装饰艺术以及 19 世纪晚期到 20 世纪早期的绘画和雕塑为主。上层陈列了印象派和新印象派的艺术品。

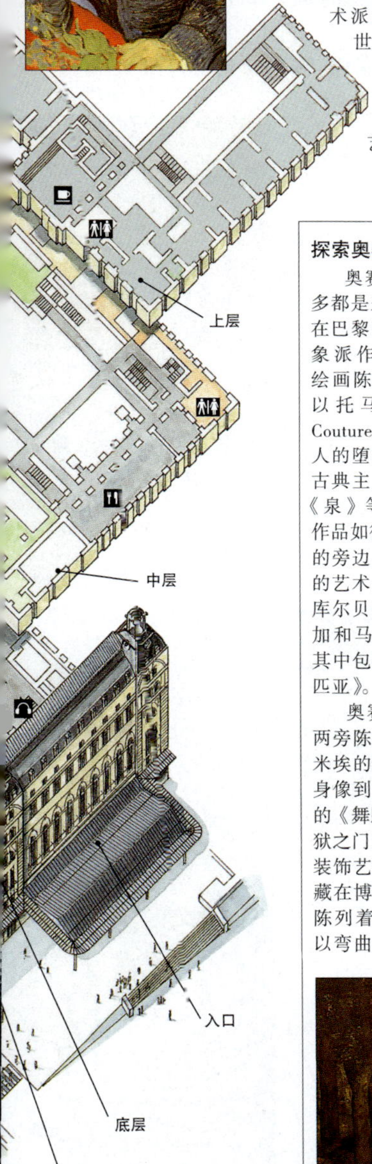

游客备忘

Quai Anatole France 75007. **城市地图**：8 D2 **电话**：01 40 49 48 14 Solférino 24、68、69、84 路 到 quai A 站；73 路 到 rue de la Légion d'Honneur 站；63、83、84、94 路 到 bd St-Germain 站 Musée d'Orsay Quai A.France 周二至周日 9:30～18:00（周日延至 21:45，闭馆前 1 小时不允许入馆）1 月 1 日、5 月 1 日，12 月 25 日 **音乐会 电话**：01 40 49 47 50
www.musee-orsay.fr

探索奥赛美术馆

奥赛美术馆里收藏的很多都是来自卢浮宫和曾陈列在巴黎国家影像美术馆的印象派作品。1870 年以前的绘画陈列在博物馆的底层，以托马·库蒂尔（Thomas Couture）的大型油画《罗马人的堕落》为主要展品。新古典主义名作，如安格尔的《泉》等，悬挂在浪漫主义作品如德拉克洛瓦的《猎虎》的旁边。这些具有异国风情的艺术品和现实主义艺术家库尔贝以及早期的油画家德加和马奈的作品形成对照，其中包括马奈著名的《奥林匹亚》。

奥赛美术馆的中心通道两旁陈列着许多雕塑，从杜米埃的讽刺性的议会成员半身像到卡尔波充满生命活力的《舞蹈》，再到罗丹的《地狱之门》都可以在此观赏到。装饰艺术品和建筑艺术品收藏在博物馆的中层。中层还陈列着新艺术派的艺术品，以弯曲的线条为特征的莱丽卡珠宝及玻璃制品以及赫克多·吉玛德的作品，他是巴黎地铁扭曲入口的设计师。

莫奈的《蓝睡莲》（1919 年）

在上层众多的印象派作品陈列室中，可以看到莫奈的《鲁昂大教堂》（见 267 页）系列和雷诺瓦栩栩如生的《红磨坊街的舞会》。这里陈列的后印象主义的作品有凡·高的《蓝色教堂》和塞尚的一些作品，修拉的点彩派作品，如具有强烈色彩效果的象征主义作品《马戏团》，还有图卢兹·劳特累克描绘的巴黎夜生活。在 1900 年以后的展品中，可以看到马蒂斯的《奢华、宁静和愉悦》。由于博物馆正在修整，因此有些作品可能目前已经被转移。

爱德华·马奈的《草地上的午餐》（1863 年）

巴黎国立高等美术学院的前墙

巴黎国立高等美术学院 ❹

Ecole Nationale Supérieure des Beaux Arts

14 rue Bonaparte 75006. **城市地图：** 8 E3 **电话：** 01 47 03 50 00 St-Germain-des-Prés. 只接待有预约的团体（请拨打01 47 03 50 00） 图书馆 www.ensba.fr

该艺术院校位于波拿巴街和玛莱河畔区的交叉口上一个很醒目的位置。校园内有数座建筑，其中气势最为恢弘的是19世纪建造的图书馆。一大批初露头角的法国和外国画家、建筑师都曾来到这个学院的画室学习。校园中还有一座17世纪的小教堂。在过去的几世纪里，来此学习的也有不少美国建筑师。

圣日耳曼德佩教堂 ❺

St-Germain-des-Prés

3 pl St-Germain-des-Prés 75006. **城市地图：** 8 E4 **电话：** 01 55 42 81 33 St-Germain-des-Prés. **每天：** 8:00～19:00 **音乐会**周二、周四20:00 www.eglise-sgp.org

这座教堂建于542年，是巴黎最古老的教堂，当时被用来存放圣遗物。11世纪经过重修，它成为极有权势的本笃会修道院，但1794年的大火毁灭了这里的大部分建筑。19世纪，这里进行了大规模的修整。教堂初建时曾有三座塔，目前只有一座保留下来，法国最古老的钟楼就保存在这座塔里。教堂内部风格各异，既有6世纪的大理石圆柱，也有哥特式屋顶和罗马式拱门。17世纪著名的哲学家笛卡儿就埋葬于此。

德拉克洛瓦美术馆 ❻

Musée Eugène Delacroix

6 rue de Fürstenberg 75006. **城市地图：** 8 E4 **电话：** 01 44 41 86 50 St-Germain-des-Prés. 周三至次周周一：9:30～17:00 1月1日、5月1日、12月25日 每个月的第一个周日对18～25岁的欧盟居民免费开放 www.musee-delacroix.fr

欧仁·德拉克洛瓦从1857年开始直到1863年去世，一直在此工作生活。在这里他创作了《基督下葬》和《苦难历程》（挂在美术馆中）。他还为附近的圣叙尔皮斯教堂绘制了富丽堂皇的壁画。

德拉克洛瓦美术馆的画室中藏有乔治·桑的画像、德拉克洛瓦的自画像等。

德拉克洛瓦的《雅各布奋力与天使搏斗》，保存于圣叙尔皮斯教堂中（见127页）

奥德翁街 ❼

Rue de l'Odéon

75006 **城市地图：** 8 F5 Odéon.

奥德翁街建于1779年。这是巴黎第一条在人行道上设置排水沟的大街，至今仍然保留着许多18世纪的房子。1921～1940年，雪维儿·毕奇开办了莎士比亚书局，海明威、乔伊斯和庞德等人都是常客。

克吕尼美术馆 ❽

Musée de Cluny

6 pl Paul-Painlevé. **城市地图：** 9 A5 **电话：** 01 53 73 78 16 St-Michel, Odéon, Cluny RER St-Michel. 周三至次周周一：9:15～17:45 1月1日、5月1日、12月25日 音乐会 www.musee-moyenage.fr

克吕尼美术馆是罗马遗迹的独特组合，它们共同组成了一座中世纪大厦（位于

犹太国王的石制头像，制作于1220年左右

圣赛芙韩教堂 ❾

St-Séverin

1 rue-des-Prêtres-St-Séverin 75005. **城市地图：** 9 A4 **城市电话：** 01 42 34 93 50 St-Michel 周一至周六：11:00～19:30，周日：9:00～20:30

圣赛芙韩教堂是巴黎最美的教堂之一，其名称是为了纪念6世纪时一位居住在此地的隐士。这座教堂是哥特式火焰装饰的完美典范。建筑工程完成于16世纪早期，内部包括双层环绕水道。此外，教堂庭院里还有一座中世纪风格的三角顶藏骨屋。

圣赛芙韩教堂的哥特式火焰装饰屋顶上设计有石像鬼

木雕《学校》（英国，16世纪早期）

一座新建的中世纪花园里），也使它成为世界上最好的中世纪艺术品和工艺品收藏地之一。1330 年，克吕尼修道院院长皮埃尔·德·查律斯买下了高卢罗马时代的遗迹，克吕尼美术馆因此得名。现存的这座中世纪大厦可以追溯到 1485～1498 年。在美术馆众多展品中，以挂毯最为著名，这些挂毯的质量、时代和保存情况都属上乘。雕塑的主要展区在国王画廊中。1330 年的巴塞尔的金玫瑰是美术馆中的珍品，在珠宝与金属制品展区中展出。其他收藏品还包括彩绘玻璃、木雕和羊皮书。

女人和独角兽挂毯

这里所保存的六幅精美的挂毯是织锦风格的典范。这种风格发展于 15 世纪和 16 世纪，以优雅的动物和人物形象以及协调的颜色而著称。

第六幅挂毯上的独角兽，典雅而富有诗意

穷人圣朱利安教堂 ⑩

St-Julien-le-Pauvre

1 rue St-Julien-le-Pauvre 75005. **城市地图**：9 A4 **电话**：01 43 54 52 16 Ⓜ St-Michel 每天：9:30～13:00、15:00～18:30 周日10:00、11:00、18:00 音乐会

穷人圣朱利安教堂是巴黎最古老的教堂之一，其历史可追溯到 1165~1220 年。1524 年以前，大学的官方会议都在此举行。1524 年，一名学生以给教堂造成了巨大破坏为由，提出抗议，此后国会禁止大学再在这里举行会议。自 1889 年起，这座教堂属于希腊东正教的拜占庭教派，目前则是举办古典和宗教音乐会的场所。

索邦大学 ⑪

La Sorbonne

47 rue des Ecoles 75005. **城市地图**：9 A5 **电话**：01 40 46 22 11 Ⓜ Cluny-La Sorbonne, Maubert-Mutualité. 只接受预约，请写信到游客服务处预约 www.paris-sorbonne.fr

1696 年，巴黎大学成立，其前身索邦神学院创建于 1253 年，修建目的是路易九世的神父罗伯特·德·索邦要为 16 名清贫的学者提供场所学习宗教理论。因此神学院成为宗教理论的研究中心。1469 年，购于美因茨的三台印刷机被运到了这里，建立了法国第一个印刷厂。大革命时期，该学院因反对 18 世纪哲学思想自由化而被压制。1806 年，拿破仑对此地进行了重建，旧建筑消失。1969 年，神学院分成了 13 所大学，但这里仍然会举办一些讲座。

圣耶戈纳迪蒙教堂

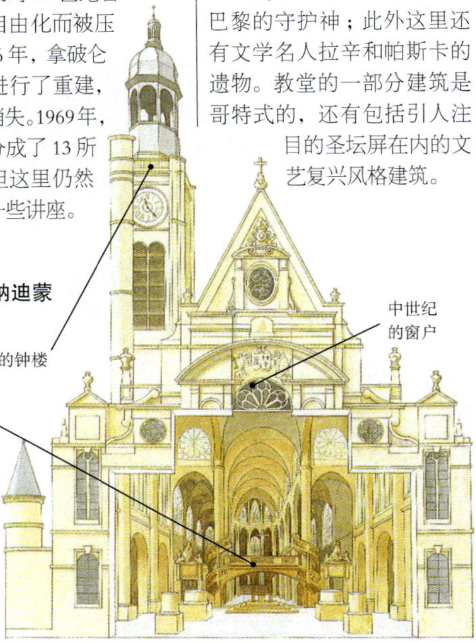

圣耶戈纳迪蒙教堂 ⑫

St-Etienne du-Mont

Pl Ste-Geneviève 75005. **城市地图**：13 A1 **电话**：01 43 54 11 79 Ⓜ Cardinal Lemoine 周二至周六：8:45～17:30 周六周日午餐时间

这座著名的教堂中设有圣日内维耶圣堂，传说她是巴黎的守护神；此外这里还有文学名人拉辛和帕斯卡的遗物。教堂的一部分建筑是哥特式的，还有包括引人注目的圣坛屏在内的文艺复兴风格建筑。

街区纵览：拉丁区

拉丁爵士乐

自中世纪起，塞纳河畔的这一地区就隶属于索邦神学院，它的名字源于早期说拉丁语的学生们。拉丁区位于西岱岛对面，其历史可追溯到罗马时代，那时圣雅克街还是进出巴黎的主要街道之一。提起拉丁区，人们总会联想到艺术家、知识分子以及放荡不羁的生活方式，但它也有过一段动荡的政治历史。1871 年，圣米歇尔广场一度是巴黎政区的中心，而到了 1968 年 5 月，又成了学生暴动的据点。目前，东半区十分时尚，但只有权势集团的成员才住在那里。

★ 圣赛芙韩教堂（St-Séverin）
这座教堂始建于 13 世纪，3 个世纪后才建成，是哥特式火焰装饰建筑的完美典范。❾

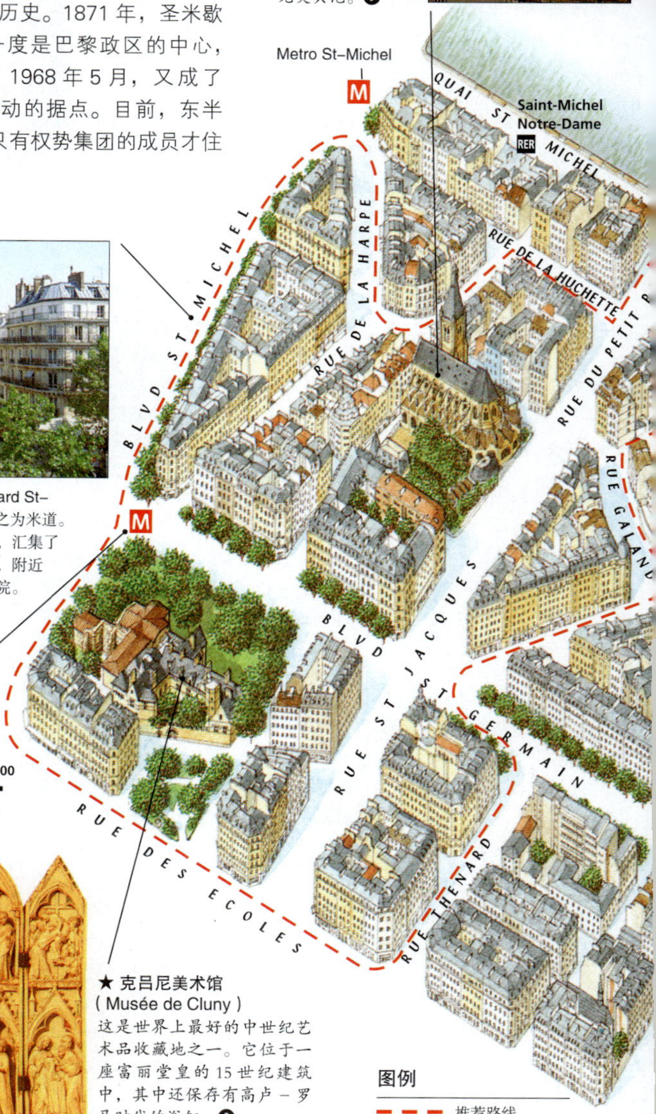

圣米歇尔大道（Boulevard St-Michel）又被当地人称之为米道。这条大道总是热闹异常，汇集了咖啡馆、书店和服装店，附近还有夜总会和体验电影院。

Metro Cluny La Sorbonne

0 米 100
0 码 100

★ 克吕尼美术馆（Musée de Cluny）
这是世界上最好的中世纪艺术品收藏地之一。它位于一座富丽堂皇的 15 世纪建筑中，其中还保存有高卢－罗马时代的浴缸。❽

图例

推荐路线

本地区住宿及餐饮信息见550~555页和600~606页

定位地图

见城市地图 8、9、12、13

穷人圣朱利安教堂
（St-Julien-le-Pauvre）
这座教堂重建于 17 世纪，大革命时期曾被用作储存动物饲料的仓库。⑩

星级景点

- ★ 克吕尼美术馆
- ★ 圣赛芙韩教堂
- ★ 穷人圣朱利安教堂

先贤祠 ⑬

Panthéon

Pl du Panthéon 75005. **城市地图：** 13 A1 **电话：** 01 44 32 18 00 Ⓜ Maubert-Mutualité, Cardinal-Lemoine RER 卢森堡站 ◯ 4月～9月：10:00～18:30 10月～次年3月：10:00～18:00 ● 1月1日、5月1日、12月25日
http://pantheon.monuments-nationaux.fr

1744 年，路易十五大病初愈后，打算建造一座恢弘华丽的教堂纪念巴黎的保护神圣日内维耶，以表示感恩。法国建筑师雅克斯·苏弗洛将教堂设计成一座新古典主义建筑。工程始于 1764 年，并于 1790 年在纪尧姆·龙德莱的领导下竣工。由于大革命的开展，教堂迅速变成了一座先贤祠，纪念法国伟大英雄的亡灵。1806 年，拿破仑曾将其恢复为教堂，但它最终在 1885 年变成了一座公共建筑。

受罗马万神殿的影响，这座先贤祠正面的三角楣上布满浮雕，表达出祖国对伟人们的感激之情。伏尔泰、卢梭、左拉都长眠在此。皮埃尔和玛丽·居里夫妇以及安德烈·马尔罗等人的骨灰也保存在先贤祠中。

先贤祠内部
内部的四条通道组成希腊式十字架结构，圆顶从十字架的中心渐渐升高。

铁框架圆顶
圆顶上的石质穹顶上的湿壁画是由拿破仑于 1811 年授命绘制的，它表达了对圣日内维耶的赞美。

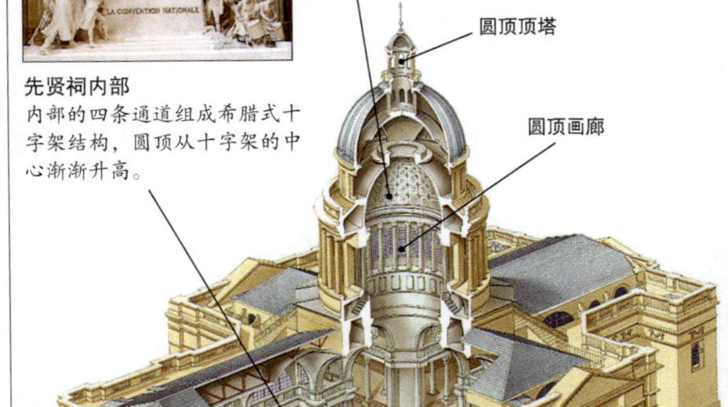

地窖
地窖位于整座建筑之下，分成许多画廊，画廊之间用科林斯圆柱隔开。包括伏尔泰和左拉在内的许多法国名人都长眠于此。

街区纵览：卢森堡区

卢森堡区典雅又有历史气氛，距离喧闹的圣日耳曼德佩只有几步之遥，但却在巴黎这个现代化城市的中心地区为人们提供了一片可以享受安宁的乐土。卢森堡花园和卢森堡宫对周围的环境产生了很大的影响。19世纪，普罗旺斯伯爵，即后来的路易十八拥有此地后，这两处景点就开始面向公众开放。当时只有一小批游客付费后可以进入园内，在果园里尽情享用各种水果。直至今日，公园、宫殿和北面街道上的老房子都未曾遭到破坏，依然吸引着许多游客。

星级景点

- ★卢森堡宫
- ★圣叙尔皮斯教堂

圣叙尔皮斯广场（Place St–Sulpice）建于1754年，茂盛的栗子树环绕在周围。

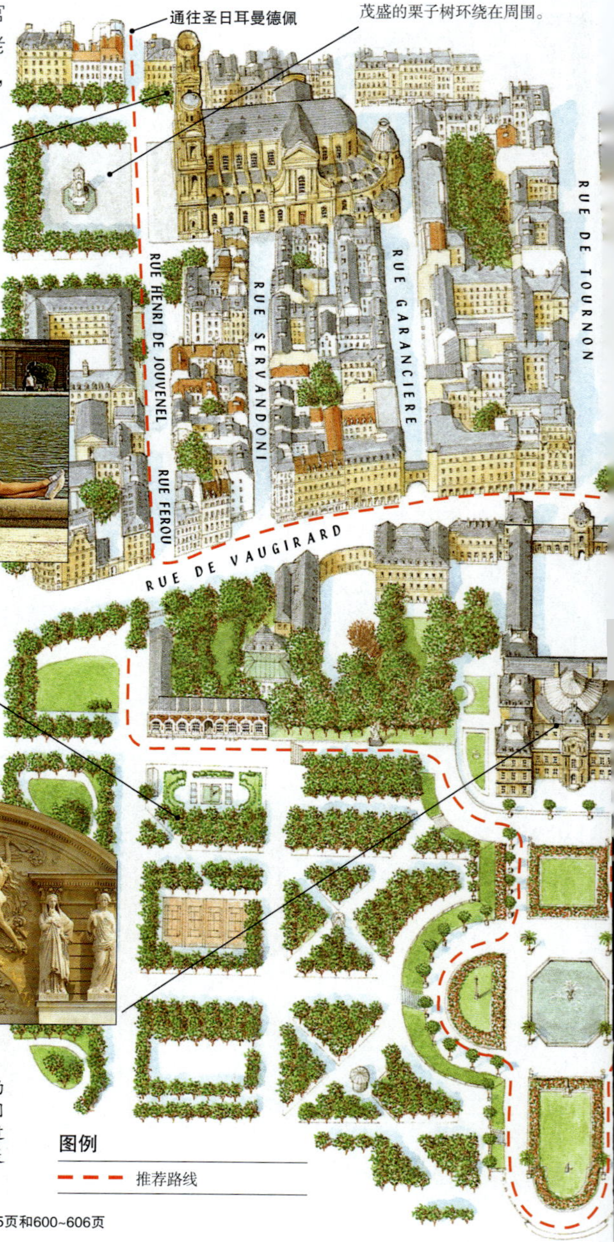

★ 圣叙尔皮斯教堂
（St–Sulpice）
这座规模巨大的古典主义风格的教堂由六位建筑师花费了一个多世纪的时间建造完成。⑮

卢森堡花园（Jardins du Luxembourg）很受欢迎，很多人喜欢来这休息、享受日光浴、在池塘里泛舟或者欣赏19世纪的雕塑。

0 米 100
0 码 100

★ 卢森堡宫
（Palais du Luxembourg）
这座园林最初是作为皇室的宫邸，后来有了许多不同的用途：作过监狱，也作过纳粹的指挥部，它的前墙是1841年后修建的。⑭

图例

- - - 推荐路线

本地区住宿及餐饮信息见550~555页和600~606页

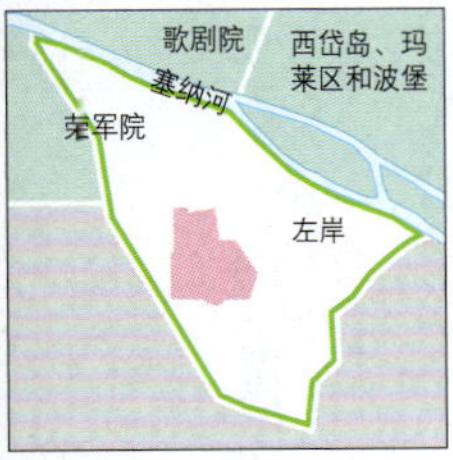

定位地图

见城市地图 8、12、13

梅迪奇喷泉（Fontaine de Médicis）是一座修建于17世纪的意大利洞穴风格的喷泉。据说是由萨洛蒙·德·布罗斯设计的。

圣日内维耶（Saint Geneviève）据说她的信徒于451年从野蛮人手中拯救了巴黎。1845年，路易十五修建了这座雕像以纪念她。

卢森堡宫 ⑭

Palais du Luxembourg

15 rue de Vaugirard 75006. 城市地图：8 E5 电话：01 44 54 19 49 M Odéon RER Luxembourg 团体：周一、周五、周六（提前3个月预约）；个人：每月一个周六 电话：01 44 54 19 49 www.senat.fr 博物馆 每日展览期间 www.museeduluxembourg.fr

卢森堡宫最初是为亨利四世的孤孀玛丽·德·梅迪奇而建的，用以抚慰她对故乡佛罗伦萨的思念，目前它是法国参议院的所在地。萨洛蒙·德·布罗斯按照佛罗伦萨的皮蒂宫设计了这座建筑。但1631年竣工时，梅迪奇已经被驱逐出巴黎。大革命时期，这座建筑仍然是皇室宫殿。"一战"期间，它成了空军总部。目前位于东廊的卢森堡博物馆经常举办世界一流的艺术展览。

圣叙尔皮斯教堂 ⑮

St-Sulpice

Pl St-Sulpice 75006. 城市地图：8 E5 电话：01 42 34 59 98 M St-Sulpice 每天7:30～19:30 音乐会

这座宏伟的教堂始建于1646年，花费了一个多世纪才建成。最终建成了简单的前墙，配以两排高雅的圆柱和顶端两座不对称的塔。光线透过巨大的拱形窗户充满了建筑内部。

侧面的祈祷室里保留着德拉克洛瓦的壁画，包括《雅克布奋力与天使搏斗》（见122页）和《埃里奥多罗被逐出圣殿》。

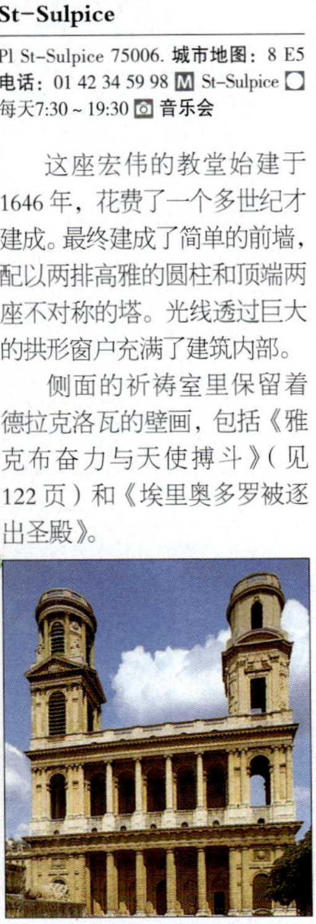

圣叙尔皮斯教堂古典主义双层结构的西侧前墙和两座塔

卡尔波的喷泉雕塑

天文之泉 ⑯

Fontaine de l'Observatoire

Pl Ernest Denis, av del'Observatoire 75000. 城市地图：12 E2 RER Port Royal.

天文之泉位于卢森堡公园的南角，是巴黎最精美的喷泉之一。喷泉中央的雕塑由让·巴蒂斯·卡尔波设计，于1873年被安放于此。这座铜质雕塑的造型是四位女性向上举着地球，四位女性代表四大洲，基于对称的考虑，大洋洲被排除在外。雕塑上还有海豚、马和海龟的形象。

圣宠谷教堂 ⑰

Val-de-Grâce

1 pl Alphonse-Laveran 75005. 城市地图：12 F2 电话：01 40 51 51 92 M Gobelins RER Port Royal 周二至周日：中午～18:00 8月 除中殿

圣宠谷教堂是巴黎最美的教堂之一，同时也是军方医院的一部分。最初是为路易十三的妻子而建，用来表达对其生育儿子的感激。1645年，年轻的路易十四放下了第一块基石。

这座教堂最著名的是圆顶。穹顶壁画由皮埃尔·米尼亚尔绘制，上面有200个是三倍于真实大小的人物画像。支撑祭坛的6个巨型大理石圆柱和罗马的圣彼得教堂十分相似。

周边地区

巴黎的很多星级景点都远离市中心。蒙马特一直以来都是艺术家和作家的向往之地，仍保持着其波希米亚风格，这里还有数不清的咖啡馆和教堂。著名的拉雪兹公墓中安息着肖邦、奥斯卡·王尔德、吉姆·莫里松等著名人物。公墓周围的公园和花园为人们提供了一个远离喧嚣闹市的安静之地。游客在勒·柯布西耶基金会和拉德芳斯广场可以欣赏现代建筑，参观众多的博物馆。举家出游的话，在东南部的拉维莱特的科技博物馆中还可以带孩子了解到很多科学知识。

旅游景点分布示意图

博物馆和美术馆
- 居斯塔·牟侯美术馆 9
- 法国移民博物馆 20
- 国家自然历史博物馆 24
- 卡巴拉水晶博物馆 6
- 科学工业城（见 136 ~ 137 页）15
- 莫奈博物馆 5

教堂和清真寺
- 巴黎清真寺 27
- 圣心教堂 11
- 圣亚历山大·涅夫斯基 7

公园和花园
- 布洛涅森林 2
- 蒙苏里公园 23
- 蒙梭公园 8
- 柏特休蒙公园 17
- 雪铁龙公园 28
- 植物园 25

公墓
- 拉雪兹神父公墓 18
- 蒙马特公墓 13
- 蒙帕纳斯公墓 30

历史区
- 蒙马特（见 132 ~ 133 页）10
- 蒙帕纳斯 29
- 圣马丁运河 16

历史建筑和街道
- 地下墓穴 31
- 红磨坊 12
- 拉封丹大街 4
- 文森城堡 21

现代建筑
- 阿拉伯世界研究院 26
- 贝尔西 19
- 法国国家图书馆 22
- 勒·柯布西耶基金会 3
- 拉德芳斯 1

市场
- 克涅克尔跳蚤市场 14

图例
- 主要景区
- 主要公路

0 千米 4
0 英里 2

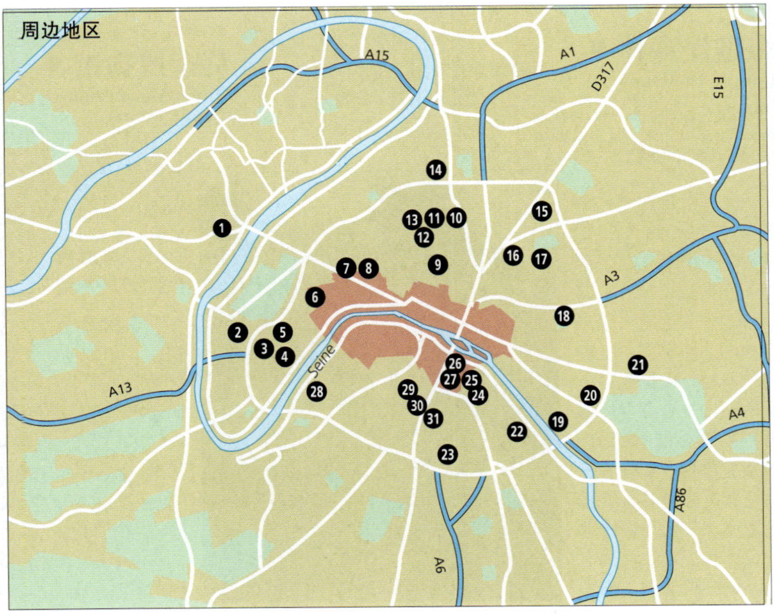

◁ 沿着狭窄的圣卢斯蒂克街登上位于山丘上的圣心教堂

城市西部

拉德芳斯 ❶
La Défense

La Grande Arche. **电话：** 01 49 07 27 55 RER La Défense ● 整修中，致电查询 ♿ 🍴 🛍 见法国历史，66～67页
www.grandearche.com

坐落于巴黎西部商业城区的摩天大厦是欧洲最大的办公区。这座大厦就是新凯旋门，它是一个巨大的中空立方体，大得足以容纳圆顶教堂。新凯旋门由丹麦建筑师斯普里克森于20世纪80年代末设计完成，内部设有停车场和会议中心。

拉德芳斯广场上的新凯旋门

布洛涅森林 ❷
Bois de Boulogne

75016 M Porte Maillot, Porte Dauphine, Porte d' Auteuil, Sablons. ○ 每天24小时 花园和博物馆 ♿

位于巴黎西端与塞纳河之间的这个占地约8.6平方公里的公园为人们提供了一片广阔的绿地。在这里可以漫步林间、骑车兜风、骑马、划船、野餐或看一天赛马。布洛涅森林曾是卢瑞森林的一部分。19世纪中期，拿破仑三世任命奥斯曼男爵参照伦敦海德公园对森林进行设计和规划。森林中的其他公园包括儿童乐园——季节公园，还有前加泰罗尼亚公园和巴加特尔庭园，它是18世纪一座以玫瑰花园闻名的庄园住宅。在查理十世和玛丽·安托瓦内特打赌后，这座庄园仅花费了64天就建成了。白天的布洛涅森林一片繁忙景象，有游玩的，有跑步的，有在林中漫步的。但是晚上这里却出了名的混乱。

布洛涅森林里的一座景观岛

勒·柯布西耶基金会 ❸
Fondation Le Corbusier

8～10 square du Docteur-Blanche 75016. **电话：** 01 42 88 41 53 M Jasmin. ○ 周一：13:30～18:00，周二至周四：10:00～18:00，周五、周六：10:00～17:00 ● 公共假日，8月，12月24日～1月2日 **电影、视频**
www.fondationlecorbusier.fr

拉罗什和勒·柯布西耶别墅矗立在奥特伊一个安静的角落里，它们由建筑师勒·柯布西耶建造。该建筑建造于20世纪20年代初，白色的混凝土体现出立体派风格的设计。房间均为互通，采光良好，房屋建造在支柱之上，装有落地窗。

拉罗什别墅原为艺术品收藏家拉马尔·拉罗什所有，现已改为发表勒·柯布西耶的演讲以及他的作品的地方。

拉封丹大街上的一扇具有新艺术特色的窗户

拉封丹大街 ❹
Rue la Fontaine

75016. **城市地图：** 5 A4 M Michel-Ange-Auteuil, Jasmin. RER Radio-France.

拉封丹大街及其周边像是一个大的展示柜，展现20世纪早期最吸引人而修建费用较低的建筑，它们的装饰风格复杂而精细。14号的贝朗榭公寓捍卫着建筑大师吉玛德在建筑史上的地位。该城市具有新艺术特色的地铁入口也是他设计的。

莫奈博物馆 ❺
Musée Marmottan-Claude Monet

2 rue Louis Boilly 75016. **电话：** 01 44 96 50 33 M Muette. ○ 周三至周日：11:00～18:00（周二延至21:00）● 1月1日、5月1日、12月25日 ♿ 🛍
www.marmottan.com

博物馆修建于19世纪，于1932年成为历史艺术家保罗·马尔摩丹的住所。他后来将他的家、文艺复兴艺术展室、领事馆和第一帝国时期的绘画作品连同家具捐给了法国研究院。

1966年，博物馆收到印象派画家莫奈将原

本地区住宿及餐饮信息见550~555页和600~606页

定遗留给他儿子米歇尔收藏的大量作品。其中包括很多他的名作，例如《印象·日出》、《鲁昂大教堂》画作（见 267 页）和《睡莲》系列（见 98 页）。还有莫奈晚年在吉维尼所作的一些著名作品，如《日本桥》、《垂柳》等画作。丰富的色彩和大胆的笔触使得这些作品成为博物馆的镇馆之作。

莫奈的一些私人藏品也捐献给了博物馆，其中包括同时期一些印象派画家的作品，如毕沙罗、雷诺瓦和西斯利等人的作品。博物馆也展览了一些中世纪手稿和 16 世纪勃艮第织锦。每月的第三个周二，馆内将举行钢琴和室内音乐会。

巴卡拉水晶博物馆 ❻

Musée du Cristal de Baccarat

11 pl des Etats Unis 75016. **电话：** 01 40 22 11 00 Ⓜ Boissière. ◯ 周一：10:00~18:30 周三至周六（提前至18:00）● 公共假期 需要预约
www.baccarat.fr

水晶博物馆里面收藏的是由巴卡拉公司制作的 400 多件水晶展品。该公司于 1764 年创建于法国东部。展品包括为贵族和欧洲宫廷王室制作的餐具以及一些时下很流行的展品，例如精美的花瓶、枝状大烛台、细颈酒瓶、香水瓶、手表和珠宝。

从玻璃制品身上可以发现制造器皿所需的特殊技艺，比如优质的切工、复杂的雕工、高超的镀金以及上釉技术。

由巴卡拉水晶和青铜制成的阿比西尼亚花瓶

蒙梭公园上演模拟海战的水池旁的回廊

城市北部

圣亚历山大·涅夫斯基

圣亚历山大·涅夫斯基 ❼

St-Alexandre-Nevsky

12 rue Daru 75008. **城市地图：** 2 F3 **电话：** 01 42 27 37 34 Ⓜ Courcelles, Ternes. ◯ 周二和周五：15:00~17:00；周日：10:00~12:30，15:00~18:00 周六18:00，周日10:30

带有五座金铜色圆顶的雄伟俄罗斯东正教堂表示在巴黎有许多俄罗斯人。该教堂由圣彼得堡美术学院的成员设计，沙皇亚历山大二世和当地的俄罗斯人共同提供经费，于 1861 年修建完成。

在内部，一堵雕像墙将教堂分为两部分。新拜占庭风格的室内采用正十字格局，装饰有丰富的马赛克和壁画。室外的墙壁和镀金的圆顶则为传统的俄罗斯东正教风格。

蒙梭公园 ❽

Parc Monceau

Bd de Courcelles 75017. **城市地图：** 3 A3 **电话：** 01 42 27 08 64 Ⓜ Monceau. ◯ 每天：7:00~20:00（夏天延至22:00） 需要预约

这片绿色港湾的历史要追溯到 1778 年，当时沙特尔公爵任命画家、作家兼业余环境设计师路易·卡蒙特勒修建一座豪华的公园。但最后却形成一座奇异的充满德国和英国风情的建筑。

这块土地在 1852 年被政府征用，并被改建成一座美丽的公共公园。但还是有一些原始建筑被保留下来，其中就包括上演模拟海战的水池，它是模拟海战的罗马池的翻版。

居斯塔·牟侯美术馆 ❾

Musée Gustave Moreau

14 rue de la Rochefoucauld 75009. **城市地图：** 4 E3 **电话：** 01 48 74 38 50 Ⓜ Trinité ◯ 周三至次周周一：10:00~12:45，14:00~17:15 ● 某些公共假期
www.musee-moreau.fr

牟侯（1826~1898 年）因其描绘圣经及神话传说的绘画而出名，他一直居住在这所住宅内。《朱庇特与塞默勒》连同他的其他主要作品都存放在这所美术馆中，馆藏的 7000 幅素描和 1000 幅油画及水彩中的一部分也在此展出。

蒙马特 ⑩ Montmartre

早在200年前，蒙马特这个陡峭的山冈就与艺术家联系在一起。杰出的画家席里柯和柯罗在19世纪初期就来到了这里，而郁特里罗在20世纪也来到这里，这条街也因为他的作品而闻名。今天很多街头艺术主要是依靠与旅游交易而繁荣兴旺起来，但很多地方仍然保留了战前声名狼藉的低俗的艺术氛围。蒙马特这个名字是为了纪念公元前250年在此殉教的诸多基督教徒。

街头画家

蒙马特葡萄园
(Montmartre Vineyard)
这里是巴黎最后的葡萄园。人们于10月的第一个周六在这里举行丰收庆祝活动。

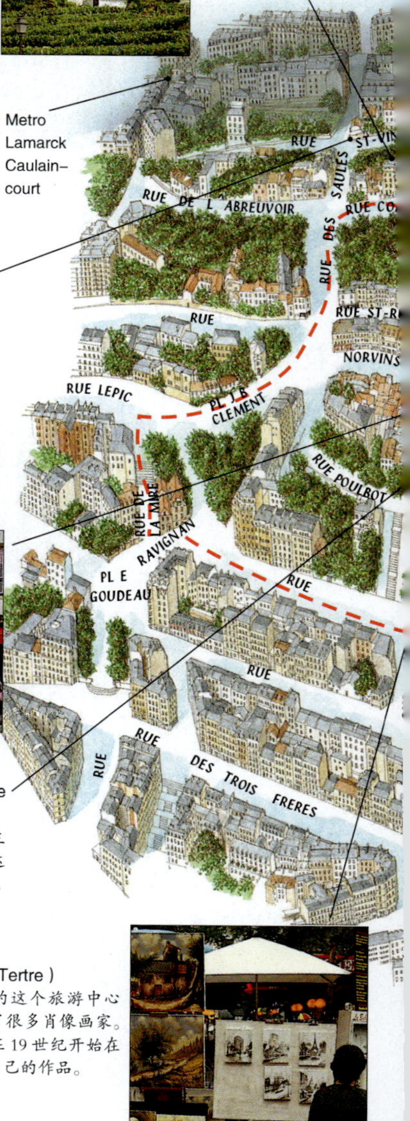

狡兔之家
(Au Lapin Agile)
这片曾经的文学圣地如今成为了夜总会。

凯瑟琳餐厅
(A la Mère Catherine)
这里是俄罗斯哥萨克人最喜欢的餐厅，因为哥萨克人上菜的时候会喊 bistro（意思是"快点"），于是"小酒馆"这个词就诞生了。

达利蒙马特空间
(Espace Montmartre Salvador Dalí)
这里展示了超现实主义艺术家和雕刻家达利的330余件作品。

小丘广场
(Place du Tertre)
蒙马特区的这个旅游中心地带聚集了很多肖像画家。艺术家们在19世纪开始在这里展出自己的作品。

图例

- - - 推荐线路

0 米 100

0 码 100

本地区住宿及餐饮信息见550~555页和600~606页

蒙马特博物馆
（Musée de Montmartre）
与蒙马特有关的展品通常都是那些居住在这里的艺术家的作品，例如右图阿梅代奥·莫迪利亚尼的作品《女人》（1918 年）。

定位地图
见城市地图 3、4

圣心教堂
（Sacré-Coeur）
这座新罗马式教堂始建于 19 世纪 70 年代，而最后竣工于 1914 年。这里收藏了很多珍品，包括 P. 布鲁纳的雕像《圣母玛利亚和耶稣》（1896 年）。⓫

蒙马特圣皮埃尔教堂
（St-Pierre de Montmartre）
这是一座巴黎早期的教堂，其历史可追溯到 6 世纪。

通往安特卫普地铁站

缆索铁路在Rue Foyatier路的尽头，它可以把你带到圣心教堂的长方形会堂脚下。乘坐缆索铁路也可以使用地铁票。

维莱特广场（Square Willette）
位于圣心教堂前院下方的山腰上，坐落在一片梯田中，梯田里有草坪、灌木、绿树和各种花儿。

集市圣皮埃尔博物馆
（Musée de la Halle Saint Pierre）
这里展出了一些界外艺术和野兽派艺术品，例如这幅 S. 菲利加其斯（S Feleggakis）的作品。

圣心教堂 ⓫
Sacré-Coeur

Parvis de Notre Dame 75018. **城市地图：** 4 F1 **电话：** 01 53 41 89 00 Ⓜ（Abbesses(then funiculaire to steps of Sacré-Coeur), Anvers. @ 30, 31, 80, 85.）**长方形会堂** 每天：06:00～22:30。**圆顶和地窖** 每天：09:00～18:00 周一至周四，周六：07:00，11:15，18:30，22:00；周五：15:00；周日：11:00，18:00，22:00（晚祷16:00） **www.sacre-coeur-montmartre.com**

圣心教堂是一个长方形的基督教教堂，是于1919年普法战争爆发后，专门用来供奉神圣的耶稣基督的。商人亚历山大·勒让蒂和休伯特·罗奥答应提供经费建造教堂，以使法国远离动乱。尽管巴黎当时处于战争中，并被围攻，但并没有沦陷。建筑师保罗·阿巴迪于1875年启动了这项工程。虽然建造时考虑的不是面面俱到，但是建成后的教堂非常壮观，并且成为法国著名的罗马拜占庭风格建筑之一。

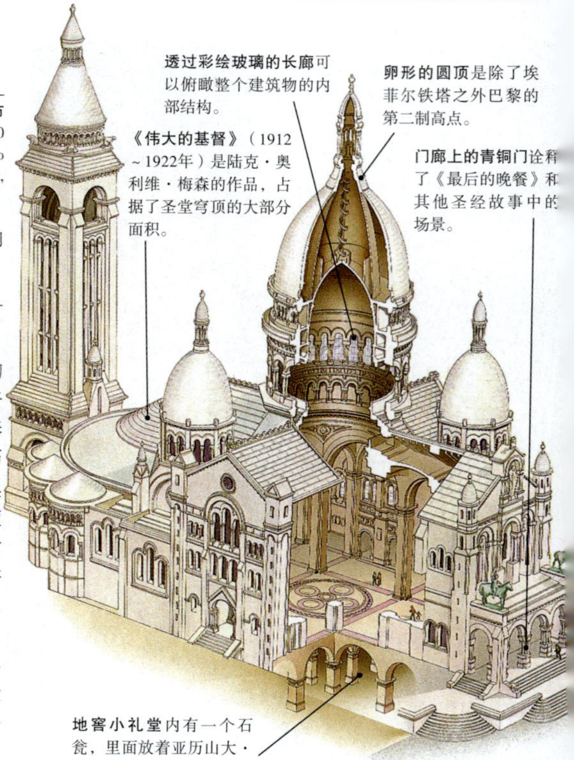

红磨坊 ⓬
Moulin Rouge

82 bd de Clichy 75018. **城市地图：** 4 E1。**电话：** 01 53 09 82 82 Ⓜ Blanche. **表演**每天21:00和23:00；每月周日13:00有两场午后演出 **www.moulin-rouge.com**

红磨坊修建于1885年，在1900年这里就变成了舞厅。亨利·德·图卢兹·罗特列克在他为舞蹈家珍妮·阿弗莉甘画的海报和画作中表现了热闹活泼的康康舞。这种以踢腿为基本动作的舞蹈以著名的拉斯维加斯轻歌舞剧的形式延续至今。

蒙马特公墓 ⓭
Cimetière de Montmartre

20 av Rachel 75018. **城市地图：** 4 D1 **电话：** 01 53 42 36 30 Ⓜ Place de Clichy. 周一至周六：8:30～17:30；周日：9:00～17:30（夏天延至18:00）

在19世纪初期，这里曾是杰出艺术家的安息之地。著名作曲家柏辽兹和奥芬巴赫（康康舞曲的创作者），俄罗斯舞蹈家尼金斯基和导演特吕弗都埋葬在这里。

罗兰·道格拉斯广场附近的另一座蒙马特公墓被称为圣文森公墓。这里埋葬着法国画家郁特里罗。

克涅克尔跳蚤市场里的非洲货摊

克涅克尔跳蚤市场 ⓮
Marché aux Puces de St-Ouen

Rue des Rosiers, St-Ouen 93406. Ⓜ Porte-de-Clignancourt. 周六至次周一：9:00～18:00**商店和市场**见142页 **www.les-puces.com**

这里是巴黎最大最古老的跳蚤市场，它位于克利尼扬古尔门附近，占地约6公顷。19世纪时，小商人、妓女和贫民都聚集在城堡的外围，把他们的货物拿到这里出售。现在这个地区被划分为几个独立的市场，并因其第二帝国时期沉重的家具和饰物而闻名。虽然这里并没有多少交易，但周末仍然人声鼎沸。

科学工业城 ⓯
Cité des Sciences et de l'Industrie

见136~137页。

圣马丁运河 ⑯
Canal St-Martin

Ⓜ Jaurès, J Bonsergent, Goncourt.

走在圣马丁运河沿岸的码头，便可以了解到19世纪末期这个繁华的工业园区的大致景象。圣马丁河长约5公里，在1825年对外开放，为塞纳河的环道水上交通提供了便利。热玛卑斯区的一些砖铁厂和仓库在这个时期保留了下来。传奇旅店北方旅馆就位于这里，卡尔内于20世纪30年代拍摄了同名电影。运河一派繁忙景象，河畔绿树成荫，店铺、咖啡馆、铁艺人行桥和花园坐落其中。圣马丁运河与罗瑞克运河在绕勒斯相汇，那里的拉维莱特公园是理想的散步场所。

柏特休蒙公园 ⑰
Parc des Buttes-Chaumont

Place Armand Carrel 75019. 没有电话 Ⓜ Botzaris, Buttes-Chaumont. ◯ 5月～9月：7:00～22:00；10月～次年4月：7:00～21:00。

这里是巴黎众多公园中最让人放松也最梦幻的公园。在19世纪60年代，奥斯曼男爵将这个曾经是巴黎的采石场后来被垃圾覆盖的地区变成了一座英式园林。在这个项目上他的搭档是著名的风景专家阿尔方，他曾为奥斯曼设计的巴黎大街的人行道设计了长凳、路灯、书报亭和公共厕所（见108页）。

这座备受瞩目的公园的其他工作人员还包括工程师达西尔和风景园林设计师德尚。他们设计了湖泊，用天然的和人工的石头建造了一个小岛，还有一座罗马风格的神庙，另外还增设了瀑布、溪流和通向小岛的人行桥。直至今日人们还可以在夏天看到划船设施、骑驴设施和美丽的草坪。

停泊在阿塞那勒港的船只

城市东部

拉雪兹神父公墓 ⑱
Cimetière du Père Lachaise

16 rue du Repos 75020. 电话：0155258210 Ⓜ Père Lachaise, A Dumas. 🚌 60, 69, 102 to Pl Gambetta. Ⓟ Pl Gambetta. ◯ 每天：8:00～17:30（4月～11月延至18:00；周日和假期从9:00开始）◯ www.pere-lachaise.com

这座建在山丘上的壮观的公墓俯瞰着巴黎整座城市。这块土地的原所有者是路易十六的拉雪兹神父，但在1803年被拿破仑征用。这块公墓很受欢迎，以至于现在的占地面积比19世纪时扩展了6倍。很多名人都埋葬在这里，如作家巴尔扎克、作曲家肖邦，还有最近的歌手吉姆·莫里森、演员西蒙·西涅莱和伊夫·蒙当。

贝尔西 ⑲
Bercy

75012 Ⓜ Bercy, Cour St-Emilion. 🚌 24, 64, 87. Cinémathèque Francaise: **法国实验电影院**：51 rue de Bercy **电话**：0171193200 ◯ 周一至周六：12:00～19:00，周日：10:00～20:00 ♿（致电01 71 19 33 33）

该地区位于巴黎市中心的东部，曾经是酒类交易中心，后来从一个阴暗的河畔储酒库变成了塞纳河畔欣欣向荣的休闲商业区。一条新的自动地铁线（14号线）将它与城市中心连接起来。

新贝尔西的中心是巴黎贝尔西综合体育馆（POPB），目前一些大型音乐会和体育比赛都在这里举行。这座巨大的金字塔形建筑和周围的草坪已成了巴黎中心东部的地标。

其他在天际线中占据主要位置的行政和商业建筑还有谢梅道夫设计的法国财政部大楼，以及弗兰克·盖里设计的美国中心。美国中心里的**法国实验电影院**（Cinémathèque Française）是一座有着电影放映、图书馆和导演回顾的电影博物馆。

建筑物脚下是占地70公顷的贝尔西公园。前身为酒窖的圣爱美隆中庭被重建为饭店、酒吧和商店。有的仓库改建为贝尔西馆，街头艺术博物馆（游乐场博物馆）就位于其中。

位于贝尔西的，由弗兰克·盖里设计的高耸的美国中心

科学工业城 ⑮ Cité des Sciences et de l'Industrie

维莱特公园中的现代宏伟建筑

这座非常受欢迎的科学工业城市是古老的维莱特区中占地面积最大的博物馆，目前它是巨大的城市公园的一个重要组成部分。建筑师阿德里安·凡西尔贝为这个高科技的五层建筑物设计了照明、植被和水域。这座建筑高40米，占地3公顷。博物馆的中心地区是探索展览，这里展示的是世界各地的科学和技术成果。参观者可以玩电子游戏，如宇宙游戏、地球和海洋游戏、电脑和声音游戏。此外这里还有儿童科技城、电影院、科学新闻馆、图书馆和商店。

天文馆（Planetarium）
在这个拥有260个座位的礼堂中借助于3D视频系统你可以观赏到日食、月食，还可以俯瞰火星景观。

鹦鹉螺号（Le Nautile）
这个与鹦鹉螺号同等大小的模型是融合了法国先进技术的探险潜水艇，它代表了世界上最复杂的机器之一。

★ 宇宙的故事（The Story of the Universe）
这是对宇宙的产生的探索，这个展览会带你回到137亿年前第一个原子诞生的时代。

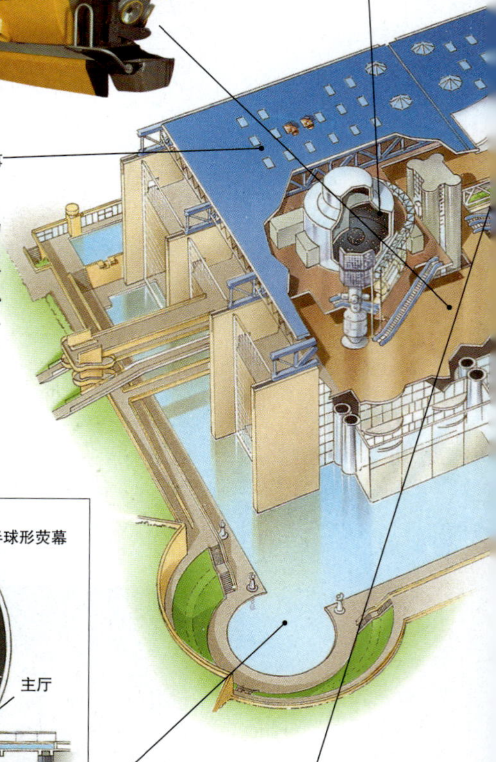

护城河由凡西贝尔设计，使自然光能到达建筑的底层。

主厅很宏伟，建有一系列门柱、桥梁、自动扶梯和阳台，颇具教堂氛围。

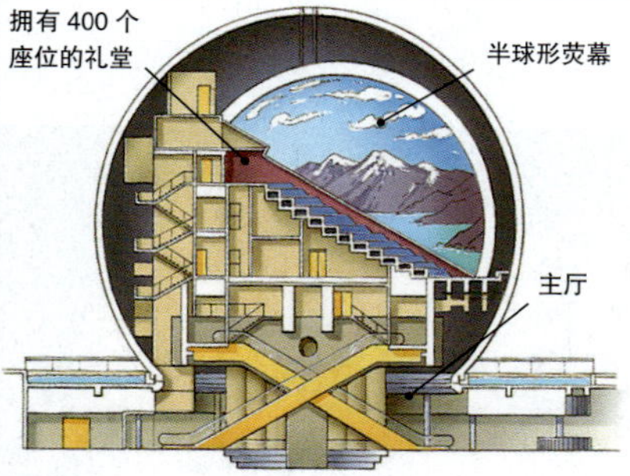

球幕影院

这个影院的半球形环幕是由1000平方米的多面玻璃钢镜面组成的，用于放映关于自然、旅游、历史和宇宙题材的IMAX电影。

本地区住宿及餐饮信息见550~555页和600~606页

星级景点

★ 儿童城

★ 宇宙的故事

★ 球幕影院

游客备忘

30 av Corentin-Cariou. 75019 电话：01 40 05 80 00 Portede la Villette. 139、150、152、249、375、PC2 周二至周六：10:00–18:00（夏天延至 19:00）表演、电影、视频、图书馆、会议中心 www.cite-sciences.fr

圆屋顶
两个直径为 17 米的上釉拱顶削弱了直接射入主厅的自然光的强度。

温室为方形结构，宽度和高度均为 32 米，它将公园和建筑连接在一起。

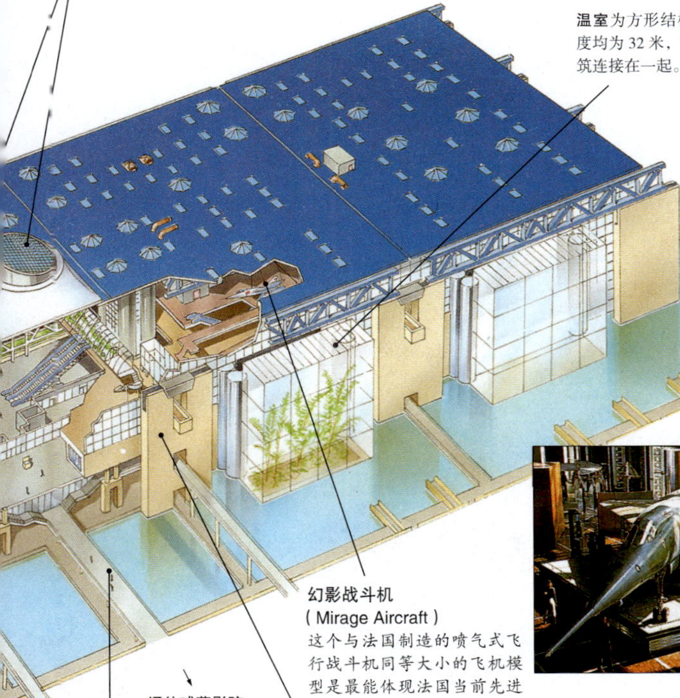

幻影战斗机
（Mirage Aircraft）
这个与法国制造的喷气式飞行战斗机同等大小的飞机模型是最能体现法国当前先进技术的展品之一。

人行道（Walkways）
人行道横跨环形护城河，它将博物馆的不同楼层和环球影院以及公园连接在一起。

★ 儿童城
（Children's City）
小朋友可以在这个宽阔的地方体验和机器一起玩耍的乐趣，并能在玩耍中学到科学理论。

法国国家图书馆

法国移民博物馆 ⑳

Cité Nationale de l'Histoire de l'Immigration

293 av Daumesnil 75012. **电话：** 01 53 59 58 60 Porte Dorée. 周二至周五：10:00～17:30（周六、周日延至19:00）5月1日，7月14日，12月25日 限制

法国移民博物馆位于德拉波特多雷宫中，展览移民相关内容。宫殿本身是装饰艺术建筑，由建筑师阿尔贝·拉普拉德和莱昂·若瑟利设计，用于1931年的城市殖民展览。

如今宫殿内仍保留了热带鱼、龟类和鳄鱼的收藏。

文森堡城 ㉑

Château de Vincennes

Av de Paris. 94300 Vincennes. **电话：** 01 48 08 31 20 Château de Vincennes. Vincennes. 每天：10:00～17:00（5月～8月延至18:00）1月1日，5月1日，11月1日和11日，12月25日 **礼拜堂和城堡主塔**

www.chateau-vincennes.fr

直到17世纪，在皇室成员搬到凡尔赛宫之前，这座城堡一直是皇家住所。城堡的主楼是欧洲中世纪最高的建筑，这里的哥特式小教堂、17世纪的凉亭和护城河都值得参观。

城堡护城河的另一边是文森森林。这里曾经是皇家打猎场，现在变成了设有观赏湖、跑马场和动物园的景观森林。

法国国家图书馆 ㉒

Bibliothèque Nationale de France

Quai François-Mauriac. 75013 **电话：** 01 53 79 59 59 Bibliothèque Franéois-Mitterrand. 周二至周六：10:00-19:00；周日：13:00～19:00 公共假日和9月中旬的两周

www.bnf.fr

这四幢书状塔楼内藏有1000万卷书。图书管内藏书超过40万册。其他馆藏资源还包括数字化图谱、声音档案和CD光盘。现在这里经常举办一些临时性的展览。

城市南部

蒙苏里公园 ㉓

Parc Montsouris

Bd Jourdan. 75014 **电话：** 01 40 71 75 60 Pte d'Orléans. Cité Universitaire. 每天：8:00～20:30（冬季至17:30）

这个英式风格的公园由园林规划建筑师阿尔方德于1865～1878年设计完成，是巴黎的第二大公园。这里的草坪、湖泊是众多鸟儿的家园，因此很受学生和孩子的欢迎。

爬行动物异齿龙的头骨

国家自然历史博物馆 ㉔

Musée National d'Histoire Naturelle

36 rue Geoffroy Saint-Hilaire 75006. **城市地图：** 13 C2 **电话：** 01 40 79 54 79 Jussieu, Austerlitz. 周三至次周周一：10:00～18:00 5月1日 **图书馆** www.mnhn.fr

进化馆是这座博物馆的一大亮点。另外还有四个分馆：古生物学馆展示了各种动物的头骨，体现了脊椎动物的头骨进化过程；古植物学馆致力于植物化石的研究；矿物学馆中展示了宝石和矿石；昆虫学馆研究地球上古老的昆虫化石。博物学家布冯还在这里开了一家书店，从1772年直至1788年去世，他一直是这家书店的主人。

植物园 ㉕

Jardin des Plantes

57 rue Cuvier 75005. **城市地图：** 13 C1 **电话：** 01 40 79 56 01 Jussieu, Austerlitz. 每天：8:00～17:30

植物园修建于1626年，在路易十三的特许下，他的御医兴建了这座皇家草本药物花园。一个设有植物学、自然历史和药学课程的学校也随之建立，并和植物园一起于1640年对外开放。植物园是巴黎最大的公园之一，包括一个自然历史博物馆、一个植物学学院和一个动物园。步行区和景区周围随处可见塑像，公园里还有一个特别的花园，其中植物大多来自科西嘉、摩洛哥、阿尔卑斯山、喜马拉雅山脉。这里的黎巴嫩雪松来自英国皇家植物园，首次在法国种植。

植物园附近的商业中心穆弗塔街

阿拉伯世界研究院 ㉖

Institut du Monde Arabe

1 rue des Fossés St-Bernard, Pl Mohammed V 75005. **城市地图：** 9 C3 **电话：** 01 40 51 38 38 Ⓜ Jussieu,Cardinal-Lemoine. **博物馆和临时展览** ◯ 周二至周日：10:00 ~ 18:00 **图书馆** ◯ 周二至周六：13:00 ~ 18:00 www.imarabe.org

这座宏伟的现代建筑由法国建筑师让·努维尔设计，他巧妙地将科学技术与阿拉伯的传统建筑相结合。

四至七层全面展示了9~19世纪的伊斯兰教艺术作品，包括玻璃器皿、陶瓷和雕塑。这座博物馆的亮点在于它是个很好的天文器材库，珍藏了大量古阿拉伯天文学家用过的珍贵天文器材。

外墙上覆盖着感光性遮光板的阿拉伯世界研究院

巴黎清真寺 ㉗

Mosquée de Paris

2 pl du Puits de l'Ermite 75005. **电话：** 01 45 35 97 33 Ⓜ QPlace Monge ◯ 周六至次周周四：9:00 ~ 12:00,14:00 ~ 18:00 ● 穆斯林假日 图书馆 www.mosquee-de-paris.org

这些西班牙－摩尔风格的建筑修建于20世纪20年代，是巴黎穆斯林的交流中心。这里曾经只供学者使用，但经过数年的扩建，目前这座清真寺的内部包括几个有益健康的土耳其浴池、一个不错的饭店和一个漂亮的茶馆。

雪铁龙公园 ㉘

Parc André Citroën

Quai André Citroën 75015. **电话：** 01 40 71 75 60 Ⓜ Balard. ◯ 3月 ~ 10月：9:00~黄昏（12月 ~ 次年2月至17:00）

这座巴黎雪铁龙公园由风景设计师和建筑师共同设计，完美融合了许多种不同的风格，北侧种有野花野草，南侧是矿石和雕塑花园。现代水上雕塑在公园中星罗棋布。

蒙帕纳斯大厦

蒙帕纳斯 ㉙

Montparnasse

75014 & 75015. **城市地图：** 11&12 Ⓜ Montparnasse, Vavin, Raspail, Edgar Quinet. **蒙帕纳斯大厦** ◯ 4月 ~ 9月：9:30 ~ 11:30；10月 ~ 次年3月：9:30 ~ 22:30（周五、周六延至23:00）

17世纪，蒙帕纳斯只是采石场留下的小石堆，当时艺术系学生在这里展示他们的作品。在古希腊，蒙帕纳斯山代表诗歌、音乐和一切美好的事物。到了19世纪，很多人对当地免税的歌舞厅和酒吧趋之若鹜。20世纪20~30年代，海明威、毕加索、科克托、贾科梅蒂等人被称作"蒙帕纳斯派"，和艺术沾边的高品位生活很受青睐了。巨大的**蒙帕纳斯大厦**代表了这个现代化的地区，在大厦的顶层（56层）可以欣赏到别样的风景。

蒙帕纳斯公墓 ㉚

Cimetière du Montparnasse

3 bd Edgar Quinet 75014. **城市地图：** 12 D3 **电话：** 01 44 10 86 50 Ⓜ Edgar Quinet. ◯ 3月中旬 ~ 11月：周一至周五：8:00 ~ 18:00；周六：8:30 ~ 18:00；周日：9:00 ~ 18:00；12月中 ~ 次年3月：17:30闭馆。

蒙帕纳斯公墓于1824年开放。赛日·甘斯布、夏尔·波德莱尔、让·保罗·萨特、西蒙娜·德·波伏瓦和莫泊桑等名人都埋葬于此。

地下墓穴 ㉛

Catacombes

1 av du Colonel Henri Rol-Tanguy 75014. **城市地图：** 12E3 **电话：** 01 43 22 47 63 Ⓜ Denfert-Rochereau. ◯ 周二至周日：10:00 ~ 17:00 ● 公共假期 www.catacombes-de-paris.fr

罗马时代修建的一系列的采石隧道将那些坟墓和古代尸骨、骷髅连在一起。数以千计的腐烂残骸在18世纪80年代被运送到这里，填满了这座雷阿尔墓地。

地下墓穴中的骷髅和骨架

商店和市场

对于许多人来说，巴黎就是豪华奢侈生活的象征。豪华的法国建筑物和商场映衬着塞纳河畔穿着讲究的绅士们和呷着葡萄酒的女士们。花最少的钱而成为摩登一族的方法就是利用配饰或人工珠宝去创造一种法式风格，当然也可以选择在1月或7月去购买打折处理的商品。如果预算允许，应把握时机去购买一些举世闻名的法国时装，或者在具有高雅的艺术气息和令人赞叹的美味佳肴的餐厅中尽情享受。巴黎的商业街和商场是巴黎人展示自己的风采，同时也是欣赏别人风采的理想闲逛场所。拥有高档时装店的圣奥诺雷街因其紧追新潮时尚而闻名。另外，在塞纳河沿岸的书店中翻阅图书也是法国人最喜欢的消遣方式之一。本章是对巴黎最佳、最知名的商店的介绍。

在蒙田大道上购物

营业时间

商店的营业时间通常为周一至周六的 10:00～19:00，但有时可能会有变动。许多百货公司在周四推迟开门营业时间，而一些流行服装的专卖店则会在正午停业 1～2 小时。食品店和部分小杂货店则在星期一停业。还有一些地区通常在夏季 8 月份关门停业，但是他们会在店门上贴上恢复营业的时间通知。

付款和增值税

在法国可以使用 Visa 和万事达信用卡在 ATM 中提取现金，有银联标记的借记卡也可取欧元。

在多数欧洲国家，购买商品和享受服务都要支付 5.5%~19.6% 的增值税。非欧洲居民一天内在同一家商店中的消费达到最低消费值 175 欧元，便有权利得到增值税退税待遇。但是消费者不得在法国居住超过 6 个月，并从购买之日算起商品离开法国不得超过 3 个月，才可享受退税待遇。一些大型的商场通常会提供纳税表格，并帮助消费者填写。在你离开法国或欧洲时，你应将表格递交给海关，他们可能会立即退还增值税，或者把你的要求传达给消费商场，商场会退还所缴纳的增值税。

世界品牌香奈儿的商标

打折

虽然你有时候会发现特卖场在 1 月和 7 月所展销的商品是去年的样式，但是这两个月确实是巴黎购物的黄金时间。如果你看见标有“Stock”字样的商品，则表明该商品正在进行清仓处理，标有“Dégriffé”字样则是前一年的剪标商品，而“Fripes”则指二手衣物。

巴黎时装中心

巴黎时装店都聚集在塞纳河右岸的圣奥诺雷街和蒙田大道的周围。

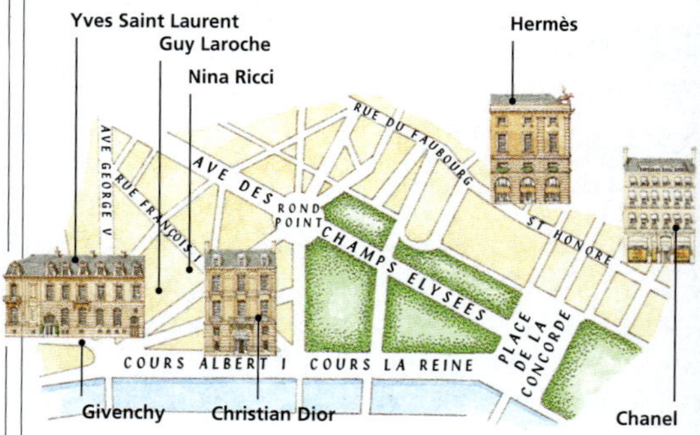

百货公司

在巴黎购物的绝大部分乐趣来自逛专卖店，但如果时间不允许，也可以选择去百货公司购物。有一些百货公司仍实行票据管理体制，店员给你写一张销售小票，你拿着小票去收银台交费，然后拿着经过收银员验证过的小票到店里去领取您所购买的物品。这样购物很耗时，所以最好尽早去购物；另外，不要选择在周六逛街，除非你喜欢拥挤的人潮。法国人一般不太注重先来后到，所以动作一定要果断。在你购物结束离开时，保安可能会要求对你的包裹进行检查，这些举动并不代表你被怀疑盗窃。

胜利广场出售的 Kenzo 服装

所有的商店都有其各自的特点，但是它们都有食品部。Au Printemps 以其精美新颖的家居饰品、品种繁多的化妆品、大型的男装专柜而著称。这里的女装店和童装店亦是琳琅满目。每周二 10:00 会举行时装表演（从 4 月到 10 月的每周五也会举行时装秀，但要凭邀请函才能观看）。位于顶楼的圆顶餐厅经常会举办美妙的私人聚会，在购物时光顾这种餐厅也是一种美的享受。

Au Printemps 百货公司 1865 年的前墙

BHV（市政厅百货公司）是 DIY 爱好者的天堂，那里也出售时尚装饰品。塞纳河左岸的 Le Bon Marché 是巴黎开设的第一家百货公司，目前也是巴黎最时尚的百货公司。这里有著名服装设计师的作品、高端饰品以及商场自营的高性价比亚麻制品。此外，食品区提供质量上乘的外带食物。

Galeries Lafayette 可能是巴黎最有名的百货公司，里面的服饰花样繁多，价位也各不相同。百货大楼的一层是流行服装区，其中有许多创新设计产品。Galeries Lafayette Gourmet 主要销售法国当地和国际美食。马路的两旁到处都是家居用品商店，里面销售各个档次的厨具。

Virgin Megastore 一直营业到很晚才关门，而且它有出众的音乐区和引人入胜的图书区。FNAC 专门销售唱片、图书（大厅销售进口图书）以及各种电子设备，而 FNAC Odéon 则出售一系列最新式的科技产品。

Cartier 是世界上最奢华的商店之一

地址

Au Printemps
64 bd Haussmann 75009.
城市地图： 4 D4
电话： 01 42 82 50 00
www.printemps.com

BHV
55 rue de la Verrerie 75004.
城市地图： 9 B3
电话： 01 42 74 90 00
www.bhv.com

Le Bon Marché
24 rue de Sèvres 75007.
城市地图： 7 C5
电话： 01 44 39 80 00
www.lebonmarche.com

FNAC
Forum des Halles, 1 rue Pierre. Lescot 75001. **城市地图：** 9 A2
电话： 0825 020 020
www.fnac.com

FNAC Odéon
77–81 bd St-Germain 75006.
城市地图： 9 A5
电话： 0825 020 020

Galeries Lafayette
40 bd Haussmann 75009.
城市地图： 4 E4
电话： 01 42 82 34 56
www.galerieslafayette.com

Virgin Megastore
52–60 av des Champs-Elysées 75008. **城市地图：** 2 F5
电话： 01 49 53 50 00
www.virginmegastore.fr

服装和配饰

对于很多人来说，巴黎就是时尚的象征。巴黎人的着装风格也一直走在时尚的尖端。巴黎女人热衷于追赶潮流，购买应季新品。虽然巴黎的男人追赶潮流的意识没有女士们那么强烈，但是他们对着装风格、衣服搭配方式、颜色的调配都十分精通。如果你想买到物有所值的衣服就需要熟悉购物的地点。蒙田大道上有许多奢侈的精品店，其中有十家年轻设计师的店有望成为下一个让·保罗·高提耶，但上百家店卖的都是仿品。

高级时装

巴黎是高级女装的发源地。为防止模仿和改造，原始设计都为专用创造作品，其设计者是法国高级时装公会的9家时装屋之一。这种等级划分十分严格，许多顶级设计师的作品也没被纳入。在高级女式时装上投入的庞大资金往往会超过预算，但它为广阔的市场提供了活力，是时尚工业界的生命之血。

女装

大多数的著名时装店都在圣奥诺雷街和蒙田大道上或其附近，例如Christian、Dior、Pierre Cardin、Chanel、Christian Lacroix、Versace、Givenchy、Nina Ricci、Giorgio Armani 和 Yves Saint Laurent。

Hermès 具有古典乡村风格。而具有意大利式优雅风格的MaxMara在法国很受欢迎，Giorgio Armani套装的魅力更是无人能抵挡。大多数时装商店位于塞纳河左岸，但Prada却在右岸。

许多设计师在塞纳河左岸开设分店以扩充右岸的产业。Georges Rech 和 Jil Sander 的品质和剪裁都很出众。Sonia Rykiel 的针织品和Barbara Bui的轻柔女装也值得一试。Comptoir des Cotonniers 的分店遍布巴黎，而Vanessa Bruno则因其独特的妩媚风格深受女士欢迎。

需要购买成衣的人可以去胜利广场。Kenzo 和 Comme des Garcons 服装店里的服装风格怪异，男女都可以穿。附近的 rue du Jour 街上坐落着 Agnès B，在这里可以发现永恒的优雅。

玛莱区是服装设计师的天堂。蔷薇街是这里最著名的街道，那里有著名的 L'Eclaireur。Anne Fontaine 位于 rue des Francs-Bourgeois 街旁边，而Azzedine Alaia正好在两条街相交的街角。

巴士底区有许多新潮的专卖店，包括新成立的Jean-Paul Gaultier 和 Petit Bateau。Isabel Marant 因其独特创意而著称。

在 Colette、Stella Cadente 和 Zadig and Voltaire 等名牌服装店里，可以找到很多年轻设计师的作品。

童装

这里的儿童服装种类多、价格不一，Kenzo，Baby Dior，Agnès B 都有儿童系列，因此在这里我们有许多购买儿童服装的选择。许多设计成人服饰的品牌店都有儿童服装专卖店。像Jacadi 和 Du Pareil au Même 等成衣店出售各种型号的童装，Tartine et Chocolat 的成衣很受欢迎。Bonpoint 出售儿童时尚服装。Petit Bateau 设计的童装连大人都想买。如今儿童也有了他们的概念店Bonton。

Froment- Leroyer 为小脚丫提供经典的小鞋。

男装

成衣店是购买男装的绝佳选择。在塞纳河右岸有 Giorgio Armani、Pierre Cardin、Lanvin（也出售配饰）和 Yves Saint Laurent。在左岸，Michel Axel 和 Jean-Charles de Castelbajac 以其精美的领带而出名，Francesco Smalto 是电影明星的最爱。Y3 的 Yohji Yamamoto 服饰非常时尚，而 Gianni Versace 则是古典的意大利风格。

最能体现巴黎男人高尚优雅气质的还是来自Charvet的西服套装、定做的衬衫和丝绸领结。

复古和二手商品

复古风潮一直冲击着巴黎，一些奇特的商铺用一种怀旧的风格来装潢铺面，再现过去的时尚。Didier Ludot 的复古系列最受欢迎，那里是高级时装的阿拉丁藏宝洞。Depot-Vente de Buci-Bourbon 是购买便宜货的好地方。如果想购买比较便宜的服饰，可以逛逛二手店。时髦的巴黎人经常会因追赶潮流而丢弃一些过时物品，因此从帕西区的 Réciproque 或玛莱区的 Alternatives 可以淘到不错的二手物品。

在 Le Mouton à Cinq Pattes 可以找到便宜的样品和库存品。

珠宝

时装店也出售质量上乘的

珠宝和丝巾。Chanel 的珠宝很古典，而 Lacroix 的珠宝很有趣，Boutique YSL 是配饰专卖店。

著名的巴黎珠宝批发店有 Boucheron、Mauboussin 和 Poiray。Harry Winston 和 Cartier 是顶级珠宝零售商。Dinh Van 出售古怪的饰品，Mikimoto 出售珍珠饰品，而 H Stern 有极具设计感的半宝石和宝石饰品。为了寻求与众不同的配饰，你可以去施华洛世奇水晶家族旗下的 Swarovski Boutique。

鞋和包

Miu Miu 既有经典的淑女鞋也有设计风格非常狂野的女鞋。Rodolphe Ménudier 和 Christian Louboutin 则以性感迷人的女式高跟皮鞋为主。而款式最时尚的要属 Carel，但 Jonak 却是鞋类设计者参照模仿的榜样。

至于女式手提包，虽然 Goyard 很受欢迎，但还是没其他品牌能超越 Chanel 或 Dior 在销售排行榜上的首席地位。然而 Furla 的中型包也很有竞争力。另外，Jamin Puech 或 Vanessa Bruno 的布包则是时尚巴黎人的必备之品。Lollipops 出售便宜、富有设计感的英伦风格钱袋式包包。

女式内衣

在绚丽多彩的 Fifi Chachnil 可以买到时尚的女式内衣。La Boîte à Bas 出售精美的法式长袜，而 Princesse Tam Tam 则提供经济的品牌货，Sabbia Rosa 出售设计出众的内裤。设计文胸的 Cadolle 出售巴黎女用贴身内衣裤。

附 录

女装

Agnès B
地址：2-3-6-19 rue du Jour 75001.
城市地图：9 A1
电话：01 45 08 56 56
其中一家分店。

Anne Fontaine
地址：12 rue des Francs-Bourgeois 75004.
城市地图：10 D3
电话：01 44 59 81 59
其中一家分店。

Azzedine Alaia
地址：7 rue de Moussy 75004. 城市地图：9 C3
电话：01 42 72 19 19

Barbara Bui
地址：23 rue Etienne-Marcel 75001. 城市地图：9 A
电话：01 40 26 43 65
www.barbarabui.com
其中一家分店。

Chanel
地址：42 av Montaigne 75008. 城市地图：3 A5
电话：01 47 2347 12
www.chanel.com
其中一家分店。

Christian Dior
地址：30 av Montaigne 75008. 城市地图：6 F1
电话：01 40 73 73 73
www.dior.com

Christian Lacroix
地址：73 rue du Faubourg-St-Honoré 75008.
城市地图：3 B5
电话：01 42 68 79 04
www.christian-lacroix.fr

Colette
地址：213 rue St-Honoré 75001. 城市地图：8 D1
电话：01 55 35 33 90
www.colette.fr

Comme des Garcons
地址：54 rue du Faubourg St-Honoré 75008.
城市地图：2 E3
电话：01 53 30 27 27

Comptoir des Cotonniers
地址：12 pl St-Sulpice 75006. 城市地图：8 E4
电话：01 56 81 00 18
其中一家分店。

L'Eclaireur
地址：40 rue de Sévigné 75003. 城市地图：10 D4
电话：01 48 87 10 22

Georges Rech
地址：54 rue Bonaparte 75006. 城市地图：8 E3
电话：01 43 26 84 11
www.georges-rech.fr
其中一家分店。

Giorgio Armani
地址：18 av Montaigne 75008. 城市地图：2 E3
电话：01 42 61 55 09
www.giorgioarmani.com

Givenchy
地址：3 av Georges V 75008. 城市地图：2 E5
电话：01 77 31 50 00
www.givenchy.co

Hermès
地址：24 rue du Faubourg-St-Honoré 75008.
城市地图：3 C5
电话：01 40 17 47 17
www.hermes.com
其中一家分店。

Isabel Marant
地址：16 rue de Charonne 75011. 城市地图：10 F4
电话：01 49 29 71 55

Jean-Paul Gaultier
地址：6 rue Vivienne 75002. 城市地图：8 F1
电话：01 42 86 05 05
两家分店中的一家。

Jil Sander
地址：56 av Montaigne 75008. 城市地图：6 F1
电话：01 44 95 06 70

Kenzo
地址：3 pl des Victoires 75001. 城市地图：8 F1
电话：01 40 39 72 03
其中一家分店。

MaxMara
地址：31 av Montaigne 75008. 城市地图：6 F1
电话：01 47 20 61 13
其中一家分店。

Nina Ricci
地址：39 av Montaigne 75008. 城市地图：6 F1
电话：01 40 88 67 60
www.ninaricci.fr

Pierre Cardin
地址：27 av de Marigny 75008.
城市地图：3 B5
电话：01 42 66 68 98
www.pierrecardin.com
其中一家分店。

Prada
地址：10 av Montaigne 75008. 城市地图：6 F1
电话：01 53 23 99 40

Sonia Rykiel
地址：175 bd St-Germain 75006. 城市地图：8 D4
电话：01 49 54 60 60
www.soniarykiel.com
其中一家分店。

Stella Cadente
地址：93 quai de Valmy 75010. 城市地图：4 D4
电话：01 42 09 66 60
www.stella-cadente.com

Vanessa Bruno
地址：25 rue St-Sulpice 75006. 城市地图：8 E5
电话：01 43 54 41 04

Versace
地址：41 rue Francois 1er 75008. 城市地图：2 F5
电话：01 47 42 88 02。
www.versace.com

Yves Saint Laurent
地址：38 rue du Faubourg-St-Honoré 75008.
城市地图：3 C5
电话：01 42 65 74 59
其中一家分店。

Zadig & Voltaire
地址：9 rue du 29 Juillet 75001. 城市地图：8 D1
电话：01 42 92 00 80
其中一家分店。

附 录

童装

Bonpoint
地址：320 rue St-Honoré 75001. 城市地图：9 A2
电话：01 49 27 94 82
www.bonpoint.com

Bonton
地址：82 rue de Grenelle 75007. 城市地图：6 F3
电话：01 44 39 09 20
www.bonton.fr

Du Pareil au Même
地址：1 rue St-Denis 75001. 城市地图：9 B3
电话：01 42 36 07 57
www.dpam.com

Froment-Leroyer
地址：7 rue Vavin 75006.
城市地图：12 E1
电话：01 43 54 33 15
www.froment-leroyer.fr

Jacadi
地址：17 rue Tronchet 75008. 城市地图：3 C5
电话：01 42 65 84 98
www.jacadi.fr

Petit Bateau
地址：116 av des Champs Elysées 75008.
城市地图：2 E4
电话：01 40 74 02 03
www.petit-bateau.fr

Tartine et Chocolat
地址：84 rue du Faubourg-St-Honoré 75008.
城市地图：3 B5
电话：01 45 62 44 04
www.tartine-et-chocolat.fr

男装

Charvet
地址：28 pl Vendome 75001. 城市地图：4 D5
电话：01 42 60 30 70

Francesco Smalto
地址：44 rue Francois 1er 75008. 城市地图：2 F5
电话：01 47 20 96 04
www.smalto.com

Gianni Versace
地址：45 av Montaigne 75008. 城市地图：2 F5
电话：01 47 42 88 02
www.versace.com

Giorgio Armani
（见143页）。

Jean-Charles de Castelbajac
地址：61 rue des Saints Pères 75006.
城市地图：8 D4
电话：09 64 48 48 54
www.jc-decastelbajac.com

Kenzo
（见143页）。

Lanvin
地址：15 rue du Faubourg St- Honoré 75008.
城市地图：10 F4
电话：01 44 71 31 25
www.lanvin.com

Michel Axel
地址：44 rue du Dragon 75006. 城市地图：8 E4
电话：01 42 84 13 86

Pierre Cardin
（见143页）。

Y3
地址：47 rue Etienne Marcel 75001.
城市地图：9 A1
电话：01 45 08 82 45

Yves Saint Laurent
地址：12 pl St-Sulpice 75006. 城市地图：8 D4
电话：01 43 26 84 40

复古和二手商品

Alternatives
地址：18 rue du Roi-de-Sicile 75004.
城市地图：9 C3
电话：01 42 78 31 50

Depot-Vente de Buci-Bourbon
地址：6 rue de Bourbon-le-Chateau 75006.
城市地图：8 E4
电话：01 46 34 45 05

Didier Ludot
地址：24 Galerie Mont-pensier 75001.
城市地图：8 E1
电话：01 42 96 06 56
www.didierludot.fr

Le Mouton à Cinq Pattes
地址：8 rue St-Placide 75006. 城市地图：8 D5
电话：01 45 48 86 26。
www.moutonacinq pattes.com

Réciproque
地址：95 rue de la Pompe 75016. 城市地图：5 A1
电话：01 47 04 30 28
www.reciproque.fr

珠宝

Boucheron
地址：26 pl Vendome 75001 .
城市地图：4 D5
电话：01 42 61 58 16
www.boucheron.com

Cartier
地址：13 rue de la Paix 75002. 城市地图：4 D5
电话：01 58 18 23 00
www.cartier.fr

Dinh Van
地址：16 rue de la Paix 75002. 城市地图：4 D5
电话：01 42 61 74 49
www.dinhvan.com

H Stern
地址：3 rue Castiglione 75001. 城市地图：8 D1
电话：01 42 60 22 27
www.hstern.net

Harry Winston
地址：29 av Montaigne 75008. 城市地图：6 F1
电话：01 47 20 03 09
www.harrywinston.com

Mauboussin
地址：20 pl Vendome 75001. 城市地图：4 D5
电话：01 44 55 10 00
www.mauboussin.com

Mikimoto
8 pl Vendome 75001.
城市地图：4 D5
电话：01 42 60 33 55
www.mikimoto.fr

Poiray
地址：1 rue de la Paix 75002. 城市地图：4 D5
电话：01 42 61 70 58
www.poiray.com

Swarovski Boutique
地址：146 av des Champs Elysées 75008.
城市地图：2 E4
电话：01 45 61 13 80
www.swarovski.com

鞋和包

Carel
地址：4 rue Tronchet 75008. 城市地图：4 D4
电话：01 42 66 21 58
www.carel.fr

Christian Louboutin
地址：38-40 rue de Grenelle 75007.
城市地图：6 F3
电话：01 42 22 33 07
www.christian louboutin.com

Furla
地址：8 rue de Sèvres 75006. 城市地图：7 C5
电话：01 40 49 06 44
www.furla.com

Goyard
地址：233 rue St-Honoré 75001. 城市地图：3 C5
电话：01 42 60 57 04

Jamin Puech
地址：26 rue Cambon 75001. 城市地图：4 D5
电话：01 40 20 40 28

Jonak
地址：70 rue de Rennes 75006. 城市地图：12 D1
电话：01 45 48 27 11

Lollipops
地址：60 rue Tiquetonne 75002. 城市地图：9 A1
电话：01 42 33 15 72
www.lollipops.fr

Miu Miu
地址：219 rue St-Honoré 75001. 城市地图：8 D1
电话：01 58 62 53 20
www.miumiu.com

Rodolphe Ménudier
地址：14 rue de Castiglione 75001.
城市地图：8 D1
电话：01 42 60 86 27

Vanessa Bruno
地址：25 rue St-Sulpice 75006. 城市地图：8 E5
电话：01 43 54 41 04
www.vanessabruno.com

女式内衣

La Boite a Bas
地址：27 rue Boissy-d'Anglas 75008.
城市地图：3 C5
电话：01 42 66 26 85

Cadolle
地址：4 rue Cambon 75001. 城市地图：4 D5
电话：01 42 60 94 22

Fifi Chachnil
地址：231 rue St-Honoré 75001. 城市地图：8 D1
电话：01 42 61 21 83
www.fifichachnil.com

Princesse Tam Tam
地址：52 bd St-Michel 75006. 城市地图：8 F5
电话：01 42 34 99 31
www.princessetamtam.com

Sabbia Rosa
地址：73 rue des Sts-Pères 75006.
城市地图：8 D4
电话：01 45 48 88 37

礼物和纪念品

巴黎有大量的时髦又新潮的礼物可供选择，从富有设计感的配饰到埃菲尔铁塔镇纸，应有尽有。瑞弗里大道和旅游胜地周边的商店里都出售廉价的度假设备，你也可以选择去纪念品店购买，例如 Les Drapeaux de France。

香水

巴黎许多商店的香水都有折扣，包括埃菲尔铁塔附近的 Eiffel Shopping。Sephora 连销店品种繁多，也可以选择百货公司中销售的美容品牌，别的地方很难找到。Parfums Caron 在 19 世纪末 20 世纪初开发出了多种香水，在世界上的其他地方买不到这些香水。Annick Goutal 的香水由纯天然香料调制而成，并且包装精美。Guerlain 是美容护理品中的极品，而 L'Artisan Parfumeur 的精品店专门出售能唤起消费者特殊记忆的香水。

居家用品

在巴黎，很少有人能不关注雅致的餐具。Lalique 的新艺术和装饰派艺术玻璃雕刻品是从世界各地收集而来的。而完美无瑕的银器则来自 Christofle。

如想购买有收藏价值的瓷器和水晶制品，可以去 Lumicristal，那里出售巴卡拉、多姆和里摩日水晶，去 Baccarat 也是不错的选择。

La Chaise Longue 的礼物可以满足不同品位消费者的需求。而 BoConcept 出售的各种极富现代感的家具则可满足各类家庭。

书

大型的百货公司都设有图书专柜，英文书专卖店有 WH Smith 和 Brentano's。Shakespeare & Company 和 Red wheelbarow Bookstore 是侨民热爱的读书场所。法语书店包括专卖艺术、影视和时尚类书籍的 La Hune，以及出售教科书的 Gilbert Joseph 书店。

专卖店

A La Civette 可能是巴黎最上等的烟草店，在其特殊的保湿玻璃柜台中储存着多种香烟。Au Nain Bleu 是世界上最著名的玩具店之一，而 Cassegrain 则是优质文具和纸类产品的专卖店。

附　录

纪念品商店

Les Drapeaux de France
地址：1 pl Colette 75001.
城市地图：8 E1
电话：01 40 20 00 11

香水

Annick Goutal
地址：16 rue de Bellechasse 75007. 城市地图：7 C3
电话：01 45 51 36 13
www.annickgoutal.com

L'Artisan Parfumeur
地址：24 bd Raspail 75007. 城市地图：12 D1
电话：01 42 22 23 32
其中一家分店。

Eiffel Shopping
地址：9 av de Suffren 75007. 城市地图：6 D3
电话：01 45 66 55 30

Guerlain
地址：68 av des Champs-Elysées 75008.
城市地图：2 F5
电话：01 45 62 52 57
www.guerlain.com

Parfums Caron
地址：34 av Montaigne 75008. 城市地图：6 F1
电话：01 47 23 40 82
www.parfumscaron.com

Sephora
地址：70 av des Champs-Elysées 75008.
城市地图：7 B1
电话：01 53 93 22 50
www.sephora.fr

家居用品

Baccarat
地址：11 pl de la Madeleine 75008.
城市地图：3 C5
电话：01 42 65 36 26

BoConcept
地址：8 bd Sebastopol 75004. 城市地图：9 A3
电话：01 42 78 66 66

La Chaise Longue
地址：30 rue Croix-des-Petits-Champs 75001.
城市地图：8 F1
电话：01 42 96 32 14

Christofle
地址：24 rue de la Paix 75002.
城市地图：4 D5
电话：01 42 65 62 43
www.christofle.com

Lalique
地址：11 rue Royale 75008. 城市地图：3 C5
电话：01 53 05 12 12

Lumicristal
地址：29 rue de Paradis 75010.
电话：01 42 46 60 29

书

Brentano's
地址：37 av de l'Opéra 75002.
城市地图：4 E5
电话：01 42 60 87 37
www.brentanos.fr

Gibert Joseph
地址：26 bd St-Michel 75006. 城市地图：8 F5
电话：01 44 41 88 88

La Hune
地址：170 bd St-Germain 75006. 城市地图：8 D4
电话：01 45 48 35 85

Red Wheelbarrow Bookstore
地址：22 rue St-Paul 75004. 城市地图：10 D4
电话：01 48 04 75 08
www.theredwheel barrow.com

Shakespeare &Company
地址：75005.
城市地图：9 A4.
电话：01 43 25 40 93
www.shakespeareandcompany.com

W H Smith
地址：248 rue de Rivoli 75001.
城市地图：7 C1
电话：01 44 77 88 99
www.whsmith.fr

专卖店

A La Civette
地址：157 rue St-Honoré 75001.
城市地图：8 F2
电话：01 42 96 04 99

Au Nain Bleu
地址：5 bd Malesherbes 75008.
城市地图：3 C5
电话：01 42 65 20 00
www.aunainbleu.com

Cassegrain
地址：422 rue St-Honoré 75008.
城市地图：3 C5
电话：01 42 60 20 08
www.cassegrain.fr.

食品和饮料

巴黎的饮食可以与它的时尚相媲美。美食包括鹅肝酱、冷盘肉、奶酪和葡萄酒。在一条布满食品店的食品街上，你只要一会儿工夫就可以采购到野餐所需要的20多种食品：蒙特吉尔街值得一试（见城市地图9 A1）。蓬皮杜中心旁的朗布托街上布满了令人惊叹的水产店和熟食店。

面包和蛋糕

巴黎的面包和糕点种类繁多。法国长棍被称为baguette，bâtard与之类似但更粗，ficelle较细。fougasse是种硬皮面包片，上面放满洋葱、奶酪、香草和调料。

羊角面包分为ordinaire和au beurre，前者易碎，后者黄油更多。Pain au chocolat是一种填满巧克力的早餐糕点，而chausson aux pommes里面填满苹果，以梨、李子等水果为馅的也能找到。Pain aux raisins里有奶酪冻和葡萄干。

Poilane出售的面包得名于它的面包师（已故的莱昂内尔，马克思的兄弟），这在巴黎独一无二。这里的全麦面包片很受欢迎。

Ganachaud的面包被认为是巴黎最好的，这里共有30种不同口味的面包，其中的核桃和水果等配料都用老式烤箱处理过。

Les Panetons是家不错的连锁店，这里的五谷面包、芝麻卷、mouchoir aux pommes和chausson都很受欢迎。

很多犹太食品店出售黑麦面包和只能在城镇才能买到的裸麦粗面包，其中的Sacha Finkelsztajn是最著名的。

Le Moulin de la Vierge用炉火烤有机面包和磅饼。J L Poujauran因其黑橄榄面包和花生葡萄干全谷面包而出名。

Pierre Herme就是面包界的香奈儿，Laduree的杏仁饼有口皆碑。

巧克力

法国的巧克力和它的其他食品一样美味。Christian Constant的低糖巧克力由纯可可豆制成，其质量已得到鉴赏家的认可。Dalloyau生产各种巧克力，价格都不高（它的糕点和冷盘肉也很有名）。Fauchon的食品十分奢侈，它的巧克力和糕点都非常出色。La Maison du的巧克力制作者罗伯特·林克斯致力于研究异国风味的营养巧克力。Richart巧克力以其精美的包装和昂贵的价格而闻名，通常都是黑巧克力或酒心巧克力。

熟食和鹅肝酱

熟食店通常出售奶酪、蜗牛、松露、熏鲑鱼、鱼子酱和葡萄酒，还有冷餐肉。和Le Bon Marché一样，Fauchon也是一家很棒的熟食店，Hédiard同Fauchon一样较为豪华，Maison de la Truffe出售鹅肝酱、香肠和松露。但是，若要买鱼子酱、乔治亚茶叶和俄罗斯伏特加，那么就去Petrossian。

法国里昂和奥弗涅的熟食店十分有名，Jean-Jacques Chrétienne就是其中之一。Maison Pou出售pâté en croute（香肠糕点）、boudins（黑白布丁）、里昂香肠、火腿和鹅肝酱。此外，位于香榭丽舍大街旁的Vignon出售上好的鹅肝酱、里昂香肠和半成食品。

松露、鱼子酱和鹅肝是美食中的极品。虽然大多数熟食店都卖鹅肝酱，但是Comtesse du Barry的质量是最上乘的。Divay的食品价格便宜，远销海外。另外，Labeyrie有一系列包装精美的适合作为礼物送给朋友的鹅肝酱。

奶酪

毋庸置疑，卡门贝软乳酪很受欢迎，可选的干酪品种也不少。Marie-Anne Cantin的乳酪制作方式保持着传统方法，是店主玛丽从她父亲那里学来的。有人说All é osse是巴黎最好的奶酪店，它的奶酪也都是根据传统方法做成的。Cr è merie Quatrehomme主要出售农场制作的奶酪，其中很多奶酪即将消失，包括松露布里干酪（应季）。

Le Jardin Fromager是巴黎最棒的奶酪店，各种各样的乳酪一应俱全，chèvre（山羊奶酪）和camemberts au lait cru（经高温消毒的牛奶制成）非常棒。Grenelle街上的Barthélémy出售上好的洛克福乳干酪。Audrouët在巴黎有许多分店，那里的芒斯特奶酪和布里干酪不错。La Fermette出售各种奶制品，店员还会为长途旅行打好包装。

La Fromagerie d'Auteuil出售泥状livarot和硬的Chèvre乳酪。很多顾客会在它的门前排起长队。

葡萄酒

Nicolas是一家连锁

店，人们在此购买平日的酒水，这里的店员知识丰富而且乐于助人。这里的酒类非常齐全，一般各层次的消费者都能在这里找到自己所需。**Legrand Filles et Fils**出售高端的香槟酒。**Caves Taillevent**位于圣奥雷诺大街，那里有储藏量极大的酒窖，出产昂贵的葡萄酒。

Cave Peret位于Daguerre大街，那里的葡萄酒品种很多，店员还能为你提供选购建议。漂亮的**Ryst-Dupeyron**位于圣日耳曼区，那里出售威士忌、葡萄酒、波特酒和店主先生自己的阿马尼亚克酒，他为自己酒瓶都做了私人标记，在特殊场合使用的酒类还可以要求定做个性化酒瓶。

其他出色的葡萄酒酒商还有欧洲最大的**Lavinia**。**Renaud Michel**位于民族广场，这里的小精品店藏货很多，店与店之间的联系也很方便。**Las Caves Auge**的店员也有丰富的知识，而且乐于助人。

附 录

面包和蛋糕

Ganachaud
地址：226 rue des Pyrénées 75020.
电话：01 43 58 42 62

J L Poujauran
地址：18 rue Jean-Nicot 75007. 城市地图：6 F2
电话：01 43 17 35 20

Ladurée
地址：75 av des Champs-Elysées 75008.
城市地图：2 F5
电话：01 40 75 08 75

Le Moulin de la Vierge
地址：105 rue Vercingétorix 75014. 城市地图：11 A4
电话：01 45 43 09 84

Les Panetons
地址：113 rue Mouffetard 75005. 城市地图：13 B2
电话：01 47 07 12 08

Pierre Hermé
地址：72 rue Bonaparte 75006. 城市地图：8 E4。
电话：01 43 54 47 77

Poilâne
地址：8 rue du Cherche-Midi 75006.
城市地图：8 D4
电话：01 45 48 42 59
www.poilane.fr

Sacha Finkelsztajn
地址：27 rue des Rosiers 75004. 城市地图：9 C3
电话：01 42 72 78 91

巧克力

Christian Constant
地址：37 rue d'Assas 75006. 城市地图：12 E1
电话：01 53 63 15 15

Dalloyau
地址：101 rue du Faubourg-St- Honoré 75008. 城市地图：3 B5
电话：01 42 99 90 00

Fauchon
地址：26 pl de la Madeleine 75008.
城市地图：3 C5
电话：01 70 39 38 00

La Maison du Chocolat
地址：225 rue du Faubourg-St- Honoré 75008. 城市地图：2 E3
电话：01 42 27 39 44

Richart
地址：258 bd St-Germain 75007. 城市地图：7 C2
电话：01 45 55 66 00

熟食和鹅肝酱

Comtesse du Barry
地址：1 rue de Sèvres 75006. 城市地图：8 D4
电话：01 45 48 32 04

Divay
地址：4 rue Bayen 75017.
城市地图：2 D2
电话：01 43 80 16 97

Hédiard
地址：21 pl de la Madeleine 75008.
城市地图：C5
电话：01 43 12 88 88

Jean-Jacques Chrétienne
地址：58 rue des Martyrs 75009. 城市地图：4 F2
电话：01 48 78 96 45

Labeyrie
地址：11 rue d'Auteuil 75016. 城市地图：5 A5
电话：01 42 24 17 62

Le Bon Marché
地址：24 rue de Sèvres 75007. 城市地图：7 C5
电话：01 44 39 80 00

Maison de la Truffe
地址：19 pl de la Madeleine 75008.
城市地图：3 C5
电话：01 42 65 53 22

Maison Pou
地址：16 av des Ternes 75017. 城市地图：2 D3
电话：01 43 80 19 24

Petrossian
地址：18 bd Latour-Maubourg 75007.
城市地图：7 A2
电话：01 44 11 32 25

Vignon
地址：13 rue Clément-Marot 75008.
城市地图：2 E5
电话：01 47 20 10 01

奶酪

Alléosse
地址：13 rue Poncelet 75017. 城市地图：2 E3
电话：01 46 22 50 45

Androuët
地址：134 rue Mouffetard 75005. 城市地图：13 B1
电话：01 45 87 85 05

Barthélémy
地址：51 rue de Grenelle 75007. 城市地图：8 D4
电话：01 45 48 56 75

Crèmerie Quatrehomme
地址：62 rue de Sèvres 75007. 城市地图：7 C5
电话：01 47 34 33 45

La Fermette
地址：86 rue Montorgeuil 75002. 城市地图：9 A1
电话：01 42 36 70 96

La Fromagerie D'Auteuil
地址：58 rue d'Auteuil 75016. 城市地图：5 A5
电话：01 45 25 07 10

Le Jardin Fromager
地址：53 rue Oberkampf 7501. 城市地图：10 E1
电话：01 48 05 19 96

Marie-Anne Cantin
地址：12 rue du Champde-Mars 75007.
城市地图：6 F3
电话：01 45 50 43 94

葡萄酒

Cave Péret
地址：6 rue Daguerre 75014.
城市地图：12 D4
电话：01 43 22 08 64

Les Caves Augé
地址：116 bd Haussman 75008.
城市地图：3 C4
电话：01 45 22 16 97

Caves Taillevent
地址：199 rue du Faubourg-St-Honoré 75008.
城市地图：2 F3
电话：01 45 61 14 09

Lavinia
3-5 bd de la Madeleine 75008.
城市地图：4 D5
电话：01 42 97 20 20

Legrand Filles et Fils
地址：1 rue de la Banque 75002.
城市地图：8 F1
电话：01 42 60 07 12

Nicolas
地址：35 bd Malesherbes 75008.
城市地图：3 C5
电话：01 42 65 00 85

Renaud Michel
地址：12 pl de la Nation 75012.
电话：01 43 07 98 93

Ryst-Dupeyron
地址：79 rue du Bac 75007.
城市地图：8 D3
电话：01 45 48 80 93

艺术品和古董

在巴黎，既可以选择在声誉较高的商店和画廊，也可以选择在跳蚤市场和前卫小画廊买艺术品。圣奥雷诺大街上有众多古董店和画廊，即使买不起，看一看也值得。Le Carré Rive Gauche 位于左岸，是由 30 家古董经销商组成的组织。

出口

艺术品在历经 50 年后，其价值已超过其原定的价格，卖到国外需要卖主提供一个证书，如果卖到非欧洲国家，需要特别的许可证。大型古董店的专业人士可以提供意见。Centre des Renseignemeuts des Douanes 的小册子《Bulletin officiel des Douanes》提供详细信息。

古董

如果你打算买古董，可以去玛莱区的 Le Carré Rive Gauche。L'Arc en Seine 和 Anne-Sophie Duval 出售流行于 19 世纪末的新艺术和装饰艺术作品。另外，雅各街是购买艺术品、古董或现代艺术品的好地方。卢浮宫附近的 Louvre des Antiquaires 有 250 家销售昂贵家具的店铺。包括对 17、18 世纪的家具很在行的 Didier Aaron 在内的许多有名望的古董商店都坐落于圣奥诺雷区附近。Village St-Paut 是巴黎最具吸引力的古董商店集团，周日也照常营业。巴黎南部的 La Village Suisse 聚集了大量的艺术品和古董经销商。

艺术画廊

众多画廊位于蒙田大道及其周围。而 Louise Leiris 是由发现布拉克和毕加索的 D.H. 坎魏勒建立的。画廊还展示立体派艺术作品。

左岸的 Adrian Maeght 藏有大量的价格适中的油画，它还出版精美的艺术书籍。Rue Louise-Weiss 也被称为 Scène Est，是具有尖端创造力和创新能力的新区。Air de Paris 很受欢迎。

在玛莱区，我们可以选择去 Yvon Lambert 和 Galerie du Jour Agnès B 参观画展。巴士底区的 Lavignes-Bastille 和 L et M Durand-Dessert 收录了大量新艺术家的作品。

拍卖店

Drouot-Richelieu 是巴黎的拍卖中心，于 1858 年投入使用。拍卖主要由经销商完成，拍卖师说行话的速度非常快。La Gazette de L'Hôtel Drouot 会通知拍卖进程。Drouot-Richelieu 也有自己的拍卖项目，这里只收取现金和法国支票，但拍卖店中设有可为消费者提供服务的货币兑换柜台。

另外，拍卖店会索取 10%～15% 的委托金。在拍卖开始前的 11:00～18:00 之间都可以参观拍卖店，11:00～12:00 为拍卖时间。

附录

出口

Centre des Renseignements des Douanes
电话：08 11 20 44 44
www.douane.gouv.fr

古董

Anne-Sophie Duval
地址：5 quai Malaquais 75006.
城市地图：8 E3
电话：01 43 54 51 16
www.annesophieduval.com

L'Arc en Seine
地址：31 rue de Seine 75006.城市地图：8 E3
电话：01 43 29 11 02

Didier Aaron
地址：118 rue du Faubourg-St- Honoré 75008.城市地图：3 C5
电话：01 47 42 47 34
www.didieraaron-cie.com

Louvre des Antiquaires
地址：2 pl du Palais Royal 75001.城市地图：8 E2
电话：01 42 97 27 27

Village St-Paul
地址：Between the quai des Célestins, the rue St-Paul and the rue Charlemagne 75004.
城市地图：9 C4

Le Village Suisse
地址：78 av de Suffren 75015.城市地图：6 E4
www.levillagesuisse.com

艺术画廊

Air de Paris
地址：32 rue Louise-Weiss 75013.城市地图：14 E4
电话：01 44 23 02 77

Galerie du Jour Agnès B.
地址：44 rue Quincampoix 75004.
城市地图：9 B2
电话：01 44 54 55 90

Galerie Maeght
地址：42 rue du Bac 75007.
城市地图：8 D3
电话：01 45 48 45 15

L et M Durand-Dessert
地址：28 rue de Lappe 75011.
城市地图：10 F4
电话：01 48 06 92 23

Lavignes-Bastille
地址：27 rue de Charonne 75011.
城市地图：10 F4
电话：01 47 00 88 18

Louise Leiris
地址：47 rue de Monceau 75008.
城市地图：3 A3
电话：01 45 63 28 85

Yvon Lambert
地址：108 rue Vieille-du-Temple 75003.
城市地图：10 D2
电话：01 42 71 09 33

拍卖店

Drouot-Richelieu
地址：9 rue Drouot 75009.
城市地图：4 F4
电话：01 48 00 20 20
www.drouot.fr

市场

如果你想寻找美味的食物，或充满活力的购物氛围，那么没有比巴黎更合适的地方了。巴黎有占地面积很大的食品超市，还有经常更换摊位的和固定的露天市场。一些著名的超市营业时间都很相近。当你漫步于货摊享受购物的乐趣时，一定要注意自己的财物，并做好砍价的准备。

食品市场

法国人每天都会去购物，因此食品市场每天都很拥挤。大部分的水果和蔬菜市场的营业时间为周二至周六 8:00～13:00，16:00～19:00；周日 9:00～13:00。不要选购盒装食品，以防发霉。学习一些有用的语句，如 pas trop mûr（不太熟），或者 pour manger ce soir（今晚吃）。

跳蚤市场

虽然巴黎的跳蚤市场不能砍价，但去享受逛街的乐趣还是值得的。是否能买到便宜货就要看运气和判断力了。当卖主对他的货物也不了解时，对你而言可能是好事也可能不好。巴黎最大的 Marché aux Puces de St-Ouen 由若干个小跳蚤市场组成。这里小偷比较多，注意随身财物。

Marché d'Aligre

Pl d'Aligre 75012. 城市地图：10 F5 Ⓜ Ledru-Rollin ◯ 周二至周六9:00～13:00，16:00～19:30，周日9:00～13:30

这座市场会让人联想起摩洛哥集市，它是巴黎最活跃、物价最便宜的市场。这里出售北非橄榄、落花生和胡椒粉，甚至还有一些清真肉店。广场上的小摊卖二手服饰和小饰品。这里不太富裕，因此游客比较少，来这里的大部分都是巴黎本地人。

Marché Enfant Rouges

39 rue de Bretagne 75003. 城市地图：10 D2 Ⓜ Temple，Filles-du-Calvaire ◯ 周二至周六8:30～13:00，16:00～19:00（周五、周六延至20:00），周日8:30～14:00

这个水果蔬菜市场成立于1620年，因其新鲜的农产品而出名，周日早上的街头艺人表演使市场更有活力。这里有很多便宜的餐馆。

Marché Raspail

75006 城市地图：8 D4 Ⓜ Rennes ◯ 周二至周五7:00～14:30，周日9:00～15:00

这个市场位于蒙帕纳斯与圣日耳曼之间，地理位置便利。市场上销售的都是当周的新鲜农产品，只有周日才有有机产品销售。

Marché St-Germain

4-8 rue Lobineau 75006. 城市地图：8 E4 Ⓜ Mabillon ◯ 周一至周六10:00～19:30

这是巴黎小规模市场之一。在这里可以买到意大利、墨西哥、希腊、亚洲等国的有机产品。

Rue Montorgueil

75001&75002. 城市地图：9 A1 Ⓜ Les Halles ◯ 每天：9:00～19:00（有时会有变动）

该市场是在古老的集市的基础上形成的。在这里能买到外国水果蔬菜，像绿色香蕉菜和干薯。价格要比预期的高。

Rue Mouffetard

75005 城市地图：13 B2 Ⓜ Pl Monge ◯ 周二至周日8:00～13:00

这里是巴黎最古老的商业街之一，它不仅是旅游胜地，还是一条布满琳琅的优质食品街。Daubenton 街还有一个热闹的非洲市场。

Rue Poncelet

75017 城市地图：2 E3 Ⓜ Ternes ◯ 周二至周六8:00～12:00，16:00～19:30，周日8:00～12:30

虽然远离主要的旅游区，但是这个集市极具法国特色，值得参观。这里有许多面包店、糕点店和熟食店可供选择。

Marché de la Porte de Vanves

Av Georges-Lafenestre与 av Marc Sangnier街的交汇处. 75014 Ⓜ Porte-de-Vanves. ◯ 周六和周日7:00～15:00或17:00

这是一个销售优质的廉价物品和二手家具的小型市场。最好周六一大早来。市场附近还有艺术家展览会。

Montreuil

Porte de Montreuil，93 Montreuil 75020 Ⓜ Porte-de-Montreuil ◯ 周六至次周周一7:00～19:30

早到会获得很好的杀价机会。二手服装区吸引了大量的年轻人。这里从二手自行车到外国调味品，应有尽有。

Marché aux Puces de St-Ouen

（见134页。）

这是所有跳蚤市场中最著名、最拥挤，也是最昂贵的。在这里你会发现一系列小市场，而且这里的货摊上堆满了当地居民从汽车行李箱和房屋中清理出来的物品。其中有一些商品是很高档的，但也有的是垃圾。从蔷薇街比隆市场（Marché Biron）的信息报亭可获取《Guide des Puces》（跳蚤市场指南）。

Rue de Seine and Rue de Buci

75006 城市地图：8 E4 Ⓜ Odéon ◯ 周二至周六8:00～13:00，16:00～19:00，周日9:00～13:00

这里很拥挤，价格昂贵，销售优质水果和蔬菜。有一个大的花市和两个糕点店。

巴黎的休闲娱乐

无论你是喜欢古典戏剧、前卫剧、芭蕾舞、歌剧还是爵士乐、电影或是通宵跳舞，巴黎都能满足你。这里还有很多免费的娱乐表演，有蓬皮杜中心外的街头表演，也有遍布城镇和地铁上的音乐演奏。

巴黎人觉得没有什么能比沿着林荫大道漫步，或者坐在露天咖啡馆里呷一杯饮料，看着过往的行人更惬意的事情了。但如果你想体验纯粹的前卫摇滚，那就随便光顾一家知名的夜总会吧。

对于体育爱好者来说，这里有网球、环法自行车赛和赛马。娱乐中心和体育馆则会举办更激烈的体育运动。而对于那些更喜欢休闲活动的人们来说，通常公园里的一种叫滚球体育游戏更适合他们。

巴士底歌剧院的玻璃前墙

票务预订

比赛项目的门票通常在场馆的入口处能买到。但如果是热门赛事，更明智的做法是通过 FNAC 连锁或是 Virgin Mesgastore 提前购买。剧院售票处日常营业时间是 11:00～19:00，大部分接受通过电话使用信用卡预订。

剧院

在巴黎及其周边，剧院比比皆是，那里既有宏伟的 Comédie Fransaise，也有闹剧和前卫剧院。1968 年，法国皇室建造了 Comédie Fransaise，致力于为公众表演古典戏剧及现代剧作家的作品。Odéon Théâtre de l'Europe 曾是 Comédie Française 的第二剧院，现在主要用法语上演外国戏剧。Théâtre National de Chaillot 位于 Art Deco Palais de Chaillot 的地下礼堂中，因其上演的欧洲古典戏剧而闻名。Théâte National de la Colline 的特色是当代戏剧。

在庄严的独立剧院中最重要的当数 Comédie des Champs Elysées，而一百多年来 Dalais Roual 却是淫靡闹剧的殿堂。咖啡厅剧院，如 Théâthe d'Edgar 和 Le Point Virgule，通常是发掘有天赋新人的地方。夏天，街头剧院在旅游区很兴盛，如蓬皮杜中心、雷阿尔、圣日耳曼德佩。布洛涅森林的莎士比亚公园里有上演莎士比亚剧和古典法国戏剧的露天剧场。

古典音乐

音乐在巴黎呈现出从未有过的繁荣景象，这有许多一流的表演场地，还有一大批优秀的歌剧及古典和当代音乐作品。创建于 1989 年的超现代化 Opéra National de Paris Bastille 拥有 2700 个座位，上演古典和现代歌剧。翻修后的 Opéra National Ganier 主要上演芭蕾。

Salle Pleyel 是巴黎重要的音乐大厅，巴黎管弦乐团和法国广播爱乐乐团经常在这表演。Théâtre des Champs-Elysées 和 Théâtre du Châtelet 经常上演丰富多彩的高品质节目。室内音乐场所包括 Salle Gaveau 和 Théâtre de la Ville。巴黎最新的音乐厅是位于拉维莱特公园的 Cité

畅销杂志

《*Pariscope*》、《*Zurban*》 和《*L'Officiel des Spectacles*》是巴黎最畅销的杂志。它们于每周三发行，可以在任何一个报亭买到。《Le Figaro》每周三都有一个非常受欢迎的列表章节。而《The City》则是一本用英语编写的季刊杂志，可以在报亭或 W H Smith（见 145 页）买到。

著名的红磨坊夜总会

de la Musique。该场地以不拘一格的折中派音乐节目和研讨会闻名，博物馆内展示了音乐历史和 4000 多件乐器。

舞蹈

法国人对舞蹈无论喜欢或是厌恶都会表现出来，那些无法取悦观众的舞者会在一片唏嘘声中提前退场。

豪华的 Opéra National Ganier 能容纳 450 位艺术家，巴黎歌剧院芭蕾舞团就在这里，它是世界上最好的古典芭蕾舞团。政府的扶持使得 Théâtre de la Ville 可享受补贴以维持相对低廉的票价，它是巴黎最重要的现代舞表演场所。

Maison des Arts de Créteil 为著名的海外剧团提供演出场地，同时上演它自己的深受好评的作品。

夜总会和卡巴莱舞厅

巴黎夜总会的音乐紧跟英美潮流，只有少部分，如琵雅芙光顾过的 Balajo 以及位于亚历山大三世桥下的 Showcase 的音乐真正走在了时代前沿。

Le Baron 是一个时尚夜总会，吸引着时尚界和做表演行业的人们。想看英国喜剧的可以去 La Java，琵雅芙曾在这里登台，现在它上演英美喜剧。

选卡巴莱舞厅的原则是：越出名越好。Folies-Bergère 是巴黎最古老的，也可能是世界上最著名的舞厅。它与 Lido 和 Moulin Rouge（康康舞发源地）之间的竞争非常激烈。Paradis Latin 是巴黎最有法国特色的舞厅。其中展示了许多演出的素描画，栩栩如生。

摇滚、爵士乐和世界音乐

国际顶尖的表演通常在大型体育馆举行，比如 Palais Omnisports Paris-Bercy 和 Zénith。富有传奇色彩的 Olympia 有指定的座位和很好的音响效果。想听本土摇滚乐队的音乐的话，比如 Les Negresses Vertes 和 Mano Negra，就去皮嘉尔地区的 La Cigale 或是 Elysée-Montmartre。

在巴黎有数不清的爵士乐俱乐部，在那里每晚都能欣赏世界上最好的演奏。所有伟大的爵士乐音乐家都曾在 New Morning 表演过，它也举办非洲、巴西和其他地方的音乐会。想听迪克西兰爵士乐就去 Le Petit Journal St-Michel。

世界音乐和爵士乐发烧友可以去 Chapelle des Lombards 欣赏一流表演，跳舞到天亮。

壮观的迦尼叶国家歌剧院

电影院

巴黎是世界电影之都，是近一百年电影放映的摇篮。20世纪50年代末和60年代初，新浪潮运动兴起了，当时导演弗朗索瓦·特吕弗和让·吕克·戈达尔对电影的制作方法和对电影的理解都进行了改革。

巴黎的100家电影院有370多个银幕，大部分的电影院都分布在电影带上，它们为附近的餐馆和商店带了更多的消费者。香榭丽舍大街是巴黎电影院的聚集地，在那里可以欣赏到好莱坞最新的影片，或者独具风格的法国电影导演的成功之作，以及一些重新上映的经典老片。

与 Opéra de Paris Garnier 相临的林荫大道上有两家著名的影院：一个是拥有2800个席位和巴洛克式装饰的 **Le Grand Rex**，另一个是在20世纪80年代被重新翻修的 **Max Linder Panorama**。巴黎人最重要的娱乐场所都聚集在克利希广场上，而塞纳河右岸的电影院都聚在市内集市广场上。法国最大的银幕在 **La Géode** 中。

在塞纳河左岸，Odéon-St-Germain-des-Prés 代替拉丁区而成为巴黎艺术和定期换演剧目剧场的中心地带。全新、巨大的 **MK2 Bibliothèque** 有14个屏幕、一个酒吧、商店及展览场地。

拥有2800个观众席的 Le Grand Rex

体育

巴黎见证了世界上许多重要的运动盛事。环法自行车竞赛在7月份结束，整个巴黎都为之疯狂。从5月下旬到6月中旬，巴黎人都在观看 Roland Garros 法国网球公开赛。凯旋门大赛于10月的第一个周日在 **Hippodrome de Longchamp** 举行，这正好给旅游者提供了一个了解巴黎人多样的服饰和观看一流比赛的机会。

Palais Omnisports Paris-Bercy 经常会举行一些重大的活动，包括巴黎网球比赛开幕式、摇滚音乐会等，位于圣丹尼斯的 **Stade de France** 也是如此。**Parc des Princes** 是巴黎顶尖足球队 Paris St-Germain 的大本营。

巴黎著名的咖啡馆

塞纳河左岸的咖啡馆是巴黎永恒的象征之一，许多伟大的艺术家、作家和学者以及政治家都是那里的常客。第一次世界大战之前，包括列宁和托洛茨基在内的俄国革命领导者经常在蒙马特高地的 Rotonde 和 Dôme 消磨时光。在20世纪20年代，咖啡馆生活已成为由海明威和菲茨杰拉德为代表的美国超现实主义作家的生活主题，他们经常去包括 La Coupole 在内的多家咖啡屋。第二次世界大战结束后，让·保罗·萨特和其他一些现实主义者将文化场所向北转移至圣日耳曼。

读报纸仍是巴黎人在咖啡馆中一种典型的消遣方式

附录

票务预订

FNAC
地址：26－30 av des Ternes 75017. 城市地图：2 D3
电话：0825 020 020.Forum Les Halles，
地址：1 rue Pierre Lescot 75001. 城市地图：9 A2
电话：0825 020 020
www.fnac.com

Virgin Megastore
地址：52–60 av des Champs- Elysées 75008.
城市地图：2 F5
电话：01 49 53 50 00
www.virginmegastore.fr

剧院

Comédie des Champs–Elysées
地址：15 av Montaigne 75008. 城市地图：6 F1
电话：01 53 23 99 19

Comédie Française
地址：1 pl Colette 75001.
城市地图：8 E1
电话：0825 10 16 80
www.comedie–francaise.fr

Odéon Théâtre de l'Europe
地址：Place de l'Odéon 75006. 城市地图：12 F5
电话：01 44 85 40 40
www.theatre–odeon.fr

Palais Royal
地址：38 rue Montpensier 75001. 城市地图：8 E1
电话：01 42 97 40 00

Le Point Virgule
地址：7 rue Ste–Croix de la Bretonnerie 75004.
城市地图：9 C3
电话：01 42 78 67 03

Théâtre d'Edgar
地址：58 bd Edgar–Quinet 75014. 城市地图：12 D2
电话：01 42 79 97 97

Théâtre National de Chaillot
地址：Pl du Trocadéro 75016. 城市地图：5 C2
电话：01 53 65 30 00
www.theatre–chaillot.fr

Théâtre National de la Colline
地址：15 rue Malte–Brun 75020.
电话：01 44 62 52 52
www.colline.fr

古典音乐

Cité de la Musique
地址：221 av Jean–Jaurès 75019.
电话：01 44 84 44 84
www.cite–musique.fr

Opéra National de Paris Bastille
地址：120 rue de Lyon 75012. 城市地图：10 E4
电话：08 92 89 90 90
www.operadeparis.fr

Opéra National de Paris Garnier
地址：Pl de l'Opera 75009.
城市地图：4 E5
电话：08 92 89 90 90

Salle Gaveau
地址：45 rue la Boétie 75008. 城市地图：3 B4
电话：01 49 53 05 07
www.sallegaveau.com

Salle Pleyel
地址：252 rue du Faubourg St- Honoré 75008. 城市地图：2 E3
电话：01 42 56 13 13
www.sallepleyel.fr

Théâtre des Champs–Elysées
地址：15 av Montaigne 75008. 城市地图：6 F1
电话：01 49 52 50 00
www.theatredeschamps elysees.fr

Théâtre du Châtelet
地址：Pl du Châtelet 75001. 城市地图：9 A3
电话：01 40 28 28 40
www.chatelet–theatre.com

Théâtre de la Ville
地址：2 pl du Châtelet 75004. 城市地图：9 A3
电话：01 42 74 22 77
www.theatredelavilleparis.com

舞蹈

Maison des Arts de Créteil
地址：Pl Salvador Allende 94000 Créteil.
电话：01 45 13 19 19
www.maccreteil.com

Opéra Garnier
（见古典音乐。）

Théâtre de la Ville
（见古典音乐。）

夜总会和卡巴莱舞厅

Balajo
地址：9 rue de Lappe 75011. 城市地图：10 E4
电话：09 54 94 54 09
www.balajo.fr

Le Baron
地址：6 av Marceau 75008.
城市地图：6 E1
电话：01 47 20 04 01

Folies–Bergère
地址：32 rue Richer 75009.
电话：08 92 68 16 50
www.foliesbergere.com

La Java
地址：105 rue du Faubourg–du– Temple 75010.
电话：01 42 02 20 52

Lido
地址：116 bis av des Champs– Elysées 75008.
城市地图：2 E4
电话：01 40 76 56 10
www.lido.fr

La Machine du Moulin Rouge
地址：90 bd de Clichy 75018. 城市地图：4 D1
电话：01 56 55 52 04

Moulin Rouge
地址：82 bd de Clichy 75018. 城市地图：4 E1
电话：01 53 09 82 82
www.moulinrouge.fr

Paradis Latin
地址：28 rue du Cardinal–Lemoine 75008.
城市地图：9 B5
电话：01 43 25 28 28

Showcase
地址：Porte des Champs–Elysées 75008.
城市地图：7 A1
电话：01 45 61 25 43
www.showcase.fr

摇滚、爵士乐和世界音乐

Chapelle des Lombards
地址：19 rue de Lappe 75011. 城市地图：10 F4
电话：01 43 57 24 24

La Cigale
地址：120 bd Rochechouart 75018.
城市地图：4 F2
电话：01 49 25 89 99

Elysée–Montmartre
地址：72 bd Rochechouart 75018. 城市地图：4 F2
电话：01 44 92 45 36

New Morning
地址：7–9 rue des Petites– Ecuries 75010.
电话：01 45 23 51 41

Olympia
地址：28 bd des Capucines 75009.
城市地图：4 D5
电话：08 92 68 33 68
www.olympiahall.com

Palais Omnisports Paris–Bercy
地址：8 bd de Bercy 75012. 城市地图：14 F2
电话：08 92 39 04 90
www.bercy.fr

Le Petit Journal St–Michel
地址：71 bd St–Michel 75005. 城市地图：12 F1
电话：01 43 26 28 59

Zénith
地址：211 av de Jean–Jaurès 75019.
电话：08 90 71 02 07
www.zenith–paris.com

电影院

La Géode
地址：26 av Corentin–Cariou 75019.
电话：08 92 68 45 40
www.lageode.fr

Le Grand Rex
地址：1 bd Poissonnière 75002.
电话：08 92 68 05 96
www.legrandrex.com

Max Linder Panorama
地址：24 bd Poissonnière 75009.
电话：08 92 68 00 31

MK2 Bibliothèque
地址：128–162 av de France 75013.
电话：08 92 69 84 84
www.mk2.com

体育

Hippodrome de Longchamp
地址：Route des Tribunes 75016.
电话：01 44 30 75 00

Palais Omnisports Paris–Bercy
（见摇滚部分。）

Parc des Princes
地址：24 rue du Commandant–Guilbaud 75016.
电话：3275

Stade de France
地址：La Plaine St–Denis 93210.
电话：08 92 70 09 00
www.stadedefrance.fr

Stade Roland Garros
地址：2 av Gordon–Bennett 75016.
电话：01 47 43 48 00
www.fft.fr/rolandgarros

巴黎城市地图

下面几页是巴黎城市地图，地图中标注了旅游景点、商店以及娱乐场所。地图中也标注了酒店（见550~555页）和餐馆（见600~606页）的所在地，本书结尾部分的《游客指南》和《游客须知》部分提供了实用地址。

另外，地图内不仅包含主要的景点地图，还包括巴黎最著名的酒店区、餐饮区、购物区和娱乐场所。下面的图例地图是城市地图的缩略图，其中的区域都用行政区代码标出。城市地图中标注景点等的图例在下页中做出了说明。

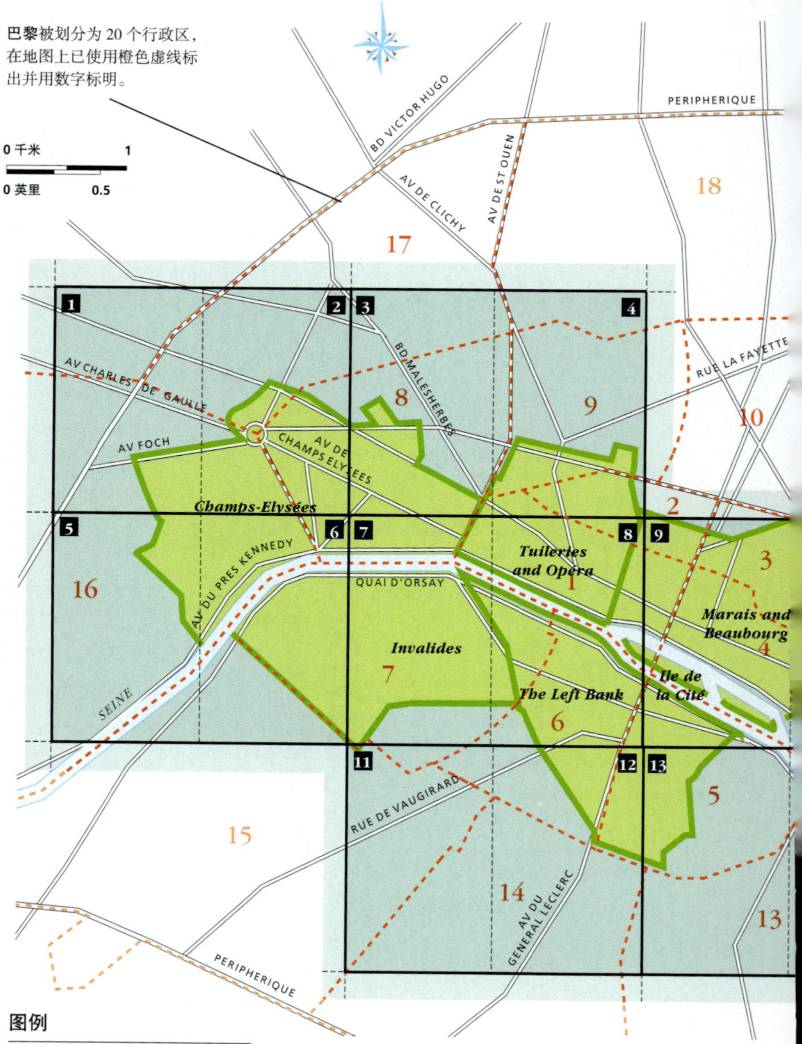

图例

- - 行政区界

如何使用城市地图

第一个数字标明了城市地图的页数。

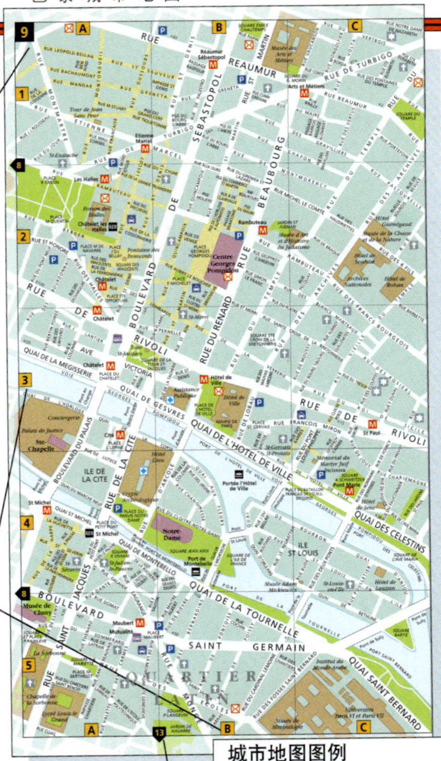

市政厅 ⑭

Hôtel de Ville

地址：Pl de l'Hôtel-de-Ville

地图：9 B3 75004 **电话**：01 42 76 40 40

M Hotel-de-Ville. 只对团体开放：如需参观请提前预订时间（咨询电话：01 42 76 54 04） 公共假期及政府职能日不开放（具体时间请电话查询）。内设残疾人设施

字母和数字标明了具体坐标格。地图顶端和底部的字母代表纵坐标，而数字是横坐标。

与之相接的地图是城市地图第 13 页

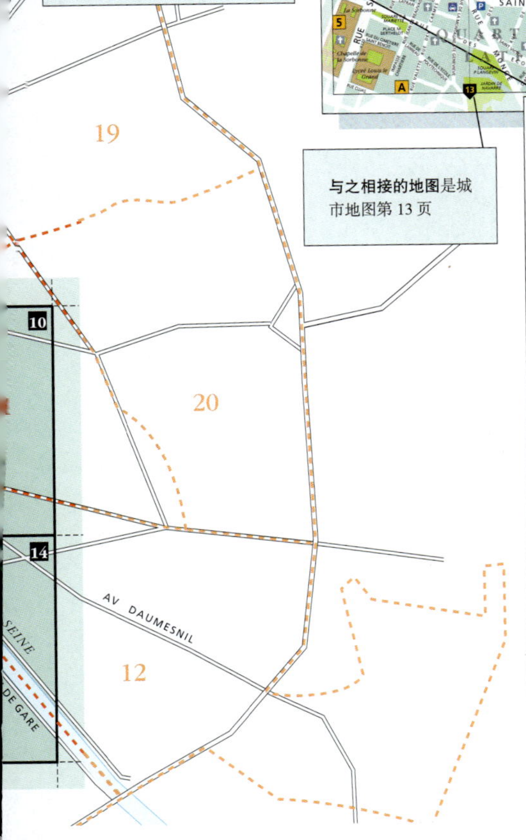

城市地图图例

- 主要景点
- 其他景点
- 其他建筑物
- 地铁站
- 区域快铁站
- 主要公交站
- 河船的登船点
- 停车场
- 游客信息中心
- 含急诊部的医院
- 警察局
- 教堂
- 犹太教会堂
- 邮局
- 铁路线
- 高速公路
- 人行道
- «130 门牌号（主街）

地图比例尺

0 米　200

0 码　200

1:12000

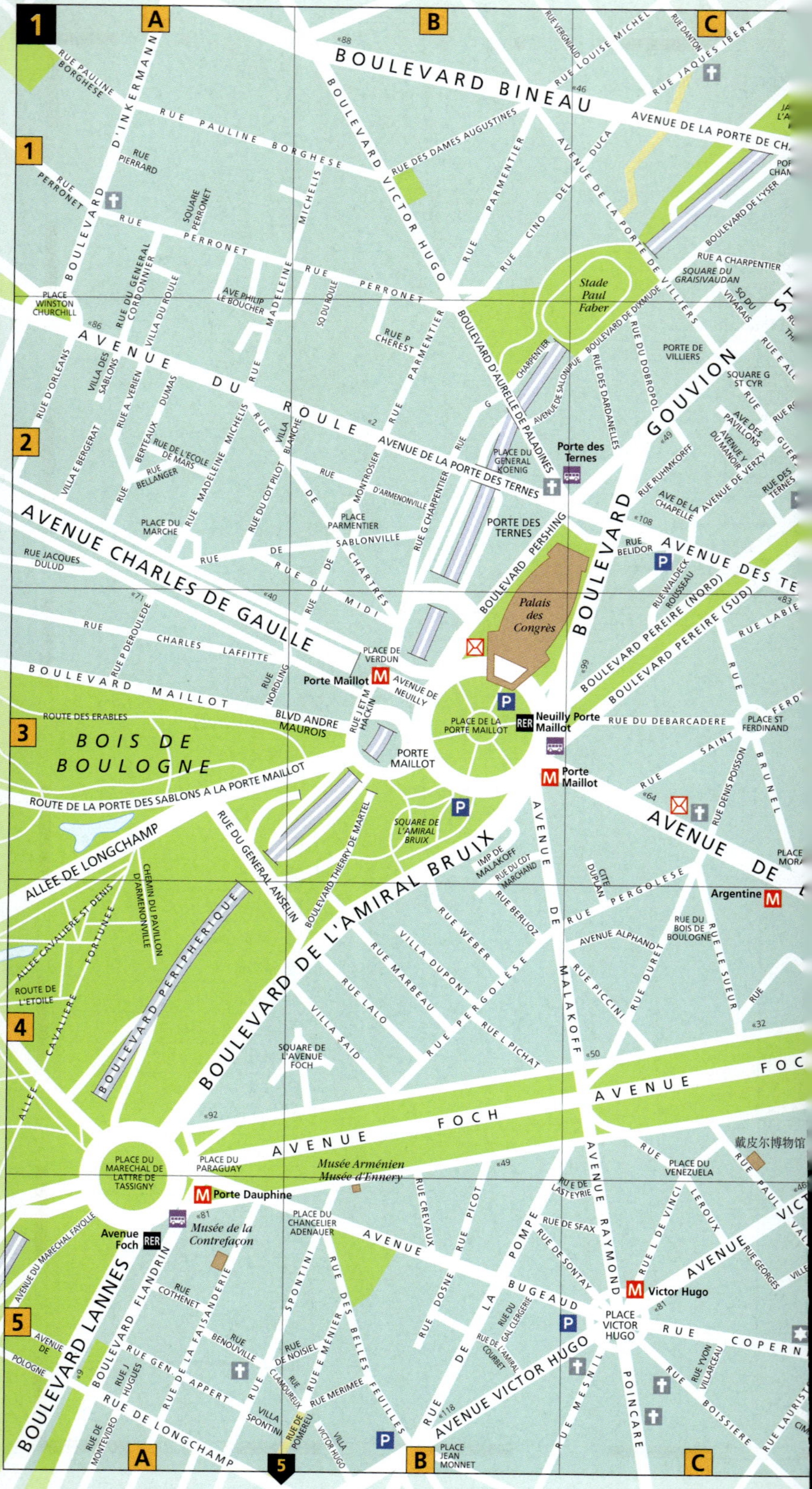
1
A
B
C
1
2
3
4
5
A
B
C
5
BOULEVARD BINEAU
AVENUE DE LA PORTE DE CH
RUE PAULINE BORGHESE
RUE D'INKERMANN
RUE PIERRARD
RUE PERRONET
SQUARE PERRONET
BOULEVARD
RUE MICHELIS
BOULEVARD VICTOR HUGO
RUE DES DAMES AUGUSTINES
RUE PARMENTIER
RUE CINO DEL DUCA
AVENUE DE LA PORTE DE VILLIERS
RUE VERGNIAUD
RUE LOUISE MICHEL
RUE DANTON
RUE JACQUES IBERT
BOULEVARD DE L'YSER
RUE A CHARPENTIER
SQUARE DU GRAISIVAUDAN
SQ DU VIVARAIS
Stade Paul Faber
PLACE WINSTON CHURCHILL
RUE DU GENERAL CORDONNIER
VILLA DU ROULE
AVE PHILIP LE BOUCHER
RUE MADELEINE
SQ DU ROULE
RUE P CHEREST
BOULEVARD D'AURELLE DE PALADINES
BOULEVARD DE DIXMUDE
RUE DES DARDANELLES
RUE DU DOBROPOL
PORTE DE VILLIERS
SQUARE G ST CYR
AVENUE DU ROULE
RUE D'ORLEANS
VILLA DES SABLONS
RUE A. VERIEN
RUE DUMAS
RUE DE L'ECOLE DE MARS
RUE BERTEAUX
RUE BELLANGER
VILLA E BERGERAT
RUE MADELEINE MICHELIS
VILLA BLANCHE
RUE DU CDT PILOT
RUE MONTROSIER
RUE D'ARMENONVILLE
AVENUE DE LA PORTE DES TERNES
PLACE DU GENERAL KOENIG
Porte des Ternes
BOULEVARD GOUVION ST CYR
RUE RUHMKORFF
AVE DE LA CHAPELLE
AVENUE DE VERZY
AVE DES PAVILLONS
AVENUE Y DU MANOIR
RUE DES TERNES
AVENUE CHARLES DE GAULLE
RUE JACQUES DULUD
PLACE DU MARCHE
PLACE PARMENTIER
RUE DE SABLONVILLE
RUE DE CHARTRES
RUE DU MIDI
RUE G CHARPENTIER
PORTE DES TERNES
BOULEVARD PERSHING
Palais des Congrès
RUE BELIDOR
AVENUE DES TE
RUE WALDECK ROUSSEAU
BOULEVARD PEREIRE (NORD)
BOULEVARD PEREIRE (SUD)
RUE LABIE
RUE CHARLES LAFFITTE
RUE P DEROULEDE
RUE NORDLING
PLACE DE VERDUN
Porte Maillot
AVENUE DE NEUILLY
BOULEVARD MAILLOT
RUE JET M HACKIN
BLVD ANDRE MAUROIS
ROUTE DES ERABLES
BOIS DE BOULOGNE
PLACE DE LA PORTE MAILLOT
PORTE MAILLOT
RER
Neuilly Porte Maillot
Porte Maillot
RUE DU DEBARCADERE
PLACE ST FERDINAND
RUE SAINT FERDINAND
RUE BRUNEL
RUE DENIS POISSON
AVENUE DE LA GRANDE ARMEE
ROUTE DE LA PORTE DES SABLONS A LA PORTE MAILLOT
ALLEE DE LONGCHAMP
RUE DU GENERAL ANSELIN
BOULEVARD THIERRY DE MARTEL
SQUARE DE L'AMIRAL BRUIX
BOULEVARD DE L'AMIRAL BRUIX
IMP DE MALAKOFF
RUE DU CDT MARCHAND
RUE BERLIOZ
AVENUE DE MALAKOFF
CITE DUPLAN
RUE PERGOLESE
Argentine
RUE DU BOIS DE BOULOGNE
AVENUE ALPHAND
RUE LE SUEUR
RUE DURET
RUE PICCINI
CHEMIN DU PAVILLON D'ARMENONVILLE
ALLEE CAVALIERE ST DENIS
FORTUNEE
BOULEVARD PERIPHERIQUE
ROUTE DE L'ETOILE
ALLEE CAVALIERE
RUE WEBER
VILLA DUPONT
RUE MARBEAU
RUE LALO
VILLA SAID
RUE L PICHAT
SQUARE DE L'AVENUE FOCH
AVENUE FOCH
PLACE DU MARECHAL DE LATTRE DE TASSIGNY
PLACE DU PARAGUAY
Musée Arménien
Musée d'Ennery
Porte Dauphine
戴皮尔博物馆
PLACE DU VENEZUELA
RUE PAUL VALERY
RUE LEROUX
Avenue Foch
RER
Musée de la Contrefaçon
PLACE DU CHANCELIER ADENAUER
RUE CREVAUX
RUE PICOT
RUE DE LASTEYRIE
RUE DE SFAX
RUE DE SONTAY
AVENUE RAYMOND POINCARE
RUE L DE VINCI
AVENUE VICTOR HUGO
RUE GEORGES VILLE
Victor Hugo
AVENUE DU MARECHAL FAYOLLE
BOULEVARD LANNES
BOULEVARD FLANDRIN
RUE COTHENET
RUE DE LA FAISANDERIE
RUE BENOUVILLE
AVENUE BUGEAUD
RUE DOSNE
RUE DE LA POMPE
RUE DU GAL CLERGERIE
RUE DE L'AMIRAL COURBET
PLACE VICTOR HUGO
RUE COPERNIC
AVENUE DE POLOGNE
RUE J HUGUES
RUE GEN APPERT
RUE DE LONGCHAMP
RUE DE MONTEVIDEO
VILLA SPONTINI
RUE SPONTINI
RUE DE NOISIEL
RUE CLAMOUREUX
RUE DE POMEREU
RUE E MENIER
RUE MERIMEE
VILLA VICTOR HUGO
RUE DES BELLES FEUILLES
PLACE JEAN MONNET
RUE MESNIL
RUE YVON VILLARCEAU
RUE BOISSIERE
RUE LAURISTON

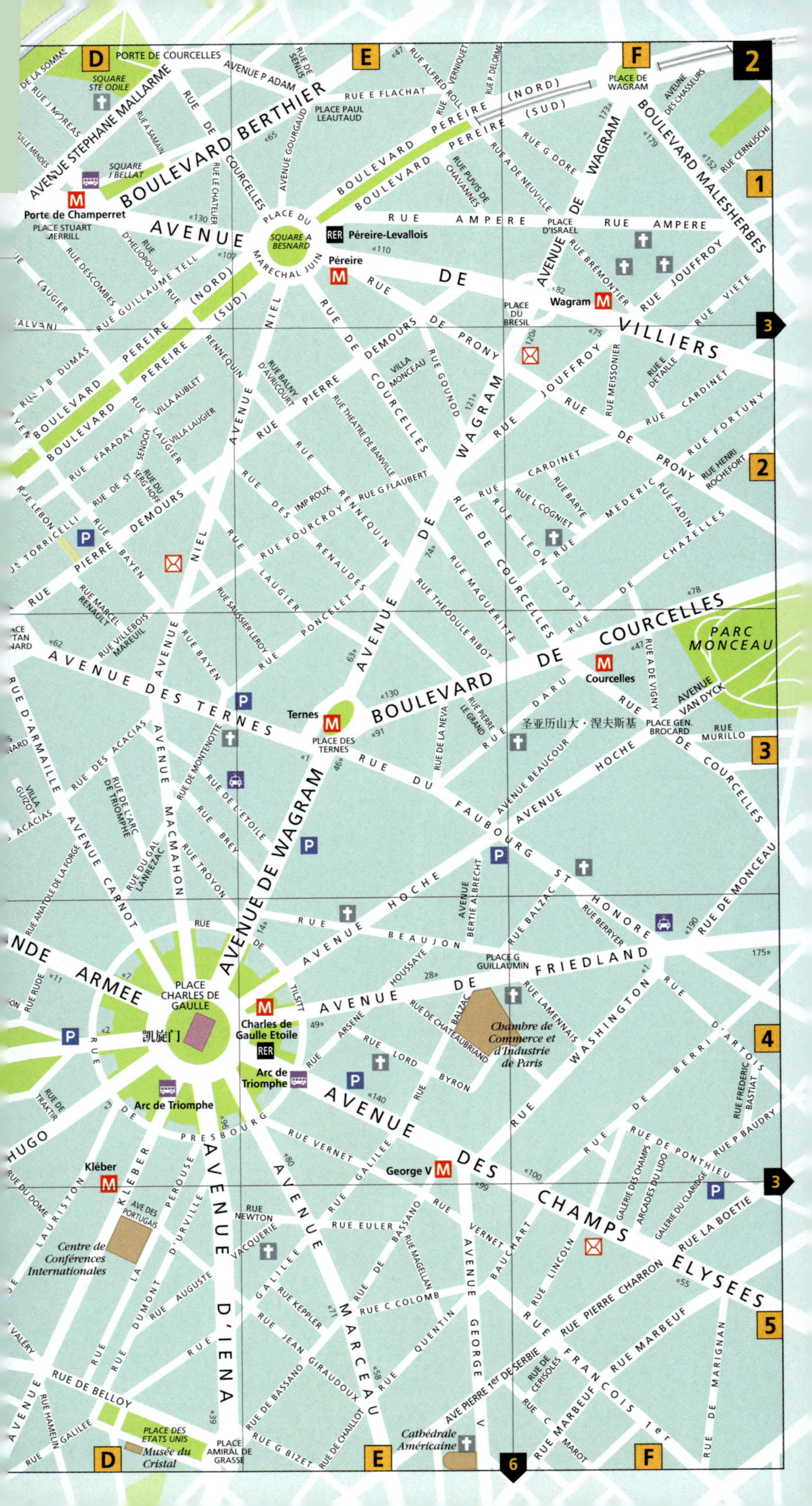

D
E
F
2
PORTE DE COURCELLES
SQUARE STE ODILE
AVENUE P ADAM
RUE DE SENLIS
RUE ALFRED ROLL
RUE VERNIQUET
RUE P. DELORME
PLACE DE WAGRAM
AVENUE DES CHASSEURS
RUE CERNUSCHI
RUE E FLACHAT
PLACE PAUL LEAUTAUD
(NORD)
(SUD)
BOULEVARD BERTHIER
AVENUE STEPHANE MALLARME
RUE J MOREAS
RUE ALBERT SAMAIN
SQUARE J BELLAT
Porte de Champerret
PLACE STUART MERRILL
RUE LE CHATELIER
AVENUE GOURGAUD
BOULEVARD PEREIRE
RUE PUVIS DE CHAVANNES
RUE A DE NEUVILLE
RUE G DORE
AVENUE DE WAGRAM
BOULEVARD MALESHERBES
1
RUE AMPERE
PLACE D'ISRAEL
SQUARE A BESNARD
PLACE DU MARECHAL JUIN
Péreire-Levallois
Péreire
AVENUE
RUE D'HELIOPOLIS
RUE DESCOMBES
RUE GUILLAUME TELL
RUE LAUGIER
RUE BREMONTIER
RUE JOUFFROY
RUE VIETE
Wagram
PLACE DU BRESIL
RUE DE VILLIERS
3
RUE DE PRONY
RUE DEMOURS
VILLA MONCEAU
RUE GOUNOD
RUE DE COURCELLES
AVENUE NIEL
RUE RENNEQUIN
RUE BALNY D'AVRICOURT
RUE PIERRE DEMOURS
RUE THEATRE DE BANVILLE
RUE JOUFFROY
RUE MEISSONIER
RUE E DETAILLE
RUE CARDINET
RUE FORTUNY
RUE HENRI ROCHEFORT
RUE J B DUMAS
RUE AUBLET
VILLA LAUGIER
RUE FARADAY
RUE SENOCH
RUE DU SERGENT HOFF
RUE DE ST SENOCH
RUE LEBON
RUE TORRICELLI
RUE BAYEN
IMP ROUX
RUE G FLAUBERT
RUE FOURCROY
RUE RENAUDES
RUE MEDERIC
RUE JADIN
RUE CHAZELLES
RUE L COGNIET
RUE BARYE
RUE LEON JOST
RUE THEODULE RIBOT
RUE MARGUERITE
RUE LAUGIER
RUE PONCELET
RUE SAUSSIER LEROY
RUE MARCEL RENAULT
RUE VILLEBOIS MAREUIL
2
BOULEVARD DE COURCELLES
PARC MONCEAU
Courcelles
RUE A DE VIGNY
AVENUE VAN DYCK
AVENUE DES TERNES
Ternes
PLACE DES TERNES
RUE DARU
RUE PIERRE LE GRAND
RUE DE LA NEVA
圣亚历山大·涅夫斯基
PLACE GEN. BROCARD
RUE MURILLO
RUE DE COURCELLES
3
RUE D'ARMAILLE
RUE DES ACACIAS
VILLA GUIZOT
RUE DE L'ARC DE TRIOMPHE
RUE DE MONTENOTTE
RUE DE L'ETOILE
RUE BREY
RUE DU FAUBOURG ST HONORE
AVENUE BEAUCOUR
AVENUE HOCHE
AVENUE DE WAGRAM
AVENUE CARNOT
AVENUE MACMAHON
RUE DU GAL LANREZAC
RUE TROYON
RUE ANATOLE DE LA FORGE
AVENUE BERTIE ALBRECHT
RUE BALZAC
RUE BERRYER
RUE DE MONCEAU
AVENUE HOCHE
RUE BEAUJON
AVENUE DE LA GRANDE ARMEE
PLACE CHARLES DE GAULLE
凯旋门
Charles de Gaulle Etoile
Arc de Triomphe
Arc de Triomphe
RUE DE TILSITT
PLACE G GUILLAUMIN
AVENUE DE FRIEDLAND
RUE ARSENE HOUSSAYE
RUE DE CHATEAUBRIAND
Chambre de Commerce et d'Industrie de Paris
RUE LAMENNAIS
RUE WASHINGTON
RUE D'ARTOIS
4
RUE BERRI
RUE FREDERIC BASTIAT
RUE LORD BYRON
RUE DE PRESBOURG
RUE DE TRAKTIR
AVENUE VICTOR HUGO
AVENUE DES CHAMPS ELYSEES
RUE VERNET
RUE GALILEE
George V
RUE DE PONTHIEU
RUE P BAUDRY
GALERIE DES CHAMPS
ARCADES DU LIDO
GALERIE DU CLARIDGE
RUE LA BOETIE
3
Kléber
AVENUE KLEBER
RUE LAURISTON
RUE DU DOME
AVE DES PORTUGAIS
RUE PEROUSE
RUE D'URVILLE
Centre de Conférences Internationales
AVENUE D'IENA
RUE NEWTON
RUE VACQUERIE
AVENUE MARCEAU
RUE EULER
RUE BASSANO
RUE MAGELLAN
AVENUE GEORGE V
RUE VERNET
RUE BAUCHART
RUE LINCOLN
RUE PIERRE CHARRON
RUE MARBEUF
RUE DE MARIGNAN
5
RUE DUMONT D'URVILLE
RUE AUGUSTE VACQUERIE
RUE GALILEE
RUE KEPPLER
RUE C COLOMB
RUE JEAN GIRAUDOUX
RUE QUENTIN BAUCHART
RUE FRANCOIS 1er
AVE PIERRE 1er DE SERBIE
RUE DE CERISOLES
RUE C MAROT
RUE DE BELLOY
RUE HAMELIN
RUE GALILEE
RUE VALERY
PLACE DES ETATS UNIS
Musée du Cristal
PLACE AMIRAL DE GRASSE
RUE G BIZET
RUE DE CHAILLOT
RUE DE BASSANO
Cathédrale Américaine
D
E
6
F

3
A
B
C
1
2
3
4
5
7
Station Pont Cardinet
SQUARE DES BATIGNOLLES
SQUARE NICOLAY
WAGRAM
RUE DU PRINTEMPS
CITE DE PUSY
RUE DE LA FELICITE
RUE DES FERMIERS
RUE JOUFFROY
RUE DE TOCQUEVILLE
RUE DEODAT DE SEVERAC
PASSAGE CARDINET
RUE CARDINET
IMPASSE LEGER
RUE DAUBIGNY
RUE TARBÉ
RUE DULONG
RUE SAUSSURE
RUE SALNEUVE
SQUARE F DE LA TOMBELLE
SQ H DUPARC
SQ E CHABRIER
SQ C DEBUSSY
SQ G FAURE
RUE LEGENDRE
RUE CL POUILLET
RUE DE LEVIS
RUE LEON COSNARD
RUE DE ROME
PASSAGE DU CDT C MARTEL
RUE BOURSAULT
RUE LAMANDE
RUE TRUFFAUT
RUE BRIDAINE
RUE DES DAMES
RUE NOLLET
RUE DE BIZERTE
PLACE R BARET
RUE MARIOTTE
RUE CONDAMINE
CITE LEMERCIER
RUE LEMERCIER
RUE DES BATIGNOLLES
RUE DU MONT DORE
RUE CAROLINE
RUE TRUCHET
RUE PUTEAUX
RUE BEUDANT
RUE DROUX
RUE DE CHEROY
PASSAGE GEFFROY DIDELOT
BOULEVARD DES BATIGNOLLES
Rome
Malesherbes
BOULEVARD MALESHERBES
RUE J BINGEN
AVENUE DE VILLIERS
PLACE DU GENERAL CATROUX
RUE DE PHALSBOURG
RUE DE LOGELBACH
RUE DE THANN
RUE G BERGER
LA TERRASSE
RUE LEBOUTEUX
Villiers
PLACE P GOUBAUX
RUE PELOUZE
RUE ANDRIEUX
RUE LARRIBE
RUE BERNOUILLI
RUE DE COPENHAGUE
RUE DE CONSTANTINOPLE
RUE DE MOSCOU
RUE CLAPEYRON
RUE DE BERNE
PLACE DE LA REPUBLIQUE DOMINICAINE
BLVD DE COURCELLES
Monceau
AVENUE FERDOUSI
ALLEE COMTESSE
AVE VELASQUEZ
Musée Cernuschi
蒙梭公园
PGE COMMUN
Musée Nissim de Camondo
RUE DE MONCEAU
RUE DU ROCHER
RUE DE NAPLES
RUE D'EDIMBOURG
PLACE DE L'EUROPE
Europe
RUE DE MADRID
RUE DE VIENNE
RUE DE VEZELAY
RUE DE MIROMESNIL
RUE MURILLO
AVENUE RUYSDAEL
RUE DE LISBONNE
PLACE DE RIO DE JANEIRO
AVENUE DE MESSINE
RUE DE MESSINE
RUE MALEVILLE
RUE CORVETTO
RUE MOLLIEN
RUE TREILHARD
RUE DU GENERAL FOY
RUE PORTALIS
PLACE DU GUATEMALA
RUE DE LA BIENFAISANCE
AVE C CAIRE
SQUARE M PAGNOL
RUE DE STOCKHOLM
RUE DE LABORDE
RUE J SANSBOEUF
RUE L MURAT
RUE DU DOCTEUR LANCEREAUX
PLACE DE NARVIK
RUE DE TEHERAN
Musée Jacquemart-André
RUE DE COURCELLES
BOULEVARD HAUSSMANN
RUE DE RIGNY
PLACE ST AUGUSTIN
RUE DE LA PEPINIERE
PLACE G PE
COUR ROM
St-Augustin
RUE DE LA BAUME
AVENUE PERCIER
RUE D'ARGENSON
RUE ROY
RUE LA BOETIE
RUE P CEZANNE
PASSAGE COMMUN
AVENUE MYRON T HERRICK
Miromesnil
RUE LAVOISIER
SQUARE LOUIS XVI
RUE PASQUIER
RUE DE L'ARCADE
BOULEVARD
RUE DES MATH
RUE D'ASTORG
RUE ROQUEPINE
RUE TRONSON DU COUDRAY
PLACE CHASSAIGNE-GOYON
AVENUE DELCASSE
RUE DE PENTHIEVRE
RUE CAMBACERES
RUE ST PHILIPPE DU ROULE
RUE DU COLONEL RIVIERE
RUE D'ARTOIS
St-Philippe du Roule
RUE DU FAUBOURG ST HONORE
Ministère de l'Intérieur
PLACE DES SAUSSAIES
RUE DES SAUSSAIES
RUE DE LA VILLE L'EVEQUE
RUE DE SURENE
RUE D'ANJOU
RUE CHAUVEAU LAGARDE
RUE DU COLISEE
RUE JEAN MERMOZ
RUE RABELAIS
AVENUE MATIGNON
RUE MONTALIVET
RUE DE DURAS
RUE D'AGUESSEAU
爱丽舍宫
RUE DE PONTHIEU
AVENUE FRANKLIN D ROOSEVELT
RUE DU CIRQUE
AVENUE DE MARIGNY
AVENUE DE L'ELYSEE
AVENUE GABRIEL
CITE DU RETIRO
RUE BOISSY D'ANGLAS
GALERIE DE LA MADELEINE
VILLAGE ROYALE
RUE ROYALE
马德莲广
Franklin D. Roosevelt
Rond Point des Champs Elysées
香榭丽舍大街
ROND POINT DES CHAMPS ELYSEES
AVENUE MONTAIGNE
Champs Elysées Clemenceau
Espace Pierre Cardin
RUE SAINT HO
Musée Bouilbet-Christofle
Gar Laz

D
E
F
4
1
2
3
4
5
8
蒙马特公墓
St-Pierre de Montmartre
圣心教堂
Place St-Pierre
Place du Calvaire
Place du Tertre
Rue Norvins
Rue St Rustique
Rue Azaïs
Square Nadar
Rue Foyatier
Rue Lepic
Rue Tholozé
Rue de l'Armée d'Orient
Rue Joseph de Maistre
Rue Caulaincourt
Rue Ganneron
Rue Cavallotti
Rue Forest
Rue Capron
Avenue Rachel
Passage de Clichy
Bateau-Lavoir
Rue Garreau
Rue Durantin
Rue Burq
Rue Constance
Rue Cauchois
Rue Lepic
Rue A Bruant
Rue Audran
Rue R Planquette
Rue Véron
Rue Gabrielle
Rue Berthe
Rue des Trois Frères
Rue A Barsacq
Rue Chappe
Rue Tardieu
Square J Rictus
Place des Abbesses
Rue de la Vieuville
Rue Yvonne Le Tac
Abbesses
Rue des Abbesses
Cité Véron
红磨坊
Blanche
Rue Puget
Rue Coustou
Cité G Pilon
Rue Germain Pilon
Rue A Antoine
Rue Houdon
Rue des Martyrs
Place Blanche
Boulevard de Clichy
Place de Clichy
Square Berlioz
Rue de Bruxelles
Rue de Calais
Rue de Vintimille
Rue Ballu
Rue Mansart
Rue Blanche
Rue Fromentin
Cité du Midi
Villa de Guelma
Pigalle
Place Pigalle
Rue Duperré
Rue Frochot
Avenue Frochot
Rue A Stevens
Place C Dullin
Rue d'Orsel
Rue Dancourt
Boulevard de Rochechouart
Rue Bochart de Saron
Rue Lallier
Rue Say
Rue Crétet
Rue Viollet le Duc
Avenue Trudaine
Cité Malesherbes
Rue Victor Massé
Rue Condorcet
Rue Douai
Rue Fontaine
Musée de la Vie Romantique
Cité Chaptal
Rue Chaptal
Rue P Escudier
Cité Pigalle
Rue de Parme
Rue Card Mercier
Rue de Clichy
Monthiers
Rue J Lefebvre
Square Moncey
Rue Moncey
Rue de Liège
Liège
Rue d'Amsterdam
Rue de Milan
Rue de la Bruyère
Rue La Rochefoucauld
Rue Notre Dame de Lorette
Rue H Monnier
Rue Clauzel
Rue Laferrière
Rue de Navarin
Rue de la Tour d'Auvergne
Cité Godon
Rue de l'Agent Bailly
Rue Rodier
Rue Milton
Rue Manuel
Rue Choron
Rue Hippolyte Lebas
Rue de Maubeuge
St-Georges
Rue d'Aumale
Rue de la Tour des Dames
居斯塔·牟侯美术馆
Rue Taitbout
Rue St Georges
Rue d'Athènes
Place de Budapest
Rue de Londres
Direction Générale SNCF
Rue de Budapest
Cité de Londres
Rue de la Trinité
Rue Morlot
Rue de Châteaudun
Square de la Trinité
Trinité
Place d'Estienne d'Orves
Rue St Lazare
St Lazare
Rue du Havre
Rue de Caumartin
Carrefour de Châteaudun
Notre Dame de Lorette
Rue Bourdaloue
Rue Fléchier
Rue Lamartine
Rue Buffault
Rue Cadet
Rue de la Victoire
Le Peletier
Rue Le Peletier
Rue Drouot
Rue du Faubourg Montmartre
Pge des Deux Sœurs
Rue Joubert
Rue de Provence
Rue de Mogador
Rue de la Chaussée d'Antin
Rue La Fayette
Havre Caumartin
Rue Charras
Boulevard Haussmann
Cité d'Antin
Chaussée d'Antin
Rue Pillet Will
Rue Laffitte
Rue Rossini
Rue Chauchat
Rue de la Grange Batelière
Passage Verdeau
Passage Jouffroy
格雷万蜡像馆
Rue des Mathurins
Place Diaghilev
Rue Gluck
Auber
RER
Rue Scribe
Rue Boudreau
迦尼叶歌剧院
Rue Halévy
Rue Meyerbeer
Rue du Helder
Rue des Italiens
Richelieu Drouot
Boulevard Montmartre
Grands Boulevards
Rue Auber
Opéra
Boulevard des Capucines
Boulevard des Italiens
Rue de Choiseul
Rue de Gramont
Rue de Marivaux
Rue Favart
Rue d'Amboise
Rue de Richelieu
Place Boïeldieu
Rue Grétry
Rue Vivienne
Gal Feydeau
Pge des Panoramas
Gal Montmartre
Rue Montmartre
Rue St Marc
Rue Feydeau
Olympia
Place de l'Opéra
Rue Michodière
Rue de Hanovre
Rue de la Paix
Rue des Capucines
Rue Volney
Rue Daunou
Rue Godot de Mauroy
Rue de Sèze
Boulevard de la Madeleine
Rue Cambon
Avenue de l'Opéra
Rue de Port Mahon
Rue du Quatre Septembre
Quatre Septembre
Rue Ménars
Rue de la Bourse
Place de la Bourse
Bourse
Bourse des Valeurs
Rue des Victoires
Rue St Augustin
Rue des Filles St Thomas
Rue Monsigny
Place Gaillon
Rue Gaillon
Rue Marsollier
Rue Dalayrac
Pge Choiseul
Rue Ste Anne
Rue de Louvois
Rue Rameau
Rue Cherubini
Rue Colbert
Rue de la Banque
Rue Notre-Dame des Victoires
Rue L Cladel
Rue Réaumur
Rue Paul Lelong
Rue Louis le Grand
Rue Danielle Casanova
Ministère de la Justice
Place Vendôme
Bibliothèque Nationale

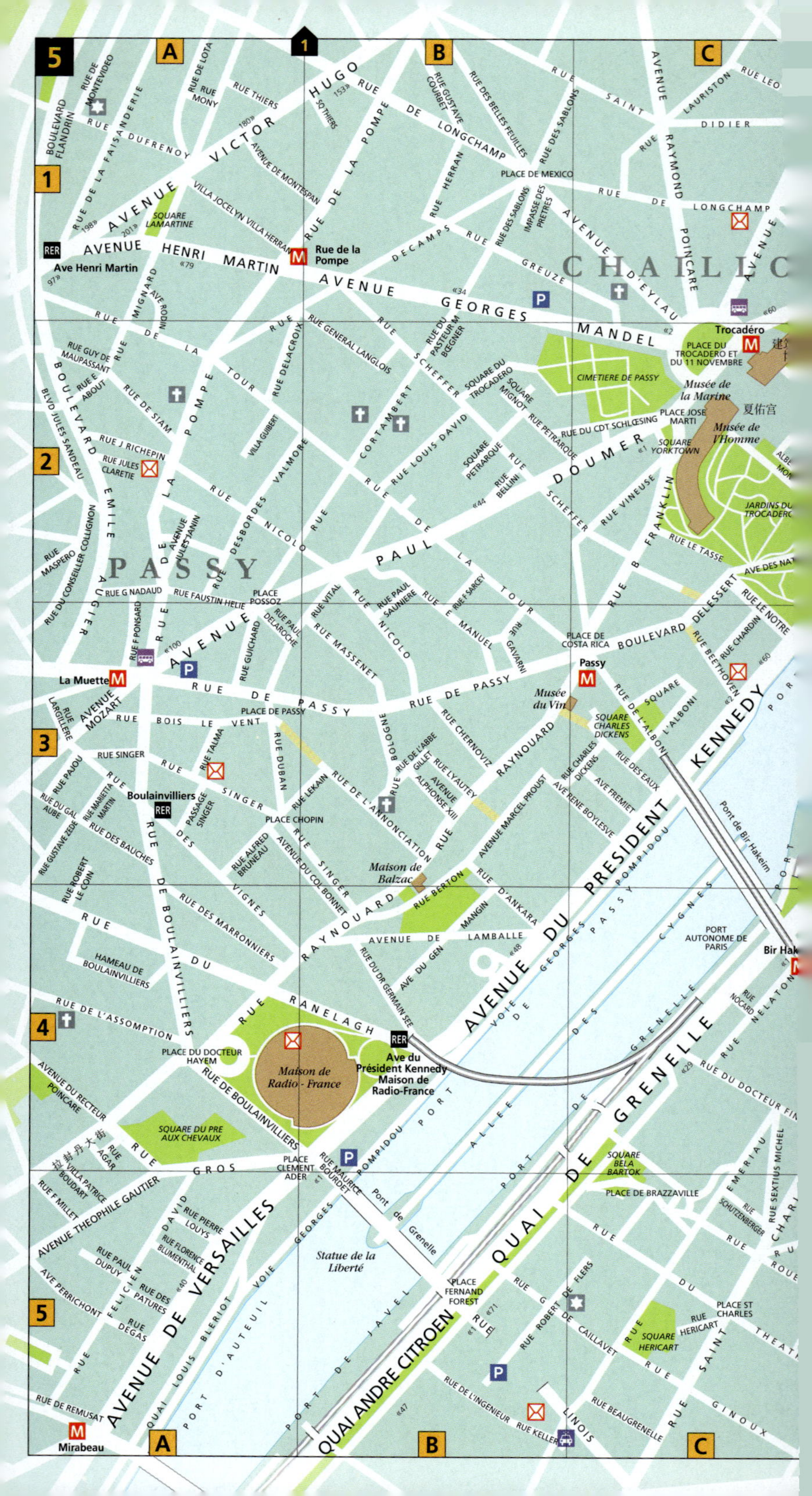

5
A
1
B
C
BOULEVARD FLANDRIN
RUE DE MONTEVIDEO
RUE DE LA FAISANDERIE
RUE DUFRENOY
RUE DE LOTA
RUE MONY
RUE THIERS
AVENUE VICTOR HUGO
SQ THIERS
RUE DE LA POMPE
RUE DE LONGCHAMP
RUE GUSTAVE COURBET
RUE DES BELLES FEUILLES
RUE DES SABLONS
RUE SAINT DIDIER
AVENUE RAYMOND POINCARE
RUE LAURISTON
RUE LEO
AVENUE DE MONTESPAN
VILLA JOCELYN VILLA HERRAN
SQUARE LAMARTINE
RUE HERRAN
PLACE DE MEXICO
IMPASSE DES PRETRES
RUE DE LONGCHAMP
RER
AVENUE HENRI MARTIN
Ave Henri Martin
Rue de la Pompe
RUE DECAMPS
RUE GREUZE
AVENUE D'EYLAU
CHAILLOT
AVENUE GEORGES MANDEL
Trocadéro
PLACE DU TROCADERO ET DU 11 NOVEMBRE
RUE MIGNARD
AVE RODIN
RUE DE LA TOUR
RUE DELACROIX
RUE GENERAL LANGLOIS
RUE DU PASTEUR M BOEGNER
RUE SCHEFFER
SQUARE DU TROCADERO
SQUARE MIGNOT
CIMETIERE DE PASSY
Musée de la Marine
Musée de l'Homme
夏佑宫
PLACE JOSE MARTI
RUE DU CDT SCHLŒSING
SQUARE YORKTOWN
RUE GUY DE MAUPASSANT
RUE E ABOUT
BOULEVARD EMILE AUGIER
BLVD JULES SANDEAU
RUE DE SIAM
RUE J RICHEPIN
RUE JULES CLARETIE
VILLA GUIBERT
RUE VALMORE
RUE CORTAMBERT
RUE LOUIS DAVID
SQUARE PETRARQUE
RUE PETRARQUE
RUE BELLINI
AVENUE PAUL DOUMER
RUE VINEUSE
RUE FRANKLIN
JARDINS DU TROCADERO
RUE LE TASSE
RUE MASPERO
RUE DU CONSEILLER COLLIGNON
AVENUE JULES JANIN
RUE DESBORDES VALMORE
RUE NICOLO
PASSY
RUE DE LA TOUR
AVE DES NATIONS
RUE G NADAUD
RUE FAUSTIN HELIE
PLACE POSSOZ
RUE F PONSARD
RUE GUICHARD
RUE PAUL DELAROCHE
RUE VITAL
RUE PAUL SAUNIERE
RUE F SARCEY
RUE MANUEL
RUE GAVARNI
RUE MASSENET
PLACE DE COSTA RICA
BOULEVARD DELESSERT
RUE LE NOTRE
RUE CHARDIN
RUE BEETHOVEN
La Muette
AVENUE MOZART
RUE LARGILLIERE
RUE DE PASSY
PLACE DE PASSY
RUE BOIS LE VENT
Passy
Musée du Vin
SQUARE CHARLES DICKENS
RUE DE L'ALBONI
SQUARE L'ALBONI
AVENUE DU PRESIDENT KENNEDY
RUE SINGER
RUE PAJOU
RUE TALMA
RUE DUBAN
RUE DE BOULOGNE
RUE DE L'ABBE GILLET
RUE LYAUTEY
AVENUE ALPHONSE XIII
RUE CHERNOVITZ
RUE RAYNOUARD
RUE CHARLES DICKENS
RUE DES EAUX
AVE FREMIET
AVE RENE BOYLESVE
AVENUE MARCEL PROUST
RUE DU GAL AUBE
RUE MARIETTA MARTIN
Boulainvilliers
PASSAGE SINGER
RUE LEKAIN
RUE DE L'ANNONCIATION
PLACE CHOPIN
RUE GUSTAVE ZEDE
RUE DES BAUCHES
RUE ALFRED BRUNEAU
AVENUE DU COL BONNET
Maison de Balzac
RUE BERTON
RUE D'ANKARA
Pont de Bir Hakeim
RUE ROBERT LE COIN
RUE DES VIGNES
RUE DES MARRONNIERS
RUE DE BOULAINVILLIERS
RUE MANGIN
AVENUE DE LAMBALLE
PORT AUTONOME DE PARIS
Bir Hakeim
HAMEAU DE BOULAINVILLIERS
RUE DU RANELAGH
AVE DU GEN MANGIN
RUE DU DR GERMAIN SEE
VOIE GEORGES POMPIDOU
PORT DE PASSY
ALLEE DES CYGNES
RUE NOCARD
RUE NELATON
RUE DE L'ASSOMPTION
PLACE DU DOCTEUR HAYEM
Maison de Radio - France
Ave du Président Kennedy Maison de Radio-France
QUAI DE GRENELLE
RUE DU DOCTEUR FINLAY
AVENUE DU RECTEUR POINCARE
SQUARE DU PRE AUX CHEVAUX
RUE AGAR
拉封丹大街
RUE GROS
PLACE CLEMENT ADER
RUE MAURICE BOURDET
PORT
SQUARE BELA BARTOK
PLACE DE BRAZZAVILLE
RUE EMERIAU
RUE SEXTIUS MICHEL
RUE SCHUTZENBERGER
RUE CHARLES MICHELS
VILLA PATRICE BOUDART
RUE F MILLET
AVENUE THEOPHILE GAUTIER
RUE DAVID
RUE PIERRE LOUYS
RUE FLORENCE BLUMENTHAL
AVENUE DE VERSAILLES
Pont de Grenelle
Statue de la Liberté
RUE PAUL DUPUY
RUE DES PATURES
RUE FELICIEN DAVID
AVE PERRICHONT
RUE DEGAS
PLACE FERNAND FOREST
RUE DE FLERS
RUE ROBERT DE FLERS
RUE DU THEATRE
RUE SAINT CHARLES
RUE HERICART
SQUARE HERICART
PLACE ST CHARLES
RUE DE LA CAILLAVET
RUE LINOIS
RUE ROUELLE
VOIE D'AUTEUIL
RUE LOUIS BLERIOT
QUAI LOUIS BLERIOT
PORT DE JAVEL
QUAI ANDRE CITROEN
RUE DE L'INGENIEUR KELLER
RUE BEAUGRENELLE
RUE SAINT CHARLES
RUE GINOUX
RUE DE REMUSAT
Mirabeau

D
E
F
2
6
1
2
3
4
5
7
7
AVE MARCEAU
AVENUE GEORGE V
AVENUE MONTAIGNE
RUE DE CHAILLOT
AVE PIERRE 1er DE SERBIE
RUE GOETHE
RUE BIZET
RUE L REYNAUD
RUE DE LA TREMOILLE
RUE DU BOCCADOR
RUE CHAMBIGES
RUE C MAROT
RUE FRANCOIS 1er
PLACE FRANCOIS 1er
RUE BAYARD
RUE JEAN GOUJON
Théâtre des Champs-Elysées
PGE COMMUN
RUE HAMELIN
RUE DE L'AMIRAL D'ESTAING
LUBECK
AVENUE D'IÉNA
时装美术馆
RUE DE GALLIERA
RUE FREYCINET
SQUARE BRIGNOLE GALLIERA
RUE BRIGNOLE
吉美国立亚洲艺术博物馆
PLACE D'IÉNA
LONGCHAMP
AVENUE DU PRESIDENT WILSON
Iéna
Palais de Tokyo
RUE GASTON DE ST PAUL
RUE DEBROUSSE
RUE DES FRERES PERIER
PLACE DE LA REINE ASTRID
COURS ALBERT 1er
Alma Marceau
PLACE DE L'ALMA
RUE DE LA MANUTENTION
巴黎市立近代美术馆
AVENUE DE NEW YORK
DEBILLY
PORT DE LA CONFERENCE
Port de la Conférence
Pont de L'Alma
PORT DU GROS CAILLOU
RUE FRESNEL
RUE FOUCAULT
RUE ALBERT DE MUN
AVE DES NATIONS UNIES
Passerelle Debilly
PORT DE LA BOURDONNAIS
Pont de l'Alma RER
QUAI D'ORSAY
PLACE DE LA RESISTANCE
QUAI BRANLY
PORT DE PASSY
Seine
AVENUE RAPP
RUE COGNACQ JAY
RUE JEAN NICOT
RUE DU COLONEL COMBES
RUE HENRI MOISSAN
RUE DE L'UNIVERSITE
CITE DE L'ALMA
盖布朗利博物馆
AVE FRANCO RUSSE
AVENUE BOSQUET
PASSAGE LANDRIEU
RUE MALAR
RUE PIERRE VILLEY
Pont d'Iéna
Port de la Bourdonnais
Pont d'Iéna
ALLEE PAUL DESCHANEL
RUE DE MONTTESSUY
RUE E VALENTIN
RUE DUPONT DES LOGES
RUE SEDILLOT
RUE SAINT DOMINIQUE
RUE AMELIE
AVE S DE SACY
AVE ELISEE RECLUS
RUE DU GAL CAMOU
RUE DU MAL DU HARISPE
PLACE DU GENERAL GOURAUD
RUE DE L'EXPOSITION
埃菲尔铁塔
AVE GUSTAVE EIFFEL
AVE E POUVILLON
AVE BARBEY D'AUREVILLY
RUE DU GROS CAILLOU
RUE AUGEREAU
RUE DE GRENELLE
PGE DE L'UNION
RUE VALADON
RUE DUVIVIER
RUE CLER
RUE CHAMP DE MARS
RUE BOSQUET
amp de Mars - ur Eiffel
AVE OCTAVE GREARD
战神广场公园
PLACE JACQUES RUEFF
ALLEE A BOUVARD
AVENUE ANATOLE FRANCE
ALLEE ADRIENNE LECOUVREUR
RUE MARINONI
AVE EMILE DESCHANEL
AVENUE DE LA BOURDONNAIS
AVENUE DE LA MOTTE PICQUET
ade Emile Anthoine
AVENUE DE SUFFREN
RUE DU GEN LAMBERT
AVENUE DU DR BROUARDEL
ALLEE THOMY THIERRY
AVENUE CHARLES FLOQUET
AVENUE CHARLES RISLER
ALLEE LOTI
RUE SAVORGNAN DE BRAZZA
AVENUE F LE PLAY
Ecole Militaire
PLACE DE L'ECOLE MILITAIRE
AVE DUQUESNE
RUE JEAN REY
RUE DE LA FEDERATION
RUE DU CAP SCOTT
RUE DESAIX
RUE SAINT SAENS
SQ DESAIX
RUE CHAMPFLEURY
RUE ALEXIS CARREL
AVENUE DU GEN. DETRIE
PLACE JOFFRE
军事学院
AVENUE DE LOWENDAL
RUE JEAN CARRIES
AVE E ACOLLAS
BOULEVARD DE GRENELLE
RUE CLODION
RUE DANIEL STERN
RUE DE PRESLES
PGE DU GUESCLIN
RUE DUPLEIX
Village Suisse
PLACE DUPLEIX
PLACE DU CARD AMETTE
RUE ALASSEUR
AVENUE DE CHAMPAUBERT
RUE DU DOCTEUR FINLAY
RUE HUMBLOT
RUE AUGUSTE BARTOLDI
Dupleix
RUE VIALA
RUE DE LOURMEL
RUE DUSSANE
RUE DU GEN DE LARMINAT
AVENUE DE LA MOTTE PICQUET
RUE DU GEN DE CASTELNAU
RUE DE LA CAVALERIE
RUE DU LAOS
RUE DE L'ABBE ROGER DERRY
PLACE DE FONTENOY
AVENUE DE SAXE
联合国教科文组织
RUE DE SOUDAN
RUE DE PONDICHÉRY
RUE D'OUESSANT
RUE JUGE
VILLA DE GRENELLE
RUE VIOLET
RUE TIPHAINE
RUE FALLEMPIN
La Motte Picquet Grenelle
RUE DU COMMERCE
RUE DE L'AVRE
RUE LETELLIER
RUE ALEXANDRE CABANEL
SQUARE LOWENDAL
SQUARE CAMBRONNE
RUE MARIO NIKIS
IMPASSE GRISEL
AVE DE SEGUR
Ségur
Lycée Technique Roger Verlomme
RUE DU THEATRE
RUE FONDARY
RUE FREMICOURT
PLACE CAMBRONNE
Cambronne
BOULEVARD GARIBALDI

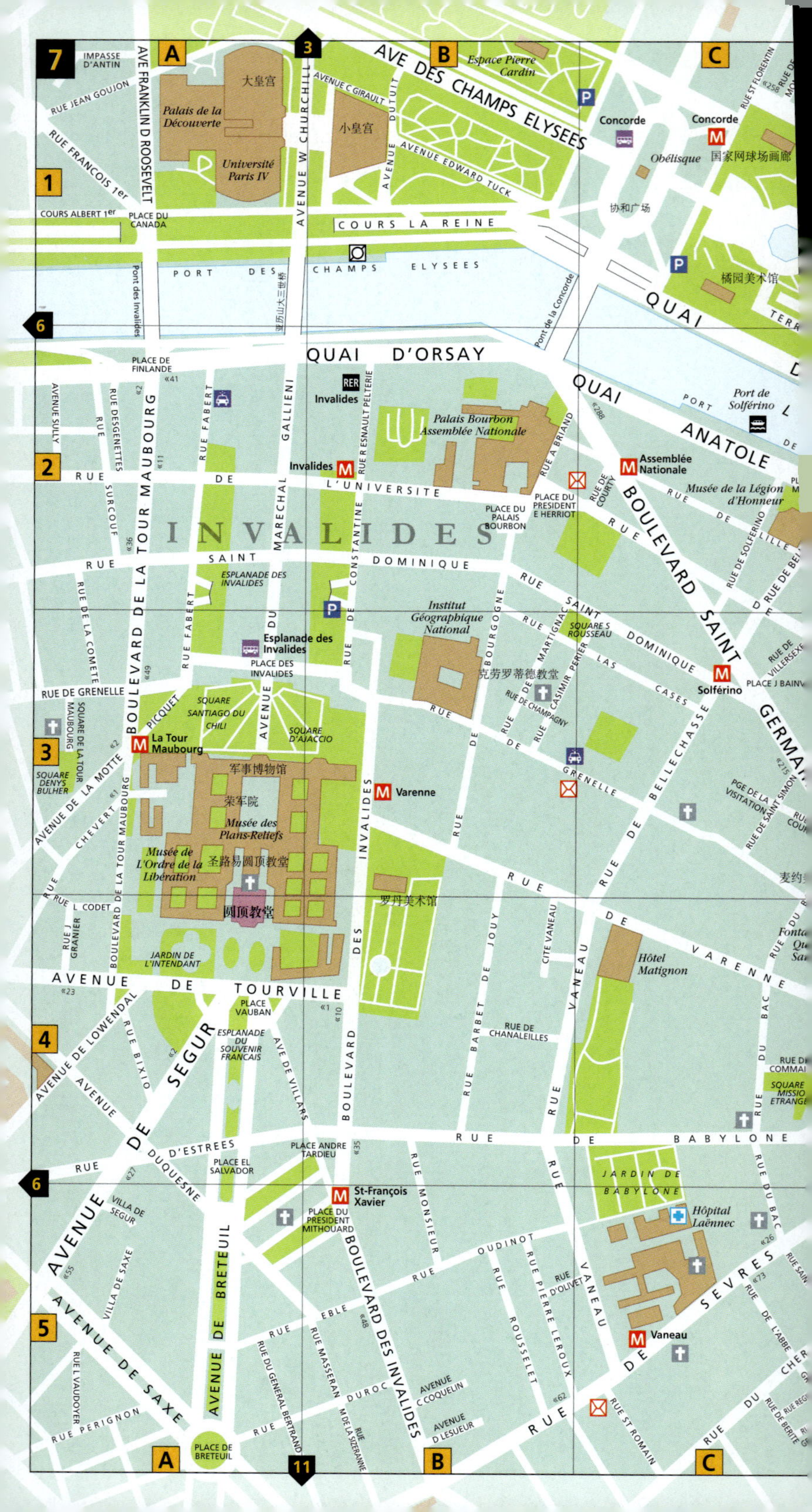
7
A
B
C
1
2
3
4
5
6
11
IMPASSE D'ANTIN
RUE JEAN GOUJON
RUE FRANCOIS 1er
AVE FRANKLIN D ROOSEVELT
Palais de la Découverte
大皇宫
Université Paris IV
AVENUE W CHURCHILL
AVENUE C GIRAULT
小皇宫
AVENUE DUTUIT
AVE DES CHAMPS ELYSEES
Espace Pierre Cardin
AVENUE EDWARD TUCK
Concorde
Obélisque
国家网球场画廊
协和广场
橘园美术馆
COURS ALBERT 1er
PLACE DU CANADA
COURS LA REINE
PORT DES CHAMPS ELYSEES
Pont des Invalides
亚历山大三世桥
Pont de la Concorde
QUAI
TERR
PLACE DE FINLANDE
QUAI D'ORSAY
RER
Invalides
RUE ESNAULT PELTERIE
Palais Bourbon Assemblée Nationale
QUAI ANATOLE
Port de Solférino
PORT
AVENUE SULLY
RUE DESGENETTES
BOULEVARD DE LA TOUR MAUBOURG
RUE FABERT
RUE GALLIENI
RUE A BRIAND
RUE DE COURTY
Assemblée Nationale
Musée de la Légion d'Honneur
RUE DE L'UNIVERSITE
RUE SURCOUF
PLACE DU PALAIS BOURBON
PLACE DU PRESIDENT E HERRIOT
INVALIDES
BOULEVARD SAINT GERMAIN
RUE SAINT DOMINIQUE
MARECHAL
CONSTANTINE
ESPLANADE DES INVALIDES
RUE DE SOLFERINO
RUE DE LILLE
RUE DE LA COMETE
Institut Géographique National
RUE DE BOURGOGNE
RUE MARTIGNAC
SQUARE S ROUSSEAU
RUE CASIMIR PERIER
RUE LAS CASES
Esplanade des Invalides
PLACE DES INVALIDES
克劳罗蒂德教堂
RUE DE CHAMPAGNY
Solférino
RUE DE VILLERSEXEL
PLACE J BAINVILLE
RUE DE GRENELLE
SQUARE DE LA TOUR MAUBOURG
PICQUET
SQUARE SANTIAGO DU CHILI
SQUARE D'AJACCIO
La Tour Maubourg
SQUARE DENYS BULHER
AVENUE DE LA MOTTE
RUE CHEVERT
军事博物馆
荣军院
Musée des Plans-Reliefs
Musée de l'Ordre de la Libération
圣路易圆顶教堂
圆顶教堂
Varenne
RUE DE BELLECHASSE
PGE DE LA VISITATION
RUE DE SAINT SIMON
麦约
罗丹美术馆
BOULEVARD DES INVALIDES
RUE L CODET
RUE J GRANIER
JARDIN DE L'INTENDANT
RUE DE VARENNE
CITE VANEAU
Hôtel Matignon
RUE DU BAC
AVENUE DE TOURVILLE
PLACE VAUBAN
AVENUE DE LOWENDAL
RUE BIXIO
AVENUE DE SEGUR
ESPLANADE DU SOUVENIR FRANCAIS
AVE DE VILLARS
RUE BARBET DE JOUY
RUE DE CHANALEILLES
RUE VANEAU
RUE DE COMMAI
SQUARE MISSIO ETRANGE
RUE D'ESTREES
AVENUE DUQUESNE
PLACE ANDRE TARDIEU
PLACE EL SALVADOR
RUE DE BABYLONE
JARDIN DE BABYLONE
St-François Xavier
VILLA DE SEGUR
PLACE DU PRESIDENT MITHOUARD
RUE MONSIEUR
RUE OUDINOT
Hôpital Laënnec
AVENUE DE BRETEUIL
VILLA DE SAXE
RUE EBLE
RUE D'OLIVET
RUE PIERRE LEROUX
RUE ROUSSELET
RUE DE SEVRES
AVENUE DE SAXE
RUE L VAUDOYER
RUE DU GENERAL BERTRAND
RUE MASSERAN
RUE DUROC
AVENUE C COQUELIN
AVENUE D LESUEUR
RUE M DE LA SIZERANNE
Vaneau
RUE DE L'ABBE
RUE ST ROMAIN
RUE DU CHER
RUE PERIGNON
PLACE DE BRETEUIL

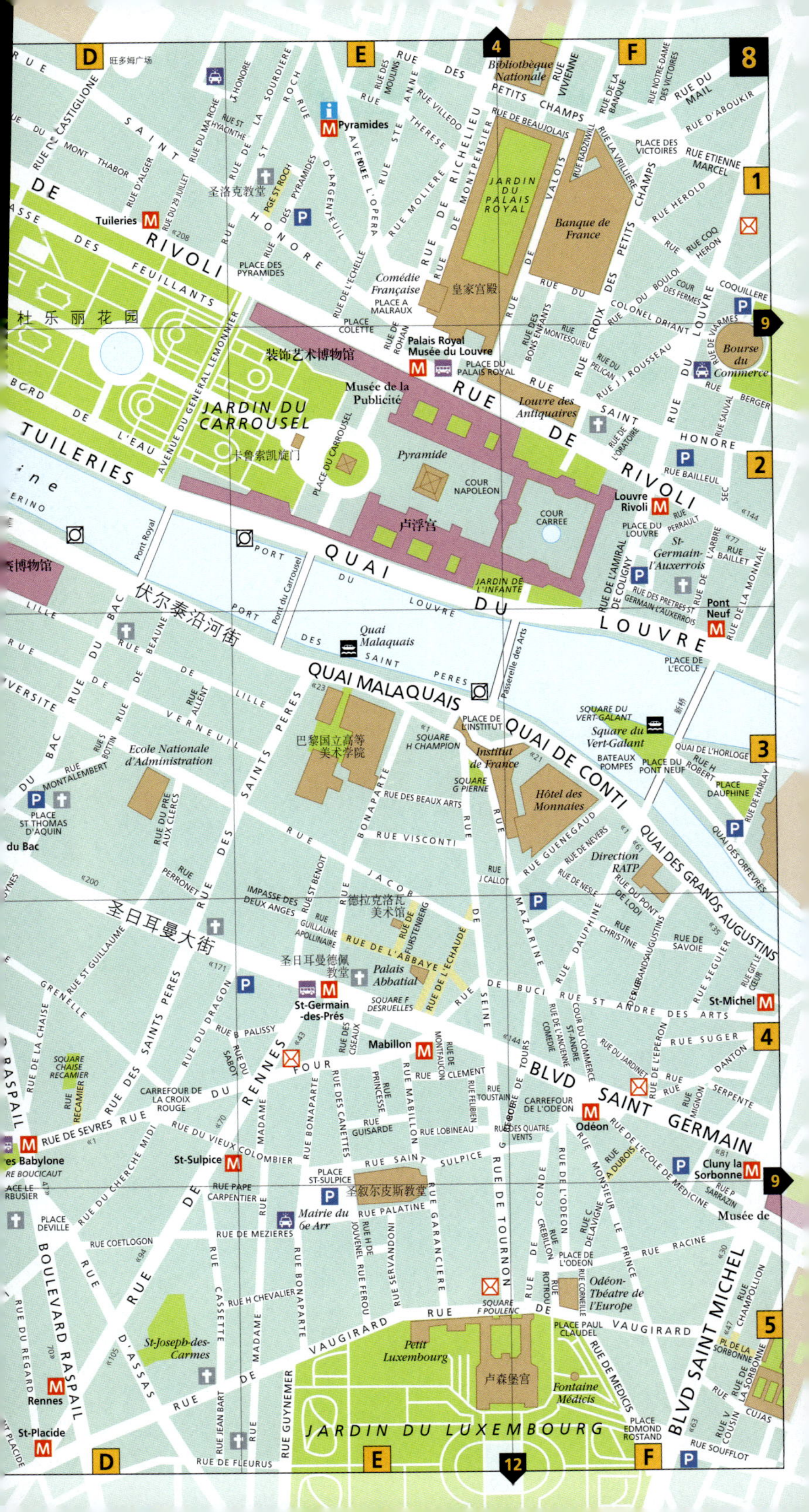
8
D
E
F
4
9
12
1
2
3
4
5
旺多姆广场
Pyramides
Bibliothèque Nationale
RUE DES PETITS CHAMPS
RUE VIVIENNE
RUE DE BEAUJOLAIS
PLACE DES VICTOIRES
RUE ETIENNE MARCEL
RUE DU MAIL
RUE D'ABOUKIR
RUE DE CASTIGLIONE
RUE DU MONT THABOR
RUE D'ALGER
RUE DU 29 JUILLET
RUE DU MARCHE ST HONORE
RUE ST HYACINTHE
RUE DE LA SOURDIERE
RUE ST ROCH
圣洛克教堂
PGE ST ROCH
RUE DES PYRAMIDES
RUE D'ARGENTEUIL
AVENUE DE L'OPERA
RUE STE ANNE
RUE THERESE
RUE VILLEDO
RUE MOLIERE
RUE DE RICHELIEU
RUE DE MONTPENSIER
JARDIN DU PALAIS ROYAL
RUE DE VALOIS
RUE RADZIWILL
RUE LA VRILLIERE
Banque de France
RUE CROIX DES PETITS CHAMPS
RUE HEROLD
RUE COQ HERON
RUE COQUILLERE
Tuileries
RUE DE RIVOLI
RUE SAINT HONORE
PLACE DES PYRAMIDES
RUE DES FEUILLANTS
Comédie Française
PLACE A MALRAUX
RUE DE L'ECHELLE
皇家宫殿
RUE DES BONS ENFANTS
RUE MONTESQUIEU
RUE DU BOULOI
COUR DES FERMES
RUE DU COLONEL DRIANT
RUE DU LOUVRE
RUE DE VIARMES
Bourse du Commerce
杜乐丽花园
PLACE COLETTE
RUE DE ROHAN
Palais Royal Musée du Louvre
PLACE DU PALAIS ROYAL
RUE DU PELICAN
RUE J J ROUSSEAU
装饰艺术博物馆
Musée de la Publicité
Louvre des Antiquaires
RUE SAUVAL
RUE BERGER
JARDIN DU CARROUSEL
AVENUE DU GENERAL LEMONNIER
PLACE DU CARROUSEL
卡鲁索凯旋门
Pyramide
COUR NAPOLEON
RUE DE L'ORATOIRE
RUE BAILLEUL
RUE DE L'ARBRE SEC
TUILERIES
Seine
COUR CARREE
卢浮宫
Louvre Rivoli
PLACE DU LOUVRE
RUE PERRAULT
St-Germain-l'Auxerrois
RUE BAILLET
RUE DE LA MONNAIE
Pont Royal
PORT DU LOUVRE
QUAI DU LOUVRE
JARDIN DE L'INFANTE
RUE DE L'AMIRAL DE COLIGNY
RUE DES PRETRES ST GERMAIN L'AUXERROIS
Pont Neuf
Pont du Carrousel
伏尔泰沿河街
RUE DE LILLE
RUE DU BAC
RUE DE BEAUNE
Quai Malaquais
PORT DES SAINTS PERES
Passerelle des Arts
PLACE DE L'ECOLE
QUAI MALAQUAIS
RUE DE L'UNIVERSITE
RUE ALLENT
RUE DE VERNEUIL
RUE DES SAINTS PERES
PLACE DE L'INSTITUT
QUAI DE CONTI
SQUARE DU VERT-GALANT
Square du Vert-Galant
新桥
QUAI DE L'HORLOGE
SQUARE H CHAMPION
Institut de France
BATEAUX POMPES
PLACE DU PONT NEUF
RUE H ROBERT
PLACE DAUPHINE
RUE DE HARLAY
Ecole Nationale d'Administration
巴黎国立高等美术学院
RUE MONTALEMBERT
RUE DE BONAPARTE
SQUARE G PIERNE
Hôtel des Monnaies
RUE DES BEAUX ARTS
RUE DE SEINE
RUE GUENEGAUD
RUE DE NEVERS
QUAI DES ORFEVRES
PLACE ST THOMAS D'AQUIN
RUE DU PRE AUX CLERCS
du Bac
RUE VISCONTI
RUE DE NESLE
Direction RATP
RUE DU PONT DE LODI
QUAI DES GRANDS AUGUSTINS
RUE PERRONET
RUE J CALLOT
RUE JACOB
RUE ST BENOIT
IMPASSE DES DEUX ANGES
德拉克洛瓦美术馆
RUE DE FURSTENBERG
RUE MAZARINE
RUE DAUPHINE
RUE CHRISTINE
RUE DES GRANDS AUGUSTINS
RUE DE SAVOIE
RUE SEGUIER
RUE GIT LE COEUR
圣日耳曼大街
RUE ST GUILLAUME
RUE GUILLAUME APOLLINAIRE
RUE DE L'ABBAYE
RUE DE L'ECHAUDE
圣日耳曼德佩教堂
Palais Abbatial
RUE DE BUCI
RUE ST ANDRE DES ARTS
St-Michel
RUE DE GRENELLE
St-Germain-des-Prés
SQUARE F DESRUELLES
RUE DE L'ANCIENNE COMEDIE
COUR DU COMMERCE ST-ANDRE
RUE DU DRAGON
RUE B PALISSY
RUE DES CISEAUX
Mabillon
RUE DE MONTFAUCON
RUE DU JARDINET
RUE DE L'EPERON
RUE SUGER
RUE DANTON
RUE DE LA CHAISE
SQUARE CHAISE RECAMIER
RUE RECAMIER
RUE SABOT
RUE DE RENNES
RUE DU FOUR
RUE CLEMENT
BLVD SAINT GERMAIN
RUE SERPENTE
RUE MIGNON
RASPAIL
CARREFOUR DE LA CROIX ROUGE
RUE PRINCESSE
RUE FELIBIEN
RUE TOUSTAIN
CARREFOUR DE L'ODEON
RUE DE L'ECOLE DE MEDICINE
RUE DE SEVRES
RUE DU CHERCHE MIDI
RUE DU VIEUX COLOMBIER
RUE DES CANETTES
RUE GUISARDE
RUE LOBINEAU
RUE DES QUATRE VENTS
Odéon
RUE A DUBOIS
Cluny la Sorbonne
Babylone
RUE BOUCICAUT
St-Sulpice
RUE MABILLON
RUE SAINT SULPICE
PLACE ST-SULPICE
圣叙尔皮斯教堂
RUE MONSIEUR LE PRINCE
RUE P SARRAZIN
Musée de
RUE PAPE CARPENTIER
Mairie du 6e Arr
RUE PALATINE
RUE DE CONDE
RUE DE L'ODEON
RUE C DELAVIGNE
PLACE DEVILLE
RUE COETLOGON
RUE DE MEZIERES
RUE H DE JOUVENEL
RUE FEROU
RUE SERVANDONI
RUE GARANCIERE
RUE DE TOURNON
RUE CREBILLON
PLACE DE L'ODEON
RUE RACINE
BOULEVARD RASPAIL
RUE CASSETTE
RUE H CHEVALIER
SQUARE F POULENC
RUE ROTROU
RUE CORNEILLE
Odéon-Théatre de l'Europe
RUE CHAMPOLLION
RUE DU REGARD
RUE D'ASSAS
St-Joseph-des-Carmes
RUE MADAME
RUE BONAPARTE
RUE DE VAUGIRARD
Petit Luxembourg
PLACE PAUL CLAUDEL
卢森堡宫
Fontaine Médicis
RUE DE MEDICIS
PL DE LA SORBONNE
RUE DE LA SORBONNE
Rennes
RUE CUJAS
BLVD SAINT MICHEL
RUE V COUSIN
St-Placide
RUE JEAN BART
RUE GUYNEMER
JARDIN DU LUXEMBOURG
PLACE EDMOND ROSTAND
RUE SOUFFLOT
RUE DE FLEURUS
贝博物馆

9
A
B
C
1
2
3
4
5
8
13
Sentier
Réaumur Sébastopol
Musée des Arts et Métiers
Arts et Métiers
Tour de Jean Sans Peur
Etienne Marcel
圣厄斯塔什教堂
Les Halles
集市广场
Châtelet les Halles
RER
Fontaine des Innocents
Châtelet
Rambuteau
蓬皮杜中心
犹太历史美术馆
苏比斯府第
Archives Nationales
Hôtel de Rohan
Hôtel Guénégaud
Musée de la Chasse et de la Nature
St-Merri
圣雅克塔
Hôtel de Ville
市政厅
Assistance Publique
古监狱
司法宫
圣礼拜堂
Cité
Hôtel Dieu
ILE DE LA CITE
地下考古墓穴
巴黎圣母院
Portde l'Hôtel de Ville
圣杰维圣波蝶教堂
Mémorial du Martyr Juif Inconnu
Pont Marie
桑斯馆
St-Paul
St-Michel
穷人圣朱利安教堂
圣赛芙韩教堂
Port de Montebello
SQUARE JEAN XXIII
圣路易岛
St-Louis-en-l'Ile
Hôtel de Lauzun
Musée Adam Mickiewicz
克吕尼美术馆
Maubert Mutualité
索邦大学
Chapelle de la Sorbonne
Lycée Louis le Grand
QUARTIER LATIN
阿拉伯世界研究院
Universités Paris VI et Paris VII
Musée de Minéralogie
BOULEVARD DE SEBASTOPOL
RUE REAUMUR
RUE DE TURBIGO
RUE RAMBUTEAU
RUE BEAUBOURG
RUE DU TEMPLE
RUE SAINT MARTIN
RUE SAINT DENIS
RUE DE RIVOLI
AVE VICTORIA
QUAI DE LA MEGISSERIE
QUAI DE GESVRES
QUAI DE L'HOTEL DE VILLE
QUAI DES CELESTINS
QUAI DE LA TOURNELLE
QUAI SAINT BERNARD
BOULEVARD SAINT GERMAIN
BOULEVARD SAINT MICHEL
RUE SAINT JACQUES
BOULEVARD DU PALAIS
RUE DE LA CITE
RUE DU RENARD
RUE FRANCOIS MIRON
RUE DES FRANCS BOURGEOIS
RUE VIEILLE DU TEMPLE
RUE MONTMARTRE
RUE MONTORGUEIL
RUE DU LOUVRE
RUE ETIENNE MARCEL
RUE SAINT HONORE
RUE DE MONTMORENCY
RUE MICHEL LE COMTE
RUE DES ARCHIVES
RUE DE LA VERRERIE
RUE SAINTE CROIX DE LA BRETONNERIE
RUE DES ROSIERS
RUE MONGE
RUE DES ECOLES
RUE DES FOSSES SAINT BERNARD
RUE DU CARDINAL LEMOINE
RUE SAINT LOUIS EN L'ILE
QUAI D'ANJOU
QUAI DE BETHUNE
QUAI DE BOURBON
QUAI D'ORLEANS
QUAI DE MONTEBELLO
QUAI SAINT MICHEL
QUAI DU MARCHE NEUF
QUAI DE L'HORLOGE
QUAI DE CORSE
Pont au Change
Pont Notre-Dame
Pont d'Arcole
Pont Louis Philippe
Pont Marie
Pont de Sully
Pont de la Tournelle
Pont St-Louis
Pont St-Michel
Petit Pont
Pont au Double
Pont de l'Archevêché
PLACE DU CHATELET
PLACE DE L'HOTEL DE VILLE
PLACE GEORGES POMPIDOU
PLACE DU PARVIS NOTRE DAME
SQUARE RENE VIVIANI
SQUARE DE L'ILE DE FRANCE
SQUARE BARYE
SQUARE DE LA TOUR ST-JACQUES
PLACE MAUBERT
SQUARE P LANGEVIN
JARDIN DE NAVARRE

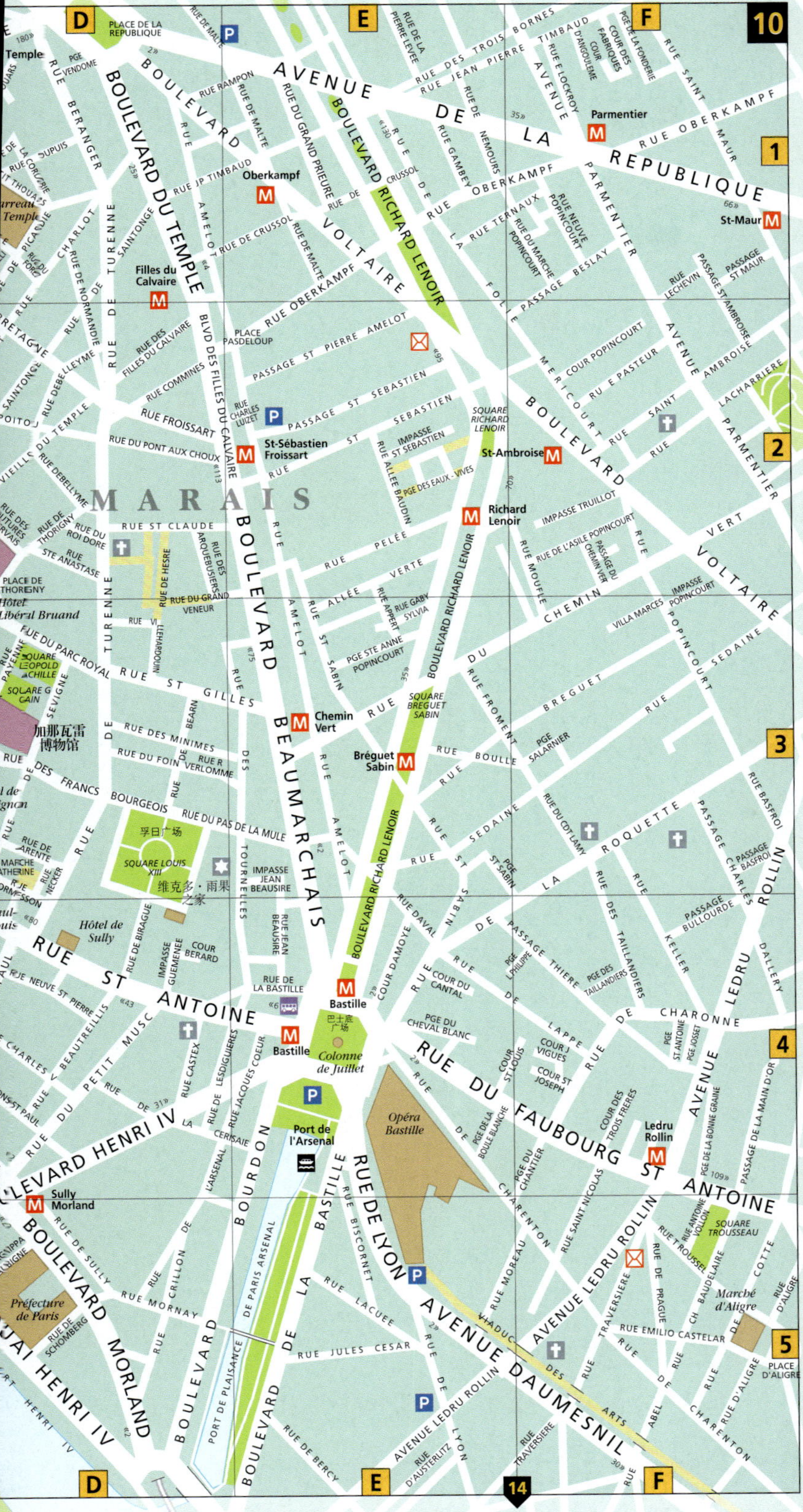
D
E
F
1
2
3
4
5
PLACE DE LA REPUBLIQUE
Temple
AVENUE DE LA REPUBLIQUE
BOULEVARD DU TEMPLE
BOULEVARD RICHARD LENOIR
BOULEVARD VOLTAIRE
RUE OBERKAMPF
Parmentier
Oberkampf
St-Maur
Filles du Calvaire
BLVD DES FILLES DU CALVAIRE
RUE DE TURENNE
RUE CHARLOT
RUE DE BRETAGNE
RUE AMELOT
RUE DE CRUSSOL
RUE JP TIMBAUD
RUE RAMPON
RUE DE MALTE
RUE DU GRAND PRIEURE
RUE DES TROIS BORNES
RUE JEAN PIERRE TIMBAUD
RUE DE LA FONTAINE AU ROI
RUE DE NEMOURS
RUE GAMBEY
RUE TERNAUX
RUE DE LA FOLIE MERICOURT
PASSAGE BESLAY
AVENUE PARMENTIER
RUE SAINT MAUR
PASSAGE ST AMBROISE
PASSAGE ST MAUR
RUE LECHEVIN
PLACE PASDELOUP
PASSAGE ST PIERRE AMELOT
RUE COMMINES
RUE FROISSART
PASSAGE ST SEBASTIEN
RUE ST SEBASTIEN
IMPASSE ST SEBASTIEN
RUE CHARLES LUIZET
St-Sébastien Froissart
RUE DU PONT AUX CHOUX
SQUARE RICHARD LENOIR
St-Ambroise
RUE SAINT AMBROISE
RUE LACHARRIERE
COUR POPINCOURT
RUE PASTEUR
MARAIS
RUE ST CLAUDE
RUE DE THORIGNY
RUE DU ROI DORE
RUE STE ANASTASE
RUE DES ARQUEBUSIERS
RUE DE HESRE
RUE DU GRAND VENEUR
PLACE DE THORIGNY
Hôtel Libéral Bruand
RUE DU PARC ROYAL
RUE ST GILLES
SQUARE LEOPOLD ACHILLE
SQUARE G CAIN
RUE DE SEVIGNE
加那瓦雷博物馆
BOULEVARD BEAUMARCHAIS
Chemin Vert
Richard Lenoir
RUE PELEE
ALLEE VERTE
RUE DU CHEMIN VERT
IMPASSE TRUILLOT
RUE DE L'ASILE POPINCOURT
RUE MOUFLE
VILLA MARCES
IMPASSE POPINCOURT
RUE POPINCOURT
RUE SEDAINE
RUE BREGUET
RUE FROMENT
PGE STE ANNE POPINCOURT
SQUARE BREGUET SABIN
Bréguet Sabin
RUE BOULLE
PGE SALARNIER
RUE DES MINIMES
RUE DU FOIN
RUE DES FRANCS BOURGEOIS
RUE DU PAS DE LA MULE
孚日广场
SQUARE LOUIS XIII
维克多·雨果之家
IMPASSE JEAN BEAUSIRE
RUE DES TOURNELLES
RUE DU CDT LAMY
RUE DE LA ROQUETTE
PASSAGE CHARLES DALLERY
RUE BASFROI
PASSAGE BASFROI
Hôtel de Sully
RUE DE BIRAGUE
IMPASSE GUEMENEE
COUR BERARD
RUE DAVAL
COUR DAMOYE
COUR DU CANTAL
PASSAGE THIERE
PGE DES TAILLANDIERS
RUE DES TAILLANDIERS
RUE KELLER
PASSAGE BULLOURDE
AVENUE LEDRU ROLLIN
RUE ST ANTOINE
RUE DE LA BASTILLE
Bastille
巴士底广场
Colonne de Juillet
PGE DU CHEVAL BLANC
RUE DE LAPPE
COUR J VIGUES
COUR ST JOSEPH
RUE DE CHARONNE
RUE DU FAUBOURG ST ANTOINE
Opéra Bastille
RUE CASTEX
RUE DE LESDIGUIERES
RUE JACQUES COEUR
RUE DU PETIT MUSC
RUE BEAUTREILLIS
BOULEVARD HENRI IV
Port de l'Arsenal
BOULEVARD BOURDON
BOULEVARD DE LA BASTILLE
RUE DE LYON
RUE DE CHARENTON
COUR DES TROIS FRERES
Ledru Rollin
SQUARE TROUSSEAU
RUE T ROUSSEL
Marché d'Aligre
PLACE D'ALIGRE
RUE EMILIO CASTELAR
RUE DE COTTE
RUE D'ALIGRE
Sully Morland
BOULEVARD MORLAND
RUE DE SULLY
Préfecture de Paris
QUAI HENRI IV
RUE MORNAY
RUE CRILLON
PORT DE PLAISANCE DE PARIS ARSENAL
RUE JULES CESAR
RUE LACUEE
RUE BISCORNET
AVENUE DAUMESNIL
VIADUC DES ARTS
AVENUE LEDRU ROLLIN
RUE MOREAU
RUE SAINT NICOLAS
RUE TRAVERSIERE
RUE DE BERCY
RUE D'AUSTERLITZ
RUE ABEL
14

11
A
B
C
1
2
3
4
5
7
蒙帕纳斯
MONTPARNASSE
Duroc
Hôpital Necker Enfants Malades
Sèvres Lecourbe
Falguière
Montparnasse Bienvenüe
Musée Montparnasse
Musée Bourdelle
Pasteur
Volontaires
Musée de la Poste
Tour Montparnasse
Gare Montparnasse
Institut Pasteur
SQUARE MAX HYMANS
Mémorial du Maréchal Leclerc
JARDIN ATLANTIQUE
PLACE DE CATALOGNE
LES COLONNES
Gaîté
Pernety
Plaisance
SQUARE STE LEONIE
SQUARE ALESIA RIDDER
SQUARE LOSSERAND SUISSES
SQUARE DU CHANOINE VIOLLET
JARDIN DU MOULIN DE LA VIERGE
JARDIN ALLERAY - LABROUSTE
Hôpital Broussais la Charité
PLACE HENRI QUEUILLE
PLACE BIENVENUE
PLACE R DAUTRY
SQUARE GASTON BATY
PLACE FALGUIERE
PLACE DU GENERAL MONCLAR
PLACE CONSTANTIN BRANCUSI
PARVIS D TEMPLIER
PLACE DE L'ABBE J LEBEUF
PLACE DE MORO GIAFFERI
PLACE L P FARGUE
RUE DE SEVRES
BOULEVARD DE VAUGIRARD
RUE DE VAUGIRARD
BOULEVARD PASTEUR
BLVD DE VAUGIRARD
AVENUE DU MAINE
RUE DU CHERCHE MIDI
RUE LECOURBE
RUE FALGUIERE
RUE DU COTENTIN
RUE VERCINGETORIX
RUE RAYMOND LOSSERAND
RUE D'ALESIA
RUE DE VOUILLE
RUE DIDOT
RUE DE L'OUEST
RUE DU CHATEAU
RUE PERNETY
RUE DE GERGOVIE
RUE ALAIN
RUE DES VOLONTAIRES
RUE DU DR ROUX
RUE DES ARBUSTES
RUE DES MARINIERS
BLVD BRUNE
RUE DE L'ABBE CARTON
RUE LOUIS MORARD
RUE ANTOINE CHANTIN
RUE DES PLANTES
RUE DU DEPART
RUE DE L'ARRIVEE
RUE DU MAINE
AVENUE VILLEMAIN
RUE JONQUOY
RUE LAROUSSE
RUE PIERRE LAROUSSE
RUE DES SUISSES
RUE DE LA PROCESSION
RUE D'ALLERAY
RUE DE L'ARMORIQUE
RUE D'ARSONVAL
RUE DUTOT
RUE PLUMET
RUE VIGEE LEBRUN
RUE PLATON
RUE BARGUE
RUE BLOMET
RUE EMILE DUCLAUX
RUE ERNEST RENAN
RUE DE STAEL
RUE DE L'ARRIVEE
RUE ANTOINE BOURDELLE
RUE ARMAND MOISANT
GALERIE VAUGIRARD
RUE MIZON
RUE BROWN SEQUARD
RUE DALOU
RUE DULAC
IMPASSE DE L'ENFANT JESUS
RUE MAYET
RUE DE LA GAITE
RUE VANDAMME
RUE DE L'OUEST
RUE GUILLEMINOT
RUE CROCE SPINELLI
RUE DU TEXEL
RUE BOYER BARRET
RUE DES THERMOPYLES
CITE BAUER
RUE BENARD
RUE DE LA SABLIERE
RUE MAURICE RIPOCHE
RUE MAINDRON
RUE HIPPOLYTE MAINDRON
RUE LEONIDAS
RUE OLIVIER NOYER
RUE DU MOULIN VERT
RUE DE L'EURE
RUE JACQUIER
RUE DELBET
RUE BARDINET
RUE BOULITTE
VILLA JAMOT
VILLA DESHAYES
RUE LEDION
VILLA COLLET
VILLA D'ALESIA
RUE DE CHATILLON
RUE DE RIDDER
RUE MAURICE ROUVIER
RUE DES JONQUILLES
RUE SAINT AMAND
RUE LABROUSTE
RUE CASTAGNARY
RUE GEORGES PITARD
RUE ALPHONSE BERTILLON
PASSAGE DE GERGOVIE
RUE DU CANGE
RUE DESPREZ
RUE FR DE PRESSENSE
RUE DECRES
RUE ASSELINE
RUE EDOUARD JACQUES
RUE LEBOUIS
RUE J GUESDE
RUE POINSOT
RUE JOLIVET
TERRASSE MODIGLIANI
RUE DU CDT RENE MOUCHOTTE
PONT DES CINQ MARTYRS DU LYCEE BUFFON
AVENUE DE SUFFREN
AVENUE DE BRETEUIL
AVENUE DU SAXE
RUE BOUCHUT
RUE ROSA BONHEUR
RUE BARTHELEMY
RUE DU GAL BERTRAND
VILLA GARNIER
VILLA GABRIEL
RUE D'ALENCON
IMPASSE DE L'ASTROLABE
IMPASSE DU MONT TONNERRE
RUE N CHARLET
RUE E GUILLOUT
CITE FALGUIERE
RUE A PAYEN
RUE ANDRE GIDE
RUE CH WEISS

12
D
E
F
8
13
1
2
3
4
5
Alliance Française
JARDIN DU LUXEMBOURG
Ecole Nationale Supérieure des Mines
BOULEVARD SAINT MICHEL
Luxembourg
RUE AUGUSTE COMTE
PLACE A HONNORAT
RUE DE L'ABBE DE L'EPEE
RUE GAY LUSSAC
RUE SAINT JACQUES
RUE ROYER COLLARD
RUE MALEBRANCHE
RUE LE GOFF
IMPASSE ROYER COLLARD
RUE DES URSULINES
RUE DES FEUILLANTINES
RUE HERSCHEL
RUE MICHELET
AVENUE DE L'OBSERVATOIRE
JARDIN R CAVELIER-DE-LA-SALLE
JARDIN MARCO POLO
PLACE E DENIS
天文之泉
RUE DES CHARTREUX
RUE DU VAL DE GRACE
PLACE A LAVERAN
圣宠谷教堂
RUE HENRI BARBUSSE
RUE P NICOLE
RUE FUSTEL DE COULANGES
AVE GEORGES BERNANOS
PLACE CAMILLE JULLIAN
Port Royal
BOULEVARD DE PORT ROYAL
BOULEVARD DU MONTPARNASSE
RUE VAVIN
AVE VAVIN
RUE D'ASSAS
Musée Zadkine
RUE JOSEPH BARA
RUE LE VERRIER
RUE NOTRE DAME DES CHAMPS
Notre Dame des Champs
PLACE P LAFUE
RUE HUYSMANS
RUE DUGUAY TROUIN
RUE MADAME
RUE GUYNEMER
RUE STE BEUVE
RUE BREA
RUE JULES CHAPLAIN
RUE DE LA GRANDE CHAUMIERE
RUE DE CHEVREUSE
RUE PAUL SEJOURNE
BOULEVARD RASPAIL
RUE STANISLAS
RUE DE FLEURUS
RUE DE CICE
PLACE ET SQUARE OZANAM
RUE PEGUY
Vavin
PLACE P PICASSO
RUE DELAMBRE
SQ DELAMBRE
RUE HUYGHENS
RUE L ROBERT
RUE CAMPAGNE-PREMIERE
RUE BOISSONADE
PASSAGE D'ENFER
Raspail
RUE DE LA GAITE
RUE QUINET
RUE EMILE RICHARD
麦帕纳斯公墓
CIMETIERE DU MONTPARNASSE
St-Vincent de Paul
Fondation Cartier
AVENUE DENFERT ROCHEREAU
RUE CASSINI
Observatoire de Paris
RUE DU FAUBOURG SAINT JACQUES
Hôpital Cochin
RUE DE LA SANTE
SQUARE DE PORT ROYAL
RUE MECHAIN
BOULEVARD ARAGO
RUE FROIDEVAUX
RUE VICTOR CONSIDERANT
RUE SCHOELCHER
SQ J ANTOINE
SQUARE GEORGES LAMARQUE
PLACE DENFERT ROCHEREAU
地下墓穴
SQUARE CLAUDE NICOLAS LEDOUX
SQUARE DE L'ABBE MIGNE
Denfert Rochereau
PLACE DE L'ILE DE SEIN
RUE LECLERC
RUE JEAN DOLENT
PLACE SAINT JACQUES
BOULEVARD SAINT JACQUES
St-Jacques
ENFERT
RUE GASSENDI
RUE DANVILLE
RUE LIANCOURT
RUE LALANDE
RUE DAGUERRE
RUE DE GRANCEY
RUE BOULARD
RUE SIVEL
RUE CHARLES DIVRY
PLACE ET SQUARE FERDINAND BRUNOT
RUE SAILLARD
RUE ERNEST CRESSON
SQUARE HENRI DELORMEL
RUE MOUTON DUVERNET
AVENUE DU GENERAL LECLERC
VILLA ADRIENNE
RUE BREZIN
RUE SOPHIE GERMAIN
Mouton Duvernet
RUE HALLE
AVENUE RENE COTY
VILLA ST JACQUES
RUE DE LA TOMBE ISSOIRE
RUE EMILE DUBOIS
RUE DAREAU
PGE DAREAU
RUE FERRUS
RUE CABANIS
RUE DU COUEDIC
RUE THIBAUD
PASSAGE RIMBAUT
RUE REMY DUMONCEL
RUE D'ALEMBERT
RUE DE LA HALLE
RUE SAINT GOTHARD
RUE BROUSSAIS
ROCHEREA
RUE MONTBRUN
PASSAGE MONTBRUN
VILLA D'ORLEANS
RUE BEZOUT
RUE DU COMMANDEUR
RUE DE LA SAONE
RUE DE BIGORRE
PASSAGE V MARCHAND
RUE BOUTIN
RUE DE LA GLACIERE
Alésia
PLACE VICTOR BASCH
RUE D'ALESIA
RUE MARGUERIN
RUE DU LUNAIN
RUE DU LONG
RUE COUCHE
RUE SARRETTE
RUE LENEVEUX
RUE DE L'AUDE
AVENUE DU GENERAL LECLERC

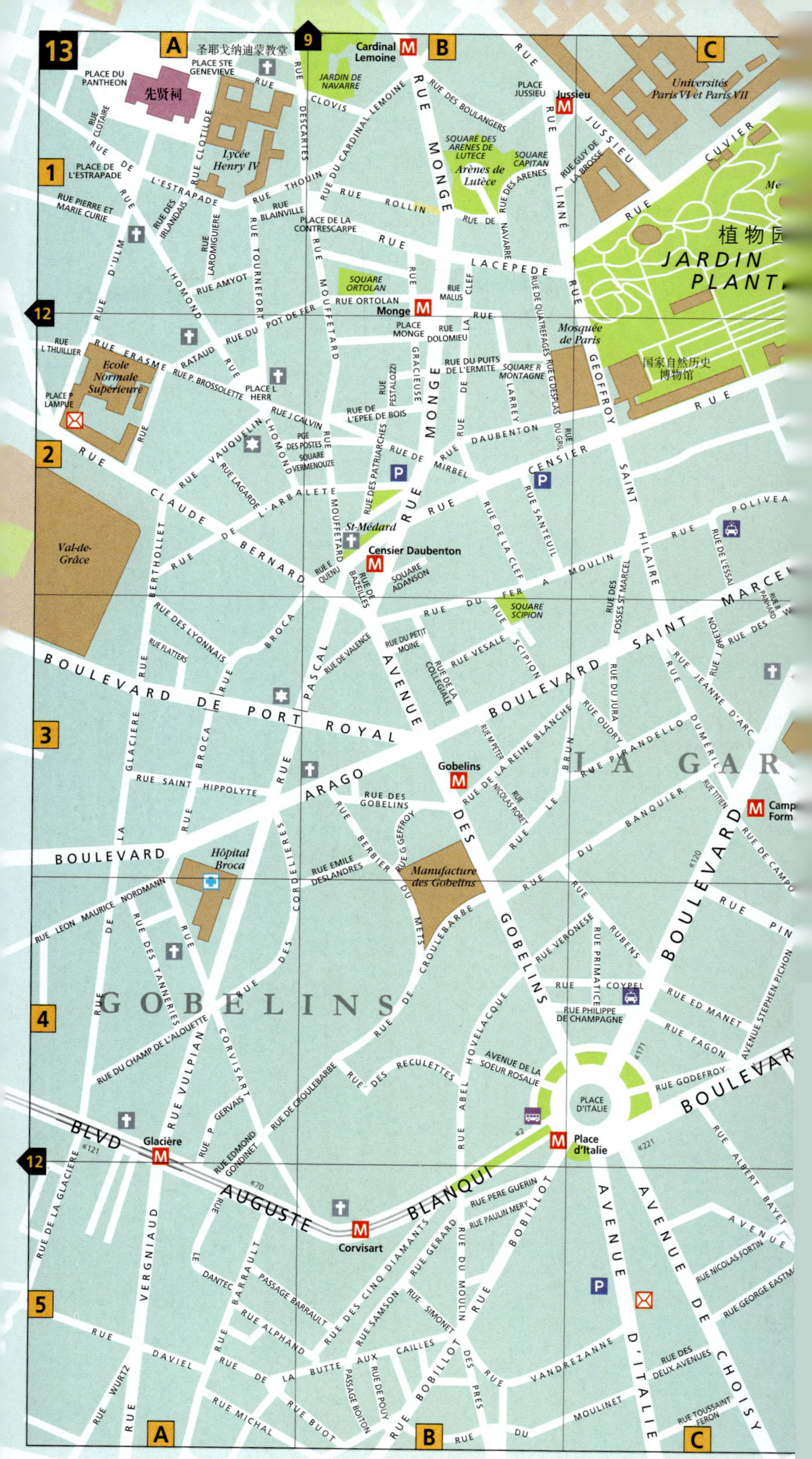

13
A
B
C
1
2
3
4
5
9
12
12
圣耶戈纳迪蒙教堂
先贤祠
PLACE DU PANTHEON
PLACE STE GENEVIEVE
Cardinal Lemoine
JARDIN DE NAVARRE
Universités Paris VI et Paris VII
PLACE JUSSIEU
Jussieu
RUE CLOTAIRE
RUE CLOVIS
RUE DESCARTES
RUE DU CARDINAL LEMOINE
RUE MONGE
RUE DES BOULANGERS
RUE JUSSIEU
RUE CUVIER
RUE GUY DE LA BROSSE
Lycée Henry IV
RUE CLOTILDE
PLACE DE L'ESTRAPADE
RUE DE L'ESTRAPADE
RUE PIERRE ET MARIE CURIE
RUE DES IRLANDAIS
RUE THOUIN
RUE BLAINVILLE
PLACE DE LA CONTRESCARPE
RUE ROLLIN
SQUARE DES ARENES DE LUTECE
Arènes de Lutèce
SQUARE CAPITAN
RUE DES ARENES
RUE LINNÉ
RUE DE NAVARRE
植物园
JARDIN PLANT
RUE D'ULM
RUE LAROMIGUIERE
RUE TOURNEFORT
RUE MOUFFETARD
RUE LACEPEDE
RUE AMYOT
L'HOMOND
SQUARE ORTOLAN
RUE ORTOLAN
Monge
RUE MALUS
RUE CLEF
RUE DE QUATREFAGES
Mosquée de Paris
RUE DU POT DE FER
PLACE MONGE
RUE DOLOMIEU
RUE L THUILLIER
RUE ERASME
RUE RATAUD
Ecole Normale Supérieure
PLACE P LAMPUE
RUE P. BROSSOLETTE
PLACE L HERR
RUE GRACIEUSE
RUE PESTALOZZI
RUE DU PUITS DE L'ERMITE
SQUARE R MONTAGNE
RUE LARREY
RUE G DESPLAS
国家自然历史博物馆
RUE GEOFFROY SAINT HILAIRE
RUE J CALVIN
RUE DE L'EPEE DE BOIS
RUE VAUQUELIN
PGE DES POSTES
SQUARE VERMENOUZE
RUE DES PATRIARCHES
RUE DE MIRBEL
RUE DAUBENTON
RUE DU GRIL
RUE CENSIER
RUE CLAUDE BERNARD
RUE LAGARDE
RUE DE L'ARBALETE
St-Médard
Censier Daubenton
RUE SANTEUIL
RUE DE LA CLEF
RUE POLIVEAU
RUE DE L'ESSAI
Val-de-Grâce
RUE BERTHOLLET
RUE E QUENU
RUE DE BAZEILLES
SQUARE ADANSON
RUE DU FER A MOULIN
SQUARE SCIPION
RUE DES FOSSES ST MARCEL
BOULEVARD SAINT MARCEL
RUE PAINVARD
RUE DES LYONNAIS
RUE BROCA
RUE FLATTERS
RUE PASCAL
RUE DE VALENCE
RUE DU PETIT MOINE
AVENUE DES GOBELINS
RUE DE LA COLLEGIALE
RUE VESALE
RUE SCIPION
RUE DU JURA
RUE JEANNE D'ARC
RUE J BRETON
BOULEVARD DE PORT ROYAL
RUE OUDRY
RUE PIRANDELLO
RUE DUMERIL
LA GAR
RUE GLACIERE
RUE M PETER
RUE DE LA REINE BLANCHE
Gobelins
RUE LE BRUN
RUE SAINT HIPPOLYTE
BOULEVARD ARAGO
RUE DES GOBELINS
RUE NICOLAS RORET
RUE BANQUIER
RUE TITIEN
Campo Formio
RUE DE CAMPO
Hôpital Broca
RUE EMILE DESLANDRES
RUE BERBIER DU METS
RUE G GEFFROY
Manufacture des Gobelins
RUE DES CORDELIERES
RUE LEON MAURICE NORDMANN
RUE DES TANNERIES
RUE DE CROULEBARBE
RUE VERONESE
RUE PRIMATICE
RUE RUBENS
BOULEVARD DE L'HOPITAL
RUE PINEL
GOBELINS
RUE COYPEL
RUE PHILIPPE DE CHAMPAGNE
RUE ED MANET
RUE FAGON
AVENUE STEPHEN PICHON
RUE DU CHAMP DE L'ALOUETTE
RUE VULPIAN
RUE CORVISART
RUE DES RECULETTES
RUE HOVELACQUE
AVENUE DE LA SOEUR ROSALIE
PLACE D'ITALIE
RUE GODEFROY
BLVD AUGUSTE BLANQUI
Glacière
RUE P GERVAIS
RUE EDMOND GONDINET
RUE ABEL
Place d'Italie
RUE ALBERT BAYET
RUE DE LA GLACIERE
Corvisart
RUE PERE GUERIN
RUE PAULIN MERY
RUE BOBILLOT
AVENUE D'ITALIE
AVENUE DE CHOISY
RUE NICOLAS FORTIN
RUE GEORGE EASTMAN
RUE VERGNIAUD
RUE LE DANTEC
PASSAGE BARRAULT
RUE BARRAULT
RUE DES CINQ DIAMANTS
RUE GERARD
RUE DU MOULIN DES PRES
RUE SAMSON
RUE SIMONET
RUE ALPHAND
RUE DAVIEL
RUE DE LA BUTTE AUX CAILLES
PASSAGE BOITON
RUE DE POUY
RUE VANDREZANNE
RUE DES DEUX AVENUES
RUE WURTZ
RUE MICHAL
RUE BUOT
RUE DU MOULINET
RUE TOUSSAINT FERON

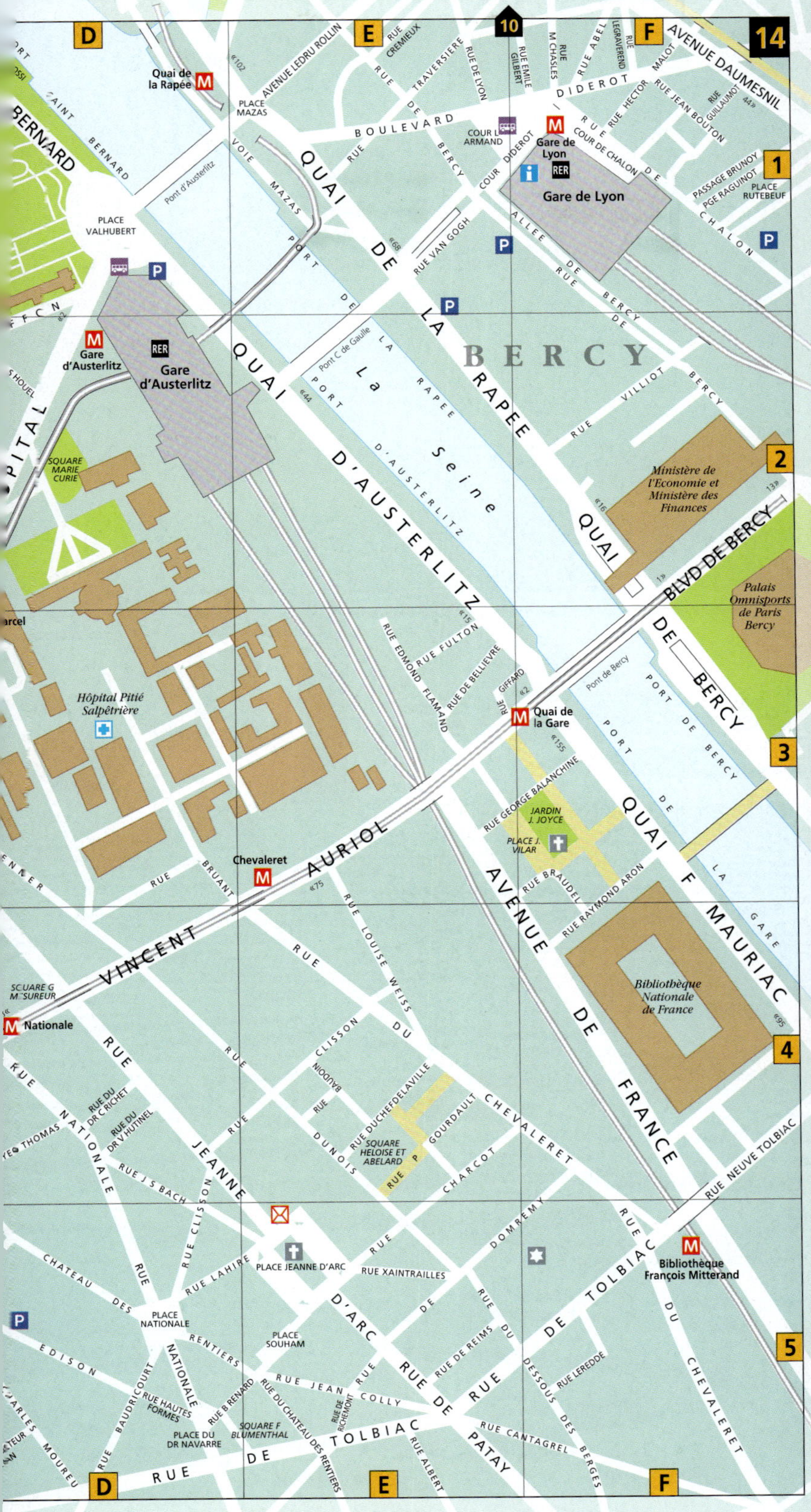
14
D
E
F
10
1
2
3
4
5
Quai de la Rapée
Place Mazas
Avenue Ledru Rollin
Rue Crémieux
Traversière
Rue de Lyon
Rue Emile Gilbert
Rue M Chasles
Rue Abel
Rue Legraverend
Avenue Daumesnil
Boulevard Diderot
Rue Hector Malot
Rue Jean Bouton
Rue Guillaumot
Cour L Armand
Gare de Lyon
RER
Gare de Lyon
Cour de Chalon
Rue de Chalon
Passage Brunoy
Pge Raguinot
Place Rutebeuf
Rue de Bercy
Cour Diderot
Saint Bernard
Place Valhubert
Pont d'Austerlitz
Voie Mazas
Port de la Rapée
Quai de la Rapée
Rue Van Gogh
Allée de Bercy
Gare d'Austerlitz
RER
Gare d'Austerlitz
Quai d'Austerlitz
Pont C de Gaulle
Port d'Austerlitz
La Seine
BERCY
Rue Villiot
Square Marie Curie
Ministère de l'Economie et Ministère des Finances
Quai de Bercy
Blvd de Bercy
Palais Omnisports de Paris Bercy
Hôpital Pitié Salpêtrière
Rue Edmond Flamand
Rue Fulton
Rue de Bellièvre
Rue Giffard
Quai de la Gare
Pont de Bercy
Port de Bercy
Port de la Gare
Rue George Balanchine
Jardin J. Joyce
Place J. Vilar
Rue Braudel
Rue Raymond Aron
Quai F Mauriac
Bibliothèque Nationale de France
Chevaleret
Rue Bruant
Vincent Auriol
Rue Louise Weiss
Avenue de France
Square G Mesureur
Nationale
Rue Clisson
Rue du Chevaleret
Rue Baudoin
Rue Duchefdelaville
Square Héloïse et Abélard
Rue Dunois
Rue Gourdault
Rue Charcot
Rue Nationale
Rue du Dr C Richet
Rue du Dr V Hutinel
Rue J S Bach
Rue Jeanne d'Arc
Rue Clisson
Rue Lahire
Place Jeanne d'Arc
Rue Xaintrailles
Rue Domrémy
Rue de Tolbiac
Bibliothèque François Mitterand
Rue Neuve Tolbiac
Rue du Chevaleret
Rue Château des Rentiers
Place Nationale
Place SouhaM
Rue Edison
Rue Baudricourt
Rue Hautes Formes
Rue B Renard
Rue du Château des Rentiers
Rue Jean Colly
Rue de Richemont
Rue de Patay
Rue de Reims
Rue Leredde
Rue Cantagrel
Rue du Dessous des Berges
Place du Dr Navarre
Square F Blumenthal
Rue Albert
Rue Moureu
Rue de Tolbiac

法兰西岛

法兰西岛坐落在法国的核心地区，巴黎则是法兰西岛的中心，如今它已经扩展到人口稠密的市区之外。这片富饶的乡村地区纳入了一块曾经的皇家区域，它是法兰西帝国极为辉煌的中心。

1528年，弗朗索瓦一世从枫丹白露宫迁往文艺复兴宫后，这片区域大受法国皇室成员的欢迎。路易十四于1661年开始兴建凡尔赛宫，在此期间，他一直将法兰西岛作为国家政治的中心。这座古典的堡垒集合了勒·诺特尔、勒沃、维瑞勒布伦和于勒·阿尔杜安·芒萨尔的智慧，十分值得一览。凡尔赛宫是太阳王权力的象征，至今仍用作举行国家盛典。朗布依埃与路易十六有着十分密切的联系，如今是法国总统的夏宫，而马梅松堡曾经是约瑟芬皇后最喜欢的居所。北部的文艺复兴堡展示了文艺复兴时期的生活状况，南部的沃勒子爵城堡拥有法国最可爱的几座法式花园。

塞纳河与马恩河滋养着法兰西岛，它由一系列白垩纪平原、麦田和森林组成。宁静、笔直的白杨树林荫大道和令人陶醉的乡村是柯罗、卢梭、毕沙罗和塞尚等优秀画家的灵感之源。

旅游景点分布示意图

城堡和博物馆
丹皮埃尔堡 8
凡尔赛宫 6
枫丹白露宫 13
国家文艺复兴艺术博物馆 2
云布尔烈城堡 9
马梅松堡 5
索堡 7
维孔宫城堡 11

城镇
普罗万 12
圣日耳曼昂莱 4

修道院和教堂
罗耶蒙特修道院 1
圣丹尼教堂 3

主题公园
巴黎迪士尼乐园度假区 10

图例
巴黎大区
巴黎中心
国际机场
高速公路
主要道路
次要道路

0 千米 20
0 英里 10

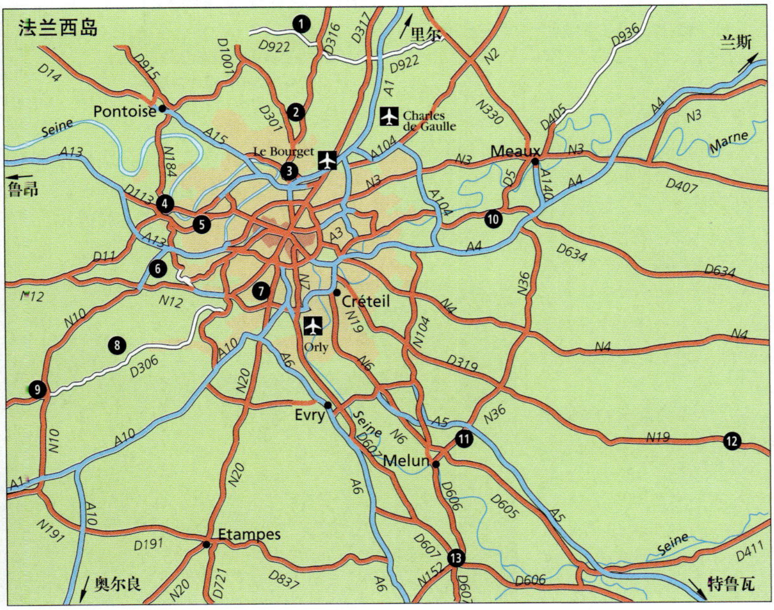

◁ 维孔宫城堡中宏伟的法式花园

罗耶蒙特修道院拱状的哥特式餐厅

罗耶蒙特修道院❶
Abbaye de Royaumont

Fondation Royaumont, Asnières-sur-Oise, Val-d'Oise. **电话：** 01 30 35 59 70 每天 **电话：** 01 30 35 59 00 **音乐会** www.royaumont.com

罗耶蒙特修道院位于巴黎北部35公里处的森林之中，是法兰西岛最好的西多会修道院。它偏僻遥远的地理位置、严肃的石雕艺术和简单的线条反映了圣伯纳德严厉的教义。然而，与勃艮第修道院不同，罗耶蒙特修道院是由路易九世和他的母亲于1228年建立的。“圣路易”赐予了这个修道院大量的财富，并将其作为皇室墓地。

在法国大革命之前，罗耶蒙特修道院和皇室一直有着密切联系。大革命期间，修道院遭到了严重破坏，之后成为纺织厂和孤儿院，最后它又作为文化中心重新被应用。它原有的梁柱连同反重力的角楼和法国最大的西多会修道院仍然得以保留。修道士的住处位于修道院的一侧。

建于大革命前夕的罗耶蒙特堡是与意大利风格类似的别墅。旁边有修道士的工厂、池塘和西多会河道。

夏天的周末这里会举行音乐会（致电查询01 34 68 05 50）。

国家文艺复兴艺术博物馆❷
Musée National de la Renaissance

Château d'Ecouen, Val-d'Oise.
电话： 01 34 38 38 50 周三至次周周一 1月1日，5月1日，12月25日 **公园** 4月~9月：8:00~19:00（10月~次年3月：至18:00）；动物不得入内 仅博物馆
www.musee-renaissance.fr

这座宏伟的城堡位于圣丹尼和罗耶蒙特。目前，博物馆中收藏有油画、挂毯、画格镶板、雕花门和从其他16世纪城堡中抢救出的楼梯。

城堡于1538年，为弗朗索瓦一世的顾问和军队总指挥官蒙莫朗西公爵而建。作为当时法国第二号权力人物，他聘用了枫丹白露画派的艺术家和工匠雕饰宫殿。壁炉上的绘画描绘了圣经和古典主题。其中最为引人注目的房间是礼拜堂，有一个走廊和绘有蒙莫朗西纹章的拱顶。

楼上一段长长的走廊里有一条16世纪的法国织锦。同样引人注目的还有豪华住宅、藏有手稿的图书馆以及来自里昂、纳韦尔、威尼斯等地的精致陶器和早期工具和钟表。最近博物馆里又新添了16世纪和17世纪的法国、意大利和德国的雕刻。

圣丹尼教堂❸
Basilique St-Denis

1 rue de la Légion d'Honneur, St Denis, Seine-St-Denis. **电话：** 01 4 09 83 54 Ⓜ Line 13 Basilique de St-Denis. 每天 1月1日、5月1日、12月25日 周日8:30和10:00

传说，被斩首的圣丹尼抓着自己的头颅在战场上继续奋战，人们为了纪念他修建了这座修道院。

继638年达戈贝尔特一世安葬在长方形会堂后，圣丹尼开始与王室建立了联系，并一直持续了12个世纪。大多数法国国王都埋葬在圣丹尼，所有的法国王后都安葬在这周边。

圣丹尼教堂内的路易十六雕像

早期哥特式长方形会堂建立在卡洛林王朝的罗马式地下室上。在中世纪雕像中，最令人印象深刻的是查理五世的雕像（1364年）与12世纪的布兰奇和她的狗的彩饰铜像。而这些雕像平静的表情与路易十二和安娜·布列塔尼陵墓上的雕像的痛苦神情形成了强烈对比。陵墓上的雕像都为裸体，脸部表情捕捉了死亡时

国家文艺复兴艺术博物馆的西翼

圣丹尼教堂中路易十二和安娜·布列塔尼的文艺复兴风格陵墓

刻的神态。陵墓上衣着完好的皇室夫妇肖像凝望着自己的裸身。没有其他陵墓能这么传神地表达人类死亡时的面目表情。

圣日耳曼昂莱 ❹

St-Germainen-Laye

Yvelines. 42200 Maison Claude Debussy，38 rue au Pain **电话：**01 34 51 05 12 周二至周三、周五至周日

戴高乐将军广场上最有名的地方就是传说中的路易十四出生地——圣日耳曼城堡。路易六世在1122年建立了这座要塞，但现在只有圣路易礼拜堂保存下来。

在弗朗索瓦一世和亨利二世的领导下，法国人民推翻了中世纪的上层阶级，留下了一座五角战壕。亨利四世沿塞纳河建起了楼阁和梯田，路易十四在1682年离开凡尔赛宫之前则再次命勒诺特修建了园林。

国立古代博物馆（Musée des Antiquités Nationales）位于城堡内，展现了从史前到中世纪的考古学发现。由拿破仑三世创建的博物馆收集了一尊22000年前的女性雕塑、一座巨石陵墓、一顶公元前3世纪的青铜头盔和凯尔特珠宝，而其中最宝贵的当数高卢－罗马和马赛克地面。

国立古代博物馆

Château de St-Germain-en-Laye.
电话：01 39 10 13 00 周三至次周周一：10:00～17:15
www.musee-antiquitesnationales.fr

马梅松堡 ❺

Château de Malmaison

Rueil-Malmaison,Hauts-de-Seine. **电话：**01 41 29 05 55 4月～9月：周三至次周周一，10:00～17:45（周六、周日至18:15）；10月～次年3月：周三至次周周一，10:00～17:15（周六、周日至17:45） 1月1日、12月25日 限制 **www**.chateau-malmaison.fr

这座17世纪的城堡位于巴黎西部15公里处，因拿破仑协会而出名。在拿破仑办理放弃杜乐丽和枫丹白露的皇宫时，约瑟芬将其买了下来。她很喜欢这个乡村庄园，拿破仑却嘲笑说它的门只适合仆人进出，所以他在城堡后面修建了一座奇怪的吊桥。

这里最好的房间是有壁画的拱顶藏书室、带有天棚的活动场所和充满阳光的音乐厅。拿破仑带有黄色顶篷的卧室与约瑟芬去世时所在的华丽寝宫形成了鲜明对比。这里的许多房间里都可以远眺浪漫的英式花园和约瑟芬离婚后打理的玫瑰园。

这里有纪念意义的物品包括帝国鹰、忧郁的拿破仑肖像，以及杰拉德绘制的躺椅上的约瑟芬油画。

林院城堡（Château Bois Préau）坐落在林园中，有一座详细介绍了拿破仑流放逃亡经历的博物馆。

马梅松堡中约瑟芬王后的床

凡尔赛宫 ❻ Château de Versailles

吹笛者的园林雕像

现存的凡尔赛宫始建于1668年路易十四时期，位于路易十三原来的狩猎场附近。建筑师路易斯·沃勒设计了建筑一期，后扩展出了一座宽敞的庭院。1678年，曼沙特增建了宫殿的南北两翼建筑和华丽的镜厅。他还设计了礼拜堂，于1710年竣工完成。歌剧院则是由路易十五在1770年格外增建的。诺特尔将园林扩建并打破了千篇一律的对称、规整的设计，反而巧妙地利用了不平坦的地势。在凡尔赛宫对面是马术表演学院，在那里能观赏到马术表演。

★ 法式园林
（Formal Gardens）
对称的小道和灌木丛是法式园林的典型特征。

橘园建在南方花坛的下面，冬季用来养殖异域花卉。

拉托那喷泉
（Fountain of Latona）
四阶环状大理石水池中间立着巴尔塔扎·马尔西的雕塑《拉托那》。

水花池

★ 城堡（Château）
在路易十四的影响下，凡尔赛宫成了法国的政治中心。

龙喷泉
（Dragon Fountain）
喷泉的中心伫立着一座长有翅膀的怪物雕像。

本地区住宿及餐饮信息见555~556页和606~607页

国王花园
之最特别的地方是 19 世纪
路易十八设计的倒影池。

柱廊（Colonnade）
曼沙特于 1685 年设计的由大理石拱门组成的圆形柱廊。

游客备忘

Versailles, Yvelines. **电话：**01 30 83 78 00 171 from Paris. RER Versailles Rive Gauche. Versailles Chantiers, Versailles Rive Droite. **城堡** 周二至周日：9:00～18:30（11 月～次年 3 月至 17:30）部分公共假期不开放，致电查询 **大、小特里亚农宫** 每天 12:00～19:00（冬天至 17:30，关门前 30 分钟不允许入内）1 月 1 日，5 月 1 日，12 月 25 日 马术表演学院 周四，周六，周日 城堡门票 夜间游园会（8 月～9 月）；夜晚喷泉秀（4 月～9 月：周六）；
www.chateauversailles.fr

大运河是供路易十六泛舟聚会的地方。

海神喷泉（Fountain of Neptune）
在勒·诺特尔的 17 世纪的园林中，一组雕塑挺立而出，喷出水柱，引人入胜。

小特里亚农宫（Petit Trianon）建于 1762 年，是路易十五的隐居之地，这座小城堡深受王后玛丽·安托瓦内特的喜爱。

★ 大特里亚农宫（Grand Trianon）
路易十四在 1687 年建造了这个由石头和粉红色大理石组成的宫殿以逃避严苛宫廷生活，与他的情妇曼特侬夫人在这里享受隐居之乐。

星级景点

- ★ 城堡
- ★ 法式园林
- ★ 大特里亚农宫

凡尔赛宫内部

凡尔赛宫里几个比较豪华的房间几乎都位于这座壮观而复杂的宫殿的一层。国王和王后的私人住宅位于大理石庭院周围。花园一侧的皇家套房是进行正式活动的地方。维瑞勒布伦用石头、大理石、木雕、壁画、天鹅绒、镀金或镀银的家具将这里装饰得富丽堂皇。从赫居里士厅开始，每一个国事厅都供奉一位奥林匹亚神。镜厅是登峰造极之作，17面巨大的铜镜朝向高高的拱形窗户。并非所有的房间都同时开放，在参观前请先咨询确认。

★ 王后的卧室
据说法国王后在这个房间内生育了王室子女。

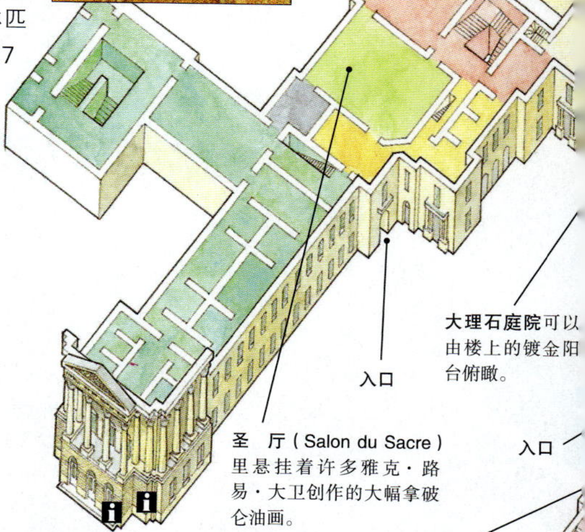

大理石庭院可以由楼上的镀金阳台俯瞰。

入口

入口

圣 厅（Salon du Sacre）里悬挂着许多雅克·路易·大卫创作的大幅拿破仑油画。

★ 维纳斯厅（Salon de Vénus）
路易十四的雕像伫立在豪华的大理石装饰之中。

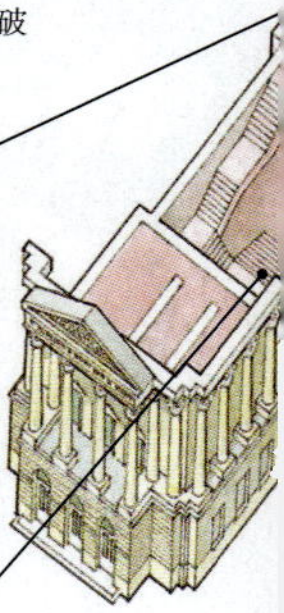

通往地面接待区的楼梯

楼层平面图图例

- 南翼
- 加冕厅
- 曼特侬夫人的公寓
- 王后公寓及私人套房
- 皇家套房
- 国王公寓及私人套房
- 北翼
- 非展览区

★ 皇家教堂
（Chapelle Royale）
教堂的第二层是皇室成员专用的，第一层则是御前会议的场所。其华丽的内部是由科林斯式圆柱和白色大理石、镀金和巴洛克式壁画装饰而成。

星级景点

- ★ 皇家教堂
- ★ 维纳斯厅
- ★ 镜厅
- ★ 王后的卧室

本地区住宿及餐饮信息见555~556页和606~607页

★ 镜厅（Hall of Mirrors）
盛大的典礼活动都在这个70米长的大厅中举行。1919年在镜厅签署了《凡尔赛和约》，结束了第一次世界大战。

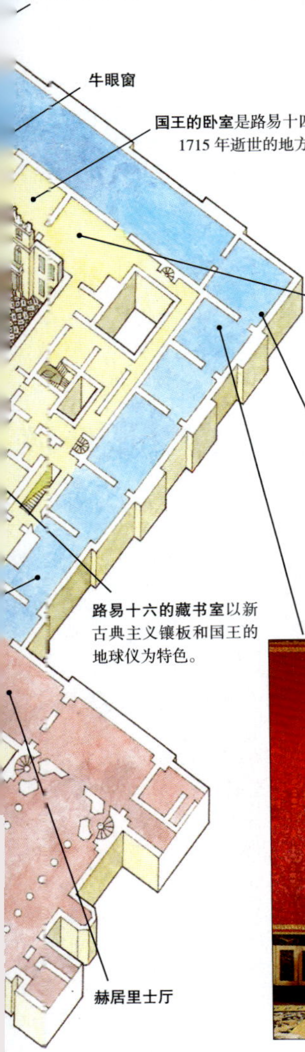

牛眼窗

国王的卧室是路易十四于1715年逝世的地方。

议会厅是国王用来接待大臣和家人的地方。

战争大厅（Salon de la Guerre）
这个房间的主题是战争，安东尼·柯伊塞佛创作的路易十四骑马凯旋的浮雕更彰显了这一主题。

路易十六的藏书室以新古典主义镶板和国王的地球仪为特色。

阿波罗厅（Salon d'Apollon）
这座大厅由勒布伦设计，后将其献给太阳神阿波罗，这是路易十四的皇宫觐见室。一幅亚森特·里戈的国王肖像画（1701）的模仿品陈列于此。

赫居里士厅

时间表

路易十五

1661年 路易十四扩建了凡尔赛宫

1667年 开始修建大运河

1668年 勒沃建造新城堡

1671年 由勒布伦开始进行内部装饰

1682年 路易十四和玛丽·泰蕾兹离开凡尔赛宫

1715年 路易十四去世，凡尔赛宫被皇室遗弃

1722年 12岁的路易十五入住凡尔赛宫

1774年 路易十六和玛丽·安托瓦内特生活在凡尔赛宫内

1789年 国王和王后被迫离开凡尔赛宫转至巴黎

1793年 路易十六和玛丽·安托瓦内特被处死

1833年 路易·菲利普将其城堡改为凡尔赛宫博物馆

1919年 签署《凡尔赛和约》

1650 | 1700 | 1750 | 1800 | 1850

索堡 ❼

Château de Sceaux

Sceaux, Hauts-de-Seine. **电话：** 01 41 87 29 50 4月～10月：周三至次周周一10:00～18:00（周日至18:30）；11月～次年3月：周三至次周周一10:00～17:00 公共假期和午餐时间 www.domainede-sceaux.fr

索园坐落在雅致的别墅之中，花园、森林和流水景观被引入园林中，包含园林设计师勒·诺特尔设计的古典园林的元素和特征，令人神往。水的效果在这里被发挥到极致，分层的瀑布和喷泉形成流动的阶梯，缓缓流入一个八角形的水池中，最后注入大运河内。这条运河水道像一条玉带直至汉诺威阁，汉诺威阁是公园里诸多雅致亭阁中的一座，芒萨尔的古典橘园也在公园中。如今，这里用于举办展览和音乐会。

1670年为科尔伯特修建了这个城堡，但原有的城堡已被破坏，1856年又以路易十三风格重建。重建后，城堡内建起了法兰西岛博物馆，其中的油画、家具和雕塑展现了当地的风景和城堡。

丹皮埃尔堡 ❽

Château de Dampierre

Dampierre-en-Yvelines, Yvelines. **电话：** 01 30 52 53 24 4月～10月中旬：每天 周日午餐时间 限制 www.chateau-de-dampierre.fr

丹皮埃尔堡是继凡尔赛宫和云布尔烈之后，巴黎西南部最著名的城堡，它是1675年为谢夫勒兹公爵而建，城堡外部由当时最著名的建筑师孟萨设计，由协调的玫瑰色砖和冷色石块混合建成。

相比之下，其奢华的内部可媲美凡尔赛宫，特别是皇室公寓和路易十四的餐厅。其中最大的房间是有精美壁画的节庆大厅，在19世纪按照罗马风格改建。从城堡可以俯瞰勒·诺特尔设计的庭院。

云布尔烈城堡

云布尔烈城堡 ❾

Château de Rambouillet

Rambouillet, Yvelines. **电话：** 01 34 83 00 25 周三至次周周一 1月1日、5月1日、11月1日和11日、12月25日、总统居住期间及午餐时间 http://chateau-rambouillet.monuments-nationaux.fr

云布尔烈城堡周边的云布尔烈森林曾经是皇室的狩猎场。这座被五座石塔环抱、覆满常青藤的红砖城堡的神秘感已经超越了它的美感。作为一座封建城堡、国家财产、皇室宫殿和皇帝住宅，它是法国王室复杂历史的体现。自1896年起，它成为总统的夏宫。

城堡内用象征帝权的陈设和奥布松织锦装饰着橡木房间。城堡前有古典的花圃，附近的王后牛奶厂是路易十六为王后玛丽·安托瓦内特建造的，以使她可以扮成挤奶女工。

郊外

在D11北部大约28公里处是图瓦里城堡（Château de Thoiry），那里有一座野生动物园和儿童游乐区。

巴黎迪士尼乐园度假区 ❿

Disneyland Resort Paris

Marne-la-Vallée, Seine-et-Marne. **电话：** 08 25 30 02 22 每天 RER Marne-la-Vallée-Chessy. TGV from Lille or Lyon. 从两个机场 www.disneylandparis.com

巴黎迪士尼乐园度假区占地200公顷，有两个主题公园、七个旅馆，并具有购物、餐饮和分段运输设施。最吸引人的是一个主题公园拥有五个主题区，有睡美人城堡和沃特·迪士尼工作室。

美妮

维孔宫城堡 ⓫

Château de Vauxle-Vicomte

Maincy, Seine-et-Marne. **电话：** 01 64 14 41 90 有通往Melun火车站的班车 3月中旬～11月初 周三（除7月和8月）www.vaux-le-vicomte.com

该城堡位于默伦北部，离枫丹白露不远，享受着宁静的

塞夫尔瓷器

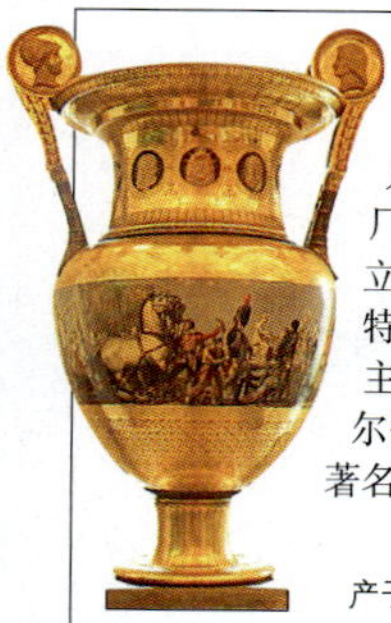

1756年，庞巴度夫人和路易十五在凡尔赛宫附近的塞夫尔开了一家御用瓷器厂，专门生产皇室使用的餐具和艺术品。建立之后，它开始制造宴会餐具、小雕像、伊特鲁里亚风格花瓶、浮雕宝石以及瓷画产品，主要描绘宏伟的城堡或神话中的场景。塞夫尔瓷器以其半透明的、持久而精致的色彩而著名。

产于塞夫尔瓷器厂的花瓶——拳击（1832）

本地区住宿及餐饮信息见555~556页和606~607页

勒·诺特尔（Le Nôtre）

勒·诺特尔（1613~1700年）是法国著名的园林设计师，整个法国都有他的杰作。他的经典之作主要位于法兰西岛，如丹皮埃尔堡、索堡和维孔宫城堡等。在其成名之作维孔宫城堡中，他将“法国式园林”的概念发挥到了极致：伫立着塑像和树篱的林荫道；用喷泉和华丽的水池布景的水园；优美的草坪和几何图形的主题花坛。他的天才之处体现在建筑上的中轴突出和严谨对称之感——凡尔赛宫体现了这一特点，是他的巅峰之作。

乡村风光。它曾是路易十四时期财政大臣尼古拉·福科的官邸，由建筑师勒沃和装饰家勒布伦共同建造，是17世纪法国最宏伟的城堡之一。但因为他的城堡使皇室宫殿相形见绌，激怒了路易十四和他的大臣们，福科因此遭到了逮捕。

城堡内部是一个有精美壁画和巨大半身像的金碧辉煌的大厅。缪斯厅中有勒布伦绘制的华丽壁画吊顶，画面中的女神和斯芬克斯在跳舞。大四方厅装饰有路易十三风格的格子墙以及使人联想到罗马的带状雕饰。这里的许多房子都让人感觉亲切，在规模上也是不可超越。

维孔宫城堡持续不断的生命力源自勒·诺特尔设计的迷人园林。这位景观技术师曾是一位画家，他设计了阶梯状水池、装饰豪华的喷泉和湖泊，其中的水流量最终流入运河。在5月~10月的每周六晚上，2000支点燃的蜡烛会将这座城堡照亮，花园中届时会举办音乐会。

普罗万 ⑫

Provins

Seine-et-Marne. 12000
Chemin de Villecran（01 64 60 26 26）
周六。www.provins.net

普罗万曾是罗马的一个前哨，它位于法兰西岛和香槟的边界。如今，它仍保有中世纪景观。奥特维尔城由12世纪的带有开垛口和防御壕沟的壁垒组成。西部保护最完好。在加强防御的茹伊城门和圣让城门之间的通道上，防御工事上建有方形、圆形和矩形的塔。

在城中占有很大面积的恺撒塔保持了四角塔楼和金字塔形的屋顶。护城河和防御工事是在百年战争中由英国人增建的。其中一间兵室可眺望热闹的商贸广场——那里伫立有中世纪尖顶屋，以及一望无垠的麦田。

普罗万以其深红色的玫瑰著称，每年6月份，河畔的玫瑰花园都会举行花庆活动，并上演驯鹰和马上长枪比武等中世纪特色节目。

穿过勒·诺特尔设计的园林眺望维孔宫城堡

枫丹白露宫 ⓭ Château de Fontainebleau

舞厅天花板的细节图

枫丹白露宫不仅仅是单视觉产物，它融合了不同时期的风格，令人眼花缭乱。路易七世于1169年在此修建了一座修道院。一座中世纪的塔保留下来，但现在看到的城堡则为弗朗索瓦一世时期的。文艺复兴时期的国王依照佛罗伦萨和罗马风格创建了一座装饰精美的城堡。

枫丹白露宫的持久魅力源自它的相对非正式的风格和壮观的森林，这些美轮美奂的建筑让人们一睹王室宫殿的奢侈。

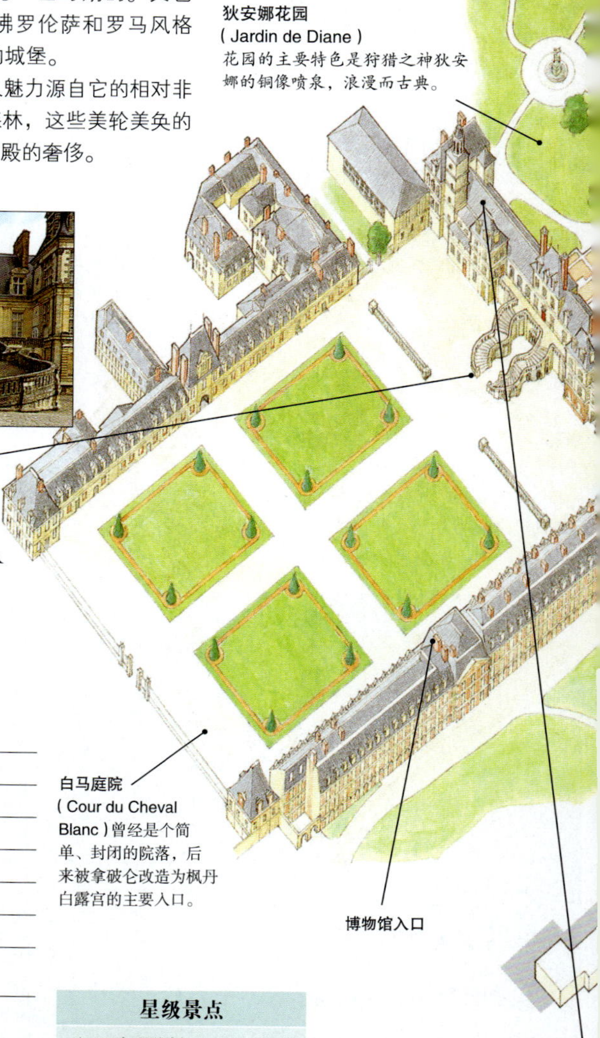

底层

狄安娜花园
（Jardin de Diane）
花园的主要特色是狩猎之神狄安娜的铜像喷泉，浪漫而古典。

★ 马蹄形阶梯
（Escalier du Fer- à -Cheval）
这个令人印象深刻的马蹄形阶梯位于白马庭院的一侧，由让·巴普蒂斯特·安德鲁埃·塞尔索设计，建成于1634年。马车可以从它的两个拱门下通过。

白马庭院
（Cour du Cheval Blanc）曾经是个简单、封闭的院落，后来被拿破仑改造为枫丹白露宫的主要入口。

博物馆入口

圣三位一体教堂（Chapelle de la Sainte Trinité）是亨利二世于1550年设计的。亨利四世为其添加了带有壁画的拱形天花板，最终由路易十三完成建造。

楼层平面图图例

- 小公寓
- 雄鹿画廊
- 中国博物馆
- 拿破仑博物馆
- 大公寓
- 文艺复兴厅
- 曼特侬夫人公寓
- 君主大公寓
- 狩猎公寓
- 圣三位一体教堂
- 国王套间内部

星级景点

- ★ 马蹄形阶梯
- ★ 舞厅
- ★ 弗朗索瓦一世画廊

本地区住宿及餐饮信息见555~556页和606~607页

镀金大门 (Porte Dorée)
这里原本是封建领地的一个门房，后来设计师基勒斯·雷·布雷登 (Gilles Le Breton) 为弗朗索瓦一世将其改建为森林的入口通道。

游客备忘

Seine-et-Marne. **电话：**01 60 71 5070 周三至次周周一的 9:30 ~ 17:00 (4 月 ~ 9 月延至 18:00) **花园** 9:00 ~ 17:00 (3 月 ~ 4 月，10 月至 18:00；5 月 ~ 9 月至 19:00) 1 月 1 日、5 月 1 日、12 月 25 日
www.chateaudefontainebleau.fr

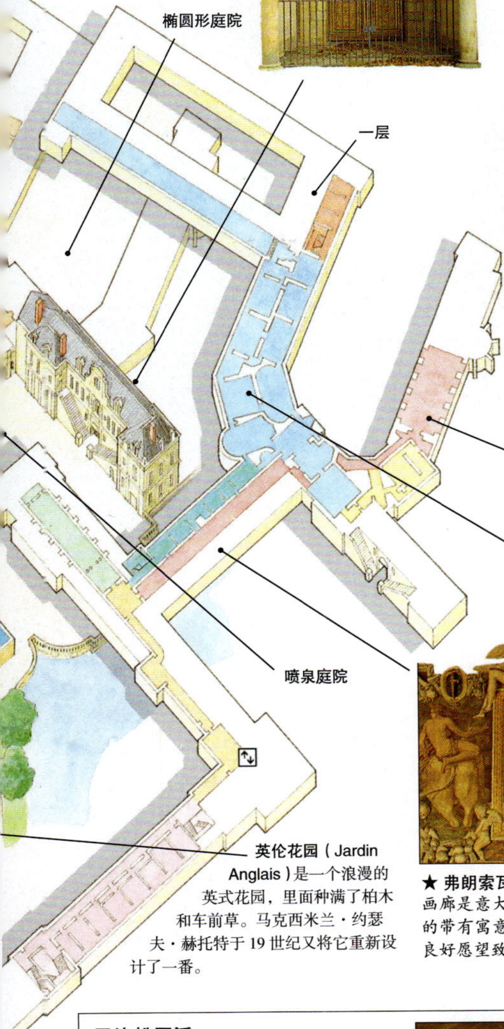

★ 舞厅 (Salle de Bal)
这个文艺复兴风格的舞厅是由意大利的普里马蒂乔 (1552 年) 设计的，并在亨利二世的领导下竣工。胡桃木方格天花板和镶花地板格调相同，二者交相辉映。

拿破仑一世的公寓 (The Appartements de Napoléon I) 中，他华贵的王座被收藏在君主的御座厅里，以前这里曾是国王的卧室。

★ 弗朗索瓦一世画廊 (Galerie François I)
画廊是意大利枫丹白露画派画家的贡品。罗素所作的带有寓意的壁画对国王想重建"第二个罗马"的良好愿望致以敬意。

英伦花园 (Jardin Anglais) 是一个浪漫的英式花园，里面种满了柏木和车前草。马克西米兰·约瑟夫·赫托特于 19 世纪又将它重新设计了一番。

巴比松画派

从 19 世纪 40 年代起，大批艺术家被吸引到枫丹白露的林间空地上，西奥多·卢梭和米勒等人都决定只画自然风光。他们居住在巴比松附近的小村庄，那里坐落着一间巴比松风景画派的博物馆。

米勒(1814~1875 年)绘制的《巴比松的春天》

法国东北部

法国东北部概览　184~191

法国北部和皮卡第　192~205

香槟　206~217

阿尔萨斯和洛林　218~233

法国东北部概览

法国东北部起伏的平原从英吉利海峡一直绵延到树木茂盛的阿登高地和阿尔萨斯的孚日山脉。除了灰色的战争记忆以外，这个地区有着法国最好的哥特式大教堂和悠久的酿酒历史。另外，香槟和阿尔萨斯地区的酒也十分有名。虽然这个地区原有的重工业已经衰落，但随着里尔发展成交通要道，它又重新繁荣了起来。下面的地图列举了几个有趣的景点。

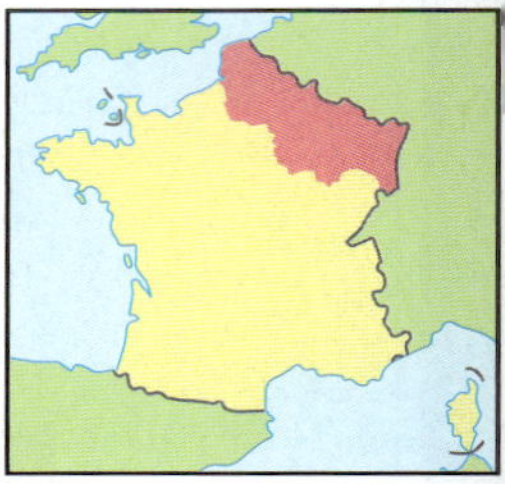

亚眠大教堂由于其精美的木雕和法国最大的中殿而闻名（见202~203页）。

博韦的骄傲在于它的哥特式教堂和教堂里的天文大钟（见200页），它逃过了“二战”时期的狂轰滥炸。

砖木结构房屋和文艺复兴风格的高楼并排伫立在特鲁瓦旧城（见216页）的大街小巷中。这座旧城是在1524年大火之后重建的，它的教堂彩绘玻璃十分引人注目。

“一战”遗迹是这片曾经的战场区中最著名的地区。凡尔登城外的都奥蒙纪念馆里有15000座墓碑，但它仅是这里众多纪念馆和公墓中的一片。

欧根尼斯堡是德皇威廉二世以哥特式风格重建的城堡。城堡修建时，阿尔萨斯－洛林还处于德国的统治之下。它是阿尔萨斯最受欢迎的名胜之一（见228页）。

斯特拉斯堡是欧洲议会所在地，那里有一座壮观的哥特式教堂（见230～231页），四周环绕着魅力非凡的历史建筑。

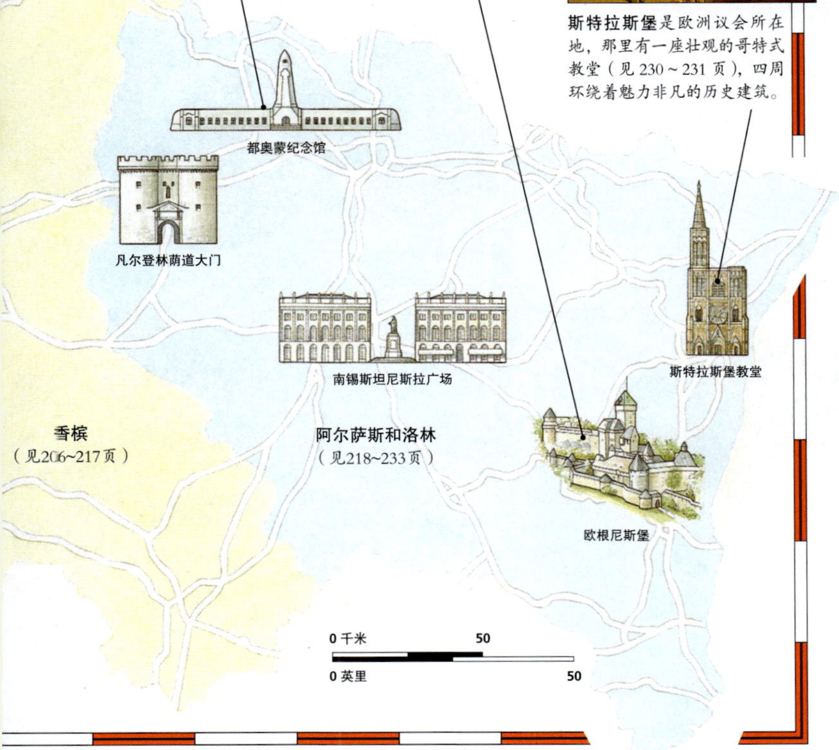

法国东北部特产

法国东北部的菜肴味道浓烈而香醇，有丰富的炖牛肉、烤乳猪、香肠和火腿，还有饺子和泡菜，其中大部分与德国及弗兰德特产相关。水产来自大西洋和清澈的湖河。丰富的蔬菜和水果常用于烹制开胃菜和甜品，如加入了香肠、鸡蛋、奶油的著名洛林乳蛋饼。这里的各种蛋糕都很受欢迎，特别是放有樱桃白兰地浸泡的葡萄干和杏仁的kougelhopf和玛德琳蛋糕。

当地市场上的韭葱

普通李子与金色的布拉斯李子

法国北部和皮卡第

法国北部是沿海地带，海产品十分丰富。蒸过的贝类可以配炸薯条，鲱鱼可用来腌制、醉酒、烧烤或烟熏，而北海虾可以用油炸。鸡肉放在啤酒中烹饪，鸭肉做成馅饼或陶罐食品，烟熏鳗鱼是一道开胃菜。

皮卡第商品菜园中的蔬菜可做美味的菜汤。炖熟或奶油焗的韭葱或菊苣是很好的配菜。浓烈的清晰干酪，如玛瑞里斯芝士是本地一大特色。

在东南部吃饭常配有啤酒，那里使用传统工艺酿酒，小酒厂也很兴旺。

香槟

该地区有农耕平原、森林山地、葡萄园，出产野味、熟食和淡水鱼。而声名远扬的香槟不仅是一种奢侈的烹饪配料，还是令人飘然欲仙的美酒。

阿登的野猪、野鹿、野兔、鹌鹑、鹧鸪和丘鹬，这些

几种典型的法式糕点

地区美食和特产

甜菜根

当地的传统菜肴是choucroute garni：浅盘中放有醋渍甘蓝菜、调味的杜松子，并用白葡萄酒烹制猪肘和烟熏五花肉，最后再加上烟熏蒙贝利亚尔和斯特拉斯堡香肠。香肠的种类很多，斯特拉斯堡香肠和德国小香肠是牛肉或猪肉制成的，还有lewerzurscht（肝肠）、andouillettes（辣猪肠）、boudin noir（猪肉和猪血的黑布丁）以及boudin blanc（无血白肉）。这里还有烟熏火腿、熟火腿和多种陶罐制品，比如presskopf（猪肉冻）和potjevleesch（胶状白肉陶罐）。Langue lucullus是烟熏牛舌配鹅肝，是瓦朗谢讷的特色菜。

Ficelle picardie薄饼上铺有用烈性甜酒浸泡过的蘑菇和火腿，放入乳酪焙烤。

法国北部传统肉食店里的商品

都可以做成肝酱、陶罐食品以及烤肉和炖肉。另外，阿登的烟熏火腿也很出名，其中兰斯火腿是用芥末、香槟和兰斯醋混合制成。

特鲁瓦则是凭借肠包肚名声在外，它通常配有洋葱或者放入奶油黄芥末烘烤。特鲁瓦东侧的小湖中盛产鱼类，阿登地区的河流里有大量的鳟鱼。香槟地区最好的两种奶酪是查尔斯芝士和朗格瑞斯芝士。

阿尔萨斯和洛林

起伏的牧场、果园，广阔的松树林和蜿蜒的河流为阿尔萨斯地区的佳肴提供了丰富的原料。在阿尔萨斯地区，肉是必不可少的，特别是猪肉，通常用于烧烤或是制成火腿和腊肠。冬天还有各种野味。

阿尔萨斯还有养鹅的传统，所以鹅肝酱作坊也十分兴旺。河流中有大量狗鱼、鳟鱼、淡水鳌虾和鲤鱼，在过节时人们经常把它们和啤酒一块煮。

在布洛涅港口的鱼市买鱼

本地生长的蔬菜包括卷心菜、马铃薯和萝卜，水果则有越橘、柑橘、红加仑和洛林的金色布拉斯李子，这种李子还可以做成果酱和水果白兰地。当地最有名的奶酪是柔软的芝斯特芝士。

阿尔萨斯白葡萄酒包括Steely、高酸度的雷司令（该地区最好的酒）、麝香葡萄酒和琼瑶浆。了解阿尔萨斯更多葡萄酒信息见232~233页。

菜单

Anguille au vert 用青草和土豆烤制的鳗鱼。

Cassolette de petits gris 香槟焗蜗牛。

Flamiche aux poireaux 韭葱挞。

Flammekueche 放培根、鲜奶油和洋葱的比萨类馅饼。

Marcassinàl'Ardennaise 块根芹菜烹野猪肉。

Potée champenoise 猪肉、火腿、腊肠、豆子和蔬菜炖汤。

Potée Lorraine 熏猪肉和蔬菜砂锅。

Zewelwai 洋葱馅饼。

Truite à l'Ardennaise 鳟鱼中填满面包屑和阿登火腿块，并烘烤。

Carbonnade de boeuf 牛排和煎焦的洋葱洒上啤酒后烹制3小时。

Babas au rhum 浸了朗姆酒的蛋糕中加入了葡萄干、鸡蛋和黄油烘烤，最后在上面点奶油。

法国葡萄酒产区：香槟

埃佩尔奈的巨大酒桶雕塑

自唐培里侬于 17 世纪“发明”了香槟以来，就没有其他酒类能替代香槟成为高贵和欢庆的象征。但是只有在这个地区并以专门的香槟酿制方法酿制的葡萄酒才能称为香槟(见 210 页)。多数的香槟都不能称之为佳酿，而上等香槟要依靠搅拌技术和长时间的保存而越发香醇。品牌产品固然有着良好的名声和不菲的价格，但一些小种植园主和酿酒商生产的香槟酒也很棒，值得一尝。

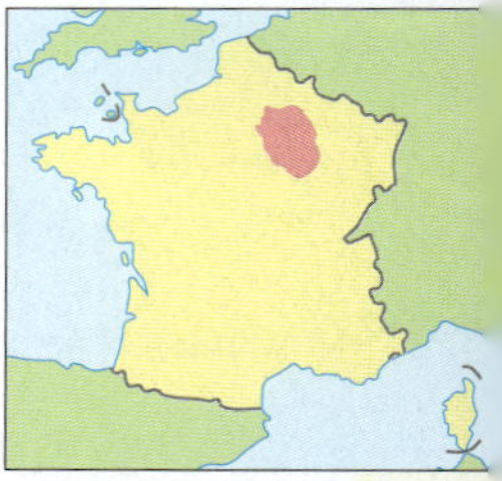

定位地图

香槟葡萄酒产区

兰斯山脉上漫山遍野成熟的葡萄

酒产区

香槟是一个小型的葡萄酒产区，大部分属于法国的马恩，不同地区的葡萄酒有不同的特色。奥布省生产的香槟占全国总产量的 25%，而且生产独特的黎赛桃红。

香槟酒的几个关键要素

产地和气候

凉爽的边缘气候是制成佳酿的关键，然而这个要求很难达到。白垩质土壤和东、北朝向有助于提高香槟的酸度。

葡萄种类

这个地区主要有三种类型的葡萄：**红黑皮诺**、**莫民耶品东**和**白色霞多丽**。大多数的香槟都是这三种葡萄的混合，而白中白仅用霞多丽酿造。虽然黑中之白是白色的，却是用红色葡萄酿制而成。

优秀的生产商

著名葡萄酒厂：Bollinger、Gosset、Krug、Möet etChandon、Joseph Perrier、Louis Roederer、

Pol Roger、Billecart-Salmon、Veuve Clicquot、Taittinger、Ruinart、Laurent Perrier、Salon.

经销商、合作社和种植者

Boizel、M Arnould、Cattier、Bricout、Drappier、Ployez-Jacquemart、H Blin、Gimmonet、Andre Jacquart、Chartogne-Taillet、Vilmart、Alfred Gratien、Emile Hamm、B Paillard、PGerbais.

上等葡萄酒年份

2005、2003、2000、1998、1996、1990。

这个品牌即使不喝酒的人也耳熟能详，这是一种经典的干型酒，只有不加甜酒的干型酒和少维格干型酒属于极干性。

图例

- 香槟区
- 马恩河谷区
- 兰斯山脉区
- 赛萨纳丘区
- 白丘区
- 奥布区

0 千米 15

0 英里 15

香槟查理是一首英国音乐厅歌曲中的生活奢侈、肆无忌惮的角色。

香槟地区一个酿酒厂外的布局严谨的葡萄园

粉红香槟经常加入少许水果香料，是完美的夏日饮品。通常是把红、白葡萄酒混合在一起调制而成。

著名的酒厂杜兹生产的白中白葡萄酒是一种更为柔和的香槟，全部用白色霞多丽葡萄酿制而成。

香槟搅拌者

对于那些不喜欢纯干型香槟的人，半干型香槟卡纳尔·迪谢纳是他们的理想选择。

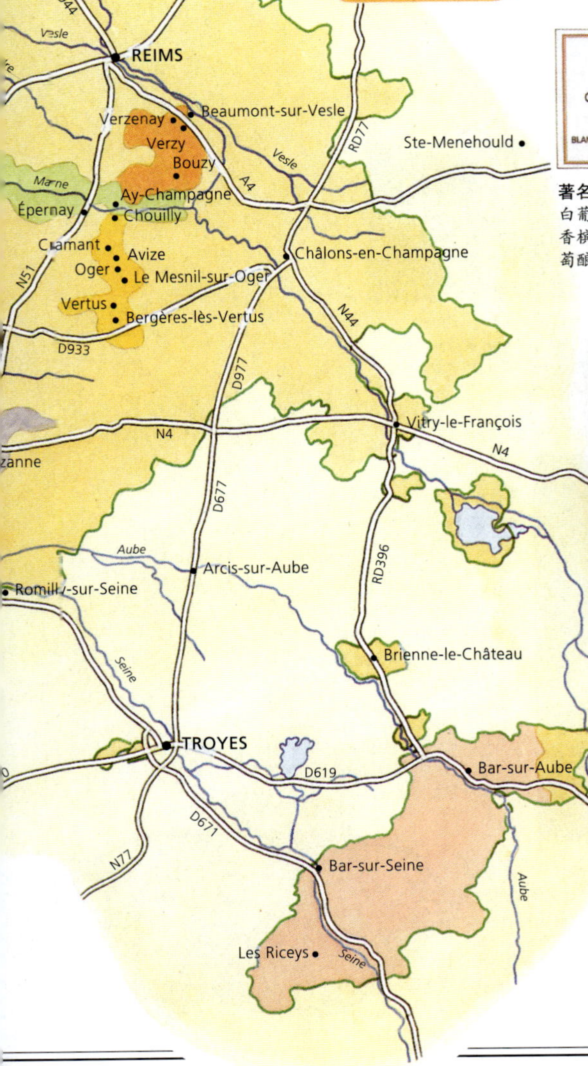

索姆河战役

“一战”时的英国士兵

索姆地区的许多公墓都是为了纪念“一战”时西线战场上那场惨痛的大屠杀（这场战役最终是在1918年11月11日因双方的休战而结束）而修建的。从1916年7月1日到11月21日，联军损失了60多万名士兵，德国军队也至少损失了46.5万人。在索姆河战役中，一系列的战役都是英法联军为了解放重压下的法国，而在洛林区凡尔登与德国防御部队的战斗；然而联军希望有所突破的愿望并未实现，他们仅仅在原来的基础上前进了16公里。

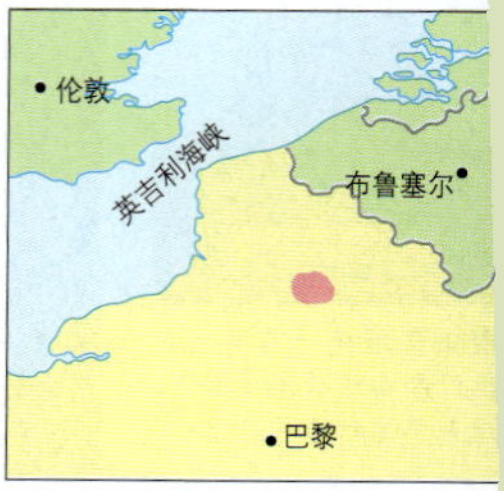

定位地图

索姆河战场

蒂耶普瓦尔纪念碑（Thiepval Memorial）是由勒琴斯爵士设计，整个建筑占据了战争密集区之一的蒂耶普瓦尔的大部分面积，这里面大约包括含有73367个不知名的英国士兵的坟墓。

博蒙哈默尔纪念公园（Beaumont Hamel Memorial Park）是为了纪念皇家纽芬兰营而建，里面有许多青铜驯鹿雕像。

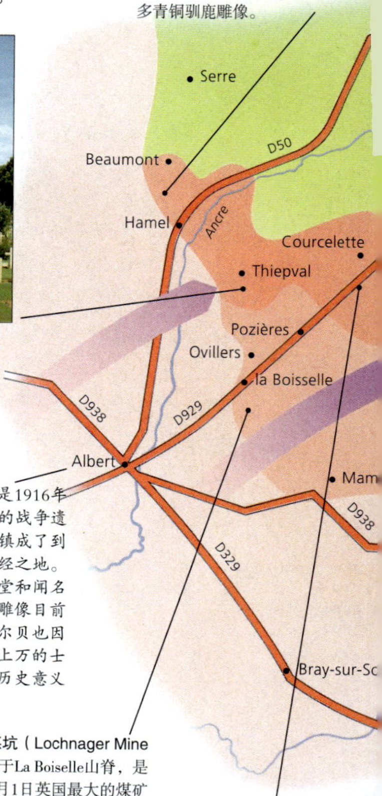

阿尔贝（Albert）是1916年被德国大炮轰炸过的战争遗址。如今，这个小镇成了到战争现场参观的必经之地。毁坏过的阿尔贝教堂和闻名世界的圣母玛利亚雕像目前已经重建完毕。阿尔贝也因为曾经驻扎过成千上万的士兵而成为具有重要历史意义的小镇。

洛赫纳加煤坑（Lochnager Mine Crater）位于La Boiselle山脊，是由1916年7月1日英国最大的煤矿挖掘而形成的。

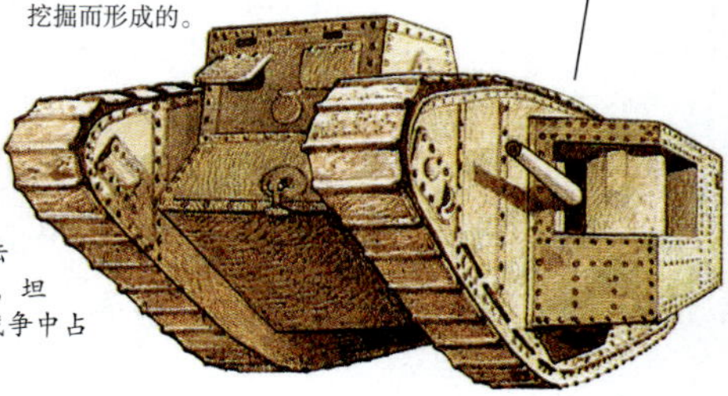

英国坦克纪念碑（The British Tank Memorial）位于从阿尔贝到巴波姆的主干道上，是为了纪念1916年9月15日的战争中首次使用坦克而修建的，但这次攻击并没有取得太大的成功；在1918年之前，坦克的数量很少，大炮、机枪和铁丝网在战争中占主导地位。

"一战"时的传道总会是对战双方用来从各国本土获得支持的机构。这张法国明信片在平民中很受欢迎，它描绘了一个临终的士兵在教会护士的注视下亲吻法国国旗，用尽最后一口气表达他对国家的忠诚。

游客备忘

D929, D938 from Albert. 30 pl de la Ré publique, 80800 Corbie **电话：** 03 22 96 95 76 **www**.tourisme-albert.net 阿尔贝圣母玛利亚教堂，博蒙哈默尔纪念公园，戴维·伍德，朗盖瓦尔，La Boiselle 山脉，蒂耶普瓦尔和波西埃纪念碑 每天 阿尔斯特塔 2月～3月：周二至周日；4月～11月：每天 **南非纪念碑，戴维·伍德，朗盖瓦尔 电话：** 03 22 85 02 17 2月～11月：周二至周日 公共假期 Historial de Péronne **电话：** 03 22 83 14 18 5月～9月：每日；10月～次年4月：周二至周日 12月中旬～次年1月中旬 **www**.historial.org

戴维·伍德南非纪念碑和博物馆揭示了索姆河战役中联军军人的重要性。

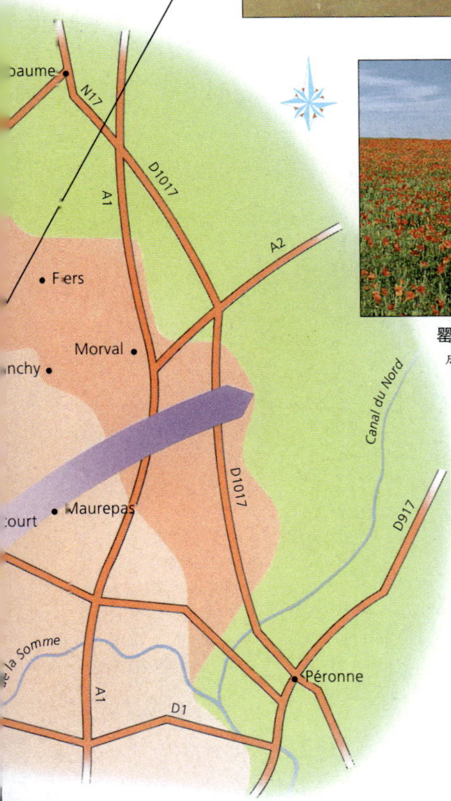

罂粟是少数生长在战场上的植物之一。传说成吉思汗从中国带回了第一枝白色的罂粟，它经历了战争之后竟然变成了红色。如今的罂粟已经成为纪念的象征。

图例

- 联军军队
- 德国军队
- 1916年7月1日之前的前线
- 1916年7月～9月的前线
- 1916年9月～11月的前线

0 千米 5

0 英里 5

战争前线的壕沟从北海一直延伸到法瑞边境，战士们只有在地下行动才能在艰苦的环境中生存下来。现在还有少数地区还保留着当年的战壕，如博韦哈默尔公园（Beaumont Hamel Park）。

1234
F 54
95
50
45
nacra 5.7

法国北部和皮卡第

加来海峡省 · 北部省 · 索姆省 · 瓦兹省 · 埃纳省

在法国最北部地区现代化的外表之下，有着许多特有的风景和历史遗迹，它们见证了历史上的凯旋和动荡：高高耸立的哥特式教堂、沿着瓦兹河坐落的庄严古堡，还有“一战”时的战场和纪念碑。

法国北部海岸线从索姆河口一直延伸到比利时边境，敦刻尔克、加来和布洛涅的海峡港口以及勒图凯优美的度假村都坐落在这条繁忙的海岸线上。布洛涅有天然的海口优势，而它那沿着海滨的白色悬崖是当地最有吸引力的旅游胜地。

因为地处法比边境，这个地区的佛兰德文化显示出了与法国本土文化不太一样的地方：风车和运河在这里处处可见；这里的人喜欢啤酒，吃香辣的炖菜；节日时候有“巨人”在街上到处闲逛。里尔，这座四通八达的大都市是其中心城市，那里有着悠久的历史文化和丰富的艺术博物馆。在西南部，优美的佛兰德建筑在阿图瓦的首府阿拉斯的中心广场里随处可见。从阿拉斯到索姆河是“一战”遗迹区，那里到处是纪念碑和种满了罂粟的战场，非常值得参观。

教堂是皮卡第地区的主要风景，位于其首府亚眠的圣母大教堂有一个哥特风格的尖塔，从钟楼发出的声音可以一直传到博韦以南。另外，努瓦永、桑利斯以及拉昂风景秀丽的山顶小镇中坐落着众多大教堂，它们体现出了哥特风格的革新。最后，还应该去参观一下靠近巴黎的两座古堡：法国的马术中心尚蒂伊拥有勒·诺特尔设计的园林和大量19世纪古堡建筑等艺术财富；另一个是被一大片观光森林包围着的贡比涅，它是从路易十五时代到拿破仑三世时代举办皇家宫廷宴会的地方。

索姆河谷的纪念公墓，一个仍被“一战”记忆笼罩的地方

◁热闹的巴黎勒图凯海滨沙滩上的小帆船

探索法国北部和皮卡第

作为通往英国和比利时的门户，法国北部充满了机器的轰鸣声和贸易往来的喧嚣声。里尔作为欧洲大城市，不仅拥有繁荣的文化，其高科技产业也十分发达。然而，这里又是一片和平安静的地方：从滨海布洛涅的港口到索姆河谷这一段的海岸有大量的海鸟，是一个休息放松的好去处。岛上的许多哥特式大教堂，如亚眠大教堂、博韦教堂会带给你一次印象深刻的旅行。“一战”战场和纪念碑可以让游客更加深入地了解20世纪的历史。往南是著名的贡比涅堡和尚蒂伊城堡，那里有着迷人的孔代公爵博物馆，并且往返巴黎十分方便。

图例

- 高速公路
- 主要公路
- 二级公路
- 次要公路
- 风景大道
- 主要铁路
- 次要铁路
- 国界
- 地区边界

阿拉斯中心大广场热闹的露天咖啡座

旅游景点分布示意图

阿拉斯 8
阿斯特利斯乐园 17
滨海布洛涅 2
博韦 11
滨海佛兰德 6
敦刻尔克 4
贡比涅 13
加来 3
勒图凯 1
里尔 7
拉昂 18
努瓦尔 12
皮埃尔丰城堡 14
圣奥梅尔 5
索姆河谷 9
桑利斯 15
尚蒂伊 16
亚眠 10

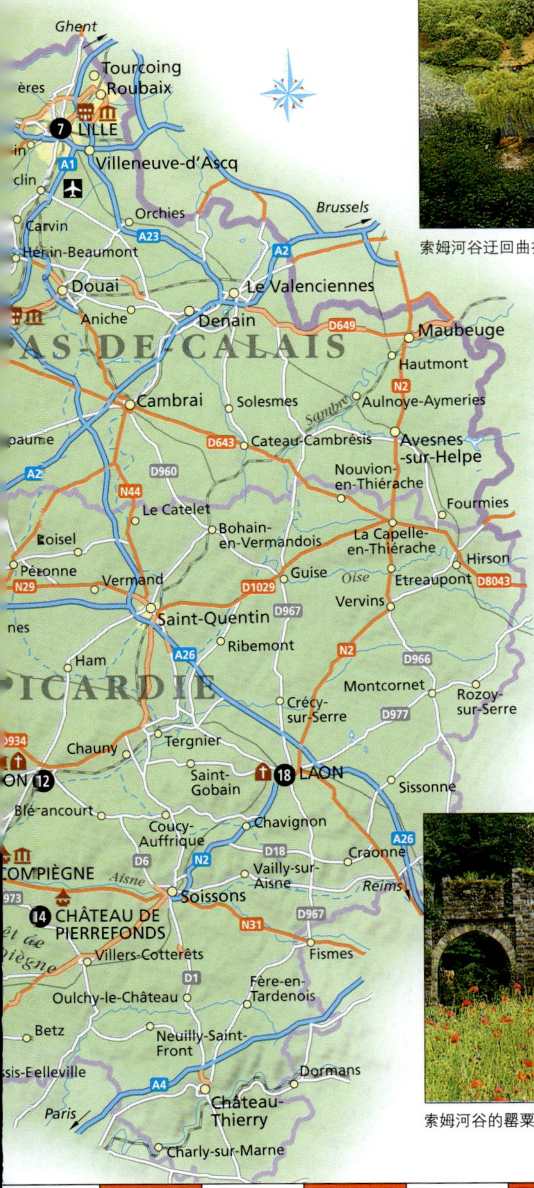

索姆河谷迂回曲折的水流

周边交通

进入皮卡第的主要通道是加来（英法海底隧道往南3公里处）。在这里，多线道高速公路A16和A26/A1，还有几条N字和D字的主要道路及主要火车线路都可以直接通往巴黎。另外，高速火车（TGV）贯通于加来–弗雷坦、里尔和巴黎之间。这个地区还有十分密集的公路网络。里尔和亚眠的人们可以通过当地的汽车和火车频繁往来。A26高速公路（或者Autoroute des Anglais）穿过阿拉斯和拉昂，贯穿了从加来到特鲁瓦的整个地区，所以人们到皮卡第东部十分方便。如果你想要避开巴黎去南方的话，这也是一条很合适的路线。

索姆河谷的罂粟花，"一战"战场的象征

退潮时的勒图凯沙滩

勒图凯 ❶
Le Touquet

Pas de Calais. 5500 Palais de l'Europe（03 21 06 72 00）周四和周六（6月~9月中旬：增添周一）www.letouquet.com

勒图凯——巴黎普拉日度假村形成于19世纪，在两次世界大战期间闻名于世，许多游客慕名而来。种植于1855年的大片松树覆盖了城市里的大部分地区。西面沙滩上的小旅馆、度假村、杂货店和饭店为游客提供了方便。沙滩上还有赛马场、赌场和其他一系列海滨娱乐设施和运动设施，包括两个豪华的高尔夫运动场、骑马区和游艇区。内陆的**蒙特勒伊**（Montreuil）山顶小镇上有用稀石灰粉刷的17世纪房屋、各种特色的饭店和绿荫小径。

滨海布洛涅 ❷
Boulogne-sur-Mer

Pas de Calais. 45000 Parvis de Nausicaa（03 21 10 88 10）周三和周六（pl Dalton）；周日（Vignon）www.tourismeboulognesurmer.com

布洛涅作为重要的渔港和码头非常值得一游。如盒子般的奥特维尔城中有一扇沙丘门，它是通往**反抗广场**（place de la Résistance）的入口，那里有17～19世纪的司法宫、图书馆和市政厅。

建于19世纪的**圣母大教堂**（Basilique Notre-Dame）有一个标志性的圆顶。教堂里镶珠宝的木质雕像象征着布洛涅圣母。附近是13世纪时为布洛涅伯爵修建的雄伟**城堡**（Château），它四周由护城河保护，如今已经变成了历史博物馆。

在城中央，列昂河东岸的甘必大码头上有很多商店、酒店和水产餐馆。而北面是布洛涅的沙滩和**瑙西卡**（Nausicaa）——一个壮观而又新奇的水族馆和海洋中心。

城镇的北面是1841年为纪念拿破仑一世1803～1805年入侵英国而竖立的**军队纪念柱**（Colonne de la Grande Armée），从纪念柱顶上可以俯瞰加来海岸的全景。这里有常年被风吹刮的**格里内角**（Cap Gris-Nez）和**白鼻角**（Cap Blanc-Nez），游客可以欣赏英吉利海峡的风光。

城堡
Rue de Bernet. **电话：** 03 21 10 02 20 周四至周日 1月1日、5月1日、12月25日

海洋中心
Bd Sainte-Beuve. **电话：** 03 21 30 99 99 每天 1月的三周、12月25日 www.nausicaa.fr

加来 ❸
Calais

Pas de Calais. 76000 12 bd Clémenceau（03 21 96 62 40）周三、周四和周六 www.calais-cotedopale.com

加来是一个用来横跨英吉利海峡的繁忙港口，由于战后重建速度比较慢，它乍一看没有什么值得观赏的地方，许多游客在到达欧洲隧道出口处的欧洲城购物中心后，就再也不肯往前走了。**美术博物馆**里还展出有关罗丹雕塑作品《加来的义民》的研究。这座雕像现在矗立在佛兰德文艺复兴风格的市政厅门外，以此纪念1347年爱德华三世包围加来时，六个英勇的

白色峭壁上被风吹刮着的白鼻角

本地区住宿及餐饮信息见556~558页和607~610页

奥古斯特·罗丹的《加来的义民》(1895)

市民为了保卫城市而献出了生命。**蕾丝和女装城**(Cité de la Dentelle et de la Mode)让人们联想到这个城市制作蕾丝的工厂。**战争博物馆**(Musée de la Guerre)位于一个充满战争伤痕的德国堡垒中,向人们展示了许多“二战”时发生在当地的事件。

美术博物馆
25 rue Richelieu **电话**:03 21 46 48 40
周二至周六,周日下午

蕾丝和女装城
Quai du Commerce **电话**:03 21 46 43 14 周三至周日

战争博物馆
Parc Saint Pierre **电话**:03 21 34 21 57 致电咨询

敦刻尔克 ❹
Dunkerque

Nord. 376000 Rue Amiral Ronarc'h(03 28 66 79 21)周三和周六 www.ot-dunkerque.fr

虽然敦刻尔克是一个重要的工业港口,它仍然带有佛兰德特色。明克广场附近的**港口博物馆**(Musée Portuaire)记录着这个城市的航海历史。旧城中心有一座纪念当地英雄让·巴特的雕塑,他是17世纪的海盗,葬于**圣艾洛伊教堂**(Eglise St-Eloi),教堂的钟楼(1440)视野十分好。**纪念品馆**(Le Mémorial du Souvenir)中展示了1940年英法军队的35万名士兵戏剧性的撤离。**当代艺术及行动协会**(Lieu d'Art et d'Action Contemporaine)有陶瓷制品和玻璃器皿。

港口博物馆
9 quai de la Citadelle. **电话**:03 28 63 33 39 周三至次周周一 1月1日、5月1日、12月25日

敦刻尔克港

纪念品馆
32 Courtines du Bastion. **电话**:03 28 66 79 21 周三至次周周一 1月1日、11月1日、12月25日 限制

当代艺术及行动协会
Av des Bains. **电话**:03 28 29 56 00 周二至周日 公共假期

圣奥梅尔 ❺
St-Omer

Pas de Calais. 15000 4 rue Lion d'Or(03 21 98 08 51)周六 www.tourisme-saintomer.com

优雅的圣奥梅尔似乎从未改变。**山德林旅馆**(Hôtel Sandelin)如今是一个美术和装饰艺术博物馆。圣奥梅尔教堂里有13世纪的磁砖和一架大管风琴。**市图书馆**(Bibliothèque Municipale)里珍藏了圣伯丁修道院里珍贵的圣人手迹,这个修道院毁于15世纪。离圣奥梅尔5公里的一个地下碉堡里有一座记录“二战”历史的**穹顶咖啡馆**(La Coupole)。

山德林旅馆
14 rue Carnot. **电话**:03 21 38 00 94 周三至周日 限制

市图书馆
40 rue Gambetta. **电话**:03 21 38 35 08 周二至周六 公共假期

穹顶咖啡馆
电话:03 21 12 27 27 每天 12月最后一周至1月的第一周

穿越海峡

加来距离英国东南部海岸只有36公里,征服英吉利海峡(在法国被称为拉芒什海峡)激起了许多勇敢探险家的兴趣。第一个凭借热气球穿越海峡的人是让·皮尔·布兰查德,时间是1785年;M. 韦伯船长于1875年成功地游过了海峡;紧接着路易斯·布莱里奥特的先锋队在1909年飞过了海峡;从海底穿过海峡的计划最初是在1751年被提出来的,最终实现却是在1994年打通了从弗雷坦到福克斯顿的海底铁路以后。

孩子们观看路易斯·布莱里奥特起飞,1909年

滨海佛兰德 ❻
Flandre Maritime

Nord. 5000 Lille. Bergues. Dunkerque. Bergues, Le Beffroi,pl Henri Billiaert（03 28 68 71 06）

敦刻尔克的南面是一片平原，这里水路狭窄，天空宽阔，非常适合农作物生长。流淌着的运河、骑自行车的人和古老的风车构成了典型的佛兰德风景。位于弘斯舒特北面建于1127年的Noordmeulen据说是欧洲最古老的风车。

从弘斯舒特D3号公路沿着贝斯运河向西到达贝尔克，这是一个以羊毛纺织业为主的城市，它的**市政博物馆**里藏有16~17世纪佛兰德特色的作品。南侧的**卡塞尔**有一个大卵石铺成的大广场。

市政博物馆
1 rue du Mont de Piété .Bergues.
电话：03 28 68 13 30 周四至次周周一 10月～次年4月

里尔旧城中心戴高乐将军广场里的音乐家们

里尔 ❼
Lille

Nord. 232000 Palais Rihour（03 59 57 94 00） 每天
www.lilletourism.com

最近几年，里尔开通了欧洲之星列车，被选为2004年欧洲文化城市，出现了越来越多的商店和贸易中心，其历史悠久的佛兰德文明也散发着耀眼的光芒。它的佛兰德名字“Rijssel”至今还被这个地区一些法兰克－佛兰德土语的市民挂在嘴边。在重工业衰落后，它的经济开始转向现代化的商业中心，修建了欧洲里尔购物中心，还有国际高速列车。另外，里尔的“地铁”VAL是自动驾驶列车。

里尔旧股票交易所长廊里的鲜花市场

这个城市的魅力源于它耐人寻味的历史中心，里尔旧城有一个大卵石广场、多条狭窄的街道，以及不计其数的商店、咖啡厅和餐厅。戴高乐将军广场的外围是17世纪的**里尔股票交易所**。附近还有建于20世纪的**新股票交易所**和**歌剧院**。另外，由沃帮修建的防御性堡垒也值得看一看。

伯爵夫人护理所博物馆
Musée de l'Hospice Comtesse
32 rue de la Monnaie. **电话：**03 2836 84 00
周三至周日，周一下午

这座修建于1237年的医院收藏了许多古代医疗器具，它的病房屋顶呈拱形，旁边有一个镶着代尔夫特瓷砖的厨房。

美术馆
Palais des Beaux-Arts
Pl de la République. **电话：**03 20 06 78 00
周三至周日，周一下午

这里收藏的大多数都是佛兰德作品，包括鲁本斯和凡·爱克的画。其他还有布茨的《天堂和地狱》和凡·戈伊恩的《滑冰者》、戈雅的《书信》、德拉克洛瓦的《梅德》和库贝尔及印象画派的作品。

本地区住宿及餐饮信息见556~558页和607~610页

阿拉斯 8

Arras

Pas de Calais. 45000 Hôtel de Ville, pl des Héros（03 21 51 26 95）周三和周六 **www**.ot-arras.fr

阿拉斯是阿图瓦的首府，其城市中心是两个由大卵石铺成的漂亮广场，广场周围是155栋17世纪佛兰德房屋。战后的重建工作十分顺利，**大广场**和英雄广场上还能看到一些曾经的旧店标。

英雄广场的西面耸立着火焰式哥特风格的**市政厅**，门廊处有两个巨人：科拉斯·德德和杰奎琳，在本地节庆的时候你会看到她们在城中昂首阔步。你可以从市政厅一楼坐电梯到最顶层的钟楼眺望，也可以请导游带你到阿拉斯地下的迷宫，那是10世纪时石灰岩断裂形成的，“一战”时它曾被用作士兵的秘密宿营地。

壮观的圣瓦斯特修道院是一个修建于18~19世纪的新古典主义教堂和**美术博物馆**。博物馆内藏有中世纪的雕塑作品，如一对13世纪的天使，一幅当地的挂毯（悬挂的织锦）以及阿拉斯学派19世纪的作品和一组现实主义的风景油画。

市政厅
Pl des Héros. **电话**：03 21 51 26 95 7月~8月：每日 地道预约

美术博物馆
22 rue Paul Doumer. **电话**：03 21 71 26 43 周三至次周周一 公共假期

索姆河谷 9

Vallée de la Somme

Somme. Amiens. 16 pl André Audinot, Péronne (03 22 84 42 38) **www**.somme-tourisme.com

索姆这个名字与发生于“一战”时（见190～191页）的恐怖地道战屠杀同义，但是索姆河谷同时也意味着恬静的乡村、大片的河口湿地和丰富的野生动植物。湖泊和森林为人们提供了宿营、散步和钓鱼的场所。

索姆河谷的战场从索姆河北岸和亚眠东北部一直延伸到阿拉斯北面，英联邦“一战”纪念碑几乎占据了整个战场遗址。皮隆尼的**“一战”纪念博物馆**（Historial de la Grande Guerre）里的珍藏会使你陷入对战争的思考。在阿尔贝附近的博蒙哈梅尔纪念公园里虽然已经看不到当年战争的痕迹，但它曾是一个真实的战场。阿拉斯附近的维美里奇加拿大纪念馆里保存着血腥的战争场面，洛莱特圣母院里有重要历史意义的法国国家军人公墓。

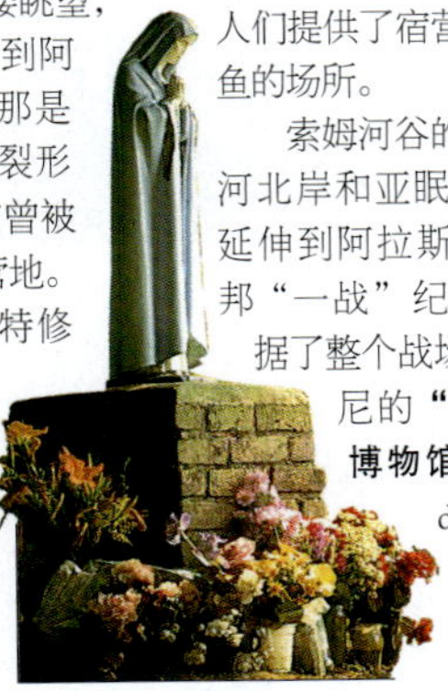

索姆河谷路旁的神龛

在索姆河上泛舟

法国最大的考古公园位于亚眠西部**撒马拉**（Samara）。公园还原了史前住宅，举办了早期工艺如燧石取火、小麦的磨制等展览。另外，索姆河下游阿布维尔的圣沃夫冈教堂因为其火焰式哥特风格的西门而闻名，门上漂亮的雕花刻于16世纪。

索姆河畔圣瓦雷里是一个迷人的港口，那里有历史悠久的小镇和穿过河口的林荫大道，威廉在1066年曾从这里到英国去。鸟类爱好者则应该去D3公路附近小鸟居，或者到勒克劳伊附近的玛岗丹尔鸟类公园参观。夏天有一种小型火车会穿过沙丘和湿地连通河的两岸。

“一战”纪念博物馆
La Chaussée-Tirancourt. **电话**：03 22 83 14 18 4月~9月：每天；10月~次年3月：周二至周日 12月中旬~次年1月中旬
www.historial.org

撒马拉
La Chaussée-Tirancourt. **电话**：03 22 51 82 83 3月中旬~11月中旬：每天 **www**.samara.fr

索姆河谷阿布维尔的St-Vulfran教堂里16世纪的雕刻

亚眠 ⑩
Amiens

Somme. 130000 6 bis rue Dusevel（03 22 71 60 50）周三和周六 www.amiens-tourisme.com

除了**圣母教堂**（见 202～203 页），皮卡第的首府亚眠还有很多值得游玩的地方。风景如画的圣鲁地区到处都是技艺精湛的工匠们建造的低矮房屋、河畔饭店、酒吧及手工艺品店。东边是一个五彩缤纷的低洼地公园 Les Hortillonnages，以前农民们用来渡河的平底船现在可以载着游客们环游这片自然保护区。**皮卡第博物馆**里珍藏了许多中世纪和 19 世纪的雕塑以及 16～20 世纪的油画，包括捐赠给教堂的一系列 16 世纪人物群像。博物馆南面是马戏团剧院，作家凡尔纳（1828～1905 年）在 1889 年为其主持了开幕仪式。凡尔纳于 1882～1900 年之间生活过的**铁塔屋故居**（Maison de Jules Verne）现已翻修一新，里面陈列着 700 多件与他相关的物品。

皮卡第博物馆
48 rue de la Ré publique. **电话：** 03 22 97 14 00 周二至周日 1月1日，5月1日，11月1日，11月11日，12月25日

凡尔纳故居
2 rue Charles Dubois. **电话：** 03 22 45 45 75 复活节～10月中旬：每天；10月中旬～复活节：周三至周一

博韦教堂的大钟

博韦 ⑪
Beauvais

Oise. 61000 1 rue Beauregard（03 44 15 30 30）周三和周六 www.beauvaistourisme.fr

在“二战”时曾被严重轰炸过的博韦目前已是一座以上乘珠宝而闻名的现代城市。博韦一直都想建造一座伟大的哥特式教堂，但**圣皮埃尔教堂**到现在都没有完全修复。设计师们从 1227 年开始设计一座比先前任何一座教堂都要壮观的建筑，但完成之前，圣坛天花板就因为支撑力不够而坍塌了两次，之后又因为战争和缺少资金，教堂的袖廊直到 1550 年才完成。1573 年加了一个高塔，横梁却又因为不堪重负而坍塌。尽管如此，如今保留下来的教堂仍然是一座高达 48 米的杰作。袖廊里大部分 16 世纪的彩绘玻璃都还保留着，靠近北门的一个由 9 万个部分组成的天文大钟在 19 世纪 60 年代被重新安装过。教堂的中廊里现在还保存着一个被誉为贝斯杰作的 10 世纪教堂遗留物。

博韦以前的主教宅邸现在成为**瓦兹区博物馆**（Musée Départemental de l’Oise），里面的收藏包括考古发现、中世纪雕塑、织锦和当地陶器。博韦有着悠久的刺绣历史，来

维奥莱公爵（VIOLLET-LE-DUC）

极有声望的建筑美学家维奥莱公爵（1814～1879 年）是第一个真正懂得欣赏哥特式建筑的人。他在 1854 年创作的赞美中世纪建筑艺术的建筑辞典详细阐述了哥特式建筑的拱门和花饰窗格不仅可以作为装饰，还可以解决很多技术性问题。重新修复过的维奥莱公爵的作品包括皮埃尔丰堡、巴黎圣母院（见 86～87 页）和卡尔卡松（见 488～489 页）。

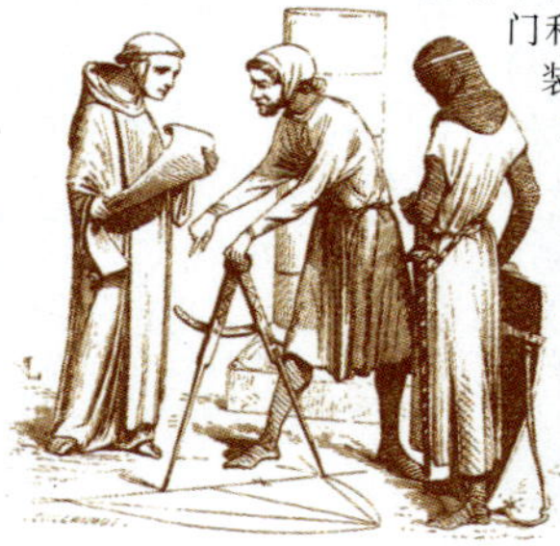
维奥莱公爵画的中世纪建筑师

]法国国家收藏馆的样品陈
]在**国家织锦美术馆**（Galerie
Nationale de la Tapisserie）中。

瓦兹区博物馆
Ancien Palais Episcopal, 1 rue du Musée. **电话**：03 44 10 40 50 周三至次周周一 1月1日、复活节、5月1日、6月9日、11月1日、12月25日

国家织锦美术馆
22 rue St-Pierre. **电话**：03 44 15 39 10 周二至周日 1月1日、5月1日、12月25日

努瓦永 ⑫
Noyon

Oise. 15200 pl de l'Hôtel de Ville（03 44 44 21 88） 周三和周六、每月的第一个周二 **www**.noyon-tourisme.com

努瓦永是一个历史悠久的宗教中心。1150年开始修建，1290年完工的**圣母大教堂**是这个地区的第五座建筑，它是从罗马式建筑向哥特式风格转变的一个典范。**努瓦永博物馆**（Musée du Noyonnais）占据了前主教府邸的一部分，而教堂的最东面是一间1506年的半木质图书馆。1509年出生于努瓦永的新教神学家让·加尔文是宗教改革的领袖之一，当地建有**让·加尔文博物馆**（Musée Jean Calvin）。

努瓦永博物馆
Ancien Palais Episcopal, 7 rue de l'Evêché. **电话**：03 44 09 43 41 周三至次周周一 1月1日，11月11日，12月25日

努瓦永大教堂的拱形中廊

穿越香槟森林的小径

贡比涅 ⑬
Compiègne

Oise. 70000 pl de l'Hôtel de Ville（03 44 40 01 00） 周三和周六 **www**.compiegne-tourisme.fr

贡比涅是1430年圣女贞德被勃艮第人抓获的地方。该城市中央最显眼的建筑是16世纪的带有塔顶钟楼的市政厅，但这个城镇最出名的是它的皇家城堡（Château）。

皇家城堡最初的设计目的是作为路易十五的避暑山庄，但路易十六时期才完全完工，最后成了拿破仑三世及其皇后欧仁妮的寝宫。

城堡里的法兰西第二帝国博物馆和皇后博物馆展示了以前的家具、纪念品和人物肖像；而马车博物馆里则陈列了历史上马车、自行车和早期汽车的模型。

贡比涅城的南面和东面一直延伸到皮埃尔丰城堡是旧的**贡比涅森林**狩猎区，那里开阔的场地可用于散步，或者在橡树和山毛榉树下野餐也是一个不错的选择。D130公路东边的Les Beaux山上有城堡不具备的宽阔视野。

N31公路北面的休战空地是“一战”中1918年11月11日休战的地点。**战争武器博物馆**（Musée Wagon de l'Armistice）里陈列着休战后举行庆典的火车车厢复制品。1940年6月22日，这节车厢又成为法国签字向德国投降的地点。

香槟城堡
Pl du Général de Gaulle. **电话**：03 44 38 47 02 周三至次周周一 1月1日、11月1日、12月25日
www.musee-chateau-compiegne.fr

战争武器博物馆
Clairière de l'Armistice (direc. Soissons). **电话**：03 44 85 14 18 周三至次周周一 1月1日、1月和2月的上午、12月25日

皮埃尔丰城堡

皮埃尔丰城堡 ⑭
Château de Pierrefonds

Oise. **电话**：03 44 42 72 72 每天 周一（9月5日~次年4月）、1月1日、5月1日、11月1及11日、12月25日 音乐会

巨大的皮埃尔丰城堡几乎占据了其所在村庄的大部分面积。这个城堡是路易·奥尔良在14世纪建造的，但于1813年变成了一个废墟，拿破仑一世用不到3000法郎就把它买下了。

1857年，拿破仑三世授权建筑师维奥莱公爵翻修皮埃尔丰城堡，1884年它重新成为皇宫。城堡的护城河、吊桥、塔楼和两道哨卡等外部设计是设计师精心模仿中世纪的军事建筑建造的。而城堡内部却被维奥莱公爵和拿破仑三世充满浪漫主义的设想改造得光彩照人。你可以请导游为你讲解那些具有历史意义的陈列品。

亚眠大教堂

亚眠圣母教堂是法国最大的教堂，始建于1220年左右，当时修建的资金来源是培植一种用作蓝色染料的菘蓝的利润。修建这座大教堂的目的是安放1206年十字军东征的时候带回的施洗者圣约翰的头颅，他是朝圣者朝拜的对象，直到现在他的头颅仍然摆在那里。亚眠圣母教堂——这件建筑工程学的杰作经过50年的时间才修建完成，19世纪50年代又经过维奥莱公爵（见200页）的重新整修，并且奇迹般地躲过了“二战”的轰炸。这个教堂因其丰富的雕塑和浮雕而闻名，还曾激发了罗斯金在1884年创作《亚眠圣经》的灵感。

★ 西侧前墙
横跨西侧前墙的国王走廊里陈列了22尊法国国王的巨型雕像。人们也认为这些雕像代表了犹太王国的国王。

哭泣的天使（Weeping Anel）
1628年尼古拉斯·布拉塞（Nicolas Blasset）雕刻的《哭泣的天使》曾在“一战”时大受追捧。

圣费明大门（St Firmin Portal）以圣费明的生活图片和场景作为装饰；是他把基督教带到了皮卡第，他也是亚眠的第一任主教。

历法显示了从黄道十二宫得到的预示，而历法下面是相应的每个月的耕作计划，它描绘了13世纪人们的日常生活。

中门
拱圈和拉梁的中间雕刻着《最后的审判》里的场景，而门中间是一个耶稣雕像——《美丽的上帝》。

星级景点

- ★ 西侧前墙
- ★ 中殿
- ★ 唱诗班座位
- ★ 唱诗班布景

本地区住宿及餐饮信息见556～558页和607～610页

楼
堂西面是两座不同高的塔楼。南楼完工于66年，而北楼完工于02年。塔上的尖顶分别1627年和1887年重修过次。

游客备忘

Cathédrale Notre-Dame, pl Notre-Dame. **电话：**03 22 71 60 50 4月～9月：8:30～18:15；10月～次年3月：8:30～17:15；6月～12月（夜间）：La Cathédrale en Couleurs 灯光秀 1月1日，9月的最后一个周日 每天9:00（星期三为中午）周日9:00，10:15，11:30，18:00 **www.**amiens-cathedrale.fr

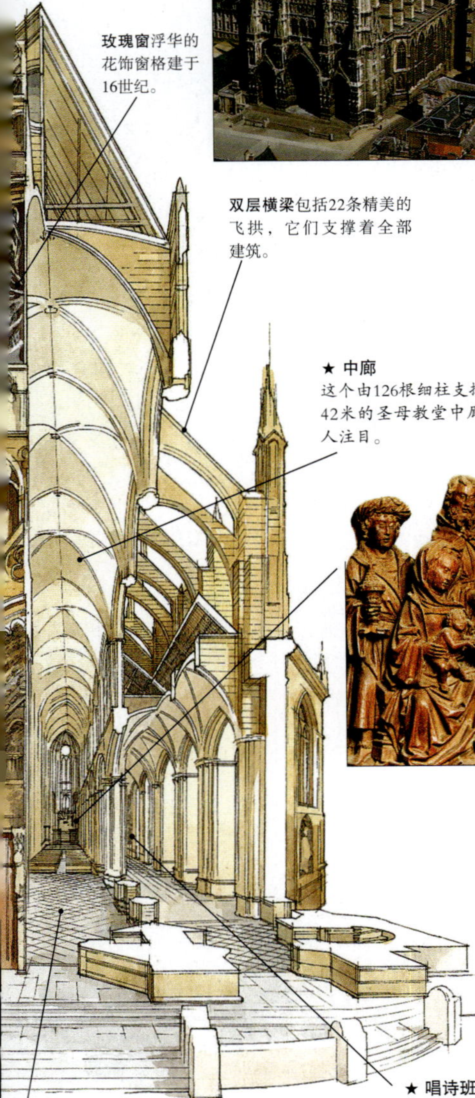

玫瑰窗浮华的花饰窗格建于16世纪。

双层横梁包括22条精美的飞拱，它们支撑着全部建筑。

★ 中廊
这个由126根细柱支撑的高达42米的圣母教堂中廊十分引人注目。

★唱诗班座位
110个橡木的唱诗班座位（1508～1519年）上刻满了4000个来自《圣经》，神话和现实中的人物。

地板是在1288年铺就的，19世纪后期又重新铺过一次。祷告时，信徒们按照其错综复杂的形状跪着前行。

★ 唱诗班布景
（Choir Screens）
雕刻于15～16世纪的栩栩如生的场面取材于圣费明和圣约翰的日常生活场景。

桑利斯 ⑮
Senlis

Oise. 17000 pl du Parvis Notre-Dame (03 44 53 06 40) 周二和周五 **www.senlis-tourisme.fr**

桑利斯位于尚蒂伊以东10公里，来到这里可以去看看老城区里的哥特式教堂和周围的古老街道。桑利斯**圣母教堂**建于12世纪后期，其四面门廊里的雕刻画描绘了圣母玛利亚升天的场景，它对之后的教堂，如亚眠大教堂（见202～203页）的设计产生了很大影响。教堂南塔的尖顶修建于13世纪，而南面火焰般的袖廊则完工于16世纪中叶，与之前朴素的风格形成鲜明对比。与西门相对的是通往皇宫的大道废墟。以前的小修道院现在是**拉维内里博物馆**(Musée de la Vénerie)，里面收藏了旧时代的油画、武器和战利品。

城里的**艺术博物馆**(Musée d'Art)珍藏着这座城里高卢－罗马时期的记忆，还有早期哥特式雕塑珍品。

拉维内里博物馆
Château Royal, pl du Parvis Notre-Dame.
电话：03 44 32 00 81 周一、周三下午、周四、周日 1月1日，5月1日，12月25日 免费

艺术博物馆
Ancien Evêché, 2 pl Notre-Dame.
电话：03 44 32 00 81 周一、周三下午、周四、周日 1月1日，5月1日，12月25日

尚蒂伊展出的《贝里公爵的富贵时光》

尚蒂伊 ⑯
Chantilly

Oise. 11200 60 av du Maréchal Joffre (03 44 67 37 37) 周三和周六 **www.chantilly-tourisme.com**

作为法国马术中心的尚蒂伊拥有许多美丽的城堡、公园和森林，一直以来都是旅游的好去处。从高卢－罗马时期的城堡获得灵感的尚蒂伊现代城堡成形于1528年，当时著名的安妮·德蒙特莫伦斯用新堡换旧堡并在周围加建了许多小城堡。孔代亲王执政时期（1621～1686年），城堡进行了翻修，之后勒·诺特尔又设计了让路易十四都嫉妒的花园和喷泉。大革命时毁于一旦的大城堡后来又被重建，城堡里

尚蒂伊有名的马术比赛之一，即爱马仕大奖赛

尚蒂伊赛马

法国马术中心尚蒂伊是全世界和法国上层社会热爱赛马的人心目中的圣地。尚蒂伊具有纪念意义的大马厩（Grandes Ecuries）是由波旁王朝的路易·亨利亲王建造的，他深信自己有一天会转世为马。赛马于1830年左右从英国传入，之后很快在当地流行起来。第一次官方赛马盛会在1834年举行，到现在为止，大约3000匹马已经在尚蒂伊附近的森林和乡村中经过了严格的训练。每年7月，尚蒂伊就变成了社交中心和人们关注的焦点。在那里，顶尖的马术师和他们的爱马都在为了两项有重要意义的大奖赛而竞争：骑师俱乐部大奖赛（Prix du Jockey-Clud）和戴安娜—爱马仕大奖赛。

的宴会和打猎盛会在19世纪20～30年代成为上流社会流行的活动。19世纪后期，它最终被一座文艺复兴风格的城堡所取代。

如今大小城堡成了**孔代博物馆**（Musée Condé）所在地，展示城堡的最后一位拥有者欧玛公爵收藏的艺术珍品，包括拉斐尔、波堤切利、普桑和安格尔的作品，还有一个克鲁埃兄弟创作的16世纪人物肖像画廊。其中最珍贵的是著名的15世纪油画《贝里公爵的富贵时光》，不过现在展出的是复制品。除了私人珍藏以外，还有附着介绍和评论的国家展馆部分。

阿斯特利斯乐园里的阿斯特利斯和朋友们

在宏大的大马厩面前，大小城堡都相形见绌。那是一个由让·奥伯特于1719年设计的马术场，可以容纳240匹马和500条狗。现在大马厩成了**马匹博物馆**（Musée Vivant du Cheval），里面展示了各种各样的马匹饲养方法和马术。

孔代博物馆
Château de Chantilly. **电话：** 03 44 62 62 62 周三至次周周一

马匹博物馆
Grandes Ecuries du Prince de Condé, Chantilly. **电话：** 03 44 27 31 80 致电详询

阿斯特利斯乐园 ⑰
Parc Astérix

Plailly. **电话：** 08 26 30 10 40 6月～8月和法国学校假期（查询）
www.parcasterix.fr

戴高乐机场附近的一个小小的高卢村庄里的居民仍保留着他们自己的风俗、流通货币和广播电台。作为法国最受欢迎的主题公园之一，它充满高卢特色，《Goscinny》和《Uderzo》（都是有名的卡通剧）里的卡通形象也可以在乐园里找到，如老法师Getafix，大力战士Obelix，吟游诗人Cacofonix等。剧里讲述了高卢人巧妙地躲开了试图镇压他们的罗马百人队的巡逻，让罗马人暴跳如雷。至此可笑的战争就爆发了。

阿斯特利斯乐园里不仅有逼真的卡通人物，还向参观的游客们展示了法国历史。乐园里的古代之路和罗马城会让你经历一次轻松而富有教育意义的旅行。缩小的街道是巴黎发展历史的缩影。当然乐园里也有现代时尚的娱乐设施，如海豚馆的宙斯高速环滑车。另外游客还可以去参观最新的马术表演，每年都有新花样。

拉昂 ⑱
Laon

Aisne. 27000 Hôtel-Dieu, pl du Parvis Gauthier de Montagne（03 23 20 28 62）周三、周四和周六
www.tourisme-paysdelaon.com

埃纳省首府拉昂的地形长久以来都十分特殊：宽阔的平原围绕着狭窄的山脊，人们通常要乘坐Poma才能到达山顶的旧城。Poma是一种自动电缆车，可以从火车站直接上升到勒克莱尔将军广场。

拉昂的主要购物大街——步行街女主人路

拉昂大教堂中的13世纪玫瑰花窗

查特莱纳人行道可以通往拉昂金碧辉煌的**圣母教堂**。1235年完工的教堂在大革命时丢掉了它原先七个尖塔中的两个，但仍保留了早期哥特式风格。

圣母院的细节使其不同于其他建筑：四面幽深的门廊、高达四层的中殿和侧面被文艺复兴风格的雕花布景围绕的唱诗班座位。教堂东面半圆形后殿里巨大的13世纪玫瑰花窗是对教堂的盛赞，而教堂西塔突出的雕像则是为了纪念曾为建造教堂驮运石头的公牛。

此外，游客还可以参观中世纪拉昂城：东面一条大街环绕着16世纪的**星形城堡**（Citadelle），在南面沿着狭长的堤堡经过Ardon大门和Chenizelles大门可以到达**圣马丁教堂**（Eglise St-Martin）。

拉昂南部是贵妇小径，因为路易十五的女儿曾在这里走过，所以得此名。但这里最让人印象深刻的却是排列着公墓和纪念碑的“一战”战场遗址。

香槟

马恩省 · 阿登省 · 奥布省 · 上马恩省

香槟是一个能引起巨大反响的名字。一提起它，人们就会想起欢庆的场面和世界闻名的兰斯大教堂。但除此之外，香槟地区还有大片未开发的田园风光：南部是连接着牧场和湖泊的香槟平原，北部是密集的森林和阿登丘陵。

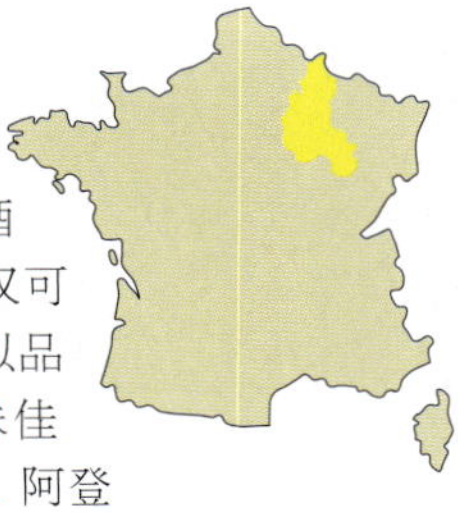

所谓的“神圣香槟三角区”连接着埃佩尔奈、兰斯和沙隆，这里是葡萄酒爱好者的天堂。在这里不仅可以喝到上等的香槟，还可以品尝到出自大厨之手的美味佳肴：包括塞满调料的鲑鱼、阿登火腿和有名的香肠 andouillettes。

沿途都设有路标的香槟大道（route touristique du champagne）穿过葡萄园和一望无际的平原，向南一直延伸到“湖泊区”，那里周围到处都是橡树林、牧场和小溪。

位于法国和比利时边境的阿登（Ardennes）在凯尔特语中是“幽深的树林”的意思。默兹河（Meuse）奔流的河水流经了这片满是山谷、落叶林和小丘的边境地区。边境设防区包括巨大的色当堡、星形小镇和罗克瓦堡垒，还有“二战”以前修筑的马其诺防线。相对而言，阿登以其自然风光取胜，而香槟则以其保存完好的历史小镇而在文化上更具意义。香槟地区既有辉煌的哥特式兰斯大教堂，也有典型的乡村木质结构教堂。教堂里，有由特鲁瓦学派画家绘制的生动的彩绘玻璃，他们精湛的技艺和细腻的笔触似乎体现了这片宁静地区的魅力。

德尚特高克湖边的木架香槟教堂

◁ 位于沙隆 – 香槟的圣蒂安教堂

探索香槟

位于兰斯、埃佩尔奈和沙隆之间的这片三角地带的气泡香槟酒吸引了众多葡萄酒爱好者，同样也使文化爱好者在其伟大的教堂，尤其是兰斯大教堂面前流连忘返。兰斯到处都是不错的餐馆，而香槟前首府特鲁瓦则有上好的烹饪食材。香槟的大部分地区是起伏的平原，而北部阿登繁茂的森林则更适合那些喜欢徒步旅行并与大自然亲密接触的人们。游客可以坐船从雷泰尔出发，在兰斯北部阿登运河上尽情观光，也可以到南面特鲁瓦的湖泊上体验一下水上运动的乐趣。

在德尚特高克湖附近的运河上钓鱼

周边交通

从加来沿着这个地区的主要高速公路A26到兰斯只需要不到3个小时，而且这条路还直接通往南面的特鲁瓦和朗格勒（经A5）。A4高速公路连接了从兰斯到巴黎和阿尔萨斯的路程，而通过TGV高速火车从巴黎到兰斯只需45分钟。这个地区的铁路和公路运输都很发达，沿着“香槟大道（Route de Champagne）”可以到达葡萄酒产区。

兰斯山脉自然公园里的韦尔兹奈的风车

兰斯香槟的巨大商标

旅游景点分布示意图

阿戈纳 7
埃佩尔奈 2
莱皮纳 8
朗格勒 12
兰斯 1
罗克鲁瓦 4
默兹河谷 3
沙隆-香槟 9
沙勒维尔-梅济耶尔 5
色当 6
特鲁瓦 10
肖蒙 11

河流环绕的默兹河谷中的蒙代尔梅旧城

图例

- 高速公路
- 主要公路
- 次级公路
- 次要公路
- 观景大道
- 主要铁路
- 次要铁路
- 国界
- 地区边界

0 公里 25
0 英里 25

兰斯圣雷米教堂里藏有圣雷米躯体的镀金圣骨盒（1896年）

兰斯 ❶
Reims

Marne. 185000 2 rue Guillaume de Machault（08 92 70 13 51）每天 **www.reims-tourisme.com**

兰斯的发音像法语单词“Prince”去掉“P”后的发音。兰斯拥有许多香槟的著名酒窖，它们坐落在圣雷米教堂附近。但是还有另一个原因让这个城市很有名，那就是11世纪以来，法国的所有国王都要到这个城市进行加冕仪式，在著名的哥特式**兰斯大教堂**（见212～213页）里戴上王冠。

尽管“二战”的炮弹夷平了兰斯许多建筑，但还是保留了一些很有纪念价值的宝物，如**秘密廊柱**（Cryptoportique）和奥古斯都时代的凯旋门（战神门）都会把人们的回忆拉到过去的罗马。1945年艾森豪威尔执政时，德国在**投降博物馆**（Musée de la Reddition）、**美术博物馆**（Musée des Beaux-Arts）里收藏了15～16世纪克拉纳赫的描绘《圣经》里的油画，以及巴比松画派、印象派和现代派大师的作品。

1966年，人们在兰斯大教堂为法国首位基督教国王克洛维庆祝了1500周年诞辰。

耶稣学会和天文馆的古老学院（Ancien Collège des Jésuites & Planetarium）

博物馆广场1号。**电话：**03 26 35 34 70 Collège （天文馆）

建于1606年的学院直到1976年之前一直是收容所。左拉的《萌芽》（1992）和《玛戈皇后》（1993）就是以此为背景拍摄的。餐厅里的天花板和厨房是学院里最引人注意的地方，也是耶稣会信徒简朴的住宅里唯一有壁炉的地方。螺旋楼梯可以通向有着艳丽天花板的巴洛克风格图书馆。自1979年以来，天文馆也设置在同一栋建筑里。

圣雷米大教堂（Basilique St-Remi）

Pl St-Rémi. 每天

如今，孤零零地坐落在一个现代化角落里的兰斯最古老的圣本笃修道院教堂成为纪念圣雷米的一个加洛林王朝教堂，里面有一个早期哥特式高坛和分散于四周的

战神门，罗马时代兰斯的记忆

香槟的酿制方法

为了酿出具有特色的气泡酒，香槟地区的葡萄酒需要进行两次发酵。**第一次发酵：**用刚刚收获的酸葡萄初制的酒要用不生锈的铁桶盛放，在20℃～22℃下发酵（偶尔也用橡木桶），然后把沉积物用水管吸出，而且保持一个较低的温度使它完全澄清，再把它跟其他年份的葡萄酒混合（上等葡萄酒除外）最后把葡萄酒装瓶并加上Liqueur de tirage（糖、酒和酵母片的混合物）。**第二次发酵：**在保持低温的酒窖里，把装了葡萄酒的瓶子在酒窖里储存一年以上。在这个过程中，酵母会把糖转化成酒精和二氧化碳——这就是产生气泡的原因，然后酵母细胞就失去活性只剩下沉积物。为了去掉这些沉积物，得把瓶子上下颠倒，轻轻敲打从而使沉积物倒流。然后通过除渣过程把沉积物排除，最后在插入软木塞以前加一点糖浆调整甜度。

兰斯玛姆香槟

祷室，北面是装饰有罗马雕花的袖廊。

圣雷米博物馆

rue Simon. **电话：**03 26 85 00 01 ◯ 天下午 ● 1月1日、5月1日、7 14日、11月1日、12月25日 ▨

在前修道院里的博物馆还保存了原来的哥特式圣参事会室和其17世纪的回。博物馆中的展品有考古手工艺术品、描绘圣雷米活的15世纪织锦和16～19纪的武器。

Pompelle堡垒

斯东南8公里处。**电话：**03 26 49 85 ◯ 周三至次周周一 ▨ ♿

普法战争后用于保护兰斤，这个堡垒内设有一个藏有许多德国军队的帽子的博物馆。

埃佩尔奈 ❷

Épernay

Marne. 25000 ▣ ℹ 7 av de Champagne（03 26 53 33 00）周三、周六和周日 **www.ot-epernay.fr**

游览埃佩尔奈的一大收获是在白垩地窖里品尝香槟。这个小镇以香槟制造为主，因此香槟大道的每个角落都有很多仿文艺复兴风格的酒窖。建于1743年的Moët & Chandon是一座非常壮观的建筑，它的地下酒窖绵延了28公里。

这里还有其他很有名的酒窖，如Mercier、Krug、Pommery和Canard Duchene。Moët & Chandon和mercier酒窖都同在香槟大道上。Meicier在1889年巴黎展销会上创造性地运用了一种巨大的发酵桶并且一直延用到现在。在酒窖里你还可以乘坐电动车参观。

卡斯特兰（De Castellane）能提供更人性化的服务，还可品尝美酒。

香槟王唐·培里侬塑像

Moët & Chandon

20 av de Champagne. **电话：**03 26 51 20 20 ◯ 3月末～11月中旬：每天；11月中旬～次年12月，2月～3月末：周一至周五 ▨ ▨ 仅仅

www.moet.com

Mercier

70 av de Champagne. **电话：**03 26 51 22 22 ◯ 3月中旬～11月：每天；12月～次年3月中旬：周四至次周周一 ▨ ♿ ▨ 义务

www.champagnemercier.com

卡斯特兰

57 rue de Verdun. **电话：**03 26 51 19 19 ◯ 每天（1月～3月只有周六和周日）▨ ♿ 限制 ▨ 义务

www.castellane.com

除渣是把瓶子里的酵母沉积物最后除掉，把瓶颈浸到0℃的浓盐水中，然后就可以除去冻成小粒的沉积物。

香槟经典形象自从19世纪以来就决定了其经久不衰的魅力。

香槟里的气泡是在第二次发酵中产生的，尤其是上等香槟，年份越久，质量越好。

兰斯大教堂

兰斯壮观的哥特式圣母大教堂由于其和谐一致的景致和巨大的规模而闻名于世。虽然早在 401 年的时候这里就有一座教堂了，但现在的教堂却建于 1211 年。兰斯从中世纪一直到 1825 年查理十世在这里接受洗礼为止一直是举行加冕典礼的地方。1429 年查理七世举行典礼的时候还有圣女贞德在一旁观礼。

大革命时期，圣坛屏和窗户被毁坏了，但是石制品却保存了下来。“一战”时损坏的建筑为了配合法国首任基督教国王克洛维（Clovis）的 1500 周年诞辰最终于 1996 年被修复。

中殿

与夏特勒教堂的中殿（见308～311页）相比，兰斯大教堂的中殿更高。这里的常春藤、浆果等大自然元素的雕刻形象逼真。

★ 大玫瑰花窗

13世纪的玫瑰花窗展示了圣母玛利亚被耶稣十二门徒和天使包围的情景，日落时分最为漂亮。整个场景被安置在一个大窗户里的设计是13世纪建筑的特色。

西侧前墙

南侧前墙

★微笑的天使（Smiling Angel）

天使雕像众多的兰斯大教堂被称作“天使教堂”。这座位于教堂入门左边（北面）的展翅天使在很多给教堂增添魅力的小雕饰中尤为著名。

★ 国王走廊（Gallery of the Kings）

兰斯大教堂最引人注目的风景是西侧前墙的2300多座雕像。这个国王走廊里伫立着56个法国国王的石像。

塔乌宫（PALALS DU TAU）

因为早期主教的十字架形状为T形，所以紧连着教堂的主教宫殿是根据其形状命名的（Tau是希腊字母中的T）。这个宫殿于1690年由曼沙特（Mansart）和罗伯特·德·科特（Robert de Cotte）建成，包括一个哥特式高坛和一个15世纪的塔乌厅（Salle du Tau），房间与法国国王加冕仪式的地点相连接。在加冕仪式的前夜，国王也会在这里过夜。国王在接受洗礼之后，会在这里举行一个盛大的宴会。塔乌厅是宫殿里最豪华的房间，其天花板呈拱形，墙上悬挂着15世纪的阿拉斯织锦。现在，这个宫殿变成了一个雕像和织锦博物馆，用于陈列教堂以前的物品，展品中包括一幅15世纪克洛维国王（第一个基督教国王）的织锦。

塔乌厅——宴会大厅

游客备忘

Cathédrale Notre-Dame, pl du Cardinal Luçon. **电话：** 03 26 47 55 34 每天 7:30～19:30 周一、周三和周五：8:00～19:00；周二、周四和周六：8:00；周日：9:30，11:00 仅预约 www.cathedrale-reims.com **塔乌宫 电话：** 03 26 47 81 79 周二至周日 1月1日、5月1日、11月1日和11日、12月25日

半圆形后殿画廊（Apse Gallery）
半圆形后殿上的开放式画廊上坐落着许多神话中的动物的雕像。

半圆形后殿的放射状小礼拜堂由飞扶壁支持，装饰有八角形尖顶。

南侧十字形翼部

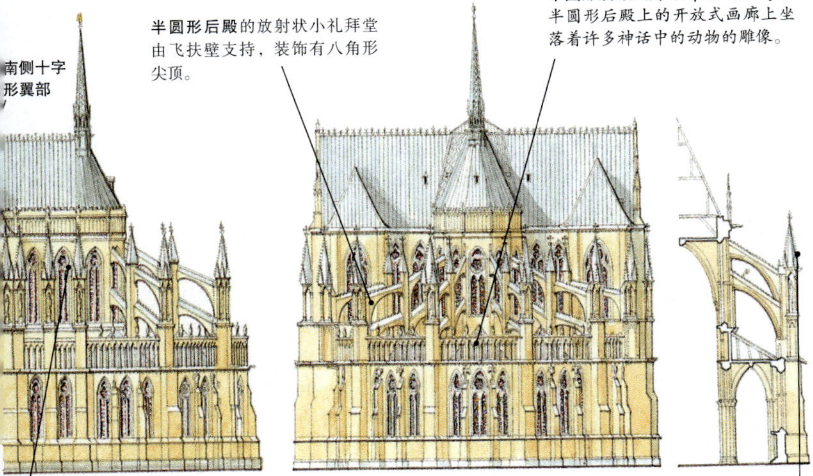

半圆形后殿

飞扶壁上

天窗上有石头细柱把阳光分割开来，从而创造了一种装饰性的交叉图案，成为哥特式花饰窗格的先驱。

飞扶壁上的尖塔庇护着象征着教堂守护者的天使。

夏加尔画窗（Chagall Window）
祈祷室的窗户是由20世纪艺术家夏加尔设计、由本地工匠建造的。图中的窗户描绘了以撒受拷问和牺牲的情景。

星级景点

★ 国王走廊

★ 微笑的天使

★ 大玫瑰花窗

罗克鲁瓦堡垒旁的观光小路

默兹河谷 ❸
Vallée de la Meuse

Ardennes. 🏛 8900 🚉 Revin ℹ 65 quai Edgar Quinet, Revin（03 24 40 19 59）**www**.meuselavallee.org

默兹河穿过了阿登地区的森林、峡谷，它两次流经**雷温**（Revin），这座小镇有十分重要的地理位置。从码头眺望，可以见到树木丛生的 Malgre Tout 山和一条布满观察站的小径。正南方峡谷上的一块岩石像是**默兹圣母像**（Dames de la Meuse）。**蒙代尔梅**（Monthermé）坐落于河的两岸，而老城区集中在景色优美的左岸。**七小时岩石**（Roche à Sept Heures）的石头峡谷诱惑着登山者前去一探究竟。锯齿状的**爱蒙四子巨石**（Rocher des Quatre Fils d'Aymon）像是当地四位传奇养马人的剪影。

罗克鲁瓦 ❹
Rocroi

Ardennes. 🏛 2430 🚌 🚉 Revin ℹ 14 pl d'Armes（03 24 54 20 06）🗓 周二和每个月的第一个周一 **www**.otrocroi.com

坐落于阿登高原上的罗克鲁瓦星形堡垒最初建于1555年，1675年沃邦在原来的基础上把它建造得更加坚固。主要景点是一条从南门出发的观光小路。而里兹（Rièzes）的自然保护区是兰花和食虫植物的家。

沙勒维尔–梅济耶尔 ❺
Charleville-Mézières

Ardennes. 🏛 58000 🚉 🚌 ℹ 4 pl Ducale（03 24 55 69 90）🗓 周二、周四和周六 **www**.charleville-tourisme.com

默兹河岸边的防御性堡垒本来是两个城镇。1966年，梅济耶尔灰暗的中世纪护城墙和保存完好的沙勒维尔合并到了一起。墨兹河边上的梅济耶尔镇里有排列不规则的石板房，从圣朱利安大道可以看到常年经受风吹雨打的筑垒和大门。**埃斯佩兰斯圆顶教堂**（Notre-Dame de l'Espérance）占据了堡垒中的大部分区域。沙勒维尔的城中央是模仿巴黎孚日广场（见91页）建成的**公爵广场**（place Ducale,）。诗人兰波1854年就出生在附近，人们可以去探访他的出生地：N
12 rue Bérégovoy 和他的童
家园：7 quai Arthur Rimbau
码头沿岸都是老磨坊，这
的美景曾经激发兰波写下
最伟大的诗篇《醉舟》。现
小型的**兰波博物馆**（Mus
Rimbaud），陈列着诗人的
迹和照片。

🏛 兰波博物馆
（Musée Rimbaud）
Quai Arthur Rimbaud. **电话：** 03 24 3
44 65 ⬜ 周二至周日 ⬛ 1月1日、
月1日、12月25日 ▨（每月的第
个周日免费）

色当 ❻
Sedan

Ardennes. 🏛 20000 🚉 🚌 ℹ 32 rue d
Menil（03 24 27 73 73）🗓 周三和周
六 **www**.tourisme-sedan.com

整个欧洲最大的防御堡垒就是沙勒维尔东面的**色当堡**（Château de Sedan）。11世纪这个斜坡上就已经有一座堡垒，但每次阿登地区发生冲突时，军队总是在色当修筑一层新的防御城墙，所以色当堡越来越大。

1870年随着700门普鲁士大炮轰向色当，拿破仑三世不得不向敌人投降。1940年5月，德国军队占领了色当，一个星期以后抵达法国海岸。

七层堡垒从中世纪一直修到了16世纪，但16世纪的壁垒和15世纪的高塔大屋檐最

出生于沙勒维尔的19世纪诗人兰波

值得一览。城堡南侧的**城堡博物馆**（Musée du Château）里陈列着军事战争遗物。

整个堡垒被默兹河岸的17世纪石板屋包围着，这反映了这个城市是作为16、17世纪法国加尔文派教徒根据地的繁盛历史。

城堡博物馆
1 pl du Château. **电话**：03 24 27 73 73 7月和8月：每天；9月中旬～次年3月：周二至周日 周二至周五下午

郊外

色当堡南面的**维特里－拉费塔堡垒**（Fort de Villy-la-Ferté）是马其诺防线上仅有的几个在1940年与敌人进行了直接而毁灭性战斗的堡垒。

色当堡防御严密的庭院

莱皮纳圆顶教堂的石像鬼

阿戈纳 ❼
Argonne

Ardennes & Meuse. Châlons Ste-Menehould 5 pl du Général Leclerc, Ste-Menehould（03 26 60 85 83）www.argonne.fr

兰斯东面的阿戈纳有着风景如画的山谷、环绕修道院的树林、沟渠和战争纪念碑。

作为香槟和洛林地区竞争主教区之间的分界线，阿戈纳是修道院的聚集地。**阿戈纳圣本笃修会修道院**（Beaulieu-en-Argonne）因为一台13世纪的葡萄酒压榨机和茂密的森林而闻名。正北是因彩陶和瓷砖闻名的**艾斯里提斯**（Les Islettes）。其多山的地形成为普法战争和"一战"的主要战场。艾斯里提斯北面的Butte de Vauquois如今仍保留着战争的遗迹。

莱皮纳 ❽
L'Épine

Marne. 670 Châlons Mairie（03 26 66 96 99）

能目睹被小麦田围绕的**莱皮纳圆顶大教堂**（Basilique de Notre-Dame de l'Épine）非常震撼。这座15世纪的教堂从中世纪以来就是朝圣地，甚至法国国王也到这里瞻仰圣母玛利亚雕像。

前墙上的三人三角寺入口让人们不由得想起兰斯大教堂。四周的石像鬼代表着被驱赶的罪恶势力。不幸的是，最经典的雕塑被19世纪的清教徒认为是诲淫之作而摧毁了。教堂内部有15世纪的圣坛屏和受人尊敬的圣母玛利亚雕像。

香槟的木质结构教堂

戴尔－尚特高克湖的边缘有森林、河流和12座半木质教堂，这些教堂都带着三角墙和摇晃的门廊（caquetoirs），同时还具有罗马特色和文艺复兴风格。建筑的色彩十分柔和，雕花的建筑内容有特鲁瓦学派设计的生动的彩绘玻璃。外面的乡村小路把拜利莱弗朗克（Bailly-le-Franc）、Chatillon-sur-Broué、Lentilles、Vigory、Outines、Chavanges和Montier-en-Der等处的教堂连接起来。

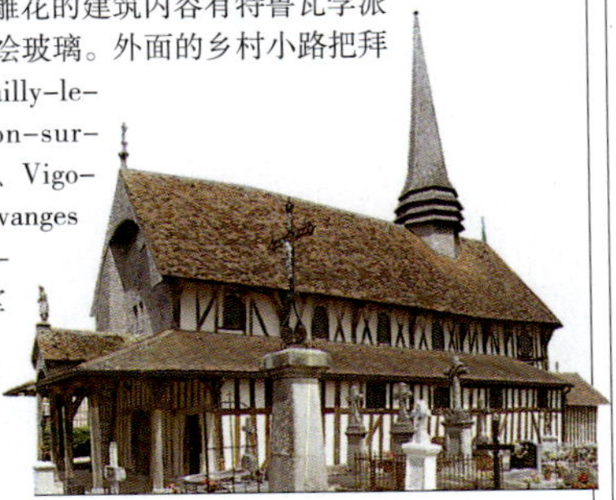

位于Lentilles的16世纪的木质教堂

沙隆-香槟 9
Châlons-en-Champagne

Marne. 48000 3 quai des Arts（03 26 65 17 89）周三、周五上午、周六、周日上午 www.chalons-tourisme.com

沙隆被马恩河和小运河所围绕，城镇的小木屋和宽敞的大花园倒映在运河里。运河附近是出产白之白的葡萄园。

从圣母码头眺望，映入眼帘的是古老的吊桥和**圣母教堂**（Notre-Dame-en-Vaux）的罗马式塔楼。其后是一片修复完善的中世纪街区和**修道院博物馆**（Musée du Cloître, ）。

运河旁的**圣艾蒂安教堂**有巴洛克风格的大门、罗马式的地窖和鲜艳的中世纪窗格，非常有特色。远处是**小花园**（Le Petit Jard），它俯看着亨利四世修建的有塔楼的收费站和马尔什城堡。

圣母教堂修道院博物馆
Rue Nicolas Durand. **电话：** 03 26 69 38 53 周三至次周周一 1月1日、5月1日、11月1日和11日、12月25日

特鲁瓦 10
Troyes

Aube. 63000 16 bd Carnot（03 25 82 62 70）每天 www.tourisme-troyes.com

特鲁瓦是一个令人心驰神往的城市，在它香槟塞状的城中心有哥特式大教堂和迷人的16世纪庭院。因其彩绘玻璃、香肠和针织工业及其制造厂而闻名。

圣皮埃尔和圣保罗教堂（Cathédrale St-Pierre-et-St-Paul）的整个中殿笼罩在16世纪玫瑰花窗映射出的红色光线里，其中还掺杂了些许朴素的青绿色光线和半圆形后殿的中世纪窗户反射出的蓝光。附近的**圣尼济耶教堂**（Eglise St-Nizier）屋顶是彩色的勃艮第风格，窗户反射出温馨的紫红色和让人安逸的蓝色光芒。**圣尤贝恩教堂**（Basilique St-Urbain）因其飞扶壁和最近才修复的彩绘窗户闻名。**圣玛德琳教堂**（Eglise Ste-Madeleine）里则有精致的16世纪圣坛屏，它就像一条镶嵌了叶子、葡萄和无花果的花边，后面是一排棕色和蓝色的窗户。Ruelle des Chats是一条连接着Charbonnet路和Champeaux路的走廊。

圣潘塔利昂教堂（Eglise St-Pantaléon）位于城中保存最完整的一片地区，这座哥特风格和文艺复兴风格的建筑里面珍藏了16世纪的雕像和朴素的灰色画窗户。

特鲁瓦圣皮埃尔和圣保罗教堂的雕像

特鲁瓦典型的木桁架屋街道——Larivey街

现代艺术博物馆（Musée d'Art Moderne）
14 pl St-Pierre. **电话：** 03 25 76 26 80 周二至周日 公共假期

除教堂以外，以前的主教宫殿现在成了现代艺术博物馆，展示罗丹的雕塑和野兽派画家的作品以及其他现代派艺术作品。

小卢浮宫公馆（Hôtel du Petit Louvre）
Rue de la Montée St-Pierre. 仅限参观庭院 每天

这座丹皮埃尔码头附近的公馆已被重新修复，拥有鱼鳞层顶、中世纪尖塔、文艺复兴风格庭院、楼梯和喷泉。最精彩的是各色滑稽花脸。

郊外

绿意盎然的**东方森林湖**（Lac et Forêt d'Orient）位于特鲁瓦以东25公里处，森林中布满了沼泽、自然矿产和小湖泊。它是欧洲最大的人工湖，很受欢迎。

本地区住宿及餐饮信息见558～561页和610～612页

肖蒙 ⓫
haumont

aute-Marne. 26000 37 rue de erdun (03 25 03 80 80) 周三和周六 ww.tourisme-chaumont-champagne.com

作为香槟伯爵以前的居住地，肖蒙这个封建时代的城镇在13世纪享有盛名。沟壑一侧的老城处在一个石头山嘴上，城中最显眼的建筑是过去的法院和中世纪的城堡。

这座保存完好的行政中心仿佛是在提醒人们它的过去，而有着角塔的文艺复兴风格的房屋又进一步加深了这种印象。

圣让—巴普迪斯特教堂（Basilique St-Jean-Baptiste）是一座灰色石头建成的香槟教堂，是肖蒙最显眼的纪念性建筑。里面结满蜘蛛网的拱顶、引人注目的角塔楼梯和文艺复兴风格的长廊使灰暗的教堂显现出昔日的生机勃勃。入口附近的小祈祷室里有一座摇摇晃晃的陵墓安置处（1471），其中的彩色石群描绘了十个送葬者聚集在耶稣周围把一件寿衣放进他的坟墓的情景。左侧袖廊里有一棵“耶西的树”。在这个昏暗的浮雕上，一株家族树从沉睡的耶稣身上抽枝发芽，而耶稣却毫无知觉，就像肖蒙一样。

郊外

肖蒙西北面23公里是**哥隆贝教堂**（Colombey-les-Deux-Eglises），它与戴高乐将军（1890 ~ 1970年）息息相关。戴高乐家族在1933年买下了他们的房子**拉布瓦瑟里**（La Boisserie），但由于在“二战”中被严重毁坏而不得不放弃它。修复以后，戴高乐会在周末回到拉布瓦瑟里写回忆录。戴高乐将军于1970年11月9日在这里逝世，它现在是一个博物馆。

朗格勒的圣马梅斯大教堂

这位杰出法国将军就躺在一个朴素的墓穴里。1972年人们又在庭院里树立起了一个巨大的洛林花岗岩十字架。十字架脚下的**纪念馆**记录了他的平生。

La Boisserie
Colombey-les-Deux-Eglises.
电话：03 25 01 52 52 4月中旬 ~ 10月中旬：每天；10月中旬 ~ 次年4月中旬：周三至次周周一

戴高乐将军纪念碑
电话：03 25 30 90 80 5月 ~ 9月：每天；10月 ~ 次年4月：周三至次周周一
www.memorial-charlesdegaulle.fr

朗格勒 ⓬
Langres

Haute-Marne. 9000 square Olivier Lahalle (03 25 87 67 67) 周五 www.tourisme-langres.com

山坡上的朗格勒位于香槟南部的回水湖区中。这个以前的主教管辖区是通往勃艮第地区的大门之一，还是百科全书编纂者狄德罗（1713 ~ 1784年）的出生地。朗格勒宣称自己是一片泉水之地，由于接近塞纳河和马恩河，所以具有神奇的力量。

整个城镇被朗格勒著名的中世纪堡垒包围着，一排排的塔楼和城墙使人们可以欣赏浪漫的城门、雕花的文艺复兴风格建筑，还能一览马恩河谷、朗格勒高原和孚日山脉的全景。天气晴朗的时候，甚至可以看到勃朗山。

亨利四世大门附近是大部分都被重建过的**圣马梅斯教堂**（Cathédrale St-Mammès）。里面昏暗的中殿有勃艮第－罗马式风格，仿朱庇特神殿的半圆殿的雕花尖顶为教堂增添了一些生气和色彩。另外，朗格勒的历史和艺术博物馆有些值得一看的珍藏。

夏天去朗格勒，可以欣赏到剧院里上演的历史剧，还有焰火。

哥隆贝教堂的戴高乐将军纪念馆

阿尔萨斯和洛林

默尔特—摩泽尔省 · 默兹省 · 摩泽尔省 · 下莱茵省 · 上莱茵省 · 孚日省

作为边境地区，阿尔萨斯和洛林若干世纪以来一直都是法国和德国的战争之地。无数的军事堡垒和公墓记载着这个地区屡受围攻的历史。如今，这里已经变得十分和平，只剩下色彩柔和的乡村、牢固的城镇和宁静的葡萄园。

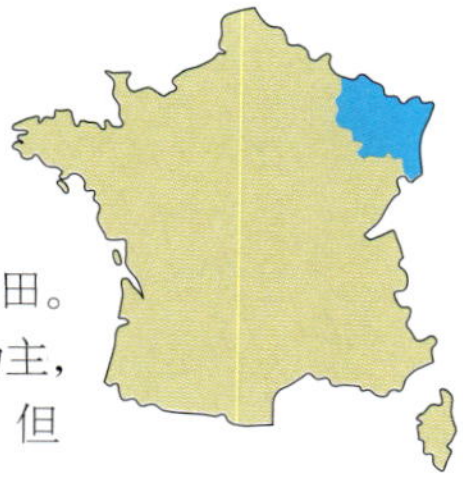

位于法国东北部边境并与莱茵河邻接的阿尔萨斯地区拥有位于孚日山脉和德国黑森林之间的肥沃农田。山另一边的洛林则以平原为主，与阿尔萨斯相比较为贫穷，但更具有法国特色。

严阵以待的地区

随着法国和德国战争的进程，阿尔萨斯和洛林的部分地区从 1871 年开始曾四次改变国籍。几个世纪的冲突使统治者不得不把默兹、图勒和凡尔登的边境要塞都设于洛林。另外，阿尔萨斯为了在孚日山上的战略要道上建立起自己的防御设施，也修了很多堡垒，比如无实用价值的仿制品欧根尼斯堡和萨维尔纳的堡垒废墟。尽管如此，这个地区的人民也很注重自己的传统特色。他们为自己的服饰、文化传统和方言感到骄傲。阿尔萨斯的葡萄酒之路周围建起了一个个淳朴可爱的村庄，其首府斯特拉斯堡是一个 16 世纪的市中心，一个融合了各民族的大城市。而洛林历史上的首府南锡则挤满了优雅的 18 世纪建筑，整个城市规划和谐统一。

这个地区最有名的是它的美食。洛林有啤酒和洛林乳蛋饼。阿尔萨斯的酒窖中提供德国泡菜和白葡萄酒，如雷司令和琼瑶浆。

孚日山脉北部斯特拉斯堡以北 Hunspach 的村民欣赏窗外的美景

◁ 在阿尔萨斯葡萄酒之路两侧矗立着成排的木质房屋，阳台上都装饰着漂亮的鲜花

探索阿尔萨斯和洛林

那些追寻艺术和建筑之美的游客将在这个地区迷人的中世纪城堡和珍藏丰富的城市博物馆里得到满足。在还没有开发的洛林地区，你甚至可以爬上军事堡垒观望远处的风景、在未开垦的田间散步、在香薰浴里放松心情。相反，阿尔萨斯却有茂密的森林和孚日山脉中高耸的山峰、古雅的村庄和喝不完的美酒。葡萄酒之路（见232～233页）是这个地区有名的风景大道，不管是平时还是丰收节庆期间，都值得我们好好地观赏一番。

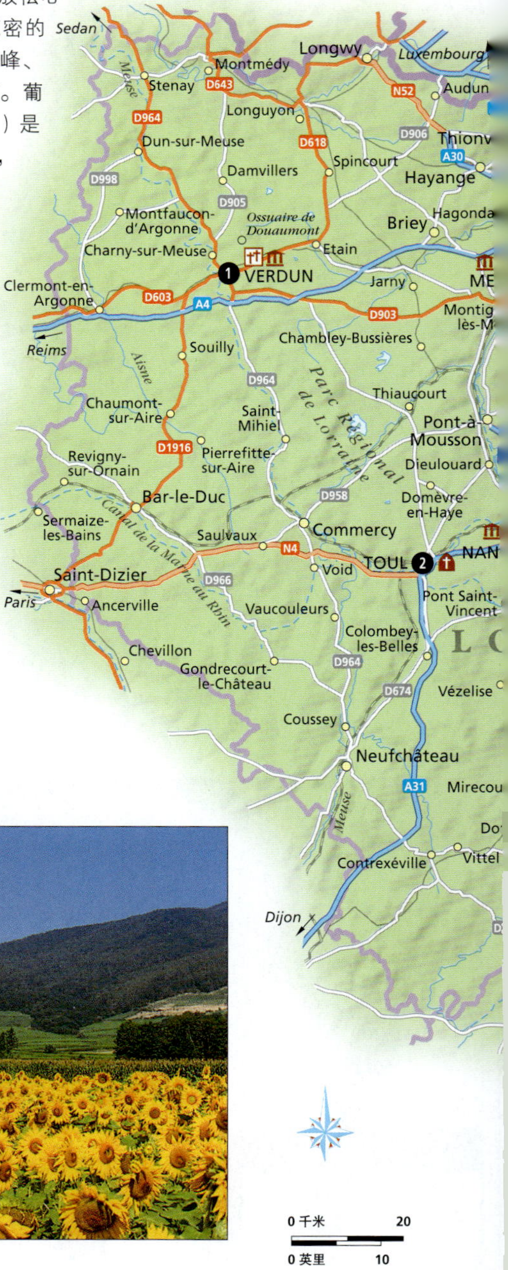

旅游景点分布示意图

俄古易塞穆 9
奥贝奈 15
贝特希道夫 18
凡尔登 1
盖布维莱尔 7
科尔马尔 10
希柏维列 12
梅斯 3
米卢斯 6
南锡 4
欧根尼斯堡 13
热拉梅 5
萨韦尔讷 17
塞莱斯塔 14
斯特拉斯堡 16
图勒 2
新布里萨什 8
里克威尔 11

图克汉村外的向日葵田

葡萄酒之路上风景如画的里克威尔村庄

周边交通

在斯特拉斯堡、科尔马和南锡之间以及到瑞士和德国都有十分便利的公路和铁路。穿过这个地区主要的公路是N4、A31和A35。A4直接通过巴黎，N59和隧道则可以穿过孚日山脉。穿过孚日山脉或沿葡萄酒之路旅行最好是开车或者跟随旅行团从科尔马尔或斯特拉斯堡出发。从巴黎乘TGV前往该地区需用2小时20分钟。

都奥蒙尸骨存放处守护着凡尔登战场上的众多十字架

凡尔登 ❶

Verdun

Meuse. 21000 pl de la Nation（03 29 86 14 18）周五
www.verdun-tourisme.com

因为1916～1917年血腥的凡尔登战役，人们永远记住了凡尔登。当时大约有100万战士在一年连续不断的杀戮中牺牲。战争期间，德国军队想通过突破都奥蒙和沃克斯（其修建目的是以防法国在1870年普法战争中的惨败重演）并占领凡尔登——法国的东北部防线，但是法国军队却轻而易举地阻止了这座城市的沦陷。对峙和杀戮一直持续到战争结束，直到1918年德国军队才从他们的据点后退5公里。凡尔登市北面的山上有几座让人沉思的博物馆、纪念碑、战争遗址和公墓。**鸢尾花纪念博物馆**（Musée-Memorial de Fleury）讲述了此地九座被战争摧毁的村庄的故事。附近的**都奥蒙尸骨存放处**（Ossuaire de Douaumont）里埋葬了13万多具不知名的法国和德国的士兵的尸骨。罗丹雕刻的凡尔登纪念碑十分触动人心，它描绘了胜利女神因被一具士兵遗骸困住而无法展翅高飞。几世纪以来，凡尔登小镇戒备森严。锯齿状的**道路大门**（Porte Chaussée）仍然保卫着城镇东面的入口，是最令人难忘的防御攻势残骸。尽管遭受了战争的破坏，**凡尔登堡垒**仍然保留着12世纪的高塔，这是最初被沃邦纳入军事计划的修道院的唯一遗迹。如今其中的战争博物馆**地下堡垒**（Citadelle Souterraine）说明了凡尔登在“一战”中的角色。在博物馆中，城墙中的炮塔作为战壕又重新焕发出生命力。展览的最后告诉人们“无名士兵”是怎样被葬于巴黎凯旋门（见107页）下的坟墓里的。城中心的教堂里那些罗马风格建筑的价值在1916年后又重新被发现。

地下堡垒
Ave du 5ième R.A.P. 电话：03 29 86 14 18 每天 1月和12月25日

图勒 ❷

Toul

Meurthe-et-Moselle. 16500
周五和周五 www.lepredena…y.fr

图勒圣甘古教堂里16世纪的回廊

图勒位于南锡西部的黑森林里，被摩泽尔和马恩大运河环绕。与凡尔登和梅斯一样，图勒是4世纪的教区之一。18世纪早期，沃邦在环形的防守河道上修筑了防御堡垒，现在八角形的城防和**梅斯大门**（Porte de Metz）仍然存在。

始建于13世纪的**圣艾蒂安教堂**（Cathédrale St-Etienne）修建了300年。在“二战”中它受到了毁坏，但纯粹的香槟风格却被保留了下来，特别是其内部的拱形长廊。在哥特式**圣甘古教堂**（Eglise St-Gengoult，其彩绘玻璃窗描绘了圣徒的生活）后面的圣甘古将军路上排列着一座座雕花的文艺复兴风格房屋。城市的北面聚集着生产当地“灰色”图勒酒区葡萄酒的作坊。

郊外

图勒南部，靠近纳沙托（Neufchâteau）的皮塞勒（Domremy-La-Pucelle）是圣女贞德的出生地。旁边有她的生平介绍。

无论从梅斯还是图勒都可以到达洛林地区公园（Parc Régional de Lorraine），里面有红色砖屋、葡萄园、树林、农田、牧场、沼泽和湖泊。这个地方的小旅店因其洛林乳蛋饼和培根砂锅而著名。

梅斯 ❸
Metz

oselle. 125000 pl Armes（03 87 55 53 76）周六 www.tourisme.metz.fr

朱庇特在金牌法院莫顿纪念柱上杀死妖怪

位于摩泽尔河和塞尔河交汇处的梅斯是个朴素而又充满了吸引力的城市。20 座桥梁横跨在河流和运河上，在岸边散步是个不错的选择。在这座高卢－罗马城市，它现在是洛林的首府，总是扮演着边境象棋战中士兵的角色。

坐落在一座山上的**圣艾蒂安教堂**俯看着城市。教堂内部的彩绘玻璃窗有一部分还是夏加尔的杰作。

教堂西北面是一座狭窄的木桥通向法国最古老的剧院遗址——小索尔西岛。另一边是横跨在河上的**德国门**（Porte des Allemands），这座带有桥、防御城堡和带着胡椒瓶形塔楼的 13 世纪大门很像中世纪的城堡。

城镇旧市街里的圣路易广场被一个高耸的 14 世纪拱形建筑包围着。**农诺特－圣皮埃尔教堂**（Eglise St-Pierre-aux-Nonnains）是法国最古老的教堂之一，其外墙和被毁坏的大门可以追溯到罗马时代。而剩下的大多数建筑则是 7 世纪的产物，附近是由圣殿骑士建成的修道院，外墙上修饰着 13 世纪的湿壁画。

梅斯蓬皮杜中心（Centre Pompidou Metz）

1 parvis des Droits de l'Homme. **电话：**03 87 15 39 39 周一至周三 5月1日

这个博物馆是巴黎蓬皮杜中心（见 92～93 页）的一个附属建筑。与众不同的六角大楼中展出了许多现代的欧洲艺术。

金牌法院博物馆（Musée de la Cour d'Or）

2 rue du Haut-Poirier. **电话：**03 87 20 13 20 周三至次周周一 公共假期

它也被称为历史艺术博物馆，坐落在 17 世纪的小卡莫斯修道院中，其中有高卢－罗马浴池和一个中世纪的谷仓。博物馆里展示了梅罗文加王朝石雕和各种风格的德国、佛兰德和法国油画。

白鹳

直到最近，人们还能经常在法国东北部看到传统中代表好运的白鹳。白鹳习惯于在非洲过冬而在北方繁育。但是，干涸的沼泽、大量施放的农药和铺排的电缆逐渐威胁到它们的生命。因此，重新吸引它们向此迁徙的计划已经开始实施，如在莫尔塞姆和图克汉建立繁殖中心。这意味着这些美丽的鸟儿又可以在阿尔萨斯－洛林地区翩翩起舞了。

梅斯的由湿壁画装饰的13世纪修道院

南锡斯坦尼斯拉斯广场上的斯坦尼斯拉斯雕像；他既是洛林公爵，又是路易十五的岳父

南锡 ❹

Nancy

Meurthe-et-Moselle. 108000 14 pl Stanislas (03 83 35 22 41) 周二至周六 **www**.ot-nancy.fr

洛林历史上的首府南锡背靠马恩—莱茵河和摩泽尔河。18 世纪，洛林公爵斯坦尼斯拉斯·勒金斯卡（见 302 页）重建了这座城市，使它成为 18 世纪城市规划的样板。

南锡的第二个黄金时代是在 20 世纪初，玻璃制造商艾米尔·加勒建立了南锡学院，后来成为法国艺术革命运动的先驱。

南锡最著名的景点是 18 世纪 50 年代的**斯坦尼斯拉斯广场**（place Stanislas）。这个比例协调的广场周围被镀金锻铁大门和栏杆围绕。与广场一线排列的是城镇上的居民住房和餐馆。赛马广场上绿树成荫。最远哥特式**政府**（Palais du Gouvernement）拥有半圆形拱廊。旁边的苗圃公园中有罗丹的雕塑作品。人们可以在城中的大道上一睹中世纪南锡的风采。原来的筑垒中只剩下卡夫门。

科尔德利修道院教堂和本土艺术、民间传统博物馆

（Eglise et Couvent des Cordeliers et Musée Régional des Arts et Traditions Populaires）

64 & 66 grande rue. **电话：**03 83 32 18 74 周二至周日 1月1日、复活节的星期日、5月1日、7月14日、11月1日、12月25日

洛林公爵葬于科尔德利地下墓穴，与之相连的博物馆珍藏着该地的民间传统家具、服饰和手工艺品。

美术馆

（Musée des Beaux-Arts）

3 pl Stanislas. **电话：**03 83 85 30 72 周三至次周周一 某些公共假期

博物馆最近的修复工作和扩建使人们可以欣赏到这个博物馆里比原来多 40% 的 14～20 世纪欧洲艺术的著名珍品，包括德克拉洛瓦、莫奈等人的作品。多姆的玻璃制品非常漂亮。

洛林历史博物馆

（Musée Historique Lorraine）

Palais Ducal, 64 grande rue. **电话：**03 83 32 18 74 周二至周日 1月1日、5月1日、7月14日、11月1日、12月25日

博物馆里收藏了许多考古发现、雕塑和油画，其中有两件乔治·德拉图尔的作品。

南锡学院博物馆（Musée de l' Ecole de Nancy）

36–38 rue de Sergent Blandan. **电话：**03 83 40 14 86 周三至周日 1月1日、5月1日、7月14日、11月1日、12月25日

在重建的博物馆里陈列有家具、纺织品和珠宝首饰，还有南锡学院建立者艾米尔·加勒的精美玻璃制品。

斯坦尼斯拉斯广场上通往赛马广场的凯旋门

从科莱特上看到的孚日山脉的景色

科莱特路（THE ROUTE DES CRÊTES）

这条在战略上有重要意义的 83 公里长的山路，连接了博纳山口到塔纳东面的塞尔内这一段孚日山谷。经常穿越林区的科莱特路紧靠着孚日山西面，因此在“一战”中成功阻拦了德国军队对法国军队行动的监视。天气晴朗时，从科莱特路上放眼望去，路上的景色十分壮观。

热拉梅 ❺
érardmer

osges. 10000 4 pl des éportés(03 29 27 27 27) 周四和周 www.gerardmer.net

位于孚日山脉洛林地区一刖的热拉梅背靠着一个大湖，风景优美。1944 年 11 月，热拉梅刚刚要被解放就被纳粹的“烧光政策”摧毁了，也是那时候就开始重建工作。此后，尽管旅游业迅速替代了纺织工业，但锯木厂和木雕工业仍然促进着本地贸易的发展。

热拉梅现在俨然已经是一个著名的旅游胜地。在严冬，环绕城镇的孚日山脉中陡峭的山丘形成了天然的滑雪场，而夏天，湖泊则可用于水上运动。人们还可以在湖边散步、划船、嬉戏、品尝仅来自阿尔萨斯边境的 Geromee 奶酪，它与更为有名的明斯特奶酪很相似。热拉梅还拥有法国最古老的旅游信息中心，它可追溯到 1875 年。

孚日山脉中景色优美的小道和山峰吸引着大量喜欢冒险的游客，很多人离开湖泊盆地，前往阿尔萨斯边境，或法波拉特山口的山路，从而踏上**科莱特路**（Route des Crêtes）。

安格尔申的阿尔萨斯博物馆中匠人正在创作乡村手工艺品

米卢斯 ❻
Mulhouse

Haut Rhin. 115000 9 av du Maréchal Foch（03 89 35 48 48）周二、周四和周六 www.tourisme-mulhouse.com

米卢斯在“二战”中受到严重破坏，技术博物馆、购物街和阿尔萨斯酒店以及瑞士酒吧，很多游客从这里开始征服森德戈山。**织物印象博物馆**（Musée de l'Impression sur Etoffes）位于 14 rue Jean-Jaques Henner，收藏的多是纺织品和织品油画。而 2 rue Alfred Glehn 的**法国铁道博物馆**（Musée Français du Chemin de Fer）则收藏了古老的蒸汽机和电机车。192 avenue de Colmar 的**国家汽车博物馆**（Musée National de l'Automobile）里有 100 多辆布加迪，还有查理·卓别林的劳斯莱斯。共和国广场上的历史博物馆（Musée Historique）位于文艺复兴风格的前市政厅中。

阿尔萨斯生态博物馆中的阿尔萨斯黑猪

在热拉梅的湖上参加水上运动和各种休闲活动

郊外

米卢斯北部的安格尔申**阿尔萨斯生态博物馆**（Ecomusée d'Alsace）展出并保护了许多当地乡村遗产。米卢斯 12 世纪的防御工事很壮观，其中哥特式花园农场中还饲养着阿尔萨斯黑猪等家畜。乡村手工艺品放在原来的房屋中。

阿尔萨斯生态博物馆
Chemin du Grosswald. **电话：** 03 89 74 44 65. 4月～10月和12月：每天

盖布维莱尔 ❼
Guebwiller

Haut Rhin. 12000 73 rue de la République（03 89 76 10 63） 周二和周五 www.tourisme-guebwiller.fr

由于盖布维莱尔四周都是葡萄园和开满鲜花的山谷，所以被称为“通向鲜花谷的大门”。作为一个生产纺织品和机械用具的工业城市，在它的城镇中心好像看不到什么乡村美景，这里的房屋虽然过于呆板，但酒窖和教堂值得一看。

坐落在一个可爱的广场上的盖尔维莱尔**圣母教堂**（Eglise Notre-Dame）融合了巴洛克风格的戏剧性和新古典主义的优雅。而**多明尼克教堂**（Eglise des Dominicains）则因其哥特式湿壁画和圣坛屏而著名。装饰得富丽堂皇的罗马式**圣里格尔教堂**（Eglise St-Léger）最值得一看，尤其是它的三重门廊前墙。

盖布维莱尔的圣里格尔教堂

郊外

盖布维莱尔西北侧的劳赫山谷因其漫山遍野的鲜花而被誉为“鲜花山谷”。安宁地带起点——**劳滕巴赫尔**（Lauendach）里有一座粉红色的罗马教堂，前墙描绘了人类的情感及正义与邪恶之间的斗争。教堂广场一直通向一条河，河边上有小拦河坝、公共洗衣处和水面房屋。

新布里萨克 ❽
Neuf-Brisach

Haut Rhin. 2100 Palais du Gouverneur, 6 pl d'Armes（03 89 72 56 66） 周六 www.tourisme-rhin.com

这座位于法德边境附近的八角形要塞是军事战略家沃邦的杰作，建于1698~1707年。这是一座星形的要塞，其对称的塔楼包围着中央48个一样大的广场，笔直的街道四

新布里萨克的堡垒

科尔马著名的格吕内瓦尔德的祭坛画

散开来，中心是兵器广场和建于1731～1736年的路易教堂，这座教堂是献给国王而非圣徒的，表达了沃邦对路易十四的忠心。

位于贝尔福门的**沃邦博物馆**（Musée Vauban）里珍藏着这座城市的模型，展示了这里的城防，如今已被林区掩盖。

沃邦博物馆
Pl Porte de Belfort. **电话：**03 89 72 03 93 5月～10月：周三至次周周一；11月～次年4月：仅接待提前预约的团体游客

俄古易塞穆 9
Eguisheim

Haut Rhin. 1600 22a grand' rue（03 89 23 40 33）www.ot-eguisheim.fr

俄古易塞穆是一座精致的小镇，位于13世纪三个同心圆防御墙的中心。这套严峻的防御工事和优雅的内部形成了和谐的统一。

城堡前有一个文艺复兴时期的喷泉和布鲁诺雕像。布鲁诺于1002年出生于此，之后成为罗马教皇莱昂九世，被奉为圣徒。

大道旁边是一排排木桁架屋，从外观就能看出它们建筑的年代。靠近城堡的是Marbacherhof——修士税收谷仓和谷物大厅。相邻的广场上的现代教区教堂保留了罗马式雕花。

其他地区充满了“汉塞尔和格莱特”的气氛，庭院中供应特级酒。城外有一条标有路标的奥维耶路穿过风景优美的葡萄园，这里是观景的绝佳地点。

科尔马尔 10
Colmar

Haut Rhin. 68000 4 rue d'Unterlinden（03 89 20 68 92） 周一、周三、周四和周六
www.ot-colmar.fr

科尔马尔是阿尔萨斯地区保存最完好的城市。作为一个贸易中心和河流港口，科尔马尔在16世纪就经历了其全盛时期，那时的酒商沿着如今被称为**小威尼斯**（Petite Venise）的运河装运他们的葡萄酒。你可以坐船从制革工匠区到硝皮匠去饱览小威尼斯的风景。邻接的阿尔萨斯税务广场中主要的建筑Koifhüs是一个带长廊、瓦片屋顶的海关，它俯视着雕梁画柱的半砖木房屋。

附近的教堂广场地区到处都是16世纪的房屋，哥特式的**圣马丁教堂**（Eglise St-Martin）都有一个引人注目的南门。西面的多米尼克广场耸立着哥特式**多米尼克教堂**（Eglise Dominicaine），中间还穿插着一些咖啡馆。教堂里装饰着红色和金色组成的“玫瑰丛里的圣母”（1473），这是出生于科尔马尔的名画家施恩告尔的作品。

恩特林登广场原来的多明尼克修道院现在是**恩特林登博物馆**（Musée d'Unterlinden），里面收藏了莱茵河的早期画作，最出彩的杰作是格吕内瓦尔德的16世纪早期阿尔萨斯板画中的一部分——伊森海恩祭坛画。

旧城中心的鬼头街（rue des Têtes）上有先前的葡萄酒交易中心。那是一座文艺复兴风格的建筑，因其山墙外表上的鬼脸而被称作“鬼头屋”。在服饰用品商业街上，**普菲斯特屋**（Maison Pfister）外侧的细长角楼和铺满鲜花的长廊体现了这个城市的特色。

科尔马尔“小威尼斯”鱼市码头

里克威尔 ⓫

Riquewihr

Haut Rhin. 1300 2 rue de 1ère Armée（03 89 73 23 23）周五
www.ribeauville-riquewihr.com

葡萄酒之路（见232~233页）上最可爱的村庄里克威尔的葡萄园数量众多。种植园主会在每排葡萄树末尾种上玫瑰，一方面可以增添葡萄园的魅力，另一方面还可提醒及时除虫。大革命以前，这个村庄属于符腾堡伯爵，革命后由于酿酒业的兴盛而变得繁荣起来，葡萄酒种类十分丰富。里克威尔城里有原石铺成的小径、天竺葵覆盖的阳台、带长廊的庭院和观望台，它们组成了一个露天博物馆。

从市政厅出发的**戴高乐将军路**（rue du Général de Gaulle）穿过中世纪和文艺复兴风格的房屋，这些房屋风格各异，凸窗与雕花的大门和中世纪的板墙都显示不同的风采。幽静的**三教堂广场**（place des Trois Eglises）左边有一条穿过堡垒通向山上葡萄园的通道。更远处是一座13世纪的钟楼Dolder，钟楼后面是**窃贼钟楼**（Tour des Voleurs），它们都是博物馆，后者里还有一个中世纪的拷问厅，代表着这个城镇的第二道城防。城门口是围绕在16世纪堡垒周围的**牧民庭院**（Cour des Bergers）。夏天和圣诞节来临时，庭院里的游客比本地人还要多。

被葡萄园包围的可爱而又大受欢迎的里克威尔村

希柏维列 ⓬

Ribeauvillé

Haut Rhin. 5000 grand'rue（03 89 73 23 23）周六
www.ribeauville- riquewihr.com

高耸于三座城堡废墟之上的希柏维列是葡萄酒之路上风景最为秀丽的一个城镇，它的出名部分是因为著名的阿尔萨斯品牌酒的畅销，特别是雷司令。你可以在这里尽情品尝美味的葡萄酒，特别是靠近公园的下城区（见232～233页）。

在大道上（14号）有中世纪吟游诗人的房屋Pfifferhüs。另外，如本地人所宣称的那样，希柏维列是杏仁口味的阿尔萨斯蛋糕Kougelhopf的盛产地。

上城区弯弯曲曲的小巷绕过了艺术家和葡萄园主带斜屋顶的家，更远处是文艺复兴风格的喷泉和哥特式的牧区教堂St Grégoire-le-Grand，你可以从这里沿着一条有路标的小路到达葡萄园。

欧根尼斯堡 ⓭

Château du Haut-Koenigsbourg

Orschwiller. **电话**：03 88 82 50 60 每天 1月1日、5月1日、12月25日 www.haut-koenigsbourg.fr

隐隐出现在古雅的圣希波吕忒村之上的欧根尼斯堡是阿尔萨斯地区最受欢迎的景点之一。1114年，斯瓦比亚皇帝，霍亨斯陶芬王朝的弗雷德里克在这里修建了第一个日耳曼城堡，1462年被毁坏，之后由哈布斯堡家族重建和扩大的城堡又于1633年被烧毁。19世纪末期，恺撒·威廉二世委派柏林建筑师多埃巴特修复这座城堡，经过多埃巴特的精心设计，终于使它复原。

用柔软的砂岩混合物来建造一座封建式城堡的难度的确很大，但欧根尼斯堡却成功地拥有了吊桥、筑城和环形堡垒。带尖顶塔楼和破旧的拱顶长廊的荣誉中庭是一次突破性的再创造，里面是灰暗的哥特式房间和文艺复兴风格的房间。有新哥特格式长廊和华丽镶板的大厅是最古老的。从城墙垛算，城堡距离阿尔萨斯平原几乎有750米，从城堡上可看到莱茵河的全貌。以黑森林和阿尔卑斯山为界，另一面是高高的孚日山脉和山下的村庄和葡萄园。

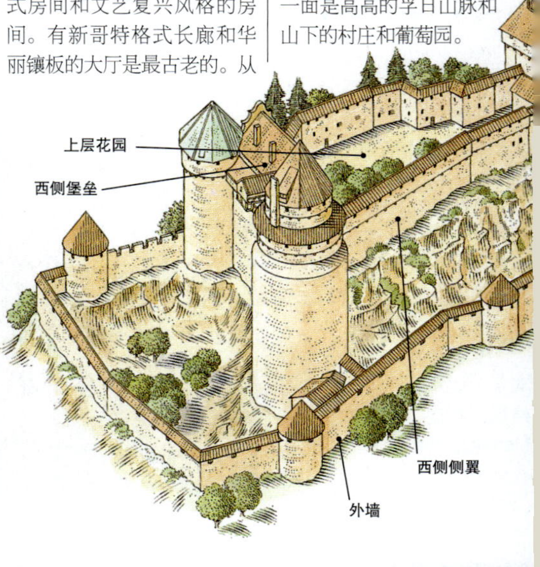

郊外

中世纪的丹巴赫村（Dambach-la-Ville）由一条穿过葡萄园的乡村小路连接到安德罗和铺着红瓦的伊特斯维勒。

Ebersmunster 村里有一个有洋葱形圆顶的教堂，内部金碧辉煌。

沿着葡萄酒之路的丹巴赫城外面的圣塞巴斯蒂安礼拜堂

塞莱斯塔 ⑭

Sélestat

Bas Rhin. 17000 Commanderie Saint Jean, bd du Général Leclerc（03 88 58 87 20）周二和周六 www.selestat-tourisme.com

文艺复兴时期，阿尔萨斯的知识中心塞莱斯塔拥有人文主义传统。著名的**人文主义图书馆**（Bibliothèque Humaniste）里收藏了一些最早印刷的书籍。图书馆附近是一座爬满常春藤的大楼和钟楼。**圣富瓦教堂**（Eglise Ste-Foy）是一座12世纪的有八角形钟楼的教堂，对面的**圣乔治教堂**（Eglise St-Georges）的绿色和红色勃艮第瓷砖在黑夜里闪闪地发光。

人文主义图书馆

1 rue de la Bibliothèque.
电话： 03 88 58 07 20
周一、周三至周六上午（7月～8月：周三至次周周一，除周日上午）公共假期
www.bibliotheque-humaniste.eu

奥贝奈 ⑮

Obernai

Bas Rhin. 11000 pl du Beffroi（03 88 95 64 13）周四
www.obernai.fr

穿着传统服饰的阿尔萨斯儿童

葡萄酒之路最北端的奥贝奈充分体现了阿尔萨斯地区的特色：居民们讲阿尔萨斯语，节日里妇女们穿上传统的服装，人们积极参加新哥特式**圣皮埃尔—圣保罗教堂**（Eglise St-Pierre-et-St-Paul）的礼拜仪式。奥贝奈旧市场广场是保存最完好的地区，**小麦大厅**（Halle aux Blés）——一个16世纪的谷仓（现在是一个小饭店）最为显眼。相邻的礼拜广场上有文艺复兴风格的喷泉、16世纪的**市政厅**和带长廊的哥特式钟楼 Kapellturm。旧市场街的两侧排满咖啡馆，街道尽头有一座公园。

郊外

阿尔萨斯7世纪的守护者奥黛尔出生于奥贝奈，在西面的**圣奥黛尔山**（Mont Sainte-Odile）接受洗礼。奥贝奈北面10公里外的**莫尔塞姆**（Molsheim）因为Metzig，一个文艺复兴风格的屠夫公会而闻名。希尔梅克的**阿尔萨斯—摩泽尔纪念碑**（Le Mémorial de l'Alsace-Moselle）是为了纪念1万名死于山谷中斯特鲁托夫集中营的烈士。

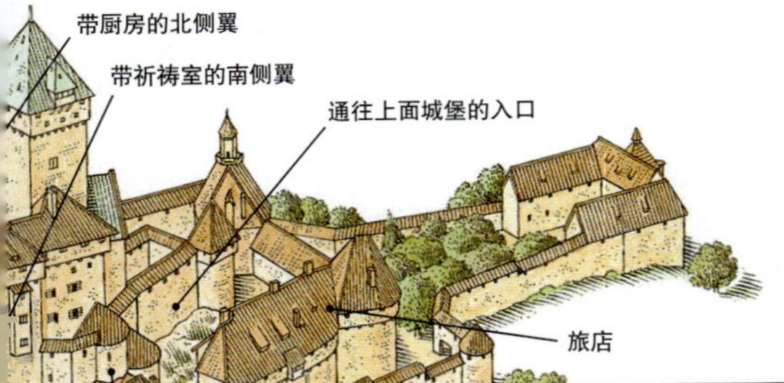

欧根尼斯堡城墙之间的吊桥

本地区住宿及餐饮信息见561～562页和612～614页

斯特拉斯堡 ⑯ Strasbourg

教堂雕像

位于布拉格和巴黎之间的斯特拉斯堡通常被认为欧洲的十字路口。这个城市轻松地成为一个世界性的大都市——毕竟，它著名的教堂既符合天主教的传统，又与新教特色密不可分；而且作为欧盟的一个中心城市，它显然就是未来的欧洲议会大厦所在地。为了观赏那些传统的城市风景，游客们最好的游览方式就是坐船沿着水路环游老城一周。途中你会看到连接着中世纪水塔的有顶的科沃特桥（Ponts–Couverts），在水塔上可以看到四条伊尔运河的秀丽风光，还有曾经是制革地区的小法兰西，那里的钢厂和桥梁纵横交错。

运河上的游船

教堂西侧前墙的中央大门

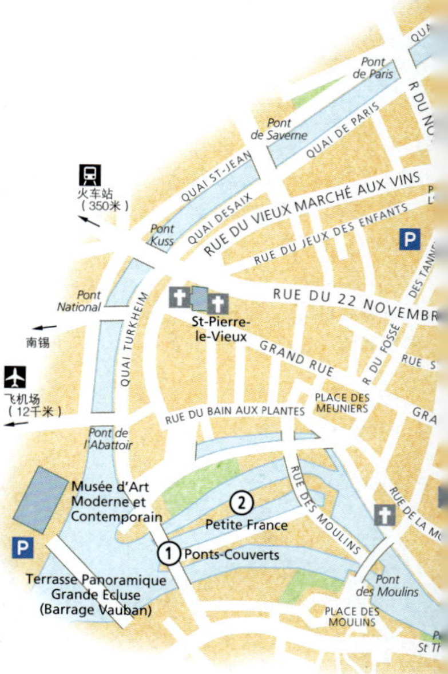

圣母大教堂（Cathédrale Notre–Dame）

这是一座石头蕾丝的杰作，歌德就曾经对此发出惊叹："如一棵非凡、拱形的上帝之树拔地而起。"教堂始建于11世纪后期（圣坛是罗马风格而中殿是哥特式风格），建于1277年的西侧前墙最后完于1439年。三扇大门上都刻着精美的雕像，但最壮观的还是教堂内部的玫瑰花窗，南侧大门通向天使哥特支柱（1230年），旁边是一座巨大的钟，中午12点31分时会发出和谐的钟声。从观望台上望去，可以看到美丽的城市全景。某些夏日的夜晚，这里会举办手风琴演奏会。

教堂广场上，卡莫泽尔屋餐馆曾经是一个富商的宅邸，其精心雕刻的前墙建于15世纪中期到16世纪晚期。

罗汉宫（Palais Rohan）

2 pl du Château. **电话：** 03 88 80 50 50 ◯ 周三至次周周一 ● 1月1日，复活节的星期五、5月1日、11月1日和11日、12月25日

www.musee-strasbourg.org

这座巨大的古典宫殿是由国王的建筑师罗伯特·德·科特在1730年为当时在斯特拉斯堡担任主教的王子设计的。现在这里有三个博物馆：美术博物馆、考古博物馆和装饰艺术博物馆。其中收藏了奢华的国家公寓模型和一件法国最好的陶瓷珍品。

本地区住宿及餐饮信息见561～562页和612～614页

斯特拉斯堡的现当代艺术博物馆倒映在水中

游客备忘

Bas Rhin. 500000 距斯特拉斯堡机场 12 公里 pl de la Gare（08 92 35 35 35） pl des Halles（03 88 23 43 23） 17 pl de la Cathédrale（03 88 52 28 28） 周三、周五和周六 国际音乐节（6 月~7 月）www.ot-strasbourg.fr

斯特拉斯堡市中心

科沃特桥 ①
小法兰西 ②
卡莫泽尔屋 ③
圣母大教堂 ④
圣母院建筑博物馆 ⑤
罗汉宫 ⑥
阿尔萨斯博物馆 ⑦

0 米　250
0 码　250

图标含义见封底勒口

博物馆展示了当地传统和流行的艺术及手工艺品。

圣母院建筑博物馆（Musée de l'Oeuvre）

3 pl du Château. 电话：03 88 52 50 00 周二至周日 1 月 1 日，复活节的星期五，1 月 1 日、11 月 1 日、12 月 25 日 地面一层

这个令人印象深刻的博物馆中展出了许多原始的雕塑和大量 11 世纪彩绘玻璃，还有一系列中世纪和文艺复兴风格的阿尔萨斯艺术品。

现当代艺术博物馆（Musée d'Art Moderne et Contemporain）

1 pl Hans-Jean Arp. 电话：03 88 23 31 31 周二至周日 1 月 1 日、复活节的星期五、5 月 1 日、11 月 1 日和 11 日、12 月 25 日 音乐会，电影

阿德里安·凡西贝尔在 21 世纪推出的文化产品是一系列灯光（尤其是夜晚河上的灯光）。收藏包括从 1860 ~ 1950 年以及 1950 年以后的珍品。旁边有艺术咖啡馆。

运河上的中世纪水塔和科沃特桥

历史博物馆（Musée Historique）

3 pl de la Grande Boucherie. 电话：03 88 52 50 00 周二至周日 1 月 1 日、复活节的星期五、5 月 1 日、11 月 1 日和 11 日、12 月 25 日

这个博物馆占据了 16 世纪时的城市屠宰场，集中展示了斯特拉斯堡的政治和军事历史。

阿尔萨斯博物馆（Musée Alsacien）

23 quai St-Nicolas. 电话：03 88 52 50 00 周三至次周周一 1 月 1 日、复活节的星期五、5 月 1 日、11 月 1 日、12 月 25 日

阿尔萨斯葡萄酒之路

阿尔萨斯葡萄酒大师

从马勒海姆到坦恩蜿蜒180公里的风景如画的葡萄酒之路上有许多精致的历史小镇，镇上有鹅卵石铺成的街道、中世纪的木桁架屋和文艺复兴风格的喷泉，装饰得十分浪漫的酒馆或是酒窖可以让你品尝到传统的腌白菜、马铃薯、猪肉和醇厚的阿尔萨斯葡萄酒。闲暇时，爱喝酒的旅客可以花上两三天的时间慢慢游览这条路，或以科尔马尔为起点或终点进行一次短途旅行。如果你想暂时避开那些热闹的村庄和城镇，也可以到葡萄园之路上去看看原生态的葡萄园。

阿尔萨斯丰收的葡萄

莫尔塞姆 ①
这里有文艺复兴风建筑、雷司令葡萄还有一个布加迪汽物馆。

奥贝奈 ②
位于旧街广场上的长廊的Kapellturm追溯到13～16世纪

丹巴赫城 ③
葡萄酒商的马车现在是这个可爱的中世纪城镇的装饰品。

希柏维列 ④
这个城市以其雷司令葡萄酒著名。为了纪念9月第一个周日的风笛手节，希柏维列城里的一个喷泉可以供应免费葡萄酒。

里克威尔 ⑤
这里到处是中世纪和文艺复兴风格的房屋，是法国最值得游览的城镇之一。

图克汉 ⑥
这个被古老的文艺复兴风格建筑围绕的小镇以其白兰地而闻名。

俄古易塞穆 ⑦
这个到处都是中世纪房屋的古镇拥有两个名酒品牌：Eichberg（橡树山）和Pfersigberg（和平山）。

盖布维莱尔 ⑧
圣里格尔教堂始建于盖布维莱尔盛产葡萄酒的中世纪，如今的它却变成了一个繁荣的纺织城。

图例

- 葡萄酒之路
- 其他道路

萨斯葡萄酒

了用来做淡红葡萄酒的黑比
诺，阿尔萨斯葡萄酒通常是
浓且香味十足的白葡萄酒。

萨斯经典葡萄酒

响葡萄酒优劣的几个关键要素

产地和气候
由于被孚日山脉遮挡，阿尔萨斯气候温暖，年降雨量最少。

葡萄种类
阿尔萨斯的葡萄种类就足以让其葡萄酒闻名于世了。尽管人仍然认为**雷司令**是此地最的酒，但**琼瑶浆**带有异域玫花瓣，毫无疑问是阿尔萨斯具特色的，**麝香葡萄酒**则是一个芳香品种。**灰比诺**和干白比诺很容易搭配食物。而黑比诺是唯一的红葡萄酒。
芬芳、甜美、晚成的葡萄酒是阿尔萨斯的特色。

最好的生产商
Albert Boxler, Marcel Deiss, Rolly Gassmann, Beyer, Meyer-Fonne, Kuentz-Bas, Domaine Weinbach, Dopff & Irion, Olivier Zind-Humbrecht, Charles Schléret, Domaines Schlumberger, Domaine Ostertag, Domaine Trimbach, Hugel & Fils, Cave de Turckheim.

上等葡萄酒年份
2008，2004，2001，1998，1996，1995

萨韦尔讷附近的Haut—Barr城堡中12世纪的祈祷室

萨韦尔讷 ⑰
Saverne

Bas Rhin 12300 37 grand rue（03 88 91 80 47）周二和周四
www.ot-saverne.fr

位于佐恩河和马恩－莱茵运河上的萨韦尔讷是一个风景秀丽的山城。这个小镇曾是担任斯特拉斯堡主教的王子的封地，王子喜欢在砂岩构造的罗汉堡里避暑。如今它成了**罗汉堡博物馆**（Musée du Château des Rohan），里面的珍藏，让人们不禁回忆起萨维尔纳的过去。

罗汉堡博物馆
Château des Rohan. **电话**：03 88 91 06 28 1月～6月中旬&9月中旬～12月：周一至周五下午，周六&周日：10:00–18:00；6月中旬～9月中旬：10:00～18:00 周二 限制

郊外
萨韦尔讷西南的Haut–Barr城堡曾经把守着通往萨韦尔讷的道路。往南6公里的**马穆提**（Marmoutier）修道院教堂有着罗马－伦巴第风格的前墙和八角塔。

贝特西道夫 ⑱
Betschdorf

Bas Rhin 4000 La Mairie（03 88 54 44 92）www.betschdorf.com

充满活力的贝特西道夫村在斯特拉斯堡以北45公里，与阿格诺森林相连。许多居民住在18世纪的木质房屋里，以制造陶器为生。村里的男子继承了制作蓝灰色釉陶的手艺，而妇女们的任务则是用深蓝色花边修饰成型的陶器。陶器博物馆有个作坊，向游客们展示乡村陶器工艺。Betschdorf是一个品尝蛋挞的好地方。

贝特西道夫的陶器

郊外
另一个陶瓷村庄**Soufflenheim**位于贝特西道夫东南10公里，它的土色陶器上通常画着醒目的花朵。Betsch-dorf北面靠近德国边境的是风景如画的**威森堡镇**（Wissembourg），镇上除了木桁架屋以外，还有仅次于斯特拉斯堡大教堂的阿尔萨斯第二大教堂——圣皮埃尔—圣保罗教堂。

本地区住宿及餐饮信息见561～562页和612～614页

法国西部

法国西部概览 236~245

诺曼底 246~267

布列塔尼 268~285

卢瓦尔河谷 286~313

法国西部概览

法国西部——从皇室统治的中心地带卢瓦尔河谷到分离主义者凯尔特人占领的布列塔尼地区——在历史上扮演了一个特殊的角色。这里有肥沃的农田，捕鱼业也十分兴旺，重工业和石油冶炼业集中在鲁昂和勒阿弗尔。美丽的海滩、宁静的小路和壮观的卢瓦尔城堡吸引了众多游客。

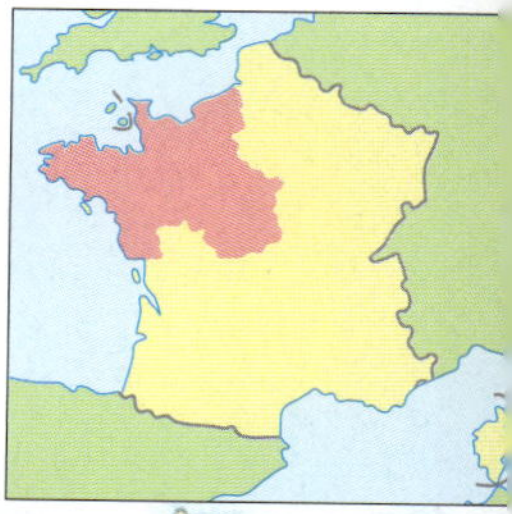

朦胧的圣米歇尔山从11世纪开始就吸引着朝圣者前来膜拜。如今，一年中有将近100万的游客通过堤道去往岛上的修道院（见256～261页）。

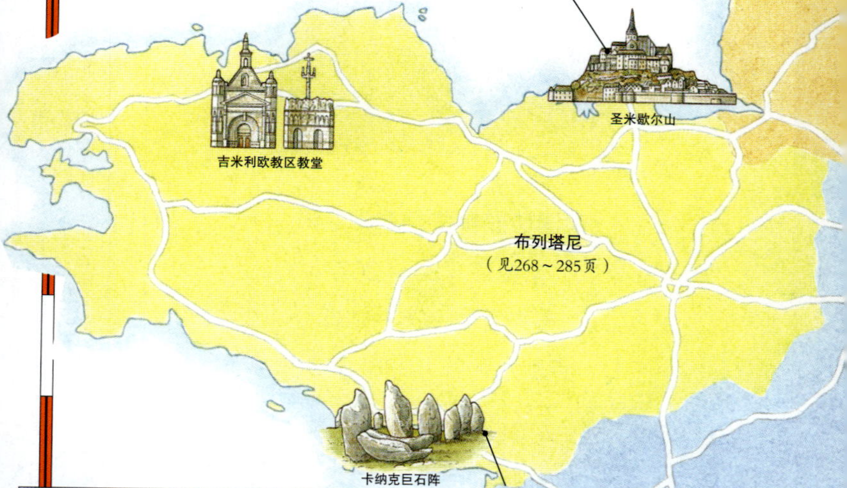

卡纳克巨石阵（The megaliths of Carnac）是布列塔尼早期定居者留下的遗迹。这些古老的花岗石排列成一个神奇图案，其历史可以追溯到公元前4000年，被认为具有宗教或天文学意义（见279页）。

巴约挂毯（见252～253页）从法国人的角度描述了征服者威廉入侵英国的历史。58幅画中的主要历史事件，如1066年的黑斯廷斯战役都用特殊的色彩或绘画技巧加以强调。图中描述的是威廉的两个信使正飞奔赶去见他。

香波堡（见302～303页）是卢瓦尔城堡中最大最华丽的一个。1519年，弗朗索瓦一世把原来的打猎小屋改建成了一个城壕环绕的大城堡；1685年路易十四又进一步完善了其内部装饰。城堡的440个房间里都有弗朗索瓦的火神标志，还有365个火炉，每天换用一个。

法国西部特产

法国西部有得天独厚的地理环境：地处大西洋沿岸，卢瓦尔河谷中到处是蜿蜒的河流、广阔的牧场和肥沃的农田，再加上漫山遍野的果园和蔬菜地，给法国人带来了许多美味的食物。布列塔尼地区和卢瓦尔河谷的冲积平原上有丰富的蔬菜，而诺曼底地区则到处都是大片的果园。烹饪中必不可少的鱼类来自布列塔尼海岸的诺曼底港口。这里还有各种肉制品，从著名的鲁昂肥鸭到卢瓦尔河谷索洛涅野兔和其他野味。上好的奶酪和黄油也大受欢迎。

诺曼底苹果

诺曼底奶酪生产商正在展示商品

诺曼底

诺曼底地区牧草丰美的牧场上到处都可见棕白相间的奶牛，果园里挂满了沉甸甸的苹果。这些牧场和果园为人们提供了大量小牛肉、牛奶、奶酪、奶油、黄油、苹果、梨。鸭子和饲养在圣米歇尔山附近含盐度极高的沼泽里的小羊羔都是这里的特产。诺曼底有丰富的蔬菜，秋天潮湿的牧场和林区里还有大量野生菌类。海产品种类众多，有比目鱼、鲭鱼、鲱鱼和法国 80% 的扇贝以及各种有壳水生动物。

金银毕是诺曼底最有名的奶酪，除此之外，还有其他品种如 Pont L'Evêque 软奶酪、辣味的 Livarot 奶酪、香醇的 Brillat-Savarin 奶酪和 Petit-Suisse 奶酪。苹果最能代表诺曼底的特色。苹果汁通常是用来搭配食物的传统饮料，苹果烧酒就是最有代表性的诺曼底果酒。

布列塔尼

布列塔尼绵延几千米的海岸线为这个地区的人们提

法国西部的一些特色蔬菜

西部的佳肴和特产

梨

鱼是西部地区菜单上的主菜。经典菜肴法式海鲜拼盘中，牡蛎、蟹、海螯虾、对虾、褐虾、鸟蛤和蛤蛎满满地堆在一层冰上。牡蛎可以搭配柠檬或葱醋，也可以用来做填充料包在馅饼里。新鲜的鱼可以用来炙烤或是用海盐烘培（Guerande 的盐是最好的），还可以放在苹果酒里用文火炖或配以黄油白沙司酱（用黄油、葡萄酒、柠檬汁或醋调制而成）吃。龙虾常以阿尔摩里克式烹制。布列塔尼炖鱼配以洋葱和土豆。Moules marinières（在白葡萄酒中蒸煮过的贻贝配以洋葱和黄油）是最受欢迎的经典菜。如果不想吃鱼，你可以尝尝用文火慢慢炙烤 7 个小时的小羊羔——gigot de sept heures。

Homard à l'armoricaine龙虾配以西红柿和洋葱，有浓郁的白兰地香气。

当地海产品市场上出售的上等布列塔尼牡蛎

供了大量鱼类和海产品。不管是野生的还是饲养的牡蛎和贻贝都是备受欢迎的食物。其他海鲜还包括安康鱼、金枪鱼、沙丁鱼、扇贝和龙虾。养猪是这个地区重要的产业，猪肉可以做出烤肉、烟熏腊肠、火腿和猪血香肠，配苹果吃十分美味。来自乌埃桑岛的小羔羊肉配菜豆吃口感非常好。布列塔尼地区的蔬菜代表——洋蓟充分显示了蔬菜的重要性，冬天的蔬菜有花椰菜、洋葱和马铃薯。

又甜又开胃的薄饼（Crêpes）是一种常见的布列塔尼食品。咸辣味的饼内填有火腿、奶酪、菠菜和蘑菇；甜味的被称作 crêpes dentelles（dentelle 意为“蕾丝”）。

卢瓦尔河谷

卢瓦尔河谷的特产十分丰富。昂儒饲养了大量食草牲畜，贝里地区则有大片的羊群。都兰和奥尔良地区饲养上等的鸡，而索洛涅地区的森林和湖泊则为人们提供了鹿、野猪、野鸡、山鹑、野兔、野鸭等各种野味。卢瓦尔河谷的熟食店里有 rillettes（熟肉酱）和来自旺代的火腿。大西洋绵长的海岸线有利于各种海产品的生长，而卢瓦尔河本身则是狗鱼、鲑鱼、鳗鱼和七鳃鳗的家园。蘑菇生长在索米尔附近的石灰岩岩洞里，但在众多蔬菜中，最好吃的还是索洛涅的芦笋。上等山羊奶酪有 St Maure de Touraine、灰表皮的 Valençay 和小小的 Crottins de Chavignol。

卢瓦尔河谷洛什市场上的奶酪和熟食

菜单

Alose à l'oseille 鲱鱼配酸模酱。

Côte de veau vallée d'Auge 小牛肉以蘑菇、奶油和苹果汁或苹果白兰地烹制。

Far aux pruneaux 鸡蛋面糊布丁放洋李脯烘焙。

Kig ha farz 放荞麦饺子的肉、蔬菜火锅。

Marmite Dieppoise 用苹果酒或白葡萄酒烹制各种鱼，配以奶油。

Tergeule 奶油烤米饭布丁配肉桂。

Tripes à la Mode de Caen 内脏配小牛脚、洋葱或韭菜、香草和苹果酒。

Sole Normande 鸡蛋奶油酱烘焙鳎鱼，配以贻贝、牡蛎、蘑菇和虾。

Canard Rouennais 迪克莱尔鸭烤半熟，配以鸭肝和青葱。

Tarte tatin 把焦糖苹果馅饼倒过来，卢瓦尔河谷的塔坦酒店是第一个烹饪这道菜肴的。

法国葡萄酒产区：卢瓦尔河谷

卢瓦尔河谷的红葡萄——品丽珠

有一点出人意料的是，卢瓦尔河谷是一片农作物区而非产酒区。“法国花园”起伏的平原上肥沃的土壤十分有利于蔬菜和水果的生长，所以相应的葡萄种植就少了。不过，这里受大西洋气流影响的北部凉爽的天气却有利于清爽的红葡萄和夏日玫瑰的酿造，这两种酒都是干的气泡白葡萄酒。干白葡萄酒是卢瓦尔河谷葡萄酒的主要品种，适合早期饮用，所以卢瓦尔地区的佳酿通常少于其他典型的红葡萄酒产区。

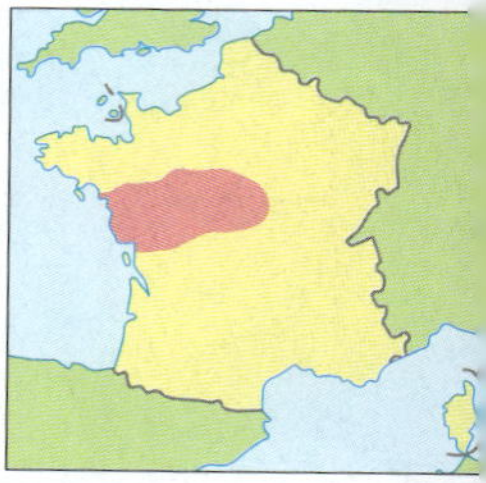

定位地图

卢瓦尔产酒区

肖姆－卡尔特酒庄的甜葡萄酒，除法国人以外，很少有人知道。

麝香干白葡萄酒标签上的“sur lie”指“沉淀物”（见27页），它们会使酒更香。

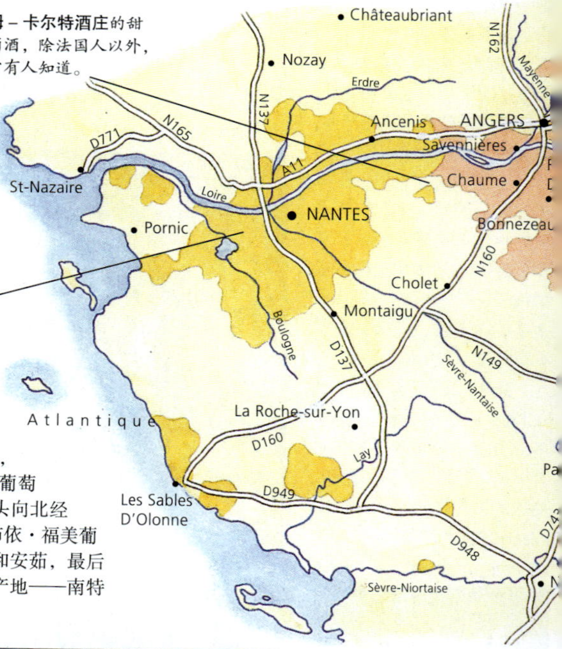

图例

- 南特地区
- 安茹—索米尔地区
- 上普瓦图
- 都兰
- 中部地区葡萄园

0 千米 15

0 英里 15

葡萄酒产区

卢瓦尔河长1000公里，流经了卢瓦尔河谷主要的葡萄酒产区。从阿尔代什的源头向北经过法国中部流向桑塞尔和布依·福美葡萄园，然后向西流过都兰和安茹，最后到达麝香白葡萄酒的主要产地——南特地区海岸平原。

希农的Clos de l'Echo——上等草本红葡萄酒生产商

是用老葡萄藤（种
古老最好的葡萄
长的葡萄酿成的。

布尔格伊生产红葡萄酒的葡萄园

沃莱酒庄酿造的是不起泡和起泡的白葡萄酒。起泡的白葡萄酒通常要在跟香槟地区一样的白垩地窖里存上好几年。

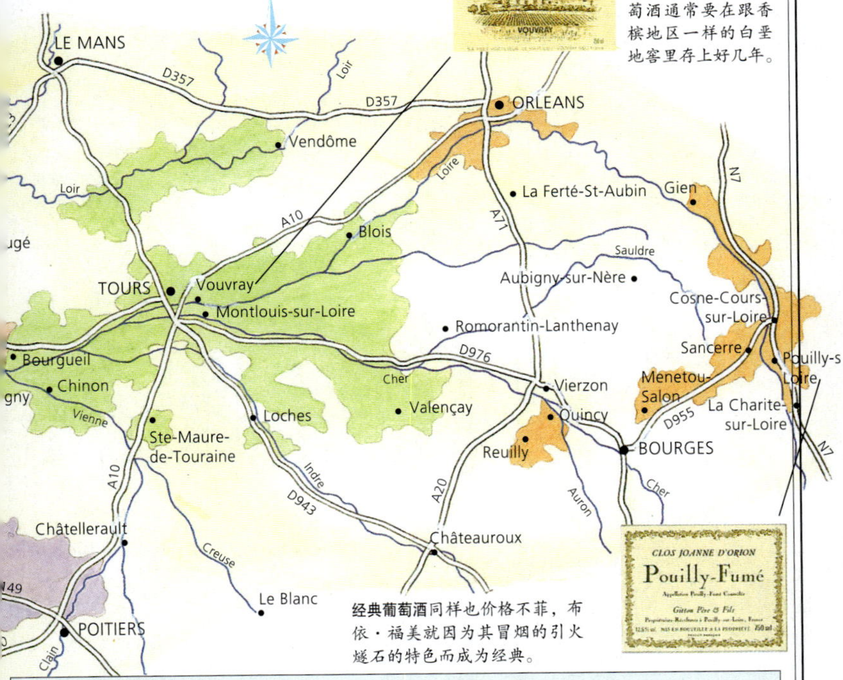

经典葡萄酒同样也价格不菲，布依·福美就因为其冒烟的引火燧石的特色而成为经典。

卢瓦尔河葡萄酒的关键要素

产地和气候

人们在肥沃的土壤上种植水果、蔬菜和谷物，而把葡萄种在稍微贫瘠一点的土地上。卢瓦尔河谷的气候因为受大西洋的影响而变得十分湿润，给葡萄酒酿造提供了适宜的酸度。

葡萄种类

勃艮第香瓜可以酿造简单的干白葡萄酒。**索维农葡萄**可以制作醋栗燧石干白葡萄酒，以索塞尔、布依·福美和都兰为最好。白诗南制作干而适中的安茹、沙文尼亚、沃莱白葡萄酒、蒙路易和索米尔白葡萄酒，起泡的沃莱白葡萄酒和索米尔白葡萄酒，以及著名的甜白葡萄酒邦尼舒、沃莱白葡萄酒、肖姆—卡尔特。夏

日红由加美葡萄和果香的草本品丽珠制造。

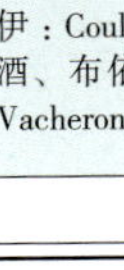

优秀的生产商

麝香干白葡萄酒：Sauvion, Guy Bossard, Michel Bregeon. 安茹、沙文尼亚、沃莱白葡萄酒 Richou, Ogereau, Nicolas Joly, Huet, Domaine des Aubuissières, Bourillon–Dorléans, Jacky Blot, Domaine Gessey. 都兰（白）：Pibaleau. 索廖尔·尚皮尼（红）：Filliatreau, Chateâu du Hureau. 希农、布尔格伊：Couly–Dutheil, Yves Loiseau. 桑塞尔白葡萄酒、布依·福美、默内图萨隆：Francis Cotat, Vacheron, Mellot, Vincent Pinard.

从防御到装饰

随着时间的推移，卢瓦尔河谷的城堡逐渐从防御性建筑转变为装饰性的宫殿。当火器引入当地后，城堡就失去了它们的防御职能，而美观和特色则成为修建城堡考虑的首要因素。建筑者把防御性建筑的主要组成部分如高墙、城墙垛、城壕和城楼等保留下来的原因是将其作为等级和血统的象征。文艺复兴风格的长廊、老虎窗等小装饰则可以增添城堡的美感。

弗朗索瓦一世的火蜥蜴标志

昂热堡（见 291 页）是路易九世于 1230 ~ 1240 年修建的堡垒，坐落于镇中心的一座石山上。1585 年亨利三世在高 30 米的 17 座堡垒中选择了这个胡椒瓶状的高塔进行重建。

肖蒙堡（见 306 页）是 1445 ~ 1510 年由安布瓦斯家族采用文艺复兴风格重建的。虽然其外观是一个防御性堡垒，有圆塔、梁托走廊和一个城楼，但现在多数已成为装饰性建筑。肖蒙堡于 1833 年以后修复。

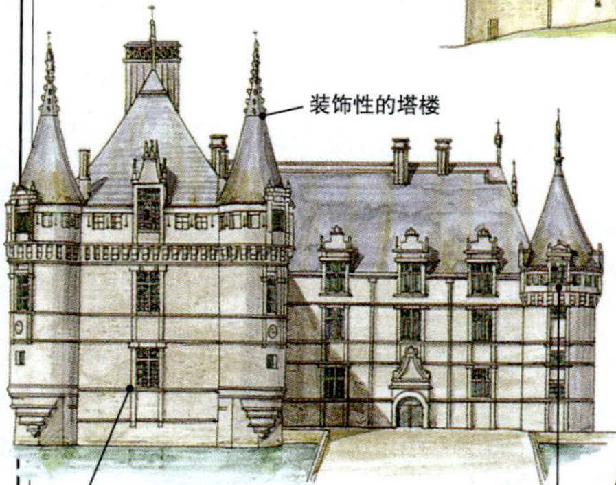

阿萨伊古堡（见 296 页）被认为是最优雅和设计得最好的文艺复兴城堡之一，由财政大臣吉尔·贝特洛 (1518 ~ 1527 年) 和他的妻子菲利帕建成。这座城堡的设计混合了传统的塔楼和文艺复兴风格的壁柱以及尖塔。最有特色的是三层双生侧厅和一个精心修饰的门楣。

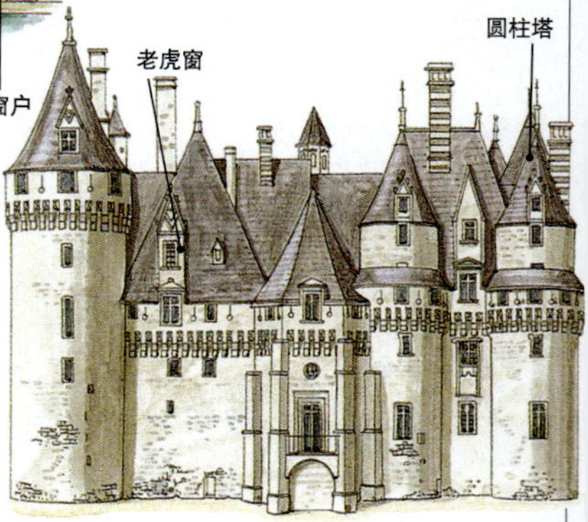

于塞堡（见 295 页）由 Jena de Bueil 于 1462 年修建。这个带胸墙的堡垒包括投掷武器的窗口、城墙垛和枪口。路易十六和查理八世的内侍伊斯皮奈家族买下了这座城堡，并把可以俯瞰庭院的高墙改成带老虎窗和壁柱的文艺复兴风格建筑。17 世纪时，北翼被拆毁建成了宏伟的大露台。

布列塔尼传统

布列塔尼被威尔士和康沃尔移民称为“小英国”。这些移民在五六世纪逃到这里并强迫高卢人按照他们的风俗生活、使用他们的语言并信仰他们的宗教。1532 年以前，布列塔尼人一直拒绝各式民族的统治者对他们的统治。如今，一些学校仍然教授布列塔尼语，而且当地人还使用一种复杂的日历，布列塔尼丰富的节日将它与其他凯尔特地区相连。

Bigouden 蕾丝头饰

布列塔尼音乐 有浓烈的凯尔特风格，biniou 是一种类似于风笛的乐器，而在当地节日时能经常听到类似双簧管的 bombardede 演奏。

赎罪日是当地一年一度的宗教节日。这个节日是为了纪念当地的一个圣徒，其名字的含义是上帝对人们以往的罪孽表示宽恕。一些赎罪日如奥瑞·圣安妮日和帕吕·圣安妮日仍然有许多朝圣者手持旗帜和圣物走在街上。多数赎罪日都在 4 月～9 月之间。

你在赎罪日和当地的婚礼上仍可以看到布列塔尼传统服饰，不同地区有不同样式的头巾或头饰。高更等艺术家经常将这些服饰作为绘画的元素。坎佩尔（见 274 页）和 Pays Bigouden 神父桥里有许多上等的馆藏品。

布列塔尼海边的野生生物

海星

布列塔尼海岸线边陡峭的悬崖、弯曲的海湾和深河口以及向内陆延伸的海湾为各种水生动植物提供了适宜的居住场所。一部分海岸潮汐的影响范围达到50米，这是法国的最高纪录。多层次的海域把适宜海洋生物生长的场所分成了几个不同的地带。这个地区主要的有壳水生动物包括贻贝、蛤蛎和牡蛎，它们生活在离海比较近的地方或岩石缝里以及潮湿的沙中，它们几乎整天都把自己埋在沙子里。稍远一点的区域里有帽贝、藤壶和几种海草，即使没有水，它们也可以存活很长一段时间。沙滩的峭壁上有海鸟和各种野花。

布列塔尼拉兹岬角的悬崖

退潮时的布雷阿岛

海岸特色

这张图展示了布列塔尼海岸线上一些野生生物的生长场所。如果要去海边游玩，请注意潮汐涨落的时间，特别是如果你想攀岩的话，就更要小心了。

盐碱沼泽中的野花在夏末时开得最鲜艳。

沙丘是滨草的生长地，滨草可以起到固定沙土的作用。

淤泥和沙滩是蛤蛎和鸟蛤的居住地，它们可以从水中过滤出食物。

石堆为筑巢的海鸟提供了安全的屏障。

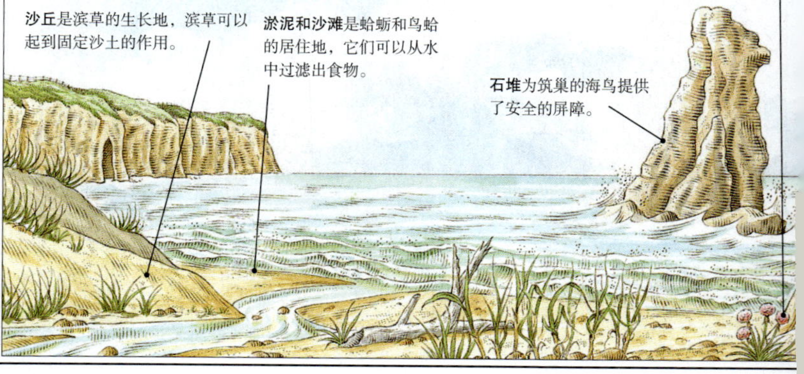

牡蛎养殖场

像其他多数海洋软体动物一样，牡蛎也是从漂浮着的幼虫开始发育的。培育牡蛎的第一个阶段，需要给幼虫提供一个可以附着的地方，通常是沉入海底的瓦片。发育中的牡蛎很快会转移到给它们专门准备的培育地，一直留在那里直到成熟，然后人们就可以收集起来大量出售。

康卡勒的牡蛎养殖场

悬崖顶的草皮里通常有一条野花带夹在海洋和农田之间。

岩石潭一天内会被潮水淹没两次，里面通常有软体动物、海葵和海绵。

海边的野生生物

海岸的结构特点决定了生活于此的生物种类。在风和海浪包围着的这个世界里，岩石为植物提供了扎根的处所，还为许多小动物提供了一个安全的居住地，而潮湿的沙地富含营养，所以许多生物集聚于此，尽管大部分生物都隐藏在沙子以下。

悬崖

岩石野鸽是一种在悬崖上筑巢的鸟类，它们是家鸽的祖先。

海石竹是一种常见的春天开的花，常生长在海边裸露的礁石上。

岩石和小池塘

各种海草在每天退潮时就会显现出来。

笠贝是一种移动速度很慢的生物，以岩石表面挖出的小植物为食。

虾虎鱼有一双敏锐的眼睛，在发现动静的第一时间就会把自己藏起来。

螃蟹在不同水深的地方都可以居住，某些螃蟹非常擅长游泳。

淤泥和沙滩

麻鹬有一个像钳子一样的喙，可以从淤泥和沙地中把有壳水生动物夹出来吃掉。

鸟蛤大多居住在潮湿沙地的表面以下。

诺曼底

厄尔省·滨海塞纳省·芒什省·卡尔瓦多斯省·奥恩省

人们对于诺曼底的第一印象是一个有着大片的苹果园、肥壮的奶牛、香甜的苹果酒和奶酪的地区，它繁荣而又充满田园气息。然而这个地区也同样有着被海风吹刮的卡唐坦半岛海滩和塞纳河谷的树木葱郁的河岸。诺曼底地区最美丽的风景包括卡昂大修道院教堂、伟大的圣米歇尔山岛屿和吉维尼的莫奈花园。

9世纪时，古代的维京北欧人沿塞纳河逆流而上，成为诺曼底地区的开拓者，他们把首府建在鲁昂——如今它已经是一个充满文化气息的教堂城市，控制着这个地区的东部。塞纳河弯弯曲曲地流过郁美叶（Jumièges）和圣万德里耶（St-Wandrille）的古老修道院，最终流向大海。塞纳河入海处还曾是19世纪中后期印象主义画家露天的工作室。

鲁昂北面是阿勒巴特海岸（Côte d'Albâtre）白色的悬崖。翁弗勒尔港和西面鲜花海岸的风景十分温和宜人。奥日地区（Pays d'Auge）的小岛上有木桁架屋结构的庄园和长着斑点的奶牛。而诺曼底西面主要是农村，那里的农田周围有山毛榉树围成的防风林。

卡昂现代化的城市中两座伟大的11世纪修道院值得一看，它们是由征服者威廉和他的皇后马蒂尔达修建的，卡昂附近的巴约有著名的讲述了侵略英国的征服者威廉的故事的壁毯。而另一次更加著名的战争——1944年诺曼底登陆的历史被永远地记录在珍珠海岸和卡唐坦半岛上。“二战”快结束的时候，大量的联军军队从岸边登上了这片一望无际的沙滩。卡唐坦半岛上壮观的瑟堡至今仍是一个海军战略基地。瑟堡西面是法国最著名的名胜之一：圣米歇尔山的修道院小岛。

利雪附近的奥日贝弗龙村里木桁架庄园

◁ 富饶的草原和棕白相间的诺曼底奶牛是这个省财富的源泉

探索诺曼底

你可以开着车或骑自行车来饱览诺曼底厚重的历史风景和旖旎的自然风光。阿勒巴特白色海岸和卡唐坦半岛上有美丽的海滨大道和沙滩。远处是法国最著名的名胜之一——圣米歇尔山。塞纳河水流经苹果园和沿途的木桁架屋，最后到达历史悠久的鲁昂和吉维尼莫奈花园。

奥日地区的苹果树正在开花

旅游景点分布示意图

- 阿夫朗什 5
- 阿勒巴特海岸 16
- 奥日地区 13
- 埃夫勒 22
- 巴约 8
- 滨海塞纳 20
- 迪耶普 17
- 歌朗维尔 4
- 诺曼底—曼恩地区自然公园 11
- 吉维尼 21
- 卡昂 9
- 卡唐坦半岛 1
- 库唐斯 3
- 勒阿弗尔 15
- 鲁昂 19
- 诺曼底瑞士 10
- 瑟堡 2
- 圣米歇尔山 6
- 翁弗勒尔 14
- 鲜花海岸 12
- 下塞纳河 18
- 珍珠海岸 7

阿勒巴特海岸线

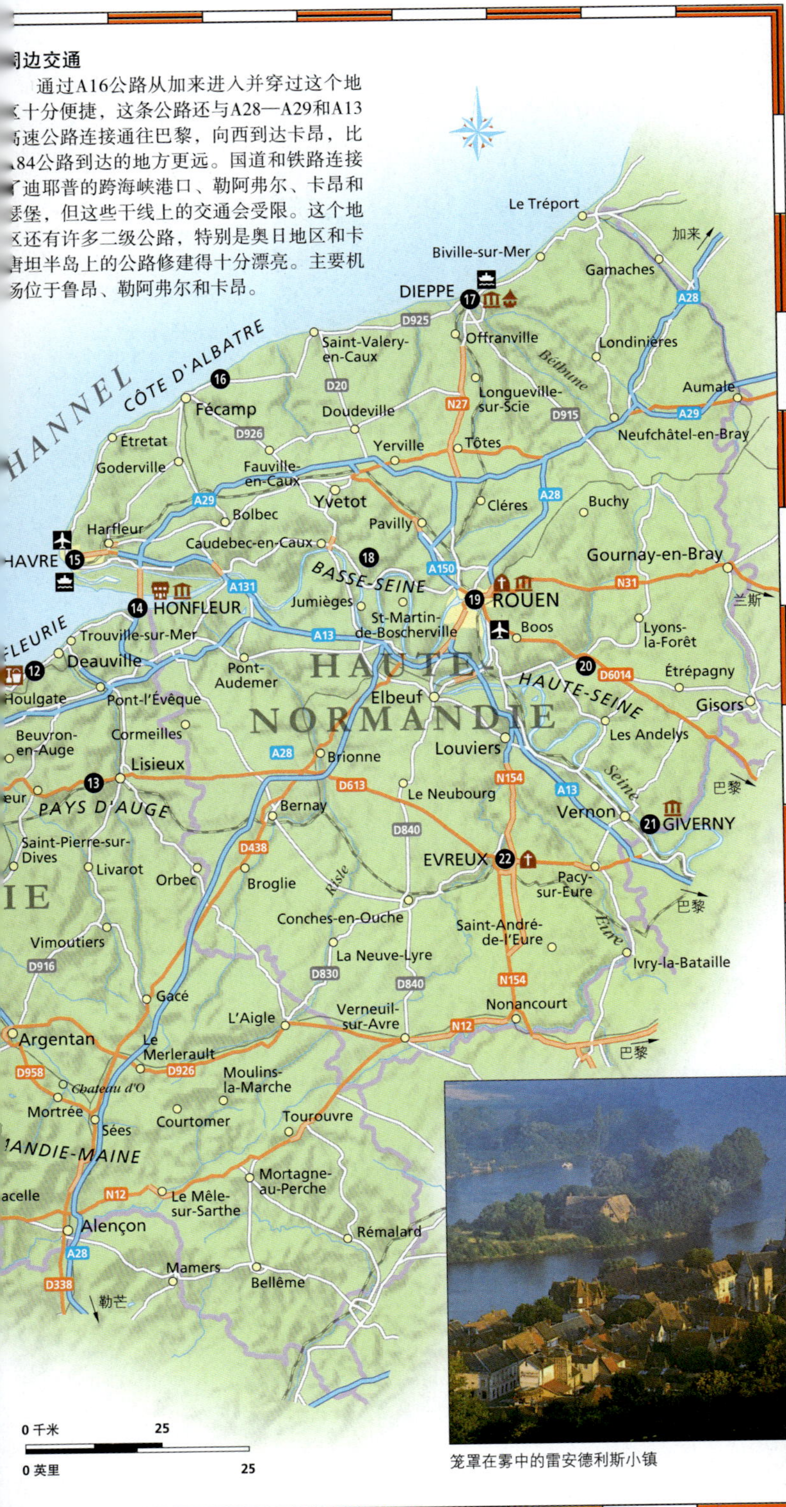

周边交通

通过A16公路从加来进入并穿过这个地区十分便捷，这条公路还与A28—A29和A13高速公路连接通往巴黎，向西到达卡昂，比A84公路到达的地方更远。国道和铁路连接了迪耶普的跨海峡港口、勒阿弗尔、卡昂和瑟堡，但这些干线上的交通会受限。这个地区还有许多二级公路，特别是奥日地区和卡唐坦半岛上的公路修建得十分漂亮。主要机场位于鲁昂、勒阿弗尔和卡昂。

笼罩在雾中的雷安德利斯小镇

卡唐坦半岛上陡峭的悬崖

卡唐坦半岛 ❶
Cotentin

Manche. Cherbourg 2 quai Alexandre III, Cherbourg（02 33 93 52 02）www.manche-tourisme.com

延伸到英吉利海峡的卡唐坦半岛风景与布列坦尼地区十分相似。半岛上有绵延的沙滩和被海风吹拂着的海角：海牙海角和若堡海岬。后者生活着大量塘鹅和海鸥。半岛东部延伸到犹他海滩，这里是 1944 年 6 月 6 日美国军队登陆的地方。圣米歇尔教堂里有**空降部队博物馆**（Musée Airborne），外面是**卡唐坦农场博物馆**（Ferme Musée du Cotentin），展示了牲畜和 20 世纪早期乡村生活。北侧的瓦罗尼斯镇上有**苹果酒地区博物馆**（Musée Régional du Cidne et du Calvados），纪念那些酿造苹果酒的本地人。

卡唐坦半岛东北部主要是两个渔港：巴夫勒尔和圣瓦斯特拉乌格。圣瓦斯特拉乌格不仅有闻名于世的牡蛎，而且也是坐船到搭蒂湖岛的必经之地。卡唐坦半岛西面受波斯湾水流的影响，Barneville-Carteret 的沙滩十分柔软，游客还可以在夏天乘船游览整个海峡岛。卡瑞登东部低洼的湿地是卡唐坦和贝桑沼泽地区的中心地带。

空降部队博物馆
14 rue Eisenhower, Ste-Mère-Eglise. **电话：** 02 33 41 41 35 2月～11月：每天和圣诞假期 12月～次年1月 www.musee-airborne.org

卡唐坦农场博物馆
Rte de Beauvais, Ste-Mère-Eglise. **电话：** 02 33 95 40 20 6月～9月：每天；2月、5月和10月学校假期：每天下午

苹果酒地区博物馆
Rue du Petit-Versailles, Valognes. **电话：** 02 33 40 22 73 4月～9月：周三至次周周一（7月和8月：每天） 周日上午

瑟堡 ❷
Cherbourg

Manche. 44100 2 quai Alexandre III（02 33 93 52 02） 周二、周四和周六 www.otcherbourg-cotentin.fr

自 19 世纪中期以来，瑟堡就是一个战略性港口和海军基地。如今它仍在服役，重要程度不减当年。如果想要一睹港口的风光，你可以前往山顶的**儒勒堡**（Fort du Roule），里面的**解放博物馆**（Musée de la Libération）展出诺曼底登陆和瑟堡解放运动的历史。现在瑟堡的多数活动都在戴高乐广场和购物街如 Tour-Cree 路和 la Paix 路上举行。**托马斯·亨利博物馆**（Musée Thomas-Henry）中的美术 藏包括 17 世纪的佛兰德作 和出生于格黑威尔·拉格的 家米勒的肖像画。**Emmanu Liais 公园**有小型植物园和**历史自然博物馆**。

拉梅尔城（Cité de la Mer 有圆柱形深海水族馆、世界上最大的可参观潜艇等奇观。

解放博物馆
Fort du Roule. **电话：** 02 33 20 14 12 5月～9月：周一下午至周六和周日下午；10月～次年4月：周三至周日下午 公共假期 周日免费

托马斯·亨利博物馆
Rue Vastell. **电话：** 02 33 23 39 30 5月～9月：周二至周六和周日下午；10月～次年4月：周四至周日下午 公共假期

拉梅尔城
Gare Maritime Transatlantique. **电话：** 02 33 20 26 26 2月～10月：每天；11月～12月：周二至周日 1月、12月25日 www.citedelamer.com

瑟堡市中心

库唐斯 ❸
Coutances

Manche. 11500 pl Georges Leclerc（02 33 19 08 10） 星期四 www.coutances.fr

从罗马时代一直到大革命时期，库唐斯的山顶小镇都是卡唐坦的中心。镇里的**圣母教堂**是诺曼－哥特式建筑的典型代表。教堂有一个高达 66 米的灯塔，是 1040 年由蒙布赖的主教若弗鲁瓦所建，为其投资的欧特维尔家族此前在西西里建立了一个王朝。“二战”时库唐斯被严重毁坏，但圣尼古拉斯和圣彼得教堂以及美丽

的公共花园连同花园里稀有的植物却完好无损。

库唐斯教堂的背面和灯塔

格朗威尔 ❹
Granville

Manche. 13500 4cours jonvile（02 33 91 30 03）周六
www.ville-granville.fr

格朗威尔的上城俯瞰着圣米歇尔山港湾。1439年，英国人修建了一个筑城，并把它当作圣米歇尔山的一部分，它就是上城的雏形。

城门楼中的**格朗威尔老城博物馆**（Musée de Vieux Granville）追溯了格朗威尔悠久的航海历史。城中**圣母大教堂**的祈祷室墙边堆放着本地渔民的贡物。格朗威尔下城是一个古老的海滨圣地，有一个娱乐场、散步区和公共花园。从港口可以坐船去沼泽岛——一个低洼的花岗岩小岛。**迪奥博物馆**（Le Musée Christian Dior）位于Les Rhumbs别墅中，迪奥童年在这里生活。

格朗威尔老城博物馆
2 rue Le Carpentier. **电话：**02 33 50 44 10 4月～9月：周三至次周周一；10月～次年3月：周三、周六和周日下午 11月1日、12月22日～次年1月

迪奥博物馆
Villa les Rhumbs. **电话：**02 33 61 48 21 5月中旬～9月：每天；花园全年开放

诺曼底登陆

1944年6月6日黎明，联军开始登陆诺曼底海岸。入侵德国占领下的法国——这是一个计划已久的行动，即著名的“霸王行动”。联军伞兵降落在圣米尔教堂和飞马桥附近，海上突袭沿着一系列编有代码的海滩进行。美国军队在西面的犹他海滩和奥马哈海滩登陆，另外带有一队法国自由突击队的英国和加拿大军队在黄金、朱诺和宝剑滩头登陆。虽然已经过了60年，这些海滩仍保留着它们当时的代码。

联军侵袭德占法国时美国军队抵达海岸的场景

飞马桥是联军第一个解放的法国建筑，所以很自然，人们会从这里开始参观那些战争纪念碑和遗址。飞马桥西面是阿罗芒什令人回味的人工港废墟。拉冈比（La cambe）、朗维尔（Ravville）和圣劳伦苏梅尔（St-Laurent-sur-Mer）都建有英国、德国和美国军队的战争公墓。巴约、卡昂、圣米尔教堂和瑟堡的战争博物馆向人们介绍了诺曼底登陆和诺曼底战役的情况。

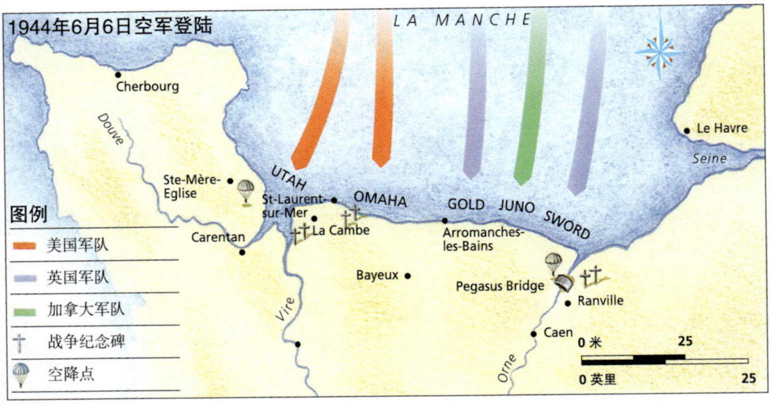

诺曼底登陆结束时，13.5万多名士兵在岸边被擒，约1万人牺牲

阿夫朗什 5
Avranches

Manche. 9500 2 rue Général-de-Gaulle（02 33 58 00 22） 周六
www.ot-avranches.com

6世纪以来，阿夫朗什就是一个宗教中心，也是去往圣米歇尔山修道院的必经之地。主教奥伯特的梦境导致了这座著名修道院的出现：708年的一天晚上，天使长米迦勒指示他在附近的海岛上修建一个教堂。如今，他的头颅珍藏在阿夫朗什的圣杰维珍宝馆中。

大革命以后，人们从修道院里抢救出203本修士的手稿，其中大部分如今完好地保存在**圣米歇尔山手稿博物馆**（Musée des Manuscrits du Mont-St-Michel）。

附近的**艺术历史博物馆**（Musée d'Art et d'Histoire）向人们展示了过去几个世纪以来卡唐坦人民的生活和阿夫朗什教堂模型。

圣米歇尔山手稿博物馆
Pl d'Estiyteville. **电话**：02 33 79 57 00
周二至周日（7月～8月：每天）
1月、5月1日、12月25日

艺术历史博物馆
Place Jean de Saint-Avit. 6月～9月：每天

珍珠海岸上"二战"时留下的桑树港口遗迹

圣米歇尔山 6
Mont-St-Michel

见256～259页。

珍珠海岸 7
Côte de Nacre

Calvados. Caen Caen, Bayeux Caen-Ouistreham Pl St-Pierre Caen（02 31 27 14 14） 周五和周日
www.toursme-caen, fr

奥恩河和威尔河河口之间绵延的海岸在19世纪时被命名为珍珠海岸。如今，它作为联军的登陆（见251页）遗迹而闻名。与之有关的公墓、纪念碑和博物馆还有阿罗芒什港口的桑树港遗迹都值得去看一看。

夏天的珍珠海岸十分迷人，绵长的沙滩上的古尔塞勒海滨和吕克海滨比东边的鲜花海岸更让人心情放松。

巴约 8
Bayeux

Calvados. 15500 Pont-St-Jean（02 31 51 28 28） 周六和周三
www.bessin-normandie.com

巴约是1944年联军第一个解放的城镇，很幸运地躲过了战争的破坏。如今，一个15～19世纪建筑仍保留在其主街道附近（圣马丁路和圣让路）。

圣让路上挤满商店和咖啡馆。城中最突出的建筑是**圣母**

贝叶挂毯

贝叶挂毯生动地记述了入侵英国的征服者威廉的故事。这幅悬挂着的长达70米的刺绣是由贝叶的奥多主教委派制作的。它向人们展示了11世纪人们的生活和英国国王哈罗德在哈斯丁战役中的一系列抵抗活动。这幅壁毯具有很高的艺术价值，同时也是一份历史性文献，还是早期纺织品的代表和一幅有趣的读物。

哈罗德的随从前往法国禀告威廉他将登上英国王位。

交叉的树干有时用来作为分隔壁毯的58幅画的界线。

堂的高塔尖顶和圆顶灯塔。堂里面有一个11世纪的地墓穴，里面的壁画描绘了个天使正在演奏乐器。原的罗马教堂于1077年被圣，贝叶的一幅著名壁毯就其中的一个重要人物——多主教为纪念这一场景而的。

这幅壁毯现在被放在修过的神学院——**征服者威廉—贝叶挂毯中心**（Centre uillaume-le-Conquérant-apisserie de Bayeux）里，神学院还配有视听设备详细向人们阐述那些导致诺曼征服的原因。城镇的西南面有一个已经修复的**诺曼底战役纪念馆**（Musée Mémorial de la Bataille de Normandie），人们可以欣赏到一部分新闻片里剪辑的纪录片。

征服者威廉—贝叶挂毯中心

Rue de Nesmond. **电话：**02 31 51 25 50 每天 1月的第一周，12月25～26日 www.tapisserie-bayeux.fr

诺曼底战役纪念馆

Bd Fabian-Ware. **电话：**02 31 51 46 90 3月～12月：每天 1月1日，12月25～26日

卡昂的男子修道院

卡昂 ❾

Caen

Calvados. 117200 pl St-Pierre（02 31 27 14 14）。 周五和周日 **www**.tourisme.caen.fr

11世纪中期，卡昂成为征服者威廉和其皇后马蒂尔达喜爱的居住地。尽管"二战"时这个城市3/4的建筑都被毁坏，但由威廉和马蒂尔达主持修建的大部分建筑却奇迹般地保存了下来。他们在奥恩河北岸修建了两座大修道院和一座城堡，并确立了卡昂的历史中心地位，这对其工业现代化发展和战后重建工作十分有利。**圣皮埃尔教堂**（Eglise St-Pierre）于13～14世纪建于城堡南面，16世纪早期，建筑师又在教堂东面加了一个文艺复兴风格的建筑。教堂的14世纪钟塔于1944年被毁坏了，现在已经修复。教堂东面的Vaugeux路是卡昂旧城的中心街道，街上还留有一些古雅的木桁架屋。沿着圣皮埃尔路或者Maréchal Leclerc大道向西走可以到达卡昂的主要商业区。

着猎狗和猎鹰登上船之前，英士兵在岸上吃最后一顿饭。

八字须是英国人与胡子刮得很干净的诺曼底人的区别。

绣在亚麻布上的彩色羊毛从11世纪起开始褪色了。

画面边缘有寓言和旁白表达讽刺的评记。

壁毯中每幅画上的拉丁标题表现了所有参与者共同的英雄理想。

男子修道院 (Abbaye-aux-Hommes)

Esplanade Jean-Marie Louvel. **电话**：02 31 30 42 81 每天 1月1日、5月1日、12月25日 预约 义务

威廉的男子修道院始建于1063年，最后完工却是在他死后20年。**圣艾蒂安教堂**（Eglise St-Etienne）为诺曼-罗马风格，简朴的西门上有13世纪的尖顶。12世纪早期，建筑师在教堂里加入了一个哥特式石头拱顶。

圣母修道院 (Abbaye-aux-Dames)

Pl de la Reine Mathilde. **电话**：02 31 06 98 98 每天 1月1日、5月1日、12月25日 义务

和男子修道院一样，玛蒂尔达的女子修道院里也有一个诺曼-罗马式教堂：**圣三一礼拜堂**（La Trinité），它始建于1060年，6年后被圣化。玛蒂尔达藏在唱诗班的一块黑色大理石下，她的教堂因此成为一座宁静而庄严的陵墓。

公爵堡 (Château Ducal)

Esplanade du Château. **美术博物馆 电话**：02 31 30 47 70 周三至次周周一。**诺曼底博物馆 电话**：02 31 30 47 60 6月～10月：每天；11月～5月：周三至次周周一 1月1日、复活节、5月1日、基督升天日、11月1日、12月25日（两个博物馆）

在欧洲最大的防御堡垒之一——卡昂的城堡废墟上可以看到宽广的草坪、博物馆和远处景色。**美术博物馆**（Musée des Beaux Arts）里展出了大量17世纪法国和意大利油画。而**诺曼底博物馆**（Musée de Normandie）则向人们介绍了当地的传统生活和农耕。

卡昂纪念馆 (Mémorial de Caen)

Esplanade Dwight-Eisenhower **电话**：02 31 06 06 45 2月中旬～1(月：每天；11月～12月中旬：周二至周日 1月的前三周，12月25日 www.memorial-caen.fr

卡昂西北部靠近N13环形公路（出口7）处的卡昂纪念馆现在用互动和视听技术将诺曼底登陆放入“二战”中，馆内还有档案馆和虚构电影。

最近馆内还增添了20世纪后半叶关于文化、宗教、边境和生态冲突的内容。

诺曼底瑞士地区森林茂密的奥恩河谷

若曼底瑞士 ⑩

uisse Normande

lvados & Orne ✈ Caen 🚉 🚌 Caen, gentan ℹ 2 pl St-Sauveur, Thury-rcourt（02 31 79 70 45）ww.ot-suisse-normande.com

奥恩河弯弯曲曲流向卡昂南部时形成的悬崖和河谷虽然像瑞士一样陡峭艰险，但还是一个散步、爬山和水上运动的理想选择。这里风景秀丽，远离城市，在 D329 公路旁的Oëtre Rock 是制高点，可以观赏到卢瑞河流经的壮观的大峡谷。

诺曼底—曼恩地区自然公园 ⑪

Parc Naturel Régional de Normandie-Maine

Orne & Manche. ✈ Alençon 🚉 🚌 Argentan ℹ Carrouges（02 33 26 78 33）www.parc-naturelnormandie-maine.fr

诺曼底中心地区南面属于法国最大的地区公园。有几个小城镇星星点点地散布在农场、橡树和山毛榉林之间。**洞夫隆**（Domfront）位于山坡上，俯瞰着梵伦纳河。温泉小镇**巴尼奥莱德洛尔恩**（Bagnoles-del'Orne）里有娱乐场和运动设施。而**塞茨**（Sées）有一个哥特教堂。Carrouges 的**公园管理处**负责提供徒步旅行、骑车和划船的信息。

多维尔的海报，约1930年

公园管理处

Carrouges. **电话**：02 33 81 13 33 ◯ 10月～5月：周一至周五；6月～9月：周二至周日 ● 公共假期

郊外

公园北面是文艺复兴风格的 Chateau d'O，墙上装饰着 17 世纪湿壁画。**松木镇国家种马场**（Haras du Pin）由于保存完好的 17 世纪房屋，被称为"马中凡尔赛"。这里每年都举办各种与马相关的活动。

鲜花海岸 ⑫

Côte Fleurie

Calvados. ✈ 🚉 🚌 Deauville ℹ pl de la Mairie, Deauville（02 31 14 40 00）www.dauville.org

维莱维尔和卡堡之间的鲜花海岸种满了色彩缤纷的鲜花，一到夏天就竞相开放。**特鲁维尔**（Trouville）曾经是一座简陋的渔村，在 19 世纪中期时却吸引了福楼拜和大仲马。19 世纪 70 年代，特鲁维尔迅速发展，建起了大旅馆、火车站和沙滩上的瑞士别墅，但即使如此，在短时间内它仍赶不上其邻镇——19 世纪 60 年代由莫尔尼公爵发展起来的**多维尔**（Deauville）。多维尔风景区有赌场、赛马场、游艇港口和著名的小路：Les Planches。

西边的维莱苏梅尔和霍尔盖特更宁静。再往西一点就是**卡堡**（Cabourg），大酒店位于其中，小说家普鲁斯特在那里度过了许多夏日，并把它作为《追忆逝水年华》中虚构的巴尔贝克的原型。

奥日地区 ⑬

Pays d'Auge

Calvados. ✈ Deauville 🚉 🚌 Lisieux ℹ 11 rue d'Alençon,Lisieux（02 31 48 18 10）www.lisieux-tourisme.com

鲜花海岸内陆的奥日地区是典型的诺曼底农村。农田、森林茂密的山谷、苹果园、奶牛牧场和宁静的庄园组成了一幅和谐的图画。首府**利雪**（Lisieux）是信奉德兰圣女的教堂小镇。她于 1925 年被封为圣徒，每年吸引了成千上万信众。附近的贸易小镇，如圣尔埃尔上蒂弗和 orbec 也是不错的旅游风景区。

更加深入地了解奥日地区的方法是在小路上闲逛。有两条旅游小路可以通向苹果园和奶酪作坊，一路上你可以看见风景如画的庄园、农舍和城堡，充分领略这片土地拥有的财富。另外，也可以去看看 St-Germain-de-Livet 和 Crèvecoeur-en-Auge。Beuvron-en-Auge 的木桁架屋村庄也十分迷人。

苹果和苹果酒

苹果园是诺曼底乡下常见的风景，而苹果更是这个地区食物中必不可少的原料。任何稍有名气的法式糕点店里都不会少了苹果挞（tarte normande），而且每个乡村小巷巷口几乎都能看到一个"这里出售苹果酒"的牌子。果园里大部分收成都用来酿造苹果酒和苹果白兰地（至少要在橡木桶里存放两年）。有些本地酒也用梨来酿造，被称为梨子酒。

从酸苹果到甜苹果，多种多样

圣米歇尔山 ❻ Mont-St-Michel

圣米迦勒

迷蒙的圣米歇尔山是法国最迷人的风景之一。浓雾笼罩、被大海环绕的圣米歇尔山傲然耸立在沙滩上。

圣米歇尔山上的墓冢位于库埃农河入海口，上面是一个几乎是其两倍高的修道院，现在已经修建了一个堤道连通了这个小岛和大陆。位于诺曼底和布列塔尼之间的战略性要道上的圣米歇尔山随着时间的推移不断发展，先是从一个8世纪简陋的礼拜堂变成一个本笃修会修道院。到了12~13世纪，它的影响就更大了，朝圣者都不远千里赶到这里进行膜拜。同时，这个修道院还是一个中世纪的知识中心。如今，在圣米歇尔山周围正在修筑一些防御工程，防止海水的泛滥，该工程约在2015年才能完工。

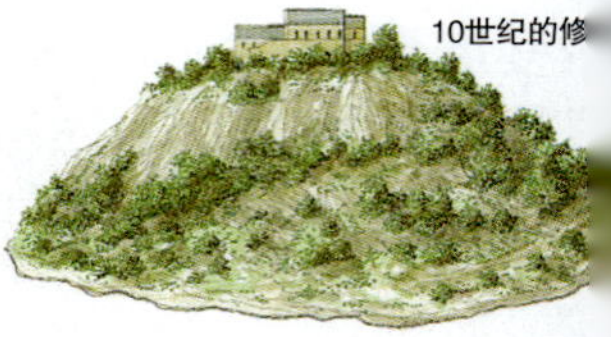
10世纪的修

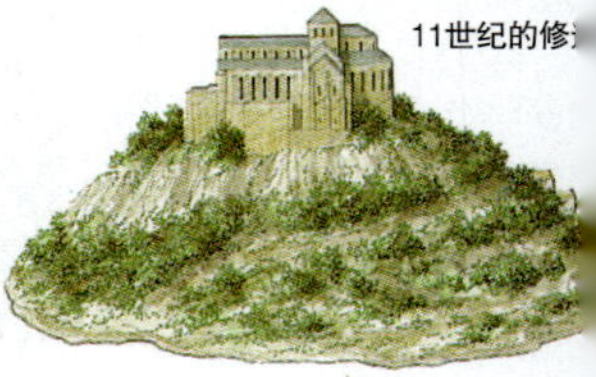
11世纪的修

18世纪
修道院

圣奥伯特祈祷室（St Aubert's Chapel）
这个小型的15世纪祈祷室建在一个岩石上，是为了纪念圣米歇尔山的修建者奥伯特。

★加百利塔（Gabriel Tower）
三层大炮从这座16世纪的塔中指向各方向。

时间表

966年查理德一世公爵建成本笃修会修道院

1211~1228年修建奇迹修道院

1434年英国军队的最后一次攻击，人们在城镇周围修建防御性堡垒

1789年法国大革命，修道院变成了一个监狱

1874年修道院被宣告成为一个国家纪念馆

1922年修道院教堂重新开始举行礼拜仪式

700 | 1000 | 1300 | 1600 | 1900

1017年修道院教堂开始修建

708年圣奥伯特在山顶墓冢上修了一个礼拜堂

1516年修道院开始衰落

1067~1070年贝叶挂毯描绘了圣米歇尔山的样子

贝叶挂毯

1877~1879年修建堤道

1895~1897年圣米歇尔教堂又增添了钟楼、尖塔和雕像

2007年本笃会修士离开修道院；被耶路撒冷博爱会取代

圣米歇尔山的潮汐

圣米歇尔山汹涌的潮汐形成了一道天然屏障，它们随着月亮活动潮起潮落，最快速度可以达到每小时10千米。

游客备忘

到达Pontorson后车乘坐公共汽车 bd de l' Avancee（02 33 60 14 30）www.ot-montsaintmichel.com 修道院 电话：02 33 89 80 00 5月～8月：9:00～17:00；9月～次年4月：9:30～18:00 夏日夜游（推荐） 1月1日、5月1日、11月1日和11日、12月25日 周二至周六12:15，周日11:30 www.mont-saint-michel.monuments-nationaux.fr

★修道院（Abbey）

由高墙保护的修道院和其教堂占据了岛上一个重要的位置。

戈蒂埃的一跳

一个名叫戈蒂埃（Gautier）的囚犯曾经从内部楼梯顶上跳了下来，并丧命。这个平台从此得名。

圣皮埃尔教堂

自由塔

拱廊塔为修道院士兵提供住处。

国王塔

星级景点

★ 修道院

★ 加百利塔

★ 大道

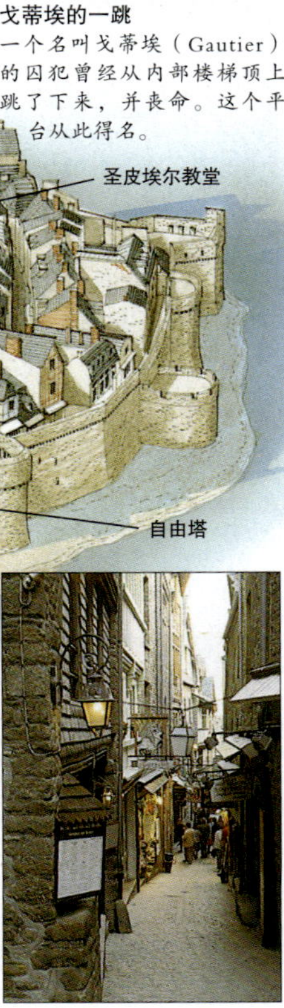

★大道（Grande Rue）

自从12世纪以来，就有一条朝圣者之路经过圣皮埃尔教堂，蜿蜒向上，通向修道院大门。现在这条路上到处都是餐馆。

圣米歇尔山修道院 The Abbey of Mont-St-Michel

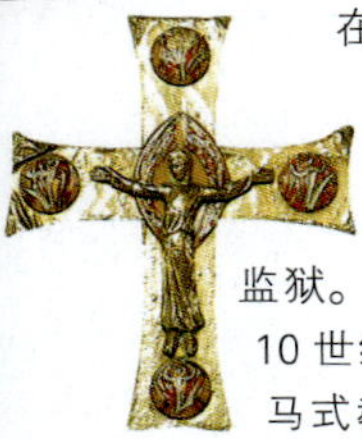

唱诗班的十字架

在很长一段时间里，圣米歇尔山上的修道院都是作为本笃会礼拜堂而存在。大革命以后的 73 年里它又变成了军队的监狱。早在 1017 年，教徒们在原来 10 世纪教堂的基础上修建了一座罗马式教堂，旧教堂就是地下女子祈祷室（Chapel of Our Lady Underground）。13 世纪早期，教堂北面又增修了一座三层修道院——奇迹。

★教堂（Church）
罗马式中殿的四个隔间被保留了下来。然而在1776年，其中三个被推倒，建成了西侧大露台。

修道院餐厅
修士们在这个长而狭窄的房间里用餐，光线从墙上的高窗里透进来。

★奇迹（La Merveille）
奇迹是一件哥特式的杰作，它是一座仅修建了16年的三层修道院。

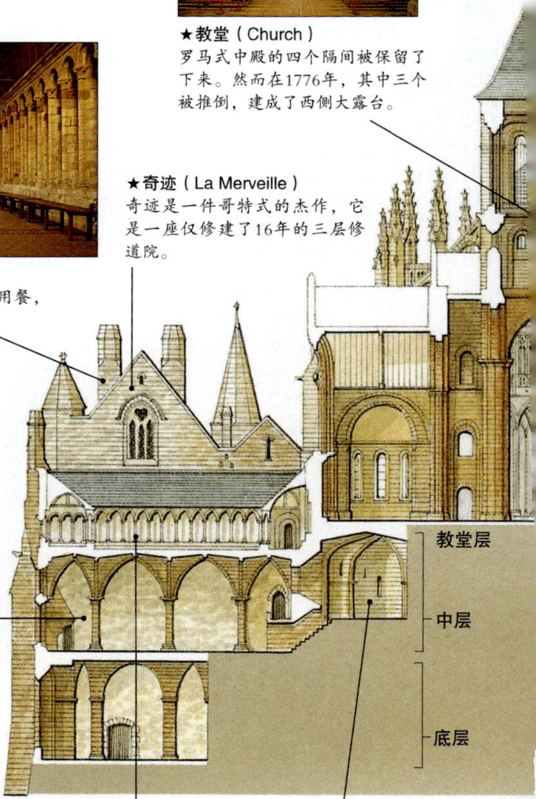

骑士房间
拱顶和精心修饰的柱头是典型的哥特风格。

三十蜡烛地窖（Crypt of the Thirty）是两座11世纪的地窖之一，为教堂的袖廊起支撑作用。

★回廊（Cloisters）
回廊和其交错排列的圆柱是13世纪早期盎格鲁-诺曼风格的代表作。

本地区住宿及餐饮信息见563～566页和614～618页

参观修道院

三层修道院的布局反映了教会内部的等级制度。修士们住在由教堂、回廊和餐厅组成的最高层；修道院院长在中层接待他的贵族客人；而守卫和地位低下的朝圣者都只能待在最底层。游客可以从西侧露台开始参观，最后到达施济堂，那是给穷人发放施舍的地方，现在已成为一个书店和纪念品大厅。

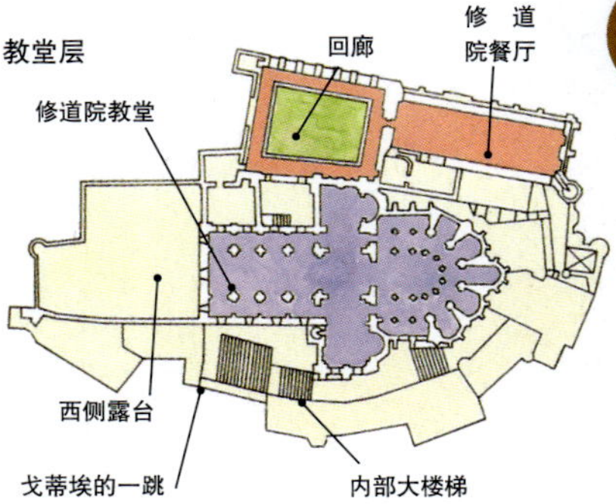

教堂内部
一座火焰哥特式唱诗班建于1446~1521年，有巨大支柱的地窖将其支持起来。

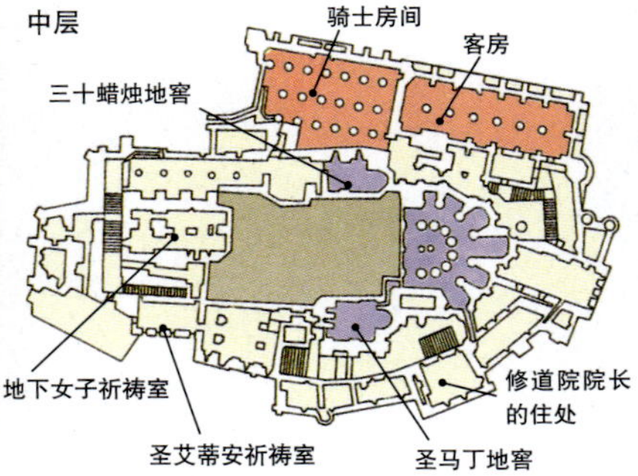

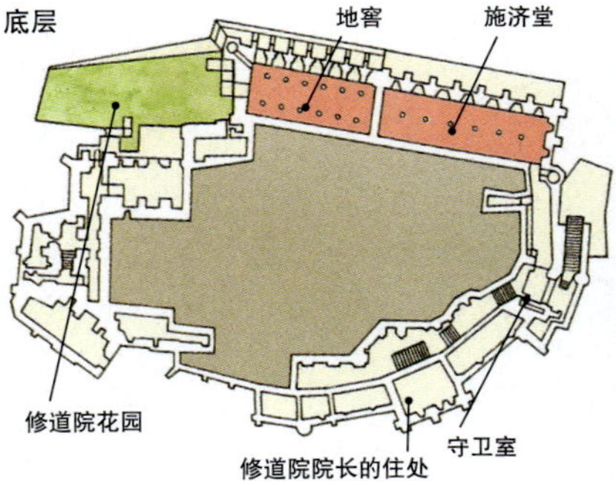

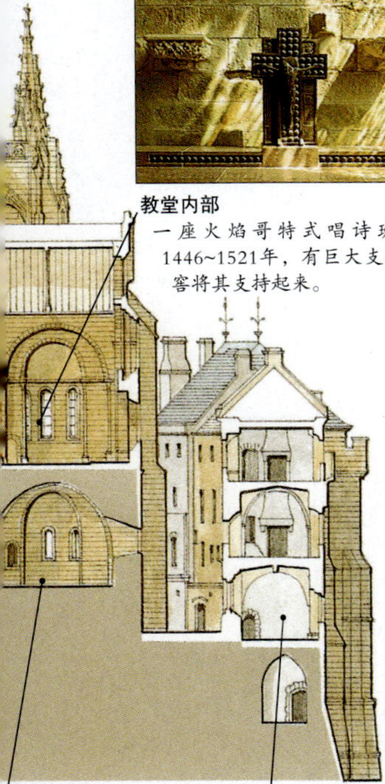

圣马丁地窖是一个11世纪的筒形穹顶礼拜堂，还保留着原先罗马修道院简约的风格。

修道院院长的住处靠近修道院入口，他会在客房接待贵宾，而地位低下的朝圣者只能在施济堂里接受接见。

西侧露台
建议游客从西侧露台开始参观。耶路撒冷博爱会是一个小的修道士团体，他们住在修道院里，对游客非常友好。

星级景点

- ★ 教堂
- ★ 奇迹（修道院）
- ★ 回廊

圣米歇尔山夜景 ▷

翁弗勒尔 ⑭
Honfleur

Calvados. 8500 Deauville quai Lepaulmier（02 31 89 23 30）周三、周六；周四、周日：港口有鱼市 www.ot-honfleur.fr

翁弗勒尔作为15世纪重要的防御性港口，现在已然成为诺曼底最有魅力的港口。其中心地区是17世纪的老码头。19世纪，翁弗勒尔成为一个艺术活动中心。这里不仅是画家布丹的故乡，也是作曲家萨蒂的故乡，库贝尔、西斯莱、毕沙罗等人来这里参观过。他们常见面的圣西蒙农场现在已是一个豪华的酒店。画家们经常在翁弗勒尔码头作画，作品陈列在1670年的**盐仓**（Greniers à Sel），它们位于朗洛的古老盆地东侧。**诺曼底人种学和民间艺术博物馆**（Musée d'Ethnographie et d'Art Populaire Normand）展览了翁弗勒尔航海历史的纪念品。圣凯瑟琳广场上有个由船上木匠修建的15世纪教堂。**布丹博物馆**（Musée Eugène-Boudin）展示了翁弗勒尔的艺术魅力，**萨蒂故居**（Les Maisons Satie）用萨蒂作曲的音乐选段引导参观。

盐仓
Rue de la Ville. 02 31 89 23 30 旅行团&展览，除夏季展览其余时间免费

诺曼底人种学和民间艺术博物馆
d'Art Populaire Normand. 电话：02 31 89 14 12 2月中～3月，10月～11月中：周二至周五（只有下午）、周六、周日；4月～9月：周二至周日 5月1日

布丹博物馆
Pl Erik Satie, rue de l' Homme de Bois. 电话：02 31 89 54 00 2月中～3月中，10月～12月：周三至次周周一下午、周六、周日；3月中～9月：周三至次周周一 5月1日、7月14日、12月25日

萨蒂故居
67 bd Charles V. 电话：02 31 89 11 11 2月中～12月：周三至次周周一 公共假期

翁弗勒尔的圣艾蒂安码头

勒阿弗尔 ⑮
Le Havre

Seine-Maritime. 194000 186 bd Clemenceau（02 32 74 04 04）每天 www.lehavre-tourisme.com

勒阿弗尔位于塞纳河入海口，于1517年由弗朗索瓦一世修建。"二战"时，这个港口几乎被夷为平地。港口风景秀丽，也是重要的游艇赛中心。

勒阿弗尔城中心的大部分地区于20世纪50～60年代由奥古斯特·佩雷特重建，他的**圣约瑟夫教堂**（Eglise St-Joseph，联合国教科文组织认定的战争遗址）高耸入云。海滨区的**马尔罗美术馆**（Musée Malraux）收藏了本地艺术家杜菲的许多作品。法国最大的滑板公园也在这里的海滨上。

马尔罗美术馆
2 bd Clemenceau. 电话：02 35 19 62 62 周三至次周周一 公共假期

布丹博物馆里的《撑太阳伞的女人》（1880年）

阿勒巴特海岸 ⑯
Côte d'Albâtre

Seine-Maritime. quai du Carenage，迪耶普（02 32 14 40 60）www.dieppetourisme.com

阿勒巴特海岸名字得于其白色的悬崖和乳白色的海水。这是阿弗勒尔港和勒·特赫港之间的诺曼底海岸的一大特色。埃泰达西边的**阿瓦勒峭壁**（Falaise d'Aval）被海水冲刷形成了拱形。出生于迪耶普附近的莫泊桑把这一景象形容成一只把鼻子伸进海里的大象。有一条海岸公路从埃泰达向东延伸，穿过海角和一片葱郁的山谷通向迪耶普。

费冈（Fécamp）是这条海岸公路的唯一一个主要城镇。7世纪时，据说一条沾染了耶稣血迹的树枝在塞纳河边洗过之后，镇上的本笃会修道院就变成了一个重要朝圣地。教堂女祈祷室入口处放了一个圣骨盆。

草药酒宫殿（Palais Bénédictine）是新哥特－文艺复兴风格的建筑，为纪念亚历山大而建。他是本地的酒商，发现了草药酒配方。这个宫殿始建于1882年，现在成为一个酿酒厂和珍藏古董和艺术珍品的博物馆。人们可以参观制作饰品的27种草药和香草。

本地区住宿及餐饮信息见563～566页和614～618页

瓦勒峭壁很像鼻子伸到海里的大象

草药酒宫殿
10 rue Alexandre Le Grand, Fécamp.
电话: 02 35 10 26 10. 每天 1
月、5月1日、12月25日

迪耶普 ⑰
Dieppe

ine-Maritime. 36000
nt Jean Ango (0232144060) 周二、

从城里的城堡和博物馆上欣赏迪耶普风景

四和周六 **www.dieppe-tourisme.com**

迪耶普成功利用了白垩悬崖，并成为颇有声望的海峡堡垒、港口和度假胜地。迪耶普兴盛于十六七世纪，当地的私掠船长突击了葡萄牙和英国舰队，之后一个叫小迪耶普的贸易中心就在非洲西海岸建立起来。当时迪耶普的人口已经达到30000人，还包括一个由300人组成的工匠群体，负责雕刻进口象牙。**城堡博物馆**（Le Château- Musée）位于滨海区西面海角上的15世纪城堡里，它是为了纪念这个城市的航海历史而建，那里有古老的地图和船模，还有象牙珍品和油画，多数油画都描绘了这个城镇在19世纪发展为一个海边名胜的历史。这里有离巴黎最近的海滩，在这里可以放松享受休闲的乐趣。

如今的迪耶普更是繁华，滨海区有草坪、海边娱乐设施和停车场，还有充满战争回忆的**圣雅克教堂**（Eglise St-Jacques）。举办海洋主题模型展的 L'Estran-La Cité de la Mer 也不错。

城堡博物馆
电话: 02 35 06 61 99 6月～9月：每天；10月～次年5月：周三至次周周一 1月1日、5月1日、11月1日、12月25日
www.mairie-dieppe.fr

L'Estran-La Cité de la Mer
37 rue de l'Asile Thomas **电话:** 02 35 06 93 20 每天 1月1日、12月25日

下塞纳河 ⑱
Basse-Seine

Seine-Maritime & Eure. Le Havre, Rouen Yvetot Le Havre Yvetot（02 35 95 08 40）

塞纳河从鲁昂到勒阿弗尔这一段有三座十分壮观的桥：布鲁通纳桥、唐卡维尔桥和诺曼底桥（1995年竣工，连接着勒阿弗尔和翁弗勒尔港口）。这些优美的现代桥梁与海边七八世纪高耸的修道院相得益彰，形成了一道亮丽的风景线，如果想去探访塞纳河谷不妨先到修道院参观。

鲁昂西面的 St-Martin-de-Boscherville 有圣乔治教堂。大革命前，这里不过是一个小修道院教堂，其12世纪的祈祷室里有雕刻得十分精美的人物雕像。D67公路从这里向南通往河边的拉布耶庄。

如果你想往西北走，梅斯尼尔—郁美叶的渡船可以随时带你到**郁美叶修道院**（Abbaye de Jumièges）的废墟去参观。它建于654年，可容纳900个修士和1500名侍从。主要教堂建于11世纪，1067年的圣化是一件空前的盛世，还邀请来了征服者威廉出席。

D913公路穿过布鲁通纳地区公园里的橡树林和山毛榉树林通向7世纪的**圣万德里耶修道院**（Abbaye de St-Wandrille）。**科区卡德贝克**（Caudebec-en-Caux）的塞纳河航海博物馆则讲述了19世纪末至今人们在这条河上的生活的各方面。

圣万德里耶修道院的修士

鲁昂 ⑲ Rouen

鲁昂位于塞纳河下游入海口，随着工业化的进程和海上贸易事业的繁荣，鲁昂逐渐变成一个繁华且富有文化底蕴的城市。尽管遭受了“二战”的洗礼，但是塞纳河右岸离居于中心的圣母教堂不远的大量历史景点仍然是这个城市的骄傲，著名画家莫奈也经常以此为背景来作画。随着时间的推移，鲁昂也与时俱进，不断变换着它的角色，从凯尔特贸易中心到罗马驻地，再到北欧维京海盗的迁居地，后来又于911年成为诺曼底公爵领地的首府，最后在百年战争期间于1419年被亨利五世占领。1431年，圣女贞德在旧街市广场中的火刑柱上被烧死。

鲁昂，塞纳河边一个繁荣的港口

探索鲁昂

大钟街从教堂向西穿过鲁昂的大钟到达旧街市广场和广场上的圣女贞德教堂。而 Juifs 路经过了 15 世纪的哥特式**法院**（Palais de Justice，曾是诺曼底的高等法院），与 Carmes 路相交，其上都是高档的商店和咖啡馆。东边的圣马克鲁教堂和圣奥恩教堂之间是 Damiette 路和 Eaude Robec 路上的木桁架屋。北面戴高乐将军广场上耸立着 18 世纪的市政厅。

⛪ 圣母大教堂
（Cathédrale Notre-Dame）

这座哥特式教堂最引人注目的地方是莫奈油画中的教堂西侧前墙（见 267 页），它由两个不同高度的塔楼构成：北面的圣罗曼塔和牛油塔，后者据说是大斋节期间征收的牛油税修建起来的。教堂灯塔上的哥特式尖顶建于 1876 年。北面的 14 世纪书店大门和南面 14 世纪卡伦德大门值得一览，精致的花窗别具风味。教堂中的珍宝只有在导游的带领下才能观赏，比如狮心王理查一世的坟墓（他的心埋在这里），还有珍稀的 11 世纪半圆地窖大厅（在 1934 年重新被发现）。回廊在 1999 年的风暴中被严重损坏。

鲁昂圣母大教堂

⛪ 圣马克卢教堂
（Eglise St-Maclou）

火焰式的哥特式教堂拥有

游景点分布示意图

街市广场 ①
钟街 ②
院 ③
瓷博物馆 ④
术馆 ⑤
尔纳尔铁器博物馆 ⑥
母大教堂 ⑦
马克卢教堂 ⑧
马克卢藏骨堂 ⑨
奥恩教堂 ⑩
政厅 ⑪
史自然博物馆 ⑫

装饰复杂的西侧前墙，木门上雕刻着《圣经》的图案。教堂背后是藏骨堂，里面埋葬了中世纪时死于瘟疫的人们的尸骨，藏骨堂表面的墙壁上雕刻着咧嘴笑的头骨、交叉的骨头、棺木和掘墓工具。

历史自然博物馆
（Musée d' Histoire Naturelle）

198 rue Beauvoisine. 电话：02 35 71 41 50 周二至周日

最近才修葺一新的博物馆是法国此类博物馆中第二大的，里面收藏了80多万件展品。

圣奥恩教堂
（Eglise St-Ouen）

这个坚固的哥特式教堂曾经是本笃会修道院的一部分。其内部未加修饰的中殿尤其开阔，里面14世纪的彩绘玻璃在经过修复之后光鲜亮丽。教堂后面的公园可以用来散步和野餐。

陶瓷博物馆里的陶瓷罐

美术馆
（Musée des Beaux Arts）

Square Verdrel. 电话：02 35 71 28 40 周三～下周一 除复活节、圣灵降临节之外的公共假期

美术馆里的收藏包括：卡拉瓦乔和委拉斯开兹的杰作，诺曼底出生的画家藉里柯、布丹和杜飞的作品。还有莫奈的《鲁昂大教堂》和《正门，灰雾天气》。

陶瓷博物馆
（Musée de la Céramique）

Hoteld' Hocqueville, 1 rue Faucon. 电话：02 35 07 31 74 周三至次周周一 公共假期

这个17世纪的建筑里展出了1000个鲁昂彩色釉光陶瓷和其他法国及外国的瓷器。这些作品再现了鲁昂陶瓷在18世纪极盛时期的历史。

> **游客备忘**
>
> Seine Maritime. 108800 鲁昂东南11公里 gare rive droite, pl Bernard Tissot（08 92 35 35 35） 25 rue des Charrette（08 25 07 60 27） 25 pl de la Cathédrale（02 32 08 32 40） 周二至周日 圣女贞德节（5月末）www.rouenvalleedeseine.com

杜尔纳尔铁器博物馆
（Musée Le Secq des Tournelles）

Rue Jacques-Villon. 电话：02 35 88 42 92 周三至次周周一 公共假期 仅一层

位于一个15世纪教堂里的铁器博物馆展出了从钥匙到开塞钻、从高卢－罗马勺子到小酒店招牌等古老铁器。

福楼拜博物馆
（Musée Flaubert）

51 rue de Lecat. 电话：0235155995 周二至周六 公共假期

福楼拜的父亲是鲁昂医院的一个外科医生，现在他的家里展出了或许会令人害怕甚至厌恶的17～19世纪的医疗器械。

古斯塔夫·福楼拜（GUSTAVE FLAUBERT）

小说家福楼拜（1821～1880年）出生于鲁昂并在这里长大，他的杰作《包法利夫人》中的某些场景也是以这个城市为原型的。《包法利夫人》出版于1857年，描绘了一个乡村医生的妻子因为爱情丑闻而走向绝路的故事，这本书使福楼拜声名鹊起。福楼拜有一只神气十足的鹦鹉，总是停留在他的写字台上，这只鹦鹉的标本现在位于福楼拜博物馆内。

福楼拜神气的鹦鹉

塞纳河蜿蜒流过盖拉德城堡和雷安德利斯村

滨海塞纳 ⑳
Haute-Seine

Eure. Rouen Vernon, Val de Reuil Gisors, Les Andelys Les Andelys (02 32 54 41 93) http://office-tourisme.ville-andelys.fr

位于鲁昂东南面的塞纳河道迂回蜿蜒，周围有许多景点。曾经的诺曼底公爵猎场变成了**里昂森林**（Lyons-la-Forêt），其中有18世纪的有顶市场，周围是木桁架屋。

D313公路沿着塞纳河优美的曲线通往**雷安德利斯村**（Les Andelys），其上的盖拉德城堡是狮心王理查一世和诺曼底公爵为了抵御法国对鲁昂的进攻于1197年修建的，但是鲁昂还是在1204年被法国军队所占领了。

吉维尼 ㉑
Giverny

Eure. 600 36 rue Carnot, Vernon (02 32 51 39 60) www.cape-tourisme.fr

1883年画家莫奈在吉维尼租了一间房屋工作，直到最后逝世。现今这所房屋已经成为**莫奈基金会**（Fondation Claude Monet），其花园也一并开放。房间的内部是按照莫奈的喜好装饰的，其花园因是很多艺术家绘画的主题而出名。这里展览的都是莫奈作品的仿品，莫奈19～20世纪的真品陈列在**印象派美术馆**（Musée des Impressionnismes）里。

莫奈基金会
Giverny，Gasny. **电话**：02 32 51 28 21 4月～10月：每天
www.fondation-monet.fr

印象派美术馆
99 rue Claude Monet, Giverny.
电话：02 32 51 94 65 4月～10月

埃夫勒 ㉒
Évreux

1 Eure. 55000 1ter pl du Général de Gaulle (02 32 24 04 43) 周三和周六 www.grandevreuxtourisme.fr

埃夫勒虽然在战争中历经磨难，但还是一个令人愉快的小镇。镇中心的**圣母教堂**因其14～15世纪的彩绘玻璃而闻名。教堂主要是哥特式风格，但中殿却有罗马式的拱门，祈祷室里还有文艺复兴风格的圣坛屏。教堂附近的主教府邸现在变成了**浮雕博物馆**（Musée de l'Ancien Evêché），陈列了朱庇特和阿波罗的青铜雕像，还有18世纪的家具和装饰艺术品。

吉维尼的莫奈花园已经恢复了从前的繁荣景象

本地区住宿及餐饮信息见563~566页和614~618页

莫奈的教堂系列

19世纪90年代，莫奈已经有30幅关于鲁昂教堂的绘画，现有几幅陈列在巴黎的奥赛美术馆（见120～121页）内。在绘画的过程中，莫奈研究了教堂前墙光线的改变，并描绘表面的细节和整体轮廓，并且创作性地在勾勒轮廓之前首先上色。这位典型的印象主义画家说，当意识到光线对于教堂风景的影响时，他就开始构思这个系列了，“当太阳光慢慢冲破浓雾时，教堂就像笼罩在一个美妙的金色外壳里”。

《蓝色和金色的教堂》（harmony in blue and gold,1894）

在画这个系列画时，莫奈选择近距离作画，他最喜欢从教堂西南面入手。中午的时候太阳的投影穿过雕花的西侧前墙，突出了镂空的大门和巨大的玻璃花窗。

莫奈的草图画的也是鲁昂教堂，毫不逊色于油画闪闪发光的效果。

《棕色教堂》

（Harmony in Brown，1894）是这个系列中描绘西侧大门的唯一一幅完成的作品，如其他画一样，也是描绘教堂西南面的景色。

《蓝色教堂》

（Harmony in Blue，1894）与《蓝色和金色的教堂》相比，这幅画描绘了在一个雾气弥漫的早晨，被发散的光线衬托得十分柔和的教堂西侧大门。

《正门，灰雾天气》

（The Portal, Grey Weather，1894）是灰色油画中的一幅，描绘了在一个阴天里被柔和的光线包围着的教堂。

布列塔尼

菲尼斯泰尔省·阿摩尔滨海省·莫尔比昂省·伊勒—维莱讷省

法国西北部海角一直延伸进大西洋深处，这个地区的文化和地理特性与法国其他地区有所不同。布列塔尼古时候被凯尔特人称作阿摩里卡，流传着亚瑟王森林和被海水淹没的城市的传说。奇迹般从海上升起的史前巨石让前来观光的人们不知道自己到底置身于中世纪还是现代。

绵延数百里参差不齐的海岸线是布列塔尼区一大亮点。北部海岸的沙滩被汹涌的潮水冲洗得十分干净，海滩上到处都是度假胜地、海港和牡蛎的培育基地。南部海岸气候宜人，风景秀丽。而西面海岸因为长期暴露在大西洋的海风中，因此得名——菲尼斯泰尔角（陆地的终点）。

曾经的森林现在是一片田地、树林和高沼地。阿莫里克天然公园占据了菲尼斯泰尔省中心的大部分面积，是布列塔尼西部地区保存最完好的地方。在坎佩尔和Pays Bigouden，绉丝、苹果酒、传统服饰和凯尔特音乐仍是当地人们生活的一部分。当然，最具特色的还属布列塔尼东部。瓦讷、迪南和布列塔尼首府雷恩都保留着中世纪的城市街区。

这里到处都是半砖木结构的贸易中心、商店、纺丝厂和餐馆。翡翠海岸的圣马洛港口体现了当地的航海实力。富热尔和维特雷的中世纪城堡仍然完好无损，它们让人想到1532年为了保护东部边境修建的强大边界堡垒。

身穿传统服饰、戴着布列塔尼典型花边头巾的妇女

◁ 在布列塔尼北部的玫瑰海岸上典型的花岗岩峭壁

探索布列塔尼

布列塔尼是一个海边度假胜地。在这里你不仅可以享受到沿北部翡翠海岸和玫瑰海岸驾车旅行的愉悦，还可以到南面森林覆盖的河谷里游览，那里有卡纳克巨石史前遗迹和美丽的莫尔比昂海湾。布列塔尼众多的教区教堂（见276～277页）和坎佩尔教堂小镇则让你深入了解布列塔尼丰富的文化。另外，首府雷恩和富热尔的大城堡也是旅游的不错选择。夏天，你还可以坐船去布列塔尼的小岛上游览。

旅游景点分布示意图

- 翡翠海岸 26
- 阿莫里克天然公园 3
- 阿旺桥 10
- 布雷斯特 2
- 布雷阿岛 18
- 潘蓬森林 25
- 迪南 29
- 杜瓦讷内 4
- 富热尔 32
- 美丽海岛 21
- 吉米利欧 14
- 基伯龙半岛 20
- 康卡勒 28
- 卡纳克 19
- 孔堡 30
- 孔卡诺 9
- 坎佩尔 8
- 朗波勒—吉米利欧 15
- 勒布多 11
- 洛克罗南 5
- 拉兹海角 6
- 雷恩 31
- 罗斯科夫 12
- 玫瑰海岸 16
- 莫尔比昂海湾 23
- Pays Bigouden 7
- 若瑟兰 24
- 圣马洛 27
- 圣图格讷克教堂 13
- 特雷吉耶 17
- 韦桑岛 1
- 瓦讷 22
- 维特雷 33

CAR
PRESQU'ÎLE DE QUIBER
Quib
Le P
BELLE ÎLE

图例

- 高速公路
- 主要公路
- 二级公路
- 次要公路
- 观光线路
- 主要铁路
- 次要铁路
- 地区边界

玫瑰海岸伊尔德布雷阿的灯塔

周边交通

环绕布列塔尼地区的高速公路N12/N165可以直接到达沿海地区和布列塔尼首府雷恩。N12和N24直接通往布列塔尼的首府雷恩。布雷斯特、南特和雷恩等城市有机场。乘坐海峡渡轮可以到圣马洛和罗斯科夫。从诺曼底、卢瓦尔地区走高速公路，从巴黎走A11公路或直接从巴黎、里尔坐TGV都可以十分方便地到达布列塔尼。

雷恩地区中世纪的木桁架屋

韦桑岛 ❶
Île d'Ouessant

Finistère. 930 Ouessant (via Brest) Brest, then boat Le Conquet, then boat. n pl de l'Eglise, Lampaul (02 98 48 85 83) www.ot-ouessant.fr

在这里有句俗语："看见韦桑就看见了自己的鲜血。"韦桑岛有着臭名昭著的风暴和海流。但是，夏天这里气候宜人（虽然也有暴风雨），冬天更是出奇的温和。这个小岛是阿莫里克天然公园的一部分，小岛上住着迁徙的鸟儿和一小部分海豹，你可以从Perm和Pen-ar-Roc'h海角上看到它们。

两座博物馆向我们介绍了小岛对抗外敌的经历，而且展示了失事船只的残骸。尼奥乌拉镇上的**韦桑民俗博物馆**（Ecomusée d'Ouessant）里陈列着用失事船只的残骸和浮木做成的家具。附近的**信标和灯塔博物馆**（Musée des Phares et Balises）记录了布列塔尼地区的灯塔和其守护者的历史。

韦桑民俗博物馆
Maison du Niou. 电话：02 98 48 86 37 4月～9月：每天；10月～次年3月：周二至周日下午

信标和灯塔博物馆
Pointe de Créac'h. 电话：02 98 48 80 70 4月～9月：每天；10月～次年3月：周二至周日下午

布雷斯特 ❷
Brest

Finistère. 153000 仅小岛 place de la Liberté (02 98 44 24 96) 每天 www.brest-metropole-tourisme.fr

被基伯龙半岛保护着的自然港口布雷斯特是法国最早的大西洋海军港。虽然布雷斯特在"二战"时被夷为平地，但是现在已然发展成为现代商业城市，有货船、游艇和渔船往返于此。**城堡**（Château）现在是一个海事博物馆，里面陈列了历史地图、海景油画、船模、船首木雕像和许多航海工具。

欧洲最大的升降桥勒库弗朗桥横跨在庞菲河上，河对岸是14世纪的**Tour de la Motte Tanguy塔**。普莱桑斯港的**Océanopolisi**海洋中心展出了温带、热带和极地模拟生态系统。

阿莫里克天然公园里Menez-Meur附近常年被风吹拂的高沼地

城堡
电话：02 98 22 12 39 2月～3月和10月～12月：每天下午；4月～9月：每天 5月1日、12月25日

Tour de la Motte Tanguy塔
Sq Pierre Peron. 电话：02 98 00 88 60 6月～9月：每天；10月～次到5月：周三至周四，周六至周日下午 1月1日、5月1日、12月25日

Océanopolis
Port de Plaisance du Moulin Blanc
电话：02 98 34 40 40 4月中旬～9月：每天；10月～次年4月中旬：周二至周日 1月的两周、12月25日
www.oceanopolis.com

杜瓦讷内港口博物馆里的传统造船工艺

阿莫里克天然公园
Parc Naturel Régional d'Armorique

Finistère. Brest Chateaulin Landenau. La Faou, Huelgoat Carhaix Le Faou (02 98 81 90 08)

阿莫里克天然公园从西面蒙达莱高沼地延伸到基伯龙半岛和韦桑岛。公园内到处是农田、大片荒地、古橡树林的遗迹。游客不仅可以在绵延的海滩上散步、骑马，还可以乘车兜风。

Huelgoat是内陆徒步的起点，而在克罗松半岛入口处的**Menez-Hom**（330米）视野十分开阔。

公园的主要信息中心在**勒法欧**（Le Faou）。**Menez-Meur**的林地中有许多野生和家养动物，还有一座布列塔尼马博物馆。公园周围16个小型特色博物馆展示了当地乡村传统：打猎、打鱼和制革。Tregarvan的**农村学校博物馆**（**Musée de l'Ecole Rurale**）重现了20世纪早期的乡村学校，其他的博物馆里还有中世纪修道院生活、衣不遮体时期的人们的生活习俗、布列塔尼传教士的生活等。Brasparts的**艺术家之家**（Maison des Artisans）陈列了当代工艺品和艺术品。

本地区住宿及餐饮信息见544～568页和618～620页

杜瓦讷内 ❹
Douarnenez

Finistère. 16700 2 rue du Docteur Mével（02 98 92 13 35）周一至周六 www.douarnenez-tourisme.com

20 世纪初，杜瓦讷内曾是法国主要的沙丁鱼港口，现如今虽然以捕鱼业为主，但旅游业现在也很发达。

因崔斯坦和伊梭德的悲剧爱情故事而闻名的**特里斯坦岛**（Île Tristan）在 16 世纪时是臭名昭著的强盗拉·方特耐尔的根据地。

罗斯梅尔港（Port du Rosmeur）有咖啡馆、餐馆、海湾中的游船线路。说不定你还可以看到早上在附近新港举行的鱼市拍卖。Rhu 港有 100 多只船和几个船坞，现在已经变成了**港口博物馆**（Le Port Musée）。

港口博物馆
Pl de l'Enfer. 电话：02 98 92 65 20 7月～8月：每天；9月～次年6月：周三至次周周一
www.port-musee.org

从教堂院落欣赏洛克罗南15世纪圣罗南教堂

洛克罗南 ❺
Locronan

Finistère. 1000 pl de la Mairie（02 98 91 70 14）www.locronan.org

15～17 世纪，洛克罗南因为制造帆布发达，但路易十四垄断了这个行业，小镇因此逐渐败落了，如今仅剩下一些文艺复兴时期的建筑。镇中心有个用圆石铺成的广场，广场上耸立着 15 世纪后期建造的教堂，它是为了纪念爱尔兰传教士圣罗南而修建的。摩亚路上有一座新建的**圣母领报教堂**（Chapelle Notre-Dame-de-Bonne-Nouvelle），教堂里有一个耶稣受难像和一个喷泉。每年 7 月，洛克罗南都会举行盛大的赎罪日活动，这是为了纪念圣罗南的山顶朝圣活动。大赎罪日每 6 年举办一次。

拉兹海角上陡峭的悬崖

拉兹海角 ❻
Pointe du Raz

Finistère. Quimper Quimper, then bus. Audierne（02 98 70 12 20）；Maison du Site(02 98 70 67 18)
www.pointeduraz.com

拉兹海峡高达 80 米，是居于 Sizun 岬末端深入大西洋的一个海岬。错落有致的岩石和波涛汹涌的大海使这里的风景蔚为大观。海角西面是平坦的塞因岛，岛上有一座阿曼灯塔。尽管只比海平面高出 1.5 米，这里仍然居住着 260 个渔民。从 Audierne 坐船 1 个小时就可以达到。

Pays Bigouden ❼

Finistère. Pont l'Abbé. Pont l'Abbé（02 98 82 37 99）. www.ot-pontlabbe29.fr

Pays Bigouden 半岛位于布列塔尼的西南角，常年经受海风的吹拂，岛上的居民有他们为之坚守的传统。妇女在节日和赦免日戴的高头巾（见 243 页）很出名，这种头巾在 **Bigouden 博物馆**里可以看到。

沿着 Audierne 分布着经常受狂风暴雨袭击的小村庄和礼拜堂，其中 **Tronoen 圣母教堂**里的耶稣受难像是布列塔尼最古老的。从**火炬角**（Pointe de la Torche）和 **Eckmühl 灯塔**上可以看到广阔的海景。

Bigouden博物馆
Le Château, Pont l'Abbé. 电话：02 98 66 00 40 4月～5月：周二至周日下午；6月～9月：每天 5月1日

坎佩尔 8
Quimper

Finistère. 67250 pl de la Résistance（02 98 53 04 05）周三和周六 www.quimpertourisme.com

坎佩尔现在还保留着布列塔尼的传统特色。在这里你可以身着传统服饰，阅读布列塔尼的书籍和音乐，甚至还可以品尝一下布列塔尼最好的薄饼和苹果酒。坎佩尔的名字来源于“Kemper”，意思是两河的交汇处，直到现在斯特尔河和奥代河仍然流经这座教堂城市。

教堂西面是步行区**旧坎佩尔**（Vieux Quimper），到处都是小酒馆、商店、木桁架屋。坎佩尔的主要街道Kereon路上有一个牛奶广场，而北面的Gentilshommers路上是豪华的市政厅大厦。

从1690年起，坎佩尔就已经开始生产手绘彩陶，陶器上通常绘有花和动物，并通常会用黄色和蓝色勾边。城市的西南面是最古老的HB—Henriot工厂，全年向游客开放。

阿旺桥学派塞律西埃的作品：《圣三一的殉难》（1910）

艺术博物馆
（Musée des Beaux-Arts）

40 pl St-Corentin. **电话**：02 98 95 45 20 7月～8月：每天；9月～次年6月：周三至次周周一 大多数公共假期；11月～次年3月：周日上午 www.musee-beauxarts.quimper.fr

坎佩尔的艺术博物馆是这个地区最好的博物馆之一。其收藏品多属于19世纪晚期到20世纪早期的艺术家，他们的作品展现出艺术家眼中永恒不变的布列塔尼美景。一些阿旺桥学派和当地艺术家的作品也有展出。

圣科伦坦教堂
（Cathédrale St-Corentin）

圣科伦坦教堂是为了纪念这座城市的建立者圣科伦坦主教而建。它始建于1240年，是布列塔尼最早的哥特式建筑，如今教堂内部的彩绘玻璃已经重修。教堂内的唱诗班与中殿形成了一个奇怪的夹角，或许以前还有某些建筑与之相配。西面的两个尖顶是1856年才加上去的，尖顶之间有格拉德隆国王的雕像。他是被洪水淹没的Ys城的神秘修建者。洪水过后，国王选择了坎佩尔作为他的新首府，把圣科伦坦奉为精神导师。

坎佩尔典型的彩陶盘子

布列塔尼地区博物馆
（Musée Départemental Breton）

1 rue de Roi-Gradlon. **电话**：02 98 95 21 60 6月～9月：每天；10月～次年5月：周二至周六；周日下午

博物馆坐落在16世纪主教府邸里，它收藏了布列塔尼的服饰、家具和彩陶器，还有20世纪之交的布列塔尼旅游张贴画。

孔卡诺 9
Concarneau

Finistère. 20000 仅小岛 quai d’Aiguillon（02 98 97 01 44）周一和周五 www.tourismeconcarneau.fr

作为一个重要的渔港，孔卡诺的主要风景区在于其14世纪的**封闭小镇**（Ville Close，高墙围起来的小镇），小镇建在港口处的一个小岛上，被苔藓覆盖的花岗石堡垒包围。你可以从饶勒斯广场上的桥梁进入小镇参观，狭窄的街道两旁都是商店和饭店。**渔业博物馆**（Musée de la Pêche）位于以前港口的兵营里，向人们展示了本地海上捕鱼的技术和历史。

渔业博物馆

3 rue Vauban. **电话**：02 98 97 10 20 2月～9月：每天 公共假期

孔卡诺繁忙的渔港上的渔船

本地区住宿及餐饮信息见544～568页和618～620页

阿旺桥 ⑩
Pont-Aven

Finistère. 3000 5 pl de l'Hôtel de Ville（02 98 06 04 70）周二和周三 www.pontaven.com

阿旺桥位于森林覆盖的阿旺斯港湾，它曾经是有着14座钢厂和15栋房屋的小镇，其独特的风景吸引了众多19世纪末的艺术家。

1888年，高更和志同道合的埃米尔·伯纳德和塞吕西耶一起创造了一种色彩艳丽的绘画风格——综合主义。阿旺桥学派的画家从布列塔尼获得灵感，直到1896年他们都在阿旺桥和勒布多作画。

阿旺桥艺术活动兴盛，据**阿旺桥博物馆**（Musée de Pont-Aven）统计，整个小镇共有50间私人画廊，这个博物馆收藏了阿旺桥学派的诸多艺术成就。周边的树林不仅是艺术家的灵感来源，也是旅客休闲娱乐的上佳选择。**Trémalo小教堂**至今仍挂着高更画的《黄色的耶稣》中的木质基督像。

阿旺桥博物馆
Pl de l'Hôtel de Ville.
电话：02 98 06 14 43 每天 1月上旬～2月中旬；展览之间的日子

罗斯科夫Kroza-Baz圣母教堂

勒布多 ⑪
Le Pouldu

Finistère. 4000 Pouldu Plage, rue C. Filiger（02 98 39 93 42）

Laita河入海口处有宁静的沙滩和迷人的海滨小道，港口勒布多主要的旅游景点是**布多之家博物馆**（Maison Musée du Pouldu），高更等艺术家在1889～1893年居住在这里的小旅店中。他们在餐厅里每个角落都画满了画：自画像、漫画和静物。直到1924年人们才在墙纸下面发现了这些画。

布多之家博物馆
10 rue des Grands Sables.
电话：02 98 39 98 51 4月～10月（致电咨询）
www.museedupouldu.clohars-carno

罗斯科夫 ⑫
Roscoff

Finistère. 3690 Quai d'Auxerre（02 98 61 12 13）周三 www.roscoff-tourisme.com

曾经作为海盗老巢的罗斯科夫现如今已然变成了一个海峡港口和旅游胜地。在老港、雷维耶上将路以及拉卡泽一迪蒂埃斯广场上都能看到曾经航海历史的痕迹。镇里有船主们建造的16～17世纪花岗石大楼，还有一座16世纪的**Kroaz—Baz圣母教堂**，它记录了海盗盛行时期的历史。

著名的法国洋葱出售商约翰尼在1828年第一次穿越海峡，把法国洋葱卖到了苏格兰。**约翰尼之屋**（Maison des Johnnies）就讲述了他们的传奇。**Thalado**是一个海草展示中心，你可以从罗斯科夫港坐船到安静的**巴茨岛**（**Ile de Batz**）。附近的Pointe de Blo-scon是一个热带花园。

约翰尼之屋
48 rue Brizeux. **电话：**02 98 61 25 48
6月中旬～9月中旬：周一、周二、周四和周五下午 1月

Thalado
5 rue Victor Hugo. 每天 9月～7月中旬：周日
www.pointeduraz.com

高更在布列塔尼

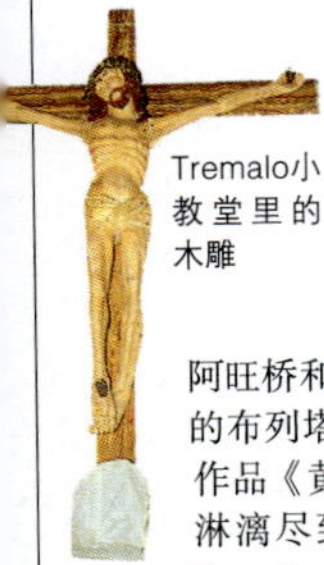

Tremalo小教堂里的木雕

保罗·高更（1848～1903年）的一生就仿佛是一本小说。35岁时他辞去了股票经纪人的工作，成了一名画家。1886～1894年，他在布列塔尼生活和工作，用画笔记录了阿旺桥和布多的人们的生活。他对于"原始"的布列塔尼天主教信仰十分感兴趣，他的作品《黄色的耶稣》就把这种信仰表现得淋漓尽致。这幅画的创作灵感就来源于Tremalo小教堂里的一个耶稣的木头雕像。在他的作品里，耶稣受难像不仅仅是一种宗教信仰，更是布列塔尼风景独特的表现。在这个时期高更创作的画中，这个主题出现了很多次，包括著名的《雅克布奋力与天使搏斗》（1888年）。

高更的作品：《黄色的耶稣》（1889年）

圣图格讷克教堂 ⑬

St-Thégonnec

Finistère. 🚉 ◯ 每天 ♿

圣图格讷克教堂是布列塔尼保存最完整的教区之一。穿过凯旋门，藏骨堂放在入口的左边，正前方的耶稣受难像制作于1610年，表现了布列塔尼工匠雕刻花岗石的超群技艺。在中心十字大殿的四周有许多相似的雕像，其中一个壁龛中是圣图格讷克坐在狼拉着的车上。

吉米利欧 ⑭

Guimiliau

Finistére. ◯ 每天 ♿

吉米利欧精致的耶稣受难像（1581～1588年）周围有200多个雕像作为陪衬，这些人物多数穿着16世纪的服装。其中能看到受折磨的女仆Katell Gollet，她因偷了圣饼去取悦她的爱人而受到恶魔的折磨。这座教堂是为了纪念圣米约而修建的，南面有一个装饰精美的门廊，教堂洗礼堂里精心雕刻的橡树天篷源自1675年。

吉米利欧源自1675年洗礼堂天篷

朗波勒—吉米利欧 ⑮

Lampaul-Guimiliau

Finistère. ◯ 每天 ♿

从教堂入口进入，你可以看见礼拜堂和藏骨堂位于入口处的左边，而耶稣受难像则放在右边。教堂的装饰引人注目，里面摆放着精美的油画和雕刻。中殿里有些图画描绘了受难日场景，画有图画的十字横梁把中殿与唱诗班分割开来。

教区教堂

反映了布列塔尼宗教信仰的多数教区教堂建
15～18世纪。那时，布列塔尼的城镇并不多，却
很多因海上贸易和纺织业发展起来的富裕的小村落
有一些花了200多年才完成的宗教纪念建筑就是
些村民的杰作，一方面是因为宗教热情，另一方面
因为各个村庄之间互相攀比。其中一些教区位于
恩河谷，由一条路标齐全的环形道——Circuit des EnclosParoissiaux.连接。

这片围场周围由石墙保护，是一片神圣的地方。穿过围墙，游客可以看到Pleyben的凯旋门。

小公墓反映了那些修建教堂社区的大小。

吉米利欧教区教堂

一个教区教堂的三个典型特征是：神圣围场入口处的凯旋门、耶稣受难像和教堂入口处的藏骨堂。

这里的耶稣受难像是布列塔尼地区独一无二的。也许是仿照早期基督教教徒树立起来的竖石纪念碑（见279页）顶端的耶稣像创作的，它们以另一种方式向人们讲述了《圣经》的故事，还如圣图格讷克教堂一样再现了17世纪的传统服饰。

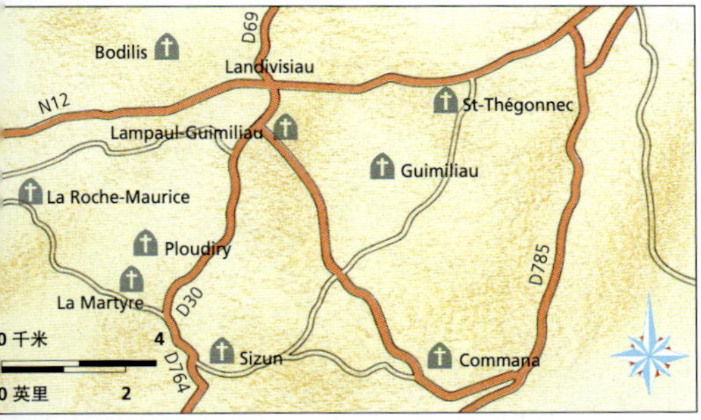

布列塔尼教区教堂多位于洛恩河谷。除了圣图格讷克教堂、朗波勒—吉米利欧教堂和吉米利欧教堂之外，还可以去参观一下Bodilis、La Martyre、La Roche—Maurice、Ploudiry、Sizun和Commana。更远处还有Plougastel-Daoulas和Pleyben，Guehenno则位于莫尔比昂地区。

ℹ rue de Kerven, Landivisiau (02 98 68 33 33).

教堂内部的墙壁上通常画着本地圣徒的画像和他们的生活场景，还有一些雕刻精美的横梁和家具。图中是吉米利欧的圣坛装饰品。

藏骨堂里安放着从公墓里掘出的尸骨。它一般建在教堂入口是为了充当生死两界的桥梁。

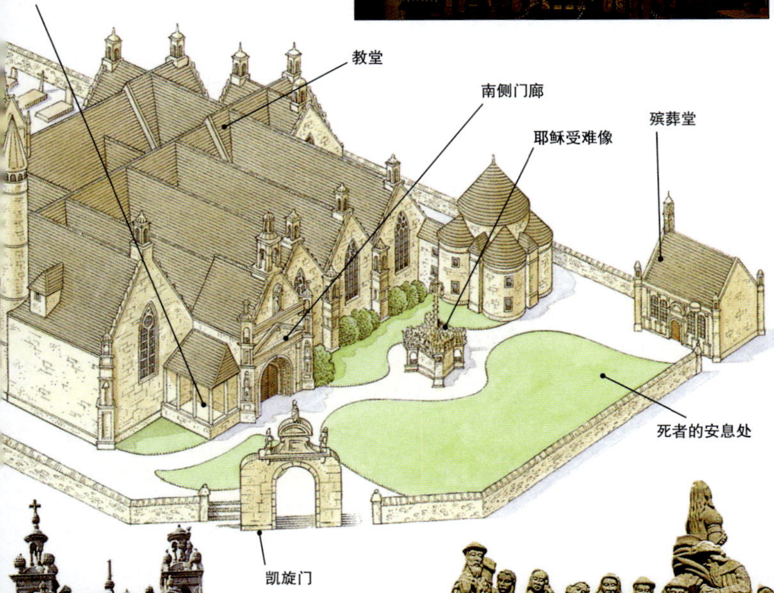

圣图格讷克教堂凯旋门是一个有纪念意义的入口，矗立在这片神圣的土地上欢迎那些朝圣者到来，让他们产生像进入天堂一样的感觉。

《圣经》里的人物石雕让游客们产生无限的遐想，可惜石雕清晰的面容已被糟糕的天气和地衣弄得模糊不清了。但是圣图格讷克教堂的石雕却仍然保护得很好。

玫瑰海岸布朗克港悬崖上的圣母修道院

玫瑰海岸 ⑯
Côte de Granit Rose

Côtes d'Armor. Lannion Lannion（02 96 46 41 00）周四 www.ot-lannion.fr

潘波勒和特雷伯登之间的玫瑰海岸得名于其粉红色的悬崖，它是特雷加斯泰勒和特雷伯登海岸之间最独特的风景线，从悬崖上采掘的花岗岩可以用来修建附近的房屋。而特雷伯登和佩罗斯—吉雷克之间的海岸是布列塔尼最受欢迎的家庭度假胜地。东边的**Trévou-Tréguignec**和**白港**（Port-Blanc）的沙滩和海湾十分宁静。**潘波勒**（Paimpol）的渔民曾经把大量的鳕鱼和鲸送往冰岛和纽芬兰地区。

特雷吉耶 ⑰
Tréguier

Côtes d'Armor. 2950 13 pl de l'Eglise, Penvenan（02 96 92 81 09）周三

位于乔迪河和戈文迪河交汇处的特雷吉耶与玫瑰海岸相隔不远，是布列塔尼地区典型的贸易小镇。特雷吉耶的主要景点是14～15世纪的**圣蒂戈迪阿勒教堂**（Cathédrale St-Tugdual），教堂上有三座高塔，分别是罗马、哥特及18世纪风格。其中18世纪的高塔是路易十六用彩票奖金修建的，所以上面钻着各种扑克形状的小洞。

郊外

普卢格雷斯康的圣Gonery修道院有倾斜尖塔，里面有15世纪的木质彩绘天花板。

布雷阿岛 ⑱
Ile de Bréhat

Côtes d'Armor 420 Paimpol，之后乘巴士到Pointe de l'Arcouest（冬季周一至周六，夏季每天），之后乘船 Paimpol（02 96 20 83 16）www.paimpol-goelo.com

布雷阿岛由两座小岛组成，中间由桥相连，总长3.5千米。因为禁止机动车通行，而气候又适合含羞草和各种果树的生长，所以这里是一个休息放松的好地方。中心地区的**克洛斯港**（Port-Clos）可以租到自行车或者小船，你还可以步行到岛上最高处的圣米歇尔修道院。

布雷阿岛的一道风景线——圣米歇尔修道院

卡纳克 ⑲
Carnac

Morbihan 4600 74 avenue des Druides（02 97 52 13 52）www.ot-carnac.

卡纳克是世界上最伟大的史前遗址之一，有平行排列的近3000个石柱，还有一座**史前博物馆**（Musée de Préhistoire）。

17世纪的**圣科尔内利教堂**（Eglise St-Cornély）属于有角动物守护神圣科尼利厄斯。

远古巨石碑之家
（Maison des Megaliths）
电话：02 97 52 29 81 每天 1月1日、5月1日、12月25日 只在夏天 预约，4月~9月

史前博物馆
10 pl de la Chapelle. 电话：02 97 52 22 04 2月～6月和9月～12月：周三至次周周一；7月～8月：每天 1月、5月1日、9月25日、12月25日

基伯龙半岛 ⑳
Presqu'île de Quiberon

Morbihan 5200 Quiberon（via Lorient）7月～8月 Quiberon Quiberon (08 25 13 56 00) 周六、周三（夏天）www.quiberon.com

基伯龙半岛西面十分荒凉，只有被海水拍击的悬崖，被人称为蛮荒海岸。半岛东面气候宜人。南面是**基伯龙**渔港和旅游胜地，从这里乘渡轮可到美丽海岛。

1795年，10000名保皇分子试图推翻大革命的成果，却在这里被屠杀。

布列塔尼的史前遗迹

卡纳克有上千块古老的花岗岩巨石，被公元前4000年的巨石部落排列成神秘的线条和图案。这些线条和图案的意义至今仍然不是很清楚，可能有宗教上的含义，也可能暗示着一个早期的天文学日历。凯尔特人、罗马人和基督教教徒都分别用自己的宗教信仰来解释它们。

莫尔比昂海湾的戈维尼斯石冢

巨石

这些巨石摆成了不同的形状，每个都有特殊的含义。布列塔尼语中的一些单词如men（石头）、dole（桌子）、hehir（长的）仍然用来描述这些巨石的形状。

竖石：最普通的一种石头，垂直地单独摆放或排成行，环形的竖石被称为石圈。

石桌坟：两块竖直的石头支撑着第三块，被用作墓葬，如洛克马里亚凯商人的石桌坟。

有顶的小路：竖直的石头排成一行，上面再盖一排石头组成一条有顶的小路，在卡纳克巨石遗址中也能看到。

冢：是一个用石头和泥土覆盖的石桌坟，构成一个坟。

布列塔尼主要的巨石遗址

卡纳克石林

卡纳克附近田地中各种形状的竖石纪念碑

美丽海岛 ㉑
Belle-Île-en-Mer

Morbihan. 5200 Quiberon (via Lorient) from Quiberon quai Bonnelle, Le Palais (02 97 31 81 93) 每天 **www.belle-ile.com**

美丽海岛位于基伯龙半岛南面 14 公里，从半岛乘坐渡轮 45 分钟就可以到达。海岛上有陡峭的悬崖和美丽的海滩，内陆是被山谷分割的高原。小镇“宫殿”的**沃邦堡**(Citadelle Vauban)是一座 16 世纪的星形堡垒。南面蛮荒海岸边有风光秀丽的小路。

瓦讷圣皮埃尔教堂的回廊

瓦讷 ㉒
Vannes

Morbihan. 58000 1quai Tabarly (08 25 13 56 10) 周三和周六 **www.tourisme-vannes.com**

位于莫尔比昂海湾的瓦讷是维内蒂人的中心。维内蒂是一个以航海为生的阿莫里克部落，公元前 56 年被恺撒打败。9 世纪时，瓦讷成为第一任布列塔尼公爵的权力中心，1532 年与法国合并。此后，雷恩则变成了布列塔尼的首府。如今的瓦讷虽然繁荣，但中世纪城区保存良好，它还是探索整个莫尔比昂海湾的基地。

从加雷纳散步区可以看见瓦讷旧城区东墙，两道古老的大门分别位于墙两端：北面的监狱门和南面的暗门。暗门旁

美丽海岸边的布列塔尼海员

边还有一个 17 世纪的洗衣房。

走过圣文森特门，你会发现旧市场广场如今依然热闹。**利塞斯广场**(place des Lices)曾经是中世纪马术比赛的舞台。Monnaie 路旁是保存完好的 16 世纪房屋。

始建于 13 世纪的**圣皮埃尔教堂**经过了重建。圣餐礼拜堂中安放着文森特·费里尔的墓，这位西班牙圣人于 1419 年在瓦讷去世。

教堂西大门的对面是旧市场 La Cohue (意为喧闹)，这个建筑的一部分建于 13 世纪，其中一个小型博物馆里陈列着当地美术品和工艺品。

15 世纪盖拉德城堡里的**历史博物馆**(Musée d'Histoire)收藏了许多莫尔比昂遗迹里的古董珠宝、陶器和武器。这里还有一个中世纪和文艺复兴艺术品的画廊。

历史博物馆
Château Gaillard, 2 rue Noé.
电话：02 97 01 63 00 6月
月：每天 公共假期

郊外

南面的**海湾公园**(P
du Golfe)里有许多娱乐设施
一个蝴蝶暖房、博物馆和
400 多种鱼类的水族馆。东
面 N166 公路旁边是 15 世
精灵塔(Tours d'Elven)
废墟。

莫尔比昂海湾 ㉓
Golfe du Morbihan

Morbihan. Lorient Vann
Vannes (08 25 13 56 10)
www.tourisme-vannes.com

莫尔比昂在布列塔尼语中
是“小海”的意思，它仅
靠 Locmariaquer 和 Rhuys 半岛
之间的一条小海峡与大西洋
连接。海湾里的小岛**阿尔兹岛**
(Ile d'Arz)和**莫尼斯**(Ile au
Moines)上居住着大约 40
居民。

海湾旁边有几个小港口
以捕鱼、养殖牡蛎和旅游
业。这里有丰富的巨石遗迹
加里尼斯岛(Gavrinis)上
已发掘出许多石坟(见 279
页)。Locmariaquer、欧赖、
瓦讷和 Navalo 港的海湾周围
和拉莫尔－巴登有船前往加
里尼斯。

莫尔比昂海湾风景如画的Le Bono渔港

迪纳尔（翡翠海岸上一个经典的度假胜地）沙滩上年轻的旅客

若瑟兰 ㉔
Josselin

Morbihan 2500 26 rue de Trente（02 97 22 36 43）周六
www.josselin-communaute.fr

奥斯特河岸边中世纪的若瑟兰城堡

拥有一座中世纪**城堡**的若瑟兰俯瞰着奥斯特河，15 世纪前堡垒属于罗翰家族，9 座高塔如今只剩下 4 座。花岗岩外墙上含有字母 A 的元素，代表备受宠爱的公爵夫人安妮（1477～1514 年），她带领她的人民走过了布列塔尼的黄金时期。高塔内部是 19 世纪风格，之前的马厩改造成了展出 600 个娃娃的玩偶博物馆。

镇中的**龙西耶圣母教堂**（Basilique Notre-Dame-du-Roncier）有着城堡主人兼法国警察奥利维尔·克利松（1336～1407 年）的陵墓。Kerguéhennec 的若瑟兰西部属于一座 18 世纪城堡，现在改为了雕塑公园。

若瑟兰城堡
电话：02 97 22 36 45 4月～9月：每天（4月～7月中旬：只有下午）；10月：周六和周日的下午 www.chateaujosselin.fr

潘蓬森林 ㉕
Forêt de Paimpont

Ille-et-Vilaine. Rennes Monfort-sur-Meu Rennes Montauban de Bretagne（02 99 06 86 07）

曾经覆盖了阿莫里克大部分地区的原始森林也被称为布罗塞利昂德森林。一提到潘蓬森林，人们就会想起亚瑟王的传奇，多数游客仍然会寻找魔法泉水，那是法师梅林第一次遇见湖中仙女维维安的地方。**潘蓬小镇**（Paimpont）是去探索森林的基地。

大法师梅林和湖中仙女维维安

翡翠海岸 ㉖
Côte d'Emeraude

Ille et Vilaine & Côtes d'Armor. Dinard-St-Malo Dinard（02 99 46 94 12）www.ot-dinard.com

翡翠海岸在 Le Val-André 和 Pointe du Grouin 之间、康卡勒附近。这片布列塔尼北部海岸上有着干净的沙滩、奇形怪状的岩石，是著名的海边胜地。翡翠海岸最引以为豪的景点是它具有贵族气质的海滨浴场**迪纳尔**（Dinard），19 世纪 50 年代被开发出来，如今仍是世界上富人们喜爱的度假地。

海岸西面还有 St-Jacut-dela-Mer、St-Cast-le-Guildo、Sables d'Or-les-Pins 和 Erquy 等度假村，都有迷人的海滩。你还可以爬上 Frenaye 海湾里中世纪**拿铁堡垒**（Fort La Latte）的观望塔去欣赏远处的风景，而附近**弗雷埃尔海角**（Cap Fréhel）灯塔则可以让你看到海湾的全景。

迪纳尔东面 D186 公路穿过**兰斯大坝**（Barrage de la Rance）到达圣马洛，这座建于 1966 年的大坝是世界上第一个使用潮汐力发电的大坝。圣马洛远处的 La Guimorais 海岸到处是海湾和沙滩，而 Pointe du Grouin 附近的海水经常呈现翠绿色。

圣马洛的航海者

圣马洛的富饶和名声都离不开圣马洛水手的开拓。1534 年，出生于 Rotheneuf 附近的雅克·卡地亚发现了加拿大省劳伦斯河的入海口，并宣布该地区为法国所有；1698 年，布列塔尼的水手航海到了南美洲，把福克兰群岛变成了法国殖民地。17 世纪以前，圣马洛是法国最大的港口，以其海盗（国王授权掠夺海上其他船只）闻名。其中赫赫有名的是虚张声势的 René Duguay-Trouin（1673 ~ 1736 年）和勇猛的 Robert Surcouf（1773 ~ 1827 年）。前者于 1711 年从葡萄牙人手里夺取了里约热内卢，后者则经常骚扰英国东印度公司的船只。通过贸易和海盗掠夺聚集过来的财富帮助圣马洛的船主们修建了一栋栋豪宅（malouinieres）。

航海家雅克·卡地亚（1491 ~ 1557年）

圣马洛 ㉗
St-Malo

Ille-et-Vilaine. 53000 esplanade St-Vincent（08 25 13 52 00）周二和周五 www.saint-malo-tourisme.com

曾经是一个防御小岛的圣马洛位于兰斯河入海口处。它因一个于 6 世纪时来到这里的传教士马克卢而得名。16 ~ 19 世纪，圣马洛随着其航海事业的发展而逐渐繁荣强大。1944 年圣马洛被战争摧毁，但如今它已经变成了法国主要的港口、渡船站点以及风景胜地。

老城由城墙环绕，是观景佳地。穿过**圣文森特门**（Porte St-Vincent）沿顺时针方向可到达 15 世纪的**大门**（Grande Porte）。

城中的街道多由鹅卵石铺成，到处是 18 世纪的高层建筑。Porcon-de-la-Barbinais 路通往**圣文森特教堂**（Cathédrale St-Vincent），教堂里面有灰暗的 12 世纪中殿和与之形成鲜明对比的圣坛彩绘玻璃。马塞庭院里的 15 世纪公爵夫人安妮之屋修复得十分完美。

退潮时从国家堡垒上看到的圣马洛

圣马洛城堡（Chateau de St-Malo）

Pl Chateaubriand, near the Marina. **电话：** 02 99 40 71 57 4 月 ~ 9 月：每天 10 月 ~ 3 月：周二至周日 1 月 1 日、5 月 1 日、11 月 1 日和 11 日、12 月 25 日

圣马洛城堡始建于 14 ~ 15 世纪，城堡主楼现在是一个历史博物馆，里面收藏了海盗掠获的奇珍异宝。从城堡的观望台可以看到迷人的风景。附近的沃邦广场上有一个热带水族馆，而城市边缘的大水族馆里有鲨鱼缸和潜水艇模型。

国家堡垒（Fort National）

7 月 ~ 9 月：每天退潮

国家堡垒是 1689 年由路易十四的著名军事建筑师沃邦修建的，退潮时可步行抵达。也可以到**小贝堡**（Petit Bé Fort，复活节 ~11 月中旬开放）和**大贝堡**（Grand Bé）看看，那是作家弗朗索瓦·勒内·夏多布里昂的安葬地。堡垒顶端可以看见翡翠海岸（见 281 页）的风景。

索利多尔塔（Tour Solidor）

St-Servan. **电话：** 02 99 40 71 58 4 月 ~ 10 月：每天；11 月 ~ 次年 3 月：周二至周日 1 月 1 日、5 月 1 日、11 月 1 日和 11 日、12 月 25 日

圣马洛西面圣塞尔的索利多尔塔建于 1382 年，以前是一个捐税谷仓，大革命时期被军队用作监狱，现在变成了一个合恩角附近渔船和水手的博物馆，里面陈列了船模、测程仪和各种航海仪器。

郊外

退潮时，圣马洛和附近圣赛尔及 Parame 周围美丽的沙滩就显现出来。夏天有渡轮驶往迪纳尔（见 281 页）和海峡小岛，可以坐船从兰斯到迪纳尔 Chausey 岛、Cézembre 岛和弗雷埃小岛。

在 Rothéneuf，可以参观航海者雅克·卡地亚的家 Manoir Limoelou。附近海岸上的岩石雕刻是当地一个牧师

康卡勒牡蛎，从罗马时代起就以其美味闻名

E 19 世纪末期雕刻的花岗岩面孔和人物。

Manoir Limoelou
Rue D Macdonald-Stuart,Limoelou-Rothéneuf. **电话**：02 99 40 97 73 7月～8月：每天 公共假期 限制

康卡勒 ㉘
Cancale

Ille-et-Vilaine. 5350 44 rue du Port（02 99 89 63 72）周日
www.cancale-tourisme.fr

圣米歇尔山海湾附近的小港口康卡勒的主要产业是牡蛎养殖。康卡勒牡蛎的美味让罗马人赞不绝口，其独特的味道据说是由于附近海水的冲刷产生的。你可以沿着峭壁、顺海岸警卫队小径（GR34）到牡蛎养殖地去看看。

到康卡勒旅游，你最不该错过的就是当地众多的特色美食。La Houle 港口的码头旁边有许多酒吧和饭店，你可以在那里尝到各种各样的小吃。如果你非常爱吃牡蛎，那你就应该去**牡蛎、贝壳装饰和海洋博物馆**（Musée de l'Huître, du Coquillage et de la Mer）看看。

牡蛎、贝壳装饰和海洋博物馆
Aurore. **电话**：02 99 89 69 99 2月中～6月和9月中～10月：周一至周五的下午；7月～9月中：每天

迪南 ㉙
Dinan

Côtes d'Armor. 10000 9 rue du Chateau（02 96 87 69 76）周四 **www.dinan-tourisme.com**

位于树林茂密的兰斯河谷之上的迪南是一座现代商业城市，它有一个中世纪的中心。爬上大钟路边 15 世纪的**钟塔**（Tour d'Horloge），你会欣赏到上城区古雅的风景，那里有保存完整的木桁架屋和鹅卵石铺成的街道。附近的**圣苏维尔教堂**（Basilique St-Sauveur）里埋有迪南著名英雄——14 世纪勇士贝特朗·杜·盖克兰的心脏。

教堂后面的英国公园里可以看到兰斯河和跨越在河上的高架桥。公园北面有两条街道，两边爬满天竺葵的 Jerzual 路穿过 14 世纪的城门通往港口。迪南港曾经是一个运输纺织品的繁忙港口，现在变成了一个宁静的海湾，你可以坐船游览或者沿着拉船道前往**圣马格卢瓦尔修道院**（Abbaye St-Magloire）。

城堡博物馆（Musée du Château）现在是一个小型本地历史博物馆，紧挨着它的是 15 世纪的 **Coetquen 塔**，从这里出发有沿城墙的小孚赛路和大孚赛路。

城堡博物馆
Chateau de la Duchesse Anne,rue du Chateau. **电话**：02 96 39 45 20 每天（10月～次年5月：仅下午）1月、2月的1周、公众假期

迪南的风景和横跨在兰斯河上的哥特式桥梁

作家兼外交官弗朗索瓦—勒内·德夏多布里昂（1768～1848年）

孔堡 ㉚
Combourg

Ille-et-Vilaine. 5000 23 pl Albert Parent（02 99 73 1393）周一
www.combourg.org

安静的湖边小城孔堡几乎完全被笼罩在巨大的孔堡城堡之下。**孔堡城堡**（Château de Combourg）始建于 14～15 世纪，1761 年被夏多布里昂买了下来，他的儿子——作家兼外交官弗朗索瓦（1768～1848 年）在这里度过了忧郁的童年，这段历史被作家本人详细地记录在他的《死后回忆录》里。

大革命之后，城堡就空了下来，直到 19 世纪才被重建。其中一个房屋里展示着弗朗索瓦的物品。

孔堡城堡
23 rue des Princes. **电话**：02 99 73 22 95 4月～6月和9月～10月：周一至周五和周日下午；7月～8月：每天 www.comb ourg.net

雷恩 ㉛

Rennes

Ille-et-Vilaine. 214800 11 rue St-Yves（02 99 67 11 11）周二至周六 **www**.tourisme-rennes.com

雷恩由高卢人建立，罗马人统治，它位于维莱纳河和伊勒河交汇的战略位置。1532 年布列塔尼与法国合并之后，雷恩就变成了布列塔尼地区的中心。1720 年，一场持续了 6 天的大火烧光了这座城市，如今仅有一小部分中世纪城区被保留了下来，和废墟中的 18 世纪街道一起构成了现在的雷恩。雷恩历史中心周围有高塔区和高科技园区，现在雷恩已经成为有两所大学的科技文化城市。Lices 广场和圣安妮广场周围的街道是年轻人聚集的地方，有很多酒吧和时装店。莫奈路的西端是 15 世纪的**莫尔雷斯门**（Portes Mordelaises），曾经是这个城市防御城墙的一部分。附近的**圣皮埃尔教堂**（Cathédrale St-Pierre）完工于 1844 年，教堂旁边就是 18 世纪的**圣苏维尔教堂**（Eglise St-Sauveur）。而圣乔治路的正南面耸立着的**圣杰曼教堂**（Eglise St-Germain）有一个典型的布列塔尼钟楼和木质拱顶。玛丽广场上有 18 世纪早期的**市政厅**（Hôtel de Ville）和新古典风格的**雷恩剧院**（Théâtre de Rennes），**他泊花园**（Parc du Thabor）是散步和野餐的好地方。

雷恩市中心利塞斯广场上热闹的市场

雷恩旧城区狭窄街道上排列的木桁架屋

布列塔尼议会宫

(Palais du Parlement de Bretagne)

Pl du Parlement. 由旅游办事处组织的导游带领参观（02 99 67 11 66）**www**.tourisme-rennes.com

建于 1618～1655 年的雷恩法院在大革命以前是这个地区政府的所在地。1944 年，因为鱼价变化引发了暴乱，大火烧毁了雷恩法院，但是现在主要的修复工作已经完成，只有休息大厅和其拱形天花板还在维修当中。

美术博物馆
(Musée des Beaux Arts)
quai Zola. 电话：02 23 62 17 45 周至周日 公共假期 www.mbar.
. Musée Bretagne 10 cours des Alliés 话：02 23 40 66 70 周二至周日午 公共假期 www.musee-etagne.fr

美术博物馆里收藏了 14 纪到现在的大量艺术品。中一个展馆以布列塔尼为主题。博物馆里陈列了艺术家高更等阿旺桥学院派（见 75 页）画家的油画，还有毕加索的 3 幅作品，包括他 1928 年在迪纳尔画的《出浴的少女》。

布列塔尼博物馆（Musée de Bretagne）位于雷恩文化中心内，收藏了许多布列塔尼主题的传统家具和服饰，并展示了布列塔尼的史前巨石、雷恩的发展历史、乡村手工艺品和渔业的发展。

郊外

雷恩正南面的**雷恩民俗博物馆**（Eco-musée du Pays de Rennes）记录了 17 世纪开始本地农业的历史。雷恩东南面 16 公里处是一个迷人的中世纪乡村 Chateaugiron。

雷恩民俗博物馆
Ferme de la Bintinais, rte de Châtillon-sur-Seiche. 电话：02 99 51 38 15 4月～9月：周二至周日；10月～次年3月：周二至周五（周六、日仅下午） 公共假期 www.ecomusee-rennes-metropole.fr

Châteaugiron城堡
6月中~9月中：每天 电话：02 99 37 89 02

富热尔 ㉜
Fougères

Ille-et-Vilaine. 23000 2 rue Nationale（02 99 94 12 20） 周六 www.ot-fougeres.fr

布列塔尼的边陲小镇富热尔坐落在一座山上，山谷下面耸立着 11～15 世纪的**富热尔城堡**（Château de Fougères）。在 16 世纪的**圣伦纳德教堂**（Eglise St-Léonard）后面的森林广场花园可以看到 Nancon 河和 Marchix 广场中世纪房屋的美丽景色。火焰式的哥特建筑**圣苏尔比斯教堂**（Eglise St-Sulpice）内部是 18 世纪的木质镶板和花岗岩祭坛装饰。

富热尔城堡壮观的城墙

围绕着城堡的外围通道、13 座高塔和超过 3 米厚的城墙展示了建筑的巨大规模。你可以爬到城堡的围墙和高塔上去体验一下。巴尔扎克的小说《幻灭》（1829 年）里的许多场景都以富热尔及其城堡为原型。

富热尔堡
Pl Pierre-Simon. 电话：02 99 99 7959 2月～12月：每天 www.chateau-fougeres.com

维特雷Beaudrairie路上凸出的木质房屋

维特雷 ㉝
Vitré

Ille-et-Vilaine. 16000 pl Général de Gaulle（02 99 75 04 46） 周一和周六 www.ot-vitre.fr

维特雷是一个防御小镇，位于维莱纳河谷之上，其中世纪的**城堡**里有如画笔勾勒过一般美丽的塔楼和 15～16 世纪的建筑，设计师在 14～15 世纪重建这个城堡的时候，把它设计成了三角形，其中某些城墙是可以攀爬的。圣罗兰塔有一个收藏了本地珍品的博物馆。

在东面的 Beaudrairie 路和 Embas 路上有凸出的木质结构房屋，房屋上画满了醒目的图案。

15～16 世纪的**圣母教堂**是火焰式的哥特风格，其南大门处有一个石头布道坛。与圣母路平行的海滨大道环城一周。

维特雷东南部 D88 公路上的**罗切尔斯－赛维妮堡**（Château des Rochers-Sévigné）曾是赛维妮侯爵夫人（1626～1696 年）的墓冢。城堡里的公园和祈祷室都对外开放。

维特雷城堡
电话：02 99 75 04 54 4月～9月：每天；10月～次年3月：周三至次周周一（周日上午关闭） 1月1日、复活节、11月1日、12月25日

罗切尔斯-塞维妮堡
电话：02 99 96 76 51 4月～9月：每天；10月～3月：周五至周日下午 限制

卢瓦尔河谷

安德尔省·安德尔—卢瓦尔省
卢瓦尔—谢尔省·卢瓦雷省·厄尔—卢瓦尔省
谢尔省·旺代省·曼恩—卢瓦尔省·大西洋岸卢瓦尔省·萨尔特省

以华丽的城堡而著称的卢瓦尔河谷现在已经被联合国教科文组织列入《世界遗产名录》中，它不但有丰富的历史而且还有很多经典的建筑。这片贯穿法国人生活的核心地区，以其高雅的城镇、绚丽的景致、特色的小吃、醇厚的美酒，为旅游者造就了一座天堂。

卢瓦尔河谷是帝王的河谷。奥尔良是13世纪时法国的文化中心，它吸引了大量艺术家、诗人、民谣歌手前来。然而中世纪的皇室并非只建都于一个城市，这就是卢瓦尔河沿岸建立了许多富丽堂皇的城堡的原因。其中文艺复兴时期的两座最伟大的城堡香波堡和舍农索堡仍然保留着皇权的象征，周围是狩猎森林和水道。

图尔因为其独特的地理位置、丰富的文化和特色的美食成为卢瓦尔河谷的旅游中心。昂热是卢瓦尔河谷的第二旅游中心，但有着悠久历史的索米尔、昂布瓦斯、布卢瓦和博让西都是卢瓦尔河上一颗颗璀璨的明珠。在卢瓦尔河谷中，一条城堡小径连通了文艺复兴风格的维朗德里城堡和有着童话般塔楼的于塞堡。北部的教堂城市勒芒及夏特勒地区的中世纪中心区以高卢－罗马城墙相隔。西部的南特是重要的港口，同时也是通往大西洋的入口。

南部的旺代清风吹拂，那里原始的沙滩十分适合风筝冲浪和自然爱好者。内陆地区平缓的卢瓦尔河支流和潮湿的索洛涅等待着人们的探索。此外，穴居人的洞穴、沉睡的村庄和饰有壁画的小小的罗马式教堂也值得一览。友好的旅店为游客提供了野味、鱼和大量新鲜蔬菜，还有口味清淡的沃莱白葡萄酒和果味的布尔戈伊葡萄酒。对于游客而言，怎么沉迷于这个地区都不过分。

在索米尔东南部，流经蒙索罗的卢瓦尔河

◁ 坐落于小镇和卢瓦尔河之上的美丽的索米尔城堡

探索卢瓦尔河谷

葱郁的谷地、宏伟的城堡构成了西部法国的主要风景。许多河流都从这里流过，大西洋沿岸的沙滩更是度假的好去处。在旺代、卢瓦尔及安德尔山谷可以享受到安静祥和的乡村假日；在布尔格伊、希侬、蜜思卡岱、索米尔、武弗雷可以品尝到种类齐全的葡萄酒。最迷人的旅行基地要数昂布瓦斯、布卢瓦、博让西和索米尔了，文化爱好者可以游遍这整片区域。

武弗雷附近的乡村

图例

高速公路
主要公路
二级公路
次级公路
风景大道
主要铁路
次要铁路
地区边界
山峰

16 世纪的维朗德里城堡和城堡中的花园

旅游景点分布示意图

- 枫忒弗洛皇家修道院 7
- 昂布瓦斯 18
- 昂热 3
- 阿萨伊古堡 11
- 博让西 21
- 布卢瓦 20
- 布尔日 27
- 香波堡 19
- 沙特尔 24
- 舍农索古堡 17
- 希侬 8
- 朗热堡 10
- 勒芒 4
- 洛什 15
- 卢瓦尔 23
- 蒙特舍赫 16
- 蒙特勒伊贝莱 6
- 南特 1
- 奥尔良 25
- 卢瓦尔河畔圣贝努瓦 26
- 索米尔 5
- 图尔 13
- 于塞堡 9
- 旺代 2
- 旺多姆 22
- 维朗德里堡 12
- 武弗雷 14

交通

卢瓦尔地区的航空、公路、
都十分发达。南特机场有
航班，图尔机场可以直飞
。从巴黎沿A11可以到沙特
勒芒、昂热和南特，A10将
良、布卢瓦、图尔三个城
接在一起。乘TGV列车从巴
以到达勒芒（需1小时）、图尔（需1小时）、昂热（需90分钟）、南特（需2小时）。同时也有来自里尔（欧洲之星换乘处）的TGV列车。主要的周边交通不太容易到达小的城堡，但是主要的旅游中心通常会有旅行线路。

黎明时分卢瓦尔河上的桥

弗朗索瓦二世和他的妻子玛格丽特·富瓦在圣皮埃尔大教堂的坟墓

南特 ❶
Nantes

Loire-Atlantique. 270000 3 cours Olivier-de-Clisson（08 92 46 40 44）周二至周日 www.nantes-tourisme.com

几个世纪以来，南特与雷恩一直在争取布列塔尼的首府之位。从18世纪90年代开始南特正式脱离了布列塔尼，尽管布列塔尼在卢瓦尔河地区处于中心位置，但南特却成为卢瓦尔河地区的首府。

在视觉上，南特是一个多样化的城市，从高科技的大楼上可以鸟瞰全城的港口、运河以及新艺术广场。别致的酒吧和餐馆都被挤在中世纪中心区域，周围是圣克罗伊广场和城堡。

完工于1893年的**圣皮埃尔和圣保罗大教堂**（Cathédrale St-Pierre et St-Paul）以哥特式的正门和弗朗索瓦二世的文艺复兴风格的陵墓而著名。

布列塔尼公爵城堡（Château des Ducs de Bretagne）是1477年布列塔尼的安妮出生的地方，也是1598年亨利四世签署《南特赦令》的地方。城堡在重修后内部设有**历史博物馆**（Musée d'Histoire），32个展览间讲述了南特的历史，还展出了特纳绘制的卢瓦尔河堤。

布列塔尼公爵城堡
Pl Marc Elder. 电话：08 11 46 46 44 7月～8月：每天；9月～次年6月：周三至次周周一 1月1日、5月1日、11月1日、12月25日

郊外

从南特出发，坐船沿着Erdre河和Sevre Nantaise河巡游，穿过城堡、葡萄园及村庄。南特东南部大约30公里处是**克利松**（Clisson），这座小镇在1793年的旺代暴乱时被夷为平地，现已完全重建。站在13世纪的**克利松城堡**（Château de Clisson）废墟上可以俯看塞夫尔南特河。

克利松城堡
电话：02 40 54 02 22 周三至次周周一（10月～次年4月：只有周三至次周周一下午） 5月1日、圣诞节

旺代 ❷
Vendée

Vendée and Maine-et-Loire Nantes La Roche-sur-Yon La Roche-sur-Yon（02 51 36 00 85）www.vendee-tourisme.com

一场保皇党叛乱在1793至1799年之间席卷了法国，而旺代正是一系列暴动发生的起点，如今这个地方仍会勾起人们对这段历史的回忆。作为旧制度的堡垒，这个地区有反对城市共和政体的价值观。1793年，保皇党试图从St-Florent-le-Vieil穿过卢瓦尔河，结果一场暴力大屠杀在一天之内夺去了其中8万人的生命。旺代农民都是坚定的保皇党，虽然最后他们失败了，但却将保守主义和对宗教的狂热留到了今天。

在绍莱南侧的Les Epesses当地历史在疯子山（Le Puy du Fou）以一种戏剧的形式展现出来——夏季傍晚会上演“Cinéscenie”。圣叙尔皮斯教堂附近的沙波特里堡更严肃地讲述了历史，绍莱的纺织品博物馆则展出了保皇英雄的头巾：原本是白色，后被鲜血染红。

安静的旺代发展了内陆的绿色旅游，水岸边绿树丛生，小道和徒步小径穿插其间。在卢瓦尔河和罗谢尔河之间的大西洋海岸有美丽的沙滩，而这儿的唯一成规模的旅游胜

旺代的努瓦尔慕捷岛上的港口

本地区住宿及餐饮信息见568～572页和620～625页

就是多隆纳河滩（Les Sables Olonne），从那里可以乘船盐沼泽、出海或去附近的约（Ile d'Yeu）。北部的**努瓦慕捷岛**（Ile de Noirmoutier）过古瓦堤道与大陆相连。

偏远的**普瓦特万沼泽** Marais Poitevin，见 408 页），鸟类的避难所，那里的教堂马耶赛、维克斯、迈莱）由河环绕。这条运河是法国最的运河，主要是服务于西部

热的《启示录》挂毯

业。东边更远处是自然爱好者的天堂。库隆是主要的租船中心。

昂热 ❸
Angers

Maine-et-Loire. 156300 pl Kennedy（02 41 23 50 00）周二至周日 www.angersloiretourisme.com

昂热是金雀花王朝的发源地，同时也是卢瓦尔河流经的地方。这里有 13 世纪的**城堡**（见 242 页），其内存有世界上最长（103 米）的中世纪《启示录》挂毯，它讲述了天使和恶魔的战争。

圣莫里斯大教堂（Cathédrale St-Maurice）因其 13 世纪的彩绘玻璃和玫瑰花窗而著称。附近亚当之家的雕刻反映出树的一生。坐落在 13 世纪教堂遗址中的**昂热大卫画廊**（Galerie David d'Angers）是为纪念当地雕塑家而建。穿过曼恩河，圣让医院中的**让·吕萨特博物馆**（Musée Jean Lurçat）展出了《世界赞美诗》挂毯，它由吕萨特于 1957 年制作。**现代挂毯博物馆**（Le Musée de la Tapisserie Contemporaine）也在同一座建筑内，其中的陶瓷制品和油画尤为著名。

昂热城堡
电话：02 41 86 48 77 每天 1月1日、5月1日、11月1日和11日、12月25日

昂热大卫画廊
33 bis rue Toussaint. 电话：02 41 05 38 90 6月～9月：每天；10月～5月：周二至周日 多数公众假期

让·吕萨特博物馆和现代挂毯博物馆
4 bd Arago. 电话：02 41 24 18 45 6月～9月：每天；10月～5月：周二至周日 多数公众假期

郊外

色朗特城堡（Château de Serrant）和**普莱西－布雷城堡**（Château du Plessis-Bourré）距离昂热 20 公里；沿卢瓦尔河向东的沙洲和堤坝上建有餐馆，鱼类菜肴很不错。

色朗特城堡
St-Georges-sur-Loire. 电话：02 41 39 13 01 致电或上网咨询 限制 www.chateau-serrant.net

普莱西－布雷城堡
Ecuillé. 电话：02 41 32 06 72 4月～6月和9月：周四下午至周二（2月、3月、10月、11月：周四至次周周二的下午）；7月～8月：每天 限制 www.plessis-bourre.com

勒芒 ❹
Le Mans

Sarthe. 150000 rue de l'Etoile（02 43 28 17 22）周二至周日 www.lemanstourisme.com

自从勒列先生第一次将发动机置于汽车的引擎盖下，勒芒就成为汽车业的代名词。从勒列的儿子创造了大奖赛（见 37 页）后，赛事和**萨尔特汽车博物馆**（Musée Automobile de la Sarthe）便大受欢迎。被罗马城墙所包围的金雀花城是古代的防御中心，这个地区曾经一度遭到废弃，现在主要用于拍摄历史剧。《大鼻子情圣》等电影均以其中的文艺复兴风格建筑作为布景。最高的是**圣朱利安教堂**（Cathédrale St-Julien），它有飞扶壁和罗马式大门。内部的安茹中殿通向哥特式唱诗班，辅以雕花柱顶和耶稣升天的玻璃窗。

圣朱利安教堂中描绘耶稣升天的玻璃窗

萨尔特汽车博物馆
9 pl Luigi Chinetti. 电话：02 43 72 72 24 每天（致电咨询）

勒芒赛道：来自1933年的法国杂志《插图》

从卢瓦尔河上看索米尔城堡和圣皮埃尔教堂

索米尔 ❺
Saumur

Maine-et-Loire. 32000 pl de la Bilange (02 41 40 20 60) 周四、周六 **www**.saumur-tourisme.com

索米尔以童话般的城堡、马术学校、蘑菇及汽泡酒闻名于世。石质官邸不禁让人们想起17世纪的鼎盛时期，那时它是新教徒的阵地，并且与昂热争做安茹的文化中心。**索米尔城堡**（Château de Saumur）高高在上。现在看到的城堡始建于14世纪安茹的路易一世执政时期，后来他的孙子勒内一世改建了该城。城堡内陈列着中世纪雕塑及马术展品。索米尔的马术学校建于1814年，**装甲兵博物馆**（Musée des Blindés）也应运而生，其中展出了150种不同的装甲车及著名的Cadre Noir骑马队形。在**国家骑术学校**（Ecole Nationale d'Equitation）可以参观早课和傍晚的表演。附近的地下**皮埃尔和吕米埃公园**（Parc Pierre et Lumière）很值得参观，那里有欧洲最大的史前墓石牌坊。

勒内一世的盔甲

离开索米尔之前，一定要品尝一下当地制法的香槟汽泡酒。镇中的葡萄酒酒窖和葡萄之家都有这种佳酿出售。

索米尔城堡
电话：02 41 40 24 40 重修中（致电详询）

穴居人的居住地

法国的穴居人居住地主要是从卢瓦尔河谷，尤其是索米尔的周边地区、沃莱和卢瓦尔河沿岸的石灰石（石灰华）中雕凿出来的。这些开辟在悬崖峭壁和地下的洞穴一直以来都是穴居人最安全的住所。现今，这些洞穴被用作酒窖或用于养殖蘑菇。其中的一些洞穴已被改造成了餐馆和酒店。Doué-la-fontaine的旧采石场已经变成了动物园和一座15世纪的露天剧场。索米尔附近的Rochemenier是史前穴居村庄博物馆。中央矿井周围是纵横交错的洞穴、谷仓、酒窖、住宅，甚至一个简单的地下教堂。

直到20世纪，La Fosse的地下村落还居住着三个家族，现在它被开发成一个地下家庭生活博物馆。

典型的穴居人的居住地

国家骑术学校
St-Hilaire-St-Florent. **电话**：02 4
53 50 60 致电查询表演时间
公共假日 限制
www.cadrenoir.fr

郊外

小巧可爱的**圣母院**（Egli
Notre-Dame）是一座11世
的罗马式小修道院，它有着
花柱顶和漂亮的西门。**布雷**
城堡（Château de Brézé）有
下堡垒、无数洞穴的隧道。

蒙特勒伊贝莱 ❻
Montreuil-Bellay

Maine-et-Loire. 4500 du Concorde (02 41 52 32 39) 周
（6月中旬～9月中旬：周二和周日）
www.ville-montreuil-bellay.fr

蒙特勒伊贝莱位于索米
南部，图埃河畔17千米处，
一座温馨恬静的小城，同时
是去昂热旅游的理想基地。**圣**
让教堂（Chapelle St-Jean）在
代是一座济贫院和朝圣中心
从哥特式教堂的顶端俯瞰
整个小城及周围的葡萄园一
览无余。

蒙特勒伊贝莱堡垒（Château de Montreuil-Bellay）建于1025年，它拥有13座连接的塔楼、碉堡及城墙，是一座防御建筑。

城堡外还保留着15世纪的房屋，房屋中有完备的中世纪厨房、古老的酒窖及装饰着15世纪壁画的祈祷室。

蒙特勒伊贝莱城堡
电话：02 41 52 33 06 4月～10月：周三至次周周一（7月～8月：每天）

文艺复兴时期的宫廷生活

弗朗索瓦一世的统治时期为1515年至1547年，他目睹了法国文艺复兴时期的高潮，那是一个城堡建筑层出不穷、人文主义和艺术大力发展的时代。巡回法院来往于昂布瓦兹、布卢瓦和卢瓦尔河的香波的游乐宫。人们把时间花在打猎、驯鹰、国家节日或室内网球上。而晚上则交给了欢庆、舞会、诗歌和浪漫的幽会。

鲁特和曼陀林音乐在当时非常流行，同样流行的还有意大利语独唱会和化装舞会。音乐家们在两周一次的舞会上演奏，人们会跳起孔雀舞和嘉雅舞。

弗朗索瓦一世的弄臣——特里布莱和卡耶特的滑稽动作会使宫廷内笑声不断。但他们也会受到虐待：朝臣们会把卡耶特的耳朵钉在柱子上取乐，并要求他不许出声。

文艺复兴时期的宴会

宴会在意大利音乐声中准时拉开序幕。大声朗读的人文主义文章及国王的弄臣通常会使朝臣们开怀大笑。

朝臣在宴会上（用餐时）会用自己的刀子，叉子极少用，这种用叉进餐的方法来源于意大利。

典型的皇家晚餐一般包括熏鱼、腌制的火腿、小牛肉、煮肉及配有柠檬酱或醋栗酱的鱼。

奢华的绸缎和丝制的服装的花费通常会使朝臣们负债累累。

戴安娜·德·普瓦特（1499～1566年）是亨利二世12岁时的情妇。虽然亨利二世14岁就娶了美艳绝伦的皇后凯瑟琳·梅迪奇，但直到死，他依然爱着戴安娜。

文艺复兴时期艺术家表示爱情的符号与其他时期有所不同，他们用戴翼的心脏来表示。

宏伟的Moutier修道院

枫忒弗洛皇家修道院 ❼

Abbaye Royale de Fontevraud

Maine-et-Loire. from Saumur
电话：02 41 51 73 52 2月～4月中旬：周二至周日；4月中旬～12月：每天 1月、12月25日
www.abbaye-fontevraud.com

金雀花王朝（THE PLANTAGENETS）

传奇的安茹王朝是以草本植物金雀花命名的，杰弗里·金雀花会在他的帽子上插一枝金雀花嫩枝。他娶了英格兰亨利一世的女儿——玛蒂尔达。1154年，他们的儿子亨利——娶了阿基坦的埃莉诺（见51页）——继承了英国的王位，从此英国国王统治金雀花王朝建立了起来。

英国金雀花国王亨利二世和阿基坦的埃莉诺的雕像

枫忒弗洛皇家修道院是欧洲中世纪最完整最大的修道院。该修道院是12世纪早期由传教士阿尔布里赛尔建造的，同时他还建立了由僧侣、修女、麻风病人、流浪者组成的本笃会社区。修道院的管理者是位女性，因此它颇受女贵族青睐。

1804～1963年修道院被用作监狱，之后它经历了漫长的重修。漫步于修道院的建筑和花园之间可以对修士的生活更加了解。其中的罗马式修道院教堂于1119年圣化。教堂柱顶做工精良，中殿有四个顶，这是法国最具特色的拱中殿之一。教堂内部摆着世纪早期金雀花王室的雕画：英格兰的亨利二世、尊的王后阿基坦的埃莉诺、他不讲英语的儿子狮心王查理他臭名昭著的哥哥亨利二世遗孀伊莎贝拉·昂古莱姆。

修女住在**大穆捷回**（Grand Moûtier cloisters）附近形成了法国最大的女修道院麻风病人都住在**圣拉扎尔修道院**（St-Lazare priory），它现在是修道院旅馆。**锦袭圣让**（Jean de l'Habit）的修士居区已经不复存在。在所有修道院建筑中，给人印象最深的是埃弗洛塔中的八角形厨房、壁炉及烟囱，它是一座是极少见的非宗教罗马式建筑。

皇家修道院现在是主要的艺术中心，经常举办音乐会和展览。

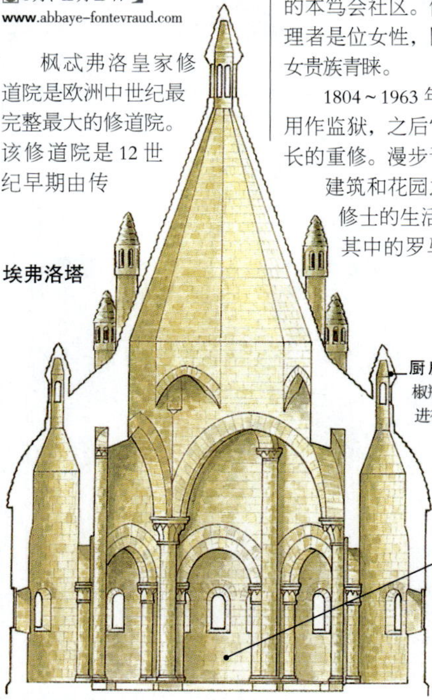

希侬 ❽

Chinon

Indre-et-Loire. 9000
pl Hofheim（02 47 93 17 85） 周四
www.chinon-valdeloire.com

希侬城堡是圣女贞德的重要朝圣地，很多过路的朝圣者会向它捐钱。1492年就是在这里，圣人第一次认出了乔装的法国皇太子（之后的查理七世），并要求他赐予军队将英国驱逐出法国。在此之前，希侬是金雀花国王最喜爱的城堡。虽然**城堡**（château）大部分已经荒废，但从维埃纳河畔眺望景色依旧秀丽。小城的中心就像中世纪电影场景。**伏尔泰路**（Rue Voltaire）两侧是十五六世纪的房屋。其中的12号是一座**葡萄酒芳香树脂博物馆**（Musée Animé du Vin）。而44号是艺术和历史博物馆，狮心王理查于1199年在此丧命。最宏伟的是**总督宫**（Palais du Gouverneur）。Grand

希侬集市上的摊主

希依酒区的葡萄园

Carroi 的**胭脂屋**（Maison Rouge）有红砖人字形花纹。

15 世纪的 **Hostellerie Gargantuan** 是拉伯雷当律师的师父曾经工作过的地方，现在它是座客栈。这位伟大的文艺复兴时期作家曾在 Lamproie 路附近住过。

20 世纪市场中，小贩穿着古装，8 月的第三个周六有民间舞蹈和音乐表演。

葡萄酒芳香树脂博物馆

12 rue Voltaire. **电话**：02 47 93 25 63 复活节～9月：每天

郊外

希依西南部 5 公里处是拉伯雷的出生地 La Devinière，他是 16 世纪著名的作家、牧师、医生和人文学者。

La Devinière

Seuilly. **电话**：02 47 95 91 18 周三至次周周一 1月1日，12月25日

于塞堡 ⑨

（Château d'Ussé）

Indre-et-Loire. Chinon，，然后打车 **电话**：02 47 95 54 05 2 月中～11 月中：每天

www.chateaudusse.fr

尖塔、烟囱、浪漫的角楼、护城河和郁郁葱葱的草地组成了故事中睡美人的城堡原型——于塞堡。

于塞堡建于 15 世纪，后来逐渐成为贵族的城堡，现在它仍然属于私人（见 242 页）。然而，这里光线昏暗，还有发霉的气味，由真人表演的睡美人也让人失望。

城堡中文艺复兴时期的小教堂让人眼前一亮，小教堂由斜纹橡木建成。虽然奥布松的挂毯遗失了，但它仍保留着罗比亚的圣母陶像。

朗热堡 ⑩

Château de Langeais

Indre-et-Loire. Langeais **电话**：02 47 96 72 60 每天 1 月 1 日，12 月 25 日

www.chateau-de-langeais.com

与其他的小镇相比，朗热堡旅游化程度低，给人一种平实祥和的感觉。城堡内部有吊桥、格子吊闸，是严格的防御性建筑。因此它的建筑风格与文艺复兴时期的风格相差很大。这座城堡是路易十四仅用 4 年时间（1465 ～ 1469 年）完成的改变。城堡庭院中的废墟是富尔克·内拉于公元 994 年修建的。

礼拜堂大厅中的声光表演展现了查理八世与布列塔尼的安妮在 1491 年的婚礼。很多铺有瓷砖地板的房间还挂有十五六世纪的挂毯。

弗朗索瓦·拉伯雷（FRANCOIS RABELAIS）

拉伯雷出生于 1494 年，因智慧和宽容闻名于世，他是牧师、医生、外交家和人文主义学者。他写了很多粗鄙的讽刺作品（他的作品就像是为病人开的药），其中《巨人传》的故事发生背景就是他的家乡希依。

婴儿时期的庞大固埃于1854年被多雷描绘为要以17913头奶牛奶为食的形象。

阿萨伊古堡 ⓫
（Château d'Azay-le-Rideau）

Indre-et-Loire. Azay-le-Rideau.
电话：02 47 45 42 04 每天 1月1日，5月1日，12月25日
声光表演 7月～8月

阿萨伊古堡被巴尔扎克称为“卢瓦尔河上的宝石”。它是16世纪早期由菲利帕组织建造的，是卢瓦尔河谷中最美丽的城堡，菲利帕是弗朗索瓦一世时期财政大臣的妻子。

尽管阿萨伊古堡在外观上是哥特式建筑（见54～55，242页），但其塔楼和护城河已体现出文艺复兴过渡时期的风格。这座非常令人向往的古堡属于游乐宫，夏季有人居住，冬季则被废弃。

城堡的内部也非常漂亮，空气中充满了微弱的雪松的气味，内部装饰很别致。城堡二层是文艺复兴时期风格，摆有西班牙橱柜并挂着精致的挂毯。一层摆有19世纪的家具，该家具可以追溯到城堡修复的时候，城堡的楼梯和其时代极其不符，是直上直下而不是常见的旋转式。

该镇的美酒是很受欢迎的。与其他卢瓦尔河谷村庄不同，城堡晚上有声光表演，热闹非凡。

维朗德里城堡中的花园

维朗德里堡 ⓬
Château de Villandry

Indre-et-Loire. Tours，然后打车
电话：02 47 50 02 09 **城堡：**2月中～11月中和12月中～1月初：每天 **花园：**每天 3月～10月
www.chateauvillandry.com

维朗德里堡是卢瓦尔河谷中最后一座文艺复兴风格的城堡，是16世纪建筑的典型例子。20世纪早期，城堡花园已经被约阿希姆·卡尔瓦洛博士修缮一新，他的子孙还在继续他的工作。

古堡中的花园别具特色，它由灌木和花组成上、中、下三层，从上到下依次为水花园层、装饰花园层和蔬菜花园层。花园中的每种植物都表明其历史和用途的标牌，例如：西葫芦象征着肥沃，卷心菜象征着性和精神堕落。同样，在用途方面：卷心菜可以用来治疗头痛，甘椒有助于消化。

花园的每一层都由树篱开，52公里的树篱勾勒出园的轮廓，这4公顷的花园须手动除草。

图尔城堡中的巧克力工厂

图尔 ⓭
Tours

Indre-et-Loire. 140000
78 rue Bernard Palissy（02 47 70 37 37）
周二至周日 **www.ligeris.com**

因为图尔拥有优美的城市规划和图尔大学，因此成为卢瓦尔河谷中最吸引人的城市。图尔城建在罗马城的原址上，是4世纪时的基督教中心。1461年，路易十四定图尔为法国的首都。亨利四世在位时，法国的首都由图尔改为巴黎。

由于1870年普法战争和“二战”，1960年，中产阶级放弃了这座历史中心，图尔变成了贫民区。此后图尔的发展要归功于其1958～1966年的市长让·罗耶的政策。

倒映在安德河中的阿萨伊古堡

布鲁穆乎广场（place
mereau）使图尔散发出浓
的怀旧气氛。从中世纪开
，这个广场就是图尔旧城的
心，现在整排的木屋、咖啡
、小酒吧让广场热闹非凡。
iccnnet街被郁郁葱葱的树
半掩着，它直通St-Pierre-
-Puellier广场，广场中有没
的高卢－罗马遗迹，还有
马式教堂改造的咖啡馆。不
处的新堡广场上伫立着罗马
的**查理曼塔**（Tour Charle-
agne）；其西侧的艺术工匠区
小圣马丁街的中心。

圣加蒂安教堂（Cathédrale
-Gatien）位于图尔东部，
建于13世纪，完成于16世
。虽然它的火焰哥特式正
已经变黑并且破损了，但
中世纪的彩色玻璃窗仍令
印象深刻。

前主教宫殿附近的**美术博
物馆**（Musée des Beaux Arts）
俯瞰着古典的花园和巨大的黎
巴嫩雪松。其中展出了曼坦娜
的《基督在橄榄园》和《复
活》，还有一个展厅展出奥利

图尔的圣加蒂安教堂

维尔·德勃雷的作品。

西部更远处是**朱利安教堂**（Eglise St-Julien），其中有一座小小的葡萄酒博物馆。旁边的**朱利安教堂博物馆**（Musée du Compagnonnage）中展出了上百名工匠大师的作品。**古安大宅**（Hôtel Goüin）是镇上最好的文艺复兴风格建筑，其中举办艺术展。

美术博物馆

18 pl François Sicard. **电话：** 02 47 05 68 73 ◯ 周三至次周周一 ● 1月1日、5月1日、7月14日、11月1日和11日、12月25日

朱利安教堂博物馆

8 rue Nationale. **电话：** 02 47 21 62 20 ◯ 6月中～9月中：每天；9月中～次年7月中：周三至次周周一 ● 1月1日、5月1日、7月14日、11月1日和11日、12月25日

郊外

在Céré La Ronde的外围，从蒙特里夏尔到洛什的D764上，有15世纪的**蒙布勃城堡**（Château de Montpoupon）和展现狩猎活动中马的重要性的博物馆。

图尔市布鲁穆乎广场上的双陆棋竞赛

舍农索古堡 ⑰ Château de Chenonceau

舍农索古堡是一座让人愉悦的浪漫宫殿，从文艺复兴时期开始，城堡就由历任贵族女主人管理。一条华丽的大道通向格局对称的花园，大道两旁栽种着法国梧桐树。作家福楼拜曾将这里宁静的美景赞美为“在空中和水上漂浮”。城堡60米长的廊桥式建筑延伸横跨谢尔河，其上建有一系列拱门，平静的河水中倒映着舍农索古堡高雅优美的身影。这座宏伟的建筑内部有装饰华丽的房间、空气流通的卧室、精致的油画和挂毯。

有尖塔的阁楼
这座建筑在1513～1521年间由凯瑟琳·布里克莱特和她的丈夫托马斯在一座古老的水磨坊的基础上建造。

礼拜堂
礼拜堂有着拱形天花板和雕刻有莨苕叶与贝壳花纹的柱子。礼拜堂的彩色玻璃在1944年的一次爆炸中被毁，1953年被重新更换。

凯瑟琳·梅迪奇花园
凯瑟琳经常在这里举办奢华的宫廷招待会和化装舞会。

时间表

1533年 凯瑟琳·梅迪奇（1519～1589年）与亨利二世（1519～1559年）结婚。舍农索古堡成为卢瓦尔皇家宫殿

1559年 亨利二世去世，凯瑟琳将失宠的戴安娜驱逐并继承了这座城堡，从此将肖蒙堡更名为舍农索古堡

凯瑟琳·梅迪奇

1789年 舍农……在法国大革命……有被毁坏，这……于杜邦夫人

1500 1600 1700 1800

1575年 洛林的路易丝（1554～1601年）嫁给了亨利三世，亨利三世是凯瑟琳的第三个儿子

1547年 亨利二世将舍农索古堡赠予了他终身的情人普瓦捷的戴安娜

1513年 托马斯·波义尔购得了中世纪的舍农索古堡；他的妻子凯瑟琳·布里克莱特按文艺复兴时期风格重建了它

1863年 珀卢兹夫人将这……恢复到它原来的样子

1730～1799年 杜邦夫人，一位“普……农夫”的妻子，在舍农索古堡开设了……沙龙，作家和哲学家经常成为座上客

游客备忘

Chenonceaux. from Tou s **电话：** 02 47 23 90 07
每天 限制
古典音乐：6月～8月
www.chenonceau.com

宏伟的长廊
在桥上加盖的高雅的长廊是意大利佛罗伦萨风格的建筑，由凯瑟琳·梅迪奇于1570～1576年建造。

1913年 巧克力制造商默尼耶家族购得这座城堡，至今为其所拥有

1941年 舍农索古堡的礼拜堂在一次炸弹袭击中被毁

普瓦捷的戴安娜

舍农索古堡的诞生

舍农索古堡的每一位女主人都在城堡内留下了自己的痕迹。第一位主人的妻子凯瑟琳·布里克莱特建造了塔楼，它的楼梯是法国第一座直楼梯；亨利二世的情人，普瓦捷的戴安娜修建了正式的花园和横跨谢尔河的廊桥；凯瑟琳·梅迪奇将此桥的风格转变为意大利式（亨利二世 1559 年去世后，凯瑟琳将戴安娜逐出舍农索古堡）；亨利三世的遗孀洛林的路易丝在 1590 年继承了舍农索古堡，并将卧室的天花板刷成黑色和白色（王室丧服的颜色）；热爱文学艺术的杜邦夫人是 18 世纪舍农索古堡的女主人，她使城堡在法国大革命时期幸免于难；珀卢兹夫人在 1863 年对舍农索古堡进行了彻底的修复。

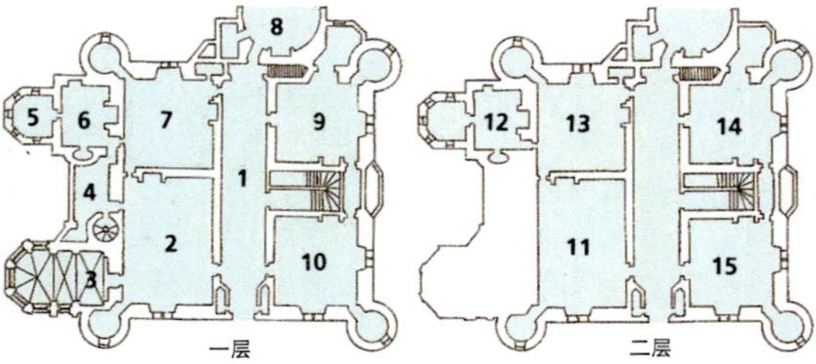

城堡导览

城堡主要的生活区位于谢尔河中心的方形塔楼中。一楼的四间主要的房间面向门廊：警卫室和普瓦捷的戴安娜的房间都挂着 16 世纪弗兰德的挂毯；弗朗索瓦一世的房间挂着一幅著名画家凡·高的作品；最后还有路易十四的会见室。在城堡的二楼，穿过意大利风格的楼梯便是其他华丽的房间，这里有凯瑟琳·梅迪奇的卧室和旺多姆的卧室。

1 门廊
2 警卫室
3 礼拜堂
4 露台
5 凯瑟琳·梅迪奇的书店
6 绿色书房
7 普瓦捷的戴安娜的卧室
8 宏伟的长廊
9 弗朗索瓦一世的卧室
10 路易十四的会见室
11 五位王后的卧室
12 版画室
13 凯瑟琳·梅迪奇的卧室
14 旺多姆的卧室
15 加布里埃尔·埃斯特雷的卧室

凯瑟琳·梅迪奇的卧室

武弗雷 ⓮
Vouvray

Indre-et-Loire. 3500 12 rue Rabelais.（02 47 52 68 73）周二和周五
www.tourisme vouvray-valdeloire.com

图尔东边的武弗雷是白葡萄酒的故乡。文艺复兴时期的作家拉伯雷把这里的白葡萄酒比作顺滑的塔夫绸。

武弗雷葡萄酒品质上乘。星级葡萄园**予厄庄园**（Huet）从1990年开始，就以纯天然方式种植葡萄，比如人工锄草，使用的也都是天然肥料，不施加化肥。沃尔特·司洛特爵士在他的小说《惊魂记》中对武弗雷干白葡萄酒大加赞赏。加斯顿·予厄在1990年抗议巴黎－里昂高速铁路的铺设影响了葡萄园，并因此被登上了新闻头条，法国政府最终妥协，在葡萄园下开凿了一条火车隧道。

修士们在4世纪首次在**蒙康图尔城堡**（Chateau de Montcontour）种植葡萄，如今此处的葡萄酒博物馆有着10世纪的凝灰岩酒窖。

中世纪的洛什小镇

予厄庄园
11~13 rue de la Croix-Buisée.
电话：02 47 52 78 87 7月~8月：周一至周六，可以品酒；地下酒窖须预约 公共假日

蒙康图尔城堡
Route de Rochecorbon. **电话：**02 47 52 60 77 复活节~九月：每天；10月~复活节前：周一至周五 可以品酒 www.moncontour.com

洛什 ⓯
Loches

Indre-et-Loire. 7000 pl de la Marne（02 47 91 82 82）周三和周六 www.lochestourainecotesud.com

这座保存完好的中世纪小镇离安德尔峡谷中的城堡小径很远。这里还保留着卢瓦尔地区最深的地牢。这里的王室居所与查理七世及其情妇索莱尔有很大联系。圣女贞德曾在这里恳请查理七世前往兰斯并加冕。布列塔尼的安妮的教堂使用貂皮装饰，还有一座阿涅丝·索蕾雕像。

洛什的王室居所
电话：02 47 59 01 32 每天 1月1日、12月25日

法国的巾帼英雄

圣女贞德是法国女英雄的典范，她是一名真正的战士、女性殉教者、名义上的法国领袖。她在英法百年战争中领导的“把英国人赶出法兰西”的运动给一大批剧作家、诗人伏尔泰和电影导演无数灵感。她宣称带来了上帝的意旨，并极力拥护当时还未加冕的王太子——查理七世。查理七世面对掌控法国北部大面积领土的英国—勃艮第联盟，只能溃逃到卢瓦尔的皇家城堡。贞德使查理七世相信她肩负着上帝的意旨，并召集了一支法国军队。在1429年5月，贞德指挥这支军队在奥尔良击败了英军，获得了胜利。随后她敦促摇摆不定的查理赶回兰斯加冕。然而不幸的是，1430年，她被捕并被押送到英国。贞德被指控施放巫术，1431年19岁的她在鲁昂被处以火刑。由于英勇的传奇和悲惨的殉难，她在1920年被追封为圣女。

最早描绘圣女贞德的画（1429年）

圣女贞德的肖像保存在奥尔良（见312页）的贞德故居中。她在1429年5月8日从英国人的铁骑下拯救了奥尔良城，这个日子也成为如今奥尔良人每年的庆祝日。

蒙特舍赫 ⑯
ontrésor

re-et-Loire. 400 43 grande .（02 47 92 70 71）www.tourisme-dindrois-montresor.com

“法国最美乡村”蒙特舍坐落在安德尔河畔，波兰19世纪40年代将其占领。49年，波兰贵族布拉尼斯购买了建在富尔克·内拉防御工事上的15世纪**城堡**。从此为这个家族所有，内部被翻新。

蒙特舍赫村附近的农舍和罂粟田

蒙特舍赫城堡
电话： 02 47 92 60 04 4月～11月：每天；12月～次年3月：周六和周日下午

舍农索古堡 ⑰
Château de Chenonceau

见288～289页。

昂布瓦斯 ⑱
Amboise

Indre-et-Loire. 12000 quai du Général de Gaulle（02 47 57 09 28）周五和周日上午
www.amboise-valdeloire.com

几乎没有哪座城堡的历史意义和重要性可以和**昂布瓦斯城堡**（Château d'Amboise）相媲美。路易十四生活在这里，查理八世生在这里，也在这里去世，弗朗索瓦一世在这里长大，凯瑟琳·梅迪奇的十个孩子也在这里长大。这里镶有金属花边的阳台，曾被用作处死1200名谋反者中12名死刑犯的绞刑架的施用场地。**少年塔**（Tour des Minimes）是城堡的出口，这里因其巨大的螺旋形上升坡道而闻名于世，骑兵可以骑马运送物资上去。城墙上坐落着修复的哥特式**圣休伯特礼拜堂**（Chapelle St-Hubert），达·芬奇就埋葬在这里。在弗朗索瓦一世的赞助下，达·芬奇得以居住在附近的**克罗鲁斯**（Clos-Lucé）庄园。庄园的花园里展出达·芬奇根据图纸制造的发明的模型。

从卢瓦尔远眺昂布瓦斯

昂布瓦斯城堡
电话： 02 47 57 00 98 每天 1月1日和12月25日
www.chateau-amboise.com

克罗鲁斯庄园
2 rue de Clos-Lucé. **电话：** 02 47 57 00 73 每天 1月1日和12月25日 限制 **www.**vinci-closluce.com

圣女贞德是当时富有浪漫主义色彩的女英雄，她的事迹是许多艺术家经常选择的创作主题。这幅油画为弗朗索瓦·利昂·比鲁韦勒（François Léon Benouville）所作（1821～1859年）。

在柴火架上被烧死——这是由奥托·普雷明格于1957年执导、珍·茜宝主演的史诗性电影《圣女贞德》中的一幕。

香波堡 ⑲ Château de Chambord

亨利·詹姆斯曾经说过，“香波堡规模宏大、仪表堂堂，其他建筑所考虑的因素它都不关心——这充分显示出它才是真正的王室宫殿”。这座由弗朗索瓦一世修建的卢瓦尔最大的居住区最初是布洛涅森林中的一座狩猎小屋。1519年，这里被夷为平地并兴建了香波堡，据说这座城堡是由达·芬奇设计的。直到1537年，城堡的塔楼、防御要塞以及阳台才修建完成。有三位建筑大师和1800位工人参与了城堡的设计和建筑。弗朗索瓦一世起初建议将卢瓦尔河改道，使其从城堡前流过，但是最终他选定了城堡附近的高松河。他的儿子亨利二世继续建造此项工程，直到1685年，路易十四终于建成了这座包含440个房间的伟大建筑。

香波堡和从它前面静静流过的高松河，高松河是卢瓦尔河的一条支流

火蜥蜴
弗朗索瓦一世选择火蜥蜴作为他神秘的徽章标志。这个标志在整个城堡中出现了800多次。

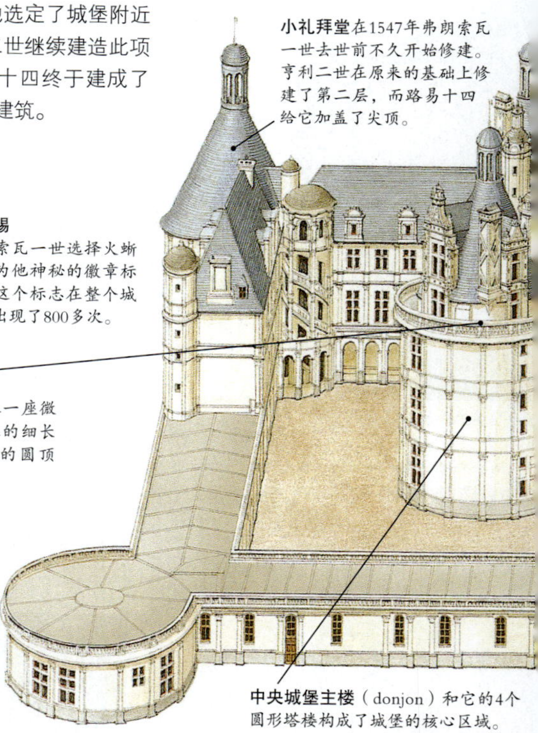

小礼拜堂在1547年弗朗索瓦一世去世前不久开始修建。亨利二世在原来的基础上修建了第二层，而路易十四给它加盖了尖顶。

★ 屋顶露台
精致的圆屋顶组成的天际线就像一座微缩的东方城镇。屋顶露台由林立的细长烟囱、微缩的尖顶、贝壳形状的圆顶屋，以及满是雕花的山形墙组成。

中央城堡主楼（donjon）和它的4个圆形塔楼构成了城堡的核心区域。

星级景点

- ★ 屋顶露台
- ★ 圆顶守卫室
- ★ 大楼梯

时间表

1519～1547年 弗朗索瓦一世将布卢瓦伯爵的狩猎小屋夷为平地，并在此兴建城堡

1547～1559年 亨利二世修建了城堡西翼及礼拜堂的二层

1725～1733年 洛林公爵斯丹尼斯拉斯·勒金斯卡在此居住，他是被驱逐的波兰国王

1748年 马雷夏尔·德·塞克思得到了香波堡；在他死后两年，香波堡再次走向了衰败

1500 1600 1700 1800 1900

1547年 弗朗索瓦一世去世

1669～1685年 路易十四最终完成了这座城堡的修建，随后又将其遗弃

1670年 莫里哀的《醉心贵族的小市民》在香波堡上演

莫里哀

1840年 香波堡成为历史博物馆

20世纪70年代 香波堡得到了修复，重新疏通了护城河

圆顶守卫室
楼梯周围的格局设计依照腊式十字架设计，圆顶卫室曾是皇家打球游的地方。天花板装饰弗朗索瓦一世名字首字母以及火蜥蜴案。

游客备忘

Blois，然后乘坐出租车或公共汽车 **电话**：02 54 50 40 00 1月~3月 每天：10:00~17:00；4月~9月：每天：9:00~18:00；10月~12月：10:00~17:00 1月1日、5月1日、12月25日 **声光表演**“梦幻灯光”7月中旬~8月中旬：夜间 **www**.chambord.org

灯塔有32米高，它由拱形扶壁支撑，并有鸢尾花样的塔顶。

弗朗索瓦一世的卧室，就在这里，国王被一段失败的爱情所伤，他在玻璃窗格上刻下了一句话：“女人都是薄情的，相信她们的人都是傻瓜。”

弗朗索瓦一世的书房
这里是国王的桶形圆顶书房，位于外侧北塔中。18世纪，斯丹尼斯拉斯·勒金斯卡（路易十五的岳父）的妻子，凯瑟琳·奥帕尔皇后将其改为演讲室。

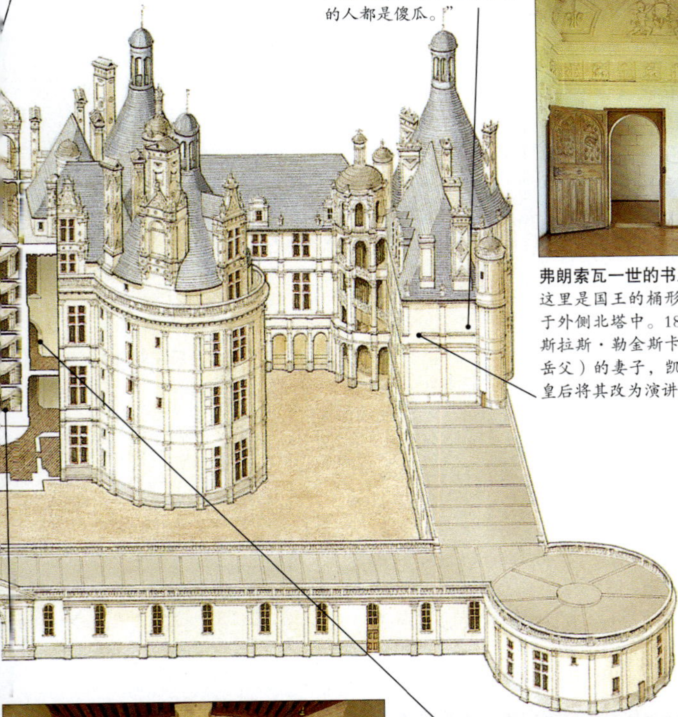

★ 大楼梯（Grand Staircase）
据说这座新颖的双螺旋式楼梯是由达·芬奇设计的。它的新颖之处是确保了上楼的人和下楼的人不会相遇碰上。

路易十四的卧室
路易十四的卧室位于太阳王的国家公寓内，是城堡中最豪华的住宅。

本地区住宿及餐饮信息见568～572页和620～625页

从卢瓦尔河对面看布卢瓦的圣路易大教堂和市政厅

布卢瓦 ⑳

Blois

Loir-et-Cher. 60000 23 pl du château（02 54 90 41 41） 周五（有组织的市场），周六 **www.bloispaysde-chambord.com**

布卢瓦曾是布卢瓦伯爵的封地，15 世纪变成了皇家的领地。直到今天，它一直保持着原貌。小镇的建筑都集中在老布卢瓦，这片多山、部分规划为步行区的区域含有城堡、教堂和河流。路标清晰的游览小径展示了贵族官邸和宫廷庭院。

从河的北畔往回走，可以看到**布卢瓦皇家城堡**（Château Royal de Blois）。在 1598 年亨利四世迁往巴黎之前，这里一直都是法国皇室主要的居住地。路易十四建造了凡尔赛宫（见 174 ~ 177 页），这标志着布卢瓦镇的衰落。城堡的四座侧楼组成一个和谐的整体。三级会议厅是从 13 世纪唯一幸存下来的建筑，这里是参议院和法院的所在地，也是法国最大保存最完好的哥特式大厅。15 世纪后期的路易十二侧翼包含了**美术博物馆**（Musée des Beaux Arts），其中有国王的箭猪标志。

16 世纪的弗朗索瓦一世侧翼是法国文艺复兴时期的杰作，八角形塔楼里有螺旋形楼梯。17 世纪的加斯顿・奥尔良侧翼是古典严肃建筑的典范。

布卢瓦城堡的装饰和油画描述了它曲折的历史。其中一幅油画就是吉斯公爵在 1588 年被刺的肖像画。他被怀疑谋反，并在国王的卧室里被卫兵刺死。凯瑟琳・梅迪奇的书房墙壁由 237 块精美的木质镶板拼成，据说其中四块是储藏毒药的秘密橱柜。

国王路易十二的箭猪标志

圣路易教堂（Cathédrale St-Louis）坐落在东部地区，

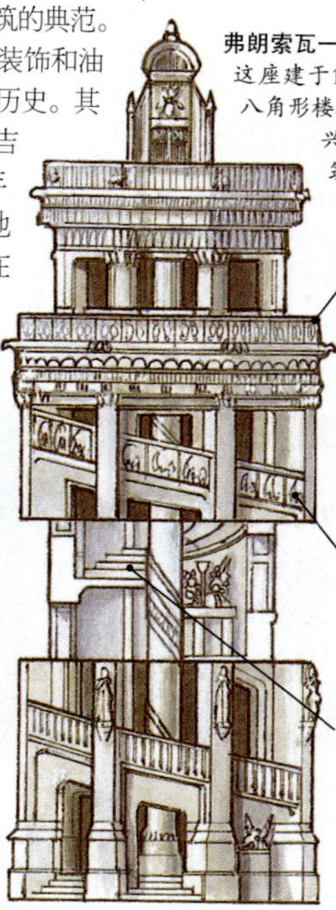

布卢瓦皇家城堡中路易十二的侧翼建筑

的前身是一座旧教堂，在78年几乎被飓风完全摧毁，世纪在此基础上重建了这教堂。

在教堂后面，建于1700的主教宫殿现在是**市政厅**ôtel de Ville）。从周围有露的花园可以欣赏整座城市的人风光。教堂的对面是**杂技员之家**（Maison des Acro-tes），上面雕刻着杂耍者和魔师等中世纪滑稽剧角色。

路易十二广场市场有着17纪的前墙。布卢瓦的皮埃尔是一条幽静的小巷子，它横一个哥特式通道，顺着小山向下蜿蜒到中世纪的犹太人居区。犹太人路上有许多著的宅邸，包括带长廊的**孔代邸**（Hôtel de Condé），它有文艺复兴时期的拱门和庭院，**索宅邸**（Hôtel Jassaud）主上刻有16世纪浮雕。Puits-hâtel街上也有很多文艺复兴时期的豪宅，其中最著名的数带有长廊的**萨迪尼宅邸**Hôtel Sardini）。

渥维尔广场是老布卢瓦最迷人的广场，是半木质房屋的典范。

布卢瓦皇家城堡
电话：02 54 90 33 33 1月~3月和11月~12月：9:00~12:30，13 30~17:30；4月~6月 和9月：9:00~18:30；7月~8月：9:00~19:00；10月：9:00~18:00 1月1日、12月25日

布卢瓦皮埃尔街隐蔽的哥特式通道

博让西的圣母玛利亚修道院教堂的中殿

博让西 21

Beaugency

Loiret. 7500 3 pl de Docteur-Hyvernaud.（02 38 44 54 42）周六 www.beaugency.fr

博让西长久以来都是通往卢瓦尔的东部通道。这个结构紧凑的中世纪小镇是探索奥尔良的绝佳基地。卢瓦尔河是个例外，你可以沿着河岸和石头堤坝散步。在修道院码头的堤岸远望，可以看到一座11世纪的古桥，直到今天，这座桥还是连接布卢瓦和奥尔良的唯一桥梁。在英法百年战争中，这座桥显然是敌军袭击的目标，1429年圣女贞德击败英军夺回此桥之前它曾经四度被英军占领。

在一座荒废的11世纪的瞭望塔上可以俯瞰小镇的中心。它位于**圣菲曼广场**（place St-Firmin），与之一起的还有一座16世纪的钟楼和一尊圣女贞德的雕像。古老的房屋排列在广场上。**德诺阿城堡**（Château Dunois）修建在封建时期的城堡遗址上。本地的博物馆收藏了一系列服饰、家具和古董玩具。城堡的对面是**圣母院**（Notre-Dame），这座罗马式修道院教堂在1152年见证了阿基坦的埃莉诺和路易七世的婚姻结束。

附近Change路上有中世纪的钟楼和文艺复兴时期的**市政厅**（Hôtel de Ville），其前墙上有小镇的盾形徽章。附近磨坊区也很迷人，Pont大街和Rü大街上处处可见小溪和鲜花。

德诺阿城堡（丹尼尔·瓦尼尔博物馆）
3 pl Dunois. 电话：02 38 44 54 42 致电详询 义务

索洛涅的城堡线路

神秘的索洛涅（Sologne）有着森林和沼泽景观，边缘是葡萄园。葡萄酒爱好者可以在这里纵情品尝卢瓦尔河谷的葡萄酒，同时在不同季节还可以吃到来自森林区的鲜嫩野味。索洛涅森林区是狩猎者的天堂，狩猎运动爱好者可以带着猎犬像过去一样追猎。

这条徒步乡村线路可以带领旅游者欣赏卢瓦尔河地区的大部分城堡。参观其中的五座城堡大概需要两天时间，这里的建筑风格多种多样，从封建时期风格到文艺复兴风格，还有优雅的古典风格，应有尽有。游客可以从这些城堡中领略到这一地区建筑艺术的魅力。一些城堡还有人居住，但游客仍可参观。

博勒加德城堡
（Château de Beauregard）
城堡约建于1520年，当时被索瓦一世的狩猎行宫。城堡有327幅皇室成员的肖像画。

肖蒙堡（Château de Chaumont）①
肖蒙城堡建于法国封建时期，有文艺复兴时期的装饰并可以俯瞰卢瓦尔河（见242页）。

0 公里 5
0 英里 5

图例
游览线路
其他公路

旺多姆 ㉒
Vendme

Loir-et-Cher. 18500 47 rue Poterie（02 54 77 05 07）周五和周日 www.vendome.eu

这里曾是朝圣者去往圣地亚哥的重要中转站。现在TGV的出现使交通更加便利，因此旺多姆仍然受到现代朝圣者的欢迎。小镇努力保持着它古老的乡土气息，旧时期的石头建筑周围由卢瓦河环绕，葱郁的花园和别致的餐馆倒映水中。

小镇上最好的纪念馆是建于1034年的**圣三一**（La Trinité）修道院教堂。罗马式钟楼与宏伟的大门相比黯然失色。内部用罗马式的立柱装饰，还有15世纪的唱诗班。在卢瓦尔一座居高临下的悬崖上耸立的城堡是旺多姆伯爵在13～14世纪建造的。游客可以在悬崖下租条小船，沿河漂流，途中会观赏到中世纪的浣衣船、优雅的建筑以及一棵种植于1759年的大树。

旺多姆当地人罗尚博是美国独立战争中的英雄

卢瓦尔 ㉓
Loir

Loir-et-Cher. Tours. Vendôme Montoire-sur-le-Loir. 16 Clémenceau,Montoire-sur-le-Loir（0 54 85 23 30）

北部宁静的卢瓦尔更具迷人的乡土气息。旺多姆村和特茹村值得一游，那里有穴居人的洞穴（见292页），游客还可以钓鱼、划船、品尝葡萄酒。

莱斯罗谢莱韦屈埃（Les Roches-l'Evêque）是一座防御性小镇，下游的**拉瓦丹村**（Lavardin）有罗马式的教堂、哥特式的桥梁和城堡遗址。在**蒙特瓦尔村**（Montoiresur-le-Loir），圣吉尔斯礼拜堂有精美的罗马式壁画。**特茹村**（Trôo）因罗马式圣马丁教堂和穴居人洞穴而出名。特茹村的对面

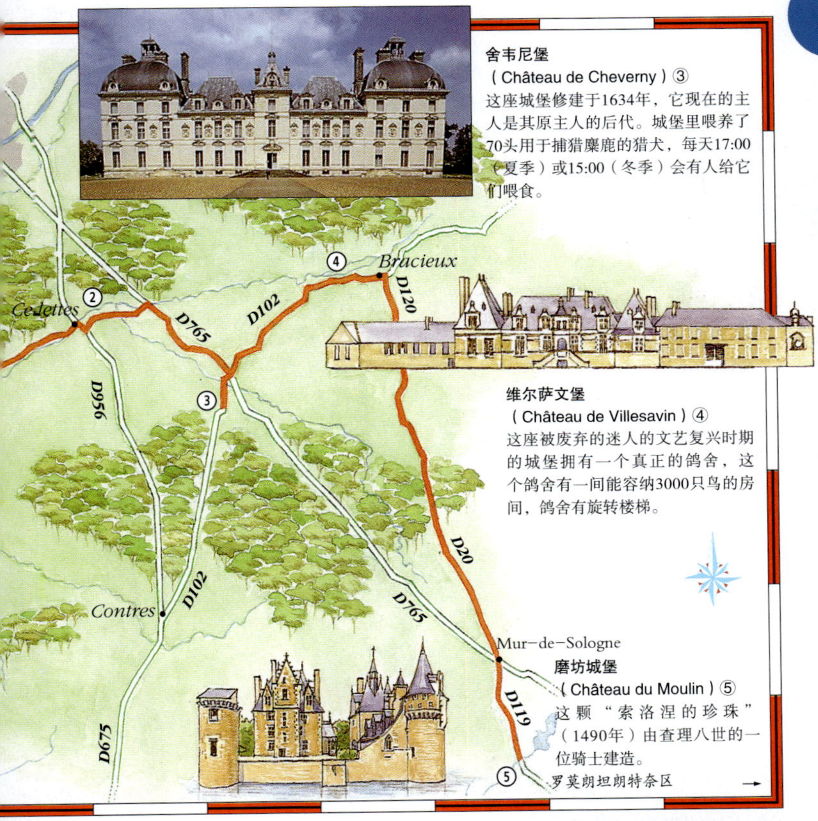

舍韦尼堡
（Château de Cheverny）③
这座城堡修建于1634年，它现在的主人是其原主人的后代。城堡里喂养了70头用于捕猎麋鹿的猎犬，每天17:00（夏季）或15:00（冬季）会有人给它们喂食。

维尔萨文堡
（Château de Villesavin）④
这座被废弃的迷人的文艺复兴时期的城堡拥有一个真正的鸽舍，这个鸽舍有一间能容纳3000只鸟的房间，鸽舍有旋转楼梯。

磨坊城堡
（Château du Moulin）⑤
这颗“索洛涅的珍珠”（1490年）由查理八世的一位骑士建造。

是**圣雅克－德－盖莱兹村**（St-Jacques-des-Guérets），那里有一座罗马式礼拜堂。山坡上的葡萄园生产著名的旺多姆葡萄酒。**庞塞**（Poncé）**和卢瓦尔河畔夏特勒小村**（La Chartre-sur-le-Loir）可品酒。河对面悬崖峭壁上的洞穴现在都被用作葡萄酒酒窖。

北面的**伯斯森林**（Forêt de Bercé）中的小径和溪流纵横交错，西边的**拉鲁德**（Le Lude）小镇坐落于卢瓦尔河南岸，一座15世纪城堡是其中的主要建筑。

拉弗莱舍镇（La Flèche）位于拉鲁德西边20公里处，镇上的Prytanée国家军事学院是亨利四世于1603年创建的一所耶稣会学校。

沙特尔 ㉔
Chartres

Eure-et-Loir. 42400
pl de la Cathédrale（02 37 18 26 26）
周二、周四和周六 www.chartres-tourisme.com

沙特尔拥有欧洲最宏伟的哥特式大教堂（见308～311页）。**圣皮埃尔**（St-Pierre）本笃会修道院教堂有中世界彩绘玻璃窗，而**圣埃尼昂教堂**（St-Aignan）有9世纪修筑的城墙。河边的是罗马式的**圣安德鲁教堂**（Eglise de St-André），现在常举办音乐会和展览。**美术博物馆**（Musée des Beaux Arts）原来是大主教的宫殿，馆内收藏有17～18世纪的家具、文艺复兴时期的珐琅和弗拉曼克的绘画作品。

在沙特尔，大量半木质结构房屋沿着鹅卵石街道排列。沿直通厄尔河的陡峭楼梯可以观赏到磨坊、石桥、洗衣房和大教堂。

厄尔河沿岸的众多洗衣房中的一间

格雷尼尔·德·洛恩是有彩绘窗的国际中心。它的13世纪拱顶储藏室也用于举办临时展览。

美术博物馆
29 cloître Notre-Dame. **电话：**02 37 904 5 80 周三至次周周一 周日上午以及1月1日、5月1和8日、11月1日和11日、12月25日

沙特尔大教堂

旺多姆花窗的局部

艺术历史学家埃米尔·麦尔曾说“沙特尔是中世纪思想的体现”。这座罗马式的大教堂始建于1020年，但在1194年被大火烧毁。只有南北的塔楼、南侧的尖顶、西侧大门及地窖得以保留；神圣的圣母面纱是唯一保存下来的珍宝。镇上农民与贵族同心协力花费了25年将教堂重建一新。1250年后，教堂几乎没再变过，而且也没有受到宗教战争和法国大革命的破坏。这座哥特式教堂赢得了“真正的石头圣经”的美誉。

拉长的雕像
这组位于皇室大门上方的雕塑表现了旧约圣经中的人物形象。

星级景点

- ★ 彩绘玻璃窗
- ★ 南门廊
- ★ 皇室大门

哥特式中殿
中殿高达37米，与它下面的罗马式地下室一样宽敞。

★ 皇室大门（Royal Portal）
皇室大门（1145~1155年）的门楣中央雕刻着基督圣像。

两个尖顶中较高的那个可追溯至16世纪，它有着华丽的哥特式风格，与其对面庄严的罗马式风格形成鲜明对比。

西侧的下半部分建筑是曾经的罗马式教堂的残留部分，其入口和三扇窗户可以追溯到12世纪中期。

迷宫

迷宫

这座13世纪的迷宫镶嵌在中殿的地板上，这是大多中世纪教堂的特征之一。朝圣者跪在地上沿着曲折的线路前进，迷宫代表着前往耶路撒冷的路和生活的复杂性。这条线路长262米，由断开的同心圆组成，跪行至少一个小时才能走完。

游客备忘

Pl de la Cathédrale. **电话：** 02 37 21 75 02 每天8:30～18:45 周二和周五9:00；周一至周六11:45和18:15（周六18:00）；周日9:15（拉丁语）、9:15和11:00

http://cathedrale.chartres.free.fr

顶

种肋状的网状结构支着拱顶。

柱子上的圣母

16世纪用深色的梨木雕刻的这件复制品是以一幅13世纪的雕像为原型。雕像周围常常环绕着点燃着的蜡烛。

★ 彩绘玻璃窗（Stained-Glass Windows）

这扇窗户覆盖了超过2600平方米的建筑表面区域。

★ 南门廊（South Porch）

南门廊上的雕刻（1197～1209年）阐释了《新约》的教义。

地窖

这是法国最大的地窖，绝大部分建筑可追溯到11世纪早期，里面收藏有圣母的面纱等遗物。地窖有两条走廊、一系列的小礼拜堂和9世纪的圣鲁宾的拱顶。

沙特尔的彩绘玻璃

这件由王室、贵族、牧师和商人同业会于1210～1240年间捐赠的彩绘玻璃收藏品可以说是举世闻名。大约176块玻璃讲述了《圣经》里的故事和13世纪日常生活的画面。在两次世界大战中这些窗户被拆成一块一块，并转移到安全的地方。自20世纪70年代起，工匠们开始修缮这些窗户，使它尽量恢复原样，至今这项工作还在进行。

教堂后殿上方的彩绘玻璃

救赎之窗（Redemption Window）
六幅画面描述了基督在十字架上受难与死亡的场景（约1210年）。

★ 耶西的树（Tree of Jesse）
这面12世纪的彩绘玻璃展示了耶稣基督的家谱。这幅树状图起源于耶西，他是大卫的父亲，耶稣在顶部登上王位。

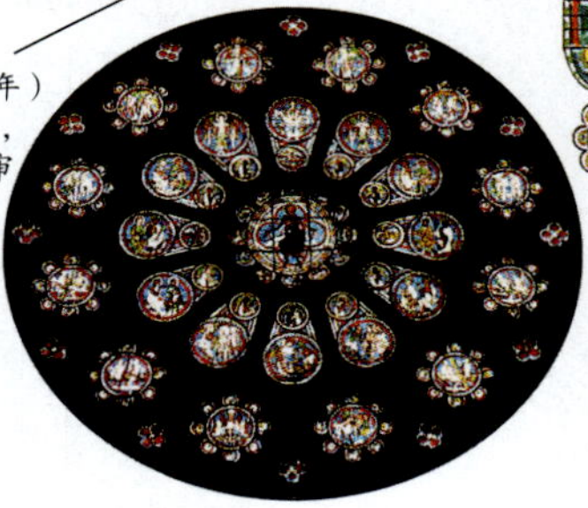

★ 西玫瑰花窗
在这扇窗户（1215年）中，耶稣坐在中央，表现出《最后的审判》的场景。

图例

1 耶西的树
2 化身
3 受难与复活
4 北玫瑰花窗
5 西玫瑰花窗
6 南玫瑰花窗
7 救赎之窗
8 圣尼古拉斯
9 约瑟夫
10 圣厄斯塔斯
11 圣鲁宾
12 诺亚
13 福音传播者圣约翰
14 抹大拉的马利亚
15 慈善的撒马利亚人和亚当与夏娃
16 圣母升天
17 旺多姆礼拜堂之窗
18 玛丽的奇迹
19 圣阿波利纳里斯
20 现代之窗
21 圣富尔伯特
22 圣安东尼和圣保罗
23 蓝色圣母
24 圣母的生活
25 十二宫图之窗
26 圣马丁
27 圣托马斯·贝克特
28 圣玛格丽特和圣凯瑟琳
29 圣尼古拉斯
30 圣雷米
31 圣长雅各伯
32 查理曼大帝
33 圣西奥多和圣文森特
34 圣斯蒂芬
35 圣谢龙
36 圣托马斯
37 和平之窗
38 现代之窗
39 回头的浪子
40 以西结和大卫
41 亚伦
42 天使报喜——圣母往见
43 以赛亚和摩西
44 丹尼尔和耶利米

瑰花窗
窗中的圣母由犹太国王们和
环绕着，体现了《颂赞圣
（约1230年）的场景。

解读玻璃花窗

每扇窗户都被分成一块块小镶板，通常是按照从左向右、从下向上（从地到天）的顺序来看。人们认为画像或者所有用的抽象图案的数量是有象征意义的：3代表教会，4往往象征物质世界或四个元素。

化身之窗上面的镶板

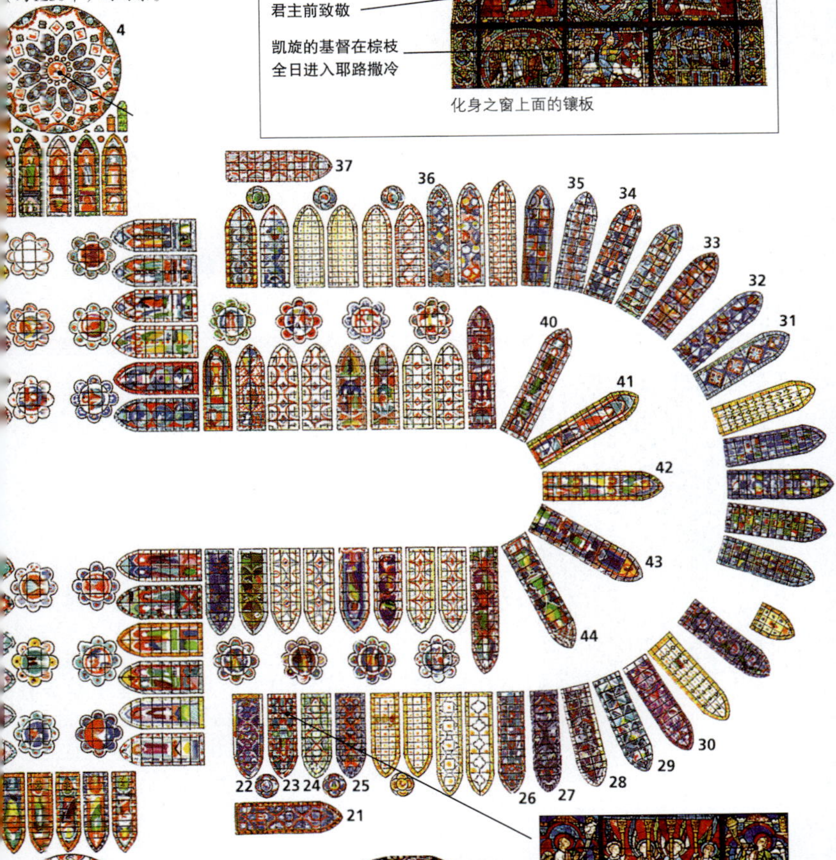

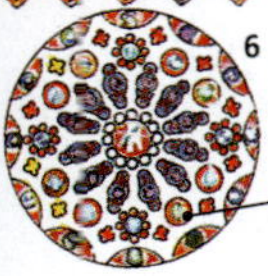

南玫瑰花窗
窗户中描绘了《启示录》和《基督圣像》（约1225年）。

★ 蓝色圣母窗
（Blue Virgin Window）
这扇窗的底截镶板描述了基督在迦南的婚礼上变水为酒的故事。

重要的几扇窗

★ 西玫瑰花窗

★ 耶西的树

★ 忧郁的圣女窗

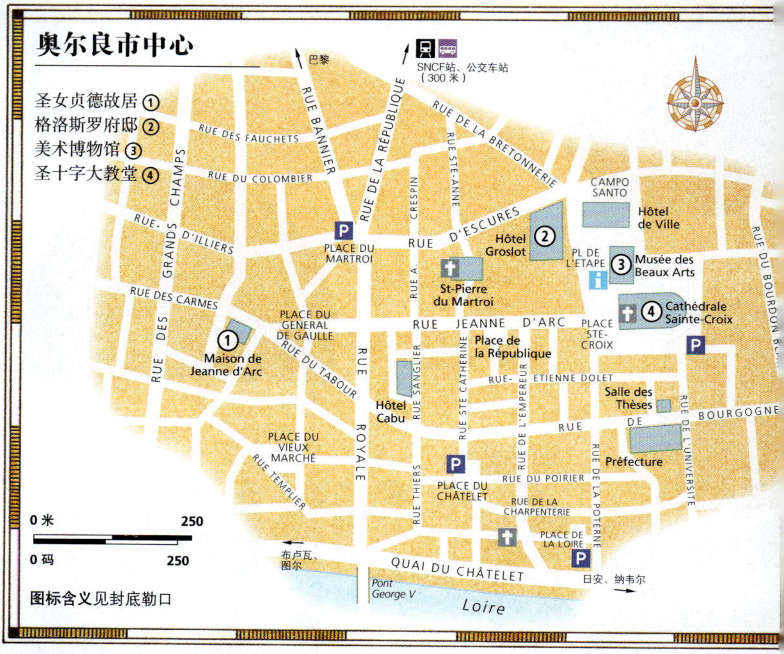

奥尔良的圣十字大教堂

奥尔良 ㉕

Orléans

Loiret. 112500 2 pl Etape（02 38 24 05 05） 周二至周日
www.tourismeorleans.com

奥尔良市新修的大桥象征着这座城市作为法国和欧洲的地理核心的重要地位正在不断上升。对于旅行者而言，人们通常是被这座城市悠久的历史吸引。圣女贞德是这里的一大亮点。1429年，这位奥尔良少女就是在这拯救了英法战争中的法国（见300页）。虽然1431年她在鲁昂牺牲，但她永远都是奥尔良的代表人物。每年4月29日和5月1日、7日、8日人们都会举行大型的庆典活动来再现当时她解放城市的情景。

“二战”中奥尔良市中心被严重损毁，但大部分都被重建。这里有教堂、卢瓦尔河和**殉难广场**（place du Martroi）。不远处是**圣女贞德故居**（Maison de Jeanne d'Arc），它是1961年根据旧建筑重建的仿制品，1429年贞德曾被囚禁于此。

从殉难广场出发，Escures街穿过文艺复兴时期的宅邸，通向教堂。其中**格洛斯罗府邸**（Hôtel Groslot）是最宏伟的16世纪红砖府邸，查理九世、亨利三世和亨利四世都曾在这里居住过。17岁的弗朗索瓦二世于1560年死于此地，死前他刚和他年轻的新娘参加了全国三级会议。他的妻子玛丽后来成为苏格兰王后。在1790～1982年间，这座建筑又变成了奥尔良的市政厅。其豪华的内部目前仍用于婚礼和官方仪式。

格洛斯罗府邸斜对面就是新的**美术博物馆**（Musée des Beaux Arts），里面陈列了16～20世纪的欧洲艺术作品。

附近的**圣十字大教堂**（Cathédrale Sainte-Croix）非常壮丽，初建于13世纪末期，但在1568年被新教教徒摧毁，后来于17～19世纪之间按哥特式风格重建。

格洛斯罗府邸
Pl de l'Etape. **电话：** 02 38 79 22 30
每天 偶尔

美术博物馆
Pl Ste-Croix.
电话： 02 38 79 21 55 周二至周日 1月1日、5月1日、5月8日、11月11日、12月25日 每月的第一个周日免费

圣女贞德故居
3 pl du Général de Gaulle.
电话： 02 38 52 99 89 致电详询

本地区住宿及餐饮信息见568～572页和620～625页

奥尔良圣十字大教堂里的圣女贞德彩绘玻璃

卢瓦尔河畔圣贝努瓦 ㉖
St-Benoît-sur-Loire

Loiret. 2000 44 rue Orléanaise（02 38 35 79 00）**www.saint-benoit-sur-loire.fr**

坐落于卢瓦尔河沿岸奥尔良与日安之间的圣伯努瓦教堂自诩是法国最美的罗马式修道院（1067～1108 年）。它的前身建于 650 年，以圣本笃的名字来命名。7 世纪末，人们把他的遗物从意大利运至这里。

教堂的钟楼门廊上雕刻着描述《圣经》中场景的文字。中殿高大而明亮，唱诗班的地板用意大利大理石拼接而成。每日的格列高利圣咏仪式对公众开放。

布尔日 ㉗
Bourges

Cher. 80000 21 rue Victor Hugo（02 48 23 02 60）周二至周日
www.bourgestourism.com

这座高卢－罗马时代的城市也被称为雅克·科尔之城，雅克·科尔是查理七世的财政官。他还是一位靠自己的力量获得成功的中世纪商人。1862 年，拿破仑三世在此制造加农大炮，雅克·科尔作为军火商显示出了出色的才能，他当时制定的一些惯例在其后的 4 个世纪一直被沿用。

雅克·科尔宫（Palais Jacques Coeur）是一座哥特式风格的珍宝，也是缅怀它的第一位主人的永久纪念物。宫殿于 1453 年建成，现在结合了科尔的扇贝和心的标志，以及他的信条：有一颗勇敢的心，没有什么不可能。桶状楼梯、小礼拜堂和土耳其蒸汽浴房不要错过。

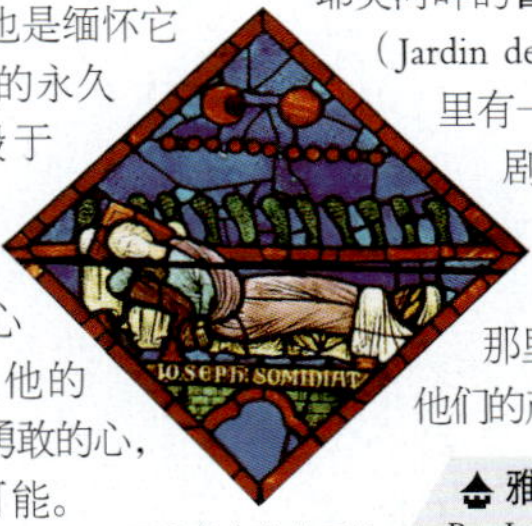

圣艾蒂安教堂里的彩绘玻璃窗

布尔日还是大学城和文化圣地，这里举办的春季音乐节也闻名遐迩。

圣艾蒂安教堂（St-Etienne）是法国最宽敞的哥特式教堂。西面有五扇石雕的大门，中间的一扇细腻地刻画了《最后的审判》。唱诗班里有宗教协会赠送的栩栩如生的 13 世纪彩绘玻璃。地下室里保存着 14 世纪贝里公爵的大理石石棺。贝里公爵酷爱艺术，他最有名的收藏是《贝里公爵的富贵石光》（见 204 ～ 205 页）。站在北面的塔顶，可以将修复后的中世纪城区尽收眼底。旁边有一片沼泽地，偶尔会有鸟儿在此栖息。教堂边上还有一间谷仓和高卢－罗马时代的城墙遗迹。

雅克·科尔雕像

耶芙河畔的**普雷－菲绍花园**（Jardin des Prés Fichaux）里有一个水池和露天剧场。北面是**布尔沼泽**（Marais de Bourges），那里的园丁用船将他们的产品运输出来。

雅克·科尔宫
Rue Jacques Coeur.
电话：02 48 24 79 42 每天 1月1日、5月1日、11月1日和11日、12月25日

郊外

诺尔拉修道院（Abbaye de Noirlac）位于布尔日以南大约 35 公里处贝里地区。它建于 1136 年，是法国保存最完好的西多会修道院之一。

普雷－菲绍花园中的雕像

法国中部和
阿尔卑斯山脉

法国中部和阿尔卑斯山脉概览　316~325

勃艮第和弗朗什孔泰　326~351

中央高原　352~371

罗讷河谷和法国阿尔卑斯山脉　372~391

法国中部和阿尔卑斯山脉概览

该地区的地理特征变化多端，既有工业化的美食大都市里昂，又有广阔的农业平原勃艮第。中央高原的山区与阿尔卑斯山吸引了无数游客，它是进行徒步和室外运动的绝佳地点。以下是这个地区主要的景点，包括自然风景和建筑艺术。

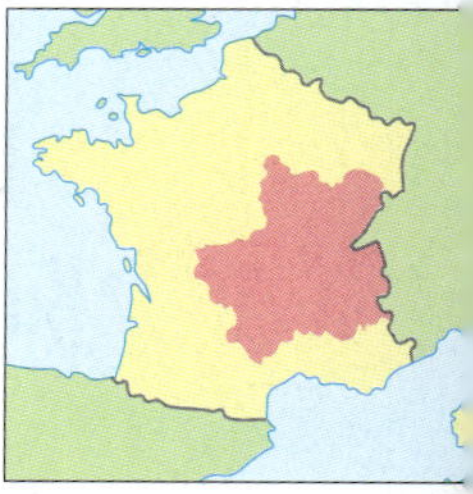

圣马德莲教堂（Basilique Ste-Madeleine），这座著名的朝圣教堂是山顶小镇维泽莱的骄傲，它也是勃艮第罗马式建筑的代表，它因精致的门楣雕刻和中殿而闻名（见336～337页）。

圣福伊修道院（Abbaye de Ste-Foy）位于孔克村（见368～369页），是法国伟大的朝圣教堂之一。修道院里面收藏着中世纪时期的大量财宝和文艺复兴时期的黄金圣骨盒。

塔恩峡谷（Gorges du Tarn）有着法国最为壮观的自然风光。在与塔恩河河道平行的小路上可以看见这个壮观的峡谷（见370～371页）。

丰特内修道院（Abbaye de Fontenay）是法国最古老的西多会修道院（见332～333页），由圣伯纳修建于12世纪早期。这座保存完好的罗马式修道院是西多会修士简朴生活的证明。

法国中部特产

里昂有名的传统美食和勃艮第的美酒佳肴使法国中部成了美食家的天堂。这个地区的大厨完全不用担心原料的问题：这里不仅有上等的布雷斯鸡肉、夏洛来牛肉和莫尔旺火腿，有洞贝沼泽地里的野禽、蛙和索恩河、罗讷河的鱼，还有被称作"勃艮第牡蛎"的肥蜗牛。弗朗什孔泰和侏罗则因熏香肠、农舍乳酪、核桃油和冰川融水湖里的鱼而闻名。中央高原盛产腌火腿、猪肉、法国硬干酪，还有著名的勒皮绿扁豆和野蘑菇。

黄菌蘑

一位农民向人们展示腌制好的火腿

勃艮第与弗朗什孔泰

勃艮第是法国最大的葡萄酒产区之一，所以葡萄酒在菜肴中也广泛应用，boeuf bourguignon 就是用腌过的夏洛来牛肉放入红酒中炖煮，再放上小洋葱、腌肉和蘑菇而成。其他风味小吃还有酒焖仔鸡和红酒煮蛋。第戎有名的芥末主要搭配牛排，moutarde au lapin 是兔肉配奶油芥茉酱。勃艮第和弗朗什孔泰有最著名的法国乳酪：Epoisses 是用加勃艮第白兰地冲过的牛奶酪；Cîteaux 是修士制作的乳酪，Vacherin-Mont d'Or 则是可以冬季直接拿出食用的一种乳酪。这里黑加仑也广泛被种植，用于制作甜点和干白葡萄（黑加仑甜酒）。

中央高原

奥弗涅人在巴黎开了许多餐馆，他们的农家美食闻名于世。餐馆里有各

让人流口水的法国传统奶酪

当地美食与特产

扎成捆的洋葱

法国中部地区的菜肴中含有大量用葡萄酒、黄油和奶油做成的酱汁，它可以使菜肴的味道更加浓烈；如浸在黄油和大蒜里的蜗牛、用乳酪和奶油烹制的土豆，还有在葡萄酒里慢慢炖煮的牛肉、羊肉、鸡肉（装盘时通常在表面淋上一层奶油或黄油）。蘑菇一般和奶油汁一起煮，鱼肉则常常以奶油焗的方式烹饪。其中最具代表性的菜肴是高山奶酪火锅，它是将乳酪熔化后和樱桃白兰地与葡萄酒一起盛在一个特殊的陶瓷锅里，然后用叉子插着面包块蘸乳酪吃。有趣的是通常情况下，把面包掉到锅里的人需要亲吻餐桌上的其他人。

Oeufs en meurette 这道勃艮第菜是用在红葡萄酒里蒸过的鸡蛋配以洋葱、蘑菇和腌肉制作而成。

昂市场上热卖的传统熟食

地的菜肴，如夹着卷心的猪肉和aligot。勒皮扁生长在普昂威雷盆地肥的火山土壤中，它可以香肠或熏肉，也可以做拉。奥弗涅的萨勒牛肉利穆赞牛肉很棒，野生类也是应季美食。硬干历史悠久，是法国最早始食用的奶酪，味道有像切达。著名的蓝色羊干酪是在洛泽尔的石灰洞里放熟的。

罗纳河谷和阿尔卑斯山脉

里昂传统的酒馆和餐馆早以前就出名了，那里的师一般都是女性，她们被尊称为“妈妈”。“妈妈”们的拿手好菜是洋葱汤、里昂香肠还有各种熟食。同样有名的还有里昂的贸易市场，那里出售丰富的果蔬，水果有杏、梨和浆果，蔬菜包括洋葱、甜菜和刺菜蓟，还有尼翁的油橄榄。布雷斯则以鲜嫩的鸡肉闻名。

待售的篮装红樱桃和黑莓

洞贝湖和阿尔卑斯山有丰富的海鲜，如鲈鱼、鳟鱼和大马哈鱼。鲈鱼通常被做成 quenelles de brochet：这道菜的做法是将鱼片与面粉混合，做成饺子后加入奶油酱烤。阿尔卑斯山出产各种乳酪，有直接食用的拉克莱特干酪和奶酪火锅，它们也可夹在土豆片中或做奶油烤菜。

菜单

Chou farci 夹有猪肉和香草的卷心菜。

Gigot Brayaude 放入土豆片和培根片的烤羊腿。

Gougère 圆形的奶油泡芙糕饼。

Jambon persillé 火腿和洋香芹肉冻。

Pochouse 白葡萄酒炖淡水鱼（鲤鱼、梭鱼、鳝鱼、鳟鱼）。

Potée savoyarde 蔬菜、鸡肉、火腿和香肠混合做成的火锅。

Salade auvergnate 奥弗涅火腿块、硬干酪和核桃。

Petit salé 奥弗涅地区的一道特色菜，在葡萄酒中蒸煮的咸猪肉和小勒皮绿扁豆。

Aligot 将切成细条的硬干酪放入黄油、蒜味土豆泥中搅动，直至凝结在一起。

Clafoutis 通常是把黑樱桃放在面粉、牛奶、鸡蛋混合成的糊状物中烘烤，然后淋上樱桃白兰地。

法国葡萄酒产区：勃艮第

人们摘葡萄时使用的篮子

勃艮第及其美酒的盛名已经持续了好几个世纪。早在14世纪，瓦卢瓦公爵统治勃艮第时，该地葡萄酒的美名就已经传遍整个欧洲。1935年，不同名称的葡萄酒产区划分体系开始生效，但即使到了今天，这个分类体系仍然有待完善。对于那些坚定的葡萄酒爱好者来说，到了法国，勃艮第地区就是一个不可不去的地方。游客们可以了解这里悠久的葡萄酒历史，还可以参观传统的大葡萄园。

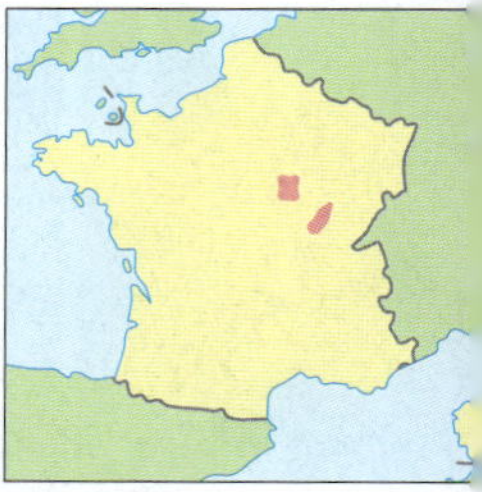

定位地图

勃艮第葡萄酒产区

夜丘的伏旧园

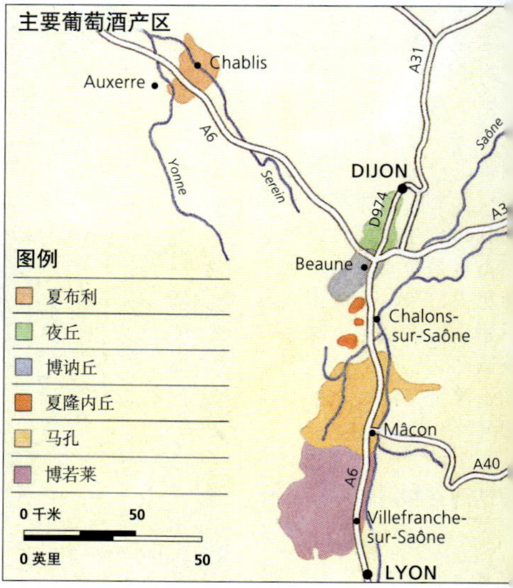

葡萄酒产区

在北部的夏布利与南部的夏隆内丘和马孔之间的地区是科多尔省，其中包括夜丘和博讷丘。博若莱（见377页）位于马孔的南部。

勃艮第葡萄酒的关键要素

产地和气候

大陆性气候（寒冷的冬季和炎热的夏季）的天气变化很大，这是决定葡萄酒质量的一个重要因素。最好的葡萄园一般都是白垩质土壤，面朝南或东。

葡萄种类

勃艮第地区的葡萄种类很少。勃艮第红葡萄酒是由黑比诺葡萄酿制而成，其中带有覆盆子、樱桃和草莓的甜味。而加美葡萄一般被用来酿造马孔和博若莱红葡萄酒，霞多丽多用于酿造夏布利酒和勃艮第白葡萄酒；但是这里的阿里高特和白比诺葡萄产量较少，索维尼翁是圣布里斯的特产。

优秀的生产商

勃艮第白葡萄酒：Jean-Marie Raveneau、René Dauvissat、La Chablisienne、Comtes Lafon、Guy Roulot、Etienne Sauzet、Pierre Morey、Louis Carillon、Jean-Marc Boillot、André Ramonet、Hubert Lamy、Jean-Marie Guffens-Heynen、Olivier Merlin、Louis Latour、Louis Jadot、Olivier Leflaive。

勃艮第红葡萄酒：Denis Bachelet、Daniel Rion、Domaine Dujac、Armand Rousseau、Joseph Roty、De Montille、Domaine de la Pousse d'Or、Domaine de l'Arlot、Jean-Jacques Confuron、Robert Chevillon、Georges Roumier、Leroy、Drouhin。

上等葡萄酒的年份

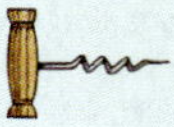

（红）2009、2005、2002、1999

（白）2008、2005、2001、1996

很多勃艮第的葡萄园都非常注重自己的品牌，比如德－拉－荷西园，无论从园内布局还是其他方面它们都有自己的设计。

级葡萄园的葡萄品最好，它们几乎“侵”了科多尔的所有坡地区。

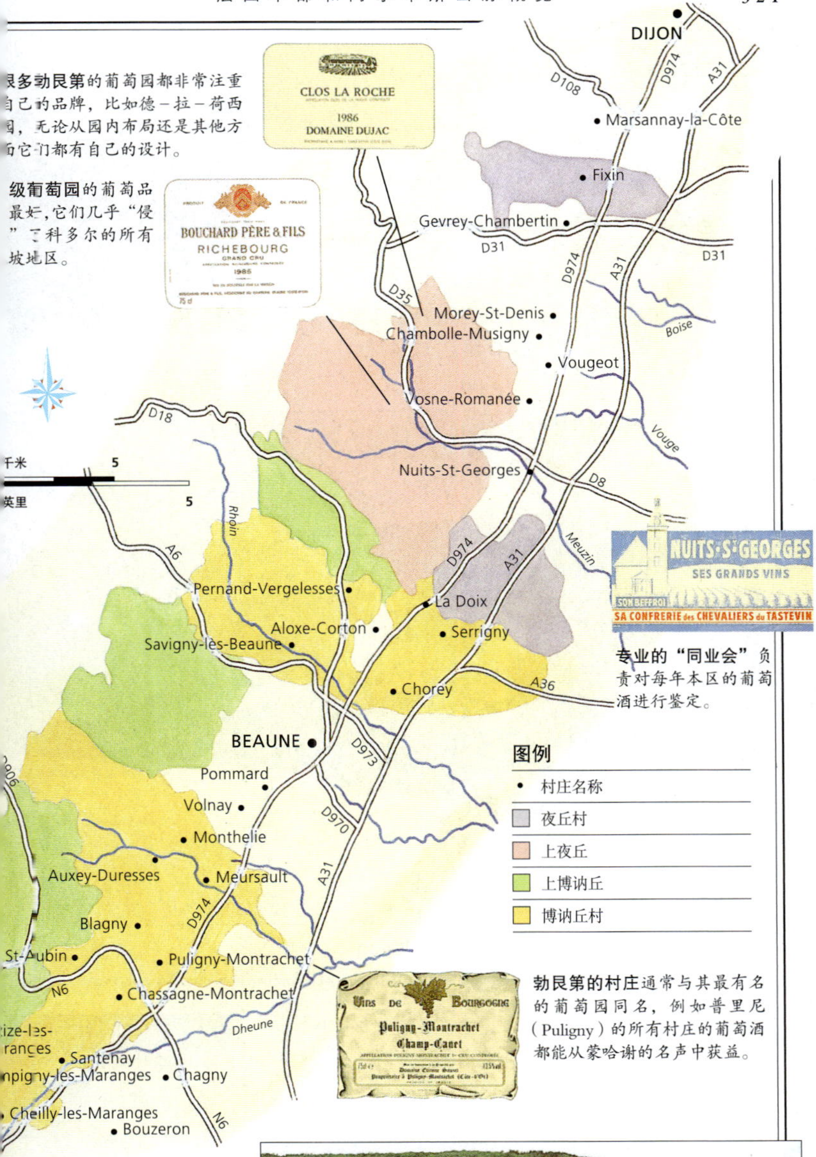

专业的“同业会”负责对每年本区的葡萄酒进行鉴定。

勃艮第的村庄通常与其最有名的葡萄园同名，例如普里尼（Puligny）的所有村庄的葡萄酒都能从蒙哈谢的名声中获益。

科多尔

夜丘和博讷丘一起组成了“金色”的科多尔（见 344 页），一年一度的世界著名葡萄酒拍卖会（见 346 页）就在博讷镇上举行。“上区”和“乡村”葡萄酒的葡萄种植土壤条件是不同的，但更多人还是喜欢私人的葡萄酒品牌。

正在尼伊圣乔治葡萄园里摘葡萄的人们

法国阿尔卑斯山脉

无论任何季节，阿尔卑斯山都是法国最壮观的风景胜地之一，这座雄伟的山脉从日内瓦湖区向南延伸，几乎到达地中海，海拔高达4800米的勃朗峰是欧洲最高峰。这个地区古老的多菲内和萨瓦曾经都是偏僻而独立的地区（萨瓦在1860年成为法国的一部分），直到20世纪阿尔卑斯山成为人们喜爱的度假胜地和滑雪场之后，它们才逐渐繁荣起来。尽管如此，它们仍然十分注重保留自己的特色。

穿着萨瓦传统服装的孩子们

阿尔卑斯山脉的雪景：库尔舍韦勒斜坡上的农舍和滑雪者

冬季

滑雪季始于圣诞节前夕，持续到次年4月末。这里有越野和高山滑道，

托阿瓦雷的库尔舍韦勒的一架缆车

还有连接滑雪站的小滑道。体力较差的人可以坐缆车欣赏风景。

在100多个法属阿尔卑斯山滑雪场中，最受欢迎的有**霞慕尼－勃朗峰**（Chamonix-Mont Blanc），它是1924年第一届冬奥会的赛场；**梅杰夫**（Megève）是欧洲最好的滑雪学校之一；瑞士边界的全年滑雪场**摩津**（Morzine）位于现代无车度假村**阿沃里亚兹**（Avoriaz）下面；**阿尔贝维尔**（Albertville）是1992年冬季奥林匹克运动会赛场；**托阿托**

瓦勒迪尔泽的一位坡道滑雪者

雷（Les Trois Vallées）包括**库尔舍韦勒**、**美贝尔**和**葱仁谷**；**蒂涅**（Tignes）全年开放，此外还有**莱萨尔克**（Les Arcs）等。

阿尔卑斯山的鲜花

一到春季和初夏，法国阿尔卑斯山脉的草地上就开满了五彩缤纷的鲜花，有蓝色和黄色的龙胆花、吊钟花、百合、虎耳草和各种各样的兰花。因为这些草地位于深山之中，没有农民开垦，也没有肥料和灭草剂的污染，所以野花开得十分旺盛。

春天盛开的龙胆花

百合

春天旦的法国阿尔卑斯山脉：鲜花盛开的草地与白色山峰交相辉映

春季和夏季

阿尔卑斯山的夏季约在月末到9月初之间，而大部分的滑雪场在10月和11月关闭，那时候没有任何远足和滑雪活动。气候变暖之后，这里有鲜花盛开的草地、覆盖着薄冰的湖泊和蜿蜒的小路，非常美丽。这是远足梦想中的天堂。仅在霞慕尼就有长达310公里的远足小径。最著名的**勃朗峰小径**（Tour du MontBlanc）是穿越法国、意大利和瑞士的为期10天的徒步线路。**GR5**公路穿越了整个阿尔卑斯山，经过**瓦努瓦兹国家公园**（National de la Vanoise）和**奎拉斯地区公园**（Parc Régional du Queyras。乘坐缆车的游客要穿暖和防水的衣服。

阿尔卑斯山牧场上系着铃铛的奶牛

许多度假村开发了高尔夫、网球等夏季娱乐项目。

勃朗峰附近山上的登山者

中央高原的地质环境

中央高原的历史可以追溯到25亿年之前，它几乎占据了法国领土的五分之一，其中大部分的山峰已经被侵蚀成大片的高原，上面分布着深深的峡谷。中央高原的中心地带是坚硬的火成岩，如花岗岩；而边缘则是像石灰石一类的较软的岩石。不同地区的建筑使用不同种类的岩石：在被侵蚀的塔恩谷地，房子由赤褐色的石灰石建成；而利穆赞的特色是花岗岩农舍；勒皮则因它巨大的玄武岩柱梁而别具一格。

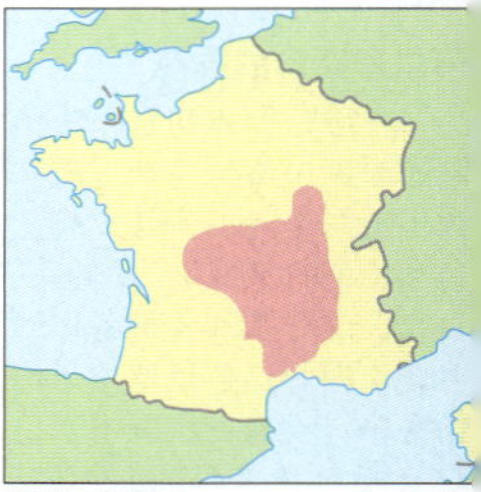

定位地图

中央高原的范围

这扇花岗岩大门是穆蒂耶多恩罗马式教堂的大门。中央高原的大部分地下都有花岗岩矿藏。

玄武岩是由火山熔岩形成一种发暗的细粒状岩石。奥弗涅地区，普通的建筑石通常被切成小块并与颜略浅的灰泥混合。萨勒（363页）中世纪的小镇上的部分建筑都是用玄武岩建包括大宫殿。

片岩瓦是阿让塔小镇屋顶的特色。片岩是一种分层的晶体状岩石，在中央高原边缘地带尤其普遍，是一种实用的瓦片材料。

石灰岩墙多见于埃斯帕利永（见366页）的房屋。在中央高原的所有岩石中，石灰岩是最易开采的岩石之一，它已经分裂开来，并且足够软，以至于可以用手锯将其切成小块。与花岗岩一样，它的颜色与坚固程度随地域改变而改变。

结晶熔岩，如普拉德这块巨大的柱状岩石，它是液状玄武岩从周围岩石中渗出并凝固而成的巨大晶体。

图例

- 沉积岩
- 地表火山岩
- 花岗岩
- 变质岩

石灰岩高原（喀斯）是这个地区的典型特色。在这里的峡谷中，河流穿过微溶的岩石层，峡谷一直深入中央地块。

埃古阿勒山的这片美景是塞文山脉（见 367 页）的最高点。其中蜿蜒而过的河流流入大西洋和地中海。山上的花岗岩和片岩已受到侵蚀。

认识岩石

地质学家将岩石分为三类：火成岩，例如花岗岩，是在火山运动时岩浆被喷到地表或者入侵到地下其他岩石中形成的；沉积岩由沉淀物固结而成；变质岩由于温度或压力的变化而产生变质形成。

沉积岩

鲕状灰岩常常含有化石和少量石英。

地表火山岩

玄武岩可以形成很厚的岩层，是最常见的火山岩。

花岗岩

粉色花岗岩是一种形成于地壳深处的粗粒岩石。

变质岩

白云母片岩是一种含有中等颗粒的泥浆或黏土岩石。

勃艮第和弗朗什孔泰

约讷省·涅夫勒省·科多尔省·索恩－卢瓦尔省
上索恩省·杜省·侏罗省

被公认为法国心脏地区的勃艮第有着举世闻名的葡萄酒，乡土气息浓厚的美味佳肴，还有雄伟壮丽的建筑。弗朗什孔泰区向东连接着平坦的农田和茂密的阿尔卑斯山森林。

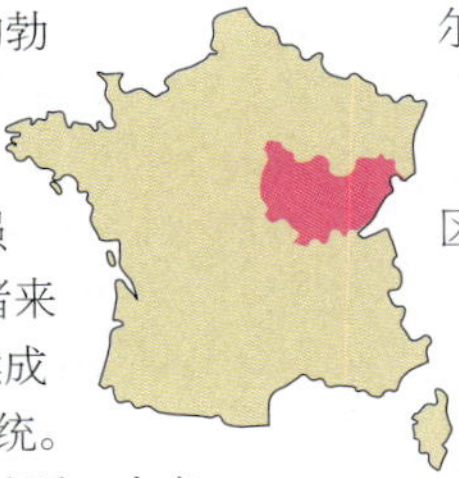

在瓦卢瓦公爵统治下的勃艮第在当时是法国最强大的竞争对手，其疆域比现在要大得多。到16世纪，虽然有法国国王指定的统治者来管理这个公国，不过它仍然成功地保留了自己的特权与传统。曾经属于勃艮第的弗朗什孔泰是一个自由县，一直努力脱离法国统治。它曾是神圣罗马帝国的一个省，直到1674年才被路易十四吞并。

从过去到现在，勃艮第一直都是一个富裕的地方，而且也是中世纪的宗教中心，韦泽莱、丰特内和克吕尼拥有许多罗马式的教堂建筑。第戎是一个辉煌的城市，那里不仅有众多勃艮第旧贵族的宏伟豪宅，城里的美术博物馆还收藏了许多伟大的油画与雕塑作品。科多尔、博讷丘和夏布利的葡萄园则出产世界上最受推崇的葡萄酒。另外，这个地区还有壮丽的自然景观，从莫尔旺的野生森林到布希欧纳肥沃的农田，这里盛产蜗牛、布雷斯鸡和夏洛来牛肉。

相比较而言，弗朗什孔泰则朴素得多，它的首府贝桑松是一座优雅的17世纪城市，有着悠久的钟表制作传统。在地理上，弗朗什孔泰被划分为两部分，一半是索恩河谷里可循环耕作的农田，一半是东面高耸的阿尔卑斯山脉。散布在阿尔卑斯山森林里的村庄盛产鳟鱼，同时还是著名的乳酪之乡，尤其是瓦希林乳酪和孔泰奶酪。此外，阿尔布瓦的黄葡萄酒也极负盛名。

马孔附近的索特留岩石史前遗址

◁ 世界著名的博讷丘地区的桑特奈葡萄园

探索勃艮第和弗朗什孔泰

勃艮第在历史、文化、美食以及经济上都算是法国最富有的省份。这个中心地带曾经十分繁荣，在丰特内和韦泽莱都有独特的罗马式建筑群，还有几种最受人们推崇的葡萄酒。第戎则是艺术、建筑和美食爱好者的天堂。弗朗什孔泰更适合热衷于户外活动的旅游者，他们可以在风景秀丽的野外进行徒步旅行或是在清澈见底的河中泛舟游览。

丰特内附近的勃艮第河畔风景

第戎奥布里奥宅邸独特的勃艮第琉璃瓦

图例

- 高速公路
- 主要公路
- 二级公路
- 次要公路
- 风景大道
- 主要铁路
- 次要铁路
- 国界
- 地区界限
- 山峰

0 千米 25

0 英里 25

更多地图图标含义见封底勒口

游景点分布示意图

斯勒法朗克城堡 7
利斯圣兰 10
瓦隆 13
猬瀑布 26
尔布瓦 27
尔克－塞南 29
尔南 32
讷 20
希欧纳 24
尔福 33
桑松 31
戎 18
勒 28
特内修道院 9
尚 34
吕尼 22
多尔 19

莫尔旺 14
马孔 25
讷韦尔 16
欧塞尔 3
欧坦 17
皮赛－福泰尔 2
巴莱毛尼 23
夏布利 4
桑斯 1
塞纳河畔沙蒂永 8
奥克苏瓦－塞米 11
索略 15
尚普利特 30
唐莱古堡 6
托内尔 5
图尔尼 21
韦泽莱 12

在科多尔的尼伊圣乔治，人们正在采摘葡萄

周边交通

A6高速路从巴黎通往里昂和马赛，并与从南锡和第戎延伸而来的A31公路（还有被A26公路穿过的英吉利海峡港口）和来自贝桑松的A36公路相连。从第戎到里昂的A39公路横穿这个地区。如果时间充裕，也可以尝试一下勃艮第和弗朗什孔泰宁静的乡村小路。除此之外，连接着第戎和马孔、巴黎、日内瓦和马赛的TGV是十分高效的交通工具。第戎是铁路枢纽，连接着这个地区的其他城镇。

桑斯珍宝室中11世纪的圣骨匣

桑斯 ❶
Sens

Yonne. 30000 pl Jean-Jaurès (03 86 65 19 49) 周一、周三、周五和周六 www.office-de-tourisme-sens.com

桑斯位于约讷河和瓦讷河的交汇处，地理位置十分重要。赛农人在公元前390年试图攻占镇上的罗马主神殿时曾被一群鹅挡住了去路。

圣艾蒂安大教堂（Cathédrale St-Etienne）始建于1140年以前，是桑斯最壮观的哥特式大教堂。1234年，路易九世（见51页）在桑斯举行了婚礼，这件事给这个小镇带来了至高无上的荣耀。

教堂里12~16世纪彩绘玻璃描绘了《圣经》里的场景，如《耶西的树》等。主教在祈祷仪式上穿的长袍保存在珍宝馆里，它是**桑斯博物馆**（Musées de Sens）的一部分，其中还有一个拜占庭圣骨匣。

桑斯博物馆
Pl de la Cathé drale. 电话：03 86 64 46 22 6月~9月：周三至次周周一；10月5月：周三、周六、周日（周一、周四和周五仅下午）

皮赛-福泰尔 ❷
La Puisaye-Forterre

Yonne, Nièvre. Auxerre, Clamecy, Bonny-sur-Loire, Cosne-Cours-sur-Loire. St-Fargeau, St-Sauveur-en-Puisaye Charny（03 86 63 65 51）

皮赛-福泰尔因科莱特（1873~1954年）而闻名。她出生于**圣苏维尔**（St-Sauveur）。镇上的17世纪城堡现在是**科莱特博物馆**（Musée Colette）。

这里自然风光优美，到处都是森林、果园和草地，还有蜿蜒的河流和清澈的溪水，参观的最好方式是步行或者骑车，也可以乘坐Transpoyaudin，这是一列从圣苏维尔开往圣伯努瓦的火车，全程27公里。

盖德隆城堡（Château de Guédelon）是一座只采用原始建造方法和材料建造而成的城堡，它花费了25年时间，主要为了再现中世纪城堡的修筑技术。城堡附近是13世纪的**芮蒂里城堡**（Château de Ratilly），城堡里有陶瓷艺术展。皮赛粗陶器制品中心**圣阿曼德**（St-Amand）的陶器大部分是在18世纪的水平窑中制成的。**毛梯埃斯**（Moutier 和**拉弗尔特卢皮埃**（La Ferté-Loupière）的陶器和壁画利用当地的赭石，赭石是19世纪[...]要的出口品。粉红色的**圣法[...]城堡**（Château de St-Fargeau）中曾住着被放逐的大郡主。

皮赛-福泰尔的圣法高城堡

19世纪80年代在圣苏维尔的科莱[...]

科莱特博物馆
Château St-Sauveur-en-Puisaye.
电话：03 86 45 61 95 4月~11月中旬：周三至次周周一

欧塞尔 ❸
Auxerre

Yonne. 40000 1-2 quai de [...] République（03 86 52 06 19）周[...]和周五 www.ot-auxerre.fr

位于约讷河上游的欧塞[...]有着众多美丽教堂，它们多集中在查尔斯-叙吕格步行广场附近。

哥特式的**圣艾蒂安大教堂**因13世纪彩绘玻璃而闻名，它的修建工程持续了3个世纪之久，直到1560年才完工。教堂中的长柱是哥特风格的典型特征。西门上的华丽雕刻已因为战争等因素被损坏了。罗马式地窖里有着11~13世纪的壁画，其中一幅是耶稣骑着白马。被掠夺过的珍宝馆里还有一些彩绘手稿。圣日耳曼诺斯是圣帕特里克和5世纪欧塞尔主教的导师，他被葬在**圣日耳曼教堂**之前的修道院中，修道院由克洛维的王后（见

~49 页）修建。现在其中圣日耳曼博物馆（Musée -Germain）中存有高卢－马人的发现。

圣日耳曼博物馆
pl St-Germain. 电话：03 86 18 05 0 4月~9月：周三至周六；10 ~5月：周三至周五上午、周六周日 某些公共假日

夏布利 ❹
Chablis

onne 2700 1 rue du aréchal de Lattre de Tassigny（03 86 80 80）周日 www.chablis.net

夏布利的葡萄酒是最美味

欧塞尔圣艾蒂安大教堂里的中世纪壁画

的。这个世界上最有名的葡萄酒产地有着宁静的石子路。每年 2 月，在弗耶附近举行的 Piliers Chablisiens 葡萄酒同业会游行，就是为了纪念葡萄酒种植者的守护神圣文森特。

托内尔福斯迪奥纳的泉水

托内尔 ❺
Tonnerre

Yonne 6200 pl Marguerite de Bourgogne（03 86 55 14 48）周六和周三 www.tonnerre.fr

福斯迪奥纳（Fosse Dionne）泉水吸引了大量游客前往托内尔。汩汩泉水从地面涌出，流入一个 18 世纪的清洗池里。泉眼很深，而且泉水流量大，因此没有人敢下到泉水中一探究竟，而且当地人相信有一条蛇住在里面。

镇上的**主宫医院**（Hôtel-Dieu）比博讷的主宫医院（见 346~347 页）还早 150 年，它是 1293 年勃艮第的玛格丽特为了照顾穷人而建的。大革命中主宫医院遭到了一定程度的损坏，但其橡木屋顶被保留了下来。

主宫医院和博物馆
Rue du Prieuré . 电话：03 86 55 14 48 每天 10月~次年3月：周三、周日和某些公共假期

唐莱古堡 ❻
Château de Tanlay

Tanlay 电话：03 86 75 70 61 4月~11月中旬：周三至次周周一 义务

城壕环绕的唐莱古堡建于 16 世纪中期，是法国文艺复兴的见证。城堡的大画廊里陈列着一幅错觉画。角楼则有一个枫丹白露画派绘制的天花板。

教堂里的古董神像代表着 16 世纪著名的新教徒和天主教徒，如维纳斯代表着普瓦捷的戴安娜。

唐莱古堡文艺复兴风格的前墙和光荣宫

丰特内修道院 ❾ Abbaye de Fontenay

宁静的丰特内修道院是法国现存的最古老的西多会建筑，它为人们了解西多会修士的生活提供了一种特别的方式。修道院里的罗马式教堂和简朴而高雅的早期哥特式礼拜堂反映了当时森严的等级制度。这座 1118 年由圣伯纳德修建的修道院位于森林深处，满足了西多会修士们追求和平和与世隔绝的愿望。贵族们的支持使修道院长期兴盛，大革命时期修道院被卖掉，变成了一个造纸厂。1906 年修道院再次易主，并重修，恢复了原来的面貌。

鸽舍
这座豪华的圆柱形鸽舍建
13世纪，它旁边是仆人照
的养狗场，里面饲养着勃
第公爵喜爱的猎犬。

17世纪时，当地贵族选举了修道院院长，其寓所也修建于那个时候。

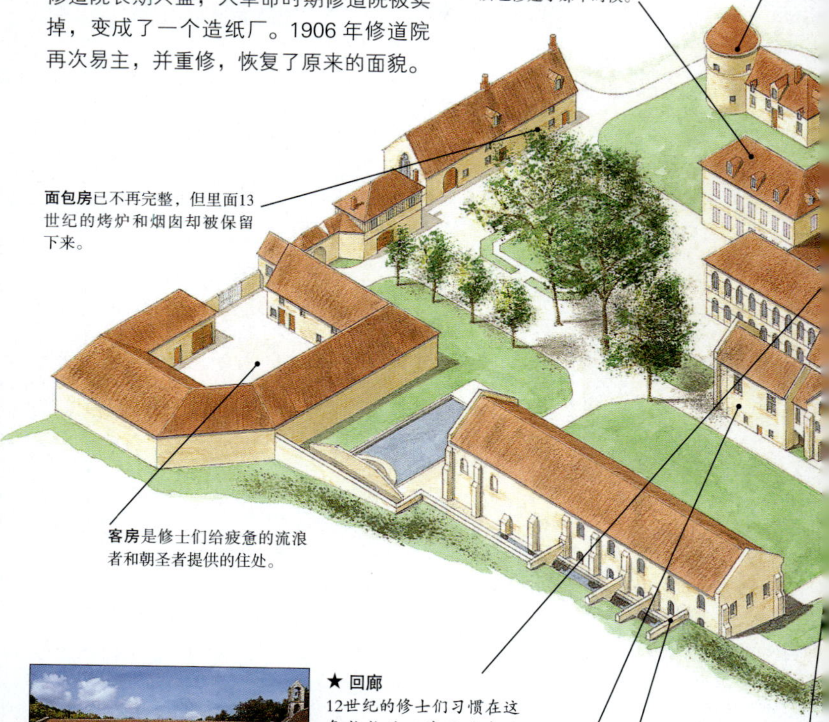

面包房已不再完整，但里面13世纪的烤炉和烟囱却被保留下来。

客房是修士们给疲惫的流浪者和朝圣者提供的住处。

暖房

★ 回廊
12世纪的修士们习惯在这条长长的回廊里踱步思考，而且这里还是个可以遮风避雨的好地方。

在锻造工厂里，修士们自己制作工具和五金器械。

丰特内“监狱”
这座15世纪的建筑实际上可能并不是用来关押当地的恶人的，而是用于存放修道院里的重要公文案卷，以免被老鼠咬坏。

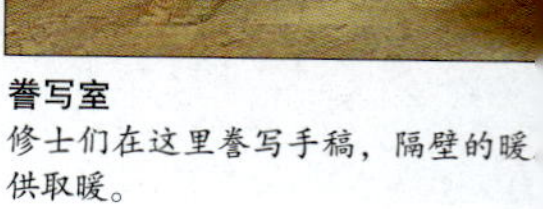

誊写室
修士们在这里誊写手稿，隔壁的暖
供取暖。

★ **修道院教堂**
这个源自12世纪40年代的教堂十分简朴，但是其朴素的建筑风格、暖色调的石块以及漫射的灯光却表现出了一种独特的雄壮气势。

游客备忘

Marmagne. **电话:** 03 80 92 15 00 Montbard 每天 10:00～18:00（11月中～次年4月中：10:00～12:00，14:00～17:00）
www.abbayedefontenay.com

宿舍
修士们在这间没有暖气的大房间里成排地睡在草编床垫上。宿舍里木质结构的天花板源自15世纪。

星级景点

★ **修道院教堂**

★ **回廊**

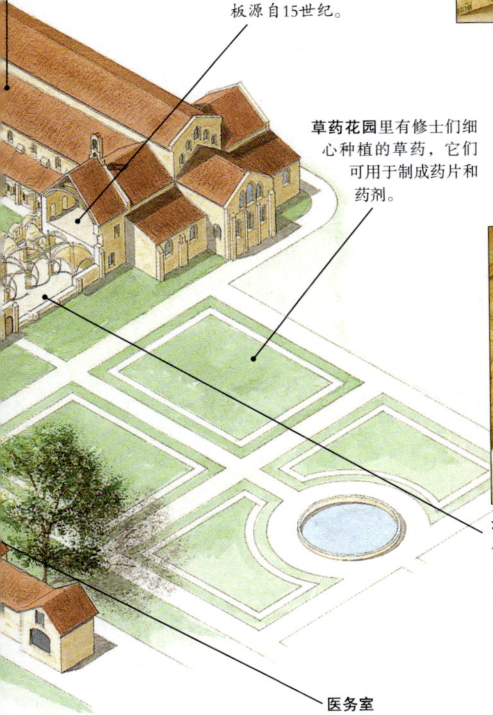

草药花园里有修士们细心种植的草药，它们可用于制成药片和药剂。

礼拜室
修士们和院长每天都要在这里讨论关于修道院的事宜。礼拜室的12世纪的支柱和扇形肋穹顶十分引人注目。

医务室

圣伯纳德与西多会修士

1112年，年轻的勃艮第贵族伯纳德（Bernard）加入了西多会。当时阶层概念还很模糊，从那时算起的14年前，一群想要恢复克吕尼（见48~49页）的生活方式的修士成立了西多会，他们与世界切断了联系，开始过起了贫困而简朴的生活。在伯纳德的有生之年中，西多会成为当时最大、最著名的隐修会。他们的成功有一大部分要归功于伯纳德强有力的个性，以及他作为作家、神学家和政治家的出色能力。他加强了对朴素的要求，拒绝一切形式的装饰。1174年，在他死后的第21年，他被封为圣徒。

让·贝勒冈布的名作：《庇护西多会的圣母玛利亚》

安斯勒法朗克城堡 ❼

Château d'Ancyle-Franc

Ancy-le-Franc. 电话：0386751463 3月中～11月中：周二至周日 义务 www.chateau-ancy.com

古堡的前墙给人一种严肃的感觉，内部庭院的装饰华丽而精致。这座城堡是意大利建筑师塞巴斯蒂亚诺·塞利奥在16世纪40年代为克莱蒙特·托内尔公爵建造的，内部的大部分装饰由普里马蒂乔和其他枫丹白露画派成员完成（见180～181页）。在朱庇特和赫罗弗尼斯房间中还能看到普瓦捷的戴安娜画像。

城堡内每月会举办古典音乐会和烹饪讲习班。

安斯勒法朗克城堡稳重的前墙

沙蒂永国家博物馆中的维克斯花瓶

塞纳河畔沙蒂永 ❽

Châtillon-sur-Seine

Côte d'Or. 5837 rue du Bourg（03 80 91 13 19） 周六 www.tourisme-chatillonnais.fr

第二次世界大战曾使沙蒂永变成了一片废墟，沙蒂永的历史被完整地记录在**沙蒂永国家博物馆**（Musée du Pays du Châtillonnais）里，那里还展出维克斯（Vix）珍宝。1953年，人们在维克斯附近的勃朗峰发现了公元前6世纪一位高卢王妃的坟墓，里面有大量珠宝和希腊手工艺品，包括一个164厘米高，208公斤重的青铜花瓶。另一处名胜是**圣沃尔勒教堂**（Eglise St-Vorles），其中陈列着《埋葬耶稣》（1527年）。

杜伊河最后流入塞纳河，它的发源地是沙蒂永附近的一个美丽洞穴。

沙蒂永国家博物馆

Rue de la Libération. 电话：03 80 91 24 67 每天 1月1日、5月1日和12月25日 www.musee-vix.fr

丰特内修道院 ❾

Abbaye de Fontenay

见332～333页。

阿利斯圣兰 ❿

Alise-Ste-Reine

Côte d'Or. 3275 pl Bingerbrück（03 80 96 89 13）www.alesia-tourisme.net

位于阿利斯圣兰之上的昂诺克瓦山是公元前52年恺撒战胜高卢首领韦辛格托里克的地方（见46页），那是恺一次胜利的突围。人们于世纪中期在这里发现了曾经荣的高卢－罗马小镇遗址，中还能依稀看到当年的剧院公共集会场所和布局合理的道的影子。**阿莱西亚博物**（Musée Alésia）里收藏了许从遗址中找到的手工艺品、宝和青铜人像。

阿利斯小镇里最引人注的是米勒的作品——巨大的辛格托里克斯雕塑。这座雕在1865年被安放在这里，儒学派认为这个雕塑除了代拿破仑三世精神在第一代开者身上传承之外，还有其他为深刻的意义。

阿莱西亚博物馆

Rue de l'Hôpital. 电话：03 80 96 9 22 每天 www.alesia.com

阿利斯圣兰附近的罗马小镇遗址

本地区住宿及餐饮信息见572～575页和625～629页

卜

附近有**布西－拉布丹城堡**
nâteau de Bussy-Rabutin)，
世纪的士兵兼智者罗杰·布
－拉布丹在被路易十四放
后创造了这里极具个性化
装饰。其中一间屋子专门用
存放他众多情妇的画像，其
一些是虚构的。

布西－拉布丹城堡
ssy-le-Grand. **电话：** 03 80 96 00
周二至周日 1月1日、11月
1和11日、12月25日

奥克苏瓦－塞米 ⓫
mur-en-Auxois

e d'Or. 5000 2 pl Gaveau
3 80 97 05 96） 周日 www.ville-
nur-en-auxois.fr

奥克苏瓦－塞米巨大的
形堡垒（其中一座上面已
出现了裂口）建于14世纪，
们高耸在平静的阿尔曼松河
，旁边是优雅的乔利桥。

这里的**圣母大教堂**可以追
到13～14世纪，它是仿照
塞尔的大教堂修建而成，其
墙在15世纪和19世纪被重
过。教堂里保存了一些重要
艺术作品：北面门楣上的怀
主义者传奇和15世纪的名
《埋葬耶稣》。彩绘玻璃描
了圣巴巴拉传奇及肉商、布
商等行会的工作。

郊外

艾帕歇丝城堡（Château
l'Epoisses）是一座11～18
世纪的城堡，它有着中世纪塔
楼、文艺复兴风格装饰和15
世纪的鸽舍。此外，艾帕歇丝

奥克苏瓦－塞米圣母大教堂的彩绘
玻璃窗

阿尔曼松河边上的奥克苏瓦－塞米

村生产的一种乳酪在勃艮第也很受欢迎。

艾帕歇丝城堡
Epoisses. **电话：** 03 80 96 40 56 7月～8月：周三至次周周一（底层：全年） 仅底层

韦泽莱 ⓬
Vézelay

见336～337页。

阿瓦隆 ⓭
Avallon

Yonne. 9000 6 rue Bocquillot（03 86 34 14 19） 周六和周四 www.avallonnais-tourisme.com

古老的阿瓦隆位于Cousin河边的两座峡谷之间的花岗岩山上。它经历了撒拉逊、诺曼、英法战争，是一个极好的战略防御地。镇上主要的遗迹是罗马式的12世纪**圣拉扎尔教堂**（Eglise St-Lazare），其门廊上的雕刻十分精美，较大的上面刻有十二宫图、大灾难中的骑兵等内容。中殿里有复杂的茛苕叶形字母和彩绘雕像。

阿瓦隆博物馆（Musée de l'Avallonnais）有一座2世纪的维纳斯马赛克作品，以及乔治·鲁奥（1871～1958年）的系列表现主义板画：《上帝怜我》。

阿瓦隆博物馆
5 rue du College. **电话：** 03 86 34 03 19 致电详询

郊外

阿瓦隆西南的12世纪巴佐什城堡（Château de Bazoches）是1675年路易十四赐予沃邦元帅的，后来被他改建为军事要塞。

阿瓦隆博物馆里乔治·鲁奥的《上帝怜我》

韦泽莱 ⑫ Vézelay

雕刻精美的柱头

韦泽莱山上圣马德莲教堂散发出来的金色光辉，从很远的地方就能看到它。游客们沿着中世纪朝圣者的足迹，踏着山上狭窄的小路可以到达原来的修道院教堂。12世纪是这个教堂的鼎盛时期，里面藏有玛利亚抹大拉的遗物，同时它也是前往西班牙圣地亚哥－德孔波斯特拉之路的朝圣者们聚会的地方（见400～401页）。直到现在教堂里华丽的雕刻和哥特式高坛仍然光彩照人。

韦泽莱之景
这座修道院是韦泽莱最引人注目的建筑，年这里曾发生过该地区最重大的宗教事件。

圣马德莲中殿
教堂中殿重建于1120～1135年，其横向的拱形横梁由深浅相间的石块组成。

圣米歇尔塔修建于1150～1250年，它的名字来源于塔楼西南角的天使长雕像。

圣马德莲教堂的中殿

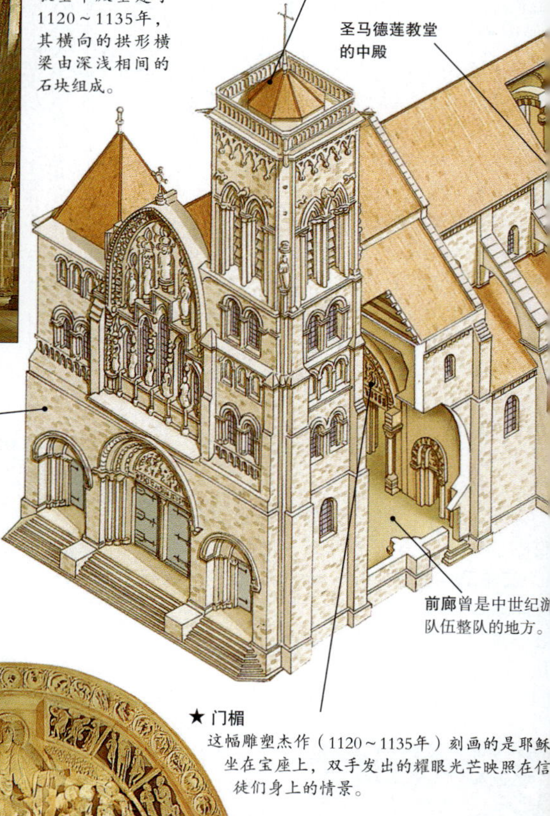

教堂前墙的历史可追溯到1150年，上面有一个很大的13世纪的窗户。1840年当维奥莱公爵被任命翻修这里时，它已经快要坍塌了。

前廊曾是中世纪游队伍整队的地方。

★ 门楣
这幅雕塑杰作（1120～1135年）刻画的是耶稣坐在宝座上，双手发出的耀眼光芒映照在信徒们身上的情景。

星级景点

★ 门楣

★ 柱头

游客备忘

Basilique Ste-Madeleine, Vézelay. **电话：** 03 86 33 39 50 Sermizelles 每天6:00～20:00（冬天为7:00～黄昏） 周一至周五18:30；周六12:30、18:00（冬天）、19:00（夏天）；周日11:00 **www.**vezelay.cef.fr

圣安东尼塔（Tour St-Antoine）
和唱诗班同建于12世纪晚期，北侧与它对应的部分至今还未完成。

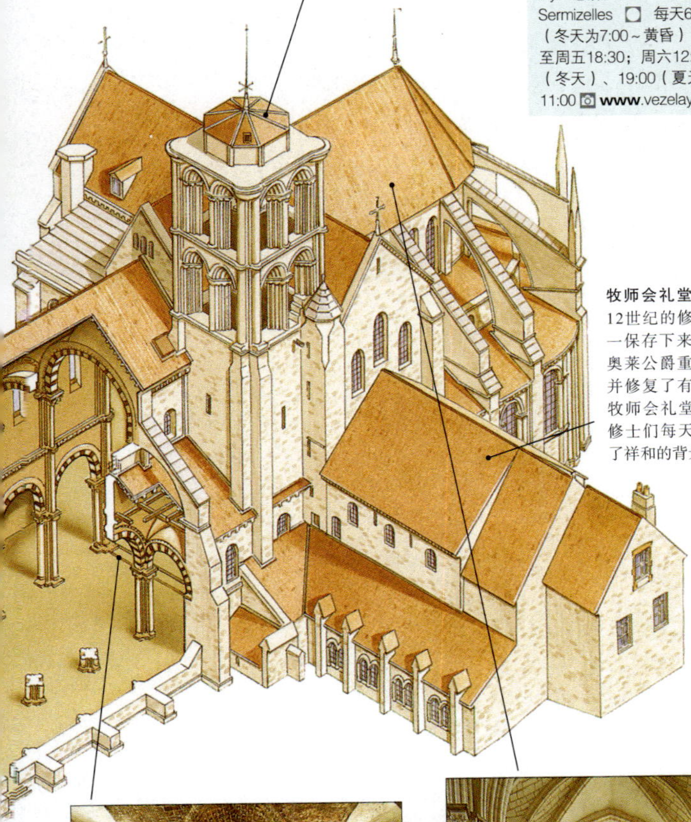

牧师会礼堂和回廊是从12世纪的修道院建筑唯一保存下来的部分。维奥莱公爵重建了回廊，并修复了有肋状拱顶的牧师会礼堂——它曾为修士们每天的集会提供了祥和的背景。

圣马德莲教堂的地窖
人们曾经认为这个罗马式的地窖遗迹是属于玛利亚抹大拉的。拱顶重建于1165年。

★ 柱头
中殿和教堂前厅的柱头雕刻精巧细腻，生动鲜活地表现了古代传说和《圣经》故事。雕刻这些作品的作者目前尚且未知。

圣马德莲的唱诗班
唱诗班重建于12世纪末期，当时哥特式风格在法兰西岛十分流行。

莫尔旺，一个有着河流和森林的美丽地方，非常适合垂钓和户外运动

莫尔旺 ⑭
Morvan

Yonne, Côte d'Or, Nièvre, Saône et Loire. ✈ Dijon 🚉 Autun, Mombard 🚌 Château-Chinon, Saulieu, Avallon ℹ 6 bd République, Château-Chinon (03 86 85 06 58); Maison du Parc, St-Brisson (03 86 78 79 57) **www**.parcdumorvan.org

莫尔旺是凯尔特语中的词汇，意指“黑色山脉”，远远看去，这个词非常适合这里。这片花岗岩和林地组成的高原地广人稀。它位于勃艮第山丘与农田的中心，由北向南延伸，最高点是901米的**福林顶**（Haut-Folin）。

莫尔旺最充足的两大自然资源是水和茂密的森林，森林中有橡树、山毛榉和针叶树。过去，木材是经由湖泊与河流交汇成的水道运到巴黎的；现在，人们用卡车运送木材，而约讷河、库桑河和屈尔河供游人游玩和发电。

莫尔旺偏远而贫困，希依古堡和索略都只有3000个居民，这里的人口已经急剧缩减。

莫尔旺在“二战”期间曾是法国抵抗敌人的堡垒。现在的莫尔旺地区自然公园以其野性与原始吸引着人们。各种各样户外活动旅游信息，包括骑车、划独木舟、滑雪、骑马在圣布里松的**公园之家**（Maison du Parc）都可以看到。**抵抗运动博物馆**（Musée de la Resistance）也值得前往。这里有两条徒步小径：GR13（韦泽莱到欧坦）和跨大湖区莫尔庄小径。

🏛 抵抗运动博物馆
Maison du Parc, St-Brisson **电话：**03 86 78 72 99 ◯ 复活节～11月中：周三至次周周一（7月和8月：每天）

索略 ⑮
Saulieu

Côte d'Or. 3000 🚉 🚌 24 rue d'Argentine (03 80 64 00 21) ℹ 周六 **www**.saulieu.fr

从17世纪至今，索略一直是勃艮第的烹饪胜地，它坐落于莫尔旺的边缘处。这个城镇曾是巴黎通往里昂的公路补给站。如今这个传统依然保持着，这要归功于**科多尔餐厅**（Côte d'Or）的著名厨师贝尔纳·罗伊苏。如今，提到索略，人们不仅会想到奶油焗胰脏或蒸鸡，罗马式的**圣安多什大教堂**（Basilique St-Andoche）也很受瞩目，它始建于12世纪早期，柱头装饰是《逃往埃及》，还有一幅装饰画，描述被天使伏击的巴兰和他的驴子。

纳韦尔 ⑯
Nevers

Nièvre 41000 🚉 🚌 ℹ Palais Ducal, rue Sabatier (03 86 68 46 00) 六 **www**.nevers-tourisme.com

与所有面对卢瓦尔河的勃艮第城镇一样，从河的西侧可以前往纳韦尔。虽然这座城镇在历史上并非特别重要，但也很值得参观。**公爵宫**（Palais Ducal）是卢瓦尔最早城堡之一，它有着文艺复兴风格前墙、多边形塔楼以及广阔的散步场所。其正面是面对卢瓦尔河的宽阔广场，郁葱的绿地更衬托出公爵宫的美。建于11世纪的罗马式**圣艾蒂安大教堂**有着整体柱和从回廊通出的礼拜堂。哥特式的**圣西尔大教堂**（Cathédrale St-Cyr）于1944年遭到盟军轰炸。同时代的彩绘玻璃窗也引人注目。16世纪，纳韦尔的封建君主权位传给了贡扎加家族，他们带的意大利艺术家精通于彩陶制作与玻璃吹制工

纳韦尔陶器花瓶

。现代的陶器仍然以传统式装饰成蓝色、黄色、白和绿色，其商标是绿色的蔓花纹蝴蝶结。**市立博物**（Musée Municipal）是欣陶器的绝佳地点，而17世的**彩陶山**（Faïencerie Mon-non）是购买陶器的好地方。

市立博物馆
rue Saint-Geneste. **电话：** 03 86 68 60 致电查询

外

讷弓尔南边的19世纪的**丹桥**（Pont du Guetin）坐在阿列埃河上。**圣巴里茨堂**（St-Parize-le-Châtel）地窖柱子上雕刻着勃艮第物。

坦的浮雕《夏娃的诱惑》

欧坦 ⑰

Autun

ône-et-Loire. 18000 13 e Général Demetz（03 85 86 80 38）三和周五 www.autun-tourisme.com

古欧坦城是奥古斯都的城镇，建于公元前1世纪后期，当时它是一个重要的文化中心，人口是现在的四倍。这里有一座建于1世纪可容纳两万人的剧院。

欧坦壮丽的圣安德烈门曾是罗马围墙的一部分

如今欧坦的美食和文化都十分出色。**圣拉扎尔大教堂**（Cathédrale St-Lazare）修建于12世纪，其中大部分雕塑出自12世纪艺术家吉斯勒贝尔之手。他的作品既有内部柱头雕刻，也有门楣上的《最后的审判》。20世纪的作家安德烈·马尔将这项杰作称为“罗马式的塞尚”。在18世纪，门楣被厚厚的泥灰包裹起来，幸免于法国大革命的破坏。在塔楼的一个房间中可以近距离观察一些柱头。皮埃尔·让南和他妻子的雕刻也在教堂中展出了。让南曾是第戎议会的会长，他曾阻止了圣巴托洛缪大屠杀敏感言论的传播。

罗兰博物馆（Musée Rolin）中收藏着中世纪的艺术珍品，包括著名的浮雕《夏娃的诱惑》，还有15世纪的《欧坦的圣田》和《红衣主教罗兰的诞生》（1480年由穆兰大师所作）。

壮观的**圣安德烈门**（Porte St-André）和**阿罗克门**（Porte d'Arroux）、**罗马剧院**（Théâtre Romain）和**雅努斯神庙**（Temple de Janus）遗址都体现了欧坦辉煌的罗马历史。

罗兰博物馆
3 rue des Bancs. **电话：** 03 85 52 09 76 周三至周六，周日上午 12月中~2月中，公共假期

欧坦的罗马剧场遗迹可追溯至1世纪

街区概览：第戎 ⑱ Dijon

第戎中心因其壮丽的勃艮第公爵的遗产（见343页）而闻名。富有的议会成员也拥有修建于17～18世纪的别致府邸。作为勃艮第的首府，如今的第戎拥有丰富的文化生活以及一座著名学府。这座城市最宝贵的艺术珍品都收藏在公爵宫中。第戎还因芥末（见318页）和姜饼而闻名，它曾经地处一条香料线路之上。在19世纪，它就已经成为一个重要的铁路枢纽，如今TGV将它与巴黎相连。

弗古埃府邸（Hôtel de Vogüé）
建筑雕刻家雨果·宋班以勃艮第卷心菜和水果花环来装饰这座精致的17世纪宅邸。

★ 圣母院
这座典型的13世纪哥特式教堂的外部饰有滴水嘴、圆柱和流行的雅克马尔钟。人们都认为触摸上面的猫头鹰雕刻可以带来好运。

美术博物馆
这里收藏着佛兰德大师们的作品，包括由雅克·德·巴尔泽和梅尔基奥·布鲁德拉姆共同完成的14世纪三幅一联的图画。

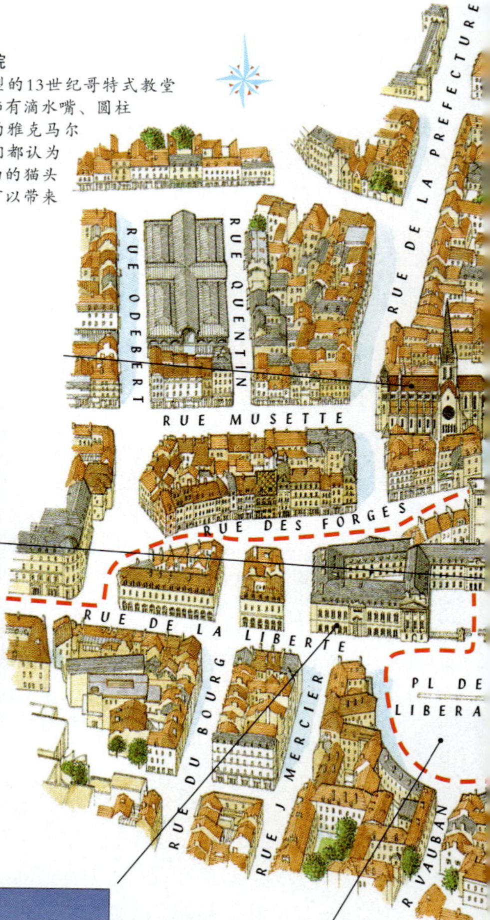

自由广场（Place de la Libération）
由曼沙特创建于17世纪。

★ 公爵宫（Palais des Ducs）
这是勃艮第公爵们处理公务的地方，至今尚存的建筑物主要是17世纪时为议会而建造的。美术博物馆就在这里。

玻璃厂街（Rue Verrerie）
这条用鹅卵石铺成的街道位于老商业区，几乎整条街都排列着中世纪半木制房屋。有些房屋有着精美的木雕，例如8号、10号和12号。

游客备忘

Côte d'Or 155000 距SSE5公里 cour de la Gare 15 cour de la Gare & 11 rue des Forges（08 92 70 05 58）周二、周五和周六 法国国际热带植物展（下届于是在2015年举行）；音乐节（6月），葡萄酒节（9月）。弗古埃府邸仅内院开放。Musée Magnin（03 80 67 11 10）周二至周日 1月1日、12月25日
www.visitdijon.com

★ 圣米歇尔教堂（St-Michel）
始建于15世纪，于17世纪完工，圣米歇尔教堂的外观结合了火焰式哥特式风格和文艺复兴时期风格。在精雕细琢的门廊上，以天使和《圣经》为主题的雕刻与以神话故事为题材的雕刻相互交融。

马格宁博物馆（Musée Magnin）
在这座17世纪宅邸的古老家具中上方悬挂着16～19世纪法国及其他国家艺术家的画作。

圣埃蒂安教堂（Eglise St-Etienne）的历史可追溯到11世纪，但它经历过多次重修。其标志性的灯笼式天窗是在1686年增建的。

图例
推荐线路

星级景点

- ★ 公爵宫
- ★ 圣母院
- ★ 圣米歇尔教堂

尚莫尔修道院内的摩西井，出自斯吕特之手

探索第戎

第戎中心到处都是值得一览的小街道。公爵宫后的冶金街因珠宝商和金匠而得名。34号的尚贝朗府邸是一座拥有石头盘旋楼梯和木质长廊的火焰式哥特式建筑。38号的梅拉德大宅建于1560年，其前墙装饰由雨果·宋班完成。

制锅街上最著名的当数28号卡里亚蒂德大宅，它有十根女像柱构成窗子的框架。达西广场上有许多酒店和餐馆；达西花园也非常不错。

美术博物馆
(Musée des Beaux Arts)

Palais des Etats de Bourgogne，Cour de Bar **电话：**03 80 74 52 70 周三至次周周一 1月1日、5月1日和8日、7月14日、11月1日和11日、12月25日 限制

美术博物馆位于公爵宫（见340页）。二楼的守卫室内陈列着公爵们的陵墓，其中包括斯吕特（1345～1405年）雕刻的坟墓。其他藏品还包括两座镀金的佛兰德祭台装饰和罗吉尔范德华绘制的菲利普三世画像。艺术藏品包括荷兰和佛兰德大师的珍品以及斯吕特和路德的雕塑。这里也有瑞士和德国的文艺复兴前期艺术品、16～18世纪的法国绘画和格兰威尔赠送的19～20世纪法国绘画。菲利普三世塔高46米，视野极好。

圣贝里尼大教堂（Cathédrale St-Bénigne）

Pl Ste-Bénigne. **电话：**03 80 30 39 33 每天

这座11世纪的本笃会大教堂最初是为纪念圣贝里尼而建，目前只有很少一部分建筑保留了下来。它的地下是一座罗马风格的地窖，它的圆形大厅四周环绕着三圈石柱。

考古博物馆
(Musée Archéologique)

5 rue du Docteur Maret. **电话：**03 8
88 54 周三至次周周一 多数
假期

博物馆坐落于圣贝里尼
教堂旧的修士宿舍。粗壮的
子支撑着这座11世纪教会
筑的桶形屋顶。博物馆中收
着高卢－罗马帝国时期的精
雕塑。一楼收藏着斯吕特雕
的著名的耶稣半身像。

**尚莫尔修道院（Chartreu
de Champmol）**

1 bd Chanoine Kir. 每天预约（08
70 05 58）

这里最初是菲利普二世
爵所建的家族墓地，后来在
国大革命时被毁。仅礼拜堂
口和摩西井幸存了它现在属
第戎火车站东边的精神病院
不太好找。摩西井其实不是
口井，而是一座纪念像，其
部最初可能被水环绕。斯吕
以细腻的雕刻手法闻名，这
刻有六位先知像的作品也体
了这一点。

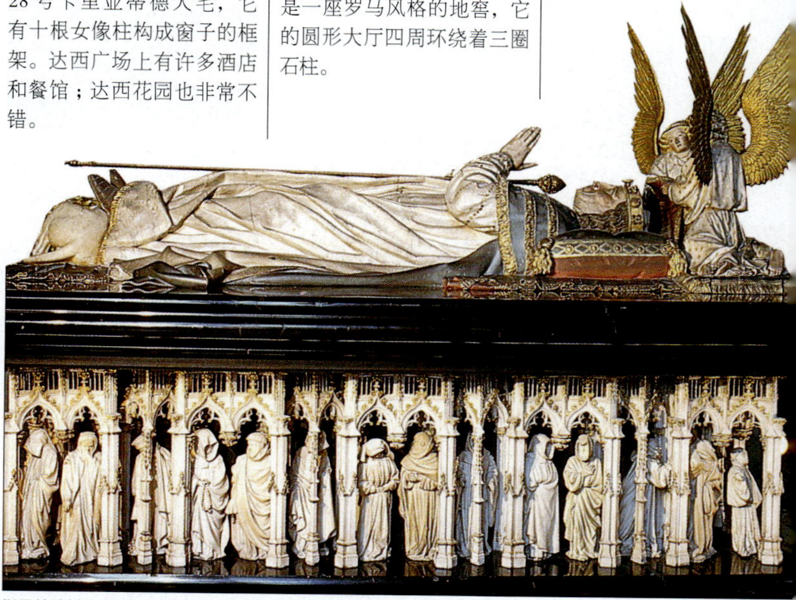

斯吕特雕刻的菲利普西古德的陵墓，现收藏于美术博物馆守卫室中

本地区住宿及餐饮信息见572～575页和625～629页

勃艮第的黄金时期

早在法国卡佩王朝还陷于英法战争（见52～53页）中时，勃艮第的公爵们就已经在欧洲大陆上建起了一个最强大的公国，其版图包括佛兰德和荷兰的一部分。在菲利普二世公爵时期（1342～1404年），公爵成为一种文化力量，扶持着许多欧洲最优秀的艺术家，例如画家罗吉尔范德华和范·埃克兄弟，还有雕塑家克洛斯·斯吕特。但是，公爵的领地在查尔斯公爵死后（1477年）被摧毁。

菲利普二世陵墓位于第戎，出自佛兰德雕刻大师克洛斯·斯吕特之手，他是勃艮第黄金时期的杰出艺术家之一。栩栩如生的哀悼者是这座华丽坟墓最引人注目的特征之一，它们在公爵还在世时就已经被着手雕刻了。

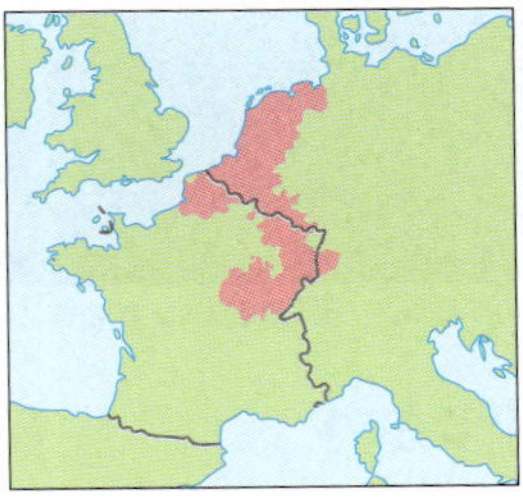

1477年的勃艮第

颠峰时期的公爵领地

菲利普三世公爵的婚礼

菲利普三世公爵于1419～1467年在位，1430年与葡萄牙的伊莎贝拉完婚。这幅范·埃克画作的17世纪复制品描述了那场奢华的婚宴，当时菲利普也举行了金羊毛骑士团的就任仪式。

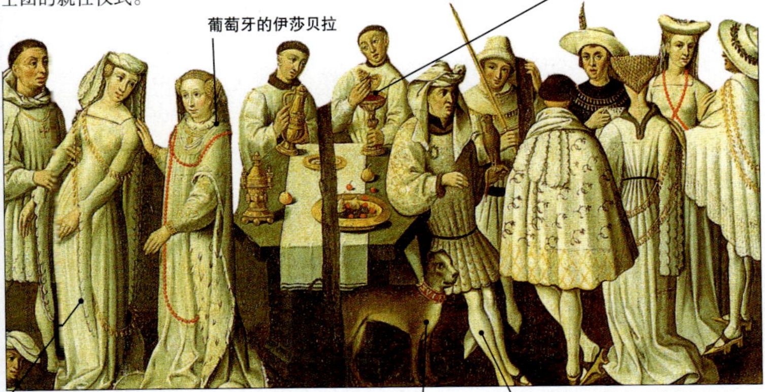

公爵们用各种奢华的金银制品将自己包围。

葡萄牙的伊莎贝拉

菲利普的姐姐贝德福德公爵夫人

灵缇犬是勃艮第公爵中一种很常见的猎犬。

菲利普三世公爵身穿华丽的白色礼服。

勃艮第艺术，例如这本法国－佛兰德的祈祷书，它体现出许多公爵喜爱的艺术家的佛兰德出身。

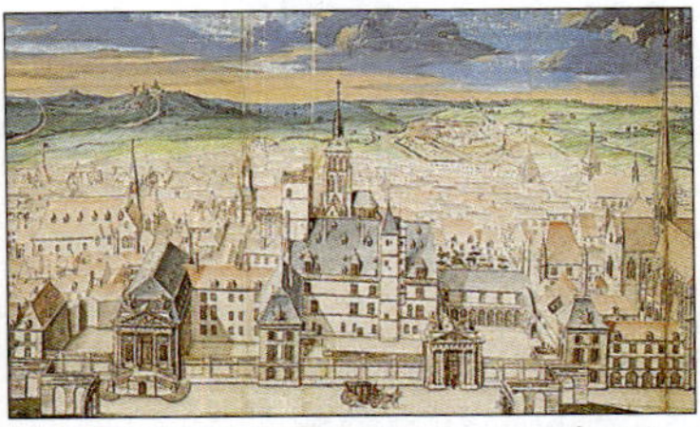

第戎公爵宫于1450年被菲利普三世公爵重修，以及体现出勃艮第宫廷的荣耀。这里是艺术、骑士制度以及辉煌盛宴的中心。在查尔斯公爵死后，公爵宫于17世纪被重建。

人们在努伊圣乔治葡萄园里采摘葡萄，努伊圣乔治是科多尔的一部分

科多尔 ⑲
Côte d'Or

Côte d'Or. Dijon Dijon, Nuits-St-Georges, Beaune, Santenay Dijon（08 92 70 05 58）**www.**cotedor-tourisme.com

在葡萄酒产地的划分中，科多尔包括博讷丘和努伊。葡萄藤从第戎一直蔓延至松特内。位于东南的索恩平原和西北的高原林地之间，这片狭窄的斜坡约 50 公里长。大勃艮第葡萄园中的葡萄生长于金色赤土（该地区名字的来源）之上。

这里对土地的分类方法很特别，但对于门外汉则有一条通俗的法则：95 % 的上好葡萄生长在 N74 大道的上坡侧。

博讷历史中心狭窄的街道

路标上标着全世界红酒爱好者们魂牵梦萦的地名：哲维瑞－香丹、武若、玛西尼、罗曼尼、努伊圣乔治、阿罗克斯、莫索特以及夏莎妮－蒙特哈榭。

位于博讷的勃艮第葡萄酒博物馆中陈列的传统葡萄篮

博讷 ⑳
Beaune

Côte d'Or. 23000 6 bd Perpeuil（03 80 26 21 30）周六和周三 巴洛克音乐节（7 月）**www.**ot-beaune.fr

博讷中心旧址隐藏于防御土墙和环行林荫大道之中。**主宫医院**（见 346～347 页）是这里的瑰宝，它修建于 14～16 世纪，**勃艮第葡萄酒博物馆**（Musée du Vin de Bourgogne）就坐落其中。这座拥有华丽前墙的建筑物与其陈列的传统制酒工具一样有趣。

北部是 12 世纪早期的**圣母院**（Collégiale Notre-Dame）。其中悬挂着五幅15世纪羊毛和真丝的挂毯，它们
19 个场景描述了圣母的生活

勃艮第葡萄酒博物馆
Rue d'Enfer. **电话：**03 80 22 08 1
4月～11月：每天；12月～次年
3月：周三至次周周一 1月
日、12月25日

图尔尼 ㉑
Tournus

Saône-et-Loire. 6500
de l'Abbaye（03 85 27 00 20）周
www.tournugeois.fr

圣菲利伯特修道院是勃
第最古老的罗马式建筑之一
9 世纪，一群被驱逐的修道士
修建了这座修道院，他们带
了庇护者菲利伯特的遗物。
座修道院于 10～12 世纪重修
内外均进行了加固。

17 世纪的主宫医院保
着原来的面貌：家具、仪器

马孔科马丹城堡花园中的鸽舍

尔尼圣菲利伯特修道院中殿

药房都完好无损。**格勒兹物馆**（Musée Greuze）也坐于此，用于纪念艺术家让－蒂斯·格勒兹。

郊外

图尔尼西南的马孔景色人。这里的小山、葡萄园、农舍和罗马式教堂构成一幅美丽的风景画。**布朗维**（Brancion）是一座美丽的山村。在**沙柏兹**（Chapaize）有一座建于11世纪的教堂；**科马丹**（Cormatin）有一座文艺复兴时期风格的城堡；**泰泽**（Taizé）是世界著名的多教派社区。北边的**索恩河畔夏隆**（Chalon-sur-Saône）有一座涅普斯博物馆。

克吕尼 ㉒

Cluny

Saône-et-Loire. 4800 6 rue Mercière（03 85 59 05 34）周六 www.cluny-tourisme.com

克吕尼小镇有着宏伟的修道院遗址。**古克吕尼修道院**（Ancienne Abbaye de Cluny）曾是欧洲最出色的宗教建筑之一（见48～49页）。阿基坦的公爵威廉于910年修建了这座修道院。克吕尼在200年内成为欧洲宗教改革的主力军。其院长与君主和教皇拥有同样的权力，其中的四位被敬为圣人。但到了14世纪，这种系统开始走向衰落。1790年，修道院关闭，教堂随后遭毁。

推荐的景点：修道院遗址、圣水钟塔、修道院院长宅邸中的**美术馆**（Musée d'Art）以及陈列于13世纪面粉店的柱头。位于镇子上的12世纪的**圣马赛尔教堂**（Eglise St-Marcel）也非常值得参观。

西南面的**拜尔泽拉维尔**（Berzé-la-Ville）中有一座小教堂，其中的12世纪湿壁画与克吕尼的十分相似。

古克吕尼修道院

电话：03 85 59 15 93 每天 1月1日、12月25日

美术馆

Palais Jean de Bourbon. 电话：03 85 59 15 93 每天 1月1日、5月1日、11月1日和11日、12月25日

巴莱毛尼 ㉓

Paray-le-Monial

Saône-et-Loire. 10000 25 av Jean-Paul II（03 85 81 10 92）周五 www.paraylemonial.fr

出于对耶稣圣心的崇拜，**圣心大教堂**（Basilique du Sacré-Coeur）使得巴莱毛尼成为近代法国的重要朝圣地。1647年出生于此的玛加利大曾有数次得到耶稣圣心的启示。这座教堂是目前已被摧毁的克吕尼修道院的缩小版，是一座纯正罗马风格的建筑物。

在**保罗·沙诺兹博物馆**（Musée de Paul Charnoz）可以看到工业艺术瓷砖产品。

16世纪的**雅耶府邸**（Maison Jayet）位于格伊诺德广场，它的历史可以追溯至16世纪，目前是市政厅的所在地。

位于巴莱毛尼的圣心大教堂

主宫医院 Hôtel-Dieu

耶稣悲悯塑像

百年战争后，博讷许多居民都忍受着贫穷与饥饿。为救助穷苦人民，财政大臣尼古拉·洛兰和他的妻子于1443年在此筹建了一座慈善医院。洛兰夫妇每年会拨款，还买了葡萄园和盐场作为资金来源。今天，主宫医院仍然被视为中世纪建筑的瑰宝，它有着几何图案的彩色勃艮第屋瓦。院中还收藏了耶稣悲悯塑像和罗吉尔范德华的《最后的审判》三联画。

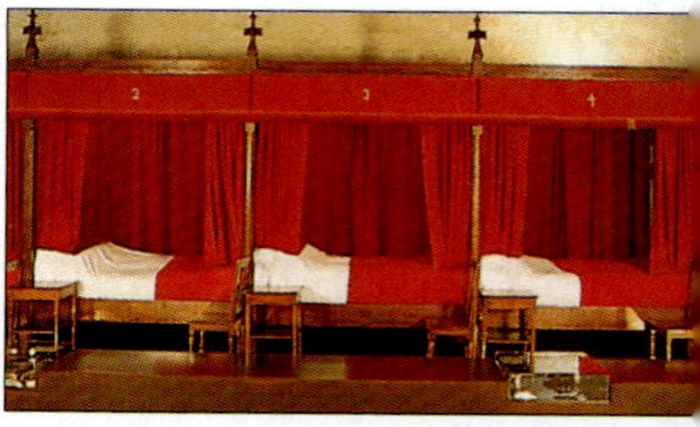

★ 穷人大厅
（Great Hall of the Poor）
大厅的天花板上饰有雕刻和绘画，大厅里摆着28张四柱床，每张床通常有两名患者共用。中间摆放着用来进餐的桌子。

给洛兰夫人的颂词
这封信有循环出现的字母N和G、鸟和星星图案，单词“Seulle”意指他的妻子歌古妮是他的唯一。

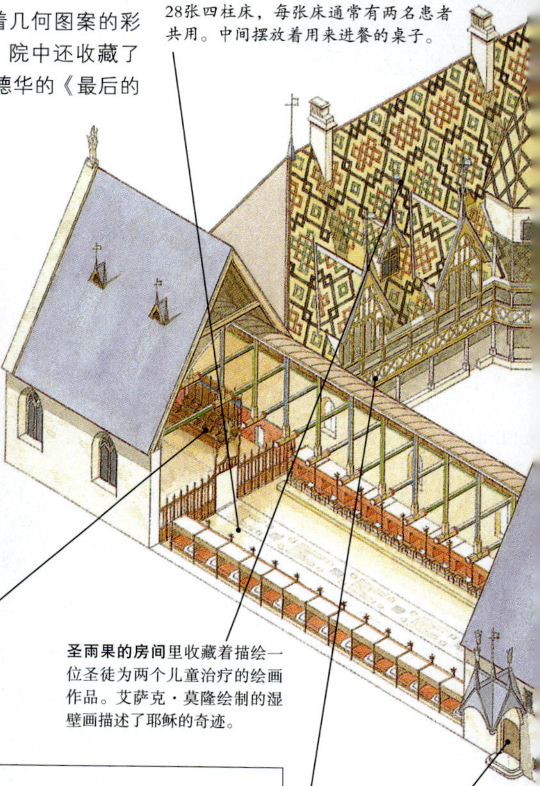

圣雨果的房间里收藏着描绘一位圣徒为两个儿童治疗的绘画作品。艾萨克·莫隆绘制的湿壁画描述了耶稣的奇迹。

入口

圣安娜的房间有活人画：一群修女在被服室中工作；还有一幅彩色的盛餐日挂毯。

年度慈善葡萄酒拍卖会

每年11月的第三个周日，博讷的年度慈善葡萄酒拍卖会是历时三天的“三日辉煌（Les Trois Glorieuses）”庆典的重头戏。而周六则被认为是伏旧园的品酒骑士团的盛宴。周日，附近医院61公顷的葡萄园生产的葡萄酒在这里被拍卖。其拍卖价以葡萄酒制造年代为基准点。周一，默尔索的La Paulée酒庄会举行派对，派对上，葡萄种植园主们会带上他们最好的葡萄酒来和大家一起分享。

拍卖会上销售的葡萄酒

星级景点

★ 穷人大厅

★《最后的审判》三联画

房

房的核心部分是哥特双炉膛壁炉和制作于98年由木头“机器人”动的机械烤肉叉。

游客备忘

Rue de L'Hôtel-Dieu, Beaune. **电话:**03 80 24 45 00 4月~11月中:9:00~18:30;11月中~次年3月:9:00~11:30,14:00~17:30 葡萄酒拍卖会,11月第三个周日。Les Halles de Beaune(03 80 24 45 00) **www**.hospices-de-beaune.com

荣誉庭院(Cour d'Honneur)

被主宫医院的建筑物包围着的是一座豪华的中心庭院,其侧面有一圈木质长廊。长廊之上则是带有风向标的高大天窗。庭院中的井则是一个哥特式铸铁作品的良好例子。

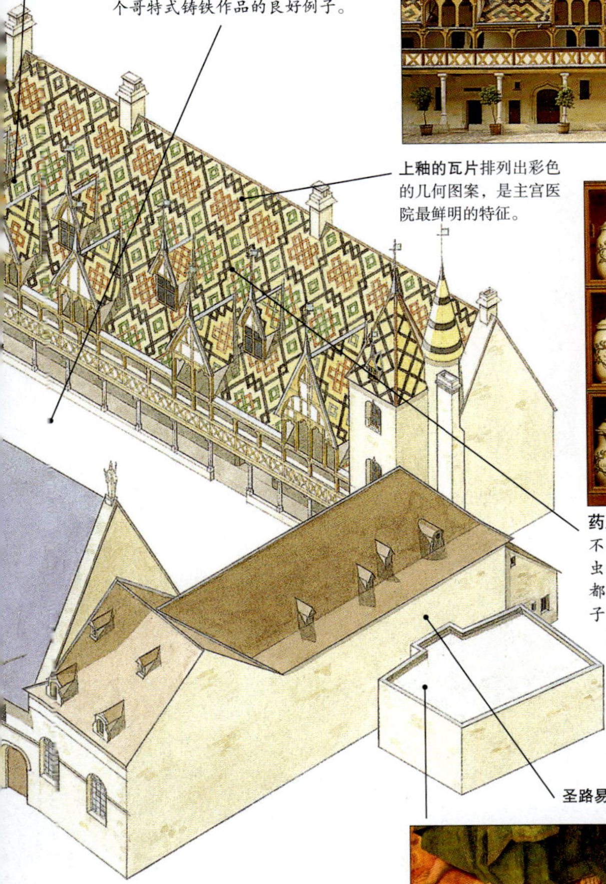

上釉的瓦片排列出彩色的几何图案,是主宫医院最鲜明的特征。

药房

不寻常的饮剂,例如土鳖虫粉、虾眼和催吐果粉等都储存于陶罐中。这些罐子的附近有个用来研磨这些药物的铜研钵。

圣路易的房间

★《最后的审判》三联画
(Last Judgment Polyptych)

罗吉尔范德华的这幅名作于15世纪展出,但直至19世纪才被简单地装裱。与此同时,这幅祭台背壁装饰画被切成两半,使游客能同时看到里面和外面。

马孔的皮埃尔克鲁城堡

布希欧纳 ㉔
Brionnais

Saône-et-Loire. Mâcon Paray-le-Monial, Roanne Paray-le-Monial Marcigny（03 85 25 39 06）

布希欧纳位于勃艮第的南边，卢瓦尔河和博若莱丘陵之间，是一片小而平静的乡村地区。这里的主要产品是夏洛莱奶牛。在**圣克里斯多夫**（St-Christophe）的牛市场中可以体验乡村气息。

该地区有许多罗马式教堂，其中一些是用当地的赭石建成的：11 世纪的 **Anzy-le-Duc 教堂**拥有雄伟的三层多边形塔和精美的柱头；Semur-en-Brionnais 是克吕尼著名修道院院长圣雨果的诞生地，其教堂汲取了克吕尼修道院的建筑灵感；而 St-Julien-de-Jonzy 教堂有雕刻精美的门楣中心。热奈特河畔的小镇**拉克莱特**（La Clayette）有一座湖中城堡。城堡不对公众开放，但其中设有老爷车博物馆，夏天还会举办声光秀。

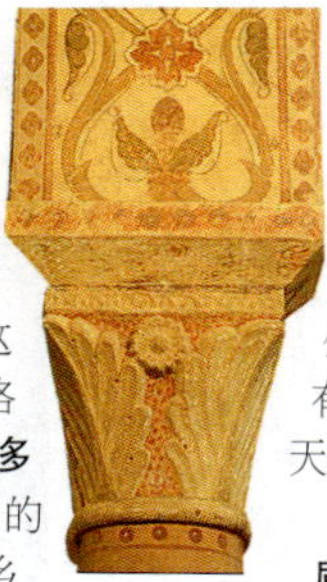

St-Julien-de-Jonzy教堂中的柱头

拉克莱特东南方的**盾山**（Montagne de Dun）海拔 700 米，在山顶可以欣赏布希欧纳丘陵风光。这里也是勃艮第最佳野餐地，到处都有寂静的角落和小径。

马孔 ㉕
Mâcon

Sane-et-Loire. 36000 pl Saint Pierre（03 85 21 07 07）周
www.macon-tourism.com

马孔位于勃艮第和南部交界处，是索恩的工业和葡酒中心。在大革命时期该地共 14 座教堂被毁。**乌尔苏拉博物馆**（Musée des Ursuline 是由一座 17 世纪女修道院建而成，里面的藏品包括法和佛兰德绘画以及索特留的前遗址。迷人的香草广场许多市集的所在地，**木房**（Maison de Bois）是一座刻无规则花纹的 15 世纪木屋。

乌尔苏拉博物馆
Allée de Matisco. **电话**：03 85 39 9 38 周二至周六和周日下午 月1日、5月1日、7月14日、12月2 日

郊外

索特留岩石（Roche d Solutré）耸立在马孔地区的布衣一富赛葡萄园中。在石头下面发现的石器时代遗迹使它拥有了重要的考古学价值。

浪漫主义诗人拉马丁（1790～1869 年）出生于马孔。**皮埃尔克鲁城堡**（Château de Pierreclos）与其英雄史诗《乔斯林》有关。

布希欧纳山丘上的夏洛莱奶牛

本地区住宿及餐饮信息见572～575页和625～629页

弗朗什孔泰

弗朗什孔泰区是一片清水秀、树木繁茂的地，你可以一边欣赏自然美一边划船、徒步或者滑。除了值得一游的小镇，里还是探索大自然的好地。在杜河谷随处可见洞穴瀑布构成的壮丽风景。再南就是利松河和卢河壮观源头。Reculées 是一个有山脊和瀑布组成的非凡景的地区，例如博姆莱梅于尔。在湖区，安静平和湖面隐藏于崇山峻岭和原森林之间。

刺猬瀑布 ㉖
ascades du Hérisson

ys-des-Lacs. Clairvaux-les-Lacs 03 84 25 27 47）周三

位于鹰山峰脚下的杜西耶是刺猬河河谷的起点，也是罗最佳自然风光之一。泊车 Moulin Jacquand，沿着小径过树林即可看到落差达65的扇子瀑布。步行来回需要个小时，且途中会遇到陡峭湿滑的路段，所以要穿上防的鞋子。

阿尔布瓦 ㉗
Arbois

ura. 3600 17 rue de l'Hôtel e Ville（03 84 66 55 50）周五
www.arbois.com

这座欢快的葡萄酒小镇坐落于葡萄园遍布的屈桑斯河畔，因其生产的类似于雪利酒的黄葡萄酒而闻名。镇子北边的**巴斯德故居**（Maison de Pasteur）是伟大科学家路易·巴斯德（1822～1895年）的故居和实验室，他是第一位将疫苗用于人体测试的科学家。

弗朗什孔泰纯净的利松河源头

郊外

18世纪的**德阿雷古堡**（Château d'Arlay）位于多勒的东南部，拥有保存完好的花园。

多勒 ㉘
Dole

Jura. 28000 6 pl Grévy（03 84 72 11 22）周二、周四和周六
www.tourisme-paysdedole.fr

繁忙的多勒位于杜河和莱茵－罗讷运河的交汇处。这座孔泰地区的前首府曾经一直是该地区与法国抗衡的标志。该地区曾经相对独立过，但后来处于勃艮第的控制之下，再后来又成为神圣罗马帝国的一部分。这个地区的人虽然说法语，但却不能接受法国君主的独裁统治，并于1636年陷入了一次漫长的围攻。最后还是于1668年和1674年屈服于路易十四。

镇子的中心有一个非常迷人又具有历史意义的地区，那里到处都是蜿蜒的小巷、可追溯至15世纪的房屋和安静的庭院。在香草广场可欣赏到该地区绝佳的美景和屋顶上长满苔藓的、拥有高高钟楼的16世纪**圣母教堂**（Eglise Notre-Dame）。

圣母教堂北门上的圣母和圣子雕像

阿尔克－塞南的皇家盐场

阿尔克－塞南 ㉙

Arc-et-Senans

Doubs. 1400 Ancienne Saline Royale（03 81 57 43 21）

www.ot-arcetsenans.fr

阿尔克－塞南的皇家盐场是由克劳德·尼古拉·勒杜克（1736～1860年）设计，并于1982年被列为世界遗产。这里的厂房围绕着主要建筑物呈同心圆状分布。皇家盐场表现出了勒杜克前瞻性的设计理念：盐水可从附近的盐盆地泵入，而燃料来自绍村森林。盐场1895年被关闭，但是建筑物却被保留了下来。

勒杜克盐博物馆（Musée Ledoux Lieu du Sel）陈列着这位建筑家的庞大工程的模型。

勒杜克盐博物馆

Saline Royale. **电话：**0381544545 每天 1月、12月25日 一层

尚普利特 ㉚

Champlitte

Haute Saône. 1900 33B rue de la République（03 84 67 64 10）

尚普利特的**传统与民俗艺术的博物馆**（Musée des Arts et Traditions Populaires）收藏了很多与当地风俗有关的手工艺术品。在这座文艺复兴风格的古堡中，也有展现19世纪中期400名市民迁往墨西哥的辛酸历史的展览。

传统与民俗艺术博物馆

Pl de l'Eglise. **电话：**03 84 67 82 00 4月～6月和9月：周三至周五（周六和周日仅下午）；7月～8月：周一至周五（周六和周日仅下午），10月～次年3月：周三至下周一下午 1月1日、11月1日、12月25日

贝桑松 ㉛

Besançon

Doubs. 120000 2 pl de la Première Armée Française（03 81 80 92 55）周二至周六和周日上午

www.besancon-tourisme.com

贝桑松在17世纪成为弗朗什孔泰的首府。它过去是宗教中心，现在已成为工业中心，主要生产精密仪器。

时间博物馆（Musée du Temps）位于格朗维尔宫后面，其收藏品是各个时代、各种形状、各种规格的计时器。四楼有一个互动的展览，邀请游客们提出自己对时间的看法。

同一条街上的140号就是维克多·雨果（1802～1885年）的诞生地，而维克多·雨果广场则是卢米埃尔兄弟（见63页）的出生地。**黑门**（Porte Noire）后面是12世纪的圣让教堂。教堂钟塔里的**天文钟**（Horloge Astronomique）整点会报时。

考古美术博物馆（Musée des Beaux Arts et d'Archéologie）位于老谷物市场，其藏品包括贝里尼、马蒂斯和毕加索等的作品。

沃邦城堡俯视着杜河，堡中有收藏当地手工艺品**弗朗什孔泰博物馆**（Mus Comtois）。

时间博物馆

Palais Granvelle, 96 grande rue. **电话：**03 81 87 81 50 周二至周 日 1月、5月1日、11月1日、1 月25日

天文钟

Rue de la Convention. **电话：**03 8 81 12 76 4月～9月：周三至次 周周一（冬季为周四至次周周 一） 1月、5月1日、11月1日和 11日、12月25日

考古美术博物馆

1 pl de la Révolution. **电话：**03 81 87 80 49 周三至次周周一 周 日免费

弗朗什孔泰博物馆

La Citadelle, rue des Fusillés de la Résistance. **电话：**03 81 87 83 3 4月～10月：每天；11月～次年3月：周三至次周周一 1月1 日、12月25日

贝桑松神奇天文钟制于1857～1860年

奥尔南 ㉜

Ornans

Doubs 4300 7 rue Pierre Vernier（03 81 62 21 50）每月的第三个周二 www.valleedelaloue.com

现实主义画家居斯塔夫·库尔贝在1819年出生于奥尔南。他的《奥尔南的葬礼》成为19世纪最有影响力的画

本地区住宿及餐饮信息见572～575页和625～629页

丁布西耶设计的引人注目的龙尚圣母教堂

之一。这幅描绘小镇旖旎风之的油画现在陈列于**库尔贝博物馆**（Musée Courbet）。

库尔贝博物馆
Pl Robert Fernier. **电话:** 03 81 86 22 88 周三至次周周一 1月1日、5月1日、11月1日和12月25日 http://musee-courbet.doubs.fr

郊外

卢河河谷（Vallée de la oue）是划船爱好者的天堂。067 公路沿着卢河从奥尔南向东延伸到欧汉，卢河源头仅5分钟路程（步行）。站在不同的瞭望台上，您就可以欣赏到该地区美丽的景色。

奥尔南的西南有**利松河源头**（Source du Lison，见 349 页），它距离 Nans-sous-Ste-Anne 只有 20 分钟的步行路程。

贝尔福 ㉝
Belfort

Territoire de Belfort. 52000 2 bis rue Clemenceau (03 84 55 90 90) 周三至周日 **www**.ot-belfort.fr

贝尔福的粉色砂岩狮像由弗雷德里克·巴托尔迪（1834～1904 年）所建。其另一件作品是闻名世界的自由女神像。

贝尔福的**城堡**抵挡住了 1814 年、1815 年 和 1870 年的三次围攻。现在，防御工事已经成为散步场所。**历史艺术博物馆**（Musée d'Art et d'Histoire）坐落在士兵宿舍中，其中摆放着原始防御工事的模型、当地美术和手工艺品等（周二休息）。

龙尚 ㉞
Ronchamp

Haute Saône. 3000 14 pl du 14 juillet（03 84 63 50 82） 周六 **www**.ot-ronchamp.fr

柯布西耶的**龙尚圣母教堂**（Chapelle Notre-Dame-du-Haut）坐落在这座小镇中。它的混凝土结构竣工于 1955 年。这里的**矿业博物馆**（Musée de la Mine）展现了当地矿工的生产生活状态。

奥尔南库尔贝博物馆中的《奥尔南的镜子》

中央高原

阿列省 · 阿韦龙省 · 康塔尔省 · 科雷兹省 · 克勒兹省 · 上卢瓦尔省 · 上维埃纳省 · 洛泽尔省 · 多姆山省

中央高原呈现出粗犷而又奇特的美丽，是法国保存完整的秘境之一。令人称奇的是，除了高原上的温泉及主要城市克莱蒙费朗、维希和利摩日，外界对它了解甚微。如今，通往高原深处新修的高速公路，揭开了她神秘的面纱。

在古代花岗岩和结晶质岩形成的中央高原的环抱中，奥弗涅、利穆赞、阿韦龙和洛泽尔四省区气势恢弘的景观映入眼帘。这里曾经是朝圣之路的交叉路口，布满壮丽的火山。此外这里丰饶而广阔，从引人注目的小镇勒皮到有着无与伦比的珍宝的孔克，它们的魅力都让人无法抗拒。

奥弗涅是火山活动的中心地带，拥有许多的火山湖和温泉。这里也是户外运动的理想天堂，从夏日的徒步旅行到冬天的滑雪运动都可实现。这里还有许多法国最神圣最美丽的罗马式教堂、中世纪城堡和文艺复兴风格的宫殿。奥弗涅东部与弗雷、利华达和沃莱的山区毗邻，而西部则与巨大的死火山带多姆山脉、多尔山脉和康塔尔山脉相接，位于中央高原西北边缘的利穆赞有着一望无际的草原和平坦开阔的道路。

阿韦龙省从奥布拉克山脉一直延伸到法国西南部，洛特河、阿韦龙河以及塔恩河分布其中，很多村庄就建在悬崖峭壁之上。其东部是大科斯——洛泽尔省内的一片宽广而孤立的塞文山区高地。这片高原并不富饶，生活在这里的农民非常贫困，但是很多年以来这里却受到旅行者和探险家们的喜爱。

多尔山中的温泉小镇——布尔布勒

◁ 海拔 1787 米的玛丽山山顶给徒步登顶者提供了极佳的视野

探索中央高原

中央高原有着活火山带和广阔壮丽的河流峡谷，是大自然鬼斧神工的经典之作。这片宽广的还没有开发利用的土地有着美丽的自然风光，能为任何一种户外运动提供场所，如漂流、滑翔伞、皮划艇和徒步旅行。这里还有很多座教堂、城堡和博物馆，可以满足历史、建筑和艺术爱好者的需求，与此同时这里还有正宗的美食和当地香醇的葡萄酒。

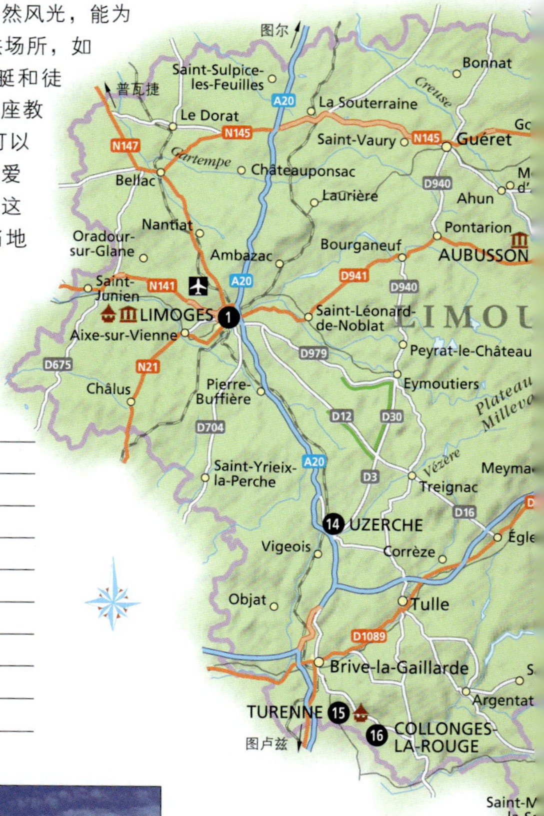

0 千米 25

0 英里 25

图例

- 高速公路
- 主要公路
- 二级公路
- 次级公路
- 观景大道
- 主要铁路
- 次要铁路
- 地区边界
- 山峰

塔恩峡谷的石灰岩峭壁

周边交通

从中央高原的主要城市利摩日、克莱蒙费朗和维希乘坐飞机和火车前往巴黎都是很方便的。绝大多数独具魅力的小镇和自然景区都可以乘汽车直接到达，而从加来到布里夫的火车有同时运输汽车及乘客的业务，这就使得乘汽车游览这一地区很方便。许多山间小路的路况也很好，只是开车在其间速度不能太快。特别是去往玛丽山的道路十分惊险。穿梭于整个奥弗涅的A71/A75号公路路况非常好，通行也是免费的。

旅游景点分布示意图

奥西瓦 11
多姆山脉 12
多尔山脉 13
蒂雷纳 15
红色考兰若 16
克莱蒙费朗 10
康塔尔山脉 18
孔克 22
大科斯 25
利摩日 1
拉帕利斯堡 5
勒皮 20
洛特河谷 21
罗德兹 23
蒙吕松 3
穆兰 4
奥布松 2
圣耐克塔尔 9
萨勒 17
塞文山脉峭壁公路 24
塔恩峡谷 26
梯也尔 7
维希 6
于宰尔希 14
拉谢斯德约 19
伊苏瓦尔 8

康塔尔山脉中的玛丽山的秋季风光

利摩日的珐琅壁画《坏牧羊人》

利摩日 ❶
Limoges

Haute-Vienne. 200000 12 bd Fleurus（0555344687） 每天 www.limoges-tourisme.com

利穆赞大区的首府利摩日有两大中心：老城区和新城的商业中心——城堡。旧城在百年战争中曾经遭到黑王子爱德华的破坏。直到今天这里仍然保留着半木质的房屋和狭小的巷子。

在华美的**阿德里安－迪布谢国家博物馆**（Musée National Adrien-Dubouché）里陈列着10000多件著名的本地瓷器。**利摩日美术馆**（Musée des Beaux Arts de Limoges）收集了许多考古文物，其中包括600多件利穆赞珐琅和绘画作品。这里是"二战"时期的抵抗行动中心，在**抵抗及流放博物馆**（Musée de la Résistance et de la Déportation）中有再现当时抵抗活动的展览。

阿德里安－迪布谢国家博物馆
Pl Winston Churchill. **电话：** 05 55 33 08 50 周三至次周周一 1月1日、5月1日、12月25日
www.musee-adriendebouche.fr

利摩日美术馆
1 pl de l'Evêché .**电话：** 05 55 45 98 10 周三至次周周一 1月1日、5月1日、11月1日和11日、12月25日
www.museebal.fr

抵抗及流放博物馆
Rue de la Règle, Jardin de L'Evêché. **电话：** 0555459823 周三至次周周一下午

郊外

利摩日的抵抗活动遭到残忍的报复。1944年6月10日，党卫军烧死了利摩日西北25公里的**奥拉都尔村**（Oradour-sur-Glane）的全部居民。废墟作为遗迹被保留下来，周围建立了新的村庄。圣朱尼安附近是手套的盛产之地，它为手套设计师们供应皮革制品。

奥布松 ❷
Aubusson

Creuse. 5000 rue Vieille 55 66 32 12） 周六 www.otaubusso

奥布松以克勒兹出产的质纯净水闻名，这里还生产壁毯和地毯染色的精密染料在十六七世纪，壁毯制造业过去一度辉煌。但是到了世纪末期，由于大革命的影和拼图壁纸的渐渐兴起，壁业的客户流失严重。

20世纪40年代，奥松的壁毯业再一次复苏。主要归功于艺术家让·吕萨劝说其他现代艺术家投壁毯的设计。**省壁毯博物**（Musée Départemental de Tapisserie）有那个时期的作的固定展览。现在，**圣让壁**厂（Manufacture St Jean）30家生产作坊对游客开放，那里可以欣赏到手工制作和复壁毯的过程以及客户定做地毯样品。

省壁毯博物馆
Av des Lissiers .**电话：** 05 55 83 08 3 周三至次周周一（7月～8月：周二下午） 4月的1周、11月的周

圣让壁毯厂
3 rue St Jean **电话：** 05 55 66 10 08 周一至周五

奥布松圣让壁毯厂修复壁毯的场景

本地区住宿及餐饮信息见575～577页和629～631页

布松附近的穆蒂耶多恩的古罗马教堂

郊外

穆蒂耶多恩由一条15世纪的街道和一座古罗马大桥组成。在小镇上仍然能看到本笃会修道院的建筑遗址，一座半罗马半哥特式的教堂有雕饰美丽的石质正门。唱诗席有木质的牧师席位，这是教堂里最值得欣赏的地方，座位上雕刻着花草、动物的精美图案，用比喻的手法展现了善与恶，堪称17世纪的优秀作品。一座大花园修建在原来的广场上。

蒙吕松 ❸
Montluçon

Allier. 45000 67 ter bd de Courtais（04 70 05 11 44） 周二、周四至周日 **www.**montlucontourisme.com

蒙吕松仍保留着中世纪风格，它是这一地区的经济中心。镇中心有一座波旁王宫，现在用于临时展览。**威尔逊公园**（Jardin Wilson）坐落在城墙遗址上，大多数城墙都在18世纪被毁，只剩下一小部分防御土墙。修复后的玫瑰花园和壮观的花床值得一游。12世纪的**圣皮埃尔教堂**（Eglise de St-Pierre）有着高大的石柱和令人惊叹的穹顶。

穆兰 ❹
Moulins

Allier. 23000 rue François Péron（04 70 44 14 14） 周五和周日 **www.**moulins-tourisme.com

穆兰从10世纪以来就是波旁公爵家族的所在地。文艺复兴早期，穆兰是非常繁华的，现在是一处迷人的闭塞之地。哥特式的**圣母院大教堂**（Cathédrale Notre-Dame）是最值得游览的。在这里，波旁王朝成员的雕像也出现在15和16世纪的彩绘玻璃上。珍宝馆里还珍藏着“穆兰艺术大师”在15世纪创作的《圣母与圣子》三联画屏。其中一幅展现的是波旁公爵皮埃尔二世和他珠光宝气的妻子正被介绍给着装朴素的圣母。

塔楼被保留了下来，波旁老城堡残存的翼部成为展览馆，展出12～16世纪的雕刻、绘画和装饰艺术。先前的骑兵营中收藏了10000多件戏剧服。

圣母大教堂

Pl de la Déportation. **电话：**04 70 20 89 65 珍宝馆 周二至周六 12月25日

穆兰圣母院大教堂里的彩绘玻璃窗

拉帕利斯堡 ❺
Château de la Palice

Allier. **电话**：04 70 99 37 58 复活节～10月：每天

16 世纪早期，法国元帅雅克二世雇用佛罗伦萨的建筑师重新修建了拉帕利斯的封建堡垒。从那以后，这座城堡一直由他的后代拥有。城堡的黄金厅有带梁的镶金天花板，上面有两幅巨大的 15 世纪佛兰德挂毯，其上是十字军骑士戈德弗鲁瓦德布荣和希腊英雄赫克托的肖像。

郊外

从拉帕利岛出发，D480 大道会经过贝布尔谷，沿途可以看到**图里堡**（Château de Thoury）等许多保存完好的建筑。

图里堡
Dompierre. **电话**：04 70 42 00 41 庭院和外部 4月～5月：周六、周日及公众假期（仅下午）；7月～11月：周三至次周周一

拉帕利斯堡的镶金天花板

维希 ❻
Vichy

Allier. 27000 19 rue du Parc（04 70 98 71 94）周三
www.vichytourisme.com

这座阿列河上的小城一直以其温泉和冷泉治疗风湿病、关节炎以及消化系统疾病而闻名于世。17 世纪晚期到 18 世纪，作家塞维涅夫人和路易十五的女儿们都曾经到此一游，前者还把这里的淋浴比喻成“炼狱的彩排”。19 世纪 60 年代，拿破仑三世的到访使维希的泉水风靡一时。从此这座小城被装扮一新，成为法国贵族和世界各地富有的中产阶级钟爱的地方。如今，建于 1900 年的气势恢弘的大热电厂已经被用作贸易长廊。这里的现代浴场达到国际一流水平，而且仅作为治疗场所使用。如果需要治疗，必须拿到医生的处方并提前 30 天预约。

维希的旧热电厂内部

20 世纪 60 年代，幸运之神再次眷顾了维希。由于阿列河的堰坝的拦截，市中心形成了一个大湖。很快，这里便成为繁华的水上运动中心和诸多国际赛事的举办地。在这里花费不多就可以参与到滑水等运动，或者在一段 3 公里的人工河上学习划独木船。

索尔斯公园（Parc de Sources）位于维希中心。这里最引人注目的有露天音乐台、玻璃屋顶的嘉年华购物长廊以及宏伟的娱乐场和歌剧院。每天下午这里都会有赌场开放，而到晚上则会有音乐会举行，城市的每个角落都弥漫着欢乐的气息。

泽勒斯汀源头（Source Célestin）的青铜水龙头也对外开放，在一座河畔公园里还

巴迪亚—比拉托所作的维希海报（约1930～1950年）

女修道院的遗迹。若不努力将这座城市中的景物想象成白新闻片，很难想到“二战”的维希政府(1940～1944年，65页)就设在此地。

泽勒斯汀源头
du Président Kennedy. ◯ 每天 12月～次年1月 ♿

梯也尔 ❼
Thiers

de Dôme. 13500 pl de u(04 73 80 65 65) 周四和周六
www.ville-thiers.fr

正如作家拉·布鲁耶所述的：从远处看去，梯也就像悬挂在道尔河急转弯上方的峭壁一样。中世纪期这里曾是著名的刀剑制地，传说铸造技术是十字战士从中东地区带回来的。助河对岸的无数瀑布带动石旋转，梯也尔制造业几无所不做，小到桌上的餐，大到断头台的铡刀都能造。现在，铸造业仍然是里的主要产业，**刀剪博物**(Musée de la Coutellerie)展览着大量的刀剪制品。

在这座古城里，“机会之”和“地狱之洞”等神秘落随处可见。城内有众多折蜿蜒的街道以及经过修的14～17世纪房屋。许房子的木头上都刻着精美花纹。在堡垒的平台上西多姆山和道尔山将会看到丽的日落美景。

朝圣和明示

奥弗涅和利穆赞地区的教区以其纪念圣徒的户外游行而闻名。传说在耶稣升天节的夜晚来临时，奥西瓦的圣母降临到了这个村庄，一群吉卜赛人以及准备接受洗礼的孩子与她在一起。每隔七年，利穆赞地区的一些村庄便会举行明示仪式。那时，街道的四周都会挤满前来朝圣的居民。一般明示仪式是从复活节后的第一个星期日开始，一直持续到6月结束。按照七年一次的惯例，下一次聚会将在2016年举行。

朝圣游行队伍所带的奥西瓦圣女(1903年)

刀剪博物馆
58 rue de la Coutellerie. 电话：04 73 80 58 86 ◯ 6月～9月：每天；10月～次年5月：周二至周日 ● 1月25日、5月1日、12月25日
www.musee-coutellerie-thiers.com

伊苏瓦尔 ❽
Issoire

Puy de Dôme. 15000 9 pl St-Paul(04 73 89 15 90) 周六
www.sejours-issoire.com

伊苏瓦尔的老城区大部分已经在16世纪毁于宗教战争，而战后的伊苏瓦尔变成了一个重要的工业中心。伊苏瓦尔不仅拥有繁荣的航空业，而且是飞行员最向往的地方。许多附近的飞行员都争先恐后地来到这里，利用这里强大的气流进行滑翔试飞。

建于12世纪的彩色修道院教堂——**圣奥斯特摩尔教堂**(St-Austremoine)是这个地区最好的罗马式教堂之一。柱头描绘了基督生活的场景(在最后的晚餐时，一位使徒在桌边睡着了)以及传说中的魔鬼和野兽。15世纪时的壁画《最后的审判》描绘的则是像博施这样不相信神的罪人被投入巨龙的口中或炼狱中的景象。附近的大钟塔保留着文艺复兴时期的风格。

从南边看过去，梯也尔就像凌驾于多尔河上一般

圣耐克塔尔 ❾
St-Nectaire

Puy de Dôme. 750 Les Grands Thermes (04 73 88 50 86) 7月～8月：周日上午 **www**.sancy.com

奥弗涅地区以古罗马式的教堂闻名。**圣耐克塔尔教堂**(Eglise St-Nectaire)的尖塔高耸云霄，建筑设计均衡雅致。103块柱头中有22根是彩色的，上面的雕刻栩栩如生；其中包括圣伯蒂姆的半身雕塑和科尔那多圣母院的木雕。小镇下村是一个温泉区，有40余个温泉和冷泉。

郊外

米罗古堡(Château de Murol)是一座建于12世纪的要塞，部分已经损坏。导游向人们解说中世纪的生活和骑士的追求。

米罗古堡
Murol. **电话：**04 73 26 02 00 4月～9月：每天；10月～次年3月：周六和周日 www.chateaudemurol.fr

克莱蒙费朗的昂布瓦斯喷泉（1515年）

克莱蒙费朗 ❿
Clermont-Ferrand

Puy de Dôme. 141000 pl de la Victoire (04 73 98 65 00) 周一至周六 **www**.clermont-fd.com

克莱蒙和费朗原来是两个截然不同而且相互竞争的城市，直到1630年才合并为一座城市。克莱蒙是当地的商业中心和教育中心，有很多啡馆和餐馆。在古罗马时代这里曾经是凯尔特人的居地。城内有一座5世纪的教堂1095年罗马教皇在这里宣第一次十字军东征的命令，时这座教堂的规模已经相当大了。后来奥弗涅公爵为了战克莱蒙主教的权利，在克蒙费朗老城建立了根据地，那里开车到市中心很快便能达。它是根据中世纪防御村的形式建筑的。那里蜿蜒的巷和文艺复兴式房屋给人中纪的感觉。

要想更好地了解克莱蒙朗更古老的历史，可以到**巴古安博物馆**(Musée Bargoin那里收藏着大量在本地发掘罗马人生活用品仿造品。该物馆周一开放。

圣皮埃尔市场是克莱费朗最主要的市场。每天里都会有食品集市。不远有一条通向山下的步行街十分陡峭，沿着步行街可从**昂布瓦斯喷泉**(Fontai d'Amboise)一直走到**港口母院教堂**(Basilique Notre Dame-du-Port)，教堂内部是用石料建成的，气势恢

波特圣母院教堂内的唱诗班席位

本地区住宿及餐饮信息见575～577页和629～631页

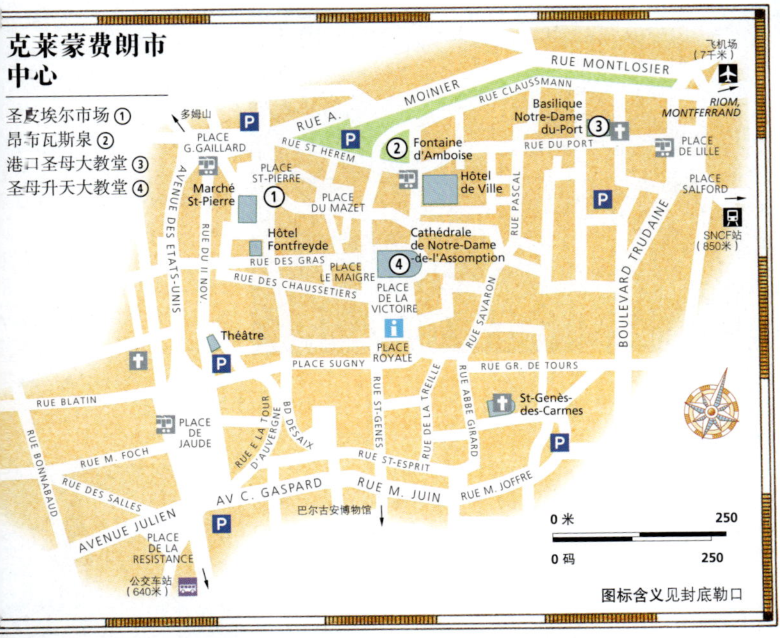

……唱诗班席位以及……生动精美的雕像很……特点。两座骑士……雕像身穿铠甲，手……长矛，表现的是……寻找对抗贪婪的……博爱”。

圣母升天大教堂

Cathédrale Notre-Damede-l'Assomption）与古朴的12世纪罗马式建筑和高耸挺拔的13世纪哥特式建筑形成鲜明对比。其内部线条优美，梁柱很细，结构相对较轻。黑暗的火山岩衬托着12～15世纪的彩绘玻璃窗户。

圣母升天教堂的唱诗班内部

1910年的米其林小人

克莱蒙费朗的老区从13～17世纪一直繁荣兴盛，其中很多建筑保存完好，它们由当时富有的商人所建。其中最好的房屋带有意大利风格的凉廊、竖框窗户和迷人庭院。这些房屋排列在**克莱贝尔街**（rue Kléber）两侧。在克莱蒙与古老的蒙费朗之间坐落着第三小城，米其林公司的总部和生产工厂就在这里。

郊外

里永（Riom）曾经是克莱蒙费朗在奥弗涅的领袖地位的有力竞争者。这里的房屋大多数都以黑色石头砌成。14世纪的公爵城堡在19世纪建法院时被夷为平地，幸存下来的只有精致的礼拜堂。

里永最宝贵的财富是一尊精美的雕像，保存在14世纪的圣母院教堂中。

奥西瓦 ⑪

Orcival

Puy de Dôme. 300 Le Bourg（04 73 65 89 77）www.terresdomes-sancy.com

城内的旅馆很多，每年夏天都很拥挤，但是奥西瓦还是值得一游，其中**奥西瓦大教堂**（Basilique d'Orcival）被认为是当地最好的教堂。这座建筑竣工于12世纪初，带有多层拱顶，侧墙有坚实的支撑墙和拱门。教堂内部摆着精美的银器，朱红色的“圣母和圣子”（其面向的方位称为尊位），十分神秘。教堂的14扇窗户使得内部豁达明亮，它的地窖也很宽敞。这座建筑本身的结构就是最美的杰作。

奥西瓦大教堂中的“圣母与圣子”

在多姆山上空拍到的多姆火山岩

多姆山脉 ⑫
Monts Dômes

Puy de Dôme. Clermont- Ferrand Montlosier（04 73 65 64 00）
www.parc-volcans-auvergne.com

多姆山脉是奥弗涅最年轻的火山，仅 4000 岁。多姆死火山锥位于克莱蒙费朗的西方，由绵延 30 多公里的 112 座死火山组成。在平缓地带，一条与 N922 同心的公路盘旋直达山顶。而在较为陡峭的地方，徒步爬山的人可以走“之”字形罗马小径。

山上有墨丘利神庙的遗址，还有气象、无线电通信塔。晴天里你所看到的景象一定会让你流连忘返。

新建的**武尔卡尼亚火山欧洲公园**（Parc Européen du Volcanisme, Vulcania）能运用当今最先进的技术检测到面积 2 公顷内的火山运动情况。

在多尔山区盖里山下的图利尔火山

多姆山脉的西南角是**科尔代斯堡**（Château de Cordès）。这座归私人所有的小城堡是勒诺特设计完成的。城堡里有领主的宅邸和规划齐整的花园（见 179 页）。

武尔卡尼亚火山欧洲公园
D941B, Saint-Ours-les-Roches. **电话：** 0820 82 78 28 3月中旬～8月：每天；9月～11月中旬：周三至周日 **资料中心**
www.vulcania.com

科尔代斯堡
Orcival. **电话：** 04 73 65 81 34 仅公园（致电04 73 21 15 89 咨询开放时间）

多尔山脉 ⑬
Monts Dore

Puy de Dôme. Clermont-Ferrand Le Mont-Dore Montlosier, Aydat（04 73 65 64 00）

多尔山脉是由桑西峰、奥尔当什和埃圭勒三大火山以及它们的附属山脉组成的。山上不仅有夏季和冬季的旅游胜地，还提供滑雪、徒步旅行、跳伞滑翔等运动场所。

桑西峰（Puy de Sancy）海拔 1886 米，是法国中部的最高峰。从多尔山镇可以乘定期往返的汽车到山下，然后乘坐缆车，最后徒步到达山顶。D36 高速公路通往**库兹一尚河谷**（Couze-Chambon v ley），那里景色非常优美。

这里还有两座温泉镇：**尔布勒镇**（La Bourboule）疗小儿疾患比较有名；**多尔镇**（Le Mont-Dore）有**温泉地**（Etablissement Thermal）。

在位于 D83 公路的盖里口下方，**萨纳多尔山**（Ro Sanadoire）和**图利尔山**（Ro Tuilière）像两根巨大的门从其峰顶可以看到远处被树覆盖的盆地。

多尔山布尔布勒镇的教堂

乌兹尔克 ⑭
Uzerche

Corrèze. 3000 pl de Libération（05 55 73 15 71）每月 2 号 www.pays-uzerche.fr

乌兹尔克的景色美不胜收。在中世纪的冲突中，这座富饶的小镇从未停止过反抗。它最早在 732 年经受了 7 年战争的洗礼。在战争的最后时刻，全体市镇居民用最后的补给给敌人送上了一顿丰盛的筵席。结果，摩尔人认为既然城内还有这么丰富的储备，那镇里的补给应该很丰富，所以就撤兵而去了。

圣皮埃尔教堂（Église St-Pierre）挺立高山上。在于宰尔希远处，韦泽尔河穿过了赛扬的绿色峡谷。

法国硬干酪

奥弗涅的人民仍然过着游牧生活。冬天，当地人把萨勒牛饲养在山谷的马厩里，夏天则在山上的牧场放养。牧场水草肥美——龙胆草、番樱桃、银莲花，应有尽有。在这里放养的牛产出鲜美的牛奶，为当地法国硬干酪提供了优质的原料。以前，凝乳是人工用粗棉布挤压而成的；现在运用现代的技术手法制成。当地最有名的菜肴是 Aligot——马铃薯泥混合奶酪生姜，其主要成分即为法国硬干酪。

萨勒牛正在享受着肥美的水草

蒂雷纳 ⑮
Turenne

Corrèze. 750 le Bourg（05 55 24 08 00）

蒂雷纳是坐落于悬崖边上的一座月牙形的小镇，是科雷兹省最招人喜欢的古镇之一。蒂雷纳直到1738年一直处于拉图尔·德·奥维涅家族的绝对统治之下，是法国最后一个独立的封建领地。亨利·德·拉图尔·德·奥维涅是这个家族最杰出的成员，是法国路易十四时期的元帅，也是现代最伟大的军人之一。

现在保留的**蒂雷纳城堡**（Château de Turenne）有13世纪的钟楼和11世纪的恺撒塔。站在塔上，视线能够越过道格纳山谷，将坎塔布连山脉的风光尽收眼底。不远处是16世纪的学院教堂和18世纪的**卡普辛教堂**（Chapelle des Capucins）。

> **蒂雷纳城堡**
> 电话：05 55 85 90 66 4月～10月：每天；11月～次年3月：周日下午 www.chateau-turenne.com

红色考兰若 ⑯
Collonges-la-Rouge

Corrèze. 400 Brive, then bus to Collonges. av de l'Auvitrie（05 55 25 47 57）

考兰若有独特的深红色砂岩建筑，其总体风格既简朴又优美，每一座建筑都十分美丽，令人感觉置身童话世界里。

考兰若建于8世纪，这里的居民在葡萄园周围建造了坚固的有尖塔的建筑。市场中公用的面包烤炉和建于11世纪的教堂都值得一看，人们后来又建造了另一座城堡以保护这座城堡。教堂里白色的石灰岩鼓室中雕刻着人骑熊等一些栩栩如生的画面。

萨勒 ⑰
Salers

Cantal. 400 仅夏天 pl Tyssandier d'Escous（04 71 40 58 08）周三 www.salers-tourisme.fr

这座坚固、美观的城镇有灰白色的火山岩房屋和15世纪的城墙。萨勒位于陡峭的山崖上，是这个地区为数不多的、保存完好的文艺复兴时期的小镇。教堂里有一个建于1495年的典雅的墓地和五条制作精美的奥布松挂毯。

从喷泉出发，街道延伸至悬崖边，在那里能欣赏到周围的山谷美景，还能听到远处天籁般的牛铃声。这个小镇夏天天气很炎热，也很拥挤，但它却是去游览玛丽火山锥（见364页）、附近的山谷城堡和南边的塞尔山谷的一个很好的出发点。

萨勒附近鲍尔莱佐格市的中世纪山谷城堡

康塔尔山脉的玛丽火山锥

康塔尔山脉 ⑱
Monts du Cantal

Cantal. Aurillac Lioran Aurillac（04 71 48 46 58）www.iaurillac.com

康塔尔山是欧洲最古老最大的火山。其最高峰**康塔尔峰**（Plomb du Cantal）海拔为1855米，**玛丽火山锥**（Puy Mary）为1787米，周围环绕着一些小的山峰和很深的河谷。在狭窄的小路上开车令人心惊胆战，但在急转弯处能看到山峰和峡谷之间的美景。肥美的山区牧场是夏季放养萨勒牛的好地方（见363页）。从**派罗隘口**（Pas de Peyrol）出发，穿越海拔1589米的盘山公路，步行约25分钟就到了玛丽火山锥顶。

郊外

安约尼城堡（Château d'Anjony）是奥弗涅城堡的精品之一，由路易二世所建。其最精彩的壁画反映了日常生活和耶稣受难的情景。楼上的骑士房间里有9位骑士英雄。南边的**欧里亚克小镇**（Aurillac）是到康塔尔旅游的一个很好的出发点。

安约尼城堡
Tournemire **电话**：04 71 47 61 67
7月~8月：每天；2月中~11月中：每天下午 限制

拉谢斯德约 ⑲
La Chaise-Dieu

Haute-Loire. 700 pl de la Mairie（04 71 00 01 16）周四
www.la-chaise-dieu.info

建于14世纪的**圣罗伯特教堂**（St-Robert）结合了罗马式和哥特式两种建筑风格，成为拉谢斯德约的主要旅游景点。唱诗班的114个橡木席位上雕饰着罪恶与美德的形象。墙上是16世纪的布鲁塞尔挂毯，它们描绘了《旧约》、《新约》中的内容，色彩丰富、内容详尽。教堂的外墙壁画是创作于15世纪的《死亡之舞》。画面显示死亡即是由一个骷髅带领着人们走向必然归宿。回廊远外是回声间，在这里，站在相对墙角的两个人都能很清楚地听到对方悄声说话的声音。每年8月中旬~9月举行的巴洛克音乐节让教堂挤满了人。

拉谢斯德约的圣罗伯特教堂里的《死亡之舞》壁画细节

勒皮 ⑳
Le Puy-en-Velay

Haute-Loire. 20500 pl de Clauzel（04 71 09 38 41）
9月 www.ot-lepuyenvelay.fr

勒皮坐落在沉积岩和玄武岩石柱上，镇上有三座山峰，每座山峰峰顶都有教堂、修道院或雕像。远远望去，它是法国最令人难忘的景点之一。

勒皮的法兰西圣母院雕像

现在勒皮成为一个商业和旅游城镇，主要景点是中世纪的**圣城**（Holy City）。962年，勒皮的主教Gotescalc第一次前往圣地亚哥－德孔波斯特拉进行他的朝圣之旅，并在回来时修建了**艾古力圣米歇尔拜堂**（Chapelle St-Michel d'Aiguilhe），此后圣城也成为朝圣之旅的中心。

来自法国东部和德国的

奥弗涅的黑圣母

在奥弗涅，对圣母玛利亚的崇拜一直都很盛行，这点从该地区拥有的圣母像上就能反映出来。这座圣母像是用深色的核桃木或雪松雕刻而成的，随着时间的推移逐渐变黑。据说它的起源与拜占庭对十字军的影响有关。最为有名的圣母像是勒皮的一尊圣母像，它创作于17世纪，是路易九世中期一尊圣母像的复制品。

路易九世的黑圣母像

者于前往德孔波斯特拉之，都会聚集在**圣母大教堂**
Cathédrale de Notre-Dame）。母大教堂以其黑圣母像和发烧之石”而著名；“发烧之”是德鲁伊仪式的石头，可发热量，在被送往孔波斯特之前，它嵌在一面墙壁上。圣母大教堂建造在一个早期的教徒遗址上，是一座宏伟的马式建筑，它有多种风格的门，雕刻着棕榈叶子和西洋棋，这些都是受西班牙摩尔建筑风格以及十一二世纪与国西部文化交流的影响的结果。教堂的十字形翼部有罗马的壁画，其中最著名的要数1~12世纪的圣米迦勒。在圣器收藏室里的珍品有Theodphus圣经。教堂是圣城的中心，周围环绕着洗礼池、修道院、修道院院长住所和一所忏悔者礼堂。

法兰西圣母院（Notre-Dame-de-France）的巨大红色雕像位于乌鸦岩的山顶，建于1860年，在克里米亚之战中所使用的213门大炮在赛瓦斯托波尔被缴获，这尊雕像正是用它们制造而成的。要参观雕像，可以通过一条陡峭的小径或者是攀登内部铁梯抵达。

圣米歇尔礼拜堂与大教堂一样都深受摩尔式建筑风格的影响：圆形的拱门，雕刻着三叶形的装饰品，还有彩色的马赛克图案。它似乎是从火山中长出的，通向它的也是一条陡峭的小路。教堂坐落在罗马墨丘利神庙遗址上，它的中心区可以追溯到10世纪，建筑的很大一部分是一个世纪之后才依山而建的，它的内部装饰着已经褪色的10世纪壁画和20世纪的彩绘玻璃。

下城有着排列着十五六世纪房屋的狭窄街道，它们通向维奈公园和**克洛扎捷博物馆**（Musée Crozatier）。博物馆里收藏了16世纪至今的手工蕾丝，还有中世纪精美的手工艺品、15世纪的彩绘等。博物馆一旦翻修则会闭馆多年，因此建议致电查询。

9月下旬，勒皮有一个火鸟之王狂欢节化装舞会，是古代庆贺本市最优秀弓箭手的节日（见38页）。

圣米歇尔礼拜堂
Aiguilhe. **电话：** 04 71 09 50 03 ◯ 2月中~12月中：每天；12月中~次年2月中：仅下午 ● 1月1日、12月25日

法兰西圣母院
Rocher Corneille. **电话：** 04 71 05 45 52 ◯ 每天 ● 11月中~1月（圣诞节除外）

克洛扎捷博物馆
Jardin Henri Vinay. **电话：** 04 71 06 62 40 ● 翻修中，持续至2014年

圣米歇尔教堂，位于火山岩的一座指状峰顶

洛特河谷中位于埃斯帕
的卡尔蒙特・奥尔特
遗址

洛特河谷 ㉑
Vallée du Lot

Aveyron. Aurillac, Rodez Rodez, Séverac-le-Château Espalion, Rodez Espalion (05 65 44 10 63) **www.**valleedulot.com

从芒德和卡努尔格旧港到孔克，洛特河（以前被称为奥尔特）沿线有肥沃的果园、葡萄园和松树林。奥布拉克山不远处有一个美丽的却很古老的村庄——**圣科莫德奥尔特**，（St Côme d'Olt）那里有15世纪的教堂，周围环绕着中世纪文艺复兴时期的建筑。在**埃斯帕利永**（Espalion），河中倒映着彩色石屋和16世纪的城堡，河上游有一座建于13世纪的拱形石桥。周五早上，镇上有一个集市，镇外是建于11世纪的深紫色教堂，其上雕刻着战斗着的骑士和正在圣餐杯里吸吮的鸟儿。

埃斯坦（Estaing）在13世纪曾经是一个显赫的贵族家族的封地，这个村庄坐落在河岸边一个宏伟的城堡（现在为女修道院）之下。有一条小路穿过洛特河谷到达**昂特赖格**（Entraygues），在那儿值得一游的是老广场和13世纪的哥特式桥梁。出了昂特赖格，河道变宽，汇入加仑河。

孔克 ㉒
Conques

见368～369页。

罗德兹 ㉓
Rodez

Aveyron. 26000 pl Foch (05 65 75 76 77) 周三和周六 **www.**ot-rodez.fr

罗德兹小镇被一分为二，一边是商店林立的**村镇广场**（place du Bourg），大教堂附近的是**城市广场**（place de
Cité）。罗德兹有本区最大
商业中心，这也成为它的主
旅游景点。这里有建于13
纪的富丽堂皇的**圣母大教**
（Cathédrale Notre-Dame），
常值得游览。大教堂有着堡
式的西侧前墙和宏伟的钟塔
内部有15世纪华丽庄重唱
班的席位，上雕有带翼的狮子
美丽的少女和一个露着屁股
调皮鬼。

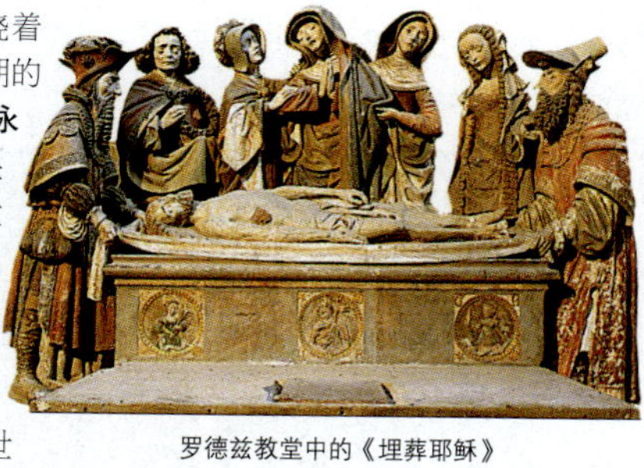

罗德兹教堂中的《埋葬耶稣》

郊外

西南45公里处是
虫学家法布尔的出生
圣莱昂（Saint Léons
这是一座小型城市，
半是互动式博物馆，
半是昆虫的主题公
（11月～2月中旬关闭
如果你有时间的话还
以去看惊悚电影。

罗伯特・路易斯・史蒂文森（ROBERT LOUIS STEVENSON）

罗伯特・路易斯・史蒂文森（1850～1894年），以其小说《金银岛》《绑架》和《杰基尔博士和海德先生》而闻名于世，他也是一位游记作家。1878年，他仅靠一头小驴就穿越了偏远的塞文山脉，经过这次惊险的旅程之后，他的又一部杰作《骑驴漫游记》问世。

罗伯特・路易斯・史蒂文森

文山脉峭壁公路国家公园的迷人风光

塞文山脉峭壁公路 ㉔
orniche des Cévennes

ère, Gard. Nîmes Alès St-an-du-Gard（04 66 85 32 11）ww.cevennes-parcnational.fr

18世纪早期，路易十四军队为追击法国新教徒，断了峭壁公路从弗洛拉克圣让迪加尔的一段。这些教徒没有制服，都穿着普的衣服。D983会使行车旅充满美景。由于对反叛法的新教徒历史充满着好奇，格兰作家史蒂文森怀着崇的心情进入塞文山脉长途跋涉，这些在他的《骑驴漫记》中都有记载。

在圣劳伦·特里尔发现了恐龙化石，这儿还能看见大科斯高原以及洛泽尔峰和艾格尔峰风光。圣让·迪加尔是峭壁公路的终点，那里记述乡村生活的**塞文山谷博物馆**（Musée des Vallées Cévenoles）坐落在一个17世纪的旅馆里。

塞文山谷博物馆
95 grand'rue，St-Jean-du-Gard.
电话： 04 66 85 10 48 7月~8月：10：00~19:00；9月~10月：10:00~12:00,14:00~19:00；11月~次年3月：周二、周四和周六下午 1月1日、12月25日
www.museedescevennes.com

大科斯 ㉕
Grands Causses

Aveyron. Rodez-Marcillac Millau Millau（05 65 60 02 42）周三和周五 **www.**ot-millau.fr

科斯是一片石灰石高原，偶尔有一片绿洲或者是肥沃的峡谷。唯一的生命迹象是在空中盘旋的肉食鸟类、一座石头农场或者是一间牧羊人的棚屋。这个地区是那些喜欢独自徒步旅行的人们的不错选择。

四座科斯高原——索弗泰尔、梅让、诺尔和拉尔扎克，它们从米约城市东部向外延伸，那里有着世界上最高的公路桥。

大科斯的风光极似城市废墟，以此而命名的景点有：**蒙彼利埃老城**（Montpellier-le-Vieux）、**尼姆老城**（Nîmes-le-Vieux）和**洛克索特城**（Roquesaltes）。**阿曼德溶洞**（Aven Armand）和**大格兰落水洞**（Dargilan Grotto）宽阔纵深，有着惊人的内部结构，是天然地下洞穴。

拉尔扎克最好的去处是12世纪的圣殿骑士城堡La Couvertoirade。没有铺设柏油路的街道和中世纪的房屋使人想起中世纪的阴暗面。游客可免费进入村庄，只需付参观城墙的费用。

拉尔扎克最著名的村庄要数**苏尔宗河畔罗克福**（Roquefort-sur-Soulzon），它有一条主街和一种当地特产——羊乳干酪——它由未经高温消毒的羊奶制成，是一种利用青霉的繁殖酝酿出的风味独具的奶酪，切口处可看见如大理石花纹般的青色奶酪。

大科斯的四座高原之一——梅让的风光

孔克 ❷ Conques

12世纪的圣骨匣

孔克村环抱着圣福伊修道院，圣福伊是一位年轻的女孩，是早期的基督教殉教者，她的遗物存放在阿让的一座修道院里。9世纪，孔克的一位修道士偷走了这些遗物，因此众多朝圣者来到这个偏僻的地方，并且将孔克打造为圣地亚哥–德孔波斯特拉的临时休息站（见400～401页）。

珍宝馆收藏了中世纪和文艺复兴时期的重要作品，有一些是早在9世纪由修道院的工作坊制造的。这座罗马式修道院内，有皮埃尔·苏拉吉（1994年）设计的玻璃窗，它的山墙饰是中世纪雕刻艺术的成功之作。

从乡村眺望教堂

宽敞的十字形翼部能容得下一大批朝圣者。

中殿内部

罗马风格的内部完美、优雅，修建于1050～1135年。中殿高22米，三层拱形结构上有250个雕刻精美的柱头。

山墙饰

这件雕刻作品描述了12世纪早期的《最后的审判》的场景，图片下部是地狱中的魔鬼，中部是天堂中的耶稣。

孔克的珍宝馆

这里收藏着9～19世纪的珍宝，它们不仅外形漂亮而且还很珍贵、稀有。其中木、银镀金的圣福伊的圣骨匣镶有宝石、水晶，以及罗马皇帝卡拉卡拉的凹雕图案。匣身制造于9世纪，脸部更古老，可追溯至5世纪。其他展出的豪华物品还有查理曼大帝赠送的“A”字形圣骨匣；公元1000年的小而精致的丕平圣坛以及16世纪后期的游行十字架。

宝贵的圣福伊圣骨匣

游客备忘

Aveyron 1600 from Rodez Pl de l'Eglise (08 20 82 08 03) 珍宝馆/博物馆 每天：4月～9月：9:30～12:30，14～18:30；10月～次年3月：10:00～12:00，14:00～18:00 周一：8:00；周二至周六：08:00和12:05，周日：11:00 限制 www.conques.fr

罗马式教堂
教堂东边有三层，顶部是唱诗班的盲拱和中央钟楼。三个小礼拜堂环绕着东边的半圆形后堂，它们是为容纳大量的庆祝人群而建。

珍宝馆
法国大革命时期，为了避免宝物遭到破坏，它们被小镇的居民藏了起来。战后，他们完璧归赵。

珍宝馆的入口

回廊由一个重建的广场组成，只有12世纪初期拱廊的两部分保留下来。在餐厅和空军博物馆中展览了30个原来的雕花柱头。

塔恩峡谷 ㉖ Gorges du Tarn

塔恩湖流经欧洲几座最壮观的峡谷。数百万年以来，塔恩湖和它的支流琼特在流向石灰岩塞文高原途中，形成了一个蜿蜒的叉状溪谷，它约有25公里长、400米深。这些峡谷的侧面是悬崖绝壁，盘山小路蜿蜒起伏，路旁是壮丽的高原美景。周围的大科斯高原形态各异，形成了一种开放、荒凉的地貌，夏季干旱，冬季被大雪覆盖。

崇敬角（Point Sublime）
从800米高的地方拍摄：既能看到塔恩谷的主要转弯处，还能看到远处喀斯梅的风光。

户外活动
塔恩湖和琼特峡谷适合划独木舟和水筏。夏季较为安静，春天融化的冰雪让河流变得生机勃勃。

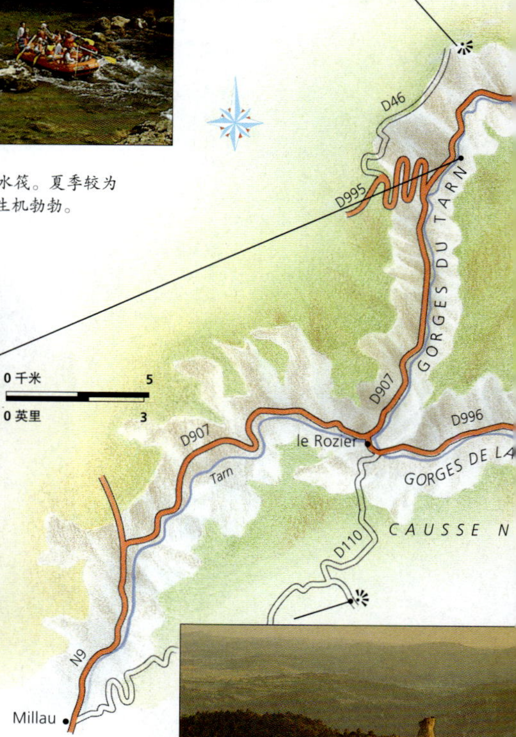

金盏花山口（Pas de Souci）
在韦恩斯上游，金盏花山口在峡谷中形成了一个狭窄的河湾，使塔恩湖从此向北流去。

蒙彼利埃老城
它位于大科斯高原边，离D110公路不远。这里是突出的地质站点，奇形怪状的岩石层是由侵蚀的石灰岩组成。

马莱讷（La Malène）
马莱讷位于索弗泰尔和梅让的边境处，村庄内有16世纪的庄园，是乘船旅行的绝佳出发点。

游客备忘

Lozère ✈ Rodez-Marcillac 🚉 Mende，Banassac，Séverac-le-Château. 🚌Milau ℹ Le Rozier (05 65 62 60 89)。St-Enimie (04 66 48 53 44) **www**.ot-gorgesdutarn.com

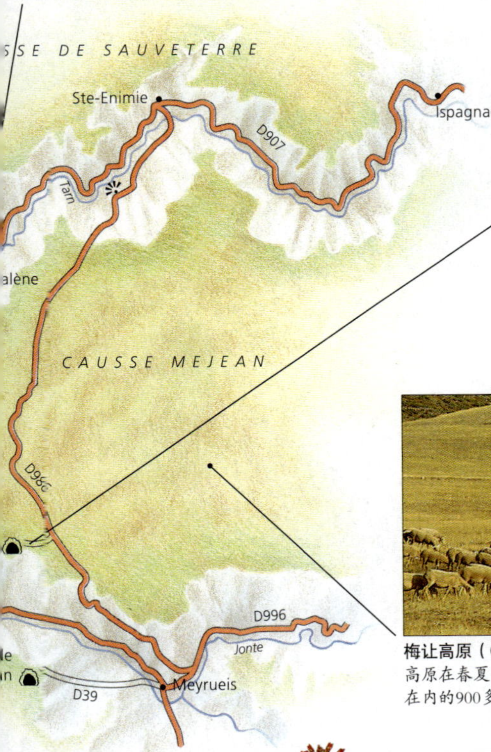

阿曼德溶洞
（Aven Armand Caves）
在梅让高原，溶洞内的许多钟乳石被缓缓滴落的富含矿物质的水滴染成了彩色。

梅让高原（Causse Méjean）
高原在春夏两季是植物学家的天堂，它有包括兰花在内的900多种野生花草。

天然的塞文山脉

这是法国人口最少的地区之一，此地以其野生花草和猛禽而闻名，秃鹫曾经在这里是普遍的生物。20世纪由于大量捕猎，那些巨大却没有危害的食腐动物濒临灭绝，但现在实行的引入计划使得其数量在琼特峡谷大为增加。

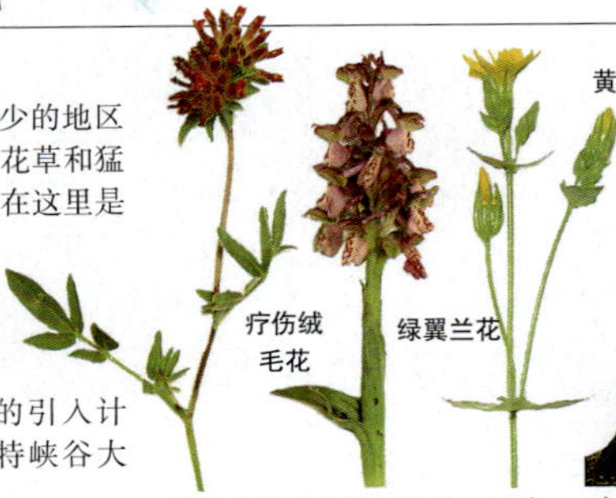

在这个贫瘠的地区发现的野花还包括稀有的阿尔卑斯植物。

生活在这个地区的秃鹫的翼展宽度为2.5米。

RESTAURANT

罗讷河谷和法国阿尔卑斯山脉

卢瓦尔省·罗讷省·安省·伊泽尔省·德龙省 阿尔代什省·上萨瓦省·萨瓦省·上阿尔卑斯省

阿尔卑斯山和罗讷河是该地区最主要的地理景观，因此该地区以它们命名，同时也被它们赋予了特别之意。其东部主要分布着终年积雪的山峰，而罗讷河则是贯通南北的重要水道。

2000年前里昂刚被发现时，就被罗马人视为重要的战略通道。今天的里昂是法国的第二大城市，那里有许多大型博物馆和保存完好的文艺复兴时期的建筑。它是法国最主要的经济和文化中心之一，同时也是毋庸置疑的法国美食之都。其北部是平坦的栋布沼泽地和富饶的布雷斯草原。此外，坐落在罗讷山坡上著名的博若莱葡萄园使得该地区成为一个重要的葡萄酒产区。

法国阿尔卑斯山脉是全世界最受欢迎的终年旅游胜地之一，那里有一些国际著名的滑雪站，如夏蒙尼、梅杰夫、高雪维尔滑雪场，还有一些像尚贝里这样的古老城市，它在未被纳入法国之前曾经是萨伏伊公国的首都。优雅的温泉疗养镇分布在莱芒湖（日内瓦湖）湖畔。格勒诺布尔则是一座喧闹的大学城和高科技中心，被法国两大壮丽的自然景区沙特勒斯和维科斯夹在中间。

在南部，到处是一块块明艳的薰衣草园，中间点缀着葡萄园和橄榄树林，这使得果园和向日葵地显得稍有逊色。城堡和古镇是风景画上的一个个小斑点。山峰和可爱的老式温泉镇使得崎岖的阿尔代什个性十足，沿阿尔代什河分布的深度侵蚀的峡谷构成了法国最野性的风光。

布雷斯地区布尔格的北部的 st-Trivier-de-Courtes 重修的森林农场博物馆

◁ 阿纳西的中世纪街区

探索罗讷河谷和法国阿尔卑斯山脉

里昂是该地区最大的城市，它的古老建筑和传统美食闻名遐迩。美酒爱好者可以前往博若莱葡萄园、罗讷河谷和南部的德龙地区。西边的阿尔代什则有粗犷的野性，在那里可以划独木舟、爬山。温泉爱好者从世界各地聚集到了埃维昂莱班和艾克斯莱班，而阿尔卑斯山则是运动爱好者的乐园（见322～323页）。

旅游景点分布示意图

- 艾克斯莱班 22
- 阿纳西 23
- 阿尔代什 11
- 布雷斯地区布尔格 1
- 布里昂松 16
- 栋布 2
- 格勒诺布尔 18
- 格里尼昂 14
- 里昂 4
- 罗讷河畔图尔农 9
- 莱芒湖 24
- 蒙特利马尔 13
- 尼永 15
- 佩鲁日 3
- 尚贝里 21
- 沙特勒斯 20
- 圣艾蒂安 7
- 圣罗曼 6
- 勒布尔杜瓦桑 17
- 瓦朗斯 10
- 瓦尔斯莱班 12
- 维科斯 19
- 维埃纳 5
- 邮差理想宫 8

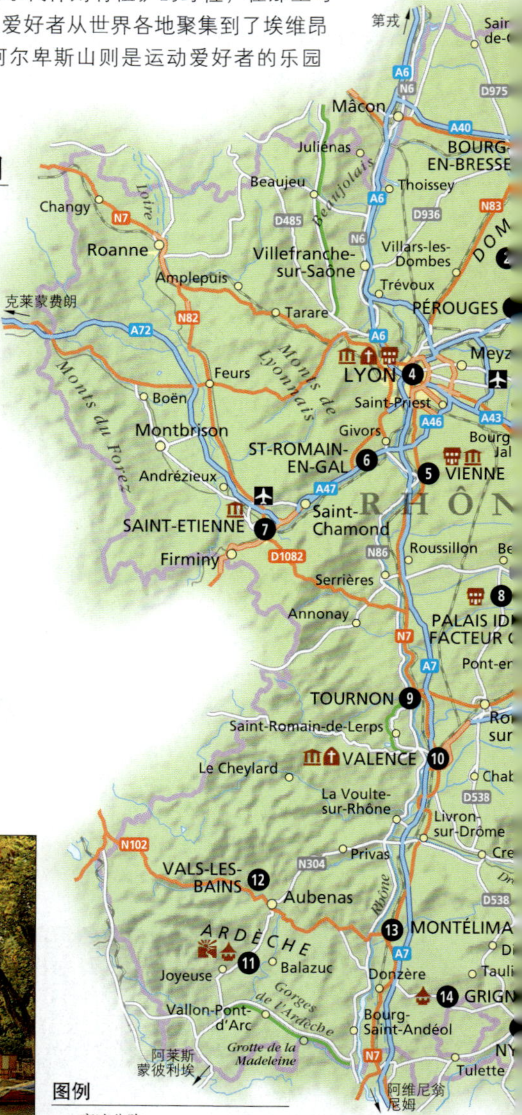

图例

- 高速公路
- 主要公路
- 二级公路
- 次级公路
- 风景大道
- 主要铁路
- 次要铁路
- 国界
- 地界
- 山峰

阿纳西的情人桥

维科斯的罗彦斯桥

周边交通

里昂和日内瓦是该地区主要的交通枢纽，要是去里昂可以在里尔由欧洲之星换乘TGV。除阿尔卑斯地区外，当地火车和汽车既慢又不便利。连接里昂和瓦朗斯以及南方地区的主要高速公路是A7、A40，A43/A41则向东直奔阿尔卑斯山，自备一辆汽车是很必要的。距阿尔卑斯最近的三个国际机场分别是瑞士的日内瓦机场、里昂附近的圣埃克苏佩里机场和格勒诺布尔机场。要注意的是在11月～次年6月期间，阿尔卑斯山区道路有可能被封闭。

蒙特利马尔附近的坡特拉瓦周边农场

布雷斯地区布尔格 ❶

Bourg-en-Bresse1

Ain 43000 Centre Culturel Albert Camus，6 av Alsace-Lorraine（04 74 22 49 40）周三和周六 www.bourgenbressetourisme.fr

布雷斯地区布尔格是一个热闹的商业城镇，那里重建成的半木质建筑非常漂亮。它以其美味的布雷斯土鸡和镇东南边**布鲁**（Brou）的修道院教堂而闻名。

布鲁已经由原来的礼拜圣地变成了法国最著名的旅游胜地。1504 年，萨伏伊公国的菲利柏特逝世后，他的妻子于 1505 ～ 1536 年修建了修道院教堂。

这对夫妇的坟墓位于唱诗班中，它们由大理石精心雕刻而成。与其相邻的是波旁皇族的玛格丽特，即菲利柏特母亲的坟墓，她死于 1483 年。另外惹人注目的还有雕刻精美的长椅、彩绘玻璃等。

邻近的修道院内有一座小型博物馆，里面收藏有 16 ～ 17 世纪荷兰和佛兰德大师们以及当地艺术家的作品。

郊外

布雷斯地区布尔格向北大约 24 公里处是重建后的**森林农场博物馆**（Ferme-Musée de laForêt），它展示了 17 世纪该地区的农场生活场景。这座古老的建筑有撒拉逊烟囱，房屋的中间是砖砌的风罩，类似于西西里和葡萄牙的建筑构造。该博物馆还收藏了古老的农具。

布雷斯土鸡

森林农场博物馆
电话： 04 74 30 71 89 4月～6月和10月：周末和公共假日；7月～9月：每天 周一上午

布雷斯地区布尔格的布鲁修道院教堂内奥地利的玛格丽特之墓

栋布 ❷

The Dombes

Ain Lyon Lyon, Villars les Dombes, Bourg-en-Bresse. Villars-les-Dombes (from Bourg-en-Bresse). 3 pl de Htel de Ville, Villars-les-Dombes（04 74 98 06 29）

该地区在布雷斯地区布尔格的南方，这片平整的高原上散布有小山、池塘、沼泽，很受钓鱼和鸟类爱好者的青睐。**维拉尔—勒东贝**（Villars-les-Dombes）的正中心是一个**鸟类公园**（Parc des Oiseaux）。400 多种鸟类生活在这里，包括秃鹫、火烈鸟、鹂鹋等。

鸟类公园
Route Nationale 83，Villars-les-Dombes. **电话：** 04 74 98 05 54 每天 12月～2月

佩鲁日 ❸

Pérouges

Ain 900 Meximieux-Pérouges. 04 74 46 70 84 www.perouges.org

佩鲁日最早是意大利移民者的家园，是一个防御性的山顶村庄，那里有中世纪的房屋和鹅卵石街道。在 1[illegible]世纪，它成为亚麻织品中心，但由于 19 世纪的工业自动化，当地的人口数量从 1500 人降到了 90 人。

古老建筑的重新建设和新手工业者们的涌入给佩鲁日注入了新的生命。很多历史剧都曾在佩鲁日拍摄，如《三个火枪手》和《文森特先生》。该村庄的主要广场就是巨大的菩提树下的市场，这棵菩提树是 1792 年为纪念法国大革命而栽种的。

博若莱之旅

博若莱是品尝美酒的绝佳之地，它提供美味且价格公道的葡萄酒和令人愉悦的乡间美景。该地区的南部盛产博若莱新酿葡萄酒，每年 11 月的第三个星期四从酒窖里取出来出售。该地区北部盛产 10 种高品质的本地葡萄酒——圣爱村朱里耶纳、风车区、桑纳、花洛黎、西露柏勒、摩艮、布依利、布依利丘、雷尼耶，大多地方驾车一天就可以游遍。酒窖上方有一些独特的住宅建筑。几乎每个村庄都有自己的酒窖，人们可以品尝美酒并了解当地人赖以生存的酒文化。

布依利丘

风车区（Moulin-à-Vent）②
从这个17世纪的风车可以欣赏到美丽的索恩河谷，在隔壁的酒窖中则可以品尝到该地区最古老的本地葡萄酒。

朱里耶纳（Juliénas）①
该村的红酒炖鸡非常有名，教堂和私人酒窖等地储藏并出售葡萄酒。

加美葡萄园

西露柏勒（Chiroubles）⑦
在村庄广场上有一个维克托·帕利特的半身像，19世纪80年代帕利特将美国葡萄嫁接到当地的葡萄树上，成功防止该地区葡萄蚜虫灾害的爆发。

弗勒里（Fleurie）③
这座圣母小礼拜堂（1875年）看守着这里的葡萄园。该村里的餐馆提供地道的弗勒里香肠。

摩艮（Villié-Morgon）④
美酒品尝处设在村中心一个18世纪科尔塞勒城堡的酒窖内。城堡内有一个文艺复兴时期的庭院。

博若（Beaujeu）⑥
博若曾经是该地区的古老中心，一座17世纪的济贫院内供应美酒，这个文艺复兴时期的木质建筑内现有一个商店、一个信息中心和一个博物馆。

布依利（Brouilly）⑤
山坡上的葡萄园中有一个19世纪的圣母院小教堂，周围风景秀丽，一年一度的博若莱葡萄酒节就在这里举行。

街区纵览：里昂 ❹ Lyon

里昂位于索恩河的西岸，重建后的里昂有鹅卵石街道、小巷、文艺复兴时期的宫殿、顶级酒店、小酒馆和波西米亚风格的店铺。里昂同时也是罗马城卢迪南的遗址，卢迪南是公元前44年由恺撒大帝建立的，是当时的经济政治中心。在富维耶山顶的高卢–罗马博物馆可以欣赏到这个繁华城市的遗址。两座出土的罗马大剧院现在仍上演着歌剧、摇滚音乐会等节目。山脚下是一个保存完好的法国文艺复兴时期宅邸。集会博物馆也是该城市一道亮丽的风景线。

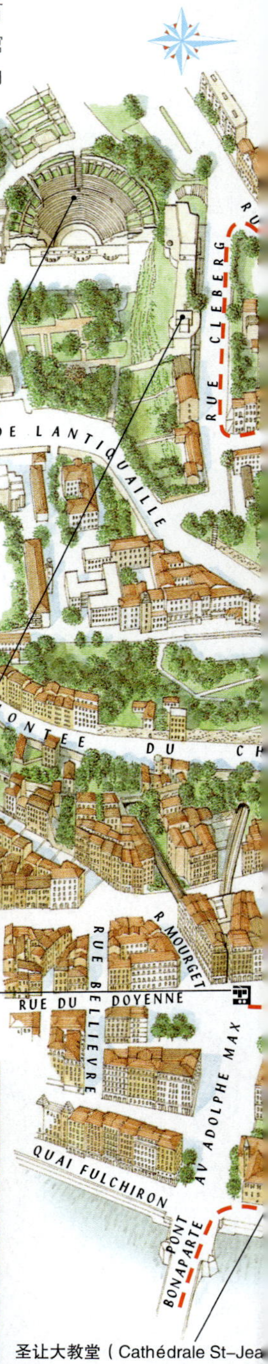

★ 罗马剧院
（Théâtres Romains）
这里有两座圆形罗马剧场：一座是大剧院——法国最古老的剧院，建于公元前15年，能容纳3万名观众，现在也上演现代节目；另一座是具有几何图形地板的小剧院。

★ 高卢–罗马文化博物馆
（Musée de la Civilisation Gallo-Romaine）
这座地下博物馆收藏了大量的雕像、马赛克艺术品、钱币和记载着里昂罗马历史的碑铭。

索道入口

星级景点

- ★ 罗马剧院
- ★ 高卢–罗马文化博物馆
- ★ 富维耶圣母院

圣让大教堂（Cathédrale St-Jea
教堂建于12世纪后期，有一口14
的巨钟，它能显示直到2019年的
宗教节日。

该本地区住宿及餐饮信息见577～580页和632～634页

★富维耶圣母院（Basilique Notre-Dame de Fourvière）
这座华美的仿拜占庭风格的建筑有塔楼和开垛口，大理石和马赛克图案交相辉映。它建于19世纪后期，是里昂最具有标志性的建筑之一。

游客备忘

Rhone. 453000 里昂向东25公里 Perrache Part-Dieu (SNCF 3635) Perrache (SNCF 3635) pl Bellecour (04 72 77 69 69) 每天 当代艺术双年展（9月~次年1月），舞蹈艺术双年展（9月）。www.lyon-france.com **高卢－罗马文化博物馆** **电话：**04 72 38 49 30 周二至周日 www.musees-gallo-romains.com **加达涅大宅** **电话：**04 37 23 60 45 周三至周日

罗赛尔路（Chemin du Rosaire）是一条从富维耶圣母院向南延伸的漂亮小路，周围的教区风景令人赏心悦目。

金属塔（Tour Métallique）建于1893年，现在被用作电视信号发射装置。

犹太街（Rue Juiverie）有许多壮丽的文艺复兴时期的宅邸，最引人注目的是4号的帕特雷大宅和8号的布林德大宅。

圣让路和牛肉路两侧排列着文艺复兴时期的宅邸，它们过去是银行家和丝绸商的住宅。

15世纪的加达涅大宅（Hôtel Gadagne）内有两个博物馆：**里昂历史博物馆**（Musée Historique de Lyon）和迷人的**木偶博物馆**（Musée des Marionnettes du Monde），后者展出里昂举世闻名的木偶。

图例

推荐线路

探索里昂

里昂是法国第二大城市，坐落在罗讷河岸与索恩河的交汇处，从古代开始它就是南北地区的重要关卡。一来到这里你马上就能感受到南方的气息，这里人们的生活节奏也没有巴黎那么快。在北方还笼罩在阴雨之中时，这里已经阳光明媚。虽然它是法国金融业、纺织业和制药业的中心，但绝大多数法国人一提到里昂，还是会不由自主地想到这里令人垂涎的美食。因为里昂到处都是餐馆，从小酒馆到顶级饭店，应有尽有。

老里昂城的圣让路

半岛区（The Presqu' île）

半岛区是里昂的中心，这里的共和大道连接着两个广场：**贝拉克广场**（place Bellecour）中间有路易十四骑马的雕像；从市政厅和圣皮埃尔宫可以俯瞰**泰罗广场**（place des Terreaux）。圣皮埃尔宫以前是本笃会修道院，现在为**美术馆**（Musée des Beaux Arts）。广场中间的 19 世纪喷泉是创作自由女神像的巴多第。

市政厅的后面是**里昂歌**
院（Opéra de Lyon），其拱
由钢铁和玻璃构成。

向南穿过几个街区就
印刷博物馆（Musée de l' Im
primerie），它阐释了里昂对
世纪后期印刷业的贡献。

丝织品历史博物馆（Mus
des Tissus）和**装饰艺术博物**
（Musée des Arts Décoratifs）
值得参观。前者收藏了从基
教早期到现在的丝绸和壁毯
后者陈列有壁毯、家具、
器等。

附近的**圣马丁修道**
（Abbaye St-Martin d'Ainay
可追溯到 1107 年，是加洛
王朝的教堂。

克鲁瓦－鲁斯（La Croix Rousse）

这个地区早在 15 世纪
是该市的丝绸纺织中心。这
的建筑物之间都有小巷相连

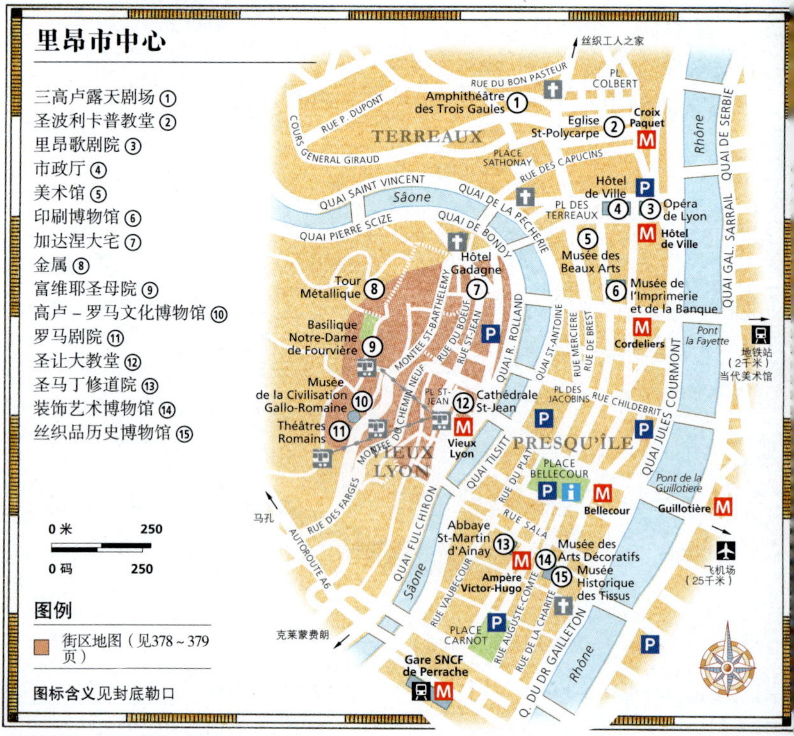

本地区住宿及餐饮信息见577～580页和632～634页

安东尼码头的食品市场

之方便纺织工人运送丝织品。
泰罗广场6号进入，向前来到
圣波利卡普教堂（Eglise St-
olycarpe.），它附近还有公元
9年的**三高卢露天剧场**（Am-
hithéâtre des Trois Gaules）
遗址和**丝织工人坊**（Maison
es Canuts）。

帕尔迪约（La Part-Dieu）

这片现代化商业区位于罗
讷河东岸，这里有**莫里斯－
拉威尔礼堂**（Auditorium
Maurice-Ravel）。

郊外

布尔高－查利欧
位于里昂的东南部，
目前仍为时装店供应
丝绸，那里有纺织品博
物馆。

印刷博物馆
13 rue de la Poulaillerie.
电话： 04 78 37 65 98 周三至周日 公众假期

丝织品历史博物馆
34 rue de la Charité.
电话： 04 78 38 42 00 周二至周日 公众假期

装饰艺术博物馆
30 rue de la Charité.
电话： 04 78 38 42 00 周二至周日 公众假期

丝织工人之家
10-12 rue d'Ivry.
电话： 04 78 28 62 04 周一至周六 公众假期

美术馆（Musée des Beaux Arts）

里昂美术馆陈列着重要而规模巨大的艺术品，仅次于卢浮宫。美术馆位于17世纪的圣皮埃尔宫内，它过去是贵族女子的本笃会修道院。当代美术馆曾经也位于圣皮埃尔宫内，现在则位于题德多公园北面的戴高乐将军码头81号。它所在的建筑由伦佐·皮亚诺设计，它主要收藏的都是20世纪中期以后的作品。

古董

二楼的大量收藏品包括埃及的考古发掘物、伊特鲁里亚雕像和4000年前的塞浦路斯陶器。一楼和二楼的临时展览在Edouard herriott街16号有单独的入口。

雕塑和艺术品

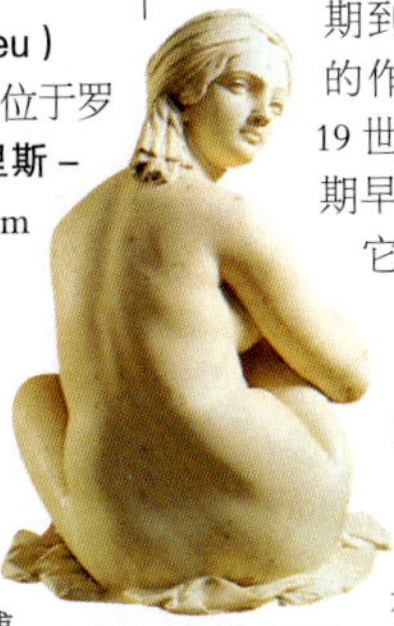

詹姆斯·普拉迭尔的《女奴》（1841年）

雕塑包含从罗马时期到文艺复兴时期的作品，甚至还有19世纪后期和20时期早期的部分作品，它们位于一楼的老礼拜堂。其中的代表性雕塑家有：罗丹和布德尔（他的雕像在庭院里也有）、迈罗洛尔、德斯皮奥。二楼则收藏了一些巨大的艺术品，其中包括中世纪的象牙、青铜器、陶器、货币、纪念章、武器、珠宝、家具和壁毯。

绘画作品

美术馆的二楼和三楼收藏有出色的油画，它们涵盖了所有时期的作品：有西班牙和荷兰大师的作品，也有法国17、18、19世纪学院派、印象派、现代派的作品甚至还有里昂派。里昂派画家精致的油画一直以来都是丝织设计灵感的源泉。二楼陈列着4000多幅画和蚀刻图，其中有德拉克洛瓦、普桑、热里科、德加、罗丹的作品（需要提前预约才能参观）。

里昂派路易·詹莫特的香榭（1845）

美术馆
Palais St-Pierre, 20 pl des Terreaux.
电话： 04 72 10 17 40 周三至次周周一 公众假期

阿列克谢·冯·业夫伦斯基的梅杜莎（1923年）

考古博物馆中的《来古格士的惩罚》

维埃纳 5

Vienne

Isère. 30000 cours Brillier (04 74 53 80 30) 周六 国际爵士节（6 月底 ~ 7 月中）www.vienne-tourisme.com

罗讷河流域再无像维埃纳这样能集中展现建筑学历史的城市。维埃纳坐落于河流与山丘之间的盆地中，这一地理位置的战略性和审美方面的优越性早已被罗马人所认可。早在公元前 1 世纪罗马人刚涌入该地区时，就利用盆地不断扩增现有的村庄面积。

罗马时代的镇中心是位于宫殿广场的**奥古斯特和利维神庙**（Temple d'Auguste et Livie），其结构由科林斯式圆柱支撑着。距广场不远处是**库贝勒考古花园**（Jardin Archéologique de Cybèle），它被献给了库贝勒女神。

维埃纳的奥古斯特和利维的神庙（公元前1世纪）

罗马剧场（Théâtre Romain）位于皮佩特山（Mont Pipet）脚下，可容纳 13000 名观众。1938 年经历重修，现在它成为举行活动的场所。罗马剧院的顶层视野很好。

其他罗马时代遗迹还有南边的**马戏团金字塔**（Pyramide du Cirque），它大约有 20 米高，它曾经是双轮战车道上的标志性建筑。**考古艺术博物馆**（Musée des Beaux Arts et d'Archéologie）收藏了大量高卢－罗马时期工艺品，甚至还有 18 世纪的彩釉陶器。

圣莫里斯大教堂（Cathédrale de St-Maurice）是维埃纳最具历史价值的中世纪建筑物。它建于 12 ~ 16 世纪，是罗马式风格和哥特式风格的混合体，室内没有十字形翼部。维埃纳最早的两座基督教堂一座是 12 世纪的**圣安德烈教堂**（Eglise St-André-le-Bas），它的柱头上有丰富的雕刻；另一座是**圣皮埃尔教堂**（Egli St-Pierre），其中有些部分 5 ~ 6 世纪建造的。圣皮埃 教堂中有**石雕博物馆**（Musé Lapidaire），里面收藏了 卢－罗马建筑物上的浅浮 和雕塑。

考古艺术博物馆

Pl de Miremont. 电话：04 74 85 50 4 4 月 ~ 10 月：周二至周日；1 月 ~ 3 月：周二至周五和周六、 日下午 1 月 1 日、5 月 1 日、1 月 1 日和 11 日、12 月 25 日

雕刻博物馆

Pl St-Pierre. 电话：04 74 85 20 3 4 月 ~ 10 月：周二至周日；1 月 ~ 3 月：周二至周五和周六、周 日下午 1 月 1 日、5 月 1 日、1 月 1 日和 11 日、12 月 25 日

维埃纳的圣莫里斯大教堂

圣罗曼 6

St-Romain-en-Gal

Rhone. 1300 Rhone. Vienn (04 74 53 80 30)

1967 年，圣罗曼的修建工作使公元前 100 年到公元 300 年之间大量重要的罗马社会遗迹重见天日。其中包括庄园住宅的残迹、公共浴池、店铺和货栈。其中最有趣的是海神屋，马赛克在地板上栩栩如生地刻画了长胡须的尼普顿海神和其他海神肖像。

考古博物馆（Musée Archéologique）被众多遗迹包围，

本地区住宿及餐饮信息见577 ~ 580页和632 ~ 634页

中收藏有家庭用品、壁饰和赛克。星级展品是1907年现的《来古格士的惩罚》。

考古博物馆
话：04 74 53 74 01 周二至周 某些公众假期 限制 www.musees-gallo-romains.m

圣艾蒂安 7
-Étienne

re 180000 16 av de Libération (04 77 49 39 00) 每天 ww.tourisme-stetienne.com

城市重建工作和新电车的现使这座城市逐渐摆脱曾经工业形象。市区人民广场附的**工业艺术博物馆**（Musée Art et d'Industrie）已经被·米歇尔大修了一番，该馆示了圣艾蒂安的工业发展，如花布织机、自行车、丝生产机等。

城市北部是**现代艺术博物**（Musée d'Art Moderne），收藏的20世纪的艺术品包安迪·沃霍尔和弗兰克·斯拉的作品。

工业艺术博物馆
pl Louis Comte. 电话：04 77 49 73 0 周三至次周周一 某些公共假期

奇异的邮差理想宫的一角

现代艺术博物馆
La Terrasse. 电话：04 77 79 52 52 周三至次周周一 一些公共假期和展览有变更时 www.mam-st-etienne.fr

邮差理想宫 8
Palais Idéal du Facteur Cheval

Hauterives, Drôme. Romans-sur-Isère 电话：04 75 68 81 19 每天 1月1日和15～31日、12月25日 限制 www.facteurcheval.com

在德龙省罗芒以北的Hauterives村有一座奇特的宫殿，它由石头建造而成，是法国最大的建筑之一，能让人联想到埃及、罗曼、阿芝特克和暹罗的建筑风格。宫殿是由当地的一位邮差建造的，他每天到处捡石头，邻居们都以为他疯了，而他的举动却得到了毕加索、超现实主义者布雷东和其他艺术家的赏识。

邮差在宫殿室内记下了大量格言和告诫，其中最深刻的一句是讲述了他通过刻苦努力实现了他毕生的梦想：“1879～1912年：10000天，93000小时，33年的辛劳”。

罗讷河上的桥梁

罗讷河在法国历史上一直扮演着重要角色，它疏通南北间的军事和经济贸易往来。几个世纪以来这条河一直都很危险，对于船夫和建筑工人来说更是一种挑战。马克·塞甘（Marc Seguin）用钢索修建了河上的第一座吊桥。随后在罗讷河上又建造了20座这样的吊桥，从此方便了东西部间的交流。

罗讷河畔图尔农的罗讷河上的吊桥

罗讷河畔图尔农的小镇风光

罗讷河畔图尔农 ⑨
Tournon-sur-Rhône

Ardèche. 10000 图特雷宾馆（Hôtel de la Tourette）(04 75 08 10 23) 周三和周六 **www.ville-tournon.com**

图尔农是一座生机勃勃的小镇，镇上有绿树成荫的散步区和宏伟的11～16世纪**城堡**。后者现在已经是当地的历史博物馆了，站在它的屋顶上可以俯瞰到全镇以及河流的美景。

附近的**圣朱利安教堂**（Collégiale St-Julien）有一座正方形的钟塔，外观精美，是该地区14世纪受意大利风格影响的代表性建筑。室内有一幅《复活》画作，这是拉斐尔的学生卡帕森于1576年绘制的。

位于戴高乐将军码头的1536年的**加布里埃尔－福莱中学**（Lycée Gabriel-Fauré）是法国最古老的中学。图尔农与Tain l'Hermitage村隔河相望，它以红色和白色罗讷葡萄酒而闻名，其中Hermitage葡萄酒最为著名。

郊外

从图尔农的让·绕勒斯广场有一条风景线路途经Plats村和圣罗曼·德·莱普斯村前往圣佩雷。这条路上每一个拐角处都有惊人的美景，圣罗曼能看到壮丽的全景。

瓦朗斯 ⑩
Valence

Drôme. 67000 11 bd Bancel (08 92 70 70 99) 周四和周六 夏季音乐节（7月）**www.valencetourisme.com**

瓦朗斯位于罗讷河东岸，与阿尔代什的悬崖隔河相望，是一个繁荣的商业大镇。克莱克广场上的罗马式**圣阿波里耐大教堂**（Romanesque Cathédrale St-Apollinaire）始建于1095年，在17世纪经历重建。在大教堂旁，从前的主教宫殿内有一个小**美术馆**，它收藏有18世纪后期休伯特·罗伯特的罗马粉笔画。

距这里不远有两座文艺复兴时期的宅邸：一座是格兰德路57号的**泰特大宅**（Maison des Têtes），建于1532年，室内有许多古希腊人头雕像，亚里士多德、荷马等。另一是Pérollerie路上的**杜普雷拉图大宅**（Maison Dupré Latour），它有雕刻精致的走和楼梯。

Gambetta大街南面的**朱特公园**（Parc Jouvet）有6顷的大池塘和公园，还可眺望到河对岸的**克鲁索城**（Château de Crussol）。

美术馆
4 pl des Ormeaux. **电话：**04 75 79 2 80 致电查询

石灰石拱桥

阿尔代什 ⑪
The Ardèche

Ardèche. Avignon Montélimar Montélimar, Vallon Pontd'Arc d'Arc (04 75 88 04 01) **www.vallonpont-darc.com**

几千年的时间赋予了阿尔

罗讷葡萄酒

罗讷葡萄园丰收的场景

罗讷河起源于瑞士阿尔卑斯山，向南流入地中海，是连接罗讷河谷的各葡萄园的一条主线。葡萄酒按质量被分为三个等级：最基础的是罗讷河流域比较普遍的散装罗讷葡萄酒；较好一点的是由多个风景如画的小村庄组成的罗讷河流域村庄所产的葡萄酒；最顶级的是13种品牌葡萄酒，其中最著名的产区是罗讷河北部的爱尔米塔什丘和罗第丘，以及南部的Chateauneuf-du-Pape。深受社会名流欢迎的红葡萄酒是用希拉葡萄酿造的，通常口味醇厚浓郁。

本地区住宿及餐饮信息见577～580页和632～634页

十野性、粗犷的地貌，这种
光总会让人联想到美国西南
区，而不是郁郁葱葱的法国
村。自从阿尔代什有了大
由石笋、钟乳石装饰的洞
，地下就开始上演可视戏
，最让人印象深刻的是拱桥
南面的**奥尔涅克水洞**（Aven
Orgnac）**和马德莲洞**（Grotte
la Madeleine），从 D290 穿
一条有路标的小径就能到达
德莲洞。

对于那些不喜欢到地下
游客而言，该地区最壮观
风景当数**阿尔代什峡谷**
Gorges de l'Ardèche），沿
290 行进可欣赏阿尔代什峡
的美景，这条公路与平静的
面平行长达 32 公里。峡谷
西端源头附近有一座天然
石灰石**拱桥**（Pont d'Arc），
由自然侵蚀形成，横跨于
尔代什河面上。

划独木舟和水筏是这里很
行的运动。运动所需的设备
当地都可以租到；拱桥谷不
出租双人木舟，还组织游客
下游 32 公里处的阿尔代什
马丁返回。阿尔代什河水流
急，5、6 月份是最安全的，
近秋天时这里的河水对初学
来说很危险。

游客可以在历史悠久、
景如画的村庄，高雅的温

于拱桥峡谷和圣埃斯布瑞特桥之
间的阿尔代什峡谷

阿尔代河岸上的沃格于埃村庄

泉镇、葡萄园和西班牙栗子树种植园（出产美味的糖渍栗子）中发现该地区温柔的一面。

在奥伯纳（Aubenas）向南大约 13 公里处有 12 世纪的巴拉居克（Balazuc）村庄，石砌的房屋立在悬崖顶上，眺望远处的阿尔代什峡谷。D294 公路旁的风景非常壮美。

附近的**沃格于埃**（Vogüé）依偎在阿尔代什河和石灰石悬崖之间，其主要景点是 12 世纪的**沃格于埃城堡**（Château de Vogüé），它曾是朗格多克男爵的住所。它于 17 世纪被重建，现在已成为该地区的博物馆。

弗古埃城堡

电话：04 75 37 01 95 复活节～6 月：周三至周日；7 月～9 月中：每天；9 月中～11 月中：周三至周日 www.chateaudevogue.net

瓦尔斯莱班 ❷

Vals-les-Bains

Ardèche. 3700 Montélimar rue Jean Jaurès（04 75 89 14 97）周四和周日（夏天包括周二）

这座温泉小镇坐落于至少有 150 个温泉的伏拉那谷（Volane），其中有两个是冷泉，那里的水富含矿物质，据说有治疗消化道疾病、风湿病和糖尿病的作用。

瓦尔斯莱班大约是在 1600 年被发现的，是法国仅有的几处温泉之一，当时由罗马人管辖。该镇在 19 世纪后期最受欢迎。瓦尔斯（Vals）是探索阿尔代什的第一站，那里有大量的酒店和餐馆。

郊外

瓦尔斯东面约 8 公里处的**塞尔圣朱利安**（church of St-Julien du Serre）有一座罗马式教堂。

蒙特利马尔东部靠近坡特拉瓦的农场

蒙特利马尔 ⓭
Montélimar

Drôme. 33000 allées Provençales（04 75 01 00 20）周三至周六 www.montelimartourisme.com

是否选择绕道去蒙特利马尔主要取决于你对甜点的喜爱程度。这座城镇的中世纪中心到处都是卖奶油杏仁糖的店铺。自17世纪从亚洲引入杏树之后，这种蜜饯就流行起来。

阿代马尔城堡（Château des Adhémar）是12、14和16世纪建筑的混合体，位于东边的小山村上。

阿代马尔城堡
电话：0475006230 4月～10月：每天；11月～次年3月：周三至次周周一（仅展览）1月1日、12月25日

郊外

蒙特利马尔东面的郊区到处是中世纪村庄和优雅的小路。设有防御设施的La Bégude-de-Mazen度假中心位于山顶上。东边的**坡特拉瓦**（Le Poët Lava）是一座中世纪的小村庄，位于阿尔卑斯山脚下。**迪勒菲特**（Dieulefit）位于中心地带，有几家小酒店和餐馆，还有网球、游泳和垂钓设施。南边则是因松露出名的**托利尼昂**（Taulignan）。

格里尼昂 ⓮
Grignan

Drôme. 1360 pl du Jeu de Ballon（04 75 46 56 75）周二 www.tourisme-paysdegrignan.com

格里尼昂坐落在一座岩石山上，周围有薰衣草田，它因塞维尼夫人（见91页）而闻名，她在**格里尼昂城堡**（Château de Grignan）里创作了许多文学作品。这座城堡建于15～16世纪，室内收藏有路易十二时期的家具和奥布松壁毯。城堡的平台上视野开阔，可以望到阿尔代什的维瓦赖山脉。平台正下方是建于16世纪30年代的**圣萨维尔教堂**（Eglise de St-Saveur），塞维尼夫人的坟墓就在这里，她于1696年在此逝世，享年69岁。

格里尼昂城堡
电话：04 75 91 83 55 4月～10月：每天；11月～3月：周三至次周周一 1月1日、12月25日

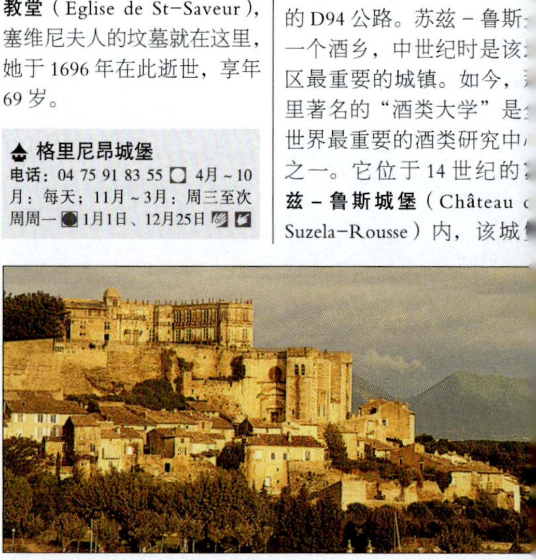

山顶上的格里尼昂和文艺复兴时期的城堡

尼永 ⓯
Nyons

Drôme. 7000 pl de la Libé-tion（04 75 26 10 35）周四 www.paysdenyons.com

尼永是橄榄的主要产地，因此，在法语中“尼永”和“橄榄”同义。在周四的早市上，到处都是琳琅满目的橄榄产品。

堡垒区（Quartier des Forts）是这里最古老的区，有狭窄拥挤的街道，其中Grands Forts路最值得游览。镇上有一座13世纪的大桥横跨艾格河；镇上有几家古磨坊改造的店铺，在那里可以看到巨大的橄榄油压榨机。**橄榄博物馆**（the Musée de l'Olivier）更详尽地介绍了橄榄树的栽培技术和其果实的用途。

在望景楼上可以俯瞰全镇的风景。尼永气候条件独特，在这里可以找到里维埃拉地区的所有植物品种。

橄榄博物馆
Pl Olivier de Serres. 电话：04 75 26 12 12 每天 导游

郊外

尼永有一条向西通往苏兹-鲁斯（Suze-la-Rousse）的D94公路。苏兹-鲁斯是一个酒乡，中世纪时是该地区最重要的城镇。如今，这里著名的“酒类大学”是全世界最重要的酒类研究中心之一。它位于14世纪的苏兹-鲁斯城堡（Château de Suzela-Rousse）内，该城堡

永郊外的橄榄林

经是奥兰治王子们的狩猎屋。内院有杰出的文艺复兴时期的建筑和一些灰泥粉的房间。

苏兹－鲁斯城堡

话：04 75 04 81 44 4月～10 ：每天；11月～3月：周三至次周周一 1月1日、12月25日

尼永玩的滚球

布里昂松 ⑯

riançon

autes Alpes 12000 1 pl Temple（04 92 21 08 50） 周三 拔爵士音乐节（2月初） ww.ot-briancon.fr

布里昂松海拔1320米，欧洲最高的城镇。这里在马时代以前就是兵家必争之地，它守护着通向Montgenèvre的道路，是通往意大利的最古老、最重要的关卡之一。18世纪初，由路易十四的军事建筑师沃邦设计的防御壁垒和城墙至今完好无损。驾车的游客可把车停放在战神大道，然后从**皮涅罗尔门**（Porte de Pignerol）步行进入步行古镇。

格兰德路（grande rue）狭窄崎岖，道旁一排排老房子鳞次栉比。附近的**圣母教堂**可以追溯到1718年，沃邦也为它设计了防御窗口。要参观敖邦的**堡垒**可以到旅游办事处参加旅行团。

布里昂松也是一个主要的运动中心，冬季可以滑雪，夏季可乘筏、骑车、跳伞。

郊外

布里昂松的正西面是**埃克兰林斯国家公园**（Parc National des Ecrins），它是全法国最大的国家公园，有山峰、冰川和五彩缤纷的花卉。**凯拉地区公园**（Parc Régional du Queyras）从布里昂松一直延伸到崎岖的Colde l'Izoard。一座海拔3000米的山峰把这座野生国家公园与意大利隔开。

勒布尔杜瓦桑 ⑰

Le Bourg d'Oisans

Isère. 3000 to Grenoble. to Le Bourg d'Oisans quai Girard 04 76 80 03 25 周六 **www**.bourgdoisans.com

瓦桑镇是探索罗曼什河谷的理想基地。附近的**阿普德威兹**（L'Alpe d'Huez）提供了大量户外运动的机会。从中世纪开始，这里就开采银和其他矿物质，现在该镇已经被建成了地质学和矿物学中心。**阿尔卑斯矿产博物馆**（Musée des Minéraux et de la Faune des Alpes）收藏大量的水晶和宝石。

阿尔卑斯矿产博物馆

Pl de l'Eglise. **电话**：04 76 80 27 54 周三至次周周一：14:00～18:00（7月～8月：11:00～18:00） 1月1日、11月、12月25日

高原上的生命

阿尔卑斯山上的野山羊是法国阿尔卑斯地区最稀有的物种之一，除了一年中最冷的时节外，它们都生活在比林木线更高的地方。在瓦努瓦兹国家公园（见323页）建立以前，这些阿尔卑斯野山羊在法国已濒临灭绝，但经过严格的保护，现在已超过500只。雌雄野山羊头上都长有长角，最老的公山羊的角长可达1米。

瓦努瓦兹国家公园内的野山羊

莱迪古耶尔大宅格勒诺布尔的老市政厅

格勒诺布尔 ⓲

Grenoble

Hautes Alpes. 165000 14 rue de la République（04 76 42 41 41）周二至周日 **www**.grenoble-tourisme.com

格勒诺布尔是多菲的旧首府，1968 年的冬奥会就在这里举行。这里不仅有格勒诺布尔大学，同时，它也是化学、工业中心和原子能研究中心。

乘坐斯特凡纳－杰伊码头的缆车可以快速到达 19 世纪的**巴士底堡垒**（Fort de la Bastille）。一条小路从这里出发穿过居伊佩普公园和多菲内花园就到了**多菲内博物馆**（Musée Dauphinois）。它展示了当地的历史、艺术和手工艺。附近的**格勒诺布尔圣劳伦考古博物馆**（Musée Archéologique Grenoble Saint-Laurent）陈列了各种装饰品和宗教用品。

伊泽尔河左岸的格蕾内特广场周围是热闹的步行区。附近的圣安德烈广场是城镇的中心，13 世纪的**圣安德教堂**（Collégiale St-André）和 16 世纪的**前多菲内议会大厦**（Ancien Palais du Parlement du Dauphiné）也不远。

格勒诺布尔博物馆（Musée de Grenoble）收藏着各个时期的艺术品，包括毕加索等人的作品。**古艾维希博物馆**（Musée de l'Ancien Evêché）展示了伊泽尔省的发展史。Hébert 路上的**"二战"抵抗运动和集中营博物馆**（Musée de la Résistance et de la Déportation）收藏了法国抵抗运动的资料。**商店**（Le Magasin）有现代艺术作品临时展览。马勒布区的**文化大厦**（MC2）举办电影节和音乐会等活动。

多菲内博物馆

30 rue Maurice Gignoux. **电话：**04 58 89 01 周三至次周周一 1 1 日、5 月 1 日、12 月 25 日

格勒诺布尔圣劳伦博物

Pl St-Laurent. **电话：**04 76 44 78 6 致电咨询 **www**.museearchologique-grenoble.fr

格勒诺布尔博物馆

5 pl de Lavalette. **电话：**04 76 63 44 周三至次周周一 1 月 1 日、5 月 1 日、12 月 25 日

古艾维希博物馆

2 rue Très Cloîtres. **电话：**04 76 15 25 每天 周二上午

格勒诺布尔的缆车

本地区住宿及餐饮信息见577～580页和632～634页

“二战”抵抗运动和集中博物馆

rue Hébert. **电话**：04 76 42 38 53
每天 周二上午、1月1日、5
1日、12月25日

工艺品商店（国家现代艺术中心）

5 cours Berriat. **电话**：04 76 21 95
4 仅周二至周日下午（展览）

MC2

rue Paul Claudel. **电话**：04 76 00
00 致电查询
www.mc2grenoble.fr

维科斯 ⑲

The Vercors

ère & Drome. Grenoble Ro-
ans-sur-Isère, St-Marcellin, Gren-
le Pont-en-Royans, Romans-sur-
ère Pont-en-Royans（04 76 36 09
）www.parc-du-vercors.fr

格勒诺布尔西南边的维科斯是法国最壮观的地区公园之一，公园里景色丰富迷人，有野生松树林、连绵的山脉、瀑布、洞穴和深而窄的山谷。

从格勒诺布尔出发，531公路经过**维拉尔－德－兰**（Villard-de-Lans），往西前往黑暗的**波尼峡谷**（Gorges de la Bournes）。再往西大约公里是**罗彦斯桥**（Pont-en-Royans）村，它坐落在一个石灰石峡谷之中。

沿着D76公路到罗彦斯桥村的南面，波尼河岸边有一条**拉瓦谷路**（Route de Combe-Laval）蜿蜒在峻峭悬崖上。东边6.5公里处的**大峡谷**（Grands Goulets）是一座深而窄的峡谷，它夹在悬崖中间，几乎与天空隔绝了。这里最著名的当数**针锋**（Mont Aiguille），海拔2086米。

维科斯在“二战”时是法国抵抗运动的主要根据地。1944年7月，德军对该地区进行了空袭。Vassieux和格勒诺布尔都有抵抗运动博物馆。

沙特勒斯正在吃草的奶牛

沙特勒斯 ⑳

The Chartreuse

Isère & Savoie. Grenoble, Chambéry
Grenoble, Voiron St-Pierre-de-Chartreuse St- Pierre-de-Chartreuse
（04 76 88 64 00）

从格勒诺布尔向北朝尚贝里方向有一条D512公路可进入沙特勒斯，19世纪后期的水力发电站就是在这发明的。**大沙特勒斯修道院**（Monastère de la Grande Chartreuse）坐落在沙特勒斯－圣皮埃尔的正西面，D520-B公路的出口处。该修道院由圣布诺在1084年创办的，因黄绿色的查特酒而出名。这种酒是1605年修道院的修士们发明的，配方有130种药草成分。

修道院不对游客开放，但其入口处有一个**考雷莱博物馆**（Musée de la Correrie），它展示了加尔都西会修士们的日常生活。

考雷莱博物馆

St-Pierre-de-Chartreuse.
电话：04 76 88 60 45 4月～11月：每天

一座坐落在沙特勒斯松山上的农场

尚贝里 ㉑
Chambéry

Savoie. 61000 5 bis pl Palais de Justice (04 79 33 42 47) 周二、周六 **www**.chambery-tourisme.com

尚贝里曾经是萨伏伊公国的首都，它很有贵族情调和意大利风情。帕埃尼路上奢华的**大象喷泉**（Fontaine des Eléphants）是1838年为纪念伯埃尼伯爵而建的，伯埃尼伯爵将自己在印度所积累的财富捐献给了他的家乡尚贝里。**萨伏伊公爵城堡**（Château des Ducs de Savoie）位于Boigne路的另一端，建于14世纪，绝大部分目前被省政府占用，只有少部分可供游览。

东南方有一座17世纪的乡村房屋**沙尔梅特**（Les Charmettes），这是卢梭和他的情妇瓦朗夫人曾经的居所。此外，该地的花园和博物馆也值得参观。

沙尔梅特
892 chemin des Charmettes. **电话**：04 79 33 39 44 周三至次周周一 公众节假日

戴安娜神庙中的罗马雕塑

艾克斯莱班的布尔热湖

艾克斯莱班 ㉒
Aix-les-Bains

Savoie. 26000 pl Maurice Mollard (04 79 88 68 00) 周三和周六上午 音乐节（7月）**www**.aixles-bains.com

浪漫主义诗人拉马丁曾在诗中赞扬过布尔热湖的美，它就位于艾克斯莱班这座温泉镇。镇中心是19世纪的**国家温泉**（Thermes Nationaux），该温泉池早在2000年前就被罗马人享用了，原始的浴池遗址在地下还可以看到。出于安全的考虑，目前浴池暂不对外开放。浴池的对面是2世纪的**安娜神庙**（Temple of Dian 庙内收藏有高卢－罗马的工品。附近的**福尔博物馆**（Mu Faure）里藏有印象派画家的品，还有罗丹的雕塑和拉马的纪念书籍。

国家温泉
Pl Maurice Mollard. **电话**：04 79 3 38 50 周一至周六 用于治 **www**.thermaix.com

福尔博物馆
Villa des Chimères, 10 bd des Côte **电话**：04 79 61 06 57 周三至 周周一（11月中～2月：周三至 日） 12月18日～1月2日，一 公众假期

郊外

乘船从艾克斯大桥出发穿过布林杰湖就到了**上库姆道院**（Abbaye d'Hautecombe 其中有萨瓦王朝的陵墓。

瑞沃德小镇（Le Revar 位于艾克斯正东面的D913 边，在那里可以观赏到湖泊勃朗峰的景色。

阿纳西 ㉓
Annecy

Haute Savoie. 51000 rue Jean Jaurès (04 50 45 00 33) 二、周五至周日 湖节（焰火表演 8月的第一个周六）**www**.lac-annecy.c

阿纳西的12世纪岛宫前面是提乌运河

本地区住宿及餐饮信息见577～580页和632～634页

着莱芒湖畔骑自行车

阿纳西坐落于阿纳西湖北端，周围有常年积雪的山峰。这里有运河、鲜花覆盖的桥和带拱廊的街道，在这里四处逛逛就是非常惬意的事，但这里也有特别值得参观的景点：**岛宫**（Palais de l'Isle），它是提乌运河中部的一座12世纪的监狱；**阿纳西城堡**（Château d'Annecy）坐落在高高的山峰上，那里可以远眺到阿纳西旧城区和清澈的湖泊。

乘船从拿破仑三世码头离开后，最佳的游泳和水上运动场所位于皇宫酒店附近的Albighy大街的最东端。

郊外

在该地区游览的最佳方式之一是乘船从阿纳西到**塔乐礼**（Talloires），这是一座因酒店和餐馆闻名的湖滨小村，与它隔湖相望的是15世纪的**杜安堡**（Château de Duingt，不对外开放）。

湖西岸的桑诺兹山和**夏提永峰**（Crêt de Châtillon），从这里可以眺望勃朗峰和阿尔卑斯山脉（见322~323页）。

莱芒湖 ㉔

Lac Léman

Haute Savoie & Switzerland. ✈ Geneva 🚉 🚌 Geneva,Thonon-les-Bains, évian-les-Bains ℹ Thonon-les-Bains（04 50 71 55 55）**www.thononlesbains.com**

迷人的景色和适宜的气候再加上埃维昂莱班1839年建造的温泉疗养院使得莱芒湖成为一个非常受欢迎的旅游胜地。

游览该地最好从**伊瓦尔**（Yvoire）开始，这个设有围墙的中世纪渔港被一座14世纪的巨大城堡看守着，坚固的房屋上饰有五彩缤纷的花卉。

莱芒湖东侧的**托农莱班**（Thonon-les-Bains）是一个坐落于可俯瞰湖面的悬崖上的温泉小镇。一条索道把游客们带到了悬崖脚下的湖岸边，您可以在那里租一艘帆船，乘船到瑞士的日内瓦和洛桑逛逛。该镇的外面有15世纪的**盛筵城堡**（Château de Ripaille），它因是后来的罗马教皇（菲利克斯五世）的住所而声名远扬。

尽管**埃维昂莱班**（Évian-les-Bains）已经很现代化了，而且和它的泉水一样享有国际盛誉，然而它仍然保持着魅力非凡的乡间特色。绿树成荫的湖滨上到处都是闲暇的漫步者，精力充沛的人们在这里也可以进行各种运动，比如网球、高尔夫、骑车、划船、冬季滑雪。这里有最高级的温泉水疗，异国情调的圆顶娱乐场夜晚生意红火。

莱芒湖上每天都有从埃维昂到瑞士洛桑的渡船，同时还有前往周围山地的四轮观光马车。

埃维昂莱班的皇家酒店（见578页）

法国西南部

法国西南部概览　394~403

普瓦图和阿基坦　404~425

佩里戈尔、凯尔西和加斯科涅　426~447

比利牛斯　448~463

法国西南部概览

法国西南部是农业区域，这片宁静馥郁的大地上生长着向日葵等农作物，养育着品质优良的家畜，盛产朗德木材、波尔多葡萄酒和鹅肝等产品。包括航天业在内的主要现代工业主要集中在两座大城市——波尔多和图卢兹。广阔无边的大西洋海岸、比利牛斯的滑雪山坡和多尔多涅河畔的宁静乡村吸引了大批旅游者光顾。这里最受人们喜爱的风景名胜包括法国最著名的一些罗马式建筑。

拉罗谢尔港如今已成为众多休闲游艇的港口，同时它也是一个重要的商业港口（见416页）。锁链塔（Tour de la Chaîne）和圣尼古拉塔（Tour St-Nicolas）保卫着进入这一古老港口的两个入口。铺满鹅卵石的街道贯穿了拉罗谢尔的历史中心区，街道两旁排列着古代商人的老房子。

波尔多是一个高大建筑和纪念碑（包括大剧院）林立的城市。吉伦特派纪念碑（The Monument aux Girondins）以其华丽的青铜雕塑和喷泉矗立在18世纪的梅花广场（见420～422页）上。

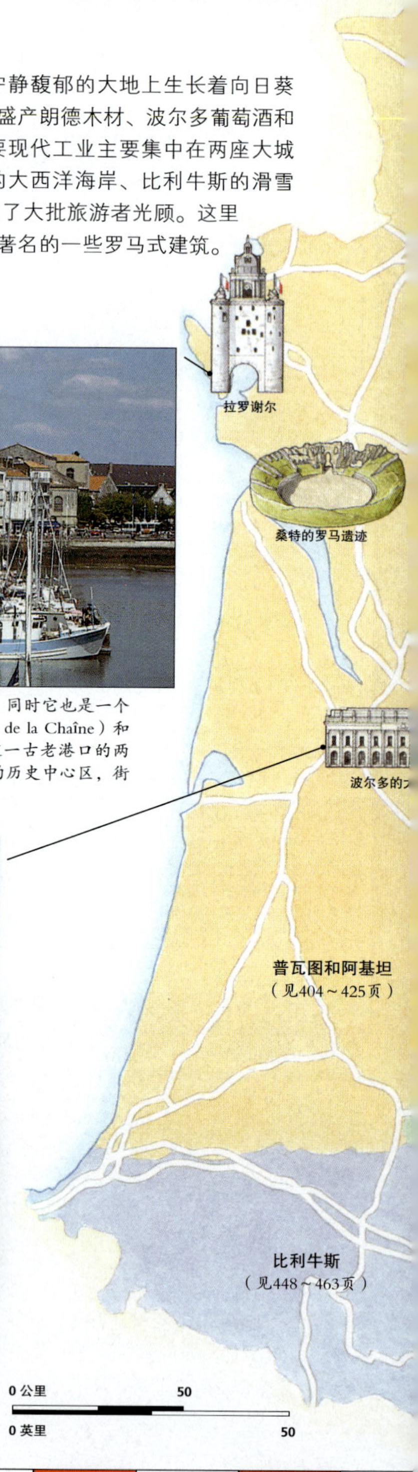

◁ 从空中俯瞰洛特的大教堂和卡奥尔老城

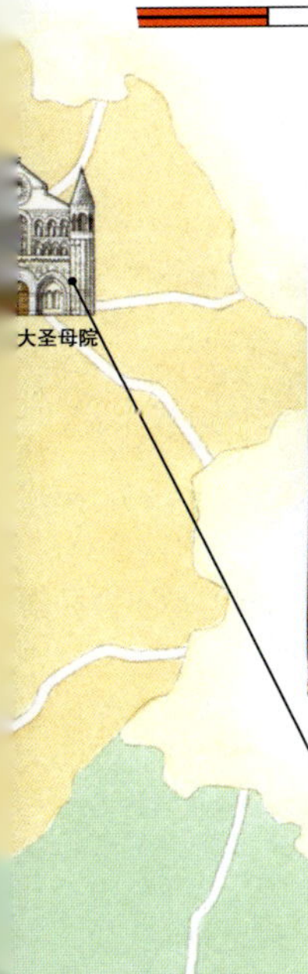

大圣母院在所有普瓦捷教堂中占据着首屈一指的地位（见412～413页），它拥有精致的彩绘玻璃窗和壮观的罗马式前墙，并带有极富普瓦捷特色的装饰风格。

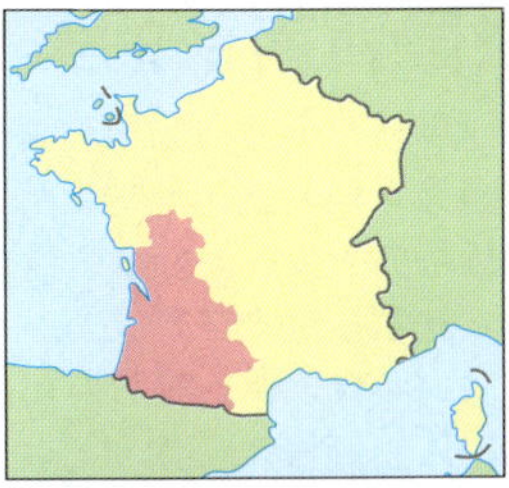

罗卡马杜尔是一个朝圣地，同时也是一个风景胜地，其小教堂和神殿坐落在山崖峭壁上（见436～437页）。其中最受尊崇的是黑圣母及圣子像。

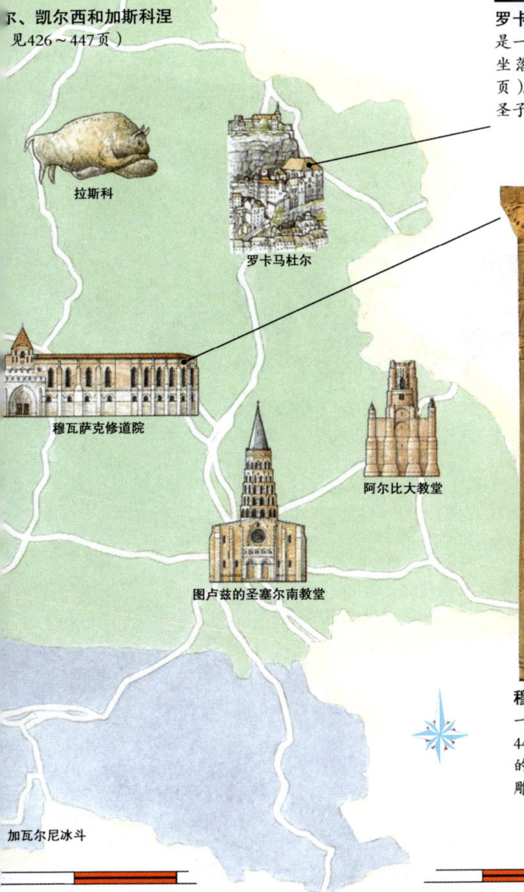

穆瓦萨克修道院是法国西南部的一座卓越的中世纪修道院（见442～443页）。其刻有《启示录》的门楣中心和回廊的柱头是罗马雕塑的优秀代表作。

法国西南部的美食

亨利四世曾在加斯科涅说过："丰盛的食物和美味的葡萄酒为人们创造了地球上的天堂。"法国西南部确实能够满足最苛刻的美食爱好者的需求：大西洋沿岸盛产优质海鲜；波尔多生产法国最好的葡萄酒，可用于搭配各种不同的菜肴；鸭、鹅为西南部的美食提供了重要的原材料；鹅肝酱、松露和野生蘑菇也是当地的产品。比利牛斯山脉的牧场提供上好的牛羊肉。巴斯克乡村还出产红辣椒和巧克力。

埃斯佩莱特的红辣椒

胡桃是西南部的著名特产之一

普瓦图和阿基坦

沿海地区因出产海鲜而闻名，法国最重要的牡蛎产区——马雷讷－奥莱龙出产的牡蛎尤其美味，它们所食的蓝藻为它们染上了独特的绿色。牡蛎一般配以柠檬或葱和醋吃，但在波尔多，人们还喜欢搭配一点香肠。这里也养殖贻贝和多种鱼类。到吉伦特河口能捕到鳗鱼、七腮鳗和鲟鱼等。

普瓦图－夏朗德是法国主要的山羊饲养地之一，此地盛产奶酪，如一种被称为普瓦图乳酪的柔软小巧、口味出众的圆柱形奶酪。

佩里戈尔、凯尔西和加斯科涅

优质的鸭、鹅和其他家禽是这一地区的主要食材从简单的鹅油马铃薯到油封鸭，肉质的脂肪都是其中的关键要素。西南部的一道经典菜肴是豆焖肉，就是将鸭肉或鹅肉、香肠、猪肉和白

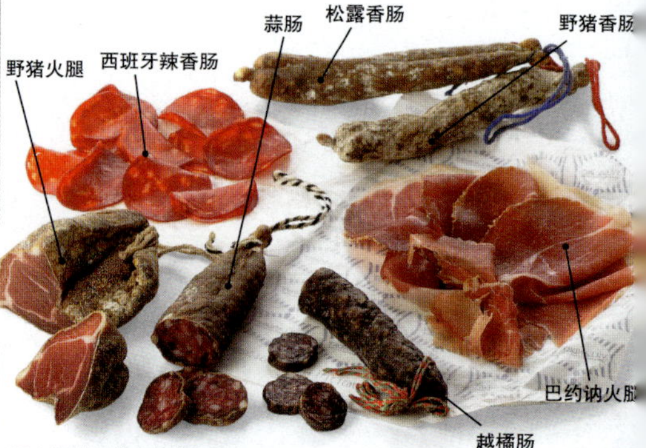

西南部传统熟食店出售的食品

当地美食和特产

粉红蒜头

鸭子是西南部的菜肴中最重要的食材之一，其烹调方法花样百出。特色菜鸭胸肉排的鸭肉全部取自为了制作鸭肝酱而精心喂养的顶级鸭。这道菜通常配以石竹花上桌，各式酱料确实能让这道菜更为可口，不过应季的烟熏牛肝菌才是它的完美配菜。油封鸭一般用鸭腿做成，有时人们也按这种方法烹调内脏。由于鸭或鹅被强制食用玉米以增加肝中的脂肪，因此鹅肝酱是最贵（也是颇具争议）的食品。新鲜的鹅肝酱可以直接烹饪，配以调料或水果上桌，也可以用来腌制，保存下来的鹅肝可以搭配面包或者糕点共同享用，最好再配上甜白葡萄酒，如苏特恩白葡萄酒，就完美了。

松露煎蛋（Omelette aux truffes）这道豪华大餐的做法是煎蛋中间填充当地出产的松露，最上层也覆盖有松露薄片。

卢兹的肥鹅是制作酱鹅肝的原材料

豆放在一块，再撒上适量包屑焖煮而成；这道菜引了当地厨师间的激烈竞争。

精心挑选的材料提高了一道菜的水准，如在沙拉放胡桃油，在沙司或煎蛋放入昂贵的松露，这些菜因此更加诱人。应季的野蘑菇需求量很大，只需将简单地与葱、蒜或芹菜一入锅烹熟，味道就会十分美。该地区是大蒜的主要区，大蒜可以被切成碎末在肉中，也可以烤整头蒜。当地最好的水果包括青梅，还有著名的阿让李子，它常被当作兔肉的配料或者被制作成李干。

比利牛斯

山区牧场出产优质的牛羊肉，如巴勒吉羊肉以及河鳟，优质的熟食店也比比皆是。有时浓郁的山羊奶酪或母羊奶酪会配以黑樱桃果酱食用。最受欢迎的菜是腌肉菜汤，它用卷心菜、培根和油封鸭或油封鹅烹制而成。

巴斯克美食有自己的特色，如在西班牙辣香肠、用乌贼汁烹制的小墨鱼中放入埃斯佩莱特红辣椒和辛香料。多汁的巴约讷火腿是用以橡树果和栗子为食长大的猪的猪肉制成。

巴约讷也是法国第一个巧克力品牌的故乡，这里至今还出产世界顶级的黑巧克力。

渔民在当地的海洋节上打开牡蛎

菜单

Cagouilles à la charentaise 蜗牛配以火腿肉、香草和葡萄酒。

Entrecôte à la bordelaise 以红酒、青葱和骨髓为调料烹制的牛排。

Farçi poitevin 卷心菜包培根、猪肉和酸模。

Gasconnade 配以大蒜和凤尾鱼的羊腿。

Mouclade 咖喱酱贻贝，来自拉罗谢尔的香料港口。

Salade landaise 用鹅肝、禽胗和油封鸭烹制的沙拉。

Ttoro Basque 鱼类、贝类混合菜，配以西红柿、土豆和洋葱。

豆焖肉（Cassoulet）用白扁豆和各种腊肠和肉丁，如猪肉丁或鸭肉丁烹制而成。

番茄甜椒炒蛋（Piperade）在鸡蛋中添加胡椒粉、洋葱、西红柿和大蒜烹制，最后在上面放几片巴约讷火腿。

脆皮酥盒（Croustade）用面包或玉米片等捏成杯形脆皮，经油炸或烘烤后填入肉、鱼或海鲜馅料。

法国葡萄酒产区：波尔多

制作酒桶

波尔多是世界上最大的优质葡萄酒产区，其中以红葡萄酒最为著名。在亨利二世与阿基坦的埃莉诺结婚之后，与英国皇室长达三个世纪的贸易往来确保红葡萄酒摆上了外国最上等的餐桌。19世纪，精明的商人利用它的名声进行商业开发，并为这一地区带来了巨大的利润。时至今日，著名的1855年梅多克酒庄分类制度仍然具有重要的影响力。

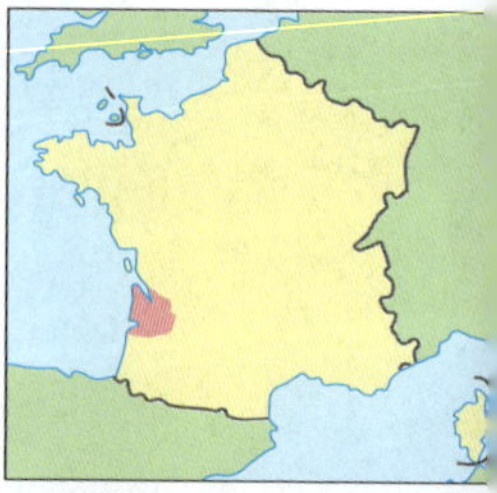

定位地图

■ 波尔多葡萄酒产区

帕默酒庄里的人们在采摘梅乐红葡萄

爱仕图尔庄园（Cos d'Estournel）和所有酒庄，包括1855年的酒庄联盟都骄傲地在标签上体现自己的特点。

葡萄酒产区

波尔多的葡萄酒产区横跨两条大河，两河之间的区域主要出产白葡萄酒，并且产量较少。这两条河以及波尔多这一港口城市对于该地区的葡萄酒交易至关重要。一些高级的酒庄就排列在河岸边，这样运输更为方便。

波尔多葡萄酒的几个要素

产地和气候

气候因素不仅是年与年之间的差异，地区不同气候也不同。梅多克和格拉夫两地的土壤中有较多碎石，右岸土壤则相对较黏。

葡萄酒的种类

五大优质红葡萄的种类为：吕丽珠、赤霞珠、梅乐、小韦尔多和马尔贝克。其中赤霞珠是吉伦特河西岸的葡萄品种，梅乐则是吉伦特河东岸的品种。多数波尔多红酒是多种葡萄混合制作而成；白索维农白葡萄和赛美蓉白葡萄通常被用于制作干白葡萄酒和甜白葡萄酒。

最佳生产商

（红酒）Latour, Margaux, Haut-Brion, Cos d'Estournel, Léoville Las Cases, Léoville Barton, Lascombes, Pichon Longueville, Pichon Lalande, Lynch-Bages, Palmer, Rausan-Ségla, Duhart Milon, d'Angludet, Léoville Poyferré, Branaire Ducru, Ducru Beaucaillou, Malescot St-Exupéry, Cantemerle, Phélan Ségur, Chasse- Spleen, Poujeaux, Domaine de Chevalier, Pape Clément, Cheval Blanc, Canon, Pavie, l'Angelus, Troplong Mondot, La Conseillante, Lafleur, Trotanoy.

佳酿的年份

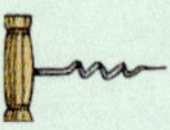

（红酒）2009、2006、2005、2003、2000、1998、1996

奥比昂（Haut-Brion）在波尔多葡萄酒分级中位于上等，是梅多克特级酒庄中的唯一一家格拉夫葡萄酒酒庄。

这张著名的图确保所有酒庄的酒瓶都来自波尔多，这是辨别真伪的方式。

圣爱美浓地区的众多葡萄酒产地之一

两海之间并不出色，但拥有一批很好的葡萄酒庄园。

圣爱美浓地区有其自己的葡萄酒庄分类制度：白马庄在其中属于上等。

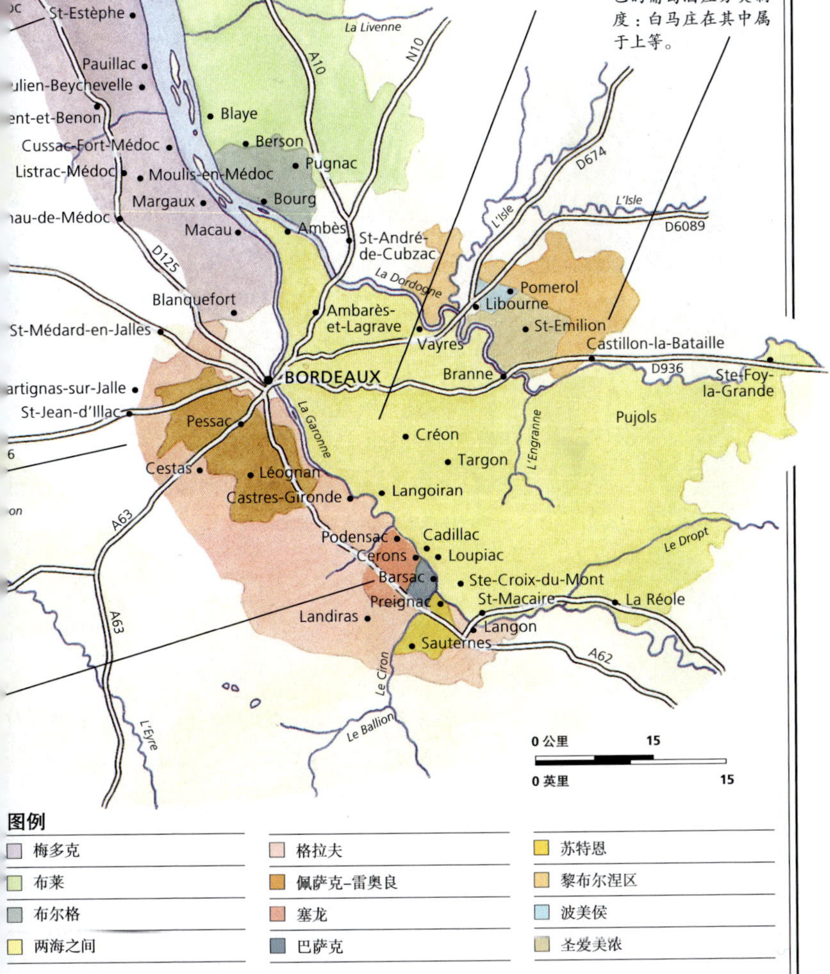

孔波斯特拉之路

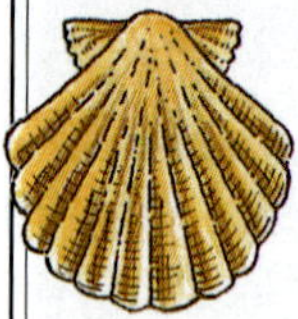

扇贝壳——圣詹姆斯的象征

中世纪时期的法国，几百万基督教徒前往西班牙朝拜圣地亚哥－德孔波斯特拉向圣詹姆斯（圣地亚哥）的圣地致敬。他们穿越法国，在修道院或简陋的小屋寄宿，回程时往往都带回一枚扇贝壳作为圣詹姆斯的象征纪念品。大部分朝圣者都怀着虔诚之心上路，一走就是几年。1140 年，一位叫皮科的修士写下了关于这一朝圣之路的第一部行程指南。今天旅游者可以沿着书中描述的线路，一览古老的城镇和村庄，以及点缀其间的华丽教堂。

最初的大教堂位于西班牙圣地亚哥－德孔波斯特拉内，813 年由阿方索二世在圣詹姆斯的陵墓遗址上建立。1075 年，今天人们看到的宏伟罗马教堂开始建立，其后的修建工程又受到十七八世纪巴洛克式华丽建筑风格的影响。

外国朝圣者在圣马洛等港口加入队伍。

多条朝圣线路在圣地亚哥－德孔波斯特拉汇合。

很多朝圣者穿过朗塞瓦尔峡谷的比利牛斯山脉。

圣詹姆斯是来到西班牙传播福音书的传道者。他回到犹太以后，被希律王迫害。其遗物被人们用船运至西班牙，秘密保存了800年。

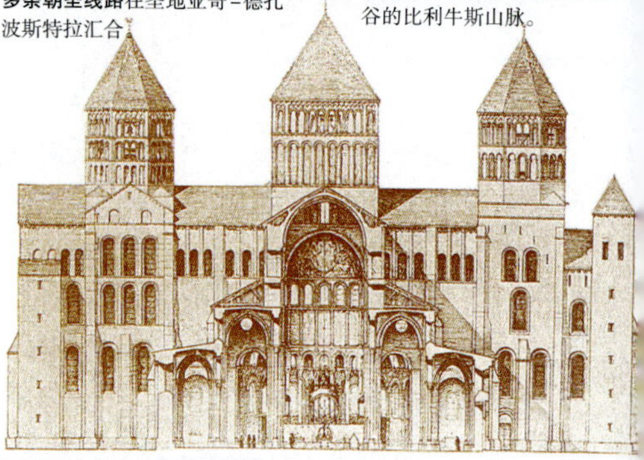

至高无上的克吕尼修道院位于勃艮第（见48～49页），它和其附属的修道院对朝圣起着重要的鼓舞作用。修士们建造小屋，设立教堂和圣殿，为朝圣者们提供宝贵的歇脚点，以此来鼓励所有人踏上征程。

圣之路

巴黎、韦泽莱（见336～337页）、勒皮（见364页）和阿勆是朝圣之路在法国境内的四条“官方”线路的汇集点。人分别经由朗塞瓦尔峡谷的比利牛斯山脉和松波尔特峰，在蓬拉雷纳会合，合并成统一的线路，最后到达西班牙加利西亚岸的圣地。

孔克盗取遗物以提升自己的威望。

勒皮是一个重要的朝圣者聚集点。

孔克圣福伊教堂的圣骨匣是朝圣途中众多精致的神龛之一，吸引了大量朝圣者前来膜拜。人们认为圣者的遗物具有神奇的力量。

圣地亚哥-德孔波斯特拉这个名字被认为起源于拉丁文“Campus stellae（繁星之地）”。传说814年，一颗神奇的星星照亮了一个地方的上空，7月25日，人们在这个地方发现了圣者的遗骸，如今这一天已成为圣地亚哥的节日。不过后来的证据表明，圣詹姆斯的遗骸从未在孔波斯特拉出现过。

今日景点

宏伟的罗马式教堂，包括韦泽莱的圣马德莲教堂（见336页）、孔克的圣福伊教堂（见368～369页）和图卢兹的圣塞宁教堂（见447页），沿途的小型礼拜堂是为接待大批朝圣者而建的。

韦泽莱圣马德莱娜教堂的柱头

史上记载的第一位朝圣者是951年勒皮的主教。但可能圣者的陵墓被发现后不久，814年朝圣者就已经开始前往圣地亚哥了。

西南部的洞窟

法国西南部以溶解矿藏经过长年沉淀累积形成的壮丽岩层而闻名。在法国的石灰岩村庄到处可以看到洞窟和岩石掩蔽处。而在比利牛斯山脉和多尔多涅河一带，还可以欣赏到神奇的岩石壁画，其中有一部分作品的创作年代可追溯至上一个冰河时代。这些艺术作品是由进化了的史前人类留下的，他们那时已经开始做标记、绘画和雕刻。这一独特的艺术传统被延续了25000年以上，大约17000年后，发展到顶峰。至今人们还可以观赏到一些上乘的洞穴壁画样品。

拉斯科的远古洞穴壁画

多尔多涅洞穴

在多尔多涅河谷附近有许多不同的岩洞群。佩里戈尔地区是拥有世界上最密集的史前遗址的地区之一。洞穴和岩石对于史前人类的吸引力是非常大的。

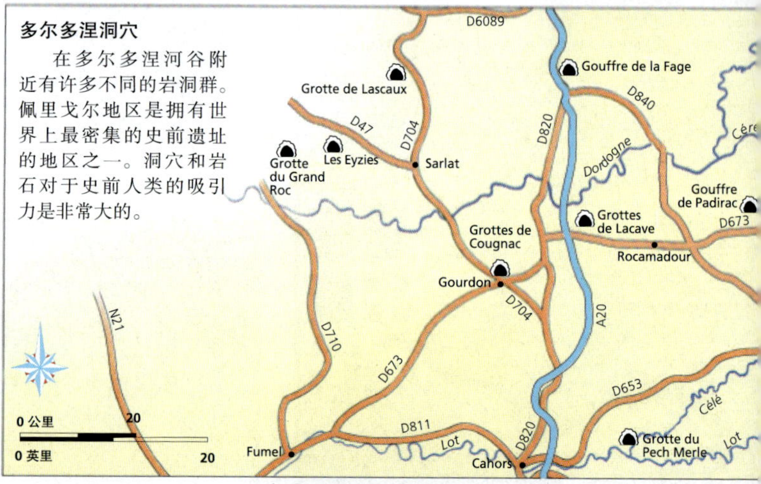

洞穴的形成

部分石灰石在水在岩层缝隙中渗透的过程中沉淀下来。经过几千年后，岩石逐渐被水溶解，先是形成坑洞，后来慢慢扩大成洞穴。水从洞顶往下滴形成钟乳石；由地表往上长出的则形成石笋。

位于佩里戈尔山谷的洞穴

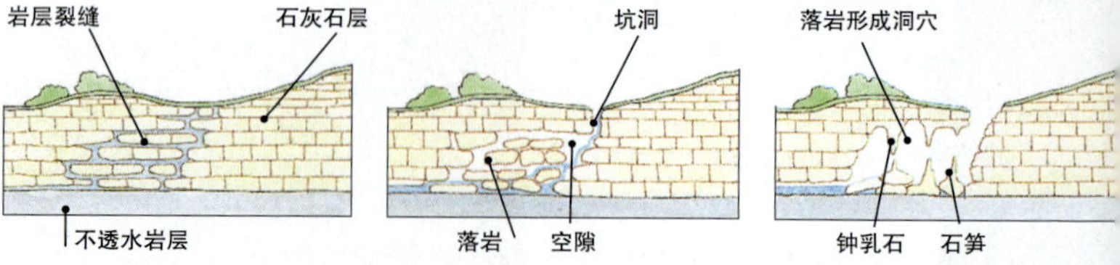

1 水顺着裂缝渗透进去，慢慢地溶解了周围的岩层。

2 由于水的作用形成了坑洞，周围的岩层变得疏松，逐渐脱落。

3 含有溶解的石灰岩的水滴形成钟乳石和石笋。

迪拉克深洞

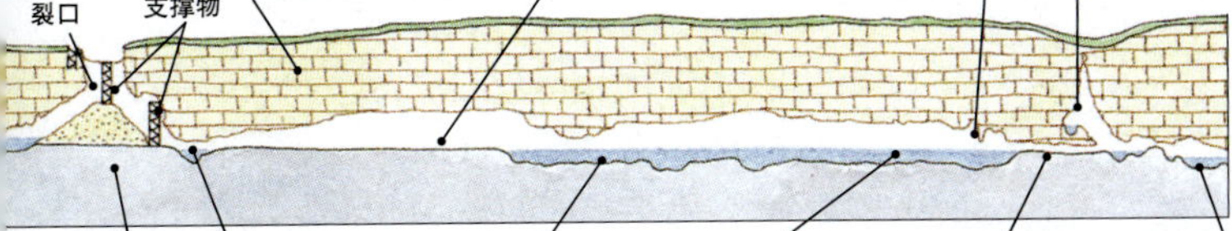

迪拉克深洞的地下河及石室

埃济的史前石洞

参观洞穴

干邑（Cougnac）有很多洞窟和画廊展示了包括一些人类肖像在内的史前绘画。在莱塞济（见434～435页）附近可以看到**贡巴来尔洞穴**（Les Combarelles）和**戈姆岩洞**（Font de Gaume），它们的内部有大量美丽的史前绘画和雕刻，如**胡菲涅克**（Rouffignac）洞穴系列作品。**大岩石**（Grand Roc）的一个石室内长满了钟乳石和石笋。莱埃济的北部是**白角蔽护所**（L'Abri du Cap Blanc），这里稀有的野牛和野马分布带可追溯到14000年之前。

多尔多涅河南岸**拉卡夫**（Lacave）的地下河和地下湖中，可以看到不可思议的岩层。而**帕迪拉克**（Padirac，见438页）的巨大石室和洞窟也蔚为大观。**拉斯科**（Lascaux）的洞窟及其内部保存完好的史前绘画如今已不再对游人开放，不过其仿制品**拉斯科2号**（Lascaux II，见434页）同样值得一览。在更远的南部，**佩赫－默尔洞穴**（Pech-Merle Caverns，见438页）也同样令人印象深刻。

洞窟艺术的故事

欧洲的第一幅史前洞窟壁画是在1879年于西班牙西北部被发现的。从那以后，人们在西班牙和法国，主要是多尔多涅地区，发现了200多处有岩画的洞窟和岩石庇护所。从被不可思议地保留下来的人类足迹到石灯，大量证据帮助史前学家了解了史前艺术家所使用过的工具和技术，但他们的创作动机仍然不为所知。几乎所有绘画的内容都是动物，一小部分是人物，很多都埋藏在无法到达的地下石室中。这些画无疑具有重要的象征或神秘的暗示，最新的理论认为它们可能是巫师的作品。

冰河时期利用灯火照明的艺术家使用过的技术包括在柔软的石头中画轮廓，依地形画出天然轮廓线作为设计的一部分。用木炭绘制黑线和阴影，用矿物做颜料，比如高岭土和赤铁石填色。画手印的方法是将稀释的颜料用植物的茎作吸管吹至岩壁上，把手从岩石上移开，就留下了形状。

拉斯科洞窟中发现的人类制作的石灯

高岭土

木炭

赤铁石

拉斯科洞中野牛大厅的野牛岩画

普瓦图和阿基坦

德塞夫勒省·维埃纳省
滨海夏朗德省·夏朗德省·吉伦特省·朗德省

地域辽阔的法国西南部占据了大西洋海岸线的四分之一，拥有大片开阔而美丽的沙滩。该区域东起普瓦图沼泽地，西至朗德省的松树林，中间分布着著名的波尔多葡萄酒产区和规模宏大的酒庄。

几个世纪的动荡历史为普瓦图和阿基坦带来了丰富的建筑和文化遗产。桑特的巨大拱形桥和圆形竞技场表明该地区曾受到罗马建筑风格的影响。在通往圣地亚哥－德孔波斯特拉的朝圣之路（见400～401页）上，中世纪时期建造的罗马式教堂是该地区宝贵的文化遗产，如普瓦捷和帕尔特奈的罗马式教堂，还有那些小型礼拜堂和栩栩如生的壁画作品。百年战争（见52～53页）也留下了英国金雀花王朝建造的坚固的防御建筑。宗教战争（见54～55页）的后果是使许多城镇、教堂和酒庄都遭受了灭顶之灾，需要一一重建。如今的普瓦图地区已成为繁华的巨型商业中心。它的西面是传统港口城市拉罗谢尔和罗什福尔；南面是著名的葡萄酒产地波尔多，如白兰地产地干邑，它们是当地财政收入的重要来源。今天的波尔多一如当年罗马时代那样繁盛，优雅的18世纪建筑群与生动活泼的文化背景相辅相成。葡萄酒可搭配当地的任何一道美食——既可以是西南沿海的鳗鱼、贻贝和牡蛎，也可以是来自内陆草原的腌羊肉和奶酪。

拉罗谢尔对岸雷岛上的圣马丁德雷带百叶窗的老房子

◁ 阿卡雄盆地海岸边的阿卡雄海滩度假村

探索普瓦图和阿基坦

漫长的海岸线、交错的航道、优质的港口和世界顶级的葡萄酒与白兰地，这一切使此地成为理想的度假胜地。如今，每到夏天，沙滩上人山人海；而内陆的乡村美景也同样能提供豪华的风景盛宴。沿着古时前往圣地亚哥–德孔波斯特拉（见400～401页）的朝圣者的足迹，可以看到雄伟的中世纪建筑，在波尔多一带，还可以欣赏到大小不一、形态各异的酒庄。波尔多是阿基坦地区最重要的现代城市，它的18世纪建筑和丰富多彩的文化生活都值得游客去欣赏、体验。同时朗德省的大片人造林也巩固了这一地区在法国的重要地位。

白银河岸阿卡雄湾的沙滩生活

周边交通

阿基坦的主要干道是A10号高速公路，这条公路将波尔多与巴黎、普瓦捷连接起来；向东一直延伸至图卢兹，西至罗什福尔，南至巴约讷和西班牙。A10承载了该地区大部分重要的运输工作，一些路况较好的小型公路作辅助。乘坐欧洲之星可以从法国北部城市里尔直达波尔多。乘坐巴黎–普瓦捷–昂古莱姆–波尔多的TGV可以节省一半的时间（巴黎–波尔多3小时15分钟）。波尔多、普瓦捷和拉罗谢尔都拥有国际机场。波尔多也有直达欧洲各首府的长途汽车。普瓦捷有通往附近城镇的汽车。

雷岛一座风景如画的港口

旅游景点分布示意图

安格林河畔盎格鲁 10	鲁瓦扬 20
昂古莱姆 24	梅勒 5
欧奈 15	蒙德马桑 32
阿卡雄盆地 30	蒙莫里永 12
奥莱龙岛 18	努艾勒莫佩尔蒂伊
波尔多 26	修道院 8
埠湖瓦日 19	尼奥尔 4
波亚克 28	普瓦特万沼泽 3
普瓦捷 6	帕尔特奈 2
德罗讷河畔欧布泰尔 25	沙鲁 14
达克斯 33	桑特 22
吉伦特河畔特尔芒 21	圣艾米利尔恩 27
干邑 23	圣萨万 11
孔福朗 13	图阿尔 1
拉罗谢尔 16	未来世界影视乐园 7
朗德 31	级维尼 9
罗什福尔 17	白银海岸 29

普瓦特万沼泽停泊的小船

图阿尔圣梅达尔教堂的玫瑰花窗

图阿尔 ❶
Thouars

Deux-Sèvres. 10500 3 bis bd Pierre Curie（05 49 66 17 65）周二和周五 **www**.tourisme-pays-thouarsais.fr

图阿尔位于图埃河环绕的多岩地带，位于安茹和普瓦图的边界。这里的房屋大多有北方石板屋顶或红色南方瓦片屋顶。

图阿尔的中心是**圣梅达尔教堂**（Eglise St-Médard）。虽然带有哥特式玫瑰花窗，但是前墙却是罗马式风格。林立着众多中世纪半木质结构老房子的城堡之路将带领你前往一座17世纪的城堡。如今城堡内设有一个学校，每逢夏季便向公众开放。

图阿尔东部坐落着一座建于1518～1549年的**瓦龙城堡**（Château d'Oiron），这座建筑杰作现在已经成为一家当代艺术展览馆。

瓦龙城堡
79100 Oiron. **电话：** 05 49 96 51 25
每天 某些公共假期

帕尔特奈 ❷
Parthenay

Deux-Sèvres. 11000 8 rue de la Vau-St-Jacques（05 49 94 90 05）周三 **www**.cc-parthenay.fr

帕尔特奈是一座安静城市，每周三上午这里会举办法国第二大家畜市场。该城曾是通往圣地亚哥－德孔波斯拉（见400～401页）的重一站。在Vau-St-Jacques路尽头可以看到一座13世纪墙，连接着圣雅克门，它把着图埃河上的13世纪古桥。

帕尔特奈西部有一座建12世纪的**圣皮埃尔老教堂**（S Pierre de Parthenay-le-Vieux 其前墙很有普瓦捷风格。

帕尔特奈排列在铺满鹅卵石的Vau-St-Jacques路两旁的中世纪老房子

普瓦特万沼泽 ❸
Marais Poitevin

Charente-Maritime, Deux-Sèvr Vendée. La Rochelle Niort, Rochelle Coulon, Arcais, Marans pl de la Coutume, Coulon（05 49 35 04）**www**.parc-marais-poitevin.fr

众多河道、沟渠经过千淤积形成的普瓦特万沼泽覆了尼奥尔和大海之间大约800方公里土地。该地区如今已经为一座公园，它分为两个部分塞夫尔河的南北部是干涸的泽，盛产谷物和其他庄稼；尼尔上游是湿沼泽。

享有绿色威尼斯美誉的沼泽让人兴致盎然，那里布满杂草丛生的河道，阴天下雨时天边还会出现彩虹，常见的植有白杨和山毛榉等，常见的动有众多鸟类和其他野生动物。泽规模巨大的湿地森林尚未开发。附近地势较高的地方建别具一格的白色村庄，村民惯的交通工具是平底船（platte）。

选择Coulon、St-Hilaire-la-Palud、La Garette and Arçais 以及Damvix和旺代的Maillezais等地作为出发点对于想围绕沼行船的游客来说十分方便。租船时可邀请导游。多带些防蚊虫叮咬的物品。

Coulon是当地最大的村庄，因此受到众多游客的青睐。**普瓦特万沼泽大宅**（La Maison du Marais Poitevin）再现了过去沼泽区的生活以及湿地植物和动物。

本地区住宿及餐饮信息见580～582页和635～637页

普瓦特万沼泽Coulon村里停泊的平底船

尼奥尔 ❹

Niort

Deux-Sèvres. 60000 pl de la Brèche（05 49 24 18 79）周四和周六 **www**.niortmaraispoitevin.com

中世纪时尼奥尔是塞夫尔河边的一个港口城市，如今已成为生产机械器具、电子化学产品的工业城市。

尼奥尔的金雀花王朝古堡如今已成为一家博物馆

尼奥尔离沼泽很近，因而出产鳗类、蜗牛和白芷等。白芷在沼泽地的种植历史已达数世纪之久，这种药草可广泛用于酒、冰淇淋等食品中。

从古桥（Vieux Pont）上向下望去，能看见巨大的古堡主楼，它是由亨利二世和狮心王理查于12世纪建造的，在百年战争中起到了重要的作用，后来被用作监狱，曾经关押过曼特农夫人（见56页）的父亲，因此她的童年是在尼奥尔度过的。现在这座主楼已经成为展示当地美术、工艺和考古历史的展览馆。

16～20世纪，位于利摩日的**Agesci博物馆**（Agesci Museum）举办了多次陶器、雕刻和绘画展览。

郊外

从尼奥尔到普瓦捷的途中会经过**圣迈克森学院**（St-Maixent-L'Ecole）小镇，这里的修道院是由弗朗索瓦公爵对一座被宗教战争损毁的建筑改建而成的。西边的**布贡古墓**（Tumulus de Bougon）由五座坟墓组成，其中历史最久的一座可追溯至公元前4500年。

梅勒 ❺

Melle

Deux-Sèvres. 4000 rue E Traver（05 49 29 15 10）周五 **www**.ville-melle.fr

梅勒最初是一座银矿，9世纪时这里是阿基坦唯一一个产银区，后来它因养殖体魄强健的普瓦图驴而出名。如今梅勒最为著名的是它的教堂，**圣伊莱尔**（St-Hilaire）是其中最典型的代表，该教堂位于河边，拥有12世纪普瓦捷风格的前墙，教堂北门前竖立着君士坦丁大帝骑战马的雕像。

郊外

该城西北的Celles-sur-Belle教堂拥有具有摩尔风格的大门，它与教堂其余的重修于17世纪的哥特式建筑形成了鲜明对比。

梅勒的圣伊莱尔教堂门口矗立的君士坦丁大帝骑马雕像

普瓦特万沼泽绿威尼斯地区的河道▷

普瓦捷 ❻ Poitiers

法国历史上三大战役的地点位于普瓦捷周围，其中最著名的是732年击退阿拉伯人入侵的那一场战争。经过两段时期的英国统治之后，该城在让·德·贝瑞（1369～1416年）的统治下逐渐走向繁荣。1431年，普瓦捷大学的成立使普瓦捷成为重要的知识中心，著名作家拉伯雷便是从该校毕业的。宗教战争使普瓦捷出现了混乱的局面，直到19世纪晚期，这个城市仍没有取得任何较大的发展。然而，今天的普瓦捷已经成为一座拥有丰富历史建筑遗产的现代地区。

圣伊莱尔大教堂内的壁画

大圣母院（Notre-Dame-la-Grande）

大圣母院并不是很大。它是普瓦捷最重要的朝圣教堂之一，最著名的是其前墙上精致的雕塑，属12世纪普瓦捷雕塑的杰作。高坛上方悬挂着耶稣和圣母的罗马式壁画。大部分小礼拜堂是在文艺复兴时期后建的。

司法宫（Palais de Justice）

Pl Alphonse Lepetit. **电话：**05 49 50 22 00

周一至周五

在充满文艺复兴风格的入口背后是12世纪安茹王朝的国王亨利二世和狮心王理查的宫殿大厅。这里被认为是1429年神学会对圣女贞德举行批判大会的地方。

圣皮埃尔大教堂（Cathédrale St-Pierre）

圣皮埃尔大教堂高坛上的

大圣母院内绘有彩色几何图案的立柱

大圣母院

本地区住宿及餐饮信息见580～582页和635～637页

世纪雕栏是法国目前最古
的雕栏。朝东的 12 世纪玻
窗刻画着耶稣受难的情景，
下角还有教堂赞助者的小幅
像。教堂里保存的管风琴
787 ~ 1791 年）是欧洲最
亮、最有名的管风琴之一。

普瓦捷市科学宫
Espace Mendès France）

ol de la Cathédrale. **电话：**05 49 50 33
▢ 每天 ◙ 6 月 ~ 8 月：周日；某
公众假期

它拥有一个最先进的天文
，借助激光和展览等向人们
释宇宙的奥秘。

圣伊莱尔教堂
Eglise St-Hilaire-le-Grand）

重建的圣伊莱尔教堂拥有
赛克拼凑风格。它最初是在
世纪建造的，现在则拥有 11
纪的钟塔和 12 世纪的中殿。

圣让大教堂
Baptistère St-Jean）

ue Jean Jaurès. ▢ 周三至次周周一

这座教堂建于 4 世纪，是
国最古老的基督教建筑之
一。很多早期的教徒都在这里接受洗礼。如今它已成为博物馆，陈列着大量有关基督教和君士坦丁大帝的罗马壁画。

圣十字博物馆（Musée Sainte-Croix）

3 bis rue Jean Jaurès. **电话：**05 49 41 07 53 ▢ 周二至周日下午 ◙ 某些公众假期

馆内陈列着史前、高卢－罗马人以及中世纪的考古成就，还有绘画和 19 世纪的雕塑，包括著名的《华尔兹》。

弗朗索瓦·密特朗文化宫（Médiathèque Francois Mitterrand）

4 rue de l'Université. **电话：**05 49 52 31 51 ▢ 周二至周六 ◙ 公共假期

中世纪之家（Maison du Moyen Age）就坐落在这里，里面陈列着中世纪时期的手稿、地图和版画。

游客备忘

Vienne. 92000 距普瓦捷 5 公里 45 pl Charles de Gaulle（05 49 41 21 24）周六、周二和周四 Les Expressifs（10 月）
www.ot-poitiers.fr

未来世界影视乐园内最受欢迎的大屏幕影院

未来世界影视乐园 ⑦

Futuroscope

Jaunay-Clan. **电话：**05 49 49 11 12
▢ 每天 ◙ 1 月 ~ 2 月初
www.futuroscope.com

未来世界影视乐园位于普瓦捷北部 7 公里处，经过数年的发展，其技术已经涵盖模拟、3D 和 360 度旋转屏幕等，其著名的“魔毯”影院的地板上也装了屏幕，给人“飞行”的感觉。该影院拥有欧洲最大的屏幕。

安格林河畔盎格鲁中的城堡遗址，前面是一个古老的水车

努艾勒莫佩尔蒂伊修道院 ❽

Nouaillé-Maupertuis

Nouaillé-Maupertuis **电话：**05 49 55 35 69 **教堂** 9:00~18:00（夏天延至19:00）限制 仅夏天

努艾勒莫佩尔蒂伊修道院坐落在Miosson河岸边，它的历史可追溯至780年，它于808年独立，并开始按圣本笃修会规则行事。除了欣赏周围美丽的风景，修道院本身也值得一看，它修建于11~12世纪，后期又几经修建。圣坛后面是10世纪的圣朱尼安石棺，地板上刻着三只雄鹰。

在附近（战场遗址），1356年黑王子率领英军取得了普瓦捷大捷。600年来这里的变化并不大。沿着通往La Cardinerie的小路前进（D142公路右侧）可到达当年战役的中心——Gué de l'Omme河口。在通往山顶的途中有一座纪念碑，这是战争进行得最激烈的地方，约翰三世在那里遭到众叛亲离，并且被俘。他想倚仗一把战斧进行英勇的抵抗，并指望他的小儿子菲利普去告诉他下一个英国骑士从哪里过来。

绍维尼 ❾

Chauvigny

Vienne. 7000 5 rue St-Pierre（05 49 46 39 01）周二、周四、周六 www.chauvigny.fr

绍维尼位于维埃纳河畔一个河口上，那里保存着不少于4座中世纪城堡遗迹。那里的石头资源相当丰富，因此从未有人想过要损坏早期的城堡来获取建筑材料。

该镇最具价值的是11～12世纪的**圣皮埃尔大教堂**（Eglise St-Pierre），那里的柱头是真正的艺术财富。雕塑描述了《圣经》中的场景和怪物、狮身人面像和妖妇等。其中一幅显示着"Gofridus me fecit（主创造了我）"，这是对主显节场景的生动描述。

绍维尼村圣皮埃尔教堂中雕有妖怪的柱头

郊外

游客可以在**多弗城堡**（Chateau de Touffou）的露台和花园中享受维埃纳河畔的文艺复兴风光。城堡的北部是宁静的Bonneuil-Matours，其罗马式教堂中的唱诗班席位相当精致。

多弗城堡
Bonnes. **电话：**05 49 56 08 48 月～6月中旬：周六、周日和公众假期；6月中旬～9月中旬：周三至次周周一

安格林河畔盎格鲁 ❿

Angles-sur-l'Anglin

Vienne. 400 2 rue du Four Ban（05 49 48 86 87）周六和周日 www.anglessuranglin.com

盎格鲁村庄的河畔风景优美，最引人注目的是这里的城堡遗址，其水车以和缓的安格林河为动力。荡漾的水波和摇曳的芦苇为其增添了几分优雅。夏季狭窄的街道可能会显得过于拥挤，最好在其他季节前往。

这里以传统技艺——针线活而闻名于世，jours d'Angl

本地区住宿及餐饮信息见580～582页和635～637页

当地妇女继承了下来（可观她们的工作坊）。

萨万 ⓫
–Savin

ｉenne. 1100 20 pl de la ｉération（05 49 84 30 00）周五 ｗw.abbaye-saint-savin.fr

古老的 11 世纪修道院是萨万的荣耀，它拥有哥特尖顶和巨大的中殿。

它在百年战争中被烧毁，随后的几次宗教战争中，几经劫掠。尽管 17 世纪和世纪都曾进行过重修，但在的修道院已经风光不再。内部保存着 12 世纪的罗马壁画，其中部分作品是于 967 ～ 1974 年间修复的，自 983 年开始，它们已被列为联合国教科文组织的保护对象。你可以在巴黎的夏佑宫（见 110 ～ 111 页）看到圣萨万壁画的全幅复制品。在修道院博物馆中陈列着关于这些壁画的历史背景和创造技术的解释。

圣萨万教堂的钟塔

蒙莫里永 ⓬
Montmorillon

Vienne. 7000 2 pl du Maréchal Leclerc（05 49 91 11 96）周三 www.tourismemontmorillon.fr

蒙莫里永坐落于平静的加尔唐普河两岸，始建于 11 世纪。与这一地区的大部分城镇一样，它曾在百年战争中度过艰难的时期。一些房子幸免遇难，如**圣母教堂**（Eglise Notre-Dame），在它古老的 12 世纪地窖（联系旅游咨询处获取钥匙）内藏有美丽的壁画，其中描绘了亚历山大的圣凯瑟琳的生活场景。

郊外

在蒙莫里永的南面，从 Chez Ragon 桥走半小时就能到加尔唐普河上游的**地狱之门**（Portes d'Enfer）。

圣萨万教堂中的壁画

圣萨万教堂中的壁画所描绘的内容涵盖了自上帝创造世界至十诫的《旧约》历史场景。进门后，从左向右依次创造星星和夏娃的诞生、诺亚方舟、通天塔、约瑟夫的故事以及分离红海等画面。人们认为所有壁画均出自同一组艺术家之手，因为其创作形式具有一定的相似性。这些画面上的红色、黄褐色、绿色、黑色和白色等多种和谐的色彩随着时间的流逝变得更加柔和。

圣萨万教堂里的12世纪壁画——诺亚方舟

孔福朗 ⓭
Confolens

Charente. 3000 Rue Fontaine des Jardins（05 45 84 14 08）周三和周六 www.mairieconfolens.com

孔福朗与利穆赞相邻，它曾经是几大教堂之间的重要枢纽。然而现在，它正为人流量的减少而烦恼。为了防止这座城市被孤立，这里每年都会组织国际民俗节日。每年 8 月这里会出现来自世界各地的音乐、服装和工艺，热闹非凡。

孔福朗的历史遗迹是一座横贯维埃纳河的桥，它建于中世纪，18 世纪时曾进行重大整修。

沙鲁 ⓮
Charroux

Vienne. 1200 2 route de Chatain（05 49 87 60 12）周四 www.charroux-en-poitou.com

8 世纪时修建的**圣苏维尔修道院**（Abbaye St-Sauveur）曾是沙鲁地区最富有的修道院之一，不过如今它已成为露天废墟（致电游客咨询处预约参观时间）。10 世纪时它做出重要贡献，当时沙鲁议会宣布了《全面休战》，这是迄今所知的最早对战乱进行控制的法规。其内容包括：“基督教徒士兵不得在战争中洗劫教堂，不得殴打牧师或盗取农民的日用财产。”

巨塔代表教堂的中心，这里的小型博物馆中陈列着取自原教堂大门的一些雕刻作品，它们是沙鲁全盛期的象征。

欧奈 ⑮
Aulnay

Charente-Maritime. 1500 290 av de l'Eglise（05 46 33 14 44）周四和周日 **www.aulnaytourisme.com**

12 世纪的**圣皮埃尔教堂**（Eglise St-Pierre）坐落在欧奈，它是一次性建造完工的；其修建工程随着中殿的竣工而全部完成，没有对后堂和侧翼的修补。从大朝圣时期开始至今，教堂周围就是一片柏树林，别无他物。

整座教堂都覆盖着雕塑装饰，尤其是南侧翼部。它是少数拥有完整的罗马式正门的珍贵建筑之一，其上排列着阴沉的妖怪形象和优雅的人类形象。教堂里有一根柱子装饰着大象，并刻有"大象在此"。

欧奈圣皮埃尔教堂的前墙

拉罗谢尔 ⑯
La Rochelle

Charente-Maritime. 80000 2 quai Georges Simenon，Le Gabut（05 46 41 14 68）每天 **www.larochelle-tourisme.com**

拉罗谢尔在 11 世纪时就是商业中心和繁忙的港口。1628 年，该城受到红衣主教黎塞留的无情围攻，23000 人被活活饿死；最终城墙被推倒，人们丧失了自主权。拉罗谢尔是一个被庄严建筑环绕的

拉罗谢尔的圣尼古拉塔

海港，如今港口已成为法国大西洋沿岸最大的游艇中心。港口的入口两侧分别是**导航塔**（Tour de la Chaîne）和**圣尼古拉塔**（Tour St-Nicolas）。过去人们将它们用铁链连接，以防海上进攻。

拉罗谢尔适合步行游览，但在夏天，这里的鹅卵石街道和拱廊就会变得拥挤不堪。15 世纪的**灯塔**（Tour de la Lanterne）视野很好，其内部墙壁上留着囚犯——大部分是 17 ～ 19 世纪水手们的涂鸦。

自然历史博物馆（Muséum d'Histoire Naturelle）中展示了 18 世纪的科学家克莱蒙特・拉法耶的相关信息、贝壳收藏品、非洲面具等。在**新世界博物馆**（Musée du Nouveau Monde）中，游客可以从古老的地图、绘画和器物中探寻移民、商业和奴隶买卖的发展轨迹。

市政厅（Hôtel de Ville）的 16 世纪前墙值得一看，神庙路 33 号的**香水瓶博物馆**（Musée du Flacon à Parfum）收藏了令人赏心悦目的香水瓶。

与老港相邻的是当地的大型**水族馆**（Aquarium），水下隧道引领你参观不同的海洋生物。

灯塔
Rue des Murs，Le Port. **电话：** 05 46 41 56 04 每天 1月1日、5月1日、11月1日和11日、12月25日

自然历史博物馆
28 rue Albert Premier. **电话：** 05 46 18 25 周二～周日

新世界博物馆
10 rue Fleuriau. **电话：** 05 46 41 46 周三至次周周一 周六上（10月～次年3月）、周日上午、月1日、5月1日、7月14日、11月1和11日、12月25日

水族馆
Bassin des Grands Yachts，quai Lou Prunier. **电话：** 05 46 34 00 00 天 **www.aquariun** larochelle.com

郊外

雷岛也被称为白岛，一片鸟类资源丰富的白垩壁和沙丘地带。1988 年，座 3000 米长的大桥将小岛大陆连接起来。主要景点 Ars-en-Ré 和重镇**圣马丁德**（St-Martin-de-Ré）。量海鲜馆供应新鲜的牡蛎。里还有一座盐池也值得参观。

拉罗谢尔宫殿路的拱廊

罗什福尔 ⑰
Rochefort

Charente-Maritime. 27000 av Sadi-Carnot（05 46 99 08 60）周二 周四和周六 **www.rochefort-ocean.com**

罗什福尔是拉罗谢尔历史上的竞争者，17 世纪时期由

雷岛的东部一角——鲸鱼灯塔与拉罗谢尔隔海相望

斗尔伯特修建，并使其成为法国最大的造船中心，每年的帆船生产量可达 300 艘。

1670 年重修的皇家制绳厂（Corderie Royale）里面举办制绳业的展览。**航海博物馆**（Musée de la Marine）里藏有船舰模型。

罗什福尔也是著名作家皮埃尔·罗蒂（1850 ~ 1923 年）的出生地。在**皮埃尔·罗蒂故居**（Maison de Pierre Loti）中可以看到充满东方风格的装饰。

小镇外面的**轮渡者桥**（Pont Transbordeur）建于 1897 年，将罗什福尔与南部地区连接起来。

皇家绳厂
Centre International de la Mer, rue Audebert. **电话**：05 46 87 01 90 每天 1月1日、7日、25日，12月25日 www.corderie-royale.com

航海博物馆
Pl de la Galissonnière.
电话：05 46 99 86 57 每天 1月、5月1日、12月25日
www.musee-marine.fr

皮埃尔·罗蒂故居
141 rue Pierre Loti. **电话**：05 46 99 16 88 周三至次周周一 1月1日，11月1日，12月25日 仅

轮渡者桥
3 av Maurice Chupin, Parc des Fourriers **电话**：05 46 83 30 86 4月~9月：每天；10月、2月~3月：周三至周日 www.pont-transbordeur.fr

郊外

从富拉摆渡便可到达艾克斯岛。拿破仑在被放逐到圣赫勒拿岛之前，暂时被扣留于此。**拿破仑博物馆**（Musée Napoléonien）中保存着他的相关纪念品。**非洲博物馆**（Musée Africain）中存放着拿破仑在埃及战争中骑过的骆驼的标本。

1814年被拘留在艾克斯岛时的拿破仑

拿破仑博物馆
30 rue Napoléon. **电话**：05 46 84 66 40 周三至次周周一 5月1日

非洲博物馆
Rue Napoléon. **电话**：05 46 84 66 40 周三至次周周一 5月1日

奥莱龙岛 ⑱
Île d'Oléron

Charente-Maritime. La Rochelle Rochefort, La Rochelle, Saintes then bus from La Rochelle（夏天） Bourcefranc（05 46 85 65 23）**www.ile-oleron-marennes.com**

它是法国的第二大岛屿，可从大陆通过大桥抵达。其南部的**荒蛮海岸**（Côte Sauvage）拥有大面积沙丘和松树林，在鱼港 La Cotinière 附近是 Vert Bois 沙滩和大海滨沙滩。奥莱龙岛北部以农业和渔业为主。

从**圣特洛伊**（St-Trojan）可乘坐火车前往 Maumusson 山顶（复活节 ~ 10 月）。

埠湖瓦日 ⑲
Brouage

Charente-Maritime. 580 2 rue de Québec（05 46 85 19 16）

埠湖瓦日是黎塞留主教的堡垒，是他对拉罗谢尔进行大围攻（1627 ~ 1628 年）的根据地。埠湖瓦日曾相当繁荣，但自从 18 世纪海岸线后退以来，其经济水平和人口数量不断下降。1659 年，玛丽·曼奇尼被流放至此，因为她的叔叔反对她与路易十四结合，但路易十四从未忘记过她，如今这座**堡垒**成了很好的散步场所。

郊外

埠湖瓦日西南部的**马雷讷**（Marennes）有着著名的淡绿色牡蛎和圣皮埃尔·德·萨尔大教堂，其尖塔上的视野极好。其附近还有建于 18 世纪的 Gataudière **城堡**。

广受欢迎的鲁瓦扬五大沙滩之一

鲁瓦扬 ⑳
Royan

Charente-Maritime. 20000 仅 Verdon 1 bd de la Grandière（05 46 23 00 00）周二至周日；夏季每天 www.royan-tourisme.com

第二次世界大战末期，鲁瓦扬因受到同盟国的地毯式轰炸而遭到严重破坏，而今天它已成为一座现代化的大城市，完全不同于这一河岸线上其他饱经风霜的城市。这里拥有五处景致绝佳的沙滩，是人们度过炎炎夏日的首选地。

圣母教堂建于1955~1958年，拥有许多鲜艳明亮的彩绘玻璃窗。

从遥远的海岸就能看到文艺复兴风格的**科尔多瓦灯塔**（Phare de Cordouan）。11世纪以来，这里曾修建过各种不同的灯塔。今天人们所见到的灯塔建于1611年，其内部包括一个小礼拜堂。1789年开始，除了采光方法以外，灯塔其他部分几乎没有任何改变。夏季可从鲁瓦扬港出发到达科尔多瓦灯塔。

吉伦特河畔特尔芒 ㉑
Talmont-sur-Gironde

Charente-Maritime. 79 rue de lglise（05 46 90 16 25）

罗马式的**拉德贡德教堂**（Eglise Ste-Radegonde）位于俯瞰吉伦特河的一块狭长地带上，它建造于1094年，教堂的后殿被设计成船头的样子，而中殿延伸至大海里。其前墙修建于15世纪，内部有圣乔治与龙对峙的壁画。

特尔芒拥有众多白色的小房子，每逢夏季到处都开满色彩缤纷的蜀葵。

桑特 ㉒
Saintes

Charente-Maritime. 28000 Place Bassompierre（05 46 74 23 82）周二至周日 www.ot-saintes.fr

作为圣东日的首府，桑特拥有超乎寻常的丰富建筑遗产。几个世纪以来，桑特都以从夏朗德通往圣地亚哥－德孔波斯特拉的唯一一座桥梁而自豪。如今大桥已不复存在，但标识其入口的**日耳曼尼库斯拱门**（Arch of Germanicus 公元19年）仍气势恢弘。

同位于河畔的**贵妇修道院**（Abbaye aux Dames）始建于1047年，12世纪进行过现代化改革，17~18世纪时贵族少女在此接受教育。其大门装饰精美，后殿还有12世纪雕刻的耶稣头像。

1世纪罗马**圆形剧场**位于左岸。更远处是**圣厄特罗普教堂**（Eglise St-Eutrope）。15世纪时，这座教堂神奇地治愈了路易十一所患的水肿。为了表示感恩，他拆除了教堂不恰当的哥特式部分。幸运的是，其罗马式柱头被保留下来。

桑特的日耳曼尼库斯拱门

干邑 ㉓
Cognac

Charente. 20000 16 rue du 14 Juillet（05 45 82 10 71）周二至周日 www.tourism-cognac.com

当你看见干邑建筑外表上

本地区住宿及餐饮信息见580~582页和635~637页

涅河畔Aubeterre村圣让大教堂中的墓地

因酒精蒸发而生的地衣，你会觉得它们都是酒窖。

干邑大一些的建筑都被用于旅游，其中最精美的建筑是坐落在15～16世纪城堡中的**干邑奥达**（Cognac Otard），这里也是弗朗索瓦一世出生的地方。1795年，苏格兰人奥达创立了这一家酒厂，一座古老的礼拜堂被摧毁。所幸当地很多文艺复兴时期建筑被保存下来，游客可以在旅途中一边品尝白兰地，一边欣赏这些建筑。

传统高脚酒杯中的干邑白兰地

干邑白兰地是用低酒精含量的白葡萄酒蒸馏获得的。将液体存放在橡木桶中4～40年，然后再装瓶。酿酒的技术主要取决于混合调制的过程，判断酒品质好坏的依据是品牌和年份。

干邑奥达
Chateau de Cognac，127 bd Denfert-Rochereau. **电话**：05 45 36 88 86 4月～10月：每天；11月～12月：预约 5月1日和冬季公众假期 义务 www.otard.com

昂古莱姆 ㉔
Angoulême

Charente 46000. 7 bis rue du Chat（05 45 95 16 84） 每天
www.angouleme-tourisme.com

著名的12世纪**圣皮埃尔大教堂**在这一地区占主导地位，是当地的第四大建筑。该教堂前墙的罗马式浮雕非常华丽。一些夸张的修建设计是由19世纪建筑师阿巴迪完成的。他抹平了12世纪之后的所有细节，甚至毁坏了6世纪的地窖。而且他还改变了这座古老城堡的命运——将城堡变成一家新哥特式的**市政厅**。1492年昂古莱姆的玛格丽特出生的15世纪的城堡至今仍然存在，在它的花园中还能看到玛格丽特的雕像。她是弗朗索瓦一世的姐姐，通晓六国语言，曾在外交中扮演重要角色，并创作了著名的《七日谈》。游客可以一边沿着城墙散步一边欣赏夏朗德山谷的风景。每年9月中旬这里会举行老爷军比赛。昂古莱姆是漫画艺术的重要发源地，这里也经常举办漫画节（1月/2月）。**国际漫画和图像中心**（Cité Internationale de la Bande-Dessinée et de l'Image）展示了自1946年起的印刷术和卡通电影的发展历程。附近还有一座漫画博物馆，馆里介绍了这种艺术形式及其美学说明。

昂古莱姆圣皮埃尔大教堂的罗马式前墙的细节

国际漫画和图像中心
121 rue de Bordeaux **电话**：05 45 38 65 65 周二至周日（周末仅下午） 1月、公众假期 **电影院** www.cnbdi.fr

德罗讷河畔欧布泰尔 ㉕
Aubeterre-sur-Dronne

Charente. 430 8 pl du Champ de Foine（05 45 98 57 18） 周日
http://aubeterresurdronne.com

这座村庄唯一的景观**圣让教堂**宏伟而沧桑。白色白垩悬崖赋予了村子现在的名字Alba Terra——白泥。在大革命时期和1860年期间，这座教堂曾成为村庄的公墓，里面摆放着早期基督教的领洗池和圣骨匣。

村前还有一座罗马式的圣雅克教堂，它拥有一个精美的前墙。

街区纵览：波尔多 ❶ Bordeaux

波尔多位于加伦河的河湾处，在前罗马时代就已经是一个重要的港口，几个世纪以来，它都是欧洲的贸易中心和集散地。罗马人、法兰克人和英格兰人当年在这里留下的遗迹现在已经不复存在，游客也已看不到宗教战争的痕迹了。作为法国的第九大城市，它很有前瞻性，大力发展工业和海事。

沿着这一葡萄酒大都会的河畔行走，可以看到一片优雅的古典前墙，当初是为了遮挡其后面的中世纪贫民窟而建。重要的建筑包括坎康斯广场、大剧院和交易所广场。

★ 大剧院(Grand Théâtre)
大剧院建于1773～1780年，是古典建筑的杰作，屋顶伫立着七座缪斯雕塑。

星级景点
★ 大剧院
★ 坎康斯广场
★交易所广场

码头两侧排列着优美的建筑，构成了加龙河沿岸的美丽风景。

图例

- - - 推荐线路

0 米 100

0 码 100

★ 交易所广场（Place de la Bourse）
这一优雅的广场被证券交易所和海关大楼这两座庄严的18世纪建筑包围。

本地区住宿及餐饮信息见580～582页和635～637页

★坎康斯广场（Esplanade des Quinconces）
这座15世纪的小号城堡在1827～1858年改造成现在这座由苍翠的树木和精美的雕塑环绕的大型广场。

游客备忘

吉伦特省 240000 距离波尔多10公里 Gare St-Jean, rue Ch Domerq 沙特尔 12 cours du 30 Juillet (05 56 00 66 00) 每天 葡萄酒节（6月下旬，偶数年），河流节（6月下旬，奇数年）www.bordeaux-tourisme.com

夏特龙区（Quartier des Chartrons）是一个古老的商业中心，至今仍保留着完好的18世纪建筑。

吉伦特党纪念碑（The Monument aux Girondins）是一座装饰华丽的纪念碑（1804～1902年），是为纪念恐怖时期（1793～1795年）被罗伯斯庇尔送上断头台的吉伦特党人而建。

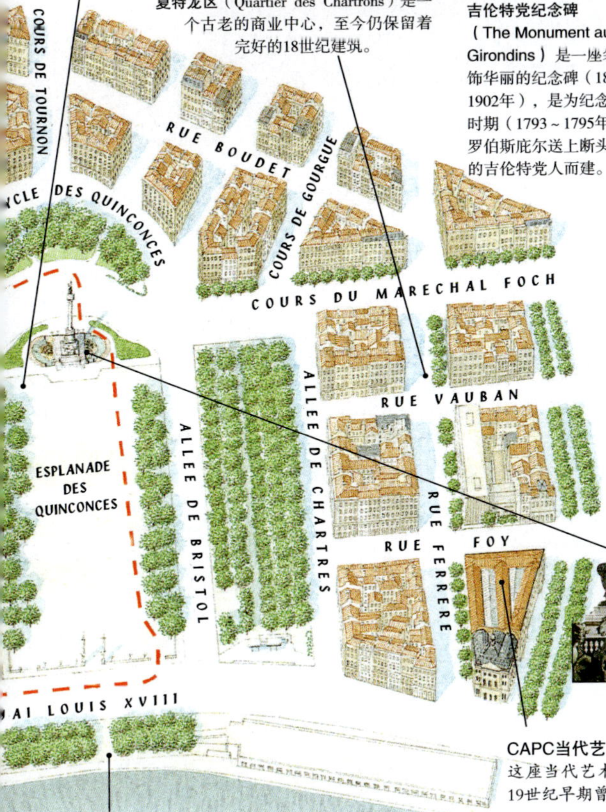

CAPC当代艺术博物馆
这座当代艺术博物馆和文化中心在19世纪早期曾是一个货栈。

平台可眺望全部河景。

波尔多葡萄酒贸易

19世纪的波尔多人在卸载葡萄酒桶的场面

波尔多是法国继马赛之后的第二古老的贸易港。罗马时代波尔多的葡萄酒出口量一直处于平稳状态，但到了英国统治时期（1154～1453年，见50～53页），商人们在向英国出口葡萄酒的垄断经营中获得暴利。发现新大陆之后，波尔多利用其靠近大西洋的地理优势，进行多元化经营，扩大市场范围。如今波尔多地区每年的葡萄酒产量达到6000万箱以上。

波尔多大剧院

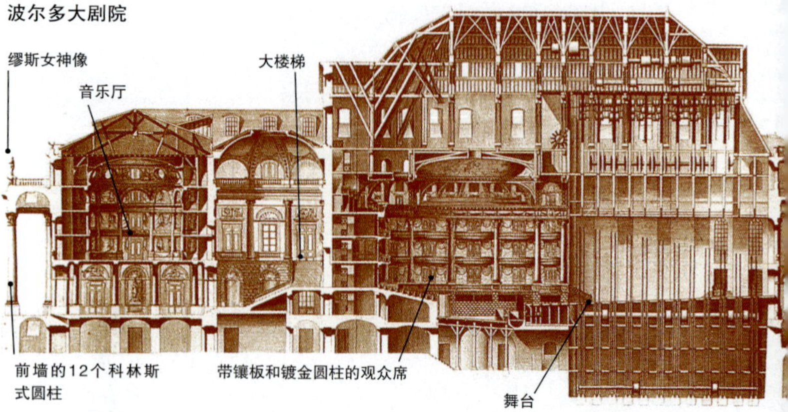

探索波尔多

波尔多市中心有着宽阔的街道和18世纪的老房子。克莱蒙索庭院、军需部门和图尔尼小径组成了三角地带，里面布满了小商店和咖啡馆。圣安德烈大教堂也是一个重要的参观景点，附近有高品质的影院。公共花园周围的夏德龙区和码头都已经过重新装修。

大剧院（Grand Théâtre）

Place de la Comédie. 电话：05 56 00 85 95 提前预约

18世纪大剧院由建筑师维克多·路易设计建造，是法国同类古典建筑中的最佳代表，其独特的音响效果举世闻名。大剧院壮观的主楼梯后来被加尼埃复制用于巴黎国家歌剧院（见97页）。

圣塞宁教堂（Eglise St-Seurin）

这座教堂在一定程度上融合了11～18世纪的各种建筑风格，其地窖中有6世纪高卢－罗马石棺和精致的14世纪主教王座。

圣米歇尔教堂（Basilique St-Michel）

自1350年起，200年后圣米歇尔教堂才建成。教堂中有圣厄休拉及其忏悔者的雕像。1472～1492年间修建的塔楼是法国南部最高的钟塔（114米）。

美术馆（Musée des Beaux-Arts）

20 cours d'Albret. 电话：05 56 10 20 56 周三至次周周一 公众假期

美术馆坐落于市政厅的侧翼建筑中，收藏了自文艺复兴时期至今的最佳绘画作品，其中包括提香、委罗内斯、鲁宾斯、德拉克洛瓦、柯罗、雷诺阿、马蒂斯和布丹等大师的杰作。

装饰艺术博物馆（Musée des Arts Décoratifs）

39 rue Bouffard. 电话：05 56 10 14 00 周三至次周周一 公众假期

对优雅的室内陈设和精美的瓷器感兴趣的游客可前往位于18世纪的拉兰德大宅，其中开设了装饰艺术博物馆。

透过波尔多大钟门看到的安静的街道

阿基坦博物馆（Musée d'Aquitaine）

20 cours Pasteur. 电话：05 56 01 51 00 周二至周日 公共假期

博物馆内陈列着当地人史前时代至今使用的人造品、室内陈设和葡萄栽培工具其中最引人注目的是公元前世纪的Tayac珍宝展和40多枚罗马硬币。

圣安德烈大教堂（Cathédrale St-André）

这座宏伟的大教堂始建于11世纪，200年后又进行过重修。在14世纪和15世纪时期添加了哥特式高坛和十字形耳堂。皇家门上精美的中世纪雕刻取材于《最终的审判》。

CAPC现代艺术博物馆（CAPC Musée d'Art Contemporain）

Entrepôt Lainé，7 rue Ferrère. 电话：05 56 00 81 50 周二至周日 公共假期

这座19世纪展览馆有时会举办短期展览，长期展览的当代艺术值得一看。

圣艾米利尔恩 27

St-Émilion

Gironde. 2100 pl des Créneaux（05 57 55 28 28）周日 www.saint-emilion-tourisme.com

这座村庄坐落在红酒产区

中间，其名字源于 8 世纪的位名叫艾米利尔恩的隐士，在这里的岩石中凿穴而居，来又有另一位修道士来到这。中世纪时圣艾米利尔恩已发展成一座小镇了。如今街上仍可以看到中世纪的老房和 12 世纪的城墙。圣艾米利尔恩去世后，其追随者在石石岩壁中凿出一座教堂，为防止倒塌，教堂内部用混凝圆柱支撑起来。

这里的酒庄包括**菲雅克**、**马**和**欧松**等。

波亚克 ㉘

Pauillac

ironde. 5400 La Verrerie 05 56 59 03 08）周六。
www.pauillac-medoc.com

波尔多西部梅多克地区玛尔戈酒庄的葡萄园

梅多克（见 398~399 页）最著名的葡萄酒产区是波亚克。**木桐酒庄**（Château Mouton-Rothschild）专门邀请著名艺术家设计标签，其中的小博物馆还展出了葡萄酒主题绘画。**拉菲酒庄**（Château Lafite-Rothschild）的历史可追溯至中世纪，**拉图酒庄**（Château Latour）以其独具特色的石塔而闻名。波亚克坐落在吉伦湾西部，19 世纪时它曾是一个繁忙的港口，如今主要用于休闲游船的停靠。

波尔多葡萄酒庄

酒庄是波尔多质量体系的核心，这里是全球最大的优质葡萄酒产区。酒庄通常包括一片葡萄园和一座建筑，这座建筑可简可繁，可新可旧。酒庄已经成为衡量葡萄酒质量和特点的传统标志。一些酒庄欢迎来访者前来参观，品尝并购买美酒。每个葡萄酒小镇都有一个葡萄酒之家，可为游客提供关于酒庄的信息。

拉图酒庄（Latour）位于波亚克区，其醇美的葡萄酒及其标签上的中世纪石塔标志都举世闻名。

白马酒庄（Cheval Blanc）是圣艾米利翁地区的大型酒庄之一，生产丰富的口味独特的一级葡萄酒。

玛尔戈酒庄（Margaux）创建于1802年，生产传统的玛尔戈一级红酒，庄园建筑有着端庄的帕拉丁式前墙。

宝马酒庄（Palmer）源自1856年，具有新罗马建筑风格，生产上等的玛尔戈三级红酒。

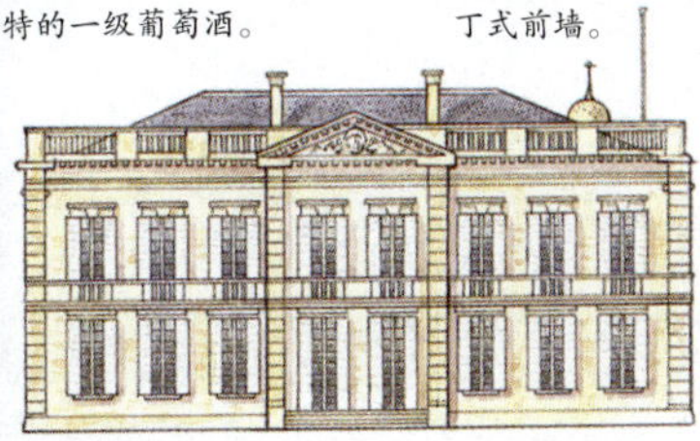

金玫瑰酒庄（Gruaud-Larose）有着古典的前墙的剥蚀色建筑，它以其圣朱利安二级红酒而闻名。

威登酒庄（Vieux Château Certan）为比利时人所有，是波美侯地区伟大的历史遗产之一，它的葡萄酒长期位于该地区的甲级行列中，唯一的竞争对手只有柏图斯。

广袤无垠的比拉沙丘位于阿卡雄湾的南部入口处，绵延将近3公里

白银海岸 ㉙

La Côte d'Argent

Gironde, Landes. Bordeaux, Biarritz Soulac-sur-Mer, Arcachon, Labenne,Dax Lacanau, Arcachon, Mimizan Lacanau（05 56 03 21 01），Mimizan-Plage（05 58 09 11 20），Capbreton（05 58 72 12 11）

从吉伦特河口的拉格沃角到巴约讷（见452页）之间的绵长海岸被称为白银海岸。它实际上是一片在狂风和气流作用下形成的巨大沙丘。如今植树造林工程已经减缓了沙土面积扩展的进程。

海岸北部分布着 Soulac-sur-Mer、Lacanau-Océan 和 Mimizan-Plage 等度假村；南部有 Hossegor 及其盐湖和 Capbreton 等。

内陆地区是钓鱼和划船的好去处，它们互相之间以及与大海之间都有活跃的洋流相通，比如 Courant d'Huchet 洋流。

阿卡雄盆地 ㉚

Bassin d'Arcachon

Gironde. 12000 to Cap Ferret espl Georges Pompidou（05 57 52 97 97）每天 www.arcachon.com

在白银海岸的中部有一座新形成的潟湖。因其美丽的环境、绝佳的海滩和美味的牡蛎，阿卡雄已被列为重点保护地区。盆地里零星分布着一些小型度假村和海滩，以及靠捕鱼和牡蛎为生的村庄。

费拉角（Cap Ferret） 保护着盆地不受大西洋海风的侵袭。这里是富人的居住区，穿过松林可以隐约看到豪华别墅。树林中有一条始于 Lège 的小路，可通往广阔的 Grand-Crohot 海滩。在费拉角和阿卡雄之间，居让梅斯特拉附近有一个**阿卡雄海湾鸟类保护区**（Parc Ornitho-logique du Teich），为遭受攻击的鸟类和濒临灭绝的物种提供避难所。一共有两条游览线路可供选择，都有清晰的标志。每个景点都提供隐蔽的观察点，可供游人在不惊扰动物的情况下进行观察。

阿卡雄（Arcachon）早在1845年就已经是一个海滨旅游胜地。在19世纪晚期其声越来越大，20世纪初人在 Hiver 村修建了别墅区。满活力的 Hiver 村的对面就环礁湖，是运动和娱乐的去处。

比拉沙丘（Dune du Pila 是欧洲规模最大的沙丘，大有3000米长，104米高，50米宽。每逢秋季，该沙丘是赏候鸟的好地方。

阿卡雄海湾鸟类保护区

Le Teich. 电话：05 56 22 80 93 每天 www.parc-ornithologique-du-teich.com

朗德 ㉛

Les Landes

Gironde, Landes. Bordeaux, Biarritz Biarritz Morcenx, Dax, Mont-de-Marsan Mont-de-Marsan Mont-de-Marsan（05 58 05 87 37）

阿卡雄湾鸟类保护区

朗德森林（LANDES FOREST）

19世纪种植的巨大的人工森林——朗德森林的行为源自对沙地和湿地进行利用的宏伟目标。人们在沿海沙丘地带栽种松树和草本植物，内陆地区则混合种植松树、芦苇和金雀花等植物。1855年，这里的土地逐渐变干，并被松树林和矮树林所覆盖，形成了生态平衡。

朗德森林里的松树

几乎整个朗德地区直至吉伦特与朗德的交界处都覆盖着广阔的松树林。这里的土质都为沙质。一个世纪以前，由于地下的多孔岩层吸收了来自咸水湖的水，该地区形成一片湿地。因为沙丘持续移动，阿杜尔河河口在卡布勒通和老布科之间32公里范围内来回不停地移动，人们无法在那里居住或生产。

16世纪时，人们在巴约讷附近开凿了一条运河，阿杜尔河口被固定下来，这是整顿朗德的开始。松树林的栽种驱赶了部分牧民及其羊群。今天，朗德省内的内陆地区仍然人口稀少，但他们大大受益于松树林及其相关产物带来的财富。沿海松树林带吸引了大批度假人群的到来。

1970年，部分林区被建成一座天然公园。在Marqueze的**朗德生态博物馆**（Écomusée de la Grande Lande）中保存着一片19世纪典型的砍伐区，它展示了湿地排水前的地貌特征（现在已经消失了），当时的牧羊人居所下有木桩支撑。这里还有传统的有斜屋顶的木房子和防狐狸的高脚鸡舍。Luxey有一家博物馆展示了古老的伐木技术和树脂蒸馏技术。

Levignacq位于海岸边，是一座典型的朗德村庄，它拥有一座布满迷人浮雕的14世纪防御性教堂。

蒙德马桑 ㉜
Mont-de-Marsan

Landes. 32000 6 pl du Général Leclerc（05 58 05 87 37）周二和周六 www.tourismemontdemarsan.fr

这座斗牛之都每逢夏季都吸引了全法国和西班牙的斗牛士。当地流行一个相对没那么残忍的运动方式——以跃过牛角和背部为胜。

朗德省的首府也以其竞技场和盛产家禽及鹅肝酱出名。

在**Despiau-Wlérick博物馆**中可以看到20世纪前半叶的雕塑。

达克斯 ㉝
Dax

Landes. 21500 11 cours Foch（05 58 56 86 86）周六、周日上午 www.dax-tourisme.com

达克斯温泉的重要性仅次于艾克斯莱班（见390页）。其64°C恒温的温泉，以及来自阿杜尔河的理疗泥浆，自奥古斯都王朝起就成为舒缓疼痛的医疗方式。

这个宁静的小镇除了拥有17世纪**圣母大教堂**（Cathédrale Notre-Dame）的13世纪大门外，再无其他特别的建筑。然而，沿着阿杜尔河散步别有情趣，这里的斗牛场也是举世闻名。

斗牛之都蒙德马桑的雕塑《力量》（1937年）由Raoul Lamourdieu创作

Bar
Restaurant
Hotel
Terrasse de l'Hotel
Restaurant

佩里戈尔、凯尔西和加斯科涅

多尔多涅省·洛特省·塔恩省·上加龙省
洛特－加龙省·塔恩－加龙省·热尔省·科雷兹省

法国西南部是考古学家的天堂，人类已在此居住数万年以上，这里是欧洲人类居住历史最长的地方。这里古老的土地似乎对此也早有预知，多个世纪以来一直和人类和睦共处。

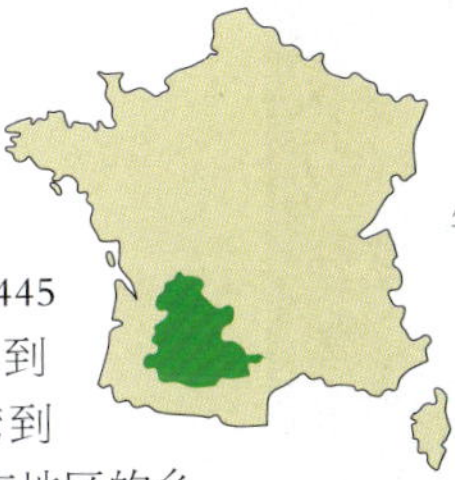

莱塞济和拉斯科周围的岩洞是人类原始艺术的最早的证据。城堡、为防御而建的乡村（见445页）以及教堂。从佩里格到比利牛斯山、从比斯开湾到图卢兹，以及跨越了地中海地区的乡村。从基督教传入到18世纪末期，这一区域一直处于无休止的战争中：为了争夺阿基坦而进行的英法百年战争（1345～1453年），以及后来断断续续的宗教战争，其中包括天主教教徒与胡格诺派（法国新教徒）之间的一系列大屠杀和游击战（见52～53页）。

这些古老的战争在今天并没有留下太多的痕迹，但堡垒、监狱和防御乡村保留了下来，它们构成了各地区的文化和艺术遗产，每年都吸引了成千上万的游客。不过令人无法忘记的是，这里每个重要的景点——从穆瓦萨克的修道院（其12世纪建造的大门是罗马艺术的杰作）到悬崖顶上的罗卡马杜尔，都曾在一次或数次争战中遭受过士兵的劫掠。

在过去的50年里，西南部的乡村地区的人口结构发生了巨大变化。农民人口持续下降，以耕种为生的生活方式也越来越少见。年轻人为了追求更轻松的生活而选择迁居到城市。

佩里戈尔鹅用于制作当地著名的鹅肝酱

◁ 多尔多涅河谷的La Roque-Gageac村庄

探索佩里戈尔、凯尔西和加斯科涅

佩里戈尔、卡奥尔和阿尔比的集镇是游客探索此地的重要基地，相对于这一区域唯一一座重要城市——图卢兹来说，它们更为安静。喜欢慢节奏乡村生活的人们会选择前往加斯科涅和佩里戈尔（也被称为多尔多涅），欣赏宁静的青山和村庄。除了体验静谧的环境和诱人的美食以外，还想欣赏法国最好的中世纪建筑和欧洲最著名的史前岩洞的游客可以选择前往拉斯科洞穴。

科德斯的中世纪山顶小镇

周边交通

东西向的Deux Mers高速公路（A62－A61）是这一地区的主干道，它连接了波尔多、大西洋沿岸和地中海地区。从蒙托邦通往利摩日的A20高速公路也是来往多尔多涅和凯尔西的线路。此外还有包括波尔多－马赛TGV等在内的铁路和公路，它们在图卢兹会合。图卢兹有往返于欧洲大部分地区的国际航班。

图例

- 高速公路
- 主要公路
- 二级公路
- 次级公路
- 景观大道
- 主要铁路
- 次要铁路
- 地区边界

图标含义见封底勒口

旅游景点分布示意图

阿让 17
阿尔比 26
阿韦龙峡谷 24
奥托 15
欧特福尔 2
贝尔热拉克 8
布尔达耶 4
布朗托姆 3
帕迪拉克洞窟 14
佩里格 5
多姆 12
多尔多涅河谷 10
卡奥尔 16
卡斯特尔 27
康德姆 19
科德斯 25
拉哈星格 18
拉斯科2号 7
莱塞济 9
罗卡马杜尔 13
穆瓦萨克 22
蒙托邦 23
欧什 20
欧威拉尔 21
圣阿曼-德-科利 6
圣让-德-科勒 1
萨拉 11
图卢兹 28

德罗讷河上的布尔达耶

圣让－德－科勒 ❶

St-Jean-de-Côle

Dordogne. 350 pl du Château（05 53 62 14 15）Floralies（4 月 – 5 月）**www**.ville-saint-jean-de-cole.

站在圣让－德－科勒的中世纪拱桥可以欣赏到这一可爱的多尔多涅村庄的美景。独特的有着红褐色瓦顶的半石木结构房子排列在主广场四周狭窄的街道上。这里矗立着一座有顶市场、一座古老的城堡和一座 12 世纪的教堂。

教堂的圆屋顶曾是这一地区的教堂中面积最大的，也许是因为过于庞大，它曾在 18 世纪和 19 世纪倒塌过两次。第二次倒塌的时候，修建者放弃了修复，从此它就拥有了现在的厚木板屋顶。

圣让－德－科勒的主广场

欧特福尔 ❷

Hautefort

电话：05 53 50 40 27 **城堡** 4 月 ~ 9 月：每天（2 月、3 月和 11 月初：周六，周日和假期仅下午；10 月：每天，仅下午）11 月中 ~ 2 月 义务 限制 **www**.chateau-hautefort.com

欧特福尔坐落在一座陡峭的山边，其 17 世纪城堡是法国西南部最好的城堡之一。这是为路易十三的秘密情人欧特福尔侯爵美丽的妹妹玛丽建的寝宫，带有部分防御功能。城堡四周被法式花园包围，从阳台上可以看到东北部佩里戈尔绚丽的乡村风光。同时期的收容院中有一座收藏早期医学成果和牙科器具的博物馆。

带塔楼的布朗托姆修道院

布朗托姆 ❸

Brantôme

Dordogne. 2200 修道院内部（05 53 05 80 52）周五 **www**.ville-brantome.fr

布朗托姆四周被多尔多涅河环绕，因此它被称为绿色佩里戈尔的威尼斯。它的中世纪修道院和 11 世纪钟塔以及岩洞景观令人印象深刻。

诗人皮埃尔・德・布尔德伊尔（1540 ~ 1614 年）年轻时被流放到这里的修道院。他的情人包括苏格兰的玛丽皇后。经历过曲折后，1569 年他开始隐居于此，撰写他生动的回忆录。

穿过石梯和回廊，走过庭院，可以到后面的峭壁中探索穴居人的住处。一个巨大的十字架自 16 世纪就嵌在岩石中。东北部 12 公里处，坐落着 Puyguilhem 城堡和维拉岩洞（Grotte de Villars）。发于 1953 年的洞穴群分层广泛，除了壮观岩层还有 1700 年的岩画。

Puyguilhem城堡

Villars. **电话**：05 53 54 82 18 4月 9月：每天；10月 ~ 次年3月：周 至周日 1月1日、5月1日、11月 日和11日、12月25日 http. puyguilhem.monuments-nationaux.fr

维拉斯岩洞

Villars. **电话**：05 53 54 82 36 4月 10月：每天 义务 **www**.grotte-villars.com

布尔达耶 ❹

Bourdeilles

Dordogne. 800 63 place Tille（05 53 03 42 96）

这座小城有横跨德罗讷的哥特式窄桥、水车和中世**城堡**。城堡 16 世纪时增建部分是由女主人仓促设计而的，为迎接凯瑟琳・梅迪奇来访。城堡的亮点是一楼的金大厅，其 16 世纪 60 年代装潢出自意大利大师马布鲁瑟・勒・诺布勒之手，他是丹白露画派的一员。

布尔达耶城堡

电话：05 53 03 73 36 2月 ~ 月、11月 ~ 12月中：周一、周三、周四和周日；7月 ~ 8月：每天；9月 ~ 10月、12月末：周三至次周周一 1月 **www**.bourdeilles.com

令人印象深刻的布尔达耶城堡耸立在村庄之中

本地区住宿及餐饮信息见582 ~ 585页和637 ~ 640页

里格的圣弗龙大教堂重建于19世纪

佩里格 ❺
érigueux

ordogne. 31000 26 pl
ancheville（05 53 53 10 63）每天
www.tourismeperigueux.fr

与邻城贝尔热拉克和雷
莱克一样，如果你想到古老
美食之城佩里格参观，最好
选一个集市日前往，届时
世纪广场上将摆满出售
地特产的小摊，各色物
包括松露（11 月～次
3 月）、熟食和被称
Pâtés de Périgueux
多汁馅饼。

佩里格一直以来
是佩里戈尔地区的
字路口，至今保存
来的最早部分被称
西岱（La Cité），这
曾经是高卢－罗马人
Vesunna 的重要留居
。当地设有高卢－罗
马博物馆——La Domus
le Vesonne。从罗马时代到中世纪，这里一直是佩里格的中心。大部分 Vesunna 建筑都在 3 世纪时期被摧毁，而一些神庙、竞技场以及华丽的别墅残骸被保留下来。附近的**圣艾蒂安教堂**的历史可追溯至 12 世纪。

沿着西岱上山到该城著名的白色大教堂，需要穿越熙熙攘攘的街道和广场。**圣弗龙角**（Le Puy St-Front）因前往圣地亚哥－德孔波斯特拉（见 400 页）的朝圣者会来拜访此处的大教堂而日益繁荣。他们为圣弗龙角带来了声望和财富，但也使西岱黯然失色。

圣弗龙教堂的19世纪彩绘玻璃

山顶矗立着法国西南最大的教堂——**圣弗龙大教堂**（Cathédrale St-Front），这座罗马式建筑主要修建于 19 世纪，建筑师保罗·阿巴迪为其设计独特的圆顶和锥形屋脊。后来他又将圣弗龙教堂的设计运用于巴黎的圣心教堂（见 134 页）。

其他中世纪建筑和罗马式建筑还包括利摩日安娜路 3 号的**埃斯蒂尼亚大宅**（Maison Estignard），以及 Aubergerie 路和 Constitution 路的老房子都值得一看。

大教堂区有一座**史前艺术和考古博物馆**（Musée d'Art et d'Archéologie du Périgord），它是法国资料最全的史前博物馆，收藏有 70000 年前的古人类陪葬物。另外，高卢－罗马博物馆陈列着罗马玻璃制品、马赛克、陶艺，以及来自 Vesunna 的其他史前遗物。

史前艺术和考古博物馆
d'Archéologie du Périgord 22 cours Tourny. **电话：**05 53 06 40 70 周三至次周周一 公共假期

圣阿曼－德－科利 ❻
St-Amand-de-Coly

Dordogne. **电话** Maison du Patrimoine（05 53 51 04 56 仅夏天）；La Mairie（05 53 51 47 85）每天 **www.saint-amand-de-coly.org**

这座教堂是奥古斯丁教团教士在 12～13 世纪为保护他们的修道院而建的防御性建筑。它有一堵高耸的石墙及其后的拱塔用于防御。拱塔使教堂看上去更像是一座城堡。教堂的线条简单流畅，并带有一定的防御性，里面设有一条走廊，可以专门用来攻击进入教堂的敌人。

圣阿曼教堂在百年战争中受到重创。随后，1575 年，它承受住了 2000 名胡格诺派教徒的围攻，以及连续六天的炮攻。大革命之后，这里的宗教生活走向终结。

萨拉的铜鹅雕像

萨拉 ⑪ Sarla

萨拉小镇汇集了法国最受瞩目的中世纪、罗马式和拥有17世纪前墙的建筑。其繁荣源自百年战争期间它对法国王室效忠而获得的特权地位。在共和国大道后面是狭窄的小路和拱道，以及装饰华丽的赭色石质民居。自1962年起萨拉受到法律的保护，其建筑已经构成一座露天的博物馆。萨拉还因其拥有一个法国最好的市场而闻名。

自由广场（Place de la Liberté）
自由广场是萨拉文艺复兴风格的中心，如今布满了奢侈名店和咖啡馆。

执政官路（Rue des Consuls）上排列着15、16和17世纪时镇上中产阶级商人、官员和神职人员建造的大宅。

让·雅克·卢梭路（Rue Jean-Jacques Rousseau）是19世纪共和国大道建设之前镇上的主街道。

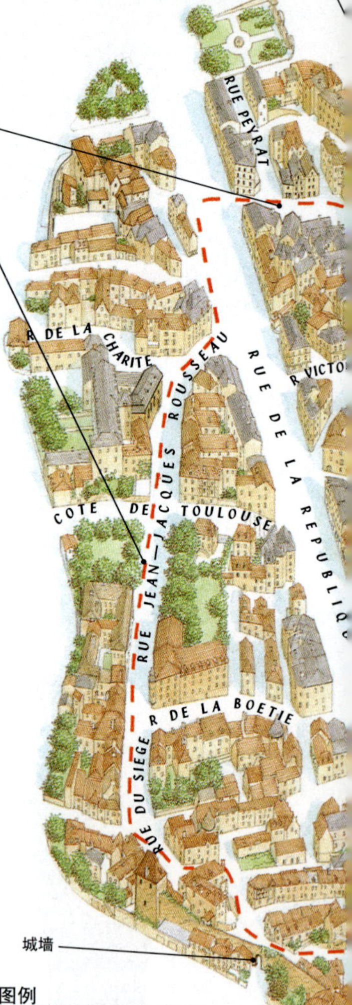

城墙

图例

推荐线路

0米 50

0码 50

胡桃是佩里戈尔的主要农作物之一

萨拉市场

每逢周三，自由广场都开设盛大的食品市场，每个周六都举办出售各种物品的市集，吸引了来自四面八方的人。萨拉是法国鹅肝和胡桃的交易中心。这些典型的佩里戈尔产品成为该镇的重要商品和经济收入来源。14～15世纪时，萨拉正是以此创造了它的鼎盛期。当地的其他特产还包括1月份在森林中采摘的黑松露和野生蘑菇等；此外，还有不同形状、大小、颜色的奶酪，以及将新鲜的、熏过的、风干的或腌制过的猪肉以炸、烤、煮而烹制成的各种美味佳肴。

法国粉红蒜头

本地区住宿及餐饮信息见582～585页和637～640页

火蜥蜴路（Rue de la Salamandre）
这条小道是以弗朗索瓦一世的火蜥蜴徽记命名的。在这座小镇的很多16世纪改造的房子上都可以看到这一徽记。

游客备忘

多尔多涅省 10500 av de la Gare 3 rue Tourny (05 53 31 4545) 周三和周六 剧院（7月～8月）；电影院（11月）
www.sarlat-tourisme.com

亡者之灯（Lanterne des Morts）
萨拉的公墓里的锥形塔楼是于1147年8月为纪念圣伯纳德而建。

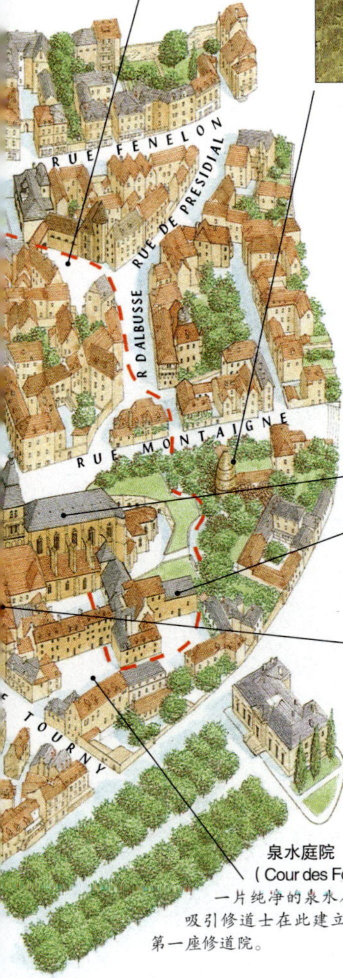

圣萨斯尔多大教堂（Ca thédrale St-Sacerdos）
教堂大部分修建于16～17世纪，18世纪增建的部分使大教堂的外表更加宏大而华丽。

蓝色忏悔者教堂（Chapelle des Pénitents Bleus）是纯粹的罗马式风格建筑，已成为12世纪修道院的最后遗迹。

前主教堂宫殿仍旧保留着16世纪建造的凉廊和罗马式的内部构造，如今它是一个负责策划精彩的夏季展览的旅游办事处。

泉水庭院（Cour des Fontaines）
一片纯净的泉水在9世纪时吸引修道士在此建立了萨拉的第一座修道院。

拉斯科原始岩洞中的公牛壁画

拉斯科2号 ❼
Lascaux II

Montignac. 电话：05 53 05 65 65 2月～11月中：每天；11月中～2月：周二至周日；致电查询时间 1月、12月25日 www.lascaux.culture.fr

拉斯科位于韦泽尔河和布恩河（见402～403页）的交汇处，是著名的史前艺术殿堂。1940年，四个男孩偶然发现了这里的洞窟以及洞窟中的旧石器时代岩画，这一发现的重要意义很快得到全世界的公认。

为了防止岩石变质，从1963年起，拉斯科洞窟停止对外开放。不过沿着山坡走几分钟，就能看到拉斯科2号——拉斯科洞窟的复制品。拉斯科2号也十分值得参观。游客在洞壁上能看到成群结队的长角麋鹿、美洲野牛、公牛和骏马，人们认为壁画中的箭头和几何图案有某种宗教意义。

贝尔热拉克 ❽
Bergerac

Dordogne. 26000 97 rue Neuve d'Argenson（05 53 57 03 11）周三和周六 www.bergerac-tourisme.com

这个小港口位于多尔多涅河的河畔，是烟草种植中心和贸易中心，修建有**烟草博物馆**（Musée du Tabac）。这里的葡萄酒中最著名的当数甜白葡萄酒蒙巴齐亚克，一般在正餐中饮用。另一个小型博物馆中展览着美国烟斗。

烟草博物馆
Maison Peyrarède, pl du Feu. 电话：05 53 63 04 13 周二至周日 周日上午（10月～次年3月：周日全天）、公共假期

莱塞济 ❾
Les Eyzies

Dordogne. 900 19 av de Préhistoire（05 53 06 97 05）周一 月～10月）www.tourisme-vezere.co

莱塞济拥有四大史前遗和一系列规模不大的岩洞。视村庄的16世纪城堡脚下有一座**国立史前博物馆**（Mus National de Préhistoire）。此其他的展览馆中也陈列着大史前绘画和雕刻作品。

除了博物馆，莱塞济值参观的第二大景观是1901发现的**冯·特·高姆洞穴**（Fo de Gaume），它展出了法国公众展出的史前绘画中的最作品。

附近的**坎巴勒雷斯岩**（Grotte des Combarelles）展了大量绘有野牛、驯鹿、神标记和人类的版画。1909

莱塞济——当地史前岩洞遗址的中心

现的**白角掩蔽处**（Abri du p Blanc）的岩石上保留着实物相同大小的马和野牛的雕。

莱塞济的另一边是**胡菲涅**（Rouffignac）石洞群，自世纪以来，它就是远足爱者偏爱的地方。这里有长达公里的岩洞，其中 2.5 公里经开通电动列车。其中的壁包括长毛象的画作，以及两野牛相斗的场面等。

所有岩洞的参观门票都很销，尤其是夏季，因此要早购买，有些门票需要提前两预订。

国立史前博物馆

国立史前博物馆
电话： 05 53 06 45 45 7月和8月：每天；9月～次年6月：周三至次周周一 1月1日、12月25日

冯·特·高姆洞穴
电话： 05 53 06 86 00 周日至次周周五提前两个月预约 某些公共假期

坎巴勒雷斯岩洞
电话： 05 53 06 86 00 周日至次周周五：提前两周预约 某些公共假期

白角掩蔽处
Marquay, Les Eyzies. **电话：** 05 53 06 86 00 4月～10月：每天 某些公众假期

胡菲涅克岩洞
电话： 05 53 05 41 71 4月～10月：每天

多尔多涅河谷 ⑩
Dordogne Valley

Dordogne. Bergerac Bergerac, Le Buisson de Cadouin Beynac Le Buisson de Cadouin（05 53 22 06 09）

多姆峡谷门的中世纪小巷

多尔多涅河是法国流经地区最广、地形变化最多的河流。它流经肥沃的低地，进入苏亚克周围的石灰石科斯乡村，在汇入加龙河之前，其河面宽度将近 3 公里。

多尔多涅河谷的一些村庄是很好的休憩场所，如 Limeuil、贝纳克和 La Roque-Gageac 等，这些地方还提供摆渡船只（复活节至 10 月）。

在河的上游，萨拉的西南部是 17 世纪的**玛格萨克城堡**（Château de Marqueyssac）。站在城堡的灌木花园里可以看到多姆到贝纳克的全部风景，以及河对岸的卡斯泰勒诺城堡。

萨拉 ⑪
Sarlat

见 432 ～ 433 页。

多姆 ⑫
Domme

Dordogne. 1030 pl de la Halle（05 53 31 71 00）周四 www.ot-domme.com

亨利·米勒曾写过："回首过去，多姆那从美丽的悬崖边流出的神秘河流是……值得人终生喜爱的。"多姆本身是一座防御城镇（见 445 页），用坚硬的石头堆砌而成，至今仍然可以看到其中世纪城门。人们来到这里，不仅可以欣赏到多尔多涅河谷，还可以在镇上的老街道上漫步。17 世纪的有顶市场下面有一个大洞，16 世纪的宗教战争期间，附近的居民隐蔽于此，从而逃过一劫。尽管多姆看上去难以攻克，但曾有 30 名勇猛的胡格诺派教徒在一夜之间攀上悬崖打开了它的城门。

从多姆看到的多尔多涅河

罗卡马杜尔 ❶ Rocamadour

黑圣母及圣子像

自从一系列神迹被公诸于世后，罗卡马杜尔就变成了最著名的朝圣地之一，供奉黑圣母及圣子像的圣母礼拜堂总是钟声不断。最早的发现始于1166年，人们发现了古代坟墓和传说是早期基督教隐士圣阿马杜尔的尚未腐化的遗体。虽然17～18世纪，罗卡马杜尔的朝圣者曾大幅度减少，但19世纪起又有所恢复。罗卡马杜尔不仅是一块长盛不衰的宗教圣地，也是很受欢迎的旅游地点。而从小村豪斯比塔勒眺望圣城，视野极好。

全景
成片的中世纪老房子、古塔以及镶嵌在悬崖上的壁垒——清晨的罗卡马杜尔美得让人窒息。

本地区住宿及餐饮信息见582～585页和637～640页

圣施洗约翰教堂（Chapel of St John the Baptist）位于圣苏维尔教堂的哥特式入口对面。

圣苏维尔教堂（Basilica of St-Sauveur）是12世纪晚期时背对岩石而建的教堂。

圣安妮礼拜堂（St Anne's Chapel）修建于13世纪，里面有17世纪的镀金圣坛屏。

游客备忘

Lot. 670 罗卡马杜尔西南5公里处 Maison du Tourisme（05 65 33 22 00）圣母礼拜堂 每天9:00～18:30（6月～9月延至21:00）
www.rocamadour.com

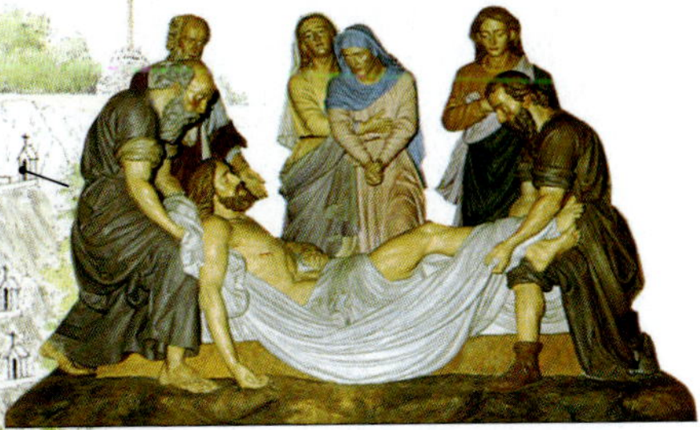

苦路十四处（Stations of the Cross）
在通往山顶城堡的朝圣之路上，朝圣者们会见到耶路撒冷十字架和耶稣受难过程中的14个关键环节。

罗卡马杜尔城
（Rocamadour Town）
如今这里已经成为一个步行城区，其主街上挤满了吸引各方朝圣者的纪念品商店。

圣母礼拜堂
（Chapel of Notre-Dame）
在黑圣母礼拜堂附近的悬崖上发现了圣阿马杜尔的遗体。至高无上的崇拜目标——黑圣母像矗立在礼拜堂的圣坛上。

帕迪拉克洞窟 ⑭
Gouffre de Padirac

Lot. 电话：05 65 33 64 56 4月～10月：每天 www.gouffre-de-padirac.com

该洞窟宽约35米，深约103米，因岩洞的倒塌而形成。1889年，人们发现了这里的地下河及壁画（见403页）。其内部巨大的石室让最高的大教堂都显得矮小。洞窟里的温度常年在13℃左右。

奥托 ⑮
Autoire

Lot. 370 Saint Céré（05 65 38 11 85）www.tourisme-saint-cere.com

这里是佩里戈尔东部的一块肥沃平原，也是凯尔西最可爱的地方之一。奥托没有巨大的纪念碑，也没有生动的历史，它拥有的只有奥托山谷未被开发过的秀丽风景。主广场上矗立着 Limarque 城堡，其对面是 Busqueille 城堡，它们都带有炮塔和小塔楼，极具凯尔西建筑风格。另外，田野里或房子上都附有精致的鸽舍。

走出奥托，可以看到一条30米高的瀑布，沿此爬到悬崖顶端就可以眺望到全城的风景。

从峡谷对面看到的奥托的迷人风景

卡奥尔 ⑯
Cahors

Lot. 21200 pl Franç Mitterrand（05 65 53 20 65） 周 和周六上午 www.tourisme-cahors.c

卡奥尔是洛特省的省府 因其从罗马时代就开始生产 奥尔葡萄酒而闻名。卡奥尔 是莱昂·甘必大（1838～18 年）的出生地，1870年普 战争后，他领导了法国革命。

在卡奥尔古镇狭窄的街 后面，是**圣艾蒂安大教堂**， 建筑的历史可追溯至1119年 教堂内遗留着一些中世纪的 迹：描绘耶稣升天情景的罗 式北门和门楣，以及中殿上 巨大的圆形屋顶（据说是法 最大的教堂圆顶）。圆顶被 绘圣艾蒂安的14世纪壁画 覆盖。文艺复兴风格的回廊

两河之旅

在被石灰岩绝壁包围的洛特河谷和塞莱河谷（Célé）中，最具特色的是坐落在那里的古老的中世纪村庄、城堡，以及狭窄的峡谷和奔腾的瀑布。如果想惬意地游览这两座河谷，走完大约有160公里长的全程大约需要两天时间，其间既可以尽情品尝当地美食，又可以欣赏迷人的风景。

从卡奥尔出发，这条线路途经洛特，然后蜿蜒至宁静美丽如画的塞莱河谷，最后到达非雅克镇，这里布满了迷人的商店、咖啡馆和餐馆。回路会经过繁忙的洛特河谷，这里有更壮观的景点，包括圣锡尔克-拉波尔村庄（时间允许的话，游客可以把车停在村庄外面，步行进入村庄）。

佩赫—默尔岩洞 ①
它位于Cabrerets外面，拥有25000年历史的史前岩洞，其巨大的石室中有画着长毛象、骏马、野牛和人类的壁画。

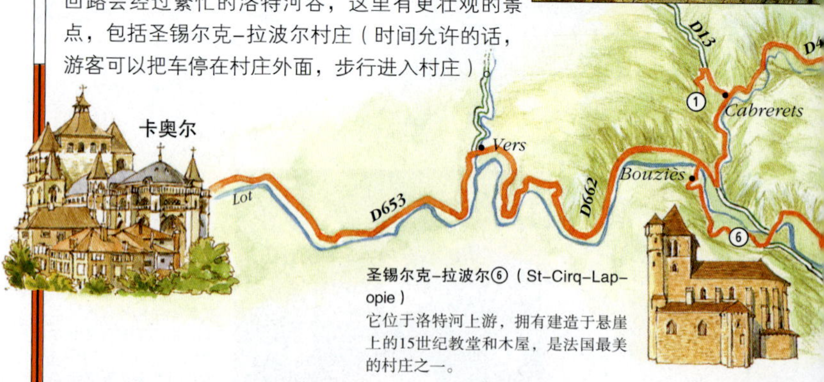

圣锡尔克-拉波尔⑥（St-Cirq-Lapopie）
它位于洛特河上游，拥有建造于悬崖上的15世纪教堂和木屋，是法国最美的村庄之一。

复杂的（虽然已经被毁坏）雕装饰。

此外，大教堂区同样值得探访的是建于 16 世纪的华丽的**罗德斯大宅**（Maison de oaldès），其朝北的前墙雕满树木、太阳和凯尔西玫瑰花的图案。1580 年，纳瓦拉王国的亨利（后来的亨利四世）进攻并占领卡奥尔后，在此做过一夜停留。

卡奥尔的重要标志是**瓦雷特桥**（Pont Valentré），这是一座横跨河道之上的带有七个拱洞和三座尖塔的防御桥。这座桥修建于 1308 ~ 1360 年间，从建立起至今曾抵挡过多次进攻。它因有摄人心魄的景致而被称为法国最上镜的桥之一。可以选择从桥边的码头搭游船，进行 90 分钟的行船之旅（4 月 ~ 10 月）。

横跨洛特河的瓦雷特桥

郊外

卡奥尔是探索洛特地区的良好基地。游客可以前往让－弗朗索瓦·商博良的出生地——历史悠久的菲雅克参观，他是破译埃及象形文字的第一人；还可以欣赏**佩赫—默尔岩洞**（Grotte de Pech-Merle）中的岩画。

佩赫—默尔岩洞
Cabrerets. 电话：05 65 31 27 05
4月 ~ 10月：每天
www.pechmerle.com

阿让周围的李子园和葡萄园

阿让 ⑰
Agen

Lot-et-Garonne. 35000 38 rue Garonne（05 53 47 36 09）周二至周日 **www.ot-agen.org**

阿让的城市周围环绕着种满李子树的大型果园，形成当地风景的主要特色。11 世纪，从中东归来的十字军将这种水果带回法国，附近洛特河谷的修道士最先将李子制成李干，并批量生产。

市立美术馆（Musée Municipal des Beaux-Arts）中陈列着戈雅的绘画，包括《热气球上的飞行》《西斯利 9 月的早晨》，柯罗的风景画以及皮卡比阿的作品。其中最著名的一块瑰宝无疑是 1876 年发现的创作于公元前 1 世纪的大理石雕像——《马斯的维纳斯》，它外形优美，结构匀称。

市立美术馆
Pl du Docteur Esquirol. **电话：** 05 53 69 47 23 周三至次周周一 1月1日、5月1日、11月1日、12月25日

郊外

防御性村庄莫拉克斯（Moirax）位于阿让南部 8 公里处，村庄里有一座 12 世纪美丽又讲究对称的罗马式教堂。其中两个雕刻精美的柱头分别描绘了《圣经》中丹尼尔在狮洞和原罪的场景。

洛特河畔维尔纳天的防御镇（见 445 页）位于阿让南部 34 公里处。这里有一座建于 14 世纪的高塔，这座高塔曾是这里的防御关卡。罗马拜占庭式的红砖圣凯瑟琳教堂建于 1909 年，内部有 15 世纪修复的彩绘玻璃窗。维尔纳夫的东部是美丽的中世纪山顶 Penne D'agenais。

拉哈星格 ⑱
Larressingle

Gers. 200 to Condom Cond（05 62 28 00 80）

拥有完整的壁垒、主（防卫塔）和城门的拉哈星是加斯科涅郊区中部的一座型防御性村庄。其历史可追至 13 世纪，如今是加斯科地区仍然保存着完整城墙的数不多的几座村庄之一。它诉人们，在长久的战争中，地四面楚歌的小社区是如何难求生的。

康德姆 ⑲
Condom

Gers. 7500 50 bd de la Libérati（05 62 28 00 80）周三、周六上 **www.tourisme-tenareze.com**

康德姆是围绕后哥特式的**圣皮埃尔大教堂**而建的市镇长期以来它一直是阿玛尼亚克酒的贸易中心。1569 年宗教战争期间，胡格诺教派（法国新教）大军威胁要摧毁大教堂康德姆居民通过支付大笔赎金避免了这一浩劫。

Baïse 河环绕在城镇的中心。在精美的 17～18 世纪建筑中，最有代表性的是在 Jean-Jaurès 路上的屈尼亚克大宅（Hotel de Cugnac）及其古老的葡萄酒库和酿酒厂。城中心的另一边是**阿玛尼亚克酒博物馆**（Musée de l'Armagnac），在那里可以找到阿玛尼亚克酒和干邑白兰地之间真正的区别。

阿玛尼亚克酒博物馆
2 rue Jules Ferry **电话：** 05 62 28 47 17 4月～10月：周三至次周周一；11月至次年3月：周三至周日下午 1月、公共假期

阿玛尼亚克酒

阿玛尼亚克酒是世界上最昂贵的白兰地之一，同时也是法国西南部的主导产品之一：年产量大约有 600 万瓶，其中的 45% 出口至 132 个不同的国家。阿玛尼亚克酒的葡萄园遍布热尔省、洛特－加龙省和朗德地区。与更为著名的干邑白兰地相似，阿玛尼亚克酒的单独蒸馏法使其具有一种独特的香味。大部分独立的小型生产商直接向公众出售此酒，游客请留意写着“Vente Directede”的破旧、通常被遮住一半的农场广告标识。

Tenarèze阿玛尼亚克酒

达达尼昂（D'ARTAGNAN）

在大仲马《三个火枪手》（1844 年）中的快乐英雄被大家熟知后，加斯科涅人称他们自己的领地为“达达尼昂的属地”。达达尼昂是以夏尔·德·巴兹（Charles de Batz）为原型，巴兹是一个典型的加斯科涅人，他的骑士精神、热忱和激情使他成为一个完美的火枪手和皇家侍卫。巴兹的一生像杜撰出来的英雄一样短暂而轰轰烈烈，他在逮捕路易十四最难以对付的大臣时，表现出了极大的谦逊，没有任何冒犯之举。法国人对加斯科涅人的特点有着不同的理解：例如，“加斯科涅人的承诺”指的就是空头承诺。

达达尼昂的雕像

欧什 ⑳

Auch

ers. 23500 1 rue Dessoles 05 62 05 22 89） 周四和周六 ww.auch-tourisme.com

欧什是热尔省的旧都，平日较为安静，但到集市举办时就会热闹非凡。车站附近的新城并非逗留的好地方，相反应该去往俯瞰热尔河的旧城区。沿河边攀登 234 级石级，将直接来到建于 1489 年的后哥特式的**圣玛丽大教堂**（Cathédrale Ste-Marie）。这座大教堂拥有非同寻常的室内陈设，最精彩之处在于雕刻有 1500 种以上的《圣经》、历史和神话角色的木制唱诗班席位，还有同样壮丽的被认为出自阿诺·德·莫里斯之手的 15 世纪彩绘玻璃，窗户上通过 360 个特点鲜明的人物和独特的色彩表现了先知者、族长和使徒的形象，并描绘了《圣经》中的三个重要事件：基督的诞生、耶稣被钉在十字架上以及耶稣复活。

圣玛丽大教堂的勋章

18 世纪，位于市政厅和司法宫一侧的 Etigny 小径建成后，欧什经历了城市化。从这一时期开始，一些漂亮的建筑在 Dessoles 街人行道边排列开来。欧什的餐馆以丰盛的佳肴闻名，包括著名的肥鸭肝。

欧威拉尔 ㉑

Auvillar

Tarn-et-Garonne. 1000 pl de la Halle（05 63 39 89 82）

作为对穆瓦萨克（见 442～443 页）的完美补充，欧威拉尔是法国最美丽的山顶村庄之一。这里有一个三角形市场，在它的中心有一个木骨架构造的拱廊，可以在拱廊中一边漫步，一边欣赏加龙河的辽阔风景。沿着这条全景小路走，带上一份定位图，便可以找到多处野餐点。除了远处可见的烟囱，此地全部都属于格尔费什核电站。

向日葵是法国西南部广泛种植的农作物，主要用于采集其种子榨油

穆瓦萨克 ㉒ Moissac

杜兰德院长

毋庸置疑，穆瓦萨克的焦点是圣皮埃尔修道院。这座修道院由一名本笃会修道士修建于 7 世纪，曾经被阿拉伯人、诺曼人和匈牙利人等劫掠过数次，它是法国罗马式建筑的杰出代表。1047 年，穆瓦萨克修道院获得统一，在修道院院长杜兰德・德・布雷登的管理下逐渐走向繁荣。12 世纪时它已成为法国西南地区杰出的修道院，在此期间创作的南侧入口的门楣雕塑是罗马式雕塑的杰出作品。

圣皮埃尔修道院（Abbey of St-Pierre

教堂外表带有两个时期的特征：一部分石头结构带有罗马式风格；另一部分砖块结构带有哥特式风格。

基督圣像

画面中心是坐在审判席上的耶稣基督，他的左手拿着《生命之书》，抬起右手表示祝福。

门楣

平稳坚实的门楣下方是栩栩如生的"24位戴金冠的长老"。

★ 南门（South Portal）

刻有浮雕的南门（1100 ~ 1130 年）是将圣约翰的《启示录》（新约《启示录》，第 4 章和第 5 章）转化为浮雕的优秀作品。四位福音传道者马太、马克、卢克和约翰以长满眼睛的神兽形象出现。门柱上的摩尔人式装饰反映了这一时期法国和西班牙之间的文化交流。

本地区住宿及餐饮信息见582 ~ 585页和637 ~ 640页

游客备忘

Tarn-et-Garonne. 13000 6 pl Durand de Bredon（05 63 04 01 85）周六、周日上午 **修道院** 每天 **回廊** 每天（致电咨询详情）周一至周五18:30、周六19:30，周日10:30 http://tourisme.moissac.fr

★ 回廊（Cloister）
建于11世纪晚期的回廊中交替排列着大理石制成的白、粉、绿、灰色圆柱，形成共76道装饰华丽的拱门。

教堂和回廊的平面图

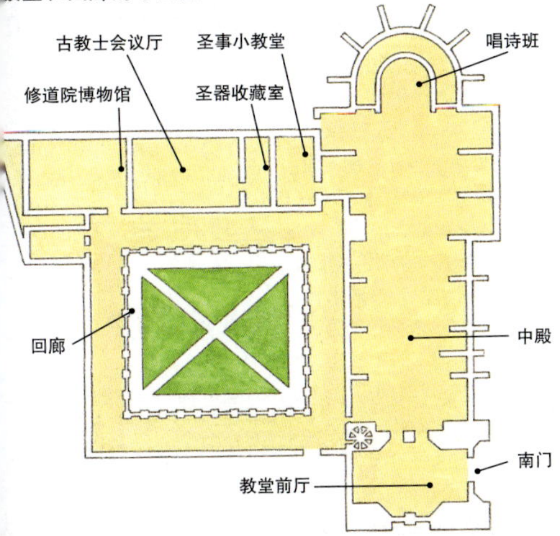

回廊柱头
11世纪的罗马式柱头上布满浮雕，刻有花、兽的图案和以《新约》《旧约》为题材的图案。

星级景点

★ 南门

★ 回廊

蒙托邦 ㉓
Montauban

Tarn-et-Garonne. 58000 4 rue du Collège（05 63 63 60 60）周六、周三 www.montauban-tourisme.com

作为拥有粉色砖瓦的图卢兹姐妹城市，以及17世纪时期法国南部新教共和国的首都，蒙托邦得到了超乎寻常的关注。1780年，画家安格尔在这里出生，如今该城最伟大的财产便是**安格尔博物馆**（Musée Ingres），这是一座存有大量绘画遗产的17世纪宫殿，其中珍藏有大量画作，包括凡・戴克、丁托列托、库贝尔等人的作品，以及埃米尔・布尔德尔的作品。

蒙托邦的主广场的双拱廊建于17～18世纪。隔着两条街道可以看到**圣母院大教堂**，它是1692年路易十四下令修建的，目的是抵制新教异论的影响。

安格尔博物馆
Palais Episcopal，13 rue de l'Hôtel de Ville. **电话**：05 63 22 12 91 周二至周日（7月～8月：每天）1月1日、7月14日、11月1日和11日、12月25日

阿韦龙峡谷 ㉔
Gorges de l'Aveyron

Tarn-et-Garonne. Toulouse Montauban Lexos Montauban Mairie, St-Antonin-Noble-Val（05 63 30 63 47）www.tourismesaint-antonin-noble-val.com

阿韦龙峡谷是一片种满栗树的丘陵地带，来到这里，平原地区的闷热骤然消失。这里的村庄以防御为主，很有特点。

Bruniquel的6世纪城堡建在悬崖边缘，从村庄出发，攀一段陡坡才能到达。沿着D115继续往前，Penne村处在一块巨岩顶端。峡谷处又窄又暗，从st-antonin-noble-Val沿河朝着科德斯延伸。

科德斯 ㉕
Cordes

Tarn. 1050 pl Jeane Ramel–Cals（05 63 56 00 52）周六
www.cordessurciel.fr

有时这座小镇也被称为“Cordessur–Ciel”（天空中的绳索），也许这个称谓更能贴切地形容这个像是悬挂在空中的小镇。小镇在13世纪卡特里派战争时期与外界隔绝，后来由于疾病的大面积蔓延，它开始衰退，直到20世纪初期还处于非常落后的水平。

科德斯的重建工作在20世纪40年代逐渐展开。于1222年修筑的壁垒和很多城门也被完好地保存下来，同样被完整保存下来的还有一些哥特式建筑，如14世纪修建的**大福柯尼耶大宅**（Maison du Grand Fauconnier）。

这座曾经被加缪描述为“包括遗憾在内一切都那么美好”的小镇现在完全依靠旅游业发展。**现代和当代艺术博物馆**（Musée d'Art Moderne et Contemporain）展示了曾经盛极一时的刺绣工业。**天堂花园**（Jardin des Paradis）为人们准备了一个美丽的角落。

现代和当代艺术博物馆
Maison du Grand Fauconnier.
电话：05 635614 79 3月中～11月中：每天 1月

阿尔比的圣塞西尔大教堂

阿尔比 ㉖
Albi

Tarn. 51275 pl Ste–Cécile（05 63 36 36 00）周二至周日
www.albi–tourisme.fr

阿尔比的气候酷热难耐，不适合下午参观，游客最好一大清早就起身，趁着凉爽漫步于市集和大教堂边的街道。

巴比宫（Palais de la Berbie）里面坐落着**亨利·德·图卢兹–劳特雷克博物馆**（Musée Henri de Toulouse–Lautrec）。该博物馆中藏有现存最完整的图卢兹–劳特累克的艺术作品，包括绘画、素描和他最著名的红磨坊海报。同时这里还陈列着马蒂斯、杜菲等人的油画作品。绕着美丽花园的小径闲适漫步，在那里可以看到一座华丽的红瓦建筑——**圣塞西尔大教堂**（Cathédrale Ste–Cécile），它修建于1265年十字军东征后，建造它的目的是提醒有意成为异教徒的人：教会意味着责任。从远处看，半圆形的塔楼和狭长的窗户使它更像一个军事要塞而非朝圣的场所。从巨大的钟楼到《最后的审判》的启示性壁画，每个部分都显得非常大气，有意凸显人的渺小，相当震慑。

图卢兹–洛特雷克博物馆
Palais de la Berbie. **电话：**05 63 49 58 97 4月～9月：每天；10月～次年3月：周三至次周周一 1月1日、5月1日、11月1日、12月25日 www.musee-toulouselautrec. com

图卢兹–劳特累克

1864年，亨利·图卢兹–劳特累克伯爵出生于阿尔比。15岁的时候，他由于两次摔伤而造成残疾。1882年，他搬到了巴黎，混迹于歌舞场所、妓院、跑马场和马戏团。他是一位非常专注的艺术家，善于创作大胆、生动的海报，并将蚀刻版画发扬成为主要的艺术创作模式。因酗酒过度和梅毒，他英年早逝，年仅36岁。

劳特累克的《时髦女装裁缝》（1900年）

卡斯特尔 ㉗
Castres

Tarn. 45000 2 pl de la République.（05 63 62 63 62）周二至周日 www.tourisme–castres.fr

从14世纪开始，卡斯特尔就是中心。但现在它是法国最大的药品公司的所在地。在**戈雅博物馆**（Musée Goya）中展出的大量西班牙艺术珍藏中，艺术家本人通过一个大型议会布景和系列蚀刻版画《狂想曲》很好地展示了他的才华。博物馆外面的花园位于市政厅和阿古河之间，是由景观建筑师勒·诺特尔（见179页）于17世纪时期设计的。

戈雅博物馆
Hotel de Ville. **电话：**05 63 71 59 30 或 05 63 71 59 27 7月～8月：每天；9月–10月：周二至周日 1月1日、5月1日、11月1日、12月25日

防御性城镇

防御性城镇是在13世纪，百年战争之前，由英国人和法国人仓促建成的，目的是鼓励人们去空地上拓荒。以中世纪的说法，这种新开拓的地方就是“新镇”，那里有着规划好的格网状街道和加固的防御建筑。至今，在佩里戈尔和比利牛斯山脉之间仍然留存着300多个防御性城镇和村庄。

有拱廊的市场是大多数防御性小镇中心。蒙托邦拱廊市场仍然有着多种多样的小店。

洛泽特（Lauzerte） 建于1241年，是一座由灰色石屋组成的带有典型防御性的小镇，它带有一个英国前哨，建于山脊上，可有效防御侵袭。

教堂在防御性小镇外部堡垒被打破以后可以成为一道要塞。

中心广场由相互连接的街道和巷子包围，这明显不同于中世纪房屋和街道混乱排列的现象。

石屋起到保护作用。

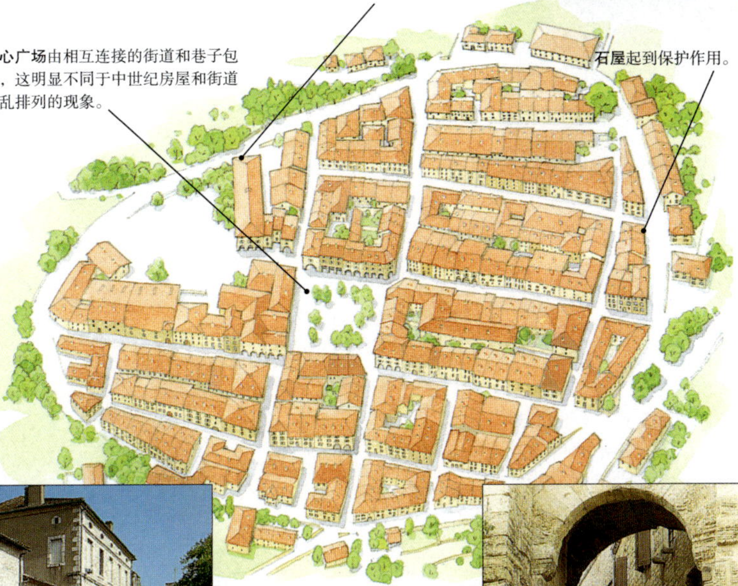

蒙弗朗坎（MONFLANQUIN）

这座军事防御小镇是由法国人在1256年建立的，位于贯通南北方战线的战略要点上。在百年战争中它曾多次易主。

如今，防御小镇形成了方便的市场小镇网络，这就是人们所熟知的防御小镇线路。这里最好的观光时间是集市日，届时中心广场挤满了摊贩。

简门（Porte de la Jane）典型的防御小镇特色，这些狭窄的门框很容易用吊闸封住。

图卢兹 ㉘ Toulouse

图卢兹是法国第四大城市，也是西南部最重要的航空工业和大学城。该地区以其航空工业著称（协和、空客、阿丽亚娜太空火箭都源自这里），城外的太空城就是证明。

横贯于加龙河上的新桥

徒步参观图卢兹能欣赏到这里的最佳景致，这里有着美味的地方特色菜肴、两座醒目的大教堂、充满活力的街市生活以及玫瑰色砖块砌成的旧式城镇。正如法国人说的，这里拥有“粉红色的黎明，红色的中午，淡紫色的傍晚”。

停泊在米迪运河上的房形游艇

探索图卢兹

这座温暖的南方城市稳步发展，最初它是一座繁华的西哥特城市，接着演变成一座文艺复兴式城镇，利用染料和谷物买卖带来的利润修建塔楼式宫殿。这座城市中最壮观的建筑如今仍被保留着，分布在市政厅广场和 18 世纪的**市政厅**周围。这一带以及圣乔治和阿尔萨斯－洛林地区是商店、酒吧和咖啡厅的主要集中地，该城大量学生群体的存在使得这里大部分咖啡厅、牡蛎餐馆和书店的定价一直都比较低，每周日在圣塞宁地区还会举办各种跳蚤市场。

18 ～ 19 世纪的林荫大道环绕在城市周围，高速公路也四通八达。加龙河左岸还处在发展中，由图卢兹最新的无人驾驶地铁连接。现代和当代艺术中心屠宰场 Les Abattoirs，周三至周日最精彩的部分当数毕加索剧院的背景幕。

雅各宾教堂（Les Jacobins）

这座教堂始建于 1229 年，经过大约两个世纪才修葺完成。修道院就是图卢兹大学的创始机构。它的哥特式教堂有 22 根树枝的棕榈树拱形圆屋顶。优雅的哥特式圣安东尼大教堂（1337 年）收藏着自 1341 年以来大量描绘《启示录》的壁画。

奥古斯坦博物馆（Musée des Augustins）

21 rue de Metz **电话：**05 61 22 21 82 每天 1 月 1 日、5 月 1 日、12 月 25 日 www.augustins.org

图卢兹因在通往圣地亚哥－德孔波斯特拉（见 400 页）朝圣之路上占据重要位置而成为罗马艺术的中心。奥古斯坦博物馆内陈列着当时的雕刻、12 世纪的罗马柱头以及 14 世

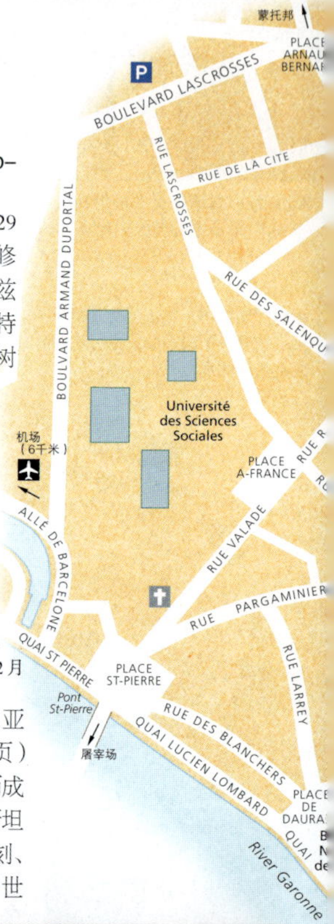

雅各宾教堂后殿的棕榈树圆顶

!的奥古斯丁小修道院。这
!还收集有 16 ~ 19 世纪时期
:国、意大利和佛兰德的绘
i，包括安格尔、德拉克洛瓦、
!斯坦和洛朗等人的作品。

奥古斯坦博物馆的前墙

藏了大量当地艺术爱好者乔治·本伯格的收藏作品，包括文艺复兴时期的绘画、古董和青铜制品以及 19～20 世纪的画作。

班贝尔基金会（Fondation
enberg）

ôtel d'Assézat, pl d'Assézat. **电话：**05 12 06 89 周二至周日 1月1日、2月25日

这座 16 世纪的宫殿收

旅游景点分布示意图

圣塞宁教堂 ①
市政厅 ②
雅各宾教堂 ③
班贝尔基金会 ④
奥古斯坦博物馆 ⑤

图标含义见封底勒口

游客备忘

Haute-Garonne 446500 图卢兹北 6 公里 bd Pierre Semard（火车：Matabiau） Donjon du Capitole (05 61 11 02 22) 每天 雅各宾派钢琴会（9月） **www**.toulouse-tourisme.com

圣塞宁教堂
（Basilique St-Sernin）

Pl St-Sernin. **电话.** 05 61 21 80 45 每天

该教堂建于 11 ～ 12 世纪，是欧洲最大的罗马式长方形教堂，用于接待朝圣者。其最大的特点在于砖砌的八角形钟楼，四周围绕着带角塔的装饰性砖式拱门。回廊中有大理石的耶稣和福音传道者的象征。

太空城（Cité de l'Espace）

Av Jean Gonord. **电话：**08 20 37 72 23 夏天的每天 1月 **www**.cite-espace.com

在图卢兹的东南部，这座巨大的“太空公园”由一个天文台、有关空间探索的互动式展览、了解地球历史的 Terrdome 电影体验馆、IMAX 影院和一个阿丽亚娜火箭 5 号的复制品组成。在这些与实物相等大小的复制品中，游客至少在理论上可以学习如何发射火箭和卫星。

圣塞宁教堂的 12世纪多层尖塔

KODAK
EN VENTE ICI
La Hutte
EUROPE
INTERSPORT
Hutte
gence
Ski
Chalet l'Oustal
SKI & SUMMER HOLIDAYS
SKIS
LOCATION Skis
CENTRAL HOTEL
RESTAURANT
ACHELIEU
HOTEL

比利牛斯

大西洋岸比利牛斯省 · 上比利牛斯省 · 阿列日省 · 上加龙省

比利牛斯山脉形成了横跨法国西南部的引人注目的边缘地带。几个世纪以来，这片偏远的地区哺育了一群坚韧的人民，他们多数是西班牙移民和难民的后裔。如今，这里是欧洲保留下来的最后的荒野地带，同时它也是许多珍稀动物种群的栖息之地。

比利牛斯山脉从大西洋海岸向东蜿蜒，经过阿基坦平原之后呈现出一派郁郁葱葱之景。越是往比利牛斯山脉深处走，其山谷的坡度越陡峭，带着雪顶的高山越宏伟。这是一片惊人、空旷、危险的区域，来到此地的游客不仅要慎重小心，也会心怀崇敬。夏季，这里会提供 1600 千米长的徒步小径，还会提供露营、钓鱼和爬山等活动。冬季，这里繁忙的度假村又是越野和速降滑雪的胜地，届时这里会比其西班牙的竞争对手热闹得多。

在历史上，比利牛斯地区是亨利四世的出生地，他于 1593 年平息了宗教战争并统一了法国（虽然这一地区已经被列为独立的封地）。这里最古老的居民是巴斯克人（见 455 页），他们传承了自己的语言和文化；他们的巴约讷、比亚里茨和圣让－德吕兹度假村也反映出他们依赖大海和夏季游客获取生计来源的生活方式。

在内陆地区，波城、塔布和富瓦依赖着旅游业和中等规模的产业，而卢尔德每年会接待 400 万名朝圣者。对于其他地区而言，那里的人民都以农业为主要生计来源，但是现在的经济开放也造成了大批土地耕种者的离去。

比利牛斯中部地区圣利齐耶周围的乡村风景

◁ 上比利牛斯省的巴勒吉是一个滑雪度假村和温泉小镇

探索比利牛斯

高耸的比利牛斯山脉横贯法国西南部，从地中海起到大西洋沿岸，相继经过崎岖之地蒙塞古、朝圣中心卢尔德、多丘陵的波城和巴斯克港城巴约讷。如此广阔的范围是徒步旅行者、钓鱼爱好者和滑雪爱好者的完美天堂，另外还有天然美丽的比利牛斯国家公园；法国境内的繁荣场面与相邻的西班牙境内的寂静沉闷形成了鲜明对比。在这一地区，旅游者可以享受凉爽的天气，欣赏壮美的风景。艺术爱好者和建筑爱好者，可以在圣贝特朗–德科曼和圣让–德吕兹获得巨大的视觉享受。

法国西南部特产杏仁糖

埃斯佩莱特的巴斯克村中带长廊的教堂

周边交通

从波尔多沿A63/N10可到达比利牛斯西部的巴斯克海岸。A64服务于包括各个山谷在内的比利牛斯山脉一段。A64从巴约讷到图卢兹，途经奥尔泰兹、波城、塔布和圣高登斯。这里海拔越高，道路越窄，转弯越急，游客要小心行进。风景优美的滨海路D918/D618穿过18条大西洋和地中海之间的路。

比亚里茨、波城和卢尔德都有机场。波城、卢尔德以及奥尔泰兹和塔布都位于波尔多和图卢兹之间环形铁路线上。

旅游景点分布示意图

芮 4
罗 15
洛龙圣玛丽 9
尔泰兹 5
约讷 1
亚里茨 2
沃泰尔-德贝阿尔恩 6
利牛斯国家公园 13
城 10
瓦 18
拉蒂森林 8
尔德 12
兹圣苏维尔 14
贝特朗-德科曼 16
尔普瓦 20
塞古 19
让-德吕兹 3
让-佩德波特 7
利齐耶 17
布 11

伊拉蒂森林中的荒野上的野生波特克小马驹

从西布勒越过尼维尔河口眺望的圣让－德吕兹

图例

- 高速公路
- 主要公路
- 二级公路
- 次级公路
- 观景大道
- 主要铁路
- 次要铁路
- 国界
- 地区边界
- 山峰

巴约讷 ❶
Bayonne

Pyrénées-Atlantiques. 46000
pl des Basques（08 20 42 64 64）
每天 www.bayonnetourisme.com

巴斯克的首府巴约讷坐落于尼维尔河与宽广的阿杜尔河之间。自罗马时代以来，巴约讷因掌握着一条便利通道而成为战略重镇。1154～1451 年英国统治时期，巴约讷作为自由港而繁荣起来。自那以后，它成功地抵挡了 14 次围攻，包括 1813 年惠灵顿将军率领的血腥攻击。

只需步行就能进入大教堂附近的巴约讷中心区。建于 13 世纪的**圣玛丽大教堂**（Cathédrale Ste-Marie），风格上接近北方哥特式。在其内部可以看到美丽的回廊，北门上有一个 15 世纪的门环——如果逃难者可以将一只手伸入其中，那么他就可以进入教堂避难。周围的步行街构成了一片活跃的购物地带，巴约讷特色的热巧克力咖啡（一种品质上乘的巧克力混合物，由 15 世纪末逃亡西班牙的犹太人引入，被作为小镇的特色保留下来）不要错过。巴约讷也以其火腿而闻名于世。

巴约讷的次中心小巴约讷

巴约讷显眼的大教堂双尖塔

比亚里茨的灯塔

位于尼维尔河堤岸对面。通过内部装修和关于航海作业的系列展览，**巴斯克博物馆**（Musée Basque）很好地向人们展示了巴斯克人的习俗和文化。**波纳特博物馆**（Musée Bonnat）内有一个华丽的艺术画廊，陈列了达·芬奇等人的绘画作品。

巴斯克博物馆
37 quai des Corsaires. **电话**：05 59 59 08 98 周二至周日（7月～8月：每天） 公共假期
www.musee-basque.com

波纳特博物馆
5 rue Jacques Lafitte **电话**：05 59 59 08 52 周三至次周周一 公共假期 www.musee-bonnat.com

比亚里茨 ❷
Biarritz

Pyrénées-Atlantiques. 27000
Javalquinto，square d'Ixelles（05 59 22 37 00） 每天 www.biarritz.fr

比亚里茨位于巴约讷的西面，一直以来都努力发展适于居住的沿海郊区。这一地区开始只是个捕鲸港，19 世纪演变成欧洲富商的游乐园。在拿破仑三世执政期间，欧仁妮皇后发现了这里温暖的气候，从此它开始走向繁荣。比亚里茨拥有三座美丽的海滩，是欧洲最好的冲浪胜地之一。此外，这里十分奢侈的酒店——宫殿（Palais）曾是欧仁妮皇后居住过的地方。

在渔民港口，**海洋博物**（Musée de la Mer）展出了些海洋生物的标本，这些本被发现于比斯开湾。往走是一条通往圣母岩的堤道站在这里可以观望整个巴克海岸的广阔风景。假如到雨天，可以选择参观巧力博物馆。

海洋博物馆
Esplanade du Rocher-de-la Vierge,14 plateau de l'Atalay
电话：05 59 22 75 40 4月～月：每天；11月～次年3月：周二周日 1月1日、1月的第二、周、12月25日
www.museedelamer.com

圣让浸礼会教堂的圣坛

圣让-德吕兹 ❸
St-Jean-de-Luz

Pyrénées-Atlantiques. 14500 Biarritz. 20 bd Victor Hugo（0 59 26 03 16） 周二和周五
www.saint-jean-de-luz.com

过了旅游旺季，渔村圣让就陷入沉睡，而到了 8 月，这里就挤满了游客，林立的商铺可以与时尚的巴黎 Faubourg St-Honoré 大街相媲美。11 世纪时，圣让村通过捕杀鲸鱼来保证村民的基本生活。这一天然的避风港保护了海岸线，并使这段海岸线成为少数可以安全游泳的海滩之一。

1660 年，路易十四和玛

本地区住宿及餐饮信息见585～588页和640～643页

渔村圣让-德吕兹，每逢夏季便变得人山人海

丽亚·特蕾莎公主的婚礼是圣上最重要的历史事件之一。这场婚礼被看作巩固被期待已久的法西联盟关系的证明，不过最后却将这两个国家牵扯进西班牙王位争夺战。这场婚礼在**圣让浸礼会教堂**（Eglise St-Jean-Baptiste）举行，该教堂如今依然是最大最好的巴斯克大教堂，拥有奇迹般的三角拱廊和闪闪发光的17世纪圣坛装饰。太阳王带领新娘走过的大门现在已被砖头堵住，有一块牌子标示其位置。**路易十四大宅**（Maison Louis XIV）中依旧摆放着当年的陈设，值得一看。

到了夏天，这座渔港变得热闹非凡，市场背后的餐馆出售一碗碗滚烫的鱿鱼汤，值得品尝。路易十四广场是小憩的好地方。

路易十四大宅
Place Louis XIV. 电话：05 59 26 27 58 4月~10月：每天
www.maison-louis-xiv.fr

郊外

西布勒（Ciboure）位于尼维尔河的另一边，是作曲家莫里斯·拉威尔的家乡。这里最让人印象深刻的是18世纪的商铺、狭窄陡峭的街道以及海鲜馆。沿着海滨行走大约2小时，即可到达邻村Socoa，爬上悬崖上的灯塔可以眺望辽阔而优美的海岸风光。

戴着传统贝雷帽的巴斯克男人

佳茵

Aïnhoa ④

Pyrénées-Atlantiques. 680 La Mairie（05 59 29 92 60）www.ainhoa.fr

佳茵始建于12世纪，是邻近法国和西班牙边界的一个小镇，也是圣地亚哥－德孔波斯特拉（见第400~401页）朝圣之路上必经的一站。17世纪的白色巴斯克房子和同时期的拱廊教堂至今仍保存良好。

郊外

附近的埃斯佩莱特（Espelette）村也拥有一座类似的巴斯克式教堂。回廊增加了座席席位，并起到了分开男女和孩子的作用。埃斯佩莱特是波特克马的交易中心，每年1月末将举行波特克马拍卖会。埃斯佩莱特也是当地农作物主要种植地，其中最著名的是红辣椒，因此每年10月这里会举行辣椒节。

圣伊格纳茨（St-Ignace）脚下是美丽的山村**萨尔**（Sare），沿齿轨铁路可以到达la Rhune的顶峰，那里视野非常好。

埃斯佩莱特的11世纪的城堡

索沃泰尔-德贝阿尔恩及其架于奥洛龙激流上的防御桥——传奇桥

奥尔泰兹 ❺
Orthez

Pyrénées-Atlantiques. 11000 Maison Jeanne d'Albret, rueBourg Vieux（05 59 38 32 84） 周二；11月～次年3月：foie gras market Sat www.tourisme-bearn-gaves.com

奥尔泰兹是一个重要的贝亚恩集镇，13～14世纪它在中世纪波河激流的重要河段上架设了防御桥。从11月～次年2月，每个周二早晨都会举办集市，各种熟食、鲜货应有尽有。老镇路沿线有很多建筑，比如Roaire路转角的珍妮·德·阿尔伯特（亨利四世的母亲）故居。珍妮对新教信仰的热情使她疏远了臣民与查尔斯十世，并导致贝亚恩最终卷入1562～1593年的宗教战争。

索沃泰尔—德贝阿尔恩 ❻
Sauveterre-de-Béarn

Pyrénées-Atlantiques. 1400 pl Royale（05 59 38 50 17） 周六 www.tourisme-bearngaves.com

索沃泰尔是座极具魅力的集镇。奥洛龙激流南部风景迷人，这里也有华丽的防御桥梁和一座建于16世纪的**耐斯城堡**（Château de Nays）。在水流湍急的奥洛龙河（4月～7月）上，渔夫们聚集在此参加一年一度的世界钓鲑鱼比赛。

当然**拉斯城堡**（Château de Laâs）也是不容错过的，沿着D27走，它距离索沃泰尔9公里，其内部完整地保存着18世纪的装潢和家具，当中最著名的有拿破仑在滑铁卢战败后睡过一晚的床。这里还有一个带有迷宫的漂亮公园。

拉斯城堡
电话:05 59 38 91 53 4月～10月：周三至次周周一（4月：仅下午；7月～8月：每天）

索沃泰尔-德贝阿尔恩的拉斯城堡

圣让-佩德波特 ❼
St-Jean-Pied- de-Port

Pyrénées-Atlantiques. 1700 14 pl du Général de Gaulle（08 75 36 71） 周一 www.pyrenees basques.com

这座下纳瓦拉省的旧都位于朗塞瓦尔峡古的脚下。78 年，巴斯克人在这里击败了查理曼大帝的后卫军队，并杀死了被《罗兰之歌》赞扬的指挥官罗兰。

整个中世纪，这座布满红色沙石的要塞城市因是通往圣地亚哥－德孔波斯特拉（见400～401页）的朝圣之路上进入西班牙前的最后站点而闻名于世。当朝圣队伍抵达时，居民会敲响教堂的钟给他们指引道路，而他们则以歌声作为回应。

一年四季，游客和朝圣者都可以为圣让教堂捐献财物。从西班牙门步行进入上城区的狭窄街道，两侧林立着咖啡店、酒店和餐馆。堡垒坐落在峭壁之上，视野很好。

每周一这里都开设家畜集市，举办巴斯克回力球赛，夏天还有公牛秀。

本地区住宿及餐饮信息见585～588页和640～643页

伊拉蒂森林 ❽

orêt d'Iraty

rénées-Aquitaine. St-Jean-Pied--Port St-Jean-Pied-de-Port 8 10 75 36 71), Larrau (05 59 28 80)

这是一片长满山毛榉的未垦的高原和荒地，因滑雪和徒步小径而闻名。在这里，人们以半放养的古老方法饲养波特克马。自从这种动物被史前居民画在岩壁上之后，它们似乎从来没改变过。

圣让－佩德波特旅游办事处发行了当地的徒步线路图。徒步旅行的最佳起点位于伊拉蒂高原湖南面的 Chalet edro 停车场，沿着 GR10 行走至 Occabe 山顶西面，可以看到有 3000 年历史的岩石。

奥洛龙圣玛丽 ❾

Oloron-Ste-Marie

yrénées-Atlantiques. 12000 allées du Compte de Tréville (05 9 39 98 00) 周五 www.tourisme-oloron.com

奥洛龙是一座位于阿斯佩与 Ossau 山谷交汇处的小镇，它是由一块凯尔特人的殖民地发展起来的。每逢 5 月和 9 月，这里都会举办大型农业展览会，该城也因制造著名的法国古典贝雷帽而闻名。罗马式的**圣玛丽大教堂**的前墙上面雕有《圣经》中的场景和比利牛斯山脉风景。西班牙就位于阿斯佩山谷的松波尔特公路的另一侧。带有摩尔式拱顶的**圣十字教堂**（Eglise Sainte-Croix）明显受到了西班牙风格的影响。

巴斯克文化

许多巴斯克村落都位于西班牙，但是有 10% 左右的巴斯克人留在法国。巴斯克人拥有他们自己复杂的语言，并且不同于其他欧洲人的口音。他们的音乐、运动和民俗也很独特。法国巴斯克人不像他们的西班牙族人那样有着强烈的分裂主义倾向，但是所有的巴斯克人都顽固地保持着他们独特的生活方式。

回力球是传统的巴斯克运动

圣玛丽大教堂

郊外

在阿斯佩山谷可以品尝到当地有名的羊奶酪或牛和山羊奶混合奶酪。在其教堂边上有一条路可通往莱斯坎，上面是一片锯齿状山峰，最高的**阿居峰**（Pic d'Anie）高 2504 米。不幸的是，富有争议的在松波尔特山附近修建公路和隧道的计划已经通过了，这将对传统的山区农业和比利牛斯棕熊的最后栖息地带来威胁。

伊拉蒂森林的荒野由于法国和西班牙海军长期在此砍伐树木而变成了不毛之地

波城城堡里的哥白林壁毯

波城 ⑩

Pau

Pyrénées-Atlantiques. 86000 pl Royale (05 59 27 27 08) 周一至周六 www.pau-pyrenees.com

波城是一座充满活力的大学城，有着优雅的美好时代建筑和绿树成荫的公园。它是贝亚恩的首府，也是比利牛斯山脉中部的一座大城市。在秋冬两季，这里气候温暖，自19世纪早期它就成了外国游客，尤其是英国人的旅游胜地。

波城因其为国王亨利四世的出生地而闻名。国王的母亲珍妮·德·阿尔伯特从皮卡第乘马车19天到达这里，生下了怀胎八个月的小亨利。在分娩的时候，这位母亲唱着歌，她相信这样小亨利就能够像她一样坚强地活下来。按照当地的习惯，刚一出生的亨利嘴唇上就被涂上了大蒜和当地的朱朗松葡萄酒。

波城的主要景点是**波城城堡**（Château de Pau），它于14世纪为贝亚恩的统治者而建，400年后经历大规模重修。16世纪晚期，法国国王的妹妹玛格丽特·昂吉莱姆居住于此，使它成为艺术和自由思想的中心地。

城堡内有16世纪佛兰德纺织工人在巴黎制作的哥白林壁毯。距离卢尔德18公里的卡雷大宅中展览着前贝亚恩博物馆的一些展品。

在比利牛斯大道上能看到四季都被大雪覆盖的比利牛斯山峰。从这里继续向前走是**美术博物馆**，那里展出了德加的丰富作品——《棉花交易所》《新奥尔良》；鲁宾斯的《最后审判》等。

波城城堡
Rue du Château. **电话：** 05 59 82 38 02 每天 1月1日、5月1日、12月25日 www.musee-chateau-pau.fr

美术博物馆
Rue Mathieu Lalanne. **电话：** 05 59 27 33 02 周三至次周周一 部分公共假期 限制

塔布 ⑪

Tarbes

Hautes-Pyrénées 46500 3 cours Gambetta (05 62 51 30 31) 周四 www.tarbes.com

塔布是比戈尔的首府，有许多商店和一个大型农贸市场。镇中心的**马西花园**（Jardin Massey）是西南地区最为漂亮的公园之一，其中有很多稀有树种，如北美黄樟。它的博物馆收藏了12～16世纪的欧洲艺术品。

拥有纯种牧马的**马厩**（Maison du Cheval）和国家养马场不容错过。

马厩
Chemin du Mauhourat **电话：** 05 62 56 30 80 每天下午 公共假期 7月～8月和学校假期

卢尔德 ⑫

Lourdes

Hautes-Pyrénées. 16000 pl Peyramale (05 62 42 77 40) 周一至周六 www.lourdesinfotourisme.com

卢尔德是欧洲现代伟大的圣地之一，1858年14岁少女贝纳黛特在这里见到了圣母的幻象。每年有五百万人前往幻像发生地——**玛色比尔岩洞**（Grotte Massabielle）以及贝纳黛特居住过的Petits-Fossés大街寻找神迹。**卢尔德博物馆**（Musée de Lourdes）展示了贝纳黛特的家和圣地的信息。

波城城堡——1553年亨利四世的出生地

◁ 比利牛斯山麓小丘上的圣利齐耶

可乘地下船或火车参观
斯瑞姆岩洞（Grottes de
tharram）或去展示此地区
驱者生平的**比利牛斯博物馆**
Iusée Pyrénéen）。

卢尔德博物馆
arking de l'Egalité. 电话：05 62 94
3 00 4月～10月：每天；11月
次年3月：周一至周六

贝斯瑞姆岩洞
-Pé-de-Bigorre. 电话：05 62 41
) 04 2月～3月末：周一至周五
午；3月末～10月：每天
www.betharram.com

比利牛斯博物馆
hâteau Fort, rue du Fort. 电话：05
2 42 37 37 每天 1月1日、11
1日和11日、12月25日

贝斯瑞姆岩洞中的石灰石岩层

朝圣者在卢尔德参加露天集会

比利牛斯国家公园 ⑬

Parc National des Pyrénées

见 460 ～ 461 页。

路兹－圣苏维尔 ⑭

Luz-St-Sauveur

Hautes-Pyrénées. 1200 toLourdes.
pl du 8 mai（05 62 92 30 30）
周一上午 www.luz.org

路兹－圣苏维尔是一座迷人的温泉镇，有许多为保护朝圣者而建的教堂，这些教堂由耶路撒冷圣让医院骑士团（后马尔他骑士团）于 14 世纪所建。教堂设有防御性的枪眼，为到圣地亚哥－德孔波斯塔拉的朝拜者提供保护。

卢尔德的神迹

1858 年，一位名叫贝纳黛特·索维罗斯的年轻女孩在城镇附近的玛色比尔岩洞共看到了 18 次圣母的幻象。尽管她的母亲和当地官员多次要求她远离那个洞穴，但她还是被引领着前往一条有着治愈功能的小溪。19 世纪 60 年代，教会认可了这些神迹，从此以后很多人声称这里的神水治愈了他们的疾病。这座拥有圣堂、教堂和济贫院的宗教之城就围绕着小溪发展起来，而且它也拥有与之匹配的动态旅游产业。

贝纳黛特见到的幻景

郊外

幽静的温泉小城**科特雷**（Cauterets）适合爬山、滑雪和在崎岖的比戈尔地区徒步。

加瓦尔尼（Gavarnie）是圣地亚哥－德孔波斯特拉朝圣之路中的一站。平坦适合步行和骑驴的马路从村子直通向著名的天然石质露天剧场**加瓦尔尼竞技场**（Cirque de Gavarnie）。这里有欧洲最长的瀑布，约 240 米，从山上一泻而下，周围环绕着 11 座海拔约为 3000 米的山峰。

游人可以和科学家一起参观**比戈尔山顶天文台**（Observatoire Pic du Midi de Bigorre），乘坐从 La Mongie 到 Le Taoulet 的缆车到达山顶，也可以步行到达（最少需要 4 个小时）。

天文台是法国人引以为豪的建筑，从这里能看到金星和其他行星，这是迄今为止地球上所能看到的最清晰的图片。这里 1 米长的望远镜为美国国家航空航天局的阿波罗计划提供了月球图片。

比戈尔山顶天文台
电话：08 25 00 28 77 1月、4月、5月、12月：周三次至周周一；2月、3月、6月～9月：每天 10月～11月
www.picdumidi.com

比利牛斯野山羊

比利牛斯国家公园 ⑬ Parc National des Pyrénées

比利牛斯国家公园建于1967年，沿着法国和西班牙边境线绵延100公里。它有欧洲最壮观的景色，有蝴蝶飞舞的草地和即使在夏天都被冰雪覆盖的山峰，由于这里有多种不同的海拔高度和温度，丰富的植物和动物蓬勃生长。在这里最好的游览方式就是步行：公园内有350公里长的徒步小径。

阿斯佩山谷（Vallée d'Aspe）
锯齿形的山峰耸立于阿斯佩山谷和莱谷之上，目前这里已经修建了一条通尔特隧道的公路。

阿尼峰（Pic d'Anie）
高2504米的阿尼峰两侧为石灰岩，其下水草肥美的牧场由融化的积雪浇灌。春天，龙胆草和美洲楼斗菜如火焰一样火红，是这一地区的独有景观。

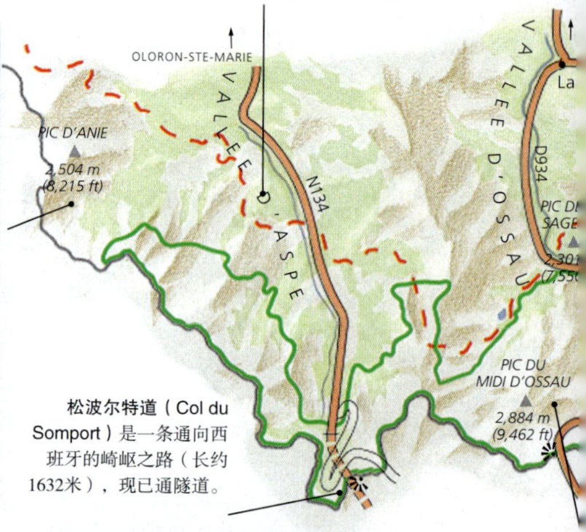

松波尔特道（Col du Somport）是一条通向西班牙的崎岖之路（长约1632米），现已通隧道。

奥萨山峰（Pic du Midi d'Ossau）
一条小路从山脚下的B Artigues湖出发，蜿蜒 齿形的奥萨山峰（2884

比利牛斯野生动物

比利牛斯山脉生活着丰富的野生动物，其中有许多是该地区独有的。在奥萨和科特雷山谷有大量的羚羊科的巨角塔尔羊。食肉鸟类包括埃及秃鹰等。陆地上的掠食动物有稀有的比利牛斯猞猁、麝猫、松貂和白鼬。在山间的小溪生活着和鼹鼠极相似的小型水栖哺乳动物麝香鼠。

比利牛斯豹纹蝶 会在晚春和初夏在山区牧场盛开。

土耳其百合 生长在海拔220 山坡上，于6～8月盛开。

·罗兰（Brèche de Roland）
于加瓦尔尼露天剧场陡峭山顶
个著名的裂口，是法国和西班
的通路。

徒步旅行者小贴士

公园布满纵横交错的徒步小径，每一条都有清晰的路标，上面标明了行程所需的时间。山间小屋为夜晚徒步的游客提供食物和床。需要地图和相关信息可垂询科特雷（05 62 92 50 50）或路兹－圣苏维尔（05 62 92 30 30）公园办事处，两者都是全年营业；或访问www.parc-pyrenees.com。

盛夏时节行走在徒步小径上

GR10徒步小径是法国大型步行道之一，连接着大西洋和地中海。

秃鹰在比利牛斯山随处可
尤其在陡峭的悬崖上。

比利牛斯熊几近灭绝，只有少数生活在奥萨和阿斯佩山谷。

埃及艳后

稀有燕尾蝶

这些蝴蝶都是生活在高海拔的色彩鲜艳的品种。

阿罗 ⑮
Arreau

Hautes-Pyrénées. 865 Château des Nestes (05 62 98 63 15) 周四 www.vallee-aure.com

阿罗位于欧拉河和罗龙河交界处，是一座繁忙的小镇，镇上有很不错的商店和酒店。在这里，你可以买到用于山中徒步旅行和钓鱼的基本用具。小镇中心是一座漂亮的市政厅，与之相邻的是一栋16世纪的建筑——莱斯大宅，它的前墙装饰有鸢尾花图案。

郊外

圣拉里苏兰（St-Lary Soulan）是附近很有名的滑雪胜地，也是夏季游览 Massif du Néouvielle 高原的绝佳基地；GR10（见461页）向费边村延伸，那还有几座湖，山峰上也有纵横交错的小路。在那里可以见到金雕和髭兀鹰。

圣贝特朗-德科曼 ⑯
St-Bertrand-de-Comminges

Haute-Garonne. 260 Montrejeau，然后打车 Les Olivetains，parvis de la Cathédrale (05 61 95 44 44) 音乐节（7月中旬～8月末）

这座漂亮的山顶小镇是比利牛斯山脉中部最具艺术和历史氛围的地方，也是夏季狂欢音乐节的举办地（见37页）。**圣玛丽大教堂**入口装饰着最

圣贝特朗-德科曼圣玛丽教堂的回廊

精美的雕饰品。旁边的修道院中有石棺、雕花柱头和四位传道者的雕像。

圣贝特朗于公元前72年由罗马国王庞培建立。当时，它是由两个温泉浴、一个剧院、一个教堂、一个市场和一个长方形的基督教教堂组成。这些都被克洛维（见212页）的孙子贡特朗毁灭。在585年，科曼主教在此地建立了一座教堂和一座修道院。这座没有多少政治色彩的小镇此时却成了宗教中心之一。

教堂内有66个精美的唱诗班席位和16世纪的管风琴架。主教的坟墓位于唱诗班的远端，旁边是圣坛；14世纪筹资完成教堂建设的雨果·沙蒂永主教的坟墓也在这里。

圣玛丽大教堂
电话：05 61 89 04 91 每天 周日上午 回廊

圣贝特朗-德科曼壮丽的12世纪圣玛丽大教堂

圣利齐耶 ⑰
St-Lizier

Ariège. 1500 pl de l'Eglise (61 96 77 77) www.ariege.com/st-lizier

圣利齐耶位于阿列日 区，此地以其陡峭的峡谷和 始风光而闻名。这座村庄的 史要追溯到罗马时期，在中

圣利齐耶大教堂壁画

纪时是一个宗教中心。圣利 耶拥有精美的12～14世纪**圣利齐耶教堂**（Cathédrale de l Sède），内有令其引以为豪的 罗马壁画和带有雕花圆柱的回廊。**塞德教堂**（Cathédrale de la Sède）风景也不错。

富瓦 ⑱
Foix

Ariège. 10000 29 rue Delcassé (05 61 65 12 12) 周五和每月的第一个、第三个和第五个周一 www.tourisme-foix-varilhes.fr

富瓦位于 Arget 河和阿列

圣利齐耶远处是冰雪覆盖的山峰

日河交汇处，设有防御墙和塔楼。

富瓦王朝在中世纪统治着整个贝亚恩地区。最为有名的加斯顿腓比斯伯爵（1331～1391 年）在打猎时写了著名的论文。他也是一位残暴的政治家，将亲生弟弟和唯一的儿子置于死地。

在夏季晴朗的天气里，中世纪宫廷里的娱乐活动又开始流行。不管何时，15 世纪的**富瓦城堡**（Château de Foix）都值得一游。重修的 14 世纪**圣沃卢森教堂**（Eglise de St-Volusien）以其优美简单的风格而闻名。

富瓦城堡
电话：05 34 09 83 83 周三至次周一和学校假期 1月1日、12月25日 www.sesta.fr/chateau-de-foix.html

郊外

尼奥岩洞（Grotte de Niaux）位于富瓦以南 15 公里处，拥有史前岩画。它是欧洲最著名的史前岩洞，内有两千多米长的画廊，共有一百多幅马格达林时期的画作。

尼奥岩洞
电话：05 61 05 10 10 提前预约 义务

蒙塞古 ⑲
Montségur

Ariège. 100 电话：05 61 03 03 03 城堡（仅夏天）www.montsegur.fr

蒙塞古是纯洁派（见 491 页）的最后一个据点。一条小路从山脚下的停车场直通向上面的城堡——13 世纪，它被驱逐的贵族和纯洁派教徒占领。纯洁派教徒居住在城堡外石头房子里，顽强地对抗着天主教当局。1243 年，纯洁派军队极不明智地驻扎在阿维尼翁，并屠杀了审判员。为了复仇，万人军队包围蒙塞古 10 个月之久，俘虏的 205 名纯洁派教徒因拒绝投降而被活活烧死。

米尔普瓦 ⑳
Mirepoix

Ariège. 3300 pl du Maréchal Leclerc（05 61 68 83 76）周一和周四 www.tourismemirepoix.com

米尔普瓦是一座坚固的防御性城镇（见 445 页），有一个巨大的广场，是西南地区最漂亮的广场之一。周围是 13～15 世纪半木质结构的房屋。

大教堂始建于 1317 年，最后的附加部分建于 1867 年，自诩拥有法国最宽（22 米）的哥特式中殿。

最好在市场开放期间来参观此镇，届时广场上会出售当地特产。

米尔普瓦带拱廊的主广场

法国南部

法国南部概览　466~475

朗格多克－鲁西永　476~497

普罗旺斯和蔚蓝海岸　498~531

科西嘉岛　532~543

法国南部概览

法国南部是最受欢迎的假日旅游胜地，每年吸引了数百万游客前往里维埃拉及其西面的许多现代化滨海城市。农业是这一地区的支柱产业之一，这里生产多种美味的水果和大量佐餐葡萄酒。新的高科技工业城市尼斯和蒙彼利埃则反映出这里在发展南方海岸阳光地带中的关键作用。而科西嘉岛优美迷人的自然风光一如往昔。以下的地图标出了这片土地上的主要景点。

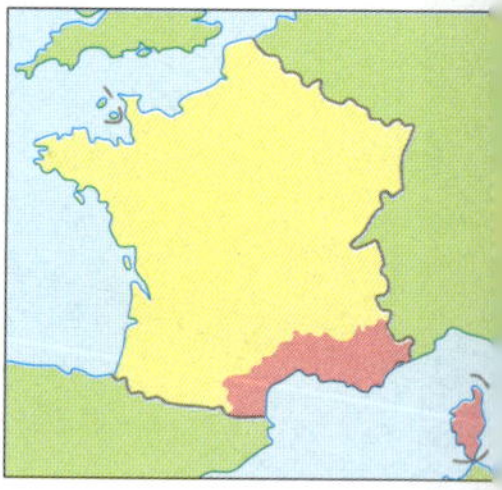

加尔桥（Pont du Gard）这座修建于2000年前的古桥（见495页）是古罗马工程师们创造的惊人杰作。它是长约17公里的高架渠的主要环节。这条高架渠有些部分在地下，用来将于泽斯的一处泉水引向尼姆。

卡马尔格（Camargue）位于罗讷河入海口的三角洲地带。三角洲的沼泽地和内海为野生动物提供了理想的栖息地。这里有三个游客中心，他们会详细地介绍这片脆弱的湿地及其主要成员——粉红色火烈鸟和白马（见510～511页）。

阿维尼翁（Avignon）四周环绕着厚重的城墙，教皇宫的塔楼高耸，直插云霄。14世纪教皇从罗马来此避难时就居住在教皇宫里，阿维尼翁便成为教会的领地（见503页）。夏天这里还会举办广受欢迎的阿维尼翁艺术节。

蔚蓝海岸（Côte d'Azur）从1920年起就开始吸引着全世界无数热爱阳光的人们，许多知名人士也前来享受明媚的阳光（见474～475页）。海滨还展览一些精心收藏的20世纪的获奖艺术品（见472～473页），年度盛事戛纳电影节和安提比斯爵士音乐节也在这里举行。

法国南部的美食

法国地中海沿岸的烹调风格清新明朗，多用可口的水果、蔬菜、新鲜的鱼和海鲜以及高山草原上出产的瘦肉作为原料。一道好菜加入好的配料后味道才会更好，比如橄榄油、大蒜以及各种香料。食品市场永远都有四季时鲜产品出售。无论你选择当地的火腿、香肠、面包和奶酪去海滨野餐，还是在乡村餐馆享受一顿由番茄沙拉、烤鱼肉或羔羊肉组成的简单午餐，抑或沉浸于顶级法国厨师精心烹制的美味中，你都可以放心，你的食物不仅正宗地道、美味可口，而且健康宜人。

当地的橄榄和橄榄油

朗格多克－鲁西永保存在橄榄油中的凤尾鱼

朗格多克－鲁西永

由于该地区紧邻西班牙，因此这里的菜式具有典型的西班牙加泰罗尼亚风格。鲁西永平原生产水果和蔬菜，地中海沿岸的比利牛斯山上则放养着牛和羊；新鲜的蔬果肉类在烹制过程中加入香料和杏仁通常会赋予菜肴浓郁的异国情调。这一地区的水产也相当丰富，赛特是法国地中海沿岸最大的渔港，广阔的浅海是牡蛎和贝类栖息的好地方，而科利乌尔则以生产凤尾鱼出名。当地的特色菜包括马铃薯鳕鱼汤、填入凤尾鱼的鱿鱼、蒜香蜗牛。鲁西永出产桃和杏，而克里特岛总是法国樱桃丰收最早的地方，这一地区习惯用羊奶做奶酪，其中橘色外壳的圆形 Pélardon 奶酪最为普遍。

普罗旺斯

这里是橄榄的故乡，尤其盛产绿橄榄油。橄榄和橄榄油在烹饪中应用广泛，比

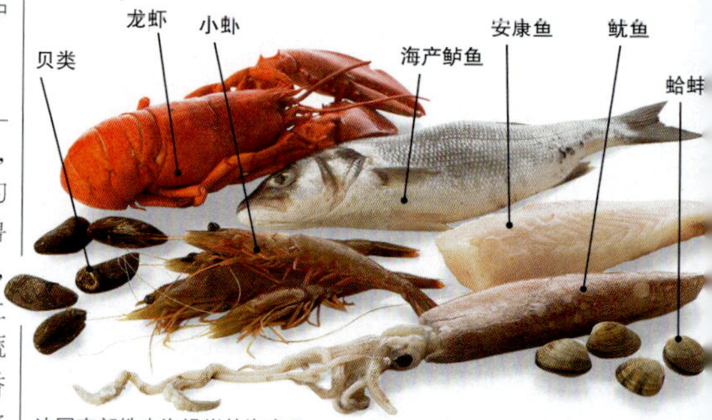

法国南部地中海沿岸的海产品

当地菜肴和特产

新鲜的无花果

被称为“太阳菜肴”的本地菜中有几道经典名菜，浓味鱼肉汤就是其中之一。这道菜中的炖鱼配料在各地均有自己的特色，马赛则自诩它的配方最地道。当地海鲜类菜肴（这类菜中都会有蝎子鱼）均放在由番茄和藏红花做底料的汤中烹制。传统上，上这道菜时首先上鱼汤，同时伴有涂有胡椒大蒜酱（一种味道浓厚的蛋黄酱）的煎面包块，然后才上鱼。这道菜过去曾是普通渔夫的晚餐，现在却十分名贵，需要提前 24 小时预约才能吃到。蒜味蛋黄鱼羹比较简单，是一种蒜味鱼汤。被称为“daubes”的炖肉是尼斯的特色菜肴，通常使用牛肉作材料，有时也用金枪鱼和乌贼，用葡萄酒炖制而成。其他的经典菜还有蔬菜什锦和尼斯沙拉。

Artichauts la barigoule 将培根、蔬菜填充在小紫色洋蓟中，用葡萄酒炖制而成。

斯市场上出售的干香料和香草

aioli 是富含橄榄油、大蒜
蒜泥蛋黄酱配蔬菜和鱼食
; tapenade 是一种由橄榄
、凤尾鱼和刺山柑制成的
; pissaladière 则是有洋葱、
橄榄和凤尾鱼的意大利风味
萨。蔬菜也有很重要的作
: 以尼斯独有的方法将南
或番茄与肉、大米和香草
一起烹制；熏肉烧嫩洋蓟；
有一种浇有罗勒和大蒜酱
豌豆蔬菜汤 pistou。地中海
烤鱼一直广受称赞。卡马
的各种炖肉，包括公牛肉、
及野味通常配以饱满的当
地红米一起食用。当地还出
水果，包括无花果、甜瓜
柠檬。

科西嘉岛

科西嘉的菜式是典型的地中海风格。栗子曾是岛上的主食，现在栗子粉仍被广泛食用。肉食店的食品丰富多样，有美味的火腿、腊肠、熏肉和使用传统方式风干制成的肉食。野猪肉与用葡萄酒处理过的栗子一起焖制，十分美味；烤山羊是一道节日佳肴，用大蒜与迷迭香一起烹制而成；野兔、鸽子、松鸡也很受欢迎。海边有当地人捕获的新鲜海鲜，如安康鱼、鱿鱼、海胆和沙丁鱼等，一般海胆与香料及羊奶酪一起烹制会更加鲜美。当地蜂蜜有一种山地药草的清香味，果酱则由多种配料调制而成。

科西嘉岛树林中成熟的栗子

菜单

Beignets des fleurs de courgette：油炸西葫芦花。

Estoficada：由咸鳕鱼与土豆、番茄、大蒜和橄榄一起炖制而成。

Fougasse：一种扁平橄榄油面包，通常上面点缀着橄榄。

Ratatouille：由茄子、番茄、西葫芦和胡椒粉共同炖成。

Salade Niçoise：生拌生菜、熟鸡蛋、橄榄、青豆、番茄和凤尾鱼。

Socca：鹰嘴豆薄煎饼，尼斯的特色菜。

Tourte des blettes：用甜菜、葡萄干和松子做成的派。

Brandade de morue 将干的咸
鳕鱼先用水煮，然后加橄榄油
和牛奶搅拌成泥状。

Boeuf en daube 将牛肉与洋葱、大蒜一起浸泡在葡萄酒中，然后将牛肉与橘子皮和番茄一起炖。

Cr e cat al ane 这道饭后甜点起源于西班牙，是上面覆盖着奶油糖壳的鸡蛋羹。

法国葡萄酒产区：南部

巴纽尔斯的酒窖标志

从法国最南端的巴纽尔斯到毗邻意大利的尼斯，这片巨大的弧形土地上布满了朗格多克－鲁西永和普罗旺斯的地中海葡萄园。一个世纪以来，这一地区的葡萄酒产量一直很大，其中大部分至今都属于上乘葡萄酒。如今，一些雄心勃勃的葡萄酒生产商应用新技术对传统的著名葡萄品种进行改良，以求复兴法国南部高贵的遗产——醇厚、热烈、芬芳的葡萄酒，它们会让人联想到太阳晒过的岩石的香味、野草的清新之气和波光粼粼的地中海海水。

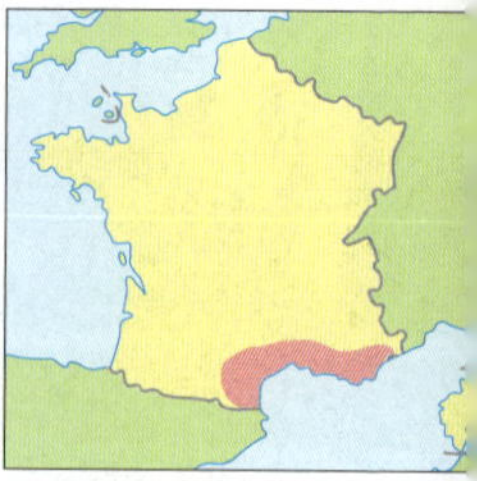
定位地图

朗格多克–鲁西永和普罗旺斯

朗格多克高地是对从纳博讷到尼姆的广阔地域的称呼。

多玛士·卡萨克酒庄（Mas de Daumas Gassac）生产的葡萄酒为酒庄争取到了“朗格多克的大葡萄园”的称号。

在此驻足，游客可以品尝一下鲁西永海岸味道独特的干白葡萄酒、干玫瑰酒和中等红葡萄酒。

图例

科利乌尔和巴纽尔斯	加尔省产区
鲁西永产区	普罗旺斯的艾克斯产区
鲁西永村庄产区	普罗旺斯产区
菲都	卡西斯
科比埃	邦斗尔和普罗旺斯产区
米内瓦	瓦尔产区
朗格多克高地	贝莱

科比埃遍布葡萄园的山谷坡地

工采摘用来酿造普罗旺斯产区红葡萄酒的葡萄

葡萄酒产区

不管是在艾克斯和马赛东面的普罗旺斯葡萄酒产区，还是西边规模更大的朗格多克－鲁西永，像卡巴尔岱（卡尔卡松北部）这样的新兴的高品质葡萄酒产区正在为人们所熟悉。

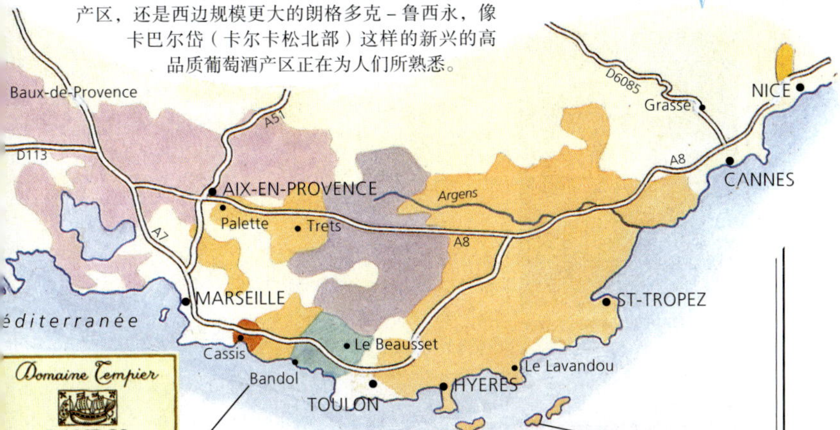

邦斗尔（Bandol）是一个小产区，它以法国南部传统红葡萄慕合怀特酿造著名红酒。

库尔塔德（Courtade）红、白和玫瑰葡萄酒是由库尔塔德酒庄生产的，它是普罗旺斯海域中的保尔克莱勒岛上的三大酒店之一。

法国南方葡萄酒的关键因素

产地和气候

温暖的气候、充足的阳光有利于生产出酒精度高的葡萄酒。平坦广阔的沿海平原可以用来种植葡萄，但一般来说最好的葡萄种植地还是在页岩和石灰岩地质的山坡上。

葡萄品种

像阿拉蒙这样大规模生产的葡萄品种逐渐让位于质量更好的**西拉慕合怀特**和**歌海娜**。**嘉本纳沙威浓**、**梅尔**和**西拉**，以及白色**暇多丽**、**白索维农**和**维欧尼**在越来越多地区被用于制造优质地区餐酒。浓郁甘甜的白葡萄酒则多用芳香甜美的**麝香葡萄**酿造。

优秀生产商

科比埃和米内瓦：La Voulte Gasparets、Saint Auriol、Lastours、Villerambert–Julien。

福日尔：Château des Estanilles、Châeau de la Liquiere。

圣希尼昂：Château Cazal–Viel、Domaine Navarre、Cave de Roquebrun。

朗格多克产区和优质地区餐酒：Mas Jullien、Château de Capitoul, Domaine de la Garance, Mas de Daumas Gassac、Pech–Celeyran。

鲁西永：Domaine Gauby、Domaine Sarda Malet。

普罗旺斯：Domaine Tempier、Château Pibarnon、Domaine de Trévallon、Mas de la Dame、Domaine Richeaume、La Courtade、Château Simone、Château Pradeaux、Château de Bellet。

法国南部的艺术家和作家

莫奈的调色板

艺术家和作家们的作品能让我们对法国南部产生一定的认识，诗人斯蒂芬·利埃雅尔甚至于 1887 年为蔚蓝海岸命名。许多作家都把法国南部视为人间天堂，从塞尚到凡·高，从莫奈到毕加索，艺术家从这片诱人地区的独特光线和斑斓色彩中获得了无穷的灵感。在众多艺术博物馆中，一些是单独为某位艺术家（如马蒂斯、毕加索和夏加尔）设立的；一些如位于塞雷、尼姆、蒙彼利埃、圣特罗佩斯和尼斯的博物馆则拥有多种收藏品（见 482～527 页）。

1948年，毕加索和弗朗索瓦·吉洛在儒昂海湾

位于普罗旺斯艾克斯的塞尚工作室（见511页）

野兽派

野兽派是 20 世纪初的激进画派之一，因使用鲜明色彩和醒目图案而被冠上"野兽"的称号。亨利·马蒂斯于 1905 年在科利乌尔创立该画派（见 29 页），其他画家还包括德兰、弗拉曼克、马克特、凡·东恩和杜菲。1898 年，马蒂斯参观了科西嘉岛，随后游览了圣特罗
斯，并在普罗旺斯强烈的
官冲击下画出了名作《奢华
平静与快乐》。最后他定居
尼斯，并在此绘制出了他最
伟大的宫女系列。他写道："
什么让我留在这里，是 1
彩色的光线反射，是明亮的
光。" 位于旺斯的蓝白小教
是他的作品之一（见 523 页

欢快的光线

印象派画家沉迷于光线效果，莫奈就疯狂迷恋法国南部"明亮欢快的光线"，如他所说"如果将它们准确地画出来的话，没有人会相信它们是真实的"。1883 年，雷诺阿跟随莫奈前往南部，回来后他经常描绘金光中妖娆的裸体。勃纳尔也定居于此，描绘着由红色屋顶和棕榈树构成的美景。

后印象派画家凡·高和高更于 1888 年到达该地，便被这里丰富的色彩迷住了。塞尚剖析并描绘了大自然的风光。点彩派画家保罗·西涅克来到圣特罗佩斯描画大海和天空。

凡·高的《向日葵》（1888年）

毕加索之国

毋庸置疑，法国南部是毕加索之国。他的少女和海胆、不朽的在海滩上奔跑的女人，他的阴影和色彩，他的陶瓷和雕刻作品均来源于南部地区浓重的阴影和明亮的色彩。

毕加索 1881 年出生于西班牙的马拉加，但他大部分时间是在法国地中海度过的，1911 年在塞雷与布拉克共同发展立体主义，后于 1920 年到达儒昂莱潘。在 1939 年战争爆发的时候，他正在昂蒂布，昂蒂布是一个拥有迷人的夜间海景的地方，他绘制出了《昂蒂布夜渔》。1946 年，他结束了云游，格里马尔迪宫成为其工作室，现在是毕加索博物馆（见 521 页）。他还在瓦洛里斯制陶、雕刻（见 522 页）。

毕加索在1933年创作的《在海滩追逐的两个女人》

迷失的鱼子时代

F. 斯科特・菲茨杰拉德在《夜色温柔》中塑造了里维埃拉灿烂光辉的画面。他和塞尔达于 1924 年来到了这里，与许多外籍作家一样，他们也被温暖的气候和简单的生活迷住了。他曾说过：“夏天，在里维埃拉不管发生什么都与艺术有关。”他们将其别墅传给了另一位美国人——海明威。许多其他作家也聚居在这里，其中包括凯瑟琳・曼斯菲尔德、劳伦斯、尼采、劳伦斯达雷尔和格雷厄姆・格林等。一些人，比如毛姆，在异国客人中间引领着一种迷人的生活方式。科莱特是圣特罗佩斯的一个早期访客，1954 年，弗朗索瓦・萨根在她的小说《日安忧郁》中表现了当时的年轻享乐主义。

菲茨杰拉德夫妇及女儿斯科蒂

新现实主义

在 20 世纪 50 年代，尼斯设立了自己的艺术家学派——新现实主义者，其中包括：伊夫・克莱因、阿尔曼、塞萨尔、丹尼尔・施珀里等。他们探索日常物品的潜在价值：阿尔曼将小提琴肢解，堆积组合，并最终将“残骸”展示出来；汤格利爆破电视机和汽车。克莱因使用带有其独特风格的蓝色，创作出纯蓝色的油画，这是从地中海风光中汲取的灵感。

普罗旺斯的作家

普罗旺斯和朗格多克地区有着与众不同的文化特征，从 12 ~ 13 世纪的吟游诗人起，他们就开始用普罗旺斯语（一种以拉丁语为基础的语言）创作情诗。20 世纪，许多当地作家从如画的风景和当地传统中获得灵感。他们深受由诺贝尔文学奖获得者、诗人弗雷德里克・米斯特拉尔所引领的 19 世纪 Felibrige 运动的影响，使得普罗旺斯语再次流行起来。都德和从电影制作者转行至作家的马赛尔・帕尼奥尔等都赞美了普罗旺斯人的个性；另一些，例如让・季奥诺则阐述了自然与人类之间的联系。

《小日报》上的弗雷德里克・米斯特拉尔

法国南部海滩

卡尔登酒店（Carlton Hotel）的标志

这片迷人的地中海海岸是法国最重要的度假胜地。东部有星维埃拉传统的旅游胜地，例如芒通、尼斯、戛纳和蒙特卡洛（摩纳哥），西边则是由小海湾构成的较小的旅游度假村，例如圣特罗佩斯和卡西斯。更远处是位于罗讷河河口处的卡马尔格度假村。罗讷河的西边有一直延伸到西班牙边境的度假村朗格多克—鲁西永长长的沙滩；在这里，一连串的度假村分布在现代的海滨城市以及大大小小的渔村当中。

昂蒂布以西的沙滩是多沙的，而东边则通常布满圆石，任何一处沙滩都是非常珍贵的。反污染运动使目前的大部分沙滩保持洁净的状态，除了马赛以西和尼斯周围的一些地方。城镇周围的海滩通常需要收费，但设施非常完善。

多梅尔格为蔚蓝海岸设计的铁路海报

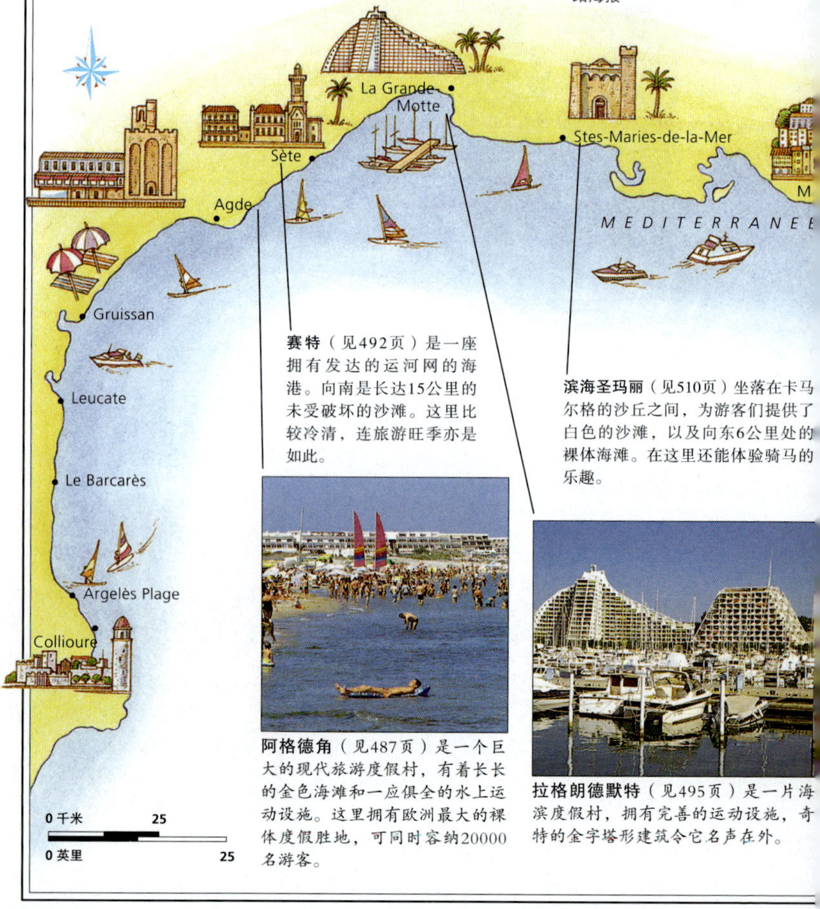

赛特（见492页）是一座拥有发达的运河网的海港。向南是长达15公里的未受破坏的沙滩。这里比较冷清，连旅游旺季亦是如此。

滨海圣玛丽（见510页）坐落在卡马尔格的沙丘之间，为游客们提供了白色的沙滩，以及向东6公里处的裸体海滩。在这里还能体验骑马的乐趣。

阿格德角（见487页）是一个巨大的现代旅游度假村，有着长长的金色海滩和一应俱全的水上运动设施。这里拥有欧洲最大的裸体度假胜地，可同时容纳20000名游客。

拉格朗德默特（见495页）是一片海滨度假村，拥有完善的运动设施，奇特的金字塔形建筑令它名声在外。

在维多利亚时代，蔚蓝海岸是欧洲王室和富人钟爱的度假胜地，他们在这里赌博，逃离北方寒冷的冬季。直到20世纪20年代，夏季浴场才开始流行起来。如今，蔚蓝海岸迷人的海滩和丰富的夜生活对游客产生了巨大吸引力。

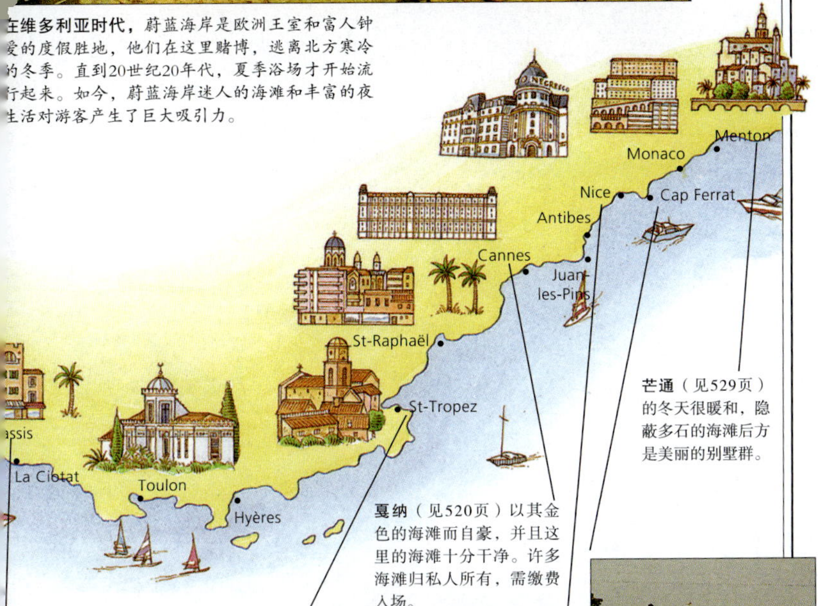

芒通（见529页）的冬天很暖和，隐蔽多石的海滩后方是美丽的别墅群。

夏纳（见520页）以其金色的海滩而自豪，并且这里的海滩十分干净。许多海滩归私人所有，需缴费入场。

卡西斯（见513页）是一座迷人的渔村，附近还坐落着大受欢迎的卡西诺赌场、白色的峭壁和一些隐蔽的小湾。

圣特罗佩斯（见516页）的两侧是金色的海滩，时髦的俱乐部坐落其上方，需缴费使用其设施。

尼斯（见526页）引人注目的海滨地带有着宽阔、美丽的散步区。这里的海滩是多岩石的，有一条繁忙的高速公路与海滩并行。

费哈角（见528页）是一座树木繁茂的半岛，在10公里长的崎岖山崖散步道上可以欣赏到华丽的别墅和美丽的私人海滩。

朗格多克－鲁西永

奥德省·加尔省·埃罗省·东比利牛斯省

朗格多克、鲁西永这两个特点鲜明的省，从与西班牙接壤处的比利牛斯山的丘陵地区一直延伸到罗讷河河口。这里平坦的海滩与天然潟湖形成了一条特别为旅游目的打造的阳光地带，每年吸引了无数的旅游度假者。海滩与潟湖之间被晒干的土地出产法国餐桌上一半的葡萄酒，以及应季的第一批桃子和樱桃。

朗格多克－鲁西永不单是两个省的简单合并，而是一个有着悠久历史及传统习俗的地区。合并之前的朗格多克人民说的是奥克西坦语，这是一种吟游诗人的语言，至今仍旧保留着它的鲜明特点。鲁西永一度从属于西班牙，然而1659年的西法《比利牛斯条约》使法国永久收回了法王查理八世在15世纪末割让出去的鲁西永。但鲁西永受西班牙的影响颇深，从路标到萨达纳舞（西班牙加泰罗尼亚的一种民间舞蹈），再到西班牙最具特色的斗牛、肉菜饭及彩绘都与西班牙类似。

这里的海岸线最初设在高卢是为了解决与罗马之间的纷争，该地的尼姆圆形剧场和加尔桥都是那时留下的伟大遗产。卡尼古的圣马丁修道院、圣米歇尔·德·居札修道院及荒凉的圣古场都是早期罗马建筑风格的典范，与北部哥特式的建筑截然不同。雄伟的纯洁派城堡及保存完好的卡尔卡松老城区是中世纪流血战争的见证。但是，这里还存在一些未开发的地区，如赛尔达尼亚高原、科比埃的原始小山及上朗格多克的遍远高地。当然，这一地区也不乏发达城市，如：古老大学城兼本区首府的蒙彼利埃，有着丰富节日和斗牛活动的尼姆。同时该地区的建筑风格贯通古今：这里不但有古罗马建筑风格的神庙，而且城区里还有后现代的建筑，甚至山上还有古代修道院。

阿格德角阳光普照海岸

◁ 位于卡尼古的卡尼古圣马丁修道院

探索朗格多克–鲁西永

朗格多克–鲁西永的海岸线绵延数英里，内陆地势差异显著。它洁净细软的沙滩是家庭度假的好去处，游客不但可以选择传统的渔村，也可以选择新建的度假村作为落脚之处。科比埃、米内瓦数英亩的葡萄园、上朗格多克省和塞尔达尼亚的山间小径都使内陆显得宁静祥和。这里的建筑风格迥异：古罗马式的建筑风格与现代多变的建筑风格形成鲜明对比。

在运河上进行长枪比武是赛特的夏季活动

旅游景点分布示意图

艾格–莫特 24
埃尔讷 9
贝济耶 17
拉格朗德默特 23
荒凉的圣古场 21
加尔桥 26
卡尼古圣马丁 4
科利乌尔 8
科比埃 12
密涅瓦 16
蒙彼利埃 22
尼姆 25
纳博讷 13
佩皮尼昂 10
佩兹纳斯 19
普里耶·德·塞拉博 5
卡尔卡松 15
塞尔达尼亚 1
塞雷 6
狮子海湾 14
上朗格多克地区公园 20
圣米歇尔·德·居扎 3
萨勒斯 11
塞特 18
朱红海岸 7
孔夫朗自由城 2

周边交通

蒙彼利埃、卡尔卡松、佩皮尼昂及尼姆的航班可以到达各个地区。乘坐TGV可以到达蒙彼利埃及贝济耶，铁路交通网将该地区的主要城市连接起来。A 61号高速是从西边出发的线路，A 9与海岸并行，A 75始自北方。小路即使在山区也路况良好。在米迪运河中行船也是一种便利的交通方式。

图例

- 高速公路
- 主要公路
- 二级公路
- 次级公路
- 观景大道
- 主要铁路
- 次要铁路
- 国界
- 地区边界
- 山峰

0 千米 25

0 英里 25

矗立于狮子海湾格吕桑的荒废的巴巴罗萨城堡

塞尔达尼亚 ❶
Cerdagne

Pyrénées-Orientales. Perpignan. Mont Louis, Bourg Madame Mont Louis（04 68 04 21 97）**www.mont-louis.net**

遥远的塞尔达尼亚在中世纪时是一个独立的州，现在已被西班牙和法国分割。塞尔达尼亚高地是滑雪爱好者向往的地方，漫步于湖畔及松树林与栗树林之中也是一种享受。用一天的时间来体验该地的黄色小火车是一个不错的选择，黄色小火车经过包括**蒙路易**（Mont Louis）在内的一些旅游景点，它是路易十四的军事工程师沃邦筑垒的地方，现在该镇仍然驻扎着法国军队。**丰罗默**（Font-Romeu）及**拉图尔－卡罗尔**（Latour-de-Carol）滑雪场和**哈维尔**（Yravals）位于该镇的下方。位于**奥德约**（odeillo）附近的日光炉高 45 米，宽 50 米。该日光炉建造于 1969 年，其巨大的反光镜是山谷中的一大奇观。

孔夫朗自由城 ❷
Villefranche-de-Conflent

Pyrénées-Orientales. 240 pl de l'Eglise（04 68 96 22 96）

中世纪时的孔夫朗自由城位于泰特河谷的最窄处，也正是它的地理位置决定了它在防

圣米歇尔－德－库克萨修道院的回廊

御摩尔人进攻中的重要作用。11 世纪的城墙、壁垒、城门和伊比利亚城堡都从峡谷中耸立而出，所有的这些都是 17 世纪由沃邦建造的。12 世纪的**圣雅克教堂**（Eglise de St-Jacques）有着圣米歇尔·德·居扎制作的精雕细刻的柱头、加泰罗尼亚彩绘木制雕像。具有

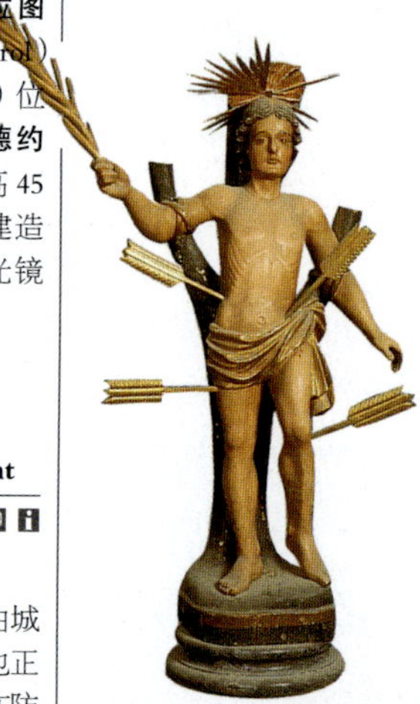

孔夫朗自由城圣雅克教堂中的雕像

地方特色的 13 世纪的铁艺饰橡树门值得一看，该地的艺闻名世界。沿着附近的粉色大理石街道可以到达巨的地下音乐厅**加纳莱特洞**（Grottes des Canalettes）。黄小火车还可以带你到达辽阔塞尔达尼亚平原（拨打 08 886 091 预约）。

圣米歇尔·德·居扎 ❸
St-Michel-de-Cuxa

Prades, Pyrénées-Orientales. **电话：** 68 96 15 35 每天 周日上午，教节日

宽敞的街道、粉红色的理石是泰特河谷普拉德镇的显著特点。小镇中**圣皮埃尔**堂的南部有一座哥特式风的塔楼，塔楼内部颇具巴洛加泰罗尼亚艺术风格。但小中最具特色的是有前罗马筑风格的圣米歇尔·德·居扎修道院，这座修道院位于河上游 3 公里处，该修道院是班牙大提琴家帕勃罗·卡萨斯遗留下来的。卡萨尔斯在里过了几年流亡的生活，每的 8 月修道院都会举行音乐来纪念他。

圣米歇尔·德·居扎修道院是由本笃会的修士于 878 年修建的，它是早期修道院建筑的代表，在法国和西班牙都非常有名。974 年修建的拱表明了摩尔文化对修道院的影响。杂色的大理石回廊及其精致的柱头都是后来在 12 世纪

黄色小火车

黄色小火车一路沿着窄窄的铁轨穿过峡谷，通过高架桥直奔塞尔达尼亚，只在沿途的一些小站停靠，所以早早地找到一个好的位置对于观看一路的风景是十分必要的。这条始于孔夫朗自由城，终止于拉图尔－卡罗尔的铁路建于 1910 年，建造的最初目的是改善山里的交通，现在该铁路已经成为主要的旅游线路。

便于游客在夏天观看风景的敞篷黄色小火车

加上去的。

整座建筑在大革命之后废弃了，其中著名的雕刻也成为战利品。自1913年来，美国雕刻家伯纳德发了当地建筑中的雕花柱头。在1925年将这些雕刻品卖了纽约的首都艺术博物馆。那里他们修建了回廊博物——一座被忠实还原的罗马修道院。

卡尼古圣马丁 ❹

t-Martin-du-Canigou

asteil. **电话**：04 68 05 50 03 ◯（仅接团体游客：时间1小时，时间随季变化）6月～9月：每天；10月～5：周二至周日 ● 1月 ▨

卡尼古圣马丁位于通往卡尼古山的道路的三分之一处，乘吉普车或步行都可到达。从卡斯特出发步行到达卡尼古圣马丁仅需40分钟。在Vernet-les-Bains可以租借吉普车。卡尼古圣马丁修道院修建于1001～1026年，是由塞尔达尼亚的伯爵出资建造的，他是当地的一位法官，他放弃了他的家庭，在1035年进入了男修道院。在这里游客还可以看到他在自己死前14年亲自为自己雕刻的坟墓。其中的教堂是早期罗马式的建筑，其设计基于长方形的基督教教堂，两座教堂上下排列，摞在一起，下面的教堂成为地窖。

马丁的修女

修道院内部错综复杂，蜿蜒的小路纵横交错。从上向下俯看修道院是视野最佳的视角，它依山而建，层次分明，体现了早期建筑师的想象力和创造力。

塞拉博小修道院的特色教堂看台

11世纪的卡尼古圣马丁修道院

普里耶·德·塞拉博 ❺

Prieuré de Serrabone

Boule d'Amont. **电话**：04 68 84 09 30 ◯ 每日 ● 1月1日、5月1日、11月1日、12月25日 ▨

塞拉博修道院位于加泰罗尼亚人的神山——卡尼古山的北侧。这座罗马式建筑风格的修道院位于D618号公路旁，四周被葱郁的植物包围，远远望去，其塔楼及半圆形的后殿若隐若现。

修道院中12世纪的小礼拜堂讲坛使内部显得庄严肃穆。其中的柱子和拱门都用当地的红纹大理石修建，而且其上精美的雕刻也是当地不知姓名的居扎大师的作品。他的作品在本地随处可见，野兽、植物、鲁西永的玫瑰是柱头上出现的最频繁的图案。

塞雷 6

Céret

Pyrénées-Orientales. 8000 av Clémenceau（04 68 87 00 53）周六、周二、7月～8月的前夕 樱桃节（5月/6月）www.ot-ceret.fr

塞雷是一座樱桃镇，初春时节整个小镇都被一片片粉红色的花朵包围着，当然这也预示着这一年的第一批水果即将成熟。铺有瓷砖的彩绘外墙和凉廊尽现当地建筑的西班牙风格。毕加索、布拉克、马蒂斯都非常喜欢这个小镇。小镇中最值得一去的地方当数**现代艺术博物馆**（Musée d'Art Moderne），其精美的现代建筑中收藏了很多知名艺术家的作品，甚至其中还陈列着由毕加索捐赠的50多幅作品，其中包括画有斗牛场面的碗，还有马蒂斯、夏加尔、胡安·格里斯及萨尔瓦多达利的作品。

该镇的加泰罗尼亚遗产主要有定期的斗牛比赛和在每年7月举行的萨达纳舞蹈节。

现代艺术博物馆

8 bd Maréchal Joffre. **电话**：04 68 87 27 76 4月～9月：每天；10月～3月：周三至次周周一 某些公共假期 www.musee-ceret.com

巴纽尔斯的阿里斯蒂·德马里的雕像

郊外

从塞雷乘D115通过泰特河谷可以到达温泉小镇**艾米丽·德·贝恩斯**（Amélie-les-Bains），更远处的**泰特河畔阿尔勒**（Arles-sur-Tech）拥有圣玛丽教堂，其中有12世纪的壁画，教堂的门边有一座石棺，传说每年都会有水从这座石棺中流出来。

加泰罗尼亚区旗

朱红海岸 7

Côte Vermeille

Pyrénées-Orientales. Perpignan. Collioure, Cerbère Collioure,Banyuls-sur-Mer. Collioure（04 68 82 15 47），Cerbère（04 68 88 42 36）www.collioure.com

在地中海与比利牛斯山的交界处有一片海岸线崎岖、海湾和岩石丰富的狭长地带，这就是美丽的朱红海岸。海岸一直延伸到西班牙北部的布拉瓦海岸。当地的加泰罗尼亚风情随处都可以感触到，因此人们会觉得这里就是西班牙。这里有欧洲最大的露营中心**滨阿赫莱斯**（Argelès-Plage），内有三片沙滩和一个马场。**尔拜罗镇**（Cerbère）是最后一个归入法国的西班牙小镇，镇上飘扬的加泰罗尼亚旗表示着它对西班牙的忠诚。葡萄园沿着海岸线阶梯式地布满整个山坡，像巴纽尔斯、麝香葡萄等甜美的葡萄都产自该地区，但是崎岖的地形使葡萄的采摘变成了一件很困难的事。葡萄是7世纪时希腊的移民首先带到这里的。在中世纪时巴纽尔斯建造了自己的葡萄酒窖。这里也是著名雕刻家阿里斯蒂德·马约尔的出生地，他的作品随处可见。由旺德尔（路易十四的建筑师）设计建造的**旺德尔港**（Port Vendres）的沙丁鱼非常有名。

从巴纽尔斯南海岸看到的壮丽的朱红海岸

科利乌尔的港口的沙滩和圣母院

科利乌尔 ❽

Collioure

Pyrénées-Orientales. 3000 pl du 18 juin（04 68 82 15 47）周三和周日 www.collioure.com

沐浴在明亮的灯光下的房屋、静静地伫立在海滨柏树阴影下的灰泥墙，还有美丽的渔船——这就是美丽的科利乌尔的真实写照，这一切早在1905年就深深地吸引了著名画家马蒂斯。在马蒂斯的影响下，包括法国画家朗德在内的其他画家也开始在作品中体现出了野兽派的风格，街道上到处都是艺术画廊和纪念品店。

令人惊奇的是这座小渔港几乎没有什么改变，凤尾鱼食品业仍然是其主要产业，三座凤尾鱼盐腌室仍然存在。

海港附近的三片沙滩曾属于**皇家城堡**（Château Royal），这座城堡是由圣殿骑士于13世纪时修建的，与此同时科利乌尔也变成了进入佩皮尼昂的主要通道。在1659年法国管辖这一地区之前，科利乌尔一直处于西班牙阿拉贡的统治之下。可惜的是，10年之后，军事工程师沃邦开始加强其外围的防御工事，在这个过程中，一些科利乌尔周边的原始小镇遭到了毁坏。如今，这座城堡的现代艺术展览吸引了越来越多的游客。

位于科利乌尔码头附近的**天使圣母教堂**（Eglise Notre-Dame-des-Anges）17世纪进行了重修，曾经的灯塔已经被改装成一座钟楼。教堂内存有至少五幅巴洛克风格的画作。七八月份的科利乌尔景色异常优美，这时也是当地旅游的旺季，交通堵塞在此时是常事。虽然已经修建了D86公路以便舒缓交通，但道路仍然非常拥挤。

皇家城堡

电话：04 68 82 06 43 每天 1月1日、5月1日、12月25日

埃尔讷 ❾

Elne

Pyrénées-Orientales. 8000 pl Sant-Jordi（04 68 22 05 07）周一、周三、周五 www.ot-elne.fr

公元前218年，汉尼拔在去罗马的途中曾经过埃尔讷古城。16世纪时该城仍是鲁西永的重要小镇之一。该镇因11世纪的**圣尤拉莉亚和圣朱莉大教堂**（Cathédrale de Ste- Eulalie et Ste-Julie）而闻名。刻着花纹、人物及蔓藤的蓝纹大理石柱头别具一格。其中一个柱头的历史可追溯到12世纪初，其余的三个却是13～14世纪的作品。在教堂前面能够俯瞰到广阔的葡萄园和果园。

雕有"东方三博士之梦"的埃尔讷雕花柱头

佩皮尼昂的马略卡王宫的入口

佩皮尼昂 ⑩
Perpignan

Pyrénées-Orientales. 120000 Palais des Congrès（04 68 66 30 30）每天 www.perpignantourisme.com

加泰罗尼亚风格的佩皮尼昂是一座典型的南方城市：泰特河岸上种着棕榈树，青绿色的房屋和粉色的商店惹人喜爱，街道两旁是卖香料、蒸粗麦粉、西班牙肉菜饭的阿拉伯人。

如今的佩皮尼昂是鲁西永的中心，在地中海地区的发展中有重要的作用。佩皮尼昂在13~14世纪意大利马略卡及西班牙阿拉贡两位国王的统治下达到了鼎盛时期，当时的法国版图包括西班牙北部地区。当时的**马略卡王宫**（Palais des Roisde Majorque）在南部城市中也赫赫有名。

在凉廊广场上举行的两周一次的萨达纳舞庆典将佩皮尼昂浓厚的西班牙色彩体现得淋漓尽致。萨达纳舞是加泰罗尼亚的民间舞蹈，跳舞时舞者在乐队的伴奏下随着节拍双臂举起围成圆圈。

圣让大教堂中的虔诚的耶稣

海滨凉廊（Loge de Mer）位于洛热广场的前部，修建于1397年，是佩皮尼昂旧城最精美的建筑之一；它曾用作商贸区，其东面还保留着最初的哥特式风格。凉廊的其余部分于1540年重建，但完全是文艺复兴时期的风格。然而，其内部的快餐店有时会令游客们不满，因为那里的喧嚣声完全打破了海滨凉廊安静的氛围。但是它仍是佩皮尼昂人的生活中心，附近的咖啡馆热闹非凡。

旁边的景点就是**市政厅**（Hôtel de Ville），其院中的拱廊的历史可以追溯到131[illegible]年，院子的中心是雕塑家阿里斯蒂德·迈罗尔的雕刻作品——《地中海》（1950年）。东面的圣让大教堂有着错综复杂的小巷，教堂广场上有14~15世纪的精美建筑。

一年一度的圣血兄弟会游行

每逢耶稣受难节，佩皮尼昂都会举行圣血兄弟会游行活动（Confraternity of La Sanch），届时这里便充满了加泰罗尼亚的气氛。最初举办这个活动的目的是慰藉15世纪的死囚犯，兄弟会的成员至今仍穿着恐怖的红色或黑色长袍，他们手里拿着神圣的遗物和十字架，从虔诚基督礼拜堂前往大教堂。

圣让大教堂（Cathédrale St-Jean）

Pl de Gambetta 每天

圣让大教堂始建于1324年，于1509年竣工，其主要特色是铁钟楼。鹅卵石及红砖构成了该建筑的主体，这种特色与这一带建筑材料缺乏有很大关系。

教堂的内部比较昏暗，镀金祭坛、彩绘木雕及前罗马式的大理石洗礼池位于中殿的一侧。在教堂和小礼拜堂附近的公墓中摆有虔诚耶稣的雕像。

圣让大教堂是在11世纪的老圣让教堂的原址上建造起来的，从大门左边的入口可以看到大教堂的罗马式正门。教堂的某些部分可能正在进行翻修，禁止参观。

马略卡王宫（Palais des Rois de Majorque）

rue des Archers. 电话：04 68 34 48 29 每天 1月1日、5月1日、11月1日、12月25日

这座由马略卡王国在13世纪修建的宏伟宫殿的主要作用是防御外来侵略。红砖墙内的之字形阶梯始建于15世纪，在接下来的两个世纪又增建了许多部分。宫殿中的花园设计精美，城堡异常坚固。沿着致敬之路登顶可以俯瞰城市、山川和河流。

宫殿坐落在一座庭院当中，一侧的大厅中最具特色的是三个一组的壁炉和巨大的哥特式拱形窗。邻近大厅的两个皇家小礼拜堂将南部哥特式建筑风格表现得淋漓尽致：尖拱、壁画及仿古瓷砖都显示了摩尔文化对该地区的影响。小礼拜堂的大理石门口是鲁西永罗马式建筑风格的典范。现在，王宫的庭院中偶尔还会举行音乐会。

约瑟夫·德隆克勒博物馆（Musée Joseph Deloncle de l'Histoire de la Catalogue Nord）

市政厅的庭院

Le Castillet. 电话：04 68 35 42 05 周二至周日 1月1日、5月1日、11月1日

红色的塔楼和粉色的钟楼使这座博物馆格外显眼。它建于1368年，曾一度被用作监狱，城墙至今被保留下来。这里陈列着许多的艺术品，其中包括农用工具、餐具、织布机及当时用于盛水和油的陶器。有时也会举办艺术展览。

里戈博物馆（Musée Rigaud）

16 rue de l'Ange. 电话：04 68 35 43 40 周二至周日 公共假期

这座18世纪的建筑中主要收藏亚森特·里戈（1659～1743年）的折中派作品，他生于佩皮尼昂，是路易四世和路易五世时期的宫廷画家。博物馆的一层是人物肖像展，主要包括大卫、格瑞兹和安格尔的作品，这里还有杜菲、毕加索等人的专门展览；14~16世纪的加泰罗尼亚和西班牙油画，如《圣三一组塑》（1489年）也在这里展出。

博物馆中也有20世纪艺术家的作品：比如阿列钦斯基、阿佩尔。这里不但有20世纪40年代晚期欧洲眼镜蛇运动的展览，还有加泰罗尼亚艺术家皮埃尔·道尔及现代画家布龙、泰尔斯、维欧莱的作品。

萨勒斯城堡的坚固的塔楼和城墙

萨勒斯 ⑪

Salses

Pyrénées-Orientales. 3000 pl de la République（04 68 38 66 13） 周三 www.salses.monuments-nationaux.

位于西班牙和法国边境的**萨勒斯城堡**（Forteresse de Salses）就像一座巨大的沙堡矗立在科比埃尔葡萄园边。它修建于1497～1506年，由阿拉贡的费迪南主持建造。它处于地中海的潟湖入口，最初的建造目的是防御西班牙的入侵。其高大的城墙和圆形塔楼是典型的西班牙军事建筑风格，可以防御黑火药的威胁。内部的地下室设有可以同时饲养300匹马的马厩，庭院中还有交错的地下通道。在城堡上可以俯瞰下面的潟湖和海岸线的迷人风景。

佩皮尼昂的圣让大教堂

科比埃山丘上的葡萄园

科比埃 ⑫

Corbières

Aude. Perpignan Narbonne, Carcassonne, Lézignan-Corbières. Narbonne, Carcassonne, Lézignan-Corbières. Lézignan-Corbières (04 68 27 05 42) www.lezignan-corbieres.fr/tourisme

科比埃是法国最广阔的地区之一，最出名的是它的红酒和宏伟的纯洁派城堡遗址（见491页）。这里大部分地区是未开垦的灌木丛林，弥漫鲜花的芬芳。朝南的坡地都已经种上了葡萄。

该地区的南边坐落着宏伟的**布列特努城堡**（Peyrepertuse）和**凯里布斯城堡**（Quéribus），后者是纯洁派最后的避难和斗争之地。参观 Villerouge-Termenes 城堡会令人联想到动荡的历史。它的西边是奥德河谷上游荒无人烟的 Razès 地区。**阿莱斯·贝恩斯**（Alet-les-Bains）的村庄是这里的世外桃源，有保存良好的半木质房屋和一座宗教战争中幸存的累累伤痕的本笃会修道院遗址。

纳博讷 ⑬

Narbonne

Aude. 52000 pl Roger Salengro（04 68 65 15 60）周四和周日 www.mairie-narbonne.fr

纳博讷是一座中型城镇，它的繁荣得益于周围的红酒产区。镇子被掩藏在树荫下的罗宾运河一分为二；北边是保存完好的中世纪建筑群，有不少商店和餐馆。纳博讷最迷人的景点要数**粮仓**（Horreum），里面随处可见谷仓和粮槽，这个地下仓库的历史可追溯至1世纪，当时纳博讷还是一座主要港口，也是古罗马帝国最大的省——高卢省的省府。

该地区在中世纪时就十分繁荣，直到15世纪，泥沙使得港口淤塞，奥德河改道，导致了纳博讷的衰落。从此之后，这里变成了重要的主教管辖区，声势浩大的大教堂工程——以北方宏大的哥特式大教堂为模板——也开始动工。但这个设计并没有完成，仅留下了1272年的高坛。目前可见的**圣朱斯特和圣巴斯德大教堂**（Cathédrale St-Just St-Pasteur）便是在此基础上建成的。

即使如此，这座大教堂还是非常壮观，14世纪的雕刻、彩绘玻璃和18世纪的雕花管风琴为其增添了魅力，奥布松壁毯和哥白林壁毯使墙壁生色不少。Anonciade 小教堂中有一个藏有手稿、圣骨匣和壁毯的珍宝馆。未完成的耳堂现在成为一座庭院。

坐落于大教堂和**大主教宫**（Palais des Archevêques）之间的修道院有四个带有14世纪拱顶的回廊。这座巨大的宫殿教堂复合建筑位于纳博讷中心，在大主教宫高大的14世纪塔楼之间即是市政厅，这座19世纪新哥特风格建筑物的设计者是维奥莱公爵（见20…页）。宫殿分为旧宫和新宫，纳博讷的许多重要博物馆都坐…

纳博讷圣朱斯特和圣巴斯德大教堂带有拱顶的高坛

米迪运河（CANAL DU MIDI）

这条长达240公里的米迪运河始于塞特，终于图卢兹，它中途穿过梧桐树林、葡萄园和寂静的山谷。水闸、渡槽和桥梁构成的复杂系统是一个非常伟大的机械工程，由贝济耶的盐税大亨保罗·里凯所建。于1681年竣工的运河促进了朗格多克地区的贸易，并通过加龙河在大西洋和地中海之间形成了一条生命线。现在有大型度假游艇往返于此（www.canal-du-midi.org）。

米迪运河宁静的水道

纳博讷西南的西多会丰弗鲁瓦德修道院（建于1093年）

落在新宫内。

史前考古博物馆（Musée d'Archéologieet de Préhistoire）的藏品包括纳博讷古罗马时期的文物，如家居用品、钱币、玻璃制品等。**马德莲教堂**（Chapelle de la Madeleine）饰以14世纪壁画，并收藏着希腊花瓶、大理石棺和马赛克画。

大主教宫的前半部分是**历史艺术博物馆**（Musée d'Artet d'Histoire），它的藏品、奢华的陈设和绘有大量图案的天花板都值得一看。其藏品包括卡纳莱托、勃鲁盖尔等人的画作，还有当地的陶瓷制品。

罗宾运河的南边有许多精致大宅，包括Trois-Nourrices街和Edgard-Quinet街转角处的**三护士大宅**（Maison des Trois Nourrices）。其附近是收藏了高卢－古罗马时期纳博讷建筑碎片的**宝石博物馆**（Musée Lapidaire）和13世纪的**圣保罗塞尔大教堂**（Basilique St-Paul-Serge），现存的建筑物内还保留着地窖和早年留下的大理石棺。

粮仓
Rue Rouget-de-l'Isle. **电话：**04 68 32 45 30 7月中～10月中：每天；11月～7月中旬：周三至次周周一 1月1日、5月1日、11月1日和11日、12月25日

史前考古博物馆/历史艺术博物馆
Palais des Archevêques. **电话：**04 68 90 30 65 7月中～10月中：每天；11月～7月中：周三至次周周一 1月1日、5月1日、11月1日和11日、12月25日

宝石博物馆
Eglise Notre-Dame de Lamourguié. **电话：**04 68 90 30 65 7月中～10月中：每天；11月～7月中：周三至次周周一 1月1日、5月1日、11月1日和11日、12月25日

郊外

西南侧（13公里）有一座带有雅致回廊的西多会**丰弗鲁瓦德修道院**（Abbaye de Fontfroide），它隐藏在宁静的山谷之中，周围环绕着苍翠的柏树。

狮子海湾 ⑭
Golfe du Lion

Aude, Hérault. Montpellier Sète La Grande Motte（04 67 56 42 00）www.ot-lagrandemotte.fr

朗格多克－鲁西永100公里的海岸线上覆盖连绵不断的沙滩，仅南部的朱红海岸水湾处有较多岩石。从20世纪60年代开始，度假村人工景点的建造就很注重生态保护，其中一些富有当地风格，另一些是充满想象力的建筑。

拉格朗德默特（La Grande Motte）码头有着金字形的建筑物（见495页）。**阿格德角**（Cap d'Agde）拥有欧洲最大的自然保护区。内陆阿格德由古希腊商人用玄武岩兴建，并拥有一座坚固的大教堂。

吕卡特港（Port Leucate）和**巴尔卡雷港**（Port Bacarès）是参加水上运动的绝佳地点。**赛特**（见492页）是一座古镇。平静的朗格多克海岸的一大特点是它有着大而浅的潟湖，其中靠近卡马尔格的盐水潟湖是众多水鸟的生息之地。

阿格德角广阔多沙的海滩

卡尔卡松 ⑮ Carcassonne

卡尔卡松堡垒是一座修缮极好的中世纪城镇，并受到联合国教科文组织的保护。它耸立在奥德河陡峭的河岸之上，童话般的塔楼和城墙俯视着下城区。堡垒拥有战略地位，它位于大西洋和地中海之间，在伊比利亚半岛和欧洲其他地区之间的狭长地带上，2世纪时古罗马人将其加固。它在中世纪的战争中起着关键的作用。12世纪是其鼎盛时期，由修建了城堡和大教堂的Trencavel家族管理。军事技术的进步和1659年《比利牛斯条约》（该条约重新划分了法国－西班牙边境线）的签订导致了它的衰败。出于对古建筑的关注，维奥莱公爵（见200页）于19世纪对其进行了修复。

修复后的堡垒

修复堡垒一直广受争议。反对者抱怨修复后看上去太新了，他们更喜爱看上去更浪漫的

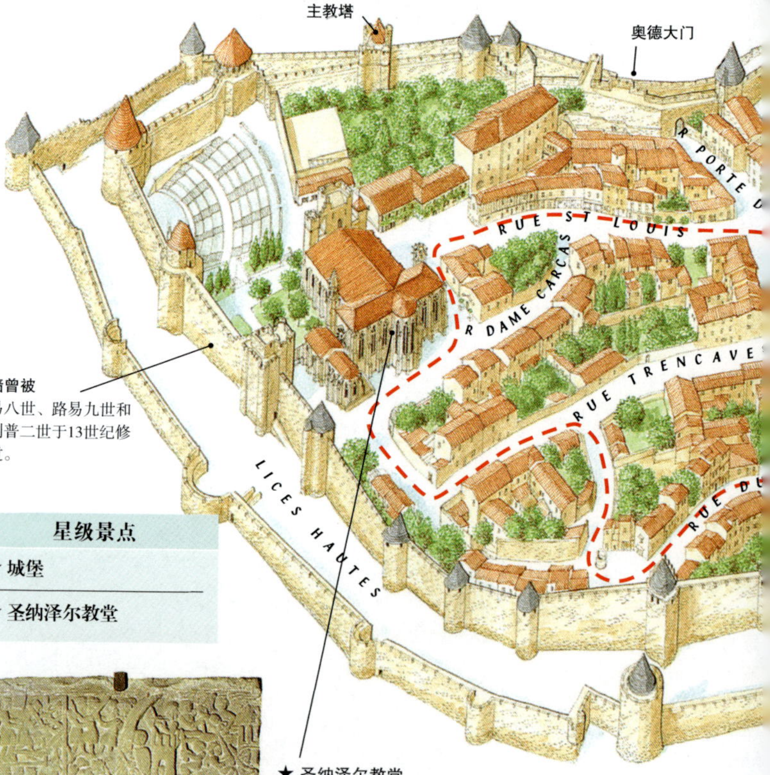

★ 城堡（Le Château）

这是一座堡垒中的堡垒，它有一条护城河、五座塔楼和高墙上的防御木廊。

城墙曾被

路易八世、路易九世和菲利普二世于13世纪修建过。

★ 圣纳泽尔教堂（Basilique St–Nazaire）

著名的攻城石就在这座融合了罗马式和哥特式于一身的大教堂中，它描述了1209年十字军围攻卡尔卡松的事件。

0 米 50

0 码 50

图例

推荐线路

星级景点

- ★ 城堡
- ★ 圣纳泽尔教堂

本地区住宿及餐饮信息见588～590页和643～646页

宗教迫害

卡尔卡松的战略地位意味着它注定要成为战争冲突的焦点。1209年，Raymond-Roger Trencavel 为纯洁派（见491页）在这里提供了避难之所，当时他们正身陷西蒙·德·蒙特福特所率领的旨在清除异教徒的十字军的围攻之中。14世纪，宗教法庭还在继续清剿纯洁派教徒。这幅画描绘了宗教法庭塔中将要被处决的犯人。

J.P.劳伦斯的《卡尔卡松的监禁》

游客备忘

Aude. 49000 卡尔卡松机场西侧4公里处 Port du Canal du Midi bd de Varsovie 28 rue Verdun（04 68 10 24 30）周二、周四和周六 卡尔卡松节（7月～8月）；古城灯会（7月14日）；南部节日（8月）。**城堡** 每天 1月1日、5月1日、11月1日和11日、12月25日 www.carcassonne-tourisme.com

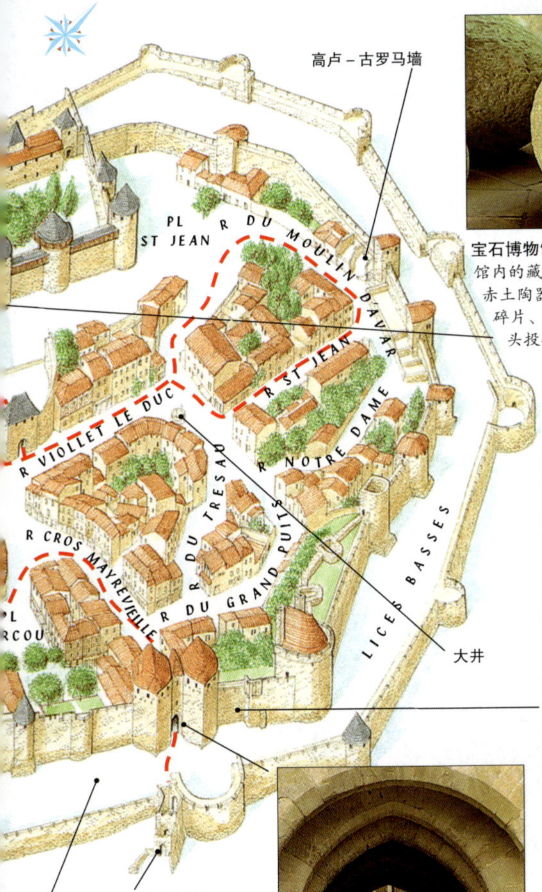

宝石博物馆（Musée Lapidaire）
馆内的藏品包括古罗马的双耳细颈酒罐和赤土陶器，来自大教堂的罗马式壁画和碎片、一扇哥特式窗户和中世纪的石头投射弹。

纳博讷门（Porte Narbonnaise）
这座建于1280年的大门的两翼是两座砂岩塔。这座防御工事包括两个吊闸、两扇铁门、一条护城河和一座吊桥。

竞技场这片位于内外防御土墙之间的空地易于御敌，还可用于比武、射击练习和木材等物质的存放。

古城入口
它是法国最著名的旅游景点之一，四周布满了纪念品商店，进入古城，时光也仿佛回到了过去。

从贝济耶西南面的老桥所看到的贝济耶风光和中世纪的大教堂

密涅瓦 ⑯

Minerve

H aul t. 120 rue des Martyrs（04 68 91 81 43）www.minerve-tourisme.fr

密涅瓦贫瘠的山丘上种植着葡萄和为数不多的其他植物。赛斯河和布里昂河交汇处岩石丛生，使密涅瓦显得令人难以亲近。一座被密涅瓦人称为“Candela（蜡烛）”的一座八角楼伫立在这里，它是中世纪城堡唯一的遗迹。1210 年，小镇抵挡住了一心要铲除纯洁派的西蒙·德·蒙特福特的大军，这场围攻持续了七周，最后以 140 位纯洁派教徒被绑在木桩上被烧死而告终。

如今，游客可以通过一座横跨峡谷的大桥进入密涅瓦。向右转，然后沿着纯洁派教徒的足迹通过圣殿骑士城门便可以到达 12 世纪的**圣艾蒂安教堂**（Eglise St-Etienne）。教堂外的鸽子浮雕是纯洁派的象征，其内部的大理石祭桌是该地最古老的手工艺品之一。

镇子的下方有一条沿着河床的石路，在这里河水的冲击形成了洞穴，河上架着用石灰岩建成的大桥和小桥。

贝济耶 ⑰

B i ers

H aul t. 73000 29 av Saint Saëns（04 67 76 84 00）周五 www.beziers-tourisme.fr

除了著名的斗牛、英式橄榄球和红酒外，贝济耶还有很多吸引人的地方。这座城镇看上去向内倾斜，随便哪条路都通向 14 世纪的圣纳泽尔大教堂（Cathédrale St-Nazaire）。该教堂有着精致的雕像、彩绘玻璃和精美的湿壁画。1209 年，数千居民在十字军清剿纯洁派的战役中被屠杀。教皇使者的军队被下令不要区分天主教教徒与纯洁派教徒，而是“将他们全部杀光，神会认得出他的子民”。

位于贝济耶保罗·里凯地区的保罗·里凯雕像

比特罗博物馆（Musée du Biterrois）中有历史、红酒以及由贝济耶的保罗·里凯建造的米迪运河（见 486 页）的展览。保罗·里凯也是山脚下一片区域的名字，那里伫立着里凯的雕像，小巷两侧林立着梧桐和有天棚的餐馆。

比特罗博物馆

Caserne St-Jacques. **电话：**04 67 36 71 01 周二至周日 1月1日、复活节、5月1日、12月25日

郊外

古罗马遗址昂泽林山城俯视着贝济耶平原和北边的山脉。**昂泽林山城博物馆**（Musée de l'Oppidum d'Ensérune）收藏着凯尔特、希腊和罗马的花瓶、珠宝、遗迹和武器。**雷萨克城堡**（Château de Raissac）的马厩中有一家 19 世纪的陶器博物馆。

昂泽林山城博物馆

Nissan-lez-Ens une.

电话：04 67 37 01 23 每天（9月～次年4月：周二至周日）公众假期 限制 **http://enserune.monumentsnationaux.fr**

纯洁派教徒

纯洁派教徒（名字源于希腊语“katharos”一词，即“纯洁”之意）是13世纪国教中一个反腐败的基督教派。他们活跃在独立的朗格多克区，是分离主义的代表，但是他们的反抗运动很快就被政治斗争所利用。西班牙阿拉贡的彼得二世渴望吞并朗格多克，而法国的菲利普二世则联合了罗马教皇召集由西蒙·德·蒙特福特率领的十字军镇压了纯洁派教徒。从此纯洁派教徒遭受了长达一个多世纪的迫害。

纯洁派城堡

科比埃和阿列日有许多防御性城堡，那是纯洁派教徒的避难所。其中配赫佩图斯是最偏僻的城堡之一，狭长的石砌堡垒筑在609米高的陡峭山上，人们至今都很难抵达。

纯洁派教徒（亦称阿尔比派教徒）信仰善良与邪恶。他们认为物质世界是完全邪恶的，为了变成真正的纯洁者，他们必须过着一种与世隔绝、不使用暴力、食素且禁欲的生活。

十字军对纯洁派教徒的打压是残忍的。异教徒的领地被罗马教皇分配给了十字军，教皇毅然认为他们的宽仁之心远超过他们的罪恶。1209年，有2万市民在贝济耶被杀害，随后第二年，又有140人在密涅瓦被活活烧死。1244年，225名纯洁派教徒为了保卫他们最后的堡垒在蒙塞古牺牲。

纯洁派教徒的故乡

有着纯洁派教会的城堡和城镇中，有一些是非常壮观的景点，它们主要集中在朗格多克－鲁西永区，该地区在中世纪时曾经是纯洁派的活动中心。

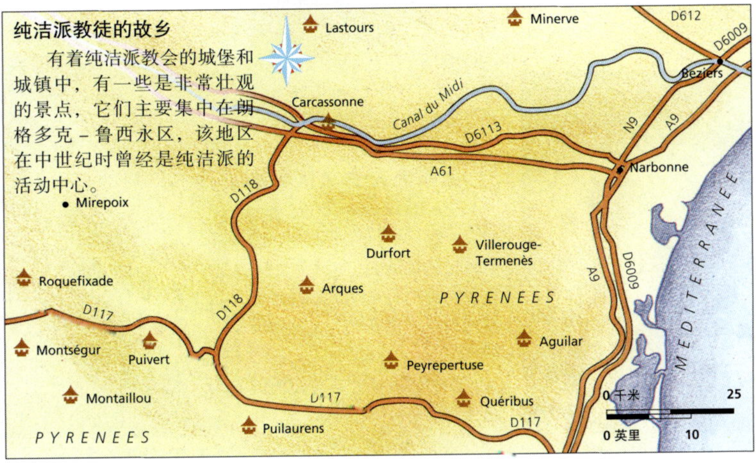

赛特抵抗运动码头上令人印象深刻的大酒店（见590页）

这里还有一座小型博物馆，依山傍水。

国际朴素艺术博物馆
23 quai du Maréchal de Lattre de Tassigny. 电话：04 99 04 76 44 4月～9月：每天；10月～次年3月：周二至周日 公共假期
www.miam.org

赛特 ⑱

Sète

Hérault. 43500 60 grand' rue Mario Roustan（04 99 04 71 71）周三和周五 www.ot-sete.fr

赛特是重要的渔港兼工业港口，它比大部分休闲的地中海地区更加豪放。码头的商店内出售船灯和螺旋桨，而餐馆中挤满了大口地吃着蚌类、牡蛎和海蜗牛的水手。赛特的大部分餐馆都分布在大运河沿岸，这些意大利式房屋的墙上粉刷着图案，从它们的铁艺阳台上还能欣赏到赛特的运河和桥梁网络。这里激烈的水上格斗比赛历史悠久，可以追溯到1666年，该比赛是当地8月份圣路易节活动的一部分（见37页）。

滨海墓园中保罗·瓦莱里的墓

国际朴素艺术博物馆（Musée International des Arts Modestes）位于运河边上一座翻修过的商店内，馆内展出了许多有趣的日常用品，题材新颖（包括一些当代著名设计师的作品）。

在该镇的高处有一座**海滨墓园**（Cimetière Marin），其中埋葬着著名的赛特诗人保罗·瓦莱里（1871～1945年）。

佩兹纳斯 ⑲

Pézenas

Hérault. 9000 Pl des Etats de Languedoc（04 67 98 36 40）周六
www.pezenas-tourisme.fr

佩兹纳斯是一座精致迷人的小镇，闲暇之时漫步其中便能领略当地美景。它在16～17世纪曾是当地政府所在地，如今的一些细节仍能体现其往日辉煌。许多著名乐团和演出团（包括莫里哀剧团）也会来此演出。

这里最值得参观的是一栋栋迷人的大宅：François-Oustrin路8号有着石级的**拉科斯特男爵大宅**（Hôtel des Barons de Lacoste）；Alfred Sabatier路12号有着三座走廊的**穷人之家**（Maison des Pauvres）。

值得留意的是Triperie-Vieille路上的中世纪商店橱窗和14世纪**福日尔门**（Porte Faugères）内狭窄的犹太街道。该镇的商店内出售古董、二手货和大量书籍。城镇周边一望无际的葡萄园蔓延至远方。

佩兹纳斯拉科斯特男爵大宅的石级

上朗格多克地区公园 ⓴

Parc Régional du Haut Languedoc

Hérault, Tarn. Béziers. Béziers, Bédarieux. St-Ponsde-Thomières, Mazamet, Lamalou-les-Bains St-Pons-de Thomières (04 67 97 38 22).
www.parc-haut-languedoc.fr

朗格多克的石灰石高原和树木茂盛的山坡是一座世外桃源。从贝济耶与卡斯特尔之间的黑山丘陵向上到塞文山脉有着偏僻的牧羊农场、侵蚀岩层以及深深的峡谷。这里大部分区域被划定为上朗格多克地区公园，它是法国第二大国家公园，仅次于埃克林斯。

圣庞斯－德－托米埃（St-Pons-de-Thomières）是公园的入口，那里有通向森林和山峰的小路。此外这里还有野生动植物研究中心，在那里可以看到野山羊、鹰和野猪。这些动物曾经在这一地区很常见。

D908 公路从圣庞斯穿越公园，途经**奥拉尔格**（Olargues），该村有一座 12 世纪的大桥横跨在若雷河上。**拉马鲁－贝恩斯**（Lamalou-les-Bains）温泉疗养镇位于公园的东部边缘，有着重建的鼎盛时期温泉建筑和剧院，这里人们的生活节奏比较缓慢。

公园的东北边界有许多壮美的自然景观，在**纳瓦塞尔圆形山谷**（Cirque de Navacelles），维斯河将一个岛屿分割开。在高处的公路上可以眺望到岛上的纳瓦塞尔村。**少女洞穴**（Grotte des Demoiselles）是该地区最壮观的石灰石洞穴之一。在山脚下有索道火车通往山顶。

克拉莫斯洞穴（Grotte de Clamouse）中的地下河与池塘水面的反射光线投在洞顶闪烁不定，蜡烛滴状的石笋和钟乳石随处可见。

克拉莫斯洞穴内特别的石灰石岩层

少女洞穴

St-Bauzille-de-Putois. 电话：04 67 73 70 02 每天 1月、12月25日
www.demoiselles.com

克拉莫斯洞穴

Rte de St-Guilhem-le-Désert, St-Jeande-Fos 电话：04 67 57 71 05 2月～11月中：每天
www.clamouse.com

荒凉的圣吉扬的半圆形后殿

荒凉的圣吉扬 ㉑

St-Guilhem-le-Désert

Hérault. 250 Maison Communale（04 67 57 44 33）
www.saintguilhem-valleeherault.fr

荒凉的圣吉扬位于塞勒特山地，已不像从前那么偏僻了，9 世纪时阿基坦的纪尧姆隐居于此，他当了一辈子兵，退役后从查理曼大帝那里得到了真十字架的碎片，于是在埃罗河上游的峡谷内建造了一座修道院。

虽然目前这里发现 10 世纪的教堂遗迹，但绝大部分建筑都属于 11～12 世纪的罗马风格。可爱的拱顶小礼拜堂是整座村庄的最高点，其背后有一座浮雕大门通向中心广场。

教堂内有一条桶形的中央过道，通向明亮的中殿。只有两座回廊保存完好，其余的部分和来自圣米歇尔·德·居扎的雕刻品都被收藏在纽约。

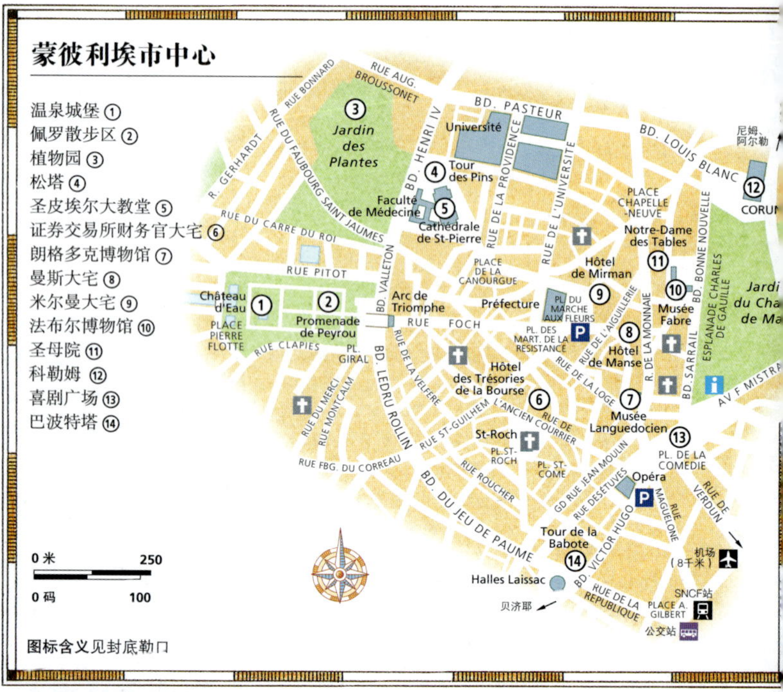

喜剧广场的露天咖啡馆

蒙彼利埃 ㉒

Montpellier

Hérault. 256000 30 allée Jean de Lattré de Tassigny（04 67 60 60 60） 每天 蒙彼利埃国际舞蹈节（6月～7月）www.ot-montpellier.fr

蒙彼利埃是法国南部地区最具活力且最有前途的城市。该地区每四分之一英里不足 25 人。在大学还没放假时，蒙彼利埃的夏季傍晚比朗格多克－鲁西永更加热闹，作为活动中心的**喜剧广场**（place de la Comédie）通常被称为"蛋"。广场上的 19 世纪歌剧院前方是三女神喷泉，周围咖啡馆林立。经过一片有梧桐和喷泉的空地就到了**科勒姆**（CORUM），这座大胆的新建筑既是歌剧院又是会议中心。该城市的著名建筑还有理卡多·鲍费尔设计的后现代建筑"安提格涅"，它是模仿罗马的圣彼得大教堂修建的。

该地区曾是古罗马城镇，因此蒙彼利埃建立相对较晚，10 世纪与中东的香料贸易使它蓬勃发展。该市于 1220 年创建了一所医药卫生学校，它至今仍是法国最有声望的学校之一。

16 世纪的宗教战争使蒙彼利埃遭受了毁灭性的破坏，只有 12 世纪的**巴波特塔**（Tour de la Babote）和**松塔**（Toursdes Pins）保存下来；教堂也只剩下了**圣皮埃尔大教堂**（Cathédrale de St-Pierre）和**圣母院**（Notre-Dame des Tables）。

17 世纪重建的大宅有着优雅的庭院、石梯、阳台，可供参观的建筑包括 Embouqued'Or 街的**曼斯大宅**（Hôtel de Manse）、反抗运动烈士广场附近的**米尔曼大宅**（Hôtel de Mirman）和**证券交易所财务官大宅**（Hôtel des Trésoriers de la Bourse）。鲁纳雷特大宅中的**朗格多克博物馆**（Musée Languedocien）展出了史前工艺品。

另一座 17 世纪的建筑是**法布尔博物馆**（Musée

加尔桥

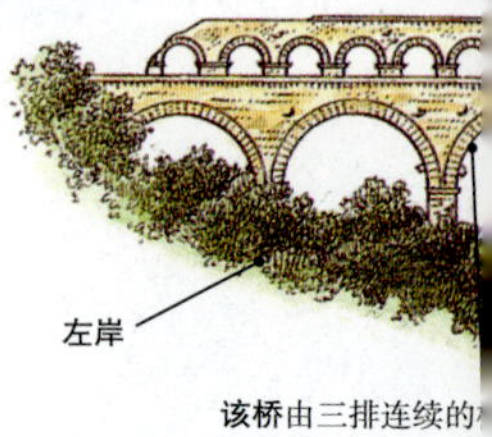

该桥由三排连续的拱组成。

本地区住宿及餐饮信息见588～590页和643～646页

abre），它主要收藏法国油画，最著名的有库尔贝的《早上好，库尔贝先生》、贝尔特·莫里索的《夏天》，还有杜菲等人的作品。

最好的观景地带要数佩罗散步区（Promenade de Peyrou），**温泉城堡**（Château d'Eau）就坐落在这里。北边是法国最古老的**植物园**（Jardin des Plantes）。不要错过Odysseum休闲区的水族馆**我们的海**（Mare Nostrum），里面有300多种海洋生物。

朗格多克博物馆
7 rue Jacques Coeur. **电话：** 04 67 52 93 03 周一至周六：仅下午 公共假期

法布尔博物馆
39 bd Bonne Nouvelle **电话：** 04 67 14 83 00 周二至周日

蒙彼利埃的温泉城堡

拉格朗德默特 ㉓
La Grande-Motte

埃罗省 8500 pl du 1er Octobre 1974（04 67 56 42 00）周日（6月中～9月中：增添周四）www.ot-lagrandemotte.fr

这座现代码头上的白色金字形建筑是朗格多克－鲁西

拉格朗德默特

永海岸的快速发展的证明。拉格朗德默特是蒙彼利埃南部的新城之一。这里有很多码头和运动设施，网球、高尔夫、各种水上运动装备应有尽有。金色的海滩和松林组成了这里的背景。拉格朗德默特东边是曾经的小渔村Le-Grau-Roi，其字母含义是"国王潮道"，还有有着巨大码头的卡马格港。

艾格-莫特 ㉔
Aigues-Mortes

加尔省 8000 pl St Louis（04 66 53 73 00）周三和周日 www.ot-aiguesmortes.fr

艾格－莫特有大量保存完好的城墙，去该镇的最佳线路是横穿小卡马格盐沼。该镇离海5公里，曾经是一个防备森严的港口，现在变成了旅游胜地，游览该镇比逛商店更有意义。艾格－莫特是13世纪时路易十四为巩固其在地中海地区的势力，严格依照网格模式建造的。爬上**康斯坦丝塔**（Tour de Constance）便可登上矩形的城墙，这是远眺的绝佳地点。

郊外

艾格－莫特的东北面是重要的中世纪港口**圣吉勒斯－加德**（St-Gilles-du-Gard）。最值得参观的是拥有华丽浮雕的12世纪修道院教堂，教堂外表雕刻得非常华丽。该教堂是克吕尼修道院的修士们为圣吉勒斯建造的神殿，也是圣地亚哥－德孔波斯特拉朝圣之路（见400～401页）上的休息点。

尼姆 ㉕
Nîmes

见496～497页。

加尔桥 ㉖
Pont du Gard

加尔省 08 20 90 33 30 从Nîmes. www.pontdugard.fr

49米高的加尔桥有2000年的历史，罗马人认为它足以证明其皇帝的伟大，它是罗马人建造的最高的桥。桥体用石块建造，奴隶运用滑轮系统将巨石运送到位。

水渠中的沉积物表明这条河已经使用了400～500年，它将**于泽斯**（Uzès）的泉水输送到50公里外的尼姆。

这个小镇还有一个带拱廊的市场和几座保存完好的中世纪塔楼。

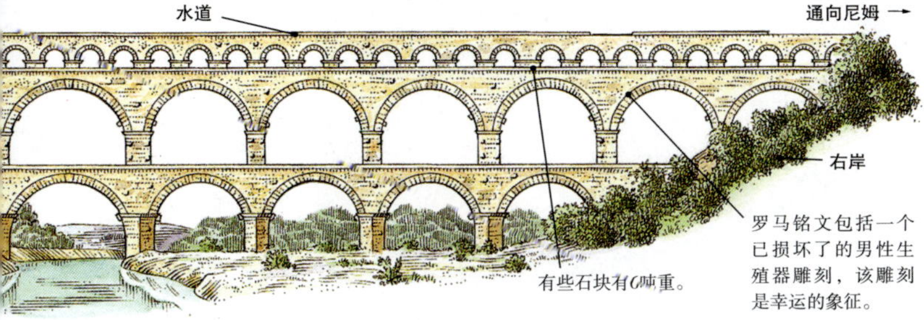

尼姆 ㉕ Nîmes

尼姆旅游图上排在首位的是菲利普·斯达克（Philippe Starck）设计的公共汽车站，斯达克的另一个贡献就是改建该市的步行区。这些改建工程是当前城市设计复兴的一部分。城市建设工程既包括充满想象力的宅邸，也包括新艺术混合建筑，所有项目都是在一个充满激情的市长的领导下完成的。尼姆在古代是一个重要的十字路口，保存完好的罗马圆形剧院是这里著名的遗迹。该市的节庆活动和斗牛比赛声名远扬。此外，尼姆的博物馆、考古学收藏品、老城狭窄的街道和恋人广场也都值得一览。

罗马圆形剧院的拱门

历史上的尼姆

尼姆有着动荡的历史，尤其是16世纪的宗教战争，使得罗马风格的**圣母和圣卡斯特大教堂**（Cathédrale Notre-Dame et St-Castor）遭到重创。17和18世纪时该镇纺织工业兴盛，其中最不朽的作品就是粗斜纹棉布，又称“尼姆布”；这一时期重建的房屋在老城区的Aspic街、Marchands街和Chapitre街都可以看见。市中心的外围有一座未来派的公寓住宅**泉水精灵1号**（Nemausus I）。**奥古斯都门**（Porte Auguste）比**凯尔之家**（Maison Carrée）神庙的历史还早20年。最原始的拱门依旧保存完好，两个较大的拱门可通过战车，较小的拱门则为行人所设。另一处罗马遗迹是**卡斯特利姆**（Castellum），以前这里的水来自加尔桥（见495页），泉水在这里用粗水管输送到全市各处。

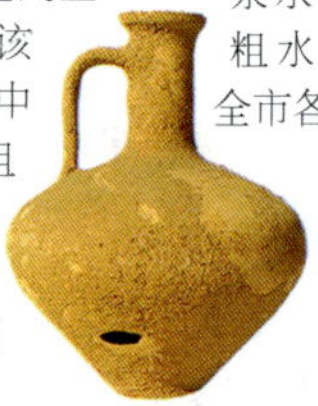

考古博物馆的水壶

喷泉公园（Jardin de la Fontaine）

Quai de la Fontaine. 每天

当罗马人到达尼姆后，他们发现了高卢人所建的坐落在温泉发源地中心的小镇，于是罗马人将该镇命名为“泉水精灵”。18世纪时，这里建造了花园、池塘，还有纵横交错的石级。**骑士山**（Mont Cavalier）屹立在花园上方，山上有一座八角形的**马涅塔**

俯瞰喷泉公园

旅游景点分布示意图

奥古斯都门 ❼
竞技场 ❿
考古博物馆 ❾
美术馆 ⓫
马涅塔 ❶
喷泉公园 ❸
凯尔艺术/当代艺术博物馆 ❻
卡斯特利姆 ❹
骑士山 ❷
圣母和圣卡斯特大教堂 ❽
方形大宅 ❺

Tour Magne)，站在上面可以俯瞰到全市的美景。

竞技场
(Les Arènes)

l des Arènes. **电话：**04 66 21 82 56
☐ 每天 ● 表演日

这里几乎所有的道路都通往竞技场，它是一座圆形剧院，始建于公元1世纪末。椭圆形的竞技场周围层层排列的石座可以同时容纳25000名观众。如今它是

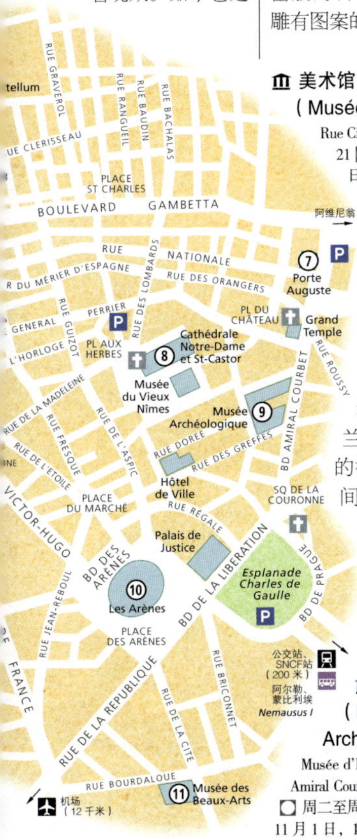

举办音乐会、体育竞赛和斗牛的最佳场所。

方形大宅
(Maison Carrée)

Pl de la Maison Carrée. **电话：**04 66 21 82 56 ☐ 每天

四角神殿是这个高雅的罗马神殿最如实的名称，它

马蒂尔·雷斯的雕塑作品

是尼姆人的骄傲。该神庙大约建于2世纪，是全世界保存最好的神庙之一，有着长笛般的科林斯式圆柱和一个雕有图案的檐壁。

美术馆
(Musée des Beaux Arts)

Rue CitéFoulc. **电话：**04 66 67 38 21 ☐ 周二至周日 ● 1月1日、12月25日

这个极好的美术馆有选择地收藏了来自荷兰、法国、意大利和佛兰德的作品，其中最著名的有雅可波－巴萨诺的《苏珊娜与长老》和米歇尔－格兰布诺的"圣凯瑟琳的神秘婚礼"。1882年间在室内主要的地板上发现了高卢－罗马人的镶嵌图案"阿德莫特斯的婚礼"。

考古博物馆
(Musée Archéologique)

Musée d'Histoire Naturelle, 13 bis bd Amiral Courbet. **电话：**04 66 76 74 80 ☐ 周二至周日 ● 1月1日，5月1日，11月1日，12月25日

该博物馆的罗马雕像、陶器、玻璃制品、钱币和马赛克都存放在自然历史博物馆内。这里展出了铁器时代的竖石雕像。

凯尔艺术/当代艺术博物馆
(Carréd'Art/ Musée d'Art Contemporain)

Pl de la Maison Carrée. **电话：**04 66 76 35 35 ☐ 周二至周日 ● 1月1日、5月1日、11月1日、12月25日

该博物馆是英国建筑师诺曼·福斯特爵士的杰作，1993年对外开放。其中地下五层用玻璃和钢筋建成的神殿与对面的方形大宅呼应。这座建筑中有图书馆、平台屋顶餐厅和当代艺术博物馆。馆内收藏了20世纪60年代以来与欧洲艺术运动相关的展品，其中包括雷斯、波坦斯基和拉维耶的作品。

游客备忘

Gard. 143000 尼姆东南侧12公里 bd Talabot (SNCF: 36 35) Rue St Félicité (0820 223 030) 6 rue Auguste (04 66 58 38 00) 每天 圣灵降临节、葡萄收获季(9月) www.ot-nimes.fr

方形大宅

尼姆竞技场上的斗牛比赛

图标含义见封底勒口

普罗旺斯和蔚蓝海岸

罗讷河口省・沃克吕兹省・瓦尔省
上普罗旺斯阿尔卑斯省・滨海阿尔卑斯省

从长满香草的山坡到挤满游艇的海港，再没有任何一个地方能像普罗旺斯这样可以强烈地激发人们的想象力。很多像凡・高、毕加索以及司各特・菲茨杰拉德、帕尼奥尔这样的艺术家、作家都从这生动鲜活的风景和明媚的阳光中得到了创作灵感。

普罗旺斯的边界是天然形成的：西面是罗讷河，南面是地中海，北面是橄榄树林，东面是阿尔卑斯山和法意之间的边界线。在普罗旺斯地区内，地势高低相差悬殊，这里有陡峭大峡谷、卡马尔格盐场、薰衣草田野，还有阳光充足的海岸线。

先前的来访者都留下了痕迹：在奥朗日和阿尔勒，罗马风格的建筑仍在使用。艾兹村这样的防御村庄是用来抵御6世纪地中海海岸肆意掳掠的撒拉逊海盗的。19世纪，富有的欧洲人来到温暖的维埃拉海岸躲避严寒的冬天。直到20世纪20年代，上流社会的人才开始在这里定居，并且建造了优雅华丽的别墅。温暖的阳光赋予了普罗旺斯浓郁的香味和颜色。辣椒、大蒜以及橄榄油把大批地中海鱼变成了具有浓烈普罗旺斯特色的风味美食——法式海产什烩。

当干燥而寒冷的西北风掠过这片土地的时候，阳光明媚的普罗旺斯美景也随之消失。这寒冷的风造就了当地人像橄榄树一样坚强的品质，也使人们意识到，阳光再次到来的时候他们的生活充满了希望。

从罗克博鲁尔村俯瞰马丁角的风光

◁ 韦尔东大峡谷附近的薰衣草田

探索普罗旺斯

这片阳光普照的东南部地区是法国最著名的度假胜地。在夏天，这里的沙滩上挤满了喜欢日光浴的人们，这里还有很多娱乐项目，例如歌剧、舞蹈和爵士音乐节，还有斗牛表演、游乐场以及攀岩。内陆是徒步和动物爱好者的天堂，那里有遥远僻静的山地高原，也有静谧的村庄和壮美的河流峡谷。

尼斯的英格兰散步区

旅游景点分布示意图

艾克斯 15
阿尔勒 13
阿维尼翁 5
昂蒂布角 28
昂蒂布 29
泉水城 7
奥朗日 3
艾兹村 39
滨海阿尔卑斯 41
比奥 31
迪尼莱班 23
费哈角 38
冯杜山 1
格拉斯 26
戛纳 27
教皇新堡 4
滨海卡涅 32
卡马尔格 14
卡庞特拉 6
卡西斯 17
塔拉斯孔 12
戈尔德 8
卢普峡谷 33
马丁角罗克布吕纳 40
雷伯 11
吕贝隆 9
马赛 16
莫赫高地 21
芒通 42
摩纳哥 43
尼斯 36
裴吉斯 24
圣拉斐尔 25
圣雷米 10
圣特罗佩斯 22
土伦 18
旺斯圣保罗 35
韦宗 2
瓦洛里 30
旺斯 34
滨海维尔弗朗什 37
耶尔 19
耶尔群岛 20

周边交通

尼斯是普罗旺斯最大，也是法国第二繁忙的航空港。空陆联游很受欢迎，但主要推荐浏览内陆地区。为了避开在旅游高峰期沿海公路的拥挤，游客可以选择高速公路。主要的海岸城镇有发达的公交和铁路网，而且在大部分火车站还可以租到自行车。普罗旺斯铁路从尼斯到迪尼莱班，沿途经过雄伟的山脉。山路虽然曲折，但也是不错的选择。

福卡尔基耶安静的集镇附近的壮丽风景

冯杜山 ❶
Mont Ventoux

Vaucluse. ✈ Avignon. 🚉 Avignon. 🚌 Carpentras. ℹ Av de la Prom Saulten Provence（04 90 64 01 21）

冯杜山意为“冷风吹过的山顶”，在较低的山坡上生存着各种动植物，但是山顶温度可以低至 -27℃，常年被白雪覆盖。相传在 1967 年，曾经有一位叫汤米·辛普森的英国自行车手命丧于此。现在，有一条路通到山顶的信号塔，但是在恶劣的天气里，还是不要冒险行进。天气好的时候，从山顶远眺视野非常好。

韦宗的孔雀别墅中的罗马马赛克

韦宗 ❷
Vaison-la-Romaine

Vaucluse 6100 🚌 ℹ pl du Chanoine Sautel (04 90 36 02 11) 周二 **www**.vaison-en-provence.com

从青铜器时代开始就已经有人在这里定居。虽然上城区被许多 12 世纪城堡占据，但这里有迷人的狭窄街道、石屋和喷泉。韦宗最引人入胜的地方还是河两岸的迷人风光。

罗马城（Roman City）分为普民和拉维拉斯。在普民，宏伟的孔雀别墅和罗马剧院已经开放。

1992 年，乌兹河冲毁了堤岸，也毁坏了一些古迹，例如古罗马大桥，但是现在这座桥已经修复。这里还有罗马风格的拿撒勒圣母大教堂（Cathédrale Notre-Dame-de-Nazareth），其中世纪的门廊非常漂亮。

罗马城
Fouilles de Puymin & Musée Théo Desplans, pl du Chanoine Sautel. **电话：**04 90 36 02 11 每天 1月～2月中、12月25日 限制

奥朗日 ❸
Orange

Vaucluse. 30000 🚉 🚌 ℹ 5 cours Aristide Briand（04 90 34 70 88）周四 **www**.otorange.fr

奥朗日非常繁荣，罗讷河地区的田野、果园和葡萄园使这里成为重要的交易市场。这里出产葡萄、橄榄、蜂蜜以及蘑菇。游客到这里一定不能错过 17 世纪的市政厅，那里迷人的街道一直通向安静、绿树成荫的广场。奥朗日还有两座欧洲最负盛名的罗马纪念碑。

古罗马剧场（Roman Theatre）
Rue Madeleine-Roch. **电话：**04 90 51 17 60 每天 也可进入奥朗日博物馆 限制

从 1 世纪的奥古斯都王朝到现在，剧场始终保护得很好，这里一直举办各种演出和音乐会，它的背景墙高 36 米，宽 103 米。2006 年，在不影响原有视听效果的基础上，这里建造了一个巨大的玻璃罩顶代替曾被焚毁的原顶。

凯旋门（Triumphal Arch）
Av de l'Arc de Triomphe.

奥朗日罗马剧场的奥古斯都·恺撒雕像

这座三重拱形纪念碑大约建于公元 20 年，碑上有精心雕琢的战争场面、军队凯旋的场景以及碑铭。上面记载了提比略的荣耀。

市立博物馆（Musée d'Orange）
Rue Madeleine-Roch
电话：04 90 51 17 60 每天

这里的古迹反映了奥朗日的历史，400 块大理石碎片据考证是准备修建三座瞭望塔的基石，这些文物最早可以追溯到公元前 1 世纪维斯帕先王朝时期。

教皇新堡 ❹
Châteauneuf-du-Pape

Vaucluse. 2100 🚉 Sorgues，之后乘出租 ℹ pl du Portail（04 90 83 71 08）周五 **www**.paysprovence.fr

14 世纪，阿维尼翁教皇选择在这里建造一座教皇新

教皇新堡的葡萄园

本地区住宿及餐饮信息见590～594页和646～650页

，并从罗讷河地区引种葡萄此，现在几乎所有路都可以向葡萄酒酒窖。

宗教战争（见54～55页）束后，昔日堡垒只剩下一些墙和塔楼的断壁残垣。经过维尼翁和沃克吕兹高地时，以看到这些壮丽的景观。

每年都有不少葡萄酒节：月的葡萄转色期节（见38）庆祝葡萄成熟，9月的葡酒丰收节庆祝收获。

阿维尼翁 ❺
vignon

aucluse. 90000 41 urs Jean Jaurès（04 32 74 32 74）二至周日 阿维尼翁葡萄酒节（7 3周）www.avignon-tourisme.com

这是一座法国南部被巨城堡围绕的迷人小城，教宫（Palais des Papes，见04～505页）是其中的主要建筑，其北面是13世纪的**小皇宫博物馆**（Musée du Petit alais）。现在博物馆展出了罗和哥特风格的雕塑和中世纪画作，以及波提切利和卡帕乔的绘画作品。

Joseph-Vernet路和Roi-René路两侧排列着17～18世纪的房屋，这里还有五座大教堂，包括圣母院大教堂Cathédrale de Notre-Dame-es-Doms）和14世纪的圣迪迪埃教堂（Eglise St-Didier）。**宝石博物馆**（Musée Lapidaire）藏有在普罗旺斯发现的前罗马时期雕像、马赛克画和浮雕。**卡威尔特博物馆**（Musée Calvet）陈列着熟铁打造的工艺品和古罗马时期的文物，还有杜菲等人的绘画作品，反映了过去500多年法国的艺术发展历程。

这里还有两家近现代艺术品博物馆：安格拉东博物馆（Musée Angladon）和兰伯特收藏馆（Collection Lambert），前者收藏凡·高、塞尚和莫迪里阿尼的作品，而后者主要收藏简单抽象派艺术和概念艺术作品。

阿维尼翁的圣贝内泽大桥和教皇宫

市中心的钟楼广场有路边咖啡馆，也有1900年的旋转木马。Teinturiers街从19世纪到现在一直制作一种“indiennes”棉布，是普罗旺斯的特色手工艺品。阿维尼翁最负盛名的12世纪圣贝内泽大桥（Pont St-Bénézet）在1668年被洪水冲毁。阿维尼翁每年都会举办法国最大规模的庆典活动，包括芭蕾舞、戏剧以及古典音乐会。演艺事业的各领域的600多家公司都会参与这里的“Off”节。

阿维尼翁庆典活动上的露天表演

小皇宫博物馆
Pl du Palais. **电话：**04 90 86 44 58 周三至次周周一 1月1日、5月1日、12月25日 www.petit-palais.org

宝石博物馆
27 rue de la République. **电话：**04 90 86 33 84 周三至次周周一 1月1日、5月1日、12月25日

卡威尔特博物馆
65 rue Joseph Vernet. **电话：**04 90 86 33 84 周三至次周周一 1月1日、5月1日、12月25日 限制 www.musee-calvet.org

教皇宫

教皇克莱蒙特六世（1342～1352年）

面对罗马帝国的教派纷争，并且不断受到惯使阴谋诡计的法国菲利普四世的刺激，1309 年克莱蒙特五世教皇将大教堂搬到了阿维尼翁，并在这里一直保留到 1377 年。在这期间，它的拥有者把原本朴素的主教管辖建筑变成了奢华的宫殿。它坚固的城堡曾经是用来抵御凶猛的敌军。现在这里已经没有了 14 世纪宫廷生活的奢侈饰品，因为所有的装饰品和艺术品都在过去的几百年中被掠夺或毁坏了。

军事建筑

宫殿和它的10座塔楼构成了这座不可攻破的城堡，它整个占地面积超过15000平方米。

阿维尼翁的教皇

1376 年之前，有七位“正式”的教皇曾统治阿维尼翁，时间较晚的本尼迪克特十三世于 1403 年逃亡。教皇和另立教皇很少以崇高和神圣闻名，更多是因其不甚光彩的一面而为人所知：克莱蒙特五世吃了一种据说有强大功能的绿宝石，因为消化不良不治而亡；克莱蒙特六世（1342～1352 年）认为对上帝表示崇拜的最好方法是过奢华的生活；彼得拉克在法庭中被“宇宙的污秽”击倒；1367 年，厄本五世试图将元老院搬回罗马，1377 年这次尝试成了永久的迁移。

本尼迪克特十二世（1334～1342年）

★ 宗教法院大厅（Consistory Hall）

西蒙·马提尼的壁画（1340年）替换了教皇接待大厅中1413年被大火烧毁的壁画。

本地区住宿及餐饮信息见590～594页和646～650页

教皇权力

比起教皇宫殿这里更像是一座军阀的城堡，庞大的防御工事反映了14世纪动荡的宗教生活氛围。

游客备忘

Pl du Palais，Avignon **电话：**04 90 27 50 00 11月～次年3月中：9:30～17:45；3月中～10月：9:00～18:30（7月～9月：9:00～20:00）最晚进入时间：闭馆前一小时

www.palais-des-papes.com

★ 牡鹿室（Stag Room）

14世纪的壁画和陶瓷瓷砖装饰着克莱蒙特六世的书房，使之成为宫殿中最受欢迎的房间。

大礼拜堂（Great Chapel）20米，占地面积780平方米。

接见大厅（Great Audience Hall）被5根雕刻着动物图案的巨大的柱子分成两部分。

宫殿的建设

宫殿包括本尼迪克特十二世教皇朴素的旧宫（1334～1342年）和克莱蒙特六世华丽的新宫（1342～1352年），还有10座塔楼，其中许多都超过了50米，它们分散在宫殿的周围，对其四面加以保护。

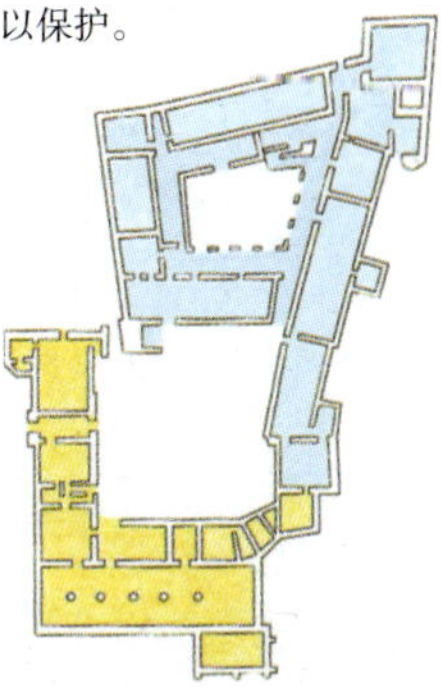

图例

- 本尼迪克特十二世建造
- 克莱蒙特六世建造

星级景点

- ★ 宗教法院大厅
- ★ 牡鹿室

卡庞特拉 6

Carpentras

Vaucluse. 29000 Maison de Pays，97 pl du 25 Août 1944（04 90 63 00 78） 周五 www.carpentras-ventoux.com

1320年，卡庞特拉成为首府城市，直到1791年它的地位才有所改变。现在只有曾经的大门——奥朗日门保存了下来。中世纪时，这座城镇是许多犹太团体的根据地。1367年的**犹太教堂**（Synagogue）历史悠久，神殿曾被重建。当时许多犹太人为了避免天主教迫害而改变了信仰走进了**圣思凡教堂**（Cathédrale St-Siffrein）。

卡庞特拉在1640年建造的法院被用作主教的宫殿，直到17世纪才真正被用于审判犯人。主宫医院的药房的18世纪茶几上有猴子扮成医生的有趣图案。**索比瑞特博物馆**（Musée Sobirats）展示了当地艺术和历史。

犹太教堂
Pl de la Mairie **电话：** 04 90 63 39 97
周一至周五 犹太节日

索比瑞特博物馆
地址： 112 rue du Collège **电话：** 04 90 63 04 92 周三至次周周一 10月～次年3月和公共假日

泉水城的水车和河边风景

泉水城 7

Fontaine-de-Vaucluse

Vaucluse. 650 Chemin du Gouffre（04 90 20 32 22）www.oti-delasorgue.fr

这里最迷人的风景来自索尔克河。春季是法国最有活力的季节，在悬崖脚下每秒会有多达90000升地下河水奔腾而出，它为造纸厂提供动力。15世纪时造纸厂用手工方法造纸，现在这里制作并出售地图、绘画以及灯罩等。这里也有许多博物馆，一座是为诗人彼得拉克建的，他曾经在这里居住、创作，另外一座是为纪念“二战”期间法国抵抗外来侵略的斗争而建的。

戈尔德 8

Gordes

Vaucluse. 2100 pl du Château（04 90 72 02 75） 周二 www.gordes-village.com

普罗旺斯有许多依山而建的村庄，但最吸引人的还是戈尔德。16世纪的城堡矗立在这里，整座小城经过了建筑师的精心设计，十分和谐；有拱廊的中世纪小径更为小镇增添了魅力。

南面是**伯利山村**（Village des Bories），这里的建筑是一层层干燥石头堆积起的蜂窝状房屋，这种建筑技术可以追溯到新石器时代，这些居民从16～20世纪初就一直居住在这里。**塞南克修道院**（Abbaye de Sénanque）在戈尔德北部，是法国最美的罗马风格的西多会修道院之一。

戈尔德城堡
电话： 04 90 72 02 75 每天 1月1日、12月25日

伯利山村
Rte de Gorde. **电话：** 04 90 72 03 48
每天 1月1日、12月25日和31日

戈尔德依山而建的村庄

吕贝隆 9

Luberon

Vaucluse. Avignon. Cavaillon Cavaillon, Avignon. Apt Cavaillon（04 90 71 32 01）www.cavaillon-luberon.fr

石灰岩山峰使吕贝隆成为

本地区住宿及餐饮信息见590～594页和646～650页

普罗旺斯最迷人的地区之一，海拔 1125 米，荒芜的山地和美丽的村庄相映成趣。整个地区都处于一个自然公园中，000 余种植物在这里生长，野生动物种类也有很多。公园的总部设在**阿普特**（Apt）。

这里经常有强盗出没，因此吕贝隆人只能在家中度过漫长的假期。这里最主要的村庄是**奔牛村**（Bonnieux），那里有 12 世纪的教堂和 13 世纪的城墙；**红土城**（Roussillon）以赭土建筑闻名；**拉考斯特**（Lacoste）有萨德侯爵城堡遗迹；**安希尔斯**（Ansouis）有 14 世纪的圣马丁教堂和 17 世纪的城堡；**梅纳村**（Ménerbes）因为作家彼得·梅耶而为人所知。

圣雷米的香草小摊

圣雷米 ⑩

St-Rémy-de-Provence

Bouches-du-Rhône. 10700 pl Jean Jaurès（04 90 92 05 22）周三
www.saintremy-deprovence.com

圣雷米到处是林荫道、喷泉、狭窄的街道。几个世纪以来，它在两件事上名扬在外：凡·高曾经于 1889 ~ 1890 年间在这里的圣保罗—德—莫索医院度过了一年，《麦田的守望者》是他在这里的 150 部作品中的一部；1503 年，预言家诺斯特拉达姆也出生在圣雷米。

1921 年，这里的罗马**格拉嫩**（Glanum）遗址重见天日。480 年，野蛮人遗弃了这里，虽然古城遗迹被保留下来的很少，但还是能够给人留下深刻的印象，所有遗迹都是公元前 1 世纪前后的。遗迹包括墙壁碎片和雕刻精美的华丽陵墓。

格拉嫩
电话：04 90 92 23 79 4月 ~ 8月：每天；9月 ~ 次年3月：周二至周日 1月1日、5月1日、11月1日和11日、12月25日
www.glanum.monumentsnationaux.fr

雷伯 ⑪

Les Baux-de-Provence

Bouches-du-Rhône. 480 Arles La Maison du Roy（04 90 54 34 39）
www.lesbauxdeprovence.com

雷伯是普罗旺斯最奇怪的地方之一，废弃的**雷伯城堡**像是山顶的天然延伸，破旧的城堡和古老的房屋俯瞰着地狱峡谷和奇形怪状的岩石。

中世纪的雷伯是封建君主领地。著名的普罗旺斯 Cours d'Amour 地区鼓励妇女多生小孩，而且经常有抒情诗赞美她们，这种不求回报的爱和君主好战的天性形成了鲜明对比。

雷伯的繁荣在 1632 年彻底结束了，这里变成了新教徒的根据地，而路易导致了它的毁灭。雷伯城堡（Château de Baux de Provence）是动荡历史的见证；12 世纪的**圣森特教堂**（Eglise St—Vincent）和**白衣忏悔者教堂**（Chapelle des Pénitents Blancs）被当地画家伊夫·布莱尔装饰一新。他的作品大部分收藏在伊夫·布莱尔博物馆（Musée Yves Brayer）中。

雷伯废弃的中世纪城堡

1821 年，这里发现了铝矾土（bauxite），城镇的名字正是由此而来。但由于开采过度，铝矾土在 20 世纪末被用尽。西南部的**蒙马茹修道院**（Abbaye de Montmajour）拥有 12 世纪的罗马式教堂，这些教堂的特点是有环形的地下陵墓。

1850年的塔拉斯各怪兽游行

塔拉斯孔 ⑫

Tarascon

Bouches-du-Rhône. 14000 Les Panaromiques, Av de la République（04 90 91 03 52）周二和周五
www.tarascon.org

传说城镇的名称源于塔拉斯各——一只半兽半鱼怪物，它一度祸害小镇，后来被圣马斯驯服，它就安葬于这里的教堂。现在每年 6 月人们还会举行塔拉斯孔游行（见 37 页）。保存完好的 15 世纪的**勒内国王城堡**（Château du Roi René）坐落在罗讷河边，是普罗旺斯哥特式军事建筑的典范，它阴沉幽暗的外表无法与美联系在一起，但它非常雄伟，拥有佛兰德—哥特式庭院、螺旋楼梯，还有绘满图案的宴会厅天花板。城堡的对面是博凯尔——一座城堡和庭院遗址。

勒内国王城堡
Bd du Roi René. **电话：**04 90 91 01 93
每天 某些公众假期

阿尔勒 ⑬ Arles

康斯坦丁皇帝

普罗旺斯一些小城加起来的魅力也不如阿尔勒，位于罗讷河地区的地理位置使它成为有史以来进入卡马尔格（见510～511页）的天然入口。这里的很多古罗马遗迹，例如竞技场和康斯坦丁浴场，后来又被加上了赭土围墙和罗马式瓦顶。阿尔勒体现了普罗旺斯的传统和文化，这里的博物馆在本地区首屈一指。凡·高于1888～1889年在这里度过，但是阿尔勒如今已经不再是凡·高画中的工业化城镇了，旅游业成为这里的主要产业。这里的娱乐活动既有阿尔勒节，也有斗牛。

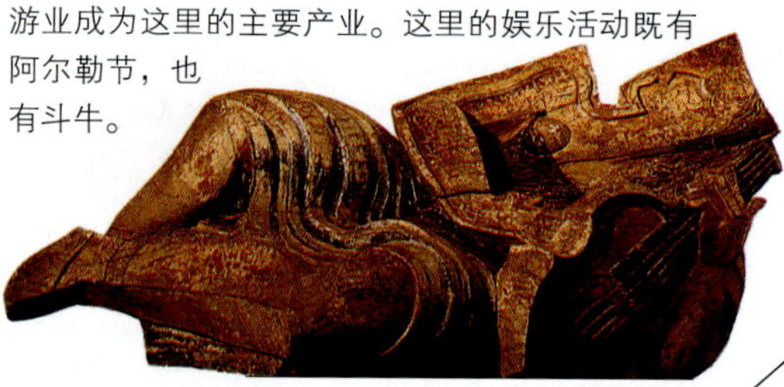

瑞图博物馆（Musée Réattu）
这座博物馆古时候是马耳他骑士的指挥部，这里有毕加索绘制的素描、当地画家雅克·瑞图（1760～1833年）的作品、奥西普·撒丁的雕塑等。

康斯坦丁宫（Palais Constantine）曾经是庄严的皇家宫殿，现在只有巨大的4世纪的浴场还保留着，很显然这里的人们把它保护得很好，也可以看出当初在此沐浴的人的奢侈生活。

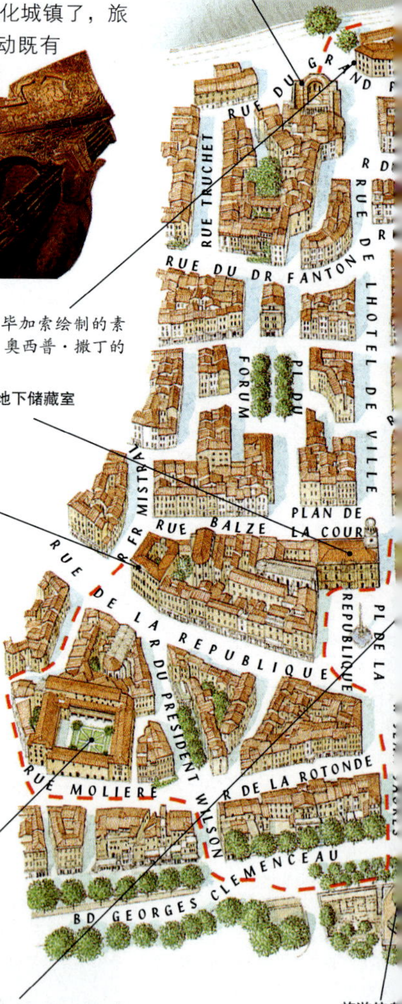

市政厅和地下储藏室的入口

阿拉坦博物馆（Museon Arlaten）
1904年，诗人弗雷德里克·米斯特拉尔把他的诺贝尔奖金献给他热爱的家乡普罗旺斯，建造了这座博物馆。部分藏品按照原有室内的设置摆放，甚至连参观者都要穿上阿尔勒传统的服饰。

凡·高空间（Espace Van Gogh）位于凡·高1889年疗养的医院，是它凝聚了这位艺术家心血的文化中心。

★圣特罗菲姆教堂（Eglise St-Trophime）
这座教堂兼有12世纪古罗马贵族风格的前墙和哥特式的回廊，大门则饰以圣人和使徒的浮雕。

旅游信息

0 米 100
0 码 100

高更的《阿利斯康》

阿利斯康（LES ALYSCAMPS）

对于阿尔勒东南部的“极乐之地”而言，一条穿过破碎的中世纪墓碑的林荫大道是游览的焦点。4世纪时它归基督教徒所有，直到12世纪都是著名的墓地。一些石棺被卖给了博物馆，还有一些遭到遗弃。在但丁的《炼狱》中、凡·高和高更的笔下，这里都是思想和灵感的源泉之地。

游客备忘

Bouches-du-Rhône. 53000 Arles西北25公里 av Paulin Talabot bd des Lices（04 90 18 41 20）周三、周六 阿尔勒节（7月）；稻谷收获（9月）**瑞图博物馆** 周二至周日 1月1日、5月1日、11月1日和12月25日**阿拉坦博物馆** 2014年之前闭馆，进行翻修

www.museonarlaten.fr

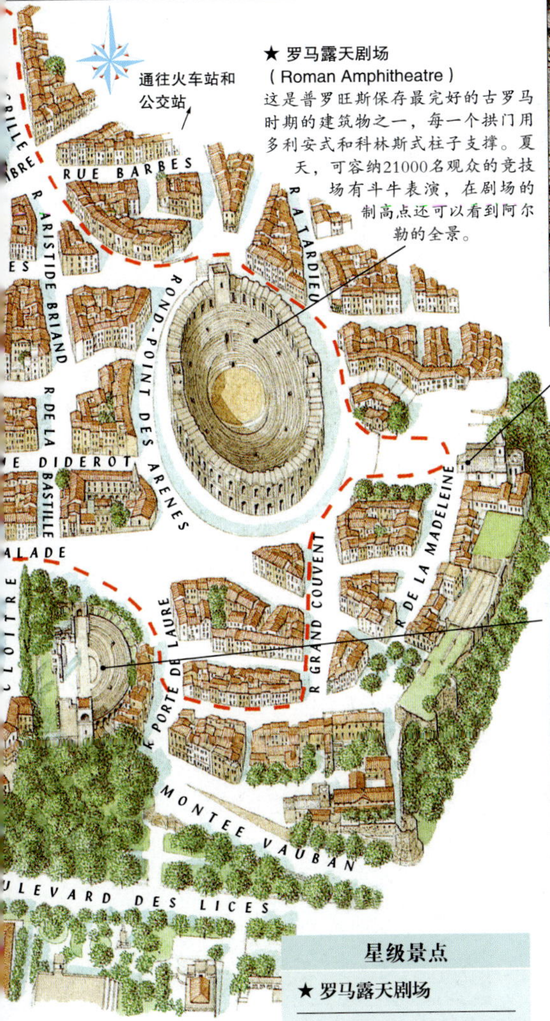

★ 罗马露天剧场（Roman Amphitheatre）

这是普罗旺斯保存最完好的古罗马时期的建筑物之一，每一个拱门用多利安式和科林斯式柱子支撑。夏天，可容纳21000名观众的竞技场有斗牛表演，在剧场的制高点还可以看到阿尔勒的全景。

主圣母院（Notre-Dame-de-la-Majar）是卡马尔格牛仔庆祝他们的守护神圣乔治的节日的教堂。虽然这座建筑可以追溯到12～17世纪，但是另外一座古罗马神庙数百年前已经在这里了。

★ 罗马剧院（Roman Theatre）

这里曾经是一座堡垒，石头后来被用作建造其他建筑。现在这里是阿尔勒节演出的场所，残留的两根柱子被称作“两扇窗户”。

星级景点

- ★ 罗马露天剧场
- ★ 罗马剧院
- ★ 圣特罗菲姆教堂

图例

- - - 推荐线路

卡马尔格 ⑭ Camargue

卡马尔格牛仔

罗讷河三角洲对这个地区的形成起了非常重要的作用，但是这里的人们也为保护他们的家园付出了很多努力。卡马尔格有1120平方公里的湿地、牧场和盐山，现在这里维持着它脆弱的生态平衡。这里有繁茂的植物，如柽柳和水仙；还有特有的动物，如白鹭和火烈鸟。广阔的牧场上放养着羊群、牛群和白色的阿拉伯小马。这里还有一群牛仔，他们世代居住在稻草小屋中。他们对保持卡马尔格传统生活方式一直起着重要的作用。

夕阳中的卡马尔格

黑牛（Black Bulls）
在普罗旺斯斗牛赛中，牛是不被处死的，相反人们还采来红玫瑰用一个小钩子挂到两只牛角之间作为奖赏。

滨海圣玛丽
（Les Stes-Maries-de-la-Mer）
教堂里的雕塑描述了公元18年5月，吉卜赛人来这座城堡式教堂朝圣的情景。传说抹大拉的玛利亚、圣马大还有圣母玛利亚的妹妹乘船来到这里。

火烈鸟
这些迷人的火烈鸟总让人把它们和卡马尔格联系在一起，但是这里还有很多其他动物，例如苍鹭、翠鸟、猫头鹰和其他猛禽。Ginès周边地区是最佳观鸟地点。

图例

- 自然保护边界
- 徒步线路
- 徒步或骑车线路

游客备忘

Bouches-du-Rhône. Montpellier-Méditerranée东侧90千米 av Paulin Talabot, Arles 5 av Van Gogh, Saintes-Maries-de-la-Mer **电话：** 04 90 97 82 55 朝圣（5月底、10月底），骑马节(7月14日)。**贝伦赛丽** rue VictorHugo, Saintes-Maries-de-la-Mer **电话：** 04 90 97 87 60 另行通知（致电咨询） www.saintesmaries.com

白马

这些体格健壮的小马曾经用来帮助农民收割庄稼，它们从不被关入马厩。小马驹的颜色是灰色的，当它们长到5岁的时候全身就变白了。

牛仔的小屋

一直以来，牛仔们都住在稻草屋顶的小屋，现在每年4月牛仔们都会穿戴一新在阿尔勒炫耀他们的马术。

盐山

海盐很久以前就是卡马尔格人的“作物”，整个夏天巨大的盐水滩通过蒸发结晶堆积起一座座耀眼的银色小山，有的高达8米。

艾克斯 ⑮

Aix-en-Provence

Bouches-du-Rhône. 135000 2 place du Général-de-Gaulle(04 42 16 11 61) 每天 www.aixenprovencetourism.com

艾克斯于公元前103年被罗马人发现，477年西哥特人入侵了这里，接着是伦巴第人、弗兰克人和撒拉逊人，但这里还是相当繁荣，并于12世纪末成为普罗旺斯的区府。15世纪勒内国王执政期间，这里达到鼎盛时期，成为普罗旺斯的文化艺术中心。13世纪的哥特式**圣索沃尔大教堂**（Cathédrale de St—Sauveur）拥有16世纪的胡桃大门、梅罗文加王朝的洗礼池、罗马风格的回廊，还有《燃烧的荆棘》三联画。

艾克斯有许多博物馆：有陈列艺术品和文物的**格兰特博物馆**（Musée Granet），还有东正教宫殿中的**壁毯博物馆**（Musée des Tapisseries）。

艾克斯被称作“千泉之城”，其中最好的三座喷泉位于米拉博庭院中。这座老城的中心是市政厅，这里出售色彩斑斓的鲜花。**旺多姆陈列馆**（Pavillon De Vendôme）坐落在西北部，那里有凡·高的家具和绘画。

艾克斯人中最著名的是塞尚，他的画室在他1906年去世时就保留下来，被命名为**塞尚画室**（Atelier Cézanne）。艾克斯东面15公里处的圣维克多山也保存了许多他的作品。

格兰特博物馆

Pl St-Jean de Malte. **电话：** 04 42 52 88 32 周二至周日 1月1日、5月1日、12月25日

壁毯博物馆

28 pl des Martyrs de la Résistance. **电话：** 04 42 23 09 91 周三至次周周一 1月

保罗·塞尚画室

9 av Paul Cézanne. **电话：** 04 42 21 06 53. 每天 12月 次年2月；周日；某些公共假期 www.atelier-cezanne.com

古老的马赛港眺望着尼沃河码头

马赛 ⑯

Marseille

Bouches-du-Rhône. 900000 4 La Canebière (0826 500 500) 每天 **www.**marseille-tourisme.com

公元前 7 世纪希腊殖民者发现了这里，并将其命名为马赛；公元前 49 年这里受到古罗马人入侵，变成了东方商人的"通往西方的入口"。马赛是法国通往中东和北非最大的港口，也是第二大城市，这里曾经的药物贸易是相当出名的。

这里有狭窄的阶梯式街道、安静的广场、18 世纪的大教堂，还有勒柯布西耶战后的房子。

古老的港口现在只进出一些小船，但是这里每天的水产交易非常红火。

马赛有很多博物馆，在古老的港口周围有**罗马船坞博物馆**（Musée des Docks Romains）、**马赛历史博物馆**（Musée d'Histoire De Marseille）、**老马赛博物馆**（Musée du Vieux Marseille）和**时尚博物馆**（Musée de la Mode）。南面的**坎蒂尼博物馆**（Musée Cantini）收藏着 20 世纪艺术家坎蒂尼的雕刻作品。东面是马赛最为壮美的**格鲁贝—拉巴迪埃博物馆**（Musée Grobet—Labadié），那里陈列着家具、壁毯、17 ~ 19 世纪的画作。

美术博物馆 (Musée des Beaux-Arts)

Palais Longchamp, pl Aile Gauche. **电话：**04 91 14 59 30 周二至周日 致电查询

这座博物馆坐落在 19 世纪的隆尚宫中，这里有米歇尔·塞尔的 1721 年马赛瘟疫的图形视域、皮热的城市规划图，还有记录古希腊和古罗马时期的壁画。

伊夫堡 (Château d'If)

电话：04 91 59 02 30 4 月 ~ 8 月每天；9 月 ~ 次年 3 月：周二至周

伊夫堡坐落在港口西南公里处的小岛上，它建于 152 年，原本准备用来驻扎军队但后来变成了一座监狱。据说大仲马虚构的基督山伯爵曾经囚禁在这里，这里有一间有完整越狱洞口的监狱。

圣母守望院 (Notre-Dame-de-la-Garde)

这座新拜占庭时期由皇室统治的教堂建于 1853 ~ 1864 年，它的钟楼高达 46 米，内部装饰十分华丽，还有色彩斑斓的大理石和马赛克外墙。

圣维克多修道院 (Abbaye de St-Victor)

修道院的外表像一座城堡，11 世纪经历过重建，法国大革命时期叛军曾把这里作为营地和监狱。修道院的教堂里有地下墓穴，还有新式小礼拜堂以及雕刻精美的石棺。每年 2 月 2 日修道院便成为朝圣之地，届时出售的船形蛋糕是为纪念 2000 年前到来的抹大拉的玛利亚、拉撒路和圣玛莎。

玛卓大教堂 (Cathédrale de la Major)

这是一座新拜占庭风格的建筑，是法国 19 世纪最大的教堂，有 141 米长，70 米高，地下陵墓中葬着马赛的主教。它的旁边是规模很小的老玛卓大教堂。

马赛科尔比西耶的创新公寓"光芒之城"

本地区住宿及餐饮信息见590 ~ 594和 646 ~ 650页

马赛的水产市场

古救济院（Vieille Charité）

ue de la Charité 电话：04 91 14 58 80
周二至周日 公众假期

1640 年，马赛的贵族下令建立了这座穷人和乞丐的避难所。100 年以后皮热的医院和圆顶教堂对外开放。现在，这里成为埃及考古博物馆，收藏着精美的古埃及手工制品，非洲美术博物馆在其楼上。

卡西斯 ⑰
Cassis

Bouches-du-Rhône. 8000 quai Moulins, Le Port（08 92 25 98 92）周三和周五 www.ot-cassis.com

海岸上的许多村庄经过建设已经失去了原有的魅力，但是卡西斯仍然是一座美丽的小渔村，杜菲、西涅克以及德朗等艺术家都被吸引到这里。

卡西斯最为出名的是岸边的咖啡馆，在那里你可以一边欣赏着渔民劳作或街上的表演，一边品尝美味的海鲜和当地特产干白葡萄酒。

马赛和卡西斯之间海岸线形成了狭窄的**小海湾**（Calanques），嶙峋的白色山崖（有的高达 400 米）倒映在绿色海水中。这里栖息着无数的海鸟及狐狸、蝙蝠、蛇和蜥蜴等动物。卡西斯的植物资源也非常丰富，有超过 900 种植物，其中 50 余种都被列为稀有品种。

土伦 ⑱
Toulon

Var. 170000 pl Louis-Blanc（04 94 18 53 00）周二至周日 www.toulontourisme.com

1793 年这座海军基地被盎格鲁—西班牙的舰队占领，但是后来又被拿破仑一世争夺回来。**国家航海博物馆**（Musée National de la Marine）介绍了这段历史。**土伦美术博物馆**（Musée d'Art de Toulon）是一座意大利文艺复兴时期的建筑，收藏野兽派、极简主义和现实主义的作品。古老的塔楼也值得一游，另外水产交易市场也是这里一道特别的风景。

国家航海博物馆

Pl Monsenergue. 电话：04 94 02 02 01 每天 周二（9月～次年6月）、5月1日、12月25日 限制 www.museemarine.fr

土伦美术博物馆

113 bd Mar Leclerc. 电话：04 94 36 81 00 周二至周日 1月、公共假期

保罗·西涅克的《卜耐勒角》，1889年创作于卡西斯

凡尔登峡谷之旅

凡尔登峡谷深达700米，是欧洲最为引人注目的自然风景之一。凡尔登河深绿色的河水蜿蜒穿过岩石和锥形山峰。圣玛丽山城的天然露天剧场和卡斯特拉内狭窄的街道之间的峡谷经过一大片无人居住的地区。引人入胜的景点包括Balcons de la Mescla观景台、跨谷大桥、崇敬角。毛梯埃斯西南有一条通往坎松史前博物馆的小径也值得一览。

埃居讷（Aiguines）③
这座村子有迷人的17世纪城堡，城堡有四座辣椒状的尖塔，从这里可以看到圣瓜斯的优美风景。

卡斯特拉内公路上看到的凡尔登峡谷

耶尔 ⑲

Hyères

Var. 54000 Av Ambroise Thomas（04 94 01 84 50）www.hyeres-tourisme.com 周二至周日

18世纪末，耶尔成为蔚蓝海岸极富盛名的度假胜地，维多利亚女皇、作家史蒂文森和伊迪丝·华顿都曾来到这里。

老城的中世纪街道一直延伸到宽敞的马西隆广场，从废旧的城堡上可以看到海岸的全景。

现代耶尔处处流露出鼎盛时期的独特魅力，而且愈来愈受到著名电影制片人的青睐。这里也是一个水上运动中心，吸引了无数游客慕名前来。

在耶尔群岛中最大的波克罗勒岛垂钓

本地区住宿及餐饮信息见590～594页和646～650页

卡斯特拉内（Castellane）①
这里有14世纪的钟楼，还有一个狮子喷泉，在山上很高的地方是圣母小教堂，它曾经是一个瞭望台。

耶尔群岛 ⑳
Îles d'Hyères

Var. Toulon-Hyères. Hyères Hyères（04 94 01 84 50）
www.hyeres-tourisme.com

金色的悬崖后面是这三座迷人的岛，从耶尔、拉旺杜、卡瓦莱尔（夏季）和米拉马尔港（夏季）乘船都可抵达这三座迷人的岛屿。

其中最大的**波克罗勒岛**（Porquerolles）长7公里，宽3公里；这里覆盖的茂盛植被大部分都是国外引进的品种。

这里最主要的村庄也叫波克罗勒，它看上去像一块北非的殖民地，而不太像普罗旺斯的村庄。这座村庄建于1820年，当时用作拿破仑军队的军人退伍后的住所。

这座岛的海滩都位于岛屿北岸，它们是普罗旺斯最美的海滩之一，从波克罗勒村到海边步行只需要1小时。

克鲁港（Port-Cros）只有2.5平方公里，漫步在那里植物茂密的路上，将会感觉非常惬意。克鲁港海拔195米，是群岛中的制高点。

1963年，克鲁港成为国家公园，这里有地中海特有的动植物，它周围水域也在保护范围之内。克鲁港有300米长的游泳观光线路，游客可以穿上潜水服到海底去欣赏包括罕见的珊瑚在内的水下生物。

1931年，克鲁港的船只发现了没有树木生长的**莱文特岛**（Île du Levant），这里是法国最古老的裸体度假胜地。岛的东半部属于法国海军管辖区域，不对公众开放。

莫赫高地
（Massif des Maures）21

Var. Toulon-Hyères. Hyères, Toulon or Fréjus. Bormes-les-Mimosas. Toulon. 1 pl Gambetta, Bormes-les-Mimosas（04 94 01 38 38）
www.bormeslesmimosas.com

大片浓密的松树、橡树和栗树覆盖着莫赫山脉，也许这也是它名字的由来——“Maures”意为黑暗或悲观。它位于耶尔和裴吉斯之间，长约65公里。通过科戈林北面的D588公路可以到达莫赫高地的中心地带，沿途会经过以瓶塞工业而闻名的拉加尔代弗雷纳。

卡勒内—莫赫的西北坐落着托罗奈修道院。它和沃克吕兹省的塞南克修道院以及罗讷河口省的席尔瓦卡内修道院并称为普罗旺斯“三姐妹”。

位于圣特罗佩斯的港湾

圣特罗佩斯 ㉒
St-Tropez

Var. 6000 quai Jean Jaurès (04 94 97 45 21) 周二和周六
www.ot-saint-tropez.com

蔚蓝海岸先前的建设工程并未涉及圣特罗佩斯，这使它仍然保持着原始面貌。它位于半岛前端，面朝北方，因此想躲避寒冬的人也不会来这里。1892年，画家保罗·西涅克发现了这里未被破坏的风光，而且还让他的画家朋友马蒂斯和勃纳尔一同来到这里，并开始在这里创作。20世纪20年代，巴黎作家科莱特也曾在这里定居；圣特罗佩斯还吸引了很多天文学爱好者，查尔斯王子也曾到过这里。

“二战”期间，圣特罗佩斯周围的海岸是盟军登陆的地方，这座城镇的部分地区被严重轰炸过。20世纪50年代，年轻人开始来到这里，电影导演芭杜·瓦迪姆使得这里名声大噪，现在圣特罗佩斯已经成为纨绔子弟的天堂。随着很多名人的到来，这里越来越受到游客的欢迎。

来这里度假的游客们十分青睐航海博物馆和**阿农恰德美术馆**(Musee de I'Annonciade)，这里收藏着很多著名艺术家的作品，比如西涅克、德朗、卢奥、勃纳尔等人。碧姬·芭杜在马德拉奎有一幢豪华别墅，但游客侵犯了她的隐私，因此她已经离开了那里。

现在圣特罗佩斯港停泊的更多的是休闲游艇而不再是小渔船。对于喜欢观察行人和游艇的游客来说，咖啡馆是最佳选择。另外一个可去之处是利斯广场，那里既有哈利—戴维森的机构，又有热闹的早市。**蝴蝶之家**(Maison des Papillons)收集了20000多种蝴蝶标本，受到了越来越多的关注。

圣特罗佩斯外面便是美丽的海滩，金色的海滩上到处是海滩俱乐部和时尚酒店。这里没有火车站，所以夏天在这里驾车和泊车是一件很头痛的事。

据说“圣特罗佩斯”这个名字源自古罗马时期，是罗马皇帝尼禄授予一个基督教殉教战士的名字，每年5月这里的人们便会高举他的肖像，身背毛瑟枪穿过整座小城，用游行的方式来表达敬意。

附近有两座风格不同，但同样迷人的小城：**格里莫港**(Port-Grimaud)建于1966年，布满法国传统建筑，看上去好像已经年代久远，这里大部分街道实际是运河，每家都有自己的停泊站；**拉马度埃尔**(Ramatuelle)在丘陵地带，那里总是充满了欢快的节日氛围。

蝴蝶之家
9 rue Etienne Berny. **电话：** 04 94 97 63 45 4月～10月、公共假期和学校假期：周一至周六

礼赞博物馆
Pl Grammont. **电话：** 04 94 17 84 10 周三至次周周一 1月1日、5月8日、11月1日

圣特罗佩斯最典型的交通工具

碧姬·芭杜(BRIGITTE BARDOT)

1956年的碧姬·芭杜

1956年碧姬·芭杜的电影《上帝创造女人》在圣特罗佩斯拍摄，导演是她的丈夫罗杰·瓦迪姆。性感女郎碧姬·芭杜把这个小渔村以及整个蔚蓝海岸变成了享乐主义者的生活中心。1974年，在她40岁生日时，她在55号俱乐部举办了告别影坛的仪式，现在，她把她所有的时间和精力都放在她的动物庇护所上了。

本地区住宿及餐饮信息见590～594页和646～650页

迪尼莱班 ㉓
Digne-les-Bains

Alpes-de-Haute-Provence. 17500 pl de Tampinet（04 92 36 62 62）周三、周六 www.ot-dignelesbains.fr

这座到处都是温泉的城市坐落于阿尔卑斯山脚下，坐在火车上便能将壮丽的风景尽收眼底。这里有一年一度的薰衣草节（见 38 页），还有法国唯一的**蝴蝶花园**（Le Jardin des Papillons）。

蝴蝶花园
St Benoît. **电话：**04 92 31 83 34 4月～9月（需要提前预约） 夏天 www.proserpine.org

裴吉斯 ㉔
Fréjus

St Benoît. 53000 249 rue Jean Jaurès（04 94 51 83 83）周三、周五至周日 www.frejus.fr

如今的裴吉斯已经失去了以往重要的地位，古罗马时留下来的**露天剧场**（Amphithéâtre，由恺撒大帝于公元前 49 年建）不像奥朗日和耶尔的剧场那么完整，经过几个世纪海水的冲刷，这里早已失去了原有的模样，巨大的露天剧场只剩下大门和门廊的一些残骸。

福米热广场上的大教堂是**主教城堡**（Cité Episcopale）的入口。教堂中有一个 5 世纪的洗礼池，这是法国最古老的洗礼池之一，大教堂修道院的中世纪房顶上绘有《启示录》中的情景。

1959 年裴吉斯遭受了一场洪水的袭击，现在仍然可见北面被冲毁的堤坝残骸。

露天剧场
Rue Henri Vadon. **电话：**04 94 51 34 31 周二至周日 1月1日、5月1日、12月25日

主教城堡
58 rue de Fleury **电话：**04 94 51 26 30 6月～9月：每天 1月1日、5月1日、11月1日和11日、12月25日 修道院

发明一种香水

薰衣草水

顶级的香水是将从自然原料中提炼的香精油按照配方混合在一起。混合的香气是由一位被称为“鼻子”的香料制造商创造的，他（她）的名字源于其特殊的嗅觉。一种香水可能是由超过 300 种香料制成的，这些香料都是用各种方法从植物中提炼而来的，其中包括蒸馏、用挥发性溶剂提取、冷凝等手段。在这一过程中，香味浓郁的鲜花会被放在一层层油脂上，时间长达几天，直到油脂被香味完全渗透为止。之后用酒精把精油“洗”出来，然后进行蒸馏，这样便得到了“纯粹”的香水。

格拉斯鲜花

圣拉斐尔 ㉕
St-Raphaël

Var. 40000 99 quai Albert 1er（04 94 19 52 52）www.saint-raphael.com

圣拉斐尔是蔚蓝海岸地区一块古老而迷人的度假地，这里到处都是新建筑和两侧洒满棕榈树荫的街道。海滩附近散落着一些小船坞和俱乐部，还有古罗马时期的遗址、一座 12 世纪的教堂和一座博物馆，馆中陈列着雅克·库斯托发现的古罗马时期的器物。这里也是拿破仑一世于 1799 年从埃及返回时登陆的地方。

格拉斯 ㉖
Grasse

Alpes-Maritimes. 50000 Palais des Congrès, 22 cours Honoré Cresp（04 93 36 66 66）www.grasse.fr

由于格拉斯坐落在山地上，在这里便可以直接眺望海景，它的周围布满了薰衣草、含羞草、茉莉和玫瑰花田。从 16 世纪开始这里就成了世界香水工业的中心。当时凯瑟琳·德·梅迪奇制作了一副带有香味的皮革手套，那时这里也是皮革制造中心，到了 18 和 19 世纪，皮革业已经在这里销声匿迹了，但香水制造仍在继续。如今格拉斯的香水大部分都是靠进口原料生产的。这里的**国际香水博物馆**（Musée Internationale de la Parfumerie）中有一个种满了芬芳花草的花园。

格拉斯是画家弗拉戈纳尔出生的地方，**弗拉戈纳尔博物馆别墅**（Villa-Musée Fragonard）中装饰着他儿子的画作。弗拉戈纳尔唯一的宗教作品和鲁本斯的三幅作品一起保存在**普拉圣母大教堂**（Cathédrale de Notre-Dame-du-Puy）中。格拉斯的街道上还有很多文艺复兴时期的阶梯和栏杆。

国际香水博物馆
2 bd de Jeu du Ballon. **电话：**04 97 05 58 00 周一、周三至周日 11月、公众假期 www.museesdegrasse.com

弗拉戈纳尔博物馆
23 bd Fragonard **电话：**04 93 36 80 20 周三至次周周一 11月、公众假期

这座格拉斯的雕塑是向弗拉戈纳尔表示敬意

上普罗旺斯阿尔卑斯的薰衣草之路附近的薰衣草田 ▷

夏季热闹的戛纳，远处是卡尔登酒店

到这里，使戛纳成为地中海地区最为火热的游览胜地之一。布鲁厄姆勋爵所知道的老城位于骑士山坡上的旧城区中心，部分古老的城墙在卡斯特广场还能看到。这里还有十六七世纪建造的普罗旺斯哥特风格的**希望圣母院**（Notre-Dame de l'Espérance），另一处吸引人的景点是一座11世纪的瞭望塔。在**卡斯特博物馆**（Musée de la Castre）中收藏着19世纪荷兰探险家巴伦·利克拉玛的发现。著名的**克鲁瓦塞特大道**（boulevard de la Croisette）两边种着高大的棕榈树。大道的一侧鳞次栉比地排列着奢侈的高档的服装商店和豪华的酒店，卡尔登酒店就是其中之一，这座巨大的建筑就是戛纳奢华生活的象征；酒店属于美好时代的建筑风格。而大道另一侧则是海岸上最好的几片沙滩。这条长长的滨海大道曾是世界上最美丽的大道之一，但现在夏天这里既拥挤又嘈杂。

戛纳 ㉗

Cannes

Alpes-Maritimes. 70000 Palais des Festivals, 1 La Croisette（04 92 99 84 22）周二至周日
www.palaisdesfestivals.com

如同提及格拉斯就会联想到香水，说到戛纳，人们自然就会想起这里许多有特色的节日，特别是一年一度的戛纳国际电影节。除了节日，这座城市还有许多迷人之处，据说正是英国大法官布鲁厄姆勋爵把戛纳标在了地图上。1834年，布鲁厄姆勋爵在去尼斯的途中由于霍乱流行、边界被封锁，暂时停留在这里。当时他被此处迷人的风景和宜人的气候所吸引，在这里建造了一座别墅，之后又有许多人陆续来

勒兰群岛（Îles de Lérins）

从 le Quai des Îles 出发 Horizon（Île Ste-Marguerite：04 92 98 71 36），Planaria（Île St-Honorat：04 92 98 71 38）

距离戛纳海岸不远就是勒兰群岛，相传17世纪后期，一个神秘的铁面人就被囚禁在其中的**圣玛格丽特岛**（Île Sainte-Marguerite）上。他被囚禁的原因众说纷纭，其中最多的说法是因为他和一个很重

戛纳电影节

从1946年的第一届戛纳电影节至今已经举办了20多届电影节了，现在只有一小部分参加者和庆祝活动是戛纳当地的。各位明星，尤其是20世纪50年代碧姬·芭杜的到来，使这个艺术节日摇身一变成为娱乐传媒的盛宴。但现在戛纳仍是电影人的国际市场，在这里被授予金棕榈奖是件非常荣耀的事情。每年的电影节在巨大的节日宫举办，这座宫殿于1982年落成，共有三个观众区、两个展厅，还有会议室、俱乐部、餐馆等设施。

电影节中携家人出场的杰拉尔·德帕迪约

本地区住宿及餐饮信息见590～594页和646～650页

的人物长得十分相像，这个
就是路易十四。游客们可以
这里看到关押他十多年的小
房，并且了解到“铁面人”
生活起居情况。**圣奥诺拉岛**
lle Saint-Honorat）上建有 11
纪的塔楼，是修道士们躲避
拉逊人袭击的避难所。此外
里还有五座古老的小教堂、
静的森林徒步小径、美丽的
光，以及供人游泳的小海湾。

克鲁瓦塞特大道旁的人

昂蒂布角 ㉘
ap d'Antibes

lpes-Maritimes. Nice. ntibes. Nice. 11 pl du Gén e Gaulle, Antibes（04 97 23 11 11）www.antibesjuanlespins.com

由岩石和树林组成的半岛上有很多奢侈的别墅。随着 0 世纪 20 年代作家司各特·菲茨杰拉德的光顾和一些美国富豪来此定居，昂蒂布角与奢华生活紧紧联系在一起。其中弗兰克·杰伊古尔德投资的瑞昂莱潘度假村成为这里富人集聚的地方。为了纪念爵士时代的生活，在爵士音乐节（见 37 页）上，国际爵士乐明星都会在这里表演。半岛的制高点是水手们经常前往的礼拜堂**加里普**（La Caroupe）中收藏着一幅 14 世纪俄国人的画像。附近的**杜雷公园**（Jardin Thuret）建于 1856 年，热带植物在此栽培以便适应这里气候，这样许多外来植物就可以在这里自然生长了。

热带植物园
90 chemin Raymond. **电话：** 04 97 21 25 03 周一至周五 公共假日

昂蒂布 ㉙
Antibes

Alpes-Maritimes. 70000 11 pl du Général de Gaulle (04 97 23 11 11) 周二至周日 **www.**antibes-juanlespins.com

这座生机勃勃的城市是古希腊人发现的，后来成为古罗马的殖民地，法国人直到 1481 年才夺回昂蒂布。后来沃邦重建了**卡雷堡**（Fort Carré），如今这里的港口也成为地中海的游艇中心。格里马尔迪城堡建于 12 世纪，现在成为**毕加索博物馆**（Musée Picasso）。1946 年这位艺术家把这里的一部分房间作为自己的画室，为表感激，他把于此创作的 150 部作品全部捐献出来，其中包括《山羊》。**考古历史博物馆**（Musée d'Histoire et d'Archéologie）中收藏了从海中打捞出的中世纪到 18 世纪的沉船遗骸。

毕加索的《山羊》（1946年）

毕加索博物馆
Château Grimaldi. **电话：** 04 92 90 54 20 周二至周日

考古历史博物馆
1 Bastion St-André. **电话：** 04 92 90 56 87 周二至周日 公共假日

停泊在昂蒂布港的小船

瓦洛里 ㉚
Vallauris

Alpes-Maritimes. 31000 square 8 mai 1945 (04 93 63 82 58) www.vallauris-golfe-juan.fr 周二至周日

瓦洛里因毕加索名声远扬，1951年村里的掌权者让他为城堡边上的教堂创作壁画。他1952年的作品《战争与和平》是**毕加索国家博物馆**（Musée National Picasso）的重要展品，在主广场上是毕加索捐赠的青铜雕像《人与羊》。

毕加索国家博物馆
Place de la Libération.
电话：04 93 64 71 83 周三至次周周一 1月1日、5月1日、11月1日和11日、12月25日 仅底层 www.musee-picasso.vallauris.fr

比奥 ㉛
Biot

Place de la Libération. 9000 46 rue St-Sebastien (04 93 65 78 00) 周二 www.biot.fr

这座典型的小山村以它独特的魅力引来诸多艺术家和手工艺者，这里的**费尔南·莱热博物馆**（Musée Fernand Léger）的外墙上有这位艺术家创作的巨大马赛克画。同样出名的还有这里的手工吹制玻璃器皿，**比奥玻璃厂**（Verrerie de Biot）可以购买这些工艺品。

费尔南·莱热博物馆
255 chemin du Val-de-Pome. 电话：04 92 91 50 20 周三至次周周一 1月1日、5月1日、12月25日 www.musee-fernandleger.fr

比奥玻璃厂
5 ch des Combes. 电话：04 93 65 03 00 每天 1月1日、12月25日

雷诺阿在滨海卡涅的画室

滨海卡涅 ㉜
Cagnes-sur-Mer

Alpes-Maritimes. 50000 6 bd Maréchal Juin (04 93 20 61 64) 周二至周五 www.cagnestourisme.com

滨海卡涅分为三个地区，最古老的卡涅到处是倾斜的街道和古老的建筑，还有很多文艺复兴时期的拱顶房屋。现代化的卡涅镇中云集了很多餐馆和商店。而卡涅湾是一个渔船和游艇经常停泊的海边港口。上卡涅的**格里马尔迪城堡**（Château Grimaldi）建造于14世纪，又于17世纪由亨利·格里马尔迪对其进行了重建。这座堡垒的城墙后面是生长着茂盛的胡椒树的庭院，在众多大理石柱子中有一座小小的橄榄树博物馆，里面收藏了一些地中海地区的现代艺术品。这里还有一组女歌手苏茜·索利道留的画作，其中40件作品是她的画像，是马丽·洛朗桑和高多克为她创作的。宴会厅天花板上是一幅巨大的壁画——《掉下的马车》，这是卡尔伦在17世纪20年代创作的作品。

雷诺阿生命中的最后12年是在卡涅度过的。现在的**雷诺阿博物馆**（Musée Renoir Les Collettes）完全保持着1919年雷诺阿去世时的陈设，里面还有十幅他的绘画作品。

费尔南·莱热博物馆的外墙是费尔南·莱热创作的马赛克壁画

本地区住宿及餐饮信息见590～594页和646～650页

博物馆坐落在一片橄榄树林中，在那里可以看到一座“胜利维纳斯”的青铜像。

格里马尔迪城堡
电话：04 92 02 47 30 ◯ 12月～次年11月中旬：周三至次周周一 ● 11月中旬～12月2日、1月1日、5月1日、12月25日

雷诺阿博物馆
电话：04 93 20 61 07 ◯ 周三至次周周一 ● 11月1日

雷诺阿在滨海卡涅创作的《滨海卡涅的农庄》（1915年）

卢普峡谷 ㉝
Gorges du Loup

Alpes-Maritimes. Nice. Cagnes-sur-Mer. Grasse. Nice. Tourrettes-sur-Loup（04 93 24 18 93）www.tourrettessurloup.com

卢普河发源于格拉斯后的阿尔卑斯山，最后流入地中海，这条河道上到处是小瀑布和迷人的风景。**古洛东**（Gourdon）有很多古老的房子，它们环绕着12世纪的**城堡**，城堡坐落在撒拉逊人大本营的原址上。这里有勒·诺特尔设计的阶梯式花园（见179页）。

莱斯瑞维斯杜卢普（Tourrettes-sur-Loup）是座防御性村庄，外侧的房屋形成了防御工事。整座村庄布满了久负盛名的紫罗兰田，这些花草用来制作香水和糖果。**紫罗兰防御村庄**（Bastide aux Violettes）博物馆说明了鲜花在村庄的历史和经济中所起的作用。

紫罗兰防御村庄
电话：04 93 59 06 97 ◯ 周二至周六和周日下午
www.tourettessurloup.com

旺斯 ㉞
Vence

Alpes-Maritimes. 20000 pl du Grand Jardin（04 93 58 06 38）周二和周五 www.vence.fr

旺斯的气候非常宜人，现在这里建满了度假别墅。中世纪时这里曾是一个重要的宗教活动中心。旺斯最著名的主教安东尼·古洛东（Antoine Godeau）重修了这里的**大教堂**。教堂里的祭坛是一个雕刻精美的5世纪罗马式石棺，这里有卡洛林王朝时期的浮雕墙壁、15世纪的唱诗班席位和古洛东的陵墓。

老城中保留着13～14世纪的城门，还有1822年建的一座瓮形喷泉，它至今还可以喷出清澈的泉水。旺斯城边缘的**罗塞尔教堂**（Chapelle du Rosaire）于1947～1951年由亨利·马蒂斯建造，这是为了感谢修女在他生病时对他的照顾。在教堂白色的墙上，《圣经》中的场景只剩下黑色的线条。

旺斯的圆形房顶

罗塞尔教堂
av Henri Matisse. 电话：04 93 58 03 26 ◯ 周一至周四（周一至周六学校假日）● 11月中～12月中、公共假期

古城旺斯的市集

街区纵览：旺斯圣保罗 ㉟ St-Paul-de-Vence

旺斯圣保罗餐馆的标志

著名的旺斯圣保罗是游客最常光顾的尼斯内陆村庄，它曾是法国与萨伏伊的边界上的边防哨所。从16世纪城堡的城墙上可以看到柏树林和红色屋顶的别墅，以及别墅中的棕榈树和游泳池。虽然这里曾经历过大规模改建，但蜿蜒的街道、中世纪的建筑依然保持着原貌。事实证明它对于20世纪的艺术家（不管成名与否）具有很强的吸引力，如今这座村庄中随处可见画室和展览馆。

旺斯圣保罗全景
这里的风景是画家们喜欢的主题。新印象派画家保罗·西涅克（1863~1935年）画了这幅描绘旺斯圣保罗的作品。

马埃特基金会
（FONDATION MAEGHT）

该基金会由画商艾梅和玛格丽特·马埃特于1964年修建，是欧洲数一数二的现代艺术博物馆。迷人的粉红色和白色建筑外观是加泰罗尼亚建筑师何塞·路易斯·塞尔特设计的，他经常与米罗和夏加尔等艺术家一同工作。美术馆里面有许多博纳尔、布拉克、康定斯基、夏加尔等画家的大作。这里经常举办夏日音乐会、各种展览和演讲；还有一座图书馆也矗立在这里。在梯田式的花园中种有松树，亚普、考德尔、米罗、贾柯梅蒂和赫普沃斯的雕刻、马赛克等作品分布其间。

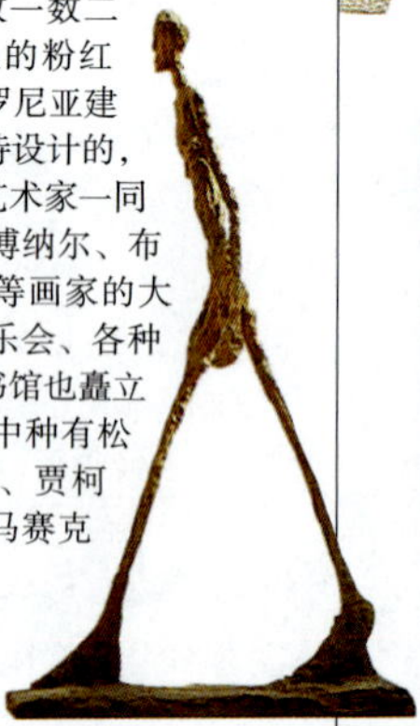
贾柯梅蒂的《行走中的男人》

金鸽小客栈
这家著名旅店的房顶上装饰着费尔南·莱热的壁画（上图所示）；池塘边上是布拉克的《鸽子》；餐厅里还有毕加索和马蒂斯的作品。

本地区住宿及餐饮信息见590～594页和646～650页

参事会教堂（Eglise Collégiale）教堂建于12世纪，其藏品包括丁托列托的画作《圣凯瑟琳》。

游客备忘

Alpes-Maritimes. 2900
840 ave Emile Hugues, Vence（04 93 58 37 60） 2 rue Grande（04 93 32 86 95）
www.saintpauldevence.com
玛埃基金会 **电话**：04 93 32 81 63
www.fondation-maeght.com

斯圣保罗历史博物馆（Musée Histoire de Saint-Paul）中保存着现小镇历史场景的蜡制品。

城堡主楼（Le Donjon）是一座阴暗的中世纪建筑，直到19世纪一直是用来关押犯人的监狱。

大喷泉（Grand Fountain）这座鹅卵石铺就的广场上有一个精致的瓮形喷泉。

格兰特街（Rue Grande）这里的16～17世纪的房子装饰有盾形纹章。

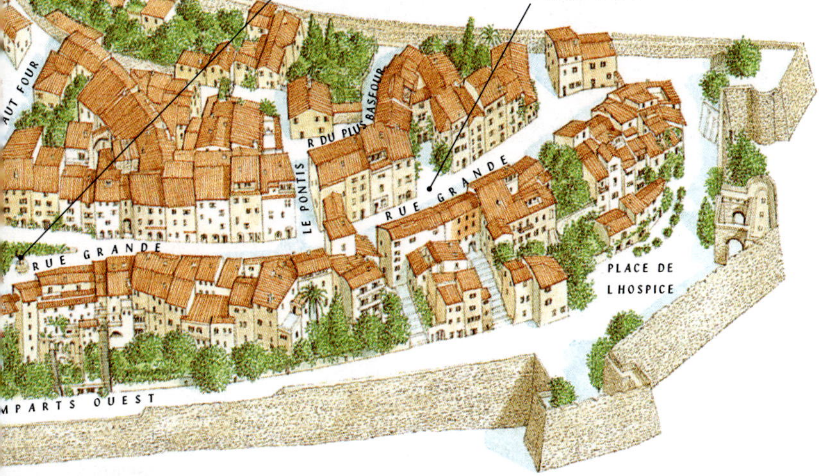

名人村（CELEBRITY VILLAGE）

20世纪20年代，**金鸽小客栈**（Colombe d'Or，见574页）在许多云集到里维埃拉的画家和作家当中非常有名。早期的顾客包括毕加索、苏蒂恩、莫迪利亚尼、西涅克、科莱特和高克多，他们经常用自己的绘画作品来支付住宿和用餐费用，正因为这样，那些无价的收藏品才可以被今天的用餐者看到。之后富人和名人也陆续来到圣保罗：泽尔达和F. 司各特·菲茨杰拉德在这里用餐时因为伊莎多拉·邓肯发生了一场传奇般的激烈争执；伊夫·蒙当和西蒙·西尼奥雷也曾经在这里的露台上举办婚礼。旺斯圣保罗博物馆中展示着一系列名人游客的照片，其中有萨特、德·波伏娃、葛丽泰·嘉宝、索菲娅·罗兰、伯特·兰卡斯特和凯瑟琳·德纳芙。

画家夏加尔（1887–1985年）于1950年移居旺斯圣保罗

尼斯 ㊱ Nice

尼斯是希腊人发现的，之后成为罗马人的殖民地。尼斯是地中海海岸最大的城市，也是法国第五大城市和第二繁忙的海港，这里短暂的冬天和常绿的亚热带植物总是吸引着各方游客。第二次世界大战发生之前，贵族们一直青睐此地：1856年尼古拉斯来到这里，1895年维多利亚女王也在此停留，这些光辉历史使得尼斯成为蔚蓝海岸地区的首府。现在尼斯仍然是商业和旅游中心，这里有很多博物馆、美丽的海滩以及浪漫的街道。最让人兴奋的是这里的狂欢节，18天的庆祝活动让人们尽情享受焰火和鲜花（见39页）。

停泊在尼斯港的游艇

探索尼斯

海滨的英国大道是 19 世纪 30 年代由英国殖民者出资修建的，它共有 8 条车道，全长 8 公里。随处可见的展馆、商店和**内格莱斯科**（Negresco）等大酒店反映了尼斯的繁荣。

1860 年前尼斯一直属于意大利，现在这里的墙面和栏杆仍给人一种置身意大利的感觉。老城坐落在一座山脚下，原来这里的城堡已经经历了大规模重建，现在的建筑都很高，艺术家的居所、画廊、小商店和餐馆散落其中。不要错过每天莎勒亚林荫大道上的花市。山上**西米耶**（Cimiez）是尼斯最时尚的地方，古老的西米耶圣母院值得一去。山下的 Les Arènes 保留着古罗马遗迹，包括浴场和露天剧场。马蒂斯博物馆旁边是考古博物馆，这里陈列着远古时期的手工艺品。西米耶山脚下是**夏加尔博物馆**（Musée Chagall）。

夜晚可以乘电车游览尼斯，沿着环形轨道，你可以欣赏到 14 处由现代艺术场景创作大师设计的艺术作品。可在旅游办事处提前预订车票。

🏛 马蒂斯博物馆（Musée Matisse）

164 av des Arènes de Cimiez. **电话：**04 93 81 08 08 ◯ 周三至次周周一 ● 某些公共假期

马蒂斯曾在尼斯待了很多年，以便从地中海的阳光中得到灵感。马蒂斯博物馆位于 17 世纪的艾莲娜那村，里面收藏着他的绘画、青铜雕塑、编织作品和手工艺品，其中最重要的是《静物与石榴》和他的最后一件作品《花和水果》。

尼斯老城区

🏛 拉斯卡里斯宫（Palais Lascaris）

15 rue Droite. **电话：**04 93 62 72 40 ◯ 周三至次周周一 ● 一些公共假期

这座 17 世纪的宫殿中挂有壁毯，天花板上是卡龙的幻觉画，这里还有一间经过修缮的 18 世纪药剂师店铺。

🏛 现代和当代艺术博物馆（Musée d'Art Moderne et d'Art Contemporain）

Promenade des Arts. **电话：**04 97 13 42 0 ◯ 周二至周日 ● 1 月 1 日、复活节、5 月 1 日、12 月 25 日

www.mamac-nice.or

博物馆的四座建筑外面连着玻璃走廊，这里有着非常特别的收藏，大多数是新现实主义和流行艺术家的作品，其中包括安迪·沃霍尔、让·汤格利等人。这里还有一些尼斯画派画家的作品。

马蒂斯的作品《蓝人IV》（1952）

本地区住宿及餐饮信息见590～594页和646～650页

蔚蓝海岸滨海大道休憩

圣雷帕拉特大教堂
（Cathédrale Ste-Réparate）

这座 17 世纪的巴洛克建筑拥有琉璃瓦铺就的圆顶，内部装饰精致奢华。

夏加尔博物馆
（Musée Chagall）

16 av du Docteur Ménard. **电话：**04 93 53 87 20 周三至次周周一 1月1日、5月1日、12月25日

这里收藏的夏加尔作品包括绘画、雕塑、彩色玻璃和马赛克画，其中最珍贵的是《圣经信息》。

美术博物馆
（Musée des Beaux-Arts）

33 av des Baumettes. **电话：**04 92 15 28 28 周二至周日 1月1日、复活节、5月1日、12月25日 限制 周四 www.musee-beaux-arts.org

这里展览着 1860 年意大利将这个城市割让法国后拿破仑三世带来的艺术品，还有一些印象派和后印象派的作品。

马塞纳宫（Palais Masséna）

65 rue de France. **电话：**04 93 91 19 10 周三至次周周一

这里展出了尼斯从 1800 年至 20 世纪 30 年代的历史。

游客备忘

Alpes-Maritimes. 349000 7 公里 av Thiers（36 35） 5 bd Jean Jaurès（04 93 85 61 81） quai du Commerce（3260） 5 prom des Anglais（08 92 70 74 07） 周二至周日 狂欢节
www.nicetourism.com

圣尼古拉斯俄国东正教大教堂（Cathédrale Orthodoxe Russe St-Nicolas）

修建大教堂是为了纪念一位在本地去世的年轻沙皇皇储。教堂外墙由粉色砖块和灰色大理石组成，内部挂有精美的画像。

亚洲艺术博物馆
（Musée des Arts Asiatiques）

405 prom des Anglais. **电话：**04 92 29 37 00 周三至次周周一 1月1日、5月1日、12月25日 www.arts-asiatiques.com

在丹下健三设计的建筑中展示着亚洲古代和现代艺术品。

维尔弗朗什的圣皮埃尔教堂

滨海维尔弗朗什 37

Villefranche-sur-Mer

Alpes-Maritimes. 6649 Jardin François Binon（04 93 01 73 68）周六和周日 www.villefranche-sur-mer.com

坐落在山脚下的维尔弗朗什形成了一座露天剧场，小镇俯瞰的天然海港的水深足以用作军港。咖啡馆和酒吧坐落在意大利风格的海滨建筑中，从那里向外望去可以看到劳作的渔民。这里有一座中世纪的**圣皮埃尔教堂**（Chapelle de St-Pierre），它一直被用来存放渔网。1957年让·科克托将这里装修一新。同样值得一去的还有16世纪的**圣艾摩城堡**（Citadelle St-Elme），市政厅和两座画廊坐落其中。

港口后面是狭窄多风的阶梯式街道。在第二次世界大战期间，这里13世纪有拱顶的Obscure路为躲避炮击的人们提供了避难所。

圣皮埃尔教堂

Quai Amiral Courbet. 电话：04 93 76 90 70 12月中～11月中：周二至周日 12月25日

费哈角 38

Cap Ferrat

Alpes-Maritimes. 2000 Nice. Beaulieu-sur-Mer 59 av Denis Femeria（04 93 76 08 90）www.saintjeancapferrat.fr

这里有里维埃拉海岸最豪华的别墅。从1926年到毛姆去世，他在著名的摩尔别墅中接待过诺埃尔·科沃德和温斯顿·丘吉尔等名人。

高墙庇护着一座座别墅，但其中最好的一座向公众开放，它就是**埃弗吕西·德·罗特希尔德别墅**（Villa Ephrussi de Rothschild）。这座大理石豪宅坐落在一个主题公园中，它属于埃弗吕西·德·罗特希尔德男爵夫人。1934年她把这栋别墅赠送给了法国政府。这里的布置和当初一模一样，里面陈列着她无价的瓷器、玛丽·安托瓦内特的作品、壁毯和绘画，还有一件独特的弗拉戈纳尔的工作像。

博利厄镇（Beaulieu）在半岛和内陆连接的地方。这座气候宜人的码头上伫立着许多酒店，独特而美丽的**卡瑞勒斯别墅**（Villa Kerylos）也坐落在这里。它是于1902～1908年为考古学家西奥多·雷纳克建造的，这座仿古希腊风格的建筑中装饰着马赛克、壁画，并摆有家具。

埃弗吕西·德·罗特希尔德别墅

Mon. 电话：04 93 01 33 09 2月～10月：每天；11月～次年1月：周一至周五下午；周末、学校假期和公共假期：每天

www.villa-ephrussi.com

卡瑞勒斯别墅

Imp Gustave Eiffel, Beaulieu. 电话：04 93 01 01 44 同上 www.villa-kerylos.com

费哈角博利厄希腊式的卡瑞勒斯别墅

本地区住宿及餐饮信息见590～594页 和646～650页

费哈角埃弗吕西·德·罗特希尔德别墅的路易十五大厅

艾兹村 39

Eze

Alpes-Maritimes. 3100
l Général de Gaulle（04 93 41 26 00）
www.eze-riviera.com

艾兹村位于高高的丘顶之上，周围建有城墙，以防外敌入侵，这是该地区所特有的防御性村庄形式。每年从夏天开始就有成千上万游客涌入14世纪的城堡大门，聚集到这里狭窄的街道上。村子的最高点是被热带树木环绕的**热带花园**（Jardin Exotique），这里的远眺视野非常好。沿着上滨海路能够抵达古罗马高山重镇**拉蒂尔比耶村**（La Turbie，见46～47页）。这座公元前6年的巨大建筑非常显眼，面向摩纳哥和意大利，非常华美。

热带花园
Rue du Château. 电话：04 93 41 10 30 每天 12月25日

拉蒂尔比耶
4月～10月中旬：每天；9月中旬～次年3月：周二至周日 公共假期
www.ville-la-turbie.fr

罗克布罗恩马丁角 40

Roquebrune-Cap-Martin

Alpes-Maritimes. 12000 Nice. 218 av Aristide Briand（04 93 35 62 87）周三
www.roquebrune-cap-martin.com

中世纪村庄罗克布罗恩俯视着郁郁葱葱的海角，那里至今还伫立着富人和名人的别墅。这里也不是对每位游客都很友好：诗人叶慈于1939年在这里逝世，勒·柯布西耶1965年也在这里溺水。1467年，罗克布罗恩人相信热情的表演可以帮助他们躲避瘟疫，所以这里经常会有热情的表演，每年8月还有传统表演上演。

罗克布罗恩风光

滨海阿尔卑斯省 41

Alpes-Maritimes

Alpes-Maritimes. Nice. Nice. Peille. Nice. La Mairie, Peille（04 93 91 71 71）www.peille.fr

在蔚蓝海岸的腹地还可以找到未被开发的村庄，比如**佩里**（Peille）和**佩永**（Peillon），从中世纪这两座村庄几乎没有变化。它们位于佩永河流域，街道上到处是台阶和拱门。佩里更是与世隔绝，这里的人民甚至还用土语。滨海阿尔卑斯省的乡村也保持着原貌，那里崎岖的峡谷、奔腾的河流和多风的高原离海岸只有几个小时的路程。**奇迹山谷**（Vallée des Merveilles）有古老的岩石雕刻；**梅康图尔国家公园**（Parc National du Mercantour）还有许多稀有的野生动物。

芒通 42

Menton

Alpes-Maritimes. 30000 Palais de l'Europe, 8 av Boyer（04 92 41 76 76）每天 www.menton.fr

芒通的海滩、背景中的阿尔卑斯山、金色的建筑和鼎盛时期的别墅足以吸引众多游客。19世纪时，维多利亚女王和许多著名的作家、诗人都曾在这里度假。这里气候宜人，热带植物和柑橘长得十分茂盛，2月这里还有一年一度的柠檬节（见39页）。

圣米歇尔教堂（Basilica St-Michel）是巴洛克式建筑，它前面是一个铺着马赛克的广场。1957年让·科克托重新装修了市政厅的**婚礼大厅**（Salle des Mariages），他的画作、陶瓷作品都收藏在17世纪的**让·科克托博物馆**（Musée Jean Cocteau）中。卡诺雷宫中的**美术馆**（Musée des Beaux-Arts）收藏着中世纪到20世纪的珍贵作品。

婚礼大厅
Hôtel de Ville. 电话：04 92 10 50 00 周一至周五 公共假日

让·科克托博物馆
Vieux Port. 电话：04 93 57 72 30 周三至次周周一 公共假日

美术馆
3 av de la Madone. 电话：04 93 35 49 71 周三至次周周一 公共假日

芒通让·科克托博物馆的马赛克画

摩纳哥 ㊸ Monaco

驾车到此的游客最好沿着峭壁道路的中间走，这是世界上最美的高速公路，有绝美的地中海海岸风光。身处摩洛哥的摩天大楼之中，很难想象这里曾经有过动荡的历史——它最初是希腊殖民地，后被罗马人占领，1297 年又被格里马尔蒂斯从热那亚人手中买过来。这里现在还保持着世界上最古老的王朝统治政体。虽然经过填海，摩纳哥延伸了三分之一土地，但是它的面积仍只有 1.9 平方公里，其面积比纽约的中央花园还小。

鸟瞰摩纳哥

大娱乐场

探索摩纳哥

摩纳哥主要以它的大娱乐场而闻名，无数传说由这里而起，1878 年查理三世为了逃脱破产的命运将其建立。1865 年第一家娱乐场在光秃秃的海湾（后来为了纪念蒙特卡罗以他的名字命名了这里）建立，这些娱乐场成功地积累了大量财富，以至于 1870 年查理免除了人民的赋税。如今虽然摩纳哥是避税天堂，但这里的居民的人均总收入还是世界上最高的。

每年都有世界各地的游客来到这里观看 5 月摩纳哥的一级方程式赛车和 1 月的蒙特卡罗汽车拉力赛（见 39 页）。这里有焰火节（7～8 月），每年 1 月底还有国际马戏艺术节和世界级的芭蕾舞会和音乐会。在这里，不需要花很多钱就可以玩得尽兴，参观**安东尼堡**（Fort Antoine）和新罗马风格的**大教堂**都是很好的选择。

大娱乐场（Grand Casino）

Place du Casino. **电话：**00 377 98 06 76 76 每天，从中午
www.montecarloresort.com

大娱乐场由巴黎歌剧院（见 97 页）的设计者查尔斯·加尼叶于 1878 年设计而成，其内部装修十分奢侈，是美好时代风格，曾经这里聚集着俄国大公爵、英国贵族和其他名流。在这里任何人都可以赌一把自己的运气，甚至连最高级的游戏室都可以付费参观，但是这里的赌桌只向大客户开放。

摩纳哥皇宫（Palais Princier）

Place du Palais. **电话：**00 377 93 25 18 31 4 月～11 月：每天

摩纳哥皇宫是摩纳哥市政厅的所在地，那里有无价的家具和精美的壁毯，只在夏天向公众开放，每天 11:55 更换警卫。

高楼大厦林立的现代蒙特卡罗

摩纳哥的王室

阿尔贝二世亲王正式于2005年7月登基，3个月前他81岁父亲刚刚去世，并结束了一个长达55年的朝代。兰尼埃三世亲王是一个很有能力的统治者，他是一位于1297年进入摩纳哥要塞的格里马尔迪的后裔。他的妻子、前电影明星格蕾丝·凯丽于1982年不幸去世。如今，阿尔贝亲王和他的姐妹卡罗琳和斯蒂法妮仍然备受关注。

兰尼埃三世国王、格蕾丝王妃和卡罗琳公主

拿破仑纪念馆和皇宫历史档案馆

(Musée des Souvenirs Napoléoniens et Archives Historiques du Palais)

Pl du Palais. **电话：**00 377 93 25 18 31 每天 1月1日、5月1日、大奖赛、11月、12月25日

馆内墙上的一个家谱图说明了格里马尔迪和拿破仑一世之间的关系，这里记录着拿破仑的功绩，并展示了他无数的画像。

皇宫外的护卫

海洋学博物馆

(Musée Océanographique)

Av Saint-Martin. **电话：**00 377 93 15 36 00 每天

www.oceano.mc

该馆成立于1910年，这里的水族馆里满是海水，里面有很多种稀有的海洋植物和动物。博物馆还有很重要的科学藏品，其中包括潜水设备和船模。航海家雅克·库斯托在这里成立了他的研究中心。

游客备忘

摩纳哥 37000 尼斯东南部7公里 av Prince Pierre (SNCF: 36 35) 2a bd des Moulins (00 377 92 16 61 66) 每天 国际马戏艺术节（1月～2月）；国际焰火节（7月～8月）；摩纳哥国庆节（11月19日）**www**.visitmonaco.com

热带花园（Jardin Exotique）

62 bd du Jardin Exotique. **电话：**00 377 93 15 29 80 每天 11月19日，12月25日 www.jardin-exotique.mc

热带花园有很多热带和亚热带的植物。其中的人类学博物馆展出了熊、猛犸和河马曾经生活在海滨的证据。

摩纳哥国家博物馆

(Nouveau Musée National de Monaco)

17 av Princesse Grace. **电话：**00 377 98 98 91 26 每天 1月1日、5月1日、大奖赛、11月19日、12月25日

博物馆由两座相邻的建筑组成，周围环绕着花园，主要用于临时展览，通常两年举办一次以摄影和自然为主题的展览。

科西嘉岛

上科西嘉 · 南科西嘉

这里的人们说着他们自己的土语，这座岛拥有一切迷你大陆应有的特点。这里有很多热带的棕榈树、葡萄园、橄榄树和橘园，还有栗树和本地松树林，阿尔卑斯山的湖泊和凉爽的山间激流中都生有鳟鱼，最有特色的是灌木丛，拿破仑说他从厄尔巴岛上都能闻见它浓烈的桃金娘香味。

科西嘉岛作为地中海的第四大岛仅次于西西里岛、撒丁岛和塞浦路斯岛。这里曾是法国大陆地区的困扰：1769 年路易十五花了 4000 万法郎从热那亚人手中买了这座小岛；在那之前，经过数年的斗争，科西嘉人民在巴斯夸·帕欧里领导之下享受了 14 年的独立生活，可想而知他们受到了法国人的欺骗，因此一直对法国人充满了愤恨。对于来这里度假的游客来说，每年的游客数量超过当地人数的 6 倍，科西嘉和法国的关系已经无关紧要了，但是有时有激烈（有时是沉默的暴力）的分离派运动会使游客取消到这里旅游的计划，因此在一定程度上，科西嘉岛迷人的自然风光便没有受到过多的破坏。

11～13 世纪的 200 年间，科西嘉岛一直是托斯卡纳比萨的殖民地，他们建造了精美均匀的罗马教堂。这些建筑以及费利杜萨的巨石战士和最高贵的纪念碑都能在此见到。另外，拿破仑的出生地是一个荒蛮海岸和山峰的地方，那是地中海上为数不多的未被开发的角落，那里贫瘠、人烟稀少，但是美丽、古老，还很孤傲。

圣弗洛朗周围的奥莱塔村

◁ 巴斯蒂亚的一个渔民和他的猫咪朋友

探索科西嘉岛

科西嘉岛最吸引人的是它美丽的风景，大自然的鬼斧神工造就了这里的大山、森林、芬芳的灌木丛，还有望不到边际的沙滩。春末（野花都已经开放了）和早秋是来科西嘉岛游玩的最佳时间，这个时候气温高低适中，游客也不多。科西嘉岛还以拥有极好的徒步旅行小道而出名，其中很多小道贯穿了整个乡村。冬天的时候这些小道便是滑雪场，在山下2～3月份同样可以滑雪。

卡尔维的海港和 15 世纪的城堡

图例

- 主要公路
- 二级公路
- 次级公路
- 观光线路
- △ 山峰

科西嘉岛的风

这个岛受到各个方向的风的影响，其中两个没有列出，它们是经常在中午出现的Mezzogiorno 和午夜十分强烈的Terrana。

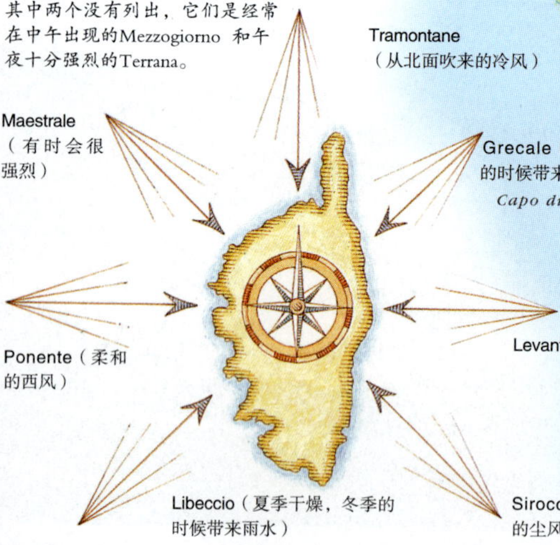

旅游景点分布示意图

阿雅克肖 ⑪
巴斯蒂亚 ②
博尼法乔 ⑭
波尔图湾 ⑨
东海岸 ⑮
费利杜萨 ⑫
卡尔维 ⑤
科西角 ①
卡尔吉斯 ⑩
卡斯塔尼西亚 ⑧
科尔特 ⑦
鲁斯岛 ④
尼奥劳 ⑥
圣弗洛朗 ③
萨尔泰讷 ⑬

波尔图湾的 Calanche 悬崖

周边交通

渡轮公司（最好能提前预订）有从马赛、尼斯、土伦出发，到巴斯蒂亚、鲁斯岛、卡尔维、阿雅克肖和普洛普亚诺的航班；还有从撒丁岛到博尼法乔，从热那亚、里窝那和拉斯佩齐亚到巴斯蒂亚的航班。阿雅克肖、巴斯蒂亚、卡尔维和费加里也有小型的机场。科西嘉岛的路都非常窄，并且蜿蜒曲折，但转弯过后将会看到惊人的美景。游览这个岛汽车是必不可少的，因为公共交通很有限。还要带好足够的汽油，因为加油站很少，并且两个加油站之间的距离相差很远。

0 公里 20

0 英里 10

科尔特的旧城区，城堡都建在高高的岩石上

科西角 ❶
Cap Corse

Haute-Corse. ✈ Bastia. 🚉 Bastia. ⛴ Bastia. ℹ pl St-Nicolas, Bastia（04 95 54 20 40）www.bastia-tourisme.com

科西角位于科西嘉岛北端，40 公里长，但是宽不足 12 公里，像一个指向热那亚的手指。

从巴斯蒂亚来到这里有两条路：D81 公路从西面山间穿过，经过葡萄酒小村庄帕特里莫民奥和 D80 公路会合；D80 公路沿**艾尔巴琅尕**（Erbalunga）和**马其纳吉奥**（Macinaggio）的东岸向北延伸，这条路既狭窄又崎岖，十分难走，走这条路会饱受等待之苦。

在 **Lavasina 村**海岸上，D54 公路脱离 D80 公路前往波佐，从这里到海拔 1370 米的**斯泰洛山顶**（Monte Stello）徒步要走 5 小时。它是这里的最高峰，在山顶上可以看到西面圣弗洛朗全景；南面可以看到科西嘉岛中间的山峦；东面是意大利的厄尔巴岛。

海岸边的**卢斯塔**（Tour de Losse）是经过重建的 16 世纪的热那亚塔，若有野蛮人来袭，可以使城里所有的科西嘉城镇在两个小时内得到警报。

美丽的 18 世纪的渔港**森特里**（Centuri）位于半岛的西岸，是一个品尝海鲜的好去处。**皮诺**（Pino）是一个美丽的小村子，村里的建筑一直蔓延到南面远处的山腰。这里没有旅店，只有一座圣母小教堂，里面有很多模型船，这都是海员们为了感谢她的保护而供奉的。

科西角东海岸的艾尔巴琅尕村

沿海滨南面的小路左转上山是**卡纳里**（Canari），它是当地比较大的一个村庄，这里有一座 12 世纪珍贵的比萨教堂——圣玛利亚阿斯塔教堂，还有壮美的海景和气氛欢乐的酒店。这个茂密树林覆盖的地方好像每一个路口都可以通向有趣的地方，这附近有很多风景如画的小村庄。

但从**农扎**（Nonza）开始风景就不那么优美了，那里有很多老石棉工厂和黑色沙滩。

巴斯蒂亚的老港

巴斯蒂亚 ❷
Bastia

Haute-Corse. 👥 39000 ✈ 🚉 🚌 ⛴ ℹ pl St-Nicolas（04 95 54 20 40）📅 周二至周日 www.bastia-tourisme.com

这座海港是科西嘉岛的行政首府，在这里热那亚风格的城堡和色彩艳丽的 19 世纪意大利式建筑布满了整个古老的海港。这里的地中海风格与半个世纪之前几乎完全一样。

巴斯蒂亚生活的中心在**圣尼古拉斯广场**（place St-Nicolas），对面的港口停泊着法国大陆和意大利的渡船。沿着海边一直向南是**市政厅广场**（place de l'Hôtel de Ville），出售日常食品，旁边是**无玷圣母教堂**（Chapelle de l'Immaculée Conception），内部的装修是 18 世纪的风格。17 世纪中期的**圣让·巴蒂斯特教堂**（Eglise de St-Jean-Baptiste）面对老港。

附近有一座 16 世纪的城堡，那里有两座教堂可看：**圣十字教堂**（Chapelle Sainte-Croix）里的黑基督是巴斯蒂亚渔民 1428 年在海中捞到的；15 世纪的**圣玛丽教堂**（Sainte-Marie）里面有 1 吨多重的银质圣母雕像。

本地区住宿及餐饮信息见594～595页和650～651页

圣弗洛朗 ❸

t-Florent

aute-Corse. 1500 Bâtiment dministratif (04 95 37 06 04) 每 第一个周三

圣弗洛朗几乎就是科西嘉的圣特罗佩斯：别致、富裕、挤满游艇。这里的堡垒现在是一个摄影展览馆，始建于439 年，是热那亚典型的军事建筑。城中最有价值的景点是 12 世纪的比萨**圣玛利亚阿斯塔教堂**（Cathédrale de Santa Maria Assunta），它就坐落在到Poggio-d'Oletta 的路上。

郊外

尼比奥地区（Nebbio）的休闲 4 小时行车线路从圣弗洛朗的露天剧场出发可以到达以下地方：**圣·彼得罗·德·滕达**（Santo Pietro di Tenda）；**穆拉托**（Murato）以它华丽的圣米歇尔教堂而闻名，这座建筑是由 12 世纪罗马风格的白色和绿的石头建成；**圣斯特凡诺**（San Stefano）两面是美丽的大海；**奥勒塔**（Oletta）生产一种特别的蓝色奶酪；经过**特伏米**（Teghime）小路最后到达葡萄酒之乡**帕特里莫尼奥**（Patrimonio），这里有一个公元前 900～800 年的奇怪的竖石纪念碑。

圣弗洛朗西面是贫瘠的**阿里特斯沙漠**（Désert des Agriates），步行、骑自行车或者摩托车行进 10 公里，就能到达最美丽的塞勒西卡海岸。

穆拉托的圣米歇尔教堂

鲁斯岛 ❹

L'Île Rousse

Haute-Corse. 2400 av Calizzi (04 95 60 04 35) 夏季：每天；冬季：周二和周五 www.balagne-corsica.com

鲁斯岛 1758 年由独立的科西嘉岛的领导人保利建立，现在鲁斯岛是科西嘉岛一个主要的旅游地和渡轮码头。小镇的中心有一座科西嘉岛英雄保利的雕像。广场北边有一座市场，远处是旧城区。

夏天到鲁斯岛会异常拥挤，海岸上到处是享受日光浴的人。沿海岸行驶 10 公里可到达美丽的**洛札里**（Lozari）海滩。

郊外

去巴拉涅地区最好的一条路是乘坐鲁斯岛— 卡尔维来回的一列电气化火车。这列火车一年到头都在提供服务，在夏天的时候车次还会增加，可以直接到达海岸线，沿途会在阿格约拉、鲁米奥和很多村庄停留。

卡尔维 ❺

Calvi

Haute-Corse. 5500 Port de Plaisance (04 95 65 16 67) 每天 www.balagne-corsica.com

法国外籍军团士兵

现在卡尔维一半是军事重镇，另一半是廉价的度假地。这里 15 世纪的堡垒中驻扎着法国外籍军团，海港更远处是望不到边际的露营地和房车公园。

这里可能是哥伦布的出生地，但是没有确切的证据证明这一点。这里更有名的是它的美食，价格很合理。在每年的 6 月底这里还有精彩的爵士音乐节。

城外 19 世纪的**塞拉圣母教堂**（Chapelle de Notre-Dame de la Serra）坐落在山顶上，从任何位置都可以看到它的风采。

卡尔维西南6公里处的塞拉圣母教堂

黄昏中的科尔特15世纪的城堡

尼奥劳 6

The Niolo

Haute-Corse. Corte. route de Cuccia（04 95 48 05 22）

位于科尔特西部的尼奥劳向西延伸到沃吉奥关隘盆地，向东到达 Scala di Santa Regina。这里有科西嘉岛最高的**钦多山**（Monte Cinto），海拔高达 2700 米，还有最大的高尔河，汇入巴斯蒂亚南面的海中。和科西嘉岛众多地区不同，尼奥劳以畜牧养殖业为主。从这里的**卡拉克西卡**（Calacuccia）很适合到钦多山远足旅行。附近的**阿斯科**（Haut Asco）滑雪场可以由阿斯科出发经 D27 公路到达，但是热衷徒步旅行的人可以从克拉克西卡步行到这里（8 ~ 9 小时）。南面是巨大的**沃度尼勒森林**（Valdu Niello）。

科尔特 7

Corte

Haute-Corse. 6700 la Citadelle（04 95 46 26 70） 周五

www.centru-corsica.com

科尔特位于科西嘉岛的中心，1755 ~ 1769 年独立领导人保利把这里作为岛的首府。在老城里有一座 15 世纪的城堡，里面的**科西嘉博物馆**（Museu di a Corsica）展览了科西嘉传统生活和人类学遗迹。

科尔特是游览周围山地的最好基地，它在 GR20 公路的中间，从 Calenzana 到孔卡之间的路程大概有 220 千米。

科西嘉博物馆

La Citadelle. **电话**：04 95 45 25 45 4月 ~ 6月和10月：周二至周日；7月 ~ 9月：每天；11月 ~ 3月：周二至周六 公共假日 www.musee-corse.com

郊外

不要错过美丽的**勒斯托尼卡峡谷**（Gorges de la Restonica），从科尔特经 D623 公路行驶 12 公里可抵达。探险者可以徒步前往雪融水的**麦洛湖**（Lac de Melo），约用 60 ~ 90 分钟；也可以再花 30 分钟前往更远的**卡皮泰诺湖**（Lac de Capitello）。这里的雪到 6 月上旬仍不化。这里的道路一到冬天便铺满了白雪，形成了绝佳的滑雪道。在科尔特的南部是 Vizzavona **森林**，这里生长着榉树和松树林，满是鳟鱼的河流和远足小径（特别是 GR20）穿行其间。可以乘坐阿雅克肖或是巴斯蒂亚开出的小型货车到这里。

卡斯塔尼西亚 8

Castagniccia

Haute-Corse. Bastia. Corte, Ponte Leccia Piedicroce, La Porta, Valle-d'Alesani Folelli（04 95 35 82 54）

www.castagniccia.fr

卡斯塔尼西亚在科尔特东面的山地上，这里到处是栗树。1725 年独立领导人保利出生在这里，1729 年这里是最早对热那亚进行反抗的地方。阿拉斯是这里一座美丽而偏僻的村庄，现在几乎没什么人居住，曾经的居民现在大部分生活工作在法国大陆或是意大利。17 世纪时，大片的栗树林被热那亚人引种到这里而且非常高产，那时这里是科西嘉岛最兴隆、人口最多的地方。

D71 公路从莱恰桥（科特北部）到东海岸，蜿蜒穿过卡斯塔尼西亚中心地带，沿途行车可以欣赏到沿途的美景。出发之前带好野餐的食品，因为在途中是买不到任何东西的。

◁ 博尼法乔（见543页）的石灰岩峭壁

波尔图湾 ❾
Golfe de Porto

Corse-du-Sud. Ajaccio. Porto. Porto（04 95 26 10 55）www.porto-tourisme.com

位于波尔图湾最前端的波尔图是地中海最美丽的海湾，已被列入联合国教科文组织世界文化遗产名录。在城中，有一个壮观的热那亚瞭望塔，这里是欣赏日出的绝好地方，而且在4月~10月还有定时到卡兰切、斯坎多拉和吉罗拉塔的游船。

从波尔图出发沿去帕阿纳的路行进2公里便是**卡兰切**（Calanche），300米高的红色花岗岩悬崖垂直地矗立在海水中，让人惊讶。只可以乘船或是步行来这里，Tête du Chien和Pont de Mezanu是徒步小径的起点；船票在波尔图的Hôtel Le Cyrnée购买。

波尔图的东面是斯派伦卡峡谷，到这里只能用骡子代步，路上还有很多热那亚风格的桥。

在波尔图南面，沿滨海路驶过花岗岩拱门就到了美丽的**帕阿纳村**（Piana），这里是游览周边的基地。另外一个值得一去的地方是**费卡热拉**（Ficajola）的海湾，它在帕阿纳的下面，是一片名副其实的美丽海岸。

波尔图的码头和热那亚的瞭望塔

郊外

从波尔图到卡尔维的山路让你见识到科西嘉岛最为宏伟的角落，你要从波尔图或者盖勒里亚乘渡船来到这里欣赏美景。**吉罗拉塔**（Giralata）是波尔图北部一个很小的村庄，可以从海上或是骑骡子到达（步行要4个多小时），从波尔图出发沿D81公路到这里是23公里。

在吉罗拉塔湾的入口处是**斯坎多拉自然保护区**（Réserve Naturelle de Scandola），建于1975年，是法国第一个海陆保护区，园内包括超过1000公顷的海面，一小部分悬崖、岩洞和灌木丛海洋生物在这里可以得到很好的保护；鸟类有鹗、海鸭、鱼鹰等。

科西嘉岛的花

岩蔷薇

对于喜爱野花的人来说，科西嘉岛是地中海地区花的天堂。岛上的大部分地区被灌木丛所覆盖，还有很多芬芳的树丛和从冬末就一直开花的矮树丛。在各种各样的花之中，最显眼的要数岩蔷薇了，放眼望去，到处都是粉色和白色，还有耀眼的黄色金雀花，满是青草和岩石的山坡上布满了紫色的风信子和只有在科西嘉岛和撒丁岛才能见到的伊利里亚海百合。

西班牙金雀花

伊利里亚海百合

风信子

以卡兰切为背景的帕阿纳村

卡尔吉斯的希腊式教堂

卡尔吉斯 ⑩
Cargèse

Corse-du-Sud. 1000 rue du Docteur Dragacci（04 95 26 41 31）
www.cargese.net

卡尔吉斯是赛格和派罗之间的一个海湾，当地大部分居民是17世纪由土耳其过来的希腊难民后裔，这里是他们在科西嘉岛的避难所。至今一些卡尔吉斯人仍然说希腊语，而且这里还有希腊式的挂满肖像的教堂。现在这里处理宗教问题的态度十分审慎。古老的争斗早就消失了，东正教的神父和天主教牧师也经常站在一起。这个地区还有许多美丽的海滩：北面的**派罗**（Pero）和**奇尼**（Chiuni）以及南面的**梅纳西纳**（Ménasina）和**斯塔诺利**（Stagnoli）。

阿雅克肖 ⑪
Ajaccio

Corse-du-Sud. 60000 3 bd du Roi Jérôme（04 95 51 53 03） 周二至周日 www.ajaccio-tourisme.com

阿雅克肖是一个喧闹繁忙的城镇。1769年拿破仑出生在这里，但在他1804年成为法国国王后从未回过科西嘉岛。16世纪的**仁慈圣母教堂**（Cathédrale Notre-Dame de la Miséricorde）于1771年为拿破仑洗礼，里面收藏着德拉克罗瓦的画作《圣心圣母》。

走过几条街便是**波拿巴宫邸**（Maison Bonaparte），他在这里出生并且度过童年，这里收藏着一些他的肖像、当时的家具和各种各样的纪念品。更为有趣的是拿破仑叔叔红衣主教费斯奇的艺术品收藏，他在意大利革命期间洗劫了教堂、宫殿和博物馆，并且把这些赃物带回阿雅克肖。

位于19世纪的费斯奇宫中的**费斯奇宫博物馆**（Musée Palais Fesch）收藏着除卢浮宫外法国最好的意大利早期画作，这些杰作大部分是贝里尼、提香、贝尔尼尼等人的作品。费斯奇宫的旁边是**皇家小教堂**（Chapelle Impériale），建于1855年，是拿破仑三世为波拿巴建造的墓地。从这里沿着码头往回走是城堡防波堤，从这里可以尽览壮阔的风景。旁边是一座被军队控制的16世纪的城堡。

波拿巴宫邸
Rue St-Charles. **电话：** 04 95 26 26 26 周二至周日
www.museemaisonbonaparte.fr

费斯奇宫博物馆
50 rue Cardinal Fesch.
电话： 04 95 21 48 17 周三至次周周一 www.musee-fesch.com

郊外

从城堡码头有许多小径通向阿雅克肖湾入口处的**松主奈尔群岛**（Îles Sanguinaires）。

在N193公路的东北方向21公里的沃罗有一个特别的公园A Cupulatta，里面有150多种乌龟和海龟（4月~10月）。

费利杜萨的石像

费利杜萨 ⑫
Filitosa

Centre Préhistorique de Filitosa, Corsedu-Sud. **电话：** 04 95 74 00 91 4月~10月：每天
www.filitosa.fr

费利杜萨有4000年历史的真人高的武士石像是科西嘉岛最壮观的文物，于1946年被发现。它们体现出雕塑技法的进化。

五座最现代而且雕刻技艺最为精巧的雕像（大约公元前1500年）围绕着一棵约有1000年树龄的橄榄树，矗立

位于阿雅克肖的拿破仑塑像

本地区住宿及餐饮信息见594~595和650~651页

城堡式的博尼法乔老城和它前面的海港

在一个古陵墓下的空地上。另外在考古博物馆内还有一个全副武装的武士，身披盔甲、手持盾牌和长矛。

萨尔泰讷 ⑬
Sartène

Corse-du-Sud. 3600 cours Soeur Amélie（04 95 77 15 40）夏季：每天；冬季：周六 www.oti-sarten-evalenco.com

萨尔泰讷是一座中世纪的堡垒小镇，狭窄的鹅卵石街道和灰色花岗岩房屋坐落在 Rizzanese 峡谷上。16 世纪早期热那亚人将其修建，但多次被北非伊斯兰教海盗袭击。几个世纪以来，这里的主要家族也不断有流血冲突。尽管这样，萨尔泰讷人还是很虔诚的，每年在科西嘉岛都会有基督纪念活动。在耶稣受难日（字面意思是“束缚日”），一个头戴红头巾的悔过者光着脚，戴着铁链拖着木头十字架穿过老城，重现耶稣基督殉难时的情景。

郊外

镇中心的**科西嘉岛史前博物馆**（Musée de la Préhistoire Corse）收藏着很多新石器时代、青铜器时代和铁器时代的手工艺品。

科西嘉岛史前博物馆
Bd Jaques Nicolai. **电话：** 04 95 77 01 09 5月～9月：每天；10月～次年4月，周一至周五
www.prehistoire-corse.org

博尼法乔 ⑭
Bonifacio

Corse-du-Sud. 2700 rue Fred Scamaroni（04 95 73 11 88）周三 www.bonifacio.fr

博尼法乔位于科西嘉岛的最南端，是一个拥有很多石灰岩和花岗岩峭壁的半岛（见 538 ～ 539 页）。在峭壁脚下，迷人的海港是这里社会生活的中心，咖啡馆、餐馆和小商店云集在这里，还有船定时到临近的撒丁岛和无人居住的拉维齐岛。

从港口可以前往修建防御工事的老城，它是 12 世纪统治这里的热那亚人建造的，很长时间一直是博尼法乔主要的防御工事。1963 ～ 1983 年这里是法国外籍兵团的司令部。从这里沿着曲折的路向下可以看到三座古老的风车和一片方济会修道院废墟。

东海岸 ⑮
Côte Orientale

Haute-Corse & Corse-du-Sud. Bastia. Aléria, Salenzara, Porto-Vecchio. Bastia, Porto- Vecchio. Aléria（04 95 57 01 51），Porto-Vecchio（04 95 70 09 58）

自从 1945 年摆脱了洪水和疫病后，这片从巴斯蒂亚延伸到索兰扎拉的冲积平原一直收获颇丰。最近几年这里便成了一个度假胜地，高档酒店也层出不穷。

玛丽安娜（Mariana）紧邻巴斯蒂亚—巴瑟斯特岛机场，那里最有名的是一座 12 世纪的玛丽安娜教堂——**卡诺尼卡**（La Canonica），不远处是**圣派特奥教堂**（Eglise de San Perteo），周围绿草成茵。

向下到海岸的途中有**阿雷利亚**（Aléria）港，最初是希腊殖民地，公元前 259 年又成为罗马征战科西嘉岛的营地，这里有很多古代遗迹。城外就是 16 世纪马特堡中的博物馆，它展示了古罗马时期的阿雷利亚港的日常生活。

岛的南面是**维基奥港**（Porto-Vecchio），现在是海边游览胜地。这里的松树好像撑开的伞，还有栎树林和迷人的白色沙滩。从城里，特别是**巴隆巴热亚**（Palombaggia）和**皮那里罗**（Pinarello）到这里非常方便。

维基奥港海湾

2828 PC 13

游客指南

住宿信息 546 ~ 595

餐饮信息 596 ~ 651

购物信息 652 ~ 655

休闲娱乐 656 ~ 659

特色假期和户外活动 660 ~ 665

住宿信息

在法国22000家注册的酒店当中，大部分酒店都非常吸引人又很有特色，而且价格也很公道。在本章的前四页中总结了法国酒店的等级及它们所能提供的服务。酒店列表（见550～595页）提供了城市周围各种价位和类型的酒店供游客选择：华贵的现代连锁酒店、经典的小规模家庭旅馆、度假出租房（法国一种供应床和早餐的家庭旅馆），它们既可能位于简单的农场，也可能位于宏伟的城堡中。在法国很容易找到度假公寓或乡村小屋，而且很容易得到有关度假住宿的信息。

比利牛斯埃斯佩莱特的 Hôtel Euzkadi（见 586 页）

传统家庭旅馆

如果想在旅行中节省开支，那么小型家庭旅馆应该是首选，这种家庭旅馆在每一个村镇都有，并且可能位于村庄中心，还配有酒吧和餐厅（如果食物档次比较高的话）。这里的气氛一般很和谐，可以和小孩、猫、狗生活在一起。老式酒店虽然充满怀旧魅力而且房间很多，但是给人缺乏活力的感觉，而且可能浴室的热水只是涓涓细流。

每年法国住宿（Logis de France）都会设立超过 4000 家家庭旅馆，其中大部分是 1～2 星级酒店。这些家庭旅馆多数坐落在小城市或是乡村，巴黎没有这样的旅馆。在这些路边小店中，你将意外地发现其中一些由农舍改造的、非常便宜的海边旅馆。同时法国住宿也提供了各个酒店的情况供游客参考。

城堡旅店

法国的很多豪华酒店由城堡和府邸改造而来，其中包括文艺复兴时期的巨大建筑和中世纪的城堡，它们从草坪到战争痕迹都无一例外地保留下来。在法国，尤其是卢瓦尔河地区、萨瓦、罗讷河三角洲，到处都能找到较大的酒店，推荐小册子《Relais et Châteaux》作为信息参考。

一般来说酒店的房间都设计精美，食物也是精心烹制的。卧室从大套间到简单的标准间都有，大多是经过改造的农舍，在这里如果你不要求备有精美卧床的单间的话，不需要花费很多就可以享受到奢华待遇。

城市酒店

每座大城市在车站和机场周围都有很多酒店，从便宜的旅馆到一两家大酒店都有，最有名的城市酒店是巴黎的皇宫酒店和尼斯、戛纳等地的里维埃拉度假村。很多城市酒店没有餐饮服务，所以在预订房间之前有必要先了解一下住宿条件。

现代连锁酒店

当你在法国旅行的时候，如果你想找到一个不是十分昂贵的短暂住所，现代连锁酒店是很好的选择。它们大都坐落在郊区高速公路或是主要道路的边上，最便宜的一星级 Formule 1 汽车旅馆，提供单人或是双人床，但是没有家具。

二星级连锁酒店包括 Ibis/Campanile、Hotels Première Classe 和 Etap。三星级连锁酒店包括 Novotel 和 Mercure，有带家具的房间，通常可以允许免费带一个小孩入住，

蔚蓝海岸的尼斯的 Le Négresco（见 593 页）

巴黎杜乐丽区的 Meurice 酒店（见 555 页）

可以让一家人住在一个房间（Novotel 可以允许两个 16 岁以下小孩免费入住）。

带有客房的餐馆

法国很多高档餐馆也提供客房住宿服务，通常房间与餐馆的风格相得益彰，价格也十分公道。有时美食餐厅的楼上还有一些简单的房间，对于那些喜欢把大笔资金花在美食上的人来说，他们可以住在这里，并花较少资金。600 ~ 651 页列出了餐馆信息供您选择。

菜肴和设施

在旅游高峰期，许多酒店都采用半食宿（提供早餐和一顿主餐的膳宿）的经营策略，但也有提供午餐的全食宿，但是食品价格会包括在总费用内。如果选择套餐会降低费用，但是很多特色的菜就会从菜单中取消了。

许多小的家庭旅馆在周日晚上就不提供食物了，而且在其他时间里可能在 21:00 就已经停止晚餐供应了。

房间一般都是双人床，如果要求单人床或是双人床需在预订时提出。所有中档酒店都有洗浴设备，如果选择公用盥洗室（距离卧房很近）能节省很大一部分住宿费用；配有浴盆的盥洗室要比仅带有淋浴的酒店价格贵。

如果不选择全食宿或半食宿，早餐费用要额外计算，所以建议到外面的咖啡馆就餐，这样要便宜得多，而且可以吃得很好。

法国阿尔卑斯山脉塔卢瓦尔地区的 Hôtel de l' Abbaye（见 580 页）

等级

法国的酒店分为零至五级（顶级的五星级酒店带有“palace”标志）。二星级或是二星级以上的如果需要必须安装电梯，每一个房间要备有电话，而且至少有 40% 的家具。三星级酒店提供早餐，房间内要有 80% 的家具。四星级和五星级酒店必须有客房服务、空调和所有家具。

价格

房费包括税费和服务费，通常按房间定价（全食宿和半食宿除外），对于住在双人房中的第三个人会收取额外费用，对于单独住宿的游客也很少有折扣。

一般的规律是星级越高价格越贵，对于一个双人房，一星级酒店每晚 40 欧元，四星级酒店每晚则为 100 欧元或更多。价格也受地理位置影响，在偏远的郊外最便宜，价格相当于多尔多涅和普罗旺斯等旅游旺地住宿价格的 20%，而这些旅游旺地的住宿价格又相当于巴黎和蔚蓝海岸的 20%。价格也受季节影响，在高峰期，海岸和山地的税费会提高 50%。

预订

7 ~ 8 月份到巴黎和旅游热点地区住宿最好提前预订。

在一些偏远地区，大部分酒店从 10 月到次年 3 月会停止营业，滑雪度假村在 4 月份通常也停业。因此，出行前一定要提前打电话确定营业时间。

除了一些乡村旅馆外，正常情况下都可以用信用卡来预订，很多主要城市的旅游办事处都提供提前 8 天以上的预订服务。

卡尔卡松的 Hôtel de la Cité 的餐厅（见 589 页）

家庭旅馆

在法国 B&B（家庭旅馆）被称作 chambres d'hôte，它们的形式从小农舍到装饰豪华、摆满家族肖像和古董的城堡都有，还有一些农舍（见 597 页）。一般情况下，游客会住在私人家中，旅馆不提供酒店和娱乐服务。如果提出要求，旅馆一般会提供家常菜正餐。有上万家家庭旅馆在**法国民宿**（Gîtes de France）上注册并接受管理。你可以在路旁寻找黄绿相间的家庭旅馆标志，但是这些标志也可能把你带入没有注册的旅馆，要获得相关信息可咨询当地的旅游办事处。

法国民宿的标志

自炊式民宿

人们常说的“民宿”就是指郊区由农舍或是废弃房屋改造的度假旅馆，这在法国是一种很流行而且相对便宜的旅游住宿方式，特别是在旅游淡季，但是最好的住所一定要提前几个月预订。

法国民宿上共有上万家注册民宿，该机构对它们进行管理和分级。这个公司的小册子（法国国家旅游局提供）上会提供 2500 家民宿供游客选择，每个地区的办事处也会制作自己的小册子列出管辖范围内的所有民宿。它在巴黎的总部**巴黎民宿之家**（Maison des Gîtes de France）也提供相关信息。**Clévacances** 是另一个能够提供法国民宿信息的机构。这些机构都为有不同需求的游客（如滑雪、骑马）提供专门的服务。

法国还有其他自炊式民宿：昂贵的南部海岸别墅、滑雪场的郊外农舍以及城市和海边公寓等。Allo Vacances 网站（www.allovacances.com）还提供各地区的预订服务信息。

露营

11000 处官方露营地遍布法国各个乡村，法国露营联合会（FFCC）列出了名单，而且每年更新。法国民宿的《露营指南》列出了农场上的小营地。

露营地分为一至四星级，三、四星级的营地通常空间较大，一部分帐篷和露营拖车提供相应设施和电力。一、二星级的营地会有卫生间、公用电话和供水（一、二星级的营地有时只提供凉水）。这里没有配置某些电器是为了露营环境更加安静。

值得注意的是一些营地只向具有露营许可证的游客提供服务。可以在 RAC 和下页列出的俱乐部办理露营许可证。

青年旅舍

对于单独出行的游客，青年旅舍是一种十分省钱的选择。

IYHF 的酒店指南列出了**青年旅舍联合会**（Fédération Unie des Auberges de Jeunesse, FUAJ）下属的 220 家法国旅舍，它们面向各个年龄段的顾客。如果不是**青年旅舍协会**（Youth Hostel Association, YHA）的会员，每次在法国青年旅舍住宿就要

波尔多旅游高峰期时在水池边玩耍的度假者

敫纳部分附加费用。**法国国际相识中心联盟**（Union des Centres de Rencontres Internationales de France，UCRIF）在法国有 50 个文化中心。所有旅舍都有单人、双人和多人房，以及餐厅。

夏天可以住在大学宿舍，具体事宜可以联系**大学和学院地区中心**（Centre Régional des Oeuvres Universitaires et Scolaires，CROUS）。露营民宿通常是在步行、自行车和骑马旅行线路附近的农房，法国民宿的《露营民宿和暂住地》（Gîtes d'Etape et de Séjour）指南提供 1600 处住宿信息。

残障人士

很多机构提供法国设有残障设施的住宿地信息：**法国残障人士协会**（Association des Paralysés de France，APF）、

戛纳卡尔顿洲际酒店（见 592 页）

肢体残障人士团体（Groupement pour l'Insertion des Personnes Handicapées Physiques，GIHP）以及法国民宿的指南《Accessibles》。APF 自己的旅游公司 APF Evasion 可以为顾客提供出游计划。**旅行伴侣**（Les Compagnons du Voyage）可以提供交通网络信息，并安排交通线路。www.guideaccessible.com 是一个实用网站，其中按区域列举了能够提供残障服务的交通公司。

更多信息

法国之家（Maison de la France）提供《City Breaks in France》《France's Cultural Sites》等小册子以及《Traveller in France》杂志。法国国家旅游局发行的《Logis de France》列出了酒店信息。《Relais et Châteaux》只能在柜台购买。

在没有酒店的法国乡村可以选择法国民宿和 B&B（这本小册子在其巴黎店铺出售）查询信息。**Loisirs Accueil** 是一个预订中介，它能够提供所在地区的各类住宿信息。从英法旅游局可以获得 53 家办事处的信息。

附　录

连锁酒店

Campanile
电话：0825 00 30 03
www.campanile.com

Etap
电话：0892 68 89 00
www.etaphotel.com

Formule 1
电话：0892 68 56 85
www.hotelformule1.com

Hotel Première Classe
电话：0892 68 81 23
www.premiereclasse.com

Ibis
电话：0892 68 66 86
www.ibishotel.com

Novotel
电话：0825 88 44 44
www.novotel.com

Relais et Châteaux
电话：0825 82 51 80 法国
www.relaischateaux.com

自炊式民宿和家庭旅馆

Clévacances
电话：02 51 47 71 07
www.clevacances.com

法国民宿
地址：59 St-Lazare, 75009 Paris.
电话：01 49 70 75 85 或 0891 16 22 22
www.gites-de-france.com

露营

法国露营联合会
地址：78 rue de Rivoli, 75004 Paris.
电话：01 42 72 84 08
传真：01 42 72 70 21
www.ffcc.fr

青年旅舍

大学和学院地区中心
地址：39 av G-Bernanos, 75231 Paris Cedex 05
电话：01 40 51 36 00
www.crous-paris.fr

青年旅舍联合会
地址：27 rue Pajol, 75018 Paris
电话：01 44 89 87 27
www.fuaj.fr

法国国际相识中心联盟
地址：27 rue de Turbigo, 75002 Paris
电话：01 40 26 57 64
www.ethic-etapes.fr

青年旅舍协会
地址：Trevelyan House, Matlock Derbyshire DE4 3YH.
电话：0800 019 1700
www.yha.org.uk

残障人士

法国残障人士协会
地址：17 bd August Blanqui, 75013 Paris
电话：01 40 78 69 00
传真：01 45 89 40 57
www.apf.asso.fr

肢体残障人士团体
地址：32 rue de Paradis, 75010 Paris
电话：01 43 95 66 36
传真：01 45 40 40 26
www.gihpnational.org

旅行伴侣
地址：34 rue Championnet, LAC CG25, 75018 Paris
电话：01 58 76 08 33
www.compagnons.com

更多信息

Loisirs Accueil
www.loisirs-accueil.fr

法国之家办事处
地址：Lincoln House, 300 High Holborn, London W1V 7JH.
www.uk.franceguide.com

选择酒店

本书根据设施、服务质量和地理位置选择了一些酒店。这些酒店中所有的房间都有浴室、电视、空调，并且若无特殊说明，轮椅也可以方便进出；大部分房间还有互联网接口，有的健身设施可能不开放。以下酒店根据地区排列。地图信息见 154~169 页。

价格指南

下列价格指的是旅游高峰期标准双床房一晚的价格（含税费。）早餐不包括在内，除非明确说明：

€ 80 欧元以下
€€ 80 ~ 130 欧元之间
€€€ 130 ~ 180 欧元之间
€€€€ 180 ~ 250 欧元之间
€€€€€ 250 欧元以上

巴黎

波堡和市政厅：Hôtel Britannique €€€€

地址：20 av Victoria, 75001 电话：01 42 33 74 59 传真：01 42 33 82 65 房间数：40 地图：13 A3

这家酒店有许多回头客，他们再次光顾的原因除了这里毗邻夏特勒广场以外，还因为这里充满了“大旅行”氛围，员工也助人为乐。这里的客房和餐厅都极具特色，装饰美丽，具有古典魅力。www.hotel-brittanique.fr

夏佑区：Hameau de Passy €€€

地址：48 rue de Passy, 75016 电话：01 42 88 47 55 传真：01 42 30 83 72 房间数：32 地图：5 B3

这家酒店坐落在一个私人小巷中，小巷是一个充满绿色的绿洲，一条石子路伸向埃菲尔铁塔和特罗卡德罗。从客房向远处看便是花园，如果你提出要求，早餐可以为你送到房间。提供互联网接入口。www.paris-hotel-hameaude-passy.com

夏佑区：Concorde La Fayette €€€€

地址：3 pl du Général Koenig, 75017 电话：01 40 68 50 68 传真：01 40 68 50 43 房间数：1000 地图：1 C2

这家酒店有一座非常迷人的高科技高塔（巴黎为数不多的塔中的一座），它的设施包括健身俱乐部、位于 33 层的酒吧、餐厅和购物长廊。从客房里就可以看到整个巴黎和布洛涅森林的风景。www.concorde-lafayette.com

夏佑区：Hôtel du Bois €€€€

地址：11 rue du Dôme, 75016 电话：01 45 00 31 96 传真：01 45 00 90 05 房间数：41 地图：2 D5

离凯旋门和香榭丽舍大街只有两分钟路程，这里对于那些喜欢购买流行服装的人来说是非常理想的选择，建筑外貌是典型的巴黎式，内部的装修显示出英国建筑的特色，卧室中摆放着英国乔治时期风格的家具，客房中还有精美的壁毯和绘画作品。www.hoteldubois.com

夏佑区：Costes K €€€€€

地址：81 av Kléber, 75016 电话：01 44 05 75 75 传真：01 44 05 74 74 房间数：83 地图：2 D5

这家酒店价格昂贵，因为它就坐落在距离埃菲尔铁塔不远的地方，建筑本身是西班牙建筑师理卡多·鲍费尔的杰作，设计和装修都是他主持完成的，他用无花果树、石灰、大理石和不锈钢表现这里的奢华，客房是地道的亚洲风格。

夏佑区：Hôtel Elysées Regencia €€€€€

地址：41 av Marceau, 75016 电话：01 47 20 42 65 传真：01 49 52 03 42 房间数：43 地图：2 E4

色彩是这个位于时尚购物区心脏地带的时尚装饰酒店的中心主题。你可以从蓝色、褐色、浅绿色或薰衣草色的色板中选择你的房间。酒店的接待处有一架大钢琴，此外店中还有镶板的酒吧和一间按摩室。www.regencia.com

夏佑区：Hôtel Keppler €€€€€

地址：10 rue Kepler, 75016 电话：01 47 20 65 05 传真：01 47 23 02 29 房间数：39 地图：2 E5

经过大面积的全新装修，这里现在是一个非常精致的四星级酒店。高大的天花板让人感觉空间非常宽阔。这里还有很多非常先进的设施供游客使用，包括等离子彩电、卫星电视以及抗过敏枕头等。www.keppler.fr

香榭丽舍大道：Royal Magda Etoile €€€

地址：7 rue Troyon, 75017 电话：01 47 64 10 19 传真：01 47 64 02 12 房间数：37 地图：2 D3

酒店位于一条安静的鹅卵石街道上，距离星辰广场只有几分钟的步行路程，2008 年经过整修后，整座建筑呈现出不同色调的奶油色。这里客房比较小，但工作人员都很友好也很专业，他们倾其所有为顾客服务，对家庭顾客尤其周到。www.paris-hotel-magda.com

香榭丽舍大道：Claridge-Bellman €€€€€

地址：37 rue François 1er, 75008 电话：01 47 23 54 42 传真：01 47 23 08 84 房间数：42 地图：2 F5

这家酒店是老克拉里奇酒店的一个缩影，而且经营者也没有变化。这家酒店向人们展示了什么才是传统——到处都是精美的壁毯和古董，安静、庄严。员工服务非常高效。www.hotelclaridgebellman.com

香榭丽舍大道：Four Seasons George V €€€€€

地址：31 av George V, 75008　电话：01 49 52 70 00　传真：01 49 52 71 10　房间数：245　地图：2 E5

这家传奇的酒店有沙龙、古老的家具和艺术品，但在重建以后它失去了一些原有的魅力。但是现在它有绝佳的餐厅 Le Cinq，据说餐厅有世界上最优秀的调酒师以及曾经获过奖的厨师。这里还有一个大的水疗中心。www.fourseasons.com/paris

香榭丽舍大道：Hotel Chambiges €€€€€

地址：8 rue Chambiges, 75008　电话：01 44 31 83 83　传真：01 40 70 95 51　房间数：34　地图：6 F1

这是一家位于一条安静街道上的优雅舒适的酒店，距香榭丽舍大街仅有 5 分钟的路程。酒店建筑呈暖色调，散发着古典气息。温暖晴朗的时候，顾客可在花草丛生的天井享用早餐。www.hotelchambiges.com

香榭丽舍大道：Hôtel Vernet €€€€€

地址：25 rue Vernet, 75008　电话：01 44 31 98 00　传真：01 44 31 85 69　房间数：50　地图：2 E4

古斯塔夫・埃菲尔（埃菲尔铁塔的建筑师）创造了令人炫目的餐厅玻璃屋顶。白色和金色的大厅镶板、豪华的红色天鹅绒窗帘、古董和大理石地板也令人印象深刻。酒店的客房有平板电视和互联网接口。www.hotelvernet.com

香榭丽舍大道：Le Bristol €€€€€

地址：112 rue du Faubourg-St-Honoré, 75008　电话：01 53 43 43 00　传真：01 53 43 43 01　房间数：187　地图：3 A4

这是巴黎最好的酒店之一，宽敞的大房间里摆放着古董，还配有大理石浴室。极具时代感的餐厅里装饰着佛兰德挂毯和闪闪发光的水晶吊灯，因此广受赞扬。2009 年，酒店侧翼建筑也已经开放营业了。

香榭丽舍大道：Plaza Athénée €€€€€

地址：25 av Montaigne, 75008　电话：01 53 67 66 65　传真：01 53 67 66 66　房间数：191　地图：6 F1

这是一家十分奢华的酒店，很受蜜月情侣、贵族阶层以及流行商品购物者的喜爱。阿兰・杜卡斯设计的餐厅非常浪漫，这里的酒吧也是品尝鸡尾酒的绝佳去处。www.plaza-athenee-paris.fr

香榭丽舍大道：San Régis €€€€€

地址：12 rue Jean-Goujon, 75008　电话：01 44 95 16 16　传真：01 45 61 05 48　房间数：44　地图：7 A1

自 1923 年开业以来，这家华贵的酒店就受到富豪们的青睐，它虽然地处市中心但环境安静。这家受欢迎的私人豪华酒店到处都是古董和柔软的沙发，部分房间的天台还可以欣赏优美的风景。www.hotel-sanregis.com

荣军院和埃菲尔铁塔区：Grand Hôtel Levêque €€

地址：29 rue Cler, 75007　电话：01 47 05 49 15　传真：01 45 50 49 36　房间数：50　地图：6 F3

酒店位于埃菲尔铁塔和巴黎荣军院之间的步行街上，这里还有一个水果蔬菜集市。绝佳的地理位置并不是吸引人的唯一因素，这里的客房管理得非常好，而且提供互联网接口。www.hotel-leveque.com

荣军院和埃菲尔铁塔区：Hôtel Bourgogne et Montana €€€€

地址：3 rue de Bourgogne, 75007　电话：01 45 51 20 22　传真：01 45 56 11 98　房间数：32　地图：7 B2

酒店坐落在国民议会的前面，有一种非常庄重的气氛。酒店特点包括一个古典电梯，以及一个摆有彩色沙发的纯白圆形大厅。酒店的客房装饰风格有一种经典贵族的气派，非常时尚。www.bourgogne-montana.com

荣军院和埃菲尔铁塔区：Hôtel de Suède St-Germain €€€€

地址：31 rue Vaneau, 75007　电话：01 47 05 00 08　传真：01 47 05 69 27　房间数：39　地图：7 B4

酒店坐落在奥赛和罗丹博物馆附近，这里有非常优雅的房间，整体是 18 世纪末期风格的灰白色调。游客在这里会受到格外热情的欢迎。从华美的房间还可以看到公园的风景。在这里的一个小巧的花园中用早餐也是一种美妙的享受。www.hoteldesuede.com

荣军院和埃菲尔铁塔区：Hôtel de Varenne €€€€

地址：44 rue de Bourgogne, 75007　电话：01 45 51 45 55　传真：01 45 51 86 63　房间数：25　地图：7 B2

酒店外貌较为严肃，后面是一个狭长的花园庭院，在夏天的时候游客们在这里享用早餐。最近它的客房全部装饰一新，体现出优雅的路易十六或皇家的风格，简直可以说是完美无瑕，非常受法国政府官员的喜爱。www.varenne-hotel-paris.com

荣军院和埃菲尔铁塔区：Duc de St-Simon €€€€€

地址：14 rue de St-Simon, 75007　电话：01 44 39 20 20　传真：01 45 48 68 25　房间数：34　地图：7 C3

毫无疑问，这家酒店是塞纳河南岸最受欢迎的酒店之一，这座 18 世纪的大楼内摆着很多古董，充分体现出它的贵族气质。www.hotelducdesaintsimon.com

拉丁区：Hôtel des Grandes Ecoles €€

地址：75 rue Cardinal Lemoine, 75005　电话：01 43 26 79 23　传真：01 43 25 28 15　房间数：51　地图：9 B5

这家酒店由三座小屋组成，中间有一个漂亮的花园，在天气晴朗的时候可以在花园中享用早餐。房间非常舒适，而且贴着 18 世纪风格的花墙纸；一些房间直接与院子相通。这里还提供无线网。www.hotel-grandes-ecoles.com

拉丁区：Hôtel Esmeralda €€

地址：4 rue St-Julien-le-Pauvre, 75005 电话：01 43 54 19 20 传真：01 40 51 00 68 房间数：19 地图：9 A4

这座漂亮的波西米亚风格的酒店坐落于拉丁区的中心地带，它有古老的石墙和带梁的天花板，吸引了泰伦斯·史坦普和赛尔日·甘斯布等名人前来。这里最好的房间可以看到巴黎圣母院。这里不提供早餐。

拉丁区：Hôtel des Grands Hommes €€€

地址：17 pl du Panthéon, 75005 电话：01 46 34 19 60 传真：01 43 26 67 32 房间数：31 地图：13 A1

这家安静的家庭旅馆位于卢森堡公园附近，常有巴黎大学的老师来此入住。从阁楼上能够欣赏到万神庙的壮观景色。客房非常舒服，提供无线网。 www.hoteldesgrandshommes.com

拉丁区：Hôtel les Degrès de Notre Dame €€€

地址：10 rue des Grands Degrès, 75005 电话：01 55 42 88 88 传真：01 40 46 95 34 房间数：10 地图：9 B4

这里的全体员工都非常热情，木制的隔板和橡木房梁使房间显得格外优雅。房间整洁且提供互联网接口。这里的餐厅和茶室提供物美价廉的食物。 www.lesdegreshotel.com

拉丁区：Hôtel de Notre-Dame €€€€

地址：19 rue Maître Albert, 75006 电话：01 43 26 79 00 传真：01 46 33 50 11 房间数：34 地图：9 B5

这家酒店的风景极佳，放眼望去是伟大的巴黎圣母院，一边是塞纳河，一边是万神庙。这里的设施也非常实用一些房间还有房梁和古老的石墙。酒店最吸引人的是它的地理位置，而且这里还有桑拿浴场和无线网。www.hotel-paris-notredame.com

拉丁区：Hôtel du Panthéon €€€€

地址：19 pl du Panthéon, 75005 电话：01 43 54 32 95 传真：01 43 26 64 65 房间数：36 地图：13 A1

这家酒店和 Hotel des Grands Hommes 一样，员工非常热情，房间同样都是古典的装饰风格。33 间客房中都有四柱大床，非常豪华而且极其浪漫。整个酒店都有互联网信号。 www.hoteldupantheon.com

卢森堡区：Hôtel du Globe €€€

地址：15 rue des Quatre-Vents, 75006 电话：01 43 26 35 50 传真：01 46 33 62 69 房间数：14 地图：8 F4

这家 17 世纪的酒店坐落在卢森堡公园附近，它为游客提供了极好的住宿条件。最近重新装修的客房装饰着古老的家具和彩色的挂毯。需要提前预订。早餐可以送到房间里。www.hotelduglobeparis.com

卢森堡区：Aviatic €€€€

地址：105 rue de Vaugirard, 75006 电话：01 53 63 25 50 传真：01 53 63 25 55 房间数：43 地图：8 E5

这家酒店有着长年家庭经营的历史，它把波西米亚风格和现代的舒适有机地结合在一起。每个房间都是用从当地跳蚤市场买来的各色材料装饰的，还挂有亮丽的织物。在这里停车需另外付费。www.aviatic.fr

卢森堡区：Hôtel Louis II €€€€

地址：2 rue St-Sulpice, 75006 电话：01 46 33 13 80 传真：01 46 33 17 29 房间数：22 地图：8 E4

这家明亮迷人的酒馆中的每间客房都独具一格。每个客房都有木质梁、雅致的装饰，装修非常注重细节。在客房可俯瞰圣叙尔皮斯教堂或康德大街。酒店顶楼的套房特别吸引人。www.hotel-louis2.com

蒙马特：Regyn's Montmartre €€

地址：18 pl des Abbesses, 75018 电话：01 42 54 45 21 传真：01 42 23 76 69 房间数：22 地图：4 E1

这座保存完好的酒店位于圣心大教堂附近，最高层的客房可以看到埃菲尔铁塔。酒店转角处有一家双磨坊咖啡厅（地址为 15rue le Pic），这就是爱美丽在《天使爱美丽》电影中工作的地方。两个磨坊咖啡厅，是爱美丽工作过的爱美丽影院。 www.paris-hotels-montmartre.com

蒙马特：Relais Montmartre €€€

地址：6 rue Constance, 75018 电话：01 70 64 25 25 传真：01 70 64 25 00 房间数：26 地图：4 E1

这家迷人的酒店坐落在蒙马特的陡峭、蜿蜒、交错的街道中心，使用精致的花卉织物、古董家具和画梁装饰内部。宁静、温馨、浪漫的氛围以及坐落在附近的餐厅为这家酒店增色不少。www.hotel-relais-montmartre.com

蒙马特：Terrass Hôtel €€€€€

地址：12-14 rue Joseph-de-Maistre, 75018 电话：01 46 06 72 85 传真：01 42 92 34 30 房间数：98 地图：4 E1

这是蒙马特最豪华的酒店，这里的客房非常舒适，部分房间还保留着装饰艺术风格的木制手工艺品。这里的一大特色是屋顶的餐厅，夏天，时尚的巴黎人在这里欣赏世界级的城市美景。www.terrass-hotel.com

蒙帕纳斯：Hôtel Apollon Montparnasse €€

地址：91 rue Ouest, 75014 电话：01 43 95 62 00 传真：01 43 95 62 10 房间数：33 地图：11 C3

酒店坐落在凡尔赛宫展览中心附近，装饰着古希腊的雕塑和精美的家具。客房非常简单，但是设施齐全。泊车需要另外付费。酒店提供无线网。www.paris-hotel-paris.net

价格指南见550页 **图标含义**见封底勒口

蒙帕纳斯：Hôtel Delambre Montparnasse €€€

地址：35 rue Delambre, 75014 电话：01 43 20 66 31 传真：01 45 38 91 76 房间数：30 地图：12 D2

这家酒店离蒙帕纳斯公墓只有几步之遥，离卢森堡公园和拉丁区也很近，它融合了现代与古典的风格。酒店的客房陈设简单，具有便利的现代化设施。www.delambre-paris-hotel.com

蒙帕纳斯：Hôtel Le Ste Beuve €€€€

地址：9 rue Ste Beuve, 75006 电话：01 45 48 20 07 传真：01 45 48 67 52 房间数：22 地图：12 D1

这是一家小型酒店，经过了仔细的装修，经常有左岸画展的审美家们在这里住宿。大厅里有一个壁炉，房间为淡雅的冷色调，几幅现代画作为房间添了几分优雅。www.hotel-sainte-beuve.fr

蒙帕纳斯：Villa des Artistes €€€€

地址：9 rue de la Grande Chaumière, 75006 电话：01 43 26 60 86 传真：01 43 54 73 70 房间数：55 地图：12 D2

这家酒店力求再现蒙帕纳斯艺术全盛时期的情景，那时莫迪利安尼、贝克特和菲茨杰拉德都是这里的客人。这里的客房很整洁，最大的吸引人之处是一座大花园和一个喷泉，在花园里你可以安静地享用早餐。www.villa-artistes.com

蒙帕纳斯：Le St-Grégoire €€€€€

地址：43 rue de l'Abbé Grégoire, 75006 电话：01 45 48 23 23 传真：01 45 48 33 95 房间数：20 地图：7 C5

这是一家时尚的联排别墅酒店，客房的装修是十分简洁的19世纪风格。最好预订一间带有私人阳台的房间。在客厅的中间是一座漂亮的壁炉。在这里泊车需另外付费。www.parishotelsaintgregoire.com

歌剧院区：Ambassador €€€€€

地址：16 bd Haussmann, 75009 电话：01 44 83 40 40 传真：01 42 46 19 84 房间数：297 地图：4 E4

这是法国最好的装饰艺术风格的酒店之一，经过重建恢复了当初的辉煌，这里装饰着豪华的地毯和古董家具，一层还有粉红色的大理石石柱、水晶吊灯和奥布松的壁毯。餐厅（16 Haussmann）的美食非常受巴黎美食家的欢迎。www.ambassador.paris.radissonsas.com

歌剧院区：Edouard VII Hotel €€€€€

地址：39 av de l'Opéra, 75002 电话：01 42 61 56 90 传真：01 42 61 47 73 房间数：70 地图：4 E5

这是唯一一家位于歌剧大道上的酒店，坐落在卢浮宫和巴黎歌剧院之间，这里的风景非常迷人。建议预订一个房间，以便欣赏到歌剧院叹为观止的风景。www.edouard7hotel.com

歌剧院区：Le Grand Hôtel Intercontinental €€€€€

地址：2 rue Scribe, 75009 电话：01 40 07 32 32 传真：01 42 66 12 51 房间数：470 地图：4 D5

这家酒店紧邻巴黎歌剧院，是高品位和奢华的象征，所有的房间都有以音乐为主题的图片，它们反映了这家酒店的地理位置。这里房间非常充足，Café de La Paix 咖啡馆在歌剧院区内享有盛誉。www.IHG.com

圣日耳曼德佩：Grand Hôtel des Balcons €€

地址：3 rue Casimir Delavigne, 75006 电话：01 46 34 78 50 传真：01 46 34 06 27 房间数：50 地图：8 F5

这家酒店的装饰为新艺术风格，店内有一个非常漂亮的大厅，装饰有彩绘玻璃和19世纪风格的灯饰以及木制地板。大部分客房都很安静并且装饰精美，还有阳台供客人使用。提供无线网络。www.hotelgrandsbalcons.com

圣日耳曼德佩：Hôtel des Marronniers €€€

地址：21 rue Jacob, 75006 电话：01 43 25 30 60 传真：01 40 46 83 56 房间数：37 地图：8 E3

这家酒店坐落在一个庭院和一个花园之间，非常安静，温暖的房间经过重修并且装饰有当地的织物。住在四层且面朝花园的游客，可以欣赏到令人印象深刻的巴黎屋顶风光，以及圣日耳曼德佩教堂的尖塔。www.hotel-marronniers.com

圣日耳曼德佩：Hôtel du Quai Voltaire €€€

地址：19 quai Voltaire, 75007 电话：01 42 61 50 91 传真：01 42 61 62 26 房间数：33 地图：8 D2

这家酒店曾是布朗丁、波德莱尔和毕加索的最爱，而且在很多电影中都出现过。游客最好避开面朝港口的房间，因为会受到噪声干扰。在高层的房间内可以俯瞰附近的河流，楼层越高，看到的风景越美。www.quaivoltaire.fr

圣日耳曼德佩：Hôtel d'Angleterre €€€€

地址：44 rue Jacob, 75006 电话：01 42 60 34 72 传真：01 42 60 16 93 房间数：27 地图：8 E3

这里曾经是英国大使馆，现在还保留着许多原有的装饰，包括古老的楼梯、精美的花园和壁炉架。客房的装饰各有不同，许多房间都有裸露的房梁和四柱大床。www.hotel-dangleterre.com

圣日耳曼德佩：Hôtel des Sts-Pères €€€€

地址：65 rue des Sts-Pères, 75006 电话：01 45 44 50 00 传真：01 45 44 90 83 房间数：39 地图：8 E3

这是一幢位于古老的圣日耳曼德佩教堂附近的贵族大宅，这家酒店非常安静，而且房间很大，最吸引人的是天花板上的一幅绝好的壁画。休息室深受周围出版社作家们的欢迎。www.paris-hotel-saints-peres.com

圣日耳曼德佩：Hôtel de l'Abbaye St-Germain €€€€€

地址：10 rue Cassette, 75006 电话：01 45 44 38 11 传真：01 45 48 07 86 房间数：44 地图：8 D5

这里曾是17世纪的修道院，距离卢森堡公园只有几步之遥，这家酒店曾是很多作家和画家非常喜爱的避风港。精美装修的客房和公寓中都提供了现代化的设备。这里的四座复式型单元房是真正的奢侈之处。www.hotelabbayeparis.com

圣日耳曼德佩：L'Hôtel €€€€€

地址：13 rue des Beaux-Arts, 75006 电话：01 44 41 99 00 传真：01 43 25 64 81 房间数：20 地图：8 E3

这家酒店曾走过光辉与繁荣，但如今正在衰落，它的设计师是雅克·加西亚。酒店的每个房间都是独一无二的；其中最著名的是王尔德的套房，这位爱尔兰作家就在此逝世，其中还保留了当时的家具。这里还有美丽的水疗中心和一家米其林一星餐厅。www.l-hotel.com

圣日耳曼德佩：Lutétia €€€€€

地址：45 bd Raspail, 75006 电话：01 49 54 46 46 传真：01 49 54 46 00 房间数：230 地图：8 D4

这里是塞纳河南岸最主要的魅力所在，建筑的风格一部分是新艺术风格，一部分是装饰艺术风格。这里已经完全经过重建，出版商和流行商品购物者是这里的常客。地理位置非常便利。www.lutetia-paris.com

圣日耳曼德佩：Relais Christine €€€€€

地址：3 rue Christine, 75006 电话：01 40 51 60 80 传真：01 40 51 60 81 房间数：51 地图：8 F4

这家酒店总是人满为患，它是一座16世纪的修道院的一部分。这里是一个浪漫而又安静的天堂，客房，特别是豪华客房宽敞又明亮。有无线网。需要提前预订。www.relais-christine.com

玛莱区：Hôtel Caron de Beaumarchais €€€

地址：12 rue Vieille du Temple, 75004 电话：01 42 78 14 15 传真：01 40 29 06 82 房间数：19 地图：9 C3

精美的18世纪的挂毯和水晶吊灯装饰着这家优雅豪华的酒店，房间非常温暖也比较宽敞，还有木制的房梁和大量的雕塑。这里也有21世纪的现代化设施，例如互联网接入口和空调。www.carondebeaumarchais.com

玛莱区：Hôtel de la Bretonnerie €€€

地址：22 rue Ste-Croix de la Bretonnerie, 75004 电话：01 48 87 77 63 传真：01 42 77 26 78 房间数：29 地图：9 C3

雕花石墙和地下室的拱形餐厅是这个酒店迷人的特色，它坐落在一座17世纪的大宅中，宽敞的房间摆放着古老的家具，每一间客房的装修都各不相同，员工服务非常热情友好。 www.hotelbretonnerie.com

玛莱区：Hôtel des Deux-Iles €€€€

地址：59 rue St-Louis-en-l'Ile, 75004 电话：01 43 26 13 35 传真：01 43 29 60 25 房间数：17 地图：9 C4

在这里你可以尽情欣赏圣路易岛的美丽风景，这座经过改建的17世纪的大厦绝对值得你所付的房价。酒店中弥漫着一种安静的气氛，不大的卧室非常吸引人，而且休息室内还有真正的炉火。www.deuxiles-paris-hotel.com

玛莱区：Hôtel du Bourg Tibourg €€€€

地址：19 rue du Bourg-Tibourg, 75004 电话：01 42 78 47 39 传真：01 40 29 07 00 房间数：30 地图：9 C3

这座酒店是顶级室内装潢设计大师雅克·加西亚的杰作，非常受时髦的巴黎游客的喜欢。这里的房间非常豪华，而且浴室都镶满了黑色大理石，美丽的内部庭院是绝好的休憩之处。www.bourgtibourg.com

玛莱区：Hôtel Duo €€€€

地址：11 rue du Temple, 75004 电话：01 42 72 72 22 传真：01 42 72 03 53 房间数：58 地图：9 B3

这是一座由家族三代经营的酒店，其前身波堡仍由其先前的主人打理，但其内部已经过了时尚的重修。这些现代装饰以蓝绿色和棕色为主要特征。酒店还拥有一个小酒吧和一座日本花园，花园距离蓬皮杜艺术中心只有几步之遥。www.duo-paris.com

玛莱区：St-Paul-le-Marais €€€€

地址：8 rue de Sévigné, 75004 电话：01 48 04 97 27 传真：01 48 87 37 04 房间数：28 地图：10 D3

酒店位于孚日广场边上，它有木制房梁和石墙，装修简单而现代。建议选一个面向庭院的房间，以避免来自临近街道的噪声。www.hotelparissaintpaullemarais.com

玛莱区：Murano Urban Resort €€€€€

地址：13 bd du Temple, 75003 电话：01 42 71 20 00 传真：01 42 71 21 01 房间数：52 地图：10 D1

über-hip 和时髦的 Murano 是马亥区最豪华的酒店。这里的房间内装饰有巨大的20世纪偶像的流行艺术画像，顾客还可以通过改变灯光颜色来迎合心情的变化。同样酷的酒吧和餐厅构成了酒店迷人的整体。www.muranoresort.com

玛莱区：Pavillon de la Reine €€€€€

地址：28 pl des Vosges, 75003 电话：01 40 29 19 19 传真：01 40 29 19 20 房间数：56 地图：10 D3

它坐落在宏伟的孚日广场的后面，是马亥区最好的酒店。这里有安静的庭院和豪华的客房，其中还装饰着精美的仿制古董。www.pavillon-de-la-reine.com

杜丽乐区：Hôtel Louvre Ste Anne €€€

地址：32 rue Ste Anne, 75001　电话：01 40 20 02 35　传真：01 40 15 91 13　房间数：20　地图：8 E1

这是一个距离卢浮宫和歌剧院只有5分钟步行距离的酒店。酒店虽然需要改造，但是房间很干净，工作人员很友好。这里有一个极好的接待区，里面挂有一幅错视画。这座酒店很受那些经常光顾周围寿司店的日本人的欢迎。www.paris-hotel-louvre.com

杜丽乐区：Brighton €€€€

地址：218 rue de Rivoli, 75001　电话：01 47 03 61 61　传真：01 42 60 41 78　房间数：65　地图：8 D1

这座酒店位于市中心，经过耐心的寻找不需要花很高的价钱就可以住在这里。酒店客房有漂亮高大的天花板和巨大的玻璃窗，从那可以看到杜乐丽花园和庭院的美丽风景。www.espritdefrance.com

杜丽乐区：Hôtel du Louvre €€€€

地址：Pl André Malraux, 75001　电话：01 44 58 38 38　传真：01 44 58 38 01　房间数：177　地图：8 E1

这是法国最豪华的酒店，是1855年拿破仑三世下令建造的，从这里豪华的房间可以看到极为壮观的景象。毕加索套房是这位艺术家绘制法国剧院广场风光的地方。法国人经常涌入这里的小酒馆享受他们的午餐。www.hoteldulouvre.com

杜丽乐区：Hôtel de Crillon €€€€€

地址：10 pl de la Concorde, 75008　电话：01 44 71 15 00　传真：01 44 71 15 02　房间数：147　地图：7 C1

这座酒店就在协和广场的边上，地理位置极佳且十分幽雅。这里有一间皇家套房、平台，还有时尚设计师索尼亚·里基尔设计装修的一个极好的餐厅和酒吧。www.crillon.com

杜丽乐区：Meurice €€€€€

地址：228 rue de Rivoli, 75001　电话：01 44 58 10 10　传真：01 44 58 10 15　房间数：150　地图：8 D1

这是一个成功复原老店的很好例证，酒店中有极好的早期的墙面和家具，这里的员工无一例外都热情友好，而且酒店还提供个性化的购物以及艺术品购买指导。酒店的温泉也是一流的，这里也是巴黎唯一一个提供法尔曼产品的地方。www.lemeurice.com

杜丽乐区：Ritz €€€€€

地址：15 pl Vendôme, 75001　电话：01 43 16 30 70　传真：01 43 16 45 38　房间数：162　地图：4 D5

这家酒店赫赫有名，它把优雅与衰落结合在一起。路易十六时期的家具和吊灯还保存完好，还装饰有很多绘画作品。海明威酒吧是上流社会人士经常光顾的地方。www.ritzparis.com

法兰西岛

巴比松：Hostellerie La Dague €

地址：5 grande rue, 77630　电话：01 60 66 40 49　传真：01 60 69 24 59　房间数：25

这家旅馆位于树林的中心地带的一个艺术家村庄中，这座质朴的常青藤覆盖的建筑非常浪漫，巴黎人非常喜爱这里。明亮的房间中装饰着各色精美的家具，也有现代化设施；传统的法式餐馆也极具魅力。www.inter-hotel.fr

贝尔维尔：MamaShelter €

地址：109 rue de Bagnolet, 75020　电话：01 43 48 48 48　传真：01 43 48 49 49　房间数：170

这座概念旅馆由菲利普·斯塔克设计，价格较低，预订后不可退款；如果旅客订房需要灵活性，价格会有所上调。现代风格的客房都置有 iMac 电脑、缎棉床单和微波炉。提供时尚酒吧和餐厅。www.mamashelter.com

昂吉安莱班：Grand Hôtel Barrière €€€€€

地址：85 rue Général de Gaulle, 95880　电话：01 39 34 10 00　传真：01 39 34 10 01　房间数：43

酒店位于熙熙攘攘的温泉镇，远处是一座湖泊。它名不虚传，内部由雅克·加西亚重新设计装修，房间非常奢华，部分房间是路易十五时期的风格。这家酒店还有一个传统美食餐厅、一座剧院和一个博彩场。www.lucienbarriere.com

枫丹白露：Grand Hôtel de l’Aigle Noir €€€€

地址：27 pl de Napoléon Bonaparte, 77300　电话：01 60 74 60 00　传真：01 60 74 60 01　房间数：18

这座宏伟的建筑远处是枫丹白露宫的城堡和城堡的大公园，雅致的房间装饰风格从路易十三到拿破仑三世风格应有尽有。皇家风格的餐厅提供美味的食品和热情的服务，酒吧里整天都供应快餐。www.hotelaiglenoir.com

马夫利耶尔：Château de Maffliers €€

地址：Allée des Marronniers, 95560　电话：01 34 08 35 35　传真：01 34 08 35 00　房间数：99

这座19世纪的城堡位于亚当岛森林的中心地带，它被一个巨大的私人公园环绕着。现代的客房都配有现代化的电器，包括无线网络接口。这里有无烟房间和残疾人客房，还为游客提供自行车以便于去森林中游玩。www.accorhotels.com

戴高乐机场：Sheraton Paris Airport €€€€

地址：Terminal 2, Charles de Gaulle airport, Roissy, 95716 电话：01 49 19 70 70 传真：01 49 19 70 71 房间数：252

这座堪称全国先进的喜来登酒店实际是建在2号航站楼之上，为那些乘坐早班航班的人提供了便利的住处。整洁舒适的客房拥有便利的设施和三层玻璃，这意味着你可以看到跑道上滑行的飞机，但听不到飞机的噪声。www.sheratonparisairport.fr

圣日耳曼昂莱：Pavillon Henri IV €€€

地址：19-21 rue Thiers, 78100 电话：01 39 10 15 15 传真：01 39 73 93 73 房间数：42

这座华美的酒店是亨利四世建造的，1638年路易十四在这里出生，后来大仲马在这里完成了他的作品《三个火枪手》。在这里可以看到巴黎的全景，客房都很时尚。另外有美食餐厅供应食品。www.pavillon-henri-4.com

圣普里：Hostellerie du Prieuré €€€

地址：74 rue Auguste Rey, 95390 电话：01 34 27 51 51 传真：01 39 59 21 21 房间数：8

这里距离巴黎北站乘火车只有15分钟的车程。从前的小酒馆现在成为拥有8间宽敞卧室的旅馆，每间房间的装修都很独特。"蓬巴杜"尤其豪华，在那里能眺望到巴黎远处的美景。有丰盛的早餐供应，附近也有上好的餐馆。员工非常友好。www.hosteldupricure.com

圣桑福里安城堡：Château d'Esclimont €€€€

邮编：28700 电话：02 37 31 15 15 传真：02 37 31 57 91 房间数：53

这座壮观的童话式的16世纪的城堡拥有一片小树林、一个网球场和一个健康会所。酒店提供细心的服务和舒适的房间，美食餐厅提供完美的服务。游客可带宠物狗入内。www.grandesetapes.fr

凡尔赛：Hôtel de Clagny €€

地址：6 impasse de Clagny, 78000 电话：01 39 50 18 09 传真：01 39 50 85 17 房间数：18

这是一家火车站附近的安静的旅馆，服务非常热情。房间的装修简单而且整洁，但不是很惹眼。附近有许多餐馆，而且旅馆的主人很乐意为游客提供旅游服务。

凡尔赛：Trianon Palace €€€€€

地址：1 bd de la Reine, 78000 电话：01 30 84 50 00 传真：01 30 84 50 01 房间数：199

毫无疑问这家酒店是这个地区最好的酒店，它是摄政时期风格的建筑，提供豪华舒适的客房。这里的美食餐厅提供了绝佳的美食，土耳其浴场也向游客开放。www.trianonpalace.fr

法国北部和皮卡第

亚眠：Hôtel de Normandie €

地址：1bis rue Lamartine, 80000 电话：03 22 91 74 99 传真：03 22 92 06 56 房间数：28

这家旅馆位于教堂和火车站附近的一条安静的街道上，红色的砖墙和粉刷的墙面非常漂亮。房间都很宽敞，摆有现代的家具，旅馆还经营着Le T'Chiot Zinc——不是十分昂贵的传统餐馆，这里的食品可以外卖，泊车要另外付费。www.hotelnormandie-80.com

亚眠：Victor Hugo €

地址：2 rue de l'Oratoire, 80000 电话：03 22 91 57 91 房间数：10

这家热情的家庭旅馆在著名的哥特式教堂附近，它的前墙上有石刻的《圣经》，一条古老的木制楼梯一直通向客房。这里是游览整座城市理想的基地，而且在不远处就有很多商场、餐馆和酒吧，十分方便。www.hotel-a-amiens.com

滨海贝尔克：Hôtel Neptune €

地址：Esplanade Parmentier, 62600 电话：03 21 09 21 21 传真：03 21 09 29 29 房间数：63

这是一家出色的现代旅馆，位于海岸边，客房非常优雅，很多都可以看到海景。房间也为残疾游客提供了相应的便利。餐厅的环境优雅，提供当地的传统美食，包括海鲜和牛排。www.hotelneptuneberck.com

滨海布洛涅：Hôtel Hamiot €€

地址：1 rue Faidherbe, 62200 电话：03 21 31 44 20 传真：03 21 83 71 56 房间数：12

这座有活力的海滨旅馆最近被重新装修过，但是仍然保留着古老的房间、浅色的墙面、花床单和黑色的家具，房间的隔音效果非常好。餐厅提供绝好的美食和风景，酒吧非常热闹，而且价格也不是很贵。www.hotelhamiot.com

加来：Kyriad €

地址：Digue G Berthe, 62100 电话：03 21 34 64 64 传真：03 21 34 35 39 房间数：45

这家现代旅馆位于海岸上一排古老的海滨小屋后面，客房可以入住三个人，而且为残疾游客提供了便利。餐厅的食物非常美味。www.hotel-plage-calais.com

价格指南见550页 **图标含义**见封底勒口

康布雷：Château de la Motte Fénelon €€

地址：Square Château, 59400 电话：03 27 83 61 38 传真：03 27 83 71 61 房间数：40

这是一座 19 世纪 50 年代漂亮的城堡，被花园环绕，大的客房位于主楼当中，另一些现代房间位于附加建筑中。这里有一个网球场，餐厅提供传统的法国美食。www.cambrai-chateau-motte-fenelon.com

尚蒂伊—古维约：Château de la Tour €€€€€

地址：Chemin de la Chaussée, 60270 电话：03 44 62 38 38 传真：03 44 57 31 97 房间数：41

这座宏伟的 19 世纪末期风格的酒店距离戴高乐机场只有 20 分钟车程。这里是奢华生活的天堂，占地面积广阔。餐厅装饰着漂亮的木质地板。这里有一座美丽的露台和许多为残疾游客提供的设施。www.lechateaudelatour.fr

杜埃：La Terrasse €€

地址：36 Terrasse St Pierre, 59500 电话：03 22 85 04 43 传真：03 22 8506 69 房间数：24

这家迷人的旅馆拥有成熟低调的内饰，从挂毯装点的墙壁可以看出旅馆主人对绘画的热情。 根据当年捕鱼的情况，餐厅会酌情提供鱼类菜肴，地窖里摆放着精心挑选的陈年佳酿。www.laterrasse.fr

敦刻尔克：Hôtel La Réserve €

地址：82 quai des Hollandais, 59140 电话：03 28 66 50 21 传真：03 28 66 74 44 房间数：7

这座可靠的小型旅馆位于镇中心，是探索该地区的一个良好基地。在迷人的客房可俯瞰游艇盆地。一楼有一个很受欢迎的价位合理的餐厅，提供多种鱼类菜肴。

菲尔塔登瓦：Château de Fère €€€

地址：Rte de Fismes, 02130 电话：03 23 82 21 13 传真：03 23 82 37 81 房间数：19（除外7间套房）

在这座 16 世纪的酒店背后的巨大空地上坐落着中世纪的蒙莫朗西公爵城堡。酒店中的每间客房都是独一无二的，两间餐厅都很不错，有各自的酒窖。这里为残疾人想得非常周到，所需的设备应有尽有。www.chateaudefere.com

戈奈：La Chartreuse du Val de St Esprit €€€€

地址：1 rue de Fouquières, 62199 电话：03 21 62 80 00 传真：03 21 62 42 50 房间数：63

在贝休恩的郊外，这家酒店位于一座 1764 年的城堡中。宽敞的客房遥望着一个种满树木的公园。这里一共有三个餐厅：Chartreuse 是美食家的天堂，Robert II 提供传统美食，Le Vasco 是时尚游客经常光顾的地方。www.lachar-treuse.com

阿尔德洛海滩：Hôtel du Parc €€€

地址：111 av François Ier, 62152 电话：03 21 33 22 11 传真：03 21 83 29 71 房间数：81

这个明亮通风的现代化酒店内的房间带有阳台或露台，可观赏周围的风景。酒店距离时尚的勒图凯不到 30 分钟车程，去往海岸和邻近的高尔夫球场非常方便。酒馆内有一个极好的餐厅。www.hotelduparc-hardelot.com

上拉昂村：Hôtel La Bannière de France €€

地址：11 rue Franklin Roosevelt, 02000 电话：03 23 23 21 44 传真：03 23 23 31 56 房间数：18

这家旅馆坐落在一个 1685 年的长途旅馆中，它为游览古城拉昂的游客提供了极好的基地。客房内配有各种现代化设施。餐厅将传统美食与旧世界的魅力相结合。www.hoteldelabannieredefrance.com

勒图凯：Hôtel Be Cottage €€

地址：41 rue Jean Monnet, 62520 电话：03 21 05 15 33 传真：03 21 05 41 60 房间数：25

这座现代化的旅馆坐落在城市的中心，靠近海岸，离封闭的市集和生机勃勃的圣让路很近。其中的房间既宽敞又现代，同时提供无烟房间。餐厅的食谱每天都在更换，晚上提供自助餐。www.hotelbecottage.com

里尔：Hôtel Kanai €€

地址：10 rue de Bethune, 59000 电话：03 20 57 14 78 传真：03 20 57 06 01 房间数：31

这座完全被翻新的旅馆位于圣诞市场边上，带有拱廊的幽雅前部是它的入口。中等价位的客房有现代风格的装饰。图书馆为你提供当天的报纸。13 岁以下的儿童可免费入住。www.hotelkanai.com

里尔：Alliance Couvent des Minimes €€€€

地址：17 quai du Wault, 59000 电话：03 20 30 62 62 传真：03 20 42 94 25 房间数：83

这座经过翻新的 17 世纪修道院把古典和现代元素结合在一起，传统的佛兰德式砖拱环绕在餐厅四周，屋顶很有特色，客房的设计非常时尚。残疾游客在这里会得到周到的服务。www.alliance-lille.com

隆蓬：Hôtel de l'Abbaye €€

地址：8 rue des Tourelles, 02600 电话：03 23 96 02 44 房间数：11

这家旅馆位于苏瓦松和维莱科特雷之间，是根据附近一座 12 世纪的修道院来命名的，而且它的年龄和修道院也相差无几。客房样式古老而且很舒适，餐厅在冬天会提供当地的特色美食和野味。www.hotel-abbaye-longpont.fr

兰布尔：Moulin de Mombreux €€€

地址： Chemin de Mombreux, 62380 **电话：** 03 21 39 62 44 **传真：** 03 21 93 61 34 **房间数：** 24

这座18世纪的浪漫酒店位于河岸边的空地上，它的魅力吸引了来自四面八方的游客。游客在这里可以伴随着涓涓流水的声音进入梦乡。餐厅装饰着精美的古董和裸露的房梁。www.moulindemombreux.com

莫伯日：Hôtel Shakespeare €

地址： 3 rue du Commerce, 59600 **电话：** 03 27 65 14 14 **传真：** 03 27 64 04 66 **房间数：** 35

这是一家高效而又实用的旅馆，所有员工都很友好，消费也不高。旅馆的外墙是老式的，封闭的阳台开辟为小酒馆，有很多烤制的食物等你来选择。www.shakespearemaubeuge.fr

蒙特勒伊：Le Darnétal €

地址： Pl Poissonerie, 62170 **电话：** 03 21 06 04 87 **传真：** 03 21 86 64 67 **房间数：** 4

这是蒙特勒伊上城中的一间小旅馆，房间是老式的。小旅馆装饰着很多绘画、饰品和铜制器物。这里也有一个很受欢迎的传统餐厅，提供牡蛎和香槟，需要提前预订。www.darnetal-montreuil.com

蒙特勒伊：Château de Montreuil €€€€€

地址： 4 chaussée des Capucins, 62170 **电话：** 03 21 81 53 04 **传真：** 03 21 81 36 43 **房间数：** 18

这是北部加莱大区唯一的城堡，幽雅的庄园坐落在蒙特勒伊的堡垒中。在海平面下降之前它曾位于海中。酒店拥有美丽的庭院和一个提供各种美酒的餐厅。www.chateaudemontreuil.com

勒伊索维尼：L'Auberge le Relais €€

地址： 2 rue de Paris, 02850 **电话：** 03 23 70 35 36 **传真：** 03 23 70 27 76 **房间数：** 7

这里是一个探索周边和埃佩尔奈以及兰斯的香槟酒窖的绝佳基地，附近的酒窖很多。旅馆中有色彩明亮的房间，从那里还可以远眺到花园的暖房。这里还有一个美食餐厅。www.relaisreuilly.com

SARS-POTERIE：Hôtel du Marquais €

地址： 65 rue Général de Gaulle, 59216 **电话：** 03 27 61 62 72 **传真：** 03 27 57 47 35 **房间数：** 11

这里曾是一栋农房，现在成为一个友好的家庭旅馆，现代主题与古老的家具和照片完美结合。早上在花园中有早餐供应。这里还有一个私人网球场。www.hoteldumarquais.com

圣奥梅尔：Hôtel St-Louis €

地址： 25 rue d'Arras, 62500 **电话：** 03 21 38 35 21 **传真：** 03 21 38 57 26 **房间数：** 30

这座石质建筑从前是长途驿站，在这里你可以看到拱形的通道，原来是车马进入马厩的通道。这家旅馆是游览圣奥梅尔旅游的绝佳基地。这里设有残疾人通道，客房已被翻修一新，还有一个酒馆。www.hotel-saintlouis.com

圣康坦：Hôtel des Canonniers €€

地址： 15 rue des Canonniers, 02100 **电话：** 03 23 62 87 87 **传真：** 03 23 62 87 86 **房间数：** 7

这是一座由老城区房子改造成的舒适的家庭旅馆。尽管位于圣康坦的中心，但是这里却是出奇地安静。这里既有宽敞的单人房，也有家庭套房。天气好的时候，庭院的花园中有早餐供应。www.hotel-canonniers.com

韦尔万：La Tour du Roy €€€

地址： 45 rue du Général Leclerc, 02140 **电话：** 03 23 98 00 11 **传真：** 03 23 98 00 72 **房间数：** 22

回顾历史，这座著名的有三座塔楼的17世纪城堡曾经分别在1870年、1914年和1940年是德国军队的指挥部。因此酒店中的客房十分庄重。这里还有一个不错的餐厅。www.latourduroy.com

维姆勒：Hôtel St Jean €€

地址： 1 rue Georges Romain, 62930 **电话：** 03 21 83 57 40 **房间数：** 24

这家旅馆位于市中心，坐落于迷人的老建筑当中。客房都涂有鲜艳的颜色。旅馆为旅客提供水疗中心和桑拿浴室，距旅馆3公里处有一个高尔夫球场。酒吧24小时营业，停车位有限，因此需要提前预订。www.hotel-saint-jean.fr

香槟

巴泽耶：L'Auberge du Port €

地址： Rue de la Gare, 08140 **电话：** 03 24 27 13 89 **传真：** 03 24 29 35 58 **房间数：** 20

这座安静的乡村旅馆就在色当老城外，开满鲜花的花园位于河边，已装修过的客房中挂着精美的织物。酒店遥望着美丽的河流以及周围的村庄，这里还有很不错的游廊。每年7月30日~8月29日停业。www.auberge-du-port.fr

夏隆：Hôtel du Pot d'Etain €€

地址：18 pl de la République, 51000 **电话：**03 26 68 09 09 **传真：**03 26 68 58 18 **房间数：**30

这家旅馆位于市中心，就在夏隆－香槟葡萄园的核心地带，它坐落在一座15世纪的迷人建筑当中，漂亮的卧室中摆放着各种古董。早餐时段一定要品尝这里自制的美味糕点和面包。www.hotel-lepotdetain.com

尚皮隆：Royal Champagne €€€€€

地址：Bellevue, 51160 **电话：**03 26 52 87 11 **传真：**03 26 52 89 69 **房间数：**25

这是一个能满足香槟爱好者的理想住所。这里从前是长途客栈，现在成为一流的酒店，在优雅的房间里可以欣赏美妙的风景——美丽的葡萄园和大峡谷。这里的各种美酒让人赞不绝口。www.royalchampagne.com

沙勒维尔：Hôtel de Paris €

地址：24 av Georges Corneau, 08000 **电话：**03 24 33 34 38 **传真：**03 24 59 11 21 **房间数：**27

这家旅馆距离阿登首府的中心和它的大广场只有5分钟的路程。它一共有三座单独的建筑，这里现代化的房间隔音效果非常好，附近有很多餐馆。www.hoteldeparis08.fr

科龙贝双教堂村：La Grange du Relais €

地址：26 route Nationale 19, 52330 **电话：**03 25 02 03 89 **传真：**03 25 01 51 81 **房间数：**10

这是一家刚翻新的乡村旅馆，距离戴高乐将军的家乡和他的纪念馆只有几步之遥。这里是参观克莱尔沃修道院和维尔地区的香槟房屋以及于维尔的德拉皮耶的基地。安静、宽敞的客房都设在古老的马厩中。www.lagrangedurelais.fr

库尔塞勒河畔韦勒：Château de Courcelles €€€€

地址：8 rue du Château, 02220 **电话：**03 23 74 13 53 **传真：**03 23 74 06 41 **房间数：**18

这是一座特别的酒店，它所坐落的美丽的路易十四时期的城堡建于17世纪90年代。这里已经完全重建过了，有一间不错的餐馆（提供酒单），还有一座20公顷的大花园、运动器械和残疾人通道。这里的树上还镶着第一次世界大战时期的炮弹碎片。www.chateau-de-courcelles.fr

埃佩尔奈：Hôtel de la Cloche €

地址：3 pl Mendès-France, 51200 **电话：**03 26 55 15 15 **传真：**03 26 55 64 88 **房间数：**19

这里可以说是这一地区最超值的旅馆，与圣母教堂只有几步之遥，并且经过很短的路程便可以到达香槟大道。客房非常明亮，摆放着现代家具。www.hotel-la-cloche.com

埃佩尔奈：Hôtel Villa Eugène €€€

地址：82-84 av de Champagne, 51200 **电话：**03 26 32 44 76 **传真：**03 26 32 44 98 **房间数：**15

这座优雅的19世纪住宅靠近著名的埃佩尔奈香槟房屋。该酒店的每间客房的装修风格都很独特，但无一例外都宽敞豪华。还可以在明亮的温室内享用早餐。www.villa-eugene.com

ETOGES：Château d'Etoges €€€

地址：4 rue Richebourg, 51270 **电话：**03 26 59 30 08 **传真：**03 26 59 35 57 **房间数：**28

这是一家大的家庭旅馆，原来是中世纪的城堡，在17世纪时被重新改造。这座建筑保存完好，曾受到路易十四的赞赏。旅馆里面有一个很好的餐厅，而且游客还可以在护城河中划船。www.etoges.com

法民翁：Abbaye des Sept Fontaines €€€

地址：Fagnon, 08090 **电话：**03 24 37 38 24 **传真：**03 24 37 58 75 **房间数：**23

最初这里是一座12世纪的修道院，在1693年被重建。这座城堡酒店曾经招待过福熙元帅、德国威廉二世国王以及戴高乐将军。这里有巨大的草坪、孩子们玩耍的场所、一个九洞高尔夫球场、一间餐馆和一个安静的露台。www.abbayeseptfontaines.fr

日韦：Les Reflets Jaunes €

地址：2 rue Général de Gaulle, 08600 **电话：**03 24 42 85 85 **传真：**03 24 42 85 86 **房间数：**17

这家旅馆位于默兹河谷附近的森林中，坐落于比利时边境附近的一个城镇的中心。这里是艾蒂安·梅于尔的出生地，他是著名歌曲《Le Chant du Départ》的作者。附近也有一些餐馆。www.les-reflets-jaunes.com

默兹河畔艾布：l'Ermitage Moulin Labotte €

地址：52 rue Edmond Dromart, 08170 **电话：**03 24 41 13 44 **传真：**03 24 40 46 72 **房间数：**10

它位于阿登森林的中心，曾经是18世纪末期的加工厂，现在变成了一家旅馆。加工厂保留下来的巨大齿轮现在还装饰在餐厅当中，舒适的客房装修是法国传统的风格，餐厅提供当地的美食。www.moulin-labotte.com

朗格勒：Grand Hôtel de l'Europe €€

地址：23 rue Diderot, 52200 **电话：**03 25 87 10 88 **传真：**03 25 87 60 65 **房间数：**26

这座古老的长途客栈位于迷人小镇的主街上，最近客房已被重新装修，靠后的房间非常安静。餐厅提供经典的乡村美食，这里是著名的《百科全书》的作者狄德罗的出生地。www.grand-hotel-europe-langres.federal-hotel.com

MAGNANT：Le Val Moret €

地址：Rue Maréchal Leclerc, 10110 **电话：**03 25 29 85 12 **传真：**03 25 29 70 81 **房间数：**42

这座漂亮的旅馆到处都装饰着五颜六色的花，它位于从特鲁瓦到第戎的 A5 公路上，是游览奥布和尼格罗儿童游乐园香槟线路的理想基地，在这泊车很安全。餐厅相当不错，提供很多优质的美酒。www.le-val-moret.com

MESNIL-ST-PERE：Auberge du Lac - Au Vieux Pressoir €€

地址：5 rue du 28 Août 1944, 10140 **电话：**03 25 41 27 16 **传真：**03 25 41 57 59 **房间数：**21

这是一座典型的香槟地区半木质建筑，位于欧洲最大的人造湖东方湖岸边上的一个村庄中，这座旅馆是绝佳的观赏鸟的场所，特别是在 4 月和 9 月的时候。酒店有残疾人通道，还有一个不错的餐厅。www.auberge-du-lac.fr

穆塞：Domaine de la Creuse €€€

邮编：10800 **电话：**03 25 41 74 01 **房间数：**5

这座极具魅力的家庭旅馆位于一个美丽的 18 世纪的广场上，它是这一地区的典型建筑。从这里驾车 10 分钟就可以到达新近被标以星级的餐馆 La Parentale。毫无疑问这里是游览这一美丽地区的基地。www.domainedela-creuse.com

兰斯：Hôtel Crystal €€

地址：86 place Drouet d'Erlon, 51100 **电话：**03 26 88 44 44 **传真：**03 26 47 49 28 **房间数：**31

这座 20 世纪 20 年代的旅馆位于兰斯最繁华的地段，但是这里异常安静，客房装修得非常漂亮，只有门廊和电梯还保持着它们的装饰艺术风格。这里有一座花园，夏天的时候可以在这里享用早餐。在 place Drouet Derlon 附近可以找到一些餐馆。www.hotel-crystal.fr

兰斯：Hôtel de la Paix €€€

地址：9 rue de Buirette, 51100 **电话：**03 26 40 04 08 **传真：**03 26 47 75 04 **房间数：**169

这家精美的酒店是城市的中心，走着就能到达大教堂，附近还有上好的餐馆和高铁站。优雅的中央庭院与 15 世纪现代风格的建筑相结合，是晴朗的日子里喝一杯或享用早餐的理想场所。酒店内有宽敞的休息室和香槟酒吧。www.bestwestern-lapaix-reims.com

兰斯：Château Les Crayères €€€€€

地址：64 bd Henry Vasnier, 51100 **电话：**03 26 82 80 80 **传真：**03 26 82 65 52 **房间数：**20

这座气派高雅的城堡配有各种奢华的设施，它位于一座英式花园中，附近有罗马风格的香槟屋酒窖。这里的餐厅非常出色，在法国数一数二。www.lescrayeres.com

色当：Le Château Fort €€

地址：Port des Princes, 08200 **电话：**03 24 26 11 00 **传真：**03 24 27 19 00 **房间数：**54

很多年以来没人知道用这座欧洲最大的城堡做些什么，但现在它终于成为一座令人兴奋的崭新的旅馆，它具有极高的历史纪念价值。部分房间有残疾人通道。这里的餐厅也非常不错。www.hotelfp-sedan.com

塞普索尔：Le Cheval Blanc €€

地址：2 rue Moulin, 51400 **电话：**03 26 03 90 27 **传真：**03 26 03 97 09 **房间数：**24

这间旅馆在兰斯和夏隆香槟之间，位于广袤的葡萄园中。它的装修非常迷人，房间朝向韦勒河上美丽的花园。现代餐厅拥有一个满是鲜花的露台，这家旅馆 2 月 14 日 ~ 28 日以及 1 月 ~ 4 月的周一和周二停业。www.chevalblanc-sept-saulx.com

ST-DIZIER：Hôtel de Champagne €

地址：19 av Jean-Pierre Timbaud Marnaval, 52100 **电话：**03 25 04 49 61 **传真：**03 25 07 11 91 **房间数：**30

这家旅馆位于郊外，内有一间早餐室和一台三角钢琴。卧室布置简单，但很干净，有互联网接口。周末有优惠。酒店的其他设施包括一间酒吧和一间餐厅。www.hotel-de-champagne.fr

特鲁瓦：Champs des Oiseaux €€€

地址：20 rue Linard Gonthier, 10000 **电话：**03 25 80 58 50 **传真：**03 25 80 98 34 **房间数：**12

这是本地最好的酒店，坐落在城镇中心的教堂边上。这座重建后的十五六世纪的建筑非常迷人，而且这里还提供顶级的服务，满是树木的庭院和半木质砖墙让人印象深刻。这里还提供糕点。www.champdesoiseaux.com

特鲁瓦：La Maison de Rhodes €€€€

地址：18 rue Linard Gonthier, 10000 **电话：**03 25 43 11 11 **传真：**03 25 43 10 43 **房间数：**11

这是 Champ des Oiseaux 的姊妹店，其建筑可追溯至 16 世纪，有砖和木质的走廊和楼梯。虽然酒店的开业时间不长，但非常受欢迎。酒店内还有残疾人通道，还有一间有机餐馆，但需要提前预订。www.maisonderhodes.com

维尼奥里：Le Relais Verdoyant €

地址：Quartier de la Gare, 52320 **电话：**03 25 02 44 49 **传真：**03 25 01 96 89 **房间数：**7

旅馆就在村外——这个经过改造的安静的小村庄现在是一个休闲娱乐的好地方。旅馆距离哥隆贝双教堂只有几公里，那里的洛林十字架标记着戴高乐将军下葬的地方。这里的餐厅的价格也很合理。www.le-relais-verdoyant.fr

维勒斯：Chez Odette €€€€

地址：Rue Principale, 08110 **电话：**03 24 55 49 55 **传真：**03 24 55 49 59 **房间数：**9

这座新开的酒店就坐落在比利时边境上，其内外形成了鲜明的对比：它的外表看上去像是一个乡下的家庭旅馆，但是内部装修非常优雅，装潢也很现代，还有一个美食餐厅和一个酒吧。www.chez-odette.com

阿尔萨斯和洛林

科尔马：Hôtel St Martin €€

地址：38 grand' rue, 68000 **电话：**03 89 24 11 51 **传真：**03 89 23 47 78 **房间数：**40

这家旅馆位于阿尔萨斯最美的小镇中间，在 Schwendi 喷泉附近，它由三座 14 世纪和 17 世纪的建筑构成，还有一个带有文艺复兴时期塔楼的内部庭院。门口有很多不错的餐馆。www.hotel-saint-martin.com

科尔马：Hostellerie Le Marechal €€€€

地址：4 pl Six Montagnes Noires, 68000 **电话：**03 89 41 60 32 **传真：**03 89 24 59 40 **房间数：**30

这座 16~17 世纪的建筑位于河边的老城区，是到附近游玩的绝佳基地，有些客房还有四柱大床，并且可以看到运河的风景。这里的 A L'Echevin 烛光餐厅面向运河，在这里就餐就是一种享受。www.le-marechal.com

DIEVE：Hostellerie du Château des Monthairons €€€

地址：26 rte de Verdun, Les Monthairons, 55320 **电话：**03 29 87 78 55 **传真：**03 29 87 73 49 **房间数：**25

这座 19 世纪的城堡被城墙环绕，位于沃顿的南部。城堡包括两座小教堂、一个苍鹭养殖场和一片私人海滩。酒店一层的房间都摆着古董，其他客房为现代装饰。餐厅中有一个平台可以眺望远处乡村的景色。www.chateaudesmonthairons.com

德拉尚布龙：Auberge du Moulin des 7 Fontaines €

地址：1 sept Fontaines, 67160 **电话：**03 88 94 50 90 **传真：**03 88 94 54 57 **房间数：**10

这家旅馆位于树林当中，一直以来由芬克家族经营。旅馆是典型的阿尔萨斯乡村风格，舒适房间分布于经过改造的 18 世纪的工厂中，夏天的时候在露台上用餐是很好的体验。这里是远足者非常喜爱的地方。www.auberge7fontaines.com

埃吉桑：Hostellerie du Pape €€

地址：10 grand rue, 68420 **电话：**03 89 41 41 21 **传真：**03 89 41 41 31 **房间数：**44

这里从前是一位葡萄种植者的大宅，阳台上爬满藤蔓，旅馆的名字是为了纪念里恩九世教皇而取的，他于 1002 年在这个村庄出生，他的塑像就在附近。这里的餐厅提供传统的当地美食。www.hostellerie-pape.com

格拉德梅尔：Le Grand Hôtel €€

地址：Place du Tilleul, 88400 **电话：**03 29 63 06 31 **传真：**03 29 63 46 81 **房间数：**90

这可能是格拉德梅尔地区最古老的旅馆，但它却有一种现代豪华感，迷人的装饰与传统的孚日风格完美结合。旅馆内有一座小花园、两个游泳池和三间餐厅。旅客在附近可以参观著名的湖泊、山地风光和滑雪场。www.grandhotel-gerardmer.com

甘代尔索方：Le Moulin €€€

地址：7 rue du Moulin, 67110 **电话：**03 88 07 33 30 **传真：**03 88 72 86 47 **房间数：**12

这个位于孚日山脉边上的酒店是由一座非常漂亮的水磨坊改建而来的，酒店内的客房非常舒适，还有一间非常受欢迎的米其林星级餐厅。从这里去往斯特拉斯堡和马其诺防线非常方便。www.hotellemoulin.com

容霍尔茨：Les Violettes €€€€

地址：Route de Thierenbach, 68500 **电话：**03 89 76 91 19 **传真：**03 89 74 29 12 **房间数：**22

这是一个富有想象力的豪华的砂岩阿尔萨斯酒店，给旅客宾至如归的感觉。内有一个温室可俯瞰周围的乡村，还有一个带有桑拿浴室、浴池的巨大的水疗中心，两个游泳池和一个按摩浴池。强烈推荐该酒店的餐厅。www.les-violettes.com

凯塞尔斯贝尔：Hôtel Constantin €

地址：10 rue Père Kohlman, 68240 **电话：**03 89 47 19 90 **传真：**03 89 47 37 82 **房间数：**20

这座重建后的 17 世纪的美丽建筑位于古城中间，现在这家现代化的旅馆的每一间房间都很时尚，早餐可以在房间中享用。其他餐食可在隔壁的餐馆 Relais du Chateau 中享用，这家餐馆和酒店同属于一个家族。www.hotel-constantin.com

拉佩莱特皮耶尔：Aux Trois Roses €€

地址：19 rue Principale, 67290 **电话：**03 88 89 89 00 **传真：**03 88 70 41 28 **房间数：**40

这家旅馆位于一座 18 世纪的建筑中，坐落在迷人的山顶村庄的中央，一些房间当中带有阳台，并且这里还有一个带壁炉的游客休息室，在这里住宿物有所值。餐厅提供传统的当地美食。公园大宅就坐落在这个小村庄中。www.aux-trois-roses.com

拉普特鲁瓦：Les Alisiers €€

地址：5 rue du Faudé, 68650 电话：03 89 47 52 82 传真：03 89 47 22 38 房间数：16

这家吸引人的旅馆是由1819年的农场改造而来的，客房被装饰成乡村风格。从露台上可以看到绵延的山脉和峡谷。在餐厅当中你可以在享用美食的同时欣赏美丽的风景。www.alisiers.com

吕内维尔：Château d'Adoménil €€€€

邮编：54300 电话：03 83 74 04 81 传真：03 83 74 21 78 房间数：14

这座壮观的瑞莱斯城堡坐落在默尔特河畔的广阔的公园中，距离南锡18世纪的优美风光很近。城堡中房间为中产阶级时代风格而附加建筑中的房间以普罗旺斯为主题。这里的餐厅是美食家们聚集的场所。www.adomenil.com

梅茨：Grand Hôtel de Metz €€

地址：3 rue des Clercs, 57000 电话：03 87 36 16 33 传真：03 87 74 17 04 房间数：62

这是一间时髦的旅馆，位于这座古老而美丽的城市中心的步行街上，这里有很多法国和普鲁士建筑。旅馆十分有趣，巴洛克风格的门厅和乡村风格的房间和谐地结合在一起，附近还有教堂和集市，一些不错的餐馆也离这里不远。www.hotel-metz.com

南锡：Grand Hôtel de la Reine €€€

地址：2 pl Stanislas, 54000 电话：03 83 35 03 01 传真：03 83 32 86 04 房间数：43

这家酒店位于重建的斯坦尼斯拉斯广场，它最初建于1752年，是斯坦尼斯拉斯的管家——洛林公爵（波兰最后一位君主）的住所。这里还曾接待过俄国沙皇亚历山大一世等名人。www.hoteldelareine.com

奥贝尔奈：Hôtel Restaurant des Vosges €

地址：5 pl de la Gare, 67210 电话：03 88 95 53 78 传真：03 88 49 92 65 房间数：20

这是火车站旁边的一家精美而且友好的小旅馆，它是一个古老和现代的有机结合。整个旅馆弥漫着传统的气息，房间保持得非常好。餐厅是传统的阿尔萨斯风格和小酒馆风格的结合，提供美味的当地美食。www.hotel-obernai.com

雷米雷蒙：Hôtel du Cheval de Bronze €

地址：59 rue Charles de Gaulle, 88200 电话：03 29 62 52 24 传真：03 29 62 34 90 房间数：35

这里是从前的长途驿站，位于山脚下这个迷人的城镇的17世纪拱顶建筑的后面。这家简洁的旅馆是游览孚日山的绝佳基地。Ballon d'Alsace 离这里不远，"一战"的山地站场 Hartmannswillerkopt。www.hotelchevalbronze.com

萨韦尔恩：Chez Jean €€

地址：3 rue Gare, 67700 电话：03 88 91 10 19 传真：03 88 91 27 45 房间数：25

这是城镇中心的一座四层的传统阿尔萨斯建筑，这里曾经是一座修道院，房间装饰成当地的风格，很有品位。在房间当中还可以看到周围的山景。这里还有供客人享用的桑拿浴室，一楼有一个不错的餐厅。www.chez-jean.com

赛勒斯塔特：Auberge des Alliés €

地址：39 rue des Chevaliers, 67600 电话：03 88 92 09 34 传真：03 88 92 12 88 房间数：17

这家旅馆坐落在古城当中，它的一部分位于1537年的一栋建筑中。这个城市有一所欧洲最好的学校，它独特的图书馆中藏有美国出版的《宇宙志之门》。旅馆的房间很小但是很简洁，内部有古典风格的装饰。

赛勒斯塔特：Hostellerie Abbaye de la Pommeraie €€€

地址：8 av Maréchal Foch, 67600 电话：03 88 92 07 84 传真：03 88 92 08 71 房间数：13

古老的赛勒斯塔特市以它有上百年历史的博物馆而闻名。这座酒店所在的17世纪建筑曾经是中世纪的鲍姆加腾修道院的一部分，它位于市中心。客房当中，一座城堡酒店应有的东西这里一样不少，而且这里还有两间很好的餐厅。www.pommeraie.fr

斯特拉斯堡：Au Cerf d'Or €€

地址：6 pl de l'Hôpital, 67000 电话：03 88 36 20 05 传真：03 88 36 68 67 房间数：43

这是游览古老的斯特拉斯堡的基地，这座古老的半木质阿尔萨斯风格家庭旅馆所有的房间都被重新装修过。这里有一个小游泳池和一个桑拿浴场，在附近的滨海边上还有很多餐馆。www.cerf-dor.com

斯特拉斯堡：Hôtel Chut €€€

地址：4 rue du Bain aux Plantes, 67000 电话：03 88 32 05 06 传真：03 88 32 05 50 房间数：8

风景如画的16世纪半木结构房屋构成了这家酒店，它位于老斯特拉斯堡的小法国区。旅馆内部古典和当代风格与禅宗的气息相融合。内有一个不错的餐厅，可泊车。其中一间客房设有轮椅通道。www.hote-strasbourg.fr

旺特龙：Les Buttes - L'Ermitage €€

地址：L'Ermitage Frère Joseph, 88310 电话：03 29 24 18 09 传真：03 29 24 21 96 房间数：62

这家旅馆位于孚日湖地区自然公园中，是孚日山下保护区的一部分。旅馆设有一间美食餐厅，风格简单，供应传统的美食。在冬季，这里是滑雪爱好者的理想住处，在夏天则受登山者的欢迎。www.frerejo.com

诺曼底

阿盖奥：Château d'Agneaux €€€

地址：Av Ste Marie, 50180 **电话：**02 33 57 65 88 **传真：**02 33 56 59 21 **房间数：**13

这座 13 世纪的城堡酒店位于维尔河谷中。为了保留酒店的特色，每个房间都配有仿古家具、镶木地板和木制镶板。两间餐厅都坐落在中世纪的农场建筑中。从这里到科康坦半岛、诺曼底海滩、圣米歇尔山的距离相等。www.chateau-agneaux.fr

阿朗松：Hôtel des Ducs €

地址：50 av Wilson, 61000 **电话：**02 33 29 03 93 **传真：**02 33 29 28 59 **房间数：**24

这家旅馆位于火车站对面，非常舒适。客房为现代装饰风格，家具风格也非常简约。浴室干净且功能齐全。天气晴朗时，旅馆内美丽的花园是享用早餐的好地方。http://hotel-centre-ville.hoteldesducs-alencon.fr

奥德里厄：Château d'Audrieu €€€

地址：Le Château, 14250 **电话：**02 31 80 21 52 **传真：**02 31 80 24 73 **房间数：**25

这座 18 世纪的城堡在 1976 年被改造成一座奢华的酒店，距离巴约只有很短的距离。这里有一座巨大的公园，风景十分秀丽。客房优雅，摆放着早期的家具。这里还有一间上好的美食餐厅。酒店在 12 月中旬到 2 月中旬之间停业。www.chateaudaudrieu.com

巴尼奥莱德洛尔恩：Le Manoir du Lys €€

地址：Route de Juvigny, 61140 **电话：**02 33 37 80 69 **传真：**02 33 30 05 80 **房间数：**30

这是一家可提供婴儿早餐、婴儿看护服务（在 48 小时内通知）和巴尼奥尔火车站接站服务的迷人旅馆。在这里可以进行许多活动，包括骑自行车、登山、打网球、台球、乒乓球、高尔夫球、周末烹饪班等，附近还有一个赌场。www.manoir-du-lys.fr

巴约：Hôtel Bellefontaine €€

地址：49 rue de Bellefontaine, 14400 **电话：**02 31 22 00 10 **传真：**02 31 22 19 09 **房间数：**20

这家旅馆距离市中心步行只需几分钟，从这里可以看到宏伟的教堂，旅馆被一座巨大的公园包围着，房间很宽敞，改造后的套房特别适合家庭旅行者。www.hotel-bellefontaine.com

卡布尔：Castel Fleuri €€

地址：4 av Alfred Piat, 14390 **电话：**02 31 91 27 57 **传真：**02 31 24 03 48 **房间数：**22

这是一家热情淳朴的旅馆，规模不大，但客房和一些家庭套房装饰十分精美。旅馆位于市中心，距离海滨度假胜地只有 200 米的距离。旅馆的宜人的花园也是一个放松心情的好去处。www.castel-fleuri.com

卡昂：Best Western Le Dauphin €€

地址：29 rue Gémare, 14000 **电话：**02 31 86 22 26 **传真：**02 31 86 35 14 **房间数：**37

这座古老的修道院坐落在市中心但是非常安静，它虽经历了重修但仍保留了一些原有的特点，例如圆拱窗户和石墙。客房非常舒适，并提供无烟客房和家庭客房，这里还有一个自助早餐餐厅和一个美食餐厅。www.le-dauphin-normandie.com

卡昂：Hôtel Mercure Porte de Plaisance €€

地址：1 rue Courtonne, 14000 **电话：**02 31 47 24 24 **传真：**02 31 47 43 88 **房间数：**126

这里弥漫着安静高雅气息，工作人员尽可能地向客人提供最舒适的服务。这家连锁旅馆的房间正对着港口，房间非常舒适，装修也十分有品位，残疾游客在这里会得到特殊的照顾。这里还有一个付费停车场。www.accorhotels.com

康布雷梅：Château les Bruyères €€

地址：Route du Cadran, 14340 **电话：**02 31 32 22 45 **传真：**02 31 32 22 58 **房间数：**13

这家漂亮的旅馆位于一座树木茂盛的公园里，是典型的第一帝国风格建筑，其中一些客房位于与之相邻的 18 世纪建筑中，客房风格各异。马塞尔·普鲁斯特曾在这里住过。一流的餐厅向游客提供各种不同的菜单，而且还有当地的苹果酒供应。www.chateaulesbruyeres.com

CEAUX：Le Relais du Mont €

地址：La Buvette, 50220 **电话：**02 33 70 92 55 **传真：**02 33 70 94 57 **房间数：**28

这家旅馆朝向西面，在阿夫朗什的南部，每天迎着圣米歇尔山徐徐升起的朝阳。新近修建的旅馆房间比原来小，但非常整洁，房间中的设施也非常完备，还有家庭套房以及一个上好的餐厅。www.relais-du-mont.fr

瑟堡：Hôtel Renaissance €

地址：4 rue de l'Eglise, 50100 **电话：**02 33 43 23 90 **传真：**02 33 43 96 10 **房间数：**12

这家维护良好的旅馆里的房间很具吸引力，每个房间都以不同的花的名字来命名，绝对物有所值。在旅馆内可以俯瞰海港，因为有跨海峡的渡轮，因此去往市立博物馆也非常方便。工作人员非常友好。停车位有限。www.hotel-renaissance-cherbourg.com

CREPON：La Ferme de la Rançonnière €

地址：Route d'Arromanches, 14480 **电话：**02 31 22 21 73 **传真：**02 31 22 98 39 **房间数：**35

这片加有防御工事的石头农场的历史可追溯到 13 世纪，它设有一个典型的封闭庭院和拱形大门。客房和餐厅的装饰都是相同的历史风格。这里距离高尔夫球场只有 3 公里。周围可以进行帆船和骑自行车运动。www.ranconniere.fr

多维尔：Hôtel Normandy Barrière €€€€€

地址：38 rue J Mermoz, 14800 **电话：**02 31 98 66 22 **传真：**02 31 98 66 23 **房间数：**290

这所大宅现在是一家酒店，有漂亮宽敞的房间和健身器材。宽敞的餐厅提供经典的诺曼底传统美食，虽然配有很多现代化的设施，但是它仍然保留着 20 世纪 20 年代时的魅力。www.lucienbarriere.com

DOUAINS-PACY-SUR-EURE：L'Etape de la Vallée €€

地址：1 rue Edouard Isambard, 27120 **电话：**02 32 36 12 77 **传真：**02 32 36 22 74 **房间数：**15

这座漂亮的别墅位于厄尔河的岸边，这里是游客参观吉维尼周边的风景的理想基地。游客可以选择主建筑中可观赏河景的舒适客房，也可以选择更现代更宽敞的客房。站在露台上可以欣赏花园。餐厅提供美味的经典菜肴。www.etapedelavallee.com

埃特尔塔：Domaine St Clair €€

地址：Chemin de St Clair, 76790 **电话：**02 35 27 08 23 **传真：**02 35 29 92 24 **房间数：**21

这家 19 世纪的盎格鲁 – 诺曼城堡旅馆有着舒适的客房，部分客房还有私人水疗浴缸。旅馆内能观赏到埃特尔塔村庄和峭壁的全景。酒店每间客房的装饰都很独特，配有四柱床和古典家具。www.hoteletretat.com

费康：Le Grand Pavois €€

地址：15 quai Vicomté, 76400 **电话：**02 35 10 01 01 **传真：**02 35 29 31 67 **房间数：**35

这家现代化的旅馆位于码头上，其内部装饰以海洋为主题，很具吸引力。客房宽敞明亮，有阳台，可以俯瞰港口。有时晚上在钢琴酒吧内有现场音乐表演。周围有很多不错的餐厅。www.hotel-grand-pavois.com

奥尔恩河畔丰特奈：Le Faisan Doré €

地址：Rte Paris, 61200 **电话：**02 33 67 18 11 **房间数：**16

这家旅馆位于诺曼底瑞士地区，最近这里被重修过，规模比原来要小。安静的客房远处是漂亮的花园。这里有一个储备丰富的酒吧，提供超过 140 种不同的酒。你可以在明亮的餐厅中就餐，夏天提供露天餐位。www.lefaisandore.com

GRANDCHAMP MAISY：Hôtel Duguesclin €

地址：4 quai Henri Crampon, 14450 **电话：**02 31 22 64 22 **传真：**02 31 22 34 79 **房间数：**25

这家服务热情的现代旅馆位于滨海大道上，客房非常舒适而且客房服务非常好。餐厅以这里的海鲜为特色，游客可以在这里泊车。这里是游览附近景点的绝好基地。www.leduguesclin.eu

格朗维尔：Hôtel Michelet €

地址：5 rue Jules Michelet, 50400 **电话：**02 33 50 06 55 **传真：**02 33 50 12 25 **房间数：**19

这家旅馆位于迷人而古老的港口，附近有很多商店、餐馆和博彩场。旅馆建筑为殖民风格，经过精心重建，客房装修简单而整洁，从这里到海岸和海洋中心十分方便，可以免费停车。www.hotel-michelet-granville.com

翁弗勒尔：La Ferme Siméon €€€€€

地址：Rue Adolphe Marais, 14600 **电话：**02 31 81 78 00 **传真：**02 31 89 48 48 **房间数：**34

这是一座古老的农场大宅，曾经是翁弗勒尔学派的印象派画家常去的地方，现在它成了豪华的酒店。店内有餐厅和温泉中心，经过改造的房间很漂亮也很宽敞，装饰非常迷人。餐厅为游客提供美味的菜肴。www.fermesaintsimeon.fr

莱格尔：Hôtel du Dauphin €

地址：Pl de la Halle, 61300 **电话：**02 33 84 18 00 **传真：**02 33 34 09 28 **房间数：**30

这是一家不错的石质旅馆，建于 1618 年，最初的马厩在 1944 年的炮击中被毁，现在这家旅馆已被同一个家族经营了 60 多年。旅馆中有一个餐厅、一个酒吧和一家商店，客房非常实用，而且这里还有一个非常舒适的休息室。www.hotel-dauphin.fr

梅斯：Hôtel Île de Sées €

地址：Vandel, 61500 **电话：**02 33 27 98 65 **传真：**02 33 28 41 22 **房间数：**16

这是一家郊外的旅馆，被一座大公园环绕，位于乡村的中心地带。这座传统的半木质建筑曾经是一个奶厂，现在它成了一座拥有柔和单色调客房的旅馆，是一个放松休闲的好地方。舒适的餐厅当中为游客准备了丰盛的美食。www.ile-sees.fr

勒梅斯尼奥瓦：Hostellerie de la Vieille Ferme €

地址：23 rue de la Mer, 76910 **电话：**02 35 86 72 18 **传真：**02 35 86 12 67 **房间数：**34

这是一座 18 世纪的农房，还有很多经过改造的附属建筑，它们共同构成了这家迷人的盎格鲁 – 诺曼旅馆。周围是一座海滨大公园，客房设计非常浪漫，为古典风格，房中有橡树房梁，还能看到美丽的风景。这里还有一间乡村风格的海鲜餐厅。www.vielle-ferme.net

圣米歇尔山：Terrasses Poulard €€€

地址：BP 18, 50170　电话：02 33 89 02 02　传真：02 33 60 37 31　房间数：29

这是一座位于圣米歇尔山中心地区的古老的石质建筑，站在这里能看到海湾、修道院以及一座小花园。这里房间虽小，但很干净舒适。酒店与著名的煎蛋卷餐厅 La Mère Poulard 同归一个主人所有。www.terrasses-poulard.fr

莫尔塔涅欧佩什：Le Tribunal €€

地址：4 pl Palais, 61400　电话：02 33 25 04 77　传真：02 33 83 60 83　房间数：21

这座漂亮旅馆的一些房间的历史可以追溯到 13 世纪，这里豪华的房间和巨大的浴盆保存得非常完好。住在这里你会感受到真正的质朴；餐厅提供当地的美食，在夏天的时候还可以在露台上享用。www.hotel-tribunal.fr

莫尔坦：Hôtel de la Poste €

地址：1 pl des Arcades, 50140　电话：02 33 59 00 05　传真：02 33 69 53 89　房间数：25

旅馆位于壮观的瑟堡半岛上，这座引人注目的 19 世纪建筑俯看着莫尔坦美丽的河流。这是一家精美的家庭旅馆，有舒适安静的客房以及优质的服务。餐厅当中还有各种极好的美酒。此外这里还提供残疾人设施和私人停车场。www.hoteldelaposte.fr

乌伊斯特雷昂：Hôtel de la Plage €

地址：39–41 av Pasteur, 14150　电话：02 31 96 85 16　传真：02 31 97 37 46　房间数：16

这座令人赏心悦目的旅馆距离广阔的海滩只有几步之遥，旅馆已经装修一新。客房宽敞舒适，而且有室内桑拿。在西边，游客能发现一些战争遗址，如飞马桥；而在东面的海岸可以参与一些活动，如风筝冲浪、沙滩游艇和帆船。www.hotel-ouistreham.com

欧德玛桥：Belle-Île-sur-Risle €€

地址：112 rte de Rouen, 27500　电话：02 32 56 96 22　传真：02 32 42 88 96　房间数：24

旅馆坐落在一个岛上，拥有它自己的花园，花园中到处是古老的树木和玫瑰。旅馆有一个健康中心、桑拿浴场、两个游泳池（一个室内的，一个室外的），新近重建的客房既舒适又优雅。在 19 世纪的圆顶餐厅中还有极好的美食。旅馆在 11 月中旬 ~ 次年 3 月中旬停业。www.bellile.com

蓬德拉尔克：Hôtel de la Tour €

地址：41 quai Foch, 27340　电话：02 35 23 00 99　传真：02 35 23 46 22　房间数：18

这是一座引人注目的 18 世纪诺曼底建筑，位于河岸上，背靠村庄的堡垒。旅馆内部装修拥有典型的诺曼底建筑的木、砖墙，宽敞的房间装修得很有特色，还有花园庭院。附近有很多餐馆。www.hoteldelatour.org

鲁昂：Hôtel Notre-Dame €

地址：4 rue de la Savonnerie, 76000　电话：02 35 71 87 73　传真：02 35 89 31 52　房间数：28

这里曾是主教科雄（圣女贞德的责难者）的家，直到 1442 年他在这里去世。这家旅馆坐落在教堂和塞纳河之间，宽敞的客房很有现代风格。这里的每一位员工都很友好，还有不错的自助早餐，附近有许多餐馆可供选择。www.hotelnotredame.com

鲁昂：Le Vieux Carré €

地址：34 rue Ganterie, 76000　电话：02 35 71 67 70　传真：02 35 71 19 17　房间数：14

这是市中心美术博物馆附近的一家旅馆，离教堂只有很短的路程。这座 18 世纪的迷人木质建筑拥有一些装修精美的客房，这里的气氛非常温暖，服务也很周到，还有一个鹅卵石子铺成的庭院和一间茶馆。www.vieux-carre.fr

圣洛：Hôtel Mercure €€

地址：5–7 av de Briovère, 50000　电话：02 33 05 08 63　传真：02 33 05 15 15　房间数：67

这家现代化的旅馆很有吸引力，面对着城镇的壁垒，客房安静、舒适。Le Tocqueville 餐厅非常宽敞，提供地区特色菜，在餐厅内还能看到维尔河的迷人景色。还有一间舒适的酒吧。www.mercure.com

ST-PATERNE：Château de St-Paterne €€€

地址：Le Château, 72610　电话：02 33 27 54 71　房间数：10

这里曾是亨利四世于 15 世纪的“爱巢”，位于阿朗松郊外的一座私家公园中。这座城堡现在已被改为酒店，在这里的烛光餐厅中可以吃到美味菜肴，精美的客房装饰得也很有品位。酒店在 12 月中旬 ~ 次年 3 月中旬停业。www.chateau-saintpaterne.com

ST-VAAST-LA-HOUGUE：Hôtel de France et Fuchsias €€

地址：20 rue de Maréchal Foch, 50550　电话：02 33 54 40 41　传真：02 33 43 46 79　房间数：35

这是一家圣瓦斯渔港附近的乡村建筑，这家旅馆最近重新装修过，有乡村风格的舒适客房，大部分客房可以看到花园的美景。餐厅中有美味的牡蛎，也提供自助早餐。每年的 1 ~ 2 月停止营业。www.france-fuchsias.com

索姆河畔圣瓦莱里：La Maison des Galets €€

地址：22 cour Le Perrey, 76460　电话：02 35 97 11 22　传真：02 35 97 05 83　房间数：14

旅馆位于港口和悬崖之间，游客在舒适的客房内可以俯瞰海港。旅馆内部以新旧风格装修风格相结合，创造了一种雅致舒适的氛围。在“chambre bleu”房间的浴室内可以看到海景，旅馆内还有一间海滨全景的餐厅。www.lamaisondesgalets.com

弗农：Hôtel d'Evreux €

地址：11 pl d'Evreux, 27200 **电话：**02 32 21 16 12 **传真：**02 32 21 32 73 **房间数：**12

这是市中心一座典型的诺曼底建筑，隐藏在巨大的棕榈树后面。这里以前是一座长途驿站，现在有很多明亮的房间和古老的家具。旅馆中有一个巨大的壁炉，这里提供当地的传统美食，还有一个停车场。www.hoteldevreux.fr

布列塔尼

奥迪耶尔恩：Hôtel de la Plage €

地址：21 bd Emmanuel Brusq, 29770 **电话：**02 98 70 01 07 **传真：**02 98 75 04 69 **房间数：**22

这家惬意且收费合理的现代家庭旅馆坐落在海滩上。客房的装饰以欢快的大海为主题，站在客房里可观赏到Audierne湾的美景。游客在酒吧里可以玩台球。还有很不错的海鲜餐厅。这里是参观菲尼斯泰尔地区的绝佳基地。www.hotel-finistere.com

贝诺代：Domaine de Kereven €

地址：Bénodet, 29950 **电话：**02 98 57 02 46 **传真：**02 98 66 22 61 **房间数：**12

这是一片在18世纪的苹果酒农场上建立起来的传统风格的建筑。站在客房里能俯瞰到广阔的土地，客房的风格也简洁明快。这里距离贝诺代的沙滩只有1.5公里，距离坎佩尔大教堂也不远。12月～3月停业休息。

布雷斯特：Hôtel de la Corniche €€

地址：1 rue Amiral-Nicol, 29200 **电话：**02 98 45 12 42 **传真：**02 98 49 01 53 **房间数：**16

这座现代的布列塔尼风格的旅馆是由当地的石头建成的，位于城市西面的海军基地附近。在这里住的话去海岸游玩将会十分方便；客房装修得很简单，餐厅每周有四晚都会提供套餐，但需要提前预订。www.hotel-la-corniche.com

卡尔纳克：Hôtel Tumulus €€

地址：Route du Tumulus, 56340 **电话：**02 97 52 08 21 **传真：**02 97 52 81 88 **房间数：**23

这家旅馆位于使卡尔纳克闻名于世界的历史景点附近。典雅的客房融合了古斯塔夫风格和隐约的东方风格。在去往基伯龙海湾的路上有许多美丽的风景。旅馆内设有游泳池、郁郁葱葱的花园、健身中心和餐厅。在12月～次年2月期间停业休息。www.hotel-tumulus.com

沙托堡：Moulin Ar Milin €€

地址：30 rue due Paris, 35221 **电话：**02 99 00 30 91 **传真：**02 99 00 37 56 **房间数：**32

一座迷人的水磨坊将旅馆分成两部分：位于原先的磨坊中的Hotel de Moulin和较新的Hotel du Parc。公园里有100多种不同的树、一条贯穿公园的河流和一座网球场。这里一流的餐厅提供葡萄酒列表。www.armilin.com

迪南：Moulin de la Fontaine des Eaux €

地址：Vallée de la Fontaine des Eaux, 22100 **电话：**02 96 87 92 09 **传真：**02 96 87 92 09 **房间数：**5

这家旅馆坐落在树木茂盛的峡谷中，距离迪南只有5分钟的路程，它是一座经过改建的18世纪水力磨坊，可以俯瞰湖泊的风景。这是一家家庭旅馆，没有餐厅但是提供早餐，客房装修简单，有残疾人通道，还有私人停车场。www.dinanbandb.com

迪纳尔：Hôtel de la Vallée €€

地址：6 av Georges V, 35801 **电话：**02 99 46 94 00 **传真：**02 99 88 22 47 **房间数：**24

这座经过全面翻修的现代化海滨旅馆位于市中心，但却远离喧嚣和度假胜地。游客可以选择较为靠前的房间，因为那里景色更迷人。这里的餐厅是迪纳尔美食的新起之秀，提供美味的海鲜以及相当不错的牛肉和鸭肉。1月停业休息。www.hoteldelavallee.com

多德布雷塔尼：Domaine des Ormes €

邮编：35120 **电话：**02 99 73 53 00 **传真：**02 99 73 53 55 **房间数：**45

这是私人度假村的一部分，这里有一个18洞高尔夫球场、马术学校和冒险乐园。客房非常吸引人，甚至还有5间可以攀登绳梯进入的树上小屋。餐厅提供传统的法国美食。www.lesormes.com

富埃斯南：Hôtel l'Orée du Bois €

地址：4 rue Kergoadig, 29170 **电话：**02 98 56 00 06 **传真：**02 98 56 14 17 **房间数：**15

带有淋浴的设施齐全的客房性价比很高，只带有洗脸盆的房间价格相对较低。早餐厅以明亮的海洋为装饰主题，天气好的时候游客可以在露台上享用早餐。它距离Cape Coz海岸只有几分钟的步行路程。www.hotel-oreedubois.com

格鲁瓦岛：Hôtel de la Marine €€

地址：7 rue du Général de Gaulle, 56590 **电话：**02 97 86 80 05 **传真：**02 97 86 56 37 **房间数：**22

这家旅馆位于美丽的小岛中央，服务员非常热情，轻松娴静的客房非常迷人，从房间既可以看到远处的海景又可以看到花园。在餐厅中你可以品尝岛精心烹制的鱼类菜肴。www.hoteldelamarine.com

洛屈伊雷克：Le Grand Hôtel des Bains €€€

地址：15 rue de L'Eglise, 29241 电话：02 98 67 41 02 传真：02 98 67 44 60 房间数：36

住在这里游览阿莫里克地区公园十分方便，这家美好时代的温泉酒店有一座可以直通海边沙滩的花园，客房都是时尚的现代装修风格，大部分房间有阳台。这里还有美容和健康中心，餐厅只有傍晚开放，提供当地的美食。www.grand-hotel-des-bains.com

莫尔莱：Hôtel de l'Europe €€

地址：1 rue d'Aiguillon, 29600 电话：02 98 62 11 99 传真：02 98 88 83 38 房间数：60

这是一家第二帝国风格的旅馆，坐落在市中心，内部装修既优雅又豪华，客房设施齐全，还有很好的隔音设施；每一个房间装修各不相同，从传统到现代的风格无所不有，服务非常周到。这里还提供自助早餐，还有一个不错的啤酒屋。www.hotel-europe-com.fr

PENESTIN SUR MER：Hôtel Loscolo €€

地址：La Pointe de Loscolo, 56760 电话：02 99 90 31 90 传真：02 99 90 32 14 房间数：13

这是一座有着石板房顶的传统建筑，两面都有壮观的海景，附近是散步的好地方。客房很舒适，一些房间有独立的阳台，早餐非常丰盛，价格也比较合理。餐厅提供丰富的美食。12 月 ~ 次年 3 月之间停业。www.hotelloscolo.com

普列文：Manoir du Vaumadeuc €€

地址：Le Vaumadeuc, 22130 电话：02 96 84 46 17 传真：02 96 84 40 16 房间数：13

这座古老的大宅坐落在 Hunaudaye 森林中，它是 15 世纪的建筑，里面宏伟的花岗岩楼梯直接通向二楼的客房。绿树成荫的公园周围有美丽的玫瑰园和湖泊。这里有直升机机场和停车场。www.vaumadeuc.com

普卢巴兹拉内克：Les Agapanthes €

地址：1 rue Adrien Rebours, 22620 电话：02 96 55 89 06 传真：02 96 55 79 79 房间数：21

这家 18 世纪的旅馆位于村庄的广场上，内部装饰明亮而又现代。客房干净、舒适，装修以海洋为主题。一部分房间相对更宽敞，适合全家居住。在大部分的客房和露台上都能观赏到潘波勒湾。www.hotel-les-agapanthes.com

普卢贡韦兰：Hostellerie de la Pointe de St-Mathieu €€

地址：Pointe de St-Mathieu, 29217 电话：02 98 89 00 19 传真：02 98 89 15 68 房间数：23

这家旅馆位于一座灯塔和修道院附近，以前这里是一个传统的农场，现已变成现代化的旅馆。以前的农舍现在已变成一间提供美味海鲜菜肴的餐厅。这里是探索大西洋海岸线的出发点。www.pointe-saint-mathieu.com

屈伊伯龙：Hôtel Bellevue €

地址：Rue de Tiviec, 56173 电话：02 97 50 16 28 传真：02 97 30 44 34 房间数：38

这家旅馆位于海滩、博彩场和海洋治疗中心附近，它呈“L”形，里面有一个游泳池，客房非常舒适，餐厅也整洁明亮。顾客可以在游泳池边或房间中享用早餐，这里还有私人停车场。www.bellevuequiberon.com

坎佩尔：Hôtel Gradlon €€

地址：30 rue de Brest, 29000 电话：02 98 95 04 39 传真：02 98 95 61 25 房间数：20

这家旅馆距离古城的中心只有两分钟的路程，它有迷人安静的客房，小部分的客房还可以看到封闭的花园和喷泉；还有一些残疾人客房。可以在精美的阳台上享用早餐。舒适的酒吧当中还有开放的炉火。www.hotel-gradlon.com

雷恩：Le Coq-Gadby €€€€

地址：156 rue d'Antrain, 35700 电话：02 99 38 05 55 传真：02 99 38 53 40 房间数：24

这是一幢 17 世纪的优雅建筑，从市中心乘车只需 5 分钟就能到达，十分安静，摆有古典的早期家具，还有光亮的镶木地板和豪华的大镜子，客房“Olympe”、“Louis XV”、“Louis XVI”和“Anglaise”非常宽阔优雅。酒店的隔壁有温泉浴场和桑那浴场。www.lecoq-gadby.fr

罗斯科夫：Hôtel Bellevue €

地址：Bd Ste Barbe, 29681 电话：02 98 61 23 38 传真：02 98 61 11 80 房间数：18

这座布列塔尼风格的建筑距离渡口终点只有几分钟的路程，在这里可以欣赏到大海和古老海港的景致。客房让人感觉有一点约束，但是非常安静明亮。在这座建筑的后面是一个花园庭院，天气暖和的时候可以在这里享用早餐。www.hotel-bellevue-roscoff.fr

圣马洛：Hôtel Elizabeth €€

地址：2 rue des Cordiers, 35400 电话：02 99 56 24 98 传真：02 99 56 39 24 房间数：17

这家旅馆位于这个老城的城堡当中，从渡口终点乘车只需两分钟。这幢建筑有着 16 世纪的石质前墙，内部是有一点阴郁的古典风格。客房非常舒适并且设施齐全，旅馆的主人非常友好，还有私人停车场。1 月停业。www.hotel-elizabeth.fr

ST THEGONNEC：Ar Presbital Koz €

地址：18 rue de Gividic, 29410 电话：02 98 79 45 62 传真：02 98 79 48 47 房间数：6

这里有舒适的床和乡村风味的早餐。这座 18 世纪的建筑曾是一间神父的宅邸，有 6 间宽敞的客房，没有电视，早餐可以在外面的阳台上享用。如果你在中午之前预订的话，旅馆的主人会为你准备美味的晚餐。这里还有一个带有停车场的大庭院。http://ar.presbital.koz.free.fr

瓦讷：Villa Kerasy €€

地址：20 av Favrel et Lincy, 56000 电话：02 97 68 36 83 传真：02 97 68 36 84 房间数：15

这幢亚洲风格的旅馆为法国东印度公司所有，以香料线路为主题。每间房间都代表一个不同的港口。这里的水疗馆专供印度草药治疗，能提神并缓解压力。11月中旬~12月中旬期间停业。www.villakerasy.com

卢瓦尔河谷

昂布瓦斯：Le Choiseul €€€

地址：36 quai Charles-Guinot, 37400 电话：02 47 30 45 45 传真：02 47 30 46 10 房间数：32

这是一座常春藤覆盖的18世纪高雅大宅，在这里可以看到卢瓦尔河的风景。舒适的大客房装饰得十分有品位，轻松优美的餐厅提供各色美食，这里还有花草丛生的花园和球场。www.grandesetapes.fr

昂热：Hôtel Mail €

地址：8 rue des Ursules, 49100 电话：02 41 25 05 25 传真：02 41 86 91 20 房间数：26

这家迷人的旅馆位于市中心的一个安静的角落，17世纪的建筑曾是一家修道院的一部分，卧室装修得非常有品位，餐厅提供特殊的美味早餐。这里还有一个阴凉的庭院，当中还有几张桌椅供游客休息。店主非常友好。www.hotel-du-mail.com

昂热：Hôtel Anjou €€

地址：1 bd de Maréchal Foch, 49100 电话：02 41 21 12 11 传真：02 41 87 22 21 房间数：53

位于市中心的这家旅馆拥有折中派装饰，有装饰艺术风格的马赛克画、17~18世纪的家具、华美的天花板以及玻璃花窗。客房很宽敞，装饰非常高雅。“Le Salamandre”餐厅值得推荐，这里还有停车场供游客泊车。www.hotel-danjou.fr

阿宰勒里多：Le Grand Monarque €

地址：3 pl de la République, 37190 电话：02 47 45 40 08 传真：02 47 45 46 25 房间数：24

这家旅馆包括两座大楼，一座是古老的驿站，另一座是特殊的旅馆，二者被绿树成荫的庭院隔开。客房装饰风格比较传统，带有浴室。有一个乡村风格的餐厅和一个迷人的露台，可俯瞰公园。www.legrandmonarque.com

阿宰勒里多：Manoir de la Rémonière €€

地址：La Chapelle Ste Blaise, 37190 电话：02 47 45 24 88 传真：02 47 45 45 69 房间数：6

这座15世纪的大宅建在罗马别墅的不远处，在安德尔河的边上，离阿宰勒里多堡不远。卧室给人一种旧世界的感觉，可以观赏到远处的庭院和高卢罗马遗址。有大型游泳池和充足的运动空间，游客可以射箭、钓鱼。www.manoird-elaremoniere.com

博让西：Hôtel de la Sologne €

地址：6 pl St Firmin, 45190 电话：02 38 44 50 27 传真：02 38 44 90 19 房间数：16

这是一座典型的索罗涅风格的石质建筑，远处是圣菲尔曼城堡的遗迹。卧室很小，但是非常舒适而且很明亮，装修简单。旅馆还有一个花草丛生的花园，可以在这里享用早餐，这里还有私人停车场。www.hoteldelasologne.com

布尔日：Le Bourbon €€€

地址：Bd République, 18000 电话：02 48 70 70 00 传真：02 48 70 21 22 房间数：58

这是一座古老的17世纪的修道院，位于布尔日市中心，现在这里是一家舒适的酒店，宽敞明亮的房间装饰得非常现代。圣阿布罗斯教堂前面还有引人注目的酒吧和美食餐馆。提供停车场。www.alpha-hotellerie.com

香槟：Château des Briottières €€€

地址：Rte Marigné, 49330 电话：02 41 42 00 02 传真：02 41 42 01 55 房间数：14

这是一家18世纪的家庭运营的城堡酒店，坐落在50多公顷的英国公园中。客房装修十分豪华，有带有帘幕的大床和精美的挂毯，这里还有为家庭旅行者提供的两个房间的套房。浪漫的餐厅提供经典的传统美食，需要提前预订。www.briottieres.com

沙特尔：Le Grand Monarque €

地址：22 place des Epars, 28005 电话：02 37 18 15 15 传真：02 37 36 34 18 房间数：55

这里是经过改建的16世纪的驿站，周围是厚厚的石墙，自20世纪60年代一直由同一个家族在经营。客房装修非常简单，这里还有一个极好的花园和一个美食餐厅。游客还可以在“Le Georges”泡温泉。www.bw-grand-monarque.com

CHÊNEHUTTE-LES-TUFFEAUX：Le Prieuré €€€

地址：Le Prieuré, 49350 电话：02 41 67 90 14 传真：02 41 67 92 24 房间数：36

这里从前是一座隐修院，其历史可以追溯到12世纪，从这里可以看到壮观的卢瓦尔河景色。卧室装修十分精美也很浪漫，有两个壁炉。散落在公园里的平房中有更现代的卧室。优雅的餐厅提供用当地最好的农产品做成的美味佳肴。www.grandesetapes.fr

价格指南见550页 **图标含义**见封底勒口

舍农索：Hostel du Roy €

地址：9 rue du Dr Bretonneau, 37150 **电话：**02 47 23 90 17 **传真：**02 47 23 89 81 **房间数：**30

这家旅馆有16世纪的壁炉和挂有巨大精美挂毯的餐厅，设施齐全的客房装修十分简单，但是非常吸引人。这里的气氛非常轻松，还有一个公园和一个露台。餐馆提供传统的当地美食，以及应季野味。www.hostelduroy.com

舍农索：Hôtel du Bon Laboureur €€

地址：6 rue de Dr Bretonneau, 37150 **电话：**02 47 23 90 02 **传真：**02 47 23 82 01 **房间数：**25

旅馆位于著名的城堡附近，坐落在公园中。在这座18世纪的石质建筑当中，房间很小但设施齐全，还有精心设计的浴室，一些房间是为残疾游客准备的。带有橡木房梁的餐厅提供绝好的食物。1月～2月中旬停业休息。www.bonlaboureur.com

希侬：Hostellerie Gargantua €

地址：73 rue Voltaire, 37500 **电话：**02 47 93 04 71 **传真：**02 47 93 08 02 **房间数：**8

这家旅馆坐落在古老的Boulliage宫中，它有尖尖的房顶和塔楼，是当地一个标志性建筑。客房非常舒适，每间客房都有各自的主题，从圣女贞德和黎塞留到国王时期都可以在这里看到。餐厅非常精美，还有一个阳台，提供现代和经典的美食。12月份停业休息。www.hotel-gargantua.com

希侬：Hôtel Diderot €

地址：4 rue Buffon, 37500 **电话：**02 47 93 18 87 **房间数：**26

这座18世纪的建筑周围环绕着繁茂的棕榈树和橄榄树，这些树木非常适应这里温暖的气候。布满藤蔓的旅馆位于市中心一条安静的街道上，房间非常安静，装修简单而且保持得很好。带有乡村气息的餐厅提供早餐，附近的市政公园可以免费进入。www.hoteldiderot.com

希侬：Château de Marçay €€

地址：Le Château, 37500 **电话：**02 47 93 03 47 **传真：**02 47 93 45 33 **房间数：**39

这家高雅的旅馆位于一座经过重建的15世纪的堡垒中，从精美别致的客房当中可以欣赏到周围公园和葡萄园的风景。在这里可以感受到轻松活跃的气氛，还有绝好的服务和美食。1月中旬～3月中旬期间停业休息。www.chateau-demarcay.com

库谢韦尔尼：Hôtels des Trois Marchands €

地址：Pl de l'Eglise, 41700 **电话：**02 54 79 96 44 **传真：**02 54 79 25 60 **房间数：**24

这个古老的长途驿站有一个花园，距离城堡只有1公里。自1865年以来，这家旅馆一直都由同一个家族经营，舒适的客房装饰成乡村风格。这里有三间路易十三时期的餐厅，你可以在其中享用早餐，可以在这里免费停车。

丰泰夫罗拉拜埃：Le Prieuré St-Lazare €

地址：38 rte St Jean de l'Habit, 49590 **电话：**02 41 51 73 16 **传真：**02 41 51 75 50 **房间数：**52

这家旅馆从前属于一座著名的皇家修道院，环境优美，客房高雅，装饰现代。餐厅位于一座古老的修道院中，这里是美食家的天堂。11月中旬～次年3月停业。www.hotels-francepatrimoine.com

热内：Aux Naulets d'Anjou €

地址：18 rue Croix de la Mission, 49350 **电话：**02 41 51 81 88 **传真：**02 41 38 00 78 **房间数：**19

这家旅店位于村庄边上的一片私人领地，这里既安静又舒适，热情的服务让人们忘记了建筑的简陋。房间简洁也很明亮，餐厅提供传统菜肴。这里还有阅读室和休息室。12月中旬～次年1月停业。www.hotel-lesnauletsdanjou.com

日安：La Poularde €

地址：13 quai de Nice, 45500 **电话：**02 38 67 36 05 **传真：**02 38 38 18 78 **房间数：**9

这家旅馆位于卢瓦尔河岸上，距离陶器博物馆只有几步之遥。它非常实用，但并非很漂亮。19世纪中产阶级大宅中的客房非常简洁，摆放着路易斯－菲利普时期的家具。餐厅提供绝好的美食。www.lapoularde.fr

卢瓦尔河畔沙特尔：Hôtel de France €

地址：20 pl de la République, 72340 **电话：**02 43 44 40 16 **传真：**02 43 79 62 20 **房间数：**21

这家常春藤覆盖的旅馆位于市中心，还有一个漂亮的河边花园。客房很高级，价格也比较公道，装饰简单，但是非常舒适。这里的酒吧比较普通，但是餐厅非常好，有很多绝好的美食。有漂亮的花园和露台。12月25日～次年1月末期间停业。www.hoteldefrance-72.fr

LA FERTE ST AUBIN：Orée des Chênes €€

地址：Rte de Marchily, 45240 **电话：**02 38 64 84 00 **传真：**02 38 64 84 20 **房间数：**26

这家旅馆兼餐厅的修建目的是反映当地的索兰格建筑风格。它坐落于一个巨大的公园中，因此非常安静。舒适的客房各有风格。有极好的当地菜肴餐厅。这里是钓鱼和徒步旅行爱好者的理想下榻之地。www.chateaux-france.com/plocsisbeauregard/

勒克鲁瓦西克：Fort de l'Océan €€€€

地址：Pointe du Croisic, 44490 **电话：**02 40 15 77 77 **传真：**02 40 15 77 80 **房间数：**9

这是一座沃邦式建筑，17世纪的城墙环绕着这座面朝大海的城堡，严格的军队生活方式在这里丝毫没有留下痕迹。客房非常舒适，而且装饰得非常时尚，还有一些为残疾游客提供的设施。餐厅提供美味的海鲜。www.hotelfor-tocean.com

勒芒：Auberge de la Foresterie €

地址：Route de Laval, 72000 **电话：**02 43 51 25 12 **传真：**02 43 28 54 58 **房间数：**40

这家优雅温馨的旅馆带有不错的花园和游泳池边的露台，在天气晴朗的时候游客可以在露台上用餐。乘电车去勒芒悠久的市中心和大教堂很方便。13 岁以下儿童与父母同住可享受住宿免费。www.aubergedelaforesterie.com

洛什：LOCHES Hôtel de France €

地址：6 rue Picois, 37600 **电话：**02 47 59 00 32 **传真：**02 47 59 28 66 **房间数：**19

这里曾是一座高雅的驿站，用当地的石材建成，还有传统的石板房顶。这家旅馆位于古老的中世纪的城门附近，客房装修非常简单，但非常舒适，而且保持得很好。餐厅提供美味的当地菜肴，例如家庭熏制的鲑鱼。http://h.france.loches.free.fr

卢河：Hôtel Ricordeau €€

地址：13 rue de la Libération, 72540 **电话：**02 43 88 40 03 **传真：**02 43 88 62 08 **房间数：**13

这座可爱的石头建筑的前身是一个驿站，内部设有舒适的、装饰风格各不相同的客房。一些房间可以俯瞰河边的美丽花园，那里停泊着供游客使用的船。早餐非常丰富，有冷肉、奶酪、蛋糕、水果和自制的果酱。www.hotel-ricordeau.fr

吕伊内：Domaine de Beauvois €€

地址：Rte de Cléré-les-Pins, 37230 **电话：**02 47 55 50 11 **传真：**02 47 55 59 62 **房间数：**36

这座文艺复兴时期的大宅有一个 15 世纪的塔楼，从塔楼可以欣赏湖泊的美景。公园非常广阔，每一条小路有路标来指明方向。客房很宽敞也很舒适，房间中都有奢华的大理石浴室，还可以在这里的餐厅中享用烛光晚餐。www.grandesetapes.fr

蒙特巴宗：Château d'Artigny €€€€€

地址：Rte de Monts, 37250 **电话：**02 47 34 30 30 **传真：**02 47 34 30 39 **房间数：**65

这座 20 世纪的城堡远处是美丽的安德尔河，宏伟的古典风格的外墙和纯正皇室风格的内部装饰非常相称。巴洛克风格的客房非常豪华，上好的餐厅提供当地的特色美食以及各色美酒。www.grandesetapes.fr

卢瓦尔河畔蒙特卢伊：Château de la Bourdaisière €€€

地址：25 rue de la Bourdaisière, 37270 **电话：**02 47 45 16 31 **传真：**02 47 45 09 11 **房间数：**22

这家豪华的酒店由一座壮观的城堡改造而来，亨利四世的夫人加布里埃尔·埃特雷 1565 年在这里出生。一些高雅奢华的房间当中摆着早期的家具，底层的休息室有 6 间客房，花园是向公众开放的。1 月 ~ 2 月期间停业。www.chateaulabourdaisiere.com

蒙特勒伊贝莱：Relais du Bellay €

地址：96 rue Nationale, 49260 **电话：**02 41 53 10 10 **传真：**02 41 38 70 61 **房间数：**43

这家旅馆由 17 世纪的主楼和装饰时尚的客房构成，客房非常安静，有些还有残疾人通道。这里还有恒温游泳池、桑拿浴场、土耳其浴场以及健身中心等设施，还有一个绝好的餐厅。www.hotelrelaisdubellay.fr

卢瓦尔河畔米伊代：Château de Colliers €€€€

邮编：41500 **电话：**02 54 87 50 75 **传真：**02 54 87 03 64 **房间数：**6

这座城堡位于距离布卢瓦东部不远的森林中，既具有朴素的乡村风格又很庄严，在 18 世纪的时候它属于路易斯安那的统治者。在建筑的顶层有精美浪漫的客房，有早期皇室风格的家具以及天台。晚餐需提前预订。www.chateau-colliers.com

南特：All Seasons €

地址：3 rue de Couëdic, 44000 **电话：**02 40 35 74 50 **传真：**02 40 20 09 35 **房间数：**65

这家现代化的旅馆属于 Accor 集团，旅店的功能性非常高。它位于市中心一个繁忙的行人广场上，因此便于游客观光。客房大小合理，也非常舒适，其中一些还配有残疾人设施。自助早餐相当不错。www.accorhotels.com

南特：Amiral €

地址：26 bis rue Scribe, 44000 **电话：**02 40 69 20 21 **传真：**02 40 73 98 13 **房间数：**49

这家位于市中心的旅馆的门外便有电影院、剧院、餐厅。它的隔音装置非常好，外表是现代风格，客房设施齐全并且非常舒适，这里还提供早餐。www.hotel-nantes.fr

南特：Hôtel La Pérouse €€

地址：3 allée Duquesne, 44000 **电话：**02 40 89 75 00 **传真：**02 40 89 76 00 **房间数：**46

这家旅馆的名字源于一位法国航海家，它别致而充满了禅宗的气氛，于 1993 年正式接待客人。客房有光滑的木质地板和精美的现代家居，房间非常安静。这里的自助早餐很美味，客人还可以免费到附近的健身中心休闲。www.hotel-laperouse.fr

NOIRMOUTIER EN L'ILE：Hotel Fleur de Sel €€

地址：Rue des Saulniers, 85330 **电话：**02 51 39 09 07 **传真：**02 51 39 09 76 **房间数：**35

这家旅店位于一个巨大的地中海风格的花园中心，风景如画的庭院当中还有一个游泳池，一些面向游泳池的客房装饰着英国式的松树；其他的房间是海洋主题装饰，还有独自的阳台。餐厅中的厨师会向你提供最好的美食。11 月 ~ 次年 3 月中旬期间停业。www.fleurdesel.fr

价格指南见550页 **图标含义**见封底勒口

翁赞：Domaine des Hauts de Loire €€€

地址：Rte d'Herbault, 41150 **电话**：02 54 20 72 57 **传真**：02 54 20 77 32 **房间数**：32

这里曾是一座狩猎小屋，广阔的庭院非常壮观；酒店的房间装饰非常奢华，既明亮又舒适。这是一个众所周知的昂贵的休闲场所，餐厅提供传统美食和极好的当地美酒，这里还有一个网球场。12月～次年2月停业。www.domainehautsloire.com

奥尔良：Hôtel de l'Abeille €

地址：64 rue Alsace Lorraine, 45000 **电话**：02 38 53 54 87 **传真**：02 38 62 65 84 **房间数**：31

旅馆为纪念拿破仑和他的蜜蜂徽章而命名，它于1920年开始由同一个家族经营。可以说它是一座圣女贞德的圣堂。宏伟的新古典主义建筑内的房间有旧式风格装饰，这里还有一个图书馆以及一个能欣赏到大教堂的露台。www.hoteldelabeille.com

RESTIGNE：Manoir de Restigné €€€€

地址：15 rte de Tours, 37140 **电话**：02 47 97 00 06 **传真**：02 47 97 01 43 **房间数**：10

这座精心修复的17世纪庄园坐落在布尔格伊附近的葡萄园中，提供宽敞、装饰典雅、以各种葡萄酒命名的客房。曾经的酒窖提供餐点。庭院中有一座可爱的18世纪的橘园。1月～2月中旬停业。www.manoirderestigne.com

罗谢科尔邦：Domaine des Hautes Roches €€€

地址：86 quai de la Loire, 37210 **电话**：02 47 52 88 88 **传真**：02 47 52 81 30 **房间数**：14

这家酒店位于图尔附近，周围是武弗雷葡萄园，这里曾经是修道士的住处，经过重建后，现在它具备了所有现代化的设施。地下的房间被改造成"穴居"酒店，房间非常宽敞，而且装修得很有特色。游客可以在城堡或阳台进餐。2月～3月停业。www.leshautesroches.com

罗莫朗坦朗特奈：Grand Hôtel du Lion d'Or €€€

地址：69 rue Georges Clémenceau, 41200 **电话**：02 54 94 15 15 **传真**：02 54 88 24 87 **房间数**：16

这座文艺复兴时期的建筑现在是历史古城中的一家酒店，它的外表不会给人太深刻的印象，但是内部装修非常迷人。奢华的客房下面是鹅卵石的庭院，装修是真正的拿破仑三世时期的风格。这里还有正规的花园。www.hotel-liondor.fr

萨尔布里：Domaine de Valaudran €€

Route de Romorantin, 41300 **电话**：02 54 97 20 00 **传真**：02 54 97 12 22 **房间数**：32

这座巨大的家庭住宅坐落在占地2公顷的花园中，位于索洛涅的中心，现在已被改造成一家宜人的乡村旅馆。外观时尚的现代客房与庄严的建筑外表形成鲜明对比。这里有台球设施。传统的餐厅提供用自家种的蔬菜做成的美食。www.hotelvalaudran.com

索米尔：La Croix de la Voulte €

地址：Rte de Boumois, 49400 **电话**：02 41 38 46 66 **传真**：02 41 38 46 66 **房间数**：4

这座大宅在索米尔外面，它的历史可以追溯到15世纪；它建在一个十字路口，曾经是皇室猎手的住所。客房各不相同，其中两间还有路易十四时期的壁炉，房间大多数有着古老的家具，在天气晴朗的时候可以在游泳池边享用早餐。www.lacroixdelavoulte.com

索米尔：Hôtel Anne d'Anjou €€

地址：32-34 quai Mayaud, 49400 **电话**：02 41 67 30 30 **传真**：02 41 67 51 00 **房间数**：44

这幢高雅的大宅位于卢瓦尔河和城堡之间，装饰非常精美也很浪漫，旅馆的外表给人印象非常深刻，它有宏伟的楼梯以及五颜六色的天花板，客房的装饰是皇室风格或现代风格。可在庭院中享用早餐。www.hotel-anneanjou.com

SILLE-LE-GUILLAUME：Relais des Etangs de Guibert €

地址：Neufchâtel-en-Saosnois, 72600 **电话**：02 43 97 15 38 **传真**：02 43 33 22 99 **房间数**：15

这座漂亮的石质乡村建筑坐落在森林的边缘，位于勒芒的南部，非常迷人也很浪漫，从它的塔楼可以眺望花草丛生的田野和湖泊。客房粉刷成温暖的色调，一些房间还有带有房梁的天花板。旅馆主人非常友好。www.lesetangs-deguibert.com

索洛民地区苏维尼：Ferme des Foucault €

地址：Ménestreau-en-Villette, 45240 **电话**：02 38 76 94 41 **传真**：02 38 76 94 41 **房间数**：3

这家旅馆位于索洛涅郊外的森林深处，是一座迷人的由红砖和木材建造的农房。宽大的客房非常舒适，配有极好的浴室，其中一个房间还有壁炉，其他房间挂着店主女儿的画，气氛轻松而又惬意。www.ferme-des-foucault.com

ST LAURENT NOUAN：Hôtel Le Verger €

地址：14 rue du Port-Pichard, 41220 **电话**：02 54 87 22 22 **传真**：02 54 87 22 82 **房间数**：14

这是游览著名的卢瓦尔城堡的理想住处，距离香波堡只有8公里。这座19世纪的中产阶级建筑有一个花园庭院还有喷泉，客房保持得很好，既宽敞又安静。在绿树成荫的公园中可以尽享宁静。www.hotel-le-verger.com

圣纳泽尔：Au Bon Accueil €€

地址：39 rue Marceau, 44600 **电话**：02 40 22 07 05 **传真**：02 40 19 01 58 **房间数**：17

这家讨人喜欢的旅馆位于市中心一个安静的角落，它在第二次世界大战中幸免于难。客房非常简洁，也很实用。餐厅风格有一点阴郁，但是提供美味的海鲜。这里的氛围热情友好。7月的最后两周停业。www.au-bon-accueil44.com

圣帕特里斯：Château de Rochecotte €€€

地址： St Patrice, Langeais, 37130 **电话：** 02 47 96 16 16 **传真：** 02 47 96 90 59 **房间数：** 35

这里离朗热堡只有很短的一段距离，塔列朗国王城堡经过彻底重修，于 1986 年成为一家酒店开门营业。这里非常迷人，有 19 公顷的公园和森林。客房很大，每个房间都有不同的装饰。酒店内部装饰非常奢华。2 月中旬 ~ 3 月中旬停业。www.chateau-de-rochecotte.fr

图尔：Hôtel L'Adresse €€

地址： 12 rue de la Rôtisserie, 37000 **电话：** 02 47 20 85 76 **房间数：** 17

这家经过全面翻修的旅馆隐藏于一座 18 世纪的优雅大宅的一侧。客房装修融合了简约的现代风格和 18 世纪的建筑风格。旅馆位于市中心，地理位置极好，周围有餐厅和会议中心。www.hotel-ladresse.com

武弗雷：Château de Jallanges €€€

地址： 9 Jallange, Vernou sur Brenne, 37210 **电话：** 02 47 52 06 66 **传真：** 02 47 52 11 18 **房间数：** 7

这是一座壮观雄伟的文艺复兴时期的城堡，现在是一家家庭酒店，舒适的客房装饰得非常时尚，客人在这里可以游览私人的小教堂，还可以到塔楼的顶端眺望优美的风景。这里是游览附近景点的理想基地。www.jallanges.com

勃艮第和弗朗什孔泰

阿龙一卡通：Hôtel Villa Louise €€

地址： 9 rue Franche, 21420 **电话：** 03 80 26 46 70 **传真：** 03 80 26 47 16 **房间数：** 11

这片极好的高登 – 查理曼葡萄园为这座 17 世纪的葡萄酒酒庄提供了一个壮观的背景。温馨的卧室配有设备齐全的浴室。质朴的内饰包括温馨的客厅和开放式壁炉。客人可以在晚上品酒。这里有土耳其浴、日光浴室和一个游泳池。1 月 ~ 2 月停业。www.hotel-villa-louise.fr

阿尔克和瑟南：La Saline Royale €

地址： Arc-et-Senans, 25610 **电话：** 03 81 54 45 00 **房间数：** 30

住在世界遗产地和建筑博物馆区是一种非常独特的经历，舒适高级的客房处处体现着路易十四时期的磅礴气势，这里还有一幅 18 世纪著名画家尼古拉斯・莱多克斯的杰作。游客入住非常方便，但需提前预订。11 月 ~ 次年 2 月停业。www.salineroyale.com

欧塞尔：Le Parc des Maréchaux €€

地址： 6 av Foch, 89000 **电话：** 03 86 51 43 77 **传真：** 03 86 51 31 72 **房间数：** 25

这是座经过翻修的拿破仑时期的建筑，靠近镇中心。每间漂亮的卧室都是以法国著名的大元帅的名字命名的，它们有着柔和的金色色调装饰和帝国风格。最安静的房间俯瞰着种百年老树的美丽公园。有舒适的酒吧。www.hotel-parcmarechaux.com

博纳：Hôtel Grillon €

地址： 21 rte de Seurre, 21200 **电话：** 03 80 22 44 25 **传真：** 03 80 24 94 89 **房间数：** 20

这座迷人的旅馆坐落在一个有墙围的花园中，距离镇中心仅有 15 分钟的步行路程。主建筑中的客房非常舒适，配有传统的家具。附加建筑中的客房更宽敞更具现代风格。夏季在温室或花园中提供早餐。www.hotel-grillon.fr

博纳：Hôtel Le Cep €€€

地址： 27 rue Maufoux, 21200 **电话：** 03 80 22 35 48 **传真：** 03 80 22 76 80 **房间数：** 64

这家优雅的酒店在古老的城镇中心，被改建成一种文艺复兴时期风格，传说路易十四很喜欢住在这里。酒店的一些客房是巴洛克式的装修，奢侈地摆放着各种古董，每一个房间都以当地的酒来命名。www.hotel-cep-beaune.com

贝桑松：Hôtel Charles Quint €€

地址： 3 rue du Chapitre, 25000 **电话：** 03 81 82 05 49 **传真：** 03 81 82 61 45 **房间数：** 9

这家迷人的旅馆坐落在历史悠久的市中心，雅致的室内装饰结合了 18 世纪的建筑风格并配以现代化的设施。客房优雅不俗，更让人欣喜的是房间里的小露台可俯瞰到窗外的花园。木板铺就的客厅里提供早餐，天气晴朗的时候也可以在室外享受早餐。www.hotel-charlesquint.com

布伊朗：Le Vieux Moulin €€

地址： Le Village, 21420 **电话：** 03 80 21 51 16 **传真：** 03 80 21 59 90 **房间数：** 26

这座翻修的水磨坊位于罗讷河谷的勃艮第村庄中。现代舒适的客房配有简单、时尚的家具。游客可以参观这里美丽的河流和周围的村庄。有桑拿浴、按摩浴池和健身中心以及著名的当代餐厅。1 月 ~ 3 月中旬停业。www.le-moulin-de-bouilland.com

夏布利：Le Bergerand's €

地址： 4 rue des Moulins, 89800 **电话：** 03 86 18 96 08 **传真：** 03 86 18 96 09 **房间数：** 18

这家民宿坐落在瑟兰河岸边，既是居住的上等之选，也是品尝当地葡萄酒的好去处。旅馆的客房非常明亮，装饰华丽，有舒适的休息吧、茶水间。提供自助早餐，如果需要的话可以为游客准备野餐篮。www.chabils-france.fr

价格指南见550页 **图标含义**见封底勒口

夏布利：Hostellerie des Clos €€

地址：Rue Jules-Rathier, 89800 电话：03 86 42 10 63 传真：03 86 42 17 11 房间数：36

旅馆的主人已经将这里翻修，它曾经是一所中世纪的女修道会，位于葡萄酒村庄的中央。这里气候宜人，客房既现代又舒适，宽敞明亮。这里还有一家在当地数一数二的餐厅，提供美酒。从阳台上向远处眺望是美丽的花园和葡萄园。其中三间客房配有轮椅。12 月中旬～次年 1 月中旬期间停业。www.hostellerie-des-clos.fr

沙民：Lameloise €€€

地址：36 pl d'Armes, 71150 电话：03 85 87 65 65 传真：03 85 87 03 57 房间数：16

这座豪华的酒店和美食餐厅位于一栋优雅的勃艮第建筑中，它已在这个小镇广场上存在了一个世纪。宽敞的客房中拥有无可挑剔的浴室，还有橡木横梁天花板和具有时代特色的家具。餐厅非常棒。12 月中旬～次年 1 月末停业。www.lameloise.fr

阿尔芒松河畔谢利：Château de Chailly €€€€€

地址：Rue Dessous, 21320 电话：03 80 90 30 30 传真：03 80 90 30 00 房间数：45

这是座重新装修过的美丽城堡，它的前墙是文艺复兴时期的风格，而另外一部分是中世纪时期建筑的缩影。奢华的客房非常宽敞，而且维护良好，这里的设施包括高尔夫球场、网球场、芬兰浴场、土耳其浴场和四家简便饮食店。www.chailly.com

第戎：Le Jacquemart €

地址：32 rue Verrerie, 21000 电话：03 80 60 09 60 传真：03 80 60 09 69 房间数：31

这家旅馆位于城市的中心，附近有公爵宫、美术博物馆和幸运的猫头鹰。这是一幢 18 世纪的中产阶级建筑，房间的大小适中，而且摆放着古典风格的家具，装饰格调有些暗淡但很有个性，房间非常安静而且很舒适。提供美味的早餐。www.hotel-lejacquemart.fr

第戎：Hostellerie du Chapeau Rouge €€€

地址：5 rue Michelet, 21000 电话：03 80 50 88 88 传真：03 80 50 88 89 房间数：30

这座迷人的 16 世纪酒店位于城市的中心。旧的地板和壁炉仍然存在，但装饰是现代风格。客房的装饰别致而风格各异，从亚洲风格到巴洛克风格，应有尽有。带有玻璃圆顶的餐厅提供创意美食。www.chapeau-rouge.fr

多尔：La Chaumière €

地址：346 av du Maréchal-Juin, 39100 电话：03 84 70 72 40 传真：03 84 79 25 60 房间数：19

这是一座古代农舍，位于迷人的孔泰前首中心外面。房间的家具与这里的环境非常相称，优雅舒适的客房维护得很好，而且有隔音装置。绝好的米其林星级餐厅提供了很有创意的食物。www.la-chaumiere.info

哲维瑞—香贝丹：Hôtel les Grands Crus €€

地址：Rte des Grands Crus, 21220 电话：03 80 34 34 15 传真：03 80 51 89 07 房间数：24

从这家充满阳光的旅馆可以看到引人入胜的特级葡萄园的风景，它位于这一地区的中心地带，其乡村式的建筑是典型的勃艮第风格，客房配有传统的家具，从房间可以俯瞰花园的风景。开放式壁炉周围是休闲区。www.hoteldes-grandscrus.com

茹瓦民：La Côte St Jacques €€€

地址：14 faubourg de Paris, 89300 电话：03 86 62 09 70 传真：03 86 91 49 70 房间数：31

在这家装修精美的酒店内可以俯瞰约讷河，酒店有一个美丽的花园一直延伸到河边。客房中柔和的色彩和现代家具营造出令人愉悦的氛围。一流的设施包括：水疗中心、为客人提供的私人船只、冬季提供的带有明火的客厅，夏天带有露台的休息室。这里的餐厅也很棒。www.cotesaintjacques.com

LA BUSSIERE-SUR-OUCHE：Abbaye de la Bussière €€€€

地址：La Bussière-sur-Ouche, 21360 电话：03 80 49 02 49 传真：03 80 49 05 23 房间数：15

这家酒店是由一个 12 世纪的被安静公园围绕的修道院改建而来。每个房间都能观赏到拥有 52 种树木和一个人工湖的庭院。两间精美的米其林星级餐厅可提供美食。这里是参观勃艮第的葡萄园的完美基地。www.abbaye-dela-buissiere.com

勒韦尔努瓦：Hostellerie de Levernois €€€

地址：Rue du Golf, 21200 电话：03 80 24 73 58 传真：03 80 22 78 00 房间数：26

这家 19 世纪的酒店距离博讷不远，位于勃艮第乡村的中心地带。酒店坐落在一个公园里，公园中有一条贯穿其中的小河。客房保留了时代的痕迹——镶木地板和勃艮第的瓷砖，但设施是最新的。这里还有一个改建过的谷仓和一个地道的小酒馆。www.levernois.com

马尔比伊松：Hôtel Le Lac €

地址：31 Grand Rue, 25160 电话：03 81 69 34 80 传真：03 81 69 35 44 房间数：54

这家旅馆坐落在侏罗山中的圣伯特湖上，这座令人难忘又优雅的 20 世纪 30 年代建筑物的客房装饰非常漂亮，一些房间还可以看到湖上的风光。这里的气氛轻松愉悦，还提供美味的自助早餐。www.hotel-le-lac.fr

马尔比伊松：Le Bon Acceuil €

地址：Rue de la Source, 25160 电话：03 81 69 30 58 传真：03 81 69 37 60 房间数：12

这家友好的旅馆位于森林和圣伯特湖岸之间。客房宽敞舒适，配有简单的松木家具，并挂有温馨的织物。餐厅提供上等的当地美食，还有当地特产。12 月中旬～次年 1 月中旬和 3 月的两周停业。www.le-bon-accueil.fr

MARTAILLY-LES-BRANCION：La Montagne de Brancion €€

地址： Col de Brancion, 71700 **电话：** 03 85 51 12 40 **传真：** 03 85 51 18 64 **房间数：** 19

这家旅馆位于图尔尼的东面的一个山坡上，距离中世纪的村庄只有几步之遥，在旅馆里能看到周围乡村的全景。所有的客房都朝东，面向马孔内山脉和葡萄园。明亮的客房拥有现代化的家具。强烈推荐这里的餐厅。www.brancion.com

NANS-SOUS-STE-ANNE：A l'Ombre du Château €€

地址： 6 rue du Château, 25330 **电话：** 03 81 86 54 72 **传真：** 03 81 86 43 29 **房间数：** 4

在奥尔南镇的西南面，这座城堡的18世纪石质建筑位于一个树木繁茂的公园中。维护良好的客房经过精心的修复。提供丰盛的早餐和自制的糕点。美国老板的目标是令客人来到这里就有宾至如归的感觉。11月～次年4月停业。www.frenchcountryretreat.com

南图：Domaine de la Combotte €€

地址： 2 La Combotte, 21190 **电话：** 03 80 26 02 66 **传真：** 03 80 26 07 84 **房间数：** 5

这家家庭运营的小旅馆位于博讷附近，客房非常宽敞也很舒适，其中有专门为残疾人准备的房间，还有一间是供家庭游客居住的房间，设备非常齐全，是现代风格的装饰。店主非常乐意和客人共同分享对美酒和松露的喜爱。www.lacombotte.com

纳韦尔：Clos Ste Marie €

地址： 25 rue du Petit-Mouësse, 58000 **电话：** 03 86 71 94 50 **传真：** 03 86 71 94 69 **房间数：** 17

游览过纳韦尔的美景之后，在这个极具吸引力的安静的旅馆休息放松是个不错的选择。它距离步行区只有5分钟的步行路程。优雅明亮的客房配有古老的织物和古董家具。游客可以在阴凉的露台上一边吃早餐一边欣赏花园里的美景。www.clos-sainte-marie.fr

尼特里：Auberge de la Beursaudière €

地址： 5 & 7 rue Hyacinthe-Gautherin, 89310 **电话：** 03 86 33 69 70 **传真：** 03 86 33 69 60 **房间数：** 11

这家旅馆位于欧塞尔、夏布利和韦泽莱之间，坐落在一座12世纪的前修道院里。迷人的卧室都是以古老的行业来命名：Le Sabotier，La Dentellière，La Repasseuse。其中最宽敞而优雅的当数 Le Vigneron 和 L'Ecrivain。在曾经的酒窖中提供自助早餐。1月份停业。www.beursaudiere.com

圣乔治：Hôtel la Gentilhommière €€

地址： 13 vallée de la Serrée, 21700 **电话：** 03 80 61 12 06 **传真：** 03 80 61 30 33 **房间数：** 41

这从前是座16世纪的猎人小屋，有典型的勃艮第风格的砖瓦屋顶，现在它是一家美丽的旅馆和小有名气的餐厅。卧室是古典主义的装修风格，家具的风格从殖民时期的风格到禅宗风格无所不有，这里还有精心烹制的美食，从阳台上可以眺望到河流的美景。1月停业。www.lagentilhommiere.fr

波利尼：Hostellerie des Monts de Vaux €€€

地址： Monts Vaux, 39800 **电话：** 03 84 37 12 50 **传真：** 03 84 37 09 07 **房间数：** 10

自1967年以来这家酒店一直由同一个家族经营，它位于波利尼郊外的一个花园中，占据着一间高雅的长途驿站。客房装饰成典型的中产阶级风格，还有各种古老的家具，这里的气氛轻松活跃，在餐厅中还有绝好的菜肴和美酒。这里还有一个网球场。www.hostellerie.com

波尔莱斯内：Château de Germigney €€€

地址： Le Parc, 39600 **电话：** 03 84 73 85 85 **传真：** 03 84 73 88 88 **房间数：** 19

这家酒店距离阿尔克塞南只有6公里，位于卢河边的一个花园中，精致的房间装饰很有品位，而且有现代化的电器设备，价格便宜而相对较小的房间在偏房中，还有一个单独的餐厅。这里的服务让人感觉轻松而不拘谨。www.chateaudegermigney.com

索利厄：Le Relais Bernard Loiseau €€€€€

地址： 2 rue d'Argentine, 21210 **电话：** 03 80 90 53 53 **传真：** 03 80 64 08 92 **房间数：** 33

这家有名的酒店和它的餐厅是已故的贝尔纳·卢瓦索建立的，它既现代又舒适，是传统的勃艮第装饰风格，有木质的嵌镶板墙壁、红色的铺砖地板。翻修过的精致的房间带有壁炉，可以从阳台俯瞰英式花园。这里的服务非常好。1月停业。www.bernard-loiseau.com

ST-AMOUR-BELLEVUE：L'Auberge du Paradis €€

地址： Le Plâtre-Durand, 71570 **电话：** 03 85 37 10 26 **房间数：** 8

一对年轻的夫妇对这家旅馆进行了翻修，以不同的香料对卧室进行命名。卧室很具时尚和原创性，有别致的现代装饰与开放式浴室。部分房间有可以俯瞰花园的阳台。提供丰盛的早餐。这里的餐厅也是极好的。1月停业。www.aubergeduparadis.fr

ST-GERVAIS-EN-VALLIERE：Moulin d'Hauterive €

地址： Hameau de Chaublanc, 71350 **电话：** 03 85 91 55 56 **传真：** 03 85 91 89 65 **房间数：** 20

这家旅馆距离博讷不远，坐落在河岸上，这间经过改建的水厂是12世纪西多会的修道士建造的。每个房间都很特别，装饰着各种古董很有品位。店主也是这里的厨师，会向你提供自创的家常菜。有一间客房有残障设施。www.moulinhauterive.com

VALLÉE DE COUSIN：Hostellerie du Moulin des Ruats €€

地址： 9 rue des Isles Labaumes, 89200 **电话：** 03 86 34 97 00 **传真：** 03 86 31 65 47 **房间数：** 25

这家旅馆距离亚瓦伦镇有几公里，在由Cousin河形成的山谷中，以前这里是一间面粉厂。舒适的客房中有传统的家具，能看到窗外的花园和河流，其中一些还带有露台。餐厅提供传统美食。11月中旬～次年2月中旬停业。www.moulindesruats.com

价格指南见550页 **图标含义**见封底勒口

韦泽莱：L'Espérance €€€€€

地址： St-Père-sous-Vézelay, 89450 **电话：** 03 86 33 39 10 **传真：** 03 86 33 26 15 **房间数：** 34

这里的客房在三幢建筑当中，主楼中有一流的家具，Moulin 是迷人的乡下风格，而 Pré des Marguerites 是现代风格，在露台上可以眺望花园的风景。这里还有一个不错的餐厅，里面有极好的美酒而且价格不高，服务热情周到。1 月中旬～3 月中旬停业。www.marc-meneau-esperance.com

VILLENEUVE-SUR-YONNE：La Lucarne aux Chouettes €

地址： 7 quai Bretoche, 89500 **电话：** 03 86 87 18 26 **传真：** 03 86 87 18 26 **房间数：** 4

在河岸边，四座典型的 17 世纪勃艮第建筑被改造成这家精致的旅馆，在旅馆内能看到河景。装饰各异的客房有橡木横梁、四柱床、棉质印花布织物、古董家具和手绘浴室瓷砖。还有迷人的餐厅和阳台。www.lalucarneauxchouettes.fr

沃纳斯：Georges Blanc €€€€

地址： Pl Marché, 01540 **电话：** 04 74 50 90 90 **传真：** 04 74 50 08 80 **房间数：** 41

这座奢华的酒店是一间树木和砖块建造的大宅，它被一个花园包围，豪华的房间是皮埃尔·沙杜克设计装修的。这里充满了精致和奢侈的气息，这里的装修混合着路易十三时期以及乡村风格，大多数房间的浴室有芬兰浴盆。有带有桑拿室的水疗中心。www.georgesblanc.com

约讷：Hôtel d'Avallon Vauban €

地址： 53 rue de Paris, 89200 **电话：** 03 86 34 36 99 **传真：** 03 86 31 66 31 **房间数：** 26

这家迷人的爬满常春藤的旅馆位于约讷省的主要公路上，是探索该地区的理想基地。卧室陈设简单，后面的房间更安静，而且能直接观赏到美丽的花园。绿树成荫的庭院是在晴朗的天气里享用早餐的理想场所。www.avallonvaubanhotel.com

中央高原

BEAULIEU-SUR-DORDOGNE：Manoir de Beaulieu €€

地址： 4 pl Champ de Mars, 19120 **电话：** 05 55 91 01 34 **传真：** 05 55 91 23 57 **房间数：** 25

这家传统旅馆始建于 1913 年，坐落在这个美丽的村庄的主要广场上。客房装修精美，各自有不同的风格，现代而质朴的房间大小适合，并且带有维护良好的浴室。高级酒吧内设有舒适的真皮座椅。www.manoirdebeaulieu.com

贝尔卡斯特：Du Vieux Pont €€

地址： Le Bourg, 12390 **电话：** 05 65 64 52 29 **传真：** 05 65 64 44 32 **房间数：** 7

伴随着涓涓的流水声入睡是这间旅馆最吸引人的地方之一，这里的客房非常宽敞，窗明几净而且空气新鲜，全部房间都可以看到河流的风景，河上架着中世纪时期铺鹅卵石的桥。这个家族同时经营着一家充满想象力而且价格公道的餐馆。1 月～3 月中旬停业。www.hotelbelcastel.com

贝内文托：l'Abbaye Le Cèdre €

地址： Rue de l'Oiseau, 23210 **电话：** 05 55 81 59 99 **传真：** 05 55 81 59 98 **房间数：** 16

这家古典的旅馆兼餐厅位于奥布松西北部郁郁葱葱的郊野。18 世纪的花岗岩的外墙背后隐藏着充满现代感的内部。客房中既有浪漫的四柱床，也有朴素的装饰。美丽的花园中设有一个被巨大雪松树的阴影遮住的露台。1 月～2 月停业。www.hotelducedre.fr

洽马来里斯：Hôtel Radio €€

地址： 43 av Pierre et Marie Curie, 63400 **电话：** 04 73 30 87 83 **传真：** 04 73 36 42 44 **房间数：** 26

这家装饰艺术风格的旅馆建于 20 世纪 30 年代，坐落在山上，在这里可以俯瞰克莱蒙费朗的景致。它保留着原有的马赛克画、镜子和铁艺品，宽大的客房当中摆放着早期的家具，一些房间还有独自的阳台。有一流的餐馆和周到的服务。www.hotel-radio.fr

孔屈埃：Hôtel Ste Foy €€

地址： Le Bourg, 12320 **电话：** 05 65 69 84 03 **传真：** 05 65 72 81 04 **房间数：** 17

这座古老的 17 世纪的旅馆位于一座古老的阿韦龙村中，面对着很受欢迎的修道院，它保留了许多过去质朴的痕迹。古老的石墙、低矮的天花板以及橡木横梁与优雅的家具和现代化的设施相结合。有田园诗般的内部庭院和阴凉的露台。这里的餐厅也是值得推荐的。11 月～复活节停业。www.hotelsaintefoy.fr

拉吉奥尔：Michel Bras €€€€€

地址： Route de l'Aubrac, 12210 **电话：** 05 65 51 18 20 **传真：** 05 65 48 47 02 **房间数：** 15

这个未来派的建筑是法国最负盛名的酒店餐厅，它位于一个山坡上，能观赏到奥布瑞克的壮丽景色。房间足够大，从地板到天花板窗户都是极简主义和现代化设计，里面的设施也是现代化的。餐厅是一个美食家的天堂。11 月～复活节停业。www.michel-bras.fr

利摩日：Hôtel Jeanne d'Arc €€

地址： 17 av du Général-de-Gaulle, 87000 **电话：** 05 55 77 67 77 **传真：** 05 55 79 86 75 **房间数：** 50

这是一家气氛浓厚的旅馆，位于火车站附近。距市中心也很近。这幢建筑经过重建后并未失去它 19 世纪的味道，客房非常现代化，而且配备所有你所期望三星级旅馆应有的设施。www.hoteljeannedarc-limoges.fr

利摩日：Domaine de Faugeras €€€€

地址：Allée de Faugeras, 87000 电话：05 55 34 66 22 传真：555341805 房间数：9

这座18世纪的庄园坐落在城市中心的边缘，它有自己的公园，是一个安静的住宿地。它是文化遗产与现代化的完美结合。酒店的客房是现代风格，设施优良。令人愉悦的休息室内设有一个开放式壁炉。还有温泉浴场和啤酒屋。www.domainedefaugeras.com

芒德：Hôtel de France €

地址：9 bd Lucien-Arnault, 48000 电话：04 66 65 00 04 传真：04 66 49 30 47 房间数：27

这座经过彻底装修的中转站建于1856年，提供温馨、舒适、时尚的客房。在安静的客房里可以俯瞰花园。冬季里你可以在熊熊燃烧的火炉前放松身心，夏季你可以在美丽的阳台上享用早餐。www.hoteldefrance-mende.com

米约：Château de Creissels €

地址：Rte de St-Afrique, 12100 电话：05 65 60 16 59 传真：05 65 61 24 63 房间数：30

这家旅馆距离米约很近，是一座12世纪的城堡，在这里可以欣赏到峡谷令人叫绝的美妙风景。经过扩建的20世纪70年代的客房非常舒适也很安静，还有各自的阳台可以俯瞰花园的风景。在有石质圆顶的餐厅当中可以尽情地享用当地的美食。1月～2月停业。www.chateau-de-creissels.com

蒙特萨尔维：Auberge Fleurie €

地址：Pl du Barry, 15120 电话：04 71 49 20 02 传真：04 71 49 29 65 房间数：7

这个常春藤覆盖的乡村小旅馆位于奥弗涅的南部，为游客提供物超所值的住宿之所。原始建筑的质朴魅力辅以丰富多彩的织物，客房的装饰风格则非常独特。其中最大的客房设有篷床。餐厅提供创意美食。1月中旬～2月中旬停业。www.auberge-fleurie.com

穆代雷：Le Pré Bossu €€

邮编：43150 电话：04 71 05 10 70 传真：04 71 05 10 21 房间数：6

这是一座位于奥弗涅乡村的中心地带有茅草屋顶的低矮石头平房。卧室以鸟的名字来命名，很现代也很舒适，轻松的装饰配有亚洲进口的家具。早餐提供自制的果酱，晚餐提供由自家种植的蔬菜做成的佳肴。11月～复活节停业。www.auberge-pre-bossu.com

佩耶罗尔：Auberge des Montagnes €

地址：Le Bourg, 15800 电话：04 71 47 57 01 传真：04 71 49 63 83 房间数：23

这家舒适的旅馆位于康塔尔群峰的附近，在冬天的时候这里有炉火取暖，夏天的时候孩子们可以在大花园和游戏区玩耍。餐厅因其超值的乡村美食而吸引了许多人慕名而来。有水疗中心。www.auberge-des-montagnes.com

PERIGNAT-LES-SARLIEVE：Hostellerie St Martin €€

地址：Allée de Bonneval, 63170 电话：04 73 79 81 00 传真：04 73 79 81 01 房间数：32

这座壮丽的修道院建于14世纪，位于克莱蒙费朗以南几公里处。它目前拥有一家舒适的旅馆和周围宁静的公园。客房分三种类型：标准客房（位于现代的附属建筑中）、高级客房（位于古建筑中）和豪华客房。www.hostelleriest-martin.com

佩雷洛：Grand Hôtel de la Muse et du Rozier €€

地址：Rue des Gorges du Tarn, 12720 电话：05 65 62 60 01 传真：05 65 62 63 88 房间数：38

这家拥有几百年历史的老旅馆有着田园诗般的周边环境。古香古色的外观与其内部的现代设计形成鲜明对比；天然材料、白色的墙壁和柔和的灯光营造出了一种纯粹的气氛。在所有的客房中均可观赏到河景。在河边有一片小型河滩和一间很好的餐馆。11月中旬～次年4月停业。www.hotel-delamuse.fr

蓬特吉博：Hôtel Saluces €

地址：Rue de la Martille, 15140 电话：04 71 40 70 82 传真：04 71 40 71 70 房间数：8

旅馆位于这座美丽的文艺复兴时期的城镇里，这栋15~16世纪的建筑看上去像一座小城堡。它是家庭运营的旅馆，提供温暖热情的服务；客房很大，装饰非常吸引人，每个房间还有各自的浴室。有一间酒吧，在休息间还会提供下午茶。www.hotel-salers.fr

罗德兹：La Ferme de Bourran €€

地址：Quartier de Bourran, 12000 电话：05 65 73 62 62 传真：05 65 72 14 15 房间数：7

这家带有现代卧室的小旅馆占据着坐落于罗德兹僻静山丘上的翻修过的农舍。明亮的舒适的客房被涂成白色、灰色和象牙色。在轻松的休息室中有一个开放式的壁炉，并有一个大露台，在夏季可以在这里享用早餐。www.fermede-bourran.com

萨莱尔：Le Bailliage €

地址：Rue Notre-Dame, 15410 电话：04 71 40 71 95 传真：04 71 40 74 90 房间数：27

该旅馆是游览这座迷人山城最好的住处之一，在单独的偏房中有价格便宜的客房，但是所有房间都非常舒适并且令人感到很愉快。这里还有一座花园和一间餐厅。在这个餐厅中你可以品尝到美味的奶酪。11月中旬～次年3月中旬停业。www.salers-hotel-bailliage.com

ST-ALBAN-SUR-LIMAGNOLE：Relais St Roch €€€

地址：Château de la Chastre, chemin du Carreirou, 48120 电话：04 66 31 55 48 传真：04 66 31 53 26 房间数：9

漂亮的粉红色花岗岩石头建筑与周围乡村的葱郁景象形成鲜明对比。这座18世纪豪宅的房间被装饰为古典风格，配有典雅的古董和挂毯。舒适的酒吧里有300多种威士忌。主人在附近也开有一家餐厅。11月～复活节停业。www.relais-saint-roch.fr

价格指南见550页 **图标含义**见封底勒口

ST-ARCONS-D'ALLIER：Les Deux Abbesses

€€€€

地址：Le Château, 43300 电话：04 71 74 03 08 传真：04 71 74 05 30 房间数：6

为了建造这家酒店，其主人对这座小村庄进行了翻修。四间村舍当作酒店的客房，鹅卵石铺成的街道作为走廊，城堡设有接待处和餐厅。这里有浪漫的客房以及幻想风格的浴室：旧酒缸作为浴缸，动物的食槽作为洗手盆。11月～复活节停业。www.lesdeuxabbesses.com

ST-BONNET-LE-FROID：Le Clos des Cimes

€€€€€

地址：Le Bourg, 43290 电话：04 71 59 93 72 传真：04 71 59 93 40 房间数：12

酒店位于乡村深处，美食朝圣者都喜欢住在这里。这里有奢华的房间，装饰着古老的艺术品，而且可以欣赏到整个峡谷的美丽风景。马克家族一直悉心照料着这家酒店，这里不但有美食，还提供烹饪课程。1月～复活节停业。www.regismarcon.fr

ST GERVAIS D'AUVERGNE：Castel-Hôtel 1904

€

地址：Rue de Castel, 63390 电话：04 73 85 70 42 传真：04 73 85 84 39 房间数：15

这里的客房美妙得让人感到惊讶，而且价格也颇为合适。这座带有塔楼的城堡保留着早期的装饰，有橡木房梁以及擦得极亮的地板，让人有宾至如归的感觉，客房分布在一个迷人的庭院周围，这里一共有两家餐厅，一家是质朴的乡村风格的餐厅，另一家是奢华的大饭店。11月～复活节停业。www.castel-hotel-1904.com

ST-MARTIN-VALMEROUX：Hostellerie de la Maronne

€€

地址：Le Theil, 15140 电话：04 71 69 20 33 传真：04 71 69 28 22 房间数：21

这座19世纪的庄园距离萨斯不远，四周环绕着奥弗涅火山。房间内充满阳光，装潢精致，配有时尚的家具。游客可以在周围的公园里散步或是在树屋中午睡。该餐厅是本地最好的餐厅之一。www.maronne.com

ST-PRIEST-BRAMEFANT：Château de Maulmont

€€€

地址：Maulmont, 63310 电话：04 70 59 14 95 传真：04 70 59 11 88 房间数：18

这座卓越的19世纪的城堡被绿地和美丽的花园围绕着。设备齐全的宽敞客房配有优雅、经典的装饰和古董家具。橡木嵌板的餐厅供应美味的传统美食。在附近可以划船或打高尔夫球。www.château-maulmont.com

维希：Aletti Palace Hotel

€€

地址：3 pl Joseph-Aletti, 03200 电话：04 70 30 20 20 传真：04 70 98 13 82 房间数：129

这是当地最好的旅馆，从它的门厅到水晶吊灯，无不体现着华美的风格。客房装饰非常现代化，但是非常安静，布局也很合理，还有一间很好的餐厅和一座梯形的游泳池。在第二次世界大战的时候，这里曾是行政指挥官的家。www.hotel-aletti.fr

维特拉克：Auberge de la Tomette

€€

地址：Le Bourg, 15220 电话：04 71 64 70 94 传真：04 71 64 77 11 房间数：16

这是一家重新修建的乡村旅馆，坐落在一座巨大的花园当中。这里还有孩子的游戏区，新近增加的设施包括一个恒温游泳池、桑拿浴场以及土耳其浴室，客房非常宽敞也很舒适，其中六间客房是为家庭旅游者设计的。这里的美食同样非常具有想象力。11月～复活节停业。www.auberge-la-tomette.com

伊格朗德：Château d'Ygrande

€€€

地址：Le Mont, 3320 电话：04 70 66 33 11 传真：04 70 66 33 63 房间数：19

这座精心装修的优质酒店位于一座宏伟的19世纪的建筑中。房间很漂亮，明亮而又优雅。人们可以在一个巨大的公园里散步、骑自行车、骑马和划船。酒店内部有浴室、健身中心、桑拿浴室和台球厅。上等餐厅提供当地的美食。1月～3月停业。www.chateauygrande.fr

罗讷河谷和法国阿尔卑斯山脉

安纳西：Hôtel Palais de l'Isle

€

地址：13 rue Perrière, 74000 电话：04 50 45 86 87 房间数：33

这家酒店坐落在Palais de l'Isle酒店对面，重新装修过的18世纪建筑中的客房非常舒适，而且设备齐全，现代化的装饰使用了中性颜色。运河边上的房间是最好的。www.hoteldupalaisdelisle.com

巴尼奥尔：Château de Bagnols

€€€€€

地址：Le Bourg, 69620 电话：04 74 71 40 00 传真：04 74 71 40 49 房间数：21

1987年的时候哈琳女士重建了里昂北部的这座城堡，周围是博若莱的葡萄园。这座13世纪的建筑还保留着塔楼、壕沟和可开闭的吊桥。客房装饰着奢侈的天鹅绒、丝绸和古董，还有一间极好的星级餐厅。www.chateaude-bagnols.com

布里昂松：Hôtel Cristol

€

地址：6 rte d'Italie, 05100 电话：04 92 20 20 11 传真：04 92 21 02 58 房间数：24

这是一家保护得很好的传统旅馆，最近重新装修的客房很现代化，空气清新，而且采光充足，还有一些客房可以从阳台看到沃邦防御堡垒的景致。这里的服务员热情友好，而且孩子们在这里也会得到很好的照顾。迷人的餐厅提供有趣的主题菜单。www.hotel-cristol-briancon.fr

沙尔马泽：Château de Marcilly Talaru €€

邮编：42920 **电话：**04 77 24 88 09 **传真：**04 77 24 87 07 **房间数：**5

Chalmazel 坐落在海拔 900 米处，它是一个小的冬季滑雪胜地。这家酒店的卧室反映了中世纪城堡的宏伟壮观，卧室内配有四柱床和古典家具，也有设备齐全的浴室。提供早餐。www.chateaudechalmazel.com

尚贝里：Hôtel des Princes €€

地址：4 rue de Boigne, 73000 **电话：**04 79 33 45 36 **传真：**04 79 70 31 47 **房间数：**45

这家优雅的老式旅馆位于古老城镇最好的地区中，在大象喷泉附近。这里有安静舒适的客房，虽然方便但并不十分宽敞。服务员非常热情也很友好。附近有许多餐馆可供选择。www.hoteldesprinces.eu

尚贝里：Château de Candie €€€

地址：Rue du Bois de Candie, 73000 **电话：**04 79 96 63 00 **传真：**04 79 96 63 10 **房间数：**35

这家豪华的酒店位于 Chambèry 谷中，可以看到大山的全景。一座 14 世纪的萨瓦建筑已经过翻新，提供装饰精致的华丽卧室。酒店很安静，被公园围绕着。这里一流的餐厅可提供经典的美味佳肴。www.chateaudecandie.com

夏蒙民勃朗峰：Le Hameau Albert 1er €€€€

地址：119 impasse du Montenvers, 74402 **电话：**04 50 53 05 09 **传真：**04 50 55 95 48 **房间数：**36

这家酒店有着不同寻常的素里木屋和别致的农庄。大的木屋酒店可以欣赏勃朗峰的壮观美景，布局合理的客房中装饰着精心设计的家具。这里还有两个不错的餐馆，其中一个属于米其林星级餐厅。有桑拿浴场。www.hameaualbert.fr

CHANTERMERLE-LES-GRIGNAN：Le Parfum Bleu €€

邮编：26230 **电话：**04 75 98 54 21 **传真：**04 75 98 54 21 **房间数：**5

这座精心修复的石质农舍沉浸在蝉的鸣叫声和薰衣草的香气中，它带有明亮的蓝色百叶窗，提供舒适的客房，每个客房都有一个单独的入口。客房内设有原石地板和简单的现代家具。提供自助早餐。需提前预订。www.parfum-bleu.com

CHONAS L'AMBALLAN：Domaine de Clairefontaine €€

地址：Chemin des Fontanettes, 38121 **电话：**04 74 58 81 52 **传真：**04 74 58 80 93 **房间数：**28

这家旅馆位于维埃纳南部的一个小村庄的公园当中，周围有很多 300 多年的树木。这座古老的大宅有装饰得完美无瑕的客房，新近建造的偏房当中还有很多带有阳台的现代客房。这儿的餐厅非常有名，但是有些名不副实。www.domainede-clairefontaine.fr

克利乌斯克拉：La Treille Muscate €

地址：Le Village, 26270 **电话：**04 75 63 13 10 **房间数：**12

这是一家坐落在一个因陶器而闻名的小村庄里的旅馆。每一间卧室的装修都很独特：有的是巴克斯红色，有的是淡蓝色，还有非洲风格。部分客房设有朝南的阳台。拱形餐厅供应当地美食。在晴朗的日子里，你可以在花园里享用早餐。1 月～2 月中旬停业。www.latreillemuscate.com

CORDON：Le Cordonant €

地址：Les Darbaillets, 74700 **电话：**04 50 58 34 56 **传真：**04 50 47 95 57 **房间数：**16

这家友好热情的旅馆位于夏蒙尼西面的滑雪胜地，这家家族运营的旅馆有精心维护的牧人小屋和一个花园。客房非常舒适，摆放着漂亮的乡村家具，最好的房间还可以欣赏勃朗峰的美景。餐厅提供阿尔卑斯美食，在这里消费物有所值。www.lecordonant.fr

迪沃恩莱班：Château de Divonne €€€

地址：115 rue des Bains, 01220 **电话：**04 50 20 00 32 **传真：**04 50 20 03 73 **房间数：**34

这幢 19 世纪迷人的大宅位于一个大公园当中，距离日内瓦不远，从这里可以看到勃朗峰和日内瓦湖的全景。它的客房装饰非常豪华。这里还有一个网球场，附近有高尔夫球场。餐厅提供经典的法国美食。www.chateau-divonne.com

埃维昂莱班：Hôtel Royal Palace €€€€€

地址：Rive Sud du Lac de Genève, 74500 **电话：**04 50 26 85 00 **传真：**04 50 75 38 40 **房间数：**144

这座气势宏伟的酒店位于日内瓦湖的边上。酒店有四家餐厅、慢跑跑道、水疗中心、私人花园和一个儿童俱乐部。酒店的客房和套房装饰高雅，并且大多数可观赏到令人印象深刻的湖景。www.evianroyalresort.com

格勒诺布尔：Splendid Hôtel €

地址：22 rue Thiers, 38000 **电话：**04 76 46 33 12 **传真：**04 76 46 35 24 **房间数：**45

这家旅馆位于市中心一个安静的位置，有带有围墙的花园，客房从古典到现代风格无所不有，房间装饰着华丽的壁画，这里的服务效率很高而且设备齐全，你可以在餐厅或是花园当中享用早餐。www.splendid-hotel.com

GRESY-SUR-ISÈRE：La Tour de Pacoret €

地址：Montailleur, 73460 **电话：**04 79 37 91 59 **传真：**04 79 37 93 84 **房间数：**11

自 1283 年起，这座塔就一直矗立在这里，它的作用是守护科姆布・德萨瓦。这座优质的旅馆位于塔的旁边，拥有时尚的客房。卧室以花的名字来命名，以温暖的色调装饰。在露台上可以欣赏到大山的风景。提供传统菜肴。www.hotelpacoret-savoie.com

价格指南见550页 **图标含义**见封底勒口

LE POET LAVAL：Les Hospitaliers €€

地址：Vieux Village, 26160 电话：04 75 46 22 32 传真：04 75 46 49 99 房间数：20

这是一家经过重建的旅馆，位于蒙特利马尔东面的山顶中世纪的村庄中心。这是一幢石头建造的房子，客房装饰非常高雅，既安静又宽敞。餐厅提供一流的服务，还有绝好的美食以及罗讷河谷地区的美酒。www.hotel-leshospitaliers.com

雷督阿普：Chalet Hôtel Mounier €€

地址：2 rue de la Chapelle, 38860 电话：04 76 80 56 90 传真：04 76 79 56 51 房间数：46

这家优质的旅馆的前身是极有特色的高山农场。旅馆内现代风格的舒适客房有一种正宗的小木屋气氛。酒店内配有最新的设备，并且正在不断升级。休息室内设有一个开放式的壁炉。有优质的餐厅。5 月 ~ 6 月和 9 月 ~ 12 月中旬停业。www.chalet-mounier.com

里昂：Hôtel des Artistes €€

地址：8 rue Gaspard-André, 69002 电话：04 78 42 04 88 传真：04 78 42 93 76 房间数：45

这家很受演员欢迎的旅馆紧挨着贝勒古广场和索恩河，而且隔壁就是塞勒庭剧院。旅馆的客房弥漫着轻松的氛围。在一间装饰着让·科克托风格壁画的房间中提供美味的早餐。www.hotel-des-artistes.fr

里昂：La Maison du Greillon €€

地址：12 Montée du Greillon, 69009 电话：04 72 29 10 97 房间数：5

这座大型建筑曾是里昂雕塑家 Joseph Chinard 的家，现在变成一家安静的旅馆。你可以在花园里、喷泉边上或露台上享用早餐。从这里可以观赏到红十字区和索恩河的美丽风景。维护良好的客房拥有优雅的经典家具。有一个宽敞的餐厅和一间厨房供客人使用。www.legreillon.com

里昂：Cour des Loges €€€€€

地址：6 rue du Bœuf, 69005 电话：04 72 77 44 44 传真：04 72 40 93 61 房间数：62

这家奢华的酒店包括四幢重建的文艺复兴时期的大宅，位于里昂老区。酒店中间是门廊环绕的庭院，接待区域有精美的玻璃屋顶，优雅的房间装饰是文艺复兴和现代风格的结合。餐厅提供一流的美食。www.courdesloges.com

马民戈：Hôtel-Chalets de la Croix-Fry €€€€

地址：Rte du Col de la Croix-Fry, 74230 电话：04 50 44 90 16 传真：04 50 44 94 87 房间数：10

这家酒店位于阿讷西东部的山上，精美的瑞士农舍式酒店结合了典型的阿尔卑斯乡村风格。酒店中充满了友好的气氛，木质的内部装修非常迷人，客房中摆着萨瓦式的家具，非常舒适。5 月和 10 月 ~11 月停业。www.hotelchalet-croixfry.com

梅杰夫：Les Fermes de Marie €€€€€€

地址：163 chemin de Riante Colline, 74120 电话：04 50 93 03 10 传真：04 50 93 09 84 房间数：71

这座精心修复的木屋有着别致的乡村风格的客房。卧室内配有乡村风格的家具和自然色彩的装饰。酒店充斥着专业、轻松、友好的氛围。酒店内的设施是一流的，包括水疗中心、桑拿、按摩浴池、理发店、游戏室、健身中心和一家不错的餐厅。www.fermesdemarie.com

蒙特利马：Sphinx €

地址：19 bd Desmarais, 26200 电话：04 75 01 86 64 传真：04 75 52 34 21 房间数：24

这家具有古典魅力的 17 世纪的旅馆吸引了许多游客。它坐落在历史悠久的市中心，但却出奇地安静，有私人庭院和令人愉悦的阴凉的露台。这里舒适、温馨的居家气氛能帮助你放松身心、享受宁静。www.sphinx-hotel.fr

贝湖格：Hostellerie du Vieux Pérouges €€€€

地址：Pl du Tilleuil, 01800 电话：04 74 61 00 88 传真：04 74 34 77 90 房间数：28

这家古老的酒店是电影制片人梦寐以求的地方，这座经过改造的 13 世纪建筑位于一个中世纪村庄当中，四幢古老的房子聚集在一片空地周围。每间客房的装饰风格各不相同，餐厅提供精心烹制的绝好的美食。www.hostelleriedeperouges.com

ROMANS SUR ISERE：Hôtel l'Orée du Parc €€

地址：6 av Gambetta, 26100 电话：04 75 70 26 12 传真：04 75 05 08 23 房间数：10

游览完邮差理想宫之后，向南 25 公里便可以来到这家旅馆休息了。这是一座经过重建的 20 世纪大宅，位于它自己的公园当中。所有的客房都是无烟房间，每一间客房都非常现代，装饰十分高雅。www.hotel-oreeparc.com

塞尔瓦斯：Le Nid à Bibi €€

地址：Lalleyriat, 1960 电话：04 74 21 11 47 传真：04 74 21 02 83 房间数：5

你可以在这家旅馆的房间内享受一晚安静的睡眠。这里的客房温馨而舒适，而且都配有浴室。客人可以在这里的生活区和花园中感受到温馨的气氛。旅馆提供丰盛的早餐，包括自制的果酱、糕点和冷肉。需要提前预订。http://lenidabibi.com

ST-CYR-AU-MONT-D'OR：L'Ermitage Hôtel €€€

地址：Chemin de l'Ermitage Mont Cindre, 69450 电话：04 72 19 69 69 传真：04 72 19 69 71 房间数：29

这里距离里昂市中心只有 15 分钟的车程，酒店建筑过程中协调地使用了不同的材料，包括混凝土、木材、玻璃、铝和石头。房间内充满了奇异的装饰和超现代的设备。从这里可以眺望到远方的富维耶山。在露台餐厅中提供里昂特色菜。www.ermitage-college-hotel.com

圣艾蒂安：Mercure Parc de l'Europe €€

地址：Rue Wuppertal, 42000 电话：04 77 42 81 81 传真：04 77 42 81 89 房间数：120

这家大型、实用但缺乏魅力的旅馆位于市中心，交通方便。卧室很明亮，配有设备齐全的浴室。内部装潢以戏剧为主题。有一间舒适的酒吧和一间提供当地美食的现代风格的餐厅。www.mercure.com

塔乐礼：Hôtel l'Abbaye €€€

地址：Chemin des Moines, 74290 电话：04 50 60 77 33 传真：04 50 60 78 81 房间数：33

这家优雅的酒店曾是17世纪的本笃会的修道院，位于安纳西湖畔上，非常漂亮，塞尚过去是这里的常客。宽敞的客房装饰着精美的早期天花板和古董家具。这里还有一座迷人的花园和一间不错的餐厅。1月～2月中旬停业。www.abbaye-talloires.com

VAL D'ISERE：Christiania €€€€€

地址：Chef Lieu, 73152 电话：04 79 06 08 25 传真：04 79 41 11 10 房间数：70

这家现代酒店是富豪和名人非常喜欢的地方，从这里可以看到滑雪坡道，奢华的客房装备齐全。每间客房都有阳台，客房装饰成高雅的阿尔卑斯地区风格。你可以在健康和健身中心尽情地享用这里的设施。这里还提供极好的自助早餐。www.hotel-christiania.com

小谷孤桥：Le Clos des Bruyères €

地址：Rte des Gorges, 07150 电话：04 75 37 18 85 传真：04 75 37 14 89 房间数：32

这家现代旅馆位于阿尔岱峡谷当中，是典型的普罗旺斯风格。客房面向游泳池，有阳台、塔楼，这里还有为家庭提供的客房。从这里租一条独木舟带上野餐游览周围的村庄非常方便。这里还有一个以航海为主题的餐厅。www.clos-desbruyeres.net

普瓦图和阿基坦

阿卡雄：Hôtel Le Dauphin €€

地址：7 av Gounod, 33120 电话：05 56 83 02 89 传真：05 56 54 84 90 房间数：50

这家运营良好的旅馆的历史可以追溯到19世纪末期，红白相间的砖砌建筑非常容易辨认。它位于距离海岸不远的一个安静的住宅区。崭新的房间有简单的松木家具和白色的墙壁。www.dauphin-arcachon.com

博纳伊马图尔：L'Olivier €

地址：11 rue du petit Bornais, 86210 电话：05 49 02 73 53 房间数：4

这家令人愉快的旅馆位于Moulière森林的边缘，距离未来影视城、Chaucigny、沙泰勒罗和普瓦捷不远。四间卧室很温馨，风格各异。一间位于阁楼上，两间带有天蓬床。旅馆内有一个客厅和一个餐厅供客人使用。还有一个美丽的花园。www.vienne-hotes-lolivier.com

波尔多：La Maison du Lierre €€

地址：57 rue Huguerie, 33000 电话：05 56 51 92 71 传真：05 56 79 15 16 房间数：12

这家旅馆在波尔多别致的金三角附近，给人一种宾至如归的感觉。它看上去更像一间家庭旅馆，主人已将它装饰一新，房间是现代风格的，美味的自制早餐可以在内部的庭院当中享用。提前预订是一个明智的选择。www.maison-dulierre.com

波尔多：La Maison Bord'Eaux €€€€

地址：113 rue Docteur Albert Barraud, 33000 电话：05 56 44 00 45 传真：05 56 44 17 31 房间数：6

葡萄酒爱好者会喜欢这家小型的精美酒店，因为在这里可以找到各种葡萄酒。主人也会安排你去城堡品酒。在客房中可以俯瞰到一个花园，可以在花园里享用早餐和晚餐。这是这座城市少数几家提供停车位的酒店之一。www.lamaisonbord-eaux.com

费拉角：La Maison du Bassin €€€

地址：5 rue des Pionniers, 33950 电话：05 56 60 60 63 传真：05 56 03 71 47 房间数：7（除外4间附属客房）

这家极其别致的酒店位于费拉角半岛的尽头，光洁闪亮的地板衬托着殖民时期的装修风格，这里摆有精美的藤椅和艺术饰品。在热带风格的阳台进餐之前可以尝试一下这里的热带甜酒，那样你会更有食欲。只接受电话预订。www.lamasiondubassin.com

卡尔萨克：La Villa Romaine €€€

地址：Saint Rome, 24200 电话：05 53 28 52 07 传真：05 53 28 58 10 房间数：17

这家豪华的酒店坐落在一群位于高卢－罗马别墅的遗址上的已被翻新的石质建筑中，酒店位于黑色佩里戈尔的中心，旁边有壮观的水上公园。所有房间都配备了豪华现代的装饰，宽敞、舒适而又宁静。www.lavillaromaine.com

谢尔扎克：Le Moulin de Cierzac €

地址：Rte de Cognac, 17520 电话：05 45 83 01 32 传真：05 45 83 03 59 房间数：7

从干邑驾车向南行驶一段很短的距离就可以到达这家旅馆，这是一座面积很大的17世纪的建筑，精美别致的客房中还有裸露的房梁，一些房间还可以看到河景。餐厅提供当地的特色美食，你可以在一大排干邑白兰地酒中选择你喜爱的美酒。www.moulindecierzac.com

价格指南见550页 图标含义见封底勒口

干邑：Les Pigeons Blancs €€

地址：110 rue Jules-Brisson, 16100 电话：05 45 82 16 36 房间数：6

这家 17 世纪的旅馆位于干邑白兰地酒葡萄园的中心，服务非常热情，这里的客房装饰很简单但是非常整洁，摆放着早期的家具，其中两间房间是无烟客房，其他设施包括一间绝好的餐厅和一座花园。www.pigeons-blancs.com

库隆：Le Central €

地址：4 rue d'Autremont, 79510 电话：05 49 35 90 20 传真：05 49 35 81 07 房间数：13

这家传统的村庄旅馆位于神秘的马莱沼泽地区，一直由同一个家族管理，已经经营三代了。客房当中没有什么令人感到惊奇的东西，但是既明亮又整洁，楼下是一些过时的餐馆，在这里进餐需要提前预订。这里还有方便的残障人士进出的通道。www.hotel-lecentral-coulon.com

EUGENIE-LES-BAINS：La Maison Rose €€€€

地址：334 rue René Vielle, 40320 电话：05 58 05 06 07 传真：05 58 51 10 10 房间数：31

著名的主厨米歇尔·热拉尔把他的崇拜者都吸引到了欧仁尼，这里的温泉历史可以追溯到 18 世纪，这家酒店是他三家酒店中最好的一个。从开满玫瑰花的花园到精美的客房，虽然不是十分华贵，但也可以说是完美无瑕。12 月 ~ 1 月停业。www.michelguerard.com

EUGENIE LES BAINS：Les Prés d'Eugénie €€€€€

地址：334 rue René Vielle, 40320 电话：05 58 05 06 07 传真：05 58 51 10 10 房间数：32

这是一家受到米歇尔·热拉尔高度赞誉的酒店，有六间华丽的套房，卧室简单却很豪华。19 世纪的庄园因其瘦身美食餐厅而闻名，人们可以在这里享受法国美食的同时又能减肥。www.michelguerard.com

GRENADE-SUR-L'ADOUR：Pain Adour et Fantaisie €€

地址：14-16 pl des Tilleuls, 40270 电话：05 58 45 18 80 传真：05 58 45 16 57 房间数：11

这家优雅的旅馆一面是带拱廊的中央广场，另一面是河流，这个地区最好的餐馆就坐落在这里。旅馆很好地保留着 17 世纪的建筑、古董、橡木墙板以及镶花地板，客房非常宽敞。www.chateauxhotels.com/fantaisie

奥斯戈尔：Les Hortensias du Lac €€€

地址：1578 av du Tour du Lac, 40150 电话：05 58 43 99 00 传真：05 58 43 42 81 房间数：24

这家酒店位于离大海不是很远的松树林中，俯瞰着 Hossegor 湖，是一个安静平和的休息场所。客房位于 20 世纪 30 年代的别墅中，这里的中性色调调和了森林的阴暗，所有的房间都有阳台。这里还有美味的香槟自助早餐。11 月中旬 ~ 复活节期间停业。www.hortensias-du-lac.com

拉罗谢尔：Les Brises €€

地址：Chemin de la Digue-Richelieu, rue Philippe Vincent, 17000 电话：05 46 43 89 37 传真：05 46 43 27 97 房间数：48

这是一家舒适而且受人喜爱的旅馆，从老巷以及熙熙攘攘的市中心步行到此只有很短的距离。多花点钱选择一间面朝大海的房间是非常值得的，这种房间不但更加宽敞，而且在阳台上可以看到壮观的大海以及海面上的岛屿。www.hotellesbrises.eu

LE BOIS-PLAGE-EN-RE：Hôtel L'Océan €€€

地址：172 rue St-Martin, 17580 电话：05 46 09 23 07 传真：05 46 09 05 40 房间数：29

这家位于雷岛南海岸的酒店有真正的海边的感觉：外面是盆栽仙人掌、庞大的阳伞和被阳光照得褪色的木质装饰，房间的内部有漂亮的水粉画以及以海洋为主题的装饰。毫无疑问，新鲜的鱼是餐馆菜单上的主要菜品。提供按摩和美容护理。www.re-hotel-ocean.com

马热斯：Relais de la Poste €€€€

地址：24, av de Maremne, 40140 电话：05 58 47 70 25 传真：05 58 47 76 17 房间数：24

这家极好的酒店曾是一座 19 世纪的长途客栈。酒店有一个花园还有一个美丽的人工池塘，这家酒店把舒适的客房、驰名的美食菜肴、美酒以及家庭有机地结合在一起。这里离大海不是很远，距离巴约讷和比亚里茨也很近。11 月中旬 ~ 圣诞节停业。www.relaisposte.com

玛尔戈：Le Pavillon de Margaux €€

地址：3 rue Georges-Mandel, 33460 电话：05 57 88 77 54 传真：05 57 88 77 73 房间数：14

这家美丽的旅馆位于村庄的中心，是游览梅多克葡萄园的绝佳基地，这些由当地的制酒商资助修建的客房装饰风格各不相同，一些房间有古董，另一些房间挂有植物和鲜花的织物。www.pavillonmargaux.com

马尔通：Château de la Couronne €€€€€

地址：Château de la Couronne, 16380 电话：05 45 62 29 96 房间数：5

这家酒店有时被用作电影和电视的拍摄地点，提供五间现代装饰风格并配有原创作品的套房。酒店内有三间客厅、一家私人电影院、台球室、音乐室和一个巨大的私人公园。www.chateaudelacouronne.com

涅于伊：Château de Nieuil €€€

邮编：16270 电话：05 45 71 36 38 传真：05 45 71 46 45 房间数：14

弗朗索瓦一世国王曾经在这个大公园中狩猎，中心是这座文艺复兴时期的城堡，城堡还有辣椒状的塔楼和雕花的楼梯。舒适高雅的客房在夜晚非常安静，曾经的马厩现在是一家不错的餐厅。www.chateaunieuilhotel.com

普瓦捷：Château du Clos de la Ribaudière €€

地址：Chasseneuil Centre, Chasseneuil du Poitou, 86360 **电话：**05 49 52 86 66 **传真：**05 49 52 86 32 **房间数：**39

在普瓦捷附近，这座宏伟的酒店兼餐厅坐落在一座18世纪的城堡中。酒店的客房非常宽敞而且精致。双人住宿、进餐、打高尔夫球和参观附近的未来影视城都有优惠。www.ribaudiere.com

滨海罗什福尔：La Corderie Royale €€€

地址：Rue Audebert, 17300 **电话：**05 46 99 35 35 **传真：**05 46 99 78 72 **房间数：**50

这里是参观罗什福尔的最好基地，舒适而又方便。这家带有餐厅的酒店矗立在游艇码头和皇家制绳厂之间的夏朗德河绿树成荫的岸边，酒店就是根据这个制绳厂命名的。餐厅提供美味的午餐。www.corderieroyale.com

鲁瓦扬：Domaine de St Palais €€

地址：50 rue du Logis, St Palais sur Mer, 17420 **电话：**05 46 39 85 26 **房间数：**4

这家优雅的旅馆位于鲁瓦扬附近的繁华海岸，它是一座18世纪的建筑。其中两间时尚的客房可以俯瞰到花园，另外两间可以看到森林。旅馆还有八间公寓和一间套房。www.domainedesaintpalais.eu

萨布雷：Auberge des Pins €€

地址：Rte de la Piscine, 40630 **电话：**05 58 08 30 00 **传真：**05 58 07 56 74 **房间数：**25

从你进入这间吸引人的农舍的那一刻，你就会意识到这是一个正确的选择。这家旅馆位于朗德地区公园的森林深处，是这座村庄最好的住处：老式的接待风格，家常的房间，在冬天还有开放的炉火以及安静的角落供以读书。有一间很好的餐厅。www.aubergedespins.fr

塞民奥斯：La Villa de l'Etang Blanc €€€

地址：2265 rte de l'Etang Blanc, 40510 **电话：**05 58 72 80 15 **传真：**05 58 72 83 67 **房间数：**10

这家酒店坐落在一个可以直接通往Etang Blanc的公园当中。优雅的客房装饰都是浪漫风格，但又各不相同。这里有一个可眺望到美丽湖景的提供时令菜肴的专业餐厅。11月中旬～4月停业。www.villaetangblanc.fr

圣爱美浓：Au Logis des Remparts €€€

地址：18 rue Guadet, 33330 **电话：**05 57 24 70 43 **传真：**05 57 74 47 44 **房间数：**17

在旅游淡季，这家酒店会降价，这里提供舒适的客房，它最吸引人的是巨大的梯形花园和游泳池，客房的装饰缺乏个性，但是后面的房间可以欣赏葡萄园的美景。www.logisdesremparts.com

圣爱美浓：Hostellerie de Plaisance €€€€€

地址：Pl du Clocher, 33330 **电话：**05 57 55 07 55 **传真：**05 57 74 41 11 **房间数：**17（外加4个套间）

这家高档的酒店可以看到圣爱美浓以及它的葡萄园的风景，奢华的房间各种设施非常齐全，还有宽敞的浴室，一些房间还有自己的阳台。这里的服务也是一流的，而且餐厅也是这一地区最好的。www.hostelleriedeplaisance.com

ST-LOUP-LAMAIRE：Château de St Loup sur Thouet - The Keep €€€€

地址：Château de St-Loup, 79600 **电话：**05 49 64 81 73 **传真：**05 49 64 82 06 **房间数：**13

这座位于护城河边上的中世纪城堡为一位伯爵所有。城堡中的客房设有大床、早餐室，有的还有四柱床，最好的是黑王子套房。主城堡在白天向游客开放。宽阔的庭院中有公共绿地和一个橘子园。www.chateaudesaint-loup.com

ST-SEURIN-D'UZET：Blue Sturgeon €€

地址：3 rue de la Cave, 17120 **电话：**05 46 74 17 18 **房间数：**4

这是一个位于St-Seurin-d'Uzet村的安静别致的旅馆。据说这个村庄在20世纪20年代首先开始生产鱼子酱，旅馆也因此得名。附近美丽的海滩和著名的梅多克葡萄园正好在吉伦特河口的另一侧。如果需要，旅馆可提供晚餐。www.bluesturgeon.com

特里泽：Les Jardins du Lac €€

地址：3 chemin de Fontchaude, 17250 **电话：**05 46 82 03 56 **传真：**05 46 82 03 55 **房间数：**8

这是到罗什福尔和桑特途中一家经营得很好的旅馆，现代的建筑被一个风景如画的花园包围着，花园中还有鳟鱼湖和森林。客房空气清新而且维护得很好，从客房可以看到湖景，在天气晴朗的时候可以在户外享用美食。www.jardins-du-lac.com

佩里戈尔、凯尔西和加斯科涅

阿让：Hôtel Château des Jacobins €€€

地址：1 pl des Jacobins, 47000 **电话：**05 53 47 03 31 **传真：**05 53 47 02 80 **房间数：**15

这座常青藤覆盖着的小城堡建于19世纪早期，有一座围墙围起来的花园，它是市中心一块安静的绿洲，高雅的客房中装饰着早期的家具和吊灯。这里有安全的停车场，步行范围内还有很多不错的餐馆。www.chateau-des-jacobins.com

价格指南见550页 图标含义见封底勒口

阿尔比：La Regence George V €

地址：27–29 av Maréchal Joffre, 81000 **电话：**05 63 54 24 16 **传真：**05 63 49 90 78 **房间数：**20

这家舒适而又廉价的旅馆位于火车站附近，距离市中心不远，提供标准客房和豪华套房。所有的装饰都温暖而又明亮。外面有一个阳台和一座小公园。仅提供早餐，但附近有许多餐馆。www.laregence-georgev.fr

阿尔比：Hostellerie du Grand St Antoine €€€

地址：17 rue St-Antoine, 81000 **电话：**05 63 54 04 04 **传真：**05 63 47 10 47 **房间数：**44

该酒店由同一个家族经营，已经营了五代，可以说是法国最古老的酒店之一。酒店的客人可以使用这里的游泳池和 3 公里之外的网球场。设有付费停车场。餐厅提供传统的西南部美食。www.hotel-saint-antoine-albi.com

贝纳克和卡泽纳克：Café de la Rivière €

地址：Bourg, 24220 **电话：**05 53 28 35 49 **房间数：**3

这家著名的旅馆位于多尔多涅河附近，有三间简单的客房。其中一间有单人床，另外两间是双人床，床上是白色的亚麻布床单。客房内铺有木地板，设有浴室。提供免费的 Wi-Fi 互联网。11 月 ~ 次年 4 月停业。www.cafedelariviere.com

布尔达耶：Hostellerie Les Griffons €€

邮编：24310 **电话：**05 53 45 45 35 **传真：**05 53 45 45 20 **房间数：**10

这座 16 世纪的宅邸中的所有客房都有裸露的横梁并涂有生动的色彩，很有特色。阁楼上的房间能眺望到远处的河流。餐厅提供晚餐，在周日时提供午餐。11 月 ~ 次年 4 月中旬停业。www.griffons.fr

BRANTOME：Le Moulin de l'Abbaye €€€€€

地址：1 rte de Bourdeilles, 24310 **电话：**05 53 05 80 22 **传真：**05 53 05 75 27 **房间数：**19

在这座藤蔓覆盖的建筑中你可以度过浪漫而奢华的夜晚，这家酒店位于德朗尼河上，客房位于这幢大宅或是附近的两间漂亮的农舍中，但是所有的房间都同样装饰华美。河边的花园平台是游客绝好的享用早餐的地点。11 月中旬 ~ 4 月停业。www.moulinabbaye.com

尚帕民亚克：Le Moulin du Roc €€€€

地址：Av Eugène le Roy, 24530 **电话：**05 53 02 86 00 **传真：**05 53 54 21 31 **房间数：**13

这座奇妙的建筑在勃兰托美城外德朗尼河边，这家奢华的酒店藏在大片的森林之后，是一座经过改造的 17 世纪的水力工厂。除了宽敞装饰豪华的客房之外，这里还有一个极好的餐厅、一个室内游泳池和网球场。12 月 ~ 次年 3 月停业。www.moulinduroc.com

尚瑟拉德：Château des Reynats €€€

地址：Av des Reynats, 24650 **电话：**05 53 03 53 59 **传真：**05 53 03 44 84 **房间数：**50

这座迷人的 19 世纪的城堡位于佩里格的西面，将会让你在这里度过愉快的夜晚，“Orangerie”辅楼中的标准客房明亮且舒适，真正的高级客房在城堡当中，这里还有一个顶级的餐厅和宽敞的花园。www.chateau-hotel-perigord.com

科利：Manoir d'Hautegente €€€€

地址：Haute Gente, 24120 **电话：**05 53 51 68 03 **传真：**05 53 50 38 52 **房间数：**17

距离萨拉小镇和拉斯科洞穴不远处就是这幢建筑，它曾经是一个工厂，后来被改造为修道院，现在是一个家庭运营的酒店。酒店有炉火、自己的鱼池以及料理得很好的河边花园。在旅游高峰季节这里实行半食宿。这里的食物非常美味。11 月 ~ 4 月停业。www.manoir-hautegente.com

康多姆：Le Logis des Cordeliers €

地址：Rue de la Paix, 32100 **电话：**05 62 28 03 68 **传真：**05 62 68 29 03 **房间数：**21

这家现代的旅馆位于市中心，提供了装修不错价格又合理的客房，宽大的窗户让人感觉房间很宽敞而且阳光明媚，而且许多房间还有阳台可以俯瞰这里的游泳池。这家旅馆里没有餐厅，但是你可以在隔壁的餐馆享用一流的美食。1 月停业。www.logisdescordeliers.com

CORDES SUR CIEL：Hostellerie du Vieux Cordes €€

地址：21 rue St-Michel, 81170 **电话：**05 63 53 79 20 **传真：**05 63 56 02 47 **房间数：**21

这家酒店位于中世纪小镇的制高点，可观望到山谷的美景，它位于一幢三层高的带有拱形天花板的石头建筑中。客房的价格根据其大小和风格而定。有些客房的装饰很精致，而其他带有“eco”标志的则相对装饰简单。餐厅提供以当地产品为主的菜肴。www.vieuxcordes.fr

屈图尔扎：Cuq en Terrasses €€€

地址：Cuq le Château, 81470 **电话：**05 63 82 54 00 **传真：**05 63 82 54 11 **房间数：**7

这家经过翻修的 18 世纪的山顶上的建筑位于高柯尼，介于图卢兹和卡斯特尔之间。旅馆的客房有高架的房梁和涂漆的石板地面。美丽的花园中有一个迷人的游泳池。餐厅提供使用当地产品做成的美食。www.cuqenterrasses.com

多姆：L'Esplanade €€

地址：Rue du Pont Carrel, 24250 **电话：**05 53 28 31 41 **传真：**05 53 28 49 92 **房间数：**15

这家旅馆位于悬崖边上，最好的客房可以看到多尔多涅河谷的全景，一些房间当中摆放着四柱床，装修华贵精美。缺乏灵感但是非常舒适的客房位于中世纪的街道当中。11 月中旬 ~ 次年 3 月停业。www.esplanade-perigord.com

菲雅克：Château du Vigier du Roy €€€€

地址：52 rue Emile Zola, 46100 **电话：**05 65 50 05 05 **传真：**05 65 50 06 06 **房间数：**9

在几百年前，这座 14 世纪的塔楼是一位法官（国王在菲雅克的代表）的豪宅。这里所有的客房均带有中世纪的风格，设有四柱床或天蓬床。现在的餐厅是原来的值班室。www.chateau-viguier-figeac.com

古杜尔维斯：Château de Goudourville €€€

邮编：82400 **电话：**05 63 29 09 06 **传真：**05 63 39 75 22 **房间数：**6

这座 11 世纪的城堡位于阿让和穆瓦萨克之间，城堡中的客房会让人联想到这里的历史。其中一些客房很宽敞，装饰着 18 世纪的家具和挂毯，可以眺望到山谷、村庄或城垛的美景。www.chateau-goudourville.fr

拉卡夫：Le Pont de l'Ouysse €€€€

地址：Le Pont de l'Ouysse, 46200 **电话：**05 65 37 87 04 **传真：**05 65 32 77 41 **房间数：**14

这家别致的酒店位于距离罗卡马杜尔不远的河边花园中，充满了普罗旺斯的风情，内部色彩混合了淡淡的奶油色和赭土色，这里的客房和两间公寓非常安静。尚邦家族的第四代真正建立了这里安静隐匿的环境。餐厅提供很有创意的美食。www.lepontdelouysse.fr

LE BUGUE SUR VEZERE：Domaine de la Barde €€

地址：Route de Périgeux, 24260 **电话：**05 53 07 16 54 **传真：**05 53 54 76 19 **房间数：**18

优雅的客房位于 18 世纪的庄园（9 间）和先前的老磨坊（8 间）以及一个钢铁厂（1 间）中。宽敞的庭院包括古典园林和一座游泳池。游客也可以在附近的河边小径和草地上走走。www.domainedelabarde.com

莱克图尔：Hôtel de Bastard €€

地址：Rue Lagrange, 32700 **电话：**05 62 68 82 44 **传真：**05 62 68 76 81 **房间数：**31

这家高雅的旅馆是当地最好的旅馆之一，18 世纪的建筑当中配着独特别致的家具，还有各种现代化的设备。这里的设施包括一个小花园和一个游泳池，精心烹制的当地美食使得这里的餐厅一年四季游客不断。12 月 22 日～2 月 1 日停业。www.hotel-de-bastard.com

LES-EYZIES-DE-TAYAC：Les Glycines €€

邮编：24620 **电话：**05 53 06 97 07 **传真：**05 53 06 92 19 **房间数：**24

这是一个位于佩里戈尔的迷人而又豪华的小旅馆，对于那些前往参观附近史前洞穴的游客非常方便。最好的房间（豪华套房）拥有独立的私人露台，并可直接通往花园。在接待处可选择预订野餐。www.les-glycines-dordogne.com

马尔泰：Relais Ste-Anne €€€

地址：Rue du Pourtanel, 46600 **电话：**05 65 37 40 56 **传真：**05 65 37 42 82 **房间数：**21

这幢古老的建筑位于一个抽象的入口后面，这里曾经是一家女子寄宿学校和一个小礼拜堂，这里的每一件物品都是为了营造轻松的氛围而设计的，从漂亮顶级的客房（部分有独自的阳台），到恒温的游泳池都体现了这一点。这里还有精心准备的早餐。11 月中旬～3 月期间停业。www.relais-sainte-anne.com

莫鲁：Hostellerie Le Vert €€€

邮编：46700 **电话：**05 65 36 51 36 **传真：**05 65 36 56 84 **房间数：**6

古老的雪松遮蔽了这幢 17 世纪建筑的庭院，这幢建筑是卡奥尔葡萄酒产区的先前的一个葡萄酒庄园的一部分。酒店的房间很宽敞，裸露的石头墙很有个性。可以在清凉的餐厅或开满鲜花的阳台上享用晚餐。11 月～次年 3 月停业。www.hotellevert.com

MERCUES：Château de Mercuès €€€€€

邮编：46090 **电话：**05 65 20 00 01 **传真：**05 65 20 05 72 **房间数：**30

这座 13 世纪的城堡位于洛特河谷当中，现在这是一家十分豪华的酒店，提供了极好的客房，还有有精美吊灯的美食餐厅、一个花园庭院、网球场和一个很大的公园。www.chateaudemercues.com

穆瓦萨克：Le Moulin de Moissac €€€

地址：Esplanade du Moulin, 82200 **电话：**05 63 32 88 88 **传真：**05 63 32 02 08 **房间数：**36

这家酒店位于一个从前的工厂中，虽然它不是最吸引人的建筑物，但是这家酒店的迷人之处在于安静的环境、河边的地理位置、高效的服务以及设备齐全的客房，所有的房间都有 DVD/CD 播放器、互联网接入口以及咖啡机。穆瓦萨克中心离这里很近。www.lemoulindemoissac.com

MONTCUQ EN QUERCY：Domaine de St Géry €€€€€

邮编：46800 **电话：**05 65 31 82 51 **传真：**05 65 22 92 89 **房间数：**5

这家酒店精心维护的庭院出产昂贵的松露，这也是它的餐厅的过人之处。所有的客房都装饰各异，最与众不同的房间是一间有两个平台的拱形地窖。其他房间还有私人阳台或可直接通往花园。www.saint-gery.com

农特隆：La Maison des Beaux Arts €€

地址：7 av du Général Leclerc, 24300 **电话：**05 53 56 39 77 **房间数：**5

这家旅馆是位于美丽的农特隆的经过翻修的 19 世纪宅邸。其内部光线明亮、装饰精致，从窗户可以眺望到壮丽的景色。有时这里会举办绘画课程。有一个自助式的公寓可供出租。www.la-maison-des-beaux-arts.com

罗卡马杜：Domaine de la Rhue €€€

邮编：46500 **电话：**05 65 33 71 50 **传真：**05 65 33 72 48 **房间数：**14

从罗卡马杜经过很短的车程就可到达这座由19世纪的马厩改建而来的精致的酒店。宽敞的乡村风格的客房内有裸露的横梁和石制品。一些客房设有露台或小厨房。离这里最近的餐馆位于罗卡马杜尔。www.domainedelarhue.com

萨拉：Le Moulin Pointu €

地址：Ste Nathalene, 24200 **电话：**05 53 28 15 54 **传真：**05 53 28 15 54 **房间数：**5

这家方便的家庭旅馆位于萨拉小镇的郊区，客房可直接通往花园，花园中有池塘和小溪。客人可以在游泳池附近的露台上与主人或其他客人一起享用早餐。www.moulinpointu.com

SEGUENVILLE：Château de Seguenville €€

地址：Cabanac Seguenville, 31480 **电话：**05 62 13 42 67 **传真：**05 62 13 42 68 **房间数：**5

这座城堡坐落于图卢兹附近的小山上，能俯瞰到周围的乡村景色。一条巨大的楼梯通向卧室，卧室被漆成温暖明亮的色彩，内有古董浴缸和脸盆。夏天客人可以在全景露台上享用早餐和晚餐。www.chateau-de-seguenville.com

ST-AFFRIQUE-LES-MONTAGNES：Domaine de Rasigous €€

地址：Domaine de Rasigous, 81290 **电话：**05 63 73 30 50 **房间数：**8

这家旅馆为前往阿尔比、卡斯特尔、图卢兹和卡尔卡松的游客提供了一个安静的住所。其中有三间是宽敞的套房，有一个大而温馨的休息室。在这里你可以在壁炉旁品茶。旅馆外有树木遮蔽的公园。提供免费自行车租赁服务。11月中旬~次年3月中旬停业。www.domainederasigous.com

ST-CIRQ-LAPOPIE：Le Château de St-Cirq Lapopie €€€

地址：Le Bourg, 46330 **电话：**05 65 31 27 48 **房间数：**4

这是一座位于法国美丽村庄中的精美的翻修过的城堡。其最原始的特征是一个岩石雕刻的室内温水游泳池。它的客房已经过精心装饰。不提供餐点。10月~次年5月停业。www.longitudehotels.com/chateau-st-cirq-lapopie/en

ST-JEAN DE CORNAC：Le Manoir de Saint Jean €€€

邮编：82200 **电话：**05 63 05 02 34 **传真：**05 63 05 07 50 **房间数：**10

这座位于白凯尔西的19世纪大宅已经被改造成了这家酒店，它周围有着果园、葡萄园和古老的公园，一处平台面向花园。这里的餐厅提供的美食名声在外。每间房间都配有相应的停车位。 www.manoirsaintjean.com

ST-VIVIEN：Auberge du Moulin de Labique €€€

地址：St Eutrope de Born, Villeréal, 47210 **电话：**05 53 01 63 90 **传真：**05 53 01 73 17 **房间数：**6

这家温馨的18世纪的别墅装饰有古董家具、绘画和壁纸。住客可以在露台上一边听着潺潺流水一边享用早餐或一杯当地的葡萄酒。美味的晚餐是使用当地食材和特产做成的。www.moulin-de-labique.fr

泰索德：Domaine d'en Naudet €€

邮编：81220 **电话：**05 63 70 50 59 **房间数：**4

这里其中一间单独的房间是由先前的瞭望塔改建而来，其余的房间是由旧谷仓和马厩改建而来的，它们坐北朝南，面向花园和罗马大道。旅馆的客人可以在露台上欣赏这里的乡村景色。附近有网球场和一个高尔夫球场。提供Wi-Fi无线上网服务。www.domainenaudet.com

图卢兹：Les Loges de St Sernin €€

地址：12 rue St Bernard, 31000 **电话：**05 61 24 44 44 **房间数：**4

这家翻修过的私人城市旅馆位于图卢兹的纪念碑、圣塞尔楠教堂附近，距离主广场也只有几步之遥，地理位置非常优越。楼上的客房舒适性极佳。主人也很热情并乐于助人。www.dormiratoulouse.net

图卢兹：Hôtel des Beaux Arts €€€€

地址：1 pl du Pont Neuf, 31000 **电话：**05 34 45 42 42 **传真：**05 34 45 42 43 **房间数：**19

在美丽的鼎盛时期风格的门面后面，这家别致的现代酒店位于新港旁边，比较便宜的房间在小的一面，高级一点的房间更加宽敞，可以看到河流的风景。如果有可能的话，选择42号房间，在它屋顶的砖瓦之中还有非常精致的小露台。www.hoteldesbeauxarts.com

比利牛斯

艾诺阿：Ithurria €€€

地址：Pl du Fronton, 64250 **电话：**05 59 29 92 11 **传真：**05 59 29 81 28 **房间数：**28

这家17世纪的巴斯克式酒店在到圣地亚哥－德孔波斯特拉朝圣之路的途中，对面是村庄的回力球场，客房非常舒适而且装潢极其漂亮。温暖的餐厅有一个开放式的壁炉、橡木的房梁以及当地的特色美食。12月~4月中旬停业。www.ithurria.com

昂格莱：Château de Brindos €€€€€

地址：1 allée du Château, 64600 电话：05 59 23 89 80 传真：05 59 23 89 81 房间数：29

这家豪华的乡村酒店在安静的湖边，提供了宽敞的住所。这里的现代化设施包括一个健身馆、桑拿浴以及土耳其浴。酒店毗邻海岸，距离高尔夫球场只有很短的距离，游客可以在湖岸小屋享用美味的早餐。www.chateaudebrindos.com

阿尔邦：Laminak €€

地址：Route de St Pée, 64210 电话：05 59 41 95 40 传真：05 59 41 87 65 房间数：12

这是一个位于一幢装饰精美的巴斯克建筑内的舒适的旅馆，从窗户能看到乡村和山区的景色。其中三间客房设有私人露台，外面有一个大花园。如果客人需要，可提供晚餐。附近有八个高尔夫球场。www.hotel-laminak.com

ARGELES GAZOST：Hôtel le Miramont €€€

地址：44 av des Pyrénées, 65400 电话：05 62 97 01 26 传真：05 62 97 56 67 房间数：27

这家时尚的酒店沿袭了 20 世纪 30 年代的建筑风格，位于一座迷人的温泉小镇的一个修整完美的花园之中。其中八间客房装饰着古董，在花园单独的别墅中，餐厅的大厨 Pierre Pucheu 为游客烹制精美的比利牛斯美食。www.hotelmiramont.com

阿尔罗：Hôtel d'Angleterre €€

地址：Rte Luchon, 65240 电话：05 62 98 63 30 传真：05 62 98 69 66 房间数：17

这家 17 世纪的旅馆在比利牛斯山脚下，是一栋村庄中的石板房顶建筑。这里有很好的餐厅，还有装修简单但是舒适的房间，一个花园、游泳池、阳台以及孩子们的游戏区。这里是游览这个令人神往的乡村的绝好基地。www.hotel-angleterre-arreau.com

奥瑞纳克：Le Moulin €

地址：Samouillan, 31420 电话：05 61 98 86 92 房间数：2

这是一座位于加伦河的支流河谷附近的一座经过翻修的磨坊。房间的主题包括：禅宗、大象、法国乡间别墅。要求最少住两晚，长期住宿有优惠。这里经常举行冥想或其他精神方面的讲习班。也可以到大花园中放松身心。www.moulin-vert.net

博桑：Eth Berye Petit €

地址：15 route de Vielle, 65400 电话：05 62 97 90 02 房间数：3

这是一个位于卢尔德南部的宁静小村庄中的家庭简易旅馆。其中的两个位于阁楼上的客房非常舒适，另外一个客房相对更宽敞，并拥有独立的阳台，能看到山区的美景。周五和周六晚上提供晚餐。www.beryepetit.com

比亚里茨：Villa Le Goëland €€€€

地址：12 plateau d'Atalaye, 64200 电话：05 59 24 25 76 房间数：4

这幢古老而宏伟的别墅靠近市中心和海滩。能看到老港、Rocher de la Vierge 海岸和西班牙海岸壮丽的景色。其中一个房间有独立的私人露台。由于这是家庭旅馆，因此不提供一日三餐。但附近有不错的餐馆。www.villagoeland-biarritz.com

比亚里茨：Hôtel du Palais €€€€€

地址：1 av de l'Impératrice, 64200 电话：05 59 41 64 00 传真：05 59 41 67 99 房间数：132

这是比亚里茨最大最壮观的酒店，酒店重现了美好时代的装饰风格。这个度假村有一个很大的恒温海水游泳池、直通海岸的通道、一个果园、一个运动场和一个小孩的游泳池。这里的客房很合适，餐厅也很不错。www.hotel-du-palais.com

卡尔蒙：Château de Camon €€€

地址：Camon, 9500 电话：05 61 60 31 23 房间数：9

这座庞大的修道院的历史可以追溯到 10 世纪，它位于距离米尔普瓦和蒙茨格尔不远的防御村庄内。经典的法式客房豪华而又宽敞。餐厅（只提供晚餐）主要使用当地和时令食材。夏天可以在修道院的回廊中享受美食。11 月 ~ 3 月中旬停业。www.chateaudecamon.com

埃斯佩莱特：Hôtel Euzkadi €

地址：285 rte Karrika Nagusia, 64250 电话：05 59 93 91 88 传真：05 59 93 90 19 房间数：27

这家友好热情的家庭小旅馆位于距离大西洋海岸不远的安静的村庄当中，它有漂亮的露台、设备完善的房间、一个大的游泳池、网球场和安全的停车场。旅馆主人米歇尔和安德烈·达里亚多的餐馆提供巴斯克风味的美食。www.hotel-restaurant-euzkadi.com

ISSOR：Les 3 Baudets €

邮编：64570 电话：05 59 34 41 98 房间数：5

这家旅馆之前是一座位于 Arette 和 Oloron-Ste-Marie 之间由树林和草地环绕的 18 世纪农舍。这里是探索比利牛斯山脉的绝佳出发点。旅馆内有五间宽敞的客房和一间位于谷仓内提供烤肉和自制甜品的餐厅。www.3baudets-pyrenees.com

拉瑟布：Maison Rancésamy €€

地址：Quartier Rey, 64290 电话：05 59 04 26 37 房间数：5

这家位于 Oloron-Ste-Marie 西北部乡村的田园风格的旅馆的主人非常热情好客。旅馆的客房非常舒适，并且提供精心准备的晚餐。这里是放松身心的好住处，也是探索比利牛斯山脉的绝佳出发点。www.missbrowne.com

卢奥索阿：Domaine de Silencenia €€

邮编：64250 **电话：**05 59 93 35 60 **房间数：**5

这家简易旅馆位于圣让－皮耶德波尔和康博莱班之间的公路边上。旅馆内有一个游泳池和一个小湖。舒适的客房装饰各异，并配有四柱床。提供美味的早餐和晚餐。www.domaine-silencenia.com

卢尔德：Grand Hôtel de la Grotte €€

地址：66 rue de la Grotte, 65100 **电话：**05 62 94 58 87 **传真：**05 62 94 20 50 **房间数：**83

这家旅馆是这个朝圣之城最好的旅馆之一，位于著名的洞穴和城堡附近。宽敞的客房是路易十六时期的风格，一些客房还可以看到教堂。餐厅提供自助餐和啤酒。11月～4月中旬停业。www.hotel-grotte.com

莫布尔盖：La Maison at Maubourguet €

地址：40 rue de l'hotel de ville, 65700 **电话：**05 62 31 71 19 **传真：**05 62 31 71 19 **房间数：**3

这家由英国人经营的小型旅馆位于塔布北部的一座小镇。这里是探索西部加斯科尼地区的绝佳出发点。旅馆主人非常热情并乐于助人。客房装饰温馨而又充满魅力。有私人游泳池和幽静的花园。在广场附近有停车场。www.maisonatmaubourguet.com

米雷普瓦：La Maison des Consuls €€

地址：6 pl Maréchal Leclerc, 09500 **电话：**05 61 68 81 81 **传真：**05 61 68 81 15 **房间数：**8

这家旅馆位于一幢迷人的14世纪建筑中，这里曾是这一地区的法院。这栋建筑位于这座风景如画的小村庄中心经过改建的中世纪广场上，客房中到处是精美的古董。咖啡馆提供美味的早餐和小吃。www.maisondesconsuls.com

莫南：Maison Canterou €

地址：Quartier Laquidée, 64360 **电话：**05 59 21 41 38 **房间数：**5

这是一家传统农舍旅馆，位于一座生产朱朗松葡萄酒的酒庄内。它坐落在连绵起伏的贝亚恩丘陵上。所有的房间都有精美的装饰。屋檐下的“Palombière”房间非常宽敞，并有一个朝向比利牛斯山的阳台。“Cupidon”房间适合情侣。可以提前预订套餐。

奥尔泰：Reine Jeanne €

地址：44 rue Bourg Vieux, 64300 **电话：**05 59 67 00 76 **传真：**05 59 69 09 63 **房间数：**30

这家旅馆占据着河边的贝尔内滋古镇的一座18世纪建筑，旅馆的小客房围绕在一个封闭的庭院周围，另外一边还有现代的大客房。乡村风格的餐厅提供当地的传统美食。www.reine-jeanne.fr

波城：Bristol €€

地址：3 rue Gambetta, 64000 **电话：**05 59 27 72 98 **传真：**05 59 27 87 80 **房间数：**22

这家历史悠久的旅馆（成立于1903年）位于市中心，是步行探索波城的理想住宿之地。客房装饰高雅而风格各异，其中一些设有阳台，有些能通过窗户观赏到比利牛斯山脉。浴室都配有大浴缸和淋浴。提供免费无线网络。www.hotelbristol-pau.com

波城：Hôtel du Parc Beaumont €€€€€

地址：1 av Edouard VII, 64000 **电话：**05 59 11 84 00 **传真：**05 59 11 85 00 **房间数：**80

这家奢华的酒店是Concorde集团的一部分，坐落在波城赌场隔壁，旁边是棕榈树遮蔽的林荫大道，从这里可以看到比利牛斯山脉的美景。客房装饰非常豪华，这里还有一个恒温游泳池、水上乐园、桑拿浴和土耳其浴场。www.hotel-parc-beaumont.com

萨尔：Ttakoinenborda €

地址：Maison Ttakoinenborda, 64310 **电话：**05 59 47 51 42 **房间数：**4

这是一家位于萨雷小镇附近的17世纪的被田野和树林围绕的传统农舍。餐厅提供的晚餐包括巴斯克特色菜和自制的面包。这里是探索内陆巴斯克地区和沿海或越过边境进入西班牙的理想出发地。http://guesthouse.sare.france.com

萨尔：Hôtel Arraya €€

地址：Pl du Village, 64310 **电话：**05 59 54 20 46 **传真：**05 59 54 27 04 **房间数：**20

这家旅馆位于到圣地亚哥－德孔波斯特拉朝圣的途中，它是一家结合了怀旧风格和现代设备的半木质旅馆，白色的石墙被繁茂的树叶覆盖，卧室是质朴的乡村风格，涂有巴斯克风格的色彩，餐厅提供当地的特色美食，11月～次3年停业。www.arraya.com

SAUVETERRE DE BEARN：La Maison de Navarre €€

地址：Quartier St Marc, 64390 **电话：**05 59 38 55 28 **传真：**05 59 38 55 71 **房间数：**7

这幢中世纪村庄中的粉红色建筑当中有明亮清新的客房，房间非常舒适，物有所值，小孩子也会非常喜欢。家养的驴子Zebulon生活在花园当中，大西洋海岸的海滩也离这里不远。这还有一个不错的餐厅。11月～次年4月停业。www.lamaisondenavarre.com

ST-ETIENNE DE BAÏGORRY：Hôtel Arcé €€€

地址：Rte Col d'Ispeguy, 64430 **电话：**05 59 37 40 14 **传真：**05 59 37 40 27 **房间数：**20

这家热情友好的巴斯克式酒店位于阿尔迪代山谷，在比利牛斯山脉的山麓小丘中，是游览巴斯克村庄的绝佳基地，游泳池在河岸的对面，旁边是一个网球场。这里还有开阔的餐厅露台，现代装修风格的客房。11月中旬～次年3月中旬停业。www.hotel-arce.com

圣日龙：Hôtel Eychenne €€€

地址：8 av Paul Laffont, 09200 **电话：**05 61 04 04 50 **传真：**05 61 96 07 20 **房间数：**35

这家从前的长途客栈一直以来都是由同一个家族经营，共经营了七代。明亮的客房和宽敞的公共区域中都摆放着各种古董和传家之宝，尽管如此，这里设施也非常现代化。这里还有一个美丽的花园，天气晴朗的时候可以在这里享用美食。www.ariege.com/hotel-eychenne/

圣让：La Devinière €€€

地址：5 rue Loquin, 64500 **电话：**05 59 26 05 51 **传真：**05 59 51 26 38 **房间数：**10

这家迷人的18世纪的建筑中的客房各不相同，装修得非常漂亮，而且摆放着各种昂贵的古董、绘画以及稀有的书籍。这里还有一个舒适的小图书室，里面有一个开放的壁炉和一架大钢琴。这里有一个早茶厅和一个小花园，但没有餐厅。www.hotel-la-deviniere.com

ST JEAN-PIED-DE-PORT：Hôtel les Pyrénées €€€

地址：19 pl du Général-de-Gaulle, 64220 **电话：**05 59 37 01 01 **传真：**05 59 37 18 97 **房间数：**20

这家18世纪的酒店位于伦塞斯瓦列斯小径的法国一端，这里是越过比利牛斯山脉到圣地亚哥－德孔波斯特拉朝圣的必经之路，客房一尘不染。这里还有健身俱乐部和户外恒温游泳池，而且这里还有一个餐厅提供当地的美食。www.hotel-les-pyrenees.com

ST-LIZIER：Villa Belisama €€

地址：Rue Notre Dame, 09190 **电话：**05 61 02 83 24 **房间数：**3

这家翻修过的简易旅馆（部分可追溯至12世纪）位于圣日龙边上一个历史悠久的乡村当中。客房宽敞，并有一个花园、一个小游泳池和一个藏书丰富的图书馆。如果需要，可提供早餐和晚餐。www.ariege.com/belisama

朗格多克－鲁西永

艾格莫尔特：Hôtel des Croisades €

地址：2 rue du Port, 30220 **电话：**04 66 53 67 85 **传真：**04 66 53 72 95 **房间数：**15

这家吸引人的旅馆就在城堡之外的运河旁边，它有一个漂亮的花园、现代而且装备良好的房间以及热情服务的职工。艾格莫尔特距离这里很近，湿地和海滩也在附近。这里有付费停车场。www.lescroisades.fr

艾格莫尔特：Hôtel St Louis €€

地址：10 rue Amiral Courbet, 30220 **电话：**04 66 53 72 68 **传真：**04 66 53 75 92 **房间数：**22

这家18世纪的旅馆是当地比较好的住处，客房很宽敞，而且现代设施很齐全，地理位置也很好。旅馆隔壁就是著名的康斯坦茨塔，这里还有不错的餐厅、漂亮的庭院以及付费停车库。10月中旬～复活节停业。www.lesaintlouis.fr

巴尔雅克：Hôtel Le Mas du Terme €€

地址：Rte de Bagnoles sur Ceze, 30430 **电话：**04 66 24 56 31 **传真：**04 66 24 58 54 **房间数：**23

这家旅馆坐落在它自己的葡萄园和薰衣草田当中，古老的石质农舍位于阿尔代什中心，非常有特点。这里有美丽的环境、迷人的卧室和公共区域，还有一家美妙的餐厅，为孩子们准备的活动包括骑木马、打乒乓球和掷球游戏。www.masduterme.com

贝济耶：Hôtel le Champ-de-Mars €

地址：17 rue de Metz, 34500 **电话：**04 67 28 35 53 **传真：**04 67 28 61 42 **房间数：**10

这家家族运营的旅馆提供了舒适宽敞的客房，它位于一条安静的街道旁边，距离贝济耶的景点、餐馆和咖啡馆很近。装满天竺葵的篮子是这里的装饰品，大部分客房都可以看到后面花草丛生的小花园。www.hotel-champdemars.com

贝济耶：Clos de Moussanne €€

地址：Route de Pezenas, 34500 **电话：**04 67 39 31 81 **房间数：**4

这个被两棵梧桐树遮蔽的旅馆的入口位于绿树成荫的小巷的尽头。先前的修道院中的精致卧室内铺有木地板，还有现代家具和浴室。最好的卧室有可俯瞰游泳池的阳台。如果需要可提供晚餐。www.leclosdemaussanne.com

BIZE-MINERVOIS：La Bastide Cabezac €€

地址：18-20 Hameau Cabezac, 11120 **电话：**04 68 46 66 10 **传真：**04 68 46 66 29 **房间数：**12

这是一个掩映在橄榄树和葡萄藤当中的令人愉悦的旅馆。旅馆外部有典型的赭石色的墙壁和百叶窗，内部的房间是现代风格，以暖色调为主，配有当地风格的家具，温暖而舒适。餐厅很不错，可举办酒会。www.la-bastide-cabezac.com

布齐盖：La Côte Bleue €€

地址：Av Louis Tudesq, 34140 **电话：**04 67 78 31 42 **传真：**04 67 78 35 49 **房间数：**31

这家现代旅馆紧挨着迷人的渔村，客房装修很平庸，但是从阳台上可以看到迷人的大海。这里隆重推出的餐厅提供特色的肥美多汁的牡蛎、扇贝等海鲜美食。www.la-cote-bleu.fr

价格指南见550页 图标含义见封底勒口

布里尼亚克：La Missare €

地址：9 rue de Clermont, 34800　电话：04 67 96 07 67　房间数：4

现代的雕花阳台和石墙与19世纪农舍的马赛克形成鲜明对比。先前的外屋现在已变成一家令人愉悦的旅馆，旅馆的每个房间都装饰各异，并摆有路易十五时期风格的床和主人自己收藏的艺术品。www.la.missare.free.fr

卡尔卡松：Des Trois Couronnes €€

地址：2 rue Trois Couronnes, 11000　电话：04 68 25 36 10　传真：04 68 25 92 92　房间数：69

从这家商业化的旅馆眺望远处，能够看到中世纪的卡尔卡松战场，在这家四层的旅馆消费物有所值，相对于当地这个价位的其他旅馆，这里的设施更加齐全。www.hotel-destroiscouronnes.com

卡尔卡松：Hôtel de la Cité €€€€€

地址：Pl August-Pierre Pont, 11000　电话：04 68 71 98 71　传真：04 68 71 50 15　房间数：61

这是朗格多克－鲁西永最好的一家酒店。它有完美的服务、充足的客房、一个大的游泳池、花园、餐厅。它位于卡尔卡松中世纪城堡中，地理位置十分独特。附近还有高尔夫球场、独木舟和竹筏等游乐设施。www.hoteldelacite.com

CASTILLON DU GARD：Le Vieux Castillon €€€€

地址：Rue Turion Sabatier, 30210　电话：04 66 37 61 61　传真：04 66 37 28 17　房间数：32

这座中世纪村庄中的经过改建的建筑现在是一家时尚、精美而且远近闻名的酒店，这里设施齐全而且有相当不错的美食。这家酒店是享有声望的城堡驿站联盟的一部分，以高水准、高档次著称。需要提前预订。www.vieuxcastillon.com

塞雷：La Terrasse au Soleil €€€

地址：1500 rte de Fontfrede, 66400　电话：04 68 87 01 94　传真：04 68 87 39 24　房间数：41

这家酒店位于毕加索曾经居住过的赛尔特村庄附近，这里能看到开尼哥山和比利牛斯山脉的风景，餐厅提供当地的特色美食。这里对于一个家庭来说是极好的选择，这里有漂亮的客房以及各种现代化设施。12月～次年3月停业。www.terrasse-au-soleil.com

科利乌尔：Relais des Trois Mas €€€

地址：Rte de Port-Vendres, 66190　电话：04 68 82 05 07　传真：04 68 82 38 08　房间数：23

这家可爱的酒店由松树遮蔽的花园中几座经过改建的老式建筑组成。从这里可以看到朱红海岸、港口以及科利乌尔镇，大部分客房都有自己的阳台，都可以欣赏美丽的海景。餐厅提供美味的菜肴。www.relaisdestroismas.com

FERRIERES-LES-VERRERIES：Mas de Baumes €€

邮编：34190　电话：04 66 80 88 80　传真：04 66 80 88 82　房间数：7

这家经过改造的玻璃工厂位置比较隐蔽，卧室的主题各不相同，有芭芭拉·卡特兰主题，也有东方主题以及18世纪的融合优雅与怀旧于一体的风格。整体氛围轻松惬意。餐厅提供新式菜肴。11月～复活节停业。www.oustalde-baumes.com

MOLITG-LES-BAINS：Château de Riell €€€€

邮编：66500　电话：04 68 05 04 40　传真：04 68 05 04 37　房间数：22

这座巴洛克风格的城堡周围被松树环绕着。内部铺有现代化的石头地板，并有赭石色的华丽的休息室。客房时尚而又舒适，部分位于公园里的小屋内。富有创意的酒窖式餐厅提供各种美食。11月～复活节停业。www.chateauderi-ell.com

蒙彼利埃：Hôtel du Palais €€

地址：3 rue Palais des Guilhem, 34000　电话：04 67 60 47 38　传真：04 67 60 40 23　房间数：26

这家旅馆是位于蒙彼利埃老区中心的一幢迷人的上百年的建筑，客房在旅馆中小的一端，客房中摆放的鲜花让人感受到热情友好的氛围。这里是作短暂停留的很好选择，附近有很多不错的餐馆。www.hoteldupalais-montpellier.fr

蒙彼利埃：New Hotel du Midi €€€

地址：22 bd Victor Hugo, 34000　电话：04 67 92 69 61　传真：04 67 92 73 63　房间数：44

这座豪斯曼风格的建筑坐落在繁华的喜剧广场。翻修的宽敞客房拥有现代化的设施和装饰，以温暖色调为主，包括巧克力色、焦糖色、树莓色和黄连木色。由于酒店位于市中心，因此附近有很多餐馆。www.new-hotel.com

纳博讷：Grand Hôtel du Languedoc €

地址：22 bd Gambetta, 11100　电话：04 68 65 14 74　传真：04 68 65 81 48　房间数：40

这家时尚的旅馆是一幢19世纪的建筑，从邦尼大教堂步行到这里只需要很短的时间，附近还有市中心商场、集市以及博物馆，深受喜爱的餐馆还保留着优雅的鼎盛时期风格的痕迹，宽敞的客房有很高的天花板、空调以及隔音装置。www.hoteldulanguedoc.com

尼姆：Imperator-Concorde €€€€

地址：Quai de la Fontaine, 30000　电话：04 66 21 90 30　传真：04 66 67 70 25　房间数：60

这家酒店建于1929年，深受很多名人和富人的喜爱，包括艾娃·加德纳和海明威等。一些精美的客房内有20世纪30年代的装饰，其他的是现代装饰。在客房内可以看到花园里种植的雪松和棕榈树。推荐这里餐厅里极富创意的地区菜肴。www.hotel-imperator.com

尼姆：New Hôtel la Baume €€€

地址：21 rue Nationale, 30000 **电话：**04 66 76 28 42 **传真：**04 66 76 28 45 **房间数：**34

酒店位于一座17世纪的优雅建筑当中，是这里最好的住处之一，距离周围的景点很近。它是往日魅力和现代设施的结合，一些房间甚至还摆放着历史性的纪念品。这里没有餐厅，但是有一个热情友好的咖啡馆。www.new-hotel.com

佩皮尼昂：Hôtel de la Loge €

地址：1 rue des Fabriques d'en Nabot, 66000 **电话：**04 68 34 41 02 **传真：**04 68 34 25 13 **房间数：**22

这家价格适中的旅馆位于中世纪城区的中心，坐落在一座16世纪的加泰罗尼亚大宅中，拥有马赛克前院和喷泉。舒适的客房每一间都设施齐全，安静而且舒适，是短暂停留的理想住处。www.hoteldelaloge.fr

佩皮尼昂：Villa Duflot €€€

地址：Rond point Albert Donnezan, 66000 **电话：**04 68 56 67 67 **传真：**04 68 56 54 05 **房间数：**25

这是一幢位于繁忙的市区边缘的意大利别墅，周围环绕着自己的花园。精致的内饰、沐浴在阳光下的凸窗和现代雕塑使酒店充满迷人魅力。客房大小适中并且非常舒适。宜人的餐厅可通向游泳池并供应当地美食。www.villa-duflot.com

普拉德：Castell Rose €€

地址：Chemin de la Litera, 66500 **电话：**04 68 96 07 57 **房间数：**5

这座极具魅力的庄园风格的旅馆地理位置优越，是访问卡尼古圣马丁修道院的绝佳基地。壮丽的粉红色大理石建筑有宏伟的拱顶长廊和高塔，可俯瞰西班牙花园和一个巨大的公园。宜人的客房都配有具有时代特色的家具，时尚而又精致。www.castellrose-prades.com

基扬：Hôtel Cartier €

地址：31 bd Charles de Gaulle, 11500 **电话：**04 68 20 05 14 **传真：**04 68 20 22 57 **房间数：**28

这家家族运营的旅馆位于市中心，是一幢20世纪50年代装饰艺术风格的建筑，干净舒适的客房非常简单，中性色调的装饰接近斯巴达风格。餐厅同样显得有些平庸，但是气氛友好、价格便宜而且深受当地人的喜爱。www.hotel-cartier.com

赛拉古斯：L'Atalaya €€

地址：Llo, 66800 **电话：**04 68 04 70 04 **传真：**04 68 04 01 29 **房间数：**13

这座漂亮的石头旅馆坐落在塞尔达尼亚的一个山坡上，可以观赏到西班牙壮丽的景色，尤其是在游泳池的边上的视野最佳。维护良好而又高雅的客房装饰各异。优质的织物和时尚的家具营造出一种奢华的感觉。每年11月和1月～3月停业。www.atalaya66.com

赛特：Grand Hôtel €

地址：17 quai de Tassigny, 34200 **电话：**04 67 74 71 77 **传真：**04 67 74 29 27 **房间数：**43

这幢19世纪的建筑虽然有些褪色，但还可以看出它曾经的耀煌，它的室内餐厅也是这里最好的餐馆之一。客房刚经过装修而且设备齐全，最好的房间还有阳台，可以看到运河的美景。这里的服务也极其专业。www.legrandhotel-sete.com

索米尔：Hôtel de l'Orange €€€

地址：7 rue des Beaumes, 30250 **电话：**04 66 77 79 94 **房间数：**7

这座迷人的酒店坐落于塞文山脉地区，它的历史可追溯至17世纪，在旅馆的露台上可以欣赏到乡村的风景。卧室风格各不相同，内有五颜六色的家具。精心设计的花园是漫步、放松身心的好去处。www.hotel.delorange.free.fr

ST CYPRIEN：L'Ile de La Lagune €€€€

地址：Bd de l'Almandin, Les Capellans, 66750 **电话：**04 68 21 01 02 **传真：**04 68 21 06 28 **房间数：**22

这座建于20世纪90年代，位于潟湖中间的一座小岛上的酒店是该地区最豪华的酒店之一。令人印象深刻的白色建筑会让人联想到西班牙风格，漂亮而又通风的客房都带有阳台。出色的餐厅内设有一个宜人的露台。有私人海滩。www.hotel-ile-lagune.com

于泽斯：Hostellerie Provençale €€

地址：1–3 rue Grande Bourgade, 30700 **电话：**04 66 22 11 06 **传真：**04 66 75 01 03 **房间数：**9

这座小型的旅馆是探索美丽的老城区的理想住所（尤其是在集市日）。古老的石质建筑以及内部的瓷砖地板和质朴的家具不禁让人联想到过去，当然里面的设施都是最新的。部分房间设有水流按摩浴缸。餐厅装饰华丽，供应典型的当地美食。www.hostellerieprovencale.com

普罗旺斯和蔚蓝海岸

普罗旺斯地区艾克斯：Hôtel St Christophe €€

地址：2 av Victor Hugo, 13100 **电话：**04 42 26 01 24 **传真：**04 42 38 53 17 **房间数：**67

这家极好的城镇旅馆有装备着所有现代设备的客房，建议提前预订一间有小阳台的客房。这里的装饰为装饰艺术风格，一层是一个熙熙攘攘的老式酒吧，室内和户外都有餐桌。地理位置非常优越。www.hotel-saintchristophe.com

价格指南见550页 图标含义见封底勒口

普罗旺斯地区艾克斯：Hôtel des Augustins

€€€

地址：3 rue de la Masse, 13100　电话：04 42 27 28 59　传真：04 42 26 74 87　房间数：29

这是一座经过改造的12世纪女修道院，里面还有一个12世纪的小礼拜堂，这里是熙熙攘攘的市中心的一个安静之所，客房是传统的普罗旺斯风格，非常宽敞也很舒适。这里没有餐厅，但是附近有很多可以就餐的地方。www.hotel-augustins.com

昂蒂布：La Bastide de la Brague

€€

地址：55 av No.6 La Brague, 06600　电话：04 93 65 73 78　房间数：5

这是一家温馨的家庭经营的简易旅馆，如果需要可提供餐点。旅馆内有五间舒适又精心装饰的宽敞客房，还有一个私人庭院。天气好的时候，可以在橄榄树下享用早餐。www.bbchambreantibes.com

昂蒂布：Mas Djoliba

€€€

地址：29 av Provence, 06600　电话：04 93 34 02 48　传真：04 93 34 05 81　房间数：13

这家酒店是一家大的老式农舍酒店，隐藏在繁茂的绿叶之中，拥有棕榈树环绕着的精致阳台。从这里到古老的昂蒂布和附近的海滩非常方便，在这里度过周末或是长假将是一件完美的事情。10月末~次年3月停业。5月~9月提供半食宿。www.hotel-djoliba.com

阿尔勒：Hotel de Amphithéâtre

€€

地址：5-7 rue Diderot, 16200　电话：04 90 96 10 30　传真：04 90 93 98 69　房间数：33

这家廉价旅馆位于阿尔勒的露天剧场附近，地理位置优越而且很具特色。部分客房较小，但是装饰迷人。公共区域很舒适，服务很周到。附近有折扣停车场。是家庭旅行的理想选择。www.hotelamphitheatre.fr

阿尔勒：Hôtel Calendal

0　€€€

地址：5 rue Porte de Laure, 13200　电话：04 90 96 11 89　传真：04 90 96 05 84　房间数：38

这家令人轻松愉悦的酒店位于阿尔勒的历史中心，在古罗马竞技场附近。客房装饰非常迷人，而且都装有空调，一些客房有阳台可以看到竞技场和罗马剧院的风景。早餐可以在棕榈树遮蔽的花园中享用。www.lecalendal.com

阿尔勒：Hôtel d'Arlatan

€€€

地址：26 rue du Sauvage, 13200　电话：04 90 93 56 66　传真：04 90 49 68 45　房间数：47

这里曾经是15世纪阿尔拉坦伯爵的住宅区，它是这个地区最漂亮的古老的酒店之一。客房当中都装饰着古董，酒吧地板上镶嵌着玻璃，具有明显的4世纪时期古罗马建筑风格。这里还有带有围墙的花园和石砌的阳台。www.hotel-arlatan.fr

滨海博利厄：La Réserve de Beaulieu

€€€€€

地址：5 bd du Général Leclerc, 06310　电话：04 93 01 00 01　传真：04 93 01 28 99　房间数：39

这家豪华的酒店坐落在海边，靠近海港的中心区。优雅的客房拥有温暖的色调，海岸上还有一个巨大的豪华游泳池，这里还有一个米其林二星级餐厅。10月中旬~12月中旬停业。www.reservebeaulieu.com

比奥：Hôtel les Arcades

€€

地址：16 pl des Arcades, 06410　电话：04 93 65 01 04　传真：04 93 65 01 05　房间数：12

这家15世纪的旅馆是一座安静的天堂，客房很小但是很舒适，顶层的客房有露台可以看到美丽的海景。这里的酒吧既是早餐厅又是餐厅，当地的波希米亚人经常带着他们的狗光顾这里。www.hotel-restaurant-les-arcades.com

BORMES-LES-MIMOSAS：Domaine du Mirage

€€€

地址：38 rue de la Vue des Iles, 83230　电话：04 94 05 32 60　传真：04 94 64 93 03　房间数：33

这家维多利亚风格的酒店位于勒拉旺杜海湾附近，距离里维埃拉最好的沙滩只有10分钟的车程，在它的阳台上能观赏到壮观的景色。这里有一个游泳池。你可以在游泳池旁享用这里提供的清淡午餐，晚餐你可以选择应季菜肴。工作人员非常细心。www.domainedumirage.com

卡涅：La Villa Tosca

€€

地址：11, rue Hoche, 06400　电话：04 93 38 34 40　传真：04 93 38 73 34　房间数：22

这是一座大型的装饰艺术风格的酒店，地理位置非常优越，位于海滩、火车站和节日宫周围。客房内有很多极具特点的现代和古典家具。建议多花一点钱选择酒店带有阳台的客房。www.villa-tosca.com

卡涅：Hôtel Molière

€€€

地址：5 rue Molière, 06400　电话：04 93 38 16 16　传真：04 93 68 29 57　房间数：24

这家19世纪的建筑距离戛纳的海滨大道很近，有明亮舒适的客房和露台，可以看到美丽的花园。游客可以在花园当中享用早餐。这家酒店物有所值，需要提前预订。www.hotel-moliere.com

卡涅：Hôtel Splendid

€€€

地址：4 av Felix Faure, 06400　电话：04 97 06 22 22　传真：04 93 99 55 02　房间数：62

这家白色的婚礼蛋糕形状的酒店位于戛纳市中心，前墙是美好时代的风格，在它顶层的餐厅可以看到迷人的泊满游艇的港口，一些面朝大海的客房还有大阳台。这里服务非常好，充满了温暖友好的气氛。www.splendid-hotel-cannes.fr

卡涅：Eden Hôtel €€€€

地址：133 rue d'Antibes, 06400 **电话：**04 93 68 78 00 **传真：**04 93 68 78 01 **房间数：**115

这家时尚的酒店非常明亮、富有色彩而且活力十足，一个20世纪60年代的庭院更加增添了酒店的迷人之处，它紧挨着城镇的时尚购物街。这里的设备齐全，有新建的恒温游泳池、按摩房和健身中心。www.eden-hotel-cannes.com

卡涅：Carlton Inter-Continental €€€€€

地址：58 la Croisette, 06414 **电话：**04 93 06 40 06 **传真：**04 93 06 40 25 **房间数：**341

这家酒店是该地区最豪华的酒店，很多明星都很喜欢待在这里。在电影节期间，这里会有很多等待预订房间的订单。客房和公共区域都装有各种奢华的设备，这里还有一片私人的海滩，有巨大的阳伞。www.intercontinental.com/cannes

安提比斯海角：La Garoupe et Gardiole €€

地址：60-74 chemin de la Garoupe, 06160 **电话：**04 92 93 33 33 **传真：**04 92 67 61 87 **房间数：**37

松树和柏树包围着这幢20世纪20年代的建筑，这家令人愉快的旅馆价格并不十分昂贵，铺花砖的地板、带有裸露房梁的天花板以及白色墙壁俨然一派乡村风格，客房明亮宽敞，这里还有树荫遮蔽的阳台和一个漂亮的游泳池。www.hotel-lagaroupe-gardiole.com

安提比斯海角：La Jabotte €€

地址：13, av Max Maurey, 06160 **电话：**04 93 61 45 89 **房间数：**10

这是一家简单的小旅馆，但由于这里装饰典雅的客房、热情友好的主人以及合理的价格，因此这里在夏天经常客满。每天晚上在院子里提供开胃酒。旅馆距离海滩只有几步之遥。11月停业。www.jabotte.com

安提比斯海角：Hôtel du Cap (Eden Roc) €€€€€

地址：Bd Kennedy, 06600 **电话：**04 93 61 39 01 **传真：**04 93 67 76 04 **房间数：**120

这是一座顶级的昂蒂布宫殿，建于1870年，远近闻名，非常华贵。大部分客房是豪华的套间，这里还有一些海滨小屋以及一个巨大的恒温海水游泳池酒店提供极佳的食物、优质的服务和新颖的设备。www.hotel-du-cap-eden-roc.com

卡西斯：Les Jardins de Cassis €€€

地址：Rue Auguste Favier, 13260 **电话：**04 42 01 84 85 **传真：**04 42 01 32 38 **房间数：**34

这里是在风景如画的卡西斯港最好的住处，这家酒店配有各种设备，所以一定要尽早预订。客房在一处建筑群中，客房很小但是规划得很好。游泳池在一个栽满柠檬树的花园当中。12月～次年3月停业。www.lesjardinsdecassis.com

卡斯特兰：Nouvel Hôtel du Commerce €€

地址：Pl de l'Eglise, 04120 **电话：**04 92 83 61 00 **传真：**04 92 83 72 82 **房间数：**34

这家旅馆在风景如画的小城当中，是游览附近地区一个很好的住处。漂亮的一尘不染的客房设施齐全，可以看到市集和峭壁的美丽风景。在餐厅当中可爱的阳台是很好的休憩地点。11月～次年3月1日停业。www.hotel-fradet.com

埃兹：Château Eza €€€€€

地址：Rue de la Pise, 06360 **电话：**04 93 41 12 24 **传真：**04 93 41 16 64 **房间数：**11

这幢显眼的建筑由中世纪房屋组成，这里曾经是瑞典的威廉王子的家，已经被改造成一家奢华的小酒店，这里有高雅的客房，从阳台可以看到令人意想不到的风景，还有一片私人海滩。11月～12月中旬停业。www.chateaueza.com

FONTVIEILLE：Hôtel La Peiriero €€

地址：36 av des Baux, 13990 **电话：**04 90 54 76 10 **传真：**04 90 54 62 60 **房间数：**42

这家温馨的家庭旅馆创建于一个传统的被称为"mas"的农场当中。酒店的装潢、食物和气氛都很上乘。这里冬暖夏凉，气候宜人，而且有专门为孩子设计的游乐区。www.hotel-peiriero.com

JUAN LES PINS：Hôtel des Mimosas €€€

地址：Rue Pauline, 06160 **电话：**04 93 61 04 16 **传真：**04 92 93 06 46 **房间数：**34

这家亲切的酒店被棕榈树环绕着，建于19世纪，装修很有个性也很时尚，价格也非常合理。这家漂亮的酒店有舒适装饰简单的客房，要一间安静的客房，在客房中可以看到美丽的游泳池。9月～次年5月停业。www.hotelmimosas.com

昂热的阿尔克：Logis du Guetteur €€€€

地址：Pl du Château, 83460 **电话：**04 94 99 51 10 **传真：**04 94 99 51 29 **房间数：**13

这是一座11世纪的城堡，里面还有一座塔楼可以看到小村庄的美景。在夏天和冬天，住在这家温暖舒适的酒店是一个绝好的选择，这里距离地中海海岸和阿尔卑斯滑雪场几乎路程相等。从城墙上眺望到的景色非常壮丽。www.logisduguetteur.com

普罗旺斯地区莱博：L'Hostellerie de la Reine Jeanne €

地址：Grande rue, 13520 **电话：**04 90 54 32 06 **传真：**04 90 54 32 33 **房间数：**10

这家古老的旅馆位于普罗旺斯最迷人游客最多的村庄中心，这里的每个房间各不相同，而且简洁的装饰非常吸引人。这里对于小孩子并不是非常适合，而且在附近泊车是一件很具挑战性的事情。www.la-reinejeanne.com

普罗旺斯地区莱博：Auberge de la Benvengudo €€€€

地址：Vallon de l'Arcoule, 13520 电话：04 90 54 32 54 传真：04 90 54 42 58 房间数：28

这家乡村酒店位于村庄山顶附近，有舒适豪华的客房、一个大花园和网球场。这是罗讷河口边缘上最迷人的住处之一，也是游览周围地区绝好的基地。11月～次年3月停业。www.benvengudo.fr

马赛：Sofitel Marseille Vieux Port €€€

地址：36, bd Charles Livon, 13007 电话：04 91 15 59 00 传真：04 91 15 59 50 房间数：134

这里有简约风格的装饰、深色木材制成的流线型的家具，这家豪华酒店因可观赏到老港壮丽景色而闻名。推荐游客选择带有露台的客房。在顶楼的餐厅能观赏到周边全景。www.accorhotels.com

芒通：Hôtel Aiglon €€

地址：7 av de la Madone, 06500 电话：04 93 57 55 55 传真：04 93 35 92 39 房间数：28

这家旅馆离滨海区不是很远，这里有各种方便的设施，包括一个恒温游泳池和一个树木繁茂的花园。旅馆是一幢19世纪的城市住宅，装饰得非常漂亮。这里还有一家很好的餐厅，棕榈树遮蔽的阳台上也有餐桌。www.hotelaiglon.net

MOUSTIERS STE MARIE：La Bastide de Moustiers €€€€€

地址：Chemin de Quinson, 04360 电话：04 92 70 47 47 传真：04 92 70 47 48 房间数：12

这家酒店位于这个区域最漂亮的村庄外面，是一座17世纪的建筑，但是有最先进的设施，周围是一个华丽的花园。酒店有很不错的视野，可以看到周围的山。这里还有一家精美的餐厅。客房有残疾人通道。www.bastide-moustiers.com

尼斯：Hôtel Windsor €€€

地址：11 rue Dalpozzo, 06000 电话：04 93 88 59 35 传真：04 93 88 94 57 房间数：57

这家酒店可提供很多服务和设备，包括一个繁茂棕榈树花园中的游泳池、一个孩子们的游戏区以及提供按摩和桑拿服务的健康美容中心。一些客房装饰着当地的艺术品。这里还有酒吧和餐厅。www.hotelwindsornice.com

尼斯：Hôtel Suisse €€€€

地址：15, Quai Rauba Capéu, 06300 电话：04 92 17 39 00 传真：04 93 85 30 70 房间数：42

在尼斯很难能找到比这家时尚酒店更物有所值的酒店。这家酒店距离萨勒亚大道附近的食品市场只有几步之遥。酒店内没有游泳池，但海滩就在街道对面，在阳台上能欣赏到天使湾的景色。工作人员非常友好。www.hotel-nice-suisse.com

尼斯：La Pérouse €€€€€

地址：11 quai Rauba-Capeu, 06300 电话：04 93 62 34 63 传真：04 93 62 59 41 房间数：60

这家酒店能看到尼斯最美的风景，它位于天使湾的东头，坐落在英国大道和港口之间的山顶上。面海的客房有小阳台，极其安静，夏天的时候餐厅在柠檬树下摆放桌椅招待客人。www.hotel-la-perouse.com

尼斯：Le Negresco €€€€€

地址：37 promenade des Anglais, 06000 电话：04 93 16 64 00 传真：04 93 88 35 68 房间数：120

这是里维埃拉最大的酒店，是英国大道上的标志性建筑。从1913年开业以来，它就吸引了无数富豪以及名人，这里装修极其精美而且装饰着很多艺术品。这里有完美无瑕的服务以及各种现代化的设备。www.hotel-negresco-nice.com

塞朗：Hôtel des Deux Rocs €€

地址：Place Font d'Amont, 83440 电话：04 94 76 87 32 传真：04 94 76 88 68 房间数：13

这幢17世纪的普罗旺斯建筑位于乡村的广场，充满强烈的家庭氛围，装饰着古董和传统的织物，前面的客房是最大最明亮的。夏天的时候会在广场的喷泉周围提供美味的地中海美食。1月～2月中旬停业。www.hoteldeuxrocs.com

ST-JEAN-CAP-FERRAT：Hôtel Brise Marine €€€€

地址：58 av Jean-Mermoz, 06230 电话：04 93 76 04 36 传真：04 93 76 11 49 房间数：16

这家小型的酒店是放松身心的好地方。酒店一面朝向大海，另一面朝向迈海阿尔卑斯，景色蔚为大观。酒店距离海滩只有50米，因此这里没有游泳池。11月～次年2月停业。www.hote-brisemarine.com

ST-JEAN-CAP-FERRAT：Royal Riviera €€€€€

地址：3 av Jean Monnet, 06230 电话：04 93 76 31 00 传真：04 93 01 23 07 房间数：96

这个位于圣让费拉角的度假胜地的豪华酒店拥有令人羡慕的资产——私人沙滩。一些客房的价钱相对于它的大小来说可能有点高，但这里的服务宗旨是满足每个客人的需求。L'Orangerie是一幢面向游泳池的小建筑，设有16间舒适的客房。www.royal-riviera.com

圣保罗艺术山庄：Hostellerie des Remparts €€

地址：72 rue grande, 06570 电话：04 93 32 09 88 传真：04 93 24 10 47 房间数：9

这家旅馆位于这个风景如画的村庄中心，是一座中世纪建筑，提供了现代化的设备。客房当中装饰着古董，而且可以看到非常壮观的风景，这里还有一个小花园露台。整个村庄都没有汽车，而且停车要到很远的地方。淡季时的每周一停业。www.hostellerielesremparts.com

圣保罗艺术山庄：La Colombe d'Or €€€€€

地址：Pl de Gaulle, 06570 电话：04 93 32 80 02 传真：04 93 32 77 78 房间数：25

这里是圣保罗最豪华的酒店，它是从前的农舍，地理位置良好，曾经很多印象派画家都在这里住过，先是毕加索后是马蒂斯，他们在这里居住并且在墙上作画。这里的客人现在络绎不绝，最好提前预订。这里还有一个一流的餐厅。www.la-colombe-dor.com

圣特罗佩斯：Lou Cagnard €€

地址：Av Paul Roussel, 83990 电话：04 94 97 04 24 传真：04 94 97 09 44 房间数：19

这家旅馆占据着一幢古老的建筑，它距离广场步行只需几分钟。建议要一间可以看到繁茂的桑葚遮蔽的小花园的客房，这里的房间没有空调，而且前面的房间开窗的时候会有些嘈杂。1 月和 12 月停业。www.hotel-lou-cagnard.com

圣特罗佩斯：PASTIS Hôtel St Tropez €€€€

地址：61 av du Général Leclerc, 83990 电话：04 98 12 56 50 传真：04 94 96 99 82 房间数：9

这家拥有 9 间客房的酒店的装饰以当代艺术风格为主，并搭配了现代和古典风格的家具，非常适合那些谨慎魅力的人们。这里有一个被百年棕榈树环绕的温水游泳池。这里有严格的着装要求。www.pastis-st-tropez.com

圣特罗佩斯：La Ponche €€€€€

地址：Port des Pêcheurs, 83990 电话：04 94 97 02 53 传真：04 94 97 78 61 房间数：18

对于那些在圣特罗佩斯寻找购物的地方的人来说，这幢古老的渔民小屋就是一个很好的住处。客房很大也很别致，包括两间为家庭游客准备的客房，曾经到过这里的著名客人包括毕加索和 20 世纪 50 年代的明星罗密・施奈德。11 月～12 月中旬停业。www.laponche.com

旺斯：Mas de Vence €€

地址：539 av Emile Hugues, 06140 电话：04 93 58 06 16 传真：04 93 24 04 21 房间数：41

这家现代旅馆对于那些寻找奢华住处的人来说可能没什么吸引力，但是这幢建筑很好地保留着普罗旺斯的传统风格。这里设备齐全，包括空调、房间隔音装置、一个小花园和一个露台餐厅。www.azurline.com

滨海自由城：Hôtel La Flore €€€

地址：5 bd Princess Grace de Monaco, 06230 电话：04 93 76 30 30 传真：04 93 76 99 99 房间数：31

这家传统的酒店的历史可追溯到 20 世纪初，经过翻修，现在颇具普罗旺斯风格。旅店的客房很安静，可以俯瞰到大海和著名的港口。距离城堡和许多餐馆只有几分钟的步行距离。www.hotel-la-flore.fr

滨海自由城：Hôtel Versailles €€€€

地址：7 bd Princesse Grace, 06230 电话：04 93 76 52 52 传真：04 93 01 97 48 房间数：46

这家现代酒店非常适合长住，这里的设施包括一个游泳池、一个提供精美的普罗旺斯美食的餐厅、一个大平台和风景秀丽的客房，这里唯一一个小缺点就是它坐落在一条繁忙的街道上。这里还有安全的停车场。11 月～次年 3 月中旬停业。www.hotelversailles.com

科西嘉岛

阿雅克肖：Hôtel Kallisté €€

地址：51 cours Napoléon, 20000 电话：04 95 51 34 45 传真：04 95 21 79 00 房间数：48

这家整洁舒适的旅馆坐落在繁忙的拿破仑中庭当中，这里的客房极其安静，1864 年的铸铁栏杆和裸露的石墙让这幢建筑更显得具有乡村气息。从这里到火车站和汽车站步行只需要几分钟。www.cyrnos.net

阿雅克肖：Hôtel Les Mouettes €€€€

地址：9, cours Lucien Bonaparte, 20000 电话：04 95 50 40 40 传真：04 95 21 71 80 房间数：28

这家酒店距离市中心不远，有自己的沙滩和游泳池。宽敞的客房以古典装饰为主，反映了 19 世纪的风格。这里没有餐厅，但提供丰盛的早餐和小吃。11 月中旬～次年 3 月中旬停业。www.hotellesmouettes.fr

巴斯蒂亚：Hôtel Posta Vecchia €€

地址：Quai des Martyrs de la Libération, 20200 电话：04 95 32 32 38 传真：04 95 32 14 05 房间数：50

这家旅馆坐落在市中心，非常方便，它紧挨着熙熙攘攘的港口。这里有一个不错的餐厅，建议要一间前面的客房，这样可以看到码头的夜景。前面还有公共停车场。www.hotel-postavecchia.com

巴斯蒂亚：Hôtel Pietracap €€€€

地址：Rte San Martino, San Martino di Lota, 20200 电话：04 95 31 64 63 传真：04 95 31 39 00 房间数：39

这家极其舒适的酒店位于美丽的巴斯蒂亚海岸公路边上，一座种满了上百年的橄榄树的大公园将这里和海水隔开。这里有一个大的户外游泳池，游泳池边还有小吃店和私人停车场。12 月～次年 4 月停业。www.hotel-pietracap.com

博尼法乔：Hôtel le Royal €€

地址：8 rue Fred Scamaroni, 20169 电话：04 95 73 00 51 传真：04 95 73 04 68 房间数：14

这家老城中繁忙的旅馆可以看到美丽的悬崖和海景，客房的装饰色彩艳丽，教堂距离这里只有几分钟路程，而且到码头的距离也很近。小观光火车就在门外停靠。餐厅主要提供传统的当地美食。www.hotel-leroyal.com

博尼法乔：Hôtel Résidence du Centre Nautique €€€

地址：Quai Nord, Port de Plaisanc, 20169 电话：04 95 73 02 11 传真：04 95 73 17 47 房间数：11

这里以航海为装饰主题，这是博尼法西奥的唯一一家能俯瞰到海港的酒店。一些复式客房面朝港口，宽敞而又舒适。餐厅提供美味的食物。有私人停车场。11 月 ~ 次年 3 月停业。www.centre-nautique.com

卡尔维：Hostellerie l'Abbaye €€€€

地址：Rte Santore, 20260 电话：04 95 65 04 27 传真：04 95 65 30 23 房间数：43

这家漂亮的被常春藤覆盖的酒店位于 16 世纪的修道院旁边，地理位置优越。酒店在港口上，后面是大道，周围是一个整洁漂亮的花园。从这里步行到市中心只需要 5 分钟。11 月 ~ 次年 4 月停业。www.hostellerie-abbaye.com

科尔特：Hôtel Dominique Colonna €€

地址：Vallée de la Restonica, 20250 电话：04 95 45 25 65 传真：04 95 61 03 91 房间数：29

这家旅馆位于一个郁郁葱葱的山谷内，有一个小瀑布。你很难想象出一个比这个田园诗般的环境更美的地方。客房是高雅的现代装饰风格，服务也是无可挑剔的。隔壁有一个很好的传统餐馆，距离村庄的餐馆也只有 20 分钟的步行路程。www.dominique-colonna.com

伊尔鲁斯：Best Western Hôtel Santa Maria €€€€

地址：Rte du Port, 20220 电话：04 95 63 05 05 传真：04 95 60 32 48 房间数：56

这家酒店位置极好，位于前往鲁塞岛的道路上。这座迷人的酒店有它自己的一小片海滩，距离主广场也很近，所有的客房都有阳台可以看到山和海的美景。7 月和 8 月提供午餐。www.hotelsantamaria.com

皮亚纳：Les Roches Rouges €€€

地址：Rte Porto, 20115 电话：04 95 27 81 81 传真：04 95 27 81 76 房间数：30

这家精美的旅馆建于 1912 年，仍旧保留着它原有的魅力。客房装饰简单，外面便是美景，它被称作世界上最美丽的五大海湾之一。绝好的餐厅有阳台和花园。11 月 ~ 次年 3 月停业。www.lesrochesrouges.com

韦基奥港：Le Maquis €€

地址：Porto, 20150 电话：04 95 26 12 19 传真：04 95 26 18 55 房间数：6

这家安静的家庭旅馆位于近郊通往卡尔维的海滨公路上，迷人的餐厅当中有令人意想不到的丰富菜肴。从这里可以看到美丽生动的山景，这里还有舒适的客房、漂亮的花园以及停车场。12 月 ~ 次年 1 月停业。www.hotel-lemaquis.com

韦基奥港：Chez Franca €€€€

地址：Rte de Bonifacio, 20137 电话：04 95 70 15 56 传真：04 95 72 18 41 房间数：14

这家现代酒店位于城镇和港口之间，酒店的主人对客房进行了精心的改造。美丽的吉利亚和巴隆巴热亚海滩距离这里只有几公里，这里是游览 Zonza 和巴维拉绝好的大本营。12 月停业。www.francahotel.com

普罗普利诺：Le Lido €€€€

地址：Av Napoléon, 20110 电话：04 95 76 06 37 传真：04 95 76 31 18 房间数：11

这家酒店位于海滩上，地理位置很独特。客房装饰简单，但赤陶砖、马赛克和木质横梁却极具魅力。建议游客选择一间主楼中的面向海滩的房间。这里的餐厅很不错，以烤龙虾为特色。11 月 ~ 次年 4 月中旬停业。www.le-lido.com

萨尔泰纳：Hôtel St Damianu €€

地址：Quartier San Damien, 20100 电话：04 95 70 55 41 传真：04 95 70 55 78 房间数：28

这家旅馆宽敞的客房中都有阳台，可以从阳台眺望到远处美丽的瓦兰寇湾，这里的设施包括一个巨大的游泳池、一个花园、土耳其浴场、残障人士通道、安全的停车场以及一家极好的餐厅。11 月 ~ 次年 4 月停业。www.sandamianu.fr

圣弗洛朗：Hôtel Maxime €€

地址：Rte La Cathédrale, 20217 电话：04 95 37 05 30 传真：04 95 37 13 07 房间数：19

这家旅馆位于前往 12 世纪的圣玛利亚阿斯塔教堂的途中。这幢经过改造的别墅非常安静，从这里到繁忙的海港步行只需几分钟。顶层精美的客房很宽敞，可以看到美丽的海景。

维扎沃纳：Hôtel du Monte D'Oro €€

地址：Col de Vizzavona RN 193, 20219 电话：04 95 47 21 06 传真：04 95 47 22 05 房间数：24

当你走进这家迷人的旅馆，你会感觉到进入了阿加莎·克里斯蒂的小说当中。旅馆建于 1880 年，在阿雅克肖和巴斯蒂亚之间的森林当中，这里有铺镶木地板的走廊、宽大的卧室以及优雅的餐厅。11 月 ~ 次年 4 月停业。www.monte-oro.com

餐饮信息

餐饮被法国人看作日常生活中很重要的一部分，世界上再没有另外一个地方比这里的人更了解餐饮的相关文化了。法国餐馆的样貌以及色香味俱全的美食都在电视当中不断展示，这里高质量的美食和餐饮服务是其他大部分欧洲国家无法比拟的。

通过本章对当地餐馆的介绍（见600~651页），读者可以了解法国餐馆的不同类型，以及一些在法国就餐所需要的信息，包括在外就餐小贴士、如何看菜谱、预订以及服务等。在本书的前面一部分（见24~27页）介绍了法国经典菜肴和葡萄酒。而五个地区大章节的开头部分也介绍了该区域最好的美食和美酒。

法国餐饮习惯

在法国乡村，按照传统大餐一般安排在中午，现在这种习惯仍然保留着。在城市中，中午一般吃得比较简单，通常是三明治、沙拉、咖啡以及甜点，晚餐是一天中的正餐；一般情况下午餐时间是中午到14:00，晚餐20:00 ~ 22:00，在餐馆打烊前30分钟停止订餐。

一些家庭运营的餐馆在周末不营业，所以除了在大城市，周日的时候在酒店以外很难找到餐馆。在一些城镇当中，旅游淡季时餐馆和酒店会停止营业，所以最好提前预订。

在过去的几十年中，法国人的饮食习惯已经发生了很大变化，现在很多其他地区的菜肴也逐渐受到美食家的认可，北非、越南以及中国餐馆在这里也都很容易找到，汉堡包、三明治和墨西哥菜现在也深受年轻人的喜爱。法国的城市和乡村居民现在和其他欧洲人一样注重健康饮食，他们都喜欢清淡的食品。大型百货超市的发展导致新鲜食物减少，冷冻食品和熟食逐渐增多。

地区美食

到法国旅游最大的好处之一就是可以品尝那里的地

普罗旺斯典型的露台餐馆

区美食。在法国，几乎每家餐馆都提供当地的特色美食，这种菜肴能反映出当地特产和餐饮文化。最好的区分不同地区美食的依据是奶油或橄榄油：北方人常用奶油烹饪，在南方橄榄油用得更多，而西南部的鸭油和鹅油是主要油料。

每一个地区都有他们引以为豪的美食，从全法国来看，最有名的美食来自四个地区：阿尔萨斯是靠近德国的一个省；在西南部，豆焖肉是将白扁豆、番茄、香肠和鸭肉炖在一起，很受当地人喜爱；阿尔卑斯的芝士火锅最出名；普罗旺斯的法式海产什烩最有名，这是一道来自马赛的鱼汤。里昂被看作法国的美食之都，法国大部分顶级餐馆以及藏有上等葡萄酒的酒馆都在这里。

La Cigale，南特的一家美好年代风格的啤酒店（见623页）

餐馆

法国的各个地区都分布着提供美食的餐馆，有墙面泛白的小餐馆，有镶木地板的庄严的城堡餐馆，有雇有著名厨师的星级餐馆，还有很多酒店中也有不错的餐厅对外开放，这些餐馆信息都列在后面的“选择餐馆”（见600~651页）中。

同一个级别的餐馆的价位除大城市较贵以外，基本全法国各地相差无几，食物和服务质量是影响价格的主要因素，在一家法国顶级餐馆中就餐花销超过150欧元非常容易。

烹制法国美食有很多种手法：高级烹饪术是一种传统烹饪方法，丰富的酱汁会使食物风味变化无穷；新式烹调法挑战了传统方法，用清淡而不是油腻的酱汁让食物的色、香、味充分表现出来；家常菜是法国的家庭美食；地方风味菜系是用高质量的原料烹制的乡村美食；年轻法国菜是最近的流行趋势，那些富有创意的年轻大厨们颠覆了米其林传统，发明了自己的风格。

卡蒙伯尔干酪

小酒馆

当法国人外出就餐的时候，他们更喜欢去那些平民化的小酒馆。这些小酒馆的形式各异，有的郊外的小酒馆也装饰得非常正规，但一些小城市和乡村当中的小酒馆则显得很随便。通常这些小酒馆提供美味而价格适中的传统美食，一般包括开胃小菜（hors d'oeuvre）、炖菜（plats mijotes）和烤鱼或烤肉（girllades），最后是一些奶酪和甜点。

洛林南锡的 L'Excelsior 餐馆（见614页）

啤酒店

啤酒店起源于阿尔萨斯，最初这里的客人都是酿酒工人，“brasseries”这个词的确切意思应该是啤酒厂。通常在大城市中才能找到啤酒店，一般店面很大，熙熙攘攘，有的还在户外提供一些海鲜。啤酒店通常提供啤酒、家酿葡萄酒和各种当地出产的酒，这里的食物包括鱼和烤肉，还有阿尔萨斯的特色菜肴，如腌白菜马铃薯猪肉（choucroute garnie）。这里的价格和小酒馆差不多，通常啤酒店从早上营业到晚上，一整天都提供食物。

农舍客栈

在乡村，你可以在简单的农舍客栈中用餐，这里的食物很好，价格也便宜，通常都是以自产的新鲜农产品为原料烹制的。你可以在房间中享用美食。有关农舍客栈的信息见548页的“自炊式民宿”。

咖啡馆

咖啡馆代表了法国人的精神，除了极小的农庄外基本到处都是咖啡馆，每天从早晨一直开到22:00左右，这里一整天都提供饮料、咖啡、茶、简单的食物和小吃，例如沙拉、煎蛋和三明治等。这里还会提供早餐，而且比酒店便宜。除了提供点心之外，咖啡馆还向客人提供游览法国的信息，是绝好的信息来源地。在乡村中几乎所有的人每天都要进出一个小咖啡馆，在大城市中咖啡馆一般都迎合某种特定的人群，例如工人或学生。巴黎最著名的咖啡馆一直是学者和艺术家交流思想的地方（见152页）。

卢瓦尔河谷的 Auberge du XII（见624页）

蔚蓝海岸地区老城尼斯的一个咖啡馆外的餐桌

小酒馆附加物

在过去的几年中，“婴儿小酒馆”或“小酒馆附加物”在大城市中也可以看到，特别是巴黎和里昂。这是一种新型餐馆，一般是著名大厨开的昂贵的餐馆的较便宜的姊妹店。它们都有固定价格的菜单。

快餐

如果你不想在美国快餐连锁店中就餐，酒吧中也提供价格便宜的简餐，很多购物中心都有自助餐，食物美味，价格也合理。

预订

在城市和大城镇就餐最好提前预订，特别是5月~9月，但是一些咖啡馆和乡村餐馆不需要预订，但是如果你去的是偏僻的村庄或正逢旅游淡季，最好提前电话咨询是否全年营业。

如果你已经预订，但是又改变了计划，可以打电话取消预订，特别是小一点的餐馆，每一张桌子都有客人才可能赢利，如果订了餐而又来不了的话，一定要提前通知取消订单。

菜单和点餐

当一张菜单呈现在你面前的时候，通常会被问到是否需要开胃酒，虽然许多法国人用餐之前不喝酒，但是你可以选Kir（白酒和黑葡萄酒的混合酒）、苦艾酒、light port（法国人喝的一种鸡尾酒）或是软饮料。

菜单中的les entrées或bors d'oeuvre是开胃菜。Les plats是主菜，大部分餐馆提供plat du jour（特色菜），经常会因季节和地区不同而不同，24~25页介绍了法国美食。

奶酪是主菜和甜点之间单独的一道菜。如果你不要奶油（crème），一般咖啡都是黑咖啡，或者也可以点香草茶（tisane）。

葡萄酒

餐馆中提供各种高档酒类，虽然价格相比较昂贵，但是和在商店当中出售的酒相比更加醇正。当地的酒都装在一种细颈小口玻璃瓶中出售，每次要半瓶（50毫升）或1/4瓶（25毫升）是遍尝当地美酒最省钱的方法。法国将酒类划分成三个等级，按照酒的质量逐渐升高：Vin de France、Indication Géographique Protégée（IGP）和Appellation d'Origine Contrôlée（AOC）。Vin de France在餐馆中很难找到，但是可以选择地区葡萄酒（略高于IGP），本书中有关于地区葡萄酒的介绍。26~27页是法国美酒的介绍。

如果不能确定选什么，可以选择自酿葡萄酒。很少有餐馆会提供劣质的自酿葡萄酒来毁坏他们的名声，一般自酿葡萄酒都是物有所值的。

水

清水是免费提供的，法国有大量的矿泉水，法国人对这一点也深感自豪，人们喜爱的品牌包括Evian和Badoit。

Le Moulin de Mougins（见650页）

付款

Visa/Carte Bleue（V）是法国应用范围最广的信用卡，Mastercard/Access（MC）在法国也是非常常用的，而American Express（AE）和Diners Club（DC）只能在一些高档场所使用。尽管如此，你也

巴黎拉丁区的La Tour d'Argant（见603页）

应该随身携带足够的现金，特别是在乡村旅游的时候，因为许多小餐馆仍然不能使用信用卡。如果你还不确定是否可以用信用卡，可以在预订的时候咨询清楚。

服务和小费

法国人就餐是非常悠闲的，人们在餐桌旁无忧无虑地度过4个小时是非常正常的，所以如果你赶时间的话，就去咖啡馆或啤酒店选择小吃和快餐就行。12.5%~15%的服务费一般包括在餐饮的总费用当中，但是大部分法国人在咖啡馆中就餐后会留下几分钱（欧元）小费，其他餐馆会将5%的服务费算在总费用中，更高级的餐馆对他们自己提供的服务会感到非常自豪，所以加入5%~10%的服务费是很正常的。对于卫生间的服务员，30分（欧元）小费是足够的，对衣帽间的服务员则付约50~70分（欧元）。

着装要求

法国人在不经意间也会穿得非常好，游客们同样需要将自己修饰一下以示礼貌，运动服、运动鞋、短裤以及沙滩裤，除了咖啡馆和海滩外是不受欢迎的。

“餐饮信息”列出了要求男士穿夹克戴领带的餐馆（见600~651页）。

儿童

法国的儿童很早就学习了餐厅礼仪，而且行为良好，很守规矩，所以在法国的每一个地方都非常受欢迎，但是很少有餐馆为小孩提供特殊的设备，如儿童椅或婴儿椅，而且没有单独放婴儿车的地方。

宠物

除了大部分高档餐馆外，狗通常是可以带入餐馆的，因为法国人非常喜欢狗，所以当你看到邻桌上的狗不要感到惊讶。

比利牛斯地区圣日龙的 Eychenne 酒店餐馆（见 588 页）

吸烟

很多地方都在尽力落实无烟政策，特别是餐馆和咖啡馆。法国人不得不逐渐接受这个趋势，游客也应该遵守法国政府关于在公共场所吸烟的条例。

不仅如此，与欧洲其他国家一样，自2007年起全法国在公共场所禁止吸烟。

埃维昂莱班一家酒店优雅的餐厅

轮椅通道

虽然很多新近的酒店中的餐厅通常都有残疾人通道，但是经常受到限制，当预订的时候说明你的需要可以确保就餐的方便，并且可以在你需要的时候得到帮助。“餐饮信息”中标明了餐馆是否有轮椅通道。

本书的549页列出了一些组织的名字和地址，他们为残障人士提供在法国旅行的建议。

素食

虽然最近几年情况已经改进了不少，但是对于素食者来说，找餐馆仍是很难的事情。在大部分无素食的餐馆中的主菜通常是家常肉食和鱼，但是一般开胃菜能够符合素食者的要求，要求一份不含肉的主菜也是没问题的。假如提前提出要求的话，一些餐馆还会为你准备一份特别的素菜。

只有大城市和大学城才可能有完全提供素食的餐馆，另外咖啡馆、意大利比萨店以及油煎鸡蛋薄饼店也是寻找素食的好地方。

野餐

野餐是享用绝好的新鲜特产、当地的面包、奶酪以及熟食的最好途径，这些美食可以从在法国的各个集市和商店中买到，更多细节见652~655页。

野餐也是省钱和进行郊外旅游的一种好方法，主路边上的野餐地点都有明确标示，还有足够的桌椅。乡村小路也是一个绝好的野餐地点选择。

选择餐馆

这份指南中的餐馆是根据它们的等级、特色食物和有趣的地理位置精心挑选出来的。本章以地区为划分标准列举餐馆信息。有关巴黎的餐馆位置信息可参照154~169页的“巴黎城市地图”。

价格指南

每人以三菜为标准，包括半瓶家酿葡萄酒、税费和服务费。

€ 30欧元以下
€€ 30~45欧元
€€€ 45~60欧元
€€€€ 60~90欧元
€€€€€ 90欧元以上

巴黎

巴士底：Bistrot du Peintre €€

地址：116 ave Ledru Rollin, 75011 电话：01 47 00 34 39 城市地图：10 F5

这家悠闲的小酒馆位于一座装饰艺术风格的世纪之交的建筑中，它很受当地艺术家和媒体人士的欢迎，他们都是为了这里适当的价格和繁忙的平台而来的。这里的食物很简单但也不错：牛排和绝佳的鱼类都配以炸土豆和蔬菜。

巴士底：Le Bistrot Paul Bert €€

地址：18 rue Paul Bert, 75011 电话：01 43 72 24 01

这家酒馆因它怀旧的装饰、镀锌的吧台，以及经典的厨艺的完美结合而享有盛名。酒馆里的员工热情好客，其中牛排配薯条是镇上最美味的菜肴之一，餐厅里总是混合掺杂着来自世界各地的美食家的嘈杂声音。这里的酒单很特别。

巴士底：Le Repaire de Cartouche €€€

地址：8 bd Filles du Calvaire, 75011 电话：01 47 00 25 86 城市地图：10 D2

鲁道夫·帕坎可能不像其他的巴黎大厨那样得到媒体的诸多关注，但是他的两星级乡村餐馆一直致力于提供镇上最为物美价廉的食物。在这里你可以享受到价格公道的美味午餐以及程序复杂的美味佳肴，如 lièvre à la royale（酒煨兔肉）和脆皮猪头。

波堡和市政厅：Le Tambour €

地址：41 rue Montmartre, 75002 电话：01 42 33 06 90 城市地图：9 A1

采用奇异怪特的巴黎纪念品装饰的这家餐馆会一直营业到凌晨的3:30（周天与周一到凌晨1:00），对于喜欢在夜里狂欢的巴黎人，这里是个理想的去处。价格不会因为进入深夜而下降。提供牛排配薯条等各种丰富多样的美食。

波堡和市政厅：Au Pied du Cochon €€

地址：6 rue Coquillière, 75004 电话：01 40 13 77 00 城市地图：8 F1

这家色彩丰富的酒吧曾经深受上流社会人士的喜爱，这些人在古老的市场上观察挑选工人后会在这里品尝洋葱汤。虽然这里现在游客众多，但是餐馆总有一些美食来满足不同人的需求（包括一些极佳的贝类）。这里仍然是夜晚外出休闲最好的去处之一。

波堡和市政厅：Aux Tonneaux des Halles €€

地址：28 rue Montorgueil, 75001 电话：01 42 33 36 19 城市地图：9 A1

这里有真正的镀锌吧台、烟雾弥漫的氛围和一个巴黎最小的餐馆。虽然这里的服务不是特别快，但是食物如此美味，谁还会在乎这一点呢？这里的酒水价格比较便宜。

波堡和市政厅：Café Beaubourg €€

地址：43 rue Saint-Merri, 75004 电话：01 48 87 63 96 城市地图：9 B2

这家餐馆是优雅与现代的结合，从这里能观赏到波堡博物馆的动画广场的美景。这里的氛围简单大气，同时又让人产生一种信赖之感，有时候价格会稍许高昂却物有所值。这里提供各种花样的鞑靼牛排、烤肉和鱼。餐馆还会提供浪漫的烛光和美味的泰式沙拉。

波堡和市政厅：Le Hangar €€

地址：12 impasse Berthaud, 75003 电话：01 42 74 55 44 城市地图：9 B2

这家安静的餐馆是当地居民的最爱，就位于娃娃博物馆旁边，有幸发现它的人们一定会为了那美味而诱人的食物流连忘返。这里的招牌菜是香煎鹅肝配橄榄油土豆泥和松软的巧克力蛋糕。这里的装饰没有太多的特色，但美味的食物却足以弥补这个缺憾。

波堡和市政厅：Chez la Vieille €€€

地址：1 rue de Bailleul, 75001 电话：01 42 60 15 78 城市地图：8 F2

巴黎的餐厅里，食物逐渐趋于量小而精致，而在古老风情的酒吧里情况却有所不同，这里的客人会去享受美味的馅饼、沙拉及各种小甜点，如巧克力慕斯和自制的蛋挞。主菜非常丰盛，如炖牛肚或白汁烩小牛肉。

图标含义见封底勒口

波堡和市政厅：Georges €€€€

地址：19 rue Beaubourg, 75004 电话：01 44 78 47 99 城市地图：9 B2

这家餐馆位于蓬皮杜中心的顶端，有极好的视野。这里有清淡而诱人的美食，比如螃蟹和蘑菇的油酥千层糕。餐馆有着极简主义的装饰风格，用了许多钢铁和铝材。

夏佑宫和马约门：Bistro le Goupil €€

地址：4 rue Claude Debussy, 75017 电话：01 45 74 83 25 城市地图：1 C1

巴黎边缘的这家古老的小酒馆在当地有着许多忠实的追随者，他们为那精心烹制的牛排骨肉和多种复杂精致的美味佳肴，如搭配洋蓟和野生蘑菇的安康鱼而着迷。在开放的厨房外面可以看到年轻大厨活力四射地忙碌着。需要提前预订。

夏佑宫和马约门：La Plage €€

地址：Port Javel, 75015 电话：01 40 59 41 00 城市地图：5 B5

这家餐馆面朝自由女神像，这里的法国菜和地中海菜的魅力一点也不逊于这里的风景。午餐时间巨大的平台对外开放，傍晚也可以在那上面享用浪漫的烛光晚餐。这里的装潢色调清淡柔和。上餐可能会慢些。

夏佑宫和马约门：Chez Géraud €€€

地址：31 rue Vital, 75016 电话：01 45 20 33 00 城市地图：5 B3

老板 Géraud Rongier 对法式美食有很敏锐的洞察力，每天都用时令食材做出精致的菜肴，如插烤羊肩、红酒煨 sabodet 香肠，还有红酒烤乳鸽。墙壁上有专为餐厅设计的壁画。

夏佑宫和马约门：Oum El Banine €€€

地址：16 bis rue Dufrenoy, 75016 电话：01 45 04 91 22 城市地图：5 A1

这个摩洛哥风格的小餐厅位于高级住宅区，女老板传承了其母亲的精湛手艺。这里的菜肴有辣味扁豆汤（一种味浓而香的汤）、泰琼锅羊肉、馅饼（一种可口的松软蛋挞）、油炸香辣面团（带馅的三角形糕点）、蒸粗麦粉有五种口味。

夏佑宫和马约门：Le Timgad €€€€

地址：21 rue Brunel, 75017 电话：01 45 74 23 70 城市地图：1 C3

巴黎最负盛名、最为优雅的马格里布餐厅，在这里用餐需要提前预约。菜单会有各种不同的泰琼锅羊肉和蒸粗麦粉，以及一些特色菜，如烤乳鸽、馅饼和烤全羊，这些菜也需要提前预订。

夏佑宫和马约门：Zébra Square €€€€

地址：3 pl Clément Ader, 75016 电话：01 44 14 91 91 城市地图：5 B4

这家餐馆是酒店广场综合建筑的一部分，时尚的极简主义风格配以斑驳的花纹，为这座建筑增色不少。这里的饮食也同样时尚。周日供应早、午餐。这里是时尚人士的热衷之地。

香榭丽舍大道：Granterroirs €€

地址：30 rue Miromesnil, 75008 电话：01 47 42 18 18 城市地图：2 B4

这家餐馆位于时髦的香榭丽舍大街区域，进入店内你会感到很惊喜，因为它装饰得像一间乡村厨房，摆满长条木桌子。货架上摆放着 800 多种食材，其中很多可以用于制作沙拉和三明治；每天都有一道不同的热菜供应。仅提供午餐。

香榭丽舍大道：Le Bœuf sur le Toit €€

地址：34 rue du Colisée, 75008 电话：01 53 93 65 55 城市地图：3 A4

这家装饰艺术风格的啤酒馆由 Flo 集团运营，它在巴黎拥有很多家啤酒馆，其中这家是香榭丽舍大街上一家很不错的吃饭地点。除了经典牛排配炸薯条，这里还有独家的黄油炸鱼和生猛海鲜，其他值得尝试的特色菜还有龙虾汤和白葡萄酒煨安康鱼。

香榭丽舍大道：Savy €€

地址：23 rue Bayard, 75008 电话：01 47 23 46 98 城市地图：2 F1

这家餐馆建于 1923 年，屋前有展位。餐馆一直都致力于提供丰富的法国中部美食。订购一块雪花牛排或者两份羊肩肉，会配送小量的松脆薯条和从地窖里取出的陈酿美酒（可能会有勃艮第葡萄酒）。

香榭丽舍大道：Sens €€

地址：23 rue Ponthieu, 75008 电话：01 42 25 95 00 城市地图：3 A5

这是家概念餐馆，有着柔和的银灰色调，巧妙利用光线的作用形成时尚感，吸引了各色时尚人士。塑料的树桩形支柱支撑着整个包厢。提供亚洲风味美食，如烤鲷鱼配炒时蔬等。

香榭丽舍大道：Mini Palais €€€

地址：Grand Palais, 1 av Winston Churchill, 75008 电话：01 42 56 42 42 城市地图：3 A5

这家位于巨大宫殿中的酒吧餐馆是由米其林星级大厨 Eric Fréchon 管理的。这里的大厨善于使用上好的应季食材烹饪美食。一定不能错过独特而精致的巨大的朗姆糕配香草奶油。

香榭丽舍大道：La Fermette Marbeuf 1900 €€€€

地址：5 rue Marbeuf, 75008　电话：01 53 23 08 00　城市地图：2 F5

这家位于香榭丽舍大街的小餐馆拥有许多风格的精致的马赛克画及铸铁栏杆。这里提供法国啤酒店式菜肴，菜单非常吸引人而且提供许多葡萄酒。

香榭丽舍大道：Lasserre €€€€€

地址：17 av Franklin Roosevelt, 75008　电话：01 43 59 02 13　城市地图：7 A1

这是一家为 1937 年世博会而建造的餐厅，它模仿了豪华游轮的内部构造，且一度被夏加尔和达力所青睐，它是华丽的装潢、独特的美酒和精致的美味菜肴的完美结合。Christophe Moret 是餐厅的大厨，他的灵感来自 19 世纪的食谱通心粉配黑松露。这里的服务是一流的。

香榭丽舍大道：Le Cinq €€€€€

地址：31 av George V, 75008　电话：01 49 52 70 00　城市地图：2 E5

想要奢侈一下，没有比这家位于香榭丽舍大街的米其林星级餐厅更加合适的了。这里的食物味道独特，吃过的人很难忘记；各种菜肴会不同程度搭配芥末酱和辣酱。85 欧元的午餐套餐质量上乘，物超所值。

香榭丽舍大道：Pavillon Ledoyen €€€€€

地址：1 av Dutuit, 75008　电话：01 53 05 10 01　城市地图：7 B1

你可以选择在仿 20 世纪 50 年代的餐厅内吃烤肉，或是在露台上支起的烧烤架上吃。Pavillon Ledoyen 的美食异常精致，都是结合创新的烹饪方法制作而成的，其中包括许多鱼类和海鲜特色菜。

西岱岛和圣路易斯岛：Isami €€€

地址：4 quai Orléans, 75004　电话：01 40 46 06 97　城市地图：9 C4

当你经过塞纳河边的餐馆门口时，这里的女主人会提醒你"只有这里提供生鱼片"，所以餐馆很受日本游客的青睐，许多当地居民也纷纷为高质量的寿司前来。餐馆还提供上乘的日本米酒。

西岱岛和圣路易斯岛：Mon Vieil Ami €€€

地址：69 rue St Louis en l'Ile, 75004　电话：01 40 46 01 35　城市地图：9 B4

阿尔萨斯明星厨师安东尼・斯特曼经营着这家现代小酒馆，酒馆被石墙和磨砂玻璃分隔开来，一张可以共享的长桌放在一边。来自蔬菜种植者 Joël Thiébault 的蔬菜会被加工成各种别出心裁的美味菜肴。偶尔也会烹制北非的美食，如柠檬脯或者蒸粗麦粉。

荣军院和埃菲尔铁塔区：Le Troquet €€

地址：21 rue Fran 钀 is Bonvin, 75015　电话：01 45 66 89 00

这家餐馆如同一颗珍珠遗落在一条不起眼的居民街道上，从这里你可以看到埃菲尔铁塔。它兼备得天独厚的环境与主厨精湛的厨艺。每天的菜单用粉笔写在餐馆内的黑板上，很有复古风情。

荣军院和埃菲尔铁塔区：Au Bon Accueil €€€

地址：14 rue Monttessuy, 75007　电话：01 47 05 46 11　城市地图：6 E2

这家餐馆的外表看起来很像一家小酒馆。在外面的阳台上你可以看到埃菲尔铁塔。当你走进去，精致的美食、别致的现代装潢会令你感觉像是身处迷你的高级美食餐厅。如果你的预算足够，可以试试这里有固定菜式的午餐和晚饭。

荣军院和埃菲尔铁塔区：La Villa Corse €€€

地址：164 bd de Grenelle, 75015　电话：01 53 86 70 81　城市地图：6 E5

餐馆周围环境舒适，供应新鲜且具浓郁科西嘉 – 地中海风味的美食，是巴黎最好的餐馆之一。菜品主要有炖野猪肉、橄榄小牛肉、羊奶酪和博尼法乔的特产——板栗面包，科西嘉酒是不错的选择。

荣军院和埃菲尔铁塔区：L'Arpège €€€€€

地址：84 rue de Varenne, 75007　电话：01 47 05 09 06　城市地图：7 B3

罗丹博物馆附近的 L'Arpège 米其林三星级餐厅是巴黎声誉最高的餐厅之一。它有着引人注目的木质装潢、充满活力的服务和妙不可言的美食。菜品会根据时令食材做出适当的搭配和创新。不要错过这里的苹果蛋挞。

荣军院和埃菲尔铁塔区：Le Jules Verne €€€€€

地址：2nd platform, Eiffel Tower, 75007　电话：01 45 55 61 44　城市地图：6 D3

这家餐厅坐落于埃菲尔铁塔的第二层平台上，在这里预约座位算是在巴黎最困难的事情了。这里华贵而深沉的装潢与铁塔的风格相得益彰，而且这里的食物也无可挑剔。

植物园区：Marty Restaurant €€€

地址：20 av des Gobelins, 75005　电话：01 43 31 39 51　城市地图：13 B3

这家餐馆由 E Marty 创建于 1913 年，一直保持着家族经营的模式。内部装潢是正宗的装饰艺术风格，这里的食物非常吸引人，有烤鸭、兔腿、应季美食，比如西班牙凉菜汤，还有一流的焦糖布丁。

拉丁区：Le Grenier de Notre Dame

€

地址：18 rue de la Bucherie, 75005　电话：01 43 29 98 29　城市地图：9 A4

这家餐厅始建于 20 世纪 70 年代，至今仍保持着起初的嬉皮士风格。这里的美食包括素食砂锅和裹面包屑炸肉块。而且食材均来自天然无害原料。这里还有老式的波尔多葡萄酒，价格合理，值得选择。

拉丁区：Le Balzar

€€

地址：49 rue des Ecoles, 75005　电话：01 43 54 13 67　城市地图：9 A5

这里有许多不错的餐厅，其中最具情调的当数 Le Balzar 了，传统穿着的侍者在人群中穿插而行，服务快捷。这里的装潢采用了典型的啤酒店的装饰风格：大镜子和舒适的皮革座椅。

拉丁区：Perraudin

€€

地址：157 rue St-Jacques, 75005　电话：01 46 33 15 75　城市地图：12 F1

不论是红白相间的桌布还是镀锌的吧台，以及这里的菜肴，都令 Perraudin 感觉起来像是一个真正的 20 年代初的小酒馆。菜单是以主要的原材料来标注的，如羔羊肉、薯条、生牛肉片配帕尔马干酪、creamy riz au lait（一种大米布丁）。19:00 ~ 20:00 之间接受预约，没有预约的食客可以在酒吧里等候（客人流动很快）。

拉丁区：Le Petit Pontoise

€€

地址：9 rue Pontoise, 75005　电话：01 43 29 25 20　城市地图：9 B5

这家餐馆很受当地人的欢迎，大厨独具新意地使用了香草和香料作为作料。菜品一流，其中有鹅肝配无花果，香草烤海鲈鱼，姜烤菠萝。建议提前预订。

拉丁区：Le Pré Verre

€€

地址：8 rue Thénard, 75005　电话：01 43 54 59 47　城市地图：9 A5

马克和菲利普·德拉库塞勒兄弟俩经营这家拥有紫红色墙壁的小酒馆，他们广泛地应用各种亚洲食材烹制美食，招牌菜是用桂皮盐烤鳕鱼配熏马铃薯泥。葡萄酒来自小生产商。餐馆总是生机盎然。

拉丁区：La Tour d'Argent

€€€€€

地址：15–17 quai de la Tournelle, 75005　电话：01 43 54 23 31　城市地图：9 B5

这家餐馆位于一座建于 1852 年的石塔中。老板克劳德·德海伊聘请了年轻的主厨，更新了传统的菜目，使这个雍容华贵的餐厅颇显朝气。它还拥有一流的酒窖。底层的酒吧同时也是一个美食博物馆。午餐往往比晚餐便宜。

蒙马特：Au Grain de Folie

€

地址：24 rue la Vieuville, 75018　电话：01 42 58 15 57　城市地图：4 F1

这是巴黎为数不多的素餐馆之一，环境非常舒适温馨。主要菜品有由各式蔬菜搭配在一起的沙拉，还有谷物（许多都是有机食品）。这里的酥皮苹果甜点心很受欢迎。别忘了提前预约餐位。

蒙马特：Hotel Amour

€

地址：8 rue de Navarin, 75009　电话：01 48 78 31 80　城市地图：4 F2

这个入时而不招摇的餐馆位于蒙马特下面的时尚第九区，装饰古典，菜肴糅合了法式与盎格鲁 – 撒克逊风格，有通心粉、奶酪、汉堡和焦糖布丁。夏季可预订在漂亮的庭院就餐。

蒙马特：La Famille

€€

地址：41 rue des Trois Frères, 75009　电话：01 42 52 11 12　城市地图：4 F1

在这里，当代美食与前卫菜肴都有，如果你看到浇上酱汁的肉菜是心形的，不必惊奇。其迷迭香三文鱼非常棒。装饰为极简主义风格。

蒙马特：Le Wepler

€€

地址：14 pl de Clichy, 75018　电话：01 45 22 53 24　城市地图：6 D1

这是一家复古风格的餐馆，建于 1892 年，营业直至深夜。这里的下午茶、鸡尾酒、歌舞表演前后的晚餐都很不错。这里供应令人食欲大开的贝类拼盘、酸菜、香肠（一种香肠）、油封鸭等。

蒙马特：Table d'Eugène

€€€

地址：18 rue Eugène Sue, 75018　电话：01 42 55 61 64　城市地图：6 D1

餐馆位于稍微偏僻的地方，但蒙马特当地居民给予了它很高的评价。大厨 Geoffroy Maillard 采用高质量的精挑细选的应季食材烹饪出新鲜菜肴，他用这种方式实现着自己的价值。这里也有来自独立生产商的葡萄酒。需要提前预订。

蒙帕纳斯：Port Manech

€

地址：52 rue du Montparnasse, 75014　电话：01 43 21 96 98　城市地图：12 D2

这家餐馆就像是巴黎一片小小的布列塔尼地区。来这里要尝尝美味的烤薄饼，比如 Provençal（蘑菇和蜗牛），吃完再来一杯美酒就完美了。这里有很多火焰烤薄饼可以选择作为甜品。

蒙帕纳斯：La Régalade €€
地址：49 av Jean Moulin, 75014 电话：01 45 45 68 58 城市地图：11 C5

在这家传统餐馆，你可以以较低的价格吃到高级别的食物。你可以以鸭肝砂锅，或者香醋煎鳕鱼为主食，另配大厨的蛋奶酥作为饭后甜点。菜单上主要列举法式菜肴。预订很有必要。

蒙帕纳斯：Le Timbre €€
地址：3 rue Sainte Beuve, 75006 电话：01 45 49 10 40 城市地图：12 D1

曼彻斯特人克里斯·莱特经营这家带有开放式厨房的小酒馆，酒馆靠近卢森堡公园。流畅优美的字体将新式酒馆的美味佳肴写在黑板上，如小扁豆沙拉配猪脸、海鲷配橄榄，一盘盘英国奶酪是对酒馆起源的纪念。

蒙帕纳斯：Restaurant l'Assiette €€€
地址：181 rue du Chateau, 75014 电话：01 43 22 64 86 城市地图：11 C4

长期以来，叼着雪茄的厨师 Lulu 经营着这家酒馆，直到 2008 年酒馆被阿兰·杜卡斯的徒弟年轻的戴维·拉特格贝尔接管。酒馆经典佳肴如搭配土豆沙拉配腌鲱鱼和奶油焦糖一直吸引着年轻的名人。

蒙帕纳斯：La Cagouille €€€
地址：10 ~ 12 pl Constantin Brancusi, 75014 电话：01 43 22 09 01 城市地图：11 C3

餐馆坐落于重建过的蒙马特区布朗库西广场一带。虽然这里的鱼只简单搭配了酱汁和一些装饰，它却是巴黎最好的鱼馆之一。这里还有一些非同寻常的新鲜海味，如黑海湾扇贝和小红鲻鱼。

蒙帕纳斯：La Coupole €€€
地址：102 bd du Montparnasse, 75014 电话：01 43 20 14 20 城市地图：12 D2

这家著名的啤酒店自 1927 年创建以来一直是文人墨客的聚集地。它与 Flo 啤酒店同属一家，菜品也很类似：鲜贝、熏鲑鱼以及一级棒的甜点。咖喱羊肉是这里的特色菜。开放时间从早晨一直到次日 2:00。

歌剧院区：Chartier €
地址：7 rue du Faubourg Montmartre, 75009 电话：01 47 70 86 29 城市地图：4 F4

这家餐馆有着 20 世纪伊始的建筑风格，在这里就餐很经济实惠。顾客以学生和游客为主。一些回头客都是冲着这里的美食而来的：蛋黄酱鸡蛋、家常肉酱、烤鸡和胡椒牛排。因为侍者都很忙，所以无附加服务。

歌剧院区：La Bourse ou la Vie €€
地址：12 rue Vivienne, 75002 电话：01 42 60 08 83 城市地图：10 F5

寻找巴黎最好的牛排配薯条? 这家靠近旧证券交易所的餐馆是不错的选择，餐馆是 20 世纪 40 年代的装饰风格。这道佳肴的秘诀在于使用上乘的肉类和动物脂肪来炸薯条；并在上菜时将它浸入奶油胡椒酱中。餐馆里的法国歌曲营造出很好的氛围。

歌剧院区：La Vaudeville €€
地址：29 rue Vivienne, 75002 电话：01 40 20 04 62 城市地图：4 F5

这是巴黎饮食大王让·保罗经营的七家啤酒店之一，这里供应一流的海鲜贝类，大量的鱼类美食，还有各类典型的啤酒店菜肴，如猪蹄、牛肚（牛肚肠）等。快捷、贴心的服务和喧闹的气氛将给你带来很多的乐趣。

歌剧院区：Willi's Wine Bar €€
地址：13 rue des Petits-Champs, 75001 电话：01 42 61 05 09 城市地图：8 F1

这个极具魅力而又舒适的酒吧提供 250 多种 1980 年以来酿造的葡萄酒。菜单包括奶油芦笋汤、盐烤羊肉，当然还有一级的葡萄酒。酒吧还出售和红酒有关的艺术品。

歌剧院区：Un Jour à Peyrassol €€€
地址：13 rue Vivienne, 75002 电话：01 42 60 12 92 城市地图：10 F5

Commanderie de Peyrassol 是普罗旺斯最好的葡萄园之一，这家餐馆就在它旗下。餐馆以松露和其他的地方特产为主要食材。乡村与现代气息相融合的两间餐厅拥有其乐融融的氛围，普罗旺斯风格的菜肴如松露摆盘炒鸡蛋，也与这里的氛围相辅相承。

歌剧院区：Drouant €€€€
地址：16 ~ 18 pl Gaillon, 75002 电话：01 42 65 15 16 城市地图：4 E5

成立于 1880 的前阿尔萨斯小酒馆已经发展成为一个现代餐馆，它是由安东尼·斯特曼经营。它位于 Mon Vieil Ami 酒馆（见 602 页）的后面，这里的开胃小菜很不错，所以食客的桌子上经常堆满了小碗碟。楼上有私人沙龙。

歌剧院区：La Fontaine Gaillon €€€€
地址：1 rue de la Michodière, 75002 电话：01 47 42 63 22 城市地图：4 E5

餐厅位于一座 17 世纪的建筑中，由大名鼎鼎的电影演员杰拉德·德帕迪约部分控股。菜单上有油封鸭、羊排以及昂儒葡萄酒浸草莓等。店内布置舒适，酒类齐全。

圣日耳曼德佩：Chez les Filles €

地址：64 rue du Cherche Midi, 75006 电话：01 45 48 61 54 城市地图：7 C5

摩洛哥姐妹经营着这家迷人的小茶座，供应有异国情调的午后茶点，午餐有泰琼锅羊肉、沙拉、粉蒸羊肉，而下午茶则包括各种糕点和薄荷茶。店内有锻钢艺术品和摩洛哥风格的挂毯。周日停业。

圣日耳曼德佩：La Crèmerie €

地址：9 rue Quatre Vents, 75006 电话：01 43 54 99 30 城市地图：8 E4

这家店可追溯到1880年，前身是乳品店，带有彩绘玻璃顶棚，从20世纪50年代开始成为一间酒吧。目前的老板曾经是一位建筑师，他着重强调的是原生态。这里的葡萄酒搭配着面包和来自布列塔尼的黄油、西班牙的火腿、阿尔代什香肠和意大利普利亚区的布拉塔芝士。

圣日耳曼德佩：J'Go €€

地址：Rue Clement, 75006 电话：01 43 26 19 02 城市地图：8 E4

活力四射的图卢兹酒吧有着双重的身份，它既是一间酒吧也是一家烤肉店，提供来自凯尔西肉嫩多汁的烤羊羔、烤鸡，来自比格尔的黑猪、馅饼、沙拉、羊肉配奶油白豆，这些菜品都味美而且物有所值。这里还提供餐前小吃，葡萄酒（瓶装或杯装）始终甘甜醇香。

圣日耳曼德佩：L'Epigramme €€

地址：9 rue de l'Eperon, 75006 电话：01 44 41 00 09 城市地图：8 F4

这里有赤土色的瓷砖、木质的横梁，从窗外望去你可以看到树叶茂盛的庭院，L'Epigramme令人着迷向往。玻璃厨房内烹饪着无可挑剔的现代酒吧美食，如底层铺有厚厚的萝卜泡菜的巴斯克牧场猪肉。你还可以期待应季的野味。服务当然是无可挑剔的。

圣日耳曼德佩：Polidor €€

地址：41 rue Monsieur le Prince, 75006 电话：01 43 26 95 34 城市地图：8 F5

魏尔伦和波兰一度是这里的常客。这家餐馆是波希米亚风格的巴黎缩影，因其一贯的低价位传统美食而驰名。这里的美食有牛扒、煨牛肉、小牛肉和各色甜点。

圣日耳曼德佩：Joséphine Chez Dumonet €€€

地址：117 rue du Cherche-Midi, 75006 电话：01 45 48 52 40 城市地图：11 C1

在巴黎市内，依然沿用老式菜单的"二战"前小酒馆已经很稀有了，这就是Joséphine大受欢迎的原因。这里的美食以自助腌鲱鱼拉开序幕，随后超级鞑靼牛排接踵而至，幸运的话你可以品尝到豆焖肉；这里的甜点可是相当丰富。酒单很丰富并且价格不菲。

圣日耳曼德佩：Le Procope €€€

地址：13 rue de l'Ancienne Comédie, 75006 电话：01 40 46 79 00 城市地图：8 F4

这是巴黎最古老的咖啡厅，1686年开张，接待过伏尔泰、狄德罗等文学家和政治家，如今仍是文人的聚集地。在这里就餐可以与那些对历史古迹好奇的人坐在一起。炖鸡（醉鸡）和贝类海鲜拼盘是这里的特色菜。

玛莱区：Chez Hannah €

地址：54 rue des Rosiers, 75004 电话：01 42 74 74 99 城市地图：9 C3

在这条犹太熟食店聚集的街道上Hannah大厨研制的沙拉三明治不输于任何竞争对手。三明治里填充着各种松脆的鹰嘴豆球、芝麻酱、捣碎的茄子和辣椒，你可以选择在热闹的餐厅里或是站在街道上享用这一美食，当地人对它情有独钟。

玛莱区：Bistrot de L'Oulette €€

地址：38 rue des Tournelles, 75004 电话：01 42 71 43 33 城市地图：10 E3

这是一家物超所值的小型餐馆，固定的菜单价格不可更改却合理公道。西南部的菜系包括美味的煨鸭腿和豆焖肉，餐后搭配甜点的白巧克力汤。这里有着一流的自制栗子面包。

玛莱区：Chez Jenny €€

地址：39 bd du Temple, 75003 电话：01 44 54 39 00 城市地图：10 D1

这家餐馆位于共和广场，侍者身着阿尔萨斯传统服饰。自建立60年来，这里一直是阿尔萨斯美食的大本营，珍妮用心为食客打造特色德国泡菜，外加冰糕和水果甜酒。

玛莱区：Le Colimaçon €€

地址：44 rue Vieille du Temple, 75004 电话：01 48 87 12 01 城市地图：9 C3

Le Colimacon（蜗牛）的店名透露了其特别之处：这里的螺旋状升梯像是蜗牛壳的纹路。餐馆始建于1732年，屋顶是年代久远的木质横梁。特色菜有蜗牛、西芹番茄田鸡腿、煎羊扒等。

玛莱区：Les Philosophes €€

地址：28 rue Vieille du Temple, 75003 电话：01 48 87 49 64 城市地图：9 C3

这条街道的多家咖啡馆都属于Xavler Denamour，但在就餐时间段里Les Philosophes是最受欢迎的，它的价格会高于其他的小酒馆。馆内的牛排配薯条原汁原味，西红柿苹果派是这里的特色。馆内有阳台可以供顾客眺望远处的风景，即便有时这里很繁忙，但氛围却依然其乐融融。

玛莱区：Le 404 €€€

地址：69 rue des Gravilliers, 75003 电话：01 42 74 57 81 城市地图：9 B1

这家北非餐馆每晚都会有派对，低矮的桌子搭配放有圆椅垫的椅子整齐地排列着（有包厢）。时间越晚，客流量越大，深夜每个人欢呼雀跃，享乐其中。这里的食物非常美味，你不妨试试泰琼锅羊肉、自制特色菜和蒸粗麦粉。

玛莱区：Le Gaigne €€€

地址：12 rue Pecquay, 75004 电话：01 44 59 86 72 城市地图：9 C2

厨师 Mickaël Gaignon 有着多年的烹饪经验，对构建这家餐馆胸有成竹。餐厅墙上悬挂着各种美食的绘图。他独具匠心，根据季节调整食材，如用柠檬调味的鞑靼扇贝配红菊苣。

玛莱区：L'Ambroisie €€€€€

地址：9 pl des Vosges, 75004 电话：01 42 78 51 45 城市地图：10 D3

餐厅的前身是一个珠宝店，经主厨 Bernard Pacaud 翻修后成为巴黎为数不多的米其林三星级餐厅之一。菜品有海螯虾千层酥撒芝麻、小牛肉配剁碎的朝鲜蓟。提前一个月接受订位。

杜丽乐区：Le Fumoir €€

地址：6 rue de l'Amiral Coligny, 75001 电话：01 42 92 00 24 城市地图：4 F2

这里白天是咖啡馆，到了晚上则转换成热情似火的餐厅酒吧，Le Fumoir 为我们提供搭配斯堪的纳维亚香料的精致美食，蔓越莓或山葵使用率很高。这里有醇香的鸡尾酒。后场有个小型图书馆和一张大大的皮革扶手椅。

杜丽乐区：Café Marly €€€

地址：93 rue de Rivoli, 75001 电话：01 49 26 06 60 城市地图：8 E2

这家餐馆位于卢浮宫的一座翼楼中，参观完画廊你在此可以品尝到各式美食，从沙拉、汉堡到法国传统和现代美食，应有尽有。餐厅露台是品尝咖啡、俯瞰卢浮宫的绝佳场所。

杜丽乐区：Le Grand Véfour €€€€€

地址：17 rue de Beaujolais, 75001 电话：01 42 96 56 27 城市地图：12 F1

这家 18 世纪的餐厅被誉为巴黎最迷人的餐厅。主厨 Guy Martin 的创意美食包括鹅肝浇松露酱、馄饨、榛子巧克力配焦糖冰激凌和海盐。

法兰西岛

巴比松：Hôtellerie du Bas-bréau €€€€

地址：22 Grande Rue, 77630 电话：01 60 66 40 05

作家罗伯特·路易斯·史蒂文森曾一度是这里的常客。这家酒店餐厅菜目一流，酒类繁多。值得称赞的菜品包括鱼子酱、应季的煨野猪肉和鹿肉，甜品有橙酒蛋奶酥等。

布洛涅—比扬古：Le Pré Catelan €€€€€

地址：Bois de Boulogne, rte de Suresnes, 75016 电话：01 44 14 41 14

这是一家位于别致的拿破仑三世别墅中的米其林星级餐厅，它拥有极具魅力的装潢，毗邻布涅罗森林。餐厅的高级烹饪供国王享用。主厨 Frédéric Aton 精益求精，如鹅肝、炒扁豆、盛在奶油中的鹅肝和墨松露酱。

当皮耶尔：Auberge Saint-Pierre €€

地址：1 rue de Chevreuse, 78720 电话：01 30 52 53 53

这是一家半木结构的小酒馆，面对着丹皮尔城堡，充满了祥和的乡村气息。美食菜目有鞑靼土豆配鹅肝酱、白萝卜小扇贝沙拉、填扁豆和鹅肝鸡腿肉的鹌鹑。

伊西莱穆利诺：Les Symples de l'Os à Moelle €€

地址：18 av de la République, 92130 电话：01 41 08 02 52

这家餐馆复制了 La Cave de l'Os à Moelle 的制胜配方，是美食家酒馆 L'Os à Moelle 的附属餐厅。坐在长长的桌子边，食客们自己选择美味的食物，美食包括各种馅饼、汤、沙拉，还有丰富多样的主菜和 25 欧元的自助奶酪和甜点。

伊西莱穆利诺：L'Ile €€€

地址：Parc Ile Saint-Germain, 170 quai Stalingrad, 92130 电话：01 41 09 99 99

餐馆位于圣日耳曼公园的中心，巨大的阳台隐藏在栗树的阴影中，在天气暖和时，它是户外就餐的绝佳去处。餐馆的温室即便在寒冷的季节也很温暖。这里的烹饪手法精致而传统，推荐菜肴有以杧果和姜作为配料的鲑鱼和鞑靼扇贝。

马恩河畔莱佩尔勒：Les Magnolias €€€€

地址：48 av de Bry, 94170 电话：01 48 72 47 43

在许多的豪华高级美食餐厅有过工作经验的、年轻的主厨让·查威尔自己独立创建了这家巴黎郊区鲜为人知的创新餐厅。他所承担的风险得到了回报：他以特别图案摆盘的菜肴吸引了来自四面八方的美食爱好者，菜单对每一种菜的描述都很古怪。

迈松斯—拉菲特：Les Jardins de la Vieille Fontaine €€€

地址：8 av Grétry, 78600 电话：01 39 62 01 78

该餐馆位于拉菲特别墅公园附近的一座美丽的白色大楼内，餐馆环境优雅，提供各种简单的时令美食；特色菜美味诱人，包括山羊奶酪、紫茄子或焦糖鳕鱼。这里还有让你无法抗拒的甜点和价格合理的葡萄酒。

塞纳河畔讷伊：Le Zinc Zinc €€

地址：209 ter av du Général-de-Gaulle, 92200 电话：01 40 88 36 06

Le Zinc Zinc 重新装潢了这座 21 世纪的小酒馆，这里提供早餐、午餐、餐前小吃和晚餐。晚餐丰富的美食可以迎合每个人不同的口味。你可以坐在吧台上享用简单的牛排薯条或西班牙火腿。仅需支付很合理的价格就可以在这里享用有三种不同菜肴的晚餐。

普罗万：Aux Vieux Remparts €€€€

地址：3 rue Couverte, 77160 电话：01 64 08 94 00

这家餐馆位于一个中世纪小镇的一栋木质建筑内。该建筑内设有一个餐馆和一间旅舍。这家餐馆以创意美食闻名，有生安康鱼片、巧克力蛋糖配盐和焦糖柠檬。

朗布依埃：Le Cheval Rouge €€

地址：78 rue du Général de Gaulle, 78120 电话：01 30 88 80 61

这是一家位于古堡附近的小型餐馆。厨师擅长制作有趣的菜肴。特色菜有鹅肝、蜗牛和牛排等。午餐提供超值的自助。一些餐桌位于温室当中。

吕埃：Relais de St-Cucufa €€€

地址：114 rue Générale-de-Miribel, 92500 电话：01 47 49 79 05

餐馆菜肴兼具布列塔尼和意大利风味。厨师们提供的传统菜品包括羊肚菌配荷包蛋、葡萄柚和牛油果沙拉、烤扇贝拼盘、牛柳、烤羊肉。你可以在优美的就餐区的篝火旁吃午餐。 餐馆还提供精选的葡萄酒。

圣日耳曼昂莱：Le Saint Exupéry €€€

地址：11 av des Loges, 78100 电话：01 39 21 50 90

位于 Ermitage des Loges 酒店内的这家餐厅的设置装潢十分优雅，当地人经常光顾。年轻的主厨热衷于烹制经典菜肴，如煎牛排配洋芋、奶汁烤扇贝、红烧菊苣和鱿鱼意大利调味饭。儿童菜单相当实惠。

圣旺：Le Soleil €€€

地址：109 av Michelet, 93400 电话：01 40 10 08 08

该酒馆临近圣奥恩跳蚤市场，距法兰西体育场仅有很短的车程。这个酒馆非常迷人，内部装潢很有生气，美味菜肴包括油封鸭配麻辣茄子等特色菜。你也可以选择经典的法国大餐夏洛莱牛肉和价格稍高的好酒。可以提前预订。

凡尔赛：La Terrasse €€€

地址：11 rue St-Honoré, 78000 电话：01 39 50 76 00

这是一家以西南风味菜肴见长的精美餐馆。餐馆装修明亮通俗，外部设有大型有顶露台，天气温和时露台很受欢迎。特别推荐一道鹅肝组合，内有鸭肉、鹅肝、姜饼等。

凡尔赛：Le Valmont €€€€

地址：20 rue au Pain, 78000 电话：01 39 51 39 00

这家漆成黄色和蓝色的酒馆位于市场大厅的后面，提供精美的美食。菲利普·马修厨师为你准备了吸引人的菜单，其中包括醋溜牛肉、茴香生姜海鲂以及巧克力甜点等。酒水按杯卖。

法国北部和皮卡第

利斯河畔艾尔：Hostellerie des Trois Mousquetaires €€€

地址：Chateau de la Redoute, rte de Béthune, 62120 电话：03 21 39 01 11

餐馆位于一座迷人的 19 世纪乡村建筑内，周围非常宁静，附近有个湖泊。餐馆提供创意经典美食，做菜过程顾客可见。餐馆菜式多变，包括很多地方美食。很多英国游客喜欢光顾，可提前预订。

亚眠：Le Pré Porus €€

地址：95 rue de Voyelle, 80000 **电话：**03 22 46 25 03

索姆河畔的这家餐馆魅力十足且很受欢迎。纷繁复杂的鱼类以及应季的烤肉和杜果味的香煎法国鹅肝是这里的特色菜。当你游览完附近罗马水道和市场公园后，这里是一个不错的可以享用午餐的好地方。

亚眠：L'Aubergade €€€€€

地址：78 rte Nationale, 80480 **电话：**03 22 89 51 41 **传真：**03 22 95 44 05

这是一家地中海风情的餐厅，老板 Eric Boutte 是一名年轻的星级厨师。他曾在巴黎一流酒店工作，回到亚眠开了这家餐厅，小有名气。他特别擅长做鸭类菜肴。餐厅还提供煎扇贝鹅肝、柠檬酥梅干等特色菜。

阿拉斯：La Faisanderie €€€

地址：45 grand place, 62000 **电话：**03 21 48 20 76

该餐馆位于大广场的一座 17 世纪建筑内。餐馆正面是三角形山墙，内部是拱形圆顶。餐馆美食是用厨师精选的市场上最好的食材做成的。该餐馆目前是广场上最好的餐馆。

博弗：La Table de Céline €€

地址：6 bis rue Antoine Caron, 60000 **电话：**03 44 45 79 79

这家传统餐厅的装饰带给人一种舒缓祥和的感觉，内部配有开放式壁炉，天气暖和的月份里，宜人的阳台适合在户外享用美食。烹制佳肴的食材多种多样，如扇贝、虾、鸭鹅肝、鲑鱼和当地羔羊。周一不营业，周二、周四、周五、周六午餐时间不营业。

贝尔格：Le Bruegel €

地址：1 rue du Marché aux Fromages, 59380 **电话：**03 28 68 19 19 **传真：**03 28 68 67 12

该餐馆位于 Dunkirk 之外，餐馆内设有长餐桌，是一个家庭聚餐的最佳场所。服务员身着中世纪风格的服装。餐馆在一座迷人的靠近海湾的建筑内部，该建筑建于 1597 年，当时西班牙人统治着佛兰德地区。该餐馆每天供应啤酒、猪颈肉、豆类菜肴和其他法国菜。

滨海布洛涅：La Matelote €€€€

地址：80 bd Ste Beuve, 62200 **电话：**03 21 30 17 97 **传真：**03 21 83 29 24

这是新兴的一流海鲜馆，位于海边，在海洋中心对面。餐馆内部环境精致，有海洋主题装饰，还有一个红黄两色的路易十六时期花瓶。特色菜有龙虾配朝鲜蓟心、安康鱼等。

加来：Histoire Ancienne €€

地址：20 rue Royale, 62100 **电话：**03 21 34 11 20 **传真：**03 21 96 19 58

这家现代化餐馆较好地保存了古代酒馆风貌，设有镀锌柜台和老式长凳。餐馆位于黎塞留公园对面。餐馆拥有精致的菜单，菜肴分为烤肉和传统地方美食。

加来：Le Channel €€€

地址：3 bd de la Résistance, 62100 **电话：**03 21 34 42 30 **传真：**03 21 97 42 43

这家鱼馆邻近港口和天堂海湾，周围有很多游艇。在鱼馆内就可以欣赏到船只往来的景色。餐馆有很多油漆木质装饰品，环境明亮优雅。鱼馆供应的美酒品种丰富。鱼馆也是人们等待渡船的好地方。

康布雷：Le Jolly Sailor €

地址：11 rue de Douai, 59400 **电话：**03 27 81 29 66

藏匿于黄色建筑楼里的这家餐馆提供简单、物有所值的传统菜肴，从餐厅的阳台可以俯瞰运河。菜单根据市场的食材不同而每天更新。餐厅里的气氛十分热情，经常可以聆听到现场版的音乐。

卡塞尔：Estaminet T'Kasteel Hof €

地址：Rue St-Nicolas, 59670 **电话：**03 28 40 59 29

这是一个可以眺望广阔乡村美景的佛兰德式小餐馆，供应地方美食、地方奶酪、啤酒等。它位于卡塞尔，在这里，约克的老公爵（乔治三世的儿子）曾率领 1 万多名士兵登上附近的山顶，这个故事广为流传。

贡比涅：Bistro des Arts €

地址：35 cours Guynemer, 60200 **电话：**03 44 20 10 10

这个餐馆位于镇中心，提供价格合理的精美食物。酒馆气氛活跃，很有艺术氛围，内设椅子、红色皮革长凳、无须桌布覆盖的桌子等。餐馆菜单随市场供给变化，每天菜单会写在店内的广告板上。餐馆提供法国传统美食，包括肉类和鱼类菜肴。

贡比涅：Alain Blot €€€€

地址：21 rue Maréchal Foch, Rethondes, 60153 **电话：**03 44 85 60 24 **传真：**03 44 85 92 35

这家星级餐厅位于一座迷人的花园内，设有餐厅和露台。餐厅老板认为海鲜应体现海的主题。餐厅因其经典菜肴而闻名，如焦糖红洋葱烤鲈鱼等。可以提前预订。

价格指南见600页 **图标含义**见封底勒口

杜埃：La Terrasse €€

地址：36 terrasse St-Pierre, 59500 电话：03 27 88 70 04 传真：03 27 88 36 05

这是一家位于圣皮埃尔小教堂附近小路上的一流餐馆。餐馆提供1000多个品种的酒类。餐馆装饰豪华，内有很多装饰画。厨师特别推荐菜包括龙须菜、烟熏三文鱼、烤扇贝、黑香肠等。

敦刻尔克：Estaminet Flamand €

地址：6 rue des Fusiliers-Marins, 59140 电话：03 28 66 98 35

这家咖啡馆虽称不上一个景点，但它从很多场战争中幸存下来非常难得。这家舒适的咖啡馆提供正宗的法国传统美食。特别推荐骨髓、玛瑞里斯芝士、啤酒馅饼和糖馅饼等。

敦刻尔克：L'Estouffade €€

地址：2 quai de la Citadelle, 59140 Tel 03 28 63 92 78 传真：03 28 63 92 78

这是一个很受欢迎的小型餐馆，拥有宜人的海港景色，以烹制海鲜见长。夏天，餐馆会在宁静的码头设置露台。餐馆供应比目鱼等特色菜肴，以及巧克力点心和水果点心等特色甜点。

拉昂：La Petite Auberge €€€€

地址：45 bd Brossolette, 02000 电话：03 23 23 02 38

受独特的东方影响，主厨Willy Marc Zorn的烹饪风格大胆创新，且具有异国风情。他的拿手菜色是鹅肝、鸭翅和点缀少许埃斯佩莱塔胡椒粉的当地猪肉粥。酒单上罗列出了200多种不错的葡萄酒，每种菜都辅配一瓶精挑细选的美酒。

里尔：Au Bout des Doigts €

地址：5 rue St-Joseph, 59000 电话：03 20 74 55 95

这是法国人外出就餐的新去处，这家餐馆每顿饭都提供8～10样小菜。就餐时可以用手抓食物，不必使用刀叉。餐馆菜肴风味混合，葡萄酒是世界名品，装饰为当代风格。

里尔：La Ducasse €

地址：95 rue de Solferino, 59000 电话：03 20 57 34 10

位于热闹的市政厅附近的这家小酒馆在里尔市内很有名望。当地美食和地方小型啤酒厂生产的啤酒是这里的亮点，同时这里也会有手风琴师，每周五晚他会为喜欢唱歌的客人配乐。舒适的季节可以在阳台上享受美食。

里尔：Le Compostelle €€

地址：4 rue Saint-Etienne, 59800 电话：03 28 38 08 30 传真：03 28 38 08 39

酒店建于16世纪，与大广场毗邻，位于通往西班牙西北部圣地亚哥－德孔波斯特拉的路上。酒店提供传统与地方美食，装潢为古代与当代装饰风格相结合。

滨海蒙特勒伊：Auberge de la Grenouillère €€€€€

地址：Rue de la Grenouillère, La Madeleine-sous-Montreuil 电话：03 21 06 07 22 传真：03 21 86 36 36

餐馆距离蒙特勒伊只有3公里，位于康什海湾沿岸的皮卡第地区。餐馆装修传统，内设有很多精美铜器、古老碗柜、壁画"群蛙享宴"等。餐馆提供美味的螯虾、田鸡腿等现代菜品，并配有美酒。该餐馆于2008年成为米其林星级餐厅。

皮卡第地区普瓦：L'Auberge de la Forge €€

地址：14 rue du 49ème Régiment BCA, Caulières, 80290 电话：03 22 38 00 91 传真：03 22 38 08 48

这家漂亮的半木式皮卡第餐馆很有特色，以前是亚眠港至纽沙特尔中的一个中转站。各式鸭类菜肴是本店特色，菊苣、火腿配马鲁瓦耶奶酪、扇贝等也很不错。

埃姆河畔雷克：Château de Cocove €€€

地址：Av de Cocove 电话：03 21 82 68 29 传真：03 21 82 72 59

餐馆坐落在加来至圣奥梅尔途中一座美丽的18世纪庄园内。拿破仑在入侵英国前曾在这个庄园举行宴会。餐馆设在一个修缮过的美丽石窟内。如果提前预订可以品尝到贝类海鲜等餐馆特色菜。

ROEUX：Le Grand Bleu €€€

地址：41 rue Henri-Robert, 62118 电话：03 21 55 41 74

这座木质的牧屋主要提供鱼类菜肴，搭配茄片的比目鱼是这里的特色菜。酒有杯装也有瓶装的。选择一个靠窗的桌子坐下来，尽情地享受大蓝湖的秀丽风光，阳光底下它会变成一片美丽的蓝色阴影。

鲁瓦：La Flamiche €€€€

地址：20 pl de l'Hotel de Ville, 80700 电话：03 22 87 00 56 传真：03 22 78 46 77

这家完美的、名声在外的美食餐馆（在1964年成为米其林星级餐厅）由Klopp夫人经营多年。特别推荐菜有香煎扇贝、尖盖锅烩鳝鱼，韭菜葱烤大饼等。餐馆陈列着很多雕塑和油画。

桑加特：Les Dunes €€

地址： Rte Nationale 48, Blériot Plage, 62231 **电话：** 03 21 34 54 30 **传真：** 03 21 97 17 63

这家餐馆坐落在布莱里奥海滩上。1909年，勇敢的布莱里奥从这个海滩起飞，成为第一个驾驶动力驱动的飞机跨越吉利海峡的人。现在海峡海底隧道使来往两地之间交通便捷。特色海鲜有青豆烧贝类等。

SARS-POTERIES：L'Auberge Fleurie €€€€

地址： 67 rue Général de Gaulle, 59216 **电话：** 03 27 67 38 22 **传真：** 03 27 65 88 73

该餐馆提供最好的法国经典美食，由一个大型带有花园的农场改建而成。餐馆招牌菜有白菜烧河鲈、腌肉、扇贝等。冬天还会有鹿肉、野猪肉、鹧鸪等特色菜。

斯滕福德：Auprès de mon Arbre €€

地址： 932 rte d' Ecke, 59114 **电话：** 03 28 49 79 49

这家餐馆很受好评，以其每年在镇中心的狂欢游行和其设有钟楼的教堂式尖塔闻名。餐馆设于20世纪90年代晚期，餐馆老板在此之前是里尔一个有名餐馆的厨师。餐馆提供法国经典和佛兰德式传统美食。

维姆勒：Hôtel Atlantique €€€€

地址： Digue de mer, 1st floor, 62930 **电话：** 03 21 32 41 01 **传真：** 03 21 87 46 17

该餐厅位于海岸上，拥有18间重新装修过的客房，你可以选择临近海湾的客房并欣赏美丽的海景。Alain Delpierre是该酒店最棒的厨师。特色菜有香醋红鲻鱼沙拉等。这里还有18间翻新的客房，可以选一间面对着英吉利海峡的。

香槟

奥特地区艾克斯：Auberge de la Scierie €€€

地址： La Vove, 10160 **电话：** 03 25 46 71 26 **传真：** 03 25 46 65 69

该度假别墅由一对生活在法国的澳大利亚人和英国人夫妇经营。他们能说五种语言，曾一起在伦敦的Savoy餐馆工作。度假别墅占地8英亩，设有客房，还有游泳池，供应美食。特色菜为贝类海鲜，具有独特的东方风味。

阿尔松瓦：Hostellerie de la Chaumière €€€

地址： Arsonval, 10200 **电话：** 03 25 27 91 02 **传真：** 03 25 27 90 26

这家餐馆临近香槟大道，俯瞰奥布地区，由一对热心的英国人和法国人夫妇经营多年，已接待很多客人。餐馆提供自制的鹅肝酱和法国最好的肾脏和培根等美食。餐厅为乡村风格，设有木质横梁。

奥布河畔巴尔：Le Cellier aux Moines €€

地址： Rue Général Vouillemont, 10200 **电话：** 03 25 27 08 01 **传真：** 03 25 01 56 22

这是一家大型地下室餐馆，所在建筑建于12世纪，位于这个令人愉快的小镇的中心。餐馆以葡萄园风情为主题，职工统一以这种风格着装。特色菜有牛肚香肠配当地最好的夏乌尔斯奶酪等。

布雷沃纳：Au Vieux Logis €€

地址： 1 rue de Piney, 10220 **电话：** 03 25 46 30 17

这家一级餐厅是刚刚重新翻新的传统旅馆的一部分。菜单上充满了经典的法式菜肴，如加入夏乌尔奶酪的蒜末奶油蜗牛。对于那些参观附近的人工湖以及东方森林的游客，这里是个不错的选择。

夏隆：Les Temps Changent €€

地址： 1 rue Garinet, 51000 **电话：** 03 26 66 41 09

在去往镇中心Hôtel d'Angleterre的路上，游客可以选择在这家流行的酒馆里进餐。根据不同季节的食材，这里每天都呈现不同的菜单。试试配有罗勒的烤羊肩或美味的水果蛋奶酥，同时配送杯装或瓶装的美酒。

夏隆：Au Carillon Gourmand €€€

地址： 15 bis pl Monseigneur Tissier, 51000 **电话：** 03 26 64 45 07

这家友好的餐馆设有宜人的临街有顶露台，位于老圣母教堂区一个古镇中心。餐馆每日特别餐是选取市场上最好的原料精制而成。餐馆特色菜是生鲑鱼片和卤鸭头等。

肖蒙：Les Remparts €€€

地址： 72 rue de Verdun, 52000 **电话：** 03 25 32 64 40

这家酒店包括一个餐厅、一个小酒馆以及一个旅馆，是一站式服务。在同一栋建筑里，餐厅擅长烹饪美味佳肴，如松露和本土的朗格瑞斯芝士。在同幢大楼里的小酒馆1-2-3里享用美食会更加实惠。两处餐厅都可以俯瞰迷人的庭院。

孔博方丹：Le Balcon €€€€

地址：1 pl 15 Juin 1940, 70120 电话：03 84 92 11 13 传真：03 84 92 15 89

这是很好的地方餐馆，拥有怀旧风格。从郎格尔出发仅需半小时就可到达，很受欢迎。厨师特别推荐菜品，美味实惠。供应可口的工作餐，并设有包间。

埃佩尔奈：La Table Kobus €€€

地址：3 rue Dr Rousseau, 51200 电话：03 26 51 53 53 传真：03 26 58 42 68

这是一家位于香槟小镇中心的不错的小酒馆，允许自带香槟酒。这里供应法国经典美食，推荐菜品为家常鸭肝锅。就餐时允许自带香槟。

FOUCHERES：Auberge de la Seine €€

地址：1 faubourg de Bourgogne, 10260 电话：03 25 40 71 11 传真：03 25 40 84 09

这家风景如画的餐馆位于和各香槟葡萄园之间的河畔，具有路易十三时期的风格。餐馆厨师擅长龙虾相关菜肴，曾在该地区其他星级餐馆掌勺。

茹万维尔：Le Soleil d'Or €€€

地址：9 rue Capucins, 52300 电话：03 25 94 15 66 传真：03 25 94 39 02

这家餐馆坐落的 17 世纪建筑是古斯家族的祖居，有豪华的客房和餐厅。餐厅内部装饰着一些 14 世纪女修道院的雕像，外部设有顶露台。菜单每天都有更新。

朗格勒：La Pignata €

地址：59 rue Diderot, 52200 电话：03 25 87 63 70

这是一家意大利餐馆，供应比萨，还有特选餐酒和包括米兰式沙司小牛肉和意式海鲜干面在内的其他美味菜式。它位于这个历史重镇的中心，漫步于古老狭长的街道，可以看到第一批于 1832 年驻扎的外国军团军营。

朗格勒：L'Auberge des Voiliers €€

地址：Lac de la Liez, 52000 电话：03 25 87 05 74

这家小旅馆可以俯瞰城墙围绕的大型湖泊，主餐厅提供现代化的传统菜肴，如添加大黄的鹅肝或搭配荨麻蛋奶酥的梭子鱼片。如果你偏爱简单的菜肴，这里会有一个便宜的酒吧供你选择。

奥热河畔勒梅斯尼：Le Mesnil €€€

地址：2 rue Pasteur, 51190 电话：03 26 57 95 57 传真：03 26 57 78 57

餐馆坐落在香槟地区葡萄园中心地带的一个美丽的生产葡萄酒的村庄内。它坐落在一幢古老迷人建筑的内部，老板乐于向顾客展示自己精美的酒窖。这个村庄是 Maison Launois 的葡萄酒和葡萄酒博物馆的所在地。

L'EPINE：Aux Armes de Champagne €€€€

地址：31 av de Luxembourg, 51460 电话：03 26 69 30 30 传真：03 26 69 30 26

这家酒店服务一流，设有餐厅和客房，与 15 世纪的圣母大教堂毗邻。餐厅提供松露芦笋、杏汁鹅肝、杏炖龙虾等经典法国菜肴，所用蔬菜均来自餐厅自己种植的蔬菜园，是很好的素食选择。

塞纳河畔诺让：Au Beau Rivage €€€€

地址：20 rue Villiers-aux-Choux, 10400 电话：03 25 39 84 22 传真：03 25 39 18 32

这是一家特别推荐的河边酒店，自客房重新装修后备受欢迎。从餐厅的露台看去，可以尽览塞纳河的风景。供应高档法国经典名菜，鹅肝兔肉做成的菜品令人垂涎欲滴。

兰斯：La Brasserie Boulingrin €€€

地址：48 rue Mars, 51100 电话：03 26 40 96 22 传真：03 26 40 03 92

这是兰斯有名的啤酒店，当地人经常光顾。内部有很多马赛克式风格的描绘葡萄丰收时快乐场景的装饰画。价格合理，是个就餐的好地方。与顶蓬市场毗邻。本馆供应牡蛎和芥末蛋黄酱牛排等特色菜以及各式香槟。

兰斯：Le Café du Palais €€€

地址：14 pl Myron Herrick, 51100 电话：03 26 47 52 54

这是一座绘画和照片的阿拉丁宝藏洞穴，屋顶是雅克·西蒙设计的彩色玻璃，这一切都是店主 Jean-Louis Vogt 收集的。兰斯市中心的小酒馆是由这个家庭来经营的，它的历史可以追溯到 1930 年。这里有卓越的主菜、美味的甜食和精挑细选的香槟。

兰斯：L'Assiette Champenoise €€€€€

地址：40 av Paul Vaillant-Couturier, Tinqueux, 51430 电话：03 26 84 64 64 传真：03 26 04 15 69

这是一家新建的酒店，价格适中。招牌菜是龙虾，还有鸽肉、羊肉等特色菜。酒店位于优雅的豪华住宅内，有 AA 级餐厅和新扩建的现代客房。酒店环境优美，设有美丽的花园和宜人的露台。

罗克鲁瓦：Hôtel-Restaurant le Commerce €€

地址：5 pl d'Armes, 08230 电话：03 24 54 11 15

这家位于中心广场的餐厅于 1675 年被沃邦重建，现在依然保存完整，有着独一无二的心形堡垒，令人愉悦的古旧餐厅价格十分公道。提供传统的地方菜肴如蜗牛、葡萄酒炖公鸡、苹果汁兔子肉。餐后甜点包括漂浮小岛、巧克力慕斯和巧克力泡芙。

色当：Le Saint-Michel €€

地址：3 rue Saint-Michel, 08200 电话：03 24 29 04 61

这个位于色当防御城堡下的餐馆与一个旅馆和一个礼品店联合，本地的各种工艺品竞相出售，当地美食在这里也可品尝到。传统的菜品包括阿登特色菜，如野猪、猪腰子和各样的熏肉以及火腿。

SIGNY LE PETIT：Au Lion d'Or €€

地址：Pl de l'Eglise, 08380 电话：03 24 53 51 76 传真：03 24 53 36 96

这是一家禁烟餐馆，有路易十三时期的风格。位于一圈防御教堂内，有着 18 世纪的红砖前墙。招牌菜是玫瑰酱汁鹅肝。精美的鱼类也是这家运营良好的餐馆的特色。

ST IMOGES：La Maison du Vigneron €€€€

地址：Rte Départementale 951, 51160 电话：03 26 52 88 00 传真：03 26 52 86 03

这家精美的餐馆（香槟店）位于兰斯和埃佩尔奈之间，坐落在黑山地区公园和兰斯地区中心地带的一个小村庄内。提供有创意的地方美食，可以搭配店主私藏的香槟。

圣默努尔德：Le Cheval Rouge €€€€

地址：1 rue Chanzy, 51800 电话：03 26 60 81 04 传真：03 26 60 93 11。

餐馆有两个店面，设有别致壁炉的餐厅和价位较低以猪蹄为特色的啤酒馆。餐馆的老板 Fourreau 先生已经使特色猪蹄风靡全欧洲。

特鲁瓦：Les Crieurs de Vin €

地址：4 pl Jean Jaurès, 10000 电话：03 25 40 01 01

这家酒吧气氛迷醉，价格适中，由两位酒类爱好者经营。酒吧提供酒类及套餐，前台也可以外卖酒类。酒吧内有很多暴露的横梁及木质桌子。告示牌上显示所提供的经典法式菜单。

特鲁瓦：Tartines et Bulles €

地址：31 rue de la Cité, 10000 电话：03 25 80 58 23

这个餐馆极具魅力，将地方食材加工成物美价廉的美味菜肴。这里的特色菜是用当地查尔斯芝士制作的烤三明治。这里还有丰富的沙拉以及美味的甜点。美酒被放在杯中或水壶中出售。你可以在这里品尝到两种口味调和在一起的香槟。

特鲁瓦：Au Jardin Gourmand €€€

地址：31 rue Paillot de Montabert, 10000 电话：03 25 73 36 13 传真：03 25 73 36

餐馆位于古镇中心，由几个半木质屋组成。木头餐馆用餐环境舒适令人愉快。夏天时还可以在景色宜人的露台就餐。招牌菜是 andouillette（牛肚香肠）。提供的薰衣草冰淇淋也值得品尝。

维莱穆瓦昂：La Parentele €€€

地址：32 rue Marcelin Lévêque, 10260 电话：03 25 43 68 68 传真：03 25 43 68 69

该饭店以椰奶鳕鱼、意大利鹅肝小方饺闻名。只用了很短的时间，兄弟俩就在祖祖辈辈开咖啡馆的地方将餐馆经营得有模有样，并且成了米其林星级餐厅。专家称该饭店的香槟品种非常齐全。

阿尔萨斯和洛林

巴埃朗塔：L'Arnsbourg €€€€€

地址：18 Untermuhlthal, 57230 电话：03 87 06 50 85 传真：03 87 06 57 67

这是巴黎少数的 AAA 级餐厅之一。位于孚日山北部森林的林间空地上。Jean-Georges 和 Cathy Klein 创造了一些新颖清淡的菜肴，佐以美酒口味更佳。

比特克：Le Strasbourg €€€€

地址：24 rue Col. Teyssier, 57230 电话：03 87 96 00 44 传真：03 87 96 11 57

在迷人的沃邦城堡的衬托下，酒店显得非常豪华，内部设有纪念解放小镇的美国步兵的纪念堂。酒店拥有一个规模较大的设有美丽的白色壁炉的传统餐厅，供应包括鹅肝、鱼类菜肴等一系列传统菜肴。

价格指南见600页 图标含义见封底勒口

科尔马：La Table de Louise €€€

地址：2 rue Edouard-Richard, 68000　电话：03 89 24 00 00

酒馆简朴却又不失时髦的装饰，极具魅力，将 20 世纪 20 年代初巴黎的风情带入舒适、古旧的科尔马。纷繁多样的传统菜式包括鹅肝酱砂锅配南瓜辣酱。这里距离漂亮的半木质文艺复兴时期的小镇中心仅有两分钟的路程。

科尔马：Le Caveau de St Pierre €€€

地址：24 rue de la Herse, 68000　电话：03 89 41 99 33

餐馆位于小威尼斯区，位于 1568 年的中世纪堡垒内部。沿运河边上的木板路可以抵达餐馆。餐馆装饰极具传统特色，雕梁画栋。特色菜有当地明斯特奶酪烹小牛肉、鱼类菜肴和 choucroute（酸菜配香肠和培根）等。

伊亚厄塞尔恩：L'Auberge de l'Ill €€€€€

地址：2 rue de Collonges, 68970　电话：03 89 71 89 00　传真：03 89 71 82 83

餐厅提供阿尔萨斯菜系中的精品菜肴，由 Haeberlin 家族管理，40 年来一直被评为 AAA 级餐厅。该餐厅位于伊尔河畔，附近有许多蔬菜园和鹳巢。特别推荐菜为龙虾配藜麦和东方香料、鲑鱼蛋奶酥、鹅肝酱配松露等。

凯塞尔斯贝尔：Restaurant Saint Alexis €

地址：Restaurant Saint Alexis, 68240　电话：03 89 73 90 38

餐馆位于凯泽贝尔和里克威尔葡萄园上方，坐落在 5 世纪前由一个教堂设立在樱桃园间的农场内。餐馆的第一道菜通常是汤，然后是肉馅饼、炖小公鸡、炖野味、煎蛋卷等。需要提前预订。

凯塞尔斯贝尔：Au Lion d'Or €€

地址：66 rue Général de Gaulle, 68240　电话：03 89 47 11 16　传真：03 89 47 19 02

这是位于古镇的一家高级餐馆，装修朴素，历史悠久。建于 1521 年，自 1724 年起由同一家族经营管理。餐馆入口处有狮子头雕刻装饰。餐厅富有特色，冬天炉火旺盛。供应野味、鹅肝、德国酸菜等传统菜式。

朗巴克：Gimbelhof €€

地址：Rte Forestière, 67510　电话：03 88 94 43 58

该餐馆位于德国边境山区的一个高级阿尔萨斯农场内，在 Lembach 以北 10 公里处，从斯特拉斯堡仅需 1 小时即可到达。山谷对面是宏伟的弗雷德里克城堡遗址。餐馆提供美味的地方美食，价格适中，厨师厨艺精湛，吸引了许多德国人和当地居民光顾。需提前预订。

朗巴克：Auberge du Cheval Blanc €€€€€

地址：4 rue de Wissembourg, 67510　电话：03 88 94 41 86　传真：03 88 94 20 74

这家 Lembach 的 18 世纪的长途驿站里的餐馆在阿尔萨斯北部是最好的。2009 年度最有前途的厨师高尔特・米洛是这家店的主人，这里提供极好的传统地区菜肴以及法国最好的高级菜肴。同样这里也会有比较便宜的菜品可供选择。

莱斯通：Le Couvent des Cordeliers €€

地址：Les Thons, 88410　电话：03 29 07 90 84

这家特别的餐馆坐落在索恩河北部一系列摇摇欲坠的 15 世纪建筑之中。餐馆老板擅长烹制烤腌肉片。餐馆很受欢迎，楼下的位子需要提前预订。附近有免费的博物馆。

马尔勒南：Le Cerf €€€€

地址：30 rue Général de Gaulle, 67520　电话：03 88 87 73 73　传真：03 88 87 68 08

坐落在葡萄酒之路北端，这家古老的客栈自 1930 年起由同一家族经营。餐馆供应改良过的传统美食，以饭菜品种丰富、分量充足而闻名。特色菜有酸菜配乳猪和煎鹅肝等。设有包间。

梅茨：Le Bistrot des Sommeliers €€

地址：10 rue Pasteur, 57000　电话：03 87 63 40 20　传真：03 87 63 54 46

该酒馆同时供应美食，厨师以前是一家高级餐厅的二级厨师。全国近 400 个酒类品牌在这里都有出售。提供简餐，主要服务对象是商务客户。特色菜是酥皮小龙虾。

梅茨：Restaurant des Roches €€€

地址：29 rue Roches, 57000　电话：03 87 74 06 51　传真：03 87 75 40 04

这家鱼馆位于法国最古老的剧院对面一栋 18 世纪建筑的底楼。鱼馆擅长烹饪鲈鱼、多宝鱼、比目鱼、贝类等水产品。你可以从玻璃鱼缸内自选龙虾。夏天，鱼馆在摩泽尔河沿岸设有露天餐位。

南锡：Chez Tanesy €€

地址：223 Grande Rue, 54000　电话：03 83 35 51 94

这家餐馆拥有一个 18 世纪的前墙，它被誉为南锡市内最好的餐馆，价格十分公道。餐馆的名字是以当地有名的厨师命名的，当然他也是这家餐馆的持有者和经营者。酒上松露汁的扇贝是这里的招牌菜。餐馆靠近斯坦尼斯拉斯广场。

南锡：L'Excelsior €€€

地址：50 rue Henri Poincaré, 54000 电话：03 83 35 24 57

这家经典的南锡酒馆建于1911年，是一个有名的聚会场所。这里有着鼎盛时期的装潢风格，设有彩绘窗户。服务一流，可以网络订餐。餐馆供应鹅肝、酸菜等精美菜肴。

奥贝尔奈：La Cloche €

地址：90 rue Général Gouraud, 67210 电话：03 88 49 90 43

这是一个酒馆式餐馆，位于古镇中心的一栋14世纪建筑内部，室内装潢设计独特。餐馆特色为传统阿尔萨斯菜肴配明斯特奶酪。菜单上一般有两种鱼类，晚上供应甜点。服务一流。需提前预订。

里耶迪桑：Restaurant de la Poste €€€€

地址：7 rue Général de Gaulle, Riedisheim, 68400 电话：03 89 44 07 71 传真：03 89 64 32 79

餐馆的前身是1850年建立的客栈。Kieny家族六代人都经营这家餐馆，餐馆以豪华著称。这里供应应季的传统阿尔萨斯美食，乳猪是其一大特色。餐馆也善于烹饪巧克力甜点。

里屈埃维：Le Sarment d'Or €€€€

地址：4 rue du Cerf, 68340 电话：03 89 86 02 86 传真：03 89 47 99 23

这家餐馆坐落在这个保存完好的村寨里的文艺复兴风格的街道上，位于一栋美丽的16世纪房屋内部。餐馆有裸露的房梁，装饰豪华，设有包间。烹饪讲究传统与创新相结合。餐馆早点包括从附近家庭式商店买来的新出炉的蛋糕。需提前预订。

萨韦尔恩：Taverne Katz €€

地址：80 grand rue, 67700 电话：03 88 71 16 56

这家酒馆位于镇中心的一座大庄园的内部。酒馆建于1605年，内外均保存相当完好，设有传统鲜花露台，餐厅内的木头都是抛光的。这里供应法国地方特色菜，如鸭肉配鹅肝和有名的兔类菜肴。

斯特拉斯堡：Pâtisserie Winter €

地址：25 rue du 22 Novembre, 67000 电话：03 88 32 85 40 传真：03 88 22 04 28

这家餐馆地处市中心，适合来斯特拉斯堡游玩的收入一般的游客。餐馆提供价格合理的简餐，包括沙拉、糕点和一些酒类。

斯特拉斯堡：Au Crocodile €€€€€

地址：10 rue Outre, 67000 电话：03 88 32 13 02 传真：03 88 75 72 01

这里是巴黎以外地区最好的餐馆之一。餐馆内设有很多光滑的木头装饰，装饰豪华。餐馆内有条鳄鱼，非常有名，由一名参加埃及战役的法军上尉带回。餐馆提供一流的服务，独特的简餐和品牌齐全的酒类。

凡尔登：Hostellerie le Coq Hardi €€€€

地址：Av de la Victoire, 55100 电话：03 29 86 36 36 传真：03 29 86 09 21

这家传统经典的法国地方酒店食物精美可口，酒类品种齐全，餐厅装修豪华。特色菜包括螯虾意大利面、蜗牛等。餐厅还提供牛排、炸薯条等便捷便宜的简餐。夏天设有迷人的露台。

万德斯坦：Auberge des Deux Châteaux €

地址：33 rue des Chateaux, 67110 电话：03 88 09 24 41

这是一家位于地区公园里两座毁坏的中世纪古堡之间的特殊的小旅馆餐厅。餐馆位于Jaegerthal和Dambach之间的D53公路，沿这条路抵达Windstein山谷后，继续走，直到抵达山顶。在这里可以品尝到传统的阿尔萨斯美食，这里的特别之处是它的野味，还有醉焰馅饼值得你品尝。从这里可以看到优美的风景。12月~次年1月停业。

维桑布尔：Daniel Rebert €

地址：7 pl du Marché aux Choux, 67100 电话：03 88 94 01 66 传真：03 88 54 38 78

Daniel Rebert是法国顶级巧克力和糕点师之一。除了制作巧克力和蛋糕，他还经营着一家茶馆。茶馆提供简餐，餐后客人可以挑选巧克力和糕点带回家。

诺曼底

阿基尼：Hostellerie d'Acquigny €€€

地址：1 rue d'Evreux, 27400 电话：02 32 50 20 05

这是一家迷人的餐馆，前身是客栈。价格便宜的组合套餐很受常客的欢迎。随意点菜也很好，可以品尝到香煎鹅肝配水果干、煎鳕鱼配西班牙辣香肠和奶油大蒜酱等，还可以配上不错的红酒。餐厅服务风格十分活泼。

价格指南见600页 图标含义见封底勒口

阿朗松：Le Bistrot €

地址：21 rue de Sarthe, 61000　电话：02 33 26 51 69

这家经典的法式小酒馆的前墙很有特色，漆成绿色，很有怀旧风情，红色格子的桌布和旧的影视海报装饰其中。定期更改的菜单受到当地人的追捧，如黑布丁和奶油猪里脊。储藏丰富的、明码标价的酒单丰富了这里的美食。

奥玛尔：La Villa des Houx €€€

地址：6 av Général de Gaulle, 76390　电话：02 35 93 93 30　传真：02 35 93 03 94

这家餐馆前身为一个警察局。餐馆坐落在卢恩至亚眠的沿途，提供精美的诺曼底风味小吃。餐馆具有乡村风格，供应杏仁鹅肝等开胃菜，还有盐焗无骨鹌鹑、苹果蛋奶酥等菜肴。

巴尔纳韦尔卡尔特雷：Marine €€€€

地址：11 rue de Paris, 50270　电话：02 33 53 83 31　传真：02 33 53 39 60

餐厅位于港口附近。厨师 Laurent Cesne 为你准备了生姜味的鞑靼扇贝，烤羔羊肉配西红柿、洋葱、帕尔玛干酪等。这家现代化的餐厅环境舒适，服务专业到位。这里还提供与美食合理搭配的美酒。

巴约：La Coline d'Enzo €€€

地址：4 rue des Bouchers, 14400　电话：02 31 92 03 01

这里的主菜是鱼，使用黏土烧黑鲈是它的特色菜。菜肴独具匠心且美味。推荐这里的每日午餐特色菜，绝对物有所值。餐馆明亮的装饰风格体现着现代气息，这种装饰风格是新潮和怀旧的完美结合。需要提前预订。

奥格地区伯夫龙：Le Pavé d'Auge €€€

地址：Les Halles, 14430　电话：02 31 79 26 71　传真：02 31 39 04 45

这里极具天赋的厨师善于应用本地食材烹饪美食。餐馆位于重新翻修的乡村市场里，极具魅力。鱼类是这里的主要烹饪食材，还有少量的肉类和家禽。你可以选择依思尼生蚝、烤小龙虾、炖雪鱼或酱汁炖肉。

滨海BRIQUEVILLE：Couleurs Saveurs €€

地址：2 rte de Bretonnière, 50290　电话：02 33 61 65 62

这家位于格兰维尔北部的海滨餐馆一定会令你对食物各种味道的完美结合感到惊喜不已，现代式的餐馆光线十分充足。在这里你可以品尝到黄油烤鱼片配柑橘类水果和芥末、辛辣的当地羊肉配姜黄酱，甜点是松软的葡萄柚海绵蛋糕。

卡昂：Le Pressoir €€€€€

地址：3 ave Henri-Chéron, 14000　电话：02 31 73 32 71　传真：02 31 26 76 64

获奖厨师 Ivan Vautier 和他的妻子 Sandrine 一起经营这家卓越的现代餐厅，他们继承并革新了诺曼底人的烹饪手法，采用最好的地方食材。餐厅的菜单上罗列了各种美味佳肴，同时价格也是明码标价。周一、周日不提供晚餐，2 月份学校假期以及 7 月 23 日 ~ 8 月 21 日停业。

瑟堡：Le Faitout €€

地址：25 rue Tour-Carrée, 50100　电话：02 33 04 25 04　传真：02 33 04 60 36

该餐馆坐落在一座传统的堡垒中，位于这个城市的老城区。这家气氛活泼的餐馆提供一流的家庭式菜肴。特别推荐这里美味的红鲻鱼、新鲜的贻贝、烤沙丁鱼和酥脆可口的干烤鸭腿等菜肴。

科斯屈埃维尔：Au Bouquet de Cosqueville €€

地址：Hameau Remond, 50330　电话：02 33 54 32 81　传真：02 33 54 63 38

这家豪华的农村风格餐馆位于村中心一栋原木建筑内，提供新鲜海鲜做成的菜肴，包括苹果酒煮龙虾和当地鱼类贝类等。食材是从本地精选的最新鲜材料。餐馆还提供可口的法式薄饼和焦糖布丁等。餐馆提供的酒类品种丰富。

滨海库尔瑟莱：Paris €€€

地址：Pl 6-Juin, 14470　电话：02 31 37 45 07　传真：02 31 37 51 63

餐馆位于卡昂以北珍珠海岸的海边休闲度假村内。餐馆物美价廉，服务员友好，摆设简朴。餐馆供应精心烹制的海鲜类和肉类简餐，并在强劲海风不影响的地方设有露台。

多维尔：Le Spinnaker €€€€

地址：52 rue Mirabeau, 14800　电话：02 31 88 24 40　传真：02 31 88 43 58

这是诺曼底最好的鱼馆之一，是漫步海滨公园之后的好去处。这家现代化的特色餐馆擅长烹制鱼类、海鲜类和肉类菜肴。特色菜有烤龙虾、栗子碎肉卷等。服务员友好专业。1 月停业。

迪耶普：Bistrot de Pollet €€

地址：23 rue Tête de Boeuf, 76200　电话：02 35 84 68 57

这是一家位于古老的渔港的小型酒吧式餐馆。根据渔民捕获的鱼类，餐馆设有厨师每日特别推荐菜。餐馆供应鳕鱼沙拉、烤沙丁鱼、水煮板鱼、水煮鲈鱼等鱼类简餐以及精选品牌酒类。餐馆常客和当地顾客络绎不绝，可以提前预订。

栎夫龙：Auberge Grand Gousier €€€

地址：1 pl Liberté, 61700 电话：02 33 38 37 25

这家家庭式餐馆见证了洞夫隆在 1944 年的大轰炸中幸存下来的全过程。餐馆位于这座中世纪小镇的中心，设有明亮的壁炉。供应海鲜和奶汁烤扇贝等特色菜。餐馆饭菜分量充足，服务真诚周到。

德吕贝克：La Haie Tondue €€€€

地址：La Haie Tondue RN175, 14130 电话：02 31 64 85 00

这是一个位于乡村的漂亮的古老餐厅，葡萄藤蔓攀附缠绕着，餐厅附带迷人的阳台。餐厅为半木质结构，带有诺曼横梁。餐厅供应纯正的传统烹饪美食，如搭配煎小龙虾配茄子鱼子酱、小牛肉配奶酪酱。价格十分公道。

埃夫勒：La Croix d'Or €€

地址：3 rue Joséphine, 27000 电话：02 32 33 06 07

生机盎然且受人欢迎的小酒馆位于令人愉悦的大教堂内。当地人说约瑟芬皇后曾经在这里享用美食。牡蛎大拼盘和其他海鲜以及各种类型的简单、新鲜的鱼类菜肴是这里的主打菜。

法莱斯：l'Attache €€€€

地址：Rte de Caen, 14700 电话：02 31 90 05 38 传真：02 31 90 57 19

坐落在卡尔瓦多斯中心，酒店热诚欢迎你来预订房间。这家酒店由以前的补给站改建而来。其中的餐厅装修得很别致，拥有很轻松的色调。厨师利用长期闲置的草坪和芬芳的香草来使他的厨艺锦上添花。服务无可挑剔。可以提前预订。

弗康：La Marée €€

地址：77 quai Bérigny, 76400 电话：02 35 29 39 15

当地人和观光游客们经常光顾这家极具活力的海港餐馆，他们都是被这里美味的海鲜和新鲜的鱼类所吸引。鱼是整个菜单上的主要食材，特色菜包括自制鱼汤、烟熏鱼和海鲜大拼盘。餐厅附带一个小巧、阳光充足的阳台，提供各类美酒。

富尔热：Moulin de Fourges €€€€

地址：38 rue du Moulin, 27630 电话：02 32 52 12 12 传真：02 32 52 92 56

这是一座坐落在吉温尼附近的河畔水磨坊，在这里无疑可以欣赏到莫奈大师的作品。本地菜经常有很多新的做法，给人很多意外的惊喜。在冬天，这里就变成一个以火锅为主的山区木屋风格的餐厅，提供舒适的就餐环境和上等的美酒。1 月停业。

吉索尔：Le Cappeville €€€

地址：17 rue Cappeville, 27410 电话：02 32 55 11 08 传真：02 32 55 93 92

这是位于老城区的一家乡村餐馆，提供传统的诺曼底风味的菜肴。厨师长 Pierre Potel 能用本地食材烧出不一般的鲜美食物。推荐这里的多汁牛肉和蜗牛馄饨。这里的奶酪也让人印象深刻。餐馆拥有友好轻松的气氛。

格朗维尔：La Citadelle €€

地址：34 rue du Port, 50406 电话：02 33 50 34 10 传真：02 33 50 15 36

在这里可以观赏圣米歇尔山。在这里品尝美味佳肴的同时，还能看到整个渔港的风光，这就是吸引众人来此就餐的一大因素。雅致的现代餐馆会满足每一位客人。这里有新鲜的大盘海鲜、大份的鱼和诺曼底扇贝。1 月停业。

翁弗勒尔：Côte Resto €€€€

地址：8 pl Saint-Catherine, 14600 电话：02 31 89 31 33 传真：02 31 89 90 17

这家传统的由木材和砖构建的迷人餐厅位于教堂对面，带有一个小阳台。在这里可以品尝到新鲜的海鲜。餐厅的制胜秘诀是使用最好的食材，提供甜菜根和沙丁鱼千层糕或泡菜黑线鳕配藏红花奶油酱。你也可以自己挑选海鲜拼盘。提供各种白葡萄酒。

翁弗勒尔：La Ferme St Siméon €€€€€

地址：Rue A.Marais, 14600 电话：02 31 81 78 00 传真：02 31 89 48 48

这里是在这个美丽的渔港吃海鲜最好的去处。经验丰富的厨师的作品很有独创性，比如红鲻鱼填花椰菜和 Croqueen Bouche 鱼汤，很完美地保持了食材的原始特色。酒的品种很多。

LA FERRIERE AUX ETANGS：Auberge de la Mine €€€

地址：Le Gué-Plat, 61450 电话：02 33 66 91 10 传真：02 33 96 73 90

这里曾经是煤矿工人酒店。传统的诺曼底风味菜很有创意，如小牛胰脏配维尔辣熏肠和香草烤鳕鱼。美味的甜点包括萨伦仑松瓶配苹果白兰地、焦糖苹果串和奶酪蛋糕。1 月停业。

莱桑代利：La Chaine d'Or €€€€

地址：27 rue Grande, 27700 电话：02 32 54 00 31 传真：02 32 54 05 68

在这里预订一个座位你可以品尝到很多美妙的食物，如海螯虾配柑橘类水果酸甜酱、烤鹅肝、黑橄榄意大利调味饭、细嫩的利穆赞羊肉。它在塞纳河边上有一家有着浪漫情调的小旅馆，提供房间。

价格指南见600页 图标含义见封底勒口

里昂拉弗雷：Restaurant de la Halle €€€

地址：Pl Benserade, 27480 **电话：**02 32 49 49 92

这家餐馆坐落在全欧洲最大的山毛榉森林内一个古典优美的村庄里，位于老市场对面。这里的饮食简单却很美味，迷迭香烤羊尤具特色。提供高质量的服务。

圣米歇尔山：Auberge St Pierre €€€

地址：Grande rue, 50170 **电话：**02 33 60 14 03 **传真：**02 33 48 59 82

餐馆周围是一块叫作“agneau pré salé”的盐沼，人们在那里喂养羊羔。这家始建于15世纪的木质餐馆的菜单很有特色。海鲜也很有家里的味道。可以试试这里最好吃的螃蟹和鲑鱼。该店讲究就地取材，而且原材料都很新鲜。

圣米歇尔山：La Mère Poulard €€€€

地址：Grande rue, 50170 **电话：**02 33 89 68 68

这家豪华的啤酒店位于著名的圣米歇尔山，来自世界各地的旅游者都会来这里品尝著名的煎蛋Mère Poulard（除去卵巢而养作肉鸡的母鸡），Mère Poulard是用架在火上的长柄平底锅煎出来的。这里的盐草甸羊羔肉（附近的盐沼里喂养的小山羊）和叉烤猪肉都很好吃。

欧德玛桥：Belle Isle sur Risle €€€€

地址：Belle Isle sur Risle, 27500 **电话：**02 32 56 96 22

这家雅致的酒店兼餐厅是Relais du Silence连锁店的一部分，位于优雅的19世纪绅士居住地，周围由常青藤覆盖缠绕。菜单上鱼类肉类均衡，餐厅惯于使用各种香料。周六以及节假日的用餐时间有钢琴家演奏。

勒维克：Auberge de l'Aigle d'Or €€€€

地址：68 rue de Vaucelles, 14130 **电话：**02 31 65 05 25 **传真：**02 31 65 12 03

这家始建于16世纪的客运旅馆至今保存完好。它的院子很漂亮，在这里品尝蜗牛是一个很好的选择，还可以不限量地享用涂苹果酱的烤鸡。菜单随着季节而变，确保能吃到本地最好的食品。服务周到。

蓬圣皮耶尔：Hostellerie La Bonne Marmite €€€€

地址：10 rue René Raban, 27300 **电话：**02 32 49 70 24 **传真：**02 32 48 12 41

这家古老的客运旅馆离鲁昂不远，全法国最好的旅馆之一。餐厅很雅致，带有一个藻井。推荐这里的鹅肝和龙虾沙拉，是诺曼底口味最好的。酒窖里有很多上好的波尔多葡萄酒。

PUTANGES PONT ECREPIN：Hôtel du Lion Verd €€€

地址：Pl de l'Hotel de Ville, 61210 **电话：**02 33 35 01 86 **传真：**02 33 39 53 32

这家广受欢迎的酒店餐厅位于奥姆河边上。年轻的老板创新地运用诺曼底本地的农产品，奥格谷乳猪和草莓蛋挞是很不错的菜肴。午餐超值。

鲁昂：Le 37 €€

地址：37 rue St-Etienne-des-Tonneliers, 76000 **电话：**02 35 70 56 65

这家迷人的位于市中心的小酒吧很特别，其风格比它著名的总店Gill更现代。在这里可以享受到很多有创意的菜肴，如添加蟹肉玉米饼配芝麻菜沙拉、鸭腿配应季蔬菜和泰国香料等。甜点包括柑橘类水果烤菜配柑橘冰糕。建议提前预订。

鲁昂：La Couronne €€€

地址：31 pl Vieux Marché, 76000 **电话：**02 35 71 40 90 **传真：**02 35 71 05 78

这是法国最古老的小旅馆，创建于14世纪。有经验的老板将一些传统的美食传承至今，客人们都会在此度过难忘的时光。美食包括无骨肉煎鹅肝、香槟酱龙虾，还有好吃的鸭子以及不错的诺曼底奶酪。

鲁昂：Restaurant Gill €€€€

地址：8～9 quai de la Bourse, 76000 **电话：**02 35 71 16 14 **传真：**02 35 71 96 91

在塞纳河码头，这里无疑是最具推荐价值的餐厅。近20年以来，在这家精致的餐厅里，厨师长Gilles Tournadre先生创造了很多精美的菜肴。特色菜包括配以新鲜番茄酸辣酱的小龙虾、鸽子肉和鲈鱼配洋葱酱。提供上乘的酒水。

圣塞西尔：Le Manoir de l'Acherie €€

地址：Acherie, 50800 **电话：**02 33 51 13 87 **传真：**02 33 51 33 69

在这座老式风格的庄园宅第里有很多住宿房间，这里曾经是一个小教堂。诺曼底产品很有特色，如奶酪、苹果、陈年苹果白兰地和果汁。在这里火腿和羊羔肉会放在陈年苹果白兰地里炖，或者涂上果酱。甚至苹果馅饼里也放这种苹果白兰地。这里的奶酪很不错。

滨海特鲁维尔：Régence €€€

地址：132 bd Fernand Moureaux, 14360 **电话：**02 31 88 10 71 **传真：**02 31 88 10 71

酒店的内部装有很多镜子，19世纪的墙壁上挂着印象派作家的作品，看起来很漂亮。热诚的服务、优雅的环境让客人感觉这里物超所值。酒店离海边不远，海鲜和干贝是这里的特色。赠送很多美味的小吃。

沃勒莱罗斯：Les Galets €€€

地址：3 rue Victor Hugo, 76980 电话：02 35 97 61 33 传真：02 35 57 06 23

这家传统的砖砌酒店挨着多卵石的海滩，内有舒适的就餐环境，外有美丽的阳台。如果你想去海边用餐，就来这儿吧！餐馆会精心为你准备一流的菜肴，根据应季食材提供素食。建议提前预约。

维莱博卡日：Les Trois Rois €€€

地址：2 pl Jeanne d'Arc, 14310 电话：02 31 77 00 32 传真：02 31 77 93 25

这家酒店位于一个大广场里面，四周有花园和蔬菜园，体现了所有传统诺曼底酒店的特色。这里的餐厅很大，环境优雅，提供精致的本地特色菜，如鱼肚和鲜鱼。服务很高效。

布列塔尼

奥迪耶尔恩：Le Goyen €€€

地址：Pl Jean-Simon, 29770 电话：02 98 70 08 88 传真：02 98 70 18 77

这家酒店面对大海，提供一流的海鲜食品。在这里可以尽情享受大盘鲜美的牡蛎和海鲜。推荐美食还包括绿鳕配蔬菜、意大利调味饭的豌豆酱、煎干贝配阿拉比豆皮和橙子苦苣。

欧赖：L'Eglantine €€

地址：17 place St-Saveur, 56400 电话：02 97 56 46 55

餐馆位于圣古斯坦港口的右面，在这里可以看到老帆船。鲤鱼和比目鱼等新鲜海鲜配以酱汁非常诱人。喜欢吃肉的人可以品尝这里的鸽子肉和鲜美多汁的牛排。

海上玟玟阑岛：La Désirade €€€€

地址：Le Petit Cosquet, 56360 电话：02 97 31 70 70

这个家族经营的酒店兼餐馆位于迷人的传统布列塔尼农舍内，距海滩只有几分钟的步行路程。厨师擅长用新鲜原料烧菜，如码头新鲜的鱼和海鲜。你可以在这座迷人的岛岸边预订野餐。1 月 ~ 4 月停业。

布雷斯特：Da Vinci €

地址：6 rue Louis Pasteur, 29200 电话：02 98 46 90 90

这家意大利餐馆提供各种当地海鲜，它与霍尔斯食品市场附近的一家意大利食品店联营。餐馆提供意大利方饺、意大利通心粉、意大利调味饭，配送精挑细选的意大利美酒。这里很受欢迎，因此需要提前预订。

布雷斯特：La Fleur de Sel €€€€

地址：15 bis rue de Lyon, 29200 电话：02 98 44 38 65 传真：02 98 44 38 53

这是一家很现代的金碧辉煌的酒店，位于市中心，有着简单而舒适的装饰和精心准备的菜肴。尝试一下这里用黑橄榄酱和香蒜搭配的鳐鱼、土豆炖羊肉，绝对物超所值，午餐的时候性价比尤其高。这里的服务有时会有点古板。

卡朗泰克：Restaurant Patrick Jeffroy €€€€€

地址：20 rue Kélénn, 29660 电话：02 98 67 00 47 传真：02 98 67 08 25

在这家具有传奇色彩的 20 世纪 30 年代的庄园主宅第里，可以看到 Kélénn 海滩的美丽风光。餐厅会将经典菜和时尚菜完美结合，特色菜是配有青葱、椰奶和泰国咖喱香醋的朝鲜蓟砂锅蟹。提供多种卢瓦尔河谷葡萄酒。

卡尔纳克：La Calypso €€€€

地址：158 rte du Po, 56340 电话：02 97 52 06 14

能够俯瞰到牡蛎养殖厂的这家流行海鲜餐厅十分迷人。餐厅的特色菜是采用炉边的木火烤制而成的龙虾和牛排。这里每天都提供鱼类拼盘和其他海鲜拼盘。需要预订。

孔卡尔诺：Le Petit Chaperon Rouge €

地址：7 pl Duguesclin, 29900 电话：02 98 60 53 32

餐馆里的柳条制的菜篮和红桌布别有一番风味。这里靠着海港，有很多美味的食品供应，例如 La Blandette（山羊奶酪、菠菜、火腿和乳酪）和 Mère Grande 酒（朗姆酒与香蕉、蜂蜜一起酿制而成）。

迪南：La Mère Pourcel €€€

地址：3 pl des Merciers, 22100 电话：02 96 39 03 80 传真：02 96 39 49 91

这座漂亮的木质哥特式的酒店是迪南的标志性建筑。这里有各种美食，供应本地产的羊羔肉，还有很多有创意菜品。酒的种类繁多。餐桌摆放在铺满大鹅卵石的街道上。1 月停业。

吉米利奥：Ar Chupen €

地址：43 rue de Calvaire, 29400　电话：02 98 68 73 63

当你惊叹过教堂的华丽装饰后，沿着那条路一直往下走，不知不觉就会进入一个已经过翻新的布列塔尼农庄。提供用萨拉辛面粉制作的煎饼和鸡蛋薄煎饼，馅料的选择似乎永无止境。对于儿童和素食者也有很适合的菜品提供。服务周到友好。

HEDE：L'Hostellerie du Vieux Moulin €€

地址：Ancienne rte de St Malo, 35630　电话：02 99 45 45 70　传真：02 99 45 44 86

这座建筑始建于19世纪，当时是用来发电的。在这里可以远眺 Hédé 城堡，而且至今还存有很多老式的水磨。这里的午餐很划算，有炸干贝、烤龙虾和鲜美多汁的鸭肉。提供房间。

勒孔屈埃：Le Relais de Vieux Port €

地址：1 quai Drellach, 29217　电话：02 98 89 15 91

你可以一边在水中摇晃着你的双脚，一边为你的可丽饼挑选馅料。这里的特色是海鲜。试试这里填扇贝和虾的鸡蛋薄煎饼配绿色沙拉。留点肚子吃甜点，尤其是好妈妈牌焦糖苹果和奶油。

洛里昂：Le Neptune €€

地址：15 av de la Perrière, 56100　电话：02 97 37 04 56　传真：02 97 87 07 54

这家餐馆位于 Keroman 渔港旁边，渔港的收获决定了这家餐馆的日常供应。它的内部装饰很现代化，很多餐桌摆放在餐厅后面的温室内。这有龙虾和炸安康鱼，分量很足，服务员很友善。

莫尔莱：Brasserie de l'Europe €€

地址：1 rue d'Aiguillon, 29600　电话：02 98 88 81 15

这是一家位于镇中心的小酒吧，与以相同名字命名的旅馆相邻。营业时间为8:00 ~ 21:30，早餐提供三明治等各种美味佳肴。冬天酒吧有温室，夏天可在宜人的阳台上进餐。

维兰河畔努瓦阿：Auberge du Pont d'Acigné €€€

地址：Le Pont d'Acigné, 35530　电话：02 99 62 52 55

这里的美食家餐厅距离雷恩市不远，可以俯瞰维莱讷和迷人的水磨坊。菜单根据应季的食材而不断调整；美味菜肴有甘草烤小牛肉，热龙虾、甜菜根和龙蒿可以作为开胃菜。这里还提供精美的甜食。

潘波：L'Islandais €

地址：19 quai Morand, 22500　电话：02 96 20 93 80　传真：02 96 20 72 68

这里是参观的绝佳基地。厨师准备了很多传统的布列塔尼食品，带孩子来这里就餐很方便，素食主义者也可以找到很好的选择。供应丰富的牡蛎、贻贝、海鳌虾和龙虾等。

佩尔罗吉雷克：Le Gulf Stream €€

地址：26 rue des Sept-Iles, 22700　电话：02 96 23 21 86　传真：02 96 49 06 61

这家价格公道的旅店餐馆给人温暖如家的感觉。从餐厅就可以看到海岸边美丽的风景。这里根据季节不同供应传统的法国菜肴，也有鱼和海鲜，还有上好的葡萄酒。

普卢巴莱：Le Gare €€€

地址：4 rue des Ormelet, 22650　电话：02 96 27 25 16

托马斯·米罗是位于圣马洛著名的 Fleur de Sel 的前任店主，正是他令这家餐馆的菜肴充满特色。特别推荐的有扇贝串配松露香醋，以及布列塔民油酥饼配菠萝和香菜。最佳位置的桌子可以俯瞰花园。

屈伊伯龙：Le Relax €€€

地址：27 bd Castéro, 56170　电话：02 97 50 12 84

拥有壮观的海景和漂亮的花园，这家酒店让你备感轻松。餐厅提供很多上等海鲜，如贻贝、大鳌虾、蟹和龙虾。尝尝海味德国泡菜。这里的酒窖很不错。斟酒服务员很熟练也很热情。

坎佩尔：L'Ambroisie €€€

地址：49 rue Elie Fréron, 29000　电话：02 98 95 00 02

这家餐馆位于坎佩尔中心一条小街的尽头，距离大教堂只有几步之遥。简单的美味食品皆由高质量的原材料做成。尝尝这里的辣烤安康鱼、芦笋和荷包蛋熏鲑鱼以及配有冰淇淋的新鲜水果鞑靼牛排。

雷恩：Léon le Cochon €

地址：1 rue du Maréchal Joffre, 35000　电话：02 99 79 37 54

这是一个以猪为主题的非常受欢迎的餐厅。菜单上提供来自莫尔特的猪肉香肠和猪蹄子，你还可以品尝到朱朗松鹅肝砂锅、牛肉、鸭肉、龙虾和鱼肉。大部分的菜可以外带，包括鹅肝酱。

雷恩：Le Tire-Bouchon €€

地址：2 rue du Chapitre, 35000 电话：02 99 79 43 43

这家宽松舒适的餐厅提供朴素的家常菜。鲭鱼馅饼、胡萝卜炖牛肉、大米布丁仅是餐厅的部分菜肴。店主亲自挑选美酒，他偏爱纯天然的葡萄酒。餐厅就位于旅游局的拐角处。

罗斯科夫：Le Surcouf €€

地址：14 rue Amiral Révellière, 29680 电话：02 98 69 71 89 传真：02 98 69 71 89

这家啤酒店风格的餐馆的菜肴独具地方特色。菜单上的价格固定不变，客人们在这儿可以吃到很多本地海产品。有贻贝、海蜗牛、海螺和牡蛎作为开胃菜。而主菜可以选择龙虾或美味的海鲜砂锅菜。

罗斯科夫：Le Temps de Vivre €€€€

地址：17～19 pl Lacaze-Douthiers, 29680 电话：02 98 61 27 28 传真：02 98 61 19 46

这家餐馆面朝大海，广为大家称赞的厨师 Jean-Yves Crenn 先生能把蔬菜做得美妙绝伦。海鲜是这儿的特色：煎扇贝配炖菊苣、水果酸辣酱和柠檬、姜和椰奶酱。提供很多上等酒。服务员友善。

圣布里厄：Amadeus €€

地址：22 rue de Gouet, 22000 电话：02 96 33 92 44 传真：02 96 33 92 44

这家雅致的餐厅位于这个古城区最古老的建筑之一当中，这里的烧鱼最具特色，配有橄榄油香草酱的扇贝以及鳎鱼片都很不错。这里也有很多诱人的甜品，有意大利苦杏酒巧克力蛋糕，还有带水果的布列塔尼黄油饼干。

圣布里厄：L'Air du Temps €€€

地址：4 rue du Gouet, 22000 电话：02 96 68 58 40

美味的当地菜肴和怡人的酒吧风格使这家餐馆在很短的时间内大受欢迎。餐厅的内部装潢将现代的装饰风格融入拥有 200 年历史的石墙中。这里的菜肴放在铁铸的斯托布器皿内。厨师会在你的餐桌旁现场为你烹饪柠檬奶油扇贝。

圣马洛：La Corderie €€

地址：9 chemin de la Corderie, 35400 电话：02 99 81 62 38

这是一家位于迷人的旧房子里的鲜鱼馆。菜单依据出海渔船打捞的货物来决定。柠檬奶油扇贝搭配了海藻味的奶油沙司。提供蜜制鸭脯等肉类菜肴。这里地处一个安静的地方，风景特别优美。

圣马洛：Le Chalut €€€€

地址：8 rue de la Corne de Cerf, 35400 电话：02 99 56 71 58 传真：02 99 56 71 58

这是圣马洛最好的餐馆，厨师很擅长烧鱼和运用精选原料。藏红花口味的酱烧大盘鱼和圣皮埃尔芫荽是这里提供的典型美味佳肴。还有很好的奶酪可供选择。建议提前预订。

瓦讷：Les Remparts €€€

地址：6 rue Alexandre-le-Pontois, 56000 电话：02 97 47 52 44

这家酒店对着城墙，供应很多美味的食品，价格公道。厨师们擅长就地取材。尝尝这里的芥末有机鲑鱼片或选择一种素食。葡萄酒不错，按杯收费，许多都是用有机葡萄生产的。

维特雷：La Taverne de l'Ecu €€€

地址：12 rue Baudairie, 35500 电话：02 99 75 11 09 传真：02 99 75 82 97

这座半木质的文艺复兴时期的建筑有两间餐厅，很有历史氛围。菜单随季节而变。尝尝这里的鹿肉配板栗馅饼、栗子酱烧鱼或烤兔腿。提供自制的面包。

卢瓦尔河谷

昂布瓦斯：Le Choiseul €€€€€

地址：36 quai C.Guinot, 37400 电话：02 47 30 45 45 传真：02 47 30 46 10

这是一家建于 18 世纪的雅致的餐馆，有着美丽的花园，从宽敞的餐厅可以观赏到卢瓦尔河的美景。精致的菜单会随着季节而变：春天有辛辣的烤猪肉，夏天有烤鳕鱼和土豆团。提供很多上等的都兰葡萄酒和其他地区的葡萄酒。

昂热：Ma Campagne €

地址：14 promenade de la Reculée, 49000 电话：02 41 48 38 06

从镇中心沿着河边向前走，几分钟就可以看到这家传统的乡村式小餐馆。这里阳台的视野很好，可以俯瞰曼恩河。菜品物美价廉。强烈推荐裹有一层巧克力的梨。

昂热：Le Lucullus €€

地址：5 rue Hoche, 49000 电话：02 41 87 00 44 传真：02 41 87 00 44

这家漂亮的酒店拥有两间拱形餐厅。厨师将传统和本地特色菜肴合理搭配。尝尝这里配有龙虾调味汁的龙虾馅饼和罗勒冰糕以及一流的蘑菇烧牛肉。

博让西：Le P'tit Bateau €€€

地址：54 rue du Pont, 45190 电话：02 38 44 56 38 传真：02 38 46 44 37

这家餐馆位于城堡旁边，在整个镇上是品尝美食的绝佳选择，在本地人中很受欢迎。这个带有露天的餐桌和开放壁炉的乡村式餐厅供应传统的菜肴。新鲜的鱼、时令的野味和野生蘑菇都是这里的特色。在阳光灿烂的日子里，可以在一个庭院式的大露台就餐。

布洛瓦：Hôtel Restaurant Coté Loire €

地址：2 pl de la Grève, 41000 电话：02 54 78 07 86

这是一家完好的老式风格的 16 世纪的餐厅旅馆，可以俯瞰卢瓦尔河。简单但合理的菜单定期更换，午餐有时会有独特的菜单。当你在参观卢瓦尔的古堡和附近的遗址时，这家餐厅是休憩的好地方。

布洛瓦：L'Orangerie du Château €€€€

地址：1 av Jean Laigret, 41000 电话：02 54 78 05 36 传真：02 54 78 22 78

这家餐馆坐落在 15 世纪城堡内的花园里，精美的装饰和这里的美食美酒很相配。用创新手法制作出的本地美食很有特色，例如煎扇贝配羊奶酪、鹅肝酱无骨肉配甜菜根酱。这里有很多上等都兰葡萄酒。

布谢曼：La Terrasse €€

地址：4 pl Rouzebouc, 49080 电话：02 41 77 11 96 传真：02 41 77 25 71

这家餐馆位于卢瓦尔河和曼恩河汇合处的一个小村庄里，有很开阔的视野。这里供应新鲜的刚刚捕获的鳗鱼、梭鲈鱼、鲑鱼和其他淡水鱼。精心准备的一流的菜肴包括白奶油酱汁梭鲈鱼（黄油煎梭鲈鱼）。可惜没有露台。

布尔日：La Courcillière €€

地址：Rue de Babylone, 18000 电话：02 48 24 41 91

餐馆位于沼泽地附近，能看到伊夫尔河。这儿绝对值得花 20 分钟从市中心过来享受淡水鱼和本地烹饪，美味的菜肴包括梭鲈鱼、红酒鳗鱼或者是新鲜的鲑鱼。 传统的就餐环境有着现代的富丽堂皇的装饰以及赏心悦目的阳台。服务很周到。

布尔日：Le Jacques Coeur €€€

地址：3 pl Jacques Coeur, 18000 电话：02 48 26 53 01

这家餐馆的餐厅不大，提供用当地最好的食材做成的经典菜肴。包括配有藏红花菊苣和奶油海螯虾酱的鲑鱼和配有菊芋菜泥的鹅肝鸽子肉。当地的奶酪很不错。

布尔盖：Le Moulin Bleu €€

地址：7 rue du Moulin-Bleu, 37140 电话：02 47 97 73 13 传真：02 47 97 79 66

餐馆位于美丽的蓝磨坊脚下，拥有两间拱形的餐厅，提供传统的美食，气氛很友好。本地人都觉得这儿的菜很可靠，供应都兰牛肉配沃莱奶油沙司以及上等的布尔戈伊葡萄酒。在淡季只有周五和周六的晚上营业。

布拉西厄：Le Rendez-vous des Gourmets €€

地址：20 rue Roger Brun, 41250 电话：02 54 46 03 87

这家小餐馆被来自附近奢华 Relais 的第二任主厨 Didier Doreau 接管，并且重新整修装潢，他成功地开创了属于他自己的提供传统和地区菜肴的领域，且价格合理。餐厅越来越受欢迎，所以最好提前预订。

沙特尔：Le Grand Monarque – Le Georges €€€€

地址：22 pl des Epars, 28000 电话：02 37 18 15 15 传真：02 37 36 34 18

这家 17 世纪的宏伟的补给站如今不仅仅是提供新鲜美食的餐馆，还是提供传统美食的啤酒店。这里的美食很有创意也很可口，包括配有甜菜根的小龙虾、洋葱和白蘑菇煨鲈鱼。提供很不错的甜品。有一流的酒窖。

舍农索：Hôtel Restaurant la Roseraie €€

地址：7 rue du Docteur Bretonneau, 37150 电话：02 47 23 90 09

这家怡人的 18 世纪旅馆距离古堡很近。传统餐厅提供经典的法国菜肴。"dégustation"菜单提供物美价优的美食，包括田园蔬菜砂锅鱼、蘑菇炖羊羔和美味的奶油焦糖糖果。

希侬：Les Années 30 €€

地址：78 rue Haute St-Maurice, 37500 电话：02 47 93 37 18 传真：02 47 93 33 72

这家雅致的小酒店位于通往大教堂的路上，厨师 Stéphane Charles 先生提供了很多美食，包括加有墨西哥香料的水煮小龙虾、配有异国情调的果子酱的鲈鱼以及烤菠萝和红薯等。提供不错的本地葡萄酒。

克利松：La Bonne Auberge €€€€

地址：1 rue Olivier de Clisson, 44190 电话：02 40 54 01 90 传真：02 40 54 08 48

市中心有一家很舒适的小酒店，这里有三间很迷人的餐厅，其中一间在温室里，在这可以欣赏到花园的美丽景致。这里的特色菜包括奶油焗龙虾、鲈鱼卷、扇贝配松露以及红希依酱鸽胸肉。这里还提供美味的甜点和上等的麝香干白葡萄酒。

CONTRES：La Botte d'Asperges €€

地址：52 rue Pierre-Henri Mauger, 41700 电话：02 54 79 50 49 传真：02 54 79 08 74

这里季节性地提供本地种植的芦笋，颇有地方特色。餐馆很有乡村气息，一位很具灵感的厨师总能给客人带来很多惊喜，兔腿填蘑菇和火腿。甜点包括带有罗勒和百里香的焦糖布丁。你也可以把食物打包带走。

杜耶：Auberge de la Bienvenue €€€

地址：104 rte de Cholet, 49700 电话：02 41 59 22 44 传真：02 41 59 93 49

这是一家玫瑰小镇的美丽客栈。这里供应很多精美可口的食品，小牛肝和辣椒酱、鹅肝砂锅配当地菜昂丘葡萄酒或阿韦龙羊肉。其他当地菜肴还包括梭鲈鱼、小龙虾和野蘑菇。

丰泰夫罗拉拜埃：La Licorne €€€€

地址：Allée Sainte-Catherine, 49590 电话：02 41 51 72 49 传真：02 41 51 70 40

这家广受欢迎的餐馆位于宏伟壮丽的修道院旁边，有一个漂亮的庭院阳台和精美的餐厅。 供应海蟹虾馄饨，还有很多甜品，如玫瑰味草莓。这里有上等的索米尔白葡萄酒。需要提前预订。

热内：Auberge du Moulin de Sarré €

地址：Rte de Louerre, 49350 电话：02 41 51 81 32

参观完 16 世纪的水磨坊（在这个区，这是唯一一个要步行的景点）以后，游客可以尝尝山羊奶酪或鸭头，或者新鲜的鲑鱼（现场捕获的）。需要提前预订。

日安：Restaurant la Poularde €€€€

地址：13 quai de Nice, 45500 电话：02 38 67 36 05 传真：02 38 38 18 78

这是一家卢瓦尔河岸上的传统餐馆，装饰雅致的餐厅内提供传统美食，使用的是吉恩镇餐具。菜单包括烤梭鲈配希依葡萄酒酱或鳗鱼配藏红花酱，以及应季杧果奶油红果。随时令提供野味。

LA FERTE IMBAULT：Auberge à la Tête de Lard €€

地址：13 pl des Tilleuls, 41300 电话：02 54 96 22 32

这家位于索洛涅中心的纯正的完全翻新的乡村旅馆有一个怡人的餐厅，提供传统菜肴，如野猪和其他季节性乡村菜肴。当你在参观卢瓦尔酒庄时，这是个休憩的好地方。周日晚餐、周二午餐、周一全天不营业。

拉莫特伯夫龙：Hôtel Tatin €€€

地址：5 av de Vierzon, 41600 电话：02 54 88 00 03 传真：02 54 88 96 73

这家优雅的旅店餐馆提供传统的用本地农产品制作的美食。菜单上有肥鹅肝、自制沙拉、热羊奶酪、梭鲈鱼、鸽子、牛排和著名的鞑靼塔。提供很多上等桑赛尔白葡萄酒和舍韦民葡萄酒。

朗热：Au Coin des Halles €€

地址：9 rue Gambetta, 37120 电话：02 47 96 37 25

这家餐馆是 Pascal Bouvier 的企业，他是 Choiseul at Amboise 的前主厨。餐馆成功地将室内禅宗装饰与美味佳肴和合理的价格相结合。这里的菜肴多种多样：鲻鱼、梭鲈鱼、羊肩肉、鸭肉、鹅肝和布列塔尼沙丁鱼。它就位于朗热城堡旁边。

勒芒：Le Bistrot du Mans €

地址：12 rue Hippolyte Lecornué, 72000 电话：02 43 87 51 00

这是一家欢快、繁忙的传统啤酒罐，室内装潢为漂亮的 20 世纪风格。可选择的传统菜肴多种多样，比如新鲜芦笋卷熏鲑鱼片并配以荷兰辣酱油，还有牛排配蓝纹奶酪酱。直到中午都提供早餐。物超所值。

勒芒：Le Nez Rouge €€

地址：107 grande rue, 72000 电话：02 43 24 27 26

这家迷人的半木质餐厅位于勒芒的中世纪中心。年轻的主厨在法国一些顶级的餐厅参加过培训。他的美食都利用新鲜食材烹制，比如龙虾和小牛胸腺。餐厅舒适，气氛良好，这里还有一座露台。提前预订。

莱蒙：L'Auberge de Jable €€

地址：le Clos de Jable, 37120 电话：02 47 95 47 95

这家漂亮的乡村餐馆位于一座巨大的 15 世纪庄园中，拥有占地面积达 20 公顷的田地和葡萄园。这家餐馆由一对法裔美国夫妇经营，他们对餐厅有着详细的规划。时髦的室内装潢与精美的食物搭配得相得益彰。天气好的时候，可以在户外享受胸腺和煎鹅肝，冬天可以在壁炉边取暖。

价格指南见600页 图标含义见封底勒口

莱沙布勒多龙区：L'Affiche €€

地址：21 Quai Giné, 85100 电话：02 51 95 34 74

这家私人的鲜鱼餐厅经常客满为患，这里有美味的食物，菜单种类多种多样，还有醇香的美酒。在繁忙的码头，你只需确定适合自己的餐厅——这里有多家类似的餐厅，但只有这里提供最好的海鲜拼盘，这也是它很受当地人欢迎的原因。需要提前预约。

MALICORNE-SUR-SARTHE：La Petite Auberge €€

地址：5 pl du Guesclin, 72270 电话：02 43 94 80 52 传真：02 43 94 31 37

夏天，你可以在这个河边的露台边进餐边看看来往的船只；冬天你可以在这个宏伟的中世纪壁炉旁边取暖。餐馆供应传统与创新相结合的食物，如配有鞑靼扇贝配甜菜根、煮熟的鹿肉配蓝莓果酱。

蒙特巴宗：La Chancelière Jeu de Cartes €€€

地址：1 pl des Marronniers, 37250 电话：02 47 26 00 67 传真：02 47 73 14 82

这里有精心准备的时尚精美菜肴。酒店供应很可口但又不是很复杂的食物，奶油黎塞留松露意大利调味饭，或鹅肝炸肉块配无花果和柠檬玉米粥。精选酒单中有武弗雷和布尔戈伊葡萄酒。

卢瓦尔河畔蒙图瓦尔：Le Cheval Rouge €€€€

地址：Pl Foch, 41800 电话：02 54 85 07 05 传真：02 54 85 17 42

在参观完教堂和龙沙（16 世纪的法国诗人）生前最后居住的小屋后，你可以来到这座陈旧的餐馆享用美食。你既可以在迷人的餐厅中享用经典的当地美食，也可以在笼罩在古老的梧桐树阴影下的户外露台就餐。

蒙特索罗：Diane de Méridor €€€

地址：12 quai Philippe de Commines, 49730 电话：02 41 51 71 76 传真：02 41 51 17 17

在这里用餐的同时你还可以欣赏城堡的风光。这座城堡是大仲马的电影《蒙索罗夫人》的拍摄背景。餐馆的外表呈岩石状，位于卢瓦尔河上。餐馆具有乡村特色，有露天的餐桌和开放的壁炉。特色菜为新鲜的烧鱼。

南特：La Cigale €€

地址：4 pl Graslin, 44000 电话：02 51 84 94 94 传真：02 51 84 94 95

这家美好时代风格的啤酒店在 1895 年的时候就存在了，著名的作家和南特的中间分子都是这里的常客。菜肴的质量和它的配料搭配合理。美食包括龙虾、生鲑鱼片和牛肉。24 小时营业。酒水种类繁多。

南特：Les Temps Changent €€

地址：1 pl Aristide-Briand, 44000 电话：02 51 72 18 01

这里优秀的厨师有烧制现代菜的天赋，他使用当地食材结合创新烹饪手法做出了很多高质量的法式菜。菜品包括海鲷搭配豌豆冰糕、羔羊肉配茄子和咖喱。还有很多上好葡萄酒。

南特：Le Pressoir €€€

地址：11 quai de Turenne, 44000 电话：02 40 35 31 10

这家码头的新餐厅不仅仅是一家简单的小酒馆。年轻的主厨提供各种趣味横生的美味菜肴，如鹅肝酱、砂锅牛尾、土豆鹅肉锅和葱头野鸭。酒单上的酒种类丰富多彩，大部分是杯装酒。需要提前预订。

南特：L'Océanide €€€

地址：2 rue Paul Bellamy, 44000 电话：02 40 20 32 28

这是一家一流的海鲜餐厅，也是南特市最好的餐厅之一。它建于交通不发达的“二战”时期，海鲜餐厅内部结构类似于远洋轮船。它毗邻拥有 14 个鱼商、10 个屠宰者、16 个食品商人的 Talensac 市场，正因如此，每天这里都有不同的新鲜食材供应。

努昂莱菲泽利耶：Le Dahu €€

地址：14 rue Henri Chapron, 41600 电话：02 54 88 72 88

这家乡村的餐馆是由谷仓改建而来，位于索兰吉村中心，配一个可爱的小花园。周围是主要的打猎领域，餐厅不仅提供应季野味，而且有各种鱼类菜肴，如比目鱼搭配当地芦笋。餐馆还有来自 Quenioux 的有机葡萄酒可供选择。

翁赞：Domaine des Hauts de Loire €€€€€

地址：Rte de Herbault, 41150 电话：02 54 20 72 57 传真：02 54 20 77 32

这里以前是猎人住的山林小屋，现在餐馆有自己的停车场，菜肴很美味。厨师 Rémy Giraud 先生提供很美味的菜肴，如土豆填阿基坦鱼子酱、珍珠鸡配栗子水饺和咖啡调味酱、水虾配朗姆酒和肉桂酱。这里还有上等的葡萄酒。

奥尔良：La Chancellerie €€€

地址：27 pl du Martroi, 45000 电话：02 38 53 57 54

这家啤酒店位于城镇的广场上。在奥尔良公爵的命令下于 1754 年建成，它最初被用于保存车厢，后来是公共汽车站。馆内有很高的天花板、一间大理石酒吧、皮革座位和黄铜装饰。这里有很多上好葡萄酒。还供应小吃和沙拉。

奥尔良：La Dariole
€

地址：25 rue Etienne Dolet, 45000 **电话：**02 38 77 26 67

这是一家位于市中心狭窄的街道上的 15 世纪茶室兼餐厅，砖木结构的建筑令人眼前一亮。这里白天、周五、周二晚上营业，肉类和海鲜的菜单隔周更换一次，如烘烤扇贝配迷迭香串。物美价廉。

奥尔良：La Terrasse du Parc
€€

地址：Av du Parc Floral, 45100 **电话：**02 38 25 92 24

当位于市中心的著名的 Les Antiquaires 停业重建的时候，店主 Philippe Bardau 在公园中建立了这家优雅的餐厅。超现代的温室配有巨大的窗户，可以俯瞰整个公园和阳台。这里有精选的美食菜单。可以提前 48 小时预订。

罗谢科尔邦：Les Hautes Roches
€€€€

地址：86 quai Loire, 37210 **电话：**02 47 52 88 88 **传真：**02 47 52 81 30

这座位于城堡中的餐厅装饰风格极为现代，与这里的菜品很协调，餐厅的厨师做传统菜也很不错。这里的美食包括热鹅肝和无花果沙拉、Racan 鸽子、夏洛莱牛肉以及海鲂配经典蛋黄酱。酒窖里还藏有当地生产的一流的好酒。

SACHE：Auberge du XII siècle
€€€€

地址：1 rue du Chateau, 37190 **电话：**02 47 26 88 77 **传真：**02 47 26 88 21

酒店在巴尔扎克博物馆外面的一座充满历史文化气息的建筑内，其餐厅充满乡村气息，有着裸露的梁柱。固定价格的菜单上有很多一流的佳肴，如鸽肉、烤扇贝和水煮比目鱼，甜点有树梅千层酥。

桑塞尔：Auberge la Pomme d'Or
€€

地址：Pl de la Mairie, 18300 **电话：**02 48 54 13 30 **传真：**02 48 54 19 22

这家小餐馆的前身为客运旅店，供应一流的菜肴。可口的菜全部是用当地的时令农产品加工而成。游客在这可以享受简单的山羊奶酪、珍珠鸡胸配芦笋或梭鲈，辅以一杯桑塞尔白葡萄酒。

索米尔：Auberge St Pierre
€€€

地址：6 pl St Pierre, 49400 **电话：**02 41 51 26 25 **传真：**02 41 59 89 28

餐馆位于城墙边的广场上，这里在 15 世纪时是个修道院，这家欢快的餐馆供应很多精心准备的地方特色美食，包括梭鲈鱼片和卢瓦尔酒烧鸡。甜品可以选择当地奶酪和一杯水果红葡萄酒，如 St Nicolas de Bourgeuil。

ST-OUEN LES VIGNES：L'Aubinière
€€€

地址：29 rue Jules Gautier, 37530 **电话：**02 47 30 15 29 **传真：**02 47 30 02 44

这家小小的餐馆位于昂布瓦斯南部，它面对着一座通向河边的花园。在这里你可以享受主厨 Jacques Arrayet 的美味佳肴：蒸鳕鱼配茴香菜泥、珍珠鸡胸配西班牙辣香肠，还有耶路撒冷洋蓟奶油烤菜。

THOUARCE：Le Relais de Bonnezeaux
€€€

地址：Rte Angers, 49380 **电话：**02 41 54 08 33 **传真：**02 41 54 00 63

这间宽敞宜人的餐厅位于一座俯瞰葡萄园的改建火车站中——这里就是葡萄酒乡村。餐馆的菜肴都使用当地食材烹制，比如鸽肉配昂儒酱料和莱昂丘葡萄酒煨鳗鱼。

图尔：L'Atelier Gourmand
€€

地址：37 rue Etienne Marcel, 37000 **电话：**02 47 38 59 87 **传真：**02 47 50 14 23

这座迷人的小餐馆位于一座图尔老城区的 15 世纪建筑中。Fabrice Bironneau 为客人提供了价格极具竞争力的菜单。美食包括炖牛肉和羊肉豆焖肉。这里的氛围温馨舒适。提供上好的美酒。提前预订。

图尔：L'Odéon
€€

地址：10 pl de la Gare, 37000 **电话：**02 47 20 12 65

这家装饰艺术风格的餐馆距离图尔车站很近，提供高质量的法国地区美食，其中包括烟熏鲑鱼、鸭子或鸽子，还有一份特别的龙虾菜单。在这里有很多经典的法式甜点可供选择，酒单内容也非常丰富。

图尔：L'Arche de Meslay
€€€

地址：14 rue Ailes in Parcay Meslay, 37210 **电话：**02 47 29 00 07 **传真：**02 47 29 04 04

这家雅致的当代餐馆距离市中心只有 9 千米，它拥有一座阳光充足的阳台和一间全景厨房。你可以看着大厨烹饪美味的烤海螯虾或者 bouillabaisse tourangelle（炖当地鱼）。可以选择半瓶上好的葡萄酒。

图尔：La Rive Gauche
€€€

地址：23 rue du Commerce, 37000 **电话：**02 47 05 71 21

这家餐馆在很短的时间内就得到了极大的认可。菜单上的多种菜肴可以搭配选择，比如 Racan 鸽肉配正山小种红茶。这里价格合理，午餐时的菜肴仅需 35 欧元。主题烹饪工作室就位于这里。

图尔：La Roche Le Roy €€€€

地址：55 rte de St-Avertin, 37000 电话：02 47 27 22 00 传真：02 47 28 08 39

这家以经典法国菜肴出名的米其林星级餐厅位于郊区一座 18 世纪的典雅庄园内。特色菜包括奶油扁豆配鹅肝和独特的罗西尼牛排。这里还有从卢瓦尔河和波尔多精挑细选的美酒可供你享用。

瓦莱尔：L'Herbe Rouge €

地址：le Bourg, 41120 电话：02 54 44 98 14

这家隐藏在沃莱尔，距离卢瓦尔几千米的乡村酒吧相当出色。酒吧为 20 世纪 50 年代的装饰风格，拥有塑料板凳和粗糙的装饰，小阳台在天气好的时候给人舒适的感觉。简单传统的菜肴包括鸡肝馅饼、paupiette de veau（填满小牛肉的鱼卷）和樱桃布丁。提供上等的地方葡萄酒。

旺多姆：La Vallée €€

地址：34 rue Barré-de-St-Venant, 41100 电话：02 54 77 29 93

这家餐馆的大厨 Marc Georget 提供传统的菜肴，他崇尚使用高质量的原材料。这里提供应季的卢瓦尔河谷芦笋、布列塔尼鱼和小牛肉。餐厅宽敞且极具乡村风格。有丰富的当地葡萄酒可供选择。

VIGNOUX SUR BARANGEON：Le Prieuré €€€

地址：2 rte de St Laurent, 18500 电话：02 48 51 58 80 传真：02 48 54 56 01

这家可爱的酒店餐馆离维耶尔宗很近，它建于 1862 年，曾经是村里的长老院。顾客可以在优雅的餐厅或水池边有顶棚的阳台上享用精致的美食。推荐鸭肉配炒土豆和香煎安康鱼配豆豉。

VOUVRAY武弗雷：La Cave Martin €

地址：66 vallée Coquette, 37210 电话：02 47 52 62 18

这是一座葡萄酒村庄，这家餐馆是从一块岩石上雕刻出来的，乡村风格的美食包括 andouillettes（牛肚香肠）、鸭胸和多种选择的沙拉。开胃菜可以选择一杯当地碳酸酒，餐后甜点可以选择油腻的沃莱白葡萄酒甜点。提前预订。

勃艮第和弗朗什孔泰

阿尔布瓦：Jean-Paul Jeanet €€€€

地址：9 rue de l'Hotel de Ville, 39600 电话：03 84 66 05 67

这家酒店兼餐馆坐落在一座古老的改建房屋中，位于风景如画的阿尔布瓦中心。餐厅优雅而充满乡村气息，有一座漂亮的露台。这里的服务员细心又热情。Jean-Paul Jeanet 创新了他的美食，使菜品充满激情而又搭配合理。甜点非常值得尝试。

ARNAY：le Duc Chez Camille €€€€

地址：1 pl Edouard Herriot, 21230 电话：03 80 90 01 38

这座建筑曾经是法国元帅的夏日度假宅邸，其中的现代餐馆提供传统的勃艮第美食，这里的野味尤其出名。这里的菜肴并未受当代趋势的影响，保持着纯朴的本色。特色菜包括 amarvellous 兔肉酱、珍珠鸡配野鸡肉和卷心菜。

AUTUN欧坦：Les Ursulines €€€€

地址：14 rue de Rivault, 71400 电话：03 85 86 58 58

这家优雅的餐馆位于老城的防御建筑中，能欣赏到漂亮的莫尔旺乡村风光，它提供经典的乡村美食。推荐菜品包括大比目鱼配鱿鱼酱、蜂蜜鸭子，以及入口即化的巧克力软糖。夏天可以在怡人的户外餐位就餐。

欧塞尔：Le Jardin Gourmand €€€€€

地址：56 bd Vauban, 89000 电话：03 86 51 53 52 传真：03 86 52 33 82

这家位于一座前葡萄种植者的房屋中的迷人餐馆提供很多美味佳肴。推荐千层饼裹芦笋配荷包蛋和白色 Alba 松露。菜单随大厨种出的应季蔬菜更改。这里还提供美味的奶酪。有一座天井，需要提前预订。

亚瓦伦：Relais des Gourmets €€

地址：45～47 rue de Paris, 89200 电话：03 86 34 18 90

这家传统的拥有两间餐厅的小旅馆位于亚瓦仑的防御小镇内。有着玻璃屋顶的明亮橄榄树大厅（Salle des Oliviers）中真的种有一棵橄榄树。固定菜单中可以同时选择一道鱼和一道肉，以及一道素菜。它的小酒吧 La Salle Bourguignonne 有明码标价的昂贵的菜品。

博讷：La Ciboulette €

地址：69 rue Lorraine, 21200 电话：03 80 24 70 72 传真：03 80 22 79 71

当地人经常光顾这家可爱的小酒馆。这里简单的装饰和高档次的菜肴搭配得相得益彰。特色菜包括牛排配辛辣的艾帕歇丝乳酪。当地酒商都来这里选择上好的葡萄酒。

博讷：Le Bistro de L'Hôtel €€€€

地址：3 rue Samuel Legay, 21200 电话：03 80 25 94 10

在这家博讷的餐厅兼酒店内可以享受友好、热情的服务，它位于城墙内。餐厅采用来源于地方供应者的高质量的食材。菜单根据季节而改变，这里的大部分法国菜都受到意大利的影响。酒单和可爱的阳台增添了餐厅的魅力。这里可以教授烹饪课程，还可以参观葡萄园。

博讷：L'Ecusson €€€€

地址：Pl Malmedy, 21200 电话：03 80 24 03 82

木质地板、橡木横梁增添了餐馆的淳朴气息。菜肴大胆创新，彰显着主厨的个性。招牌菜包括夏洛莱牛肉片配填松露的烤碎肉卷。最后推荐品尝一下埃波瓦斯奶酪口味的冰激凌。酒单上有几种不错的勃艮第葡萄酒。

博讷：Hostellerie de Levernois €€€€€

地址：Rte de Cobertault, Levernois, 21200 电话：03 80 24 73 58 传真：03 80 22 78 00

这幢漂亮而古老的大厦有着整齐的花园，以田园乡村风光为其背景。古典的餐馆供应蜗牛、蛙腿调味饭、夏洛莱牛肉配黑皮诺酱、7 小时羊肩肉或葡萄藤烤鲑鱼。这里酒单很丰富，服务到位。

贝尔福：Le Pot au Feu €€

地址：27 bis grand'rue, 90000 电话：03 84 28 57 84 传真：03 84 58 17 65

这家热闹的餐馆位于一座 17 世纪的拱顶地窖中，这里的家常菜很有现代特点。可以试试 pot au feu，这是一道蔬菜炖牛肉，也可以尝尝香煎牛腰子配羊肚菌，或三文鱼寿司配芥末酱和辣根酱。

邦利厄：La Poutre €€€

地址：25 Grande Rue, 39130 电话：03 84 25 57 77

这家餐厅位于由 1740 间房子组成的农舍内，餐厅内有着淳朴的橡木梁。游客可以在友好的气氛中放松自己，品尝美味的当地家常菜。餐厅装饰漂亮的菜肴包括煎鹅肝和小龙虾等。餐厅的地理位置十分优越，方便游客去参观壮观的刺猬瀑布。

夏布利：La Cuisine au Vin €€

地址：16 rue Auxerroise, 89800 电话：03 86 18 98 52

股份所有者 Daniel Etienne Defaix 负责开发夏布利酒，同时也经营着这家迷人的餐馆。在这里，传统的勃艮第食谱经过了改良。菜单上有很多精致的菜肴可供选择，其中包括带骨火腿和欧芹蜗牛。

沙尼：Lameloise €€€€€

地址：36 pl d'Armes, 71150 电话：03 85 87 65 65 传真：03 85 87 03 57

该餐馆因做地道的法国菜而出名，一个多世纪以来都由家族管理。这里有地道的勃艮第珍珠鸡和鹅肝肉汤配焦糖婆罗门参和海棠，以及香草杏仁饼配开心果奶油。

尚特：La Table de Chaintré €€€€

地址：Le Bourg, 71570 电话：03 85 32 90 95 传真：03 83 32 91 04

离马孔不远的这家餐馆不错，值得大力推荐，它每周都会变换菜式。试试这里的套餐吧，主菜是四小碟，还有奶酪和饭后甜点。也可以单点你喜欢的菜，比如黑鲈鱼、布雷斯鸡、阿库伊扇贝。甜品也很棒。

索恩河畔沙隆：L'Air du Temps €€

地址：7 rue de Strasbourg, 71100 电话：03 85 93 39 01 传真：03 85 93 39 01

这家餐馆外表虽不起眼，但饭菜色香味俱全。地方特色菜每隔 15 天就换一次，选用时令蔬菜作为原料。厨师简化了传统菜，美味有蜗牛和烤小牛肉。员工服务周到。

沙罗勒：Restaurant Fédéric Doucet €€€€

地址：2 av de la Libération, 71120 电话：03 85 24 11 32

享用夏洛莱牛排哪里还有比沙罗勒更好的地方？这家美丽、时尚的地方餐馆靠近乡村教堂，提供现代菜肴。主厨天赋异禀，烹饪出各种美食，如加入山羊奶酪的科利乌尔金枪鱼和牛肉。同样也会准备精致的甜点。醇香的美酒也等待你来品尝。

沙萨尼蒙特拉谢：Le Chassagne €€€€€

地址：4 impasse Chenevottes, 21180 电话：03 80 21 94 94 传真：03 80 21 97 77

很显然这里是品尝一杯夏山酒的好地方。游客可以尝尝这里鲜美的龙虾和加有潘波勒豆的凤尾鱼，再配上一杯本地的霞多丽，或者来点南瓜烩鹿肉配上一杯上好的加州红葡萄酒。绝对物有所值。

第戎：D'Zenvies €€

地址：12 rue Odebert, 21000 电话：03 80 50 09 26

这家位于市政厅附近的现代酒吧提供简单的美食菜肴。主厨属于新一代厨师，他注重食材的质量，烹饪的菜肴朴素而不夸张。特色菜如酸辣鹅肝酱、牛排配鸡蛋黄油调味汁、土豆泥鳕鱼和丰富的巧克力果馅饼。提供上等的杯装葡萄酒。

价格指南见600页 **图标含义**见封底勒口

第戎：Le Bistrot des Halles €€

地址： 10 rue Bannelier, 21000 **电话：** 03 80 49 94 15

午餐时间，这家20世纪伊始风格的小酒馆总是很热闹。因为靠近市场，这里的肉馅饼、香芹火腿冻和红酒烧牛肉吸引了很多食品商和当地的生意人。第戎著名的大厨Jean-Pierre Billoux打理这家店，他在第戎中心还有一家高档餐厅。

第戎：Le Chabrot €€

地址： 36 rue Monge, 21000 **电话：** 03 80 30 69 61 **传真：** 03 80 50 02 35

这里环境优雅，主人很健谈，当地的特色菜使这家餐厅大受欢迎。Le Chabrot改良了传统菜式，蜗牛馄饨就是其中一道菜。这里供应很多不错的勃艮第葡萄酒，以杯为单位出售。

第戎：Hostellerie du Chapeau Rouge €€€€€

地址： 5 rue Michelet, 21000 **电话：** 03 80 50 88 88

这是镇上最好的享用美食的地方。大厨欢迎世界各地的游客前来享受他的美味佳肴，推荐芝麻皮安康鱼。大部分佳肴适合亚洲人的口味。肉类的质量是上乘的，如比戈尔黑猪和布雷斯鸡。提供美味的甜点。

多尔：La Chaumière €€€€

地址： 346 mal-Juin, 39100 **电话：** 03 84 70 72 40 **传真：** 03 84 79 25 60

你必须具备开放的思想和好奇的天性才会爱上这家舒适高雅的餐馆。这里的菜肴独出心裁，例如牙鳕鱼片配菊芋、菠菜、柠檬和香菜，还有堪培利开胃酒味小萝卜、烤鸭胸和橄榄果汁冰糕。提供客房。

丰唐吉：Ferme Auberge de la Morvandelle €

地址： Précy-sous-Thil, 21390 **电话：** 03 80 84 33 32

这是一座正在运作的农场，只在周末对客人开放。餐馆是改建过的谷仓，带给你真正的乡间体验。农场为家常菜提供原料，美食包括鸡肝沙拉、烤珍珠鸡、水果派。请提前预订。

哲维瑞—香尔丹：Chez Guy €€€

地址： 3 pl de la Mairie, 21220 **电话：** 03 80 58 51 51 **传真：** 03 80 58 50 39

这是一家令人愉悦的小餐馆，迷人的餐厅有裸露的橡木横梁，天气好时可以在阳台上用餐。简单的当地菜包括酒焖仔鸡、红酒烩牛肉，这些菜肴都是在红酒中慢慢烹制而成的。酒水价格公道，服务好。

IGUERANDE：La Colline du Colombier €€€

地址： Colombier, 71340 **电话：** 03 85 84 07 24

Michel和Marie-Pierre Troisgros已经重新整修了这家古老的农舍，站在这里可以俯瞰周围的农舍。这里的美味主要使用当地牛肉、小牛肉和有机产品作为原料。简单、现代的菜肴都是经过精心烹制的，并会在迷人的餐厅呈上你的餐桌。

LONS-LE-SAUNIER：Le Relais des Salines €

地址： 26 rue des Salines, 39000 **电话：** 03 84 43 01 57

这是一家位于侏罗中心的活跃的小酒馆，它将丰富的美味佳肴分盘装配，你可以在舒适的餐厅里享用美食。美味佳肴的主要食材包括肉类、奶酪和马铃薯。这里的沙拉也相当可口。出售杯装或罐装的侏罗霞多丽、Poulsards和Savagnins。

MAGNY-COURS：Absolue Renaissance €€

地址： 2 rue de Paris, 58470 **电话：** 03 86 58 10 40

这家餐馆距离一级方程式赛车场不远，它坐落于一座巨大的花园里，拥有自己的蔬菜园。由经典菜肴组成的菜单很有现代活力。在这里可以发现各种美味菜肴，如浸泡在卤汁中的三文鱼和烟熏鞑靼牛排。

马尔比伊松：Le Bon Acceuil €€€

地址： Rue de la Source, 25160 **电话：** 03 81 69 30 58

这家位于上杜省的餐馆是最具特色的用餐地点之一，价格也十分公道。菜单随季节而变，在这里可以发现多种创新菜肴，如牡蛎天妇罗搭配甜菜根乳液和烤羔羊肉配马铃薯团。侍酒师对于侏罗葡萄酒很有研究。需要提前预订。

蒙福孔：La Cheminée €€

地址： 3 rue de la Vue des Alpes, 25660 **电话：** 03 81 81 17 48

从地址可以看出，这家餐馆周围的高山风景是很壮观的。它距离贝桑松只有几千米远，非常迷人。这里的大厨采用当地食材烹饪美味佳肴。特色菜包括香煎羔羊肉和小龙虾炖肉。

纳韦尔：Jean-Michel Couron €€€€

地址： 21 rue St-Etienne, 58000 **电话：** 03 86 61 19 28 **传真：** 03 86 36 02 96

这是一家高雅的餐厅，服务周到，提供一流的饭菜。大厨选用最好的原料，用高超的烹饪技术做出完美的菜肴。例如扁豆炖夏洛莱牛肉配榛子意大利面和意大利干酪。提供自创的甜点和杯装葡萄酒。

尼特里：Auberge de la Beursaudière €€

地址：Chemin de Ronde, 89310 **电话：**03 86 33 69 69 **传真：**03 86 33 69 60

这里的服务生穿着农民的服装，以最具代表性的莫尔旺欢迎方式向你表示欢迎。这里的饭菜分量很足，美食包括andouillette de Clamecy（小肠香肠）、小牛蹄筋、corniotte Morvandelle（夹馅奶酪）、牛排、牛里脊。提供住宿。

圣乔治：L'Alambic €€

地址：Rue de Général de Gaulle, 21700 **电话：**03 80 61 35 00

这是一座位于L'Alambic的著名的葡萄酒村庄，拥有450种不同的葡萄酒，其中75种产自尼伊圣乔治。这家餐馆提供经典的勃艮第菜肴，没有特别的优势。美食包括蜗牛炖肉、鹌鹑配李子和玉米粥。

波尔莱斯内：Le Bistro Pontarlier €€

地址：Port Lesney, 39600 **电话：**03 84 37 83 27 **传真：**03 84 73 88 88

这是该地区最实惠的餐馆，它位于一所老学校里，坐落在阿尔布瓦一个漂亮的葡萄种植园中。它属于同处一个村庄的豪华酒店Chateau de Germigny，大厨和提供的菜肴也是一致的，但更便宜更简单。小酒馆气氛不错。

皮利民蒙特拉谢：La Table d'Olivier Leflaive €€€

地址：Pl du Monument, 21190 **电话：**03 80 21 37 65 **传真：**03 80 21 33 94

这家餐馆位于著名的葡萄酒小镇，以创立者的名字命名，所有的酒都是他自己亲手酿的。葡萄酒风味午餐是这里的特色，其中的菜品包括冷肉、布雷斯鸡和勃艮第奶酪与各种葡萄酒（比如圣欧班葡萄酒、勃艮第白葡萄酒、普里尼－蒙哈榭葡萄酒）。需要提前预订。

QUARRE LES TOMBES：Auberge de l'Atre €€€€

地址：Les Lavaults, 89630 **电话：**03 86 32 20 79 **传真：**03 86 32 28 25

这家莫尔旺的餐馆内部的装饰与外表的朴素形成鲜明对比，餐厅里有一个真正的壁炉，菜肴很诱人。提供传统菜肴，比如迷迭香烤羊肉、勃艮第酒味蛋奶酥。

索利厄：Le Relais Bernard Loiseau €€€€€

地址：2 rue d'Argentine, 21210 **电话：**03 80 90 53 53 **传真：**03 80 64 08 92

这家餐馆至今仍是法国最好的，在Loiseau夫人的鼓励下，厨师Patrick Bertron成功地接受了这项挑战，他成功为传统菜，比如香煎干贝配南瓜和乌蛤，赋予了新的诠释。提供美味的甜点和种类繁多的葡萄酒。

桑斯：La Madeleine €€€€€

地址：1 rue Alsace-Lorraine, 89100 **电话：**03 86 65 09 31 **传真：**03 86 95 37 41

这家餐馆是米其林二星级餐厅，在这里你能找到用精选的原料烹制的精致菜肴。菜单随季节而变，这里的美食包括鹅肝配苹果和藏红花、深海鲈鱼、甜腻的巧克力奶冻配上覆盆子汁。提供上好的夏布利酒和当地伊朗希酒。提前预订。

ST-AMOUR BELLEVUE：L'Auberge du Paradis €€€

地址：Le Platre Durand, 71570 **电话：**03 85 37 10 26

这里曾经是面包店，随后改为食品杂货店，现在是勃垦地最有活力的餐厅之一。主厨非常热情且很有个性。他大胆地应用香料创作出多种美味菜肴，甜点包括香料巧克力配苹果奶油。漂亮的餐厅明亮宽敞，配有方格桌布和摩洛哥地毯。

ST PERE SOUS VEZELAY：L'Espérance €€€€€

地址：St Père sous Vézelay, 89450 **电话：**03 86 33 39 10 **传真：**03 86 33 26 15

这里提供的食物或许是勃艮第最好的，餐厅布置高雅，阳台外的风景很好。Marc Meneau是法国最好的厨师之一，他烹饪新式传统菜肴，比如扇贝配柠檬或新鲜松露、滑嫩多汁的凯尔西羊羔肉。提供传统酒单。

圣罗曼：Les Roches €€

地址：Pl de la Mairie, 21190 **电话：**03 80 21 21 63

这家小型的酒店餐馆坐落于这个以美酒鉴赏家而闻名的乡村的主广场。餐厅的装饰风格与其朴素的美味很相配。在这里可以享受一杯冰冻圣罗曼白葡萄酒，然后尽情品尝丰富的家常菜，如正宗的土豆泥。物美价廉。

图尔尼：Le Restaurant Greuze €€€€€

地址：1 rue A Thibaudet, 71700 **电话：**03 85 51 13 52 **传真：**03 85 51 75 42

这家餐馆拥有地道的传统菜式和装饰，本身就是一个历史博物馆。这里也是品尝法国最好的传统菜的好地方，推荐菜品包括煎扇贝配手柑味炖蔬菜锅、布雷斯鸡、多汁的萨勒－夏洛莱牛肉。提供上好的马孔和博若莱红葡萄酒。

VERDUN-SUR-LE-DOUBS：L'Hostellerie Bourguignonne – Didier Denis €€€€

地址：2 av Pdt-Borgeot, 71350 **电话：**03 85 91 51 45 **传真：**03 85 91 53 81

这栋乡村建筑位于郊区中心的河岸上，这里提供用本地原料做的简单食物，其中包括夏洛莱牛里脊，龙虾、扇贝、对虾海鲜拼盘，并用八角和胡椒薄荷调味。提供上好的酒单。

价格指南见600页 **图标含义**见封底勒口

弗努瓦：Le Moulin de la Coudre €€€

地址：2 rue des Gravottes, La Coudre, 89290 电话：03 86 40 23 79

这家酒店餐馆位于约讷中心，位于欧塞尔的一座重修的水磨坊里。这里的经典菜肴极具创造性，菜单依据应季食材和主厨的灵感变化。冬天可在壁炉旁享用咖啡，夏天可以到花香弥漫的花园享受美景。

VILLENEUVE SUR YONNE：Auberge La Lucarne aux Chouettes €€€€

地址：7 quai Bretoche, 89500 电话：03 86 87 18 26 传真：03 86 87 22 63

这家 17 世纪的小旅馆因女演员莱斯丽·卡伦而名声大振，它位于约讷河边，风景宜人。夏天坐在露台上用餐是一件让人愉快的事，餐厅里有裸露的横梁，很漂亮。这里提供传统美食，如蜗牛和野蘑菇沙拉。

维莱尔莱拉克：Le France €€€€

地址：8 pl Cupillard, 25130 电话：03 81 68 00 06 传真：03 81 68 09 22

这里的食物美味而有创意，品种很多且味道醇正。厨师有自己的香草种植园和旅行时收集的珍贵香料。餐厅通风而明亮。推荐这里的鸽胸配巧克力酱及草婆罗门参，以及清凉的冰冻果子露。

VINCELOTTE： Auberge des Tilleuils €€€

地址：12 quai de l'Yonne, 82290 电话：03 86 42 22 13

这座位于河堤旁的迷人小酒馆提供香气扑鼻的美味菜肴，酒馆的食材不仅仅来自勃艮第，也有法国其他地区——阿尔勒的大蒜、中央高原死火山区的扁豆以及维尔河的香肠。可以尝尝这里用波迪尔黄油煎的牛排骨。提供上等的勃艮第葡萄酒，特别是伊朗希的酒。

波纳斯：Georges Blanc €€€€€

地址：Pl Marché, 01540 电话：04 74 50 90 90 传真：04 74 50 08 80

这家餐馆是大受欢迎的美食胜地，提供高质量的服务，摆有很多古董。餐馆既精美，又不失乡村气息。美味佳肴由 M Blanc 的两个儿子烹制，其中包括布雷斯鸡、鹅肝和龙虾馄饨。提供上等酒单。

中央高原

阿莱拉：Le Haut Allier €€€€€

地址：Pont d'Alleyras, 43580 电话：04 71 57 57 63 传真：04 71 57 57 99

这家酒店餐馆位于阿利埃河峡谷，热情的服务和创意菜式很值得你光顾。大厨用本地原料做出的特色菜包括烤羊里脊，更有创意的菜肴包括碎奥弗涅火腿。套餐很实惠。

奥蒙奥布拉克：Restaurant Prouhèze €€€€

地址：2 rte du Languedoc, 48130 电话：04 66 42 80 07 传真：04 66 42 87 78

这里的厨师拿过大奖，他只选用最新鲜的原料，做出的菜品高雅而特别。美食中的亮点包括 aligot（奶酪土豆）砂锅菜和煎奥贝克牛里脊配黄葡萄酒。这里提供很多上好的朗格多克葡萄酒。它的姐妹餐厅 Le Compostelle 则提供更便宜的农家饭。

贝尔卡斯特：Vieux Pont €€€€€

地址：Le Bourg, 12390 电话：05 65 64 52 29

这家富有想象力的餐馆位于一座中世纪鹅卵石桥的另一端，这里空气新鲜，潺潺的河水在时尚而淳朴的餐厅旁边静静地流淌。这里的创新菜肴富有现代气息，应用的都是高质量的食材。美食包括皇家山鸽肉配牛肝菌和阿韦龙小牛肉。需要提前预订。

布代：La Vigne €€

地址：Pl de la Mairie, 63340 电话：04 73 96 55 66

这家极具创造性的餐馆位于小型的造酒村庄的主广场上，这样的餐馆在该地区为数不多。主厨不断地探索着新菜，菜单定期更改。在这里你可以享用美味的鳕鱼、扇贝慕斯。同样值得关注的还有奶酪和甜点。物美价廉。

布萨克：Le Relais Creusois €€€

地址：40 Maison Dieu, rte de la Chatre, 23600 电话：05 55 65 02 20 传真：05 55 65 13 60

不要在它不和谐的外表、阴郁的装饰面前迟疑——这里的菜肴可拿过大奖。厨师广泛地汲取灵感，制作古老的菜肴，比如梭鲈鱼配欧洲防风草根佐餐酱、烤鸭配接骨木果。有一些座位可以望见美丽的小克勒兹山谷。提前致电确定营业时间。1 月 ~ 3 月中旬停止营业。

BRIVE-LA-GAILLARDE：Chez Francis €€

地址：61 av de Paris, 19100 电话：05 55 74 41 72

这家复古的酒馆是真正具有怀旧风格的巴黎式酒馆，这家酒馆在布里夫正在逐渐变成一种公共机构。酒吧的菜肴分量很大且很精致。深受当地人喜爱的美味佳肴正在慢慢回归到当地人的生活中，如鱿鱼仔、菊芋或小牛肉锅。提供法国南部的葡萄酒。建议提前预订。

克莱蒙费朗：Le Caveau €€

地址：9 rue Philippe Marcombes, 63000 电话：04 73 14 07 03

不要因为毫无魅力的入口阻止了你进入餐馆的脚步！这家可爱的有拱顶的餐馆位于一条简单的楼梯底端，这里的菜肴是淳朴传统风格，其中的萝卜块炖萨勒牛肉或奥布拉克牛肉和酒焖仔鸡令肉食爱好者仿佛进入天堂一般。这里并没有很多甜食。需要提前预订。

克莱蒙费朗：Amphitryon Capucine €€€€

地址：50 rue Fontgiève, 63000 电话：04 73 31 38 39

在这家小餐馆里可以享用到最好的应季美食，餐厅内置横梁和壁炉。大厨提供精心准备的简单菜肴，如碳烤海螯虾和松露、浓缩的巧克力布丁。这里提供来自朗格多克和奥弗涅的上等葡萄酒。

克莱蒙费朗：Goûts et Couleurs €€€€

地址：6 pl Champgil, 63000 电话：04 73 19 37 82

20 世纪 80 年代的几何图形装饰被古老的拱形天花板衬得很柔和，这家餐厅的前身是制作镜子的工作坊。大厨采用高质量的食材烹饪出现代、独具创意的菜肴，价位合理。对于肉类和鱼类爱好者，这里是个不错的选择。提供的甜点包括柠檬玛德琳蛋糕配柑橘果酱和玛格丽塔冰糕。

COLLONGES-LA-ROUGE：Auberge Le Prieuré €€

地址：Pl de l'Eglise, 19500 电话：05 55 25 41 00

这是一家采用当地的红色石头建造的典型的 18 世纪小旅馆，附带一个漂亮的阳台。提供简单的经典菜肴，如鹅肝配洋葱、香煎鸭脯、鲈鱼配柠檬黄油酱。如果你赶时间，可以选择砂锅菜菜单，开胃菜和主菜可以同时提供。

弗洛拉克：La Source du Pêcher €€€

地址：Rue Remuret, 48400 电话：04 66 45 03 01 传真：04 66 45 28 82

这是一家由磨坊改建的迷人小餐馆，在这里你可以一边用餐一边看着鱼儿在身边跳跃。这里的食材包括鸭子配欧洲越橘、当地的小羊羔、洛泽尔的鳟鱼和栗子花蜜，具体是哪种食材根据季节而定。朗格多克葡萄酒是很不错的选择。11 月 ~ 复活节期间停业。

拉吉奥尔：Michel Bras €€€€€

地址：Rte de l'Aubrac, 12210 电话：05 65 51 18 20 传真：05 65 48 47 02

从这家餐馆的一面落地窗可以尽览奥布瑞克的乡间风景，它是一家三星级餐馆。Michel 和 Sebastien Bras 以新式菜肴著称。这里的珍馐美味包括阿魏调味的香煎鸽胸配 Cévenne 洋葱和橘子酱。11 月 ~ 复活节期间停业。

勒皮：Tournayre €€€

地址：12 rue Chênebouterie, 43000 电话：04 71 09 58 94

这家令人愉快的餐厅位于勒皮 – 维莱的一家 12 世纪的酒店当中。餐厅有着拱形天花板和石墙。厨师提供典型的奥弗涅美食以及精心制作的菜肴，如龙虾馅饼、加有蘑菇的海螯虾碎。

勒皮：François Gagnaire €€€€

地址：4 av Clément Charbonnier, 43000 电话：04 71 02 75 55

这是一家位于公园酒店内的高雅餐厅。餐厅拥有简单的配置，墙壁上悬挂着丰富多彩的绘画。主厨是一位十分有个性的绘画大师，他利用现代思想创造性地将地方食材制作成精美的食物，其中包括底下铺有一层洋蓟的香煎鹅肝和大比目鱼配野蘑菇。

勒鲁热：Hôtel des Voyageurs €€

地址：20 av de 15 septembre 1945, 15290 电话：04 71 46 10 14 传真：04 71 46 93 89

这家位于欧里亚克西南边 25 千米的酒店餐厅是用石头建造的，提供传统菜肴。菜单价格合理，各种美食包括对虾意大利调味饭、煎海鲷搭配柑橘味的藜麦。提供各种上等的葡萄酒。

利摩日：Chez Alphonse €

地址：5 pl de la Motte, 87000 电话：05 55 34 34 14 传真：05 55 34 34 14

这家小酒馆提供采用新鲜食材烹饪当地菜肴，主厨亲自从当地市场挑选食材。传统利穆赞菜肴通常使用肉类或鱼类烹制，菜单定价合理。提供丰富的奶酪拼盘和美味的巧克力慕斯。建议提前预约。7 月 27 日 ~ 8 月 10 日、12 月 29 日 ~ 次年 1 月 12 日以及周日不营业。

利摩日：Chez François €

地址：Pl de la Motte, 87000 电话：05 55 32 32 79 传真：05 55 32 87 39

无与伦比的品质和欢乐的气氛为利摩日的这家餐馆赢得了一致好评。它只在午餐时间开放，一定要早点去占位，要不然就做好排队的打算。这里的食材并不奇特，但菜肴味道很好。三道菜的菜单每天都会更新。

利摩日：L'Amphitryon €€€€

地址：26 rue de la Boucherie, 87000 电话：05 55 33 36 39 传真：05 55 32 98 50

这是一家位于古老的利摩日中心的现代风格餐馆。餐点花样繁多，味道醇正。餐馆一直用利摩日瓷器盛菜。必点的菜是利摩日牛里脊。饭后甜点主要是时鲜水果。

价格指南见600页 **图标含义**见封底勒口

米约：La Braconne €

地址：7 pl Maréchal Foch, 12100 **电话：**05 65 60 30 93

这家带有 13 世纪拱顶的餐馆位于风景如画的广场拱形走道下方。餐馆内设有舒适藤椅的阳台很吸引人。这里提供经典的美味菜肴，如汁多味美的红酒羊腿。在这里享受美食的感觉很放松。

蒙吕松：Le Grenier à Sel €€€€

地址：10 rue Ste-Anne, 03100 **电话：**04 70 05 53 79 **传真：**04 70 05 87 91

这座 16 世纪古堡样式的餐馆外表覆盖着常青藤，内有巨大的壁炉，还有一间高雅的餐厅。天气允许时可以在迷人的阳台上用餐。推荐填牙鳕鱼和小龙虾的意大利的烤碎肉卷子配时令蔬菜。套餐很实惠。

蒙特萨尔维：L'Auberge Fleurie €€

地址：Pl du Barry, 15120 **电话：**04 71 49 20 02

这家小酒馆有常春藤覆盖的橡树横梁和开放的壁炉，给人淳朴温暖的感觉。主厨注重菜肴的独特性。菜单根据应季食材的不同而更改，推荐兔肉配茴香和罗勒味黄油。美味的甜食包括巧克力蛋白糖饼布丁。

穆代雷：Le Pré Bossu €€€

地址：Le Bourg, 43150 **电话：**04 71 05 10 70 **传真：**04 71 05 10 21

这里环境安静，提供住宿，菜肴相当出色，值得一去。香草和蔬菜的品种繁多，都是从菜园里摘下来的。这里提供素食菜谱，这在这个地方是很少见的。只提供正餐。11 月 ~ 次年 4 月停业。

穆兰：Le Trait d'Union €€€€

地址：16 rue Gambette, 3000 **电话：**04 70 34 24 61

这家位于市中心的现代小酒馆提供的美味菜肴结合了经典和现代风格。主厨烹饪的部分菜肴是该地区最好的，推荐弗雷山小牛肉和罗西尼经典牛排。提供各种山羊奶酪。

米拉：Le Jarrousset €€

地址：Rte de Clermont-Ferrand, 15300 **电话：**04 71 20 10 69 **传真：**04 71 20 15 26

这座餐馆位于穆拉特的东面，坐落在一片迷人的花园当中。厨师从上等选料中汲取灵感，烹制的美味大部分是本地风味。菜单随季节而变，选择多种多样。

罗德兹：Goûts en Couleurs €€€

地址：38 rue Bonald, 12000 **电话：**05 65 42 75 10

这家迷人的餐馆位于老镇上，面向 Embergues 广场，餐馆内装饰着丰富多彩的油画。这里提供各种美味佳肴，松露配甘草、比目鱼搭配纳达亚克蜗牛彰显了主厨的丰富想象力。上等葡萄酒和优质的服务为餐厅增色不少。

ST-BONNET-LE-FROID：Auberge des Cimes €€€€€

地址：Le Bourg, 43290 **电话：**04 71 59 93 72 **传真：**04 71 59 93 40

这家餐馆已经三次赢得了米其林星级称号。依据季节的不同，餐馆提供烤羔羊肉、烤乳猪配鼠尾草或香菇。提供美味的奥弗涅和阿尔代什乳酪以及其他美味甜点。1 月 ~ 3 月中旬停业。

ST-JULIEN-CHAPTEUIL：Vidal €€€

地址：Pl du Marché, 43260 **电话：**04 71 08 70 50 **传真：**04 71 08 40 14

这家由 Vidal 家族经营的餐馆位于高山包围的宁静小镇上，里面装饰着描绘当地风景的壁画。推荐鹅肝配烤蓝莓馅饼、牛肉里脊、烤维莱羊羔肉。1 月中旬 ~ 2 月停业。

于泽尔克：Restaurant Jean Teyssier €€

地址：Rue du Pont-Turgot, 19140 **电话：**05 55 73 10 05 **传真：**05 55 98 43 31

想尝尝地中海风味的菜就要去这家餐馆，这里有肉馅大酥饼配羊乳干酪酱、焖羊羔肉配欧洲防风草酱和胡瓜烤鳟鱼。在美妙的全景餐厅中能欣赏到韦泽尔的风景。2 月中旬 ~ 3 月中旬停业。

维希：Brasserie du Casino €€

地址：4 rue du Casino, 03200 **电话：**04 70 98 23 06 **传真：**04 70 98 53 17

该餐馆拥有名副其实的维希风格，它位于大娱乐场的对面。木料、镜子和大扶手椅组成了这家高档餐馆，也使其成为艺术装饰的典范。热气腾腾的肥鹅肝配上酸辣梨子酱和覆盆子奶油布丁十分美味。

维希：Jacques Decoret €€€€€

地址：15 rue du Parc, 3200 **电话：**04 70 97 65 06

这家餐厅提供精心烹制的富有想象力的菜肴。推荐菜品包括香煎鹅肝配鲤鱼汤、用莳萝和山葵烹制的海螯虾，它们都体现了厨师的创造性和烹饪才能。

罗讷河谷和法国阿尔卑斯山脉

安纳西：Le Belvédère

€€€€€

地址：7 chemin Belvédère, 74000　电话：04 50 45 04 90

餐馆里有舒适的皮革椅子和怡人的阳台，可俯瞰到美丽的湖泊景色。主厨精心烹饪出开胃的现代菜肴，如香草味的鹅肝搭配无花果盘。还提供极好的甜食，如藏红花奶油苹果和自制果汁冰糕。

BOURG-EN-BRESSE：Les Quatres Saisons

€€

地址：6 rue de le République, 1000　电话：04 74 22 01 86

这家友好的餐厅提供传统的美味菜肴，融入现代风格的装饰令餐厅氛围更加活泼。主厨对美酒和当地食材情有独钟，他烹制的美味佳肴包括鞑靼扇贝、螃蟹和对虾搭配山葵、蜜汁猪肉、川味胡椒和金橘。还提供精挑细选的勃艮第葡萄酒。

尚贝里：Château de Candie – L'Orangerie

€€€€€

地址：Rue de Bois de Candie, Chambéry le Vieux, 73000　电话：04 79 96 63 00　传真：04 79 96 63 10

这是一家位于14世纪城堡里的优雅餐厅，餐厅的装饰很漂亮。厨师利用现代烹饪技巧对经典的食材进行加工，提供的菜肴包括添加碾碎的腰果的鞑靼扇贝和更加淳朴的柠檬脆皮油封野兔等。4月的两周和11月的两周停业。

夏蒙民：La Calèche

€

地址：Rue Dr Paccard, 74400　电话：04 50 55 94 68

这家传统的夏慕尼餐馆从1946年开始一直都由这个家族经营。客人可以在饭厅里享用典型的萨瓦特色菜，如马铃薯饼、芝士火锅和干酪面包以及烤肉。这里装饰着老式的滑雪板、瑞士挂钟、铜质的盘子和来自1924年冬季奥运会的大雪橇。餐厅提供萨瓦葡萄酒。

夏蒙民：Les Jardins du Mont Blanc

€€

地址：62 Allée du Majestic, 74400　电话：04 50 55 35 42

这家山地酒店提供美味可口的现代阿尔卑斯菜肴，使用的都是当地最好的食材。主厨令经典菜肴回归到人们的餐桌上，其中的美食包括腌制鳕鱼。他细腻地烹饪各种美食。华丽的甜点也可以在这里品尝到。人多的时候餐厅里可能会有点吵闹。午餐相对来说更美味价廉。

夏蒙民：Le Hameau Albert 1er

€€€€€

地址：119 impasse Montenvers, 74402　电话：04 50 53 05 09　传真：04 50 55 95 48

这是一家豪华的萨伏伊酒店餐馆，位于山区，是意大利风格。厨师 Pierre Carrier 的高超烹饪技术会带给你无限味觉享受。这里的美食包括土豆烤鱼和紫洋蓟配夏龙堡酱以及婆罗门参。这里的奶酪也很好。

COLLONGES AU MONT D'OR：Paul Bocuse

€€€€€

地址：40 quai de la Plage, 69660　电话：04 72 42 90 90　传真：04 72 27 85 87

Paul Bocuse 已经成为一个法国美食机构，并且地位无法取代。来这里可以试试黑松露汤配油酥点心、黄油沙司烤比目鱼、烤小龙虾。葡萄酒也很出色。请提前订餐位。

库尔舍韦勒：Le Genépi

€€€

地址：Courchevel 1850, 73120　电话：04 79 08 08 63

这家餐厅是库尔舍韦勒的滑雪胜地地区最物美价廉的地方之一。这里精心为你准备了传统的当地美食，比如搭配罗勒的生鸭肉片、龙虾馅水饺、野兔。这里的餐厅十分优雅。

库尔舍韦勒：Le Chabichou

€€€€€

地址：Quartier des Chenus, 73120　电话：04 79 08 00 55　传真：04 79 08 33 58

建议订一个靠近巨大的窗户的座位，欣赏绵绵山脉是一种享受。异国风味和富有创意的菜式是这个出色的餐馆的特色。这里提供高雅的氛围和老式的佳肴，如布雷斯乳鸽填鹅肝、梨和丁香。

埃维昂莱班：Histoire de Goût

€

地址：1 av Général Dupas, 74500　电话：04 50 70 09 98

这个餐厅酒吧提供各种美酒和食物。超过200种葡萄酒摆放在镀锌的吧台上，或存放在优雅的餐厅里。菜单价格合理，包括可供素食主义者选择的美味，特别推荐这里的"探索菜单"。

格勒诺布尔：Le Mas Bottero

€€

地址：168 Cours Berriat, 38000　电话：04 76 21 95 33

这里的菜肴可以反映出普罗旺斯的年轻厨师的基础功底，以及他对有机食材的钟爱。可口的美食包括洋蓟搭配蔬菜蒜泥浓汤、榛子乳鸽、搭配芹菜和绿苹果的鲑鱼。夏天，桌子被摆放在户外古老的紫藤树下。

价格指南见600页　**图标含义**见封底勒口

格勒诺布尔：A Ma Table €€€

地址：92 cours Jean-Jaurès, 38000　电话：04 76 96 77 04　传真：04 76 96 77 04

这里的菜单样式常常变换花样，这取决于当地的时令菜肴。在这个小巧但装饰很漂亮的餐馆里，你能品尝到拔丝梨、鸭胸奶酪馅饼、芥末酱鲑鱼和杏仁椰子烤鸭。提前预订。

格勒诺布尔：Le Fantin Latour €€€€€

地址：1 rue Général Beylié, 38000　电话：04 76 01 00 97

在这家时髦的餐厅里享受美食是奢侈的：开胃酒被放在一层厚厚的野生植物上呈上来，鹅卵石装饰着甜点。这里的美味佳肴结合使用了药草和香料，打破了传统的界限，推荐搭配青苔和鼠尾草酱的乳鸽。这里的员工也很有活力。

克吕塞兹：La Scierie €€

地址：321～331 rte du Col des Aravis, 74220　电话：04 50 63 34 68

餐厅位于人潮涌动的滑雪胜地中心，它的前身是锯木厂。主厨创造了丰富多样的菜单，而且物美价廉，美味菜肴有当地山猪肉、沙拉以及更加复杂精细的食物，如采用鼠尾草和意大利干酪调味饭搭配的海鲂片。

拉马斯特尔：Restaurant Barattéro €€€€

地址：Pl Seignobos, 07270　电话：04 75 06 41 50　传真：04 75 06 49 75

这是一家位于可爱的阿尔代什的 Hotel Midi 里面的高雅餐馆，有一个迷人的花园。传统菜有鹅肝沙拉、布雷斯鸡、加有风味酱的小龙虾和阿尔代什栗子蛋奶酥。酒单主要有是 St-Joseph 和 St-Péray 葡萄酒。提前预订。

拉尔让蒂埃：Le Chêne Vert €€

地址：Rocher, 7110　电话：04 75 88 34 02

这家传统的酒店餐馆位于乡村，靠近奥伯纳。这里为你提供经典的地方菜肴，如鹅肝酱搭配无花果鸭腿或百里香调味的烤野兔搭配 Ardèchoise 马铃薯饼。可以尝尝这里的波旁香草味的泡沫奶油水果沙拉。

LE BOURGET-LE-LAC：Beaurivage €€€€

地址：Boulevard du Lac, 73370　电话：04 79 25 00 38

这家典型小酒馆餐厅带有可爱的阳台，位于湖堤处，香蕉树悬垂于阳台之上。你在享受经典的萨瓦菜肴的同时还可以欣赏这里的优美风景，提供的美味包括烤虾和浓味鱼肉汤配意大利调味饭、填充鹅肝的鸡胸脯搭配意大利调味饭等。

里昂：Brasserie Georges €€

地址：30 cour Verdun, 69002　电话：04 72 56 54 54　传真：04 78 42 51 65

这家巨大的熙熙攘攘的市中心小酒馆提供快餐服务，它的内部是壮丽的艺术装饰风格。丰富的美食包括里昂特色菜，如 andouillette（牛肚香肠）和 Dauphinoise 马铃薯，以及各种各样的海鲜菜肴、德国泡菜和煎蛋饼。儿童和素食主义者会有特别的美食选择。

里昂：La Gargotte d'Ivan €€

地址：15 rue Royale, 69001　电话：04 78 28 79 20

这家餐厅恰巧位于壮丽的剧院的北部，餐厅里有着复古的装饰、洛可可式的镀金和光亮的墙壁，给人宾至如归的感觉。年轻的天才厨师精心准备各种美味佳肴，并以小酒馆的价位出售。菜单上的佳肴经常稍带独创性，令食客愉悦不已。提供的葡萄酒种类不多，但价格合理。

里昂：33 Cité €€€

地址：33 quai Charles de Gaulle, 69006　电话：04 37 45 45 45

这家位于现代都市中心的小酒馆正对国际艺术城。气派豪华的餐厅提供经典和现代菜肴；美食包括蟹饼油酥千层糕、配有芝麻粒的金枪鱼和罗西尼鸭脯。餐厅提供杯装或瓶装葡萄酒。

里昂：L'Alexandrin €€€€

地址：83 rue Moncey, 69003　电话：04 72 61 15 69

这里年轻的厨师善于烹饪里昂菜肴。无懈可击的准备工作成就了完美的带有个人特色的美味佳肴。推荐梭鱼慕斯搭配奶油淡水螯虾酱和布雷斯鸡。这里的蔬菜同样经过精心烹饪，比如栗子蔬菜锅。

里昂：Nicolas le Bec et Taka €€€€

地址：14 rue Grolée, 69002　电话：04 78 42 15 35　传真：04 72 40 98 97

这家餐厅里的美味佳肴风格大胆创新，推荐带有少量石榴的焦糖布雷斯乳鸽。这里的设置优雅、现代，提供各种上等勃艮第葡萄酒，但是价格比较高。1月和8月各停业两周。

梅杰夫：La Petite Ravine €

地址：743 chemin de la Ravine, Demi Quartier Combloux, 74120　电话：04 50 21 38 67

这是一家典型的阿尔卑斯农舍餐厅，弥漫着温暖、欢悦的气氛。冬季，滑雪的人可以到餐厅做短暂的休憩，并品尝这里的美食；夏季徒步登山的人也可以到餐厅欣赏优美风景。菜肴的选择很局限，但也涵盖了受当地人喜爱的美味，如奶油干酪、波弗特芝士、沙拉。对于家庭旅行者而言，这里是理想的用餐地点。

梅杰夫：La Taverne du Mont d'Arbois €€€€

地址：3001 rte Edmond de Rothschild, 74120 电话：04 50 21 03 53

当地人经常光顾这家小旅馆，真正的农舍小屋吸引了时尚人群。主厨根据传统食谱准备各类菜肴。推荐生鱼肉片和淡水螯虾；相对老式的特色菜，如拉特莱特奶酪和干酪在这里也可品尝到。提供美味的甜食。

摩津：La Chamade €€

地址：Morzine, 74110 电话：04 50 79 13 91 传真：04 50 79 27 48

这是一家传统的阿尔卑斯家庭经营的餐馆，提供酒单。比萨在燃木柴的炉子里烤制，地方菜有乳猪和熟食（冷肉）。特色菜包括热沙拉、小扁豆炖兔子和丰盛的混合烧烤。也提供素食菜肴。

罗阿讷：La Troisgros €€€€€

地址：Pl Jean Troisgros, 42300 电话：04 77 71 66 97 传真：04 77 70 39 77

这是法国最有名望的餐馆之一，有着高雅的现代装饰。坐在拥有简约线条和禅宗氛围的餐厅里品味佳肴是件享受的事。推荐菜品有樱桃烤鸭。这里有一个专门的食品库。

ST-AGREVE：Domaine de Rilhac €€€€

地址：Rilhac, 07320 电话：04 75 30 20 20 传真：04 75 30 20 00

这家翻修过的农舍位于阿尔代什一个安静的角落。厨师 Ludovic Sinz 用改良的方式做传统菜。推荐菜品包括蜗牛南瓜汤、扇贝和栗子酱煎菊苣，最后还可以来一个巧克力馅饼。

圣艾蒂安：Le Bistrot de Paris €

地址：7 pl Jean Jaurès, 42000 电话：04 77 32 21 50

这个欢乐的小酒吧位于镇中心迷人的广场上。菜单根据每天食材的供应和当地市场的材料新鲜程度而更改。这里的菜肴美味且价格合理，还设有适合夏天用餐的怡人阳台，可以在这里静静享受欢乐时光。

ST-MARTIN-DE-BELLEVILLE：La Bouitte €€€€€

地址：St Marcel, 73440 电话：04 79 08 96 77 传真：04 79 08 96 03

这家餐馆位于一个迷人的阿尔卑斯农舍里，供应用阿尔卑斯香草做的创意菜肴。推荐尝尝当地的鱼类菜肴，如配有朝鲜蓟烤碎肉卷子的日内瓦湖鱼（féra du lac Léman）还有很好的奶酪和饭后甜点。提供烹饪课程。

禅一灵修士镇：Lycée Hotelier de l'Hermitage €

地址：Rue Jean Monnet, 26600 电话：04 75 07 57 14

这家厨师、服务员、斟酒师培训学院位于著名的制酒小镇的郊区。学生们经营两家提供经典美食菜肴的餐厅。每周四和夜晚都会有一个主题。菜单不断地更改，账单包括餐前酒和葡萄酒的费用。只在学生上学期间开放。

塔乐礼：La Villa des Fleurs €€€

地址：Rte du Port, 74290 电话：04 50 60 71 14 传真：04 50 60 74 06

这家迷人的石屋里的菜肴主要是鱼，都是从附近的阿讷西湖捕获的。尝尝美味的本地 féra 鱼，或者水煮鳟鱼。也提供传统的地方菜。天气好的时候坐在室外可看到阿讷西湖的美景。服务周到。提供住宿。

图尔农：Le Tournesol €€

地址：44 av Maréchal Foch, 07300 电话：04 75 07 08 26 传真：04 75 07 08 26

这家很有趣的餐馆位于湖边，可望见修道院葡萄园的全景。内部装饰复杂而现代。年轻的厨师展示了他做菜的天赋，推荐美食包括水果酸辣酱佐肥鹅肝、新鲜生姜味的枫糖浆煮鲑鱼。提供自制的甜点和精心挑选的葡萄酒。

URIAGE-LES-BAINS：Les Terrasses d'Uriage €€€€€

地址：Pl de la Déesse-Hygie, 38410 电话：04 76 89 10 80

这家餐厅位于典型的度假胜地，提供趣味横生、不断创新的特色菜肴。位于拿破仑三世建筑物里优雅的餐厅面向一个怡人的公园。这里提供风味菜肴，如珍珠鸡配掌叶大黄和莳萝白奶酪。甜食也是非常美味的，提供各种葡萄酒。

瓦朗斯：Restaurant Pic €€€€€

地址：285 av Victor Hugo, 26000 电话：04 75 44 15 32 传真：04 75 40 96 03

这是一个位于奢侈的酒店中的优雅餐厅，提供精美的菜肴。配有红果、浆果、芹菜和青椒的龙虾提高了这个非传统餐厅的声誉。提供上等葡萄酒。提供烹饪课程。

维埃纳：La Pyramide €€€€

地址：14 bd Fernand Point, 38200 电话：04 74 53 01 96

这是法国经典的米其林星级餐厅之一，非常专业。用当地食材烹饪的美食包括添加马达加斯加胡椒的香煎鹅肝、配有豌豆浓汤的白鲑鱼以及蟹味蘑菇汁。一级棒的美酒等待你来选择。

价格指南见600页 **图标含义**见封底勒口

普瓦图和阿基坦

昂古莱姆：Le Terminus
€€€€

地址：3 pl de la Gare, 16000　电话：05 45 95 27 13

这是一家漂亮的现代小餐馆，食物很好，服务快捷，价格合理。它位于繁忙的主街道上，海鲜烹饪非常出色。特别值得一提的是，它的各种烤鱼和西班牙油焖原汁安康鱼非常不错。记得给美妙的饭后甜点留点肚子。

阿卡雄：Chez Yvette
€€

地址：59 bd du Général Leclerc, 33120　电话：05 56 83 05 11

没有哪家的海鲜能比这家享有盛誉的阿卡雄餐馆里的更新鲜了，这里主人以前是牡蛎养殖者。特色菜有波尔多八目鳗（葡萄酒煮的一种鳗鱼）和烤大菱鲆。最好提前预订。

阿尔桑：Le Lion d'Or
€€

地址：11 rte de Pauillac, 33460　电话：05 56 58 96 79

这是一个小巧而热情的乡镇小客栈，位于玛尔戈北部梅多克葡萄园的中心。传统时令菜大受当地人的喜爱。小羊羔是春季的佳肴，而秋天里的美食则是野味。价格不定，但很合理。

波尔多：Bistrot d'Edouard
€€

地址：16 pl du Parlement, 33000　电话：05 56 81 48 87

这家井井有条的小餐馆位于波尔多一个漂亮的广场上，供应大量定价便宜的菜肴。这里提供的虽然算不上什么美食，但是很值得顾客信赖。这里所有的菜都涉及色拉、煎蛋卷、蔬菜和本地特有的鱼。夏天可以在户外用餐。

波尔多：Le Café du Musée
€€

地址：Musée d'Art Contemporain, 7 rue Ferrère, 33000　电话：05 56 44 71 61

这家餐馆位于现代艺术博物馆的顶层，午餐是现代风味。提供鹅肝、龙虾、肉卷和生鱼片。周日的自助餐一定有波尔多葡萄酒。还提供咖啡、饭后甜点，18:00 之后可以进行烛光晚餐。

波尔多：La Tupina
€€€

地址：6 rue Porte de la Monnaie, 33800　电话：05 56 91 56 37　传真：05 56 31 92 11

餐馆的中心位置设有火炉，冬天可以在上面烧烤。这里是品尝波尔多特色菜的理想地点，推荐葡萄酒蒸八目鳗、烤鲥鱼和橄榄油烹小鳗鱼（加入大蒜和辣胡椒）。老式的饭后甜点很简单。

干邑：Les Pigeons Blancs
€€€€

地址：110 rue Jules-Brisson, 16100　电话：05 45 82 16 36

这家餐馆从 17 世纪以来一直由这个家族经营，其前身是个驿站。它因为良好的服务、美酒、佳肴一直受到好评。日常菜单每天都有更改。推荐搭配红色皮诺酱的牛杂碎。一杯高级的白兰地在寒冷的冬天可以让你感觉温暖。推车供应甜点。

库隆：Le Central
€€€

地址：4 rue d'Autremont, 79510　电话：05 49 35 90 20　传真：05 49 35 81 07

这是一家位于玛莱区的名副其实的流行酒店餐馆。食客都沉浸在独特的美味佳肴中，推荐蜗牛豆焖肉或野兔烤宽面条。传统食物还包括鹅肝酱和加入香草和蒜头的羔羊肉，菜品相当经典且分量充足。需要提前预订。2 月不营业。

EUGENIE-LES-BAINS：La Ferme aux Grives
€€€€

地址：111 rue Thermes, 40320　电话：05 58 05 05 06　传真：05 58 51 10 10

这家 Michel Guérard 的餐馆受到广泛好评，这里提供卓越的美食。这里的西南菜肴被重新烹饪为现代新式菜肴，如姜片牡蛎配新鲜香菜叶，上菜时搭配一杯尚蒂伊绿茶。

GRENADE-SUR-L'ADOUR：Pain Adour et Fantaisie
€€€€

地址：14～16 pl des Tilleuls, 40270　电话：05 58 45 18 80　传真：05 58 45 16 57

这是一家由 Michel Guérard 的学生经营的优雅的米其林星级餐厅。招牌菜包括用当地侏罗美酒和杜松子调味的鹅肝。鱼类和海鲜随季节而改变。午餐很超值，浪漫的河畔阳台适宜夏天用餐。

ILE D'OLORON：L'Ecailler
€€

地址：65 rue du Port, La Cotiniere, 17310　电话：05 46 47 10 31

这家餐厅位于岛屿的西海岸，面向 La Cotinière 海港，海鲜自然成为这里的特色菜，提供来自自己池塘的小龙虾。在这里还能选择烤鱼和肉类菜肴，如腌制肋排。天气好的时候可以在阳台和庭院野餐。

雅纳克：Restaurant du Château €€€€

地址：15 pl du Chateau, 16200 电话：05 45 81 07 17 传真：05 45 35 35 71

这家库瓦西耶城堡附近的餐馆因其高品质的本地菜肴而闻名于整个干邑地区。招牌菜是添加杧果香醋的小龙虾和扇贝鞑靼、珍珠鸡配茄子鱼子酱，还有干邑葡萄酒蛋奶酥作为餐后甜点。再来一杯加有干邑葡萄酒的助消化饮料，用餐享受就更加完美了。

拉罗谢尔：Le Boute en Train €€

地址：7 rue des Bonnes Femmes, 17000 电话：05 46 41 73 74 传真：05 46 45 90 76

来到这家可爱的法国小咖啡馆，你肯定能享受到热情的欢迎和接待，这里所有的新鲜食品都来自附近的市场。每天的菜品都很丰富，菜单随季节变换。幸运的是这里的巧克力慕斯蛋糕是每天都有的。请提前预订。

拉罗谢尔：Le Comptoir des Voyages €€

地址：22 rue St-Jean du Perot, 17000 电话：05 46 50 62 60 传真：05 46 41 90 80

这家餐馆的主题为殖民风格主题——这里有着盆栽棕榈、藤编座椅和来自世界各地的风味食品。你可以先点一份生红金枪鱼片，然后点一份黑啤酒煮羊肉，再来一份巧克力比萨作为饭后甜点。这里的菜肴虽然简单但卓而不凡。

朗贡：Claude Darroze €€€€

地址：95 cours du Général-Leclerc, 33210 电话：05 56 63 00 48 传真：05 56 63 41 15

在这家低调的酒店餐馆里，你能看到豪华的家具并且品尝到一些本地区最好的食品和葡萄酒。随着季节的变化，你能品尝到鲜嫩的七鳃鳗配韭菜，还有松软的小干酪蛋糕。酒单上有600多种葡萄酒种类供你选择。

玛尔戈：Le Pavillon de Margaux €€€

地址：3 rue Georges Mandel, 33460 电话：05 57 88 77 54

这家酒吧（提供奶酪、熟食和其他餐前小吃）位于马孔制酒区的城镇的一座酒店中，它距离 Marojallia 城堡很近。这里提供丰盛的菜肴，需要提前预约。

米米藏：Hôtel Atlantique €€

地址：38 av de la Cote d'Argent, 40200 电话：05 58 09 09 42 传真：05 58 82 42 63

这家非常受欢迎的餐馆价格适中，位于海滩北端沿海公路上的一家酒店里。这里供应海鲜、美味鱼汤和本地人特别喜欢的美食，如鸭脯、鸭肉丁和李子脯烧野猪肉。

蒙德马桑：Didier Garbage €€€€

地址：RN 134, Uchacq-et-Parentis, 40090 电话：05 58 75 33 66 传真：05 58 75 22 77

在这家位于欢乐的小乡村的餐馆中，一位法国刚刚崭露头角的厨师烹饪地道的朗德地区风味菜品。推荐七鳃鳗、幼鳗（淡水鳗鲡），厨师的烹鱼技巧值得期待，此外还有肉类和甜品也值得一试。这里的小酒馆也提供简餐。

蒙特莫里隆：Le Lucullus €€€

地址：4 bd de Strasbourg, 86500 电话：05 49 84 09 09 传真：05 49 84 58 68

这是一家传统的乡村小旅店，可以提供餐饮。这里固定的菜单经常更改，提供丰富的选择，其中还包括素食。这里有螃蟹、芦笋馅饼和鹅肝烧猪肉。小酒馆提供便宜但不太正式的餐点。

尼奥尔：La Table des Saveurs €€

地址：9 rue Thiers, 79000 电话：05 49 77 44 35 传真：05 49 16 06 29

无论是它的地理位置（市中心）还是一流的烹饪技巧，这家流行的餐馆都会使你觉得物有所值。连最便宜的套餐也包括三道菜品。这里供应的是当地菜肴，有大量丰富的鱼类供你选择，比如海螯虾、梭鲈鱼和红鲻鱼。

波亚克村：Château Cordeillan-Bages €€€€€

地址：Rte des Chateaux, 33250 电话：05 56 59 24 24 传真：05 56 59 01 89

这是一家位于波尔多葡萄园中央的出色的餐馆，它被评为米其林三星级餐厅。伯利阿克小羊羔是它的招牌菜，它是传统烹饪风格的代表，建议选择牡蛎蛋奶酥。

普瓦捷：Le Pince Oreille €€

地址：11 rue des trois rois, 8600 电话：05 49 60 25 99

这家位于市中心的咖啡音乐餐厅里的音乐如同餐厅的食物和美酒一样迷人，现场音乐包括爵士乐、蓝调和摇摆乐。这里注重简单的特色菜、烧烤肉类、鱼类和蔬菜。巴西烹饪风格使得食材酥脆且裹上了焦糖。这里有时还会举行品酒会。

普瓦捷：Les Bons Enfants €€

地址：11 bis rue Cloche-Perse, 86000 电话：05 49 41 49 82 传真：05 49 46 05 38

这家迷人的餐厅采用教室里的纪念品和老旧的学校照片来装饰。菜肴是传统的深受大众欢迎的特色菜，如蘑菇青葱小牛肉、巧克力慕斯等，分量充足。小型餐厅里的桌子之间相隔很近。需要提前预订。

罗什福尔：La Belle Poule €€€€

地址：102 av du 11 Novembre, 17300 **电话：**05 46 99 71 87 **传真：**05 46 83 99 77

这家餐馆位于一座现代建筑内部，巨大壁炉和大量绿色植物使这里的环境舒适愉悦。厨师运用香草和调味料为他的菜肴增加了魅力。推荐这里的乳鸽填卷心菜、香草烤扇贝。

鲁瓦扬：La Jabotière €€€

地址：Esplanade de Pontaillac, 17200 **电话：**05 46 39 91 29 **传真：**05 46 38 39 93

这是一家重新装修过的海滨餐馆，主营现代烹饪菜品。你可以品尝浸泡在柠檬汁或橙汁当中的扇贝、肉卷、牛杂碎，并以一个苹果或杏仁蛋奶酥结束这顿美餐。每到夏天，露台上都会坐满享受美妙午餐的顾客。1月停业。

萨布雷：Auberge des Pins €€

地址：Rte de la Piscine, 40630 **电话：**05 58 08 30 00

这家华丽的乡村别墅餐馆一直由一个令人尊敬的家族经营。有着橡木横梁的餐厅是享受经典朗德鹅菜肴的完美就餐环境，菜品从芳香的芦笋和鲜美的鱼到鸭子应有尽有。但是其中最好的一道菜品是去骨鸽子填鹅肝酱。你还可以选择本地的葡萄酒和阿马尼亚克酒。

圣特斯：Relais du Bois St-Georges €€€€€

地址：Parc Atlantique, 132 Cours Genet, 17100 **电话：**05 46 93 50 99 **传真：**05 46 93 34 93

这两家一流的餐馆是桑特郊外一家酒店（这里有草坪、网球场、室内泳池、小湖、草坪和一个钢琴吧）的一部分。餐馆供应极好的海鲜。小啤酒馆很便宜，供应很好的本地菜。

圣爱美浓：L'Envers du Décor €€

地址：11 rue du Clocher, 33330 **电话：**05 57 74 48 31 **传真：**05 57 24 68 90

这家令人愉快的小啤酒馆和葡萄酒吧是当地葡萄种植工人和旅行者聚集的地方。菜单上有各种菜品：煎鸡蛋、沙拉，以及精致的当地菜。你也可以选择黑板上的每日例菜。因为这里葡萄酒窖藏的出众品质，它成为法国最好的葡萄酒奖的获胜者。

ST-MARTIN-DE-RE：La Baleine Bleue €€€

地址：Quai Launay Razilly, Ilot du Port, 17410 **电话：**05 46 09 03 30 **传真：**05 56 09 30 86

这家著名的海港餐馆的鱼是最新鲜的。菜单根据其每日的捕捞成果而定，常规供应的菜品有白汁扇贝、家常烟熏鲑鱼和鳕鱼配茄子。至于甜点，不妨尝试一下烤无花果冰淇淋。1月停业。

特尔芒：L'Estuaire €€

地址：1 av de L'Estuaire, 17120 **电话：**05 46 90 43 85

这家餐厅位于吉伦特河口上，餐厅就是按照河口的名字命名的，它距离特尔芒保存完好的古老村庄不远，距离悬崖顶端的教堂也不远。菜品主要包括传统的鱼类和海鲜菜肴。这里也有酒吧、茶室和7个旅馆房间。

佩里戈尔、凯尔西和加斯科涅

阿让：Mariottat €€€€

地址：25 rue Louis-Vivent, 47000 **电话：**05 53 77 99 77 **传真：**05 53 77 99 79

能在这样一条非常普通的后街小巷里找到隐藏的优雅餐厅很令人惊奇。在19世纪官邸的内部，伴随着树枝形的吊灯和高高的天花板，你可以大宴宾客。Assiette tout canard（鸭子）是这里的招牌菜，配多汁新鲜的李子脯和夏季的水果。

阿尔比：Le Jardin des Quatre Saisons €€

地址：19 bd de Strasbourg, 81000 **电话：**05 63 60 77 76 **传真：**05 63 60 77 76

到这个美食餐馆就餐不贵，午餐只有三份菜单可供选择，每份都有丰富的菜品可供选择。这里烹饪的都是时令菜品，但是在常规美味中可以找到各种形式的鹅肝酱、海鲜汤和烤鸽子。

阿尔比：Le Vieil Alby €€

地址：23～25 rue Toulouse-Lautrec, 81000 **电话：**05 63 38 28 23

这家服务热情、价格公道的酒店餐馆是品尝经典的本地菜式的好地方，推荐小萝卜猪肝沙拉、豆焖肉、白煮肚子。所有的餐后甜点都是自制的。在温暖的季节，你可以在餐馆内的露天院子里就餐，惬意无比。

欧什：Le Papillon €€€

地址：Carrefour de l'Arcon "Au Petit Guilhem", Montaut-les-Creneaux, 32810 **电话：**05 52 65 51 29

餐馆位于欧什东北处的小村庄里，午餐后从餐馆出去散散步是一件很惬意的事情。餐厅提供四个可供选择的套餐菜单，其中包括自制的豆焖肉、鹅肝酱、鱼类和海鲜。小花园里有秋千可供小朋友玩耍。

贝尔热拉克：La Flambée €€

地址： Rte de Périgeux, 49 av Marceau-Fevry, 24100 **电话：** 05 53 57 52 23

根据三份菜单你可以挑选熏制鲱鱼、鲑鱼、牡蛎、鹅肝酱、食用蜗牛或蛙腿作为开胃菜，主菜可以选择鸭胸肉排，甜食有苹果块。这家酒店中还有游泳池供客人消遣。

BRANTOME：Les Frères Charbonnel €€€

地址： 57 rue Gambetta, 24310 **电话：** 05 53 05 70 15 **传真：** 05 53 05 71 85

这家餐厅属于Hôtel Chabrol，因它一流的本地菜肴和良好的服务而赢得了不错的口碑。添加黑松露的煎蛋卷和自制的特色梭子鱼－鲈鱼酥盒值得品尝。你可以在餐厅用餐或在河边的露台就餐。2月停业。

BRANTOME：Le Moulin de l'Abbaye €€€€

地址： 1 rte de Bourdeilles, 24310 **电话：** 05 53 05 80 22 **传真：** 05 53 05 75 27

这家餐厅位于浪漫的德朗尼河岸上，你可以在这里享受奢华的创新菜品，如胡桃利口酒煨鸭肝等。餐后甜点有干酪、白巧克力草莓。这里环境良好，服务优质。11月～次年4月停业。

卡奥尔：Auberge du Vieux Cahors €€

地址： 144 rue St Urcisse, 46000 **电话：** 05 65 35 06 05

这家位于卡奥尔的历史悠久的镇中心的15世纪小酒馆主要烹饪当地菜肴。特色菜包括鹅肝酱、牛肉片配松露、勃垦第蜗牛和各种鱼类菜肴。一些位于阳台的餐位可以方便户外用餐。

卡奥尔：Le Balandre €€€€

地址： 5 av Charles-de-Freycinet, 46000 **电话：** 05 65 53 32 00 **传真：** 05 65 53 32 26

这里有卡奥尔地区良好的就餐环境，因此食客们都来到了这家Hôtel Terminus的餐厅。这里有着20世纪30年代的装饰风格，提供凯尔西美食。现代烹饪理念被加入烹制传统菜肴的过程中，特色菜包括烤凯尔西小羊肉配杜松子油，也可以尝尝核桃猪肉烤鸭卷。卡奥尔葡萄酒很烈。

卡斯特尔：Café du Pont €€

地址： Les Salvages, 81100 **电话：** 05 63 35 08 21

Les Salvages位于卡斯特尔去往伊西多尔的自然岩层途中的东北6公里处。餐馆坐落在亚顾河畔，拥有一个阴凉的阳台。菜单上的大部分菜品都使用当地食材。楼上有五间客房。

尚帕尼亚克：Le Moulin du Roc €€€€

地址： Champagnac-de-Belair, 24530 **电话：** 05 53 02 86 00 **传真：** 05 53 54 21 31

浪漫的水畔环境和一流的烹饪技巧以及可以承受的价格使这家美食餐馆脱颖而出。午餐（周日不供应）提供特别超值的美食。推荐冰园香草汤和烤珍珠鸡配鹅肝等。

康多姆：La Table des Cordeliers €€€

地址： 1 rue des Cordeliers, 32100 **电话：** 05 62 68 43 82 **传真：** 05 62 28 15 92

这个位于13世纪修道院里的现代餐厅采用高质量的地方食材烹饪各种美食。根据季节的不同，可以享用蘑菇馅饼、嫩鸭肉、苹果甜点搭配奶油杏仁糖。提供不错的地区葡萄酒和阿马尼亚克酒。

CORDES-SUR-CIEL：Bistrot Tonin'ty €€

地址： Hostellerie du Vieux Cordes, Haut de la Cité, 81170 **电话：** 05 63 53 79 20

这个位于科德斯的中世纪城镇的酒店餐馆由糕点厨师Yves Thuries经营。餐馆带有古老的庭院，夏天餐桌被移到阳台上，从这里可以俯瞰山谷河流。菜品以鲑鱼和鸭肉为主。

多姆：L'Esplanade €€€€

地址： Le Bourg, 24250 **电话：** 05 53 28 31 41 **传真：** 05 53 28 49 92

热情高效的服务、精致的菜肴、多尔多涅河谷无与伦比的景色使这家酒店的餐厅大受欢迎。来这里的食客多会要求靠窗或露台上的餐位。招牌菜包括小羊肉配鹅肝酱和应季松露，以及令人愉快的巧克力奶油蛋糕。

菲雅克：La Cuisine du Marché €€€

地址： 15 rue Clermont, 46100 **电话：** 05 65 50 18 55 **传真：** 05 65 50 18 55

这家餐馆的前身是菲雅克中世纪中心的葡萄酒窖，这家迷人的餐馆以仅选用最新鲜的食材而自豪。门口的菜单上有品种众多的鱼类菜品，你也可以发现大量本地经典菜品，所有的菜肴都是在开放式的厨房里烹制的。常规菜单上的菜品物超所值。

FOURCES：Château de Fources €€

地址： Fources, 32250 **电话：** 05 62 29 49 53

Fources是加斯科涅最为怡人的村庄之一。餐馆所在的文艺复兴别墅靠近河流。你可以在宽敞的餐厅里或者户外树阴下的餐位享受美食。酒店中有宫殿式的房间，有些提供四柱床。需要提前预订。

价格指南见600页 **图标含义**见封底勒口

弗朗塞斯卡：Le Relais de la Hire €€€€

地址：11 rue Porte-Neuve, 47600 **电话：**05 53 65 41 59 **传真：**05 53 65 86 42

这家高档的乡村餐馆位于 Nérac 附近，厨师充分利用了他的植物园，使用花朵来创造新菜，这样的菜式对食客来说绝对是一场盛宴。你不妨尝试一下这里的朝鲜蓟蛋奶酥配鹅肝酱或者东方风味的烤大菱鲆配焦糖洋葱，然后来一份让人垂涎欲滴的甜点。

盖拉克：Les Sarments €€€

地址：27 rue Cabrol, 81600 **电话：**05 63 57 62 61 **传真：**05 63 57 62 61

这家餐馆曾经是一座 14 世纪的横梁外露的葡萄酒窖，它处于老加亚克地区的中心，周围环境幽雅。这里供应精美的传统美食，带给你无限的味觉体验。餐后甜点精致又美味。可以选择价位合理的加亚克葡萄酒。

伊西雅克：La Brucelière €€

地址：Place de la Capelle, 24560 **电话：**05 53 73 89 61

这家餐馆的前身是个带有传统餐厅的旅馆，它位于迷人的小村庄里，距离贝尔热拉克 15 公里。餐馆的菜以海鲜为主，如龙虾和淡水螯虾。这里的菜肴富有创造性，具有异国风情。餐馆氛围很轻松。宽敞阴凉的阳台可以俯瞰整个花园。

拉卡夫：Le Pont de l'Ouysse €€€€€

地址：Le Pont de l'Ouysse, 46200 **电话：**05 65 37 87 04 **传真：**05 65 32 77 41

该餐馆带有别致的客房，离罗卡马杜尔不远。餐馆位于河畔一侧，在宏伟壮丽的悬崖之下。这里提供的本地美食多种多样，其中包括潘波勒豆鸭肝锅。午餐物超所值，傍晚在树下享用晚餐的感觉更加妙不可言。

LES EYZIES-DE-TAYAC：Au Vieux Moulin €€€

地址：2 rue du Moulin-Bas, 24620 **电话：**05 53 06 94 33 **传真：**05 53 06 98 06

你可以选择在充满乡村气息的 17 世纪老磨坊内，或者在河畔开满鲜花的花园里享用价格合理的本地菜品。菜品简单却很精致，有香煎鹅肝配松露汁、松露意大利调味饭，还有砂锅炖鸽子。11 月～次年 4 月停业。

芒谢：La Bonne Auberge €€€

地址：Pl du Pesquerot, 32370 **电话：**05 62 08 50 04 **传真：**05 62 08 58 84

这家小型酒店餐馆由同一个家族经营了近 40 年。它不断创新的法国西南部美食品质极高。特别推荐加斯科涅风味的本地菜，菜单定期更新。难以置信的是，阿马尼亚克酒单上竟有超过 100 年的藏酒。

马尔芒德：Le Moulin d'Ane €€

地址：Virazeil, 47200 **电话：**05 53 20 18 25

这是马尔芒德附近的一座重修的 18 世纪水磨坊餐馆，这里保持着一贯的卓越烹饪风格。西南部经典菜式包括阿基坦牛肉、鸭胸肉以及苹果馅饼配阿马尼亚克酒。一定要品尝一下口味绝佳、饱满多汁的马尔芒德西红柿。

蒙巴齐亚克：La Tour des Vents €€€

地址：Moulin de Malfourat, 24240 **电话：**05 53 58 30 10 **传真：**05 53 58 89 55

预订靠窗户或者露台上的餐位可以欣赏从多尔多涅河谷到贝吉拉克的优美风景。这里供应本地特色菜，比如鹅肝酱和鸭子，也有鱼和海鲜。这里甚至还有为素食主义者准备的菜单。可以享受一杯醇香的蒙巴齐亚克白葡萄酒配鹅肝或者小甜点。1 月停业。

蒙托邦：Au Fil de l'Eau €€€€

地址：14 quai de Dr Lafforgue, 82000 **电话：**05 63 66 11 85 **传真：**05 63 91 97 56

这是一家位于河堤边上古老的建筑物里的现代餐厅。菜单由传统的菜肴组成，如香煎鹅肝配姜饼、松露鲑鱼和配有红葡萄酒酱的雏鸭。提供上等的地区葡萄酒。

佩里格：Le Clos Saint-Front €€

地址：5 rue de la Vertu, 24000 **电话：**05 53 46 78 58 **传真：**05 53 46 78 20

这家餐馆位于佩里格史前历史博物馆附近，它的菜肴富有创造性而且价位不高，餐馆里有宁静的庭院花园，想在这里用餐，最好提前预订。根据不同季节，可以选择用香料和迷迭香调味的小羊肉，也可以用洋葱、百里香或糖渍柠檬调味。

佩里格：L'Essentiel €€€€

地址：8 rue de la Clarté, 24000 Tel 05 53 35 15 15 Fax 05 53 35 15 15

这是一家市中心的餐馆，到这里用餐最好提前预订。餐馆是明快的法国南部风格，同时也提供法国西南部菜肴，比如香煎鹅肝配（面粉或马铃薯做的）团子。这里还有一个小巧可爱的花园。酒单里有窖藏 100 多年的红酒。

皮若德朗：Le Puits St-Jacques €€€€€

地址：Pl de la Mairie, 32600 **电话：**05 62 07 41 11 **传真：**05 62 07 44 09

这是一家米其林星级餐厅，可以在这里品尝姜饼配煎鹅肝、利穆赞牛肉。这里的套餐也相当不错，而且不是很昂贵。图卢兹红砖和漂亮的天井小院使餐馆充满了乡村氛围。

皮若尔：La Toque Blanche €€€€

地址：Pujols, 47300 **电话：**05 53 49 00 30

这家声名显赫的美食餐厅位于阿让和 Villeneuve-sur-Lot 之间的中世纪村庄。客人可以在配空调的温室里享用美味佳肴，感觉相当不错，这里还可以欣赏户外美景。菜单根据季节变换，菜品都使用应急菜肴烹制。甜食包括自制冰激凌和果汁冰糕。餐厅旁边有一个旅馆。

皮米罗勒：Les Loges de l'Aubergade €€€€€

地址：52 rue Royale, 47270 **电话：**05 53 95 31 46 **传真：**05 53 95 33 80

这是法国西南部最好的餐馆之一，它坐落在小山顶上一幢漂亮的中世纪旅馆内。这里的大厨 Michel Trama 创作了卓越的艺术美食作品，比如煎鹅肝配榛子。这里的巴洛克风格窗帘、裸露的石头，还有华丽的意大利风格庭院充满了戏剧性。

罗卡马杜：Sainte Marie €€

地址：Pl des Senhals, 46500 **电话：**05 65 33 63 07

从这家酒店餐馆的阳台可以俯瞰阿尔苏河谷的壮观景色。这里的凯尔西和西南部菜肴都应用新鲜食材烹制，家常菜有豆焖肉和脆皮油封鸭。还有可供儿童选择的菜肴。午餐时间提供便宜的快餐。

萨拉：La Couleurvrine €

地址：1 pl de la Bouquerie, 24200 **电话：**05 53 59 27 80

这是一家位于古老的防御塔楼里的酒店餐馆。开胃菜包括鹅肝酱和野兔馅饼。主菜包括扇贝、油炸安康鱼填蘑菇和野味。白天小酒馆会为你提供便宜的菜肴。在这里不用拘束，自由随意，晚上你可以欣赏爵士独奏会。

索尔热：Auberge de la Truffe €€€

地址：Le Bourg, 24420 **电话：**05 53 05 02 05 **传真：**05 53 05 39 27

Sorges 自诩是法国松露的“首都”，这家小客栈是品尝佩里戈尔“黑钻石”松露的绝佳地方。昂贵的菜单上的每一道菜品都是由松露做成的。不过这里也提供不贵的食物，常规菜单上的菜品价格合理。

ST-MEDARD：Le Gindreau €€€€

地址：Le Bourg, 46150 **电话：**05 65 36 22 27 **传真：**05 65 36 24 54

在卡奥尔镇西北部的小村庄里，Alexis Pélissou 创建了本地区最为精致的餐馆之一。他使用高品质的本地食材，对传统的烹饪手法进行了改革以适应现代人的口味。可以选择在曾经的校舍里或栗子树下的露台就餐。提供多种本地葡萄酒。10 月 18 日 ~ 26 日和 12 月 20 日 ~ 1 月 12 日停业。

图卢兹：Brasserie Flo Les Beaux Arts €€€€

地址：1 quai de la Daurade, 31000 **电话：**05 61 21 12 12 **传真：**05 61 21 14 80

这家热闹的啤酒馆供应多种多样的美食，从沙拉和海鲜到法国西南部最受欢迎的菜品应有尽有。开胃菜可以选择一份鸡油菌烤扇贝，主菜点一份海鲜浓汤，甜点选择梅子阿玛尼亚克葡萄酒冰淇淋。菜单定期更换。

图卢兹：Les Jardins de l'Opéra €€€€

地址：1 pl du Capitole, 31000 **电话：**05 61 23 07 76 **传真：**05 61 23 63 00

你可以在歌剧院大酒店里最优雅的餐厅用餐。安静的环境和宽大的餐桌为你营造出舒适尊贵的用餐氛围。这里的美食有海藻装饰的整只龙虾、巴纽尔斯葡萄酒煮无花果，以及香草冰淇淋。这里的服务尽善尽美。

蒂尔萨克：La Source €€

地址：Le Bourg, 24620 **电话：**05 53 06 98 00

如果你想寻找在享用美食的同时欣赏韦泽莱峡谷美景的地方，不妨到这家小乡村餐馆来。美味的食品包括野生蘑菇汤和胡桃派。这里还有为素食主义者准备的菜谱，所有食材都是自己菜园里生长的新鲜农产品。周二和周三不营业。

瓦伦：Le Moulin de Varen €€

地址：Le Bourg, 82330 **电话：**05 63 65 45 10

在阿韦龙峡谷里，这座改建的磨坊餐馆位于 St-Antonin-de-Noble-Val 小镇附近。这里的套餐菜单有很多选择，物有所值。这里的美食制作精美，用餐环境休闲轻松。周日不提供晚餐，周一停业。

比利牛斯

艾诺阿：La Maison Oppoca €€€

地址：Le Bourg, 64250 **电话：**05 59 29 90 72

这家酒店餐馆位于法国巴斯克乡村一个美丽的村庄的中心。菜单上的菜肴包括鹅肝酱和猪仔，甜点当然少不了巴斯克奶油蛋糕。楼上有舒适的带大床的客房。

阿斯坎：Atelier Gourmand €€€

地址：Place de Fronton, 64310 **电话：**05 59 54 46 82

这家颇受欢迎的餐馆位于阿斯堪比利牛斯山的教堂脚下。菜单中包括巴克斯人钟爱的菜肴，提供餐前小吃、pipérade and axoa（辛辣的巴斯克炖肉）或海鲷鱼片。

奥德雷桑：L'Auberge d'Audressein €€€

地址：Castillon, 09800 **电话：**05 61 96 11 80

这家餐厅的前身是铁匠的铸造铺，这里提供多种以当地山谷河流而命名的菜肴。菜单上有典型的阿列日美食。有 7 间客房可以俯瞰山谷、河流或村庄。如果你在寻找安静的乡村和简单的生活，这里是个值得选择的地方。

阿克斯莱泰尔姆：L'Auzeraie €€

地址：1 av Théophile Delcassé, 09110 **电话：**05 61 64 20 70

这家拥有餐厅和 33 个房间的酒店位于怡人的温泉城镇，是从阿列日去往安道尔或西班牙的路上的便利住处。如果幸运的话，你可以在周一到周五的午餐时间享用这里提供的便宜主菜和当天的特色菜。餐厅也提供儿童菜单。

BAGNERES DE LUCHON：Les Caprices d'Etigny €€€

地址：30 bis allées d'Etigny, 31110 **电话：**05 61 94 31 05

在温室般的餐厅里就餐时，你可以在餐桌旁欣赏到美丽的风光。推荐在柴火上烤的本地小羊肉和牛肉，从附近的湖中捕捞的鲑鱼做法多样。葡萄酒窖中主要收藏产自法国西南部的佳酿。

BAREGES：Auberge du Lienz (Chez Louisette) €€€

地址：Rte Lienz, 65120 **电话：**05 62 67 17 **传真：**05 62 92 65 15

这里是滑雪后在本地用餐的绝佳选择，从这里能够欣赏到迷人的南比戈尔峰。菜单上的主要菜式包括马德拉酒炖羊肉、鲑鱼以及甜点奶酥。主菜可以选择火腿浓汤——一道含有火腿、熏肉和卷心菜的丰盛菜品。

巴约讷：Le Bayonnais €€

地址：38 quai des Corsaires, 64100 **电话：**05 59 25 61 19 **传真：**05 59 59 00 64

这家小餐馆的露台有少量餐位，大部分餐桌都在室内。这里因为充满想象力的菜品而有非常好的声誉，推荐羔羊肉、鳎鱼配小扁豆、栗子羹配鹅肝以及无花果馅饼。这里的酒单也很丰富。

巴约讷：Auberge du Cheval Blanc €€€

地址：68 rue Bourgneuf, 64100 **电话：**05 59 59 01 33

这家井然有序的餐馆位于小巴约讷地区的河畔，在这里用餐可以选择单点菜品。菜单随季节变化而变化，有本地菜式，比如 xamano（火腿和捣碎的西红柿）、优质的大西洋海鲜、汤和砂锅菜以及可口的甜点。酒单上有各种葡萄酒。2 月、7 月的第二周、8 月的第一周和 11 月的第二周停业。

比亚里茨：Chez Albert €€€

地址：Port des Pêcheurs, 64200 **电话：**05 59 24 43 84 **传真：**05 59 24 20 13

在餐馆的露台上可以欣赏到比亚里茨的捕鱼海港以及周围高耸的悬崖峭壁和海滩，这使这家精致的海鲜餐馆很受欢迎。需要早到一点才能坐到好位子。这里用大浅盘盛海鲜，新鲜打捞的龙虾、鳎鱼、海鳊、吞拿鱼和沙丁鱼都是这里的特色。1 月停业。

比亚里茨：Le Sissinou €€€€

地址：5 av Maréchal Foch, 64200 **电话：**05 61 65 10 50 42

该餐馆由主厨 Michel Cassou-Debat 管理，他是一位从法国某高级军事组织退伍的军人。这里是比亚里茨地区被谈论最多的一家餐馆，它以最简单的方式传递着优雅的风格。这里供应极好的海鲜，比如白汁吞拿鱼和用醋调味的小牛胰脏、胡萝卜大杂烩，还有令人着迷的餐后甜点。

富瓦：Le Phoebus €€€

地址：3 rue Irénée Cros, 09000 **电话：**05 61 02 87 87

这家位于阿列日的餐厅带有宽大的窗户，从这里可以俯瞰整条河流。河水慢慢向城堡流淌着，夜晚这里灯火通明。烤鸽子、冰冻西红柿和覆盆子汤是这里的特色菜。周一全天、周六午餐、周日晚餐、7 月 23 日～8 月 23 日不营业。

拉尔罗：Etchemaïté €€€

地址：Larrau, 64560 **电话：**05 59 28 61 45 **传真：**05 59 28 72 71

这是一个家庭经营的山区客栈兼餐馆。它坐落在引人入胜的风景区，舒适的餐厅有开放式壁炉，还能欣赏壮观的风景。受欢迎的菜品包括小羊肉和鸭肉，并配有苹果、牛肝菌或者鹅肝酱，通常大西洋的海鲜也是不错的选择。酒单上有各式各样的美酒。

卢尔德：Le Magret €€

地址：10 rue des 4 Freres Soulas, 65100 **电话：**05 62 94 20 55

这里是卢尔德中心较好的餐馆之一，菜单根据季节的不同而变换，推荐菜肴包括加斯科涅黑猪、比利牛斯羊羔、magret de canard（鸭脯）、小牛肉、羔羊肉和鸭子，这些特色菜相当美味。来自附近的朱朗松和马第宏葡萄酒很适合搭配这些美味佳肴。这里还有为素食主义者提供的特别菜肴。

米雷普瓦：Les Remparts €€€

地址：6 cours Louis Pons Tande, 09500 **电话：**05 61 68 12 15

厨师 Nicolas Coutand 会为大家提供创新的菜肴，他的灵感来自传统的比利牛斯地区和地中海地区的美食。餐馆有两间餐厅：一间是舒适的翻新的地下室，另一间有宽敞的木质横梁天花板和色彩丰富的墙壁。提供标准的本地菜式。有专门为儿童准备的菜单。

蒙特古：Costes €€

地址：Le Village, 09300 **电话：**05 61 01 10 24

这个简易的咖啡厅是位于峭壁之下的家族酒店的一部分，这里也是城堡毁灭之后的避难所。这里有很多当地的美食，大部分都是在篝火上煮的东西——鸭子、野生蘑菇、猪肉，当然还有豆焖肉，这些东西都要经过陡峭的山路才能被运到城堡。冬季要电话确认是否营业。

奥尔泰：Au Temps de la Reine Jeanne €€€€

地址：44 rue Bourg-Vieux, 64300 **电话：**05 59 67 00 76 **传真：**05 59 69 09 63

这家乡村风格的餐馆附属于一家舒服的乡村旅社。这里的菜品充满乡村气息，提供很多当地美食，很多菜品都是内脏和肉菜。其中的肝、黑布丁、乳猪、鹅肝、豆焖肉和安康鱼都值得推荐。物超所值。

波城：Chez Pierre €€€

地址：16 rue Louis Barthou, 64000 **电话：**05 59 27 76 86 **传真：**05 59 27 08 14

这家餐馆散发着一种 19 世纪的优雅情调，而它也以其古旧、类似于俱乐部的环境氛围闻名于世。经典的法国地区菜肴经常会带给你惊喜，如鳕鱼配埃斯佩莱特辣椒酱，还提供丰富的葡萄酒菜单。

ST-BERTRAND-DE-COMMINGES：L'Oppidum €

地址：Rue de la Poste, 31510 **电话：**05 61 88 33 50

这是一座位于古老城镇里的著名大教堂下的小型、友好的旅馆餐厅，这里提供美味的食物。菜单上的美味佳肴有炖肉、腌肉菜汤、鹅肝酱和鳟鱼。每一道菜肴都会匹配一种当地的葡萄酒。楼上共有 15 间简单的客房。

上加龙：La Connivence €€€

地址：Chemin Ample, Valentine, 31800 **电话：**05 61 95 29 31

有很好视野的露台是这里最吸引人的地方之一，这里的菜式还是属于传统型的，这里的菜肴和酒的选择很丰富，服务也很到位，很适合午餐和正式宴会。周一全天、周六午餐以及周日晚餐时间这里是不营业的。

圣让：Chez Pablo €€

地址：5 rue Mlle Etcheto, 64500 **电话：**05 59 26 37 81

这家位于度假胜地的古老餐厅从 1932 年开始一直由这个家族经营。餐厅提供采用应季的食材烹饪的传统巴斯克菜肴，鱼类和海鲜是这家店的特色。可供选择的美味菜肴有鳕鱼肉饼、填辣椒鳕鱼、对虾配米饭和墨鱼，还有自制的甜点。每周三停业。

圣让：Restaurant Txalupa €€€

地址：Pl Corsaires, 64500 **电话：**05 59 51 85 52

这是一家很受欢迎的餐馆。提供的美味主要是用从大西洋海岸捕获的海鲜做成，如以热醋为调料的招牌式大虾、沙丁鱼配番茄酱、牡蛎、金枪鱼、鳕鱼和安康鱼等。提供各种葡萄酒和美味的甜点。提前预订。

St-JEAN-DE-PIED-DE-PORT：Relais de la Nive €

地址：4 pl Charles de Gaulle, 64220 **电话：**05 59 37 04 22

这家餐馆是圣让皮耶德波尔最值得选择的用餐地点，很多朝圣者经常在这里出出进进，从这里能够欣赏到美丽的河景，以及上面架着的新桥和旧桥。这里提供便宜的餐饮和甜点，如薄饼、三明治和冰激凌。

ST-LARY SOULAN：La Grange €€

地址：13 rte Autun, 65170 **电话：**05 62 40 07 14

这个在比利牛斯山脉的 St-Lary-Soulan 地区的古老农场建筑是一个极好的午餐地点。这里的环境和装修散发着一股浓郁的乡村情调，传统的菜式包括在木火上烤野味、牛肉、羔羊肉，再加上调料。11 月～次年 4 月停业。

ST-LIZIER：De la Tour €€

地址：Rue du Pont, 09190 **电话：**05 61 66 38 01

当你游览完历史悠久的 St-Lizier 村时，这家餐厅是享用美食的最佳方便之地。菜单涵盖了来自库兹朗的鳟鱼、羔羊肉、鸭肉和自制馅饼和砂锅菜。周日这里提供美味便宜的正餐。同样也会有儿童菜单。

ST-SULPICE-SUR-LEZE：La Commanderie €€€

地址：Pl de l'Hotel de Ville, 31410 **电话：**05 61 97 33 61 **传真：**05 61 97 32 60

这家餐馆以其中世纪的建筑而闻名于世，这里的菜品也同样具有创新特色。厨师 Jean Pierre Crouzet 创新出用羊奶奶酪和松露做成的大炖菜，还有用大蒜和树枝烘烤出来的鸽子。12 月中有两周停业。

萨尔：Baratxartea €

地址：J.B. Fagoaga, 64310 电话：05 59 54 20 48

这家餐馆位于异常漂亮的萨雷小镇上的一座古老的巴斯克房子里。食材都是自产的：自己的菜园里种植蔬菜，在冬季时会准备猪肉食品，在谷仓中制备火腿，果酱也是家里自制的。

塔布：L'Ambroisie €€€€

地址：48 rue Abbé Torné, 65000 电话：05 62 93 09 34 传真：05 62 93 09 24

这家塔布的顶级餐厅因其美味的菜品而名声在外，包括烤乳鸽和盛在桃果盘中的鹅肝。餐厅坐落在一座 19 世纪的教堂式建筑里，为顾客提供经常变化的菜单、亲切的服务和美味的菜肴。这里的酒也很不错，是值得推荐的地方。

朗格多克 – 鲁西永

艾格莫尔特：Le Café des Bouzigues €€€

地址：7 rue Pasteur, 30220 电话：04 66 53 93 95

在这家大型的传统咖啡厅很容易找到座位，这里的菜单非常有地中海民族特色，有很多当地的海产品、普罗旺斯的美食和来自普罗旺斯和朗格多克的葡萄酒，还有以百里香和大蒜作为调料的羔羊肉和桃子沙拉。

艾格莫尔特：Marie Rosé €€€

地址：13 rue Pasteur, 30220 电话：04 66 53 79 84

这家位于古老的长老院的怡人餐馆有着自己的小菜园。主厨用心地烹饪出普罗旺斯的美味佳肴。他将自己的天赋和技能透过这些美味菜肴淋漓尽致地发挥出来，菜肴有紫罗兰果馅饼、海鲷和枪乌贼、搭配洋蓟的羊羔肉。这里还提供不错的葡萄酒。

昂迪兹：Auberge Les Trois Barbus €€€

地址：Rte de Mialet, Generagargues, 20140 电话：04 66 61 72 12

这个乡村式旅店位于加米撒尔峡谷上的塞文山脉深处，在这里可以欣赏到引人入胜的风景，现已增添了一座水池作为用餐者餐后的休憩之处。提供传统的塞文山脉和朗格多克式饮食以及更多创新的美食，还有美味的鹅肝酱和松露。2 月 ~ 3 月中旬停业。

ARLES SUR TECH：Les Glycines €€

地址：Rue du Jeu de Paume, 66150 电话：04 68 39 10 09 传真：04 68 39 83 02

这是一家可以让你停下来享受一顿午餐的极好的旅店式餐馆。这里有一个非常可爱的由柴藤围起来的庭院，这里的菜品体现出当地的烹饪风格，由火腿、猪肉和腊肠作为原料，物超所值。1 月停业。

贝济耶：Octopus €€€€

地址：12 rue Boiledieu, 34500 电话：04 67 49 90 00。传真：04 67 28 06 73

贝济耶并不缺乏好的餐馆，但这家餐馆却能从众多餐馆中脱颖而出，这里的气氛很高雅，用餐要注意着装。这里推出的传统菜式和一张经过精心挑选的酒单配合得恰到好处，而这些葡萄酒也都是来自朗格多克 – 鲁西永葡萄园。

BIZE MINERVOIS：La Bastide Cabezac €€€€

地址：18 ~ 20 hameau Cabezac, 11120 电话：04 68 46 66 10

这家位于 18 世纪补给站的优雅餐厅非常吸引人。主厨热情积极且充满活力，不断烹饪出美味佳肴，如精致的小龙虾馅饼、填松子壳的安康鱼配咖喱料，上菜时同时配卡马尔格米饭和柠檬草。

CAP D'AGDE：Le Brasero €€

地址：Port Richelieu, rue Richelieu, 34300 电话：04 67 26 24 75 传真：04 67 26 24 75

从游艇和钓鱼船上就可以远眺这个港口，位于这个港口的这家餐馆的海产品博得很多人的喜爱，这里的海产品种类繁多，还有各种各样的烤鱼：新鲜的凤尾鱼、鱿鱼、金枪鱼和旗鱼，还有烤肉提供，是值得推荐的好地方。需提前预订。

卡尔卡松：Le Languedoc €€

地址：32 allée d'Iéna, 11000 电话：04 68 25 22 17 传真：04 68 25 04 14

这家餐馆吸引着那些对这里的环境和正宗法式烹饪风格有偏爱的顾客们，菜单列举了这个地区所有的名菜，这里也是吃豆焖肉的最好的场所——丰盛的豆产品和腊肠是朗格多克最常用的食材。1 月停业。

卡尔卡松：Les Bergers d'Arcadie €€

地址：70 rue Trivalle, 11000 电话：04 68 72 46 01

这家友好温馨的小餐馆临近壮观的城堡的防御土墙，提供的美味佳肴都是采用朗格多克的食材烹饪而成。特色菜包括清蒸鹅肝、烤乳猪浇蜂蜜糖浆并配应季蘑菇。美味的甜食等待你来品尝。

卡尔卡松：Le Parc Franck Putelat €€€€

地址： 80 chemin des Anglais, 11000 **电话：** 04 68 71 80 80

主厨在他的年轻的厨房团队的帮助下，成功地将自己的特色融入美食餐厅中。人们可以在宽松优雅的氛围中享用现代美食。在这里你可以品尝到许多海鲜，如蜘蛛蟹、海胆和单纯的鱼子酱。餐厅还提供美味的甜点。菜品的价格十分公道。

科利乌尔：La Balette €€€

地址： 114 rte de Port-Vendres, 66190 **电话：** 04 68 82 05 07 **传真：** 04 68 82 38 08

这家餐馆作为 Relais des Trois Mas 的一部分，其特色菜包括班珠尔葡萄酒醋腌科利乌尔凤尾鱼鹅肝和栗子砂锅、海鲈鱼配菊苣和蜂蜜鸽子。可以欣赏风景如画的科利乌尔海湾。在夏天需要提前预订。

科利乌尔：Le 5e Péché €€€

地址： 18 rue Fraternité, 66190 **电话：** 04 68 98 09 76

卡塔卢尼亚最好的食品并结合日本厨师的烹饪技巧是这家小餐馆成功的关键因素。提供的日本特色的菜肴包括新鲜的生鱼肉片、清炒金枪鱼配巴纽尔斯调味酱和加泰罗尼亚奶油焦糖洋蓟。需要提前预订。

屈之尼昂：Auberge du Vigneron €€

地址： 2 rue Achille Mir, 11350 **电话：** 04 68 45 03 00 **传真：** 04 68 45 03 08

这家餐厅位于科比埃中心的一家小客栈的地下酒窖里，菜式受加泰罗尼亚菜的影响，有新鲜的海产品和用各种方法烹制出来的鸭子，甚至可以用无花果或桃子作调味料。酒单虽不是很齐全，但也有科比埃区的上等葡萄酒可供选择。

丰特容库斯：L'Auberge du Vieux Puits €€€€€

地址： Av St Victor, 11360 **电话：** 04 68 44 07 37

科比埃的小村庄因为这家极好的餐厅而闻名。主厨 Gilles Goujon 积极乐观且雄心勃勃。菜单提供的菜肴包括简单的生鲜菜肴和复杂的菜肴，如意大利烤碎肉卷子填充的龙虾。到了特定的季节，野味也会成为餐桌上的美食。提供不错的葡萄酒。

吉民亚克：Restaurant Matthieu de Lauzun €€€€

地址： 3 bd de l'Esplanade, 34150 **电话：** 04 67 57 50 83

位于蒙彼利埃西部的这家餐厅的主厨 Matthieu de Lauzan 创作新颖的地中海菜肴。菜肴装饰精美。蔬菜裹着的天妇罗对虾和西班牙黄瓜凉菜汤是推荐的美食。甜食非常美味。提供上等的葡萄酒。

勒布卢：L'Hostalet de Vivès €€

地址： Rue de la Mairie, Vivès, 66490 **电话：** 04 68 83 05 52

这个可爱的小酒馆距离 Céret 城镇的艺术中心不远，提供真正的加泰罗尼亚菜肴。当地居民非常钟爱这个地方，这里的菜肴都菜量充足并且价格合理，当地的折扣活动深受游客的欢迎。提供的加泰罗尼亚菜肴包括 cargolade（烤蜗牛）和蒜泥蛋黄酱野兔。

MARAUSSON：Parfums de Garrigues €€€

地址： 37 rue de l'Ancienne Poste, 34370 **电话：** 04 67 90 33 76

这家舒适的餐馆位于靠近贝济耶一个不太活跃的乡村里，阳光洒遍每个角落，这里还有绿树成荫的花园。美味的西南部菜肴使用最好的地方食材，带来了地中海的气息。菜肴包括新鲜的山羊奶奶油配 Bouzigues 牡蛎、小牛肉配烤蔬菜。

米内尔夫：Relais Chantovent €€€

地址： 17 Grande Rue, 34210 **电话：** 04 68 91 14 18

在这家餐馆的露台上可以观赏到整个布莱恩峡谷的壮丽景色。这里有很多菜单可供选择，每个都是不同的风格：地方菜菜单、鸭子类菜肴菜单、素菜菜单和松露菜单。酒单中列出了许多高品质的葡萄酒。建议提前预订。

蒙彼利埃：Petit Jardin €€

地址： 20 rue Jean-Jacques Rousseau, 34000 **电话：** 04 67 60 78 78

位于蒙彼利埃历史区的这家餐馆的菜式很有地方特点，在街边有个小花园可以喝饮料，用餐者也可以在室内用餐，同时还能欣赏花园中的鲜花、水果树、盆栽。菜有鱼汤和用大蒜和迷迭香烧制的羔羊肉。

蒙彼利埃：Chez Boris €€

地址： 20 rue de l'Aiguillerie, 34000 **电话：** 04 67 02 13 22

这里是镇上最常被谈论的小酒馆。它位于靠近镇中心的法布尔博物馆，这里的气氛友好而放松。厨师将经典菜肴加以创新：比如添加香料的牛奶猪肉。菜肴分量充足，提供杯装的葡萄酒。

蒙彼利埃：La Diligence €€€

地址： 2 pl Pétrarque, 34000 **电话：** 04 67 66 12 21

这家位于镇中心的餐馆位于喜剧广场和政府广场之间。餐厅所坐落的 14 世纪优雅石头建筑是一处文物保护建筑。这里提供午餐以及美酒。

价格指南见600页 **图标含义**见封底勒口

蒙彼利埃：Jardin des Sens €€€€€

地址：11 av St Lazarre, 34000 电话：04 99 58 38 38 传真：04 99 58 38 39

这应该算是这座镇上最好的一家餐馆了，他们不断地追求创新，就地取材，烹制出了例如杧果和甜瓜配龙虾砂锅、可可酱烤乳鸽等特色菜肴。这里的酒也都来自科比埃尔和朗格多克地区。

纳博讷：Le Table de St-Crescent €€€

地址：Domaine St-Crescent, 68 ave Général Leclerc, 11100 电话：04 68 41 37 37

这家餐馆非常引人注意，大厨极好地根据季节变化更改菜单，并使用地中海和朗格多克内陆的食材。餐馆提供上好的葡萄酒、勒卡特牡蛎馄饨、科利尤尔凤尾鱼配烤鸭等。

纳博讷：Restaurant Le H €€€

地址：Rte de Narbonne Plage, 11100 电话：04 68 45 28 50

驶出镇中心开往海滩，你便有机会看到这家可爱的餐厅。这里被 Gérard Bertrand 葡萄园一排排克拉普葡萄藤环绕着。提供的房间淳朴却不失时髦，带有复古的石墙和厚厚的木制横梁。餐厅环境优美，提供美味的生鸭肉片或牛肉块。

尼姆：Le Cheval Blanc €

地址：1 pl des Arènes, 30000 电话：04 66 76 19 59

这是一间充满活力的酒吧，其内部装潢为经典的酒吧式，有舒服的宴会设置和艺术风格的装饰，酒吧位于有名的尼姆中心。酒单丰富多样，除了已经很有名的酒类外，还有一些相对来说知名度稍小的南部罗讷葡萄酒和朗格多克葡萄酒。这里的美食包括奶油醪鳕鱼（奶油烟熏鱼）、猪蹄和牛肉。

尼姆：L'Orée du Parc €€

地址：755 rue Tour de l'Evèque, 30000 电话：04 66 84 50 57

这家 L'Orangerie 旅馆的餐厅位于老树围绕的公园中间，从尼姆历史悠久的城镇中心出发，漫步行走大约需要 15 分钟。这里有放松、舒适的设置，温暖的温室和供夏天用餐的阳台。菜肴风格传统但复杂精细。提供不错的葡萄酒。

尼姆：Aux Plaisirs des Halles €€€€

地址：4 rue Littré, 30000 电话：04 66 36 01 02 传真：04 66 36 08 00

这里的装修风格以前卫和简洁为特色，提供上好的酒单，葡萄酒来自朗格多克、戈比尔、米内瓦、普罗旺斯和埃罗。厨师 Sébastien Granier 的法式烹饪风格受一点普罗旺斯的影响，菜肴绝对美味。在周日、周一、10 月 ~ 11 月的两周和一些公共假期停业。

尼姆：Le Lisita €€€€

地址：2 bd des Arènes, 30000 电话：04 66 67 29 15 传真：04 66 67 25 32

这是尼姆地区最受欢迎的餐馆之一，你一定不能错过。提供顶尖的食物和绝对令人满意的酒单。周围的环境也同样吸引人，室内有名设计师设计的老石墙，外加一个面向竞技场的露台。周日、周一不营业。

佩皮尼昂：La Galinette €€€€

地址：23 rue Jean Payra, 66000 电话：04 68 35 00 90

这家宽敞、优雅的现代餐厅较为正式。厨房里的主厨对食物充满热情，并极富创新和冒险的精神。海鲜是这里的特色：香菜对虾、红鲻鱼馅饼和板烧鱼类菜肴。有经验的斟酒服务员随时准备着从当地的美酒中挑选适合你的葡萄酒。

佩皮尼昂：Le Chap' €€€€

地址：18 bd Jean Bourrat, 66000 电话：04 68 35 14 14

这家美食餐厅是佩皮尼昂精美的小旅馆之一。餐厅的装饰是现代风格，菜单相当时髦和现代。美味的菜肴包括含叶绿素的意大利调味饭，采用姜和柠檬香草调味的鱼肉末。一些老式美味佳肴仍然保持着传统口味。

佩兹纳斯：L'Entre Pots €€

地址：8 av Louis-Montagne, 34120 电话：04 67 30 00 00

这家当地人经常光顾的时髦餐厅位于先前的酒窖里，这里处处洋溢着随和、活跃、亲密的气氛。采用当地食材烹饪的美食毫不做作，属于地中海式菜肴。酒单并不冗长，以上等的朗格多克葡萄酒为主。需要提前预订。

卡马尔格港口：Le Carré des Gourmets €€€€

地址：Pointe de la presqu'ile, 30240 传真：04 66 53 36 37

这家美食餐厅属于 Le Spinaker 酒店的一部分。面向小艇停靠区的怡人阳台是这家现代餐厅的独特之处。主厨成功地结合了卡马格和加泰罗尼亚的烹饪特点，美味佳肴有西班牙顶级火腿、松子填充的乳鸽。提供一级棒的朗格多克美酒。

波尔旺德雷：La Cote Vermeille €€€€

地址：Quai Fanal, 66660 电话：04 68 82 05 71 传真：04 68 82 05 71

这家上等海鲜餐馆位于一个大码头旁，在这里可以欣赏到渔港和海岸的美景。餐馆的墙上装饰有渔网、捕龙虾用的笼子和假鱼，菜单上有活鱼、海贝、鱿鱼和龙虾等。周四和周日的晚餐时间以及周一全天不营业。

普拉德：Le Jardin d'Aymeric €€

地址：3 av Général de Gaulle, 66500 电话：04 68 96 53 38

这家餐厅提供采用新鲜的地方食材精心烹饪的加泰罗尼亚菜肴，并使用当地深山药草来调味。菜单上列满了传统菜肴，百里香羊羔肉配淡味香菜调味酱、应季水果奶油烤菜。以合理的价格出售当地的鲁西永美酒。

基扬：Cartier €€

地址：31 bd Charles de Gaulle, 11500 电话：04 68 20 05 14

这家位于小镇上的家族经营的餐厅旅馆恰好位于去往东方的比利牛斯山脉的道路交叉口处。大厨主要提供传统菜肴并使用当地食材，其中包括鸭肉、鹅肝酱、豆焖肉、野生蘑菇和块菌。提供各种利穆、菲托和科比埃葡萄酒。

赛拉古斯：La Vielle Maison Cerdane €€€

地址：Pl de la Cerdagne, 66800 电话：04 68 04 72 08

这家庄严的餐厅旅馆位于古老的客栈内，从 1895 年开始餐厅一直被伯恩家庭经营。主厨提供加泰罗尼亚特色菜，包括 caneton aux raisin（鸭肉砂锅）和 ollada（蔬菜炖肉）；甜食有加泰罗尼亚奶酪。提供各种餐前小吃。周天晚餐和冬季的周一不营业。

塞特：La Palangrotte €€€

地址：Quai de la Marine, 34200 电话：04 67 74 80 35 传真：04 67 74 97 20

在塞特，要品尝著名的 Etang de Thau 潟湖牡蛎和其他贝类，这个海鲜餐馆就是最好的去处。有些美味的海鲜最好是在中午时食用。停业时间：周一和周日的晚餐时间（7 月和 8 月除外）。

苏尔尼阿：Auberge de Sournia €€

地址：4 rte de Prades, 66730 电话：04 68 97 72 82

这家奇特的小酒馆位于东比利牛斯的中心，这里由热情的年轻夫妇经营。提供的食物具有地区特色，菜肴风格现代、活泼，并且经过精美装饰。你可以尝试山羊奶酪填充的可口鸭脯。其他的菜肴包括扇贝、羊鱼和大虾。

ST MARTIN DE LONDRES：Les Muscardins €€€€

地址：19 rte Cevennes, 34380 电话：04 67 55 75 90 传真：04 67 55 70 28

在小乡镇居然能品尝到如此美味的食物着实令人吃惊，但 Les Muscardins 的安康鱼配丝兰花香味的意大利调味饭、熏奥贝克牛肉片值得你来此进行一次非同寻常的尝试。餐馆周围环境非常优雅。

于泽斯：La Taverne €€

地址：Rue Sigalon, 30700 电话：04 66 22 47 08

餐厅位于镇中心的步行街，有拱形的天花板和漂亮的阳台，很适合夏天用餐。这里提供地方特色菜，如 brandade de Nîmes（腌制鳕鱼）和 filet de taureau de Camargue（卡马尔格牛排）。提供各种上等的葡萄酒。

孔弗朗自由城：Auberge St-Paul €€€€€

地址：7 pl Eglise, 66500 电话：04 68 96 30 95 传真：04 68 96 05 60 30

这座建筑最初是一个 13 世纪的小礼拜堂，它有一个引人注目的露台和一个魅力四射的乡村餐馆。这里提供世界各地的美食，还包括一些当地新鲜农产品以及各种上等美酒，其中包括上等的波尔多和鲁西永葡萄酒。停业时间：周日晚餐、周一、周二。

普罗旺斯和蔚蓝海岸

普罗旺斯地区艾克斯：Brasserie Léopold €€€

地址：2 av Victor Hugo, 13090 电话：04 42 26 01 24 传真：04 42 38 53 17

这家经典的法国小酒馆位于艾克斯中心的舒适的 Hôtel Saint-Christophe 的一楼，几十个桌子摆放其中，熙熙攘攘的服务生往来穿梭。一年中的任何时间都可以在这里品尝到各种美味佳肴、点心和美酒。价格高于当地传统的酒吧。

普罗旺斯地区艾克斯：Mas d'Entremont €€€€

地址：Quartier des Platrières, 13090 电话：04 42 17 42 42 传真：04 42 21 15 83

这里提供梦幻般的美食和普罗旺斯的上等美酒。餐馆坐落在一个郁郁葱葱的公园内，气氛非常活跃，公园位于艾克斯上方的科龙尼。餐馆供应各种各样当地的鱼和肉类。夏季，在可爱的露台上用餐可以俯瞰整个花园，风景宜人。餐厅有着大型的落地窗，客人用餐时可以欣赏周围公园的景色。停业时间：周日晚餐、周一午餐，11 月～次年 4 月。

普罗旺斯地区艾克斯：Yamato €€€€

地址：21 av des Belges 电话：04 42 38 00 20

这家纯正的日本餐厅位于艾克斯市，由浩二和百合子·索玛娅经营。不论你是在禅意花园或是通风的饭厅里享用美食，你都可以感受到悠久的东方神韵。这里的寿司一级棒，稀有的茶碗蒸蛋（烤鳗鱼）也可以在这里品尝到。周一到周二午餐时间不营业。

价格指南见600页 图标含义见封底勒口

普罗旺斯地区艾克斯：Le Clos de la Violette

€€€€€

地址：10 av Violette, 13100 电话：04 42 23 30 71 传真：04 42 21 93 03

这家坐落在时髦优雅的花园里的安静餐厅适合度过浪漫夜晚。在这里吃饭的人需要稍许打扮。酒单非常丰富（大部分是当地和普罗旺斯的美酒），菜单提供普罗旺斯佳肴和现代菜肴。周日和周一不营业。

阿尔勒：La Gueule du Loup

€€

地址：39 rue des Arènes, 13200 电话：04 90 96 96 69 传真：04 90 96 96 69

虽然 La Gueule du Loup（狼胃）餐馆的名字听起来很凶，但它仍非常受人们喜爱，这里的菜单每天都有实质性的变化，每天都有许多精致的普罗旺斯菜呈献给客人，周围的环境有迷人的乡村风景。该餐馆的服务迅速，酒的种类繁多。这里虽然没有采用尖端的烹饪技术，但菜仍然做得非常好吃。停业时间：周日全天、周一午餐和整个 1 月。

阿尔勒：Lou Marques

€€€

地址：Bd Lices, 13631 电话：04 90 52 52 52 传真：04 90 52 52 53

Lou Marques 是豪华的 Hôtel Jules César 的餐厅，它位于阿尔勒的中心，是该地区最好的餐厅之一。舒适的露台上桌子摆放在白色的阳伞下，这里供应大量一流的普罗旺斯菜，周围环境很有品位。停业时间：周一全天、周六午餐和周日晚餐。

阿尔勒：L'Atelier de Jean-Luc Rabanel

€€€€€

地址：7 rue des Carmes, 13200 电话：04 90 91 07 69

这家位于阿尔勒中心的小型餐厅的菜品分量很充足；午餐最少有 7 种菜肴，晚餐是 13 种。Jean-Luc Rabanel 应用自家菜园种植的几乎是独一无二的有机食材来烹饪佳肴，每一道菜肴都是一个小型的艺术品。需要提前预订。隔壁就是个自由随意的小酒吧。周一至周二不营业。

阿维尼翁：La Fourchette

€€€

地址：17 rue Racine, 84000 电话：04 90 85 20 93 传真：04 90 85 57 60

这家深受当地人喜爱的餐厅是个奇特的地方，墙壁是用独特的餐叉和节日海报来装饰的。菜单是采用现代方式呈现出来，提供传统普罗旺斯式菜肴，如大蒜鸭脯和蔬菜可丽饼。提供美味的奶酪。周六、周日和 8 月份餐厅不营业。需要提前预订。

阿维尼翁：Le Petit Bedon

€€€

地址：70 rue Joseph-Vernet, 84000 电话：04 90 82 33 98 传真：04 90 85 58 64

Le Petit Bedon 就位于阿维尼翁老街区的城墙内，这里可口的饭菜远近闻名，例如水煮蔬菜蘸黑橄榄酱、酸味蛋黄鱼羹（安康鱼小火锅）和蒜味小胡瓜汤。餐厅气氛融洽，提供普罗旺斯葡萄酒。停业时间：周日晚餐（全年）、11 月～次年 4 月的周一午餐。

阿维尼翁：Christian Etienne

€€€€€

地址：10 rue Mons, 84000 电话：04 90 86 16 50 传真：04 90 86 67 09

该餐馆的酒类主要是普罗旺斯和勃艮第葡萄酒，它位于中世纪中心，在教皇宫附近，地理位置绝佳。这个备受欢迎的餐厅里的饭菜同样非常美妙，它们主要是由当地的农产品精制而成。停业时间：周日和周一（7 月除外）。

阿维尼翁：La Mirande

€€€€€

地址：4 pl de la Mirande, 84000 电话：04 90 14 20 20 传真：04 90 86 26 85

它是阿维尼翁最美味的餐馆之一，桌子摆放在室外的橄榄树下，其豪华的内部曾是主教的宫殿。餐厅很宽敞，菜单和酒单让人眼花缭乱。服务热情周到，需提前预订餐桌。停业时间：周二、周三；1 月中旬～2 月中旬。

比奥：Les Terraillers

€€€€€

地址：11 rte Chemin Neuf, 06410 电话：04 93 65 01 59

这个精致的餐馆提供的食物非常丰富，例如周围山上的草药。这里的鹅肝是不能错过的，也是这里的一大特色。酒单上是一些普罗旺斯地区较好的葡萄酒。停业时间：周三、周四和 11 月。

博尼约：La Bastide de Capelongue Restaurant Edward Loubet

€€€€€

邮编：84480 电话：04 90 75 89 78 传真：04 90 75 93 03

两次荣获米其林星级餐厅使这家餐馆成为当地餐馆业之首。需要提前预订，尤其是戛纳电影节期间。这里的菜着重于吕贝隆的农产品和特色产品，还有地中海海岸的松露和烘烤的野味。每周三以及 11 月～次年 3 月停业。

卡涅：Fleur de Sel

€€€

地址：85 Montée de la Bourgade, 06800 电话：04 93 20 33 33

这个可爱而不夸张的小餐馆的价位一般人都可以承受，尤其是套餐。周围有着迷人的乡村风景。该餐馆位于中心，与一个中世纪教堂毗邻。这里提供大量价格便宜的美酒。每周三停业 。

卡涅：Entre Cour et Jardin

€€

地址：102 Montée de la Bourgade, 06800 电话：04 93 20 72 27

这家迷人的小型餐厅位于卡涅的中世纪中心，主厨为我们烹饪经典美味的应季地方菜。食物非常美味而且分量也很大。服务很友好。地方艺术家采用绘画技巧装饰了餐厅洁白的墙壁。

卡涅：Le Pastis €€

地址：28 rue du Commandandement André, 06400 **电话：**04 92 98 95 40

餐厅的内部结构装饰给人的感觉像是美国餐厅与法国小酒馆的结合，一天的任何时间都给人舒适随意的感觉。菜单上的美食大部分是地中海菜肴，如炖牛肉，但你也可以发现恺撒沙拉和鞑靼牛排这样的美味佳肴。这里靠近主商场购物街和海滩。周日午餐时间不营业。

卡涅：Ondine €€€

地址：15 bd de la Croisette, 06400 **电话：**04 93 94 23 15

海滨餐馆通常都很有发展美食业的雄心，但这家是个例外。主厨 Jean-Pierre Silva 每天惯例都去市场亲自挑选最新鲜的美食材料。鱼是餐厅的主要食材，提供的菜肴包括蟹肉沙拉和大比目鱼搭配新鲜的蔬菜。这里的葡萄酒应有尽有。周三不营业。

卡涅：La Cave €€€€

地址：9 bd de la République, 06400 **电话：**04 93 99 79 87

该餐馆于 1989 年开始营业，深受当地人和旅游者的喜爱。它采用当地的新鲜食材，烹制传统的普罗旺斯菜肴。有 350 多种葡萄酒，其中不少是当地的佳酿。周六午餐和周日全天不营业。

卡涅：Le 38 €€€€

地址：38 rue des Serbes, 06400 **电话：**04 92 99 79 60 **传真：**04 93 99 26 10

在其豪华的装潢下，你可以享受相当丰盛的食物。这里有戛纳的风味菜，不仅价格优惠，而且服务有礼。它主要提供普罗旺斯风味和地中海海鲜。葡萄酒种类丰富。周日和周一停业。

卡涅：La Palme d'Or €€€€€

地址：73 la Croisette, 06400 **电话：**04 92 98 74 14

该星级餐馆不会禁止小孩进入，也不会要求必须佩戴领带，但来到这里用餐的人都会自觉地穿戴整齐。这里的食物豪华新奇，以新鲜的海产品和令人难忘而又昂贵的酒单著称。在此就餐需要提前预约。周日、周一以及 1 月 ~ 3 月停业。

卡庞特拉：Chez Serge €€€

地址：90 rue Cottier, 84200 **电话：**04 90 63 21 24 **传真：**04 90 60 30 71

来到安静的卡庞特拉小镇，这家餐馆会是一个惊奇的发现。它的装修风格和菜单都体现出创新与传统的完美结合。提供创新、精致的国际美食和晚间葡萄酒品酒会。菜单上还有以新奇的手法烹饪的新鲜鱼类和野生蘑菇。

卡斯特兰：Auberge du Teillon €€€€

地址：Rte Napoléon - La Garde, 04120 **电话：**04 92 83 60 88 **传真：**04 92 83 74 08

这个美丽的乡村餐馆距离宜人的旅游热点城市卡斯特兰只有 6 公里。这里就餐价位不高，但会随季节而变。该餐馆提供传统的普罗旺斯菜式，最有名的是家常烤三文鱼。提供包间。11 月 ~ 次年 3 月、周日晚、周一不营业（7 月和 8 月除外）。

卡维隆：Restaurant Prévôt €€€€

地址：353 av de Verdun, 84300 **电话：**04 90 71 32 43

这里是美丽的卡维隆中心的美食园地。它的厨师 Jean-Jacques Prévôt 对瓜类情有独钟，他用各式各样的瓜果作为餐馆的装饰主题，他甚至还为“瓜家族”制作了一套专门的菜单。瓜类和干贝以及相搭配的美酒是这里推荐的美食。周日停业。

CHATEAU-ARNOUX：La Bonne Etape €€€€€

地址：Chemin du Lac, 04160 **电话：**04 92 64 00 09 **传真：**04 92 64 37 36

这个坐落在无名集市小镇的迷人餐馆拥有非常出色的组合菜肴，以新鲜的本地特产为特色，尤其是小羊羔。这里的葡萄酒以窖藏时间悠久见长，美酒年代几乎涵盖了法国的每一个时期。餐馆的餐厅以油画和壁毯作为装饰。停业时间：周一、9 月 ~ 次年 6 月的周二、1 月 ~ 2 月中旬。

新教皇城堡：La Mère Germaine €€

地址：3 rue Commandant Lemaitre, 84230 **电话：**04 90 83 54 37 **传真：**04 90 83 50 27

建造在葡萄园里的这家餐馆以各种区域性名酒而著称。菜品是典型的普罗旺斯式，而且量大实惠。餐馆服务优质，气氛友好。中午来这里可尽情享用美食与美景。

COLLOBRIERES：La Petite Fontaine €€

地址：1 pl de la Republique, 83610 **电话：**04 94 48 00 12 **传真：**04 94 48 03 03

这个简朴的餐馆位于科洛布里埃的中心，科洛布里埃是 Moaures 高原中心的山村小镇。餐馆的特色菜有大蒜炖鸡、香葱兔肉、野蘑菇炖鸭，还有当地合作葡萄酒厂生产的美酒。停业时间：周日晚餐、周一全天以及 9 月的后两周。

DIGNE-LES-BAINS：La Chauvinière €€

地址：52 rue Hubac, 04000 **电话：**04 92 31 40 03

这家小型的传统餐厅位于城镇的老区。主厨选用最好的应季食材，菜单上包括鹅肝酱和自制的法式蛋糕。餐厅的气氛热情、友好，户外的餐位附带漂亮的阳台。

DIGNE-LES-BAINS：Le Grand Paris €€€€

地址： 19 bd Thiers, 04000 **电话：** 04 92 31 11 15 **传真：** 04 92 32 32 82

这家酒店餐厅奢华而高档，对于那些喜欢自由轻松氛围、在户外平地就餐的人而言，这里可能不是最佳选择。这里有一流的美食，例如黑椒鱼羹（马铃薯泥）、美味羊羔肉和鸽子肉。美酒包括罗讷河和普罗旺斯葡萄酒。停业时间：周一至周四的午餐，12 月～次年 3 月。

埃兹：Troubadour €€€

地址： 4 rue du Brec, 06360 **电话：** 04 93 41 19 03

这家优雅传统的餐馆位于埃兹迷宫殿的石头建筑内。用餐者只可以通过步行到达这里。它有三个小的餐厅，均由仿中世纪的墙体装饰。在这里，顾客们可以完全地躲避夏天炎炎的烈日。这里的菜式以优质的普罗旺斯美食为主。停业时间：周日、周一以及 11 月中旬～12 月中旬。

弗昂斯：Le Moulin de la Camandoule €€€€

地址： Chemin de Notre Dame, 83440 **电话：** 04 94 76 00 84 **传真：** 04 94 76 10 40

餐馆设在一个古老的橄榄园内，你可以在这里享受宁静的田园风光。主厨 Philippe Choisy 为你提供丰富的普罗旺斯风味菜肴，使用的是应季的新鲜食材。可在露台上享用午餐。周三、周四不营业 。

弗昂斯：Le Castellaras €€€€€

地址： Rte de Seillans, 83440 **电话：** 04 94 76 13 80 **传真：** 04 94 84 17 50

这家餐馆提供的菜品综合了传统和创新：龙蒿羊肉薄片、橄榄油浸泡的挪威海螯虾、柠檬龙蒿、松露玉米粥。酒单上大部分都是产自普罗旺斯海岸的葡萄园。周一、周二（7 月和 8 月除外）以及 1 月停业。需要提前预订。

吉贡达：Les Florets €€€€€

地址： Rte des Dentelles, 84190 **电话：** 04 90 65 85 01 **传真：** 04 90 65 83 80

在这个酒店餐馆的阳台上能欣赏到蒙米拉伊花边山脉的美景。精心准备的当地特色小吃配上吉恭达斯地区的美酒，绝对是一顿让人难以忘怀的美餐。这是一个十分受欢迎的餐厅，因此最好提前预订。周三、1 月～3 月中旬停业。

格拉斯：Bastide St Antoine €€€€€

地址： 48 av H. Dunant, 06130 **电话：** 04 93 70 94 94 **传真：** 04 93 70 94 95

该餐厅的主厨兼老板 Jacques Chibois 也是格拉斯圣安东尼区著名的精品酒店的老板。这个顶好的餐厅附属于精品酒店。挑剔的美食评论家和热衷于法式烹饪的爱好者对这里的美食都很满意。提供鸭子、松露以及蔬菜的创新菜肴。这里的葡萄酒也相当出色，尤其是普罗旺斯的名酒。

JUAN LES：PINS Les Pêcheurs €€€€€

地址： 10 bd Maréchal Juin, Cap d'Antibes, 06160 **电话：** 04 92 93 13 30 **传真：** 04 92 93 15 04

Juana 酒店最近将其著名的屋顶餐厅替换成了现在这间豪华的餐厅。这个餐厅拥有高雅的格调和宽阔的户外平地。厨师 Francis Chauveau 的烹饪以高超和创新著称。在这里，就餐者会沉浸在烤黑鲈和柠檬汁拌蔬菜的美味之中。周二、周三（7 月和 8 月除外）停业。

LA CADIERE：D'AZUR Hostellerie Bérard €€€€€

地址： Av Gabriel Peri, 83740 **电话：** 04 94 90 11 43 **传真：** 04 94 90 01 94

这家著名的酒店餐厅的前身是 11 世纪一名皈依者的祷告教堂。在这里就餐，顾客可以欣赏到邦多勒葡萄园的美景。主厨 Rene Bérard 以烹饪鱼类和贝类见长，尤其出名的是用红花粉调味的美味蚌类。这里还提供本地邦多勒葡萄酒。周一、周二和 1 月停业。

马赛：Chez Madie (Les Galinettes) €€

地址： 138 quai du Port, 13002 **电话：** 04 91 90 40 87 **传真：** 04 91 31 44 74

这是一个马赛的家族式企业（现在它的主人是同名创建者的孙女）。这里的特色菜有由数种鱼肉合煮而成的浓味鱼肉汤、蒜味蛋黄酱鱼羹酱及其他的水产菜品，这些菜一般会以猪肚和猪脚作为辅料。显然，这里是素食主义者和爱挑剔的小孩的“禁地”。周日停业 。

马赛：Toinou €€

地址： 3 cours Saint-Louis, 13001 **电话：** 04 91 33 14 94

这家餐厅位于马赛海鲜广场上，海鲜大拼盘是它的特色菜。这家店经过 40 年的时间，从一个外卖小柜台慢慢发展成现在的规模。它现在也正在不断壮大。如果两个人用餐，又想尝遍餐厅的美食，不妨尝试一下 Toinou 特色菜。

马赛：Les Arcenaulx €€€

地址： 25 cours d'Estienne d'Orves, 13000 **电话：** 04 91 59 80 30 **传真：** 04 91 54 76 33

这家餐馆的所在地是 17 世纪一个出版商的宅基地，这里曾是老港北部的仓库集散地。如今，这里已成为傍晚酒吧、舞厅生活的开始之地，忙碌、热闹的氛围影响着周围的街道。这里提供的菜肴包括烤杏仁配扇贝以及鞑靼牛排等。周日停业。

马赛：Restaurant Michel €€€€€

地址： 6 rue des Catalans, 13007 **电话：** 04 91 52 30 63 **传真：** 04 91 59 24 05

浓味鱼肉汤由数种鱼肉合煮而成，是这个精美的繁忙的啤酒店的特色菜。其他鱼类菜品还有蒜味蛋黄酱鱼羹、沙丁鱼以及其他时令菜。这些菜新鲜且易于烤食。这是一个当地十分受欢迎的小店，因此就餐者需要提前预订。这里提供邦多勒葡萄酒以及产于欧洲的黑醋栗酒。

马尔蒂盖：Le Miroir

€€€

地址：4 rue Marcel Galdy, 13500 电话：04 42 80 50 45

这家餐厅正对着马蒂格鱼港，五颜六色的木制渔船往来于港口，鱼类是餐厅的招牌菜。这里的空间很大，包括6个餐厅、2个阳台，选择户外的桌子进餐可以欣赏到迷人的景色。菜肴很简单但美味，如茴香藏红花贻贝。周六午餐、周日全天、周一和周三晚餐以及1月停业。

芒通：Le Mirazur

€€€€€

地址：30 av Aristide Briand, 06500 电话：04 92 41 86 86

出生于阿根廷的 Mauro Colagreco 是一位非常有前途的主厨，目前定居于芒通。在这他开了这家带有一个富有热带风情的花园的现代餐厅。Mauro Colagreco 就如同一位绘画师，他采用各种花朵装饰自己的菜，采摘于山林的野花和各种药草经常被用到。餐厅菜单的价格很合理。周一到周二、12月~次年2月停业。

摩纳哥：Maya Bay

€€€€

地址：24 av Princesse Grace, 98000 电话：00 37 7 97 70 74 67 传真：00 37 7 97 77 58 10

主厨 Dlivier Streiff 的朋克头型和黑色的眼线很有特点，他的厨艺同样也有摇滚的风格。典型菜肴是香蕉小鸭子、干果、鸭腿苹果和烤杜松子。餐厅给人一种豪华、热情的感觉，有单独的寿司吧台。周一至周日、11月不营业。

穆然：Le Moulin de Mougins

€€€€€

地址：Notre-Dame-de-Vie, rte départementale 3, 06250 电话：04 93 75 78 24 传真：04 93 90 18 55

Alain Llorca 的这个米其林二星级餐厅是款待宾朋的好地方。这里有绝佳的新奇的菜品，以新式烹饪的水产为主。提供的酒类包括一些普罗旺斯的名酒。花园式户外平地装饰着现代雕塑。需要提前预订。停业时间：周一和周二午餐、周日晚餐。

穆斯提耶：La Treille Muscate

€€€

地址：Pl de l'Eglise, 04360 电话：04 92 74 64 31 传真：04 92 74 63 75

这是一家可爱的普罗旺斯小酒馆，坐落于这里最漂亮的小镇中心广场，有优越的地理位置，还有令人赞不绝口的美食。物美价廉，菜单丰富多样，酒单上乘。这里是享用午餐、放松心情的好地方。周三以及12月~次年2月停业。

尼斯：Bistrot d'Antoine

€€€

地址：27 rue de la Préfecture, 06300 电话：04 93 85 29 57

Armand Crespo 曾经在瓦勒堡的 Lou Cigalon 工作，他将这家尼斯式小酒馆翻修，目前是小酒馆的经营者。他经常光顾附近的市场。烤肉是这里的主菜：你可以试试鸭胸肉排或小牛肾，这里可以满足动物内脏爱好者的需求。提供各种不错的葡萄酒。周日至次周周一以及8月份不营业。

旺斯：Le Pigeonnier

€€€

地址：3 pl du Peyra, 06140 电话：04 93 58 03 00

这家传统餐厅提供地方菜肴，如大量精挑细选的鱼类、海鲜和肉类菜肴。夏天食客可以在温暖的阳台上享受美食，冬天因为有大大的壁炉，餐厅很温暖。周一全天、周天晚餐（7月和8月除外）、1月、11月不营业。

旺斯：Les Bacchanales

€€€

地址：247 av de Provence 电话：04 93 24 19 19

Christophe Dufau 在将他的餐厅搬到稍微难找的旺斯边缘的别墅里之前，已经名声在外了。他的烹饪风格原始纯真不造作。他的典型开胃菜是焦糖冬瓜配意大利乳清干酪和辣 soubressade 酱。周二和周三不营业。

滨海自由城：L'Oursin Bleu

€€€

地址：11 quai Courbet, 06230 电话：04 93 01 90 12 传真：04 93 01 80 45

进入这个餐馆的大厅，首先映入眼帘的就是一个玻璃鱼缸。在此就餐的每个顾客一进门就能体会到这个以鲜鱼为特色的餐馆传递给人们的信息。无论是在码头周围的户外遮阳伞下的餐桌前还是在以航海大事记为装饰的饭厅里用餐都会很愉快。在漫长、慵懒、炎热的夏天里，这里是享用午餐的理想之地。周二、11月~次年3月停业。

科西嘉岛

阿雅克肖：Pampasgiolu

€€

地址：15 rue de la Porta, 20000 电话：04 95 50 71 52

在这座古老的城市里，这是一个颇受欢迎的就餐地点，它迷人的乡村餐厅和精致小巧的露台广受欢迎，因此就餐者需要提前预订。来到这里，一定要尝尝当地特色的鱼、肉或橄榄牛肉。美味的甜点包括栗子软糖。周日午餐不营业。

阿雅克肖：Le 20123

€€€

地址：2 rue su Roi du Rome, 2000 电话：04 95 21 50 05

这家餐馆将真正的乡村口味的美食带入城市。你可以在悬挂灯笼的阳台上享受美食，餐厅里摆满了各种小摆设、小古董和酒窖里长长的桌子。你可以在这里品尝到熟食和丰盛的炖肉。每天午餐时间和周一全天都不营业。

价格指南见600页 图标含义见封底勒口

巴斯蒂亚：Brasserie La Réserve €

地址：Port de Toga, 20600 电话：04 95 31 05 35

这个深受当地人欢迎的现代小酒馆可以俯瞰整个港口，这里是享用简单、悠闲的午餐的理想场所，在这里可以欣赏到渔船驶进驶出海港。主厨和员工非常友好，食物美味，分量充足。周日停业。

巴斯蒂亚：A Casarella €€

地址：6 rue Ste Croix, 20600 电话：04 95 32 02 32

这家餐馆隐藏在城堡区迷宫般的街道里，如果想偶尔地奢侈一回，品尝一下科西嘉菜肴，那么这个地方是值得尝试的。推荐羊奶酪（当地的新鲜奶酪）烹饪的鹅肝酱。其他特色菜中有填充沙丁鱼、用药草烘烤小牛肉配科西嘉奶油。周六午餐、周天全天、10 月～次年 4 月停业。

博尼法乔：Le Goeland Beach €€

地址：Plage de la Tonnara 电话：04 95 73 02 51

餐馆位于自然保护区中间，Tonnara 海滩成为这家滨海餐厅令人惊喜的设置。特色菜是木火烤鱼（依据重量计价），但是你同样可以品尝到典型的科西嘉菜肴，如西红柿酱烤茄子。你可在一天中的任何时间随意进入这里。11 月～次年 4 月停业。

卡尔维：Le Bout du Monde €€€

地址：Plage du Calvi, 20260 电话：04 95 65 15 41

在这家气氛友好的古典海滩餐馆里你可以享受到最上等的美食。你可以选择海鲜盘、海鳌虾意式方饺、橙油扇贝、烤牛里脊火沙拉等，然后来点苹果馅饼或栗子奶酪。冬天的晚餐时间不营业。

科尔特：U Museu €€

地址：13 Quart Quatre Fountains, 20250 电话：04 95 61 08 36

这家大餐馆位于古老的城镇上星形城堡的脚下，有好几个餐厅，还有林荫露台。这里有很多美味可以选择，从比萨、意大利面和沙拉，到传统的科西嘉的白豆和羊羔肉椰菜烤宽面条（带有很多科西嘉奶酪）和香草烤肉，应有尽有。11 月～次年 4 月停业。

伊尔鲁斯：A Siesta €€€€

地址：Promenade à Marinella, 20220 电话：04 95 60 28 74 传真：04 95 60 27 03

新鲜的海鲜食品是这家时尚海滩餐馆的骄傲。夏天的晚上，他们会把桌子移到海滩上，你可以在星空下享受蜘蛛螃蟹、龙虾和浓味鱼肉汤等。其他菜肴还有海鲜意式方饺和生鱼片。甜品和葡萄酒是绝对一流的。11 月～ 3 月停业。

韦基奥港：Le Lodge €€

地址：Quai Pascal Paoli, Port de Plaisance, 20137 电话：04 95 22 47 93

这家靠近海港的时髦餐馆吸引了大批年轻人，夜晚时分这里的氛围格外活跃。这里提供的菜肴多为传统菜式且质量很高，分量充足。服务员很友好。酒吧提供美味的鸡尾酒。2 月停业。

韦基奥港：Le Bistro €€€

地址：4 Quai Pascal Paoli, Port de Plaisance, 20137 电话：04 95 70 22 96

在这个下游城镇的游艇海港里用餐最好的去处就是这里了。餐馆有雅致的餐厅，很大的露台。这里的海鲜很新鲜，包括红鲻鱼配凤尾鱼和西红柿、烤大鳌虾等，还有牛肉沙司和时令野猪肉。这里新开了一家酒吧，有橙汁可丽饼。2 月和每周日停业。

韦基奥港：Casadelmar €€€€€

地址：Rte de Palombaggia 电话：04 95 72 34 34

从这个现代奢华酒店到达 Porto Vecchio 仅有几分钟的路程，餐厅应用的菜大部分都使用应季的当地食材。菜肴大部分都是意大利菜，如搭配羊乳干酪和鞑靼牛肉馄饨。11 月～次年 4 月期间停业。

普罗普利诺：Chez Parenti €€€€

地址：10 av Napoléon 电话：04 95 76 12 14 传真：04 95 76 27 11

从 1935 年餐厅一直由帕伦第家庭经营，餐厅最早是渔民的简陋小屋，现在依然很朴素，但怡人的阳台可以俯瞰大海恰好弥补了这点。特色菜是新鲜捕捞上来的海鲜，但你也可以在这里找到美味的肉类菜肴。这里的科西嘉奶酪也很受欢迎。周一午餐、周天晚餐、11 月～次年 4 月停业。

萨尔泰纳：Auberge Santa Barbara €€€€

地址：Alzone (3 km [2miles] out of Sartène on the road to Propriano), 20100 电话：04 95 77 09 06 Fax 04 95 77 09 09

露天的餐馆位于美丽的花园外面，老板是全科西嘉最知名的女厨师 Gisèle Lovichi。 在这里你可以选择带蔬菜沙拉的自制熟食或乡村口味的汤，还可以选择羊羔腿或带香草的羊羔肉。用餐结束之前，可以尝尝乳酪蛋糕——用科西嘉奶酪、柠檬和鸡蛋做成的甜品。10 月中旬～次年 3 月以及每周一不营业。

圣弗洛朗：La Rascasse €€€

地址：Quai d'Honneur, 20217 电话：04 95 37 06 99 传真：04 95 35 00 08

这家鱼馆坐落在这个港口最显眼的位置，供应很多创意十足的菜肴。在等待鱼汤、海鲜饭和烤鱿鱼的时候学学开游艇，真的很惬意！推荐尝尝这里古典的浓味鱼肉汤或烤龙虾。还要记得留点肚子尝尝这里绝好的甜品。

购物信息

橄榄油

在法国购物是每个人心驰向往的事。不论你是去综合超市、百货公司还是小专卖店、小超市里挑选物色商品，你都会被充满法国特色的商品牢牢吸引。法国不但以食物和葡萄酒闻名，除此之外，还有世界闻名的时装、香水、陶器、水晶等商品。本章将在营业时间以及不同类型的商店出售的各种商品方面提供指导信息。这里还有法国经典商品的细节介绍以及方便游客购买衣服的尺寸表。

市场货摊上出售的新鲜油桃和甜瓜

营业时间

大部分的食品店都在7:00～8:00之间开放，中午关门。午餐时间大多持续2个小时，在南方是3～4个小时（旅游胜地时间较短）。午休之后，大多食品店会重新开放，一直营业到19:00甚至更晚。面包店通常开门较早，关门也早。但有的面包店为了招揽晚来的法棍购买者，并提供各种午餐小吃，会营业到13:00以后。

百货公司和大多数综合超市全天营业，没有午休时间。一般没有食物出售的商店营业时间是周一至周六9:00～18:00，通常会有午休时间。很多商店周一早上是不营业的，一些更小的商店也许整个周一都不营业。旺季时，旅游观光区的商店每天都营业。虽然大多数食品店（包括报摊）周日早上营业，但是至今周日仍是萧条的购物日。法国商店在周日下午是不营业的。

综合超市与百货公司

在每个大城镇的郊区都能看到综合超市（或大卖场），注意“centre commercial”标志。综合超市比普通超市大很多，主要出售食品杂货，包括衣物、家居装饰以及配件和电子设备，还出售打折汽油。Carrefour、Casino、Auchan、Leclerc和Intermarché是最大的综合超市。百货公司如Monoprix和Franprix通常位于城镇中心。更高档的百货公司如**巴黎春天**（Printemps）、**老佛爷**（Galeries Lafayette）在市郊也有。

当地一家出售面包和糕点的面包房

专卖店

在法国购物的乐趣之一就在于除了去综合超市和百货公司，还能选择小专卖店。面包店（boulangerie）通常和乳酪蛋糕屋（pâtisserie）联合经营，出售蛋糕和糕点。外卖（traiteur）则出售成品食物。奶酪店（fromagers）和其他专营乳制品店（produits laitiers)）可能合并经营，但是肉店（boucherie）和熟食店（charcuterie）是分开经营的。买一般的杂货会去杂货店（épicerie），但不要把这种店与食品杂货店（épicerie fine）混淆。

清洁用品和家庭用品在药品杂货店（droguerie）可以买到，但是家用设备、五金制品需要到五金商店（quincaillerie）购买。文具店（papeterie）这个词不但指昂贵的专营零售商，还包括他们所出售的商品。

市场

这部分列出了按地域划分的每个镇的赶集日。“le marché”是问路时所用的指“市场”的词。市场通常早晨开始，中午就结束了。

在市场上要寻找当地生产者，包括只有一两样独特物品出售的人，因为他们的商品通常标价都很合理，而且商品质量更好。依照法律，价格标签都需明示商品的来源，当地商品都标有“pays”字样。布雷斯的鸡绑着红白蓝三色的标签，上面写有生产者的名字。

如果你在法国逗留时间较长，有很多逛市场的机会，那么可以多留意一下应季产品。在市场上也可以购买新鲜产品，如胡桃、芦笋、洋姜、野草莓。香料、香草、一些稀奇之物（如装饰性的卷心菜）、鞋子和衣服也可以在这里购买。

在法国，一年中总会开设季节性市场，它们专门出售松露、火腿、大蒜、鹅肝、家畜等。手工制品市场可能和季节性市场同时开设，出售当地特产和工艺品。

里昂一个市场上出售的地方特产——香肠和奶酪

当地特产

法国的当地特产很有意思，值得购买，它们独特的风味、风情显示出了该地区的传统、特色以及气候因素。

普罗旺斯一直以优质的橄榄油为荣，其中最出众的要数冷榨橄榄油。如果你没有机会去当地的小生产商那里购买橄榄油，可以前往 Oliviers et Co，它在全国各地都有分店，出售各式优质油类。在橄榄油展会上能试尝到很多橄榄油。气候温和的北方盛产卡蒙伯尔干酪，它源自新鲜的诺曼牛奶，并被加工处理至少三个星期。

南方的茴香酒 51

说到一些流行的饮品，就不得不提到一些特别的地区。南方流行一种茴香酒，由茴芹籽酿制而成。而北方流行苹果白兰地，它产于诺曼底，由苹果酿制而成。除了许多鸡尾酒和甜食（口味多种多样，有桃子味也有野草莓味）中含有黑醋栗，**黑醋栗酒**（Crème de Cassis）中还含有第戎奶油果。想要购买这种含酒精的黏稠糖浆可以去找当地的生产商。

在很大程度上，地理位置决定了各地区特产的特色。里昂（见 380 ~ 381 页）是法国的美食名城，它的美食传统因独特的地理位置而发扬光大——它的食材是来自附近的夏洛莱牛、布雷斯鸡肉和猪肉、栋布的野味和罗讷河谷的葡萄。

在挑选成袋的普罗旺斯香囊以及成串的大蒜和洋葱的同时，别忘了雷岛（见 416 页）或给宏德的海盐，这可是法国大厨最爱的调味品。你可以去这两个地方看看盐田，或者去当地的集市买些散装粗盐。海盐是一种易碎、薄片状调料，而 Sel Marin 是一种灰色、更粗大的盐巴。

用于烹调和泡茶的普罗旺斯干香草

美容产品

法国女人的美丽世界闻名，美容产品也相当多。主要的法国品牌如 Chanel、Guerlain 在海外都能购买到，但执着的化妆品迷也可以去寻找只在法国本地出售的独特产品。

在巴黎，Cambon 街的香奈儿店和香榭丽舍大街的娇兰店都不能错过，有些香水只有这些专卖店才出售。超市里的一些品牌，如依云、雅漾和 Barbara Gould 也是美容杂志的主要关注对象。在时尚人士的化妆包里经常能看到雅漾的冷霜，Barbara Gould 的洁面乳和依云的面部爽肤水。很多衣着考究的巴黎人都坚持使用黎可诗的身体护理油 Huile Prodigeuse、泰奥菲的 Vinotherapary 赤霞珠身体磨砂膏（含葡萄提取物）和伊兰纤姿的瘦身霜。

欧诺比的滋养胶囊和菲迪曼的头发护理系列是减少阳光对头发和皮肤伤害的必不可少的产品。

要想看起来更具有法国风情，最好的办法是购买马赛皂，它是一种富含油脂的传统肥皂。

真正的香水迷应该直奔格拉斯（见 517 页）——世界香水中心，而且一定要去三个最大的香水工厂：Fragonard、Molinard 和 Galimard，这些工厂里都有香水销售。

配饰

要想穿着打扮具有法国风情，除了去名牌时装店（见142～144页）购买时装外，最好的办法就是戴法式装饰品。为了保留当地特别的传统手艺，法国有些地区以生产配饰见长。

首先要提的是产自欧里亚克（见364页）的手工伞，最出名的伞具制造商要数L'Ondée au Parapluie d'Aurillac、Piganiol和Delos了，它们会为你定制专属雨伞。

米罗的手套业会让你的手看起来很漂亮。参观L'Atelier Gantier时，可以挑选一副漂亮的皮手套。

在当地市场或五金商店里会发现一些用彩色篮子盛着的漂亮小玩意儿。这些小玩意儿能很快把一个非正式的装束变成别致的波西米亚式装束。如果想为去海滩旅行准备漂亮的纱笼、项链、手镯，最好的去处便是海滩边的服饰商店。产自圣特罗佩斯的K Jacques凉鞋在很长时间都是时尚配备中不可缺少的物品。

如果到了滑雪而不是去海边的季节，法国的滑雪装品牌，比如Rossignol就是一个很好的购物选择，但是季末是购买的最佳时间。在滑雪的旺季，滑雪胜地商店里的商品往往很贵。一旦雪开始融化，对外出租的滑雪用具，包括滑撬和雪靴就会相对比较便宜，而滑雪衫、滑雪帽等将会进行大减价。

家用产品

如果你想购买家用产品，最好的商店便是**宜家**、Alinea和Habitat。如果需要园艺用具，可以去Truffaut。如果想买布置房间所需的DIY产品，一定要去综合超市Leroy Merlin。

在专卖店里很难看到整套的厨房用具，可以去百货公司的厨具部去试试。通常五金店都会有铁制厨具的存货。要想购买白瓷就得到专卖店去。穿越诺曼底的旅行将为你提供一个很好的机会，它可以让你见识很多绝好的产品，比如尚蒂伊鲜奶油；而且对餐具迷或女性内衣爱好者来说，这里的饰带制造业也肯定会让你们满意。**阿朗松**蕾丝是相当昂贵的，它总能在巴黎的高档服装店里找到销路，尤其是阿基坦、尚蒂伊（见204～205页）的店。巴约（见252～253页）可能会生产出一种精致而价格便宜的蕾丝。近来，蕾丝掀起了一股风尚风，衬衫上的一朵定制的精美花朵成为一种流行元素。

蕾丝的窗帘就像布料一样是很容易买到的。不错过任何一件蕾丝产品的最简单方法便是走“蕾丝线路”：前往蕾丝博物馆以及阿朗松、阿基坦、卡昂（见253～254页）等地的专卖流行服饰的小商店。有了一张漂亮的桌布之后，还需要去挑选一些令人炫目的水晶饰品，用以细细品尝优质的法国葡萄酒。最有名的法国水晶制造品牌是Baccarat，它拥有一座博物馆，在这里你肯定会为一些惊人的艺术品感叹；它还拥有一家商店，你可以买些小玩意儿回家。另一个相对便宜的法国水晶制造品牌是Crystal d'Arques，它的日常饰品很优雅。你可以去工厂里的小博物馆餐馆，也可以以折扣价在工厂商店中购买水晶玻璃器皿。

陶器是可以以合理价格购买的，尤其是在原产地附近，如布列塔尼的坎佩尔（见274页）、马赛附近的欧巴涅和格拉斯附近的瓦洛里（见522页）。

产自利摩日（见356页）的瓷器是任何一顿美食的衬托品；一套买自Royal Limoges工厂的餐具会是一项很好的投资。

优质的**奥布松**壁毯相当昂贵，而且不太可能成为假日消费的推动力。不过那些追求精致室内装饰的人还是

尺寸表

女士服装、外套和短裙								
法国	36	38	40	42	44	46	48	
英国	8	10	12	14	16	18	20	
美国	4	6	8	10	12	14	16	
女鞋								
法国	36	37	38	39	40	41		
英国	3	4	5	6	7	8		
美国	5	6	7	8	9	10		
男士西装								
法国	44	46	48	50	52	54	56	58
英国	34	36	38	40	42	44	46	48
美国	34	36	38	40	42	44	46	48
男士衬衫								
法国	36	38	39	41	42	43	44	45
英国	14	15	15½	16	16½	17	17½	18
美国	14	15	15½	16	16½	17	17½	18
男鞋								
法国	39	40	41	42	43	44	45	46
英国	6	7	7½	8	9	10	11	12
美国	7	7½	8	8½	9½	10½	11	11½

喜欢专程到壁毯之乡——奥布松（见 356 ~ 357 页）去购买精美的小挂毯。挑选这些拥有极致触感的家居织物是件很有意思的事。

记得一定要去当地的市场，那里有条纹棉布餐巾、亚麻清洁服和海产品配件（如龙虾钳和牡蛎餐叉）。到普罗旺斯时，一定要购买便宜又色彩明艳的烹饪用具、赤土陶碗和着色的盘子。

葡萄酒

在法国，你可以根据通往葡萄园的标志直接到葡萄园或酒窖去买酒。商家通常希望你购买至少一整瓶，但只需花费很少的钱即可品尝葡萄酒。葡萄酒合作社酿制并出售小生产商的酒，在这里可以购买 5 升或 10 升的桶（en tonneau），也可以购买瓶装酒。桶装酒在开封后应尽快喝完，否则几天后就会变质。瓶装酒更容易运输。Nicolas 是法国主要的连锁店，设有很多分店。

工厂打折店

法国的销售制度是相当严格的（见 140 页），但是擅长购买廉价货的人都知道，工厂店一年都有打折货品。法国最大的工厂打折店位于特鲁瓦周边，打折商场包括 Marques Avenue、Marques 和美国打折店 McArthur Glen。那里出售各种商品，有圣罗兰服装、B&D 钻孔机、Cristofle 银器，还有 Bon-point 童装。在法国的工厂打折店购物是一种特别的体验，买到廉价物品总会让人心情愉悦。如果你有一个空的新衣柜等着填满，那就更值得去了。

附 录

综合超市和百货公司

Auchan
www.auchan.fr

Carrefour
www.carrefour.fr

Casino
www.supercasino.fr

Franprix
www.franprix.fr

老佛爷
www.galerieslafayette.com

Intermarché
www.intermarche.com

Leclerc
www.e-leclerc.com

Monoprix
www.monoprix.fr

巴黎春天
www.printemps.com

地区特产

黑醋栗酒
Gabriel Boudier
地址：14 rue de Cluj 21007 Dijon.
电话：03 80 74 33 33

Oliviers et Co
欲知详情，请登陆www.oliviers-co.com

美容产品

Chanel
地址：31 rue Cambon 75008 Paris.
电话：01 42 86 26 00
www.chanel.com

Fragonard
20 bd Fragonard 06130 Grasse.
电话：04 93 36 44 65
www.fragonard.com

Galimard
地址：73 route de Cannes 06130 Grasse.
电话：04 93 09 20 00
www.galimard.com

Guerlain
地址：68 av des Champs Elysées 75008 Paris。
电话：01 45 62 52 57
www.guerlain.fr

Molinard
60 bd Victor Hugo 06130 Grasse.
电话：04 93 36 01 62
www.molinard.com

配饰

L'Atelier Gantier
地址：21 rue Droite 12100 Millau.
电话：05 65 60 81 50
Delos
地址：14 rue Rocher 15000 Aurillac.
电话：04 71 48 86 85
www.delos-france.com

K Jacques
地址：32 rte Plages 83990 St Tropez.
电话：04 94 97 41 50
www.kjacques.com

L'Ondée au
地址：Parapluie d'Aurillac 27 rue Victor Hugo 15000 Aurillac.
电话：04 71 48 29 53

Piganiol
地址：9 rue Ampère 15000 Aurillac
电话：04 71 63 42 60

家用产品

Alencon Lace Museum
地址：Cour carrée de la Dentelle 61000 Alencon.
电话：02 33 32 40 07
Alinea
www.alinea.fr

Aubusson
地址：Manufacture Saint-Jean 3 rue Saint-Jean 23200 Aubusson.
电话：05 55 66 10 08

Baccarat
地址：20 rue des Cristalleries 54120 Baccarat.
电话：03 83 76 60 06
www.baccarat.com

Cristal d'Arques
地址：Zone industrielle 62510 Arques.
电话：03 21 95 46 96

Habitat
www.habitat.net

宜家
www.ikea.com

Leroy Merlin
www.leroymerlin.fr

Royal Limoges
地址：28 rue Donzelot Accès par le quai du Port du Naveix 87000 Limoges.
电话：05 55 33 27 37
www.royal-limoges.fr

Truffaut
www.truffaut.com

葡萄酒
Nicolas
www.nicolas.com

工厂打折店

Marques Avenue
地址：Av de la Maille 10800 Saint Julien les Villas.
电话：03 25 82 80 80
www.marquesavenue.com

Marques City
地址：35 rue Danton 10150 Pont Sainte Marie
电话：03 25 46 37 48
www.marquescity.fr

McArthur Glen
地址：ZI des magasin d'usines du Nord 10150 Pont Sainte Marie.
电话：03 25 70 47 10
www.mcarthurglen.fr

休闲娱乐

巴黎是全世界最大的娱乐城市之一，它不仅是法国的首都，也是世界优秀的艺术中心。不管你是喜欢去剧院，还是去看电影，也不管你是喜欢听爵士乐，或者是喜欢观赏现代舞，法国都不会让你失望。这部分指南将以地区为单位，为你展现法国的艺术，并纵览法国的休闲娱乐活动。这里的主要节日，如阿维尼翁戏剧节和戛纳电影节，在法国人的心中都占据了重要地位，如欲参加须提前预约。旅游局官方网站上有小节日或当地艺术表演的最新活动列表。

阿维尼翁剧院壮丽的夜景

剧院

在法国，如果你想去一个正式或私密的环境，戏院是不错的选择。如果要去大剧院，需要盛装出席，你可以去附近专为看客服务的餐馆享用晚宴，演出休息期间还可以畅饮高档香槟酒。如果去小型剧院就可以穿得随便一些，票价也相对便宜。由于小戏院的紧凑感和亲密感，你可以全身心地投入演出中去。

近几年，法国很多重量级的影星返回剧院演出，比如在《丛林猛兽》中演出的杰拉尔·德帕迪约和范妮·阿尔当，这也反映了剧院文化逐渐流行起来。不管什么题材，法国人大都喜欢在剧院度过傍晚。上演法国闹剧时，街道剧场便迎来了它的盛会，这种流行至今仍未销声匿迹。

法国最大的戏剧节在**阿维尼翁**（见503页）举办，该戏剧节于7月举行，持续三个星期，主要活动是露天演出。演出项目包括芭蕾、戏剧和古典音乐会。许多露天剧场在夏天营业，经常与当地旅游局合作进行免费表演。

马戏演出同样受欢迎。在一些小城镇，夏季通常会有马戏团的大篷车行驶在街道上，用车顶扬声器发布演出通知，邀请成人儿童一同观看。大规模演出是剧院的另一种演出形式，节目通常为大型音乐剧或声光表演。

提线木偶在法国也很受欢迎，在法国，木偶剧已经超越了《潘趣与朱迪》。

电影

从卢米埃尔兄弟和他们对当红影片（如《放牛班的春天》和《新浪潮》）做出的技术革新可以看出法国对电影业的影响。法国人对当地电影院都很看中，小城居民对他们的放映中心也持强烈的支持态度。如果你去看电影，可以选择小的放映中心。在法国，如果你的语言还没有熟练到能观看法语影片，那么也有一些原版的原声电影（Vo）可以选择。法语版（VF）影片意味着电影有法语配音。很多人都知道，听到好莱坞明星嘴里发出的法语发音会使一部经典电影变得索然无味。

另外游客需要了解的是法国人对小吃的态度。基本法国只有孩子才吃小吃，而且也是在放学后的特定时间才吃。虽然法国电影院有专门的售货亭出售爆米花和糖果，但是在电影放映过程中并没有法国本地人吃小吃。法国的电影院都有与之配套的酒吧和餐馆。很多电影院都会为导演举办电影节，一个接一个地放映他的影片，以吸引狂热影迷和前来膜拜学习的人。

戛纳（见520页）的电影节受到法国人的严肃对待。戛纳本身就是一个媒体炒作、传统魅力和闪亮的新钞票满天飞的地方。如果你能得到参加电影节或社交聚会的票，这将会令人大为羡慕，但是这些票相当难得到，一般只有收到邀请的人才能获得。一个更简单的体验这种传奇电影节的方法是去参加**多维尔**（见255页）举办的低调的美国和亚洲电

拉罗谢尔国际电影节的海报

戛纳电影节上的红地毯和热闹场面

影节。美国电影节被看作美国独立电影在欧洲传播的一个主要平台，它也吸引了一些大牌明星和风靡一时的电影导演。电影节的评选部分包括每年最有获奖希望的10部电影。别致的多维尔很小，进出方便，虽然碰见巨星的机会很小，但也不是完全没可能。

拉罗谢尔（见416页）的电影节是法国第二大电影节，它虽然吸引不了大牌明星，但也不会让影迷失望，因为节日期间会播放大量电影。在法国，一个真正好的看电影方式是去参加露天电影节。在全法国有很多这样的活动，可以查询当地的节目列表，以免错过。如果你足够幸运，在阿尔勒（见508～509页）你就可以看到一年一度的古罗马大事件表演，它以壮丽的古罗马露天剧场为背景。详情请咨询**古代剧院**（Theatre Antique）。

舞蹈

在法国，舞蹈是一种生活方式。从舞蹈课程，到乡村广场自发进行的舞蹈活动都可以看出，随着旋律舞动舞蹈已经成为各种庆祝活动的重要部分。大多数外国人第一次与法国舞者有所接触是在夜总会，而且一般他们都会感到很惊讶。即使在最高档的夜总会，也常会看到一群20岁左右的年轻人跳le rock（一种正式的摇摆舞）。法国十多岁的孩子在聚会上表演之前就已经开始学习摇摆舞了。对一个优秀的舞者来说，旋转和扭曲是最基本的动作。

对正式舞会的强烈热爱通常都是从年轻时开始的，并且一直持续到晚年：茶舞是大多数老年人喜爱的社交活动。社区活动中心、运动馆、餐馆和一些夜总会通常会在下午或傍晚举办茶舞会（thé dansants）。

另一个体验法国舞文化的方式是前往固定在岸边的聚会船，这样的活动充满了欢乐、复古的气氛。人们在这里伴着手风琴的音乐，在河岸上跳着quadrille舞和Musette舞。人们围绕着马恩河按传统的方式聚集起来跳舞，现在这种活动已经在全国蔓延开来。如果你正在附近的一个主要支流旅行，你可以花精力去寻找一下跳舞的人。一般而言，很多法国舞会都会在水边举行。

那些希望前往南方旅行并尽情跳舞的游客应该把舞鞋带去波尔多和马赛的码头。

每逢每年的7月13日和14日，人们都会举办消防员舞会，即兴舞蹈表演场地随处可见。消防员舞会是一个国家级的社交活动，不同年龄的法国人都会前往当地的消防队去庆祝法国国庆日。他们的舞蹈从Piaf到街舞多种多样，活动一直持续到第二天清晨。

如果与参与舞会相比，你更喜欢欣赏舞蹈，那还可以去一些重要的舞蹈盛会观看。奥弗涅（见353页）举办的**伽纳艺术节**就是一个很好的例子，它展示了具有地方特色的舞蹈表演；洛里昂凯尔特音乐节会举办凯尔特音乐和舞蹈的活动。主要的国际舞蹈节在**蒙彼利埃**（见494～495页）和**里昂**（见378～381页）举办。这些节日为来自世界各地的欣赏当地舞蹈的人提供了一个很好的机会。

蒙彼利埃舞蹈节上引人注目的服装与舞蹈

音乐

在法国的音乐舞台上活跃的远不止约翰尼·哈里戴，但这位上了年纪的摇滚歌手仍然能成功卖出成堆的唱片、音乐会门票和娱乐杂志。在法国，舞蹈音乐和摇滚和谐共存。本杰明·欧雷在法国音乐领域中占据了统治地位，他的回归造就了民谣小调的复苏；与他属于同一类型的其他著名歌手还包括文森特·德莱姆和班纳巴尔。

法国女歌手中也不乏风靡一时的人物，罗拉·费边和电视流行明星席麦娜·芭蒂就是最好的证明。

法国当今的另一种音乐现象来自一部轰动的电影——《放牛班的春天》（2004年），这部影片的原声音乐大碟一直有着惊人的销量。而且就晚祷的参加人数来看也能推测出这部电影的影响力。

最能展示这种丰富的音乐大餐的活动莫过于法国的音乐节了：每年的6月21日，法国人民都会一同来庆祝这个全民的节日。很多音乐家都会在城镇、乡村搭起舞台表演。最好的享受这个音乐盛会的方法便是到处走走，并尽可能参加各种各样不同的音乐会。对于一些想成为摇滚明星的人来说，这是他们脱颖而出的绝佳机会。暂时不谈音乐会的品质，就法国音乐节给人的最深印象而言，有的歌手的歌声即使隔上几条街，你也依然能够听见。在这里你不仅能够见到各种多才多艺的艺人，还能听到各种各样的音乐，从手风琴音乐、民谣小调、Hip-Hop音乐到电子音乐，应有尽有。

如果你想参加一些更专业、更别致的音乐节，你就选择一些专为某种音乐（从室内乐到爵士乐）举办的音乐会吧！7月，在拉罗谢尔（见416页）举行的最负盛名的**法国国家音乐节**让来自全国各地的法语音乐爱好者欢聚一堂；而昂蒂布小镇（见521页）举办的**昂蒂布爵士音乐节**引领着顶尖的音乐表演者来到这个别致的海边小镇。**奥朗日歌剧节**是法国最古老的歌剧节，活动从7月持续到8月，在保存完好的古罗马剧院举行，它的音响效果至今仍然相当好。**奥布松**（见356～357页）的风琴节围绕圣十字大教堂的传奇风琴展开；**国际钢琴节**吸引了众多钢琴爱好者。**科尔马尔国际音乐节**（见227页）对古典音乐迷来说具有极大的吸引力；**艾克斯艺术节**（见511页）对任何一个真正的音乐迷来说都是不能错过的节日，同时**蒙彼利埃**（见494 ～ 495页）和**法国广播电台**的一些活动也吸引了全世界的音乐爱好者。

俱乐部

说出来巴黎人不一定相信，但好的俱乐部和充满艺术气息的派对在巴黎以外的地方也肯定存在。法国国内遍布酒吧、俱乐部和舞厅，对那些期待在深夜展现舞姿的人来说，这些场所是不会让他们失望的。当地的小型演出和一些社区活动，如露天派对和节日也是相当有趣的，值得一游。

一般来说，即使是小城镇里的俱乐部也会营业到很晚，但最好不要等到午夜之后才过去。法国人宁愿去喝点小酒，也不会开车到处横冲乱撞，枪击事件在那里也几乎没听说过。虽然香槟酒是非常不错的饮品，但是在法国，在非用餐时间喝酒是极其不合适的。这里的风俗一般是买上一瓶烈性酒和朋友们一起到俱乐部来个聚会，俱乐部会为你们调酒。这样做的最大好处是，俱乐部会为你们提供一个单独的桌子。这些桌子通常为那些拥有一整瓶烈性酒的人准备，而杜松子酒或朴酒就不能保住你的位置了。这看起来也许会比较奢侈，但比四个或更多的人各自买酒要便宜。

就着装要求来说，运动鞋通常是不能穿的，而且着装最好尽可能别致一些。在街舞俱乐部穿着趋于休闲化，但是在一些更传统的俱乐部（boites de nuit），最好能盛装打扮。俱乐部一般对进门的顾客有着严格的要求，但晚到的用餐者一般都会想方设法进入。如果你担心进不去，请提前打电话预约。对门童标榜自己是设计师也是尽快进门的一大方法。

想要体验法国最富有魅力的俱乐部的话，就去Les Planches——多维尔（见255页）城外的一个休闲场所。凌晨3:00的时候通常会有一些刚刚崭露头角的明星在这里的游泳池里嬉戏。一些老式的汽车会在这个城镇里四处行驶，把一些社交聚会常客聚拢起来。Les Planches可以为你提供一种友好、有趣的氛围。

霞蒙尼山城的Le Privilege和美贝尔的Le Loft好过阿尔卑斯山的聚会场所。

蔚蓝海岸（见499～531页）因为它快乐的夜生活而闻名。Byblos酒店的Les Caves du Roy和圣特罗佩斯（见516页）的Nikki Beach对乘喷气客机到处旅游的富豪来说是相当不错的。而摩纳哥（见530 ～ 531页）的Jimmy'z是豪赌客经常光顾的地方。

体育比赛

在法国有各种各样的体育比赛，这让体育爱好者看花了眼。在巴黎会举行**环法自行车赛**，但如果你不想等着看比赛的结局，那为什么不去布列塔尼（见268～285页）看它的开场呢？或者，你也可以选择在比赛途中的一个小村庄观看比赛的过程（比赛期间，一切以比赛为先，交通会在长时间内被管制）。

如果你更喜欢足球，那就去奥林匹克露天体育场观看一些比赛吧，著名球队包括**里昂**、**马赛**等。

冲浪迷们应该去比亚里茨（见452页）、拉卡诺、奥斯戈尔观看比赛。而滑雪迷也许想去托阿瓦雷的库尔舍韦勒（见322页）看欧洲杯。

高尔夫球赛手会云集在巴黎城外举办的**PGA公开赛**和仅次于美国公开赛的全世界第二大锦标赛——**埃维昂LPGA**。

骑手们会被吸引到**蓬巴杜国家种马场**（Haras National de Pompadour），这里全年都会举办盛装舞步、障碍赛马和其他赛马比赛。赛马迷们不要错过**尚蒂伊赛马场**（Chantilly Racecourse）举办的赛马比赛。

正如摩纳哥（见530～531页）的**大奖赛**，**勒芒**的24小时赛车也成为一种制度。在讷韦尔（见338～339页）南部的马格尼举办的**法国大奖赛**也值得一看。

夏季来到法国的游客可以去村庄广场看看，并参与一下法式滚球（petanque）游戏。

附 录

剧院

阿维尼翁戏剧节
Avignon Theatre Festival
www.festivalavignon.com
电话： 04 90 14 14 14

电影

戛纳电影节
Cannes Film Festival
www.festival-cannes.fr

多维尔电影节
Deauville Film Festival
www.festivaldeauville.com

拉罗谢尔国际电影节
La Rochelle Film Festival
www.festivallarochelle.org

阿尔勒古代剧院
Théâtre Antique d'Arles
Association Peplum
电话： 04 90 93 19 55
www.festivalpeplumarles.com

舞蹈

洛里昂凯尔特音乐节
Festival Interceltique de Lorient
电话： 02 97 64 03 20
www.festivalinterceltique.com

伽纳艺术节
Gannat Festival
电话： 04 70 90 12 67
www.gannat.com

里昂舞蹈节
Lyon Festival
电话： 04 72 07 41 41
www.biennaledelyon.org

蒙彼利埃舞蹈节
Montpellier Festival
电话： 08 00 60 07 40
www.montpellierdanse.com

音乐

艾克斯艺术节
Aix Festival
电话： 04 42 17 34 00
www.festival-aix.com

奥布松风琴节
Aubusson Festival
电话： 05 55 66 32 12
www.orgueaubusson.org

奥朗日歌剧节
Choregies d'Orange
电话： 04 90 34 24 24
www.choregies.asso.fr

科尔马尔国际音乐节
Colmar International Festival
电话： 03 89 20 68 97
www.festivalcolmar.com

国际钢琴节
Festival of Francofolies
电话： 05 46 28 28 28
www.francofolies.fr

昂蒂布爵士音乐节
Jazz in Antibes
电话： 04 97 23 11 10
www.antibesjuanlespins.com

法国广播电台和蒙彼利埃音乐节
Radio France and Montpellier Festival
电话： 04 67 02 02 01
www.festivalradiofrancemontpellier.com

La Roque d'Antheron
电话： 04 42 50 51 15
www.festival-piano.com

俱乐部

Les Caves du Roy
Av Paul Signac
83990 St-Tropez
电话： 04 94 56 68 00

Jimmy'z
Av Princesse Grace
Monte Carlo.
电话： 00 377 98 06 73 73

Le Loft
Parc Olympique
La Chaudanne
73550 Méribel
电话： 04 79 00 36 58
www.leloftmeribel.com

Nikki Beach
Route de Epi Ramatuelle
83350 St-Tropez
电话： 04 94 79 82 04
www.nikkibeach.com

Les Planches
Les Longs Champs
14910 Blonville sur Mer
02 31 87 58 09

Le Privilege
Rue des Moulins
74400 Chamonix
电话： 04 50 53 29 10
www.barleprivilege.com

体育比赛

尚蒂伊赛马场
Chantilly Racecourse
Rue Plaine des Aigles,
Chantilly, Oise
电话： 03 44 62 44 00
www.france-galop.com

法国大奖赛
French Grand Prix
Magny Cours 58170
电话： 03 86 21 80 00
www.fia.com

摩洛哥大奖赛
Grand Prix
Automobile Club de Monaco
电话： 00 377 93 15 26 00
www.fia.com

蓬巴杜国家种马场
电话： 08 11 90 21 31
www.haras-nationaux.fr

埃维昂LPGA
LPGA in Evian
www.evianmasters.com

勒芒
Le Mans
电话： 02 43 40 24 24
www.lemans.org

里昂奥林匹克
Olympique Lyon
350 av Jean Jaurès 69007
Lyon.
www.olweb.fr

马赛奥林匹克
3 bd Michelet 13008
Marseille.
www.om.net

PGA公开赛
PGA Open
www.pgafrance.net
环法自行车赛
www.letour.fr

特色假期和户外活动

法国提供各种丰富多彩的休闲活动和体育活动。法国人对他们的“法国式生活艺术”感到相当骄傲，这意味着他们除了追求美食和佳酿，还追求特殊的兴趣和爱好。想要更好地了解法国的娱乐、体育比赛、节日和活动，可以翻阅36~39页的“法国的季节与节庆”。旅游局为每个城镇都列出了旅行指南，从中可以很容易地获取各地区的休闲和体育活动信息。以下内容会列举一些最受欢迎、最不同寻常的信息。

在 Hostellerie Bérard 烹饪课上，学生们正在练习烹饪技能

特色假期

法国政府旅游局（见669页）提供了丰富的旅游公司信息，这些公司会提供有趣的假期安排，还会赠送《法国旅游指南》。

如果你想提高法语水平，有很多语言学校可供选择；语言学习班通常与烹饪、绘画等活动联系在一起。

年轻人可以在 **Union REMPART**（重修和维护历史遗迹及艺术遗产联盟）做兼职工作，这是练习法语的绝佳途径。

从一系列紧凑的烹饪课程中可以学到法国古典烹饪风格，或者某个地区特有的烹饪技术。对一些经验丰富的厨师来说，更高层次的进修课一直很受欢迎。葡萄酒品酒课也很流行。

在法国有很多的艺术和手工艺课程，从初学者到技术娴熟的艺术家都能找到适合自己的课程。

大自然爱好者肯定很享受国家公园，也可以去观察野生鸟类以及植物，卡马格、塞文山以及科西嘉岛都是不错的观察地点。

Actes Sud 出版的《法国公园指南》（Le Guide des Jardins en France）是一本参观公园时非常有用的指南。

画师正在描绘如画的法国风景

高尔夫

法国各个地区都有高尔夫课程，尤其是阿基坦北部和南部沿海一带。参与者需要有一定的基础，而且要获得许可证，所以要随身携带记录着超过标准杆数的击球次数的证书。高级课程通常会有周末或者较长的假期。**法国高尔夫联合会**（Fédération Française de Golf）提供全法国所有高尔夫课程列表。

包括豪华住宿在内的专业高尔夫活动套包对高尔夫球手来说是理想的选择。皇家酒店和其著名的**埃维昂大师**（Evian Masters）高尔夫球场是非常高级的选择。这里还有一个水疗馆和五个游泳池，是放松身心的好去处。攀岩墙、壁球和网球场大受欢迎。

在南部，**美国高尔夫学院**（American Golf Academy）有一支高尔夫教练团队，为孩子、初学者甚至专业人员提供高尔夫课程。他们的暑期课程和专业班非常值得一提。位于 avenue du Golf 的 **Hotel de Mougins** 酒店毗邻十个著名的高尔夫球场，其中包括戛纳高尔夫乡村俱乐部、穆然皇家高尔夫俱乐部等。酒店可以为不同的俱乐部提供服务。

格勒诺布尔—沙尔梅高尔夫酒店（Golf Hotel Grenoble Charmeil）提供三个价格低廉的球场，其中包括格勒诺布尔国际球场。在布列塔尼，**圣马洛高尔夫和乡村俱乐部**（St-Malo Golf and Country Club）的内部装饰得像19世纪的贵族城堡，它的27洞球场周围环绕着梅斯尼尔森林。

网球

在法国，网球是一项很普遍的运动，几乎每个城镇都有按小时计费的网球场。不过，要自备球拍，很多地方不提供装备出租服务。

远足

在法国，总长度超过60000公里的长线远足线路被称为大线（GR），都有明确标示；此外还有总长度达80000公里的众多短线，被称为小线（PR）。

这些线路难度各异，有较为艰险的徒步线路、穿越高山的线路和国家公园线路，它们迎合了不同水平的远足爱好者的需要。大线和小线的许多线路也能做自行车车道和骑马线路。**法国徒步旅行联合会**（Fédération Française de la Randonnée Pédestre）出版了一本《Topo Guides》，主要介绍不同线路的特色，提供交通住宿信息。《Promenades et Randonnées》专门为家庭旅行者提供信息。

骑车

在法国的骑行信息可通过**法国自行车联合会**（Fédération Française de Cyclisme），他们会为你提供很多有用的信息。

远离尘嚣，投入枫丹白露（见180～181页）森林的怀抱

如果你想完全依靠自行车游览法国，**Velo Echappe**公司的*Etape du Tour*是一个不错的选择。这个公司提供两种服务：全程导游项目和自助旅游项目。公司负责处理所有表格和文书工作，并为你在与结束路段相距一个街区的地方安排住宿。申请表需要于3月底递交旅游公司，这样才能有机会和专业人士一起骑车游览法国。

如果你只是将骑车视为休闲运动，那么可以选择骑车慢慢游览法国的葡萄酒产区。在勃艮第著名的特级葡萄酒之路上悠闲地骑着车欣赏周围美景对于休闲者来说就足够了。

Duvine Adventures公司就提供这样的服务项目，主要游览葡萄酒产区包括塔希、罗曼尼·康帝等。游客骑车经过平地和山脉，并在那里享受午餐。

山地车骑行是一项很好的探险运动

当地的旅游局提供可用骑行设施信息。**绿色通道**（Voies Vertes）提供"绿色小径"的信息，它们经过几个法国最优美的乡村地区。法国民宿（见549页）也会提供一些在线路附近开设的住宿地点的信息。

骑马

在法国有很多旅游公司提供骑马服务，但不同公司所提供的游览线路不同。如果想要游览圣米歇尔山（见256～261页）和布列塔尼的美丽海滩，那么**A La Carte Sportive**旅游公司的旅游项目是个不错的选择。如果你对骑马已经相当熟练了，那么你有更好的选择——骑马在普罗旺斯的乡间漫步将是一次让人难忘的旅行。为了迎合众多初学者的需求，**法国骑游**（Ride in France）可为游客提供骑马旅游的游览线路，让你穿行在葡萄园、如画的村庄间，饱览奇花异草和珍奇异兽。喜欢历史或者渴望追求奢侈的骑马运动狂热爱好者最好选择**马匹和城堡**旅游公司（Cheval et Chateaux），他们不仅提供骑马游览宏伟的古堡的旅游项目，有一座城堡还提供住宿服务。这种游览方式会让游客觉得自己仿佛成了庄园主。

在普罗旺斯（见514～515页）的韦尔东大峡谷远足

登山运动

法国境内有阿尔卑斯山和比利牛斯山，因此运动机会也很多。冬季的运动项目是坡道滑雪和越野滑雪，夏天则流行攀岩和登山。当然，现在夏季的冰川滑雪也很流行。

如果你是登山爱好者，可以联系**法国登山和攀岩联合会**（Féderation Française de la Montagne et de l'Escalade），了解最佳的攀登点和登山的相关实用信息。

如果您是冬季滑雪运动的爱好者，那么在冬季一定不要错过到法国高山区享受完美的滑雪假期。这里的山地地形能满足所有水平的攀登者，蹒跚学步的孩子、专业的越野滑雪运动员、钟爱刺激的滑雪板爱好者都能够享乐其中，尽情享受运动的乐趣之后还能在山坡上的餐厅用餐。

滑雪

法国是世界上最好的滑雪胜地之一。其境内散落着许多一流滑雪场，法国提供滑雪之旅项目，在为期一周的旅程中会前往多个著名滑雪景点，这对体力是不小的考验。三大古滑雪区（见322页）由三个峡谷组成，这里是世界上最大的滑雪区之一，峡谷内的滑雪场包括Courchevel、Méribel、Val Thorens、Les Ménuires 等度假村。把这些滑雪场的雪道长度相加几乎可以达到600公里。

三大古滑雪区充分体现出法国滑雪度假村与其他国家的区别。Courchevel和Méribel这两个极具特色的滑雪站的游客来自五湖四海，但他们都不约而同地将外界的奢侈元素带进这个冰雪世界，这里的游客大多衣着时尚，配备一流的滑雪装备。这里的酒店、餐馆的价格也水涨船高。不过，要是选择Val Thorens或者Les Ménuires，情况就大不一样了。这里的景色可能略逊一筹，但是你可以远离高额的消费，安静而悠闲地度过一个属于自己的假期。

在选择滑雪目的地时，必须根据自己的技术水平，选择合适的练习场地。另一个需要纳入考虑范围的因素就是你是否对滑雪场的周边环境有所要求。对于那些专业的滑雪者来说，周边环境的影响因素相对要小很多。但通常来说，初学者都相当重视滑雪的环境，因为这是让他们放松心情、享受运动的重要因素；这样的游客最好选择一些景色优美的滑雪场，比如La Clusaz或Megève（见322页）。

住宿地是不是临近雪道也成为许多游客考虑的因素之一，很多人都觉得经过一整天的高山滑雪，再拖着沉重的滑雪板回到几公里外的住宿地是件残忍的事情，因此大多数人都愿意多花点钱，住在离雪道不远的酒店里。在选择滑雪目的地之前，除了刚刚提及的因素，以及一些常见因素——如当地的夜生活氛围、儿童的日间看护和网络情况等，还应该关注所选滑雪度假期内以往几年的降雪情况。天气状况是个难以预料的因素，所以也要特别注意各个滑雪场的造雪能力。最后要注意，虽然阿尔卑斯山的滑雪场举世闻名，但很多比利牛斯山脉的滑雪场也毫不逊色。

空中运动

在法国，学习空中运动相对方便而且便宜。法国有很多不同的飞行课程，具体信息可以向**法国国家航天局**（Fédération Nationale Aéro-nautique）相关部门咨询。要是对滑翔机或滑翔伞课程感兴趣，具体信息咨询**法国自由飞行联合会**（Fédération Française de Vol Libre）。法国是热气球运动的发源地，孟高尔费兄弟在1783年进行了全球首次热气球之旅。**巴黎气球**（Ballon de Paris）可以帮你体验热气球运动，你可以在巴黎乘着热气球起飞，然后悠闲地欣赏**雪铁龙公园**（Parc André-Citroën）的湖光山色。**法国气球**（France Balloons）还可以让你乘着热气球飞过巴黎郊外著名的枫丹白露宫（见180～181页），或勃艮第的葡萄园。他们还可以让你在热气球上欣赏卢瓦尔河附近的中古世纪城堡。**普罗旺斯热气球**（Hot Air Balloon Provence）的热气球之旅可以带你飞越如画的村庄、谷地以及吕贝隆（见506～507页）的葡萄园。

水上运动

法国的很多河流都可以进行橡皮艇、皮划艇和独木舟运动，特别是中央高原地区。**法国皮划艇联合会**（Fédération Française de Canoë-Kayak）提供相关信息和练习场地信息。

大西洋沿岸的比亚里茨（见452页）以冲浪运动著称，它是欧洲最好的冲浪和风帆冲浪场地。布列塔尼的Wissant也是很有吸引力的地方，它虽然只是个小渔村，可是风帆冲浪爱好者都把它列为冲浪之旅中不可或缺的一站。比亚里茨外围的Hossegor的海浪非常适合光板冲浪。这里的冲浪条件可算得上世界顶级的，因此它也有不小的危险性，不太适合做初学者的练习场。不过对于那些喜欢沙滩休闲的人来说，这里也是个好地方。Lacanau（见424页）同样也是冲浪胜地，每年都吸引着来自世界各地的专业冲浪运动员和业余爱好者。

帆船运动和滑水运动在法国也相当流行，当然从事这些具有危险性的运动需要取得相应的资格，具体事宜咨询**法国航海联合会**（Fédération Française de Voile）。大多数法国沿海城市和湖区都有培训学校，出租专业运动器械。

现在最时髦的休闲方式就是参与**太阳帆**（Sunsail）的环蔚蓝海岸之旅，不过你必须具备驾船资质。太阳帆也提供有船员陪同服务，船长会带着你游览。

法国是游泳爱好者的天堂，各地的游泳场所和设施配备都是一流的，随时欢迎各国游客。不过，旺季的海滩十分拥挤（见474～475页）。

打猎和钓鱼

打猎在法国算是很普通的休闲运动，不过需要缴纳一定费用，取得许可证才可以打猎。外国游客在申请许可证时必须出示国籍地的狩猎许可证，还需要通过法国相关机构的考试，非常麻烦。根据狩猎种类不同，各地区的狩猎季节也不一样。淡水钓鱼和深海钓鱼在法国很普遍，各地商店内都有渔业宣传介绍册出售，上面有具体的渔猎规则。

裸体主义

法国境内有将近90个裸体主义中心，主要分布在南部和西南部，还有一些在科西嘉岛。法国政府旅游局（见669页）和**法国裸体主义联合会**（Fédération Française de Naturisme）都可提供相关信息。

公共活动

如果你想体会法国人的热情，最好的方法就是和他们一起观看公共赛事，关注当地的足球联赛和橄榄球联赛、环法自行车赛，或者其他观赏性极佳的运动。

一些极具特色的集市和节日将古老的市集文化和现代感十足的摇滚乐融合到一起。

水疗度假

法国是世界上久负盛名的海洋水疗技术中心，这里的水疗中心、沙龙和酒店都提供专业的水疗服务。当然，近海的小城和旅游点的水疗更受推崇。

世界知名的海滨度假胜地多维尔（见255页）向来是高消费水疗爱好者趋之若鹜之地，他们都是冲着**爱可登海水水疗中心**（Algotherm Thalassotherapy Spa）来的。基伯龙（见278页）的**索菲特水疗中心**（Sofitel Thalassa）也提供顶级的水疗服务。更多水疗服务可以在维希（见358～359页）的温泉附近、Les Celestins水疗和**埃维昂皇家度假村**（Evian Royal Resort，见391页）获得。

在法国，酒被赋予与水同样重要的地位，因此有人热衷于酒疗也就不足为奇了。想要体验葡萄酒疗法带来的新奇感觉，就到葡萄酒之乡波尔多的Les Sources de Caudalie去体验红酒美容和红酒浴吧。

La Mas Candille五星级温泉酒店是欧洲大陆上第一家资生堂连锁水疗中心，水疗中的所有用品都是来自这个顶级品牌的优质产品，其配方都是东方传统配方。如果你想享受顶级水疗带给你的天堂般的感受，那还可以去普罗旺斯的Four Seasons Terre Blanche。半天的全方位服务包括盐浴和精油浴、香薰按摩、脸部按摩和东方式头部按摩。如果你想来个套餐服务，还可以选择眼部提升、身体调理按摩或Oshadi泥护理。

巴黎城内一样有高品质的水疗中心，比如Hotel Meurice的瓦尔蒙水疗中心和乔治五世的**四季水疗**（Four Seasons）。

瑜伽

以法国乡村美景为背景，来一次瑜伽之旅，不仅可以复原体力，也是身心的双重享受。位于普罗旺斯的**马诺拉雅瑜伽中心**（Manolaya Yoga Centre）及其位于阿维尼翁的分中心提供放松和有趣的瑜伽气功。如果你想试试更有活力的瑜伽，不妨到美丽的塞文山的山脚下的The Shala试试。另外，位于南部比利牛斯山脚处的Domaine de la Grausse也是一个不错的选择。在那里，你还可以徒步，参观当地的瀑布、城堡和中世纪的村庄，甚至还可以欣赏到一些洞穴绘画。如果时间富裕，还可以去山里骑山地车、骑马、打高尔夫球、钓鱼。

不论你是瑜伽运动的初学者，还是富于经验的爱好者，都可以选择**欧洲瑜伽中心**（Europe Yoga Centre）作为瑜伽之旅的目的地。这里以瑜伽气功和亚斯坦加瑜伽而闻名。不管是单独的客人还是群体顾客，该中心都会热情接待。

美食与美酒

法国对于那些寻觅美食美酒的旅游者来说，绝对是天堂。如果你想学做一顿令人惊叹的法国大餐，你可以很容易找到学习的机会；如果你是葡萄酒的爱好者，想要扩充葡萄酒知识，顺便也扩充一下自家的酒窖，那更是轻而易举了。不过，法国遍地都是法式大餐培训班，不免会让你挑花了眼，最明智的做法还是要先考量一下自己目前的烹饪水平，以及你想在假期内上升到何种水平。这样，想要成为潜力无限的餐厅大厨，也不是件难事。对于初入厨房的人来说，以下两种美食之旅都比较合适：一个是**法国烹饪**（Cook in France）推出的“烹饪假期”，它主要不是训练处理厨房内的烦琐杂物，而是寻找其中的乐趣；另一个是尼斯（见526～527页）的罗莎·杰克逊烹饪学校 Les Petits Farcis，罗莎会带着烹饪爱好者到市集上的各家杂货店挑选上好的食材并教授烹饪技术，比如怎么挑选上好的柠檬，怎么烹饪朝鲜蓟。“烹饪假期”除了开设基本烹饪课程，还有一些特色课程（比如为食物配酒等）。她会训练你根据当天市场上的食材，来拟定菜单。

对于那些已经有烹饪基础，想要提高其水平的人来说，最好还是到法国名厨艾伦·杜卡斯在巴黎开设的**烹饪学校**（Ecole de Cuisine），这里提供烹饪和葡萄酒课程，白天和晚上都可以在设备齐全的厨房里上课。巴黎的 **Ecole Ritz Escoffier** 也是不错的选择，它在 Ritz Hotel 开设工作坊，主要以制作巧克力或糕点为主。

品酒专家则可以加入**法国美酒探索**（French Wine Explorers）项目，你可以游历各个葡萄酒产区，并和葡萄酒生产商近距离接触。**美酒之旅指南**（Wine Travel Guides）的网站列出了葡萄酒专家推荐的葡萄园。

手工艺

法国是想摆脱世俗、在优美的环境中表现自己的人的理想选择。不论你是想坐在河畔写写画画，还是参加艺术辅导班，精进一下自己的画艺，在法国都可以实现。

Mas Saurine 学院位于比利牛斯地区，距佩皮尼昂约 30 分钟车程，提供寄宿或非寄宿的假期绘画培训班。根据学员的不同水平，学院进行小班授课，由资深的艺术家在古老的石筑谷仓里授课。

像石头雕刻和青铜雕刻这种手工艺也有专门的培训课程。诺曼底附近的翁弗勒尔就开办了这样的培训班，由有经验的雕塑家 Sally Hersh 授课。在这里也可以买到他的一些作品。

对于那些热衷于镜头中观察世界的人来说，位于法国西南部洛特的**格雷厄姆和贝琳达·贝瑞**（Graham and Belinda Berry）的农舍里的摄影培训班是不错的选择，有针对不同年龄和水平的摄影培训班可供选择。

附 录

特色假期

Union REMPART
地址：1 rue des Guillemites, 75004 Paris.
电话：01 42 71 96 55
www.rempart.com

高尔夫

美国高尔夫学院
（American Golf Academy）
电话：06 81 54 96 42
www.american-golf-academy.com

法国国家高尔夫联合会
（Fédération Française de Golf）
地址：68 rue Anatole France, 92300 Levallois Perret.
电话：01 41 49 77 00
www.ffgolf.org

格勒诺布尔-沙尔梅高尔夫酒店
（Golf Hotel Grenoble Charmeil）
地址：38210 Saint Quentin sur Isère.
电话：04 76 93 67 28.
www.golfhotelgrenoble.com

Hotel de Mougins
地址：205 av du Golf 06250 Mougins
电话：04 92 92 17 07
www.hotel-demougins.com

皇家酒店和埃维昂大师
（Hotel Royal and Evian Masters）
地址：South Shore Lake Geneva, 74500 Evian
电话：04 50 26 85 00
www.evianroyalresort.com

圣马洛高尔夫和乡村俱乐部
（St Malo Golf and Country Club）
地址：Domaine de St-Yvieux, 35540 Le Tronchet
电话：02 99 58 96 69
www.saintmalogolf.com

远足

法国徒步旅行联合会
（Fédération Française de Randonnée Pédestre）
地址：64 rue du Dessous des Berges, 75013 Paris
电话：01 44 89 93 90
www.ffrandonnee.fr

骑车

Duvine Adventures
www.duvine.com

法国自行车联合会
（Fédération Française de Cyclisme）
地址：5 rue de Rome, 93561 Rosny-sous-Bois.
www.ffc.fr

Velo Echappe
www.veloechappe.com

绿色通道
www.voiesvertes.com

骑马

A La Carte Sportive
www.carte-sportive-com 和www.iowners.net

马匹和城堡
www.cheval-etchateaux.com

法国骑游
www.rideinfrance.com

附录

登山运动

法国登山和攀岩联合会
地址：8~10 quai de la Marne,
75019 Paris。
电话：01 40 18 75 50
www.ffme.fr

滑雪

想了解各滑雪场的相关信息，请点击以下网址：
www.flaine.com
www.laclusaz.com
www.megeve.com
www.les3vallees.com
www.courchevel.com
www.meribel.net
www.valthorens.com
www.lesmenuires.com

空中运动

巴黎气球
地址：Parc André－Citroën,
75015 Paris.
电话：01 44 26 20 00
www.ballondeparis.com

法国自由飞行联合会
地址：4 rue de Suisse,
06000 Nice.
电话：04 97 03 82 82
www.federation.ffvl.fr

法国国家航天局
地址：155 av Wagram,
75017 Paris.
电话：01 44 29 92 00
www.ff-aero.fr

法国气球
电话：08 10 60 01 53
www.franceballoons.com

普罗旺斯热气球
www.montgolfiereprovence-ballooning.com

水上运动

法国皮划艇联合会
地址：87 quai de la Marne,
94340 Joinville-le-Pont。
电话：01 45 11 08 50
www.ffck.org

法国航海联合会
地址：17 rue Henri Bocquillon,
75015 Paris.
电话：01 40 60 37 00
www.ffvoile.fr

Hossegor旅游局
地址：Pl des Halles－B.P. 6,
40150 Hossegor.
电话：05 58 41 79 00
www.hossegor.fr

拉卡诺旅游局
Lacanau Tourist Office
地址：Pl de l'Europe,
33680 Lacanau.
电话：05 56 03 21 01
www.medococean.com

太阳帆
www.sunsail.com

Wissant旅游局
地址：Pl de la Mairie,
62179 Wissant
电话：08 20 20 76 00
www.ville-wissant.fr

裸体主义

法国裸体主义联合会
www.ffn-naturisme.com

水疗度假

爱可登海水水疗中心
地址：10 rue Alexander Fleming
14200 Herouville-Saint-Clair.
电话：02 31 06 16 26
www.algotherm.fr

埃维昂皇家度假村
地址：Rive Sud du Lac de Génève
74501 Evian-les-Bains.
电话：04 50 26 85 00
www.evianroyalresort.com

普罗旺斯
Four Seasons Terre Blanche
地址：Domaine de Terre Blanche,
83440 Tourrettes, Var
电话：04 94 39 90 00
www.fourseasons.com

乔治五世四季水疗
地址：31 av George V,
75008 Paris.
电话：01 49 52 70 00
www.fourseasons.com

Hotel Meurice
地址：228 rue de Rivoli,
75001 Paris.
电话：01 44 58 10 10
www.lemeurice.com

Le Mas Candille
地址：Bd Clément Rebuffel, 06250 Mougins.
电话：04 92 28 43 43.
www.lemascandille.com

维希Les Celestins
地址：111 bd des Etats-Unis, 03200 Vichy.
电话：04 70 30 82 00
www.vichy-spa-hotel.fr

基伯龙索菲特水疗中心
地址：Pointe de Goulvars, BP 10802
Quiberon Cedex,
56178 Quiberon.
电话：02 97 50 20 00
www.thalassa.com

Les Sources de Caudalie
地址：Chemin de Smith Haut Lafitte 33650
Bordeaux－Martillac.
电话：05 57 83 83 83
www.sources－caudalie.com

瑜伽

Domaine de la Grausse
地址：09420 Clermont la Grausse, Ariège.
电话：05 61 66 30 53
www.yoga-in-france.com

欧洲瑜伽中心
地址：46800 St Matre, Lot
电话：05 65 21 76 20
www.europeyoga.com

马诺拉雅瑜伽中心
地址：FFPY 39 rue de la Bonneterie, 84000
Avignon.
电话：04 90 82 10 52
www.manolaya.org

The Shala
地址：Les Pauses, St André
de Majencoules, Gard
30570.
www.theshala.co.uk

美食与美酒

法国烹饪
电话：05 53 30 24 05
www.cookinfrance.com

烹饪学校
地址：64 rue du Ranelagh,
75016 Paris.
电话：01 44 90 91 00
www.ecolecuisinealainducasse.com

Ecole Ritz Escoffier
电话：01 44 16 30 50
www.ritzescoffier.com

法国美酒探索
www.wine-toursfrance.com

Les Petits Farcis
地址：7 rue du Jésus,
06300 Nice.
电话：06 81 67 41 22
www.petitsfarcis.com

美酒之旅指南
www.winetravel guides.com

手工艺

格雷厄姆和贝琳达·贝瑞
地址：46800 Montcuq
电话：05 65 31 49 72
www.imagefrance.co.uk

Mas Saurine
地址：Comi de l'Estrada,
66320 Joch.
电话：04 68 05 85 66
http://mas-saurine.com

Sally Hersh
www.sallyhersh.com

游客须知

实用信息　668 ~ 677
旅行信息　678 ~ 689

实用信息

法国是有理由骄傲的，因为其拥有众多引人入胜的景点，而且还有完善的设施，能为观光者提供各种信息。无论是在法国境内还是境外，在获得旅行期间的实用信息方面，法国政府的所有旅游部门都能提供给您参考的宝贵信息。法国大部分的城镇和较大的村庄都设有一个为旅客提供信息的办事处，他们能提供这本指南书中涉及的每个城镇和地区的相关地址、电话号码和网址。法国国内旅游业有假日人口流动高峰期，尤其是从7月14日至8月31日期间。因此，酒店和餐馆的生意也带有季节性。提前做好计划，可以使你避免季节性歇业带来的意想不到的困难。

FNOTSI

旅游信息的标志

签证和护照

中国公民赴法签证主要分为短期申根签证（停留期少于3个月）和长期申根签证（停留期超过3个月）两大类。其中短期申根签证有访问、旅游、探亲或因私访问、短期学习等；长期申根签证有长期居留、工作访问、学习等类。中国公民办理赴法签证，外交、公务和公务普通护照持有者应通过外交部领事司或其他被授权单位递交签证申请；普通护照持有者通过法驻华使领馆在华设立的签证代办中心递交签证申请。

法国在上海、广州、武汉、成都、沈阳设有总领馆，请各领区居民在相应领馆办理赴法签证。法国不为中国公民办理落地签证。

海关信息

中国公民进入法国可携带以下免缴海关关税物品：200支香烟或50支雪茄烟、1升烈酒、2升葡萄酒、250毫升化妆品、50克香水、500克咖啡、100克茶、自用物品及自用药物。携带价值1万欧元以上的现金、超过免税限量的自用品、用于商业目的物品入境，须向海关申报。管制药品、动植物、肉制品等限制物品须向海关申报并办理严格的入境手续。宠物入境检疫要求可咨询法国驻华使馆商务处。旅客在机场提取行李后，海关进行例行抽查，如超出限制范围应主动向海关申报，否则要受到海关的处罚。

出境退税：来法旅游、商务旅行的非欧盟公民可在离境时申请返还部分在法国购物时支付的增值税。游客必须在离开法国前3个月内、在同1天内、在同一家商场购买超过175欧的商品（非食品）才能申请购物退税。在购物时，应事先向商店提出开具退税单，并出具护照，应要求填写相关个人信息，在办理登机手续前将退税单等文件交给机场海关，同时把购买的商品准备好供检查。

法国旺斯地区的旅游局

游客信息

所有城市、乡镇和部分乡村都设有旅游局，能提供当地地图、膳宿建议以及娱乐文化活动信息，还有某条观光线路适合的游览方式、当地佳肴的介绍、农家产品等。一些区域和地方的旅游局还提供价格公道的酒店和旅游行程，许多城市旅游局亲自安排主题旅游线路。在法国之旅开始之前，可以通过法国旅游局官网 FranceGuide 或驻其他国家的法国政府旅游局（一般被称为 Atout France）了解基本信息。如果想要制订详细的计划，你可以浏览地区旅游局（Comité Régional du Tourisme）和相关部门的网站（Comités Départementaux du Tourism）了解更多信息，后者提供的信息更加详细。所有网站都有英文版。

门票

法国大部分博物馆和纪念馆都收取门票，一般在2～10欧元之间不等。有些景点有家庭折扣。

如果你计划参观多个旅游景点，会有折扣方案供你选择。如果你持有巴黎博物馆通行证，那么在两天、四天或六天之内可以随意参观巴黎周围的60多个博物馆、纪念馆。通过网络可以提前订票（www.parismuseumpass.com）。

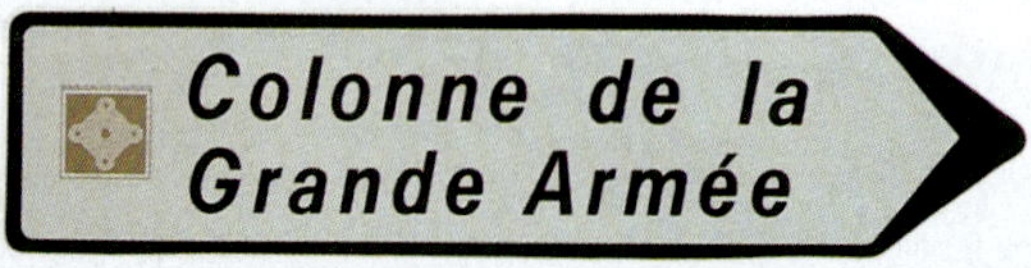

有文化价值的历史遗迹的标志

◁ 阿尔卑斯山背景下的蔚蓝海岸的芒通

巴黎的凯旋门和卢浮宫

针对不同的地区会有不同的旅游观光方案，一些地区持通行证还可以免费乘坐部分交通工具。更多信息请查看当地的旅游局网站。

开放时间

本书上列出的名胜景点平时都对外开放，但每周的周二，国家博物馆和名胜景点通常都不开放，也有一些特殊情况周一不开放。通常大的博物馆和景点的营业时间为9:00或10:00～18:00，有时一周有一天的开放时间会延长，一般为每周四。小的博物馆和景点可能在12:30～14:00就关闭了。

景点开放时间也随季节变化，尤其是国家级的城堡和花园等。有些在7月～8月的旅游旺季每天都开放，11月～次年3月是旅游淡季，会一直关闭或只在周末开放。圣诞节和新年的时候大部分景点不营业。

商店的具体开放时间见652页，银行的具体开放时间见674页，餐馆的具体开放时间见596～597页。

税费和小费

在餐厅里用餐一般账单会包含12.5%～15%的服务费，而且顾客在餐厅或咖啡馆结账的时候一般会多给一些钱凑成整数，如果服务令你满意时更要这样。在大型餐厅里，多给5%～10%的额外小费是一种习惯。对于出租车司机，一般都会给10%的小费。而对于酒店的搬运工则需要付75分或1欧元作为小费。

有特殊需求的游客

法国通过各种方式不断地完善对游客的服务。许多街道设有残障人士停车位和公共停车位，佩戴欧洲蓝色徽章者可以免收费用。SNCF（法国铁道部）引进了Accès Plus方案——残障群体可以提前预订座位，而且免费。点击SNCF网站中的Vie Pratique板块下的“Services +”可以获取更多信息（见682页）。

巴黎公交车、快速铁路网系统和地铁14号线都有专门的残障人士设施（见688～689页）。法律明文规定出租车不能额外收取轮椅使用者的费用（见688页）。许多措施的成功实践令游客可以畅游法国各地名胜古迹，小型的老式房屋和城堡还没有全面的设施。旅游胜地、酒店、餐馆和其他设施中带有蓝色“旅游残障人士”标志意味着他们可提供残障设施。许多住宿地都提供适合残障人士的房间和良好的预约系统，如Logis de France和法国民宿网站。

法国残障人士协会（APF）是获取残障人士设施信息的来源，每年它都会出版《Guide Vacances》手册。Infomobi网站同样可以提供巴黎残障人士交通全面信息。这些信息都是法语的，但你可以在FranceGuide网站上搜索到英文版本信息。

带孩子一起出游

全家人一起到法国旅行可以享受到一系列折扣优惠，包括提供减价或免费的儿童入场券。法国的公交车对4岁以下的儿童免费，而4岁～11岁之间的儿童则可以享受半价。一些大型连锁酒店（如Novotel）针对家庭游客设计了特别的服务方案，一些小型的乡村旅馆和民宿会提供价格合理的家庭房间。如果你在一个地方停留两天以上，可以选择以高价租住一个设备齐全、带有几个独立房间和厨房的公寓（见548～549页）。法国餐厅会提供适合儿童的特别菜单，价位在5～8欧元之间。法国旅游观光网站上会有关于法国旅游活动的详细描述，地方旅游网站上会列举多个适合家庭游玩的场所和活动。在France for Families和Kids in Tow可以搜索到更多关于家庭旅游的信息。

凡尔赛宫内的残障人士设施非常齐全

老年旅行者

参观一些国家博物馆和历史遗迹，老年游客享受不了折扣门票。如果想在乘坐交通工具时享受优惠，必须获得一些城市颁发的多次旅行通行证，或者法国国营铁路为60岁以上的老人提供的Carte Senior（见682页）。然而，这些通行证对短途旅行多数都没多大用处，但如果你在每个公交系统都会转乘多次的话，就要注意一下折扣了。在法国以外的地区购买的铁路通票（Rail-passes，见682页）性价比更高。

学生信息

26岁以下持有有效**国际学生身份卡**的学生能得到很多打折机会，25岁以下的所有法国人同样也有这样的待遇。青年信息和文件中心将为你提供更全面的信息(www.cidj.com)。

同性恋旅行者

法国有许多同性恋社区，同性恋已成为主流文化的一部分。巴黎的玛黑区是著名的“同性恋村”，整个巴黎都有同性恋俱乐部和服务机构。其他城市也有同性恋社区，其中包括图卢兹、南特、蒙彼利埃和尼斯。收听电台FG（调频98.2 MHz）或查看《Têtu》和《Lesbia》杂志都能够获得范围极广的同性恋交友信息。如需进一步的帮助，可以联系巴黎的**男女同性恋中心**（Centre Gai et Lesbien）。

旅行预算

在法国旅游度假的花销很大程度上取决于你的活动计划。通常两个人选择住在普通酒店里（双人间为60欧元），享用餐厅提供的午餐和晚餐，乘坐交通工具参观法国的旅游胜地，这样的旅程大概每天单人消费为80欧元。

蔚蓝海岸和其他时尚流行的度假胜地通常消费水平很高，但是在一些较为偏僻的乡村地区的消费水平还是比较适中的。旅游旺季（7月～9月中旬）的消费会增多，特别是一些著名的观光场所。12月和3月，是冬季运动季节，当时花费也会有所增加，特别是阿尔卑斯山区。如果你想节

国际学生身份卡

省预算，最好选择淡季来法国旅行，这个时间段酒店的价格会比较便宜。在7月和8月，大多数法国居民会前往乡村，这时城市酒店的价格会比较便宜。

选择民宿（提供床位和早餐）是明智的。民宿通常在乡村地区较为常见，但现在也出现在一些城镇里。舒适的双人间的价位在40欧元左右，提供免费早餐。自炊式民宿是另外一种选择，这里提供自炊设施，但不适合长期居住，一般周末两天或一周时间还是可以的。

吃饭时，在餐厅查看菜单点餐花销会增高，套餐较为便宜。将午餐而不是晚餐作为一天中的主餐会节省你的预算。观光旅游时选择城市通行证（City Pass）会节省开销，一张通行证可以不受限制地免费乘

在马赛码头圣查尔斯火车站等待出发的旅行者

坐当地的交通工具，并免费游览当地历史遗迹（见689页）。如果你计划租车观光旅游，最好通过网上的租赁机构提前预订，这样可以以较便宜的租价租用汽车。

法国时间

在冬天和夏天，法国时间比格林威治时间提前1小时。

电力

法国的电压为220伏特，插头分欧洲常用的双相圆形插头和需要接地的三相插头。一些宾馆只为剃须刀提供嵌入式转换器。

为参观埃菲尔铁塔排起的长队

换算表

英制换算为公制：

1英寸 = 2.54厘米
1英尺 = 30厘米
1英里 = 1.6公里
1盎司 = 28克
1英膀 = 454克
1品脱 = 0.6升
1加仑 = 4.6公升

公制换算为英制

1毫米 = 0.04英寸
1厘米 = 0.4英寸
1米 = 3英尺3英寸
1公里 = 0.6英里
1克 = 0.04盎司
1公斤 = 2.2英镑
1公升 = 1.8品脱

责任旅游

法国与许多其他国家一样，环境保护方面的意识在逐步提高。Echoway是法国生态旅游机构的领航者之一，他们鼓励加强责任旅游的意识。Mountain Riders促进了阿尔卑斯山脉冬季旅游业的发展，并且它会公布关于如何利用交通工具登山的信息，春天它还会组织徒步活动去清扫山脉的滑雪道。

法国农家生态旅游有着长足的发展，你可以通过法国民宿机构来预订农家院作为住宿的场所（见549页）。法国有一些典型的小型生态机构，其中Accueil Paysan是一个由从事小规模无害、可持续发展的农业的农户组成的网络。另一种可以取代住酒店的住宿方式是野营，这里有9000多处装备齐全的露宿野营地（见548页）。

当地旅游局会提供与绿色生态旅游相关的活动信息。许多城镇每周有市集出售有机产品和传统的产品（一般被称为marché bio），这使得观光客可以很好地融入当地的社区。指南中会提供集市日的相关信息。

附　录

大使馆

法国驻华大使馆
地址：北京市朝阳区天泽路60号
电话：(8610)85312000
传真：(8610)85312020
www.ambafrance-cn.org

法国驻上海总领事馆
地址：上海市广东路689号 海通证券大厦2层
电话：(00 86 21)6103 2200
传真：(00 86 21)6135 2089
www.consulfrance-shanghai.org
领区：上海、安徽、江苏、浙江

法国驻广州总领事馆
地址：广州市环市东路339号
电话：(00 86 20)2829 2000
传真：(00 86 20)2829 2061
www.consulfrance-canton.org
领区：广东、广西、福建、海南

法国驻武汉总领事馆
地址：武汉市建设大道568号 武汉国际贸易商业中心1701-1708室
电话：(00 86 27)8577 8403
传真：(00 86 27)8577 8426
www.consulfrance-wuhan.org
领区：湖北、湖南、江西

法国驻成都总领事馆
地址：成都市总府路2号时代广场30楼
电话：(00 86 28)6666 6060
传真：(00 86 28)6666 6103
www.consulfrance-chengdu.org
领区：四川、重庆、云南、贵州

法国驻沈阳总领馆
地址：沈阳市和平区南十三纬路34号
电话：(00 86 24)2319 0000
传真：(00 86 24)2319 0001
www.consulfrance-shenyang.org
领区：辽宁、吉林、黑龙江

中国驻法大使馆
地址：11, avenue George V 75008 Paris.
电话：0033-149521950（使馆总机）
0033-147205946（大使秘书）
www.amb-chine.fr

法国旅游局

巴黎活动和游客局
（Paris Convention and Visitors Bureau）
地址：25 Rue des Pyramides, 75001 Paris.
电话：01 49 52 42 63
www.parisinfo.com

签证和护照

法驻华使馆签证代办中心
地址：北京市朝阳区东直门外大街26号奥加饭店三层
电话：(8610)64131878
www.vfs-france.com.cn

同性恋旅行者

男女同性恋中心
地址：63 Rue Beaubourg, 75003 Paris
电话：01 43 57 21 47

特殊需求

法国残障人士协会
www.apf.asso.fr

Infomobi
www.infomobi.com

旅游残障人士
www.tourismehandicaps.org

家庭和学生游客
France for Families
www.france4families.com

国际学生身份卡
www.isic.org
www.isiccard.com
Kids in Tow
www.kidsintow.co.uk

责任旅游

Accueil Paysan
电话：04 76 43 44 83.
www.accueil-paysan.com

Echoway
www.echoway.org

France Guide
www.franceguide.com

Mountain Riders
www.mountainriders.org

个人安全和健康

整体上讲，法国对于游客来说是个安全的地方，但你还是要保持应有的警惕，比如任何时候都要管好自己的财物，天黑后不要去陌生或你不常去的市区，这样才能保证旅行的安全。如果在旅行期间生病了，药房通常会提供很好的治疗建议。在紧急情况下，大使馆的领事部门也能提供很好的帮助和建议（见671页）。对于严重的病情，这些部门能提供各种紧急救助服务。

法国药房的标记

宪兵骑士

警察

在法国，暴力犯罪不是一个主要问题，也并不猖獗；但是相对于农村来说，城市中的危险系数较高，而且任何国家都无法防备小偷小摸的行为，所以当你在城市游览或居住时，最好提高警惕，随时防备。如果你不幸遇到抢劫，损失、丢失任何财产，或者受到其他形式犯罪行为的伤害，请迅速到最近的警察局（commissariat de police）报案。如果你遇到一些紧急状况，可以直接拨打17接通警察局，但是事后你还是需要到警察局做一份笔录。

在一些小型的城镇、乡村，犯罪事件通常都由宪兵部队（gendarmerie）处理，他们主要负责乡村的治安。在办公时间里，市政厅（mairie）也是一个可以寻求帮助的好地方。所有的警察局都会要求报案者做笔录——一般被称为PV（procès verbal），列举你丢失的物品或被偷的东西。你可能需要携带护照和驾驶证等相关材料。离开警察局之前最好复印一份警察局的笔录，去保险公司报销费用时可能会需要。

丢失和被盗物品

一些简单的防范措施可以大大减少街头偷窃案件的发生。首先，在到达法国之前一定要给你的所有贵重财物上好保险。一旦到达法国，除了避免到危险的地方，还要特别注意小偷，尤其是在高峰期乘坐法国地铁的时候（在列车门关闭的时候尤其要注意，小偷可能会找到可乘之机）。在咖啡馆里，如果你的座位靠近过道，一定要将你的包放在视野范围内，以及随时能够拿到的地方，最好是放在大腿上或是餐桌上，切记一定不要放在地上或者悬挂在椅背上，这样很容易让小偷在经过你身边时拿走。当你挎包行走时，拉链要拉好，而且包最好放在身体的内侧，用胳膊夹住。在火车站或其他人流量大的地方，不要将自己的行李放置不理。贵重的物品一定要随身携带并谨慎保管，只需要携带短时间里需要的现金。

如果你丢失或被偷窃了物品，并已经在警察局备案，那么很可能物品已经被归还到你报案的警察局里，所以请随时查询。除此之外，法国的市政厅有专门的失物招领部门，但是效率并不高，经常需要很长时间才能找到丢失的物品。大型的火车站也会有失物招领处，你可以在办公时间寻求帮助。如果护照遗失或被偷，请立即与领事馆取得联系（见671页）。如果银行卡或借记卡丢失，请立即与银行联系，办理挂失业务，防止金钱丢失。

旅游保险

所有前往法国的旅行者都应该上一份全面的旅游保险，其中的条款应该涵盖所有旅行中有可能遇到的意外事件，这样才能在发生突发事件找保险公司进行赔付；保险条款应包括潜在的医疗和法律费用，行李或其他个人财产被偷窃或丢失，意外事故，行程延误或者遇到重大的紧急医疗问题需要飞机运送回国。常规的旅游保险不为冬季户外运动做担保，如果你计划参加户外滑雪或一些冒险运动，你需要额外交付保险费。所有保险公司都提供24小时紧急联系电话，防止紧急突发状况的发生。

附　录

紧急电话

所有的紧急服务
电话：112

救护车（紧急医疗援助服务）
电话：15

消防队
电话：18

警察局和宪兵队
电话：17

紧急状况

寻求紧急服务可拨打电话112，但根据权威数据显示，在实际操作中，拨打传统的两位数字会更加便捷（两位数的电话可见本页附录部分）。如果遇到紧急医疗状况，请联系**紧急医疗援助服务**（Service d'Aide Médicale Urgence），他们会派遣救护车到达现场。但有的时候联系**消防服务**（Sapeurs Pompiers）会非常方便快捷，他们会提供急救措施并将患者送到最近的医院。相比城镇的急救服务，乡村的消防署可能更加快捷。医护人员在法语中被称作"secouristes"。

医院和药房

法国医药卫生事业发达，拥有完备的公共卫生管理系统和一大批具有相当水平的医护从业人员，医疗机构配备了先进的医疗设备和实验设备。法国医疗机构分为两大类，一是公立医院（hopitaux），包括地区性大型综合医院、医学与教学中心（CHU）、地段性的中小医院与诊所。这些公立医院总数共有 1000 所左右。除此之外，还有约近 3000 所的私立医院，主要是私立外科诊所（cliniques）、综合性医疗中心等。

就急诊而言，公立医院无疑是首选，因为只有大的公立医院才有急诊中心，以应付各种急性医疗救助、抢救危重病人等。这些医院设备齐全、医生经验丰富，急诊应去这些公立大医院。普通门诊方面差异很大。由于公立医院就诊者相对较多，因此预约等待时间就相应较长。而私立的预约时间就短得多。一般而言，公立医院的住院条件往往是大众化的，很少有单间，通常是两人或多人间，当然其收费也比较低；私立医院、诊所则常常有更为舒适的住院条件，设有单间，甚至是豪华病房，当然收费也很高。

法国的医院、医疗中心及诊所均驻有普通科医生、专科医生及牙医。医生及值班药剂师都随时候诊，一些普通科医生及值班医生也可以根据您的需要出诊至您下榻的酒店。您可致电警署或热线 17 或 18 取得他们的地址。部分医生受国家监管，诊金受社会安全条例管制（普通科医生一般收费 115 法郎），而其他医生的收费则较高（此情况在巴黎非常普遍），请在预约前了解清楚收费标准。请注意，出诊、夜诊及在星期日及公众假期看医生通常收费较高。法国医生不一定通晓外语。然而，很多语言的医学名词很相近，说英语也可沟通。

有些药品只能凭医生处方在药房购买。也有药品可自行购买，不需要经医生诊断或医生处方，但购买后不可以退回。详情可向药剂师查询。

警车

消防车

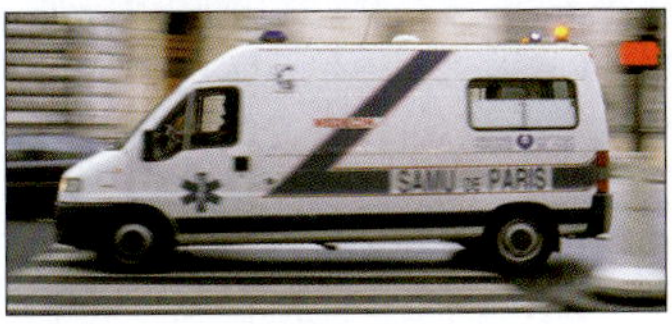

救护车

自然灾害

法国多个地区存在森林火灾隐患。不论冬天还是夏天，强风易导致火灾，所以一定要灭掉营火和烟头。一旦发生火灾，一定要远离发生地点。在探索国家公园或地区自然公园之前，需要到公园的信息中心去了解相关规章制度和指导建议。攀登山脉或航海时，请通知相关机构并告知你的行程。如果身边没有经验丰富的向导，最好听从当地人的建议，不要尝试选择偏远山路或跨越沼泽。狩猎季节（2 月 ~ 次年 2 月）外出最好穿颜色鲜艳的着装，避免去隐蔽的狩猎区域（见 663 页）。

防火灾宣传画

海滩安全

法国有很多不错的海滩适合游泳，危险性小。夏天许多海滩都配有救生员，可以在他们的指导监督下游泳。需要学会观看不同颜色的旗帜来判断安全性。绿色旗帜表明游泳是安全的；橙色旗帜意味着下水游泳存在风险；只有部分海滩旗帜的标记表示不建议在此处游泳。红色旗帜意味着危险（巨浪、流沙、强大的暗流），禁止游泳。许多海滩悬挂着蓝色旗帜，在欧盟地区这表示沙滩是干净的。

银行和当地货币

你可以带任何数量的货币来法国，但是价值超过7500欧元的任何币种（现金和支票）都必须在抵达法国时申报。在你离开时同样也要申报。旅行支票是携带钱款出境的最安全的方式。但是目前为止最为方便的是可以提取本国货币的信用卡。兑换部门分布在飞机场、大型火车站以及一些酒店和商店内，但是一般银行提供的汇率是最合算的。

巴黎的自动提款机

银行

大部分法国银行都有一个兑换所，但是汇率不同，所以你有必要先对比一下，然后选择最合算的银行。现在大部分银行外面都设有ATM自动取款机，它们接受信用卡和借记卡。大多数的自动提款机都有英语服务。

旅行支票可以在**美国运通、通济隆**或你的支票发行银行的驻外机构。美国运通支票是被广泛接受的，并且在其办事处兑换不收手续费。一旦被盗，支票可以重新申请，丢失的会立即作废。

银行开放时间

法国北部银行的营业时间是周一至周五的9:00或10:00~17:00，一些支行在周六营业。还有一些银行在周一停业，在周二至周五的开放时间为8:00或9:00 ~ 12:30，下午从14:00 ~ 17:00，周六开放时间从8:00或9:00 ~ 12:30。各银行和各支行的开放时间也各有不同，但所有的银行在周日和公共假期都停业，许多银行在假期前一天的工作日中午停业。

信用卡和借记卡读卡器要求输入密码

兑换所

在巴黎以外的地方，除了分布在主要的火车站和游客聚集地区的兑换所，单独兑换的场所很少。私营兑换所有不同的汇率，在兑换前最好查一下最合算的汇率。

信用卡与支票

Visa或MasterCard等主要信用卡和中国银联借记卡在法国普遍使用，在法国可用银联卡在众多中国人常去的商场、专卖店刷卡消费，还可在数万台ATM上提取现金。境外使用银联卡或通过银联网络消费或取款无须支付1%~2%的货币转换费，所发生的当地货币金额，将按市场汇率直接转换成人民币金额，并由发卡银行即时记入持卡人的人民币账户。借记卡ATM取款手续费相对较低。如使用双标识卡，建议持卡人主动要求收银员选择银联网络，以确保享受银联网络的各项优惠。目前法国农业信贷、法国储蓄银行、法国兴业银行、里昂信贷可受理银联卡。银联借记卡单卡每日累计取款不超过1万元人民币的等值外币。在周末自动取款机可能提不出钱来。如果自动提款机不工作，你在一天内可以使用信用卡在外国银行的柜台提取

附　录

兑换所

通济隆
巴黎
地址：125 av du Champs-Elysées, 75008
电话：01 47 20 25 14
www.travelex.com.

里尔
地址：Gare de Lille Flandres, 5980.

里昂
地址：Gare de Lyon, Part-Dieu Bd Vivier Merle, 69003.

尼斯
地址：13 Avenue Thiers, 06000.

银行

美国运通
地址：11 rue Scribe, 75009 Paris.
城市地图：4 D5
电话：01 47 77 70 00
https://home.american express.com

中国银行
地址：23-25 avenue de la Grande Armée, 75116 Paris.
城市地图：2 D4
电话：0033 1 49701395
www.bocfr.com

汇丰银行
地址：103 av Champs-Elysées, 75008 Paris.
城市地图：3 C5
电话：08 10 81 58 19
www.hsbc.com

丢失银行卡和旅行支票

美国运通
电话：08 00 83 28 20（银行卡和支票）

万事达通信卡
电话：08 00 90 13 87

Visa
电话：08 00 90 11 79

300欧元。首次提取现金时，银行可能需要获得电话授权。

欧元

法国是于2002年开始把欧元作为通行货币的12个国家之一，从2002年2月17日开始，其原货币——法郎开始逐渐被淘汰。欧盟成员国使用欧元作为唯一的官方货币,但有几个欧盟成员已经退出或未符合采用单一货币的条件。

欧元的钞票在欧洲国家是完全相同的，印有虚构出来的纪念性建筑的素描和欧盟的12颗星。但是硬币只有一面是相同的（标明币值的一面），另一面各个国家有各自不同的图案。在这13个国家里，所有的纸币和硬币都是有效的，并能互相交换流通。

纸币

欧元的纸币有七种面额，面值最小的是5欧元的（灰色），然后依次是10欧元（粉红色）、20欧元（蓝色）、50欧元（橘黄色）、100欧元（绿色）、200欧元（黄色）和500欧元（紫红色）。所有的钞票都带有欧盟的星星标志。

5欧元

10欧元

20欧元

50欧元

100欧元

200欧元

500欧元

2欧元

1欧元

50分

20分

10分

硬币

欧元的硬币有八种面额，1欧元和2欧元面值的和50分、20分、10分、5分、2分、1分面值的。1欧元和2欧元的硬币有金色和银色两种颜色。50分、20分和10分的硬币是金色的，5分、2分和1分的硬币是古铜色的。

5分

2分

1分

通信和传媒

法国的电信设备很精良，功能也很强大。大多数固定电话都是由法国电信（France Télécom）经营，法国电信也是国际移动电话集团 Orange 的拥有者。大部分公共场所都有公共电话，但需要电话卡（télécarte）。邮局（Bureaux des Postes）可以通过黄底蓝标的 La Poste 标志来识别，但路标上通常用 PTT 来标示邮局。在法国大部分较大的城镇都能买到外语报纸，一些电视频道和无线广播电台也播放外语节目。

独特的黄色法国信箱

本地和国际电话

法国电话号码中的前两位数字代表所在地区：01 代表巴黎和法兰西岛；02 代表西北地区；03 代表东北地区；04 代表东南地区；05 代表西南地区。法国的手机号码以 06 开头，08 代表特殊号码。所有的 0800 号码都是免费的。在晚上、周末和公共假期期间使用座机打电话话费更便宜。最好避免使用酒店的电话，因为这样会产生很高的附加费用。从中国往法国打电话，应先拨 0033，并在 10 位的法国电话号码中省略开头的零。从中国不能拨打法国带有 08 的号码。从法国往中国拨打电话时，先拨 00，然后拨国家代码（中国为 86）。

手机

手机在整个法国都非常普及，虽然有的山区信号比较微弱。在旅行前，可以先从运营商那里检查漫游的费用，因为打电话和接听电话都非常昂贵。一些公司还为国际电话提供相对便宜的套餐服务。

如果你需要频繁使用电话，你可以从 Orange France、Bouygues Télécom 或 SFR 购买一款更便宜的现收现付制法国手机，这三家公司在大多数城镇都有营业厅。你也可以在你自己的手机中插入一张本地 SIM 卡，但这只能在手机未被本国供应商锁定的情况下有效，一般中国购买的行货手机都没有网络锁，因此可能不能使用。

法国公共电话

公用电话

要想在法国使用公用电话，需要购买一张电话卡。这些电话卡在香烟摊、邮局和报摊上都有出售，电话卡一般有 50 或 120 个电话单位，非常方便。在你进入电话亭后，电话显示屏会显示“Decrocbez”，这是指示你拿起电话听筒，随后它会显示“Introduisez votre carte”，这是指示你插入电话卡，然后依次显示“Patientez SVP”和“Num é rotez”，这时就可以拨号了。如果拨打本地电话，一个单位可以通话 6 分钟。

许多公用电话现在也接受用信用卡（带 PIN 的）支付电话费。Travelex 货币兑换办事处（见 674 页）也出售可在多个国家使用的国际电话卡。在咖啡店里，仍有一些投币的公用电话。邮局有电话亭，在这里你可以先打电话后付费，而且在邮局打长途电话比较便宜。

网络

目前法国的任何地方都接通了因特网，但法国联通了因特网的咖啡店却少于欧洲其他国家。接通网络的咖啡店在巴黎很常见，在大多数城市和旅游胜地也有一些，但在小镇和乡村却很难找到。旅行时候携带一个笔记本电脑会更方便。在巴黎的许多地铁站、公共图书馆和其他地方都有免费的 Wi-Fi 网，在许多主要城市亦是如此。许多酒店甚至是民宿现在都提供 Wi-Fi，但很少是免费的。多数酒店会选用下列公司的服务，如法国 Orange 或 Meteor，在那里你可以购买计时卡，然后就会得到一个年度访问代码。未用完的上网时间可以在任何使用同一公司服务的地方继续使用。

法国Wi-Fi服务器的频率可能与欧洲其他国家不同，详细信息请参阅Orange的Wi-Fi网站。如果你需要使用网线连接上网，请注意法国的调制解调器插口可能与你的网线不兼容。尽管转换器也能买到，但是买一个法国生产的调制解调器会更省钱。

邮政服务

法国的邮政服务快捷而可靠。大多数的城镇里都有邮局，所有的城市都有大的邮政办事处。在邮局里，邮票可以单张出售，也出售7张或10张邮票的邮票本。普通邮票和电话卡在香烟摊也都能买到。

邮局的营业时间通常是从周一至周五的9:00～17:00，中午有吃午饭的休息时间，周六的营业时间是9:00～12:00。较大城镇以及所有城市的邮局早上刚开门时可能非常忙，因此要尽量避开该时间段。寄信时要把信件放在黄色的邮筒里。国际邮政有八个不同的价格区间。La Poste网站提供有关邮政服务方面的信息。

报纸和杂志

你可以在出售报纸的商店（maison de la presse）或报摊（kiosque）购买报纸和杂志，法国的每个地区都出售当地的主要报纸，它们比在巴黎出售的国家级报纸要受欢迎得多，其中包括《费加罗报》、《世界报》和《解放报》。每日一刊的《国际先驱论坛报》在巴黎和整个法国都能找到。大城市和度假胜地的外国报刊发行日与世界上是同步的。

周刊杂志《巴黎文娱》（周四）和《L' Officiel des Spectacles》（周三）提供最新的巴黎娱乐新闻。《Les Inrockuptibles》提供法国音乐、电影和其他艺术方面的信息。小城市有自己的杂志，一般在法国是免费的，在旅游局可以获得。

电视与电台

法国所有的电视网络均使用数字视频广播（DVB）。18个免费频道中包括主要的国家级电视频道——法国一台、法国二台。Canal+频道是很受欢迎的特别频道，不过只有订阅者才能收看，主要播放直播的体育类节目、带有法语字幕的英语电影等，吸引了大量观众。法国播放的原声电影一般标有VO字样，有法语配音的电影一般标有VF字样。大多酒店都购买了Canal+频道，许多还设有卫星电视，包括英语电视台，如CNN、MTV、Sky和BBC World。

在法国很容易就能收到英国广播电台，包括广播4台（198长波）。在同一波段，晚上可以收听BBC World节目。在FM90.5、98.8和102.4可以找到美国之音。法国国际广播电台（AM 738）在每天15:00～16:00用英语广播每日新闻。

法国销售的报纸

邮局路标

附　录

电话和网络服务

Bouygues Télécom
电话：1064
www.bouyguestelecom.fr

Meteor
www.meteornetworks.com

Orange France
电话：0810 555 421
www.orange.fr
www.orange-wifi.com

SFR
电话：1026
www.sfr.fr

邮局

La Poste
www.laposte.fr

有用的电话号码

- **电话号码查询台**
  118712
- **国际电话号码查询台**
  118700
- **法国电信/Orange**
  0800 36 47 75
  0969 363 900（英文服务）
- **免费、减费和收费号码**
  0800；0810、0820、0825（免费和减费）；
  0890、0891、0892（收费）
- **紧急情况**
  17

旅行信息

法国的航空、公路和铁路交通都非常方便。全世界各地区都有直达巴黎及一些大城市的航班。巴黎是法国铁路网的枢纽，也是欧洲高速铁路的枢纽。乘坐欧洲之星火车能抵达伦敦、大力士高速列车（Thalys）可以抵达布鲁塞尔，TGV能抵达日内瓦等地。法国也有四通八达的国内铁路网。高速公路能通往周边所有的国家，包括经由欧洲隧道（Eurotunnel）到达英国。法国还有繁忙的英吉利海峡和地中海的渡轮。

乘坐法航的飞机飞离或飞往法国

乘飞机抵达

几乎所有的国际航空公司都为法国提供服务。大多数长途航班都抵达巴黎戴高乐机场，欧洲和北非也有航班抵达法国其他地区的机场。在中国，北京、上海、广州、香港至巴黎均有定期直航航班，提供飞往巴黎的航线的航空公司包括**中国国航**、**中国东方航空公司**、**中国南方航空公司**以及**法国航空公司**。这些公司一周七天都有航班飞往法国，其中法国航空公司的航班最多。

巴黎机场

巴黎的戴高乐机场（CDG）距离巴黎市区约30公里，是法国主要枢纽机场。乘坐RER的B线从CDG2到达巴黎北站大约需要40分钟，到达夏特雷大堂站大约需要45分钟。有班车从机场开往巴黎的各地区以及巴黎迪斯尼主题公园。法国航空的巴士可以抵达凯旋门、巴黎西部以及蒙帕纳斯，每段行程大约费时45分钟。每20分钟就有一辆RATP巴士（专线巴士）开往巴黎歌剧院，行程时间为50分钟。乘出租车到巴黎市中心需要花费30～45欧元，大约需要1小时。

另一个巴黎的主要机场——奥利机场位于城市的南部，主要提供国内和短途国际航班。摆渡巴士将机场与RER快线C的Pont de Rungis站相连，而自动列车Orlyval将机场与RER快线B的Antony站相连，火车从该站前往夏特雷大堂站大约需要35分钟。每30分钟有一趟法国航空巴士开往巴黎市中心；RATP Orlybus开往巴黎地铁（Denfert–Rochereau）；Jetbus运行于奥利和夏特雷大堂站之间，每隔15～20分钟一趟。乘出租车去市中心需要25～45分钟，大约花费25欧元。

乘船抵达

几艘渡轮定期来往于英国、爱尔兰和法国之间。Dover–Calais是其中最快的线路：P&O Ferries每天会横渡25次，各行程不超过90分钟。Seafrance每天也会横渡几次。Norfolkline从多佛抵达敦刻尔克需要两个小时，提供最低的票价。再往西，Transmanche Ferries/LD Lines航行在纽黑文和迪耶普之间（约需4小时）、朴茨茅斯和勒阿弗尔之间（夜间8小时）。英吉利海峡西侧的最大公司Brittany Ferries有从朴次茅斯开往卡昂（夜间7小时）、从普尔开往瑟堡（夜间6小时）、从朴茨茅斯开往圣马洛（夜间10小时）、从普利茅斯开往罗斯科夫（夜间8小时）以及从科克开往罗斯科夫（14小时）的渡轮。从4月/5月到9月/10

乘坐SNCM渡轮穿越地中海

月，普尔—瑟堡和朴茨茅斯—瑟堡线路还有高速服务（4小时30分钟）提供。Condor Ferries从朴次茅斯开往瑟堡约需5个小时（7月～9月），从普尔和韦茅斯经由泽西岛或格恩西岛到达圣马洛（5月～9月）。

Irish Ferries全年运行于罗斯莱尔和瑟堡之间（夜间17小时），5月中旬到9月运行于罗斯莱尔和罗斯科夫之间（夜间15小时30分钟）。SNCM的渡轮在各欧洲港口之间运行（见683页）。

欧洲隧道标志

乘火车抵达

至少有20趟**欧洲之星**列车每天运行在伦敦圣潘克拉斯和巴黎北站之间，通过英吉利海峡隧道需要2小时15分钟。很多列车在肯特的艾贝斯费特和阿什福德、加来—Frethun、里尔（从伦敦出发约需1小时30分钟）和巴黎的迪斯尼乐园停靠。

巴黎和它的6个主要车站是法国铁路网的主要枢纽站。从比利时、荷兰和德国北部出发，会到达北站；从德国的其他地区出发，会达到东站。从瑞士和意大利出发的火车将到达里昂火车站。从西班牙出发将到达奥斯特里茨火车站。除巴黎外，其他主要铁路枢纽包括里尔、图尔、波尔多和里昂。更多法国铁路和乘火车游法国的信息可见680～682页。

驾车抵达

从英国出发的游客可乘坐渡轮运载车辆或穿过英吉利海峡隧道的**欧洲隧道**（Eurotunnel）抵达法国。白天至少有4列火车通过欧洲隧道，行程约为35分钟。各渡轮公司之间存在价格竞争，价格随季节、日期和时间改变。

乘长途汽车旅行是一种性价比较高的方法。**欧洲线路**（Eurolines）每天有3~5辆长途车从伦敦的维多利亚汽车站开往巴黎东部的巴涅奥莱市。

绿色旅行

法国有很多高效率的公共交通网络，特别是SNCF铁路网，因此即使在法国旅行不乘坐飞机也不开车，也不会感觉很不方便。每天都会有大量火车车次、渡轮航班来往于法国各地之间和法国与欧洲其他国家之间，非常方便。

法国政府引进了“Ecomobility”计划，该计划旨在方便乘客在火车与当地公共汽车、自行车或者其他的非汽车交通工具之间转换。其中包括免费自行车计划，如“Vélib'”计划目前已在巴黎和其他城市开展（见689页）。许多地区还建立了**绿色小径**（Voies Vertes）——便于骑自行车或步行的长途小径，沿卢瓦尔河的从奥尔良到圣纳扎尔的小径就是这种道路。

附录

航空公司

中国国航
电话：95583
www.airchina.com.cn

中国东方航空公司
电话：95530
www.ceair.com

中国南方航空公司
电话：95539
www.csair.com

法国航空公司
电话：0820 320 820
www.airfrance.com

Delta
电话：08 11 64 00 05
www.delta.com

easyJet
电话：0826 103 320
www.easyjet.com

Jet2
电话：0821 230 203
www.jet2.com

Qantas
电话：08 11 98 00 02
www.qantas.com

Ryanair
电话：0892 780 270
www.ryanair.com

United
电话：0810 72 72 72
www.united.com

渡轮服务

Brittany Ferries
www.brittany-ferries.com

Condor Ferries
www.condorferries.co.uk

Irish Ferries
www.irishferries.com

Norfolkline
www.norfolkline.com

P&O Ferries
www.poferries.com

Seafrance
www.seafrance.com

Transmanche Ferries/ LD Lines
www.transmanche ferries.com

火车服务

见682页

欧洲之星
电话：0892 35 35 39
www.eurostar.com

公路

欧洲线路
电话：0892 899 091
www.eurolines.com

欧洲隧道
电话：0810 630 304
www.eurotunnel.com

绿色旅行

火车+自行车旅行
www.velo.sncf.com

绿色小径
www.voiesvertes.com

乘火车旅行

SNCF 标志

法国国家铁路 SNCF 集团控制着欧洲大部分国家铁路网，其管理范围包括高速长途 TGV、主干线高速火车、卧铺列车、运载汽车火车和走郊区线路的火车。因为某些经济原因，部分铁路停止运营，这些线路由 SNCF 的现代公共汽车取代，这些公共汽车对持有铁路通行证的乘客是免费的。不走主干线的火车车速可能会慢些，一些前往巴黎、横越全国的火车会比较快捷。

乘坐火车环游法国

法国火车因准时而出名，法国政府对国有铁路系统的投资力度也名声在外。SNCF 的骄傲是它的 TGV 高速列车，乘坐 TGV 从里尔市到里昂市或巴黎到马赛市全程仅需三个小时。除此之外，便利、快速、舒适的主干线特列快车为城市间的交通提供了全面的服务，而郊区的铁路线则可以到达小城镇和乡村。SNCF 还是法国最大的巴士运营公司，巴士填补了铁路干线关闭地区的空缺。

卧铺列车对于夜晚长途旅行非常方便，驾车旅行者可以乘坐**汽车列车**（AutoTrain）。长途火车上大部分都设有餐车。关于法国铁路的更多信息可以在 SNCF 的网站找到（见 682 页）。可以登录 www.voyage-sncf.com 提前预订海外长途车票。**欧洲铁路**（Rail Europe）提供了全面的信息和乘火车在欧洲旅行的车票预约系统。浏览 The Man in Seat 61 网站可以搜索到关于法国和其他欧洲铁路的重要信息。

巴黎郊区火车的标志

当地铁路和观光铁路

除了国家铁路网，法国还有几条特别的铁路：在科西嘉岛，卡尔维、巴斯蒂亚和阿雅克修之间的**科西嘉铁路**（Chemins de Fer de la Corse）是窄轨的；沿着西北海岸线，乘坐保加利亚和卡尔维之间的列车可以欣赏到非常壮观的景色。夏天，有老式火车在这条线路和其他几条线路上行驶。在普罗旺斯，从尼斯到迪涅莱班私人运营的**普罗旺斯铁路**（Chemins de Fer de Provence）需要行进 150 公里的山路。SNCF 的地区铁路网中也有几趟列车会在风景特别优美的地方运行，冬天列车通常在山脉附近行驶，夏天则是从海岸线和乡村地区驶过。Gentiane Bleu 火车从第戎出发抵达侏罗（冬天易被雪封），Merveillesthe 火车行驶在从尼斯到唐德的阿尔卑斯山的铁路线上。可以登录网站 www.trainstouristiquester.com 查询更多信息。在法国，一些远足爱好者会选择某些私人所有或当地的铁路线，这些铁路线上行驶的是蒸汽火车。铁路线可以深入很多地方，如皮卡第的索姆湾和阿尔卑斯山附近的塔恩丘陵。大部分的铁路公司都是 UNECTO 协会的成员。

前往蒙坦威尔的铁路线两侧风景非常优美

火车的分类

SNCF 的火车被分成几个不同的类型。TGV 特快列车（Train à Grande Vitesse）是铁路网中的佼佼者，行驶在特制的轨道上，时速可达 300 千米 / 小时。铁路网中共有四条主要的 TGV 线路；从巴黎出发开往北部、西部、东部和东南部，在里尔、里昂、波尔多和马赛设有交通枢纽。在一些地区，城镇中心外设有独立的 TGV 特快列车站台。火车有一等和二等车厢，部分火车提供互联网络。所有 TGV 特快列车都可以提前预订车票；接近发车时间时，车票可以在站台出售，或提前在网上预订。

TGV 网络中有几趟国际线路，其中就包括连接着法国和英国的欧洲之星；大力士高速列车行驶在巴黎到比利时、荷兰以及德国的铁路线上；里拉铁路线为瑞士和阿蒂西亚服务，这条线上还有开往都灵和米兰的 TGV，从巴黎开往罗马的传统火车也在这条线路上行驶。从巴黎到马德里和巴塞罗纳的非特快国际火车经常于夜间行驶。

舒适特快（Corail）是传统的带有现代车厢的长途特快列车。舒适特快 Teoz 白天行驶，舒适特快 Lunea 于夜间行驶。而舒适特快 Intercit é s 因为中途几乎不停靠，所以比较快。所有的舒适特快列车都需要提前订票，可以通过 Rail Europe 或 SNCF 订票。

车头很个性的 TGV 列车

铁路运载汽车及其司机、乘客的业务避免了骑车司机整夜长距离驾驶带来的危险，这样的铁路线从加来经过阿维尼昂到达尼斯，以及从加来到纳博讷。汽车列车从巴黎驶往尼斯、纳博讷和波尔多。需要提前预订。

TER 火车提供地区服务，通常每站都要停靠。不要求提前预订，车票基本随时都可以买到。每个地区线路地图和信息（仅提供法语版）都可以在站台和 TER 网站上（见 682 页）找到。法兰西岛地区铁路是 TER 铁路网的一部分，现已与 RER 市郊铁路和地铁接轨。

TGV 服务

TGV 列车也称高速列车，以每小时 300 公里的速度行驶。TGV 有四条路线：从巴黎北站出发的 TGV 北线、从巴黎蒙帕那斯站出发的 TVG 大西洋线、从巴黎里昂站出发的 TGV 东南线以及从巴黎东站出发的 TVG 东线。

图例

- 北线
- 大西洋线
- 东南线
- 东线

巴黎里昂火车站的自动售票机

票价和通行证

根据火车的类型不同，车票的定价也不同。所有火车票（特快列车、舒适特快和汽车列车）都可以在网上预订，每个等级的列车都会有两到三个基本票价。最便宜的车票被称为 Prem's，但必须提前预订，在交易完成后不能更改。大部分 TER 和舒适特快的非高峰期票价都较为便宜；高峰期是周一的 5:00~10:00，周五 15:00~20:00 和周日。

SNCF 出售几类交通卡，大约可以享受 50% 的优惠。适用于年轻人的卡为 Carte 12 ~ 25，适用于 60 岁以上老年人的是 Carte Senior，适用于经常旅行的人的是 Carte Escapades，适用于带着小孩旅行的人的是 Carte Enfant +。SNCF 网站提供更加详细的信息。对于计划到法国旅行的人，购买一份多次旅程铁路通行证很有必要，这个证不能在法国境内购买。**列车通票**（Inter-Rail pass）适用于英国和其他欧洲国家的市民，来自非欧洲国家的旅客可以购买法国的铁路通行证，一个月内允许 3 天到 9 天不限制地畅游，也可以选择 Eurail Select Pass 游览法国和附近相邻的国家。需要注意的是，这里的火车，包括高速列车都需要收取额外费用，通常这笔费用包含在票价里。想要获取更多信息请浏览 Rail Europe 网。

预订车票

在 SNCF 站台、通过电话或网上都可以购买到火车票。大部分站台都有柜台和自动购票机可以为你服务，现金或银行卡都可以使用，机器上有英文的使用说明。需要提前预订的火车票（特快列车和舒适特快）最早可以提前 90 天预订，最晚可以在出发前 5 分钟预订。提前购买的火车票可以在站台上领取或直接送到你填写的住址。在法国以外的地区，如果想要预订特快列车和舒适特快可以到 www.voyages-sncf.com 网站上预订，在网站上比较容易搜索到欧洲铁路的信息。有活动障碍的旅行者可以通过 Accès Plus 项目获得帮助；更多的信息可以从网站上或实用信息（见 668 ~ 671 页）上找到。乘坐任何法国火车旅行，在出发之前你都需要在号码机上验证你的火车票。

时刻表

法国铁路时刻表一年更新两次，分别在 5 月和 9 月，在 SNCF 网站可以查询到详细信息。车站里有免费的 TER 时刻表，各种信息也可以在高速列车网站上查到。免费的传单会提供一些关于与孩子一起旅行、折扣票价和残障人士旅行的信息。

附　录

铁路信息

汽车列车
www.autotrain.voyagessncf.com

Corail
www.coraillunea.com
www.corailteoz.com

Eurail
www.eurail.com

Inter-Rail
www.interrail.net

欧洲铁路
www.raileurope.com

SNCF
www.sncf.com

TER
www.ter-sncf.com

The Man in Seat 61
www.seat61.com

当地铁路

科西嘉铁路
www.train-corse.com

普罗旺斯铁路
www.trainprovence.com

UNECTO
www.trains-fr.org

号码机
黄色的号码机（左图）位于车站的大厅和月台的前面。将车票和预订票据插入机器，有印记的一面朝上。号码机会在你的车票上打孔，在背面打印时间和日期。如果你没有按照要求进行操作，检票员可能会对你处以罚款。

乘船旅行

地处地中海和大西洋沿岸的法国拥有完善的设施、优越的地理位置，非常适合乘船旅行。法国内陆地区拥有庞大的河流、运河水路网。依靠便利的水上交通，你可以在水上就游览周围迷人的乡村。渡轮经常航行于法国大陆与科西嘉岛、地中海的部分地区以及诺曼底海岸线外的英国海峡诸岛之间。

停泊在鲁西荣地区的 du Midi 运河上的船只

乘渡轮旅行

运载汽车的渡轮终年从马赛、尼斯和土伦驶往科西嘉岛，SNCM 和 Corsica Ferries 是最大的运营商。La Méridionale 行驶在科西嘉岛与撒丁岛之间，Moby Lines 连接着科西嘉岛与意大利的里窝那和热那亚。Grimaldi Ferries 连接着法国与摩洛哥和意大利。定期有渡轮来往于法国和北非之间；SNCM 还远航到阿尔及利亚和突尼斯，而奢华的 Comanav 来往于赛特和摩洛哥之间。在大西洋上，Manche-Iles Express 和 Compagnie Corsaire 往来穿梭于圣马洛和格兰维尔的诺曼底港口，Barneville-Carteret 和 Dielette 来往于英国海峡诸岛之间。欧洲渡轮服务的相关信息可以在 www.ferrylines.com 网站查询。

航海

法国拥有出色的航海设施，海岸线上有一排排船坞。在大西洋海岸，翁弗勒尔和 St-Vaast-la-Hougue 是诺曼底的两个航海设备齐全的港口，布列塔尼的圣马洛和 Pleneuf-St-Andre 以及西海岸的拉罗谢尔和阿卡雄也是绝佳的港口。圣西普里安是地中海最好的港口，靠近西班牙边界。在大多数码头上都可以租船只，Ministere de l-Ecologie 可以提供相关规章制度和许可证。Fédération Française de Voile 提供航行条件信息。

运河和乘河船旅行

在法国可乘船进行短途旅行，也可进行持续几天的航海巡游。Voies Navigables de France 提供官方指南。许多公司提供乘船游览服务，其中最好的 En Peniche 提供传统驳船，此外还有 Locaboat 和 Crown Blue Line。Minervois Cruisers 提供米迪运河上的狭窄小船。在拉罗谢尔和普瓦捷之间的 Marais Poitevin 湿地以及沿第戎的勃垦地运河的旅行非常流行。Les Caminades 提供传统的加巴尔船。关于巴黎塞纳河游船见 689 页。

附录

渡轮服务

Comanav
电话：04 67 46 68 00
www.aferry.fr

Compagnie Corsaire
电话：0825 138 100
www.compagniecorsaire.com

Corsica Ferries
电话：0825 095 095
www.corsica-ferries.fr

Grimaldi Ferries
电话：04 94 87 11 45
www.grimaldi-lines.com

Manche-Iles Express
电话：0825 133 050（法国）
01418 7013（泽西岛）
www.manche-iles-express.com

La Méridionale
电话：0810 201 320
www.lameridionale.fr

Moby Lines
电话：00 49（0）611 14020
www.mobylines.com

SNCM
电话：3260（24小时为所有港口提供服务）
www.sncm.fr

航海信息

Fédération Française de Voile
www.ffvoile.fr

Ministère de l'Ecologie
www.developpementdurable. gouv.fr

运河和乘河船旅行

Les Caminades
电话：05 53 29 40 95
www.best-of-perigord.tm.fr

Crown Blue Line
电话：04 68 94 52 72
www.crownblueline.com

En-Peniche
电话：04 67 13 19 62
www.en-peniche.com

Locaboat
电话：03 86 91 72 72
www.locaboat.com

Minervois Cruisers
www.minervoiscruisers.com

Voies Navigables de France
www.vnf.fr

在路上

法国的高速公路网快捷便利，四通八达。如果想要节省高速通行费并以一种更加悠闲的方式周游法国，你可以对法国的道路进行细致的研究，然后选择相应的路段行驶。本章是对法国高速收费站和停车计时器的说明指南，并介绍了一些法国的交通规章制度，还有了解天气预报和交通状况的小技巧，以及在哪里可以租车、如何得到最实用的公路地图。

高速公路和主要公路的标志

携带物品

开车去法国旅行的时候，购买保险是非常重要的环节。最低报销金额根据不同公司规章制度而不同，所以在你旅行之前最好仔细地检查条约的各项内容，如果有必要可以追加一些条款。对于综合车险的持有者来说，大部分保险公司对小量额外保险提供欧洲包赔，但仍要求你在出行前通知他们你的行程。通过互联网或用英文致电来购买故障险是明智之举。

当你驾车到法国旅行时，你需要携带驾驶证、护照以及车辆注册的相关文件和车辆保险的证明文件。你还需要配备备份的照明灯泡，至少一个红色的三角警示牌和一件反光的夹克，以备在高速公路上遇到车辆故障以及紧急状况时使用。如果你没有警示牌，警察可能会让你停下来接受询问。应该将车辆的注册地用标签标注出来或在车牌上注明。右座驾驶员需要安装导向照明灯，这些工具大部分在港口都能买到。

加油

法国加油站出售的是无铅汽油、柴油（柴油、瓦斯油或优质瓦斯油+），部分加油站也出售液化石油气。在大型超市附带的加油站里加油是最便宜的，许多大型的服务站24小时提供加油服务，可以使用信用卡付费。

交通法规

在法国车内的前后座都要系好安全带，低于10岁的儿童需要使用车载儿童座椅。驾车期间禁止使用手机，即使空闲的手也不能进行操作。在能见度不太好的地方需要使用近光灯，摩托车爱好者要时刻谨记打开前灯，除非道路标志上有其他指标示。Priorite a droite 标志意味你必须为从右边进入的车辆让路，除非你位于环状交叉路口。闪烁前灯意味司机要右转。请登录AA或RAC网站（见687页）可查询详细信息。

限速和罚单

法国的车速限制如下：

- 高速公路：130公里/小时；下雨时，110公里/小时。
- 双行道：110公里/小时；下雨时，90～100公里/小时。
- 其他道路：90公里/小时；下雨时，80公里/小时。
- 小镇和村庄：50公里/小时。

拖车在所有路段都需要低速限行。现场开罚单是针对超速、违规停车、违规超车和超速大于40公里/小时。血液测试酒精浓度大于0.05%属于酒驾。

高速公路

法国大部分高速公路都是收费公路。Societ d'Autoroutes（见687页）详细列出了收费规定。大城市的高速公路收费较高，如巴黎（A3和A86）和里尔，还有横跨全国的各路段，如卡昂到雷恩的A84和克莱蒙费朗南部的A75。

高速公路网每隔40公里

加油站的液化石油气和汽油的指示牌

塞尼山湖旁边观光大道

有休息站和加油站。每隔 2 公里都配备紧急电话。

其他公路

对长途旅行而言，RN（国家公路）是除高速公路外的另一种不错的选择。RN 经常得到很多人的青睐，所以也很拥挤。想要尝试偏僻小路，可以试试 D（départementale）公路，这是一条乡间小路，但这里经常有蛇出没。留心 Bis/Bison Futée 标志，它表示前方道路偏僻迂回。尽量避免在旅游旺季游览。最不佳的时间是 7 月中旬的周末和 8 月末开始的几天。驾车进出城镇时，注意观察路标，这是找到前进的路的最佳指示。如果你的目的地没有路标，可以参照 Autres Directions。

观光大道

法国的国家公路和 D 公路四通八达，已延伸到各风景优美之地。盘山公路的景色令人流连忘返，如高悬格勒诺布尔东部的 Col du Galibier（N91 和 D902 路段），一些横穿乡村的路段可以帮你领略乡村的淳朴气息；而在海岸公路上开车则能欣赏到优美的海景，例如蔚蓝海岸公路或布列塔尼和诺曼底海岸的崎岖小路。

关于这些路段，旅行社会提供详细的信息（见 669 页）。

路况

法国公路的官方网站 Bison Fute 提供法国驾车的基本信息、天气状况、冬天驾车必备物品和道路维修状况。浏览 www.autoroutes.fr 可以搜索到高速公路驾驶的信息。驾车机构，如 AA 和 RAC 可以为顾客量身制定线路，介绍沿路风景和路况（见 687 页）。

使用高速公路交费系统

在高速公路收费站拿到票后，好好保存，当你到达出口处，工作人员会根据路程的长度以及你驾驶的交通工具来计算你的高速公路费。在小型的收费站直接将硬币投入投币口就可以。

高速公路的标志

左侧的路标标明了收费站的名字以及距离下个高速公路收费站的距离。路标通常都是蓝底白字；一些还可以显示对汽车、摩托车、卡车和小型面包车收取的费用比例。

人工服务收费站

当你向工作人员出示票据时，他们会告诉你这次在高速公路上行驶，你应该支付的价钱是多少。你可以选择多种付费方式，如硬币、纸币、信用卡和欧元支票。收据要保存好。

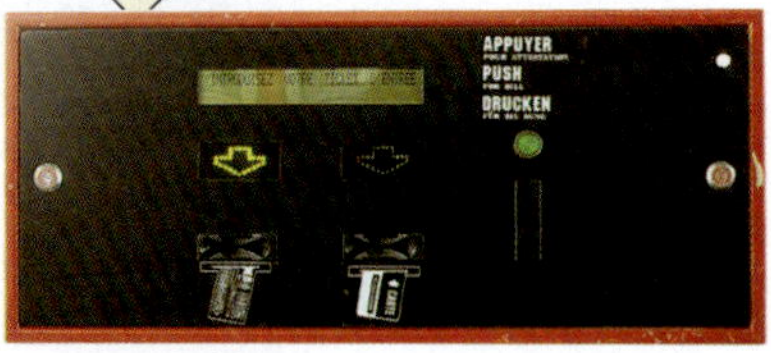

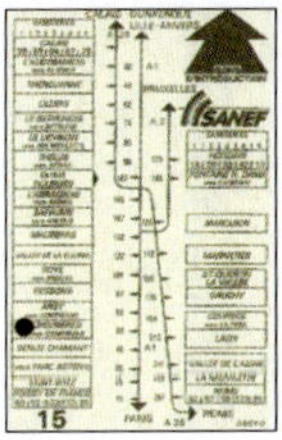

自动缴费机

到达收费站出口时，将票据插入机器内，这次行程的费用会以欧元显示出来。硬币或信用卡都可付费。机器自动找钱，并出示收据。

使用自动停车收费机

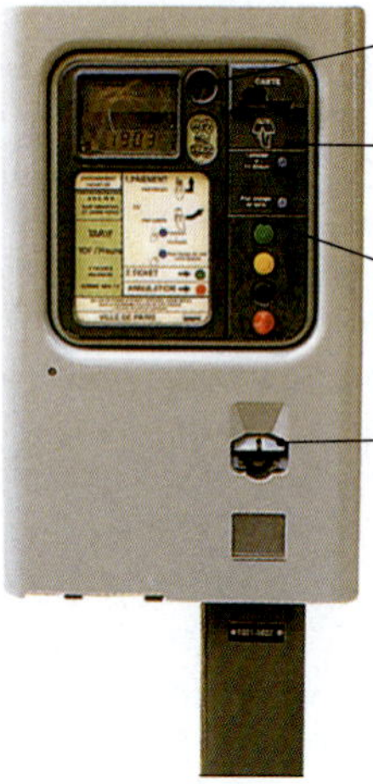

1 可以使用硬币按显示计费投入投币口。

2 如果使用支付卡，插卡并按要求每15分钟按一下蓝色键。

3 按下绿色键取小票。

4 当小票从机器中吐出时，取票，并放在汽车风挡玻璃内侧。

自动停车收费机

这些自动停车收费机周一至周五的9:00～19:00都能使用，除非有提示。一般周六、周日、公共节日和整个8月停车场不收费。

停车场

各个城镇的停车规则都不一样，大部分城镇使用付费后取票的自动停车收费机。一些收费机接受停车场的支付卡，这种卡可以在烟草店买到。省级城市从中午到13:30期间停车免费，停车时间一般限制在两小时以内。在小城镇里，车只能停放在街道的一边，道路两边在一个月的不同时间轮流停放车辆。

在较大的城市，尤其是巴黎，寻找街边停车位可能会很困难，在停车场停车可能会更容易些。大的字母“P”和“libre”标志代表有停车位可用。

租车

所有的国际大型租车公司在法国都有子公司，法国当地也有自己的租车公司，如 ADA 和 Rentacar，它们之间往往存在价格竞争。你可以提前通过互连网进行汽车租赁自动预订，在 Auto Europe 或 Autos Abroad 网站预租一辆车可以节省租赁费用。汽车租赁的要求各不相同，但一般来说，要求租赁者年满 21 岁，并取得驾驶执照至少满 1 年。租车时租赁者需要出示驾驶执照、护照和信用卡。

报价包括全部税金，不限行驶里程。租赁合同中包括第三方保险，有些公司包括全面保险。如果需要额外设施，如汽车座椅、防滑链或想租用自动挡车，在预订时应注明。

在你将车开走前，应检查车的具体状况，确保其配有备用灯泡、三角警示牌和荧光夹克，这些都是法国法律规定的（见 684 页）。

地图

在这本指南中，每一章的开头都有一张当地地图，标示了所有地方的信息。其他地图还包括**米其林**地图和比例为 1:200000 的 Motoring Atlas，它是目前最全面的驾驶地图。红色封面的米其林地图（比例尺为 1:1000000）对于计划旅行的人很有用处，橙色封面的地区地图（比例尺为 1:200000）也是一样。较大的地图（绿色封面）只适用于部分地区，如巴黎和里维埃拉。

国家地理研究所（IGN）不亚于英国测量局测量地图的精细程度。以各种比例制作的法国地图都能在这里得到。尤其有用的是他们的 Cartes de Randonnée（比例尺为 1:25000），这是介绍法国徒步线路的地图。同样值得推荐的还有 Blay Foldex 乡镇地图。

在法国，所有报摊、加油站和大多数的旅游局都提供免费地图。

长途客车

在法国，铁路很高效也很可靠，因此只有铁路服务较差的地区才有长途客车运行。

欧洲线路（Eurolines）提供很多价格较低的国际服务，并且在法国设有很多站点。这些站点集中在巴黎的 Porte de Bagnolet 车站。

Veolia Transport 的运行范围较广，包括法兰西岛；Lignes d'Azur 提供蔚蓝海岸沿线的服务。当地巴士是重要的交通工具，尤其是在农村地区。它们从汽车站（gare routi è re）出发，往返于城镇之间，汽车站一般都挨着该地区的火车站。巴士班次安排得很适合学生上学、成人工作的时间。

出租车

法国各地区都有出租车服务，但在农村地区通常需要电话预订出租车。酒店、酒吧和餐厅都有出租车的电话号码。也可以在市中心或城镇的火车站和机场外的出租车停靠站打车。

所有的出租车都以米为计价单位（计价器计算价格），

在阿尔卑斯山间骑自行车

但各地区的价格不一。起步价通常为2欧元，每公里再加0.5欧元或更多。如果是长途旅程，你可以和出租车司机商定一个价钱。城市出租车信息请参见688～689页。

骑车

自行车在法国很受欢迎，其相关设施也正在不断改善，这种交通方式属于政府支持的“生态交通”计划（见679页）的一部分。一些远距离的**绿色小径**人行道和自行车车道已经建立，更多的道路正在建设当中。每个地方旅游局都有一个关于附近的自行车小径的宣传页，其中许多已经发展了它们自己的项目，例如位于卢瓦尔河城堡附近的环城堡自行车线路。详细信息见当地旅游局和网站。

几乎所有的**SNCF**火车都允许自行车进入，你可以在购买车票时在车站提前预订一辆出租的自行车。几乎所有城市的自行车商店都出租旅行用的自行车和山地车（VTT），价格合理。旅游局对本地的公司进行监督。更多自行车旅行的信息可以访问Maisons de la France网站或通过**Fédération Française de Cyclisme**（仅法语）获得。大多数城市都提供自行车出租服务（见689页）。

搭车

通过搭车来环游法国并非易事，因此也不建议尝试。然而，目前有一个被称为Allostop（www.allostop.net）的汽车共享计划已在很多城镇开始施行，通过这个计划你可以以合理的价格搭车。

附 录

普通驾驶信息

AA
电话：0800 085 7253
www.theaa.com

RAC
电话：0844 891 3111
www.rac.co.uk

Societéd' Autoroutes
www.autoroutes.fr

Zagaz
www.zagaz.com（法国燃料价格指南）

租车

ADA
电话：0825 169 169
www.ada.fr

Autos Abroad
www.autosabroad.com

Auto Europe
www.autoeurope.com

Avis
电话：0820 050 505
www.avis.com

Budget
电话：0825 003 564
www.budget.com

Europecar
电话：0825 358 358
www.europcar.com

Hertz
电话：0825 861 861
www.hertz.com

National/Citer
电话：0800 131 211
www.nationalcar.com

Rentacar
电话：0891 700 200
www.rentacar.fr

地图

Blay Foldex
www.blayfoldex.com

Institut Géographique National
www.ign.fr

Michelin
www.viamichelin.fr

Stanfords
12~14 Long Acre, London WC2E 9LP
电话：020 7836 1321
www.stanfords.co.uk

长途汽车旅行

Eurolines
电话：0892 899 091
www.eurolines.fr

Lignes d' Azur
www.lignesdazur.com

Veolia Transport
www.veoliatransport.com

骑车

Fédération Francaise de Cyclisme
电话：01 49 35 69 00
www.ffc.fr

SNCF
www.velo.sncf.com
（火车和骑车旅行——仅法语）

绿色小径
www.voiesvertes.com

市内旅游

迷人的法国城市最适合徒步旅行。但是这样可能会浪费大量的时间，因此最好利用最方便的公共交通系统。巴黎等许多城市有电车和地铁系统，而且通常与当地的火车和巴士连在一起，并且有易于操作的售票系统。法国是世界上率先鼓励使用自行车租赁计划代替汽车的国家。在每个城市，当地旅游局都提供全面的服务信息，包括免费的地图。

隆尚大道上行驶的马赛电车

巴黎地铁、RER 和电车

RATP 运营着 14 条地铁线路。地铁是在城市周边旅行最好的交通工具，在巴黎市中心相隔不远就有一个地铁站。每条线路可通过它的颜色和编号辨认。火车前方的站点名称指示列车行驶的方向，这个站名经常是线路的终点站。火车每天从 5:20 ~ 次日 1:20 之间（周六至次日 2:20）在各线路上规律地运行。

新的 RER 线补充了许多地铁站，在巴黎和郊区范围内运行。它共有五条线路（A~E），每条都有分线。对游客来说，最有用的是始于戴高乐机场的 B3 线，A4 开往巴黎迪斯尼主题乐园，C5 开往凡尔赛宫。巴黎也有三条电车线路：它们分别为从 Gare de St-Denis 站到 Noisy-le-Sec 站、La Défense 站到 Porte de Versailles 站和 Pont du Garigliano 站到 Porte d'Ivry 站。

其他地铁和电车系统

里昂、马赛、图卢兹、里尔和雷恩都有地铁系统。里尔地铁同时还为被称为“里尔－大都市”的集合城市服务，其中包括鲁贝和图尔昆。所有的地铁都与 SNCF 铁路的主要车站相连。

鲁昂的两条地铁线路实际上组成了连接城市和远郊的轻轨线。法国的其他 22 座城市都有完善的电车和公交车系统，巴黎也有一些郊区电车线路和地铁及 RER 相连。

巴士

每个城市都有巴士线路。在巴黎，RATP 巴士为观光旅游提供了诸多便利，并且很便宜。整个法国的大部分巴士线路从 6:00 运营至午夜；车站和时间在公车站站牌上有显示。大多数法国城市都有几条夜间巴士线路，在巴黎和法兰西岛，42 Noctilien 巴士在整个晚上都运行，中途通过铁路站。

现在，巴黎和其他城市有越来越多的巴士都设有轮椅坡道。在法国，所有的巴士都是从前门上车，从中门或后门下车。可在司机处买票，或提前买票节省上车的时间。

当地火车

地区 TER 线路（见 681 页）都由 SNCF 经营，并与城市周围的交通很好地整合。在一些地区，车票还可以通用。在巴黎附近，SNCF Transilien 线与地铁和 RER 形成一个三级服务系统。

出租车

在巴黎和其他大多数城市，的士上方灯是白色时，代表车里无乘客，橙色或灯灭时代表车内有乘客。

巴黎出租车费用在周一至周六的 17:00 ~ 次日 10:00 之间、周日全天和节假日较为昂贵，巴黎中心以外的周边地区游览费用也较高（包括环城高速）。很多出租车在票价超过 15 欧元时，接受信用卡支付。

在乘车高峰期，巴黎最好的打车地点是带有蓝色字母“T”标志的出租车站，这种站点一般位于主要路口和火车站。虽然出租车运营公司不止一个，但在巴黎打电话叫出租车只需打同一个号码。

所有的出租车都不得拒载轮椅使用者，而且不许收取额外费用。在巴黎，Taxis G7 专门为活动不便的乘客提供服务。

在其他城市，出租车同样由多个公司经营。出租车车站一般位于机场、火车站及城市中心。酒店可提供出租车公司的电话。

从巴黎的 Vélib' 站租一辆自行车

骑车

法国正在努力鼓励人们在城镇骑自行车出行。在周日，一些主要街道都禁止机动车通行，为自行车和直排轮滑让路。巴黎市委员会有世界领先的自行车支持项目，并预计建成 600 公里的自行车路线。该项目的核心是 **Vélib'** 方案，即你可以在巴黎数以百计的 Vélib' 站租借自行车，用完后将其还回任何一家 Vélib' 站即可。但你需要在 Vélib' 自行车停放架上购买一张当天有效或有效期为一周的 Vélib' 卡（1 欧元），还有一种年卡可供选择。其他城市也有类似的项目，只是名字不同——里昂的项目名称为 **Vélib'V**，马赛为 **Le Vélo**。旅游局提供具体信息。

车票

在巴黎，RATPT 票对城市公交车、地铁和 RER 有效。车票仅适用于单程，也可以购买 10 张一打的低价车票簿，在地铁站、RER、机场、旅游局和烟草专卖店可以买到。在公交车上也能买到单程票，但不适用于其他交通工具。不要忘了验票。还有一种游客专用的 ParisVisite 卡，可在 1 天、2 天、3 天或 5 天内乘坐任何交通工具，而且凭这张卡进入旅游景点还能享受折扣。在地铁站、RER、机场、旅游局或网上能买到这种卡。几乎所有城市都为游客提供各种城际通卡，游客在一天或几天内凭卡乘车并享受更多优惠。游客在旅游局可查询当地的项目。

塞纳河上行驶的游船

塞纳河游船

乘坐塞纳河上的游船是游览巴黎最经典的方式之一。长期运行的 Bateaux、Mouches、Bateaux Parisiens 和 Vedettes du Pont-Neuf 提供渡船，船上有各种语言的解说。Batobus 的服务更灵活，允许你在一天之内多次乘坐。另一个选择是在圣马丁运河乘船游览巴黎，旅游局将提供更多信息。

附　录

交通部门

里尔 – Transpole
www.transpole.fr

里昂 – TCL
电话：04 26 10 12 12
www.tcl.fr

马赛 – Le Pilote/RTM
电话：04 91 91 92 10
www.lepilote.com

巴黎 – RATP
电话：3246
www.ratp.fr

雷恩 – STAR
电话：0811 555 535
www.star.fr

鲁昂 – TCAR
电话：02 35 52 52 52
www.tcar.fr

图卢兹 – Tisséo
电话：05 61 41 70 70
www.tisseo.fr

出租车

Paris Taxis
www.taxis-paris.fr

Taxis G7
电话：01 47 39 47 39
特别改装的出租车:
01 47 39 00 91或3607
www.taxisg7.fr

自行车项目

Vélib'（巴黎）
电话：01 30 79 79 30
www.velib.paris.fr

Le Vélo（马赛）
电话：0800 801 225
www. levelo-mpm.fr

Velo'V（里昂）
电话：0800 083 568
www.velov.grandlyon.com

塞纳河游船

Bateaux-Mouches
电话：01 42 25 96 10
www.bateaux-mouches.fr

Bateaux Parisiens
电话：0825 010 101
www.bateauxparisiens.com

Batobus
电话：0825 050 101
www.batobus.com

Vedettes du Pont-Neuf
电话：01 46 33 98 38
www.vedettesdupontneuf.com

致谢

Dorling Kindersley 公司向以下人士致以诚挚的谢意。正是他们的热心支持与帮助，才能使此书出版。

Main Contributors
John Ardagh, Rosemary Bailey, Judith Fayard, Lisa Gerard-Sharp, Robert Harneis, Alister Kershaw, Alec Lobrano, Anthony Roberts, Alan Tillier, Nigel Tisdall.

Contributors and Consultants
John Ardagh is a writer and broadcaster, and author of many books on France, among them *France Today* and *Writers' France*.

Rosemary Bailey has written and edited several guides to regional France, including *Burgundy*, the *Loire Valley* and the *Côte d'Azur*.

Alexandra Boyle is a writer and editor who has worked in publishing in England and France for 20 years.

Elsie Burch Donald, editor and writer, is the author of *The French Farmhouse*.

David Burnie B.Sc. has written over 30 books on natural sciences, including *How Nature Works*.

Judith Fayard, an American based in Paris, was Paris bureau chief for *Life* magazine for 10 years, and is now European editor of *Town & Country*. She contributes to various publications, including the *Wall Street Journal*.

Lisa Gerard-Sharp is a broadcaster and author of several regional guides to France and Italy.

Robert Harneis is editorial correspondent for the English language newspaper *French News*.

Colin Jones is Professor of History at Exeter University. His books include *The Longman Companion to the French Revolution* and *The Cambridge Illustrated History of France*.

Alister Kershaw is an Australian writer and broadcaster who has lived in the Loire Valley for 30 years.

Alec Lobrano is an American writer, based in Paris. He is the European editor of *Departures* magazine and contributes to *International Herald Tribune, Los Angeles Times* and *The Independent*.

Anthony Roberts is a writer and translator who has lived in Gascony for 15 years, contributing to various publications including *The Times, World of Interiors* and *Architectural Digest*.

Anthony Rose is the wine correspondent of *The Independent* and co-author of *The Grapevine*.

Jane Sigal is the author of two books on French food, *Normandy Gastronomique* and *Backroom Bistros, Farmhouse Fare*.

Alan Tillier is the main contributor to the *Eyewitness Guide to Paris*. He has lived in Paris for more than 20 years as correspondent for various journals, including the *International Herald Tribune, Newsweek* and *The Times*.

Nigel Tisdall is a travel writer and author of guides to Brittany and Normandy.

Patricia Wells is food critic of the *International Herald Tribune* and author of the *Food Lovers' Guide to Paris* and the *Food Lovers' Guide to France*.

Additional Contributors
Nathalie Boyer, Caroline Bugler, Ann Cremin, Jan Dodd, Bill Echikson, Robin Gauldie, Adrian Gilbert, Peter Graham, Marion Kaplan, Jim Keeble, Alexandra Kennedy, Rolli Lucarotti, Fred Mawer, Lyn Parry, Andrew Sanger, Katherine Spenley, Clive Unger-Hamilton, Roger Williams.

Additional Photography
Jo Craig, Andy Crawford, Michael Crockett, Mike Dunning, Philip Enticknap, Philippe Giraud, Steve Gorton, Alison Harris, John Heseltine, Roger Hilton, Andrew Holligan, Paul Kenwood, Oliver Knight, Eric Meacher, Neil Mersh, Roger Moss, Robert O'Dea, Ian O'Leary, Tony Souter, Alan Williams, Peter Wilson.

Additional Illustrations
Dinwiddie Maclaren, John Fox, Nick Gibbard, Paul Guest, Stephen Gyapay, Kevin Jones Associates, Chris Orr, Robbie Polley, Sue Sharples.

Additional Cartography
Colourmap Scanning Limited; Contour Publishing; Cosmographics; European Map Graphics; Meteo-France. Street Finder maps: ERAMaptec Ltd (Dublin), adapted with permission from original survey and mapping by Shobunsha (Japan).

Cartographic Research
Jennifer Skelley, Rachel Hawtin (Lovell Johns); James Mills-Hicks, Peter Winfield, Claudine Zarte (Dorling Kindersley Cartography).

Design and Editorial Assistance
Peter Adams, Azeem Alam, Elizabeth Ayre, Laetitia Benloulou, Steve Bere, Sonal Bhatt, Uma Bhattacharya, Hilary Bird, Anna Brooke, Arwen Burnett, Cate Craker, Maggie Crowley, Alison Culliford, Lisa Davidson, Simon Davis, Emer FitzGerald, Helen Foulkes, Fay Franklin, Tom Fraser, Anna Freiberger, Rhiannon Furbear, Catherine Gauthier, Camilla Gersh, Eric Gibory, Emily Green, Vinod Harish, Robert Harneis, Elaine Harries, Victoria Heyworth-Dunne, Paul Hines, Nicholas Inman, Rosa Jackson, Sarah Jackson-Lambert, Stuart James, Laura Jones, Nancy Jones, Kim Laidlaw Adrey, Cécile Landau, Maite Lantaron, Delphine Lawrance, Jude Ledger, Siri Lowe, Francesca Machiavelli, Carly Madden, Hayley Maher, Nicola Malone, Lesley McCave, Ella Milroy, Malcolm Parchment, Lyn Parry, Helen Partington, Shirin Patel, Alice Peebles, Alice Pennington-Mellor, Marianne Petrou, Pollyanna Poulter, Pete Quinlan, Salim Qurashi, Marisa Renzullo, Philippa Richmond, Nick Rider, Ellen Root, Baishakhee Sengupta, Shailesh Sharma, Kunal Singh, Shruti Singhi, Cathy Skipper, Andrew Szudek, Helen Townsend, Dora Whitaker, Fiona Wild, Nicholas Wood, Irina Zarb.

Special Assistance
Mme Jassinger, French Embassy Press Department; Peter Mills, Christine Lagardère, French Railways Ltd.

Photographic Reference
Altitude, Paris; Sea and See, Paris; Editions Combier, Maçon; Thomas d'Hoste, Paris.

Photography Permissions
Dorling Kindersley would like to thank the following for their assistance and kind permission to photograph at their establishments: The Caisse Nationale des Monuments Historiques et des Sites; M. A. Leonetti, the Abbey of Mont St-Michel; Chartres Cathedral; M. Voisin, Château de Chenonceau; M. P Mistral, Cité de Carcassonne, M. D. Vingtain, Palais des Papes, Avignon; Château de Fontainebleau; Amiens Cathedral; Conques Abbey; Fontenay Abbey; Moissac Abbey; Vézelay Abbey, Reims Cathedral and all the other churches, museums, hotels, restaurants, shops, galleries and sights too numerous to thank individually.

Picture Credits
a = above; b = below/bottom; c = centre; f = far; l = left; r = right; t = top.

Works of art have been reproduced with the permission of the following copyright holders; ©ADAGP, Paris and DACS, London 2011: 29c, 29crb, 30bl, 63tl, 64–65, 65tl (d), 90t, 93cra, 93cb, 93bl, 93br, 99t, 213b, 351t, 335br, 482t, 508ca, 522b, 524bc, 524br, 529br; ©ARS, NY and DACS, London 2011: 92c; ©DACS, London 2011: 93t, 381br, 422t; © Succession H. Matisse/DACS, London 2011: 29bl, 92bl, 526br; © Succession Picasso/DACS, London 2011: 88cl, 90b, 473t, 521t.

Photos achieved with the assistance of the EPPV and the CSI: 136–7; Photo of Euro Disneyland ˉ Park and the Euro Disneyland Paris ® 178cr; The characters, architectural works and trademarks are the property of The Walt Disney Company. All rights reserved; Courtesy of the Maison Victor Hugo, Ville de Paris: 91t; Musée National des Châteaux de Malmaison et Bois-Preau: 173b; Musée de Montmartre, Paris: 133t; Musée National de la Legion d'Honneur: 60t; © Sundancer: 142bl.

The publisher would like to thank the following individuals, companies and picture libraries for permission to reproduce their photographs:

Air France: D Toulorge 678tl; Alamy Images: Andy Arthur 420bc, Sébastien Baussais 674tr, Directphoto.org 669br, David R. Frazier Photolibrary, Inc 672cl, Glenn Harper 96tl, Philippe Hays 675cb, Hemis/Camille Moirenc 18, Neil Juggins 682tl, Michael Juno 239c, Justin Kase Zfivez 673tr, a la poste 676tr, 670b, Jack Sullivan 673cr, vario images GmbH & Co.KG/Rainer Unkel 676bl; Alpine Garden Society/Christopher Grey-Wilson: 460bl, 460br; Agence Photo Aquitaine: D. Lelann 421tl; Ancient Art and Architecture Collection: 47 crb, 50c, 50cb, 52br, 57bl, 252–3b, 335bl, 382t, 434t, 438b; Photo AKG, Berlin: 45cra, 46bl, 58bc, 55crb, 402t, 403b; Archives Photographiques, Paris/DACS: 422t; by kind permission of www.artinswfrance.com: 660b; Atelier Brancusi/Centre Georges Pompidou, Paris: Bernard Prerost 93br; Atelier du Regard/A Allemand: 442cl, 442cr, 442b.

Hostellerie Berard: 660cl; Bibliothèque Nationale, Dijon: 49cb; F. Blackburn: 461bl; Gerard Boullay/Photola: 87bl, 87cra; Bridgeman Art Library: Albright Knox Art Gallery, Buffalo, New York 275br; Anthony Crane Collection 211br; Bibliothèque Nationale, Paris 50cr–51cl, 52t, 53cr, 69bl; British Library, London 52bl, 68br, 292c, 293br, 293tl; Bonhams, London 59tc, 62tl; Château de Versailles, France 69tr; Christies, London 29c, 513b; Giraudon 28tr, 28tl, 56cr–57cl, 57tl, 59tl, 69bc, 181b, 334c, 343c, 365t; Guildhall Library, Corporation of London 417b; Hermitage, St Petersburg 29bl; Index 472b; Kress Collection, Washington DC 293bl; Lauros-Giraudon 46t, 69br; Musée des Beaux Arts, Quimper 243c; Musée Condé, Chantilly 50tl, 57tr, 68bl, 69tc, 69tcl, 69cb, 204t, 293c; Musée d'Orsay, Paris 28cb; Musée du Quai Branly, Paris 112cb; Paul Bremen Collection 255t; Sotheby's New York 55tl; V&A Museum, London 338b; Walters Art Gallery, Baltimore, Maryland 356t; John Brunton: 514b; Michael Busselle: 182–3.

Campagne, Campagne: 350t; C. Guy 325t; Lara 191cr; B. Lichtstein 217b, 324cl; Pyszel 190bl; CNMHS, Paris/DACS: Longchamps Delehaye 213tl; Castelet/Grotte de Clamouse: 493b; Cephas: Stuart Boreham 260–1; Hervé Champollion 322tr, 334t, 350b; Mick Rock 38c, 398tl, 398cl, 471t, 518–9; Jean Loup Charmet: 47b, 50br, 52clb, 58t, 62cl, 62clb, 63tl, 63tc, 64bl, 64br, 65crb, 214b, 243b, 265br, 269b, 274t, 281b, 300br, 343br, 358b, 359t, 361c, 401cr, 401br, 421b, 475t, 507t, Chateau de La Liquiere: 470ca; Chateau Margaux: 26cb, 26bc; Cité Des Sciences et L'Industrie: Michel Lamoureux 136ca; NASA/ESA 136tr, 137br; Sylvain Sonnet 136clb; Bruce Coleman: Udo Hirsch 371br; Flip de Nooyer 387br; Hans Reinhard 323tl, 323tr; Collection CDT Gard: 325bl; CDT Lot: 439b; Photos Editions Combier, Mâcon: 203t; Corbis: Gary Braasch 469c; Michael Busselle 13cl; Ray Juno 10cl, Patrice Latron 684br, Reuters 657tl, Robert Harding World Imagery/Charles Bowman 685tl; Joe Cornish: 116, 234–5, 370br, 448.

Dansmuseet, Stockholm/Peter Stenwall: 64cr–65cl; E. Donard; 35tr, 35c, 35cl, 35bc; Editions D'Art Daniel Derveaux: 400cr–401cl; Photo Daspet, Avignon: 504bl; Doherty: 245tc; Domaine De La Courtade: 471cr; Domaine Sarda Malet: 470cb; Domaine Tempier: 471cl.

ET Archive: 300bl; Cathedral Treasury, Aachen 4t; 48cl; Musée Carnavalet, Paris 61tl; Museum of Fine Arts, Lausanne 55br; Musée d'Orsay, Paris 61cra; Musée de Versailles 56b; 299bl; National Gallery, Scotland 58br; Victoria and Albert Museum, London 53tl; 343bl; European Commission: 675; Mary Evans Picture Library: 9c, 46br, 50bl, 51c, 53b, 54tl, 56cla, 58c, 62b, 63cr, 63br, 65br, 113cl, 177b, 183c, 191t, 197b, 235c, 279t, 291b, 293tr, 301bl, 315c, 366b, 393c, 455t, 465c, 473b, 508tl, 545c, 667c; Explorer 31b, 54clb.

Festival d'Avignon: Marc Chaumeil 656cl; Festival International du Film de la Rochelle: 656br; Photo Flandre, Amiens: 193b; FNOTSI: 668tc.

Getty Images: Axiom Photographic Agency/Ian Cumming 283tl, AFP/Jean Ayissi 689tl, De Agostini

Picture Library 484t, Manfred Mehlig 680bl, National Geographic/Ed George 683, Panoramic Images 151br, Sergio Pitamitz 689bl, Peter Scholey 669tl, WireImage/Tony Barson 67bc; GIRAUDON, PARIS: 8–9, 15t, 29cra, 29br, 46ca, 48tl, 48clb, 49tl, 50cl, 52cr–53cl, 56tl, 56clb, 58cl, 60cl, 60cr–61cl, 333br, 347br, 369b, 491cb MS Nero EII pt.2 fol. 20V0; Lauros-Giraudon 44tl, 44bc, 45t, 45crb, 45cb, 45br, 47tc, 49tr, 51crb, 55cr, 60clb, 60br, 351b, 491cl; Musée d'Art Moderne, Paris 29tr; Musée de Beaux Arts, Quimper 28cl; GÎTES DE FRANCE: 548cb; RONALD GRANT ARCHIVE: 21b, 66clb.
LA HALLE SAINT PIERRE: *Untitled* Stavroula Feleggakis 133br; SONIA HALLIDAY PHOTOGRAPHS: Laura Lushington 309tr; ROBERT HARDING PICTURE LIBRARY: 30bl, 37tr, 39tr, 39cl, 43b, 112br, 240tl, 243tr, 322bl, 322br, 323br, 349t, 400cla, 437cr, 461tr, 489b, C. Bowman 452t; Explorer, Paris 39cr, 67br, 101br, 179b, 362t, 371tr, 460cb, 461tl, 484b, 497br, 660b, 671cl; R. Francis 86clb; D.Hughes 392–3; W.Rawlings 49br, 67tl, 237tl, 256b; A.Wolfitt 26tr, 170; HEMISPHERES IMAGES: Hervé Hughes 259br; JOHN HESELTINE: 139c; Honfleur, MUSÉE BOUDIN: 262b; DAVID HUGHES: 367t, 367b; THE HULTON DEUTSCH COLLECTION: 191br, 301br, 473c, 516b; FJ Mortimer 190tl.
THE IMAGE BANK: Peter Miller 372; IMAGES: 323c, 460cl, 460tr.
JACANA: F Gohier 460tl; JM Labat 461bc; TREVOR JONES: 204b.
MAGNUM PHOTOS LTD: Bruno Barbey 20b, 31tr, 36bl; R Capa 472tr; P Halsman 525b; THE MANSELL COLLECTION: 31tl, 282t, 295b, 459b, 504tl; MAS DAUMAS GASSAC: 470cr; JOHN MILLER: 224b, 336tr, 407b; MONTPELLIER DANSE FESTIVAL: 657br; MUSÉE DE L'ANNONCIADE, ST-TROPEZ: 524tr; MUSÉE D'ART MODERNE ET CONTEMPORAIN DE STRASBOURG: Edith Rodeghiero 231t; MUSÉE DES BEAUX ARTS, CARCASSONNE: 489tl; MUSÉE DES BEAUX ARTS, DIJON: 343tl; MUSÉE DES BEAUX ARTS DE LYON: 381tr, 381bl, 381br; MUSÉE DE LA CIVILISATION GALLO-ROMAINE, LYON: 47cr, 378cl; MUSÉE DEPARTMENTAL BRETON, QUIMPER: 274bl; MUSÉE FLAUBERT, ROUEN: 265bl; MUSEUM NATIONAL D'HISTOIRE NATURELLE, PARIS: 138c; COURTESY OF THE MUSÉE MATISSE, NICE: 526b; MUSÉE NATIONAL D'ART MODERNE, PARIS: 92clb, 93t, 93cr, 93cb, 335br; Succession Henri Matisse 92bl; MUSÉE RÉATTU, ARLES: M Lacanaud 508ca; CLICHÉ MUSÉE DE SENS/J.P. ELIE: 330tl; MUSÉE TOULOUSE-LAUTREC, ALBI: 444b.
NETWORK PHOTOGRAPHERS: Barry Lewis 338t; Rapho/Mark Buscail 661tl; Rapho/De Sazo 661tr.
OFFICE DE TOURISME DE VENCE: 668c; ORIENT-EXPRESS HOTELS TRAINS & CRUISES: 548tl; OTC MARSEILLE: 688cla.
PHOTOLIBRARY: Duncan Maxwell 2–3; Jean-Marc Romain 673crb, Widmann Widmann/F1 Online 674bl; PICTURES COLOUR LIBRARY: 402b, 426, 544, 666–7; MICHEL LE POER TRENCH: 30br; CENTRE GEORGES POMPIDOU: Bernard Prerost 93b; POPPERFOTO: 251c; LA POSTE: 677bl; PYRENEES MAGAZINE/DR: 400bl.
REDFERNS: William Gottlieb: 64clb; RESTAURANT DE LA TOUR D'ARGENT: 598br; RETROGRAPH ARCHIVE: M. Breese 474tl, 474tr; RÉUNION DES MUSÉES NATIONAUX: Musée des Antiquités Nationales 403c; Musée Guimet 111t; Musée du Louvre 57ca, 101bl, 102t, 102bl, 102br, 103tl, 103c, 103b; Musée Picasso 88cl, 90b, 473t; Musée de Versailles 179t; RF REYNOLDS: 245bc. M REYNARD 674B; REX FEATURES: Sipa 22t; ROCAMADOUR: 437t; ROGER-VIOLLET: 113tc; FOUNDATION ROYAUMONT: J Johnson 172t; RÉUNION DES MUSÉES NATIONAUX: *Le Duo* (1937) by Georges Braque, Collections du Centre Pompidou, Musée Nationaux d'Art Moderne, 93ra.
SIPA PRESS: 132bl; PHOTO SNCM/SOUTHERN FERRIES: 678br; SNCF – SOCIETE NATIONAL DES CHEMINS DE FER: 680tl, 682bc, Fabro & Leveque 683tr; SPECTRUM COLOUR LIBRARY: P Thompson 249el; FRANK SPOONER PICTURES: Bolcina 37b; Uzan 66br; Simon 67ca; Gamma Press 39b, 67crb; STA TRAVEL GROUP: 670tr; JEAN MARIE STEINLEN: 404; TONY STONE IMAGES: 322c, 326; SYGMA: 531t; C de Bare 36t; Walter Carone 150t; P Forestier 314–5; Frederic de la Fosse 520b; D Goldberg 21c; L'Illustration 108tl; T Prat 436c; L de Raemy 66br.
EDITIONS TALLANDIER: 42, 44cb, 47tl, 48br, 48br–49bl, 51t, 51b, 52cl, 53tr, 54br, 58clb, 58bl, 58cr–59cl, 59crb, 59bl, 61tr, 61crb, 61br, 63bl, 63bc, 64cla, 64crb, 65tc, 65tr; TELARCI 49CR; TOURIST OFFICE SEMUR-EN-AUXOIS: 335t; COLLECTION L. TREILLARD: © Man Ray Trust/ADAGP, Paris and DACS, London 2011 65tl(d).
JEAN VERTUT: 44br–45bl; VISUAL ARTS LIBRARY: 28b; VIEW PICTURES: Paul Rafferty 135b.
WORLD PICTURES: 323bl. ZEFA: 178c, 351t; O. ZIMMERMAN/MUSÉE D'UNTERLINDEN 6800 COLMAR: 227t.

Front Endpaper: All special photography except THE IMAGE BANK rcb; PICTURES COLOUR LIBRARY lcr; JEAN MARIE STEINLEIN lcl; TONY STONE IMAGES rca.
Back Endpaper: All special photography except JOE CORNISH lbl.

Jacket
Front - CORBIS: Robert Harding World Imagery.
Back - DORLING KINDERSLEY: May Alexander clb; John Hesletine bl; Rough Guides/David Abram cla; GETTY IMAGES: Taxi/Shaun Egan tl.
Spine - CORBIS: Robert Harding World Imagery t.

常用语手册

紧急情况

救命!	**Au secours!**	oh se**koor**
停下!	**Arrêtez!**	aret-**ay**
叫医生!	**Appelez un médecin!**	apuh-**lay** uñ med**sañ**
叫救护车!	**Appelez une ambulance!**	apuh-**lay** oon oñboo-**loñs**
叫警察!	**Appelez la police!**	apuh-**lay** lah poh-**lees**
叫消防队!	**Appelez les pompiers!**	apuh-lay leh poñ-**peeyay**
最近的公用电话在哪里?	**Où est le téléphone le plus proche?**	oo ay luh tehleh**fon** luh ploo **prosh**
最近的医院在哪里?	**Où est l'hôpital le plus proche?**	oo ay l'**opee**tal luh ploo **prosh**

基本交流用语

对	**Oui**	wee
不对	**Non**	noñ
请	**S'il vous plaît**	seel voo **play**
谢谢你	**Merci**	mer-**see**
劳驾	**Excusez-moi**	exkoo-**zay** mwah
你好	**Bonjour**	boñ**zhoor**
再见	**Au revoir**	oh ruh-**vwar**
晚安	**Bonsoir**	boñ-**swar**
早上	**Le matin**	ma**tañ**
下午	**L'après-midi**	l'apreh-**meedee**
傍晚	**Le soir**	swar
昨天	**Hier**	ee**yehr**
今天	**Aujourd'hui**	oh-zhoor-**dwee**
明天	**Demain**	duh**mañ**
这里	**Ici**	ee-**see**
那里	**Là**	lah
什么?	**Quel, quelle?**	kel, kel
何时?	**Quand?**	koñ
为什么?	**Pourquoi?**	poor-**kwah**
哪里?	**Où?**	oo

习惯用语

你好吗?	**Comment allez-vous?**	kom-moñ tal**ay voo**
很好,谢谢你!	**Très bien, merci.**	treh byañ, mer-**see**
很高兴见到你。	**Enchanté de faire votre connaissance.**	oñshoñ-**tay** duh fehr votr kon-ay-**sans**
一会儿见	**A bientôt.**	byañ-**toh**
非常好	**Voilà qui est parfait**	vwalah kee ay par**fay**
……在哪里?	**Où est/sont...?**	oo ay/soñ
离……还有多远?	**Combien de kilomètres d'ici à...?**	kom-**byañ** duh keelo-**metr** d'ee-**see** ah
去……怎么走?	**Quelle est la direction pour...?**	kel ay lah **deer**-ek-**syoñ** poor
你会说英语吗?	**Parlez-vous anglais?**	par-**lay** voo oñg-**lay**
我不明白。	**Je ne comprends pas.**	zhuh nuh kom-**proñ** pah
你能慢点说吗?	**Pouvez-vous parler moins vite s'il vous plaît?**	poo-**vay** voo par-**lay** mwañ veet seel voo play
对不起。	**Excusez-moi.**	exkoo-**zay** mwah

常见词语

大	**grand**	groñ
小	**petit**	puh-**tee**
热	**chaud**	show
冷	**froid**	frwah
好	**bon**	boñ
坏	**mauvais**	moh-**veh**
足够	**assez**	as**say**
很好	**bien**	byañ
开	**ouvert**	oo-**ver**
关	**fermé**	fer-**meh**
左	**gauche**	gohsh
右	**droit**	drwah
直行	**tout droit**	too drwah
附近	**près**	preh
远	**loin**	lwañ
上	**en haut**	oñ **oh**
下	**en bas**	oñ **bah**
早	**de bonne heure**	duh bon **urr**
晚	**en retard**	oñ ruh-**tar**
入口	**l'entrée**	l'on-**tray**
出口	**la sortie**	sor-**tee**
卫生间	**les toilettes, les WC**	**twah**-let, vay-**see**
免费,无人	**libre**	leebr
免费	**gratuit**	grah-**twee**

电话用语

我想拨打一个长途电话。	**Je voudrais faire un interurbain.**	zhuh voo-dreh fehr uñ añter-oorbañ
我想接听付费长途电话。	**Je voudrais faire une communication PCV.**	zhuh voo**dreh** fehr oon komoonikah-**syoñ** peh-seh-veh
请稍后重拨。	**Je rappelerai plus tard.**	zhuh rapel-**eray**ploo tar
我可以留言吗?	**Est-ce que je peux laisser un message?**	es-**keh** zhuh puh leh-**say** uñ meh**sazh**
不要挂电话。	**Ne quittez pas, s'il vous plaît.**	nuh kee-**tay** pah seel voo play
请你大点声音说好吗?	**Pouvez-vous parler un peu plus fort?**	poo-**vay** voo par-**lay** uñ puh ploo for
市内电话	**la communication locale**	komoonikah-**syoñ** low-**kal**

购物

这件东西多少钱?	**C'est combien s'il vous plaît?**	say kom-**byañ** seel voo play
我想要……	**je voudrais...**	zhuh voo-**dray**
您这里有……吗?	**Est-ce que vous avez?**	es-**kuh** voo zav**ay**
我就随便看看。	**Je regarde seulement.**	zhuh ruh**gar** suhl**moñ**
你带信用卡了吗?	**Est-ce que vous acceptez les cartes de crédit?**	es-**kuh** voo zaksept-**ay** leh kart duh kreh-**dee**
你带旅行支票了吗?	**Est-ce que vous acceptez les chèques de voyage?**	es-**kuh** voo zaksept-**ay** leh shek duh vwa**yazh**
你们几点营业?	**A quelle heure vous êtes ouvert?**	ah kel urr voo zet oo-**ver**
你们几点关门?	**A quelle heure vous êtes fermé?**	ah kel urr voo zet fer-**may**
这个	**Celui-ci.**	suhl-wee-**see**
那个	**Celui-là.**	suhl-wee-**lah**
贵	**cher**	shehr
便宜	**pas cher, bon marché**	pah shehr, boñ mar-**shay**
服装尺码	**la taille**	tye
鞋的尺码	**la pointure**	pwañ-**tur**
白色	**blanc**	bloñ
黑色	**noir**	nwahr
红色	**rouge**	roozh
黄色	**jaune**	zhohwn
绿色	**vert**	vehr
蓝色	**bleu**	bluh

店铺的种类

古董商店	**le magasin d'antiquités**	maga-**zañ** d'oñteekee-**tay**
西点店	**la boulangerie**	booloñ-**zhuree**
银行	**la banque**	boñk
书店	**la librairie**	lee-**brehree**
肉店	**la boucherie**	boo-**shehree**

蛋糕房	**la pâtisserie**	patee-**sree**
药房	**la fromagerie**	fromazh-**ree**
乳品店	**la pharmacie**	farmah-**see**
	la crémerie	krem-**ree**
百货商店	**le grand magasin**	groñ maga-**zañ**
熟食店	**la charcuterie**	sharkoot-**ree**
鱼店	**la poissonnerie**	pwasson-**ree**
礼品店	**le magasin de cadeaux**	maga-**zañ** duh ka**doh**
蔬菜水果店	**le marchand de légumes**	mar-**shoñ** duh lay-**goom**
杂货店	**l'alimentation**	alee-moñta-**syoñ**
美发店	**le coiffeur**	kwa**fuhr**
	le marché	marsh-**ay**
市场	**le magasin de journaux**	maga-**zañ** duh zhoor-**no**
邮局	**la poste, le bureau de poste, le PTT**	pohst, boo**roh** duh pohst, peh-teh-teh
鞋店	**le magasin de chaussures**	maga-**zañ** duh show-**soor**
超市	**le supermarché**	soo pehr-**marshay**
烟草店	**le tabac**	tabah
旅行社	**l'agence de voyages**	l'azhoñs duh vwayazh

观光

修道院	**l'abbaye**	l'abay-**ee**
画廊	**la galerie d'art**	galer-**ree** dart
公交车站	**la gare routière**	gahr roo-tee-**yehr**
天主教堂	**la cathédrale**	katay-**dral**
教堂	**l'église**	l'ay**gleez**
公园	**le jardin**	zhar-**dañ**
图书馆	**la bibliothèque**	beeb**leeo**-tek
博物馆	**le musée**	moo-**zay**
游客	**les renseignements**	roñsayn-**moñ** too-
信息	**touristiques, le**	rees-**teek**, sandee-
办公室	**syndicat d'initiative**	ka d'eenee-sya**teev**
市政厅	**l'hôtel de ville**	l'oh**tel** duh veel
火车站	**la gare (SNCF)**	gahr (es-en-say-ef)
私人公馆	**l'hôtel particulier**	l'oh**tel** partikoo-**lyay**
关闭	**fermeture**	fehrmeh-**tur**
公共假日	**jour férié**	zhoor fehree-**ay**

在酒店里

还有空房间吗?	**Est-ce que vous avez une chambre?**	es-kuh voo-**zavay** oon shambr
双人间	**la chambre à deux personnes, avec un grand lit**	shambr ah duh pehr-**son** avek un groñ lee
标准间	**la chambre à deux lits**	shambr ah duh lee
单人间	**la chambre à une personne**	shambr ah oon pehr-**son**
房间有浴缸、淋浴	**la chambre avec salle de bains, une douche**	shambr avek sal duh bañ, oon doosh
搬运工	**le garçon**	gar-**soñ**
钥匙	**la clef**	klay
我已经预订了。	**J'ai fait une réservation.**	zhay fay oon rayzehrva-**syoñ**

外出就餐

请问有餐位吗?	**Avez-vous une table libre?**	avay-**voo** oon tahbl leebr
我要预订一个餐位。	**Je voudrais réserver une table.**	zhuh voo-**dray** rayzehr-**vay** oon tahbl
埋单	**L'addition s'il vous plaît.**	l'adee-**syoñ** seel voo **play**
我是一个素食者。	**Je suis végétarien.**	zhuh swee vezhay-**tehryañ**
女/男服务生	**Madame, Mademoiselle/ Monsieur**	mah-**dam**, mah-demwah**zel**/ muh-**syuh**
菜单	**le menu, la carte**	men-**oo**, kart
套餐菜单	**le menu à prix fixe**	men-**oo** ah pree feeks
服务费	**le couvert**	koo-**vehr**
酒单	**la carte des vins**	**kart**-deh vañ
玻璃杯	**le verre**	vehr
瓶	**la bouteille**	boo-**tay**
刀	**le couteau**	koo-**toh**
叉子	**la fourchette**	for-**shet**
勺子	**la cuillère**	kwee-**yehr**
早餐	**le petit déjeuner**	puh-**tee** deh-**zhuh-nay**
午餐	**le déjeuner**	deh-**zhuh-nay**
晚餐	**le dîner**	dee-**nay**
主菜	**le plat principal**	plah prañsee-**pal**
先点开胃菜	**l'entrée, le hors**	l'oñ-**tray**, or-
一道菜	**d'oeuvre**	duhvr
当天菜肴	**le plat du jour**	plah doo zhoor
酒吧	**le bar à vin**	bar ah vañ
咖啡厅	**le café**	ka-**fay**
生的	**saignant**	**say**-noñ
半熟的	**à point**	ah **pwañ**
熟透的	**bien cuit**	byañ **kwee**

菜单

l'agneau	l'an**yoh**	羊肉
l'ail	l'eye	大蒜
la banane	ban**an**	香蕉
le beurre	burr	黄油
la bière, bière	bee-**yehr**, bee-**yehr**	生啤
à la pression	ah lah pres-**syoñ**	啤酒
le bifteck, le steack	beef-**tek**, stek	牛排
le boeuf	buhf	牛肉
bouilli	boo-**yee**	水煮的
le café	kah-**fay**	咖啡
le canard	kan**ar**	鸭子
le chocolat	**shoko**-lah	巧克力
le citron	see-**troñ**	柠檬
le citron pressé	see-**troñ** press-**eh**	鲜柠檬汁
les crevettes	kruh-**vet**	虾
les crustacés	**kroos**-ta-**say**	贝类
cuit au four	kweet oh foor	烘烤
le dessert	deh-**ser**	甜点
l'eau minérale	l'oh **meeney**-ral	矿泉水
les escargots	leh zes-kar-**goh**	蜗牛
les frites	freet	炸薯条
le fromage	from-**azh**	奶酪
le fruit frais	frwee freh	新鲜水果
les fruits de mer	frwee duh mer	海鲜
le gâteau	gah-**toh**	蛋糕
la glace	glas	冰/冰激凌
grillé	gree-**yay**	烤
le homard	om**ahr**	龙虾
l'huile	l'weel	油
le jambon	zhoñ-**boñ**	火腿
le lait	leh	牛奶
les légumes	lay-**goom**	蔬菜
la moutarde	moo-**tard**	芥末
l'oeuf	l'uf	鸡蛋
les oignons	leh zon**yoñ**	洋葱
les olives	leh zo**leev**	橄榄
l'orange	l'oroñzh	橙子
l'orange pressée	l'oroñzh press-**eh**	鲜橙汁
le pain	pan	面包
le petit pain	puh-**tee** pañ	卷
poché	posh-**ay**	荷包蛋
le poisson	pwah-**ssoñ**	鱼
le poivre	pwavr	胡椒
la pomme	pom	苹果
les pommes de terre	pom-duh **tehr**	马铃薯
le porc	por	猪肉
le potage	poh-**tazh**	汤

le poulet	poo-**lay**	鸡肉
le riz	ree	米饭
rôti	row-**tee**	烤肉
la sauce	sohs	酱
la saucisse	soh**sees**	鲜香肠
sec	sek	干
le sel	sel	盐
la soupe	soop	汤
le sucre	sookr	糖
le thé	tay	茶
le toast	toast	吐司
la viande	vee-**yand**	肉
le vin blanc	vañ **bloñ**	白葡萄酒
le vin rouge	vañ **roozh**	红葡萄酒
le vinaigre	vee**naygr**	醋

数字

0	**zéro**	zeh-**roh**
1	**un, une**	uñ, oon
2	**deux**	duh
3	**trois**	trwah
4	**quatre**	katr
5	**cinq**	sañk
6	**six**	sees
7	**sept**	set
8	**huit**	weet
9	**neuf**	nerf
10	**dix**	dees
11	**onze**	oñz
12	**douze**	dooz
13	**treize**	trehz
14	**quatorze**	ka**torz**
15	**quinze**	kañz
16	**seize**	sehz
17	**dix-sept**	dees-**set**
18	**dix-huit**	dees-**weet**
19	**dix-neuf**	dees-**nerf**
20	**vingt**	vañ
30	**trente**	tront
40	**quarante**	kar**oñt**
50	**cinquante**	sañk**oñt**
60	**soixante**	swas**oñt**
70	**soixante-dix**	swasoñt-**dees**
80	**quatre-vingts**	katr-**vañ**
90	**quatre-vingt-dix**	katr-vañ-**dees**
100	**cent**	soñ
1,000	**mille**	meel

时间

一分钟	**une minute**	oon mee-**noot**
一小时	**une heure**	oon urr
半小时	**une demi-heure**	oon **duh-mee** urr
周一	**lundi**	luñ-**dee**
周二	**mardi**	mar-**dee**
周三	**mercredi**	mehrkruh-**dee**
周四	**jeudi**	zhuh-**dee**
周五	**vendredi**	voñdruh-**dee**
周六	**samedi**	sam-**dee**
周日	**dimanche**	dee-**moñsh**

巴黎市中心

香榭丽舍大街和荣军院

见104~115页
城市地图1~3, 6, 7

塞纳河左岸

见116~127页
城市地图7~9,12,13

图例

- 主要景点
- 地铁站
- 区域快铁站
- 主要公交车站
- 主要停车场
- 含急诊部的医院

0 米 500

0 码 500